곽형일의
FUNCABULARY

Written by
Hyeong-IL Kwak

Copyright © 2010 Hyeongil Kwak
All rights reserved.
ISBN: 3886057
ISBN-13: 978-1477516928

책을 시작하며

영어 공부에 있어서 단어가 갖는 파워는 놀라운 것입니다. 그저 외국 여행을 즐기고, 외국인들과 몇마디 영어를 주고 받는 수준의 영어가 아니라, 전공 서적을 자유자재로 읽고, 품격 높은 작품을 하며, 심도 깊은 주제의 영화나 문학서적을 제대로 감상하고 토론하는 등의 한 차원 높은 영어를 구사하려고 한다면, 반드시 통과해야 하는 것이 어휘의 터널입니다. 누구나 일정 수준의 영어실력을 쌓을 수는 있지만 결국 어느 시점에 가면 단어라고 하는 벽에 부딪힐 수 밖에 없습니다. 많은 사람들이 어려운 단어, 잘 쓰지 않은 단어들은 알 필요가 없다고 생각합니다. 틀린 생각은 아닙니다. 하지만 10년 이상의 미국 생활을 통해 느끼는 것은 어휘를 아는 만큼 열리는 세계가 달라진다는 것입니다. 물론 단어의 수가 너무 방대하고, 학습시간은 제한되어 있다는 한계때문에 상대적으로 단어학습을 멀리하게 된다는 현실적인 상황을 저 역시 익히 알고 있습니다. 하지만 단어를 쉽게, 그리고 재미있게 학습할 수 있는 방법이 있다면 이야기는 달라질 것입니다. 그동안 수많은 Vocabulary 책이 출판되었고, 저 또한 기존의 책들로 부터 많은 도움을 받았습니다. 하지만 단어를 공부할 때마다 제 머리 속을 맴도는 생각은 책들이 왜 이렇게 재미가 없고 딱딱해야 할까라는 것이었습니다. 특히 고급 단어들을 다룬 책일수록 딱딱하고 지루해집니다. 그러나 사실 단어의 수준이 높아질수록 책은 쉽고 재미있게 쓰여져야 합니다. 그러한 아쉬움 속에서 저는 손수 책을 집필하기로 결심을 하게 되었습니다. 영어를 연구 하는 학자적 관점이 아니라, 책을 재미있게 공부해야 하는 수험생의 관점에서 쓰여진 책이 필요하다고 생각했기 때문입니다. 그저 단어들을 순서에 맞게 배열하고 나열한 책이 아니라 어떻게 하면 독자들이 흥미를 잃지 않고 계속 학습을 하며, 어떻게 하면 머리에 더 오래 남을 수 있게 될까를 책을 집필하는 수 년동안 한순간도 잊은 적이 없습니다. 또한 다룰 수 있는 모든 단어를 다룸 어서 어려운 단어가 나올 때마다 이 책을 찾아보고 그 단어를 외울 수있게 하고 싶었습니다. 단어 학습의 바이블격인 책이면서도 학습법은 초급자를 대상으로 하는 그런 책을 원했던 것이지요. 그를 위하여 저만의 독특한 방법으로 책을 기술하게 되었습니다.

1. 단어 학습의 가장 효과적인 방법은 역시 어근별로 단어를 분석하고, 익히 아는 쉬운 단어를 먼저 잡은 다음 그물망처럼 다른 단어들을 엮어 가며 외우는 것입니다. 어근으로 학습하지 않고 한 단어씩 개별로 외우려고 한다면 쉽게 흥미를 잃게 되고 결국 영어공부에 실패하게 됩니다. 그래서 모든 단어의 어원들을 일일이 찾아가며 단어들을 분류 하였습니다.

2. 어근 학습법이 효과적이라 할지라도 어근에만 의존하기에는 한계가 있습니다. 예를 들어 어근에 해당하는 단어의 수가 많지 않고 한 두 단어일 경우에는 어근도 외우고 단어도 외우는 것 보다는 단어에 대한 각개 전투가 오히려 효과적일 수 밖에 없습니다. 그러한 한계를 해결하기 위해 우리말을 이용 한 언어 유희법을 이용 하였습니다. 예를 들어, 어근 pan은 빵이란 뜻이므로, company는 '함께(com) 빵(pan)을 먹는 사람', 즉 '동료'라는 뜻이 됨을 쉽게 알 수 있습니다. 하지만 appanage같은 단어는 접근이 쉽지가 않죠. 이럴 경우 '예쁘나 주(appanage)는' '부수입'이라는 식으로 접근합니다.

3. 상황에 맞는 만화를 삽입하여 이해와 기억을 도왔습니다. 언어 유희법에 의한 암기법의 한계는 저자가 받는 느낌을 독자가 동일하게 받기 힘들다는 데에 있습니다. 그래서 각 단어의 상황에 맞는 만화들을 일일이 그려 넣었습니다. 무려 1500 컷이 넘는 그림들이 곳곳에 배치되어 영어학습의 효율을 높여줄 것입니다.

4. 영어학습이 지루해지지 않게 하기 위해 어근을 다채로운 방식으로 배열하였습니다. 우리말과 비슷한 발음의 어근, 외래어를 통한 어근, 그리스·로마 신화 속의 어근, 성경속의 어근, 쉬운 단어들을 통한 어근 등을 분류 했으며, 각 섹션마다 단어수가 많이 되지 않는 어근들을 기타 어근으로 분류하여 흥미를 잃지 않도록 구성하였습니다.

이 책을 접하신 모든 분들께서 학업은 물론 삶 속에서 건승하시기를 빕니다.

목 차

우리말 어원 편 1

우리말 어원 기타 어근 편 103

외래어 편 125

외래어 기타 어근 편 247

신화 편 252

신화 편 기타 단어들 320

성경 편 326

성경 편 기타 어근 393

쉬운 단어 편 396

기타 어근 편 593

접두어/접미어 편 603

우리말 연상 편

발음상 우리말과 비슷한 의미를 갖는 어근들을 열거하였다. 우리말을 이용한 언어의 유희를 통해 단어의 세계를 마음껏 즐기는 동안 머리 속에는 차곡 차곡 단어들이 쌓여가는 것을 느끼게 될 것이다.

단어 그 까이꺼!

원샷 원킬로 끝내는 거지, 뭐.

AC = 날카로운(sharp), 통렬한(bitter)

통증을 의미하는 ache! 통증은 날카롭고 통렬하다. 어근 'ac'는 '날카로운', '통렬한'의 의미이며 aci, acu, acr 등은 모두 'ac'의 변형이다. 날카로운 것에 찔려서 나오는 날카로운 비명 '악(ac)'으로 연상하자.

ache [eik]
V 아프다; ~하고 싶어 하다 (eager to) N 아픔, 쑤심
ex) My heart **aches**.

acme [ǽkmi]
N (the ~) 절정, 극점, 극치, 전성기 (of)
ex) His success in this role marked his **acme** as an actor.

acrid [ǽkrid]
[매서(acr) 한(id)]
A 톡 쏘는(harsh); 신랄한(bitter)
ex) My eyes began to burn from the **acrid** fumes.

acrimonious [ækrəmóuniəs]
A 신랄한, 매서운(bitter; nasty)
* acrimony (언어, 태도의) 신랄, 격렬, 통렬
ex) The countries' **acrimonious** relations are echoes from the genocide in Rwanda.

매서한(acri) 상태(mon) 의(ious)

acumen [əkjúːmən]
A 총명함, 날카로움 (mental sharpness)
ex) He has the tactical **acumen** to translate possibilities into success.

매서한(acu) 정신 (men<ment)

acuminate [əkjúːminit]
A 끝이 뾰족한   V 날카롭게 하다.
* acumination 첨예화
ex) Leaves of hornbeam has an **acuminate** tip.

acupressure [ǽkjupreʃər]
[날카롭게(acu) 누름 (pressure)]
N 지압술 (chiropractic)
ex) **Acupressure** is a good method to relieve pain.

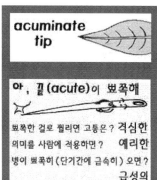

acute [əkjúːt]
A 날카로운(↔obtuse);격렬한; 예리한(keen); 급성의
* acuity 예민, 격렬, 신랄
ex) She is very keen. She has an **acute** mind.

ACERB = 쓴, 신랄한(bitter, harsh)

acerb[-ic] [əsə́ːrb]
A (맛이) 쓴, 신, 떫은; (말·태도가) 신랄한, 엄한
ex) Barry gave **acerbic** comments on his paper.

acerbity [əsə́ːrbəti]
N 신맛, 쓴맛, 떫은 맛; (말·태도성질의) 신랄함
* acerbate 시게 하다, 화나게 하다; 신랄한; 화나는

exacerbate [egzǽsərbeit]
V (고통, 병, 원한 등을) 악화시키다 (worsen)
ex) This latest arrest will **exacerbate** the already existing discontent of the people.

ACID = 신(sour), 산(酸)(acid)

acid
[ǽsid]
A 신맛이 나는 (것)   N 산 (酸)(↔alkaline)
* acidosis 산(성)증, 산과다증(↔alkalosis)
ex) Lemon juice is quite **acid**.

acidic
[əsídik]
A 산을 내는, 산의; (말·성질이) 신랄한, 가혹한
ex) It's a rather **acidic** wine.

acidity
[əsídəti]
N 신맛, 산도
ex) High **acidity** levels in the water mean that the fish are not so large.

acetic
[əsíːtik]
A 초산의 (of vinegar); 시큼한 (sour)
ex) The salad had an exceedingly **acetic** flavor.

acidulous
[əsídʒuləs]
A 신맛이 나는, 새콤한; (말·태도 등이) 신랄한
* acidulate 신맛이 나게 하다.
ex) Daddy was unpopular because of his sarcastic and **acidulous** remarks.

AGON = 싸우다(struggle)

어근 'agon'은 '싸우다(a struggle for victory in the game)'의 뜻이다. 싸우다 맞으면 나오는 소리 '아고(agon)'로 연상하자.

agonist
[ǽgənist]
N 싸움의 가담자, 주인공; 작동근, [약리] 작용약
* agonistic 경기의, 논쟁을 좋아하는; 무리한, 부자연스러운

antagonist
[æntǽgənist]
N 적대자, 경쟁자; 길항근, [약리] 길항약
* antagonism 적대, 적의
ex) Great Britain was our **antagonist** in the War of 1812.

protagonist
[proutǽgənist]
N 주연 배우
ex) Hamlet is his favorite Shakespearean **protagonist**.

agonize
[ǽgənàiz]
V (…을) 몹시 괴롭히다, 괴로워하다, 번민하다
* agonized 괴로워하는, 번민하는   * agonizing 고민을 주는, 괴로워하는
ex) We were in such an **agonizing** situation.

agony
[ǽgəni]
N 고통, 번민; (감정의) 격발, (희비의) 극치
ex) George spilled a pot of hot coffee on his leg. It hurt quite a bit. Then, gradually, the **agony** abated.

ALGIA = 아픔(pain)

고통이 있을 때 끙끙 앓지요(algia)? 이 어근은 연결형으로 쓰여서 '~통(痛)'의 의미를 만든다. 대부분 의학 용어로서 잘 쓰이지 않지만 알아두면 유식하다는 얘기는 들을 것이다.

analgesia [ænældʒízíə]
N 진통, 무통, 무통법
* analgesic 진통제
ex) This cream contains a mild **analgesic** to soothe stings and bites.

통증(alge)이 없음(an)

coxalgia [kɑksǽldʒiə]
N 고관절통, 요통
* costalgia 늑골통

고관절(cox) 통(algia)

gastralgia [gæstrǽldʒiə]
N 위통
ex) Your style of diet is a very sufficient cause for **gastralgia**.

배(gastr) 앓이(algia)

neuralgia [njurǽldʒə]
N 신경통
ex) I've got neuralgia and can't turn my neck to the left.

신경(neur) 통(algia)

nostalgia [nɑstǽldʒə]
N 과거를 그리워함; 향수(鄕愁), 회향병(懷鄕病)
ex) Some people feel **nostalgia** for their schooldays.

nes(home)→nest(둥지)→nost

otalgia [outǽldʒiə]
N 귀앓이
ex) Ear pain or **otalgia** is one of the most common problems in childhood.

귀(ot) 앓이(algia)

odontalgia [òudanǽldʒiə]
N 치통
ex) **Odontalgia** is a medical word for toothache.

이(odont) 앓이(algia)

arthralgia [ɑərθrǽldʒiə]
N 관절통
ex) Most common side effects observed in the trial were **arthralgia**.

관절(arthr) 통(algia)

hyperalgesis [hàipərǽldʒi:zis]
N 통각 과민

과도한(hyper) 통증(algesis)

* 아파서 눈물이 팽(pang)도는 pang 도 함께 공부하자.

pang [pæŋ]
N 격통, 갑작스런 아픔
ex) Polly felt a sharp **pang** of jealousy.

눈물이 팽(pang) 도는 격통

* angst는 anxiety(불안)를 뜻하는 German word 이지만 함께 기억하자.

angst [ɑːŋkst]
N 불안, 걱정, 공포, 고뇌 (anxiety; fear; dread)

anguish [ǽŋgwiʃ]
N (심신의) 격통, 고뇌
ex) The nurse in the emergency room had never gotten used to the **anguish** of accident victims.

AL = 기르다(nourish), 자라다(grow)

어근 al은 '기르다' 또는 '자라다'의 뜻이다. (닭의) 알(al)은 영양이 높고 발육에도 좋으니까. ol은 그 변형인데, old가 여기에서 유래했다.

알(al)은 영양이 듬뿍!

aliment [æləmənt]
- N 자양분, 음식물; 양식
- V 부양하다, 지지하다
- 영을 주는(ali) 것(ment)
- * alimentotherapy 식이요법　　* hyperalimentation 과(過)영양
- ex) The Bible supplies the mental **aliment** which you need.

alimentary [æləméntəri]
- A 영양의; 소화의; 영양을 주는; 부양하는
- 영을(aliment) 의(ary)
- ex) The **alimentary** canal is so named because digestion of foods occurs there.

alimony [æləmòuni]
- N [法] 별거 수당(이혼, 별거한 처에게 주는)
- 기르라고(ali) 주는 돈(mony)
- ex) Mrs. Jones was divorced and awarded $ 500 monthly **alimony** by the court.

alumnus [əlʌ́mnəs]
- N (영) 학생, 생도 (미) 남자졸업생, 교우, 동창회
- 같이 자란 사람들
- * alumni alumnus의 복수형　　* alumna 여자 졸업생 <(pl.) alumnae>
- ex) Many of the **alumni** have passed on and are no longer with us.

coalesce [kòuəlés]
- V 유착하다, 합체하다(unite); 합동하다(combine)
- 함께(co) 열어서(alesce) 유착하다
- ex) The puddles had **coalesced** into a small stream.

coalition [kòuəlíʃən]
- N 연합, 합동(union); (정치상의) 제휴, 연립
- ex) The two political parties broke their **coalition**.

abolish [əbáliʃ]
- [자라지(oli) 못하게(ab=away) 하다(sh)]
- V (제도·법률·습관 등을) 폐지하다
- 에... 버리시오 (abolish) 악법을!!
- ex) I think bullfighting should be **abolished**.

abolition [æbəlíʃən]
- N 철폐, 폐지, 노예제도 폐지
- ex) William Wilberforce campaigned for the **abolition** of slavery.

* proli는 [pro(forth)+ol(grow)]에서 앞으로 자라날 것, 즉 후손이라는 뜻이다. proli을 하나의 어근처럼 기억하자.

prolific [prəlífik]
- A 아이를 많이 낳는, 열매를 많이 맺는; 비옥한
- 후손(proli)을 만드는(fic)
- * prolificity 다산력(多産力), 다산성　　* prolificacy 다산, 다작, 풍부
- ex) Rabbits and other rodents are **prolific**.

proliferate [prəlífərèit]
- V 증식[번식]하다[시키다]
- 후손(proli)을 나르(fer) 다(ate)
- * proliferation 증식, 번식　　* proliferous 번식하는, 증식하는
- ex) Small businesses have **proliferated** in the last ten years.

proletariat [pròulətéəriət]
- N [보통 the ~; 집합적] 프롤레타리아[무산] 계급
- 자손으로 국가에 봉사함
- * proletarian 프롤레타리아(의), 무산계급(의)

prolicide [próuləsàid]
- N 영아 살해
- 후손(prolix)을 죽임(cide)
- (The crime of destroying one's offspring, either in the womb or after birth)

ALT = 높은(high)

어근 'al(자라다)'의 변형으로 '잘 자란 것은 높다'는 의미에서 비롯했다. 익숙한 단어로는 음역 중의 하나인 alto가 있다. 남성 최고음에 해당하는 높은 음역이다.

alto
[ǽltou]
N 알토; 알토가수, 알토 악기
* alto saxophone 알토 색소폰
* altissimo 가장 높은

높은 음

altar
[ɔ́ːltər]
N 제단, (기독교의) 성찬대
* altar bread 성찬용 빵   * altarpiece 제단 뒤편 장식
ex) There he built an **altar** unto the Lord, and called on the name of Jehovah.

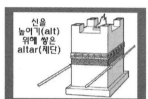

altitude
[ǽltitjuːd]
N 높이, 고도, 해발
* an altitude flight 고도비행   * altitude sickness 고공병, 고산병
ex) Mountain climbers use oxygen when they reach higher **altitudes**.

높은(alti) 상태(tude)

exalt
[igzɔ́ːlt]
V 칭송하다, 칭찬하다, 높이다 [완전히 (ex) 높이다(alt)]
* exaltation 우쭐함, 의기양양, 광희
* exalted 존귀한, 고귀한, 위엄있는, 품위있는
ex) The critics **exalted** the young actor to the skies.

altimeter
[æltímətər]
N (항공기 등의) 고도계(altometer)
ex) The altitudes measured by the **altimeter** are shown in kilometers.

높이(alti)를 측정함(meter)

alderman
[ɔ́ːldərmən]
N 구청장, 시의회 의원, 부시장

높은(alder<alt) 사람(man)

altocumulus
[æltoukjúːmjuləs]
N 고적운
ex) We've been flying in clear air and we've got **altocumulus** below us.

높이(alto) 쌓인(cumul) 것(us)

* 알아 보기 힘들게 변했지만 다음의 단어들도 위에서 나왔다. 유심히 보면 유사성을 발견할 수 있을 것이다.

hauteur
[houtə́ːr]
N 건방짐, 오만
ex) All witnessed his **hauteur** when he talks to the poor.

haut<alt

haughty
[hɔ́ːti]
A 오만한, 건방진, 도도한, 불손한(arrogant)
ex) Her **haughty** manner irritated many Koreans.

haght<alt

hawser
[hɔ́ːzər]
N 굵은 밧줄, 배 끄는[매는] 밧줄
ex) As the tide rose, we gave our grounded friends a lift with the **hawser**.

위로 끄는 것 (hawser<alt)

hoist
[hɔist]
V (돛·기 등을) 끌어올리다   N 끌어올리기; 게양
ex) With some difficulty he managed to **hoist** her onto his shoulders.

높은 곳으로 올리다(hoist<alt)

enhance
[inhǽns]
V (질, 능력 등을) 높이다, 강화하다; 과장하다
ex) This is an opportunity to **enhance** the reputation of the company.

높게(hanc<alt) 만들다(en)

AMBL = 걷다(walk)

amble은 '걷다'의 뜻이다. ambulance가 여기에서 왔다. 앰뷸런스란 이동식 병원, 곧 걸어 다니는 병원이다.

amble [ǽmbl]
V 느리게 걷다   N 산보; 느린 걸음
ex) We **ambled** down to the beach.

`걷다(amble)`

ambulate [ǽmbjuleit]
V 이동하다. 걷다. 돌아다니다.
* **ambulant** 이동하는 (shifting), 순회하는   * **ambulation** 보행, 이동
* **circumambulate** 순회하다; 둘러 말하다   * **circumambulation** 순회; 둘러 말함, 완곡
ex) A robed patient or two **ambulates** along the hall.

`걷게(ambul) 되다(ate)`

ambulatory [ǽmbjulətɔ̀ri]
A 보행의, 보행용의; 이동성의, 일시적인
ex) He was described as an **ambulatory** patient as he was not confined to his bed.

`걷는 것(ambul)과 관계된(atory)`

ambulance [ǽmbjuləns]
N 구급차, 병원선; 부상병 수송기; 야전병원
* **ambulance chaser** 교통사고만 쫓아다니는 변호사

funambulist [fjunǽmbjulist]
N 줄타기 곡예사(ropewalker)
* **funambulism** 줄타기 곡예
ex) The pole also helps balance the **funambulist** by lowering the center of gravity.

perambulate [pərǽmbjulèit]
V 순회하다, 답사하다, 배회하다, 거닐다
* **perambulation** 순회; 답사[보고서]   * **perambulator(pram)** 유모차; 순시자
ex) He was embarrassed to be seen pushing a **pram** down the street.

`두루(per) 걷다(ambul+ate)`

preamble [príːæmbl]
N 머리말, 서문; 전문(前文)   V 서론을 말하다
ex) The **preamble** to the document gives details of what it comprises.

`앞서(pre) 가다(amble)`

ramble [rǽmbl]
N 산책, 만보; 만담; 구불구불한 길
V 산보하다; 두서없이 말하다; 덩굴지다; 굽이치다
ⓔ **meander** 굽이쳐 흐르다, 두서없이 말하다; 떠돌다
ex) Vines **rambled** over the fence.

`걷고 또(re= again) 걷다(ambul)`

shamble [ʃǽmbl]
V 비틀 비틀 걷다   N 휘청거림, 비틀거리는 걸음걸이
* **shambling** 어물거리는, 느릿느릿한
ex) Patients **shambled** along the hospital corridors.

shambles [ʃǽmblz]
N 도살장; (a~) 유혈의 장면, 수라장
* **shambolic** 난잡한, 수라장 같은

noctambulism [naktǽmbjulist]
N 밤에 걸어 다님, 몽유병
* **noctambulist** 몽유병 환자(=somnambulist)
* **somnambulism** 잠결에 걸어다님, 몽유병

7

※ 속도에 따른 말의 걸음 걸이

walk	걷다	보통 걸음	N 보통 걸음	V 보통걸음으로 걷다
amble		측대보	N 측대보	V 측대보로 걷다
trot		빠른 걸음	N 빠른 걸음, 아장아장 걷는 아이	V 빠른 걸음으로 가(게 하)다
canter	달리다	보통 구보	N (말) 느린 구보 (=a slow gallop)	V 구보로 가[게 하]다
gallop		질주	N 갤럽, 급속도	V 질주하다; 서두르다

ARID = 건조한, 태우다 (dry, burn)

어근 'arid'는 '건조한', '태우다'의 뜻이다. 타거나 건조하면 살이 쑥쑥 '아리다(arid)'로 연상을 해보자. 변형으로는 ars와 ard가 있다.

arid
[ǽrid]
A (토지가) 건조한, 메마른; 무미건조한
ex) The cactus has adapted to survive in an **arid** environment.

ardent
[áːrdənt]
A 불타는, 열심인(passionate); 격렬한(fierce)
* **ardently** 열심히, 열렬히, 불같이
* **an ardent patriot** 열렬한 애국자
ex) Henry is an **ardent** admirer of Bo's beauty.

ardor
[áːrdər]
N 열정, 열심, 열띤 마음(passion)
ex) The young lovers were oblivious to everything except their **ardor** for each other.

arduous
[áːrdʒuəs]
A 곤란한, 힘드는; 끈기 있는; 험한, 가파른
ex) The refugees made an **arduous** journey through the mountains.

arson
[áːrsn]
N [法] 방화(죄)
* **arsonist** 방화범
ex) She was the innocent victim of an **arson** attack.

※ 말라서 타는 듯한 어근 'tor'도 '건조한(dry with heat)', '매우 더운(very hot)'의 뜻을 지니므로 함께 기억하자.

torrid
[tɔ́ːrid]
A 볶은, 그슬린, 열렬한
* **torrefy** 바싹 마르다, 볶다

torrent
[tɔ́ːrənt]
N 급류, 폭우; (말 등의) 연발; (감정 등의) 격발
ex) After the winter rains, the stream becomes a raging **torrent**.

※ 복사기로 익숙한 Xerox 역시 '건조한(dry)'의 뜻에서 출발했다.

Xerox
[zíərɑks]
N 제록스, 건식 복사법 V 인쇄하다
ex) Could you **xerox** this letter, please?

※ 어근 'sicc'도 '마르다(dry)'의 뜻이다.

desiccate
[désikèit]
V 건조시키다, 가루로 보관하다; 무기력하게 하다
* **desiccated milk** 분유

AVI = 새(bird)

avi를 ['에이(a)' + '飛(vi)']로 생각하자. '에이(a), 날자(飛=vi)' 하면서 날 수 있는 것은 '새'지 돼지나 소가 아니다.

aviation
[èiviéiʃən]
N 비행(술)(the science of flying airplanes)
* aviate 비행하다(avigate)   * civil aviation 민간 항공   * aviator 비행사
* aviatrix 여류 비행사   * aviation sickness 항공병

새처럼(avi) 만듦(ation)

avian
[éiviən]
A 조류의
ex) The avian embryo is amazing and exciting.

새(avi) 의(an)

aviary
[éivièri]
N 큰 새장
ex) The aviary at the zoo held nearly 300 birds.

새(avi)가 있는 장소 (ary)

aviculture
[éivəkʌ̀ltʃər]
N 조류 사육, 가금 (poultry)
ex) Aviculture is one of the largest hobbies in North America.

새(avi) 사육(culture)

avionics
[èiviániks]
N 항공 전자공학
ex) Don Davis focused the company on automation and avionics.

aviation+ electronics

aviso
[əváizou]
N 공문서 송달; 공문서 송달선

새가 통신수단 이었던 데서

avid
[ǽvid]
A 탐욕스런(avaricious), 열망하는(ardent)
* avidity 열심, 탐욕
ex) She was avid for equal rights for immigrants.

새처럼 되기를 원하는

avarice
[ǽvəris]
N 탐욕(greed), 허욕(虛慾)(empty desire)
* avaricious 욕심이 많은
ex) No one believes that football clubs are not motivated by avarice.

지나친 탐욕 때문에 애써 쟁여(avarice)

auspice
[ɔ́:spis]
N 길조(a favorable omen or sign), 후원
ex) She is still living under the roof and auspice of her mother.

새(aus)를 보기(spice), 새점

auspicious
[ɔ:spíʃəs]
N 경사스러운, 길조의, 상서로운
ex) Our first meeting was not auspicious – we had a huge argument.

어서 피소서 (auspicious) 상서로운 기운이역~!

osprey
[áspri]
N 물수리; 백로의 깃(여자 모자 장식)
ex) An osprey came down to the surface and reached down with its talons.

Osprey = bird of prey
os (새)
prey(먹이)

ostrich
[ástritʃ]
[ㄴ. 큰 새]
N 타조; 현실도피자 (위험하면 모래에 머리를 숨김)
ex) The ostrich is the fastest animal on two legs.

ORNITHO = 새(bird)

ornitho를 우리말대로 발음하면 '오르니, 또?'이다. '새야 하늘을 날아 오르니, 또?(ornitho)'

ornithic
[ɔːrníθik]
- A 새의, 조류의
- ex) Your **ornithic** outfit is a treat to the eye.

새(ornitho) 의 (ic)

ornithology
[ɔ̀ːrnəθálədʒi]
- N 조류학
- * ornithologists 조류학자   * ornithorhynchus 오리너구리 (duckbill)

조류 (ornitho) 학 (logy)

ornithoscopy
[ɔ̀ːrnəθáskəpi]
- N 들새 관찰; 새점(占)
- * ornithomancy (새의 나는 모양, 울음 소리로 하는) 새점
- ex) It's silly of you to depend on **ornithoscopy**.

새(ornitho)를 관찰함 (scopy)

ornithosis
[ɔ̀ːrnəθóusis]
- N [병리] 앵무병(폐렴과 장티푸스 비슷한 병)
- ex) **Ornithosis** is contracted by humans through contact with infected birds.

새(ornitho)에서 옮기는 병(sis)

* 어근 aquil(독수리) 도 함께 공부하자. 유심히 보면 독수리(eagle)와 매우 유사하다.
한편 falcon(송끌매)은 낫(sickle)을 뜻하는 falc에서 왔는데, 발톱이 낫같이 생겼다.

aquiline	A	독수리 같은, 독수리부리처럼 휜
Aquila	N	독수리 자리
eagle	N	독수리
heron	N	왜가리
falcon	N	매, 송골매; [F~] 미공군의 공대공 미사일
* talon	N	발톱, 갈고리 발톱; 마수(魔手)
* hawk	N	매; 등쳐먹는 사람, 욕심사나운 사람, 사기꾼
falcate	A	낫모양의, 갈고리모양의
falchion	N	언월도, 청룡도
defalcate	V	위탁금을 유용하다, 횡령하다
defalcation	N	위탁금 유용; 부당 유용액; 결점, 단점; 배신

ex) To take the moneys and apply them in any other way is a serious form of **defalcation**.

* phenix = 적갈색(purple red)

phoenix
- N 불사조; 대천재, 절세의 미인; 모범, 일품
- * rise like the phoenix from the ashes 재기하다

* ala = 날개(wing)

alate   A 날개가 있는
alar   A 날개의
ex) A nymph molts into a worker or an **alate**.

BAN = 금지하다(prohibit)

'ban'을 우리말 식으로 발음해보자. 반(反), 즉 금지한다는 뜻이 된다.

ban
[bæn]
- **N** 금지령, 금지; 반대; 파문, 추방; 공고; 결혼예고
- **V** 금지하다(prohibit);저주하다, 파문하다
- ex) Smoking is **banned** in this restaurant.

banal
[bənάːl]
- **A** 진부한, 평범한(commonplace)
- * **banality** 진부(함), 진부한 것(말)
- * **banalize** 진부하게 만들다, ~의 신선미를 빼앗다
- ex) He just sat there making **banal** remarks.

bandit
[bǽndit]
- **N** 산적(brigand), 노상강도(highwayman)
  깡패(gangster), 악한(villain), 강도(robber)
- * **banditry** 강도행위, 산적행위, 산적떼(banditti)
- ⓐ **brigand** 도둑, 산적 [brig=fight]
- ex) A former showgirl operates a **bandit** hideout.

banish
[bǽniʃ]
- **V** 추방하다(exile), 내쫓다(expel), 몰아내다
- * **banishment** 추방(expatriation), 구축(dismissal)
- ex) They were **banished** from their country for criticizing the government.

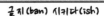

abandon
[əbǽndən]
- **V** 버리다, 단념하다   **N** 자유분방
- **A** 자포자기한, 방자한, 파렴치한
- * **abandonee** 피유기자   * **abandoner** 유기자
- * **abandonment** 포기, 유기, 자포자기
- ex) When the rebel troops arrived, the village had already been **abandoned**.

contraband
[kάntrəbænd]
- **N** 수출입 금지품, 밀수품, 부정거래
- **A** 부정의, 금지된
- ex) The Coast Guard tries to prevent traffic in **contraband** goods.

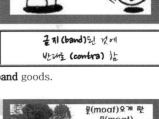

---

* **mond** = 울타리(fence, hedge)

mound
- **N** 흙무더기; 제방; 방어용 둑; [야구] 마운드
- **V** ~에 토루를 쌓다; 쌓아 올리다; 둑으로 막다

moat
- **N** 호, 해자

---

* **scut** = 방패(shield)

scutage   **N** (봉건시대) 병역 면제세
scutate   **A** 방패 모양의, 비늘이 있는
scute   **N** (옛 로마의) 긴 방패(scutum)
scutcheon   **N** 명찰, 방패(escutcheon)

BARK = 배(boat)

어근 bark은 '배(boat)'를 의미한다. 물 밖(bark)으로 나가기 위해서는 배가 필요하다. 또는 '배가 정박(bark) 했다'로 기억해도 될 것이다.

bark
[báːrk]
N 돛대가 셋 있는 범선
ex) Like a **bark** upon the sea, Life is floating over death.

작은 배

embark
[imbáːrk]
V (배·비행기 등에) 태우다, 싣다; 타다, 착수하다
ex) The country has **embarked** on a major program to generate additional 20,000 MW of nuclear power by 2020.

disembark
[dìsembáːrk]
V (=debark) 내리다, 상륙하다[시키다]
ex) All the passengers have already **disembarked**.

embark의 반대(dis)

barge
[baːrdʒ]
N 바지선, 거룻배 (밑바닥이 평평한 배)
V 거룻배로 나르다, 느릿느릿 움직이다, 난입하다
ex) They **barged** through the crowd.

물에 빠지지 않는 (barge) 짐배

bargain
[báːrgin]
[배에 싣고 가서 매매를 한데서]
N 매매, 계약, 협정; 염가판매, 흥정판매
V 계약하다, 교섭하다; 염가 판매하다
ex) The airline regularly offers last-minute bookings at **bargain** prices.

barter
[báːrtər]
N 물물교환의 거래   V 물물교환하다
* barterer 물물교환자
ex) He **bartered** his ax for her chicken.

"받아(barter)" 하며 교환하다

---

* 다음의 단어들도 함께 기억하자. 생김새는 같으나 조상은 다른 이상한 애들이다.

bark
[báːrk]
V (개·여우 등이) 짖다; 고함치다
N V 나무껍질[을 벗기다]

각각 짖다(bark)/껍질(bark)

debark
[dibáːrk]
[껍질(bark)을 벗기다(de)]
V 나무껍질을 벗기다; (동물을) 짖지 못하게 하다
ex) Once the logs are **debarked**, they can be used for veneer, or sawed into boards.

디 빡(debark) 긁어 나무껍질을 벗기다

* vend = 팔다(sale)

vendible   N 판매 가능품   V 팔 수 있는, 돈으로 좌우되는
vender   N 파는 사람, 행상인(peddler)
vendation N 판매, 매각
vendure   N 공매, 경매(auction)
venal   A 매수할 수 있는

물건을 판매하는 자동판매기 vending machine

CAUST/CAUT = 태우다(burn)

caust, caut, caus 등은 모두 '태우다'의 뜻이다. 우리말 '구웠수다(caust)'로 기억하자.

causalgia
[kɔːzǽldʒiə]
N 작열통(灼熱痛) [타는(caus) 아픔(algia)]
ex) Phantom limb pain and **causalgia** were two clinical pain syndromes that could not be explained in terms of specific nerve pathways.

caustic
[kɔ́ːstik]
A 신랄한(acrid), 부식성의   N 부식제 [태우(caust) 는(ic)]
* caustic soda 가성 소다   * caustic remark 신랄한 말
ex) The **caustic** detergent ate right through Henry's laundry.

causticity
[kɔːstísəti]
N 부식성, 가성도(苛性度); 신랄함, 통렬 [태우(caust) 는(ic) 성질(ity)]
ex) Although we use 2-mol hydrochloric acid, it still has its **causticity**.

encaustic
[inkɔ́ːstik]
A 불에 달구어 착색한; 납화(蠟畵)의 [타게(caust) 만드(en)는(ic)]
N 납화법; 납화
ex) **Encaustic** painting dates back to the ancient Greeks and Egyptians.

cauterize
[kɔ́ːtəràiz]
[타게(cauter) 만들다(ize)]
V 부식하다; 뜸을 뜨다; (양심 등을) 마비시키다
* cauterization [의학] 소작, 부식; 뜸질; 마비
ex) Doctors **cauterized** my arteries before I bled to death.

cautery
[kɔ́ːtəri]
N [의학] 소작(법); 뜸술 [태우 는(caust) 기술(ery)]
* moxa cautery 쑥뜸   * cauterant 부식성 물질; 소작기(器); 부식성의
ex) Unlike **moxacautery**, bee acupuncture does not leave scars in the skin.

holocaust
[hάləkɔ̀ːst]
N 번제(燔祭); 대학살; [the Holocaust] 유대인 대학살 [모두(holo) 태움(caust)]
ex) A nuclear **holocaust** would leave few survivors.

* 어근 'scorch' 역시 '태우다(burn), 시들다(shrivel)'의 의미를 지닌다

scorch
[skɔ́ːrtʃ]
V 태우다, 그슬리다, 헐뜯다, 매도하다; 시들다
N 검게 탐[그을음]; 질주;혹평; 말라 죽음
ex) I **scorched** my dress when I was ironing it.

* cinder/ciner = 재(ash)

cinder   N 탄 재, 탄 숯
Cinderella   N 신데렐라; 숨은 미인; 일약 유명해진 사람
cinerarium   N 납골당
incinerate   V 태우다, 소각하다, 화장하다
incineration   N 소각; 화장

COND = 숨기다(hide)

cond는 '함께(con)+ 두다(dere)'의 준말로 '창고'를 의미하다가 창고의 기본 목적인 '보관하다(preserve), 숨기다(hide)'의 의미를 갖게 되었다. '콘도(cond)에 숨다'로 연상해보자.

condiment
[kándəmənt]
N 조미료, 양념
ex) As for radish and the like, they are for **condiments**, and not for nourishment.

abscond
[æbskánd]
[멀리(abs) 숨다(cond)]
V 자취를 감추다, 몰래 도망치다
* absconder 실종자, 도망자
ex) Two prisoners **absconded** last night.

recondite
[rékəndáit]
A 심오한(abstruse), 난해한, 보이지 않는
* reconditeness 난해함
ex) We had to work from material that was both complex and **recondite**.

sconce
[skans]
N 돌출촛대; 양초 꽂이; 쑥 내민 촛대식의 전등
[築城] 보루; 차폐물, 피난소; 헬멧
ex) Tapers were put into **sconces** of several-colored, oiled paper.

ensconce
[inskáns]
V 감추다, 숨기다; 편히 앉히다, 안치하다
ex) After dinner, I **ensconced** myself in a deep armchair with a book.

scoundrel
[skáundrəl]
N 악당, 불량배, 건달, 불한당
A 건달의, 불한당의; 비열한; 하등의, 천한
ex) He's an absolute **scoundrel** - he took our antique vase to get it valued and we haven't seen him since.

* scoundrel(악당, 불량배)를 길거리에서 만난다면? 한번 봐 달라고 빌란(villain) 말이지. 악당이지만 villain도 한번 봐주자.

villain
[vílən]
N 악당, 악한; 악역, 범인, 범죄자
* villainous 극악무도한, 사악한; 하등의, 천한
ex) Industrialized nations are the real environmental **villains**.

* knabe = 소년(boy)

knave N 악한, 악당
knavery N 악당 근성; 나쁜 짓, 부정 행위
knavish A 악당 같은, 망나니의; 부정한, 못된

CULP = 비난, 죄(blame, crime)

아래 단어의 그림을 보며 'culprit(죄인)'나 'culpable(죄 있는)'을 먼저 기억하고, 그로부터 어근 culp가 '죄' 또는 '비난'의 뜻임을 기억하자.

culpable
[kʌ́lpəbl]
A 비난할 만한, 허물이 있는, 죄있는
* culpability 유죄; 비난할 만함
* culpably 괘씸하게, 비난 받을 정도로
ex) We all felt **culpable** when the homeless old man died in the doorway of our apartment building.

culprit
[kʌ́lprit]
N 죄인(lawbreaker), 피의자(offender)
ex) Police hope the public will help them to find the **culprits**.

exculpate
[ékskʌlpèit]
[죄(culp)에서 벗어(ex)나다(ate)]
V 무죄를 입증하다, 해명하다
* exculpation 무혐의, 변명
* exculpatory 무죄변명의, 변명하는, 변명의
ex) He **exculpated** himself from cheating in the College Scholastic Ability Test.

inculpate
[inkʌ́lpeit]
V 죄를 씌우다, 연루시키다, 고발하다(indict)
* inculpation 연좌, 고발   * inculpatory 죄를 씌우는; 탓으로 돌리는
ex) Cory Dean was arrested and **inculpated** the defendant in his statement to police.

mea culpa
[méiəkʌ́lpə]
ad 내 잘못으로   [L] through my fault
* culpa [로마법] 과실, 과오; 죄
ex) '**Mea culpa**. I'm sorry – it won't happen again.'

* 어근 'probrum' 역시 '비난하다(reproach)'의 의미를 가지므로 함께 기억하자.

opprobrious
[əpróubriəs]
A 모욕적인; 야비한, 상스러운, 창피한, 부끄러운
* opprobrium 오명, 치욕, 불명예; 욕설, 비난
ex) We are **opprobrious** to ourselves, not in word, but in deed.

* felon = 악행자(evil-doer)

felon   N 중죄 범인; 악한   A 흉악한, 잔인한
felony   N 중죄 (살인·방화·강도 등)

* fraud = 기만(deceit)

fraud   N 사기(죄); 사기 행위, 부정 수단, 사기꾼, 가짜
fraudulent   A 사기의, 부정의
fraudulence N 기만, 사기, 부정

* larcin = 절도(theft)

larceny   N 절도, 도둑질; [법] 절도죄[범](theft)
larcenious A 절도의, 절도질하는, 손 버릇 나쁜

DIGN = 가치있는(worthy)

'dign' 과 그 변형인 'dain', 'deign' 등은 모두 '가치있는(worthy)'의 뜻이다. 우선 'dain'을 우리말 '대인'으로 외워서 가치있다는 의미를 연상하도록 하자.

dainty
[déinti]
A 우아한, 고상한; 섬세한; 맛있는
* daintiness 고상, 풍미
ex) She was a small, dainty child, unlike her sister who was large and had big feet.

disdain
[disdéin]
[가치(dain)를 떼어버린(dis)]
N 경멸(scorn), 모멸   V 경멸하다(despise)
* disdainful 경멸적인
ex) Henry viewed the Jokbal with disdain.

deign
[dein]
V 황송하게도 ~해 주시다
ex) The King deigned to grant an audience.

dignify
[dígnəfài]
[가치있게(dign) 만들다(ify)]
V 위엄을 갖추다, 고상하게 하다(make noble)
* dignified 고귀한, 위엄 있는
ex) You won't dignify the house just by painting it.

dignity
[dígnəti]
N 높은 지위(high rank), 존엄(nobleness), 위엄
ex) Even though they're poor, they still have a sense of dignity.

condign
[kəndáin]
A 적당한(fit), 당연한(deserve), 응분의
ex) I will do my best to bring them to condign punishment.

indignity
[indígnəti]
N 경멸(humiliation), 모욕(insult), 냉대
ex) He suffered the indignity of being called 'cur' in front of his girlfriend.

indignation
[ìndignéiʃən]
N 분개(anger), 분노(wrath; irritation)
* indignant 성난, 분개하는   * indign [古·詩] 가치 없는, 수치스러운; 부당한
ex) They reacted with shock and indignation to the charge of cheating.

VAL/VAIL = 힘(strength), 가치(worth), 용기(valor)

value(가치)의 val은 그대로 가치를 의미한다. 가치가 힘을 결정한다.

value
[vǽljuː]
N 가치, 값, 유용성   V 가격을 매기다, 존중하다
* valuation 평가, 가격 사정   * valuable 가치있는, 값비싼
* valueless 가치 없는, 쓸모없는   * invaluable 무한한, 가치를 매길 수 없는

evaluate
[ivǽljuèit]
V 가치를 결정하다, 평가하다
* evaluation 평가, 감정(appreciation)
ex) We need to evaluate how well the policy is working.

devalue
[dìːvǽljuː]
V 가치를 내리다(depreciate), 평가 절하하다
ex) Work in the home is often ignored and **devalued**.

가치(value)를 아래로 (de) 하다

overvalue
[òuvərvǽlju]
V 과대 평가하다 (overestimate)
* **undervalue** 과소 평가하다; 경시하다   * **outvalue** ~보다 가치가 있다

과대(over) 평가하다(value)

valiant
[vǽljənt]
A 씩씩한, 용감한, 영웅적인; 단호한
* **valiance** 용기, 용감
ex) She made a **valiant** attempt not to laugh.

밸년다 (valiant)
보겠군
이런건 용기라고 하는거야

valid
[vǽlid]
[법적가치 (val)가 있는 (id)]
A 근거가 확실한, 법적으로 유효한
* **validate** 유효하게 하다, 비준하다
* **validation** 확인, 비준   * **validity** 정당함, 타당성
ex) What **valid** deductions can be drawn from this evidence?

ambivalence
[æmbívələns]
N 양면가치, 모순, 동요, 주저; 우유부단
ex) His **ambivalence** made it difficult for us to reach a decision.

양면(ambi)가치 (valence)

invalide
[ínvəlid]
A 병약한, 환자용의   V 병약하게 하다
* **invalid** 가치 없는, 무효인, 논리가 빈약한; 환자   * **invalidate** 무효로 하다
* **invalidation** 무효   * **invalidity** 병약   * **valetudinarian** 병약한; 병약자

강한가치 (valide) 못한(in)

valor
[vǽlər]
[강한(val) 것 (or)]
N 용기, 무용, 용맹
* **valorous** 용감한, 씩씩한(courageous; brave)
ex) Discretion is the better part of **valor**.

용기있는 자에겐 누구든 밸로 (valor)다

ⓖ dastard
[dǽstərd]
[멍청한(dast) 사람(ard)]
N 겁쟁이, 비겁자
ex) The official antagonized the leader of his own party by accusing him a **dastard**.

겁쟁이에겐 다 스타다 (dastard)

valorize
[vǽləràiz]
[가치를 (valor) 정하다 (ize)]
V 물가를 정하다, 가격을 통제(교정)하다
* **valorization** 정부의 물가 안정책

avail
[əvéil]
V 쓸모 있다, 소용되다, 이익되다   N 소용, 이익
* **available** 쓸모 있는(of use), 사용할 수 있는(ready for use)

널리(a) 가치(vail)가 있다

prevail
[privéil]
V 유행하다, 보급하다, 퍼지다, 우세하다
ex) This is a strange custom that still **prevails**.

힘(vail)이 앞서다(pre)

prevalent
[prévələnt]
A 널리 행해지는, 유행하는, 우세한
* **prevalence** 우세, 탁월(prominence)
ex) These diseases are more **prevalent** among young children.

힘(val)이 앞서(pre) 있는 (ent)

convalesce
[kànvəlés]
V 차츰 나아지다(get better), 건강을 회복하다
* convalescent 회복기의, 앓고 난 뒤의; 회복기의 환자
ex) After your operation you'll need to **convalesce** for a week or two.

countervail
[káuntərvéil]
V 대항하다, 상쇄하다, 보상하다(pay for)
ex) My promise should **countervail** her anger.

univalent
[jù:nəvéilənt]
A 1가의(making a valence of one)
* bivalent 2가의; 2가 염색체   * equivalent 등가의   * multivalent 다원자가의

CENS = 평가하다(assess)
인구나 국세를 조사하는 것을 'census'라고 한다. census의 'cens'는 '평가하다(assess)'의 뜻.

censor
[sénsər]
N 검열관; 비평[비난]자   V 검열하다
* censorial 검열의, 비판적인(censorious)   * censorship 검열
ex) The news reports had been heavily **censored**.

censorious
[sensɔ́:riəs]
A 검열관 같은, 비판적인
ex) **Censorious** people delight in casting blame.

censure
[sénʃər]
N 비판; 견책; 혹평   V 비난하다, 책망하다; 혹평하다
* censurer 비난하는 사람
ex) He was **censured** for leaking information to the press.

census
[sénsəs]
N 인구조사, 국세조사
* census taker 인구(국세)조사원
ex) We have a **census** in this country every ten years.

recension
[risénʃən]
N 교정; 교정본
ex) Read this **recension** of manuscripts.

* estim = 평가하다(appraise)
estimate   V 평가하다, 추정하다
estimation   N 판단, 평가, 견적, 견적액, 추산; 추정치; 존경
guesstimate   V 짐작으로 견적하다, 어림잡다 N 추측, 어림짐작
esteem   N V 존중[하다], 존경[하다]
underestimate   V 과소 평가하다, 경시하다
overestimate   V 과대 평가하다

* mer = 가치(value), 얻다(earn)
merit   N 가치, 장점, 공적; 공훈
demerit   N 잘못, 과실, 결점
emeritus   N 명예교수, 명예직에 있는 사람
meritorious   A 가치있는, 칭찬할 만한, 기특한
meretricious A 저속한, 야한; (아첨 등이) 겉발림의; 불성실한

DOL = 슬픔(sadness), 고통(pain)

먼저 doldrums란 단어를 우리말 '떨떠름'으로 기억한 후 'dol=떨떠름한 상태'라는 것을 연상하자.

doldrums
[dóuldrəmz]
N 우울(melancholy), 침체(dullness)
☺ chagrin 원통함, 분함
ex) He's been in the **doldrums** ever since she left him.

dole¹
[doul]
N 슬픔(grief), 비애
* **doleful** 슬픈(dolesome), 서글픈, 음울한
* **dolorology** 동통학   * **dolorimeter** 통각계
ex) The dog looked at me with a **doleful** expression.

dole²
[doul]
N 실업수당, 시주(alms), 구호품, 분배물
V 나누어주다, 베풀다; 조금씩 나누어 주다
ex) Young people on the **dole** are often bored and frustrated.

dolorous
[dólərəs]
N 슬픈, 비통한, 고통스러운
* **dolor** 비애(mental suffering), 슬픔(grief)
☺ **rueful** 후회하는; 슬픔에 잠긴; 가엾은, 애처로운
ex) He has taken to composing **dolorous** poems.

dolmen
[dóulmən]
N 돌멘, 고인돌(cromlech) [죽음을 애도하기 위해 세운 돌]
ex) **Dolmens** consist of one large flat stone supported by several vertical ones.

condole
[kəndóul]
V 위로하다(comfort), 동정하다, 문상하다
* **condolence** 애도, 위로
ex) He went round to **condole** with Mrs Emerson on the loss of her beloved husband.

indolent
[índələnt]
A 게으른(lazy), 나태한(idle; sluggish), 무용의
* **indolence** 나태함
ex) The **indolent** teenagers slept late.

la- = 울다(weep)

lament	V 슬퍼하다, 애도하다	N 비탄, 한탄; 애가, 만가
lamentation	N 비탄, 애도	
* elegy	N 애가, 비가, 만가, 엘레지	
* splenetic	A 비장(spleen)의, 기분이 언짢은, 성마른, 우울증의	

lachrima = 눈물(tear)

lachrymose	A 눈물을 잘 흘리는; 눈물을 자아내는, 가엾은
lachrymal	A 눈물의; 눈물을 잘 흘리는
lachrymation	N 눈물을 흘림, 눈물을 흘리고 있음
lachrymator	N 최루가스, 최루탄
lachrymatory	A 눈물의; 눈물을 흘리게 하는

FIL = 아들(son)

'(젖을) 빨다'는 의미의 인도-유럽어근 dhe(l)에서 파생된 라틴 어근. 젖을 빠는 자식은 'fil', 젖을 빨게 하는 여성은 'fem', 뱃속에서 어미의 몸으로부터 양분을 빨아 먹는 태아는 'fet'으로 각각 다른 운명을 걷게 된다. '필(피를) 이을(filial) 자식'으로 기억하자.

filial
[fíliəl]
[자식(fili)의(al)]
A 자식의, 효성스러운(dutiful; obedient)
* filially 효성스럽게, 자식답게
ex) Many children forget their **filial** obligations and disregard the wishes of their parents.

filicide
[fíləsaid]
N 자식 살해, 자식 살해자
ex) Sometimes there is a combination of murder and suicide in **filicide** cases.

affiliate
[əfílièit]
V 가입시키다, 제휴하다; 양자로 삼다
N [미] 관계단체, 지부, 분회, 자매회사; 가입자, 회원
* affiliation 가입, 동맹, 제휴; 양자 결연 * filiation 친자관계; 계통, 유래
ex) The candidate chose not to **affiliate** herself with any political party.

felicity
[filísəti]
N 지복, 경사, (말, 표현의) 적절
* felicitous 경사스러운, 행복한; (표현이) 교묘한, 적절한; (표현을) 잘하는
* felicitate 축하하다   * infelicitous 불행한, 부적절한   * infelicity 불행, 부적절
ex) Wealth is for most people a prospect of unimaginable **felicity**.

fetus
[fí:təs]
N 태아 (기관이 형성되기 시작하는 시기 이후)
* fetal 태아의   * feticide 태아 살해, 낙태
ex) Make sure that the **fetus** is developing satisfactorily during pregnancy.

effete
[ifí:t]
[이 때(fete)능력이 끝난(ef(ex))]
A 기운 빠진, 무력해진; 남자가 힘없는, 여자 같은
ex) They are much more like us than the **effete** Europeans.

fecund
[fí:kənd]
A 다산의, 비옥한; 창조력[상상력]이 풍부한
* fecundate 잉태하다
* fecundity 생산력, 다산, 비옥, 풍부한 창조력
ex) The **fecundity** of his mind is illustrated by the many vivid images in his poems.

* fem/femin = 여성 (woman)

female	N 여성, 여자, 암컷	여성
feminine	A 여성의; 여성다운; (남자가) 여자 같은, 나약한	여성(femin)의(ine)
feminism	N 여성해방론, 남녀평등주의, 여권신장운동	여성(femin)주의(ism)
feminist	N 여권확장론자	여성(femin)주의자(ist)

FIL² = 실(thread)

filament를 만들어낸 어근 **fil**은 '실'을 의미한다. **filament**는 가는 실처럼 생겼다.

filament [fíləmənt]	N 필라멘트, 가는 실 ex) The **filament** of the lamp was off.	
filature [fílətʃər]	N (고치에서) 실뽑기; 제사기; 제사공장	
file¹ [fɑil]	N 서류철, 철해둔 문서; 서류 보관 케이스, 파일 V 철하다; 제기하다, 제출하다	
file²	N (세로 선) 줄; 오(伍), 종렬(縱列) V 열을 지어 행진하다, 종렬로 나아가다	
file³	N (쇠붙이·손톱 가는) 줄 V 줄로 자르다; 줄질하다	
fillet [fílit]	N 끈, 리본, 머리띠, 가는 띠; [filéi/filit] 필레 살(허리 살(tenderloin)); (가시 바른) 생선 토막 ex) Sprinkle salt and pepper on both sides of each fillet.	
profile [próufɑil]	N 옆얼굴; 윤곽(outline); 개요 V …의 윤곽을 그리다 ex) We first build up a detailed **profile** of our customers.	
defile [dífɑil]	V (명성을) 더럽히다, 모독하다, 순결을 범하다 ex) Many victims of burglary feel their homes have been **defiled**.	

* **filth**는 비슷해 보이지만 다른 어근에서 왔다. [fil<foul = 더러운]

filth	N 오물, 쓰레기; 불결; 도덕적 타락; 음담패설
filthy	A 불결한, 더러운; 부정한, 추악한; 음탕한

* **canum** = 더러운 (filthy)

obscene	A 외설한, 음란한, 음탕한; 지긋지긋한, 지겨운
obscenity	N 외설; 외설스러운 것; [pl.] 음담, 외설 행위

* **sord** = 더러운 (dirty)

sordid	A 더러운, 지저분한, 욕심많은; 인색한, 야비한

* **swordo** = 더러운 (dirty)

swarthy	A (얼굴이) 거무스레한, 가무잡잡한
swarth	N 건초용 작물; 풀밭, 뗏장(sward)
* **squalid**	A 누추한, 지저분한, 궁상스런; 황폐한; 비열한
* **disheveled**	A 헝클어진, 단정치 못한
* **slovenly**	A 단정치 못한, 게으른; 부주의한, 되는 대로의
* **unkempt**	A 텁수룩한; 깔끔하지 못한, 너저분한
* **slatternly**	A 단정치 못한, 방종한

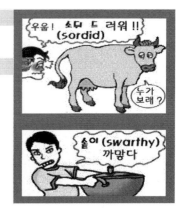

FRACT/FRAG = 부수다(break), 비비다(rub)

어감이 우리말의 '뿌러트리다(fract)'나 '뿌러지다(frag)'와 비슷하다. 'fragile'이 이곳 출신!

fraction
[frǽkʃən]
N [수학] 분수, 비율; 파편, 일부분; 소량; 나누기
부서(fract) 짐(ion)
* fractional 분수의; 아주 작은   * fractionate 분류하다; 분별하다
ex) There is not a fraction of truth.

infraction
[infrǽkʃən]
N (규칙, 법률 따위의) 위반, 위반 행위
강하게(in) 깨다(fraction)
ex) Speeding is the infraction of the traffic laws.

fracture
[frǽktʃər]
N 골절, 파손, 갈라진 틈   V 골절하다, 깨다
부서진(fract) 것(ure)
ex) To fracture is to break. An infraction is breaking a rule or law.

fractious
[frǽkʃəs]
A 성 잘내는, 다루기 힘든
부서(fract) 지는(ious)
ex) He put his finger to his lips, as if hushing a fractious child.

refraction
[rifrǽkʃən]
N (빛, 소리, 열, 따위의) 굴절
다시(re) 부서짐(fraction)
* refract 굴절시키다   * refractive, refractional 굴절의
ex) The glass prism refracted the white light into the colors of the rainbow.

refractory
[rifrǽktəri]
A 다루기 힘든, 순종하지 않는; 난치의, 완고한
부숨(fract)에 저항(re)하는(ory)
(병 등에) 저항할 수 있는; (금속 등이) 처리하기 어려운; 내화성의

fragile
[frǽdʒəl]
A 깨지기 쉬운, 약한   [부서지기(frag) 쉬운(ile)]
ex) Her father is now 86 and in fragile health.

frangible
[frǽndʒəbl]
A 부서지기 쉬운, 약한   [부서질(frang) 수 있는(ible)]
* frangibility 약함

뿌러짐(fragile)

fragment
[frǽgmənt]
N 조각, 파편, 단편, 미완성; 붕괴하다
깨어진(frag) 것(ment)
* fragmentary 단편적인, 미완의   * fragmental [지질] 갈라지기 쉬운
* fragmentation 분열, 파쇄
ex) The road was covered with fragments of glass from the shattered window.

suffrage
[sʌ́fridʒ]
N 투표, 투표권
아래에서(suf) 깨는 것(frage)
ex) Female suffrage was introduced in South Australia in 1894.

infringe
[infríndʒ]
V (법규를) 어기다, 위반하다, 침해하다
강하게(in) 깨트리다(fringe)
* infringement 위반, 침해, 판권 침해
ex) The prisoners complained that their rights were being infringed.

frail
[freil]
A 무른, 부서지기 쉬운, (체질이) 약한, 덧없는
부서지기(fra) 쉬운(il)
* frailty 약함, 취약성, 덧없음; [pl.] 흠, 결점, 심약
ex) I last saw him just last week and thought how old and frail he looked.

friable
[fráiəbl]
- A 부서지기 쉬운, 무른, 버슬버슬한
- * friability 취약함, 무름

refrain
[rifréin]
- V 그만 두다, 삼가다, 참다
- N 후렴, (시가의) 반복구
- ex) We **refrained** from talking until we knew that it was safe.

friction
[fríkʃən]
- N (두 물체의) 마찰, 알력
- * fricative 마찰로 생기는
- ex) **Friction** within the pump caused the metal to become hot.

frivolous
[frívələs]
- A 천박한, 사소한, 하찮은, 어리석은
- * frivolity 천박, 경솔; 경솔한 언동, 하찮은 일
- ex) A **frivolous** attitude won't help you in this profession.

flippant
[flípənt]
- A 경솔한, 건방진
- ex) Sorry, I didn't mean to sound **flippant**.

fracas
[fréikəs]
- N 소동, 싸움, 난리

fray
[frei]
- N 싸움, 소동, 난투; 경기
- ex) They were ready for the **fray**.

affray
[əfréi]
- N (공공장소에서의) 소란[폭력]행위
- ex) The maximum penalty for affray is three years' imprisonment.

aplomb
[əplá:m]
- N 태연자약, 침착, 수직
- ex) He delivered the speech with his usual **aplomb**.

BREAK = 부수다(break)

break
[breik]
- V 깨뜨리다, 부수다, 고장 내다; 개척하다, 쉬다
- V 갈라진 틈, 깨짐, 파괴; 단절, 중단; 잠깐의 휴식; 분기점; 실수; 행운, 기회

breach
[bri:tʃ]
- N 갈라진 틈, 트인 구멍; 위반, 불이행, 침해
- V (성벽, 방어선 등을) 돌파하다; (법률, 약속, 협정 등을) 위반하다
- ex) A cannon ball had made a **breach** in their castle walls.

breech
[bri:tʃ]
- N 볼기; 총의 개머리, 포미(砲尾)
- V (포·총에) 포미[총미]를 달다

brake
[breik]
- N 브레이크, 제동기; 방지, 억제
- ex) I slammed on the **brake** but it was too late.

brick [brik]	**N** [집합적] 벽돌; 벽돌 모양의 것; 믿음직한 남자	네모로 잘라 놓은 (break) 돌
	ex) Someone had thrown a **brick** through the shop window.	
bruise [bru:z]	**N** 타박상, 멍, 상처, 흠, (마음의) 상처 **V** 타박상을 주다, 멍들게 하다, 상처를 주다, 빻다, 찧다	때려서 생긴 상처
	ex) One or two of the peaches had **bruises** on them which I had to cut out.	
prick [prik]	**N** 찌름, 찌른 자국, 찌르는 도구, 양심의 가책 **V** (바늘 등으로) 따끔하게 찌르다, 찔러서 뚫다; 자극하다, 격려하다	뾰족하게 때리는 것
	ex) **Prick** the skin of the potatoes with a fork before baking them.	
prickle [príkl]	**N** 가시, 바늘, 가시 같은 것; 찌르는 듯한 아픔 **V** 찌르다, 쑤시다; 얼얼 쑤시게 하다, 욱신거리게 하다; 따끔 따끔 아프다	prickle < prick
	ex) The fruit can be eaten once the **prickles** have been removed.	

RUPT = 부수다(break), 터지다(burst)

bankrupt(파산한)는 'bank(환전상의 책상)가 부서진(rupt)'의 뜻이다. 어근 rupt는 break의 의미.

rupture [rʌ́ptʃər]	**N** 파열, 단절, 불화 **V** 파열 시키다, 파열하다	부서지는 (rupt) 것 (ure)
	ex) The impact **ruptured** both fuel tanks	
abrupt [əbrʌ́pt]	**A** 갑작스러운, 뜻밖의, 무뚝뚝한, 가파른 * **abruptly** 갑자기, 무뚝뚝하게	멀리 (ab) 터지다 (rupt)
	ex) Our kiss came to an **abrupt** end when her mother burst into the room.	
bankrupt [bǽŋkrʌpt]	**N** 파산자, 지불 불능자; 성격 파탄자 **A** 파산한, 지불 능력이 없는 **V** 파산시키다 * **bankruptcy** 파산, 도산, 파탄; (명성 등의) 실추	은행(bank)이 부서지다(rupt)
	ex) The insurance company went **bankrupt** due to the hurricane.	
corrupt [kərʌ́pt]	**A** 타락한, 부도덕한 **V** 타락시키다, 부패하다 * **corruption** 타락; 퇴폐; 매수, 부패 * **corruptive** 타락시키는, 부패성의	완전히 (cor) 부서진 (rupt)
	ex) The **corrupt** detective resigned in disgrace.	
disrupt [disrʌ́pt]	**V** 분열시키다, 와해시키다, 중단시키다 * **disruption** 분열, 와해 * **disruptive** 와해된	부숴(rupt) 없애다(dis)
	ex) Bus services will be **disrupted** tomorrow because of the bridge closure.	
erupt [irʌ́pt]	**V** (화산이) 분화하다(burst out), 폭발하다	밖으로 (e<ex) 터지다 (erupt)
	ex) It is still an active volcano and could **erupt** at any time.	
interrupt [intərʌ́pt]	**V** 막다, 방해하다(stop; cut off; hinder) * **interruption** 방해, 중단시킴	break into(inter) = 방해하다
	ex) Water service may be **interrupted** for short periods of time.	

irrupt [irʌ́pt]	V 돌입하다, 침입하다, 난입하다(break into) * irruption 돌입, 침입 * irruptive 돌입하는, 침입하는 ex) Violence once again **irrupted** into their peaceful lives.	break in(ir<in) = 침입하다
rout [raut]	N V 패주(defeat); 패주시키다 ex) South Korea **rout** England 5-1 in friendly.	까트러다(rout<rupt)
route [ru:t]	N 길, 노정; 루트, 항로 V 루트로 발송하다 ex) He can easily get to work because he lives on a bus **route**.	사람들이 자주 다녀 터진 곳
routine [ru:tín]	N 일과; 기계적 절차 A 일상의, 틀에 박힌; 기계적인 ex) Church services and prayer time is a part of my daily **routine**.	route에서 온 → 늘 가는 길

RIP = 베다, 쪼개다(slit)

rupt보다 날카롭게 생긴 rip은 날카롭게 break 하는 것, 즉 '쪼개는 것'을 의미한다.

reap [ri:p]	V 베어 들이다, 베다, 수확하다; 획득하다 ex) Sow the wind and **reap** the whirlwind.	reap(베다)
reef [ri:f]	V 긴축하다 N 암초; 모래톱; 위험한 장애물 ex) The huge steamboat struck a **reef** at Raphael Island.	바를 쪼개는 것
rift [rift]	N 갈라진 데, 틈, 균열 V 가르다; 갈라지다 ex) The beautiful lady caused a **rift** between the brothers.	쪼개진 곳(rift)
rip [rip]	V 째다, 찢다; 벗겨내다; 빼앗다, 훔치다 ex) He didn't realize that his trousers **ripped** until she laughed at him.	쪼개다(rip)
ripple [rípl]	N 잔물결; 파문, 물결 모양 V 잔물결을 일으키다 * riffle 강의 물살이 빠른 곳; 잔 물결, 홈 * ripple effect 파급효과 ex) The stone she threw caused **ripples** to spread across the lake.	잘게(le) 쪼개짐(ripp)
rive [raiv]	V 찢다, 쪼개다; 잡아 뜯다 ex) The bark of the trunk was **riven** off.	쪼개다(rive)
ripe [raip]	A 익은, 숙성한; 준비가 된; 노련한 ex) Soon **ripe**, soon rotten. 조숙조로(早熟早老), 대기만성	reap 할 때가 된(ripe)

* flei- = 쪼개다(split)

flinders	N 파편, 부서진 조각
flint	N 부싯돌, 단단한 물건
splint	N 부목, 얇은 널판지; 비골
split	V 쪼개다, 찢다, 분열시키다
skinflint	N 지독한 구두쇠

* clev = 쪼개다(tear apart)

cleft	A	갈라진, 쪼개진 N 갈라진 틈, 분열, 단절
cleavage	N	쪼개짐, 분할; 분열; 유방 사이의 골짜기
cleave	V	쪼개다, 헤치며 나아가다, 분열시키다
cleaver	N	고기 베는 큰 칼; 쪼개는 것[사람]
clevis	N	U자형 갈고리, U링크
glyph	N	세로 홈, 그림문자, 상형문자; 그림표지
hieroglyphic	N	상형문자로 써놓은 것; 그림 문자의, 상징적인

* frit = 조각내다(shred)

fritter	V	쓸데없는 일에 쓰다; 감소하다; 퇴화하다
*fritter²	N	[보통 pl.] 얇게 썬 과일[고기]의 튀김

* lacer = 찢다(tear)

lacerate	V	(얼굴·팔을) 찢다(tear); 상하게 하다, 괴롭히다
laceration	N	찢음, 갈가리 찢음; 괴롭힘; 고뇌; 찢어진 상처

* skiver = 얇게 썬 조각(slice)

skewer	N	꼬챙이 V 꼬챙이로 꿰다; 날카롭게 비판하다

* viol = 까다, 부수다(break)

violate	V	위반하다, 침해하다, 훼손시키다; 신성을 모독하다
violation	N	위반, 침해; 방해, 침입; 신성모독
violence	N	격렬, 맹렬, 폭력
violent	A	격렬한, 맹렬한, 폭력적인
inviolable	A	불가침의, 신성한

* bust = 타다(burn), 깨뜨리다(break)

bust	V	파열하다, 폭발하다, 파멸하다
combustion	N	연소, 산화, 자연 연소
combustible	A	타기쉬운, 가연성의; 흥분하기 쉬운
combustive	A	연소의

* pestle =으 까다, 갈다(pound)

pestle	N	막자, 공이, 절굿공이
	V	막자[공이]로 찧다, 갈다, 짓이기다
mortar	N	막자 사발, 약절구; 박격포; 모르타르, 회반죽
pistil	N	암술(↔stamen)

* mash = 으 까다(mash)

mash	N	짓이겨서 만든 것 V 짓이기다; 으깨다
smash	V	때려부수다, 깨뜨리다, 격파하다, 대패시키다
	N	분쇄; 부서지는 소리; 강타; 스매시; 충돌

FUG = 도망가다(flee)

해리슨 포드 주연의 영화 '도망자'의 원제는 'The Fugitive'이다.
'피유~윽(fug) 도망가다'로 기억하자.

fugacious
[fjuːgéiʃəs]
[도망(fug) 가는 (acious)]
A 손에 잡히지 않는, 덧없는, 빨리 없어지는
* fugacity 덧없음; 달아나기 쉬움
ex) What has society done in actuality with respect to wild animals and **fugacious** minerals?

fugitive
[fjúːdʒətiv]
N 도망자, 방랑자   A 도망가는, 순간적인, 달아나는
도망(fugi) 가는 [사람](tive)
ex) The sheriff formed a posse and empowered it to arrest the **fugitive**.

centrifugal
[sentrífjugəl]
A 원심력의; 지방분권적인   N 원심분리기
중심(centri)에서 달아나는 (fugal)
* centrifugal force 원심력   * centrifuge 원심분리기   * centrifugation 원심분리
ex) Solid can be separated from liquid by **centrifugation**.

refuge
[réfjuːdʒ]
N 피난, 은신처, 보호
뒤로 (re) 도망가는 곳 (fuge)
* refugee 피난민, 망명자   * refugee camp 난민 수용소   * refugeeism 피난자의 상태
ex) Many people escaping persecution are seeking **refuge** in this country.

subterfuge
[sʌ́btərfjùːdʒ]
N 구실, 핑계; 속임수, 협잡
아래쪽(subter)으로 피함(fuge)
ex) It was clear that they must have obtained the information by **subterfuge**.

febrifuge
[fébrifjùːdʒ]
N 해열제, 청량음료
열(febri)로 부터 달아남(fuge)
ex) Phalsa bark is used as a demulcent, **febrifuge**, and in the treatment of diarrhea.

lucifugous
[luːsífjugəs]
A 햇빛을 싫어하는, 배일성의
빛(luc)을 싫어(fug) 하는 (ous)
ex) Owls and bats are shy and **lucifugous** creatures.

* amoliri = 피하다(avert)

amulet
N 부적
ex) They're like an **amulet** to break the jinx.

* dod = origin unknown

dodge
V (재빨리) 피하다, 날쌔게 비키다(avoid), 속이다
N 몸을 휙 피함; 속임수; 꾀, 묘안

shirk
V 회피하다; 꾀부리다   N 책임 회피, 근무 태만

quirk
N 변덕, 기벽(奇癖); 얼버무려는 말(quibble); 경구

* **shunt**
V 바꾸다, 되돌리다; 회피하다

* weasel = 족제비 (weasel)

weasel
N 족제비; 교활한 사람, 밀고자   V 회피하다, 밀고하다

* **ferret**
N 흰담비; 극성스러운 탐정   V 색출하다; 찾아내다

ferret: 흰담비
토끼나 쥐를
굴에서
몰아내기
위해 기름

FUM = 연기(smoke)

옆의 그림처럼 담배나 불을 '피우면(fum)' '연기'가 난다.
그래서(?) 어근 fum은 '연기(smoke)'의 뜻이다.

fume
[fjuːm]
N 증기, 가스, 노여움, 훈연
V 증기를 쐬다, 연기 내다; 약오르다, 성나 날뛰다

fumigate
[fjúːməgèit]
[연기(fume)를 나오게(ig) 하다(ate)]
V 연기로 그을리다; 훈증 소독하다; 향을 피우다
* fumigant 훈증 소독제 * fumigation 훈증 소독(법)
ex) We had to **fumigate** the cellar to get rid of cockroaches.

fumatorium
[fjùːmətɔ́ːriəm]
N 훈증실, 소독실, (식충동물의)포충대
* fumatory 연기의; 훈증소
ex) Chemical vapors are used to destroy insects and fungi on plants in **fumatorium**.

perfume
[pərfjúːm]
N 향기, 향수   V 향기가 나게 하다
* perfumery 향료제조(소)
ex) What **perfume** are you wearing?

* 다음의 단어들은 'smell'과 같은 어근에서 유래했다.

smoulder
[smóuldər]
V 그을리다, (불꽃 없이) 연기만 나다, (감정이) 사무치다
ex) She was **smouldering** with rage as she explained how her son had been killed.

smother
[smʌ́ðər]
V 숨막히게 하다, 질식시키다, 질식하다
    덮어버리다, 휩싸다; (성장을) 방해하다
ex) They held guns to our heads and threatened to **smother** us with plastic bags.

FUS/FOUND = 녹이다(melt), 붓다(pour)

어근 fus와 그 변형인 found는 '녹이다', '붓다'의 의미를 가지며 특히 '녹여서 섞다, 융합하다'의 의미를 내포한다.

fuse
[fjúːz]
V 녹이다, 녹다; 융합시키다[하다]; 연합하다
ex) The heat of the fire **fused** many of the machine's parts together.

* 전기 제품 안의 fuse는 라틴어 fuscus에서 유래한 것으로 spindle(돌레자락)을 뜻하는데 fuse의 생김새가 비슷하여 볼 여겼다.

fusion
[fjúːʒən]
N 용해, 용융, 융합, 제휴, 종합
ⓓ fission 열개, 분열, 핵분열   ⓓ fissure 갈라진 틈
ex) He describes opera as the glorious **fusion** of music and high drama.

affusion
[æfjúːʒən]
N (세례의) 관수식

circumfuse
[sə́:rkəmfjú:z]
V (빛, 액체, 기체 따위를) 주위에 퍼붓다, 끼얹다
주변에(circum) 붓다(fuse)
* **circumfusion** 주위에 퍼붓기, 끼얹기, 살포

confuse
[kənfjú:z]
V 혼동하다, 혼란시키다; 어리둥절하게 하다
함께(con) 붓다(fuse)
* **confusion** 혼동, 난잡, 뒤죽박죽, 혼미, 당황   * **confused** 혼란스러운, 당황한
ex) I was so **confused** in today's history lesson. I didn't understand a thing!

defuse
[di:fjú:z]
V 신관을 제거하다, 진정시키다
신관(fuse)을 제거하다(de)
ex) Local police are trying to **defuse** racial tension in the community.

diffuse
[difjú:z]
V (빛,열,냄새를)발산하다, 퍼뜨리다, 보급하다
A 널리 퍼진, 흩어진; (문체 등이) 산만한, 말 수가 많은
떨어(dif<dis) 붓다(fuse)
* **diffusion** 발산, 보급, 확산   * **diffusive** 퍼진, 장황한, 산만한
* **diffusible** 퍼지는   * **diffusate** 확산제   * **rediffusion** 재방송
ex) Television is a powerful means of **diffusing** knowledge.

effusive
[ifjú:siv]
A 심정을 토로하는, (감정이) 넘쳐 흐르는
밖으로(ef) 붓(fuse)는(sive)
* **effuse** 발산하다, 스며 나오다, (심정을) 토로하다   * **effusion** 유출, (감정)토로, 표현
ex) They gave us such an **effusive** welcome it was quite embarrassing.

interfuse
[ìntərfjú:z]
V 배어들게 하다, 침투시키다, 혼합시키다
사이에(inter) 붓다(fuse)
* **interfusion** 침투, 혼합

infuse
[infjú:z]
V 주입하다, (사상, 활력을) 불어넣다, 고취하다
안으로(in) 붓다(fuse)
* **infusion** 주입,고취, 혼합   * **infusible** (액체, 사상 따위를) 주입할 수 있는
ex) The pulling down of the Berlin Wall **infused** the world with optimism.

perfuse
[pərfjú:z]
V 온통 쏟다, 가득 채우다, 넘치게 하다
완전히(per) 붓다(fuse)
* **perfusion** 가득 채움, 살포   * **perfusive** 넘치게 하는, 살포하는

profuse
[prəfjú:z]
A 풍부한, 낭비하는, 사치스런, 아낌없는
앞에(pro) 붓는(fuse)
* **profusion** 풍부함, 사치스러움   * **profusely** 아낌없이, 풍부하게
ex) The company accepted blame and sent us **profuse** apologies.

refuse
[rifjú:z]
V 거절하다   N 쓰레기   A 가치 없는, 쓰레기의
뒤로 다시(re) 붓다(fuse)
* **refusal** 거절, 거부, 취사선택, 우선권, 선택권, 선매권
ex) She asked him to give her another loan, but he **refused**.

suffuse
[səfjú:z]
V (빛깔이나 눈물 따위가) 뒤덮다, 충혈되다
아래로 (suf<sub) 붓다 (fus)
* **suffusion** 충혈, 충만, 얼굴 빨개짐
ex) Her face was **suffused** with red color.

transfuse
[trænsfjú:z]
[옮겨(trans) 붓다(fuse)]
V 다른 용기에 옮겨 붓다, 수혈하다
* **transfusion** 수혈   * **transfusive** 수혈하는, 불어넣는
ex) She was infected with AIDS due to a contaminated blood **transfusion**.

fusillade
[fjúːsəlɑ̀ːd]

N 일제사격, 집중포화, 빗발치는 것

ex) He faced a **fusillade** of questions from the waiting journalists.

found
[faund]

V (금속을) 녹이다, 녹여 붓다; 주조(鑄造)하다

* **foundry** 주물공장, 주물류   * **foundry man** 주물직공

confound
[kənfáund]

V 혼동하다, 당황[난처]하게 하다, 좌절시키다

* **confounded** 혼란한, 당황한, 지독한, 괘씸한

ex) The sudden rise in share prices has **confounded** economists.

dumbfound
[dʌ́mfaund]

V 말문을 막히게 하다, 놀래다

* **dumbfounded** (놀라서)말문이 막힌

funnel
[fʌ́nl]

N 깔때기, 채광구멍, 굴뚝   V 깔때기 모양이 되게 하다

ex) When you've ground the coffee, use a **funnel** to pour it into the jar.

futile
[fjúːtl]

A 무익한, 쓸데없는; 하찮은; 변변찮은

* **futility** 무익한 것, 무용지물   * **futilitarian** 편협한 (사람), 비관적인 (사람)

ex) It's quite **futile** trying to reason with him – he just won't listen.

* 라틴 어근 fus를 좀 더 거슬러 올라가면 인도-유럽 어근 gheu를 만날 수 있는데 gust와 gush 역시 여기에 그 뿌리를 두고 있다.

gust
[gʌst]

N 일진 광풍, 질풍; 소나기; (감정의) 격발(outburst)
V (바람이) 갑자기 세게 불다, 분출하다; 폭발하다

ex) The day was cold and **gusty**.

gush
[gʌʃ]

N 분출, 솟아나옴, 감정의 발산; 풍부, 대량
V 세차게 흘러 나오다, 분출하다, 지껄여 대다

ex) Oil **gushed** out from the hole in the tanker.
ex) She was quite unprepared for the **gush** of praise which her play received.

MELT = 녹이다(melt)

melt
[melt]

V 녹다, 누그러지다   N 용해, 용해물, 용해량

* **melting pot** 도가니   * **melter** 용해 장치;용해업자   * **molten** 녹은; 주조한 [과거분사]

ex) It was so hot the butter started to **melt**.

meltage
[méltidʒ]

N 용해;용해물;용해량

smelt
[smelt]

V (금속을) 용해하다, (광석을) 녹여서 제련하다

* **smelter** 용광로

ex) The new lead **smelting** plant will recycle the lead from car batteries.

GAM = 결혼(marriage)

결혼하는 것을 흔히 '장가간다', '시집간다' 등으로 표현한다. 그 간다는 말에 초점을 맞춰서 어근 gam(감)이 '결혼'이라는 것을 기억하자.

gamogenesis
[gæ̀moudʒénəsis]
N 유성생식
* **agamogenesis** 무성생식
ex) There are two distinct methods of reproduction; agamogenesis and **gamogenesis**.

결혼(gamo)에 의한 발생(genesis)

bigamy
[bígəmi]
N 중혼(죄)
* **bigamous** 중혼한, 중혼생활의
ex) She was set to appear in court after being charged with **bigamy**.

두 번(bi) 결혼한(gamy)

monogamy
[mənágəmi]
A 일부일처주의
* **monogamous** 일부 일처의; 일자일웅의   * **monogamist** 일부일처주의자
ex) More emphasis on abstinence and **monogamy** are needed in the society.

한번(mono) 결혼한(gamy)

polygamy
[pəlígəmi]
N 일부 다처, 자웅 혼주
* **polygamous** 일부다처의   * **polygamist** 일부 다처자
ex) **Polygamy** was common in Namibia.

여러 번(poly) 결혼한(gamy)

misogamist
[miságəmist]
N 결혼혐오자

결혼을(gamy) 싫어함(miso)

gamete
[gəmi:t]
N [생물] 배우자 (난자, 정자), 생식체
* **gametocyte** 생식모세포, 배우자 모세포
ex) Only one from each pair of the chromosomes is represented in a **gamete**.

결합하는(gam) 작은 것(ete)

synergamy
[sinə́:rgəmi]
N 공동결혼, 코뮌식 결혼(공동체적 복수결혼제)
ex) The type of marriage I am proposing is called **synergamy**.

동시에(syn) 결혼한(gamy)

amalgamate
[əmǽlgəmèit]
V 합병하다, 아말감으로 만들다
* **amalgamation** 합동, 아말감
ex) The company began as an **amalgamation** of small family firms.

결합하여 통합된 하나가 되다

* copul = 함께 연결된(join together)

couple	N	한쌍, 커플 V 연결하다, 결혼시키다, 짝을 짓다
copula	N	연결사; [해부] 접합부; 성교
copulate	V	성교하다, 교미하다
copulation	N	성교, 교미; 연결, 결합

couple = 연결된 것

* catena = 사슬(chain)

catena	N	(사건·의논 등의) 연속, 연쇄; 성서 주석집
concatenate	A	연쇄된, 이어진, 연결된 V 사슬로 잇다, 연결하다

축구에서 빗장수비(catenaccio)란 4명의 스위퍼가 사슬처럼 수비를 보는 형태로 전술로 이탈리아가 유명함

GLOB/GLOM = 공(ball)

'globe'란 원래 '구'나 '공'을 의미하는데 지구가 구형으로 생겼기 때문에 '지구' 또는 '세계'의 의미까지 확대된다. 세계화는 영어로 globalization! 비슷하게 생긴 'glom' 역시 '공'을 의미한다.

global [glóubəl]	A 구형의, 지구상의, 전체적인 * globe 구, 공; 지구, 세계; 공 모양으로 만들다 * globalism 세계적 관여주의; 세계화 * global village 지구촌 * global warming 지구 온난화 ex) The oil-well fires are a regional but not a **global** catastrophe.	공(glob)의(al)
globalize [glóubəlàiz]	V 전 세계에 퍼지게 하다, 세계화하다 * globalization 세계화 ex) Satellite broadcasting is helping to **globalize** television.	세계(global) 화하다(ize)
globule [glábju:l]	N (액체의) 작은 방울, 혈구, 환약 * globe 공, 구, 전체, 눈알, 지구 * globulous 작은 공 모양의 ex) The north and south poles are literally antipodal; that is, they are exactly opposite each other on the **globe**.	둥글고(glob) 작은 것(ule)
conglobate [kənglóubeit]	V 둥글게 하다, 뭉치다 * conglobation 둥근 것	함께(con) 둥글게(glob) 하다(ate)
glomerulus [gləmérjuləs]	N [해부] (신장 등의) 사구체	둥글게(glomer) 뭉친 것(ulus)

* 신장 내 구조물 중 하나로서 모세혈관이 모여서 공처럼 덩어리를 형성하고 있으며 개개의 신장에 100~150만 개가 있다.

agglomerate [əglámereit]	N 덩어리, 집괴암 (agglomeration) V 덩어리로 만들다 A 덩어리의, 집적된 * glomerate 구형으로 모인, 밀집해 있는 ex) The country is an **agglomeration** of different ethnic and religious groupings.
conglomerate [kənglámərət]	N 둥근 덩어리, 집괴, 집성체, 거대 복합기업 A 둥글게 뭉친, 밀집한 V 둥글게 뭉치다 ex) The newspaper had been owned by a private family instead of a corporate **conglomerate**.

* gross = 덩어리(bulk)

gross	N 전체의, 철저한, 커다란, 엄청난	전체의(gross)
engross	V 집중시키다, 열중시키다; 독점하다, 매점하다	전체가(gross) 되게 하다(en)

* mass = 덩어리(lump), 양(quantity)

mass	N 덩어리, 무리, 대중; 질량	덩어리(mass)
amass	V 모으다, 축적하다	덩어리(mass)로 (a) 만들다
massive	A 거대한, 엄청나게 큰, 심각한	덩어리(mass) 진(ive)

GORG/GURG = 목구멍(throat)

'가그린(garglin)'이 여기에서 왔다. 우리말 '꼴깍(gorg) 꼴깍'을 떠올려 보라.

gorge
[gɔːrdʒ]
N 협곡, 목구멍, 식도, 위, 불쾌감
V 뱃속에 채우다, 게걸스레 먹다
ex) The only way to cross the **gorge** was over a flimsy wooden bridge.

gorgeous
[gɔ́ːrdʒəs]
A 화려한, 호화로운, 멋진
* **gorgeousness** 화려함, 멋짐
ex) We had **gorgeous** weather on our holiday.

gourmand
[gúərmɑːnd]
N 대식가, 식도락가
* **gourmandism** 미식주의, 식도락
ex) I then became a literary **gourmand**. I just stuffed myself with books.

disgorge
[disgɔ́ːrdʒ]
V 토하다, 분출하다
ex) The pipe was found to be **disgorging** dangerous chemicals into the sea.

engorge
[ingɔ́ːrdʒ]
V 마구 먹다, 게걸스레 먹다, 충혈시키다
ex) When you blush, your cheeks have become **engorged** with blood.

regorge
[rigɔ́ːrdʒ]
V 토하다, 되돌아 흐르다
ex) The food shall be **regorged** from your mouth. It tastes funny.

gargle
[gáːrgl]
V 입안을 가시다, 양치하다 N 양치액, 양치질
ex) **Gargling** with an aspirin solution soothes a sore throat.

gurgle
[gɔ́ːrgl]
V 쏴소리[를 내다], (좋아서) 까르르 소리를 내다
ex) Water **gurgled** through the pipes.

gullet
[gálit]
N 식도(esophagus), 목(throat); 협곡
ex) When I stand in front of her, I stick in my **gullet**.

gargoyle
[gáːrgɔil]
N 괴물꼴 홈통 주둥이, 이무기돌; 못생긴 사람
ex) The **gargoyles** at the top of Notre Dame look down over Paris.

ingurgitate
[ingɔ́ːrdʒətèit]
V 마구 들이키다, 흡수하다
* **ingurgitation** 침식, 흡수
ex) The following books are what I have **ingurgitated** since January 2004.

regurgitate
[rigɔ́ːrdʒətèit]
V 되뱉다, 게우다
* **regurgitation** 토해냄, 되품기
ex) Owls **regurgitate** partly digested food to feed their young.

glutton [glʌ́tn]	N 대식가; 열성가, 끈질긴 사람 * **gluttonous** 많이 먹는, 탐욕스러운, 열중하는 * **gloat** 흡족한 듯 바라보다; 만족, 흡족 * **glut** 배불리 먹이다, 만족시키다; 충만, 과식, 포만 * **gluttony** 대식, 폭식, 폭음	
jargon [dʒɑ́ːrgən]	[jarg<garg: 자꾸 어려운 말 하면 가글거리는 소리로만 들림] N (특정 분야의 전문·특수) 용어 ex) Try to avoid using too much technical **jargon**.	
gull [gʌl]	V 속이다　N 잘 속는 사람, 얼간이; 사기꾼 * **gudgeon** 잘 속는 사람 [모샘치: 미끼로 쓰는 물고기]	
gullible [gʌ́ləbl]	[gull = swallow: 삼키기 쉬운] A 잘 속는 ex) I am angry with myself for being **gullible**, credulous and naive	

* 어근 **gust**는 '맛(**taste**)'의 뜻으로 함께 기억하는 것이 좋다.

gust [gʌ́st]	N [고어] 맛, 미각, 풍미, 기호; 기쁨, 만족 ex) A **gust** of sweetness has gone.	gust(맛)
gusto [gʌ́stou]	N 즐김, 기호, 취미; 예술적 기품; 맛있음 * **with gusto** 맛있게, 입맛을 다시며; 즐겁게, 신나게 ex) Hers was a minor part, but she played it with **gusto**.	
disgust [disgʌ́st]	N (매우) 싫음, 메스꺼움, 혐오감, 질색, 넌더리 V 메스꺼워지게 하다, 정떨어지게 하다, 넌더리 나게 하다 * **disgusting** 메스꺼운, 넌더리 나는; 정말로 싫은 ex) He resigned from the committee in **disgust** at the corruption.	

* **guttur** = 목구멍(**throat**)

guttural	A 목구멍의; 목구멍에서 나오는　N 후두음
gutturalize	V 목구멍으로 발음하다; 후음화하다
goiter	N 갑상선종(甲狀腺腫)

* **larynx** = 목구멍(**throat**)

larynx	N 후두
laryngeal	A 후두의
laryngitis	N 후두염(laryngeal catarrh)
laryngology	N 이비인후과(otorhinolaryngology)

* **palat** = 입천정(**palate**)

palate	N 구개, 입천정; 미각
platable	A 맛있는, 마음에 드는, 구미에 맞는
unpalatable	A 불쾌한; 구미에 맞지 않는
* palaver	N 장시간의 협의, 이민족과의 교섭; 수다, 재잘거리기
* palatial	A 대궐 같은, 궁전 같은; 으리으리한

GRAV = 무거운(heavy)

'파다'의 의미를 갖는 'grave(무덤)'와는 구분하여 기억해야 한다.
'끌어보(grav)니 무거운'으로 기억하자.

grave
[greiv]
A 무거운, 신중한
* **gravity** [물리]중력, 지구인력, 진지함   * **graveness** 진지함, 중대함
* **gravely** 진지하게, 심각하게
ex) It was a **grave** misjudgment when he accused me of lying.

무거운

gravitate
[grǽvətèit]
V 인력으로 끌리다, 끌어당기다
* **gravitation** [물리]인력작용, 중력, 침전
ex) I can feel myself **gravitating** towards the food table!

무거운(grav)쪽에 가(it)다(ate)

gravid
[grǽvid]
A 임신한, 임신중인
* **gravidity** 임신

몸이 무거워(grav)진(id)

grieve
[gri:v]
V 슬픔에 잠기다, 비탄에 잠겨 있다
* **grievous** 슬프게 하는   * **grief** 슬픔, 고뇌   * **grievance** 불만의 원인, 불평
ex) Newspapers should not intrude on people's private **grief**.

(마음을) 무겁게 하다

guru
[gu:ru]
N (힌두교의) 교사; 정신적 지주, 전문가, 권위자
ex) He's the **guru** in this field.

한 그루(guru) 나무같은 사람, 정신적 지주

aggravate
[ǽgrəvèit]
V 더욱 악화시키다, 괴롭히다
* **aggravation** 악화 됨, 가중
ex) The situation will be **aggravated** if soldiers are brought into the city.

더욱(ag) 무겁게(grav)하다(ate)

aggrieve
[əgríːv]
V 괴롭히다, 학대하다
ex) I want to move on to the issue which **aggrieves** me most in this.

더욱(ag) 무겁게 하다(grieve)

@ **engrave**
[ingréiv]
V 조각하다, 명심하다; ~에게 강한 인상을 주다
* **engraving** 조각, 조판
ex) The jeweller skillfully **engraved** the initials on the ring.

안을(en) 파다(grave)

* grave(=무덤)

@ **unearth**
[ʌnə́:rθ]
V 파내다, 발굴하다, 찾다, 밝혀내다
ex) I **unearthed** my old diaries when we moved house.

땅속에 있지(earth) 않게 하다(un)

* Mausoleum = Caria왕조의 왕 Mausolus의 무덤

mausoleum   N 웅장한 무덤, 영묘(靈廟), 능;크고 음침한 건물
* **sepulcher**   N 무덤, 묘, 지하매장소

장려한 무덤에 모셔놈(mausoleum)

GREG = 군집(group)

단어 gregarious를 우리말 '그리 가리 어서'로 바꾼 다음, '그리'로 모여드는 모양을 연상한다.

gregarious
[grigɛ́əriəs]
A 떼지어 사는, 군집성의
* gregarious instinct 군거본능
ex) Emma's a **gregarious**, outgoing sort of person.

aggregate
[ǽgrigèit]
[~쪽에(ag) 무리(greg)짓다(ate)]
V 집합하다, 모이다
* aggregation 집단, 집합
ex) Snowflakes are loose **aggregates** of ice crystals.
ex) I have **aggregated** all the figures, and the grand total is 5 million.

congregate
[káŋgrigèit]
V 모이다, 군집하다, 뭉치다
* congregation 모임, 집합 * congregative 모이는 경향이 있는, 집합적인
ex) A patient crowd had **congregated** around the entrance to the theatre, hoping to catch a glimpse of the stars of the show.

egregious
[igríːdʒəs]
[무리(greg) 밖에(e<ex) 있는(ious)]
A 아주 나쁜, 지독한; 탁월한, 발군의
* egregiousness 아주 나쁨
ex) It was an **egregious** error for a statesman to show such ignorance.

segregate
[ségrigèit]
V 분리시키다, 격리시키다, 차별하다
* segregation 격리, 인종차별
ex) The systems will have to be able to **segregate** clients' money from the firm's own cash.

desegregate
[diːségrigèit]
V 인종차별 대우를 철폐하다
* desegregation 인종차별의 철폐
ex) President Truman **desegregated** the American armed forces in 1948.

* sel/sul = 모이다(gather)

consult   V 의견을 묻다, 상담하다;의논하다   N 상담, 협의
counsel   N 상담, 의논, 조언, 충고; 결심   V 충고하다
consul   N 영사; 집정관
consular   N 영사관; 집정정치

* throng = 군중 (crowd)

throng   N 군중, 다수, 사람의 떼   V 떼를 지어 모이다

HORT = 사모하다(yearn)

인도유럽어근 gher-는 원하다, 사모하다의 뜻이다. hort는 변형으로 좋아하게 하다, 즉 권고하다의 의미를 지닌다. exhort를 '이거 좋다(exhort)'로 먼저 기억한 다음, '좋으니까 권고하다' 의미를 유출한다.

exhort
[igzɔ́:rt]
V 권하다, 장려하다
* exhortation 권유, 장려, 훈계
* exhortative, exhortory 권고(훈계)의
ex) The coach used his bullhorn to **exhort** us try harder.

hortation
[hɔ:rtéiʃən]
N 권고, 장려, 충고(advice)
* hortative 권고(장려)적인 * hortatory 충고의, 권고적인;장려[격려]의

charisma
[kərízmə]
N 재능, 매력, 카리스마, 탁월한 지도력
ex) The evangelist's undeniable **charisma** enabled him to believe what he preached.

Eucharist
[júːkərist]
N [the ~] 성만찬(the Lord's Supper);
[the ~]성체(聖體);성체 성사; [the ~] 성찬용 빵과 포도주

greedy
[gríːdi]
A 탐욕스러운, 몹시 탐내는; 게걸스러운, 탐식하는
ex) He is so **greedy** for money and power

yearn
[jəːrn]
[yearn < gher-]
V 동경하다, 사모하다; 그리워하다, 열망하다
* yen 열망
ex) She **yearned** over the orphan.

belief   N 믿음, 확신, 신념, 소신, 신뢰
lascivious   A 음란한, 외설적인, 호색의
lust   N 강한 욕망, 정욕, 색욕, 갈망 [@ luster 광택, 윤]
libido   N 생명력, 성욕, 성적 충동
libidinous   A 호색의, 선정적인

cohort   N 동일한 특색을 갖는 집단; (어떤 사람의) 지지자
court   N 법정, 법원, 코트, 궁궐
horticulture N 원예학

* woo = 마음이 기울다(inclined)

woo
V 구애하다, 구혼하다; 간청하다
* pitch woo 구애하다, 페팅하다
* wooing 구애; 구애하는
ex) The man is **pitching a woo** to his girl at the party.
파티에서 여자친구에게 키스하고 있다.

JUVEN = 젊은(young)

'주번(juven)'을 보는 '어린' 아이로 기억하자.

juvenile
[dʒúːvənl]
[젊음(juven)이 있는(ile)]
A 소년[소녀]의, 젊은, 아동의
* juvenile delinquency 소년범죄
ex) There has been a big increase in **juvenile** crime in the last few years.

juvenilia
[dʒùːvəníliə]
N 젊었을 때의 작품, 소년소녀를 위한 작품
ex) I even read some of her **Juvenilia** work called Love and Friendship.

juvenescent
[dʒùːvənésnt]
N 젊은, 청년이 되는
* juvenescence 젊음, 청춘, 회춘
ex) The old woman drank what was supposed to be a **juvenescent** elixir.

rejuvenate
[ridʒúːvənèit]
V 다시 젊어지다, 활기 띠게 하다(rejuvenize)
* rejuvenation 다시 젊어짐, 회춘, 원기 회복
ex) She felt **rejuvenated** by her fortnight in the Bahamas.

rejuvenesce
[ridʒùːvənés]
V 회춘하다; 새 활력을 얻다, 재생하다
ex) If you drink a youth fount, you will be **rejuvenesced** and keep your youth forever.

junior
[dʒúːniər]
A 손아래의; 연하의; ~보다 어린, ~보다 새로운
N 연소자, 손아랫 사람, 후진, 후배, 하급자
ex) Do you think I'm too **junior** to apply for this job?

adjutant
[ǽdʒuːtənt]
N 부관, 조수
* adjutant general 고급부관, 고급 장교   * adjutancy 부관의 직위
ex) In the military, an **adjutant** is a regimental staff officer, who assists the colonel, or commanding officer of a garrison or regiment.

* 원래는 young man을 뜻했던 yeoman도 함께 기억하자.

yeoman
[jóumən]
N 자작농, 자유농민; 헌신하는 사람
ex) Newton's father was a **yeoman** farmer who died shortly before his son's birth.

* lass = 처녀(unmarried women)

lass   N 젊은 여자, 처녀, 소녀, 아가씨
lassie   N 계집애, 소녀, 아가씨
lad(ie)   N 젊은이, 소년, 녀석, 친구
laddish   A 젊은이같은, 총각 같은

LABOR = 일하다(work)

단어 'laborious'를 '눠버렸어'로 기억한 다음 힘든 일을 연상하자.

laborious
[ləbɔ́:riəs]
A 힘 드는, 어려운, 인내를 요하는;
  <문체 등> 공들인; 근면한, 부지런한
ex) It was a difficult and **laborious** project.

labor
[léibər]
N 노동, 노력, 산고   V 노동하다, 일하다; 애쓰다
* **laborsaving** 노동절약의   * **laborer** 노동자, 인부, 비숙련공
ex) He **labored** to complete the task.

labored
[léibərd]
A <문장 등> 고심한 흔적이 있는
  무리한, 억지로 갖다 붙인, 부자연스러운

laboring
[léibəriŋ]
A 노동에 종사하는; 고통을 겪고 있는
* **the laboring class(es)** 노동 계급   * **laboringly** 애써서, 고생하여

laborsome
[léibərsəm]
A 힘드는, 성가신

laborite
[léibəráit]
N 노동당원
* **laborism** 노동당주의

laboratory
[lǽbərətɔ̀:ri]
N 실험실, 연구실

collaborate
[kəlǽbərèit]
V 협동하다, 협력하다
* **collaboration** 협동
ex) Quentin Tarantino and an star-studded cast **collaborated** to create the action flick.

elaborate
[ilǽbərət]
V 정성 들여 만들다, 동화하다   A 공들인, 정교한
* **elaboration** 정교함
ex) Most people don't think to put such an **elaborate** system in their car, but you're not most people.

---

* 에너지가 넘치는 어근 'dynam/dyn'도 함께 공부하자. dynamite의 유래가 된 어근으로 '힘(power)'을 의미한다.

dyne N 다인(힘의 단위)
dynamic A 동력의, 동적인, 역학의, 역동적인
dynamics N 동력학, 역학
dynamo N 발전기
dynasty N 왕조, 왕가
dynamite N 다이너마이트   A 고약한   V 전멸시키다
aerodynamics N 기체역학
* **kinetics** N 동력학

ERG = 일하다, 작용하다(work)

작용하게(ergy) 만드는(en) 힘, 'energy'가 여기서 왔다. 원래 이 어근은 인도-유럽어근 'uerg'에서 온 것으로 work의 조상이기도 한데, 변형으로는 'urg'나 'org'가 있다.

erg [əːrg]
N (물리) 에르그(일의 당량을 표시하는 단위)
* ergon 열의 일당량

[일의 단위]

allergy [ǽlərdʒi]
N 알레르기, 부작용
ex) Your skin problems are caused by an **allergy** to wheat.

[다르게(all) 작용하는(ergy)]

energy [énərdʒi]
N 힘(strength), 원기(vigor), 정력, 세력
* energetic 정력적인   * energize 활성화하다
ex) Jan is an **energetic** campaigner for animal rights.

[일하게(ergy) 하는(en) 것 = 에너지(energy)]

synergy [sínərdʒi]
[함께(syn) 작용하는(ergy)]
N (기관, 약 등의) 공동[상승] 작용
ex) Team work at its best results in a **synergy** that can be very productive.

ergatocracy [ərgətákrəsi]
N 노동자 정치

[일하는 자(ergato)의 정치(cracy)]

ergograph [ə́rgəgræf]
N (피로도, 근육활동을) 측정하는 기계

[노동량(ergo)을 기록하는(graph)]

ergonomics [ərgənámiks]
N 인간공학 (human engineering)

[노동(ergo) 공학(nomics)]

urge [əːrdʒ]
N 몰아댐, 재촉, 자극, 압박; (강한) 충동
V 재촉하다, 강력히 권하다; 강요하다; 자극하다; 역설하다, 주장하다
ex) These people seem unable to control their sexual **urges**.

[일하게 하다]

urgent [ə́ːrdʒənt]
A 긴급한, 다급한, 강요하는, 재촉하는
* urgency 긴급; 절박; 긴급한 일; 역설, 집요
ex) The most **urgent** thing is to make sure everyone is out of the building.

[어 전시다 (urgency) 긴급해]

chemurgy [kémərdʒi]
N 야금술(the art of getting metal from ore)
* alchemism 연금술, 야금술

[화학(chem) 작용(urgy)]

liturgy [lítərdʒi]
N 예배식, 전례; 기도식문; [the L~] 성찬식
ex) There have been arguments within the Church about **liturgy**.

[ㄴ, 털치(liturgy) 개를 성찬식에서]

surgery [sə́ːrdʒəri]
N 외과, 수술, 외과적 처치, [미] 수술실
* surgical 외과의, 외과의의, 수술의   * surgeon 외과의사, 군의
ex) He has an injury which can only be cured by **surgery**.

[살 째버(surgery)]

thaumaturgy
[θɔ́:mətə:rdʒi]
N 마술(magic), 요술 [wonder(thaumat) work(urgy)]
* **thaumaturge** 마법사

theurgy
[θí:ə:rdʒi]
[신(the)의 일(urge)]
N 신이 이룩한 일, 기적; 마술(sorcery)
* **theurgic** 마법의

organ
[ɔ́:rgən]
N 오르간, 파이프; 기관, 장기; 음성
* **organic** 유기체의, 기관의, (병이) 기질적(器質的)인; 유기비료만 쓰는

organize
[ɔ́:rgənàiz]
V 유기적형태를 주다, 조직하다, 편성하다
* **organization** 조직화, 구성, 편제; 체제, 기구
ex) They **organized** a meeting between the teachers and students.

orgy
[ɔ́:rdʒi]
N 떠들썩한 술잔치; 흥청거리기, 과도의 열중
* an **orgy** of bloodshed 수라장

LEN = 부드러운(soft, mild)

'술 한잔 **내니**(leni) 분위기가 **부드러워**졌다.'로 기억한다. 어근 len은 부드럽다는 뜻이다.

lenity
[lénəti]
N 자비심, 관대
ex) What makes robbers bold but too much **lenity**?

lenitive
[lénətiv]
[온 화(leni) 한(tive)]
A 진정시키는, 완화시키는(soothing) N 진정제, 완화제

leniency
[lí:niənsi]
N 너그러움, 관용; 자비; 관대한 행위
* **lenient** 관대한
ex) The judge treated the young woman with **leniency**.

lenis
[lí:nis]
N 연음
ex) Typically, voiced sounds are **lenis**.

relent
[rilént]
V 누그러지다, 가볍게 여기다
* **relentless** 잔인한   * **relentless criticism** 혹독한 비평
ex) Her parents eventually **relented** and let her go to the party.

unrelenting
[ʌnriléntiŋ]
A 용서 없는, 무정한, 꾸준한
ex) She will be remembered as an **unrelenting** opponent of racial discrimination.

lithe
[laið]
A 나긋나긋한, 유연한 (lithesome)
ex) He had the **lithe**, athletic body of a ballet dancer.

lissome
[lísəm]
A 나긋나긋한, 유연한, 부드러운; 민첩한 (agile)
ex) They are so athletic and yet so **lissome**.

litotes [laitóutiz]	**N** 곡언법 (eg. not bad)	부드러운 것

ex) To say, 'not bad,' when we mean 'pretty good', is an example of **litotes**.

* 다음의 단어들은 모두 나긋나긋한 단어들이다. 함께 공부하자.

supple **A** 나긋나긋한, 유순한, 순응하는   **V** 유순하게 하다[되다]
svelte **A** 날씬한, 미끈한; 세련된, 온화한
sylphlike **A** 공기의 요정 같은; 가냘픈, 날씬하고 우아한

LUD/LUS = 놀다, 연주하다(play)
'뉘 뒷 꼴 우스워(ludicrous)'라고 놀리면서 '노는(play)' 모습을 생각해 보라.

ludicrous
[lú:dəkrəs]
A 우스꽝스러운, 가소로운
* ludic 농담하고 놀기를 좋아하는
@ quizzical 우스꽝스러운, 기묘한, 난처한
ex) It was **ludicrous** to think that the plan could succeed.

allude
[əlú:d]
[~쪽으로 (al<ad) 연주하다(lude)]
V 암시하다, 언급하다   **N** 언급, 암시
ex) She also **alluded** to her rival's past marital troubles.

collude
[kəlú:d]
V 공모하다, 결탁하다   함께(col<con) 연주하다(lude)
* collusion 공모   * collusive 공모의, 결탁한
ex) Several people had **colluded** in the murder.

@ connive
[kənáiv]
V 묵인하다, 방조하다, 공모하다   함께(con) 윙크하다(nive)
ex) The government has **connived** with the security forces to permit murder.

delude
[dilú:d]
V 속이다, 현혹하다   아래에서(de) 연주하다(lude)
* delusion 현혹, 착각   * delusive 망상적인
ex) She had been **deluding** herself that he loved her.

elude
[ilú:d]
V 벗어나다, 피하다   밖으로 (e<ex) 놀다(lude)
* elusion 도피, 회피   * elusive 피하는, 벗어나는
ex) The criminal **eluded** the police.

illusion
[ilú:ʒən]
N 오해, 환상, 환각   속 (il<in)에서 노는 것(lusion)
* illusive 착각을 일으키는   * illusory 현혹하는
ex) I have no **illusions** about her feelings for me.

prelude
[prélju:d]
N 전주곡, 서문; 서곡을 연주하다   먼저 (pre) 연주한(lude)
* postlude 후주곡; 후주곡을 연주하다   * prolusion 서막, 서론
ex) I'm afraid that this border raid is the **prelude** to more serious attacks.

interlude
[íntərlù:d]
N 중간시, 막간, 간주곡   사이의 (inter) 연주 (lud)
ex) After a long **interlude** of peace, the brutality has come back.

MAND = 맡기다(commit), 명령(command)

무엇인가를 하게 '만드(mand)'는 것이 '명령'이다. 특별한 명령을 받은 단체는 commando (특공대).

mandamus
[mændéiməs]
N V 직무집행영장[을 발부하다]
명령(manda)을 전하는 것(mus)
ex) Stalin and Mussolini ruled by order of **mandamus**; it is dictatorship

mandate
[mændeit]
N 명령   V 명령하다
명령(mand)을 하다(ate)
* **mandatory** 명령의;위임의;강제의;의무의   * **mandatories** 수임자, 위임통치국
ex) The **mandate** indicates that all teachers have to work eight hours a day.

command
[kəmǽnd]
V 명령하다, 지배하다, 전망하다   N 명령, 지휘(권)
함께(com) 명령하다(mand)
* **commandant** 지휘관, 사령관   * **commando** 특공대   * **commander** 지휘관

commend
[kəménd]
V 칭찬하다, 권하다, 추천하다; 위탁하다
함께(com) 위탁하다(mend)
* **commendable** 칭찬할 만한   * **commendation** 추천, 칭찬
ex) I will **commend** a man to your notice.

countermand
[káuntərmænd]
V 취소하다, 반대하다   N 반대, 취소
반대(counter) 명령을 하다
ex) He expressed sympathy for their position but said he did not have authority to **countermand** court orders allowing the tube to be removed.

demand
[dimǽnd]
V 요구하다   N 청구, 수요, 요구
아래에서(de) 명령하다(mand)
* **demandable** 요구할 수 있는   * **demander** 청구자   * **demandant** 원고
ex) There's an increased **demand** for organic produce these days.

recommend
[rèkəménd]
V 추천하다, 충고하다; 맡기다, 위탁하다
강하게(re) 위탁하다(commend)
* **recommendable** 추천할 수 있는   * **recommendation** 추천
ex) I **recommend** that the work should be done at once.

remand
[rimǽnd]
V 돌려보내다, 반송하다
뒤로(re) 명하다(mand)
* **remand home** 소년 구치소
ex) The court decided to **remand** him in custody until October 24.

reprimand
[réprəmænd]
N 견책, 비난   V 징계하다, 호되게 꾸짖다
ex) I am afraid that my parents will **reprimand** me when I show them my report card.

META = after, beyond, with, change

'meta'는 많은 뜻을 동시에 지니지만, 보통 **변화하다, 전이하다** 등의 의미로 알면 된다. 별똥을 '**밑튀어(meteor)**'라고 먼저 기억한 후 별똥이 움직인다는 것에 착안하여 그 의미를 연상하자.

meteor
[míːtiər]
N 유성, 운석; 대기현상
ex) A meteor hit the earth and made a huge crater

meteoritics
[mìːtiərítiks]
N 유성학   ·[운석 흔히(it)에 관한 학문(ics)]
ex) Meteoritics is the science or study of meteorites.

meteorology
[mìːtiərálədʒi]
N 기상학   대기현상에 관한 학문(ology)

method
[méθəd]
N (조직적인) 방법, 순서, 규율   길(hod)을 바꿈(met)
* **methodical** 질서 있는, 조직적인   * **Methodism** 감리교
ex) He worked out a new **method**.

metabolism
[mitǽbəlìzm]
N (물질) 대사, 대사 작용, 신진대사   변화(meta)하여 던짐(bol+ism)
* **metabolic** 신진대사의
ex) Exercise is supposed to speed up your **metabolism**.

metaphor
[métəfɔ̀ːr]
N 은유, 메타포   변화시켜(meta) 옮김(phor<fer)
ex) 'The mind is an ocean' and 'the city is a jungle' are both **metaphors**.

metaphysics
[mètəfíziks]
N 형이상학, 순정철학, 심리학   자연(phys)을 초월한 학문(ics)
* **metaphysical** 형이상학의, 순수 철학적인
ex) Metaphysics is a difficult and deep field of study

metastasis
[mitǽstəsis]
N 변형, (암 등의) 전이; (화제의) 급변전   상태(stasis)가 변함(meta)
ex) Most cancer deaths are caused by the spread of cancer to new organs, a process called **metastasis**.

MIN = 위협하다(threaten), 튀어 나오다(jut)

menace를 우리말 '**매 놔서(menace) 위협하다**'로 기억한다.

menace
[ménəs]
V 위협하다, 협박하다   N 위협, 협박
* **minatory** 위협하는 (menacing)
* **minacious** 위협하는, 협박적인
ex) Dogs running loose are a public **menace**.

eminent
[émənənt]
[밖으로 e(ex) 튀어나(min)온 (ent)]
A 저명한, 뛰어난
* **eminence** 높음, 고귀; 탁월; 저명   * **supereminent** 탁월한, 아주 높은
ex) She is **eminent** in the field of biology.

preeminent
[príémənənt]
A 걸출한, 현저한, 뛰어난
ex) Nexury is one of the world's **preeminent** necklace brands.

앞으로 (pre) 뛰어나 (min) 한 (ent)

imminent
[ímənənt]
A 긴급한, 절박한
ex) The system is in **imminent** danger of collapse.

앞으로 (im) 위협하 (min) 는 (ent)

prominent
[prámənənt]
A 눈에 띄는, 저명한, 탁월한
* **prominence** 돌출, 저명
ex) Mr. Kim is one of Korea's most **prominent** directors.

앞으로 (pro) 뛰어나 (min) 은 (ent)

*같은 어원을 지니는 mont/mount는 '산, 오르다'의 의미를 가진다. 위로 튀어 오른 것, 즉 솟아오른 것이 산(mountain)이다.

mountain
[máuntn]
N 산, 산맥; 다수, 다량
* **mountain climbing** 등산   * **mountaineer** 등산가   * **mountainous** 산이 많은

솟아오른 것

mount
[máunt]
V 오르다, 타다; 앉히다; 설치하다; 박아넣다
N 말타기, 승마; 승용마, 오르기, 올리기

오르다

amount
[əmáunt]
N 총계; 양   V 총계가 …에 이르다; …에 해당하다
ex) This answer **amounts** to a refusal. (이 대답은 거절이나 마찬가지이다)

~쪽으로(a<ad) 올리다(mount)

tantamount
[tǽntəmàunt]
A 동등한, 같은
ex) This is **tantamount** to a death sentence to me.

그만큼의(tant) 양(amount)

demount
[di:máunt]
V 떼어(뜯어)내다
* **demountable** 떼어낼 수 있는

올려진 것(mount)을 떼다(de)

dismount
[dismáunt]
N 내리기, 하차; 분해   V 내리다; 빼내다
ex) When the horse dies, **dismount**.

타다(mount)의 반대(dis)

paramount
[pǽrəmàunt]
A 최고의, 주요한, 주권을 가진
* **the lord paramount** 최고권자, 국왕   * **the lady paramount** 여왕

산(mount) 위에 (para)

remount
[rì:máunt]
V 다시 타다; 다시 오르다; 갈아 끼우다
ex) This Blue Jay was carved in 1990 and was **remounted** in 2003.

다시(re) 오르다(mount)

surmount
[sərmáunt]
V 극복하다, 위로 가다
* **surmountable** 타파할 수 있는   * **surmounter** 고난을 극복한 사람
ex) He had to **surmount** many obstacles in order to succeed.

넘어서(sur) 오르다(mount)

montage
[mantá:ʒ]
N 몽타주 (사진)
ex) He was creating a computer **montage** of a criminal's face.

부위별로 올려 붙여 만든 것

*몽타주는 여러 사람의 사진에서 각 부위별로 특정인의 용모와 비슷한 부분만을 골라 올려 붙여 만든 합성 사진이다.

promontory
[prámənto:ri]
N 융기
ex) A large rocky **promontory** juts out into the ocean.

앞으로 (pro) 솟은 (mont) 곳 (ory)

45

* mountain이 나온 김에 높은 단어들을 함께 공부하자. 어근 lof/louv 은 '높은(high)'의 의미를 갖는다.

lofty [lɔ:fti]	A 높은, 우뚝 솟은, 당당한, 거만한 * **loft** 다락방, 위층, 맨 위층 관람석 ex) These issues are not just **lofty** goals.	
louver [lú:vər]	N 지붕창, 정탑(頂塔); [자동차] 방열공; [pl.] [건축] 미늘살; 미늘살 문[창]	

* berg = 산(mountain)

berg	N 빙산(iceberg); 산
iceberg	N 빙산

* oro = 산(mountain)

orology	N 산악학(山岳學)
orogeny	N 조산(造山)운동(orogenics)
orography	N 산악학, 산악지(誌)

NAT = 태어나다(be born)

태어난 장소인 nation이나 native speaker 등이 여기에서 왔다. 어근 'nat'을 우리말 '낳다' 로 기억하자. 낳으면 태어나니까.

natal [néitl]	A 출생의, 탄생의 * **natality** 출생(률)　　* **antinatalist** 산아제한론자　　* **binate** 한쌍의, 쌍생의 ex) The child suffered a **natal** injury.	
nation [néiʃən]	N 국가, 나라, 국민, 민족 * **national** 국민의, 국가의, 국립의　　* **nationalism** 민족주의, 국가주의 ex) What is the **national** flower of your country.	
nationality [næʃənǽləti]	N 국민임; 국민성, 국민적 감정; 국적; 국가 ex) The college attracts students of all **nationalities**.	
native [néitiv]	A 출생지의, 타고난　　N 원주민 * **nativism** 선천론, 원주민 보호주의　　* **nativity** 발생, 점 ex) Ginseng is **native** to Korea.	
nature [néitʃər]	N 자연, 천연, 본질, 천성 ex) God gave the Bible for us to comprehend his **nature**.	
natural [nǽtʃərəl]	A 자연적인, 타고난, 당연한 * **naturally** 당연히, 있는 그대로　　* **naturalism** (사실에 입각한) 자연주의 ex) Breast-feeding is better than bottle-feeding because it's more **natural**.	
naturalize [nǽtʃərəlàiz]	V 귀화시키다, 시민권을 주다, 풍토에 적응하다 ex) He has lived in Korea for a long time, and recently he was **naturalized**.	

agnate
[ǽgneit]
A 아버지 쪽의, 부계의, 동족의

태어난 (nate) 쪽의 (ag)

cognate
[kágneit]
A 기원이 같은, 같은 민족의, 같은 조상의
* cognate object 동족 목적어   * cognation 동족, 친족, 여계친(女系親)
ex) The word 'agnate' is **cognate** with the word 'cognation'.

함께(cog) 태어난(nate)

innate
[inéit]
A 타고난, 천부의

속에(in) 타고난(nate)

ex) Bill has an apparently **innate** ability to throw a football.

international
[intərnǽʃənəl]
A 국제의, 국제적인   N 국제경기(출전자)

국가(nation) 사이(inter) 의(al)

ex) The 15th **International** AIDS Conference is underway in Bangkok, Thailand.

neonatal
[nìou:néitl]
A 신생아의
* neonate (생후 1개월 이내의) 신생아

새로 (neo) 태어난(nat)

ex) Their baby is still in the hospital's **neonatal** unit.

prenatal
[pri:néitl]
A 태어나기 전의, 태아기의

태어나기 (nat) 전(pre) 의 (al)

ex) As part of her **prenatal** care she has had a number of ultrasounds done.

postnatal
[pòustnéitl]
A 출생 후의

출생(nat) 후 의(al)

ex) Prenatal endocrine activation influences the **postnatal** development of immunity.

naissance
[néisns]
N (사람·기구·사상의) 태생, 기원, 성장

태어난(naiss) 것 (ance)

ex) You need to more closely observe the **naissance** of your social feelings.

renaissance
[rènəsɑ́:ns]
N 문예부흥, 부흥, 부활

다시(re) 태어 남(naiss+ance)

ex) **Renaissance** is the dawn of modern civilization.

reconnaissance
[rikɑ́:nisns]
N [軍] 정찰대, (측량 전의) 답사, 예비점검
* a reconnaissance regiment 수색 연대

다시(re) 함께(con)
태어남(naiss+ance)

ex) Time spent on **reconnaissance** is seldom wasted.

naive
[nai:iv]
A 소박한, 순진한; 천진난만한; 경험 없는
* naiveté 소박, 단순; [보통 pl.] 소박한 행위[말]

태어난(nai) 대로 의 (ive)

ex) She was very **naive** to believe that he'd stay with her.

nascent
[nǽsnt]
A 발생하려고 하는, 초기의, 발생기의

발생(nasc) 하는 (ent)

ex) Right now, it's in a very **nascent** stage.

preternatural
[pri:tənǽtʃrəl]
A 초자연적인, 기이한

초 (preter) 자연(natur)적인 (al)

ex) Anger gave me **preternatural** strength, and I managed to force the door open.

supernatural
[sùpə:nǽtʃrəl]
A 초자연적인

자연(natur)을 뛰어넘(super)는 (al)

ex) The **supernatural** includes gods, spirits and the dead.

NERV/NEUR = 신경(nerve)

Latin어근 'nerv', Greek어근 'neur'는 신경을 의미. '놀부(nerv)가 누렁(neuro)게 뜨도록 신경질을 부린다.'

nerve
[nə:rv]
N 신경; 용기, 담력   V 힘을 주다, 격려하다   신경(nerve)
ex) She eventually **nerved** herself to invite him to her house.

unnerve
[ʌnnə́:rv]
V 기운을 잃게 하다, 용기를 잃게 하다   용기(nerve)을 깨뜨리다(un)
ex) I think it **unnerved** me to be interviewed by so many people.

nervate
[nə́:rveit]
A 엽맥이 있는   신경(nerv)이 있는(ate)
ex) The plant has leaves with an accentuated **nervation**.

nervous
[nə́:rvəs]
A 신경의, 신경 과민의; 안절부절 못하는   신경(nerv)질 적인(ous)
* nervousness 신경과민   * nervously 신경질적으로
ex) She felt a little **nervous** during the interview.

enervate
[énərvèit]
V 힘을 약하게 하다, 기운을 빼앗다   기운(nerv) 빠지게(e(ex))하다(ate)
* enervated 힘이 없는   * enervation 무기력
ex) Life itself seemed to **enervate** the old man. He grew weaker and paler.

innervate
[inə́:rveit]
V (신체의 일부에) 신경을 분포시키다   신경(nerv)을 만들어(ate) 넣다(in)
* innervation 신경지배, 신경감응, 신경분포
ex) The cervical nerves **innervate** the arms.

neural
[njúərəl]
A 신경의, 신경중추의   신경(neur)의(al)
ex) His research interests span a broad range of topics in **neural** science.

neuration
[njuréiʃən]
N 맥상, 시맥   신경(neur)을 이룸(ation)
ex) There is great variety in the shape and **neuration** of the wings.

neurology
[njurálədʒi]
A 신경학, 신경병학   신경(neuro) 연구(logy)
* neurological 신경학의

neurosis
[njuróusis]
N 신경증, 노이로제   신경(neuro)의 병증(sis)
ex) Most people today suffer from **neurosis**.

*신경이 무딘 아이들도 함께 공부하자.

dull	A 무딘, 둔한, 멍청한	V무디게 하다
dullard	N 얼간이, 멍청이	
dolt	N 얼간이, 멍청이	
dunce	N 얼뜨기, 멍청이	
crass	A 우둔한, 아주 어리석은;형편없는, 지독한	
stolid	A 멍청한, 무신경의, 둔한	
* stultify	V 바보처럼 보이게 하다, 무효화하다	

John Duns Scotus의 철학을 바보 취급한데서

NOM = 이름(name)

어근 'nom'은 우선 단어 name과 생김새가 매우 유사하다. 또한 영화에 관심이 있다면 아카데미상 노미네이션(nomination) 같은 표현을 들어 봤을 것이다. 하지만 그것도 못 들어 봤다면, 이렇게 기억해 보자. '이 놈(nom) 저 놈(nom) 하지 마시고 이름을 불러주세요.' 변형으로는 onym이 있다.

nomenclature
[nóumənklèitʃər]
N 학명
* **nomenclator** 학명 명명자, 방문객의 이름을 알리는 사람
ex) I'd never be able to memorize all that botanic **nomenclature**..

이름(nomen) 부르는(cla) 것(ure)

agnomen
[ægnóumən]
N 별명, (고대 로마의) 네 번째 이름
ex) An **agnomen** differentiates between those of the same name in a family.

가깝게(ag) 알려진 이름(nomen)

cognomen
[kɑgnóumən]
N 성, 별명; [고대 로마] 세 번째 이름
ex) The **cognomen** was originally the third name of a Roman in the Roman naming convention. (eg. Caius Julius **Caesar**)

함께(co) 아는(gn) 이름(nomen)

misnomer
[misnóumər]
N 부적절한 명칭[단어]
ex) In this context, "progress" is a **misnomer**.

잘못(co) 이름(nom) 한 것(er)

nominal
[námənl]
A 이름만의, 명목상의, 명사의
* **nominally** 명목상으로   * **nominalism** 명목론
ex) Bert was the **nominal** chairman of the committee.

이름(nomin) 의(al)

nominate
[námənèit]
V 추천하다, 지명하다
ex) Ambassador Negroponte was **nominated** as the Ambassador to Iraq.

이름을(nomin) 만들다(ate)

denominate
[dinámənèit]
V 명명하다, 부르다   A ~라는 특별한 이름의
* **denomination** 명칭, 종파 * **denominator** 분모 * **denominational** 종파의
ex) It always takes time to get used to the different **denominations** of coins when you go to a foreign country.

아래로(de) 지명하다(nominate)

monomial
[mənóumiəl]
A 단항의; [생물] 한 단어로 된 명칭의
* **binomial** 이항식   * **multinomial** 다항식의; 다항식

하나의(mo(no)) 이름인(nomial)

ignominy
[ígnəmìni]
N 면목없음, 불명예, 굴욕, 모욕; 추행
* **ignominious** 면목없는, 수치스러운; 비열한
ex) They suffered the **ignominy** of defeat.

* stigma = 문신(tattoo)

stigma
N 치욕, 오점; (병의) 증후; (피부의) 붉은 반점
[가톨릭] 성흔(십자가상에서 예수가 얻은 상처와 같은 모양)

stigmatic
A 불명예스러운, 오명의, 치욕스런; 낙인 찍힌

stigmatism
N 무비점 수차; 홍반출현; 정시(正視); 성흔 발현

* **tarnish**
V 변색시키다; 더럽히다 N 퇴색, 변색; 오점, 흠

49

PAN = 빵(bread)

우리말의 '빵'과 발음이 비슷하다. companion은 '빵(pan)을 함께(com) 먹는 사람(ion)'의 뜻이다.

pantry [pǽntri]	N 식료품 저장실; 식기실; 냉동 식품 저장실	빵(pan) 저장소 (try)
	* pantryman (호텔 등의) 식료품 저장실 관리자	
companion [kəmpǽniən]	N 동료, 반려; 친구, 벗, 동무　V 동반하다	함께(com) 빵(pan)을 먹는 자(ion)
	* companionate 친구의; 우호적인; 서로 잘 어울리는	
	ex) The dog has been her close **companion** these past ten years.	
company [kʌ́mpəni]	N [집합적] 동료, 친구들, 벗; 일행; 극단	빵(pan)을 함께(com) 한
	교제, 사교; 동반, 동석; [집합적] 손님, 방문자; 회사, 조합, 상회; [군대] 중대	
accompany [əkʌ́mpəni]	V 동반하다, 동행하다; 수행하다; 수반하다	ac<ad + company
	* accompaniment 부속물, 딸린 것, 반주[부]　* accompanist 반주자	
	ex) The course books are **accompanied** by four cassettes.	
appanage [ǽpənidʒ]	N 권리, 이득, 부수입, 특별수당, 봉토; 속성, 본성	때어낸 주(appanage)는 부수입
bun [bʌn]	N 건포도 롤빵; (bun 모양의) 타래머리, 쪽	
	ex) I had a cup of tea and a **bun** at 4 o'clock.	

* 빵을 만드는데 쓰는 곡물도 보자. 어근 gran은 곡물(grain), 씨앗(seed)의 뜻이다.

grain	N [집합적] 곡물, 곡류; 낟알; 결정체; 기질
granary	N 곡물창고; 곡창지대
granite	N 화강암, 쑥돌; 완고한 것, 단단한 것
grenade	N 수류탄　V 수류탄으로 공격하다
pomegranate	N 석류; [성서] 석류 무늬; 석류 빛깔; 암적색
granule	N 잔 낟알, 가느다란 낟알; 미립(微粒)
garner	N 곡창(granary), 저장　V 모으다, 저축하다

* dai = 빵반죽하는 사람(kneader of bread)

dairy	N 착유장; 유제품점; 낙농(장)　[빵굽는(dai) 장소(ery)]
gruel	N 오트밀 죽　V 녹초가 되게 하다, 혼내주다

* corn = 곡물(grain), 씨앗(seed)

corn	N [집합적] 곡물, 곡식; 옥수수
churn	N 교유기; 교반　V 휘젓다 (휘저은 크림이 낟알 같음)
kernel	N 낟알, 곡식알, 씨; (문제 등의) 핵심

곡물을 빻듯 흩내주다
꺼낸 것 (kernel) 과일의 핵심

* bak = 굽다(bake)

bake	V 굽다, 구워지다
bakery	N 빵집, 제빵소; 제과점
batch	N (빵, 도기 등의) 한가마, 한번 구워낸 것

굽다
굽는(bak) 장소 (ery)
한번 구운 것

PED = 어린이(child)

p(a)ed는 어린이란 뜻이다. '**피도**(ped) 안 마른 **어린애**'로 기억하자.

pedagogy
[pédəgòudʒi]
N 교수법, 교육
ex) She enrolled in the master's program in piano **pedagogy**.
> 어린이(ped)를 이끎(agogy)

pedant
[pédənt]
N 학자 티 내는 사람, 현학자; 융통성 없는 사람
* **pedantry** 현학, 아는 체함
ex) Only a **pedant** would point that out.
> Pedagogantem (teacher)에서

pederast
[pédəræ̀st]
N (특히 소년을 대상으로 하는) 남색자(男色者)
ex) The **pederast** is any male who is erotically attracted to boys.
> 어린이(ped) lover(erast)

pediatrics
[pìːdiǽtriks]
N 소아과
* **pediatric** 소아과의
ex) The doctor specializes in **pediatrics**.
> 어린이(ped) 의사(iatirics)

pedobaptism
[pìːdoubǽptizm]
N 유아세례
ex) Very little direct evidence of **pedobaptism** exists in the Gospels.
> 어린이(pedo) 세례(baptism)

pedology
[pidálədʒi]
N 소아학, 육아학; 토양학
ex) **Pedology** deals with the physical, mental, and social development of children.
> 어린이(pedo) 연구(logy)

pedophile
[píːdəfàil]
N [정신의학] 소아 성애 병자
* **pedophilia** [정신의학] 소아성애 (어린이를 성애의 대상으로 하는 성 도착증)
ex) The UK's most prolific **pedophile** was jailed for life yesterday.
> 소아(pedo)를 성애가(phile)

encyclopedia
[insáikləpíːdiə]
N 백과사전, 전문사전
ex) An **encyclopedia** has been published as a set of books.
> training in a circle

orthopedics
[ɔ̀ːrθəpíːdiks]
N [의학] (특히 유아의) 정형외과 수술
ex) He wants to run a free hospital for children in need of **orthopedics**.
> 유아(ped) 정형(ortho) 술(ics)

PED = 발(foot)

페달(pedal)의 ped는 발을 의미한다. Pod나 pus 등도 발을 의미한다.

peddle
[pédl]
V 행상하다, 도부 치다, 소매하다, 퍼뜨리다
ex) We're not going to **peddle** in people's sadness.
> 발(ped)로 걷다(dle)

pedestal
[pédistl]
N (흉상의) 받침, 기초 V 올려놓다; 받들다
ex) Since childhood, I put my own parents on a **pedestal**.
> 발(pede)이 서있는 곳(stal)

pedicure
[pédikjuər]
N 발치료; 발톱 미용술 V 발치료하다; 발미용하다
ex) I had a **pedicure** yesterday. I had my toenails cut.
> 발(pedi) 치료(cure)

pedestrian
[pidéstriən]
N 보행자, 도보자   A 도보의, 평범한, 진부한
* pedestrian crossing 횡단보도
ex) His style is so **pedestrian** that the book becomes a real bore.

발(ped)로 걷는 (estr) 사람(ian)

pedigree
[pédəgrì:]
N 족보, 가문, 유래
ex) Most of Jindo dogs have **pedigrees**.

두루미(gree) 발(pedi)
- 족보의 모양에서

pedometer
[pədάmətər]
N 보행계
ex) How fast you walk have an impact on the accuracy of your **pedometer**.

발걸음(pedo) 측정기(meter)

biped
[báiped]
N 두 발 동물   A 발이 두 개 있는
ex) The **biped** entertainment robot is able to recognize human faces and voices.

두 개의(bi) 발(ped)

expedient
[ikspí:diənt]
A 편리의, 편리한   N 방편, 처방
* expedience 편리, 편의
ex) It is **expedient** to use a computer when you do this job.

발(pedi)을 족쇄에서 벗(ex)은 (ent)

expedite
[ékspədàit]
V 촉진시키다, 진척시키다, (공문서를) 급송하다
* expeditious 신속한, 효율적인
ex) The lawyer **expedited** the progress of our case by bribing a few judges.

발(pedi)을 족쇄에서 벗(ex) 다(te)

expedition
[èkspədíʃən]
N 탐험, 원정; 탐험대; 급속, 신속
ex) The **expedition** found a northern route to the Pacific Ocean.

발(pedi)이 나가는 (ex) 것(tion)

impede
[impí:d]
V 늦추다, 방해하다, 저해하다
* impediment 방해, 장해, 신체장애, 언어장애
ex) Tight garters **impede** the circulation of the blood.

발(pede)을 족쇄에 넣다(im)

quadruped
[kwάdrəpèd]
N 네 발 짐승   A 네 발 짐승의
ex) A **quadruped** is an animal having exactly four legs.

네 개의(quadru) 발(ped)

centipede
[séntəpì:d]
N 지네
ex) The house **centipede** has 15 pairs of very long, almost thread-like, slender legs.

발(pede)이 100개(centi)

millipede
[míləpì:d]
N 노래기
ex) Although some **millipedes** have a lot of legs, none actually have a thousand.

발(pede)이 1000개(milli)

aliped
[éiləpèd]
A 익막이 있는, 익수의   N 익수동물 (박쥐 등)
ex) Toes of **alipeds** are connected by a membrane, serving for a wing.

발(ped)이 날개인(ali)

palmiped
[pǽlməpèd]
A 오리발의   N 오리발을 가진 새, 물새
ex) Birds having webbed feet are called **palmipeds**.

손바닥(palmi) 같은 발(ped)

dispatch
[dispǽtʃ]
V 급파하다, 죽이다   N 급파, 특파, 파견; 급송; 살해
ex) Seoul plans to **dispatch** additional troops to Iraq early next month.

발(patch)을 떨쳐(dis) 보냄

fetch
[fetʃ]
V 가서 가지고 오다, 팔다, (신음을) 내다
* **fetching** 매력적인
ex) Let me **fetch** you a glass of water.

fetid
[fétid]
A 악취 나는, 냄새가 나는
ex) Half the city was under **fetid** water and a thick layer of mud.

fetter
[fétər]
N 족쇄, 속박 **V** 족쇄를 채우다, 속박하다
* **enfetter** 속박하다 * **unfetter** 석방하다 * **unfettered** 자유로운, 족쇄가 풀린
⊕ **pinion** 날개를 자르거나 묶다, 손발을 묶다; 속박하다
ex) The black mud **fettered** her movements.

pessimism
[pésəmìzm]
N 비관주의, 비관설
* **pessimist** 염세가 * **pessimistic** 염세적인 * **pessimize** 비관하다
ex) Cynicism is general grumpiness and **pessimism** about human nature.

pessimum
[pésəmən]
N 최악의 상태(환경, 조건)
ex) For many children their mother's face is an optimum, and the face of a stranger a **pessimum**.

podagra
[poudǽgrə]
N 발 통풍(痛風)
ex) Gout known as **podagra** usually attacks a single joint at a time.

podiatry
[pədáiətri]
N [의학] 발병학, 발병 치료
* **podiatrist** 발병 전문가
ex) The Council on Aging now offers two **podiatry** clinics each month.

podium
[póudiəm]
N [건축] 토대석; 칸막이 벽; 안내소; 연단; 단상
ex) He stood at the **podium** and answered every question from reporters.

repudiate
[ripjú:dèit]
V 거절하다; 부인하다; 이혼하다; 의절하다
ex) Korean voters have to **repudiate** all the old-style political habits.

tripod
[tráipad]
N 3각대; 삼발이 **A** 3각의, 3각으로 받쳐진
ex) Would you like to use my **tripod** and zoom lens also?

tetrapod
[tétrəpàd]
N 사지동물; (탁자 등의) 네 다리; 테트라포드
ex) It's like a combination of fish and **tetrapods**.

peon
[pí:ən]
N 노동자; 날품팔이; 보병; 종자(從者), 종
ex) In the San Dimas district the **peon** earns a dollar a day.

pilot
[páilət]
N 안내인; 조종사, 지표 **V** 안내[지도]하다; 조종하다
ex) The **pilot piloted** his own plane to Korea.

| impeach [impíːtʃ] | V 탄핵하다, 고발하다; 비난하다, 의혹을 제기하다 |

* unimpeachable 의심할 여지없는   * impeachment 비난, 고발, 탄핵

ex) He said all five were men of **unimpeachable** character.

* pate = 발(paw)

| patrol | N 순찰병, 척후, 경비병; 순찰 경관; 순찰, 순시 |
| patois | N 사투리, 방언; (특정 집단의) 은어 |

PHAN = 보이다, 나타나다(show)

'빤(phan)히 보이다'로 기억하자. cello**phane** (셀로판지)는 투명해서 뒤의 사물이 **보인다**.

| phantasm [fǽntæzm] | N 환상(fancy), 유령(ghost), 환영 |

* phantasmal 공상의, 유령의   * phantasmagoria 주마등 같은 광경

| phantom [fǽntəm] | N 유령, 환상 A 환상적인, 유령의(of a ghost) |

ex) I wanted to see **Phantom** of the Opera.

| phenomenon [finámənàn] | N 현상, 비범한 사람, 경이적인 것 |

* phenomenal 현상의

| diaphanous [daiǽfənəs] | A 투명한(limpid ; pellucid; transparent) |

ex) The movie star wore a **diaphanous** gown.

| sycophant [síkəfənt] | A 아첨꾼, 알랑꾼 |

* sycophancy 사대주의; 아첨, 아부; 중상; 밀고

ex) I am obviously a Government supporter, but I am no one's **sycophant**.

| phenom [finám] | N 천재(genius), 굉장한 사람 |

ex) Tiger Woods is a golf **phenom**.

| fancy [fǽnsi] | N 공상력, 착상, 변덕(caprice) A 장식적인; 화려한 |

* fanciful 변덕스런   * fancy-sickness 상사병(love sickness)

| fantasia [fæntéiʒiə] | N 환상곡(pot pourri), 접속곡(medley) |

* fantasyland 이상향   * fantastic 환상적인, 공상적인, 변덕스러운, 별난

* 망상을 뜻하는 reverie도 비교하여 공부하자. 프랑스어 'rever(꿈)'에서 유래했다

| reverie [révəri] | N 망상, 환상 |

ex) I felt caught up in a **reverie** of years long past.

| rave [reiv] | V 헛소리하다, 마구 지껄이다; 격찬하다 |

ex) She **raved** about that new restaurant.

PAR = 보이다, 나타나다(show)

appear [əpíər]
V 나타나다, 출현하다, 등장하다; ~처럼 보이다   ~쪽으로 (ap<ad) 보이다(pear)
* **appearance** 출현, 등장; 출판 발간; 외관, 외양(look), 체면; 현상, 정세
ex) To people who don't know him he probably **appears** rather unfriendly.

apparent [əpǽrənt]
A 눈에 보이는, 분명한, 외관상, 겉으로의   ~에게(ap) 보이(appear) 는 (ent)
* **apparently** 분명히(evidently)
ex) Her unhappiness was **apparent** to everyone.

transparent [trænspɛ́ərənt]
A 투명한, 얇은; 솔직한, 명백한   통하여(trans) 보이(par) 는 (ent)
* **transparence** 투명, 솔직함, 명백함   * **transparency** 투명, 명백, 슬라이드
ex) Her blouse was practically **transparent**!

apparition [æpəríʃən]
N 유령, 허깨비
ex) She saw an **apparition** in that cave.

* 유령과 함께 'appall'도 기억하자. 어근 'pal'은 '창백한(pale)'의 의미이다.

appall [əpɔ́ːl]
V 오싹하게 하다   창백(pall) 쪽으로 (ap<ad)
* **appalling** 간담이 서늘해지는, 소름이 끼치는 * **appallingly** 소름 끼치게, 매우
ex) I was **appalled** at the lack of staff in the hospital.

pallor [pǽlər]
N 창백함, 파리함   창백(pall) 함(or)
* **pale** 창백한, 핏기없는; 희미한 * **pale-eyed** 눈이 흐리멍텅한 * **pale-hearted** 겁많은
ex) Her cheeks had an unhealthy **pallor**.

pall [pɔːl]
V 김이 빠지다, 흥미를 잃다; 물리다   창백하게 하다(pall)
ex) The impressive scenery began to **pall** on me after a hundred miles of driving.

pallid [pǽlid]
A 창백한, 핏기 없는   창백(pall) 한(id)
ex) **Pallid** faces emerged from the haunted house.

* monstr = 보이다(show)   강하게(de) 보이기(monstr) 위해 하는 demonstration

demonstrate V 증명하다, 내색하다; 데모를 하다
demonstration N 논증, 증명; 증거(proof); 시위 운동, 데모
remonstrate V 간언하다, 충고하다; 항의하다; 이의를 제기하다
ex) He **demonstrated** that the earth is round.

* bugge = 무서운 것(something frightening)

bug N 곤충, 벌레, 세균
boggle V 깜짝 놀라게 하다, 움찔하다, 실패하다
bugaboo N 도깨비, 요괴; 근거 없는 걱정거리

SPEC/SPECT = 보이다(show)

special은 눈에 뛰게 '보이(spec) 는(ial)'의 의미에서 **특별하다**는 뜻이 되었다.

---

special
[spéʃəl]
A 특별한; 예외의; 개인의; 전문의   N 특별한 것
> 눈에 보이(spec) 는(ial)
* specially 특별히   * especial 특별한   * specialty 전문, 특제품, 특징
ex) She teaches children with **special** needs.

specialize
[spéʃəláiz]
V 특수화하다, 전문화하다; 전공하다(major)
> 특수(special) 하다(ize)
* specialization 특수화, 전문화
ex) She's hired a lawyer who **specializes** in divorce cases.

species
[spíːsiːz]
N 종, 종류
> 눈으로 보아 분류하는 것
ex) How many animal **species** are living in the rainforests.

specify
[spésəfài]
V 자세히 적다; 세분화하다
> 분류하게(spec) 하다(ify)
* specific 특정의, 명확한, 종의   * specification 상술, 명세서, 내역
ex) It is against federal law to **specify** skin color in a newspaper ad for roommates.

specimen
[spésəmin]
N 견본; 표본; 특별한 사람
> 불변한(speci) 것(men)
ex) He has a collection of rare insect **specimens**.

specious
[spíːʃəs]
A 외양뿐인, 그럴싸한
> (겉에만) 보이는 (specious)
ex) Arrival halls have now become **specious** and comfortable.

spectacle
[spéktəkl]
N 광경
> 보이는(spect) 것(acle)
* spectacles 안경   * spectator 구경꾼   * spect 오점, 얼룩
ex) The firework was a **spectacle** not to be missed.

spectacular
[spektǽkjulər]
A 구경거리가 될 만한, 장관인, 극적인(dramatic)
> 광경(spectacul) 의(ar)
ex) There was a **spectacular** sunset last night.

speculate
[spékjulèit]
V 사색하다(mediate), 추측하다; 투기하다
> 사색=답이 보일 때까지 뭇 것을 상각
* speculation 사색(meditation), 투기   * speculative 사색의, 투기의
ex) So far, the police can only **speculate** on the possible motives for the killing.

specter
[spéktər]
N 유령, 망령(ghost), 귀신, 요괴; 무서운 것
> 보이는(spect) 것(er)
* spectral 유령의[같은];괴기한;공허한; 스펙트럼의
ex) If there is a **specter**, who is it and why?

aspect
[ǽspekt]
A 견지, 외관, 상황, 국면, 특별한 부분
> ~쪽으로 (a) 보는 것(spect)
ex) You should consider all **aspects** of your decision, negative as well as positive.

circumspect
[sə́ːrkəmspèkt]
A 조심성 있는, 신중한, 사려 깊은
> 둘레를 (circum) 보는 (spect)
* circumspection 신중성, 세심한 주의(caution; prudence)
ex) The Minister was **circumspect** in his response.

conspicuous
[kənspíkjuəs]
- A 눈에 잘 띄는, 똑똑히 보이는; 현저한
- * conspectus 개관, 개요(summary)
- ex) In China, where black hair is the norm, her blonde hair was **conspicuous**.

함께(con) 보이는 (spicuous)

despicable
[dispíkəbl]
- A 비열한, 경멸할 만한 (↔honorable)
- * despise 경멸하다(look down upon), 얕보다
- ex) It was **despicable** of her to lie about her friend.

깔(de) 볼(spic) 만한(able)

expect
[ikspékt]
- V 기대하다, 바라다; 기다리다, 생각하다
- * expectant 예기하는, 기대하는 * expectation 예기, 기대
- ex) We are **expecting** a rise in food prices this month.

밖을 (ex) 보다(spect)

inspect
[inspékt]
- V 조사하다(examine carefully), 시찰하다
- * inspection 조사, 검사 * inspector 조사자, 검사관
- ex) After the crash both drivers got out and **inspected** their cars for damage.

들여다(in)보다 (spect)

introspect
[íntrəspèkt]
- V 내성하다, 내관하다
- * introspection 내성, 자기반성 * introspective 내성적인
- ex) It is time to **introspect** and evolve a vision for the next two decades.

(마음) 속을 (intro) 보다(spect)

perspective
[pərspéktiv]
- N 투시도법, 원근법; 배경, 상관관계; 전망, 조망
- ex) Her attitude lends a fresh **perspective** to the subject.

완전히 (per) 보이는 (spect) 것(ive)

perspicuous
[pərspíkjuəs]
- A 명쾌한, 명료한(clear), (언어가) 똑똑한
- * perspicuity 명료, 명백 * perspicacious 총명한, 통찰력이 있는
- ex) His message is so **perspicuous**.

통하여(per) 보이는 (spicuous)

prospect
[práspékt]
- N 예상되는 일, 기대(expectation), 전망, 경치
- V (광산) 시굴하다, 답사하다(search for), 예상하다
- * prospective 예상되는, 미래의 * prospectus 사업요강, 취지서
- ex) There's a reasonable **prospect** of reaching the trapped child before it gets dark.

앞쪽을 (pro) 보는 것(spect)

respect
[rispékt]
- V 존경하다, 주의하다, 고려하다 N 존경, 인사, 관심
- * respectable 존경할 만한, 훌륭한 * respectful 경의를 표하는
- * respective 각자의, 개개의, 각각의 @ respite 중지, 휴지(lull); 휴식; 유예
- ex) New teachers have to **earn** the respect of their students.

다시(re) 보는 것(spect)

retrospect
[rétrəspèkt]
- V 회고[추억]하다; 회상에 잠기다
- N 회상, 회고, 추억, 회구(懷舊); 선례의 참고; 소급력
- * retrospective 회고의; (경치가) 배후에 있는; (화가 등의) 회고전; 작품 연표
- ex) In **retrospect**, I think that I was wrong.

다시(re) 보는 것(spect)

suspect
[səspékt]
- V 알아채다; 혐의를 두다
- N 용의자(a culprit) A 의심쩍은, 수상한(doubtful)
- * suspicion 의심, 혐의, 낌새, 소량 * suspicious 의심 많은
- ex) We had no reason to **suspect** he might try to kill himself.

아래로 (su) 보다(spect)

spectrum
[spéktrəm]

N 스펙트럼, 분광

보이는(spect) 빛(rum)

ex) The colors of the seven visible **spectrum** can be seen in a rainbow.

espionage
[éspiəná:ʤ]

N 염탐, 스파이 행위

강하게(ex) 보는(spion) 것(age)

* espy 염탐하다   * industrial espionage 산업스파이

ex) There was a total of 23 cases of **espionage** by international terrorist groups in South Korea last month.

transpicuous
[trænspíkjuəs]

A 투명한, 들여다보이는

통하여(trans) 보이(spic)는 (uous)

ex) He said that the whole universe is one **transpicuous** crystal.

PREC = 기도하다(pray)

라틴어 precari에서 온 prec, 또는 precari는 기도하다(pray)의 뜻이다. precarious를 우리말 '풀이 가려서 불확실한'으로 연상한 후 불확실하므로 '기도해야 한다'는 식으로 연결한다.

---

precarious
[prikέəriəs]

[기도해야(precari) 하는 (ous)]

A 불확실한, 조바심 나는, 불안한, 위험한

* precariousness 불안, 위태함

ex) Credit card debt can put you in a **precarious** position.

precatory
[prékətɔ̀:ri]

A 기원하는, 기원의   [기도(prec) 하는 (atory)]

ex) Dayton's request was **precatory**. It was the most earnest request that I've ever seen.

deprecate
[déprikeit]

V 비난하다, 반대하다

되풀이해서 깼다고 비난하다 (deprecate)
또 깼어?

* deprecation 반대, 항의; 애원, 탄원

ex) His grandfather **deprecated** his premature attempt as improvident.

deprecatory
[déprikətɔ̀:ri]

[멀리기를 (de=away)기도하는]

A 사과하는, 변명하는; 비난의, 불찬성의

ex) I sent him a humble and **deprecatory** letter when I realized my mistake.

imprecate
[ímprikèit]

V (재난 등을) 빌다, 저주하다

속으로 (im) 기도하다(precate)

ex) The witch ordered her to be removed **imprecated** curses upon her, her husband, and children.

pray
[prei]

V (신에게) 빌다, 기원하다, 간청하다

빌다(pray)

* prayer 기도, 기도하는 사람

ex) They **prayed** for rain.

postulate
[pástʃuleit]

V 요구하다; 가정하다; 성직에 임명하다

라틴어 postulare = 요구하다

N 가정, 가설; 선결조건; 기본원리; 자명한 일

* postulant 청원자; 성직 지망자; 요구자

ex) Science has **postulated** that romantic love has an expiry date of about 19 months.

PUD = 수줍어 하는(ashamed)

어근 pud는 **수줍어 한다**는 뜻이다.
수줍어 어쩔줄 모르는 **풋풋**(pud)한 사랑을 생각해보라.
그래도 안되면, **수줍어서** 몸이 **뻣뻣**(pud) 해지는 것을 생각하자.

pudency [pjú:dənsi]	N 수줍음, 겸손함 ex) The woman showed no **pudency**.	수줍어(pud)함(ency)
impudent [ímpudənt]	A 파렴치한, 뻔뻔스러운, 오만한(arrogant) * an **impudent** child 건방진 아이 * **impudently** 뻔뻔하게, 건방지게 ex) It is nonsense to be so tolerant of extravagant and **impudent** borrowers.	수줍어(pud)하지 않(im)는(ent)
impudence [ímpudəns]	N 파렴치함, 뻔뻔스러움, 무례함, 건방짐 ex) She had the **impudence** to answer her teacher back. ex) None of your **impudence**! 건방진 수작 마라!	수줍어(pud)하지 않(im)음(ence)
pudenda [pju:déndə]	N (여자) 외음부(vulva) ex) **Pudenda** is the sexual organs that are outside the body, especially those of a woman.	수줍은(pud) 곳(enda)
pudibund [pjú:dəbʌnd]	A 음전한, 얌전한 체하는(prudish) ex) The details are often suppressed by **pudibund** ethnologists.	수줍은(pudi) 체하는(bund)
pudicity [pju:dísəti]	N 정숙(pertinence; modesty), 수줍음 ex) All who serve the altar should keep **pudicity** from all women.	수줍어(pudi)함(city)
impudicity [impjudísəti]	N 음탕함(immorality), 불손함; 음행, 추행 ex) Fallen, fallen is Babylon the great city, which made all the nations drink the wine of her fury and his **impudicity**.	수줍어(pud)하지 않(im)음(city)

* 비슷하게 생기긴 했지만 'pudd'는 '도랑'이란 뜻이다.

puddle [pʌdl]	N 웅덩이; 뒤범벅 V 진흙 투성이로 만들다 ex) I was the biggest duck in the **puddle** pushing to change the situation.	작은(le) 도랑(pudd)

* 다음의 단어들도 impudent와 함께 공부하자.

brash	A 성급한, 경솔한, 무모한; 뻔뻔한; 부러지기 쉬운	break의 뜻에서
brazen	A 뻔뻔한, 놋쇠로 만든, 황동색의	brass(놋쇠)로 만든(en)

* pruru = 간질거림, 욕망(itching desire)

prurient	A 호색의, 음탕한, 열렬한, 열망하는
prurience	N 호색, 색욕, 열망
prurigo	N [병리] 양진, 가려움증
pruritic	A 소양감을 일으키는

PUNCT = 점을 찍다(point), 찌르다(jab)

자동차 타이어의 '펑크'는 바로 'punture'를 말하는 것인데, 이는 우리말 발음 '펑 처'와 동일하다. 'puncture'를 '펑 처서 구멍내다'로 기억해 보자. 톡 찌르는 펀치(punch)도 동일 어근.

punctuate
[pʌ́ŋktʃuèit]

V 구두점을 찍다, 중단하다(interrupt)

점(punctu)을 찍다(ate)

ex) Fireworks will **punctuate** the celebration at 9 pm from Central Park.

punctual
[pʌ́ŋktʃuəl]

A 한 점의, 시간을 엄수하는(being on time)

점을 찍는(punctu) 듯한(al)

* **punctuality** 시간엄수, 정확   * **punctilious** 격식을 차리는, 딱딱한, 세심한, 꼼꼼한

ex) Ryan is always **punctual** in turning his assignments in.

puncture
[pʌ́ŋktʃər]

N 찌름, 구멍 뚫기; 펑크; (찔린) 구멍, 상처
V 펑크 내다[나다], 구멍 내다; 못쓰게 되다

펑 ~ 처 (puncture) 관통하다

* **penetrate** 꿰뚫다, 관통하다, 침투하다; 돌출하다

ex) Pebbles and road debris can cause a tire **puncture**.

pungent
[pʌ́ndʒənt]

A 톡 쏘는, 혀가 얼얼한

찌르는(pung) 듯한(ent)

ⓤ **piquant** 맛을 돋우는, 얼얼한, 흥미를 자극하는   ⓤ **pique** 화, 불쾌; 화나게 하다

ex) The simmering soup gave off a **pungent** aroma that stung the nostrils of the cook.

acupuncture
[ǽkjupʌ̀ŋtʃər]

N 침술, 침 요법   V 침술로 치료하다

날카로운(acu)걸로 관통(puncture)하는 것 =침술

* **acupuncturist** 침술사

ex) Thin needles are positioned just under the surface of the skin at special nerve centers around the body in **acupuncture**.

compunction
[kəmpʌ́ŋkʃən]

[같이(com) 침(punct)을 (ion)]
N 후회(distress of mind), 양심의 가책

ex) Mrs. Riley had no **compunction** about lying if she thought that a lie would help her daughter's chances of making the cheerleading squad.

expunge
[ikspʌ́ndʒ]

V 파괴하다, 지우다, 삭제하다

찔러(punge) 빼내다(ex)

ex) Vernon's conviction for shoplifting was **expunged** from his criminal record when lightning struck the police computer.

appointment
[əpɔ́intmənt]

N 지정; 임명; 임용; 천명; 약속

~쪽을(ap) 지목(point) 함(ment)

ex) He had an **appointment** with a company's top executive over lunch for a business deal.

disappoint
[dìsəpɔ́int]

V 실망시키다; 좌절시키다

지명(appoint)이 안되면(dis) 실망

ex) Try hard not to **disappoint** us in our hope.

poignant
[pɔ́injənt]

A 콕 쏘는, 매서운, 신랄한, 통렬한

찌르(poign) 는 (ant)

ex) The choreographer employed her aerial techniques here to create a **poignant** scene.

PUG = 싸우다(fight)

'punct'의 변형인 'pug'은 '싸우다'의 의미. 싸울 때는 '퍽' 소리가 난다.

pug [pʌg]
N (俗) 권투 선수(pugilist); (미) 난폭한 사나이
* pugilist 권투 선수

퍽(pug)!!!

pugilism [pjúːdʒəlìzm]
N (프로) 권투(boxing); 주먹다짐
ex) There is precious little political **pugilism** this night.

싸움 (pug + il + ism)

pugnacious [pʌgnéiʃəs]
A 싸움하기 좋아하는(belligerent)
ex) As a child he was **pugnacious** and fought with everyone.

싸우기(pug) 좋아하는(acious)

impugn [impjúːn]
V 이의를 제기하다; 비난하다, 논박하다
ex) She **impugned** his honesty by calling him a dirty liar.

강력히(im) 싸우다(pugn)

oppugn [əpjúːn]
V 비난하다(impugn), 공격하다; 항쟁하다
ex) McKay crossed over the line because he **oppugned** appellant's integrity.

반대하여(op) 싸우다(pugn)

repugn [ripjúːn]
V 반대하다(object, resist), 반항하다; 모순되다
* repugnance 질색, 반감, 혐오
ex) The thought of eating meat fills me with **repugnance**.

맞서(re) 싸우다(pugn)

repugnant [ripʌ́gnənt]
A 아주 싫은, 모순된; 반항(반대)하는, 반감을 가진
ex) We found his suggestion absolutely **repugnant**.

맞서(re=aginst) 싸우는(pugn)

* lambaste 도 함께 기억하자. lambaste는 lam과 baste의 합성어인데 둘 다 '때리다'라는 뜻을 가지고 있다.

lambaste V 때리다; 깎아 내리다, 비난하다
lam V (지팡이 등으로) 때리다, 치다
baste V 호되게 때리다, 야단치다

남 봤을 때 (lambaste) 꾸짖고 때린다

* 어근 'luct' 역시 '싸우다, 애쓰다(struggle)'의 의미를 가진다. 마음이 내키지 않는데 억지로 하면 애를 많이 써야 한다. reluctant = 아주(re) 애쓰(luct)는 (ant)

reluctant A 마음이 내키지 않는, 마지못해 하는
reluctance N 싫음, 마지 못해 함, 꺼림
reluctantly ad 마지 못해서, 꺼려하여

* amok = 격렬하게 공격함(attacking furiously)

amok (=amuck) N (말레이인의) 살상욕을 지니는 정신 착란
A (사람이) 미친듯이 날뛰어
ex) The creditors ran **amuck** in the room and smashed all the household goods.

암흑(amuck)의 세계가 미쳐 날뛴다

* bicker = 다투다(quarrel)

bicker V 말다툼하다; 졸졸거리다; 깜빡이다
N 말다툼; 번쩍임, 깜박임; 후두두 소리

비꼬면서 (bicker) 말다툼하다

MILIT = 싸우다(fight)

한반도의 군사분계선 양쪽 2km의 영역을 일컫는 'DMZ(비무장지대)'는 'demilitarized zone'의 약자! 말 그대로 '분쟁(milit)을 de(제거한) 지역 (zone)'이란 뜻이다.

militant [mílətənt]
A 교전하고 있는, 호전적인; 투사
* militancy 교전상태, 호전성
ex) The **militant** Islamic group is urging a new ceasefire with Israel.

싸우고 (milit) 있는 (ant)

militarism [mílətərìzm]
N 군국주의
ex) The **militarists** are demanding that the army be expanded.

군대(militar)주의 (ism)

militarize [mílətəràiz]
V 군대화하다, 군국화하다
* militarization 군대화, 군국화, 군국주의 고취
ex) North Korea is said to be the world's most heavily **militarized** country.

군대(militar) 화하다 (ize)

military [mílətèri]
A 군의, 군대의, 군사의, 육군의; 군인, 군대
ex) We may have to take **military** action.

군대(milit) 의 (ary)

militia [milíʃə]
N 의용군, 시민군, 국민군
* militiaman 국민병, 민병

작은 (ia) 군대(milit)

militate [mílətèit]
N 작용하다, 영향을 미치다
ex) Your record of lateness and absence will **militate** against your promotion.

힘(milit)을 발휘하다(ate)

demilitarized [di:mílətəraizd]
A 비군사[비무장]화 한
ex) At the end of the war, the area was **demilitarized**.

투쟁(milit) 하지 않는 (de)

ROIL = 휘젓다(roil)

'러·일(roil)' 전쟁 때 우리나라를 러시아와 일본이 마구 휘저어 놓았던 것을 기억하자.

roil [rɔil]
V 휘젓다, 산란하게 하다; 화나게 하다 N 교란, 휘젓기
ex) Be careful when you pour not to **roil** the wine.

휘젓다

broil [brɔil]
N V 싸움[하다], 소동[을 일으키다]; (고기를) 굽다
ex) They lay **broiling** in the sun.

brawl [brɔl]
N V 싸움[하다], 말다툼[하다]
ex) They were arrested for **brawling** in the street.

embroil [imbrɔ́il]
V (분쟁, 전쟁 등에) 휘말리게 하다, 혼란시키다
ex) He became **embroiled** in a dispute with his neighbours.

싸움 (broil) 속으로 (em)

embroglio [i~] [imbróuljou]
N 뒤얽힘, 분규, 혼란; (연극의) 복잡한 줄거리
ex) We are in the midst of an international **embroglio**.

혼란(broglio) 속으로 (em)

RID/RIS = 웃다(laugh)

우선 **ridiculous**를 우리말 '니 뒷꼴 우스워'로 외운 다음 어근의 뜻에 접근하자.

ridicule
[rídikjùːl]
- N 웃음거리, 비웃음(mockery)　V 비웃다
- * ridiculous 우스꽝스러운, 어이가 없는
- ex) Nudists tend to **ridicule** people who wear clothes.

risible
[rízəbl]
- A 웃을 수 있는, 잘 웃는, 우스운
- * risibility 웃는 버릇, 웃는 감각
- ex) His remarks were so **risible** that the audience howled with laughter.

riant [ráiənt]
- A 화창한, 쾌활한 (smiling; gay; laughing)

derision
[diríʒən]
- N 비웃음, 웃음거리(mocking, laughter)
- * deride 비웃다　　* derisive 조소적인

* derision과 더불어 '조롱하다'의 뜻을 가진 단어들을 함께 공부하자.

mock
[mak]
- V 조롱하다, 비웃다　N 조롱, 놀림감; 모조품, 가짜
- * mockery 조롱, 조롱감, 놀림감; 모조품, 가짜

persiflage
[pə́ːrsəflɑ̀ːʒ]
- N 놀려댐; 조롱, 야유, 농담

taunt [tɔːnt]
- V 조롱하다　N 조롱, 심한 빈정댐; 조롱거리

scoff [skɔːf]
- V 비웃다, 조롱하다; 놀리다　N [pl.] 비웃음, 조롱

scorn [skɔːrn]
- V 경멸하다, 조롱하다
- N 경멸, 멸시, 조롱, 냉소

jeer
[dʒiər]
- V 조롱하다, 놀리다
- N 조롱

doggerel
[dɔ́ːgərəl]
- N 광시(狂詩), 졸렬한[엉터리] 시
- A 우스꽝스러운, 조잡한, 서투른

gib/jib = 비웃다(mock)

gibe/jibe
- V 놀려대다, 비웃다, 우롱하다, 조롱하다(jeer)
- N 비웃음, 조롱(sneer), 우롱
- * jibe² V 조화하다, 일치하다 (with)

* badiner = 놀리다(jest), 농담(joke)

badinage
- N 농담, 야유　V 놀리다

banter
- N (악의없는) 농담; 희롱　V 놀리다, 희롱하다

RRH = 흐르다(flow)

'rrh'를 거꾸로 봐 보라. '흐르(hrr)'로 보이지 않는가? 'rrh'는 '흐르다'의 의미.

catarrh
[kətáːr]

[아래로(cata) 흐르다(rrh)]
N 카타르, 콧물감기, 감기(a cold)
* catarrhal 카타르성의
ex) Acute **catarrh** is usually a reaction to a viral infection.

diarrhea
[dáiəríə]

N 설사
* diarrheal 설사의   * diarrheic 이질의, 설사의
ex) **Diarrhea** is loose, watery, and frequent stools.

통하여(dia) 흐름(rrhea)

gonorrhea
[gànəríːə]

N 임질(a kind of venereal disease)
* gonorrheal 임질의
ex) **Gonorrhea** is a very common sexually transmitted disease.

생식기(gono)의 흐름(rrhea)

hemorrhage
[hémərid3]

N 출혈(bleeding)
ex) Bleeding into the spleen or liver is internal **hemorrhage**.

피(hemo)가 흐름(rrhage)

hemorrhoids
[hémərɔ̀idz]

N 치질(piles)
ex) Patients with external **hemorrhoids** generally complain of a painful purple lump covered with anal skin.

피(hemo)가 흐르는 것 같음(oids)

menorrhea
[mènəríːə]

N 월경(mense), 생리현상
* amenorrhea 무월경, 월경불순(64tom64e64ersion)
ex) The process by which **menorrhea** occurs is called menstruation.

달마다(meno) 흐르는 것(rrhea)

pyorrhea
[páiəríə]

N 농루(a discharge of pus)
* pyosis 화농
ex) There is no cure for alveolar **pyorrhea** if the affected area is left untreated.

고름(pyro)이 흐름(rrhea)

logorrhea
[lɔ̀ːgəríːə]

N 병적 다변증
ex) It may be a nightmare if your date has **logorrhea**.

말(logo)이 흐름(rrhea)

* 어근 'rip/riv'도 여기에서 함께 공부하는 것이 도움이 될 것이다. 흐름(stream)이라는 뜻이다.

river	N 강, 흐름(any stream)	흐르는(riv) 것(er)
rivulet	N 작은 시내, 개울	흐르는(riv) 것(er)
rivalry	N 경쟁(the state of being rivals), 적대	또 다른 흐름
outrival	V 경쟁에서 이기다(beat in a race), 능가하다	rival을 능가하다(out)
arrive	V 닿다, 도착하다, (어떤 결론에) 도달하다	~쪽으로(ar<ad) 흐르다(rive)
derive	V 끌어내다, 얻다, 유래를 찾다	아래로(de) 흐르다(rive)
derivation	N 유도, 유래, 기원, 파생	

SANGUIN = 피(blood)

어근 'sanguine'은 '피(blood)'의 뜻이다. 단어 'sanguine'을 우리말 '생기있네'로 외워서 '혈색 좋은'을 연상하고 '혈색'이라는 말로부터 '피'를 연상해보자. 'sanguinary'는 '피(sanguin) 나리(nary)'로 기억하여, 'sanguine'과의 차이를 구별하면 쉬울 것이다.

생기있네 (sanguine)
혈색 좋네
↓
피

sanguine [sǽŋgwin]
A 혈색 좋은, 다혈질의; 명랑한, 낙천적인
N 붉은 크레용[분필]; 쾌활함, 낙천성, 붉은색
ex) Let us not be too **sanguine** about the outcome; something could go wrong.

생기 있네(sanguine)

sanguinary [sǽŋgwinèri]
A 유혈의, 피비린내 나는; 피 묻은, 잔인한
* **sanguinarily** 살벌하게   * **sanguinariness** 잔인, 살벌
ex) The battle of Iwo Jima was unexpectedly **sanguinary** with many casualties.

피(sanguin)의(ary)

sanguineous [sæŋgwíniəs]
A 피의, 피빛의; 다혈질의, 낙천적인; 유혈의
* **sanguinolent** 피의, 피 모양의; 피로 물든   * **sanguiferous** (혈관 등이) 혈액을 나르는

피(sanguin)의(eous)

consanguinity [kɑ̀nsæŋgwínəti]
N 동족, 혈족관계, 동포(compatriot)
* **consanguinity** 방계 혈족   * **real consanguinity** 직계 친족
ex) A test of the **consanguinity** confirmed that she was not **his** mother.

같은(con) 피(sanguin) + ity

ensanguine [insǽŋgwin]
V 피투성이가 되게 하다, 피로 물들이다

피(sanguine)로 만들다(en)

exsanguine [ekssǽŋgwin]
A 핏기없는, 빈혈의, 피 없는(anaemic)
* **exsanguinate** ~에게서 피를 뽑다, 방혈(放血)하다; 출혈로 죽다

피(sanguine)가 WM는(ex)

sangfroid [sæŋfrwɑ́:]
N 태연 자약, 냉정, 침착
ex) The captain's **sangfroid** helped to allay the fears of the passengers.

[F] cold(froid) blood(sang)

* 피 색깔인 빨강도 함께 공부하자. rub = 빨(red)

ruby	N 루비, 홍옥, 다홍색	
rubicund	A 불그레한; 혈색좋은	
rubricate	V 주서하다, 빨갛게 쓰다	
ruddy	A 불그레한; 혈색좋은	
russet	A 적갈색의, 팥빛의 N 적갈색, 적갈색의 사과	
rusty	A 녹슨, 녹투성이의	
* rosy	A 장미빛의; 혈색좋은; 낙관적인	

루비 (ruby) = 빨간색

녹슬면(rusty) 빨개짐

* 혈색이 별로 좋지 않은 단어 sallow도 함께 보자. Salo = 어두운(dusky, dark)

sallow
A (안색이) 누르께한, 흙빛의, 혈색이 나쁜
N 누르스름한 색, 흙빛

* **pasty**
A 풀같은, 반죽같은; 기력없는, 창백한

살 No!! (sallow) 혈색이 나쁜

SAP/SIP = 맛(taste)

어근 **sap**, **sip**은 맛을 의미한다. 음식의 맛은 '**씹(sip)**'을 때 나는 것이다.

insipid
[insípid]
- A 싱거운, 담백한(plain), 김빠진, 활기 없는
- * insipidity 무미건조   * sipid 맛있는, 흥미있는
- ex) After an hour of **insipid** conversation, I left.

sapid
[sǽpid]
- A 맛좋은(delicious), 풍미 있는, 흥미 있는
- * sapidity 맛, 풍미, 흥미
- ex) Camels, to make the water **sapid**, raise the mud.

savory
[séivəri]
- A 맛좋은, 재미있는   N 구미를 돋구는 요리, 입가심
- * savor 맛, 풍미, 향기, 재미, 소량
- ex) The chicken is loaded with **savory** herb flavors.

sip
[sip]
- V 찔끔 마시다, 맛보며 마시다   N 한 모금, 찔끔
- ⓓ sap (식물의) 수액; 활기, 생기; 얼간이, 공부벌레
- ex) My customers used to come in here and **sip** wine and tell jokes.

sup
[sʌp]
- V 저녁을 먹다, 조금씩 먹다(마시다)
- * supper 저녁식사   * soup 수프
- ex) He needs a longer spoon that **sups** with a devil. 악인을 대할 때 방심말라.

* 어근 **sap**과 **sip**이 '슬기로운'의 의미를 지니기도 하는데, Homo Sapiens가 여기에서 유래했다.

sapient
[séipiənt]
- A 슬기로운(wise ; intelligent), 아는 체하는
- * sapience 지혜; 아는 체함   ⓓ savant 학자, 석학   ⓓ savoir faire 기지, 재치
- ex) If you are not **sapient**, you must be a sap.

insipient
[insípiənt]
- A 현명치 못한(unwise), 어리석은(foolish)
- ex) He is not an **insipient** person to do such a thing.

* basam = 향취(spice)

balm   N 향유;발삼; 방향제, 진통제; 위안
balmy   A 향유의, 향기로운; 위안이 되는; 온화한
balsam   N 향유(香油); 발삼; 위안물;진통제

odor/ol = 냄새(smell)

odor	N 냄새, 향기, 좋지 못한 냄새, 향수, 평판	냄새(odor)
odoriferous	A 향기나는; (도덕적으로) 냄새나는; 구린	냄새(odor)를 품(fer)은 (ous)
inodorous	A 냄새 없는	냄새(odor)없(in)는 (ous)
deodorize	V 악취를 없애다, 방취하다	냄새(odor)를 없게(de) 하다(ize)
deodorant	N 방취제	냄새(odor) 제거(de) 제(ant)
redolent	A 향기가 나는, 생각나게 하는	다시(re) 냄새(dol)가 나는 (ent)
olfaction	N 후각, 후감	냄새(ol)를 만들어(fact) 냄(ion)
olfactory	A 후각의, 냄새의 N 후각기관	냄새(ol)를 만들어(fact) 내는 (ory)

SKER- = 깎다, 자르다(cut)

인도-유럽 어근인 sker는 '자르다(cut)'의 의미. 잘라서 모은 스크랩(scrap), 짧게 잘라 만든 스커트(skirt), 그 밖에 shirt, short, sharp 등이 여기에서 왔다.

식칼(sker)은 자르는 것

scabbard [skǽbərd]
- N 칼집; 권총집
- * scabbard fish 갈치
- * scab 딱지 * scabrous 거칠거칠한, 우둘투둘한

칼집처럼 생긴 갈치 (scabbard fish)

scale [skéil]
- N 비늘; 저울; 눈금; 등급; 척도; 규모 V 기어 오르다
- ex) You must practice your **scales** every day.

-비늘·껍질은 몸에서 나뉨
-저울눈금으로 나누어진 것

scallop [skάləp/skǽl-]
- N 가리비; 그 껍데기
- V 가리비(부채꼴) 모양으로 만들다

scallop 가리비
둘로 갈라져서 붙은 이름

scalp [skǽlp]
- N 머릿가죽; 전승 기념품, 무용의 징표
- V 머릿가죽을 벗기다; 혹평하다; 암표 장사하다

북미 인디언 등이 전리품으로서 적의 시체에서 머릿가죽을 벗겨낸데서

- * scalper 암표 장수   ⓐ scald 데게 하다, 끓이다

scalpel [skǽlpəl]
- N 외과용 메스
- ex) He plunged the **scalpel** for a major operation.

쪽 칼뺄 (scalpel)

scar [skα:r]
- N 흉터, 흠   V 상처를 남기다; 흉터가 남다
- ex) She dropped the ashtray and **scarred** the table.

scarp [skα:rp]
- N 급경사, 벼랑   V 급경사를 만들다 (=escarp)
- * escarpment 절벽, 급경사면

잘라낸 듯한 것이 벼랑

sculpture [skΛlptʃər]
- N 조각, 조각술; 조각물   V 조각하다; 침식하다
- * sculptor 조각가   * sculpt ≪구어≫ 조각하다(sculpture)

[라틴] 새겨진 것

scull [skΛl]
- N 스컬(양손에 하나씩 쥐고 젓는 노)   V 스컬로 젓다

숟갈(scull)처럼 생긴 노

scrabble [skrǽbl]
- V 할퀴다; 긁어 모으다; 뒤적여 찾다; 휘갈겨 쓰다
- ex) My mother was **scrabbling** about in the sand searching for the needle.

자르다 → 헤집다

scrap [skrǽp]
- N 한 조각, 토막; 스크랩; 발췌   V 폐기하다
- ex) We **scrapped** our plans for a trip to Grand Canyon.

자른 것

scrape [skreip]
- V 문지르다, 긁어내다   N 문지른 자국, 찰과상
- ex) There was something **scrapping** against the window.

자르다

screed [skri:d]
- N 장황한 글, 단조로우며 장황한 연설
- ex) She's written **screeds** on the subject, but hardly any of it is worth reading.

잘라온 천 조각에 list를 작성한데서

scrub
[skrʌb]
V 북북 문지르다; 없애다 **N** 문질러 닦기, 세정; 관목

깎아내다 → 문지르다, 깨끗하다

ex) **Scrub** your hands thoroughly before you eat anything.

scurf
[skə:rf]
N (머리의) 비듬(dandruff)

깎여서 떨어져 나온 것

ex) Thiabendazole is used to reduce gangrene, dry rot, skin spot, silver **scurf**.

skirt
[skə:rt]
N 스커트, 치마; 가장자리, 끝; (pl.) 교외, 변두리
V 둘러싸다; 접경하다; 언저리를 지나다; 피해서 가다, 간신히 회피하다

잘라서 만든 것

ex) The politician **skirted** around a question on why protestors hate him.

skirmish
[skə́:rmiʃ]
N 작은 접전; 사소한 충돌 **V** 사소한 싸움을 하다

서로 자르는 것

ex) The **skirmish** grew into a major battle.

shear
[ʃiər]
N [pl.] 큰 가위, 원예용 가위 **V** 베다, 깎다

자르는 것, 깎다

ex) The farmer taught his daughter how to **shear** sheep.

sheer
[ʃiər]
[깎아 지른 듯한]
A 얇은, 비치는; 순수한; 깎아지른 듯한, 험준한
V 방향을 바꾸다, (싫은 사람·화제를) 피하다

ex) The suggestion is **sheer** nonsense.

share
[ʃɛər]
[잘라서 주는 것이 몫]
N 몫; 역할; 주식; 지분 **V** 분배하다, 분담하다

shard
[ʃɑərd]
N 사금파리; 파편(fragments); 비늘; 껍데기

잘려진 조각

ex) **Shards** of glass was scattered across the lobby after the explosion.

shore
[ʃɔ:r]
N 물가, 강기슭, 해안
⊕ littoral 해안의, 연해의; 물가에 사는

파도에 의해 깎인 곳

* shore
[어근 shor=prop]
N (배·건물·담장·나무 등의) 지주, 버팀목(prop)
V 지주로 받치다, 떠받치다; (사기 등을) 높이다

shred
[ʃred]
N 조각, 끄트러기, 단편 **V** 조각조각으로 찢다

잘려진 조각

ex) Peel the carrots and cut them into **shreds**.

shrew
[ʃru:]
N 잔소리가 심한 여자
* shrewish 으드등거리는, 앙알거리는, 짓궂은
⊕ harridan 추한 노파, 잔소리 많은 노파, 마귀할멈
ex) She truly is a **shrew** who needs to be tamed.

shrewd
[ʃru:d]
A 날카로운, 예민한; 영리한, 약삭빠른, 재빠른
* shrewdie 빈틈없는 사람

자를 정도로 예리한

ex) It was **shrewd** to buy the house just before property prices rise.

skull
[skʌ́l]
N 두개골, 해골
* have a thick skull 머리가 둔하다
ex) The soldiers discovered piles of human **skulls** and bones.

skill
[skíl]
N 솜씨; 숙련, 노련, 교묘; 익숙함; 기능, 기술
* **skillful** 숙련된, 솜씨 좋은; 잘 만들어진   * **skilled** 숙련된; 숙련을 요하는
ex) She was an executive with good negotiating **skills**.

shell
[ʃél]
N 조가비; 등딱지; 껍질; 외관, 겉모양; 포탄, 탄피
V 껍질을 벗기다; 껍데기가 벗겨지다; 포격하다
ex) Tortoises, snails and crabs all have **shells** to protect them.

carve
[káːrv]
V 베다, 새기다, 조각하다; 개척하다
ex) The boy **carved** his name on the tree.

※ 'sl-'로 시작되는 단어들도 '자르다'의 의미를 지닌다. 슬레이트 지붕을 생각하자. 슬레이트는 어원 상 얇게 잘려진 조각을 의미한다.

slat
[slǽt]
N (지붕 이는) 널빤지, 널조각; 슬레이트, 얇은 돌
ex) The base of the bed was made of **slats**.

slate
[sléit]
N 슬레이트, 점판암(粘板岩)
ex) Several **slates** blew off our roof during last night's storm.

slice
[sláis]
N 얇게 썬 조각   V 얇게 베다
ex) Would you like another **slice** of ham?

slit
[slít]
V 째다 N 길다랗게 베인 상처, 긴 구멍; 동전삽입구
ex) He **slit** open the envelope with a knife.

sliver
[slívər]
V 길게 베다, 가늘게 자르다; 쪼개지다 N 찢어진 조각
ex) Just a **sliver** of cake for me, please – I shouldn't really be having any.

slash
[slǽʃ]
V 깊이 베다; 채찍질하다; 삭제하다; 삭감하다
N 일격, 썩 벰; 깊은 상처; 삭감; 의복의 터진 곳; 방뇨
ex) She tried to commit suicide by **slashing** her wrists.

unscathed
[ʌnskéiðd]
A 상처 없는, 다치지 않은; 상처를 입지 않은
* **scathe** 위해, 손해, 손상   * **scathing** 냉혹한, 통렬한; 상처를 입히는

※ cop = 자르다(cut)

apocopate V (단어의) 어미음을 생략하다 (the → th' 따위)
apocope N 어미음 생략
syncopate V [문법] 어중음을 생략하다 (every → ev'ry)
syncope N 어중음 생략; 중략

CIDE/CISE = 자르다(cut), 죽이다(kill)

자르는데 쓰이는 **scissors**가 여기에서 유래했다. 포경은 **주위를**(circum) **잘라내는**(cis) **것**(ion)이라 영어로는 **circumcision** 이라 부른다.

decide
[disáid]
V 결정하다(judge and settle), 결심하다
* decision 결정, 결심　　* decisive 결정적인, 단호한
ex) They have to **decide** by next Friday.

아래로 (de) 딱 자르다(cide)

circumcise
[sɔ́:rkəmsàiz]
V 할례를 하다, (고뇌를 끊고) 정화하다
* circumcision 할례식, 정화(purification)

주변을 (circum) 잘라내다(cise)

concise
[kənsáis]
A 간결한, 간명한
* concision 간결함(conciseness; briefness)
ex) Make your answers clear and **concise**.

함께(con) 잘라낸(cise)

excise
[éksaiz]
V 삭제하다, 베어내다, (세금을) 과하다
* excision 삭제, 세금징수　　* excisable 세금을 징수할 수 있는
ex) Certain passages were **excised** from the book.

밖으로 (ex) 잘라내다(cise)

incise
[insáiz]
V 베다, 절단하다(cut into); 새기다, 조각하다
* incision 절단, 베기, 째기　　* incisive, incisory 예리한, 날카로운
ex) The design is **incised** into a metal plate.

안으로 (in) 잘라내다(cise)

precise
[prisáis]
A 정확한(exact), 꼼꼼한(strict), 명백한
* precisionism 순수주의, 정밀주의　　* precision goods 정밀제품
ex) Can you give a more **precise** definition of the word?

미리(pre) 잘라놓은 (cise)

recision
[risíʒən]
N (법률 따위의) 취소(revocation), 폐기
⊕ rescission 무효로 함, 폐지, 철폐; 계약 해제

뒤로 (re) 잘라(cis) 냄(ion)

chisel
[tʃízl]
N 끌, 조각칼, 정　V 끌로 파다, 조각하다; 속이다
ex) She **chiselled** a figure out of the marble.

치이~, 줄 (chisel) 새기는 끌

abscind
[æbsínd]
V 절단하다　　[잘라(scind) 버리다(ab=away)]
* abscission 절단, 분리(scission); 갑작스런 중단

caesura
[siʒúərə]
N [詩學] 행간의 휴지; [樂] 중간 휴지
ex) After an ominous **caesura** the preacher continued.

읽다가 쉬어 주어라(caesura)

exscind
[eksínd]
V 베어내다(cut out), 잘라내다(excise)

잘라(scind) 내다(ex=out)

prescind
[prisínd]
V (일부분을) 따로 떼어두다, 고려하지 않다
* prescission 떼어둠

미리(pre) 잘라내다(scind)

rescind [risínd]
V 무효로 하다(cancel), 폐기하다(abolish) 다시(re) 잘라버리다(scind)
* **rescission** 무효로 함, 폐지, 철폐 * **rescissory** 폐지하는, 무효로 하는
ex) The decision was wrong and should be **rescinded**.

bactericide [bæktíərəsáid]
N 살균제(fungicide ; germicide) 세균을(bacteri) 죽임(cide)
ex) **Bactericides** are not generally effective against disease on growing plants.

deicide [díːəsáid]
N 신(神)을 죽임, 신을 죽이는 자(니체의 경우-) 신을(dei) 죽임(cide)
ex) Pilate's main concern was maintaining order, not **deicide**.

ecocide [íːkousáid]
N 환경파괴, 생태계 파괴 환경을(eco) 죽임(cide)
ex) This ecosystem was entirely unbalanced by the application of **ecocide**.

homicide [háməsáid]
N 살인 인간을(homi) 죽임(cide)
ex) The number of **homicides** in the city has risen sharply.

genocide [dʒénəsáid]
N 집단살해 씨대를(geno) 죽임(cide)
ex) The Taliban ambassador to Pakistan accused the United States of **genocide**.

magnicide [mǽgnəsáid]
N 요인암살 큰 사람을(magni) 죽임(cide)
ex) Who would plot a **magnicide** againts Chavez?

parasiticide [pærəsítəsáid]
N 구충제, 기생충 제거약 기생충(parasite)을 죽임(cide)
ex) The green hull of the black walnut tree is a miraculous **parasiticide**.

pesticide [péstəsáid]
N 구충제, 살충제 해충(parasite)을 죽임(cide)
ex) You have to use **pesticide** to exterminate roaches.

piscicide [písəsáid]
N (한 수역 내의) 어류의 절멸, 살어제 물고기(pisci)을 죽임(cide)
ex) A **piscicide** is a chemical substance which is poisonous to fish.

regicide [rédʒəsáid]
N 국왕시해자 왕(regi)을 죽임(cide)
ex) He had become czar through **regicide**.

suicide [súːəsáid]
N 자살, 자멸행위 자신을(sui) 죽임(cide)
ex) After several years of mental illness, she committed **suicide** last month.

* **shaf = 자르다(cut)**

shaft   N 자루, 손잡이, 축대; 흑평 V 자루로 밀다; 흔나게 하다
shape   N 모양, 꼴, 형태, 형상, 외형
shave   V 깎다; 면도하다; 대패질하다 N 면도; 대팻밥; 면도 도구
scepter N 홀(笏), [the ~] 왕권 V 왕위에 앉히다, 왕권을 주다
landscape N 풍경(scenery), 경치; 풍경화; 전망, 조망
scab   N (헌데·상처의) 딱지; 옴, 피부병
scoop   N 국자; 큰 숟가락; 부삽; 한 번 뜸; 특종 기사
        V 푸다, 뜨다, 퍼내다; 파내다; 특종 기사를 내다

CHAST = 순수한(pure), 자르다(cut off)

인도 유럽 어근 'kes'에서 유래한 것으로 원래는 '자르다(cut)'의 의미였다. 불순한 것은 모두 잘라냈으니 순수할 수 밖에! 인도의 **카스트** 제도는 **순수한** 혈통끼리 **나눠** 놓은 것이다.

chaste
[tʃeist]
A 순결한(pure), 고상한(noble), 정숙한
* chastity 순결, 정숙
ex) In the past, a woman needed to be **chaste** to make a good marriage.

순수한

* 순수하게(chast) 만들다(en), 순수하게(chast) 하다(ise)

chasten
[tʃéisn]
V 처벌하다, 순화시키다, 훈계하다
ex) He felt suitably **chastened** and apologized.

chastise
[tʃæstáiz]
V 처벌하다, 벌주다, 순화시키다
* unchastity 부정함(impurity), 음탕함

castigate
[kǽstəgèit]
V 혹평하다, 퇴고하다 [순수하게(castig) 하다(ate)]
* castigation 징계, 퇴고
ex) Jim's mother **castigated** him for forgetting to pick her up at the airport.

죄있으니 (chasten) 벌하지

넌 죄수다 이제 (chastise) 하며 매질하여 벌하다

incest
[ínsest]
[순수하지(cest) 못한(in)]
N 근친 상간(죄), 상피
* incestuous 근친 상간의, 상피(相避)의
ex) They oppose abortion even when pregnancy has resulted from **incest**.

caret [kǽrət]   N (원고·교정 등의) 탈자(脫字) 부호 (∧)

castration
[kæstréiʃən]
N 거세; 골자를 빼기; 삭제 정정
* castrate 거세하다(geld), 골자를 빼다   * castrato 카스트라토(거세한 남성 가수)

잘라(castr) 냄(ation)

CUT = 자르다(cut), 나누다(divide)

cutlass
[kʌ́tləs]
N (휘고 끝이 넓은) 단검 ((해적들이 사용했던))

calamity
[kəlǽməti]
N 재난, 불행, 참화
ex) The city was in the irremediable **calamity**.

갈라 밑이 (calamity) - 밑이 갈라지는 재앙

cutlet
[kʌ́tlit]
N (굽거나 튀김용의) 얇게 저민 고기
ex) Great Dongas, big pork **cutlet** is on menu.

cutlery
[kʌ́tləri]
N 칼(제조업), 식탁용 날붙이(나이프·포크·스푼)
* cutler 칼장수, 칼 만드는 사람

칼(cutl)의 + 집합(ery)

clastic
[klǽstik]
A [생물] 분해성의, [지질] 쇄설성의

찢겨지(clast) 는 (ic)

SECT = 자르다, 나누다(cut)

부분으로 자른 것이 section(구역). 우리말 '싹뚝'을 '쎅뚝'으로 바꿔 기억하자.

쎅뚝(sect) 자르다

secant
[síːkənt]
A [수학] 끊는, 나누는, 교차하는   N 할선, 시컨트
* cosecant [수학] 코시컨트, 여할(餘割)

secant line

secateurs
[sékətərz]
N 전지(剪枝) 가위
ex) Mint can be cut with secateurs or just broken off with your hand.

Secateurs 전지가위 = 자르는(secat) 것(eur)

sectarian
[sektέəriən]
A 분파의, 당파심이 강한   N 종파심이 강한 사람
* sectarianize 분파시키다, 종파로 가르다   * sectile 절단할 수 있는
ex) He was the fifth person to be killed in sectarian violence.

갈라(sect) 진(arian)

section
[sékʃən]
N 자르기, 잘라낸 것의 부분, 구역
* sectional 부분의, 구획의   * sectionalism 지방주의   * cross section 횡단면, 단면도
ex) Most of the businesses in the oldest section of downtown were now defunct.

자른(sec) 것(ion)

sector
[séktər]
N 부분, 분야, 부문, 영역, 부채꼴 V 부채꼴로 분할하다
ex) When the private sector is not doing so well, government tends to spend money.

나뉜(sect) 것(or)

segment
[ségmənt]
N 구분, 칸막이, 부분, 조각   V 나뉘어지다
ex) The birthday cake was decorated with segments of orange.

나뉜(seg) 것(ment)

dissect
[disékt]
V 가르다, 해부하다, 연구 분석하다
* dissected 절개한, 세분한   * dissection 절개, 해부(anatomy)
ex) In biology classes at school we used to dissect rats.

떨어(dis) 자르 다(sect)

intersection
[intərsékʃən]
N 횡단, 교차로, 네거리
ex) Turn left at the second intersection.

서로 (inter) 나뉜(sect) 것(ion)

insect
[ínsekt]
N 곤충   A 인색한, 천박한
* insecticide 살충제   * insectfuge 구충제
ex) Bees are gregarious insects.

몸 안(in)에 나뉨(sect)

prosector
[prouséktər]
N 시체 해부자
ex) He acts as the primary prosector for all autopsies at the hospital.

[앞에서(pro) 자르는(sect) 자(or)]

resect
[risékt]
V (조직의 일부를) 도려내다, 잘라내다
* resection 절개   * resectional 잘라낸
ex) This was an extremely difficult tumor to resect.

다시(re) 자르 다(sect)

transect
[trænsékt]
V 가로 절개하다, 횡단하다
ex) A new device to transect the liver parenchyma has been developed.

가로 질러(trans) 자르 다(sect)

sever
[sévər]

V 절단하다, 자르다(cut), 끊어지다, 격리하다
* **severable** 절단할 수 있는, 끊을 수 있는   * **severance** 절단, 분리
ex) The world used to be **severed** into two blocks.

dissever
[disévər]

V 분리하다(separate), 분할하다(divide)
* **disseverance** 분리(disseveration)
ex) The union is impossible to **dissever**.

scythe
[saið]

N 큰 낫   V 큰 낫으로 베다
ex) It was not easy to **scythe** the long grass. I had to whet my **scythe** on the stone two times.

sickle
[síkl]

N 낫, 수탉의 꼬리가운데의 낫 모양의 깃
V 낫으로 베다
ex) It is tricky to determine at a glance if your grass is ready to **sickle** down.

TAIL = 자르다(cut)

'재봉사(tailor)'는 잘라서 재단(tail) 하는 사람(or)을 일컫는 말이다.

tailor
[téilər]

N 재봉사, 재단사   V (옷을) 만들다, 재단하다
* **tailoring** 재봉업   * **tailored** 몸에 꼭 맞는   ⓡ **sartorial** 재봉의, 의복에 관한
ex) My father used the same **tailor** for his suits for twenty years.

detail
[ditéil]

N 세부, 세목, 상세, (건축, 미술) 세부묘사
* **detailed** 상세한, 세부적인; 파견된   * **in detail** 상세하게
ex) I can't give you the **detail** of it all.

entail
[intéil]

V 수반하다, 부과하다, 필연적으로 일어나다
* **entailment** 상속인 한정
ex) The job **entails** a lot of hard work.

retail
[rí:teil]

N 소매   V 소매하다, 말을 전하다(↔wholesale)
* **retailer** 소매상인   * **by retail** 소매로
ex) The job is open to applicants with over two years' experience in **retail**.

curtail
[kə:rtéil]

V 줄이다, 단축하다, (권리 등을) 축소하다
* **curtailment** 줄임, 단축, 삭감(reduction)
ex) Spending on books has been severely **curtailed**.

tally
[téli]

N 계산, 계정, 점수; 계산서; 항목, 꼬리표
V 세다, 기록하다; 계산서를 작성하다
ex) A simple **tally** would not convey the complete picture.

TOM = 자르다(cut)

atom
[ǽtəm]
N 원자, 미진(particle)
* atomic 원자의   * atom bomb 원자탄
* not an atom of~ ~은 티끌 만큼도 없다

tome
[toum]
N (여러 권으로 된 책의) 한 권, 큰 책
ex) She has written several weighty **tomes** on the subject.

anatomy
[ənǽtəmi]
N 해부, 분해, 구조, 해부학
* anatomize 해부하다 (dissect), 분석하다   * anatomic 해부의, 구조의
ex) An understanding of human **anatomy** is important to a dancer.

dichotomy
[daikátəmi]
N 이분법, 양분법(division into two)
* dichotomize 두 가닥나게 하다   * dichotomous 두 갈래의
ex) There is a **dichotomy** between what you say and what you do.

epitome
[ipítəmi]
N 개략, 대요, 요약(abridgement), 발췌
* epitomize 발췌하다, 요약하다(summarize)
ex) The first paragraph of the novel is an **epitome** of the entire book.

anthropotomy
[ænθrəpátəmi]
N 인체해부학

autotomy
[ɔːtátəmi]
N (도마뱀 따위의) 제 자르기, 자기절단

entomology
[èntəmálədʒi]
N 곤충학(the study of insects)
* entomologists 곤충학자

hysterotomy
[hìstərátəmi]
N 자궁절개(술), 제왕절개술

appendectomy
[æpəndéktəmi]
N 충수(맹장)절제수술

* '-tomy'는 '자르다'에서 '절개', '-ectomy'는 '밖으로 (ec) 잘라(tomy) 내다'에서 '절개'의 의미임

vasectomy
[vəséktəmi]
N 정관 절제수술

* sunder = 가르다, 흩어지다(separate, apart)

sunder   V 가르다, 쪼개다, 찢다, 자르다
asunder   Ad 산산이 흩어져, 두동강으로 되어
sundry   A 가지 가지의, 잡다한
* **whittle** V 깎아 만들다

CRIS/CRIT/CRET = 식별[분리]하다(separate)

'crisis'는 성패나 생사가 '분리되는(cris) 점(is)'에서 '위기'란 뜻을 갖는다. 'critic'이란 '식별하는(crit) 사람(ic)'이며, 'secret'는 '따로(se) 분리된(cret)' 것이므로 비밀이란 뜻이 된다.

critic
[krítik]
N 비평가, 감정가; 혹평가, 흠을 잘 잡는 사람 — 식별하는(crit) 사람(ic)
* critical 비평하는; 위기의, 결정적인, 중대한   * criticaster 엉터리 비평가
* diacritical 구별할 수 있는(diacritic), 구별되는
ex) She is one of the ruling party's most outspoken critics.

criticize
[krítisàiz]
V 비평하다, 평론하다, 혹평하다; 비난하다 — 식별하다 > 비평하다 > 비난하다
* criticism 비평, 평가   * critique 비판, 평론
ex) The decision was criticized by environmental groups.

criterion
[kraitíəriən]
N (비판의) 표준(standard), (검사의) 기준 — 식별(하는 것)
ex) What criteria are used for assessing a student's ability?

crisis
[kráisis]
N 위기(a time of great danger), 중대국면 — (성패가) 분리되는 곳
ex) The news reports of the crisis showed tanks in the streets.

hypercritical
[hàipərkrí:tkəl]
A 혹평하는(severely critical) — 너무(hyper) 비평하는(critical)
* hypercriticism 혹평   * hypercritic 혹평가

decree
[dikrí:]
N 법령, (법원의) 명령, 판결; 섭리, 천명 — 법령 아래서(de) 결정한(cree)
V (신이) 명하다, (운명이) 정하다; (법령으로서) 포고하다; (미) 판결하다
* decretal 법령의; 법령적인; (로마교황)의 교령서(a papal letter)
ex) The decree stopped short of a full declaration of independence.

discreet
[diskrí:t]
A 사려 깊은, 분별 있는, 신중한 — 멀리(dis) 분별하는(creet)
* discretion 행동[판단, 선택]의 자유, (자유) 재량; 분별, 신중
ex) Most church leaders have kept a discreet silence during this war.

discrete
[diskrí:t]
A 분리된, 따로따로의; 불연속의 — 멀리(dis) 분별된(crete)
* discreteness 분리, 불연속
ex) These small companies now have their own discrete identity.

* discreet vs discrete – 두 단어는 동음이의어로 그 뿌리마저 동일하다. 'discrete'의 경우 〈 두개의 e 때문에 분리되어 있다(ete)는 점에 착안하여 '분리된'의 뜻으로 기억해 두자.

excrement
[ékskrəmənt]
[밖으로(ex) 분리된(cre) 것(ment)]
N 배설물; [종종 pl.] 대변
* excreta 배설물 (대변·소변·땀 등)
ex) It was disgusting, there was excrement.

excrete
[ikskrí:t]
V 배설하다(pass out)   N 배설물
* excretion 배설   * excrescence 무용지물
ex) Most toxins are naturally excreted from the body.

X 구리면 똥 (excrement)
음 된장은 아니군!

secrete [sikríːt]	V 비밀로 하다, 감추다; 분비하다	따로 (se) 분리하다 (cret)

* **secret** 비밀의; 신비 * **secrecy** 비밀, 은둔, 은퇴 * **secretion** 은닉, 분비(액)

ex) He was **secreted** in his family since he was born.

secretary [sékrətèri]	N 서기(관), 비서, 사무관; [S~](미) 장관	비밀(secret)이 맡겨진 사람(ary)

ex) She is **secretary** to the president.

endocrine [éndəkrin]	A 내분비의 N 내분비물, 호르몬(hormone)	안으로 (endo) 분비하는 (crine)

* **recrement** 재귀액 (혈액으로 재흡수 되는 타액·위액 등)

exocrine [éksəkrin]	A 외분비(성)의 N 외분비물; 외분비선	밖으로 (exo) 분비하는 (crine)

* **eccrine** 외분비(선)의; 누출 분비의

* 어근 'cor'는 분리되는 것, 즉 '껍질, 가죽'의 뜻이다.

cortex [kɔ́ːrteks]	N [解] 피질, 외피, 피층(皮層), 대뇌 피질	껍질(cor) 조직(tex)

* **decorticate** (나무껍질, 가면 등을) 벗기다; 혹평하다; [醫] 피질을 벗기다

corium [kɔ́ːriəm]	N [解] 진피(眞皮)(derma)	껍질(cor + ium)

* **coriaceous** 가죽 같은; 피질(皮質)의; 가죽으로 만든

excoriate [ekstɔ́ːrièit]	V 피부[가죽]를 벗기다; 통렬히 비난하다	가죽(cori)을 벗겨(ex) 내다(ate)

ex) The President **excoriated** the Western press for their biased views.

cuirass [kwiræs]	N 흉갑; (군함의) 장갑 V 흉갑을 입히다	가죽으로 만들어진데서 유래

ex) The **cuirass** covered the body before and behind.

currier [kə́ːriər]	N 제혁(製革)업자, 제혁공; 말 손질하는 사람	가죽(curri)을 다루는 사람(er)

* **curriery** 제혁업, 제혁업소

scourge [skəːrdʒ]	N 회초리, 채찍; 천벌, 재앙 V 채찍질하다; 혼내다	스쿠루지(scourge)가 천벌을 받다

ex) The country has been **scourged** by famine in recent years.

* ex(intensive)+courge(whip), 즉 '강하게 채찍질하다'의 뜻이다. 채찍은 가죽으로 만드는 것이므로 'cour'가 들어 있다.

* copro = 똥 (dung)

coprolite	N 분석(糞石)<똥의 화석>; 기분 나쁜 녀석
coprophagia	N 식분(食糞)증
coprophagous	A 똥을 먹고 사는

* ding = 똥 (dung)

dinge	N A 흑인(의)
dingy	A 거무죽죽한; 그을은, 때묻은; 평판이 나쁜

* dros = 쓰레기 (dregs)

dross	N 쇠똥; 떠 있는 찌기, 불순물; 쓰레기
slag	N 광재(鑛滓), 용재(鎔滓), 화산암재(岩滓); 갈보
trash	N 폐물, 쓰레기(rubbish); 무가치한 물건

CERN/CERT = 식별하다, 분리하다(separate)

다른 것과 '분별(cert) 되는(ain)' 것은 '확실한' 것이다.

certain
[sə́:rtn]
A 확실한(assure), 틀림없는, 어떤
  * certainly 확실히   * certainty/certitude 확신
ex) I'm **certain** he'll go, because he's already bought a ticket.

〔다른 것과 분별된 - 확실한〕

ascertain
[æsərtéin]
V 확인하다, 조사하다, 명백히(확실히) 하다
  * ascertainment 확인, 조사
ex) Herbert **ascertained** the pie was indeed lemon meringue.

〔확실(certain) 하게(as(ad) 하다〕

certificate
[sərtífikət]
N 증명서(reference), 면허증(license)
  * certification 증명   * certify 증명하다   * certifiable 증명할 수 있는
ex) You'll need a doctor's **certificate** to prove that you've been sick.

〔확실히(certi) 하는(fi) 것(ate)〕

incertitude
[insə́:rtətjù:d]
N 불확실; 불안정(uncertainty), 의혹

〔분별(certi)되지 않(in) 음(tude)〕

concern
[kənsə́:rn]
N 관계; 관심;근심; 중요성   V 관계를 맺다; 염려하다
  * concerning 관하여(as to)
ex) The state of my father's health **concerns** us greatly.

〔함께(con) 식별되다(cern)〕

discern
[disə́:rn]
V 분별하다(discriminate), 인식하다
  * discernment 인식   * discernible 구별할 수 있는
  ⓓ descry 어렴풋이 알아보다, 발견하다, 알아내다
ex) It is possible to discern a number of different techniques in her work.

〔멀리(dis) 분별하다(cern)〕

secern
[sisə́:rn]
V 식별하다; (生理) 분비하다(secrete)

〔따로(se) 분별하다(cern)〕

PART = 나누다(part)

parting
[pá:rtiŋ]
N 분할, 분리, 이별, 헤어짐   A 이별의
  * part 부분, (머리의) 가리마, 몫; 나누다, 갈라지다   * parti pris (F) 편견
ex) It is a time to drink a **parting** cup with her.

〔나누는(part) 것(ing)〕

partial
[pá:rʃəl]
A 부분적인; 편파적인; 유달리 좋아하는(to)
ex) Koreans are **partial** to soccer.

〔부분(part) 적인(ial)〕

party
[pá:rti]
N 파티, 모임, 정당, 일행
  * partner 동료, 배우자   * partnership 협력, 조합   * intraparty 정당내의

〔나눔(party)〕

partisan
[pá:rtizən]
N 당원, 한동아리; 빨치산   A 당파심이 강한; 유격대의
ex) Henry's plan to give himself the award had no **partisan** except himself.

〔정당(partis)의 사람(an)〕

partake [pɑːrtéik]
V 참가하다, 같이하다(of); 기미가 있다(of)
ex) He has no right to **partake** of the money.

> 나누어(part) 갖다(take)

participate [pərtísəpèit]
V 참가하다, 관여하다, 함께 나누다
* **participant** 참가하는; 참가자
ex) Fred **participated** in every class discussion and typed all of his papers.

> 나누어(part) 취(cip)하다(ate)

particle [pɑ́ːrtikl]
N 극소량, 미립자, 조항
ex) He has not a **particle** of sense.

> 작게(cle) 쪼개진 것(parti)

participle [pɑ́ːrtəsipl]
N [문법] 분사
* a present[past] **participle** 현재[과거] 분사

> 나누어지는(parti) 품사(ciple)

particular [pərtíkjulər]
A 특별한, 특유의, 상세한; 상세함
ex) She wanted a **particular** type of hair style.

> 작게(cul) 나누어(part) 진(ar)

partition [pərtíʃən]
N 칸막이 하기, 분할   V 칸을 막다, 분할하다
ex) The teacher **partitioned** his class into smarties and dumbies.

> 나눈(parti) 것(tion)

apart [əpɑ́ːrt]
ad 떨어져서, 갈라져서
* **apartment** 공동주택   * **apartheid** 인종차별

> 나뉘어(part) 떨어서(a)

compart [kəmpɑ́ːrt]
V 구획하다, 칸을 막다
* **compartment** 칸막이   * **dispart** 분리하다, 나누다
ex) Cell is **comparted** by cell membrane.

> 함께(com) 나누다(part)

depart [dipɑ́ːrt]
V 출발하다, 떠나다, 이탈하다
* **departure** 출발, 이탈
ex) Twenty minutes from now we will **depart**.

> 아래로(de) 나누다(part)

department [dipɑ́ːrtmənt]
N 부문, 학문, 부서
ex) Mistakes are made in every **department** of life.

> 아래로(de) 나뉜(part) 것(ment)

impart [impɑ́ːrt]
V 나누어 주다; (지식·비밀 등을) 전하다, 알리다
ex) I have much to **impart** to you. 알려줄 것이 많아

> 안으로(im) 나누다(part)

impartial [impɑ́ːrʃəl]
A 공정한, 편견이 없는
ex) Umpires are supposed to be **impartial** rather than partial.

> 편파적(part)이 아(im)닌(ial)

jeopardy [dʒépərdi]
N 위험; [法] (피고의) 유죄가 될 위험성
ex) We think the project is in **jeopardy**.

> jeu parti = 나뉜 game

portion [pɔ́ːrʃən]
N 몫; 부분; 운명   V 분할하다, 몫으로 주다(to)
ex) He **portioned** his estate to his son-in-law.

> 나누다(portion)

apportion
[əpɔ́ːrʃən]
N 배분하다, 할당하다
~에게(ap) 나누다(portion)
ex) There is some effort to **apportion** it to the people who need it the most.

proportion
[prəpɔ́ːrʃən]
N 비율, 비례
앞으로(pro) 나누는 것(portion)
* **proportionate** 비례하는; 균형 잡히게 하다   * **proportional** 비례하는, 상당한
ex) His feet seem very small in **proportion** to his body.

parcel
[páːrsəl]
N 소포, 꾸러미   V 나누다, 분배하다
작은 (el) 조각(parc)
ex) The whole story of evolutionism was a **parcel** of lies.

repartee
[repɑːrtíː]
N 재치 있는 말재주, 재담(才談)
되받아(re) 자기 part를 말함
ex) She was good at **repartee**.

VID/VIS = 나누다(separate)

divide는 둘로(di) **나누다(vide)**에서 왔다. 사람 한명 또는 물체 하나를 지칭할 때, individual 이라는 단어를 쓰는데 이는 둘로(di) 나눌 수(vid) 없(in)는 데서 유래하였다.

devise
[diváiz]
V (방법을) 궁리하다, 고안하다, 발명하다
생각을 쪼개는 것 = 궁리
* **device** 궁리, 계획(devisal; plan), 책략(trick), 도안, 의지
ex) A new system has been **devised** to control traffic in the city.

divide
[diváid]
V 나누다, 쪼개다(split up), 분배하다, 분리하다
멀리(di) 보다(vide)
* **division** 분배, 나눗셈, 구분, 경계선, (육군) 사단
ex) A sentence can be **divided** up into meaningful segments.

dividend
[dívidend]
N 이익배당, 배당금; 부차적인 이점
멀리(di) 보다(vide)
ex) He is interested in a stock that is **dividend** on.

individual
[indəvídʒuəl]
N 개인, 사람, 단일체   A 개개인의, 개별적인
더 나눌 수 없는 (individual)
* **individualize** 낱낱이 구별하다, 개성화하다
* **individuation** 개체화, 개성화   * **individuality** 개성, (pl)특질
ex) Every **individual** has certain rights which must never be taken away.

subdivide
[sʌ̀bdiváid]
V 세분하다
아래로 (sub) 나누다(divide)
* **subdivision** 다시 나눔
ex) Each chapter is **subdivided** into smaller sections.

vice
[vais]
N 악덕, 악, 비행; 육체적 결함, 결함; 나쁜 버릇
분리되어야 할 것, 즉 악
* **vicious** 나쁜, 악의가 있는   * **vicious cycle** 악순환
ex) Greed, pride, envy, dishonesty, and lust are considered to be **vices**.

vitiate
[víʃièit]
V 가치를 떨어 뜨리다, 손상시키다, 무효로 하다
내 가치를 떨어뜨린건 빚이었다(vitiate)
ex) If that is not maintained, the contract may well be **vitiated**.

SOL = 위로하다(comfort)

라틴어 **solari**에서 유래한 **sol**은 '위로하다'의 의미를 갖는다. **sol**ace를 '술내서 위로하다'로 연상.

solace
[sάləs, sóuləs]
V ~에 위안을 주다   N 위안물, 위로(하는 것)
ex) She **solaced** herself with the thought that the term was nearly over.

solatium
[souléiʃiəm]
N 위문금, 위자료   [위로 (sol) 하는 (ate) 것 (ium)]
ex) The jury gave him a verdict of forty shillings as a **solatium** for his wounded feelings.

console
[kənsóul]
V 위로하다(soothe), 위문하다
N 콘솔, (오르간의) 연주대, (전자기기의) 제어틀
* **consolable** 위안이 되는
ex) He tried to **console** her, but she kept saying it was all her own fault.

consolation
[kαnsəléiʃən]
N 위로, 위안, 위자(慰藉); 위안이 되는 것[사람]
ex) The dog was the only **consolation** for her.

consolatory
[kənsóulətɔ̀:ri]
A 위안의, 위문의
* a **consolatory** letter 위문 편지   * **consolatory** remark 위로의 말
ex) All this was not very **consolatory** to the poor fox, who continued to whine and cry most piteously.

disconsolate
[diskάnsəlit]
A 우울한, 서글픈, 위로할 수 없는(inconsolable)
* **disconsolately** 우울하게, 슬프게
ex) They tried to comfort the **disconsolate** widow.

inconsolable
[inkənsóuləbl]
A 위로할 길 없는, 슬픔에 잠긴
ex) They were **inconsolable** after the death of their young son.

SOL = 하나의(single), 외로운(alone)

가수가 2명이면 duet, 3명이면 trio, 한명이면? solo! 어근 'sol'은 '하나(single)'의 뜻인데 혼자이므로 당연히 '외롭다'는 뜻도 갖는다

sole
[soul]
A 하나의, 단독의; 독점적인; 미혼의, 독신의
N (양말, 신 따위의) 바닥, 창   V 구두 따위에 밑창을 대다
ex) The **sole** survivor of the accident was found in the water after six hours.

solo
[sóulou]
N 독창, 독주, 단독 비행, 일인극   A 단독의
* **soloist** 독창자, 독주자   * a violin/piano **solo** 바이올린/피아노 독주곡
ex) Parker's **solo** on 'A Night in Tunisia' was so amazing.

solitude
[sάlətjùd]
N 고독, 외로움; 쓸쓸한 곳, 황야
ex) People need a chance to reflect on spiritual matters **in** solitude.

soliloquy
[səlíləkwi]

N 혼자말(하기); (연극 등의) 독백

ex) In Shakespeare's play, humanism is employed through Hamlet's **soliloquies**.

solitaire
[sálətɛ̀ər]

N 한 알박이 보석; 혼자 하는 여러 놀이

solitary
[sálətèri]

[홀로 (sol) 가(it) 는 (ary)]
A 혼자의, 단독의, 외로운, 외딴, 유일한
* **solitarily** 홀로 쓸쓸하게

ex) Fishing and walking are the two pleasures of the **solitary** life he enjoys.

desolate
[désələt]

A 황량한, 내버려진, 쓸쓸한 V 황폐시키다
* **desolation** 황폐화 시킴

ex) The house looked out over a bleak and **desolate** landscape.

desolated
[désəlèitid]

A (사람이) 쓸쓸한, 외로운, 처량한

ex) She was **desolated** to hear the news.

sullen
[sʌ́lən]

A 부루퉁한, 언짢은 N 샐쭉함, 부루퉁함, 언짢음
* **surly** 뿌루퉁한;무뚝뚝한;적의를 지닌; 고약한

ex) Bob looked pale and **sullen**.

SOL = 전체(whole, entire)

어근 sol(하나)은 그 의미가 확대되어 '전체'라는 의미로까지 확대된다. 하나가 나뉘어지지 않고 그대로 존재하는 것, 그것이 곧 전체이기 때문이다.

---

solemn
[sáləm]

A 엄숙한, 진지한, 장엄한, 위엄 있는, 종교적인
* **solemnity** 엄숙, 진지, 장엄, 장엄한 의식, 제전
* **solemnly** 엄숙하게, 진지하게, 위엄있게

ex) The book is not **solemn** – it is full of pleasures, information, and surprises.

solemnize
[sáləmnàiz]

[엄숙하게(solemn) 하다(ize)]
V (종교의식, 혼례를) 거행하다, 엄숙하게 하다
* **solemnization** 장엄화(化); (특히) 결혼식을 올림

* solicit이 들어가는 말들은 '전적으로(sol=entire) 마음을 흔들다(cit=agitate)'라는 말에서 왔다는 것을 염두에 두고 접근하면 이해가 용이할 것이다. 마음을 전적으로 흔들어서 뭔가를 얻으려고 하는 것이 곧 간청이고, 마음이 심하게 흔들린 것이 염려 또는 근심이며, 마음이 들떠 요동하는 것이 갈망이라는 식으로 접근을 시도해 봐라.

solicit
[səlísit]

V 간청하다, 구걸하다; 권유하다; 꼬시다
* **solicitation** 간원, 간청, 귀찮게 졸라댐, 애걸복걸, 권유; 유도; 유혹, 교사
* **insouciant** 무관심한; 태평한, 걱정 없는 [souci<solicit, 즉 마음이 흔들리지 않는]

ex) It is illegal for public officials to **solicit** money in exchange for favors.

solicitor
[səlísətər]

N (미) 법무관; (자선 기부금 등의) 간청자, 권유자
(선거의) 운동원; 사무 변호사 (barrister(법정 변호사)와 소송 의뢰인 사이에서 재판 사무를 취급하는 하급 변호사로서 법정에 나서지 않음)

solicitude	N 근심, 걱정, 염려; 갈망, 열심, 애태움
[səlísətjùːd]	ex) I was touched by his **solicitude** for the boy.

solicitous	A 걱정하는, 염려하는; 세심히 배려하는
[səlísətəs]	열심인, 전념하는, 열심히 구하는, 노력하는
	ex) He was so **solicitous** of his guests.

SOLID = 단단한(firm)

solid 역시 어근 **sol**(하나, 전체)와 무관하지 않다. 하나(sol)가 된다(id)는 것이나 또는 **전체가 함께간다**는 것은 곧 **단단해진다**는 것을 의미하니까!

solid	A 고체의; 단단한, 순수한(genuine); 무늬가 없는	단단한(solid)
[sálid]	N 고체, 고형체; [보통 pl.] (액체 중의) **덩어리**; [보통 pl.] 고형식(固形食)	
	* **solidly** 굳게, 단결하여, 만장일치로 * **solidness** 굳음; 충실; 견실; 일치 단결	

solidify	V 고체화하다(되다), 응고시키다(하다); 결속하다	단단하게(solid) 하다(fy)
[səlídəfài]	* **solidification** 단결, 응결 * **solidifying point** 응고점	
	ex) Molten volcanic lava **solidifies** as it cools.	

solidity	N 굳음, 고체성(cf. fluidity); 실질적임; 견고; 믿음직함	고체(solid)의 성질(ity)
[sálədèti]	ex) Coal is abundant, but its **solidity** makes it inconvenient to use – gas is less trouble.	

solidarity	N 일치, 결속, 단결	단단하게 되는 것 = 결속
[sàlədǽrəti]	* **solidarism** 사회 연대주의 * **solidary** 공동의, 일치의, 연대의	
	ex) The lecturers joined the protest march to show **solidarity** with their students.	

solder	N 땜납, 납과 주석의 합금; 접합물 V 납땜하다	sold<solid + er
[sádər]	ex) A **soldering** iron is the tool which you use for heating when you **solder** things together.	

soldier	N (육군의) 군인, 병사 V 군에 복무하다	solidus(금화)에서 유래
[sóuldʒər]	* **soldierly** 군인다운, 용감한 * **soldiery** 군인들, 군대; 군사훈련	

soldier는 로마어 solidus(금화)에서 유래하였다. solidus는 곧 solid coin을 지칭하는 것으로 금화를 의미하는데, soldier란 바로 이 금화를 받을 목적으로 군대에 있는 자였던 것이다.

consolidate	V 통합하다, 합병하다, 규합하다, 강화하다	함께(con) 단단하게 하다(ate)
[kənsálədèit]	* **consolidation** 통합, 합병, 규합, 합동, 굳히기, 강화	
	ex) The two firms **consolidated** to form a single company.	

㉑ anneal	V 강화시키다, 담금질하다	불(eal=fire) 위에(ann<on) 놓다
[əníːl]	ex) The **annealing** process turns the diamond crystals.	

SPR-/SPERS = 뿌리다(sprinkle)

spr와 spers는 모두 '뿌리다'의 뜻이다. spr는 '水뿌려(spr)'로 sperse는 '水퍼서(spers) 뿌리다'로 기억해보자.

spray [sprei]
N 스프레이, 물보라, 물안개; 분무(기)
V 물보라를 날리다; 뿌리다; (탄환 등을) 퍼붓다
ex) Fire crews **sprayed** the burning truck with water.

sprinkle [spríŋkl]
V (물을) 뿌리다; 비가 조금 오다; 세례 주다
N 소량, 조금; 후두두 내리는 비
* **sprinkler** (물 등을) 뿌리는 자; 살수차, 살수장치
ex) The priest **sprinkled** water on my head.

sprawl [sprɔːl]
N (큰 대자로) 드러누움; (도시의) 스프롤 현상
V 팔다리를 쭉 뻗다, 기어 다니다; 뻗어 나가다
ex) Nowadays the city **sprawls** messily away from its old center.

spread [spred]
V 펴다, 뻗다 N 폭, 넓이; 퍼짐, 유포; 만연
ex) The fire **spread** very rapidly because of the strong wind.

sprout [spraut]
N 눈, 새싹; 젊은이, 청년 V 싹트다, 발생하다
ex) It takes 3 days for the seeds to **sprout**..

asperse [əspə́ːrs]
V 물을 뿌리다; 중상하다, 비방하다
* **aspersion** 중상, 살수
ex) Do not cast **aspersions** on her character.

asperity [æspérəti]
N 거칠음, 매서움; (pl.) 거친 말, 신랄한 말
ex) We must send food aid to help Russia through the **asperities** of winter.

ⓐ **vituperate** [vaitjúːpərèit]
V 호통치다, 욕설하다; 혹평하다
* **vituperation** 혹평, 욕 * **vituperative** 혹평하는
ex) He made some **vituperate** statements.

disperse [dispə́ːrs]
[멀리(di) 뿌리다(sperse)]
V 흩뜨리다, 분산시키다, 전파하다
* **dispersal/dispersion** 흩어짐, 분산, 산포도   * **dispersant** 분산제
* **dispersed** 흩어진, 분산된   * **dispersive** 흩어지는; 흩뜨리는, 분산적인
ex) When the rain came down the crowds started to **disperse**.

exasperate [igzǽspərèit]
V 짜증내다, 성나게 하다
* **exasperation** 격분
ex) Employers are increasingly **exasperated** by the poor literacy of some young job applicants.

intersperse
[ìntərspə́:rs]
V 흩뿌리다(scatter), 산재 시키다
ex) The grass is **interspersed** with beds of flowers.

사이에(inter) 뿌리다(sperse)

sparge
[spɑ:rdʒ]
V 뿌리다, 살포하다   N 살포(sprinkling)
ex) **Sparge** until you have about 6 gallons.

뿌리다(sparge<sperse)

sparse
[spɑ:rs]
A 성긴, 드문드문한, 부족한(scarce)
ex) Information coming out of the disaster area is **sparse**.

흩뿌린 → 드문드문한

sperm
[spə́:rm]
N 정액, 정충, 정자
ex) CLI has been providing **sperm** banking services for more than 30 years.

뿌리는 것 = 씨 = 정자

sporadic
[spərǽdik]
A 때때로 일어나는, 산발적인, 돌발적인
ex) Hundreds people have been killed in **sporadic** outbursts of ethnic violence.

흩뿌리듯(spor) 일어(ad)나는(ic)

spore
[spɔ:r]
N 포자, 종자, 홀씨
* sporangium 포자방   * sporophyte 아포체, 포자체
ex) In dry weather mosses suddenly scatter their **spores**.

씨(<spora)

Diaspora
[daiǽspərə]
N 유대인의 분산; 분산된 장소; 흩어짐
ex) I appeal to all of my fellow Jews in the **Diaspora** to come home and stand with me.

사방으로(dia) 흩어짐(spora)

spurt
[spə:rt]
V 용솟음치다, 분출하다; 전속력을 내어 달리다
N 용솟음, 분출, (감정의) 격발; 급등; 스퍼트

水 뻗다 (spurt)

⊕ **dissipate**
[dísipeit]
V 흩뜨리다, 낭비하다 [떨어(dis) 흩어지게(sip) 하다(ate)]
ex) Her laughter soon **dissipated** the tension in the air.

SP- = 퍼지다(spread)

'spr'에서 'r'이 빠진 'sp'도 spread의 의미이다. 공간(space)이란 사방으로 퍼져있는 것이다. Spoon(숟가락)도 여기서 왔는데, 원래 숟가락은 평퍼짐한 나무조각이었다.

space
[spéis]
N 공간; 우주; 장소, 간격; 여지
A 우주의; 공간의   V 공간을 정하다; 구분하다; 간격을 유지하게 하다
* spacious 넓은, 훤히 트인; 거대한, 광활한; 시야가 넓은, 광범위한, 포괄적인
ex) I want to make my housing more **spacious**.

때인 곳

spatial
[spéiʃəl]
A 공간의; 우주의; 공간에 존재하는
ex) I'm studying on temporal and **spatial** expression pattern of CLOCK gene.

공간(spat) 의 (ial)

spade
[spéid]
N 가래, 삽; 한 삽 분량   V 삽으로 파다
* spadeful 한삽의 분량
* call a spade a spade 솔직히 말하다

평퍼짐하게 퍼진 spade

spare
[spéər]
A 예비의, 여분의; 결핍된, 검소한, 아끼는, 인색한
V 용서하다, 면하게 하다, (남에게 시간·돈을) 할애하다; 아끼다, 절약하다

desperate
[déspərət]

A 자포자기의; 절망적인; 목숨을 건, 필사적인

ex) I was **desperate** for a glass of water.

despair
[dispéər]

N 절망; 자포자기   V 절망하다, 단념하다

ex) His life is **despaired** of. 그는 살아날 가망이 없다

expatiate
[ekspéiʃièit]

V 상세히 설명하다 (on, upon)

ex) At this time, please give us a brief resume of your work; we shall permit you to **expatiate** later.

prosper
[práspər]

[앞으로 (pro) 퍼져나가다(sper)]
V 번영[번창]하다; 성공하다

* **prosperous** 부유한, 성공한, 순조로운; 유리한   * **prosperity** 번영, 번창, 부유

ex) Could you tell us how to **prosper** in business.

SPHERE = 구(globe)

sphere 역시 'spr'에서 왔다. 사방 팔방으로 퍼지는 것이 구(globe)이기 때문이다.

sphere
[sfiər]

N 구(球), 구형; 천체; 혹성; 영역; 권(圈); 지위

ex) Even in the religious **sphere**, a certain degree of doubt is essential.

spherule
[sférju:l]

N 소구체

ex) How did this **spherule** come to be on the Moon?

spherical
[sférikəl]

A 구면의, 구의(shaped like a ball), 구상의

* **spherically** 구로, 구상으로   * **spherics** 구면 기하학

spheroid
[sfiərɔid]

N 구체, 회전 타원체

atmosphere
[ǽtməsfiər]

N 대기, 공기, 환경, 분위기, 기압

ex) These plants love warm, humid **atmospheres**.

biosphere
[báioustìər]

N 생물권

ex) The part of the Earth's environment where life exists is called **biosphere**.

ensphere
[insfiər]

V 둘러싸다(surround; enclose); 구형으로 하다

ex) Beauty has many mirrors to **ensphere**.

hemisphere
[hémisfiər]

N 반구; 반구체; [해부] 대뇌[소뇌] 반구

ex) It is the smallest country in the Western **hemisphere**.

stratosphere
[strǽtəsfiər]

N 성층권, 최상층, 최고단계

* **stratospheric** 성층권의

SEMIN = 씨(seed)

'씨면(semin) 씨다(seed)'로 기억하자. 인도유럽 어근 se(i) 역시 씨를 의미한다. 발음 그대로 씨!

semen
[síːmən]
N 정액
ex) The virus which causes AIDS can be transmitted in **semen**.

씨앗

seminal
[sémənl]
A 종자의, 생식의, 장래성이 있는, 생산적인
* **seminal ideas** 근원사상   * **seminally** 종자로
ex) He played a **seminal** role in the formation of the association.

씨앗의

seminary
[sémənèri]
N 신학교; (죄악 등의) 발생지, 온상 ((of))
ex) He described the firm as a **seminary** of vice, and a sewer of nastiness.

씨 뿌리는(semin) 장소(ary)

disseminate
[disémənèit]
V (사상, 주의 따위를) 유포하다, 퍼뜨리다
* **dissemination** 유포, 보급 @ **propagate** 번식시키다; 보급하다, 퍼뜨리다
ex) News is **disseminated** through mass media.

떨어(dis) 멀찌게(semin) 하다(ate)

inseminate
[insémənèit]
V 씨앗을 뿌리다(sow seed into), 수정시키다
ex) Thai researchers will try to artificially **inseminate** 30 Asian elephants.

안으로(in) 씨를 뿌리다(seminate)

seed
[siːd]
N 씨, 종자; 원인, 근원
ex) Let us be encouraged to sow the good **seed** in evil times.

'씨다!'

secular
[sékjulər]
A 세속의; 현세의   N 속인; (흑인의) 속가(俗歌)
* **secularism** 세속주의(↔clericalism)   * **secularly** 세속적으로
ex) Is it okay for a Christian to listen to **secular** music?

[L] '사람의 씨'라는 뜻에서

sow
[sékjulər]
V 뿌리다, 유포하다
ex) As a man **sows**, so he shall reap.

sow < se

* 씨가 자라 싹이 트는 germ도 같이 보자. 싹(sprout)이라는 뜻이다.

germ   N 세균, 병원균; 싹틈; 기원, 근원; 배, 생식세포
germicide   N 살균제
germinate   V 싹이 트다; 발아하다; 생겨나다
germinant   A 싹[움]트는; 성장력이 있는; 시초의, 발단
germinal   A 새싹의, 발달 초기의, 미발달의
germane   A 밀접한 관계가 있는, 적절한(pertinent)

germination 발아

한 씨(germ)에서 나온 (ane)

* borjon = 싹(bud)

burgeon   V 싹트다; 싹틔우다; 갑자기 출현하다 N 싹, 새싹

벌어진(burgeon) 새싹

THANAT/MORS = 죽음(death)

우리말의 '**떠났다(thanat)**'는 말은 **죽었다는** 것을 의미한다. mors 역시 죽음을 의미하는데, '**몰락**'의 죽을 '**몰(歿)**'자를 기억하자.

euthanasia
[ju:θənéiʒiə]
N 안락사 (mercy killing)
기분 좋게 (eu) 죽음 (thana + sia)
ex) Many people support **euthanasia** for terminally-ill patients.

thanatoid
[θǽnətòid]
A 죽은 듯한; 치명적인
죽은 (thanat) 것 같은 (oid)
* **thanatophobia** 사망 공포 * **thanatology** 사망학 * **thanatopsis** 사관(死觀)

morgue
[mɔːrg]
N (F) 시체공시소 (신원불명의 시체를 두는 곳)
시체가 있는 곳
* **temporary morgue** 임시 시체 안치소 * **mortuary** 시체 안치소, 영안실

moribund
[mɔ́ːrəbʌ̀nd]
A 다 죽어가는, 빈사 상태의; 소멸되어가는
죽음 (mori)으로 기울어지는 (bund)
ex) His political ideas were **moribund**; no one thinks that way anymore.

morbid
[mɔ́ːrbid]
A 병적인, 우울한, 무시무시한
죽음 (morb)으로 가는 (id)
* **morbidity** 병적 상태, (병의) 사망률

mortal
[mɔ́ːrtl]
A 죽음의, 필멸의, 치명적인
죽음 (mort) 의 (al)
* **mortally** 죽도록, 심하게, 매우 * **mortality** 죽어야 할 운명, 사망률
ex) She looked at me as if I had **mortally** wounded her, and walked away.

immortal
[imɔ́ːrtl]
A 죽지않는, 불후의, 영원한; 죽지 않을 사람
죽지 (mortal) 않는 (im)
* **immortality** 불멸, 영생 * **immortalize** 불멸하게 하다

immortelle
[imɔərtél]
N 시들지 않는 꽃
죽지 (mort) 않는 (im) 것 (elle)
* **amaranth** (전설의) 시들지 않는 꽃 * **amaranthine** 불사의

mortgage
[mɔ́ːrgidʒ]
N 저당, 저당권; 저당 잡히다
소멸 (mort) + 약속 (gage) 즉, 소유권이 소멸될 것을 약속함 [저당 잡힌 몫이지 (mortgage)]
* **mortgagee** 저당권자 * **mortgagor** 저당권설정자
ex) Pay off your **morgage** if you have one.

mortify
[mɔ́ːrtəfài]
V (감정 등을) 극복하다, 고행하다; 굴욕감을 주다
(감정, 욕구를) 죽게 (mort) 하다 (fy)
* **mortification** 금욕, 고행, 굴욕 * **mortifier** 고행자
ex) I was **mortified** when my father asked my girlfriend if she is rich.

mortuary
[mɔ́ːrtʃueri]
N 시체 임시 안치소, 영안실 A 죽음의, 매장의
주검 (mort)이 있는 장소 (ary)
* **mortician** 장의사(undertaker)

amortize
[ǽmərtàiz]
V 상환하다
빚 상환하려면... 아, 또 다가지 돈을
* **amortization** (부채의) 상환(액), 양도 * **amort** 죽은 듯한, 원기가 없는, 의기소침한
ex) There is a scheme to help people to **amortize** fuel debts.

postmortem A 사후의   N 부검, 검시   죽은 후의 (post)
[pòustmɔ́ərtəm]
ex) A **postmortem** showed that she had been poisoned.

murrain A 가축 [특히 소]의 전염병; [古] 역병(疫病)   죽을 병
[mə́ːrin]
* A **murrain** on[to] you! =Murrain take you! [古] 염병할 자식!. 망할 자식!

MOR = 물다, 씹다(bite)
다음 단어들에서는 'mor'가 '물다, 씹다(bite)'의 의미를 가지므로 비교하며 기억하자.

remorse N 후회, 양심의 가책, 동정
[rimɔ́ərs]
* **remorseful** 뉘우치는   * **remorseless** 뉘우치지 않는
ex) Getting drunk often provokes **remorse** for having said the wrong thing.

morsel N (음식의) 한 입; 소량, 조각, 조금; 하찮은 인간
[mɔ́ərsəl]
ⓐ iota 극미량, 소량, 이오타 (그리스어 9번째 알파벳)
ⓐ whit 조금, 극소량
ⓐ pittance 약간의 수입, 소량
ex) There was not even a **morsel** of food.

mordant N 착색료, 매염제
[mɔ́ərdənt]
A 비꼬는, 신랄한; (산이) 부식성의
* **mordacious** 신랄한, 찌르는 듯한, 통렬한
ex) Actors feared the critic's **mordant** pen.

* bale = 고통 (pain)
bale   N 재앙, 불행; 고통; 슬픔
baleful A 해로운; 악의 있는(evil, harmful); 불길한

* bane = 죽음 (death)
bane   N 독, 해악, 재해 (poison; torment)
baneful A 치명적인, 유해한 (harmful)

* hazar = 불운의 카드 (an unfortunate card)
hazard   N 위험, 모험; 우연, 운, 주사위 놀이의 일종
            V 위험을 무릅쓰고 하다, 운에 맡기고 해보다
hazardous   A 위험한; 유해한

* miasm = 오염(pollute)
miasma   N (소택지 등의) 독기;나쁜 영향, 불건전한 분위기
miasmal   A 독기의
miasmatic A 독기의, 유해한
ex) A **miasma** of stale alcohol hung around him.

TOR/TORT = 틀다(twist)

tort는 그대로 읽으면 우리말의 '돌다'나 '틀다'와 비슷하다.

tort
[tɔːrt]
N 불법행위, 사범(私犯)
ex) New clause 13 deals with the matter of **tort**.

tortuous
[tɔ́ːrtʃuəs]
A 비틀린(winding), 비뚤어진(crooked)
* tortuosity 비뚤어짐, 곡절
ex) He claims the **tortuous** route through back streets avoids the worst of the traffic.

torture
[tɔ́ːrtʃər]
[비트는(tort) 것(ure)]
N 고문, 고통 V 고문하다, 괴롭히다, 억지로 비틀다
*torturous 고문의, 고통스러운, 일그러진
ex) About half of the prisoners were murdered or died after **torture** or starvation.

torment
[tɔ́ːrment]
N 고통, 고뇌, 고문, 괴롭힘, 골칫거리; 고문대
V 괴롭히다, 곤란하게 하다
ex) The family said they had endured years of **torment** and abuse from neighbors.

contort
[kəntɔ́ːrt]
[함께(con) 틀다(tort)]
V 찌그러뜨리다, 비틀다, 주름살을 생기게 하다
* contortion 뒤틀림, 찌그러짐, 뒤틀린 상태
ex) His face had **contorted** with bitterness and rage.

distort
[distɔ́ːrt]
V 왜곡하다, 찌그러지다
* distortion 비틀림, 곡해, 찌그러진 것
ex) My original statement has been completely **distorted** by the media.

extort
[ikstɔ́ːrt]
V 우려내다, 강탈하다(get by force)
* extortion 착취, 강요   * extortionate 강탈적인
ex) He had been **extorting** money from the old lady for years.

retort
[ritɔ́ːrt]
V 말대꾸하다(answer back sharply)
* retortion 말대꾸, 응수   * retorsion 보복
ex) She offered to help me but I **retorted** that I could do it myself.

tornado
[tɔːrnéidou]
N 선풍, 회오리 바람
ex) He sent house trailers to the **tornado** victims.

torsion
[tɔ́ːrʃən]
[비틀(tors) 것(ion)]
N 비틀림, 비꼬임, 비트는 힘
ex) Excessive **torsion** will cause metal fatigue.

torch
[tɔːrtʃ]
N 횃불, 회중전등(a flash light)
* **torch bearer** 횃불 든 사람, (개혁의) 선구자
ex) He still carries a **torch** for his ex-wife.

tortile
[tɔ́ːrtl]
A 비틀린(twisted)
ex) I found the leaves of the plant **tortile**.

turtle
[tɔ́ːrtl]
N 바다 거북, 거북 고기
* **turn turtle** (배·자동차 등이) 전복하다

tortoise
[tɔ́ːrtəs]
N 남생이, 민물 거북, 동작이 느린 사람(것)
* **hare and tortoise** 토끼와 거북 (참을성의 승리)
ex) **Tortoise** eats plants, moves very slowly and sleeps during the winter.

torque
[tɔːrk]
N 토크, 비트는 힘; 회전우력
* **turn converter** 회전력 변환장치, 유체변속기
ex) With her wrench she applied sufficient **torque** to the nut to loosen it.

㉠ **tortilla**
[tɔːrtíːjə]
[cake이란 뜻에서]
N (멕시코 지방의) 둥글 넓적한 옥수수 빵
ex) As we traveled though Mexico, we became more and more accustomed to the use of **tortillas** instead of bread.

TURN = 돌다(turn)

turn
[tərn]
V 돌리다; 돌다; 뒤집다; 비틀다; 번역하다
* **turncoat** 변절자, 배신자   * **turnkey** 감옥지기, 간수   * **turntable** 회전대
* **turnaround** 전환, 선회; U턴 지점; (탈 것의) 반환 준비

return
[ritɔ́ːrn]
V 돌아가다; 반환하다   N 귀환, 반환; 재발; 대답
ex) Do not **return** good for evil. (악을 선으로 갚지 말라)

turnip
[tɔ́ːrnip]
N 순무우(뿌리)
ex) I know you can't squeeze juice from a **turnip**.

attorney
[ətɔ́ːrni]
V (정식 위임받은) 대리인; 변호사
* **a letter of attorney** 위임장   * **attornment** 양도
* **attorn** (새 지주를) 승인하다; 양도하다
ex) The **attorney** accused of perjury says the charges against him should be dropped.

tour
[tuər]
N 짧은 여행(a short journey), 관찰여행
* **tourist** 관광객, 원정중의 운동선수   * **tourism** 관광 여행, 관광 사업

contour [kántuər]	N 윤곽, 외형　　V 윤곽을 그리다 ex) She traced the **contours** of his face with her finger.	함께(con) 돌다(tour)
detour [dítuər]	N 우회, 우회로　V 피하다(avoid), 멀리 돌아가다 ex) We took a little **detour** to drop Sarah off on the way home.	아래로 (de) 돌다 (tour)
entourage [ànturáːʒ]	N 측근자(attendants); 주위, 환경 ex) The president visited China with his **entourage**.	안으로 (en) 도는 (tour) 것 (age)
tournament [túərnəmənt]	N 토너먼트, 승자 진출전, 선수권 쟁탈전 ex) They were defeated in the first round of the **tournament**.	이기면 올라가고 지면 떨어짐
turmoil [tə́ːrmɔil]	N 소란, 소동, 혼란(tumult); 분투 ex) Her mind was in **turmoil**.	

TROPH = 돌다(turn)

고대 그리스에서는 전쟁에서 승리하였을 때 전리품을 나무에 매달아 놓고 적이 반응을 보이지 않으면 패배를 인정하는 것으로 받아 들였다. 이 전리품은 싸움을 계속 하느냐 마느냐를 결정하는 **전환점(turning point)**을 의미했기 때문에 **trophy**라 부르게 되었다.

---

trophy [tróufi]	N 전리품, 전승 기념물; 우승기념품, 트로피	(씨움의) 전환점
trope [troup]	N 문채, 비유적 용법 * **tropology** 비유의 사용, 비유적 해석	돌려서 말함 = 비유
tropic [trápik]	N 회귀선, [the tropics] 열대지방　　A 열대의 * the T~ of Cancer [capricon]북[남]회귀선　* **tropical** 열대지방의; 열렬한 ex) Darkness falls quickly in the **tropics**.	회전(trop) 하는 (ic)
trover [tróuvər]	N 동산의 취득, 횡령물 회복 소송 ex) **Trover** actions frequently concerned the finding of lost property.	돌려서(trov)+넘김(over)
contrive [kəntráiv]	V 고안하다, 꾀하다, 획책하다; 성사시키다 * **contrivance** 억지로 짜 맞춘 것; 부자연스러움; 장치; 재능, 수완 ex) I decided to **contrive** a meeting between the two of them.	함께(con) (머리를) 돌리다(trive)
entropy [éntrəpi]	N 엔트로피; 일률화, 무변화, 혼돈; 예측불허 ex) In the business world, **entropy** rules.	강하게(en) 도는 것(tropy)
anastrophe [ənǽstrəfi]	N 도치법, 도치	뒤(ana)로 돌림(trophe)
apostrophe [əpástrəfi]	N 어포스트로피('), 생략부호, 소유격부호	멀리(apo) 돌림(strophe)

tropism
[tróupizm]
N (동물의) 향성, (식물의) 굴성
trop(=turn) + ism(특성)
ex) In this project you will be doing experiments to learn about **tropism**.

heliotropic
[hìːliətróupik]
A 굴일성의
태양(heli)을 향하는 (tropic)
ex) Many desert plants show **heliotropic** movements.

hydrotropism
[haidrátrəpìzm]
N 굴수성
물(hydro) 향하는 (trop) 성질(ism)
ex) **Hydrotropism** does not occur in soil grown roots.

geotropism
[dʒiátrəpizm]
N 굴지성
땅(geo)을 향하는 (trop) 성질(ism)
ex) A negative **geotropism** would be the stems growing upward.

thermotropism
[θəːrmátrəpizm]
N 향열성
열(thermo)쪽으로 돌다(기울다)
ex) **Thermotropism** is the movement in response to changes in temperature.

phototropism
[foutátrəpizm]
N 굴광성
빛(photo) 향하는 (trop) 성질(ism)
ex) **Phototropism** is a growth movement induced by a light stimulus.

chemotropism
[kimátrəpizm]
N 화학 굴성
화학물을 향하는 (trop) 성질(ism)
ex) Does copper show the effect of **chemotropism** in plants?

TROPH = 성장(growth), 영양(nutrition)
troph은 또 '성장'을 의미한다. 성장은 변화(turn)를 의미하며, 성장에는 '영양(nutrition)'이 필수적이다.

trophic
[tróufik]
A 영양에 관한; 영양의
영양(trophy)에 관한(ic)
ex) Energy is lost even in the first **trophic** level.

atrophy
[ǽtrəfi]
N 위축증, 쇠약, 퇴화 V 쇠퇴시키다, 퇴화시키다
성장(trophy)하지 않음(a)
ex) Polio victims need physiotherapy to prevent the **atrophy**.

dystrophy
[dístrəfi]
N 영양실조; 영양장애
불량한(dys) 성장(trophy)
ex) Muscular **dystrophies** cause progressive skeletal muscle weakness.

eutrophy
[júːtrəfi]
N 영양양호, (하천의) 부영양
양호한(eu) 성장(trophy)
* **eutrophication** (호수의) 부영양화, 영양오염
ex) This complicated phenomenon is known as **eutrophication**.

hypertrophy
[haipə́ːrtrəfi]
N 비대, 영양과도(세포크기의 증가에 의함)
과도한(hyper) 성장(trophy)
@ **hyperplasia** 과증식(세포수의 증가에 의함)
ex) He is suffering from prostate **hypertrophy**.

hypotrophy
[haipáːrtrəfi]
N 발육부전(세포크기의 감소에 의함)
저조한(hypo) 성장(trophy)
* **hypoplasia** 형성부전(세포수의 감소에 의함)
ex) **Hypotrophy** is a stunting due to retarded growth of lack or development.

* cr- = 돌리다 (twist, turn)

cart	N 짐수레; 손수레	V 짐수레로 나르다, 끌고가다
craft	N 기능, 기교(skill), 재주; 수공업; 공예	
cramp	N 꺾쇠; 쥠쇠; 구속(물), 속박	V 죄다, 속박하다
crank	N 크랭크, L자형 손잡이; 묘한 표현; 변덕; 괴짜	
creek	N 내, 지류, 크리크; 작은 만, 후미; 하구	
crimp	N [pl.] 지진 머리, 컬	V (머리) 지지다; 주름잡다
cringe	N 비굴한 태도, 굽실거림	V 움찔하다, 굽실거리다
crinkle	N 주름, 굽이침	V 주름지다; 구기다; 버스럭거리다
cripple	N V 장애자, 절름발이; 불구자[로 만들다]	
crochet	N 크로셰 뜨개질 크로셰 뜨개질 하다	
crook	N 갈고리	V 구부리다; 낚아채다; 훔치다
encroach	V 침해하다, 잠식하다	
crutch	N 목발; 버팀목(prop); 크러치; (사람의) 샅	
curl	N 곱슬털; 꼬인 것	V 곱슬곱슬하게 하다, 꼬다

* gnarl = 비틀다 (twist)

gnarl	N 옹이, 혹 V 비틀다; 마디지게 하다
gnarled	A 마디[옹이]투성이의; 뼈마디가 굵은, 비비꼬인
* knaggy	A 옹이가 많은; 울퉁불퉁한
* snaggy	A (물속에) 쓰러진 나무가 많은; 옹이 투성이의

* helic = 돌다 (turn)

helicopter	N 헬리콥터
helideck	N 헬리콥터 발착 덱
helical	A 나선의, 나선형의
helix	N 나선, 나선형의 것, 귓바퀴

* weip/vib = 돌다 (turn)

waif	N 방랑자; 집 없는 아이; 초라한 사람
waive	V 포기하다, 철회하다, 미루다, 보류하다
vibrate	V 진동하다, 흔들리다
vibrator	N 진동기, 진동안마기
vibration	N 진동, 떨림

* warb = 돌다 (turn)

warble	V 새가 지저귀다. 목소리를 떨며 노래하다
wharf	N 부두, 선창 V 선창에 배를 매다, 짐을 풀다
whirl	V 빙빙 돌다, 소용돌이 치다 N 회전, 선회
whorl	N 소용돌이 모양, (잎·꽃 등의) 돌려나기

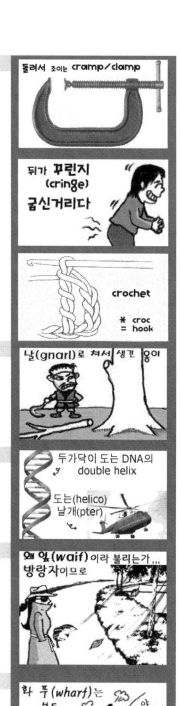

TOX = 독(poison)

tox는 '독(poison)'의 뜻이다. 우리말 '독소(toxo)'로 기억하자. 원래는 활을 의미하는 toxikon이란 그리스어에서 온 말인데, 화살에 독을 묻혀 썼던 데에서 유래했다. 같은 어근 출신인 'toxophilite'라는 단어가 엉뚱하게 '궁술 애호가, 궁술가'의 뜻을 지니는 이유도 그 때문이다.

toxic
[táksik]
A (중)독의(poisonous; of a poison)
ⓐ virulent 유독한, 맹독의; 악의있는; 전염되는
ex) Mary's articles about **toxic** waste garnered her a Pulitzer prize.

독(tox)의(ic)

toxicity
[taksísəti]
N 독성
ex) Show me the data on the toxicity of Mercury.

독(toxic)의 성질(ity)

toxicant
[táksikənt]
A 유독한(poisonous)   N 독물(poison)
ex) Patulin is a naturally occurring **toxicant** that has been with us since the creation.

독한(toxic) 것(ant)

toxicology
[tàksikálədʒi]
N 독성학
* toxicologist 독성학자   * toxicological 독성학의

독(toxic)의 연구(ology)

antitoxin
[æntitáksin]
N 항독소, 면역소
ex) The **antitoxin** neutralizes the diphtheria toxin already circulating in your body.

독(toxin)을 대항(anti)

autotoxin
[ɔ̀:toutáksin]
N 자가독소

스스로(auto)의 독(toxin)

detoxicate
[di:táksəkèit]
V 독을 제거하다, 해독하다(=detoxify)
* detoxication 해독   * detoxification 해독
ex) In some cases, **detoxification** may compete with toxication for a chemical.

독(toxic)을 제거(de) 하다(ate)

intoxicate
[intáksəkèit]
V 취하게 하다, 도취시키다
* intoxicant 취하게 하는 (것)   * intoxicated 중독된, 도취된; 흥분된
* intoxication 도취, 중독   * autointoxication 자가중독
ex) The blood pressure can markedly fall during severe barbiturate **intoxication**.

안으로(in) 중독되게 하다(ate)

---

* fang = 전리품(booty)

fang
N (육식 동물의) 송곳니, (뱀의) 독아(毒牙)
V 물다; (펌프에) 마중물을 붓다(prime)

물리면 뻥(fang)
뱀의 독이빨

---

* brusco = 톡 쏘는 (tart)

brusque
brusquerie
* tart
A 퉁명스러운, 무뚝뚝한
N 무뚝뚝함, 매정함
A (맛이) 시큼한; 자극적인; (태도 등이) 톡 쏘는

퉁퉁
불어서 끄~응
(brusque)

TRUD = 밀다, 찌르다(thrust)

찔러서 '뚫었다(trud)'로 기억하자.

abstruse
[əbstrúːs]
A 난해한, 심원한(deep in meaning)   깊게(abs) 둘 여간(truse)
* **abstruseness** 난해함   * **abstrusely** 난해하게
ex) Presidents don't often get involved in the **abstruse** details of how to manage the international financial system.

detrude
[ditrúːd]
V 밀어내다, 밀치다(thrust; extrude)   아래로(de) 밀어내다(trude)
ex) A proper management of **detruded** jaws will make the smile more attractive.

extrude
[ikstrúːd]
V 밀어내다, 쫓아내다(push out; drive out)   밖으로(ex) 밀어내다(trude)
ex) There is a strong market for **extruded** snacks – potato or maize paste made into the strange shapes that children enjoy.

intrude
[intrúːd]
V 억지로 밀어 넣다(thrust), 억지로 강요하다   안으로(in) 밀어넣다(trude)
* **intrusion** 강요, 침입   * **intruder** 강요자
ex) Inefficiency has **intruded** into every area of the company's activities.

obtrude
[əbtrúːd]
[앞으로(ob) 밀어내다(trude)]
V 강요하다, 강제하다, 주제넘게 나서다
* **obtrusive** 주제넘은   * **obtruder** 강요자
ex) I don't want to **obtrude** upon her grief.

protrude
[protrúːd]
[앞으로(pro) 내밀다(trude)]
V 돌출하다(stick out; thrust forth), 튀어 나오다
* **protrusion** 돌출   * **protrusive** 밀어내는, 내민
ex) A rotting branch **protruded** from the swamp like a ghostly arm.

thrust
[θrʌst]
V 밀다, 찌르다, 강요하다   N 밀침, 찌름; 습격; 요점   밀어내다
ex) He **thrust** the baby into my arms and ran off.

threat
[θret]
N 위협, 협박   찌름
* **threaten** 위협하다, 협박하다

* phall = 음경(penis)

phallic	A 음경의 N 남근 모양	음경(phall) 의 (ic)
phallicism	N 남근숭배	음경(phallic) 주의(ism)
phallus	N 남근상, [해부] 음경, 남근	음경(phallus)
impale	V 찌르다, 꿰뚫다, 말뚝으로 찌르는 형벌을 주다	뾰쪽한 말뚝(pale)을 쑤셔넣다(im)

* schovel = 삽(shovel)

shovel	N 삽 V 삽으로 뜨다, 삽질하다
shove	V 밀다, 밀어내다 밀고 나아가다 N 밀치기, 지원
shuffle	V 질질 끌다, 발을 끌며 걷다, 뒤섞다, 밀치다

삽을(shovel) = 삽

UND = 물결(wave)

라틴어 unda에서 나온 어근 und는 '물결(wave)'의 뜻이다. 우리말 '파도가 운다(und)' 로 기억해보자.

abound
[əbáund]
[떨어(ab) 물결치다(ound)]
V 많이 있다, 풍부하다(exist in plenty)
* abundant 풍부한   * abundance 풍부
ex) Theories abound about how the earth began

inundate
[ínəndèit]
[안으로(in) 물결(und) 치다(ate)]
V 물에 잠기게 하다; 몰려오다, 쇄도하다
* inundation 범람, 홍수
ex) We have been inundated with requests for help.

redound
[ridáund]
N 결과가 미침, 응보
V (신용·이익 등을) 늘리다, 높이다; 이바지하다; 되돌아오다

다시(red<re) 물결치다(ound)

redundant
[ridʌ́ndənt]
A 여분의, 과다한; 말이 많은, 잉여의
* redundancy 과잉, 여분, 쓸데없는 말
ex) The newly redundant workers were furious to see robots doing their old work.

다시(red) 물결(und) 치는 (ate)

undulate
[ʌ́ndʒuleit]
V 파동하다, 물결치다(move in waves)
* undulation 파동, 기복   * undulated 파동하는
ex) He watched, hypnotized, the undulating stomach of the belly-dancer.

물결(undul) 치다(ate)

sound
[saund]
V 수심을 재다, 깊이를 재다, ~의 밑을 조사하다
N (외과용) 소식자, 탐침
ex) A piece of line with a weight at one end is sometimes used to sound a lake or river.

물(und) 밑(so<sub)을 재다

sound
[saund]
N 해협, 좁은 해협; 하구(河口), 후미, 작은 만(灣)
    (물고기의) 부레

파도(und) 밑(so<sub)

WEB/WAF/WAV = 짜다(weave)

거미줄(web)은 잘 짜여있고, wafer(웨하스)에는 거미줄 모양의 격자가 새겨져 있다. 한편 짜서 격자 무늬를 만들려면 실을 앞뒤로 움직여야 하는데 그 동작을 염두에 둔 단어가 wave(파도)이다.

web
[web]
N 거미집; [the W~] 웹; 물갈퀴; 피륙, 편물
* webbed 물갈퀴 달린   * web-footed 물갈퀴발인, 물갈퀴발이 있는
ex) We watched a spider spin a web between three tall grass stems.

짜여 진 것

cobweb
[kábwèb]
N 거미집; 얇은 옷; 얽힘, 혼란; 함정
* blow away the cobwebs from one's brain (산책 등으로) 기분을 일신하다
* have a cobwebs in the throat 목이 마르다
* take the cobwebs out of one's eyes (눈을 비벼) 졸음을 쫓다

거미(cob < coppe) + web

wafer
[wéifər]

N 웨이퍼(살짝 구운 얇은 과자); 얄팍한 것
* **wafer-thin** 매우 얇은, 근소한 차이의   * **wafery** 웨이퍼 모양의, 얇은
ex) The rooms were divided only by a **wafer-thin** partition.

waffle¹
[wáfl]

N 와플   A 격자무늬의, 석쇠 모양의 무늬가 있는
ex) **Waffles** are more common in the US and Canada than in Britain.

waffle²
[wáfl]

N 부질없는 말, 시시한 말
V 부질없는 말을 하다, 시시한 내용을 지껄이다
ex) 'What did he say?' 'Oh, it was a load of **waffle**-nothing important at all.'

wasp
[wɑsp]

N 말벌; 성 잘 내는 사람, 꽤 까다로운 사람
* **waspish** 말벌 같은, 성 잘 내는, 꽤 까다로운
* **wasp-waisted** 엉덩이가 크고 허리가 가는
ex) Keep still – there's a **wasp** near your head.

weft
[weft]

N (피륙의) 씨실; 피륙, 직물(web)
▶ **warp** 날(실); 날(실)을 베틀에 걸다

weave
[wi:v]

V 짜다; 엮다; 꾸미다   N 짜기, 짜서 만든 것
* **weaver** 짜는 사람, 직조공
* **weave all pieces on the same loom**
  어느 것이나 다 같은 수법으로 하다
ex) Workers on the islands typically **weave** for eight hours a day.

* 다음 단어들은 옷감 짤때의 왔다 갔다 하는 동작을 염두에 두고 만들어진 것들이다.

wave
[weiv]

N 파도, 물결; 파동, 기복; 물결무늬, 웨이브
V 물결치다, 굽이치다, 너울거리다, 펄럭이다; 손을 흔들다, 흔들어 신호하다
ex) At night, I listened to the sound of the **waves** crashing against the shore.

waver
[wéivər]

V 흔들리다, 동요하다; 펄럭이다; 떨리다
주저하다, 머뭇거리다; 굴복하다   N 동요; 주저, 머뭇거림
* **wavering** 흔들리는, 나붓거리는; 떨리는, 주저하는
ex) He has never **wavered** in his support for the leader.

waft
[wɑ:ft]

V 가볍게 둥실 떠돌다[게 하다], 표류하다
N 흔들림, 펄럭거림; 풍기는 향기, 한바탕 부는 바람, 바람에 실려오는 소리
ex) A gentle breeze **wafted** the scent of roses in through the open window.

wobble
[wábl]

N 비틀거림, 흔들림; (정책 등의) 동요
V 비틀거리다, 흔들흔들하다; (정책 등이) 동요하다; (목소리 등이) 떨리다
ex) His many fat chins **wobble** when he laughs.

VAG = 방황하다(wander)

배가본드(vagabond)는 방랑자란 뜻! 방황이란 사실 밖(vag)으로 쏴 돌아다니는 것을 의미한다.

일본 만학
vagabond
(방랑자)

vague
[veig]
A 어렴풋한, 애매한(ambiguous), 희미한(faint)
(뜻이 명확하지 않고) 방황하는
ex) The patient had complained of **vague** pains and backache.

vagabond
[vǽgəbànd]
N 방랑자, 부랑자(vagrant), 건달, 깡패
바람(vaga)하는 사람(bond)
ex) He finally settled down here after years as a **vagabond**.

vagrant
[véigrənt]
N 방랑자, 유랑자 A 방랑하는, 헤매는;변하기 쉬운
바람(vag) 하는 (ant)
ex) **Vagrants** and drunks hang around the bars at the end of the street.

vagary
[véigəri]
N (종종 pl.) 엉뚱한 짓(생각), 괴팍한 언행, 변덕
배걸어 (vagary) = 엉뚱한 짓
* **vagarious** 변덕스러운, 엉뚱한
ex) Her decision to wear only blue clothes was pure **vagary**.

divagate
[dáivəgèit]
V 헤매다, 방황하다; 본론에서 벗어나다, 일탈하다
멀리 (di) 바람(vag)하다 (ate)
* **divagation** 방황, 탈선(aberration; deviation)

extravagant
[ikstrǽvəgənt]
N 사치(luxury), 방종, 낭비, 터무니없음
지나치게(extra) 돌아다니는
* **extravagant** 낭비하는, 터무니없는, 지나친(excessive), 엄청난
ex) She is **extravagant** with her money.

stray
[strei]
V 길을 잃다, 방황하다, 옳은 길에서 벗어나다
stray<extravagant
N 길 잃은 사람[가축], 미아, 부랑인 A 길 잃은, 벗어난, 빗나간; 산재하는
ex) 'Who owns that cat?' 'I don't know. I think it must be a **stray**.'

* 어근 'wand/vand'도 '떠돌다, 돌아다니다'의 뜻이다. vandal이 공공기물 파괴자란 불명예스러운 뜻을 가지게 된 이유는 유목종족이었던 vandal족이 로마를 침공했을 때 로마의 공공기물들을 파괴했기 때문이다.

wander
[wǽndər]
V 거닐다, 돌아다니다, 방황하다, 헤매다
* **wanderlust** 여행벽(癖), 방랑벽

vandal
[vǽndl]
N 공공기물 파손자
* **vandalize** 공공기물을 파손하다
* **vandalism** 공공기물 파손죄

Vandal=455년 로마를 침공했던 종족

VOR = 먹다(eat)

vor는 '먹다'의 의미! '볼(vor)' 터지게 먹는 장면을 연상해보시길…

voracious
[vɔréiʃəs]
- A 게걸스럽게 먹는, 대식하는, 폭식하는
- * **voraciously** 게걸스럽게, 탐욕스럽게
- * **voraciousness** 폭식, 게걸스럼
- ex) He has a **voracious** appetite.

먹는 (vora + cious)

devour
[diváuər]
- V 게걸스럽게 먹다, 멸망시키다, 탐독하다
- ex) He's just **devoured** the most enormous plateful of spaghetti.

못 땅(de) 삼키다(vour)

carnivore
[ká:rnəvɔ̀:r]
- N 육식 동물; 식충 식물
- * **carnivorous** 육식성의
- ex) Lions and tigers are **carnivores**, while sheep and goats mainly eat grass.

고기(carn)를 먹는 동물(vore)

herbivore
[hə́rbəvɔ̀:r]
- N 초식 동물
- * **herbivorous** 초식성의
- * **graminivorous** 풀을 먹는, 초식성의
- ex) Cows and sheep are **herbivores**.

풀(herbi)을 먹는 동물(vore)

granivore
[gréinəvɔ̀:r]
- N 곡식을 먹는 동물 (특히 조류)
- * **granivorous** 곡식을 먹는

곡식(gran)을 먹는 동물(vore)

insectivore
[inséktəvɔ̀:r]
- N 식충 동물[식물]
- * **insectivorous** 식충 동물의

곤충(insect)을 먹는 동물(vore)

omnivore
[ámnivɔ̀:r]
- A 잡식 동물, 탐식가
- * **omnivorous** 아무거나 먹는, 잡식성의
- ex) Pigs are **omnivorous** animals.

전부(omni) 먹는 동물(vore)

ET = 먹다(eat)

eat와 et, 말할 필요도 없이 너무 닮았다. 'esc', 'ese', 'est' 등은 변형이다.

etch
[étʃ]
- V <동판 등에> 새기다, 마음에 새기다
- * **etcher** (에칭에 의한) 동판 화공; 에칭[동판] 화가
- ex) Bible verses are **etched** in stone on monuments and buildings.

먹다

fret
[frét]
- V 속타(게 하)다, 안달(하게) 하다; 침식하다
- ex) Don't **fret** yourself about me. 나 때문에 속태우지 마.

먹어(eat) 치우다(fr<for)

edacious
[idéiʃəs]
- A 탐식하는, 대식의
- ex) Fiona, an **edacious** reader, completed a book every few days.

먹기(ed)를 좋아하는(acious)

edible
[édəbl]
- A 식용의, 먹을 수 있는
- N 식용품
- ex) Only the leaves of the plant are **edible**.

먹을(edi) 수 있는(ible)

esculent [éskjulənt]	A 식용의, 먹을 수 있는　　N 식용품	먹(esc)는(ulent)
comestibles [kəméstəbls]	N 식료품　[함께 먹을(est) 수 있음(ibles)] ex) They mostly have criminal records for theft of cake and other **comestibles**.	
obese [oubí:s]	[지나치게(ob) 먹다(ese<edere)] A 뚱뚱한 (very fat; stout; corpulent) ex) **Obese** people are more at risk from diabetes and heart disease.	
ort [ɔ́:rt]	N 먹다 남은 음식; 부엌 쓰레기; 찌꺼기 ex) Tonight at dinner, we had no **ort**.	입(or) 댄 음식(ot)
anodyne [ǽnədàin]	A 진통의; 감정을 완화시키는　　N 진통제 ⊕ paregoric 진통제; 어린이용 지사제 ex) Time is an **anodyne** of grief.	싫히는 고통(odyne)이 없는(an)

* 게걸스럽게 먹는 gobble도 먹어주자. gobben = 탐욕스럽게 마시다 (drink greedily)

gobble [gá:bl]	V 게걸스럽게 먹다; 탐독하다 (up)
* quaff [kwáf]	V 꿀꺽꿀꺽 마시다, 단숨에 들이키다

* batten은 배부르게 먹는 것. 어근 batna는 '나아지다(improve), 살찌다(fatten)'

batten [bǽtn]	N (맛있는 것을) 잔뜩 먹다; 살찌다; 호강하다
boot [bú:t]	N 이익(profit)　V 이롭다, 도움이 되다
bootless [bú:tlis]	A 무익한 (useless)
freebooter	N 약탈자

* phag = 먹다(eat)

phagocyte	N 탐식세포
anthropophagi	N 식인종
esophagus	N 식도(食道)

* gap = 입을 벌리다(open mouth)

gab	N 수다[쟁이]
gap	N 틈, 격차, 차이　V 틈을 만들다, 틈이 생기다
gape	V 입을 딱 벌리다　N 입을 딱 벌림; 갈라진 틈
agape	N (놀람·충격으로) 입을 딱 벌리고
gasp	N 헐떡거림, 숨막힘　V 헐떡거리다, 숨 막히다
giggle	V 킬킬 웃다　N 킬킬 웃음
hiatus	N 틈, 갈라진 금, 균열; 중단, 끊어짐

stoma = 입(mouth)

stoma	N 작은 구멍, 기문(氣門); [식물] 기공(氣孔)
distoma	N 디스토마, 간질(肝蛭)
stomach	N 위, 위부, 복부, 식욕, 용기

VULS = 잡아 뽑다(pluck)

우리말 식으로 발음하여 '불쑥(vuls) 잡아 뽑다'로 기억하자.

avulse [əvʌ́ls]
V 무리하게 떼어놓다, (의학) (조직을)벗겨내다
* **avulsion** 무리하게 떼어냄, 떼어낸 부위; (홍수 등에 의한) 토지의 전위

떨러(a) 뽑아내다(vuls)

convulse [kənvʌ́ls]
V 심하게 흔들다, 대소동을 일으키다
(웃음, 고통 등이) **경련시키다, 몸부림치게 하다**
ex) The injured animal lay by the side of the road, **convulsing** with pain.

함께(con) 잡아 당기다(vuls)

*온몸의 근육들이 서로 잡아 당기는 상태를 연상해봐라. 그것이 안되면 어쩔수 없이 아래그림을...

convulsion [kənvʌ́lʃən]
N [pl.] 경련; 웃음의 발작, 포복 절도; 격동, 변동
㉺ spasm 경련, 발작, 충동
㉺ spasmodic 경련의; 발작적인, 간헐적인, 산발적인
ex) It's such a funny film—I was in **convulsions**.

큰 발선(convulsion) 후에 오는 경련, 발작

convulsive [kənvʌ́lsiv]
A 경련성의, 발작적인; 경련을 일으킨 듯한
ex) Her breath came in **convulsive** gasps.

함께(con) 당기(vuls) 는 (ive)

divulsion [divʌ́lʃən]
N 뽑아냄, 떼냄, 잡아 찢음; 열개(裂開)

떨러(dis) 뽑아냄(vulsion)

revulsion [rivʌ́lʃən]
N (감정 등의) 격변, 급변, [醫] 혈액 유도법
* **revulsed** 반감을 가진, 혐오하는   * **revulsive** 유도하는; 유도약, 유도기구
ex) He expressed his **revulsion** against the whale hunting.

뒤로(re) 잡아 당김(vulsion)

vulnerable [vʌ́lnərəbl]
A 상처 입기 쉬운, 취약한
* **vulnerability** 상처 받기 쉬움, 취약성, 약점이 있음
ex) I felt very **vulnerable**, standing there without any clothes on.

잡아 뜯기(vulner) 쉬운(able)

invulnerable [invʌ́lnərəbl]
A 상하지 않는 죽지 않는; 반박할 수 없는
ex) The submarine is **invulnerable** to attack while at sea.

뜯을(vulner)수(able) 없는(in)

vulture [vʌ́ltʃər]
N 대머리 수리; (약한 자를 노리는)무자비한 자
ex) In a crisis, the **vultures** are always hovering

마구 뜯는(vult) 자(ure)

* radic = 뿌리(root)

radical A 근본적인, 급진적인, 과격한 N 어근, 급진당원
radish N 무우
radicle N 작은 뿌리, 어린 뿌리
radix N (철학) 근원, (식물) 뿌리, (수학) 근
eradicate V 뿌리째 뽑다, 근절시키다
eradication N 근절, 박멸(uproot)

뿌리(radic) 의 (al)
뿌리(radish)

뿌리(radic)를 (땅)밖으로(ex) 하다(ate)

우리말 연상 기타 어근 편

abax = 계산판(counting table)

abacus	N	주판
abaculus	N	[건축] 모자이크용 각유리; 작은 주판
	ex)	Can you find out how to use an **abacus**?

akolouthos = 수행하는(following, attending on)

acolyte	N	조수, 종자, 초심자

adel = 썩은(rotten)

addle	V	(달걀을) 썩히다, (머리를) 혼란하게 하다
addlebrained	A	머리가 혼돈된, 우둔한

adip = 지방(fat)

adipose	A 지방질의	N 동물성 지방
* sebaceous	A 지방과다의, 지방을 분비하는	
* oleaginous	A 기름의, 기름을 함유한; 말을 잘하는	

ape = 흉내내다(imitate)

ape	N	흉내내다
	V	유인원, 꼬리없는 원숭이; 흉내를 잘내는 사람
ape-man	V	원인(原人)

apert = 열린(open)

aperture	N	구멍(an opening)
aperitif	N	아페리티프 (식욕을 돋구려고 마시는 술등)
overt	A	(증거 등이) 명백한, 공공연한
overture	N	[pl.] 예비 교섭, 제안; 건의; 도입; 서곡, 전주곡
	V	(조건·제안 등을) 내놓다, 제출하다
	*	overtures of peace 강화 제의
orifice	N	구멍, 뚫린 곳

aphis = 후한(unsparing) – 먹는 양이나 번식력이 매우 왕성한데서

aphid	N	[곤충] 진디
ant cow	N	진딧물

apic = 정상(top), 끝(extremity)

apical	A	정상의, 혀끝의
apex	N	극점, 정점; 산의 정상

api = 꿀벌(bee)		
apiary	N	양봉장
apian	A	꿀벌의
apiculture	N	양봉

arithm = 수(number)		
arithmetic	N	산수
logarithm	N	대수
* algebra	N	대수학

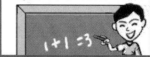

bask = 목욕(bath)		
bask	V	햇볕을 쬐다, 불을 쬐다; (은혜 등을) 입다 (in)
abask	ad	(볕에) 쬐어, 따사롭게

bauch = 목재(timber)		
debauch	V	타락시키다; 유혹하다; 방탕하다 N 방탕, 난봉
debauched	A	타락한, 부패한; 방탕의
debauchery	N	방탕, 도락; [pl.] 유흥, 환락
* debouch	V	(강 등이) 흘러나오다; 넓은 곳으로 나오다

bel = 울다(cry)		
bell	V	(수사슴이) 울다
belch	V	트림하다; 불꽃·연기 등을 내뿜다(out)
	N	트림(소리); 분출하는 불길, 분화; 폭(발)음
blare	V	(나팔·경적 등이) 울려 퍼지다(out)
	N	울리는 소리; 외치는 소리, 고함
bleat	V	(염소 등) 울다; 푸념하다 N (염소) 울음 소리
feeble	[라틴어 - 울고있는]	
	A	(몸이) 연약한; (빛·소리) 희미한; 나약한
foible	N	(성격상의) 약점, 결점, 단점; 자만하는 점

blat = 재잘거리다(babble)		
blatant	A	떠들썩한, 시끄러운, 뻔뻔한, 야한, 노골적인
* obstreperous	A	소란한, 시끄러운, 떠들썩한; 날뛰는, 난폭한

blund = 눈을 감다(shut one's eyes)		
blunder	N	큰실수, 대실책 V 큰 실수를 하다
blind	N	눈 먼, 안 보이는
blunt	A	무딘(↔ sharp) 퉁명스러운, 무뚝뚝한; 둔감한

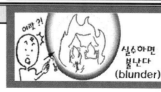

blurt = origin unknown

blurt	V	불쑥 말하다;무심결에 누설하다
	N	불쑥 말을 꺼냄;엉겁결에 말함
* cabal	N	음모; 비밀결사, 음모단
	V	음모를 꾸미다(plot), 작당하다
* cabala	N	히브리 신비 철학; 밀교(密敎)

bogus = 위조지폐 제조기 (a device for making counterfeit money)

bogus	A	가짜의, 사이비(似而非)의(phony)
* fake	V	위조하다, 날조하다 N 모조품, 가짜; 사기
* sham	N	속임, 허위, 위선, 사기꾼 A 허위의, 가짜의

brag = 허풍 (brag)

brag	V	자랑하다 N 허풍, 자랑; 자랑거리; 허풍선이
bragger	N	허풍선이
braggart	N	허풍선이 A 자랑하는, 허풍떠는
braggadoccio	N	큰 허풍선이(boaster); 큰 허풍
* boast	V	자랑하다, 호언장담하다 N 자랑(거리), 허풍
* gasconade	N	제자랑, 허풍 V 자랑하다, 허풍치다

bratt = 넝마(ragged garment)

brat	N	애새끼, 버릇없는 꼬마 녀석
	ex)	Try to have a heart and forgive the spoiled **brat**.

breast = 가슴 (breast), 부풀다 (swell)

abreast	ad	나란히
breast	N	가슴, 유방
breastplate	N	(갑옷의) 가슴받이
brisket	N	(짐승의) 가슴(고기)
browse	N	연한 잎; 새싹 V 떠엄떠엄 읽다

buffoon = 농담하는 사람(jester)

buffoon	N	어릿광대, 익살꾼(clown) V 익살부리다
buffoonery	N	익살;저속한 익살[농담]
buffo	N	어릿광대 A 익살스러운, 희극적인
* tomfool	N	바보;[T~] 광대 A 어리석은, 우둔한
* waggish	A	우스꽝스러운, 장난스러운, 익살맞은

bren = 갈색(brown)

brindle	N	얼룩, 얼룩무늬;얼룩무늬의 동물
brindled	A	얼룩진, 얼룩 무늬의

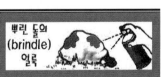

bungle = 실수(mistake) : bumble + boggle		
bungle	V	망치다; 실수하다 N 서투른 솜씨; 실수, 망침
bungler	N	실수하는 사람, 솜씨없는 사람
bunglesome	A	서투른, 솜씨없는
* bumble	V	실패하다, 실수하다 N 큰 실수

bunk = 침대(sleeping berth)		
bunk	N	(배·기차의) 침대(berth); 침대, 잠자리
bunker	N	큰 궤, 엄폐호; 은신처; 지하 관측실; 벙커
debunk	N	(사람·제도·사상 등의) 정체를 폭로하다

burg = 피난처(shelter), 도시(town)		
burgess	N	시민, 공민
burglar	N	강도, 밤도둑
burgle	V	밤도둑질 하다; 침탈하다
burrow	N	굴, 피난처 V 굴을 파다, 잠복하다, 몰두하다
borough	N	자치도시

buskin = origin unknown		
buskin	N	(비극 배우가 신던) 반장화; 비극; 비극의 연기
busker	N	거리의 악사[배우]

cadgear = 행상인(peddler)		
cadge	V	졸라서 얻다, 조르다; 구걸하다, 구걸하여
cadger	N	행상인; 도붓장수; 운송업자; 유랑자; 식객
* mooch	V	어슬렁거리다, 배회하다, 달라고 조르다

canard = 오리(duck) * 반짝 오리를 팔다에서 헛소문의 뜻이 나옴		
canard	N	헛소문, 유언비어;오리 V (헛소문이) 퍼지다
mallard	N	청둥오리

caval = 말등 에 타다(ride on horseback)		
cavalcade	N	기마대, 자동차 행진, 화려한 행렬
cavalier	N	기사도 정신의 소유자, 예의 바른 남자, 호위자
cavalry	N	기병대, 기병; 기갑부대
chivalry	N	기사도, 기사제도; 기사도적 행위

carapace = orignin unknown		
carapace	N	(거북 등의) 등딱지; (게·새우 등의) 갑각(甲殼)
* carafe	N	유리 물병(식탁·침실용); 포도주병

ceorl = 최하층의 자유민(ceorl)

churl	N	거친 남자; 시골뜨기; 비천한 사람
churlish	A	야비한, 천한; 농부의, 백성의; 인색한

choler = 담즙 (bile) * 고대의학에서 담즙이 많으면 화를 잘낸다 여겼음

choleric	A	화잘내는, 성마른(irascible); 담즙의
choler	N	화, 담즙
cholera	N	콜레라
bilious	A	담즙의, 담즙질의; 성 잘 내는; 극도로 불쾌한, 싫은

col = 대장(large intestine)

colon	N	결장
colic	N	[병리] 산통(疝痛), 배앓이
colitis	N	대장염
E. Coli	N	대장균(Escherichia coli)

col = 체질하다(sieve)

percolate	V	스며 나오다; 스며들다, 침투하다; 거르다
colander	N	(부엌용) 물 거르는 장치, 여과기 V 여과하다
culvert	N	암거(暗渠), 배수거; 전선 통과용 파이프

com = 연회(banquet)

encomium	N	칭찬하는 말, 찬사
encomiast	N	찬양하는 사람(eulogist), 찬미자; 아첨[아부]자
encomiastic	A	찬미의, 칭찬의

conch = 조개(shell)

conch	N	소라류, 조개류
concha	N	귀바퀴(an external ear)
conchitis	N	외이염
conchology	N	패류학

cot = 오두막(hut)

cote	N	(가축의) 우리
cottage	N	시골집, 작은 집; (교외의) 작은 주택; 별장
coterie	N	(공통의 목적·흥미를 갖는) 친구, 한패, 동아리

court = enclosed place: co(함께)와 hort(정원)의 합성

court	N	안뜰; 코트, 경기장; 법정, 법원; 재판; 입법부 추종, 아첨; 구애 V 비위 맞추다; 구애하다
courteous	A	예의 바른, 정중한; 친절한
courtesy	N	예의(바름), 공손, 친절, 호의(favor); 특별 대우

cosin = 사기 (fraud)	* cousin이라고 구실을 대거 사기를 친데서	
cozen	V 속이다, 기만하다(cheat) (of, out of)	
cozenage	N 사기, 기만	

crast = 내일(tomorrow)		
procrastinate	N 늑장부리다, 꾸물거리다; 미루다, 연기하다	
procrastination	N 미루는 버릇, 늑장, 지연, 연기	

crocc = 항아리(pot)		
crock	N 오지그릇 (항아리, 독 등)	
crockery	N 오지그릇, 도자기류	

cumul = 쌓다(pile up)		
cumulate	V 쌓아 올리다, 하나로 정리하다 A 쌓아 올린	
cumulative	A 누적하는, (형벌이) 가중의	
cumulus	N 퇴적, 누적 (of); 적운(積雲), 쎈구름, 뭉게구름	
accumulate	V 모으다, 축적하다; 쌓아올리다	
bioaccumulate	V (유독 물질이) 생체 내에 축적되다	

curre = 으르렁거리다(growl)		
cur	N 똥개, 잡종, 쌍놈	

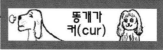

curmdg = orignin unknown		
curmudgeon	N 심술궂은 구두쇠	
* tightwad	N 구두쇠	

dallier = 즐기다(amuse oneself)		
dally	V 희롱하다, 갖고 놀다(toy); 빈둥빈둥 지내다	
dalliance	N 희롱, 장난	
* loiter	V 빈둥거리다, 어슬렁거리다	

dais = 연단(platform)		
dais	N (홀·식당의) 상단, (강당의) 연단(platform)	
* platform	N 대(臺), 연단, 교단, 강단; 승강장; 플랫폼	

dam = 길들이다(tame)		
adamant	N (전설상의) 단단한 돌; 견고하기 짝이 없는 것	
	A 매우 견고한; 단호한, 확고한; 불굴의	
diamond	N 다이아몬드, 금강석	
tame	V 길들이다; 경작하다; 부드럽게 하다	

darn = 수선하다(mend)

darn	V 꿰매다, 수를 놓다 N 꿰매기, 기움질, 짜깁기	
darning	N (해진 구멍의) 짜깁기; 꿰맨[꿰맬] 것	

daunt = 정복하다(vanquish)

daunt	V 위압하다; 풀을 꺾다, 기세를 꺾다
dauntless	A 겁 없는, 꿈쩍도 않는, 불굴의
indomitable	A 굴복하지 않는, 불굴의, 지지 않으려는

daz = 피곤하게 하다(make tired)

daze	N 현혹; 멍한 상태; 눈이 부심
dazzle	V 눈부시게 하다, 현혹시키다
	N 현혹, 눈 부신 빛

deal = 몫(share)

deal	V 나누어 주다, 분배하다; 처리하다, 취급하다
	N 거래; 협정, 담합(談合); 부정 거래, 뒷거래, 취급
ordeal	N 시련, 고난; 괴로운 체험
dole	N 구호품; 분배물; <영>실업수당; <미>welfare
	V 나누어 주다, 베풀다; 조금씩 나누어 주다

deore = 비쌌(costly) * 기근 중에는 식료품이 비싸에서

dearth	N 부족, 결핍(of);기근(飢饉)(famine)
* scarcity	N 부족(lack), 결핍; 식량난, 기근(dearth); 희귀
* scarce	A 부족한, 적은, 모자라는, 드문, 진귀한

dein = 붙이다(bind)

diadem	N 왕관; 왕위; 영광
	V 왕관으로 장식하다; 왕관[영예]을 주다
* tiara	N 관, 교황관, 교황권; 여자의 머리장식[관]

dig = 파다(dig)

dig	V 파다, 파헤치다; 탐구하다, 찾아내다
ditch	N 수로, 도랑, 호 V 도랑을 파다, 버리다
dike	N 도랑, 수로, 제방, 둑

drysning = 이슬 내림(a falling of dew)

drizzle	N 이슬비, 가랑비, 보슬비 V 이슬비가 내리다

drast = 적극적인 (active)

drastic	A	격렬한, 맹렬한; 철저한, 과감한, 발본적인
	N	극약
		* adopt drastic measures 과감한 수단을 쓰다
drastically	A	과감하게, 철저하게

dwin = 사라지다 (vanish)

dwindle	V	점차 감소하다, 점점 작아지다, 여위다
* shrink	V	오그라들다, 줄어들다; 주름이 잡히다; 주눅들다
* lessen	V	적게 하다, 작게 하다, 줄이다(diminish)
* quail	N	메추라기　V 풀이 죽다, 움찔하다

dure = 힘든 (hard)

dour	A	음울한, 둔한, 시무룩한(sullen); 엄한; 완고한
dourly	ad	음울하게, 둔하게, 시무룩하게

eclat = 파열하다 (splinter)

eclat	N	화려함; 대성공; 갈채
* brilliance	N	광휘; 광명, 광택; 탁월, 걸출; 뛰어난 재기(才氣)
* brilliant	A	빛나는, 찬란한, 눈부신; 훌륭한, 멋진, 영리한

fado = 슬픈 노래 (sad song)

fandango	N	3박자의 스페인 무용; 그 무곡; 바보 같은 짓
fandangle	A	기발한 장식; 어리석은 짓 (nonsense)
fado	N	(pl. ~s) 파두 (포르투갈의 대표적인 민요·춤)

fam = 기근 (hunger)

famine	N	기근; 굶주림, 배고픔, 기아; 고갈, 결핍
famish	V	굶주리게 하다
		ex) Disease and **famine** are often legacies of war.

fatig = 피로 (tiredness)

fatigue	N	피로, 피곤; 노동, 노역
indefatigable	A	포기할 줄 모르는, 지칠 줄 모르는

fatu = 어리석은 (foolish)

fatuous	A	얼빠진, 어리석은, 넋 나간, 바보의
fatuity	N	어리석음, 우둔; 어리석은 짓[말]
infatuated	A	얼빠진, 미친, 홀린
		ex) He was utterly **infatuated** with Delilah.

feh- = 미워하다(hate)		
foe	N	적, 원수, 반대자
feud	N	불화, 반목, 다툼
fiend	N	악마, 마귀; 마귀 같은 사람

galg = 막대기(pole)		
gallows	N	교수대, [the~] 교수형; [미] 바지 멜빵
gallows bird	N	교수형에 처해야 할 악인, 극악인
* gibbet	N	교수대, 교수형　V 교수형에 처하다

gibb = 갈라진 막대기

gant¹ = 장갑(glove)/ gant² = 막대기(a thin stick)		
gauntlet	N	(갑옷에 딸린) 목 긴 장갑; (검도용의) 긴 장갑
gauntlet	N	태형, 괴로운 시련
gaunt	A	수척한, 몹시 여윈, 말라 빠진; 황량한, 적막한
* mitten	N	벙어리장갑; (여자용의) 긴 장갑

garbe = 우아(grace, elegance)		
garb	N	복장, 의상, 외관, 외형　V 옷입히다, 복장을 하다
* accouterments	N	의복, 장신구(trappings); (무기·군복 이외의) 장비
* trappings	N	마구(馬具);부속물, 장식, 장신구, 예복

garrul = 수다떨다(chatter, babble)		
garrulous	A	수다스러운, 잘 지껄이는; 시끄럽게 지저귀는; (시내 등이) 소리내며 흐르는
garrulously	ad	수다스럽게
garrulity	N	수다스러움(=garrulousness)
* causerie	N	수다, 잡담; 수필

gavel = orignin unknown		
gavel	N	(의장·경매자 등의) 망치, 의사봉, 사회봉
	V	(의회·회 등의) 의장을 맡다; 개회하다(down)
gavel-to-gavel	A	개회부터 폐회까지의, 전(全)회기의

ghast = 유령(ghost)		
ghastly	A	무시무시한, 소름 끼치는, 송장 같은
aghast	A	깜짝 놀라, 혼비백산하여
ghost	N	유령, 원혼, 희미한 흔적
* dire	A	무시무시한(terrible); 비참한(dismal); 음산한, 심한

gor = 더러움 (filth)

gore	N	피, 핏덩이, 엉긴 피; 살인, 살해, 폭력
gory	A	피투성이의; 유혈의, 살인적인; 불쾌한, 싫은

gulbia = 둥근 끌 (hollow beveled chisel)

gouge	N	둥근끌, 둥근끌로 홈을 팜; 홈[구멍]; 사기
	V	둥근끌로 파다; 둥글게 잘라 내다; 사기치다

gravel = 모래 (sand)

gravel	N	자갈[로 덮다]
grit	N	자갈, 잔모래, 왕모래; 용기, 기개

grufe = 아래를 향하다 (face downward)

grovel	V	비굴하게 굴다; 기다; 엎드리다, 무릎꿇다
groveling	A	땅에 엎드린, 설설 기는; 비굴한, 천한

grom = 소년 (boy)

groom	N	신랑; 마부 V (말을) 돌보다; 몸차림하다
bridegroom	N	신랑
* bride	N	신부, 새색시; (속어) 여성, 여자 친구; 처(妻)

hackney = a borough of London

hackney	N	승마용 말; 잡무보는 사람 A 낡은, 진부한
	V	전세 말로 쓰다; 심하게 부리다; 진부하게 하다
hackneyed	A	낡은, 진부한
* bromidic	A	흔해 빠진, 진부한 [bromide를 진정제로 쓰는데서 유래]
* cliché	N	판에 박은 문구, 진부한 표현[생각, 행동]

hager = 수척한 (gaunt)

haggard	A	여윈, 수척한; 무서운, 거친; 야생의
	N	(잡힌) 야생의 매, 사나운 매
		* haggard eyes 광포한 눈
* emaciated	A	수척한, 여윈, 쇠약한; 메마른 [macer = thin]

haunt = 자주 (frequent, resort to)

haunt	V	자주 가다, (유령 등이) 자주 출몰하다; (생각 등이) 늘 따라다니다
		* a haunted house 유령의 집
		ex) Everyone was **haunted** by the fear of war.

hag = 문 (gate), 울타리 (hedge)		
hatch	N 승강구, 해치, 쪽문	V 해치를 달다
hedge	N 산울타리, 울타리; 경계	V 울타리를 치다

hoar = 오래된 (ancient)	
hoar	N 서리(hoarfrost); 백발; 희게 보이는 것
hoary	A (너무 오래되어) 재미없는, 시들한, 백발인
hoarfrost	N 흰 서리

hutspah = 뻔뻔함 (impudence, gall) (히브리어)	
chutzpah	N 뻔뻔스러움, 철면피

intim = 친한 친구 (a close friend)	
intimacy	N 친밀함, 친밀감 있는 표현, 성행위
intimate	A 친한, 사적인, 은밀한

irk = 지겹게 하다 (annoy)	
irk	V 지겹게 하다; 지루하게 하다
irksome	A 지루한, 진저리 나는
* tedious	A 지루한, 지겨운, 진저리 나는

iterate = 반복하다 (repeat)		
iterate	V 되풀이하다(repeat); [컴퓨터] 반복하다	
reiterate	V 되풀이하다; 반복하여 말하다	A 반복되는
ex) He reiterated his opposition to the creation of a central bank.		

itch = 가려움 (itch)		
itch	N 가려움, 옴; 갈망	V 근질거리다, 갈망하다
itching	N 가려움, 하고싶어 못견딤, 갈망	
itchy	N 옴에 걸린, 가려운, 근질근질한	
ex) He has an itch to get away and explore.		

jaunt = unknown origin	
jaunt	N 짧은 여행, 소풍
jaunty	A 의기양양한, 쾌활한, 경쾌한
junket	N (공무원들이 공금으로 유람 삼아 다니는) 시찰

jagat = 세계의 주인 (jug = world, nata = lord (힌두교의 신))

juggernaut	N	불가항력; 위압적인 거대한 것[군함, 전차]
	ex)	It's often impossible for small companies to compete with the great **juggernauts** of industry.

jocus = 농담(joke, game)

joke	N	농담, 익살; 희롱 V 농담하다, 익살부리다
jocund	A	명랑한, 쾌활한, 유쾌한(gay, merry)
jocose	A	우스팡스러운, 익살맞은, 까부는(facetious)
juggle	V	요술을 부리다, 곡예를 하다; 속이다; 조작하다
* jolly	A	행복한, 쾌활한, 유쾌한 [졸리(jolly)]

qismet = 운명(fat)

kismet	N	숙명, 운명(destiny), 알라신의 뜻
* karma	N	[힌두교] 갈마(羯磨), 업; [불교] 인과응보, 숙명

knoll = 둔덕(hilltop)

knoll	N	작은 산, 둥근 언덕;둔덕
* hummock	N	작은 언덕(hillock); 빙원(氷原)에 있는 얼음 언덕

laithaz = 미운(hateful)

loath	A	~하기를 꺼리는[~ to do sth]
loathe	V	몹시 싫어하다;지긋지긋하도록 싫다; 질색하다
loathing	N	강한 혐오, 질색
lothesome	A	매우 싫은; (육체적으로) 기분 나쁜, 메스꺼운

latry = 숭배(worship)

bibliolatry	N	서적[성경] 숭배, 성서 광신
iconolatry	N	우상 숭배
hagiolatry	N	성인 숭배
monolatry	N	일신(一神) 숭배
physiolatry	N	자연 숭배
plutolatry	N	금전 숭배
pyrolatry	N	배화교; 불의 숭배

lir = 밭고랑(furrow)

delirious	A	헛소리를 하는, 정신 착란의; 정신없이 흥분한
delirium	N	섬망 상태, (일시적) 정신 착란; 맹렬한 흥분
deliriant	A	섬망 발생성의 N 섬망 발생 물질 (마약 등)
	ex)	He became **delirious** and couldn't recognize people.

lurid = 엷노랑(pale yellow), 무서운 (ghastly)

lurid	A	소름끼치는, 무서운, 끔찍한; 타는 듯이 붉은; 선정적인, 야한; 창백한, 헬쑥해진
	ex)	The paper gave **lurid** details of the murder.

mangue = 가려움 (itch)

mangy	A	옴 오른, 옴 투성이의; 지저분한
mange	N	(개, 소 등의) 옴
	ex)	Throw away that **mangy** rug.

maim = 상처(injury)

maim	N	손발을 잘라 불구로 만들다; 쓸모 없게 하다
mayhem	N	신체 상해(죄), (고의의) 파괴, 대혼란
* mangle	V	짓이기다, 심하게 훼손하다
* mutilate	V	(팔다리 등을) 절단하다; (신체를) 불구로 만들다

masochist vs sadist

masochist	N	피학 성애자(학대를 받으면서 성적흥분을 느낌)
masochism	N	피학 성애, 자기 학대
sadist	N	가학 성애자, 잔악함을 즐기는 사람
sadism	N	가학 성애, 극단적인 잔악성

mel = 그물 (mesh) [tra + mel = three mesh: 3중 망]

trammel	N	구속물, 속박, 장애; 3중망, 말의 족쇄(shackle)
* hamper	N	방해, 구속; 족쇄 V 방해하다, 훼방놓다
* thwart	V	훼방 놓다, 방해하다, 허를 찌르다, 좌절시키다
* athwart	ad	반대하여, 가로질러 (across)

mettle = 금속 (metal)

metal	N	금속
melallurgic	N	금속공학, 야금학
mettle	N	패기
mettlesome	A	기운찬, 위세 있는, 성깔 있는, 혈기 왕성한

mores = 습관(habbit), 관습 (custom)

morose	A	시무룩한, 둔한
moral	A	도덕의, 윤리의, 교훈적인, 도덕적인(virtuous)
morality	N	도덕, 도의; 윤리학; 덕행, 품행 (방정)
mores	N	사회적 관습, 관행, 습속(folkways); 도덕관

morus = 어리석은 (foolish)

moron	N	저능아, 바보; [심리] 정신 박약자
moronic	N	어리석은, 바보 같은

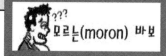

oddi = 세번째 수 (third number)

odd	A	이상한, 홀수의(↔even); 남은, 짝이 맞지 않는
oddity	N	괴상함, 기이함; [pl.] 괴벽, 편벽; 괴짜, 기인

alfr = 웃긴 사람 (silly person)

oaf	N	기형아; 저능아; 요정이 갖다 놓은 못난 아이
elf	N	꼬마 요정; 난쟁이(dwarf); 장난꾸러기
* lout	N	촌스러운 사람, 시골뜨기

ocean = 대양 (ocean)

ocean	N	[the ~] 대양, 해양; [the O~] (5대양) ~양
oceanography	N	해양학

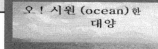

od/noi = 싫어하다 (hate)

odious	A	증오할, 밉살스러운; 불쾌한, 싫은
odium	N	악평, 질책, 비난, 오명; 반감, 증오
annoy	V	성가시게 굴다, 약오르게 하다; 괴롭히다
annoyance	N	성가심; 불쾌감; 피로움, 곤혹; 골칫거리
ennui	N	따분함, 권태감
noisome	A	해로운, 악취가 나는; 불쾌한
* tease	V	놀리다, 집적대다, 괴롭히다

omen = 조짐 (foreboding)

omen	N	전조, 조짐, 징조, 예언
ominous	A	불길한, 나쁜 징조의, 험악한
abominate	V	혐오하다, 증오하다, 질색하다
abomination	N	혐오, 증오, 질색
abominable	A	지긋지긋한, 혐오스러운, 가증스러운

orn = 옷 입히다 (dress)

adorn	V	꾸미다, 장식하다
ornate	A	화려하게 장식한, 잘 꾸민; 화려한
ornament	N	꾸밈, 장식; 장식품 V 꾸미다, 장식하다
ornamental	A	장식적인, 장식의, 장식용의; 관상용의
suborn	V	매수하다, 나쁜 일을 하게 하다 [몰래(sub) 꾸미다(orn)]
* raiment	N	의류, 의복, 복장

onus = 짐 (burden)

onus	N	부담, 책임
exonerate	V	해방시키다, 면제하다, 무죄가 되게 하다
onerous	V	성가신, 귀찮은, 부담스러운

parquet = 마루 (wooden flooring)

parquet	N 쪽모이 세공 V ~에 쪽모이 세공 마루를 깔다	
parquetry	N 쪽모이 [세공], (마루를) 쪽모이 세공으로 깔기	

pale = 고대(ancient)

paleontology	N 고생물학, 화석학
paleontologist	N 고생물학자, 화석학자
paleography	N 고문서학(學); 고문서; 고서체(古書體)
Paleolithic	A 구석기 시대의
Paleozoic	N [地質] 고생대(古生代)(의)

parsi = 절약(sparing)

parsimony	N 극도의 절약, 인색(stinginess)
parsimonious	A 극도로 절약하는, 인색한
parsimoniously	ad 인색하게
* penurious	A 가난한, 궁핍한, 결핍된; 인색한 [penu = lack]
* penury	N 가난, 궁핍, 결핍

pejor = 더 나쁜(worse)

pejorate	V 악화시키다, 타락시키다
pejorative	A 가치를 떨어드리는; 경멸적인

poltr = 겁쟁이(coward)

poltroon	N 겁쟁이, 비겁한 사람(coward), 비겁한
potroonery	N 비겁함, 겁많음(cowardice)
* paltry	A 하찮은, 보잘 것 없는, 얼마 안되는 [paltr = trash]

pomp = 과시하다(display)

pomp	N 화려, 장관; 겉치레, 허식, 허영
pompous	A 점잖 빼는, 거드름 피우는; 과시하는; 화려한
* stilted	A 형식적인, 과장한, 뽐내는; 죽마를 탄

prim = 좋은(nice)

preen	V (털을) 혀로 다듬다; [~ oneself] 치장하다
primp	V 치장하다, 맵시내다
prink	V 치장하다, 맵시내다
spruce	A 조촐한, 말쑥한; 맵시 있는; 멋진 V 치장하다
* spurious	A 가짜의, 위조의; 그럴싸한

proach = come nearer(접근하다)

approach	V 다가가다, 접근하다 N 가까워짐, 접근; 근사
reproach	V 꾸짖다, 비난하다 N 질책, 비난; 불명예, 치욕
rapprochement	N (특히 국가간의) 친선, 친교 회복, 화해

proppe = 코르크 마개(bottle stopper)		
prop	N	지주, 버팀목, 받침; 지지자, 후원자; 급정지
	V	받치다, 버티다;지주[버팀목]를 대다; 지지하다

purloin = 멀리 놓다 (pur far away) * pur = pro, loin = far		
purloin	V	훔치다, 절도질하다 (from)
* filch	V	좀도둑질하다, 훔치다 [써치(filch)]
* furtive	A	속임수가 많은, 믿을 수 없는, 도둑 같은

quenchen = 끄다(quench)		
quench	V	끄다; 식히다, 억누르다; 식다, 진정되다
unquenchable	A	끌 수 없는;막을 수 없는, 억제할 수 없는
* quell	V	진압하다, 평정하다, 가라앉히다; 정복하다

ramu = 가지 (branch)		
ramify	V	가지를 내[게 하]다; 분기하다; 작게 구분하다
ramification	N	[pl.] 가지, 분지, 세분화; 지맥, 지류; 결과

raucus = 거친 (hoarse, rough)		
raucous	A	쉰 목소리의, 귀에 거슬리는; 소란한
roar	V	으르렁거리다, 고함치다, 외치다, 울부짖다
* hoarse	A	목쉰(husky); 쉰 목소리의, 귀에 거슬리는
* harsh	A	거친, 난폭한; 가혹한, 엄한; 잔인한, 거슬리는
* raspy	A	삐걱거리는; 귀에 거슬리는; 성을 잘 내는

reck = 계산하다(count)		
reckon	V	예상하다, 계산하다, 생각하다
reckoning	N	계산,추정, 심판
reckless	A	무모한, 신중하지 못한, 난폭한

rug = 주름 (wrinkle)		
ruga	N	(위벽·장 점막의) 주름(winkle, fold, ridge)
rugged	A	울퉁불퉁한;바위투성이의; 주름진, 찌푸린, 엄한
rugous	A	주름이 많은
rugosity	N	주름투성이; 주름(살) (wrinkle)
corrugated	A	물결 모양의, 주름 잡힌, 골진
arroyo	N	시내;마른골 (보통 때는 물이 없는)

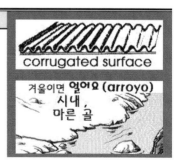

rum = 공간 (space)

rummage	V	뒤지다, 살살이 찾다; 찾아내다, 수색하다
	N	잡동사니;허접쓰레기; 살살이 뒤지기; 검색
rummage sale	N	떨이 판매, 잡동사니 시장; (특히) 자선 바자
room	N	방, 장소, 자리, 여지, 여유

sarc = 살을 벗기다 (strip off the flesh)

sarcasm	N	비꿈, 빈정거림, 비꼬는 말
sarcastic	A	비아냥거리는, 비꼬는, 빈정거리는
sarcophagus	N	(대리석의) 석관
* innuendo	N	풍자, 빈정되는 말
* lampoon	N	풍자문 V 풍자문으로 비방하다 [let us drink]
* sardonic	A	냉소하는, 조롱하는, 비꼬는

scull = 빗자루 (broom)

culinary	A	부엌[주방]의;요리[조리]의
cullion	N	비열한 놈, 하등한 인간
scullion	N	부엌일하는 사람, 설거지꾼, 비천한 사람
* outcast	A	쫓겨난, 버림받은 추방된 사람 N 부랑자; 폐물
* pariah	N	최하층민, 천민; 버림받은 자, 부랑아

scrawl = sprawl 또는 crawl의 변형

scrawl	V	갈겨쓰다, 아무렇게나 쓰다, 낙서하다
crawl	V	기다, 기어가다, 서행하다 N 포복, 기어감, 서행

scruple = 작고 날카로운 돌 (small sharp stone)

scruple	N	양심의 가책 V 망설이다
scrupulous	A	양심적인, 성실한; 꼼꼼한, 세심한; 조심성 있는
* meticulous	A	꼼꼼한, 세심한, 소심한

segene = 후릿그물 (fishing net)

seine	N	예인망; 후릿그물
seiner	N	예인망 어부

sen = 늙은 (old)

senate	N	의회, 입법기관, 상원[의원]
senescence	N	노년기, 노쇠기
senior	A	손위의, 선배의, 선임의 N 선임자, 연장자, 상관
senile	A	노쇠한, 노망한; 노년의, 노인의

geronto = 늙은 (old)

gerontocracy	N	노인 정치, 노인 지배; 노인 정부(지배국)
gerontology	N	노인학
gerontophilia	N	노인애(노인을 성애의 대상으로 하는 성 도착증)
gerontophobia	N	노령(노인) 공포(혐오)

vetus = 늙은 (old)	
veteran	N 노련가, 베테랑 A 노련한, 경험이 많은
inveterate	A 뿌리 깊은, 만성의, 상습적인, 집념어린
inveteracy	N 뿌리 깊음; 숙원; (병 등의) 만성, 고질
veterinary	A 수의학의
veterinarian	N 수의사 (vet)

seism = 지진 (shake)	
seismic	A 지진의 (seismal; seismical)
seismology	N 지진학, 지진관측 (seismography)
seismometer	N 지진계
microseism	N 미진
schism	N 분리, 분열; (특히 교회의) 분파, 분립

sequester = 보관하다 (place in safekeeping)	
sequester	V 격리시키다; 은퇴(하게) 하다; 압수하다
sequestration	N 격리 (insulation), 은퇴, 가차압, 몰수
sequestrate	V (채무자의 재산 따위를) 압류하다, 몰수하다

seut = 끓이다 (boil)	
sodden	N 물에 잠긴, 흠뻑 젖은; 습한; 무기력한
seethe	V 끓어 오르다, 펄펄 끓다, 굽이치다, 흠뻑 적시다
sheathe	V 칼집에 넣다; 싸움을 거두다

skryvla = 시들다 (wither)	
shrivel	V 주름지게 하다, 오그라들게 하다; 시들게 하다
scrimp	V 아까워하다, 바짝 줄이다, 긴축하다
scrawny	A 여윈, 수척한, 앙상한

snar = 으르렁거리다 (snarl)	
snarl	V 으르렁거리다; 호통치다
sneer	V 비웃다, 코웃음치다 N 조소; 비웃음; 냉소
snore	V 코골다 N 코고는 소리; 코골기
snort	V 콧김을 내쉬다, 코웃음치다 N 조소; 비웃음
* simper	N 선웃음, 억지웃음, 바보 같은 웃음

sor = 아픈 (painful)	
sore	A 아픈, 슬픈, 쓰라린 N 종기, 옛 상처, 언짢은 추억
sorely	ad 아파서, 심하게
soreness	N 아픔, 분개

spatula = 견갑골 (shoulder blade)		
epaulet	N	견장, 어깨 장식
spatula	N	주걱; [의학] 압설기(壓舌器)
scapula	N	견갑골, 어깨뼈
spathe	N	[식물] (주걱모양의) 큰 화포

sob = 비탄(lament)		
sob	V	흐느껴 울다, 흐느끼다 N 흐느낌, 오열
sobbing	A	흐느껴 우는

stellein = 보내다(send)		
apostle	N	사도, 제자, 주창자
epistle	N	서간, 편지; 서한
		[성경] 사도서신

sudor = 땀(sweat)		
sudor	N	땀;발한(發汗)
sudorific	A	땀나게 하는, 발한성의 N 발한제
sudoriferous	A	땀을 내는, 발한하는

sulter = 더운 (hot)		
sultry	N	무더운, 찌는 듯이 더운, 뜨거운; 음란한
swelter	V	더위에 지치다, 더위먹다 N 찌는 듯한 더위

surd = 안들리다(deaf)		
absurd	A	불합리한, 부조리한; 어리석은, 터무니 없는
absurdity	N	부조리, 불합리, 모순 ; 어리석은 일[것]
surd	A	무리한, 불합리한, 무리수의(irrational)
		ex) That uniform makes the guards look absurd.

syle = 체포 권(righ of seizure)		
asylum	N	보호 시설[수용소]; 정신병원; 피난, 망명, 보호

sybaris = ancient Greek city noted for its wealth and luxury		
Sybaris	N	시바리스 (사치와 향락으로 유명한 고대 도시)
sybarite	N	사치와 향락을 일삼는 무리
sybaritic	A	쾌락의
* Sodom	N	[성경] 소돔(죄 때문에 멸망한 도시), 죄악의 장소
* sodomite	N	남색자, 항문섹스하는 남자

tadd = 두꺼비 (toad)	
tadpole	N [동물] 올챙이; [T~] 미국 Mississippi주 사람
toad	N 두꺼비; 보기 싫은 놈, 무가치한 것; 아첨쟁이

talesma = 지불 (payment)	
talisman	N 부적
talismanic	N 부적의, 귀신을 쫓는
* fetish	N 주물(呪物), 물신(物神); 미신의 대상, 광신 [정신의학] 성욕을 일으키는 것 (신발·장갑 등)
* juju	N (서아프리카 원주민의) 부적(charm); 주문

tat = 누더기 (rag)	
tatter	N [주로 pl.] 찢어진 조각, 넝마; 낡은 옷, 누더기 V 갈가리 찢(어 지)다, 해지(게 하)다
tatterdemalion	N 누더기 옷을 입은 사람

tep = 미지근한 (lukewarm)	
tepid	A 미지근한; 열의가 없는, 미온적인; 식은
tepidarium	N 미온욕실
* lukewarm	A 미적지근한, 미온적인; 열의가 없는

thrall = 노예 (slave)	
thrall	N 노예, 노예신세
enthrall	V 노예[상태]로 만들다; (마음을) 사로 잡다,
enthralling	A 마음을 사로잡는, 아주 재미있는 * an enthralling story 아주 재미있는 이야기

throat = 목구멍 (throat)	
throat	N 목구멍, 좁은 통로
throttle	N 목을 조르다, 질식시키다 ex) The attacker then tried to **throttle** her with wire.

tinken = 종을 울리다 (ring, jingle)	
tingle	V 쑤시다, 아리다 N 얼얼함, 좀이 쑤심; 흥분
atingle	A 얼얼하여, 쑤시어; 흥분하여
tinkle	N 딸랑딸랑, 따르릉 V 딸랑딸랑 울리다; 쉬하다

titill = 간지럽히다 (tickle)	
titillate	V 간지럽히다; 기분좋게 자극하다
titillation	N 간질임; 간지럼
titillating	A 흥을 돋우는; 기분좋게 자극하는

toil = 뒤얽히게 하다(entangle)		
toil	V 힘써 일하다, 수고하다	N 노고, 수고, 고생
toilful	A 힘드는, 고생스러운; 근면한, 일 잘하는	
* drudgery	N (단조로운) 천역, 고역	
* travail	N 산고, 진통;고통, 고뇌 [새 가지(tre) vail(일)]	

top = 기울어진(tilt)	
tope	V 술을 습관적으로 마시다 〈술 잔을 기울이다〉
topple	V 비틀거리다, 넘어지다, 몰락하다
	ex) More than 100 trees were **toppled** Tuesday night during a severe thunderstorm.

trogl = 구멍(hole)	
troglodyte	N 혈거인(穴居人); 야만스러운 사람; 은자(隱者); 비사교적인 사람; 지하에 사는 동물
* caveman	N 혈거인, 동굴거주자, 원시인, 동굴 탐험가

tuk = 당기다(pull)	
tow	V 끌다, 견인하다
tuck	V 밀어넣다; 접다 N 주름[단]
tug	V 잡아당기다 (= haul)

uxor = 아내(wife)	
uxoricide	N 아내살해; 아내 살해범
uxorious	A 아내를 너무 위하는; 아내에게 사족을 못쓰는
	ex) I will be the most **uxorious** husband ever to make you happy.

uva = 포도(grape)	
uvula	N 목젖
uvular	A (자음이) 연구개음의

ver/vern = 봄(spring)	
vernal	A 봄 같은, 봄빛을 띤
vernalize	V 개화결실을 촉진하다. 춘화현상을 야기하다

vass = 종(servant)	
vassal	N 신하, 부하, 종, 노예
vassalage	N 신하됨, 신하의 신분, 충성, 신의
vassalize	V 신하로 만들다
a vassal state	N 속국

verd = 녹색이 되는 (becoming green)

verdant	A	초록의, 신록의, 푸릇푸릇한
verdure	N	푸름,신록; 푸른 초목, 푸른 잎, 녹초; 생기
verdurous	A	푸른 초목으로 덮인;신록의, 푸릇푸릇한

ex) Much of the region's **verdant** countryside has been destroyed in the hurricane.

vestigium = 발자취 (footprint)

vestige	N	자취, 흔적, 모습, 표적, 형적
vestigial	A	흔적의; 퇴화한, 흔적 기관의
investigate	V	조사하다, 수사하다, 연구하다
investigation	N	조사, 수사, 연구; 취조, 음미; 연구 논문

vitr = 유리 (glass)

vitreous	A	유리 같은, 유리질의, 유리 모양의
vitriol	N	황산염, 신랄한 말[비평], 비방, 헐뜯음
vitrum	N	유리병, 약용병

vix = 여우 (fox)

vixen	N	암여우, 바가지 긁는 여자
* termagant	N	괄괄한 여자, 입 사나운 여자

vogue = 유행, 성공 (fashion, success)

vogue	N	유행
voguish	A	유행하는, 맵시가 있는
voguey	N	유행하는

xeno = 외래의 (foreign)

xenobiotic	N	[생물·의학] 외래 물질
xenograft	N	외종 이식
xenolith	N	포획암 (화성암 속의 이질 암석조각)
xenoglossia	N	[심령] 이언(異言)능력 (배우지 않은 말을 함)
xenophilia	N	외국인[문화, 풍습]을 좋아함

zany = name of character

zany	N	어릿광대, 기인, 바보, 아첨꾼
* goof	N	멍청이, 바보, 쑥맥; 실수, 실책
* goofy	A	바보 같은, 얼빠진, 덧니의

외래어 편

우리에게 우리말처럼 익숙해진 외래어를 통해 단어를 익혀 보자. 익숙한 외래어를 먼저 잡은 다음 어려운 단어를 잡으면 된다.

단어는 공부하는게 아니라 낚는 거거든!

ACRO = 높은(high), 신체의 말단(extremity)

그리스의 아크로폴리스(Acropolis)는 높은(acro) 곳의 도시(polis)란 뜻이다.

acrobat
[ǽkrəbæt]
[높은 곳(acro)을 걷다(bat)]
N 곡예사; (정견·주의 등을 쉽게 바꾸는) 변절자
* acrobatics 재주넘기, 곡예, 줄타기
ex) I was always fascinated by the **acrobats** at the circus.

높은 곳(acro)에서 박쥐(bat)처럼 매달려서 하는 것

acrogen
[ǽkrədʒən]
[높은 곳(acro)에 발생(gen)]
N 정생 식물 (고사리, 이끼 등)
* acrogenous 정생의
ex) Ferns, mosses and lichens are all **acrogens**.

acronym
[ǽkrənìm]
N 두문자어(단어들의 initial만 따서 만든 말)
ex) PUSH is an **acronym** for 'Pray until something happens.'.

말단(acro)만 딴 이름(onym)

acrolect
[ǽkrəlèkt]
N (어떤 사회 집단의 가장 유력한) 방언

지위가 높은(acro) 말(lect)

acromegaly
[ǽkrəmégəli]
N 말단 비대증 (머리, 손, 발등이 비대해지는)
ex) Excess growth hormone results in an appearance called **acromegaly**.

말단(acro) 비대(megaly)

acrophobia
[ǽkrəfóubiə]
N 고소 공포증
ex) He retired from the police force because he developed **acrophobia**.

높은 곳(acro)의 공포(phobia)

acropolis
[əkrɔ́pəlis]
N (옛 그리스의) 성채; [the A~] 아크로폴리스

높은 곳(acro)의 도시(polis)

mediocre
[mìːdióukər]
N 보통의, 평범한
* mediocrity 평범, 보통; 평범한 사람, 범인
ex) I hate this **mediocre** life.

중간(medi) 높이(ocr<acr)

AER = 공기, 공중(air)

에어로빅(aerobics)은 공기(산소)를 많이 요구하는 운동, 에어로졸(aerosol)은 공기(aer) 같은 액체(sol)!

aerial
[ɛ́əriəl]
A 공기의, 대기의, 기체의, 공중의
ex) All **aerial** spraying of the fungicide has also been outlawed.

공기(aer) 의(ial)

aerate
[ɛ́əreit]
V (…에) 공기(산소)를 공급하다
ex) Blood is **aerated** in the lungs.

공기(aer)가 있게 하다(ate)

aerify
[ɛ́ərəfài]
V 공기에 쐬다, 기화하다
ex) The greens will be **aerified** tomorrow.

공기(aer)로 만들다(fy)

aerobatics
[ɛərəbǽtiks]
N 고등 비행술, 곡예 비행
ex) The crowd was entertained with a display of **aerobatics**.

공중(aer) 비행(bat) 술(ics)

aerobic
[ɛəróubik]
A (세균 등이) 호기성의; 호기성 세균의
* **aerobic** exercises 에어로빅 체조
ex) **Aerobic** organisms use oxygen to carry out their life functions.

공기(aer)에서 사는 (biotic)

aerology
[ɛəráləʤi]
N (고층) 기상학
ex) The **Aerology** program measures conditions in the upper atmosphere.

공기(aer)에 관한 학문 (logy)

aeronautics
[ɛərənɔ́:tiks]
N 항공술
ex) The student pilot studied the principles of **aeronautics**.

공중(aer) 항해(naut) 술(ics)

aerodrome
[ɛ́ərədròum]
N (소형) 비행장, 공항(airport)
ex) Pioneer Airport is designed as an **aerodrome** of the 1920s and 1930s.

공중(aer)의 넓은 시설(drome)

aerosol
[ɛ́ərəsɔ̀l]
N 에어로졸, 연무제, 분무기
ex) Various **aerosol** insecticides are available for controlling mosquitoes.

공기(aer) 같은 액체(sol)

aerie
[ɛ́əri]
N (높은 곳에 있는) 둥지, 집, 요새
ex) The only thing my **aerie** lacks is plumbing.

공중(aer)에 있는 것

aery
[ɛ́əri]
A 공기의, 공기 같은; 높이 솟은; 공허한
ex) Say it as you are calling him from the **aery** mountain top to catch his attention.

공기(aer) 의(y), 공중에 있는

* aur = 공기 (air)

aura N 냄새, 향기
soar V 높이 날다 N 솟아오름
ex) The unemployment rate **soared** to 4% level.

* ether = 창공 (upper air)

ether   N 하늘, 창공; 에테르 (마취제)
etherize   V 에테르로 마취하다, 무감각하게 하다
ethereal   N 천상의(heavenly); 공기 같은, 아주 가벼운
ethereal oil N 휘발유
ex) The **ethereal** mist on the hillside was delicate and beautiful.

하늘(ether)
ether로 처리하다(ize)
하늘(ether)의(eal)
가벼운 기름

azur = a false separation of Arabic (al)-lazaward "lapis lazuli"

azure   N 하늘빛, 담청색(sky blue); 푸른 하늘, 창천
lapis lazuli N [광물] 청금석(靑金石); 군청색(deep blue)

* 청금석을 의미하는 lapis lazuli를 옮기는 과정에서 그만 'l'을 빼트려서 'azur' 청색을 의미하게 되었다. 청색의 유니폼을 입는 이탈리아 축구 대표팀을 아주리 군단이라 부른다. 실제 발음은 아주리가 아니라 '애절[ǽzur]'이다. 애절하게 푸른 하늘로 기억하자.

ALB = 흰(white)

앨범(album)이 여기에서 온 단어이다. 사진을 넣기 전까지는 아무것도 없는 **흰** 바탕인 까닭에 **사진첩**을 지칭하는 말이 되었다가 **사인북, 악보철, 레코드첩** 등으로 그 의미가 확대되었다.
변형으로는 **alp**가 있는데 눈이 덮여서 항상 하얀 **Alps** 산맥이 여기에서 유래했다.

albinism
[ǽlbənìzm]
N 피부 백변증, (피부) 색소 결핍증(↔melanism)
ex) Because melanin is crucial to the development of vision, people with **albinism** can have visual problems.

albino
[ælbáinou]
N 흰둥이, 백변증
ex) The amelanistic corn snakes are often called **albino** since they lack the gene for production of the pigment melanin.

album
[ǽlbəm]
N 앨범(사진첩, 악보철 등); 문학[음악] 선집

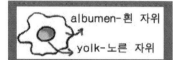

albumen
[ælbjúːmin]
N (알의) 흰자위; [植] 배젖
* **albumin** 단백질의 일종

albescent
[ælbésənt]
A 희어지는, 희끔한
ex) Upon exposure to air, the crystals become **albescent**.

albatross
[ǽlbətrɔ̀s]
N [鳥] 신천옹; 걱정거리; 장애, 제약
ex) Her own supporters see her as an **albatross** who could lose them the election.

alps
[ælps]
N [the ~] 알프스 산맥
* **alpine** 알프스 산맥의; 높은 산의   * **alpinist** 알프스 등산가; 등산가
ex) Our window looked out on a beautiful **alpine** scene.

daub
[dɔ́ːb]
[매우 (do) 희게 하다(alb)]
V 흠뻑 바르다, 칠하다; 서투르게 그리다
N 바르기, 마구 칠함; 더러움; 칠, 서투른 그림

* atro = 검은 (black)

atrabilious
A 우울증의, 침울한(melancholy)
[검은 (atra) 담즙 (bile) 때문에 우울한 감정이 생긴다고 믿었음]

* **sable**
A 검은색의, 암흑의, 음침한

* melan = 검은 (black)

melancholy   N 우울, 우울증
melancholic A 우울한, 우울증의   N 우울증 환자
melanian   A 흑색의; 흑색 인종의
melanin   A 흑색소, 멜라닌

* anthrac = 석탄(coal)

anthracite	N	무연탄
anthrax	N	탄저병, 비탈저
anthracoid	A	탄저병 같은, 비탈저 같은
anthracosis	N	탄분증 (black lung)

BLANC = 흰(white)

'공백, 공란'을 의미하는 blank는 원래 '흰(white)'의 뜻이다.

blank
[blæŋk]
N 백지, 공백, 공란; 괄호
V 비우다, 말소하다   A 공허한(vain), 빈, 황폐한
ex) There's a **blank** space at the bottom of the form to sign your name in.

흰(white) → 백지

blankly
[blæŋkli]
A 멍하니, 무표정하게
ex) I asked him what had happened but he just stared **blankly** at me.

공허(blank)하게(ly)

blanket
[blæŋkit]
N 담요   A 총괄적인   V 감추다
* **blank bombing** 융단 폭격   * **carte blanche** 백지 위임장
ex) A massive snowfall has in recent days **blanketed** eastern Turkey.

흰색(blank)의 작은 것(et)

blanch
[blæntʃ]
V 희게 하다, 창백하다, 표백하다(whiten)
ex) While most people would **blanch** at the prospect of so much work, Daniels seems to positively enjoy it.

희게 하다

bleach
[bli:tʃ]
V 희게 하다(whiten; blanch), 표백하다
* **bleacher** 표백제, 외야석
ex) The sun had **bleached** the ends of her hair.

bleak
[bli:k]
A 찬바람이 부는; 추운; 쓸쓸한, 우울한, 황량한
ex) The house stands on a **bleak**, windswept moor.

blear
[bliər]
A 희미한, 불분명한, 눈이 침침한
V (눈, 윤곽을) 흐리게 하다; 멍하니 바라보다
ex) The man was **blear**-eyed, with a hare-lip.

blur
[blə:r]
N 흐림, 침침함; 흐릿한 것; 번진 자국, 때, 얼룩
V 흐리게 하다, 침침해지다; (명예를) 더럽히다
* **sully** 더럽히다, 변색시키다; 오염시키다
ex) If I don't wear my glasses, everything is a **blur**.

blemish
[blémiʃ]
N 흠, 결점(defect); (도덕상의) 오점
(명성·인격 등을) 손상하다;해치다, 흠내다;더럽히다

흐릿하게(ble) 되다(mish)

CAND = 하얀(white), 태우다(burn)

촛불(candle)은 자신을 '태워서' 세상을 '하얗게' 밝힌다. 어근 'cand'는 '태우다, 빛나다'의 뜻과 동시에 '하얀'의 의미를 갖는다. 태워서 생기는 빛은 하얀 색이니까!

candid
[kǽndid]
A 솔직한(frank), 순결한, 흰, 거리낌 없는
* candid camera 몰래 카메라
ex) The two presidents have had **candid** talks about the current crisis.

〔흰 → 순수한, 솔직한〕

candidate
[kǽndidèit]
N 입후보자, 지원자(applicant)
* candidacy 입후보(candidature)
ex) There are three **candidates** standing in the election.

〔솔직해야(candid) 할 사람(ate)〕

*고대 로마에서는 관직에 들어가려는 후보자(candidate)들이 밝은 흰색의 toga를 입었다고 한다. 흰색은 순결과 정직의 상징을 의미하기 때문에 흰옷을 입음으로써 자신을 포장하고자 하였던 것이다. 동서고금을 떠나 정치인들의 공통적인 특성은 위선인가 보다.

candor
[kǽndər]
N 공평 무사, 허심 탄회; 솔직, 정직
ex) 'We really don't know what to do about it,' she said with surprising **candor**.

〔솔직(cand)함(or)〕

candy
[kǽndi]
N 캔디   V 설탕에 조리다, 달콤하게 하다
* candied 설탕에 조린, 달콤한
ex) Granny puts **candied** peel in her Christmas cakes.

〔하얀 설탕의 뜻에서〕

candle
[kǽndl]
N 양초, 등불, 불빛, 빛을 내는 것
* candle-light 촛불, 해질녘   * candle-wick 양초 심지
ex) There was a power cut last night, and we had to light lots of **candles**.

〔빛(cand)이 나는 것(le)〕

candela
[kændíːlə]
N [광학] 칸델라(candela; 光度의 단위)

〔'양초(candle)'의 뜻에서〕

kindle
[kíndl]
V 태우다; 타오르게 하다; 빛내다; 부추기다; 격하다
ex) Tightly-rolled paper will help to **kindle** the fire.

〔kindle < candle〕

kindling
[kíndliŋ]
N 점화; 발화; 흥분; 불쏘시개
ex) Place the **kindling** at the base of the fire.

〔kindle + ing〕

chandelier
[ʃæ̀ndəlíər]
N 샹들리에(천장에 매다는 화려한 전등)

〔촛대의 뜻에서〕

chandler
[tʃǽndlər]
N 양초 제조상; 잡화상(양초·기름·비누 등의)

〔양초를 판매하다 잡화상으로 발전함〕

candescent
[kændésnt]
N 백열의
* candescence 백열
ex) The house was illuminaged by 100 **candescent**.

〔빛나게(cand) 됨(scence)〕

incandescent
[ìnkəndésnt]

A 백열의, 백열광을 내는; 빛나는; 열렬한

* incandesce 백열하다(시키다)   * incandescence 백열

강하게(in) 빛나게(cand) 되는

ex) He was absolutely **incandescent** with rage.

censer
[sénsər]

N (줄 달린) 흔들 향로

불(cens)을 지닌 것(er)

ex) The angel came and stood at the altar, having a golden **censer**.

incendiary
[inséndièri]

N 방화범; 선동자; 소이탄(물질)
A 방화의, 불타기 쉬운, 선동적인

안에(in) 불을 내는(cend) 것(ary)

* **incendiarism** 방화(arson), 폭동 따위의 선동

ex) He is accused of placing an **incendiary** device in a litter bin in central London.

incense
[ínsens]

N 종교행위의 향(香), 경의   V 분향하다, 격분 시키다

안으로(in) 불이 남(cense)

ex) The editor said a lot of readers would be **incensed** by my article on illegal abortion.

incentive
[inséntiv]

N 자극, 동기; 열의, 의욕   A 자극적인, 격려하는

(마음) 속에(in) 불을 지피(cent) 는 (tive)

ex) He had not much **incentive** to study any longer.

ALL = 다른(other)

알레르기(**allergy**)의 **all**은 **다르다**는 뜻이다. Allergy란 **이종**의 물질에 대하여 생체가 보이는 방어 작용을 의미하는 것으로 **all**(다른)과 ergy(작용)를 결합하여 만든 말이다.

---

allergy
[ǽlərdʒi]

N 알레르기, 이상 민감증; 질색, 혐오
* **allergen** 알레르기 유발물질
ex) I have an **allergy** to penicillin.

allergic
[əlɔ́:rdʒik]

A 알레르기의[에 걸린]; 질색인, 신경과민의
ex) I'm **allergic to** card playing.

allegory
[ǽligəri]

[광장(agora)에서 다른(all)의미로 하는 것]
N 풍유, 우화, 비유한 이야기, 상징
* **allegoric** 우화의   * **allegorize** 비유하다
* **allegorism** 풍유, (성서의) 비유적 해석
ex) What is the moral to this **allegory**?

alloy
[əlɔ́i]

[다른 것(al)을 놓다(loy)]
V 합금하다; 순도를 떨어뜨리다   N 합금
ⓒ **allay** 진정시키다, 가라앉히다 ⓒ **alley** 오솔길 ⓒ **allot** 할당하다, 분배하다
ex) Brass is an **alloy** of copper and zinc.

unalloyed
[ʌnəlɔ́id]

A (금속 등이) 합금이 아닌, 순수한; 진실한

합금(alloy)이 아닌 (un~ed)

ex) **Unalloyed** love is love undiminished by any negative feelings.

allodium
[əlóudiəm]

N [法] (봉건시대의) 완전 사유지

타인(all)의 길(od) 임(ium)

ex) **Allodium** is land which is the absolute property of the owner.

allograft
[ǽləgræft]

N 타가 이식

ex) The first **allograft** was performed by the Russian surgeon, Dr. Veronoff.

다른 것(allo)을 이식한(graft)

allonym
[ǽlənìm]

N 작가의 필명, 가짜 이름

ex) Because the singer uses his **allonym**, his real name is not known.

다른 (all) 이름 (onym)

allopathy
[əlápəθi]

N 대중요법 (heteropathy)

* homeopathy 동종요법

병증(pathy)과 다르게(allo)

* 병의 증상을 촉진시키는 치료법 = 동종요법(homeopathy), 증상을 없애는 치료법 = 대중요법(allopathy)

ALTER = 다른(other)

alter 역시 al의 변형으로 other(다른)의 뜻이다. 어릴 때는 다른 것(ult<alter) 으로(ad) 된 것이 어른(adult)이다.

---

alter
[ɔ́ltər]

V 변경하다, 바꾸다, 개조하다; 거세하다

ex) War memorial will be **altered** to honor heroic clergymen.

거세=남성에서 중성으로 바꿈

alter ego
[ɔ́ːltər égou]

N 다른 나 (other self), 둘도 없는 친구

ex) Just like his big screen **alter ego**, Reeve loved adventure.

다른 (alter) 자아 (ego)

alternate
[ɔ́ːltərnèit]

V 교체하다, 번갈아 일어나다, 교차하다

A 교대의, 번갈아 일어나는, 교체되는   N 교체자, 대리인

ex) Day **alternates with** night. (낮은 밤과 교대로 온다)

다르게(altern) 하다(ate)

alternative
[ɔːltə́ːrnətiv]

A 대신의, 대용의, 대체의; 양자 택일의

N (~에) 대신하는 것(for, to), 대체물, 대안; 양자 택일, 둘 중의 하나(of)

ex) There are only a few **alternatives** to choose from.

다른 것(altern)으로 하(at) 는 (ive)

altercate
[ɔ́ːltərkeit]

V 언쟁을 벌이다 (with)

* altercation 언쟁, 격론

ex) I'd like to avoid having another **altercation** with her if I possibly can.

altruism
[ǽltruìzm]

[타인(altru) 우선 주의(ism)]

N 이타주의 (selflessness)

* altruistic 이타적인 (↔egoistic, selfish)

ex) There is no pure **altruism** among human beings.

subaltern
[səbɔ́ːltərn]

[타인(alter)의 아래에 있는(sub)]

A 보조의, 아래의, 부하의; 소위의, 중위의

N 부하; 부관, 소위, 중위

ex) The captain treated his **subalterns** as if they were children.

adolescent
[ǽdəlésnt]

A 청년기의, 청춘의; 미숙한 N 청년남자, 젊은이
* adolescence 청년기, 사춘기(12-18세); 젊음
ex) The mind of the **adolescent** is complex.

adult
[ǽdʌlt]

N 성인   A 성숙한, 성인이 된 (mature); 성인의
* an **adult** behavior 어른스러운 행동

adulterate
[ədʌ́ltərit]

A 섞음질을 한; 간통한 (adulterous)
V 섞음질을 하다(with); (섞어서) 품질을 떨어뜨리다, 불순하게 하다
* adulteration 섞음질; 불순품   * unadulterated 불순물 없는, 순수한
ex) The food had been **adulterated** to increase its weight.

adultery
[ədʌ́ltəri]

N 간통, 불륜, 불의
ex) His wife accused him of **adultery**.

ALI = 다른 (other)

영화 alien을 기억할 것이다. 흉측한 외계생물(alien)과의 싸움을 그린 영화이다. Alien은 다른(ali) 생물(en)이란 뜻이다. '다른 곳(ali)에 있었다(bi)'는 것을 증명하는 알리바이(alibi)도 여기에서 유래했다.

alien
[éiljən]

A 외국의, 외래의; 이질의, 성질이 다른
N 외국인, 외계인   V 양도하다
* alienage 외국인의 신분
ex) An **alien** is a foreigner or stranger, whether from another planet or not.

alienate
[éiljəneit]

[외래인(alien) 취급하다(ate)]
V 소원하게 하다, 이간하다; 양도하다
* alienation 소원, 소외감; [法] 양도, 이전; 정신이상
ex) To **alienate** someone is to make that person feel like an alien.

alienist
[éiljənist]

N [古] 정신과 의사
ex) My dad treats mental diseases; he is an **alienist**.

alibi
[ǽləbai]

N [法] 알리바이, 현장부재증명; 변명, 구실
V ~의 알리바이를 증언하다; 변명하다

alias
[éiliəs]

N 별칭, 별명   ad 일명…, 별명은
* Smith alias Johnson 별명이 존슨인 스미스
ex) He admitted that the name Rupert Sharp was an **alias** he used to avoid the police.

abalienate
[æbéiljəneit]

[타인(alien) 쪽으로 (ab)+ate]
V 法 (재산 등을) 양도하다

ANN/ENN = 년(year)

2000년대를 new millennium(새천년)이라 한다. 광주에서는 2년에 한번 biennale가 열린다.

annals [ǽnlz]
N 연대기; 연사(年史); 사료(史料), 기록; 연보(年報) — 연대별 기록
ex) The **annals** of the British Parliament are recorded in a publication called Hansard.

anniversary [æ̀nəvə́ːrsəri]
N (해마다 돌아오는) 기념일; 기념제, 주기 — 년(ann)중 돌아오는(vers) 것(ary)
ex) We celebrated our wedding **anniversary** with dinner in an expensive restaurant.

annual [ǽnjuəl]
A 1년의; 해마다의 N 연보; 졸업 앨범; 1년생 식물 — 해(ann) 마다의(ual)
ex) Companies publish **annual** reports to inform the public about the previous year's activities.

annuity [ənjúːəti]
N 연금; 연금 수령권 — 해마다(annu) 주는 것(ity)
ex) She receives a small **annuity**.

biannual [baiǽnjuəl]
A 1년에 두 번의, 반년 마다의 — 해(ann)에 두번(bi)의(al)
ex) He holds a **biannual** exhibition of his work in Milan.

superannuate [sùːpərǽnjuèit]
N 노쇠하여 퇴직시키다; ~을 시대에 뒤떨어지게 하다 — 해(ann)를 넘게(super) 하다(ate)
ex) The **superannuated** man felt that he could still perform a good day's work.

biennial [baiéniəl]
A 2년에 한번의 N 2년마다 있는 행사[시험, 전람회] — 2(bi) 년(enn) 의(ial)
ex) For example, East Asia and Europe have held a summit meeting **biennially**.

biennale [biennàːle]
N 격년 행사 — 2(bi) 년(enn) + ale
ex) Korean artists have won awards at the Venice **Biennale**.

centenarian [sèntənέəriən]
A N 100세(이상)의 (사람) — 백(cent)년(enn)의(arian)
ex) There are many more **centenarians** now than there were 30 years ago.

centennial [senténiəl]
A 100년 마다의; 100년간의 N 100년제 (=centenary) — 100(cent) 년(enn)의(ial)
ex) Next year is the centenary of her death.

millennium [miléniəm]
N 천년간, 천년기; 지복천년 — 천(mill) 년(enn) 기간(ium)
ex) The corpse had lain preserved in the soil for almost two **millennia**.

perennial [pəréniəl]
A 사철을 통한; 영구한 N [植] 다년생 식물(의) — 모든(per) 해(enn) 의(ial)
* **perennially** 장기간, 영구하게
ex) We face the **perennial** problem of not having enough money.

bicentennial [baisenténiəl]
A 200년 마다, 200년제의 N 200년제, 200주년 — 2(bi)백(cent)년 의(ial)
ex) A statue was erected to mark the bicentenary **of** the composer's birth.

ANUS = 고리(ring)

anus(항문)을 비롯한 그 사촌인 다음의 단어들은 '**고리**'의 뜻을 갖는다.

anus
[éinəs]
N 항문
고리의 뜻에서
ex) Through complex nerve and muscle structures, the rectum releases stool through the **anus** out of the body.

annulus
[ǽnjuləs]
N 고리, 환형 (環形)
작은 (us) 고리 (annul)
ex) The outer edge of the disk is a ring of cartilage called the **annulus**.

annular
[ǽnjulər]
A 고리 모양의; 환상(環狀)의
고리(annul) 모양의 (ar)
* **annulet** 작은 고리   * **annuloid** 환상(環狀)의
ex) In an **annular** eclipse, the Moon is too small to cover the Sun completely.

annulate
[ǽnjulət]
A 고리의, 고리가 달린; 고리 무늬가 있는
고리(annul)가 있는 (ate)
* **annulation** 고리의 형성, [動] 체환(體環) 형성; 환상(環狀) 구조, 환상부

APT = 적절한(fit)

adapter(직류전원장치)는 교류를 직류로 바꾸어서 전압을 **적절하게** (apt) 변화(ad) 시켜주는 역할을 한다. 변형으로는 **ept**가 있다.

adapter
apt(적당한)
ad(쪽으로)

apt
[æpt]
A 적절한, 총명한; ~하기 쉬운, ~하는 경향이 있는
적절한
* **aptly** 적절히   * **aptness** 적합성; 성향, 경향; 소질, 재능
ex) Chris produced an **apt** comment which summed up how we all felt.

adapt
[ədǽpt]
V 적합(적응) 시키다, 순응하다; 개작하다, 각색하다
적절한(apt) 쪽으로 (ad) 가다
* **adapter/adaptor** 어댑터, 개작자, 번안자, 가감장치, 유도관
ex) Could you **adapt** your plans to fit her timetable.

adaptation
[ædæptéiʃən]
N 적응, 적합; 개조; 개작, 번안(물), 각색
adapt의 명사형
ex) Evolution occurs as a result of **adaptation** to new environments.

adaptive
[ədǽptiv]
A 적응할 수 있는, 적응성의
적응 (adapt) 성의 (ive)
ex) Plant behavior is often **adaptive** – some turn their leaves towards the sun, others clamp down on insects, preventing their escape.

adaptable
[ədǽptəbl]
A 적응할 수 있는, 개작할 수 있는
적응 할(adapt) 수 있는 (able)
* **adaptability** 적응성, 순응성
ex) Older workers can be as **adaptable** and quick to learn as anyone else.

adept
[ədépt]
A 정통한, 숙련된
~쪽에 (ad) 맞춰진(ept)
N 숙련자, 정통한 사람, 명수(expert)
ex) She's very **adept** at making people feel at their ease.

aptitude [ǽptətjùːd]	**N** 적성, 소질, 적절함	알맞은 (apt) 정도 (tude)

* Scholastic Aptitude Test (SAT) 학업적성고사(美 고교생이 대학진학시 치름)
* aptitude test 적성검사
ex) My daughter is showing an **aptitude** for maths.

attitude [ǽtətjùːd]	**N** 태도, 자세, 몸가짐, 사고방식	적당하게(atti) 취하는 것 (tude)

* attitudinize 젠체하다, 점잔 빼다
ex) It's often very difficult to change people's **attitudes**.

coaptation [kouæptéiʃən]	**N** 접합, 접착, 접골	함께(co<con) 맞춤 (apt)

ex) External **coaptation** is usually not successful if much displacement is present.

contraption [kəntrǽpʃən]	**N** 신안(新案), 새 고안물, 기묘한 장치	반대로 (contra) 적용 함(aption)

ex) Don't ask me how to use this **contraption**!

inapt [inǽpt]	**A** 부적당한, 서투른, 적절하지 못한	적절하지 (apt) 못 한(in)

* inaptitude 부적당함, 졸렬함   * inapt remarks 적절하지 못한 말
ex) Could a computer be programmed not only to eliminate **inapt** expression but also **inapt** content?

inept [inépt]	**A** 서투른, 어줍은, 불합리한, 적절하지 못한	적절하지 (ept) 못 한(in)

* ineptitude 불합리, 부조리, 가당치 못한 언행   * inept remarks 얼빠진 말
ex) He was criticized for his **inept** handling of the situation.

maladapt [mæ̀lədǽpt]	**V** 잘못 응용하다, 잘못 적용시키다; 악용하다	잘못 (mal) 적응 시키다(adapt)

* maladaptation 순응불량, 부적응   * maladaptive 순응성이 없는
ex) This insecurity can lead to **maladaptive** behaviors.

maladept [mæ̀lədépt]	**A** 충분한 능력이 없는, 서투른, 적격이 아닌	잘못 (mal) 숙련된(adept)

ex) The first two years of the magazine were relatively graceful despite my well founded-fears that I was a **maladept** editor.

periapt [pèriǽpt]	**N** 호부(護符), 부적	주변에(peri) 붙이고 (apt) 다님

ex) This **periapt** is a large gemstone hanging on a thick golden chain.

* 어근 habil도 어울리는 (suitable, fit)의 뜻을 가지므로 함께 공부하자. '어울리다'에서 '옷 (suit)'으로 발전했다.

다시(re) habilit(적응하게) 하다(ate)

habiliment	**N** 평상복, 복장; [pl.] 설비, 장비
habilitate	**V** 투자하다, 옷을 입히다
rehabilitate	**V** (교수 따위를) 복직시키다, (명예를) 회복시키다
rehabilitation	**N** 사회복귀, 갱생; 복직; 부흥, 재건
* mufti	**N** 군인의 사복, 평복

AUTO = 스스로의, 자신의(self)

자동으로 **자기 스스로** 작동하는 것을 **오토**(auto)라고 한다.

automate
[ɔ́:təmèit]
V ~을 자동화하다   *스스로(auto) 생각하다(mate)*
* automation 자동화 * automated 자동화된
* Automated teller machine (ATM) 현금자동인출기(= cash dispenser).
ex) Massive investment is needed to **automate** the production process.

automat
[ɔ́:təmæt]
N 자동판매기, 자동판매식 식당   *스스로(auto) 작동하는 것(mat)*
ex) An **automat** is a restaurant where food is obtained from enclosed boxes whose doors open when money is put in.

automaton
[ɔ:támətn]
N 자동장치, 자동인형, 로봇; 기계적인 사람   *스스로(auto) 작동하는(maton)*
ex) Halfway through the exam, I turned into an **automaton** and was writing without thinking.

autobiography
[ɔ̀:təbaiágrəfi]
N 자서전, 자전; 자전 문학   *자기(auto) 삶(bio)을 적음(graph)*
ex) His story is recounted in two fascinating volumes of **autobiography**.

autograph
[ɔ́:təgræf]
N 자필; 자필의 원고, 사인   *자신(auto)의 글씨(graph)*
ex) He mistook me for Madonna and asked for my **autograph**.

autonomous
[ɔ:tánəməs]
A 자치권이 있는, 자율의, 자주적인   *스스로(auto) 다스리는(nomous)*
ex) The island is a colony; however, in most matters, it is **autonomous** and receives no orders from the mother country.

authentic
[əθéntik]
A 진정한, 진짜의; 확실한, 믿을만한   *스스로(auto) 닥쳐해야(hent) 진짜*
* authenticity 성실, 진정함; 확실성, 믿을 수 있음
ex) He was there and saw what happened, so his is the only **authentic** account

authenticate
[əθéntikèit]
V 진짜임을 증명하다; 법적으로 인증하다   *진짜(authentic)로 만들다(ate)*
* authentication 입증, 인증 * authenticator 입증자, 인증자
ex) The letter has been **authenticated** by handwriting experts

BAND/BIND/BOND = 묶다(bind)

band, bond, binder 등은 모두 우리 말처럼 쓰이고 있다. '묶다'라는 의미가 쉽게 나올 것이다.

band
[bænd]
N 띠, 줄; 떼(troop), 악단 V 묶다(tie); 단결시키다   *묶는 것=줄/결속된 것=악단, 떼*
* bandage 붕대, 안대, 쇠띠; 붕대를 감다, 띠를 두르다
ex) It was a treasure chest with thin **bands** of black metal round it.

bandy
[bǽndi]
V (타격·말 등을) 주고 받다, 치고 받다   *join together to oppose*
* bandy blows with a person …와 치고받고 하다

husbandry [hʌ́zbəndri]	N 농업, 경작, 절약, 가정 꾸리기 * **husband** 남편, (고어) 관리인　　* **husbandman** 농부(farmer) ex) He gave a lecture on crop and animal **husbandry**.	집(hus)에 묶이기(bandry)
bend [bend]	N 휨, 굴곡　V 구부리다, 굴복시키다; 기울이다 ex) I **bent** down and picked up the gold necklace lying on the road.	세게 묶으면 휘어진다
bind [baind]	V 묶다, 동이다, 매다, 결박하다, 속박하다 * **binder** 바인더, 실, 끈, 붕대, 제본공　* **a leather/plastic binder** 가죽/플라스틱 바인더 ex) They **bound** an umbrella to a pole to get some shade.	묶다
bond [band]	V 저당 잡히다; 접합하다 N 본드, 접착제; 묶는 것, 속박; 계약; 동맹; 보증금; 저당	묶다
bondage [bándidʒ]	N 농노의 신세; 속박, 굴종; 노예의 신분 ex) The slaves were kept in **bondage** until their death.	속박된(bond) 상태(age)
bound [baund]	A 묶인, 속박된; 의무가 있는 ex) We found the girl in the bedroom **bound** and gagged.	묶여진
spellbound [spélbàund]	A 마법에 걸린; 매혹된 * **spellbinder** 웅변가, (특히) 청중을 매료하는 정치가, 눈길을 끄는 것 ex) We were **spellbound** by her performance.	마력(spell)에 묶인(bound)
bandanna [bændǽnə]	N 홀치기 염색의 대형 손수건; 네커치프	

BAR = 압력(pressure), 무게(weight)

baritone은 남성 저음으로 베이스보다는 높고 테너보다 낮은 비교적 중후한(bari) 음(tone)이다. 어근 bar는 '무게, 기압'을 의미하므로 너무 낮지 않은 중후한 음을 baritone이라 부르게 되었다.

---

baric [bǽrik]	A 기압의, 기압계의(barometric) * **barology** 총력학(the study of gravity)	기압(bar)의(ic)
barometer [bərámətər]	N 기압계, 기압 측정계 ex) The arrow on the **barometer** was pointing to 'Stormy'.	기압(baro) 계(meter)
barycenter [bǽrisèntər]	N 무게 중심(the center of weight) ex) The Earth revolve around a common point called the **barycenter**.	무게(bary) 중심(center)
isobar [áisəbà:r]	N 등압선(an isobaric line) ex) Expectations have been building like the **isobars** before a hurricane.	동일한(iso) 기압(bar)
baritone [bǽrətòun]	N 바리톤(남성의 중후한 음정) ex) He was one of the last **baritones** to accompany her.	중후한(bari) 음정(tone)

BAR = 막대기, 술집, 법정(bar)

어근 bar는 단어 'bar(막대기, 술집, 법정)'의 뜻이다. 'bar'의 의미 획득과정은 다음과 같다.
[막대기 → 빗장 → 장애물 → 칸막이 → (법정·술집의 칸막이에서) 법정, 술집]

bar
[bɑ:r]
N 1. 막대기, 장애 2. 선술집 3. 법정   V 방해하다
ex) She wave a metal **bar** threateningly.
ex) I saw her sitting on a stool at the **bar**.

barbecue
[bá:rbikjù:]
N 통구이, 바비큐, 야외 파티   V 통째로 굽다
ex) They relished some salmon delicacies, including **barbecue**.

막대로 된 구조물

barrack
[bǽrək]
N [보통 pl.] 막사, 병영; 크고 엉성한 건물
ex) The troops were ordered back to **barracks**.

막대(bar) 상자(rack)

barrack
[bǽrək]
V 야유하다, 성원하다; 환호를 보내다
ex) She could not make herself heard above the constant **barracking**.

바락(barrack) 치듯 소리치다

barrage
[bərá:ʒ]
N 일제사격, 연속 안타, 압도적 다량
ex) The TV station has received a **barrage** of complaints about the amount of violence in the series.

집중포화 - 탄알들이 막대처럼

barrel
[bǽrəl]
N 나무로 만든 통, 한 통의 분량
ex) The apples were stored in **barrels** in the barn.

막대로 만든 통

barricade
[bǽrəkèid]
N 장애물(barrier)   V 방벽하다
ex) Terrified villagers have **barricaded** themselves into their houses.

막대로 쳐놓은 것

barrier
[bǽriər]
N 울타리, 장애물(barricade)
ex) **Barriers** have been erected all along the route that the Pope will take.

막대로 두른 것

barrister
[bǽristər]
N 변호사(lawyer), 법률가
ex) A **barrister** is qualified to argue a case in law courts in Britain.

법정(barri) + 사람(ster)

bartender
[bá:rtèndər]
N (술집의) 바텐더
ex) Most of the **bartenders** who work here are students.

bar에서 시중드는(tend) 자(er)

debar
[dibá:r]
V 제외하다, (~하는 것을) 금하다, 방해하다
ex) If you have been declared bankrupt you are **debarred** from holding certain public offices.

빗장(bar)을 내려(de) 걸다

embargo
[imbá:rgou]
N (선박의) 억류, 출항(입항) 금지; 봉쇄
V 출항(입항) 금지를 명하다, 통상을 정지하다; (배, 화물을) 몰수하다
ex) They are planning to **embargo** oil imports.

안으로(em) 빗장(bar)을 걸다

embarrass
[imbǽrəs]
V 당황케 하다, 창피하게 하다 [빗장(barra) 안으로 (em)]
* **embarrassment** 당황함   * **embarrassing** 당혹스러운
ex) I was really **embarrassed** when I knocked the cup of tea over my teacher.

debacle
[díbάkl]
[막대기(bacle)가 내려앉다(de)]
N 와해, 붕괴, 폭락, 완패, 패주
ex) Who is to blame for the **debacle**?

BEAT/BUT/FUT = 때리다(beat)

음악에서 'beat'는 두드리는 것을 말한다. Button은 프랑스어로 '누르다'의 뜻에서 비롯했는데, 세게 누르는 것은 곧 때리는 것이다. 'but'의 강한 음인 'fut'도 같은 의미의 어근이다.

---

beat
[bi:t]
N 비트, 박자, 고동, 때림   V 뛰다, 고동치다
* **beetle** 큰 망치, 메, 공이, 방망이 (딱정벌레 beetle과는 어근이 다름)
ex) Simon always **beats** me at tennis.

butt
[bʌt]
N 개머리판, 밑동, 엉덩이, 담배꽁초   V 부딪히다
ex) They struck him with their rifle **butts**.

button
[bʌ́tn]
N 단추, 단추 같은 물건   V 단추를 채우다[달다]
ex) He pressed the **button** and the doorbell rang.

buttress
[bʌ́tris]
N 부벽, 지지, 버팀   V 부벽으로 버티다, 지지하다
ex) It was decided to **buttress** the crumbling walls.

abut
[əbʌ́t]
V 접경하다, 인접하다
* **abuttal** 인접, 경계

debut
[déibju:]
N [F]데뷔, 첫 등장, (사회생활의) 첫걸음
V 데뷔하다, 신상품으로 소개하다, 처음 연주하다
* **debutant** 첫 무대에 선 배우
ex) The concert is timed to coincide with the release of her **debut** album.

rebut
[ribʌ́t]
V 물리치다, 거절하다; 논박하다, 반증을 들다
* **rebuttal** 원고의 반박, 반증(의 제출)(contradiction)
ex) He has written numerous letters to the company **rebutting** their claims.

confute
[kənfjú:t]
V 논박하다, 꿱소리 못하게 하다
* **confutation** 논파, 논박   * **confuter** 논박자
ex) Do not attempt to **confute** a lion after he's dead.

refute
[rifjú:t]
V 논박하다, 반박하다; ~의 잘못을 밝히다
* **refutation** 논박, 반박   * **refuter** 논박자, 반론자
ex) The barrister used new evidence to **refute** the charges.

BAT = 때리다(beat)

어근 bat는 원래 **때리다**의 의미인데, 때리는 도구인 몽둥이로까지 의미가 발전된다.

bat
[bǽt]
N 타봉(a heavy stick used to hit), 타격, 박쥐
V 배트를 사용하다, 돌진하다(rush)

batter
[bǽtər]
V 난타하다, 강타하다, 마멸시키다   N 타자, 반죽
ex) The paramilitaries **battered** him to death with a rifle-butt.

battle
[bǽtl]
N 전투(combat), 승리(victory)   V 싸우다
ex) Her only brother was killed in **battle**.

battalion
[bətǽljən]
N 대대(2개이상의 중대로 구성), 많은 사람들
ex) The Army deployed troops from three engineering **battalions**.

abate
[əbéit]
V 덜다, 감하다(lessen; decrease), 무효로하다
* abatement 감소, 삭제
ex) The nurses' concern about cuts in funding for hospitals has not **abated**.

bate
[beit]
V 약화시키다, 깎다, (숨을) 죽이다   N 노여움
ex) I wait for the call with bated **breath**.

abattoir
[ǽbətwɑ̀ːr]
N 도살장
* butchery 도살장(slaughterhouse);도살업;학살
* shambles 도살장

combat
[kəmbǽt]
V 싸우다(battle), 투쟁하다(strife)   N 전투, 논쟁
* combatant 전투원, 싸우는
* combative 투쟁적인, 투지 만만한
ex) There was a fierce **combat** between them.

debate
[dibéit]
[책상 대퇴를 아래로 (de) 치다(bate)]
V 토론하다, 논쟁하다, 숙고하다   N 토론(discussion), 논쟁; 토의록, 토론 보고서
❸ moot 토론의 여지가 있는, 미결정의;(주로 법률에서) 비현실적인, 이론상의
ex) Education is the current focus of public **debate**.

rebate
[ríːbeit]
V 할인하다, 환불하다   N 할인, 환불
ex) Car manufacturers are offering **rebates** of up to $600 on new models.

anabatic
[æ̀nəbǽtik]
A (바람, 기류 따위가) 상승하는(ascending)
ex) This draws in air from lower altitudes, producing **anabatic** wind.

katabatic
[kæ̀təbǽtik]
A 하강하는(descending), 하강기류에 의해 생기는
ex) The severe coastal winds called the **katabatic** winds result from cold air.

diabetes
[dájəbí:tiz]

N 당뇨병
* diabetic 당뇨병의

ex) The body cannot control the level of sugar in the blood in **diabetes**.

CUSS/QUASH = 흔들다(shake), 때리다(strike)

squash는 과일을 **부숴서** 만든 음료나 공을 벽에다 대고 마구 **때려대는** 스포츠를 일컫는 말이다. 어쨌든 공통점은 '**때린다**'는 것. 어근 '**quash**' 앞에 '**s**' 만 붙인 것이다.

---

cuss
[kʌs]

N 저주(curse); 욕설(abuse)   V 비방하다(slander)

ex) She was **cussing** and swearing at the old car because it wouldn't start.

concuss
[kənkʌ́s]

V 흔들리다(shake), 동요하다
* concussion 동요(convulsion); 뇌진탕   * a concussion of the brain 뇌진탕

ex) The boxer was **concussed** and removed from the ring.

discuss
[diskʌ́s]

V 토론하다(debate), 의논하다(argue)
* discussion 토론   * discus 원반(disc)

ex) Police are meeting local people to **discuss** recent racist attacks.

percuss
[pərkʌ́s]

V 두드리다, 타진하다(sound)
* percussion 충격, 진동; 타악기; 격발 장치; 타진법
* percussive 쳐서 소리를 내는
* percussionist 타악기 연주자

repercussion
[rì:pərkʌ́ʃən]

N (소리 따위의) 반향, 빛의 반사, 반격, 격퇴

ex) One **repercussion** of the new tax law was that accountants found themselves with a lot of new business.

rescue
[réskju:]

N 구출, 구원, 해방, 불법 석방, 불법 탈환
V 구출하다; 해방하다; (압류물건을) 불법으로 탈환하다; (죄수를) 탈주시키다

ex) The lifeboat **rescued** the sailors from the sinking boat.

quash¹
[kwɑʃ]

V (반란 등을) 진압하다, 억누르다, 누르다

ex) Troops moved swiftly to **quash** any unrest yesterday.

quash²

V (판결·명령 등을) 파기하다, 무효로 하다

ex) He was found guilty, but the verdict was **quashed** on appeal.

squash¹
[skwɔʃ]

V 찌그러뜨리다; 짜다, 쑤셔 넣다; 진압하다
N 찌그러진 물건, 물렁물렁한 덩어리; (영) 스쿼시, 과즙 음료; 철썩!, 털썩!

ex) He accidentally sat on her hat and **squashed** it.

squash²

N 호박; (미俗) 얼굴, 낯짝, 보기 싫은 얼굴

ex) The gardener won a prize with his giant **squashes**.

scud [skʌd]	**V** 질주하다; 스치고 지나가다; 배가 강풍으로 가다 **N** 휙 달림[날아감]; 날아가는 구름, 비구름, 돌풍 ex) Fire engines **scudded** away with sirens wailing.	
scutch [skʌtʃ]	**V** (삼, 솜 등을) 쳐서 가리다, 두드리다 **N** 삼 찌꺼기(scutcher)	
scuttle [skʌtl]	**V** 종종걸음을 치다, 허둥지둥 가다; 무산시키다 ㉺ **skulk** 살금살금 걷다, 천천히 걷다 ㉺ **slink** 살금살금 걷다, 여자가 간들간들 걷다 ex) She **scuttled** off when she heard the sound of his voice.	
㉺ scurry [skʌri]	**V** 종종걸음을 치다, 허둥지둥 가다 ex) Ants **scurried** around the pile of food.	
㉺ scurrilous [skə́rələs]	**A** 야비한, 상스러운, 악의적인 ex) It is just a **scurrilous** rumor.	

* 어원은 불분명하지만 아래 애들도 걷는 단어들이니 함께 보자.

trudge [trʌdʒ]	**V** 터벅터벅 걷다 **N** 터벅터벅 걸음; 힘든 도보 여행
plod [plɔːd]	**V** 터벅터벅 걷다; 꾸준히 일하다; 힘들게 걷다 **N** 무거운 발걸음; 꾸준히 일함; 노고

* hoblen = 위아래로 흔들하다 (toss up and down)

hobble	**V** 절뚝거리며 걷다; 더듬거리다, 어색하다 **N** 절뚝거림; 말의 다리를 묶는 밧줄; 곤경, 속박
hop	**V** (한 발로) 깡충 뛰다; 뛰어다니다; 절름거리다 **N** 깡충깡충 뜀; 앙감질; 두발로 뜀; 개구리뜀

* tramp = 쾅쾅 뛰다 (tramp)

tramp	**V** 쾅쾅거리며 걷다, 내리밟다 **N** 내리밟기, 짓밟음
trample	**V** 내리밟다, 짓밟다, 밟아뭉개다; 유린하다
trampoline	**N** 트램펄린 (스프링이 달린 도약용 운동 용구)

* daddle = 뒤뚱뒤뚱 걷다 (toddle)

dawdle	**V** 빈둥거리다 **N** 빈둥거림, 시간 낭비
diddle	**V** 앞뒤로 빨리 움직이다; 시간을 낭비하다

FEND = 때리다(strike)

펜싱(fencing)은 서로 '때리는' 스포츠이다.

fencing은 때리는 것

fence
[fens]
- N 울타리, 검술   V 울타리하다, 검술하다
- * fencing 펜싱   * fencible 막을 수 있는   * fencibles 국방력

defense의 두음 소실에서

fender
[féndər]
- N (자동차의) 흙받이, 완충기(bumper), 난로의 망
- * fend 막다, 받아넘기다
- ex) His car hit the Pontiac in the passenger side **fender**.

때리는(fend) 것(er) → 막는 것

defend
[difénd]
- N 보호하다 (protect), 지키다, 변호하다
- * defense 방어, 변명   * defendant 피고(the accused)   * defender 변호인
- ex) White blood cells help **defend** the body against infection.

아래로(de) 막다(fend)

forfend
[fɔːrfénd]
- V 피하다(avert), 지지하다(protect)
- ex) They planted poplars on the road to **forfend** local flooding.

못 오게(for) 막다(fend)

offense
[əféns]
- N 위반, 범죄; 공격(attack); 무례, 모욕
- * offend 위반하다, 화나게 하다   * offensive 불쾌한, 거슬리는; 모욕적인
- ex) Driving without a license is an offence.

강하게(of<ob) 때리다

FLIC/PLAG = 두드리다(beat)

'함께(con) 때리는(flict) 것(ion)'이 싸움(confliction)이다. Plag은 변형이다.

flick
[flik]
- V 가볍게 때리다 N 튀기기; 가볍게 때리기; 영화
- * skin flick 도색(포르노) 영화
- ex) Horses **flick** their tails to make flies go away.

가볍게 두드리다

flicker
[flíkər]
- V (촛불 따위가 바람에) 깜박거리다, 나풀거리다
- N 깜박임, 어른거림; 서광, (희망 등의) 희미한 빛
- ex) They could see a **flicker** of light at the end of the tunnel.

불이 깨(flicker) 뻑거리다

afflict
[əflíkt]
- V 괴롭히다(distress), 못살게 굴다
- * afflictive 고통이 많은   * affliction 고통, 괴로움; 고민거리, 불행의 원인
- ex) These are a few of the problems which can **afflict** the elderly.

강하게(af<ad) 때리다

conflict
[kánflikt]
- V 투쟁하다(struggle), 전투하다 N 모순, 투쟁
- * conflicting 서로 싸우는, 모순되는, 상충되는   * confliction 싸움, 충돌
- ex) The jury heard **conflicting** evidence from three different witnesses.

함께(con) 때리다

inflict
[inflíkt]
- V (구타, 상처 따위를) 입히다, 벌주다
- * infliction 처벌, 고통
- ex) The suffering **inflicted** on these children is terrible to see.

안(in)을 때리다 (flict)

profligate
[práfligət]
A 방탕한, 난봉의, 낭비하는   N 방탕자, 난봉꾼
ex) She has **profligate** spending habits.

돈을 마구 뿌려 뿌리겠다 (profligate)

plague
[pleig]
N 전염병; (해를 입히는 해충의) 떼   V 괴롭히다
ex) The team has been **plagued** by injury this season.

* **plaque**
[plæk]
N 명판, (치아의) 플라크
ex) **Plaque** is the major cause of gum disease.

plangent
[plǽndʒənt]
A 소리가 큰, 비트가 강한, 구슬픈
ex) The music is based on two **plangent** stanzas written by Herbert Read.

때려(plang)는 (ent)

plaint
[pleint]
N [영] 고소장, 비탄, 통곡
* **plaintive** 애처로운, 구슬픈   * **plaintively** 애처롭게, 구슬프게
ex) That is a loser's **plaint**, and I lost.

때점

plaintiff
[pléintif]
N 원고, 고소인
ex) The judge ruled in favor of the **plaintiff**. 원고에게 승소판결을 내렸다.

때리는 사람

complain
[kəmpléin]
V 불평하다, 항의하다
* **complain of** ~ 고통을 호소하다   * **complainant** 원고(= plaintiff)
ex) I'm going to **complain** to the manager about this.

강하게(com) 때리다(plain)

complaint
[kəmpléint]
N 불평, 항의, 고소; 통증
* **a skin complaint** 피부질환
ex) I'm fed up with your **complaint**.

complain의 명사형

flay
[fléi]
V 가죽을 벗기다; 약탈하다, 호되게 매질하다
ex) They had to **flay** the great, white, fleecy animals and cut them up for food.

flay < flic

LID = 때리다(strike)

collision은 '함께(col) 부딪히는(lis) 것(ion)'이다. Lis는 lid의 변형.

collision

collide
[kəláid]
V 부딪히다, 충돌하다; 상충되다, 일치하지 않다
ex) It was predicted that a comet would **collide** with one of the planets.

함께(col<con) 때리다(lid)

collision
[kəlíʒən]
N 충돌, 격돌; 상충, 대립, 알력
ex) There has been a **collision** involving a number of cars on the main road.

함께(col<con) 때림(lid)

elide
[iláid]
V (모음, 음절을) 생략하다; 삭제하다, 무시하다
ex) This view tends to **elide** the social and religious backgrounds.

때려(lid) 없애다(ex)

lesion
[líːʒən]
N (조직·기능의) 장애, 손상(injury); 정신적 상해
ex) There were **lesions** to backs and thighs.

때린(les<lid) 곳(ion)
(때린 곳에는 상처가…)

SLA = 때리다(strike)

slay [slei]	V 살해하다; 근절하다; 죽여주다 * **slayer** 살인자 * **manslayer** 살인자 ex) Two passengers were **slain** by the hijackers.	때리다
sly [slai]	A 교활한, 음흉한; 익살맞은, 장난꾸러기의 * **wily** 꾀많은, 약삭빠른, 교활한 ex) Upton's a **sly** old devil. I wouldn't trust him with my money.	때리는
slaughter [slɔ́:tər]	N 대학살; 완패, 괴멸 V 도살하다, 학살하다 * **manslaughter** 살인 (homicide); [法] 과실치사(죄) (murder 보다 가벼운 죄) * **onslaught** 맹공격, 맹습 ex) Only public reaction can stop a **slaughter**.	'도살육(屠殺肉)'의 뜻에서

* **felt** = 때리다(beat)

felt	N 펠트, 모전(毛氈); 펠트 제품 [고압고열로 쳐서 만듦]
anvil	N 모루, 물건을 받치는 받침
filter	N 여과기[장치], 거름종이 V 거르다, 여과하다
filtrate	V 여과하다 N 여과액
filtration	N 여과법, 여과작용

ana =on
vil<felt
=beat
위에 놓고
때리는 것

* **cop** = 때리다(strike)

cope	V 대항하다, 맞서다, 잘 해결하다, 극복하다
coup	N (불시의) 일격, 대히트, 대성공, 큰인기
coup d'etat	N 쿠테타, 무력정변

* **hac** = 때리다(strike), 파다(hack)

hack	V 마구 패서 자르다, 잘게 썰다	
hackle	V 잘게 썰다, 조각조각 자르다	N 갈라진 금
hacksaw	N (금속 켜는) 쇠톱	

hatchet	N 전투용 도끼, 손도끼 V 손도끼로 자르다
haggle	V 값을 깎다; 흠잡다 N 값 깎음; 흥정; 입씨름
tomahawk	N 손도끼, (북미 인디언) 전투용 도끼
ax, axe	N 도끼

* **plaud** = 박수치다, 때리다(applaud, strike)

plausible	A 그럴 듯한, 설득력 있는
plaudits	N 갈채, 박수, 칭찬
applaud	V 박수 치다, 칭찬하다
explode	V 폭발하다, 폭발시키다, 파열하다, 파열시키다
explosion	N 격발, 파열, 폭발

* **toc** = 때리다(strike)

tocsin	N 경보, 경종(소리)
touch	V 만지다, 건드리다, 누르다

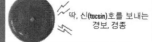

* tus = 때리다(beat)

contuse	V	~에게 타박상을 입히다; 멍들게 하다(bruise)
contusion	N	[의학]타박상; 멍듦
obtuse	A	(칼날·각이) 무딘, 뭉툭한; [기하] 둔각의

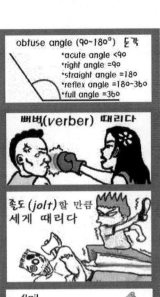

* verber = 때리다(beat)

reverberate	V	반향하다; (빛·열이) 반사하다, 굴절하다
reverberator	N	반사등
reverberation	N	반향, 반사

* jollen = 때리다((batter)

jolt	V	덜커덩거리게 하다; 세게 치다
	N	심한 상하 요동, 급격한 동요; 정신적 충격

* flagil = 채찍(whip)

flail	N	도리깨 V 도리깨질하다; 때리다; 휘두르다
flagellate	V	채찍질하다; 힐난하다 N [동물] 편모충
flagellation	N	채찍질, 태형(笞刑); [생물] 편모(발생)
flagellum	N	[동물] 편모(鞭毛); (익살) 채찍
flagitious	A	극악 무도한, 흉악한; 파렴치한, 무법한, 악명 높은

* bouge = 몽둥이(club)

bludgeon	N	몽둥이 V 몽둥이로 치다; 괴롭히다, 들볶다
* club	N	곤봉 V 곤봉으로 때리다
* cudgel	N	곤장 V 곤봉으로 때리다, 치다
* truncheon	N	경찰봉, 곤봉

* bomb = 둔탁한 소리(dull noise)

bomb	N	폭탄 V 폭발하다
bombard	V	포[폭]격하다; 집어 던지다, 퍼붓다
boom	N	울리는 소리; 붐 V 울리다, 갑자기 경기가 좋아지다
* bombastic	A	과장한, 허풍떠는 [솜뭉치란 뜻에서 과장하다의 뜻으로 확장]

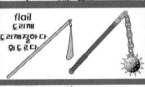

* lash/weip = 채찍(lash, whip)

lash	N	채찍 끈, 채찍질; 심한 비난
	V	채찍질하다, 후려치다; 자극하다
	ex) Incessant rains continued to **lash** several parts of Orissa.	
whip	N	채찍, 채찍질 V 채찍질하다; 격려하다
	ex) Icy winds **whipped** my face.	
	ex) Our team can **whip** your team.	

BOSC/BOTAN = 식물(plant)

결혼식 때 신부가 던지는 bouquet(부케) 는 식물로 만든다.

proboscis
[proubásis]
N (코끼리 등의) 코, (곤충 등의) 주둥이
[식물(bosc) 앞으로(pro) 뻗어 입을 대려는 데 사용]

botanic
[bətǽnik]
[식물(botan)의(ic)]
A 식물[학]의(of plant)
* botanically 식물학적으로   * botanic garden 식물원(arboretum)
ex) Botanic gardens are well-tended parks displaying a wide range of plants.

botany
[bátəni]
N 식물학, 식물의 생태
* botanist 식물학자   * botanize 식물 채집하다; 식물을 연구하다

bouquet
[bu:kéi]
N 부케, 꽃다발; (술 등의) 향기, 방향; 아첨의 말
ex) The little girl presented the princess with a large **bouquet** of flowers.

bush
[búʃ]
N 관목; 숲, 덤불
* bosket 수풀
ex) A bird in the hand is worth two in the **bush**.

ambush
[ǽmbuʃ]
N 매복, 잠복; [집합적] 복병   V 매복하다
ex) Two soldiers were killed in a terrorist **ambush**.

rebuke
[ribjú:k]
V 비난하다, 꾸짖다   N 비난, 힐책
ex) Some people work for the poor without **rebuke**.

waylay
[wéilèi]
V 길가에 숨어서 기다리다, 급습하다
ex) I got **waylaid** on my way here.

lurk
[lə́:rk]
V 숨어 기다리다, 잠복하다
ex) Resentment **lurked** in his heart.

HERB = 풀(grass)

사탕이나 껌 상표 중에 'herb Q'라는 이름이 있다. 'herb'는 풀(grass)의 뜻이다.
특별히 약초 등의 유익한 풀을 일컫는다.

herb
[hə:rb]
N 풀, 약용식물
* herbalist 한의사, 약초상   * herby 초본성의, 풀이 많은   * herbage 풀, 초장
ex) Basil, oregano, thyme and rosemary are all **herbs**.

herbal
[hə:rbl]
A 풀의, 초목의, 약초의
ex) She believes in the beneficial properties of **herbal** remedies.

herbicide
[hə́:rbəsáid]

N 제초제
* **herbicidal** 제초제의
ex) Atrazine is a type of pesticide called an **herbicide**.

풀(herbi)을 죽임(cide)

herbarium
[hərbɛ́əriəm]

N 식물 표본실
* **herbary** 약초원, 초본　　* **herb-doctor** 한의사
ex) Training is required for those staff that will run the **herbarium**.

식물(herb)이 있는 장소(arium)

herbivore
[hə́:rbəvɔ̀:r]

N 초식동물
* **herbivorous** 초식의, 풀을 먹는
ex) They also are **herbivores** meaning they eat no meat.

풀(herbi)을 먹는 동물(vore)

herborize
[hə́:rbəráiz]

V 식물을 채집하다, 식물을 연구하다
* **herborizer** 식물채집가　　* **herborization** 식물 채집

식물에 관한 것을 만들다

arbor
[á:rbər]

V 정자 (정원 내에 뼈대를 세우고 덩굴을 올려 앉아 쉴 수 있게 만들어 놓은 자리)
* **Arbor day** 식목일　　* **arboreal** 수목의
* **arboretum** 수목원
ex) He's the owner of the **arbor** on the shore of the lake.

PLANT = 심다(plant)

어근 plant는 '식물', 또는 '심다'의 의미를 지니는 단어 plant와 같이 '심다'의 뜻을 가진다.

---

plant
[plænt]

N 식물, 초목; 공장, 기계 장치, 공장 설비
V (식물을) 심다; (씨를) 뿌리다; (사상·신앙 등을) 주입하다, 가르치다; 확립하다
* **planting** 재배, 심기　　* **planter** 경작자, 심는 자
ex) I want to **plant** Christianity among heathens.

심다

plantation
[plæntéiʃən]

N 재배장, 대규모 농장, 조림지, 이민, 식민지
ex) When tourists visit tropical Mexico, they are sometimes invited to visit a coffee **plantation**.

심는(plant) 것(ation)

implant
[implǽnt]

V 심다, (마음에) 뿌리박게 하다, 불어넣다
* **implantation** 주입, 이식, 고취
ex) Prejudices can easily become **implanted** in the mind.

심어(plant) 넣다(im)

replant
[rì:plǽnt]

V 옮겨 심다, 이식(移植)하다; 이주시키다
N 이식한 식물
ex) The people of Oregon voted to **replant** and restore the Tillamook forest.

다시(re) 심다(plant)

supplant
[səplǽnt]

V 대신 들어앉다, 대신하다
ex) Hutchinson will **supplant** Krenzel as the second quarterback.

밑에서(sup) 심다(plant)

transplant [trænsplǽnt]	V 옮겨 심다, 이식하다, 이주시키다 N 이식; 이주; 이식물; 이주자; 현지 법인, 현지 공장; 현지 생산품 * transplantation 이주, 이민, 이식(한 것) ex) Deavers is one of 400 people on the waiting list for a kidney **transplant** at UNC's Kidney Center in Chapel Hill.	옮겨(trans) 심다(plant)
clan [klǽn]	N 씨족; 일족; 당파, 일당; [생물] 속, 종, 과 * clannish 씨족의; 당파적인, 배타적인 ⓒ clique 도당; 파벌 ⓒ scion 귀공자, 자제, 자손, 어린 가지 ex) Is the whole **clan** coming to visit you for Thanksgiving?	심어진 것, 즉 자손 (clan<plant)

* 어근 phyto는 '식물(plant)'을 의미한다. 함께 기억하자.

phytography	N 기술식물학	식물의 기록
phytotoxin	N 식물성 독소(poison to plants)	식물의 독
phytophagous	A (動) 식물을 먹이로 하는	식물을 먹는

* plum = 나무 (tree)

plum	N 서양자두, 서양자두나무; 짙은 보라색
prune	N 마른 자두; 짙은 자줏빛; 고환
prune	V 가지를 치다, (불필요한 부분을) 제거하다

* balc = 목재(beam) (원래 튀어나온 목재를 의미)

balcony	N 발코니, 전망대
balk	N 장애, 방해물, 들보 V 방해하다, 좌절시키다
block	N 방해물, 덩어리, 한 구획
bole	N 나무의 줄기 (trunk)

* sabbat = 나무 신 (wooden sandal)

sabot	N 나막신; 바닥이 나무로 된 신
sabotage	N 사보타주(공장 설비·기계 등의 파괴, 생산 방해)

* sabot = 나막신
* sabotage 나막신을 신은 것처럼 시끄럽게 걷다

* xylo = 나무 (wood)

xylography	N 목판술, 목판인쇄술
xylophone	N 실로폰, 목금

* fascio = 막대묶음 (bundle of tied rod)

fascism	N 파시즘, 극우주의
fascist	N 파시스트, 극우주의자
fascia	N 끈, 띠; (처마 밑의) 띠 모양의 벽면; 근막, 붕대

* vine = 포도 (graph)

vine	N 포도나무; 덩굴; 포도주 V 덩굴이 뻗다, 덩굴처럼 뻗다
vineyard	N 포도원, 활동의 장, 활동 범위, 일터
vinery	N 포도나무 온실; 포도원; 덩굴식물, 포도나무
vintage	N 포도 수확(기); 포도, 포도주; 포도수확자
vintner	N 포도주 상인; 포도주 양조 업자

CALC = 조약돌, 석회암(pebble, limestone)

칼슘(calcium)의 'calc'는 '돌', '석회암'을 의미하는데, 옛날에는 돌을 세어서 계산을 하였으므로 '계산하다'의 뜻으로까지 발전하게 되었다. 그래서 나온 단어가 'calculator(계산기)'이다

calcium
[kǽlsiəm]
N 칼슘(금속원소; 기호 Ca, 번호 20)
ex) **Calcium**, a chemical element, is present in teeth, bones and chalk.

chalk
[tʃɔːk]
N 백악(白堊); 분필, 초크; (미) 분유
* different as **chalk** from cheese (외관은 비슷하나 본질적으로는) 아주 다른

calcification
[kælsəfikéiʃən]
N 석회화, 석회성 물질의 침전
ex) **Calcification** is a process in which the mineral calcium builds up in tissue, causing it to harden.

calculate
[kǽlkjulèit]
V 계산하다, 산정하다, 추산하다, 평가하다
* **calculator** 계산자, 계산기, 계산표, 타산적인 사람
ex) At some stage we need to **calculate** when the project will be finished.

calculus
[kǽlkjuləs]
N 1. 결석
2. 계산법, 미적분학
ex) I'm specializing in differential and integral **calculus**.

* 다음 단어들은 밟다(tread)의 뜻인 'culc/calc'에서 왔다.

inculcate
[inkʌ́lkeit]
V ~에게 주입하다, 심어주다, 되풀이해 가르치다
* **inculcation** 설득함, 터득시킴, 가르쳐 줌
* **inculcator** 설득하는 사람, 가르쳐 주는 사람
ex) Our football coach has worked hard to **inculcate** a team spirit into the players.

recalcitrant
[rikǽlsətrənt]
A 완강하게 반항하는, 고집센
N 고집쟁이, 반항자
* **recalcitrate** 완강하게 반항하다, 고집 부리다
* **recalcitration** 완강한 고집, 고집부림
* **recalcitrance** 말을 듣지 않음, 고집, 반항
ex) The donkey was of a **recalcitrant** temperament and had to be pulled around wherever it went.

* cob = 둥근 덩어리(cob)

cobble N 자갈; [pl.] 석탄; 자갈 깐 길
cobblestone N 자갈, 조약돌; [pl.] 석탄; 자갈길
* **pebble** N 조약돌(pebblestone), 자갈
V 자갈로 때리다, 자갈로 포장하다

CALOR = 열(heat)

칼로리(calorie)는 **열량**의 단위이다. 건강과 미용을 위해 항상 신경을 써야 하는 것이 칼로리이다.

calorie
[kǽləri]
- N 열량(a unit of heat), 칼로리
- * caloric 칼로리의; 열   * caloricity 온열력(열을 내어 체온을 유지하는 힘)

> 열량

calorific
[kæ̀lərífik]
- A 열을 발생하는
- * calorifacient 음식물이 열을 발생하는
- ex) Fatty foods have a high **calorific** value.

> 열(calori)을 만드는 (fic)

calorimeter
[kæ̀lərímətər]
- N 열량계
- * calorimetry 열량 측정법

> 열(calori) 측정계 (meter)

caldron
[kɔ́:ldrən]
- N 가마솥(cauldron), 큰 남비
- ex) Mid 19th-century Japan was a **caldron** of political upheaval.

> 열을 가하는 것

caldarium
[kældɛ́əriəm]
- N (옛날 로마의) 고온 욕실
- ex) In the **caldarium**, there was a tank of water for bathing.

> 열(cald)이 있는 장소 (arium)

scald
[skɔ:ld]
- V 끓는 물 등에 데게 하다   N 화상
- ex) He **scalded** himself with boiling water.

> 水 끓다 (scald)

nonchalant
[nɑ̀nʃəlɑ́:nt]
- A 무관심한(indifferent), 태연한, 냉정한
- * nonchalance 태연, 무관심
- ex) The champion seemed almost **nonchalant** before the race.

> 열의 (chal)가 없(non) 는 (ant)

* febr = 열(heat)

febricity	N 열이 있는[발열] 상태	열있는 (febric) 상태 (ity)
febrifuge	A 열을 내리는; 해열(성)의 N 해열제; 청량음료	열(febri)을 쫓아내다 (fuge)
febrile	A 열병의; 열로 생기는, 발열의, 열광적인	열(febr) 의 (ile)
fever	N 열, 신열, 발열; 열병; 흥분(상태); 열광	열 (fever)
feverish	A 열이 있는, 열띤; 열병의; 열광적인	열(fever)이 있는 (ish)
foment	V 촉진하다, 찜질하다, 습포하다	따뜻하게(fom) 하다 (ent)

* furn = 열(heat)

furnace	N 아궁이, 난방로, 용광로, 시련	열내는 (furn) 장소 (ace)
fornicate	V 사통하다, 간음하다	뜨겁게 (fornic) 되다 (ate)
fornication	N 사통, 간음; 우상숭배	뜨겁게 (fornic) 됨 (ation)

* therm = 열(heat)

thermal	N 열의, 온도의; 뜨거운; 온천의
thermometer	N 온도계
thermostat	N 온도 조절 장치
warm	A 따뜻한; 온난한
lukewarm	A 미적지근한

> 열나면 더움 (therm)

CAMP = 들판(field)

campfire는 들판에 피운 불! 캠프(camp)는 들판에서 의미가 확대된 것이다.

campfire

camp
[kæmp]
N 야영, 캠프, 합숙   V 야영하다   들판
* campo 남미의 대초원   * campo santo 공동묘지   * campus 교정

campaign
[kæmpéin]
N 전투; (사회적) 운동, (선거의) 유세   들판에서 일어나는 일 / 캠페인
V 종군하다, 출정하다; 운동을 일으키다
ex) We have **campaigned** against whaling for the last 15 years.

campestral
[kæmpéstrəl]
A 시골의(rural), 들판의   들판의
ex) He has the **campestral** generosity of an oceanic mind.

campesino
[kæmpəsíːnou]
N 시골사람, 농민(peasant)   들판(camp)에 있는 사람(esino)
ex) Attacks against **campesino** activists have left several wounded.

camporee
[kæmpərí:]
N (미국) 보이스카웃 지방대회(jamboree)   camp + jamboree
* jamboree 흥겹고 유쾌한 모임; 흥거운 대회
ex) The Scouts cheered as the fire – and the **camporee** – roared to life.

champion
[tʃǽmpiən]
N 우승자, 선수권자, 전사, 옹호자   전쟁에서 이긴 사람
* champ (구어체)우승자 ; 씹다   * championship 선수권

champaign
[ʃæmpéin]
N 평야, 평원   A 평원의   평야

champagne
[ʃæmpéin]
N [프랑스의 원산지 이름에서] 샴페인   프랑스의 지역 이름
ex) Korea popped the **champagne** prematurely.

encamp
[inkǽmp]
V 야영하다(stay in a camp), 노숙하다   들판(camp) 안에(en) 있다
* encampment 야영
ex) The protesters have now been **encamped** outside the embassy for two weeks.

scamp
[skæmp]
N 건달, 망나니; 장난꾸러기, 개구장이   들판(camp)에 나온 (ex) 망나니
ex) She can be a real **scamp** sometimes, but she doesn't mean any harm.

scamper
[skǽmpər]
V 빨리 달려가다   N 질주; 급한 여행, 급히 읽기   들판(camp) 밖으로 (ex) 질주하다
ex) The rabbit **scampered** down its hole as soon as it saw me.
* scamper에 어미 'er'이 있다고 해서 사람이라고 착각하지 말자. Scamp는 망나니, scamper는 질주!

scramble
[skrǽmbl]
N 기어오르기; 쟁탈전; 뒤범벅, 스크램블   scramble < scamper(질주)
V 기어오르다; 급히 서둘러 하다; 긴급 출격하다; 서둘러 ~을 긁어 모으다
ex) After waiting for over an hour, they **scrambled** to get the best seats.

decamp
[dikǽmp]

V 도망가다, 폐회하다; 야영을 거두다

* **decampment** 도망, 폐회

ex) He **decamped** from the hotel with someone else's luggage.

* 기타 **camp**와 관련된 단어들
* **camp follower** 비전투 종군자; (상인·위안부 등); 추종자; 사리사욕만 생각하는 정치가
* **camp bed** (접을 수 있는) 야외용 침대   * **camp chair** (접을 수 있는) 간편 의자
* **camp counselor** (어린이를 위한) 캠프 지도자   * **camp fever** 야영지에 발생하는 열병

* 어근 **horde**는 야영(**camp**)의 뜻이다.

horde
[hɔːrd]

N 유목민 무리, 약탈자 무리; 다수 V 떼지어 가다

ex) A rampant **horde** of squealing fans tore the clothes off the rock star.

* 어근 **erem**은 황야, 사막(**desert**)의 뜻이다.

eremite
[érəmàit]

N (특히 기독교의) 은자(隱者)

* **eremitic** 은자적인, 은자의

hermit
[hə́rmit]

N 종교적 은둔자, 은자(recluse), 도사

ex) Korea has long been known to the Western world as the "**Hermit** Kingdom."

㉠ **ascetic**
[əsétik]

N 금욕주의자; 고행자; 은자 A 고행의; 금욕적인

ex) The monks lived a very **ascetic** life.

CAN = 개(dog)

'canary(카나리아)'라는 이름의 새가 있다. Canary 군도에 서식한다고 하여 붙여진 이름이다. Canary 군도는 아프리카 서북해안에 있는 섬으로 들개들이 유난히 많이 살았다고 한다. '개(can)'들이 사는 '장소(ary)' 라는 뜻!

canine
[kéinain]

A 개과(科)의, 개같은   N 송곳니; 개과의 동물, (익살) 개

ex) She's a specialist in **canine** psychology and behavior.

canaille
[kənéil]

N 최하층민, 어리석은 백성(rabble), 폭도(mob)

ex) It is supposed that he is of ancient and noble lineage; that he despises these literary **canaille**.

kennel
[kénl]

N 개집; [pl.] 개 사육장; (여우 등의) 굴(lair); (땅을 파서 지은) 오두막; (사냥개 등의) 떼(pack)

ex) The dog sleeps in her **kennel** at night.

canary [kənέəri]   N (鳥) 카나리아; 카나리아 빛(~ yellow); 소프라노 가수

* 카나리아는 목소리가 아름답기로 유명하여 소프라노 가수를 지칭하기도 한다. 카나리아처럼 노란 색의 유니폼을 입는 브라질의 축구 국가대표팀을 카나리아 군단이라고 부른다.

canicular
[kəníkjulər]

A 천랑성의; 한여름의

* **canicular day** 복날

cynic
[sínik]

N 비꼬는 사람, 빈정대는 사람

(태도 가) 개(can) 같은 사람(ic)

ex) I'm too much of a **cynic** to believe that he'll keep his promise.

cynical
[sínikəl]

A 빈정대는, 냉소적인(about), 세상을 백안시하는
@ skeptical 의심 많은, 회의적인;신용하지 않는

신이 껄(cynical)껄 웃으며 (인간의 오만을) 비웃다

ex) Do you have to be so **cynical** about everything?

cynosure
[sáinəʃùər]

N 만인의 주목거리 (of);길잡이가 되는 것, 지침

개(can)의 꼬리

ex) The girl, dressed head to foot in gold, was the **cynosure** of all eyes.

CAN = 막대기, 파이프(stick, pipe)

cannon(대포)의 속이 빈 **막대기**처럼 생겼다. 'can'은 원래 갈대를 의미하였는데, 갈대는 속이 비어 있어 **파이프**처럼 생겼지만 겉만 보면 **막대기**처럼 생기기도 해서 **파이프**과 **막대기**의 의미를 동시에 갖게 되었다.

관 (tube)처럼 생긴 cannon

---

can
[kæn]

N 금속제 용기, 깡통, 통조림

캔 = 깡통

* can of worms [미俗] 복잡하고 귀찮은 문제[상황]; 안절 부절 못하는 사람

canal
[kənǽl]

N 운하, 수로; 도관(duct)

수로는 큰 파이프

* canaliculus 소관(小管), 누관(淚管)

ex) Canals were the main method of transporting goods until the mid-19th century.

cane
[kein]

N V (등나무) 지팡이; 막대기, 회초리(로 때리다)

막대기

ex) Don't you think **caning** young children is barbaric?

cannon
[kǽnən]

N 대포; 비행기 탑재용 기관포

속이 빈 막대기

canon
[kǽnən]

N 캐논; 규범, 기준(criterion); 정경; 진짜 작품

재는 막대(갈대로 치수를 쟀음)

* canonical 정전으로 인정받은; 교회법에 의거한; 규범적인

canvas, -ss
[kǽnvəs]

N 올이 굵은 삼베; 캔버스, 화포; 배경, 무대

삼베로 만든 판

ex) Her shoes were made of **canvas**.

canvass
[kǽnvəs]

V 상세히 조사하다, 선거 운동하다, 간청하다

canvas로 키질하는 것을 의미

* 유화를 그릴 때쓰는 'canvas'는 원래 '삼'의 뜻으로 '올이 굵은 삼베', '캔버스' 등의 뜻으로 전환 된 것이다. 'canvass'는 원래 이 canvas를 이용하여 키질 하는 것을 의미하였다.

canyon
[kǽnjən]

N 깊은(큰) 협곡

물이 흐르는 파이프와 같은 데서

* Grand Canyon 그랜드 캐년

channel
[tʃǽnl]

N 강바닥; 수로, 운하, 해협; 경로, 루트
행동의 방향, 방침; (라디오·TV 등의) 채널

수로는 물이 흐르는 자연 파이프

CANT/CHANT/CENT = 노래하다(sing)

cantata(칸타타), chanson(샹송), accent(액센트) 등이 모두 여기에서 왔다.

cantata
[kæntátə]
N [It.] 칸타타 (독창부, 2중창부, 합창부로 된 성악곡)
ex) The choral society sang the new **cantata** composed by its leader.

cant
[kænt]
[노래하듯 쉽게 하는 말=진실성이 없다]
N V 위선적인 말투[로 말하다]; 은어[를 쓰다]
* **cantrip** 마녀의 주문

cantor
[kǽntər]
N 선창자, (성가대의) 독창자, 주창자
ex) You can participate as a choral singer, **cantor**, or organist.

cantabile
[kɑːntɑ́ːbilèi]
A [It.] 칸타빌레의 N 칸타빌레, 칸타빌레 양식
* **cantatrice** 오페라 여가수
ex) The music should be sung in a **cantabile** manner.

cantankerous
[kæntǽŋkərəs]
A 심술궂은; 잘 싸우는
ex) Grandad never stops complaining, the **cantankerous** old bugger.

cantillate
[kǽntəlèit]
[노래함(cant) 수있게(ill) 하다(ate)]
V 영창하다; 가락을 붙여 노래하다
ex) The singer **cantillated** the story of Echo and Narcissus.

canzone
[kænzóuni]
N (It) 칸초네; 민요풍 가곡 (a folk melody)
* **canzonet** 칸초넷 (서정적인 소가곡)

descant
[déskænt]
N 논평, 가곡 V 자세히 설명하다(on); 노래하다
ex) I want you to **descant** on what's going on here.

incantation
[ìnkæntéiʃən]
N 주문, 마술; 반복되는 말
Ⓒ **incarnation** 인간화, 실현
ex) The wizard's **incantation** eventually caused the small stone to turn into a sleek black BMW.

recant
[rikǽnt]
[다시 (re) 부르다 (cant)]
V 취소하다; 공식적으로 실수를 고백하다
* **recantation** 취소, 철회
ex) White House officials ordered Williams to **recant**.

* 노래든 말이든 다시 부르면 '철회하다'의 의미. 즉 recall, revoke 등도 '다시 부르다'이므로 '철회하다'는 뜻이 됨.

accent
[ǽksənt]
N 강조, 어조; 말투; 두드러진 특색
V 악센트를 두어 발음하다; 강조하다 (stress)
ex) The **accent** falls on the final syllable.

accentuate
[ækséntjueit]

V 강조하다; 남의 눈을 끌다
* **accentuation** 강조, 역설, 억양법   * **accentual** 악센트의(가 있는)
ex) Her pointed shoes **accentuated** the length and slenderness of her feet.

강하게 (ac) 소리를 만들다 (uate)

incentive
[inséntiv]

A 자극적인, 고무하는   N 자극, 동기; 의욕
* **an incentive speech** 격려 연설
ex) He had not much **incentive** to study any longer.

강하게(in) 소리(cent) 내는 (ive)

precent
[prisént]

V 선창하다; 선창자 역할을 하다
ex) **Precenting** in services is done by a male church member.

먼저 (pre) 노래하다 (cent)

chanson
[ʃa:ŋsɔ́:ŋ]

N 노래; 민요풍 가곡 (a folk melody)
*chansonnier 샹송가수, 샹송작가

노래

chant
[tʃænt]/[tʃɑ:nt]

N 노래, 성가, 영가; 단조로운 말투; 반복문구
V 노래하다; 찬송하다; 단조로운 어투로 되풀이하다; 반복해서 말하다
ex) The crowd **chanted** the name of their football team in unison.

노래(chant)

chanteys
[ʃǽnti]

N 뱃노래 (사람들이 닻을 감을 때 부르는)
ex) There's a well-known Korean **chantey** that begins 'Ong-He-Ya.'

작은 (eys) 노래(chant)

enchant
[intʃǽnt]

V 매혹하다, 기쁘게 하다, 요술에 걸리다
* **enchantment** 마법, 요술
* **enchanted** 요술에 걸린
ex) He was **enchanted** with her.

노래하게 (chant) 만들다 (en)

chanticleer
[tʃǽntekliər]

N 수탉의 의인화된 이름

'잔뜩 울리다' (chanticleer) 하고 결심하는 수탉

CAP/CIP = 머리 (head)

captain은 우두머리를 뜻한다. Cap은 capit, chief, chap, cip, cab 등의 다양한 변형을 가지고 있다. Captain외에 chief, capital, cabbage 등이 여기에서 왔다는 것을 기억하면 도움이 될 것이다.

captain의 cap은 머리!!

---

captain
[kǽptin]

N 우두머리; 대위, 해군대령; 대실업가; 거물
V 지휘하다, 통솔하다   A 포로된, 매어 있는, 사로잡힌, 대기업에 지배된
* **capo** 마피아의 두목   * **caput** 머리; 두상돌기   * **captaincy** 캡틴의 직[임기]
ex) It's unusual to have a goalkeeper as the **captain** of a football team.

머리(cap)를 차지하는(tain)

capital
[kǽpətl]

A 뛰어난, 사형에 처할   N 머리글자, 수도, 자본
ex) That's a **capital** idea!

머리 (capit) 의 (al)

cape
[keip]

N 갑(岬), 곶(headland ; promontory); 망토

* Cape of Good Hope 희망봉

> 머리처럼 생긴 땅

escape
[iskéip]

V 달아나다, 탈출하다, 벗어나다   N 도망, 탈출

* escapement 탈출, 도망, 누출(leakage)   * escapade 탈출, 분방한 행위

ex) A lion has escaped from its cage.

> 망토(cape)를 버리다(es〈ex)

*고대 로마에서는 도망갈 때 종종 망토(cape)를 벗어(es〈ex) 던짐으로써 체포되는 것을 모면했다고 한다.

scapegoat
[skéipgòut]

N 속죄 염소; 남의 죄를 대신 지는 자, 희생자

ex) The captain became a scapegoat for the team's failure to win the cup.

> scape 〈 escape + goat

capitation
[kæ̀pətéiʃən]

N 사람 머리 수대로의 할당, 인두세 (poll tax)

* a capitation fee for each pupil 학생 개개인에 대한 균일 수업료

> 머리 수(capit)대로 하기(ation)

capitol
[kǽpətl]

N (美) 국회의사당 건물

ex) The Kansas Capitol is one of the most beautiful State Capitols.

> 머리(capit)들이 모인 곳(ol)

decapitate
[dikǽpətèit]

V 참수하다, 목을 자르다(decollate)

* decapitation 참수

ex) The bodies had been decapitated.

> 머리(cap)를 개내(de) 가다(ate)

handicap
[hǽndikæ̀p]

N 핸디캡, 불리한 조건; 곤란, 불이익; 신체 장애

ex) Despite her handicap, Jane is able to hold down a full-time job.

> hand in cap이란 놀이에서 유래

* hand in cap: 모자 안에 별금 제비가 들어 있고 그것을 뽑은 사람이 별금을 내던 놀이인데 후에 'handicap'으로 변했다.

recapitulate
[rìkəpítʃulèit]

V 요약하다, 개괄하다

ex) Let us recapitulate before concluding.

> 다시(re) 머리(capit)를
> 때서(ul) 만들다(ate)

cabbage
[kǽbidʒ]

N 양배추; [미俗] 지폐; [영口] 무기력한 사람

ex) Children never seem to like eating cabbage.

> 양배추가 사람의 머리를 닮은 데서

occipital
[aksípətl]

A 후두의, 후두부의

N 후두부, (특히) 후두골(= ~ bone)

> 뒷(oc) 머리(cipit) 의(al)

precipice
[présəpis]

N 절벽, 궁지, 위기(crisis)

* precipitous 가파른, 절벽같은, 경솔한, 허둥대는

ex) The film opens with a shot of a climber dangling from a precipice.

> 앞(pre) 머리(cip)처럼 가파른 것

precipitate
[prisípətèit]

N 침전물, 응결한 수분 (비, 이슬 등)

V 거꾸로 떨어 뜨리다, 몰아내다, 촉진하다   A 거꾸로의, 조급한; 속단하는; 갑작스러운

* precipitation 투하, 추락, 강수량(precipitance; precipitancy)

ex) An invasion would certainly precipitate a political crisis.

> 머리(cip)를 앞쪽(pre)으로 하다

chapel
[tʃǽpəl]

N 예배당, 채플, (교회의) 부속 예배당; 예배

ex) The college has its own chapel.

> St. Martin이 머물렀던 cape에
> 최초로 세워져서 붙여진 이름

chapter
[tʃǽptər]
N 장(章), 화제, 총회, 한 구획
ex) Read until the end of **chapter** 10 for homework.

> 머리부분(chapt)의 것(er)

chief
[tʃi:f]
N 우두머리, 지배자   A 최고의; 주로
ex) **Chiefs** of the local tribes meet at the major festivals.

> 우두머리

chef
[ʃef]
N [F=chief] 요리사; (식당·호텔 등의) 주방장
ex) She is head-**chef** at the Waldorf-Astoria.

> 프랑스어로 chief의 뜻이다

achieve
[ətʃí:v]
V 획득하다, 세우다, 도달하다(accede to)
* **achievement** 성취, 획득, 수립(establishment), 업적, 공적
ex) She finally **achieved** her ambition to visit South America.

> 머리가(chieve) 가까이 감(a)

handkerchief
[hǽŋkərtʃif]
N 손수건(pocket-~); 목도리(neckerchief)
* **kerchief** 머리수건, 스카프; 목도리; 손수건   * **neckerchief** 목도리, 네커치프

> kerchief는 머리 수건의 뜻

mischief
[místʃif]
N 해악, 해독; 손해, 재해; 장난, 못된 짓
* **mischievous** 해로운, 장난기 많은
ex) Perhaps a new bike would keep him out of **mischief**.

> 머리(chief)부터 잘못 됨(mis)

chattel
[tʃǽtl]
N [法] 동산; 소지품; [pl.] 가재(家財)
* **goods and chattels** 가재도구
ex) The flood caused the loss of **chattels**.

> 머리처럼 중요한 것 = 재산

* cephal = 머리 (head)

cephalic
[sifǽlik]
A 머리의, 두부의(of the head)
* **cephalic index** 두개(頭蓋) 계수   * **cephalocide** 지식인에 대한 집단 학살

> 머리(cephal)의 (ic)

cephalopod
[séfələpàd]
N [動] 두족류(頭足類) 동물 (오징어·낙지 등)
ex) Only those **cephalopods** with elongate heads have necks.

> 머리(cephalo)에 발(pod)이 붙음

cephalous
[séfələs]
A 머리가 있는(having head)
* **autocephalous** 독립자치의 (교회 등)   * **hydrocephalus** 뇌수종, 수두증
* **acephalous** 머리가 없는, 무두의; 지도자가 없는   * **bicephalous** 쌍두의

> 머리(cephal)의 (ous)

encephalon
[inséfəlàn]
N [解] 뇌수(brain)
* **encephalitis** 뇌염

> 머리(cephal)의 (ous)

* cerebr = 머리 (head)

cerebellum
[sèrəbéləm]
N 소뇌

> 작은 (ellum) 뇌(cereb)

cerebral
[sərí:brəl]
A 뇌의
* **cerebral anemia** 뇌빈혈   * **cerebral hemorrhage** 뇌출혈
* **cerebral palsy** 뇌성 소아마비   * **cerebral concussion** 뇌진탕

> 뇌(cerebr)의 (al)

cerebrum [sərí:brəm]	N 대뇌, 뇌(the upper part of the brain)	뇌(cerebr+um)
cerebrate [sérəbrèit]	V 뇌를 쓰다, 생각하다(think) * cerebration 뇌작용　　* cerebralgia 두통	뇌(cerebr)를 쓰다(ate)
cerebritis [sèrəbráitis]	N 뇌염(encephalitis; phrenitis) ex) Cerebritis is a very destructive process and implies bacterial infection.	뇌(cerebr)의 염증(it is)

CAP/CIP/CEPT/CEIV = 취하다, 잡다(take)

capsule(캡슐)은 약 등을 take하고, receiver는 소리를 take하며, intercept는 공을 가로(inter) 채는(cept=take) 것이다.

약을 담는 (take) capsule

capsule [kǽpsl/sju:l]	N 캡슐; (우주선의) 캡슐; 요약(digest) A 소형의; 요약한　　V 캡슐에 넣다; 요약하다	작은 (ule) 상자(cap)
encapsulate [inkǽpsəlèit]	V 캡슐에 넣다, 요약하다	캡슐(capsule)에 넣다(en)
capable [kéipəbl]	A 유능한(competent), 수완 있는 * capability 유능함, 수완	붙잡을 (cap) 수 있는 (able)
capacious [kəpéiʃəs]	A 포용력이 큰, 광대한, 많이 든 * capacitance 전기용량　　* capacitive 전기 용량의 ex) There was a rather fat man wearing a capacious stripy suit.	(많이) 담는 (cap + acious)
capacity [kəpǽsəti]	N 용량; 수용력; 재능, 역량; 이해력; 자격; 입장 * incapacity 무능, 무력; 무능력, 무자격, 실격 ex) She's got an amazing capacity for alcohol.	담는 (cap + ac) 정도 (ity)
incapacitate [ìnkəpǽsətèit]	V 무능력하게 하다; 자격을 빼앗다 ex) Rubber bullets are intended to incapacitate people rather than kill them.	능력(capait) 없게(in) 하다(ate)
capias [kéipiəs]	N 구속 영장 ex) Court has the power to issue capias directing arrest of a witness.	잡도록 (cap) 하는 것(ias)
caption [kǽpʃən]	N 표제, 설명문, 자막　　V caption을 달다 ex) I have to write a caption for this photograph.	(눈길을) 잡는 (cap) 것 (tion)
captious [kǽpʃəs]	A 책망하는, 헐뜯기 좋아하는 * captiousness 책망함, 까다로움　　* captiously 까다롭게, 심술궂게 ex) Most of their objections were captious and niggling.	흠 잡기 (capt) 좋아하는 (ious)

captive
[kǽptiv]
N 포로, 사랑에 빠진 사람   A 포로의, 사로잡힌
ⓔ caitiff 비겁한, 비천한 [사람] [caitiff<captive: 포로가 가장 비참함]
ex) They were taken **captive** by masked gunmen.

captivity
[kæptívəti]
N 포로(의 신세[기간])
ex) All the hostages, when released from **captivity**, looked very healthy.

captivate
[kǽptivèit]
V 매혹하다(enchant; attract), 넋을 빼앗다
* captivation 매혹, 매력   * captivative 매혹적인, 매력적인
ex) With her beauty and charm she **captivated** film audiences everywhere.

capture
[kǽptʃər]
V 붙잡다, 체포하다, 획득하다 N 포획, 탈취, 공략
ex) Two of the soldiers were killed and the rest were **captured**.

anticipate
[æntísəpèit]
V 예기하다, 기대하다, 기선을 제압하다
* anticipation 예상, 예기   * anticipant 예상하는, 앞서가는
ex) The police are **anticipating** trouble at tomorrow's football match.

incipient
[insípiənt]
A 시작의, 초기의, 발단의
* inception 시초, 발단   * incept 시작하다; 섭취하다
ex) The disease is curable if it is treated at an **incipient** stage.

participate
[pərtísəpèit]
V 참가하다, 참여하다, 함께 하다
* participation 참가, 참여   * participant 참가자; 참여하는, 관여하는
ex) Did you **participate** in any of the activities?

accept
[əksépt]
V 받아들이다, 승낙하다; 믿다, 인정하다
* acceptance 수용, 수락, 용인, 인수   * acceptation 보통의 뜻, 의미
ex)The former minister faces seven charges of **accepting** bribes.

conceive
[kənsíːv]
V 마음에 품다, 상상하다, 생각하다; 임신하다
* conceptive 개념작용의, 개념적인; 생각하는 힘이 있는
* misconceive 오해하다, 잘못 생각하다   * preconceive 예상하다
ex) I think my uncle still **conceives** of me as a four-year-old.

concept
[kánsept]
N 개념, 생각; 구상, 발상
* conceptual 개념의   * conceptualism 개념론   * conceptualize 개념화 하다
ex) It is very difficult to define the **concept** of beauty.

conception
[kensépʃən]
N 개념, 구상; 착상, 임신
ex) She has a **conception** of people as being basically good.

conceptus
[kənséptəs]
N 수태, 산물, 배, 태아
ex) The **conceptus** is termed an embryo until the 10th menstrual week.

contraception [kɑ̀ntrəsépʃən]	**N** 피임 * **contraceptive** 피임용의; 피임약 ex) Did you use any form of **contraception**?	conception의 반대(contra)
conceit [kənsí:t]	**N** 자부심; 호의; 기발한 착상 **V** 우쭐대다, 상상하다 * **conceited** 자부심이 강한; 젠체하는, 뽐내는 ㊤ **bumptious** 잘난 체하는, 건방진 ex) She is full of **conceit**.	큰 시트(conceit)에 앉으니 자만하여 우쭐대다
deceive [disí:v]	**V** 속이다, 기만하다; 현혹시키다 * **deceiver** 사기꾼 * **deceit** 기만, 사기 * **deception** 기만, 사기, 속임수 ex) I was **deceived** by his kindness.	아래로 (de) 잡다 (ceive) = 속이다
except [iksépt]	**V** 제외하다 **P** 제외하고는, 아니면; 없는 경우에 ex) Why should anyone be **excepted** from this tax?	밖으로 (ex) 취하다(cept)
exceptional [iksépʃnəl]	**A** 예외적인; 특별한, 보통을 벗어난, 비범한 * **exception** 예외(exclusion), 벗어남, 이의, 반대 ex) She has **exceptional** abilities as a pianist.	밖으로 (ex) 취하는 (cept+ion+al)
inception [insépʃən]	**N** 착수, 시작, 발단(beginning) * **incept** 착수하다, 시작하다, 섭취하다 * **incipient** 초기의, 시작의 ex) The club has grown rapidly since its **inception** in 1990.	받아(cept) 들이다(in)
intercept [ìntərsépt]	**V** 가로채다, 방해하다; 엿듣다; 요격하다 * **interception** 가로채기, 차단(interruption), 방해(prevention), 저지 ex) The coastguard patrol's job is to **intercept** drugs from Latin America.	사이에서(inter) 잡다(cept)
perceive [pərsí:v]	**V** 감지하다, 인지하다, 이해하다, 간파하다 * **perception** 감지, 지각 * **perceptive** 감지하는, 이해하는 * **percept** 지각된 것 ex) I **perceived** a note of unhappiness in her voice.	완전히 (per) 잡다(ceive)
precept [prí:sept]	**N** 교훈, 계율, 격언, 규칙, 지침, 명령서, 영장	앞에서(pre) 잡아줌 (cept)
occupy [ɑ́kjupɑ́i]	**V** 차지하다, 점유하다(take up) * **occupation** 직업, 일, 임기, 업무, 점령 * **preoccupy** 선취하다, 종사케 하다 * **underoccupied** 크기에 비해 거주자가 적은; 할 일이 없는 ex) The bathroom's **occupied** – I think John's in there.	강하게(oc) 취하다(cupy)
receive [risí:v]	**V** 받다, 수취하다; 얻다; 접수하다; 맞아들이다 * **reception** 받음, 수령; 응접, 접견, 접대; 환영(회), 리셉션; 입회, 접수처 * **receipt** 받음, 영수, 수취; 받은 물건; 영수증; 영수증을 발행하다 ex) Her suggestions were coldly **received**.	다시(re) 취하다(ceive)

recipe
[résəpi:]
N 조리법, 요리법; 처방전; 방법, 비결, 비책

다시(re) 취하는 것(cipe)

ex) That soup was delicious – could you give me your **recipe**?

reciprocal
[risíprəkəl]
A 상호의, 호혜적인, 보복의   N 상응물, 역수

다시(re) 받게(cip) 하는

* **reciprocity** 상호성, 교환   * **reciprocation** 상호작용, 앙갚음
ex) Both sides agreed to a **reciprocal** reduction of nuclear weapons.

recuperate
[rikjú:pərèit]
V (건강, 손실 등을) 회복하다; 건강해지다

다시(re)잡다(cuper<capere+ate)

* **recuperation** 회복, 만회   * **recuperative** 회복시키는, 회복력이 있는
ex) She spent a month in the country **recuperating** after the operation.

susceptible
[səséptəbl]
A 감수성이 예민한, 민감한; ~을 허용하는

아래(sus) 잡히기 쉬운 (ceptible)

ex) Some people are more **susceptible** to alcohol than others.

transceiver
[trænsí:vər]
N 라디오 송수신기

transmitter + receiver

ex) Infromation can be transmitted without wires, using a **transceiver** chip.

* 형태가 심하게 변하긴 하였지만, 다음 단어들 역시 유래가 같으므로 함께 공부하자.

cash	N 현금; 돈, 현찰, 수표, 즉시불; 맞돈
cache	N 은닉처, 저장물 V 감추다, 저장하다
catch	V 붙들다, 발견하다, (병에) 걸리다
cask	N 큰 상자; 한 통(분량)
casket	N 작은 상자; 관(coffin)
cater	V 먹을 것을 마련하다, 음식물을 조달하다
chase	V 추적하다, 뒤쫓다, 쫓아내다, 사냥하다
purchase	V 구입하다, 획득하다 N 구입물, 구매
* coffin	N 관
* coffer	N 귀중품 상자, 돈궤; 금고

cash(cache)는 은닉처에 숨겨야지...
쫓아서(chase) 추적하다
사겠다고 보채서(purchase) 사다
(L) cophinus = basket
(L) cophinus = basket

CAR = 탈 것, 구르다(vehicle, roll)

carry
[kǽri]
V 나르다, 운반하다, 전하다(transmit)

차로 나르다 → 운반하다

* **carrier** 보균자   * **carriage** 운반; 탈것, 차, 마차; 유모차; 몸가짐, 태도
ex) You should wear a coat and **carry** an umbrella in inclement weather.

career
[kəríər]
N 경력, 직업, 경과(course), 질주

인생의 바퀴자국

* **careerism** 출세 지상주의
ex) The soccer player's **career** was ended by a severe injury to his knee.

cargo
[ká:rgou]
N 배, 비행기 따위의 화물(load ; freight)

굴러 가다(car + go)

* **cargo liner** 정기 화물선
ex) The tanker began to spill its **cargo** of oil.

carpenter
[ká:rpəntər]
V 목수

마차(carpent) 만드는 사람(er)

* **carpentry** 목공예

carousel [kèrusél]	**N** [미] 회전 목마; 회전식 원형 콘베이어	car + ousel

* **merry-go-round** 회전목마　* **roundabout** [영] 회전목마
ⓢ **whirligig** 회전하는 장난감(팽이, 팔랑개비), 회전목마; 회전 운동

careen [kərín]	**V** 기울다, 뒤집히다, 흔들리며 달리다

ex) The car **careened** down the hill and hit a wall.

cart [kɑːrt]	**N** 이륜마차; 손수레　**V** 짐수레로 나르다

* **cartage** 운반　* **carter** 짐마차꾼　* **on the water cart** 금주중의
* **put the cart before the horse** 본말을 전도하다

caricature [kǽrikətʃùər]	**N** 풍자만화; 서투른 모방　**V** 풍자적으로 묘사하다

chariot [tʃǽriət]	**N** 마차; 전차　**V** 전차를 몰다; 마차로 나르다

ex) Roman soldiers rode **chariots** into battle.

charge [tʃɑːrdʒ]	**N** 짐, 책임, 요금, 기소, 고발; 공격, 비난 **V** 짐을 싣다, 부과하다, 고발하다; 기소하다, 돌격하다, 공격하다

* **chargeable** 책임져야 할, 부담할　* **countercharge** 반격; 반격하다

discharge [distʃɑ́ːrdʒ]	**V** 짐을 내리다, 해임하다　**N** 해고, 소멸, 발사

ex) The tanker **discharges** its cargo of oil at the port every month.

overcharge [òuvərtʃɑ́ːrdʒ]	**N** 적재과다, 터무니 없는 값[청구] **V** 짐을 지나치게 싣다, 지나치게 비싼 값을 부르다, 부당한 요구를 하다

ex) It's a fairly good restaurant but they really **overcharge**.

undercharge [ʌ̀ndərtʃɑ́ːrdʒ]	**V** 제값보다 싸게 청구하다　**N** 지나치게 싼 요금

ex) I think that I am probably **undercharged**, although I am waiting for a bill.

surcharge [sə́ːrtʃɑːrdʒ]	**N** 추가요금(supercharge)

ex) There is a **surcharge** for a single room.

* 어근 fragh도 짐을 싣다(load)의 뜻이다.

freight	**N** 화물, 운송　**V** 짐을 싣다, 짐을 지우다
fraught	**A** (안 좋은 것으로) 충만한, 가득찬
* fulsome	**A** 지나친, 집요한; 역한, 포괄적인, 풍부한

* dreg = 끌다(draw)

dredge	**N** 준설기[선]; (물 밑을 훑는) 반두(그물) **V** 준설하다, 물 밑바닥을 훑다; 들추어 내다
dray	**N** 짐마차; 썰매(sledge); 화물 자동차
drag	**V** 끌다, 질질 끌다, 훑다

CAR = 좋아하다(like), 보살피다(care)

어근 'car'는 '좋아하다, 보살피다'의 뜻이다. Care가 여기에서 왔다. 'char', 'cher', 'whor' 등은 변형이다.

caress
[kərés]
V 애무하다, 달래다(soothe)   N 애무, 달램
* **caressive** 애무의, 기분 좋은
ex) Gently he **caressed** the back of her neck.

charity
[tʃǽrəti]
N 자애(self-love), 자선(beneficence)
* **charitable** 자애로운, 관대한, 자선의
ex) The concert will raise money for local **charities**.

chary
[tʃɛ́ri]
A 조심스러운, 신중한; 내성적인
ex) All Governments are **chary** of debating some of these issues.

`care(=char) ful(=y)`

cherish
[tʃériʃ]
V 소중히 하다, ~에 고수하다, 양육하다
ex) Although I **cherish** my children, I do allow them their independence.

`보살피(cher) 주다(ish)`

whore
[hɔər]
N 매춘부; 음탕한 여자   V 매춘하다; 오입하다
ex) In this part of town, there are **whores** on every street corner.

`whore < car`

CARD/CART/CHART = 종이(paper)

paper는 papyrus(paper reed)라는 식물의 이름을 딴 것인데, 고대 이집트에서는 이 식물의 줄기를 종이로 사용했다. 만든 한 장의 종이를 그리스어로 khartes(라틴=charta)라 불렀는데 'card'는 여기에서 나왔다.

papyrus

card
[kɑːrd]
N 카드; 판지; 명함; 패, 카드); [pl.] 카드놀이
* **cardboard** 판지, 마분지 평범한, 비현실적인

`card = a leaf of paper`

cartel
[kɑːrtél]
N 결투장; 카르텔(기업연합); 포로교환조약서
ex) The oil **cartel** controls the prices of crude oil.

`작은(el) 종이(cart)`

* cartel은 결투 대상에게 띄우던 작은 종이, 즉 결투장을 의미했다. 이것이 결투에 대한 약조로 발전했다가 지금은 기업 간에 협약, 즉 기업 연합이라는 뜻이 됐다. 기업 상호 간의 경쟁의 제한이나 완화를 목적으로 기업간에 결성되는 기업결합이다.

carton
[káərtn]
N 판지 상자; 판지(cardboard); 명중탄
ex) Discarded hamburger **cartons** littered the pavements.

`확대된(on) 종이(cart)`

cartoon
[kɑːrtúːn]
N 시사성 풍자만화   V 만화를 그리다
ex) The newspaper **cartoon** depicted the President as a weasel.

`'cartoon에 묘사한 그림'에서 유래`

cartridge
[káərtridʒ]
N 탄약통; 약포(藥包); (만년필 등의) 카트리지
ex) This rifle only holds one **cartridge** and so must be reloaded after each shot.

`종이(cart)를 말아 놓은 것(ridge)`

* 종이나 포에 화약을 쉽고 빠르게 장전할 수 있도록 만든 종이상자를 뜻하는 것이었는데, 뜻이 발전하여 쉽게 장착, 제거할 수 있도록 만들어 놓은 모든 것을 통칭하는 말이 되었다.

chart
[tʃɑːrt]
N 해도, 수로도; 차트; 도표, 표; 병력
V (해역 등을) 해도에 넣다; 도표로 만들다; (口) 계획하다(plan)
ex) We bought **charts** showing the navigable stretches of water in this area.

`종이에 만든 것이 chart`

charter
[tʃáːrtər]

N 특허장, 헌장, 전세, 특권, 면제   V 전세를 내다

종이에 명시해 둔 것

ex) The press was granted a royal **charter** to print Bibles.

discard
[diskáːrd]

V 버리다, 해고하다, 포기, 해고

카드(card)를 버림(dis)

N [dískaːrd]포기, 해고, 버림받은 사람(물건), [카드] 가진 패를 버림

ex) **Discarded** food containers and bottles littered the streets.

magna charta
[mǽgnə káːrtə]

N [the ~] 마그나 카르타, 대헌장

큰(magna) 종이(charta)

(1215년 John왕이 승인한 국민의 자유 칙허장(勅許狀); 영국 헌법의 기초)

CATA = 아래로(down), 강조(intensive)

어근 cata는 원래 '아래로(down)'의 뜻이지만, 때때로 강조(intensive)의 뜻으로 쓰이기도 한다.
아래로(cata) 쭉 써(log) 내려간 목록을 카탈로그(catalog)라고 한다.

---

cataclysm
[kǽtəklìzm]

N 큰 홍수; 지각(地殼)의 격변; 정치의 대 변동

아래로(cata) 씻어 내림(clysm)

ex) Some people are swept into religious faith by a **cataclysm** in their life.

catalog
[kǽtəlɔ̀ːg]

N 목록   V 목록을 작성하다; 분류하다

아래로(cata) 써(log) 내려간 것

ex) I bought some new clothes through a mail-order **catalog**.

catalysis
[kətǽləsis]

N 촉매 작용, 접촉 반응; 유인(誘因)

완전히(cata) 풀리게 함(lysis)

* **catalyst** 촉매, 촉진제, 촉매 역할을 하는 사람

ex) His book will act as a **catalysis** to tackle entrenched urban problems.

catapult
[kǽtəpʌ̀lt]

N 투석기; 사출기   V 투석기로 쏘다; 발사하다

아래로(cata) 던지는(pult) 기계

ex) In the past, armies used **catapults** to hurl heavy stones at enemy fortifications.

cataract
[kǽtərækt]

N 큰 폭포; 큰비; [病理] 백내장(白內障)

아래로(cata) 떨어짐(ract)

ex) His eye becomes cloudy by **cataract**.

catastrophe
[kətǽstrəfi]

N 대참사, 큰 재앙; 대이변; 대단원, 파국, 파멸

아래로(cat) 뒤집음(strophe)

* **catastrophic** 대변동[큰 재앙]의; 파멸적인, 비극적인, 끝장의

ex) They were warned of the ecological **catastrophe** to come.

catechism
[kǽtəkìzm]

N 교리 문답, 문답식 교과서, 문답식 교수법

아래로(cat) 소리를 냄(ech + ism)

* **catechumen** 세례지원자; 입문자, 초심자

ex) The quiz show involved the usual **catechism** of easy questions.

category
[kǽtəgɔ̀ːri]

N 범주, 카테고리, 종류, 분류, 부문, 구분

아래에(cat) 모인 것(egory)

* **categorize** 분류하다, 유별하다   * **categorical** 범주에 속하는, 무조건적인

ex) The books are **categorized** into beginner and advanced.

cathode
[kǽθoud]

N [電] 음극 (전자관·전해조의)(opp. Anode)

아래로(cat) 가는 길(hode)

ex) A black wire is often attached to the **cathode**.

CELER = 빠른(swift)
자동차의 'ac**celer**ator'는 '속도를 더(ac) 빠르게(celer) 하는 장치(ator)'이다.

celerity
[silérəti]

N 신속함(swiftness), 민첩함, 속력(speed)　　　빠름 (celer + ity)

ex) Observation of wave height and wave **celerity** in the surf zone was good enough to prove the study.

accelerate
[æksélərèit]

V 가속하다, 촉진하다, 시기를 빠르게 하다　　더(ac)(ad) 빠르게(celer) 하다(ate)
* acceleration 가속　　　* accelerant 촉진제
* accelerator 가속장치　　* accelerando 점점 빠르게

ex) Exposure to the sun can **accelerate** the ageing process

decelerate
[dì:sélərèit]

V 속도를 낮추다, 감속하다(slow down)　　속도(celer)를 낮게(de) 하다(ate)
* deceleration 감속　　* decelerando 점점 느리게

ex) It contains a vehicle's acceleration and **deceleration** characteristics profile.

VELOC = 속도(speed), 빠른(fast)
velodrome은 자전거나 자동차들이 전속력으로 질주하는 곳!

velocity
[vilásəti]

N 빠름, 빠르기(speed), 속도, 속력　　　빠른 (velo) 것 (city)

ex) Light travels at the highest achievable **velocity** in the universe.

velocimeter
[vèləsímətər]

N (특히 발사물의)속도계　　　속도 (veloci) 측정기 (meter)

velodrome
[ví:lədròum]

N (자전거, 자동차 따위의) 경주장　　빠르게(velo) 달리는 곳 (drome)

veloce
[veilóutʃei]

ad [樂] 빠르게, 빠른 템포로　　빠르게

* alacris = 활발한(lively)

allegretto	A 조금 빠른[빠르게] (andante와 allegro의 중간)	조금 (etto) 활발하게(allegr)
allegro	A 빠른[빠르게] (allegretto와 presto의 중간)	활발하게(allegro)
alacrity	N 민활, 민첩; 활발	활발(alacr)한(ity)

* tar = 지체하다(delay)

tarry	V 체재하다, 머무르다; 기다리다; 늑장부리다
tardy	A 더딘, 느린;늦은, 뒤늦은
retard	V 지체시키다; 방해하다 N 지연; 방해; 지진아, 박약자
retardation	N 지연; 저지, 방해; 지체[방해]량
* laggard	N A 느린 [사람], 꾸물거리는 [사람]

CITE = 자극하다, 불러내다(arouse, summon)

excite(흥분시키다)는 '밖으로(ex) 자극하다(cite)'는 뜻이며, 'recital(리싸이틀)'은 원래 기억 속에 있는 것을 '다시(re) 불러낸다(summon)'는 의미에서 생긴 단어이다.

cite [sait]	V 이유를 들다, 인용하다(quote), 소환하다, 표창하다	불러오다
	* citation 인용, 소환	
	ex) He **cited** his heavy workload as the reason for his breakdown.	
excite [iksáit]	V 흥분시키다, 자극하다(stimulate ; inspire)	밖으로(ex) 자극하다(cite)
	* excitement, excitation 흥분, 자극　　* excitable 흥분을 잘하는	
	* excitant 흥분시키는 ; 흥분제　　* excitative, excitatory 흥분성의	
incite [insáit]	V 자극하다(stir up), 격려하다(encourage)	내부를(in) 자극하다(cite)
	* incitement, incitation 자극, 격려	
	ex) They were accused of **inciting** the crowd to violence.	
recite [risáit]	V 암송하다, 다시 외치다	(기억을) 다시(re) 불러내다(cite)
	* recitation 암송, 상술	
	ex) Each child had to **recite** a poem to the class.	
recital [risáitl]	N 연주회, 독주회; (시 등의) 낭송, 낭독(회)	다시(re) 불러내는(cit) 것(al)
	ex) Would you like to come to a piano **recital**?	
resuscitate [risÁsətèit]	V 소생시키다, 부활시키다(revive)	다시(re) 아래로 부터(sus) 일으키다
	* resuscitation 소생, 부활	
	ex) Her heart had stopped, but the doctors successfully **resuscitated** her.	

* rouse = 깨우다(rouse)

rouse	V 깨우다, 고무하다, 분발시키다　N 각성; 분기	깨우다
arouse	V 깨우다(awake) (from); 자극하다, 각성하다	깨우다

* irritat = 자극하다(excite)

irritate	V 짜증나게 하다, 거슬리다
irritation	N 자극
irritative	A 짜증나게 하는, 초조하게 하는
irascible	A 화를 잘내는
irate	A 성난, 격분한

* whet = 갈다(grind), 자극하다(incite)

whet	V 칼을 갈다; (욕구·흥미를) 돋우다, 자극하다
whetstone	N 숫돌
* hone	N 숫돌　V 숫돌로 갈다; 연마하다

* 휏(whet)감이 '식욕을 돋우다'로도 연상해번 자.

168

gad/stig = 막대기 (goad)

gadfly	N	등에, 귀찮은 사람, 성가신 사람
goad	N	가축몰이 막대기, 자극 V 자극하다, 몰다
instigate	V	실시하게 하다; 부추기다, 선동하다

등에 gadfly

DAT = 주다(give)

Data는 '주어진 것'이란 의미이며, date는 data라는 라틴어의 의미를 오해하여 실수로 생겨났다. 고대 로마에서는 편지 서두에 **'data Rome (로마에서 주어진 것)'**라고 쓴 다음 그 밑에 날짜를 쓰곤 했는데, '**data Romae**' 다음에 날짜가 오는 것을 보고 '**로마 날짜**'의 의미로 오해했던 것이다.

date
[deit]
N 날짜, 데이트   V 날짜를 적다, 오래되다, 데이트하다
data Romae에서 발견한 말
* **dateless** 기한 없는, 끝없는(endless)   * **dated** 케케묵은, 구식인
ex) He wanted to cancel the blind **date** with the mud wrestler.

dative
[déitiv]
N 여격(dative case); 여격의
주는, 주는 것
* **dative verb** 수여동사

datum
[dǽtəm]
N 자료, 기준
주어진 것 - 복수형은 data

antedate
[ǽntidèit]
V ~보다 선행하다; (실제보다) 앞의 날짜로 하다
날짜(date)보다 먼저(ante)
ex) Mrs. Lee's birth **antedates** that of her daughter by twenty years.

backdate
[bǽkdèit]
V …의 날짜를 거슬러 올라가게 하다
날짜(date)보다 뒤로(back)
ex) They got a pay rise in March which was **backdated** to January.

postdate
[pòustdéit]
V 뒤에 오다, 실제 날짜보다 늦추다
날짜(date)보다 뒤에(post)
ex) The tickets was **postdated** several hours after it was placed on a car..

predate
[prì:déit]
V ~보다 먼저[앞서] 오다
날짜(date)보다 먼저(pre)
ex) These cave paintings **predate** any others which are known.

misdate
[mìsdéit]
V 날짜를 틀리다   N 틀린 날짜(wrong date)
틀린(mis) 날짜(date)
ex) This track is misdated on the CD as 20 Dec 1997.

outdate
[áutdèit]
V 구식이 되게 하다, 진부하게 하다, 쇠퇴하다
날짜(date)가 지나다(out)
ex) **Outdated** styles inevitably come back into vogue.

update
[ʌ̀pdéit]
V 새롭게 하다, 최신의 것으로 하다
날짜를(date) 올리다(up)
ex) Maps must constantly be **updated** and redrawn.

* 중세 상인단체인 guild도 원래는 '주다(give), 지불하다(pay)'의 뜻에서 유래했다.

guild	N (중세) 상인 단체, 길드; 동업 조합; 회
yield	N 산출; 산출액, 생산량, 수확; 보수; 이윤율 V 산출하다, 초래하다, 양보하다, 포기하다
* wield	V (칼·도구·권력 등을) 휘두르다, 사용하다, 쓰다

양보하라는 교통 표지판

DON/DOS/DOT = 주다(give)

단어 'donate'를 먼저 '돈내다'로 기억한 다음 그로부터 'don=주다'를 떠올리자.

donate
[dóuneit]
V 기증하다, 기부하다(contribute)
* donation 기부, 기증   * donator 기부자
ex) The appeal for people to **donate** blood was very successful.

donor
[dóunər]
N 기증자(contributor), 증여자(↔donee 수증자)
ex) Thanks to a large gift from an anonymous **donor**.

condone
[kəndóun]
V 용서하다(forgive; pardon), 갚다(repay)
* condonation 용서; (특히 간통에 대한) 묵과
ⓐ condole 문상하다, 위안하다, 동정하다
ex) If the government is seen to **condone** violence, the bloodshed will never stop.

pardon
[pá:rdn]
[완전히(par) 주다(don)]
N 용서, 특사, 사면, 면죄   V 용서하다; 사면하다
ex) He has actively sought a **pardon** from the president.

dose
[dous]
N 약의 1회 복용량   V 약을 복용시키다
* dosage 1회분의 투약량   * lethal dose 치사량
ex) About twenty of these pills would be a lethal **dose**.

overdose
[òuvərdóus]
N (약 따위의) 과대복용   V 지나치게 복용하다
ex) When he was 17 he took an **overdose** of sleeping pills and nearly died.

dotage
[dóutidʒ]
N 망령, 노망(senility)
* dote 노망나다; 너무 많이 좋아하다
ex) In his **dotage**, the old man bored us with long tales of events in his childhood.

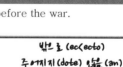

antidote
[ǽntidòut]
[반대로(anti) 주는 것(dote)]
N 해독제(antipoison; toxicide)
ex) Sales of nerve gas **antidotes** increased dramatically before the war.

anecdote
[ǽnikdòut]
N 일화, 드러나지 않은 사건
* anecdotage 일화집   * anecdotal 일화적인
ex) He told one or two amusing **anecdotes** about his years as a policeman.

dower
[dáuər]
V 과부재산을 주다; 재능을 부여하다
N 과부재산; 천부의 재능, 타고난 자질
* dowager 미망인, 과부(widow)   * dowry (신부의) 결혼 지참금; 천부의 재능

apodosis
[əpádəsis]
N 귀결절

endow
[indáu]

V 증여하다, 수여하다, 부여하다
* **endowment** 기부, 기부금, 재능
ex) Job's daughters are all **endowed** with remarkable beauty and grace.

주게(dow<dot) 하다(er)

DIT = 주다(give)

'여러 가지 함께(con) 주어진(dit)것(ion)'이 '조건(condition)'이고, '후손에 전해(tra) 주는(dit) 것(ion)'이 '전통(tradition)'이다.

---

condition
[kəndíʃən]

N 조건, 상태(state), 형편   V 조건을 마련하다
* **conditional** 조건부의   ⓐ **fettle** (심신의) 상태
ex) It's very old but it's been so well kept that it's in perfect **condition**.

함께(con) 주어진(dit) 것(ion)

edition
[idíʃən]

N 발행, 총서, 복제(reproduction)
* **edit** 편집하다   * **editor** 편집인   * **editorial** 논설
ex) I've ordered the paperback **edition** of their dictionary.

밖으로(e) 주어진(dit) 것(ion)

extradite
[ékstrədàit]

V 인도하다(lead out), 양도하다(hand over)
* **extradition** 인도, 양도
ex) He will be **extradited** to Britain from France.

국외로(ex) 전해(tra) 주다(dit)

perdition
[pərdíʃən]

N 파멸(ruin), 지옥(hell), 영원한 죽음(mortality)
ex) If we reject the truth, we seal our own **perdition**.

완전히(per) 주는(dit) 것(ion)

dice
[dais]

N 주사위; 도박   V 주사위 놀이를 하다, 노름하다
* **dice with death** 극도로 위험하고 무모한 짓을 하다   * **no dice** 헛수고다
ex) You're **dicing** with death if you drive at that sort of speed on icy roads.

운에 의해 주어진 것

tradition
[trədíʃən]

N 전설(legend), 전통, 관습(custom)
* **traditional** 전통의
ex) Fireworks have long been an American **tradition** on the Fourth of July.

전해(tra<trans) 주는(dit) 것(ion)

extradite
[ékstrədàit]

V 넘겨주다, 송환하다; 넘겨받다, 인수하다
* **extradition** (어떤 나라로) 외국 범인의 인도, 본국 송환
ex) The government attempted to **extradite** the terrorist suspect.

밖으로(ex) 전해(tra) 주다(dit)

treason
[trí:zn]

N 반역(죄), 배신, 불신
* **traitor** 반역자, 역적, 매국노
ex) Ho Kyun was executed on suspicion of **treason** in 1618.

treason < traison
< 넘겨(tra)줌(ditio)

betrayal
[bitréiəl]

N 배반(treachery), 배신, 밀고, 내통
* **betray** 배반하다, 속이다, 밀고하다
* **betrayer** 매국노, 배신자, 밀고자, 내통자
ex) I saw her actions as a **betrayal** of my trust.

비틀어야(betrayer) 할 배신자

DER<DARE = 주다(give)

render
[réndər]
- V 주다, 바치다; 포기하다; 양도하다; ~을 ~하게 하다
- *rendering (예술의) 표현, 연출, 연주; 번역, 번역문; 넘겨 줌, 반환; 초벌칠
- ex) The singers **rendered** the song with enthusiasm.

다시(ren<re) 주다(der<dare)

rent
[rent]
- V 임대하다   N 임대료, 집세
- ex) He had to **rent** a house in Houston.

다시(ren<re) 주다(der<dare)

rendezvous
[rá:ndivù:]
- N 회합, 회동, 랑데부; 회합장소, 집결지
- ex) I was afraid that you wouldn't be able to come to our **rendezvous**.

[F] render+vous(yourselves)

surrender
[səréndər]
- V 넘겨주다; 양보하다; 항복하다; 포기하다
- N 인도, 명도, 양도; (주의, 신념 등의) 포기; 항복, 함락; 자수; 보험해약
- ex) They have **surrendered** their share of the company.

위로 (sur) 주다(render)

DEC/DOX = 좋은(good), 알맞는(suitable)

decoration(장식)은 보기 좋게(décor) 만드는(ate) 것(ion)이다. Dogma, doctrine의 dog은 변형으로 의견(opinion)의 뜻이다. 상황을 좋게 하려는 것이 의견이다.

decorate
[dékəreit]
- V 장식하다; 훈장을 주다
- *decoration 장식, 꾸밈새; 장식물; 훈장   *décor 장식; 실내장식; 무대 장치
- ex) He was **decorated** with a medal for his distinguished services.

좋게(décor) 만들다(ate)

decorous
[dékərəs]
- A 예의 바른, 단정한; 품위 있는; 근엄한
- *decorum 단정(端正); 예의 바름, 에티켓
- ex) There is a **decorous** way of expressing disagreement with another's position.

decent
[dí:snt]
- A 품위있는, 점잖은, 예의 바른, 단정한
- *decency 품위; 체면; 예의바름, 단정함
- *indecent 품위없는, 점잖지 못한; 추잡한, 음란한

doxology
[daksálədʒi]
- [좋게(dox) 말함(ology)]
- N 송영가, 찬가
- ex) Evidently, the **doxology** was not part of the prayer as Jesus originally gave it.

dogma
[dɔ́:gmə]
- [의견(dogma)]
- N 교리(doctrine), 정리(theorem), 독단론
- *dogmatic 독단가; 독단적인; 교리상의 *dogmatism 독선
- ex) Are the churches locked into their separate **dogmas**?

heterodox
[hétərədàks]
- A 이단의, 이설의(↔orthodox 정통설의)
- *heterodoxy 이단, 이설
- ex) His opinions have always been distinctly **heterodox**.

다른 (hetero) 의견 (dox)

orthodox
[ɔ́:rθədàks]

A 정설의, 정통파의, 옳다고 인정된, 전통적인

* **orthodoxy** 정설, 정교; 정통파적 관행; 통설(에 따르기)
ex) We would prefer a more **orthodox** approach to the problem.

올바른 (ortho) 의견의 (dox)

paradox
[pǽrədàks]

N 역설, 패러독스

ex) 'I always lie' is a **paradox** because if it is true it must be false'

정설(dox)을 거역하여(para)

DERM = 피부(skin)

화장품 이름을 유심히 보면 'derm'이 붙은 상표들이 있다. Obagi Nu Derm, ChronoDerm 등이다. 'derm'이나 'dermat'은 '피부(skin)'의 뜻이다. 피부는 dermis, 피부염은 dermatitis!

---

dermis
[də́:rmis]

N 진피, 피부(derma; corium; skin)

* **dermal, dermatic** 피부의, 피부에 관한
ex) The skin is divided into two main regions, the epidermis and the **dermis**.

동물이나 식물의 피부

dermatology
[də:rmətálədʒi]

N 피부의학, 피부과학

ex) The lectures cover topics such as general **dermatology** and skin neoplasms.

피부(dermato)에 관한 연구 (logy)

dermatitis
[də:rmətáitis]

N 피부염

* **dermatopathy** 피부병(skin disease)
ex) Bites can cause itching and **dermatitis**.
ex) He is dealing with a systemic **dermatopathy**.

피부(dermat) 염(itis)

epidermis
[èpədə́:rmis]

N 표피(a thin surface layer of tissue), 외피

ex) Melanin is produced by melanocytes in the inner layer of the **epidermis**.

상층 (epi) 피부(dermis)

hypodermic
[hàipədə́:rmik]

A 피하의   N 피하주사, 피하주사약

ex) Alison cringed when the doctor came striding toward her with an enormous **hypodermic** needle in his hand.

피부(derm) 아래에(hypo) 있는 (ic)

intradermal
[intrədə́:rməl]

A 피내(皮內)의

* an **intradermal** injection 피내주사

피부(derm) 안(intra)의 (al)

ectoderm
[éktədə:rm]

N 외배엽(↔endoderm)

ex) The **ectoderm** is the outer germ layer of the embryo, to be distinguished from the endoderm and mesoderm.

바깥쪽(ecto) 피부 (derm)

pachyderm
[pǽkidə́:rm]

N 후피동물, 둔한 사람

ex) The body of the robot is stiff and lacks flexibility, much like a large **pachyderm**'s back is very stiff.

두꺼운 (pachy) 피부 (derm)

taxidermy
[tǽksidə:rmi]

N 박제술

ex) Blanche happily stuffed badgers for hours. She was an ardent **taxidermist**.

가죽(dermy)을 바쳘하다(taxi)

EGO = 자신(myself)

'Ego'란 프로이드가 분류한 3대 정신대 'Id, ego, superego' 중 하나로 '나(I)'를 의미한다.

ego
[íːgou]
N 자아(the self), 자부(self-esteem)   자신(ego)
* **ego involvement** 자아 관여   * **nonego** 비아, (주관에 대한) 객관(object)
* **superego** 초자아, 상위 자아   * **alter ego** 친한 친구, 제2의 나
ex) I'm glad she got the job – she needed something to boost her **ego**.

egoist
[íːgouist]
N 이기주의자(a believer in egoism)   자기(ego)만 아는 사람(ist)
* **egoism** 이기주의, 이기심(selfishness)
ex) His **egoism** prevented him from seeing the needs of his colleagues.

egotist
[íːgoutist]
N 자기 본위의 사람   자기(egot) 중심적인 사람(ist)
* **egotism** 자기 중심주의
ex) Thanks for confirming what a **egotist** you are.

egocentric
[ìːgouséntrik]
A 자기 중심적인   N 자기 중심주의자   자기(ego) 중심의(centric)
* **egocentrically** * **egocentricity**
ex) She broke my trust with her **egocentric** behavior.

egomaniac
[ìːgouméiniæk]
N 병적으로 자기 중심적인 사람   자기(ego) 광신자(maniac)
* **egomania** 병적인 자기 중심벽(癖)
ex) An **egomaniac** thinks only he or she is a great human being.

EQU = 동등한(equal)

'equal'의 equ는 '동등한, 같은'의 뜻이다.

equal
[íːkwəl]
A 같은, 동등한   N 동등한 사람, 필적하는 사람   같은, 동등한
* **equality** 동등, 대등, 평등   * **equally** 동등하게; 평등하게; 그와 동시에
ex) All people are **equal**, deserving the same rights as each other.

equalize
[íːkwəláiz]
V 같게 하다, 평등하게 하다, 동점이 되다   동등하게(equal) 만들다(ize)
* **equalization** 동등화, 평등화   * **equalizer** 동등하게 하는 것; 동점골
ex) Jisung **equalized** early in the second half

equalitarian
[ikwàlətɛ́əriən]
A 평등주의의   N 평등주의자   평등(equalit) 주자(arian)
* **equalitarianism** 평등주의   * **egalitarian** 평등주의자
ex) As an **equalitarian**, I will fight against racial discrimination.

equable
[ékwəbl]
A (온도, 기후 등이) 고른, 균등한; 침착한   균등(equ) 한(able)
ex) His equable **manner** makes him a good boss.

equanimity
[ìːkwənímətí]
N (마음의) 평정, 침착, 태연; 평형, 균형   균등한(equ) 마음(animity)
ex) He received the news of his mother's death with remarkable **equanimity**.

equation
[ikwéiʒən]
N 균등화, 평형상태, (수학)등식, 방정식
* **equate** 동등하게 하다   * **equational** 균등의, 방정식의
ex) Every time Tom sees an **equation**, he becomes sick to his stomach.

같게(equi) 만듦(ation)

equator
[ikwéitər]
N (지구의) 적도, 주야 평균선
* **equatorial** 적도(상)의
ex) Singapore is almost on the **equator**.

같게(equi) 만든(ate) 것(or)

adequate
[ǽdikwət]
A 충분한(sufficient), 적합한(suitable)
* **adequacy** 적당함, 충분함   * **inadequate** 부적당한, 불충분한
ex) Will future oil supplies be **adequate** to meet world needs?

~에(ad) 동등(equ)해진(ate)

equilibrium
[iːkwəlíbriəm]
N 평형, 균형, 마음의 평형상태
* **equilibrate** 평형하게 하다, 균형을 잡다
ex) Yoga is said to restore one's mental **equilibrium**.

똑같은(equili) 상태(brium)

equity
[ékwəti]
N 공평(fairness), 공정(justice), 주주권
* **equitable** 공정한, 정당한
ex) He was prepared to commit $1 billion in **equity** to a purchase.

동등(equ)함(ity)

equidistant
[iːkwidístənt]
A 등거리의
* **equidistant diplomacy** 등거리 외교

동등한(equi) 거리의(distant)

equilateral
[iːkwəlǽtərəl]
A 등변의   N 등변형
* an **equilateral triangle** 등변 삼각형, 정삼각형
ex) An **equilateral** triangle's three sides are all of the same length.

동일한(equi) 변(later) 의(al)

equipoise
[ékwəpòiz]
N 평형, 세력의 균형, 평행추   V 균형잡다
ex) There is little threat to the ecological **equipoise**.

동등한(equi) 상태(poise)

equipotent
[iːkwəpátent]
A 힘[효력·능력]이 동등한
ex) Hydrocodone and morphine were **equipotent** for pain control in humans.

동등한(equi) 힘(pot) 의(ent)

equivalent
[ikwívələnt]
A 등가의   N 같은 것, 당량, 상당어구
* **equivalence** 같음, 등가, 동량; (말, 표현의) 등가성, 동의성
ex) Eight kilometers is roughly **equivalent** to five miles.

동등한(equi) 가치(val) 의(ent)

equivocal
[ikwívəkəl]
A 두 가지 뜻으로 해석되는, 모호한
ex) She gave an equivocal answer, typical of a politician.play

같은(equi) 소리(voc)인(al)

* id의 'ident' 역시 동일한(same)'의 의미를 가지므로 함께 공부하자.

identic	A 동문의	동일시되는
identical	A 동일한	동일(ident)한(ical)
identify	V 동일시하다, 감정하다, 신분을 밝히다	같게(ident) 만들다(ify)
identification	N 동일, 신분증명서	동일시하는(identify) 것(ation)
identity	N 동일함, 주체성, 주체의식, 신원, 항등식	같은(ident) 상태(ity)

iso = 같은 (same)

isobar	N [기상] 등압선	같은 (iso) 압력(bar)
isobaric	A 등압선의, 동일중량의	같은 (iso) 압력(bar)의 (ic)
isosceles	A 이등변의	같은 (iso) 변(sceles)
isotope	N 동위원소	같은 (iso) 위치 (tope)
isocheim	N 등한선(等寒線)	같은 (iso) 추위 (cheim)
isochromatic	A 등색의	같은 (iso) 색(chrom)의 (ic)
isoclinic	A 등경사의	같은 (iso) 기울기 (clin)의 (ic)
isothermal	A 등온선의	같은 (iso) 온도 (therm)의 (al)
isomer	N 동질이성체	같이 (iso) 측량됨(mer)
isomorphism	N 동형이질	같은 (iso) 형태(morph)임 (ism)
isopod	N 등각류동물	같은 (iso) 다리 (pod)

EV = 시간(time)

크리스마스 이브(eve)의 ev! 인도-유럽어근 **aiw**에서 출발하여 라틴어 **aevum**과 그리스어 **aeon**을 거쳐 영어에 들어왔다.

eve
[i:v]
N 저녁, 밤; (축제일의) 전날 밤; 중요사건의 직전

evening의 줄임말

* **evening** 저녁　* **ever** 이전에, 여태껏, 언제나, 늘　* **evergreen** 상록의

coeval
[kouí:vəl]
A 시작시기가 같은; 나이가 같은

함께 하는 (co) 시간(ev)의 (al)

* **coeternal** 영원히 공존하는
ex) The industry is **coeval** with the construction of the first railways.

longevity
[landʒé:vəti]
N 장수, 수명

오랜(long) 시간(ev) + ity

* **longeval** 장수의, 목숨이 긴
ex) We wish you both health and **longevity**.

medieval
[mì:dií:vəl]
A 중세의(of the middle ages)

중간(medi) 시대(ev)의 (al)

* **medievalism** 중세사상, 중세주의
ex) In **medieval** times, doctors believed leeches could rid patients of poisons in the blood.

primeval
[praimí:vəl]
A 원시시대의(of the earliest ages)

처음(prim) 시대(ev)의 (al)

ex) These were the **primeval** nebulae from which planets formed.

eternal
[itə:rnəl]
A 영원한(everlasting), 불멸의

* **eternally** 영원히, 끊임없이
* **eternize** 영원성을 부여하다, 영원히 전하다
* **eternity** 영원, 영겁; 영원한 것; 사후세계, 내세
ex) Will you two never stop your **eternal** arguing!

eon
[í:ən]
N 영겁(eternity)

ex) I've been waiting **eons** for the position.

FER = 나르다(carry), 낳다(bear)

짐과 사람을 실어 **나르는** 'ferry'를 생각하자. 변형으로 'phor', 'pher' 등이 있다.

ferry
[féri]
N 나룻터, 연락선 V 나룻배로 건너다, 공수하다
나르(fer)는 것(ry)
* ferriage 도선, 나루질, 나룻배편, 나룻배 삯, 도선료

fertile
[fə́:rtl]
A 비옥한, 많이 산출하는, 풍부한, 다산의
낳을(fert) 수 있는(ile)
* fertility 비옥, 다산, 풍요, 생산력, 번식력   * infertile 불모의, 기름지지 않은
ex) You can take special drugs to increase your **fertility**.

fertilize
[fə́:rtəlàiz]
V 비옥하게 하다, 풍부하게 하다, 수정[태]시키다
비옥하게(fertil) 하다(ize)
* fertilizer 비료   * fertilization 비옥화, 수정, 수확
ex) Land that has been **fertilized** is richer in nutrients.

afferent
[æfərənt]
A (신경따위의) 구심성의, (신경 등이) 수입성의
가깝게(af) 나르(fer) 는(ent)
* efferent (신경 따위의) 원심성의

confer
[kənfə́:r]
V 1. 회담하다, 의견을 비교하다, [명령] 비교하라
   2. 수여하다, 주다(grant)
(의견을) 함께(con) 나르다(fer)
(물건을) 함께(con) 나르다(fer)
* conference 회의, 상담   * conferment (학위 등의) 수여
ex) The honor was **conferred** on[upon] him just after the war.

conifer
[kánəfər]
N 구과(毬果) 식물, 침엽수
원추처럼 열매(coni)를 맺다(fer)
* coniferous 구과를 맺는, 침엽수의
ex) **Conifers** have long thin leaves called needles.

defer
[difə́:r]
V 1. 연기하다, (징병을) 유예하다; 미루다
   2.(남의 판단에) 따르다, 복종하다
(날짜를) 뒤로(de) 나르다(fer)
(다른 사람) 뒤로(de) 가다(fer)
* deferment/deferral 연기   * deference 복종, 존경
ex) Can we **defer** making a decision until next week.

differ
[dífər]
V 다르다, 의견이 다르다
멀리(dif) 나르다(fer)
* difference 다름, 상이, 차별 * different 다른, 상이한, 별개의, 여러 가지의
* differential 차별적인, 특징이 있는, 차등적인, [수학]미분의
* differentiate 다르게 하다, 구별짓다, 미분하다, 변경하다
ex) French **differs** from English in many respects.

indifference
[indífərəns]
N 무관심, 냉담, 무차별, 균등, 공정, 평범
멀리(dif) 나르다(fer)
* indifferent 무관심한, 냉담한; 중요치 않은, 중립의;무관심한 사람
ex) I can see you are putting on a screen of **indifference**.

infer
[infə́:r]
V 추론하다, 결론짓다, 짐작하다
(마음) 속에(in) 품고 있다(fer)
* inference 추론, 결론, 짐작
ex) What do you **infer** from her refusal?

interfere
[íntərfíər]

V 방해가 되다, 충돌하다, 간섭하다   사이에(inter) 끼어 들다(fere)
* **interference** 충돌, 방해, 간섭   * **noninterference** 불간섭
ex) **Interfering** in other people's relationships is always a mistake.

offer
[ɔ́:fər]

V 제공하다, 바치다, 제안하다   **N** 제공, 제안, 청혼   ~쪽으로(of) 나르다(fer)
* **offering** 헌납, 헌금, 신청, 방출   * **offertory** 헌금, 봉납
⊕ tithe 십일조; 십분의 일; 십일조를 부과하다 [tithe<tenth]
ex) I must say the **offer** of a weekend in Barcelona quite tempts me.

prefer
[prifə́:r]

V 1. 더 좋아하다, 더 선택하다, 우선권을 주다   (선호도상) 앞에(pre) 두다(fer)
2. 등용하다, 발탁하다, 승진시키다   (지위를) 앞으로(pre) 가다(fer)
3. (권리, 요구 등을 법원 등에) 제출[제기]하다   (요구를) 앞에(pre) 내놓다(fer)
* **preferable** 바람직한   * **preferably** 즐겨, 오히려   * **preferential** 특례의
* **preference** 좋아함, 선택, 애호, 우선(권), 특혜   * **preferment** 발탁, 등용
ex) I'd **prefer** not to remember what happened that day.

proffer
[práfə:r]

N 제출, 증정, 제공   앞으로(pro) 제공하다(offer)
ex) I didn't think it wise to **proffer** an opinion.

refer
[rifə́:r]

V 언급하다, 참조하다, 인용하다; 탓으로 돌리다   다시(re) 나르다(fer)
* **referee** 중재자, 조정자, 심판; 중재하다, 심판을 보다
* **referendum** 국민[일반]투표, (외교)훈령요청서
ex) In her autobiography she often **refers** to her unhappy schooldays.

reference
[réfərəns]

N 참조, 참고, 인용문, 언급, 조회, 문의, 보증서   다시(re) 나를(fer+ence)
* **referential** 관련이 있는, 참조의, 대상의, 지시하는
ex) His speech was full of biblical **references**.

suffer
[sʌ́fər]

V 고통(고난)을 받다, 경험하다; 묵인하다, 참다   밑으로(suf) 나르다(fer)
* **suffering** 노고, 수난, 재난, 피해; 고통받는, 병든   * **sufferance** 허용, 관용, 고통, 인내
ex) The industry has **suffered** severe job losses this year.

transfer
[trænsfə́r]

V 옮기다; 양도하다   **N** 옮김, 양도, 이동, 전이   옮겨(trans) 나르다(fer)
* **transference** 양도, 옮김, 이동
ex) He has been **transferred** to a psychiatric hospital.

euphoria
[ju:fɔ́:riə]

N 행복감, (병적일 정도의)행복감, 다행증   좋은 것(eu)을 나를(phoria)
* **euphoric** 행복감의, 행복 다행증의
ex) They were in a state of **euphoria** for days after they won the prize.

periphery
[pərífəri]

N 주위, 원주, 말초   주변에(peri) 나를(phery)
* **peripheral** 주위의, 원주의
ex) Houses have been built on the **periphery** of the factory site.

paraphernalia
[pæ̀rəfərnéiliə]

N 장비, 도구, 설비, 아내의 소유물   근처로(para) 나르는(phern)것
ex) I have all cooking **paraphernalia** ready.

GER/GEST = 나르다(carry)

gesture는 의미를 나르기 위한 것이고, digest란 음식물을 '분리하여(di) 나르는(gest)' 것이다.

belligerent
[bəlídʒərənt]
A 호전적인, 교전중인; 교전국
전쟁(belli)을 나르(ger)는(ent)
ex) I don't know why she always seems so **belligerent** towards me.

congeries
[kándʒərìːz]
N 모인 덩어리, 퇴적
함께(con) 옮긴(ger) 것들(ies)

exaggerate
[igzǽdʒərèit]
V 과장하다, 허풍치다, 비대시키다, 증대시키다
아주(ex)세게(ag)나르다(gerate)
* **exaggeration** 과장, 허풍, 과장된 말
ex) All the facts in his speech were **exaggerated**.

gerund
[dʒérənd]
N 동명사
나르는 것
* **gerundial** 동명사의

gest
[dʒést]
N 무공이야기; 무용담; 공훈
carry on (수행하다)

jest
[dʒést]
N 농담, 익살; 장난, 희롱 V 농담하다, 조롱하다
gest(공로담)의 변형
* **a dry jest** 진지한 표정으로 하는 농담   * **an offhand jest** 임기응변의 말
@ **raillery** 농담, 놀림, 희롱; 희롱하는 행위[말]

jostle
[dʒáːsl]
V [=juslte] 거칠게 떠밀다, 밀다
jostle < jest (나르다)
ex) People were **jostling**, arguing and complaining.

gesture
[dʒéstʃər]
N 몸짓, 손짓, 태도 V 몸짓하다, 손짓하다
(의미를) 나르는(gest) 것(ure)
* **gestural** 몸짓의, 손짓의
ex) He **gestured** to the waiter for another drink.

gesticulate
[dʒestíkjulèit]
V 몸짓을 하다, 손짓으로 말하다
작은(cul) 제스처를 하다(ate)
* **gesticulation** 몸짓, 손짓   * **gestic** (특히 춤에서) 몸의 움직임에 관한
ex) He **gesticulated** wildly at the clock.

gestate
[dʒésteit]
V 잉태하다, (계획을) 창출하다
(몸에) 지니고(gest) 있다(ate)
* **gestation** 잉태, (계획의) 창출
ex) The period of **gestation** of rats is 21 days.

congest
[kəndʒést]
V 붐비게 하다, 빽빽히 채워 넣다, 충혈시키다
함께(con) 나르다(gest)
* **congested** 붐비는, 혼잡한, 충혈한   * **congestion** 혼잡, 밀집, 충혈
ex) The **congestion** in the city gets even worse during the summer.

digest
[daidʒést]
V 소화하다, 숙고하다, 요약하다, 참다 N 총람
따로 따로(di) 나르다(gest)
* **digestive** 소화의, 소화를 촉진하는   * **digestion** 소화
ex) Certain people find that they cannot **digest** meat easily.

ingest
[indʒést]
V 음식물을 섭취하다, 흡수하다, 삼키다
* **ingesta** 섭취물 * **ingestion** 음식물 섭취
ex) The chemicals can be poisonous if **ingested**.

안으로 (in) 나르다(gest)

suggest
[səɡdʒést]
V 암시하다, 넌지시 말하다, 제안하다
* **suggestion** 암시, 연상, 제안 * **suggestive** 암시하는, 선정적인
ex) May I **suggest** a white wine with this dish, Sir?

밑에서(sug) 나르다(gest)

gist
[dʒist]
N 요점, 요지, 본질, 골자
ex) Don't go into details about the book, just give me the **gist**.

(의미만) 나르는 것

register
[rédʒistər]
N 기록, 등록, 등록부 V 기록하다, 등록하다
* **registration** 등록, 등기; 사실의 기록 * **registry** 등록소, 등록부, 등록, 등기
ex) She bought a new car and **registered** it in her name.

다시(re) 나르다(gister)

VEH = 나르다(carry)

vehicle은 물건을 **나르는** 것. 물리시간에 배운 **벡터(vect**or)는 힘의 크기와 **방향**을 함께 갖는다.

vector
[véktər]
N 벡터, 방향량(↔scalar); 병독 매개 곤충
* **vectorial** 벡터의, 병독 매개체의
ex) Mosquitoes are the **vectors** of malaria.

옮기는 (vect) 자(or)

vehement
[víːəmənt]
A 열렬한(ardent), 열정적인(passionate)
* **vehemence** 열렬함, 격렬

마음(ment)을 옮기는(vehe)

vehicle
[víːhikl]
N 탈것, 차량, 전달 수단
* **vehicular** 탈것의, 매개물의 * **extravehicular** 우주 차량의

나르는(vehi) 것(cle)

vex
[veks]
V 짜증나게 하다, 괴롭히다(bother)
* **vexation** 짜증, 괴로움 * **vexatious** 성가신
ⓝ **nettle** 쐐기풀; 쐐기풀처럼 찌르다, 초조하게 하다
ex) Margaret **vexed** me by poking me with a stick.

convex
[kɑnvéks]
[함께(con) 나르는(vex)]
A 볼록한(↔concave 오목면) N 볼록면
* **convexity** 볼록면 * **convexo-concave** 요철

advection
[ædvékʃən]
N (기상, 물리의) 이류
ex) Warm and cold **advection** influence vertical air motion.

~쪽으로 (ad) 나름 (vection)

convection
[kənvékʃən]
N 전달, (열의)대류, 환류
* **convector** 대류 난방기(apparatus by which air is warmed)

함께(con) 나르는 것(vection)

invective
[invéktiv]
N 욕설, 악담(curses) A 악담의, 비난의
* **inveigh** 통렬하게 비난하다, 악담을 하다
ex) The critic's searing review was filled with bitterness and **invective**.

안으로 (in) 나르(vect) 는(ive)

FOLI = 잎(leaf)

portfolio는 잎(folio)을 나르는 것(port)! 여기에서 잎이란 곧 종이를 말하는 것이다.

foliage [fóuliidʒ]
N 잎새들(leaves), 잎 모양의 장식
ex) The dense **foliage** overhead almost blocked out the sun.

> 나뭇잎

foliate [fóuliət]
A 잎이 있는

> 잎(foli)이 있는(ate)

folio [fóuliòu]
V 페이지 수를 매기다 N 2절판 [책], 페이지 수
ex) The library holds the first **folio** of Shakespeare's plays.

> 잎 → 종이 한 장

exfoliate [eksfóulièit]
V (나무 껍질 등이) 벗겨지다
ex) For a cleaner-looking face, you should **exfoliate** the skin twice a week.

> 잎(foli)이 벗겨(ex) 지다(ate)

portfolio [pɔːrtfóuliòu]
N 서류첩, 작품 선집, 장관(각료)의 직; 유가증권
ex) She opened her **portfolio** and took out an architect's plan.

> 종이(잎)(folio)을 나름(port)

foil [fɔil]
N 박, 얇은 금속조각 V 박을 입히다; 좌절시키다
ex) The potatoes should be wrapped in **foil** and placed in a hot oven.

> 얇은 금속조각 - 잎처럼 생김

* 어근 lep도 '잎(leaf)'의 의미이다. 살갗이 잎처럼 벗겨져(lepr) 나가는 질병(osy)이 leprosy(나병)이다.

leper N 나병 환자, 문둥이; 세상에서 배척당하는 사람
leprosy N 나병, 문둥병

살아 나뭇잎(lep) 처럼 벗겨지는 나병

* lob/lodg(=shelter)도 원래는 lep의 변형이다. 잎으로 지은 오두막에서 그 의미가 확대된 것이다.

lobby N (건물의) 로비, (정치적) 로비 V 로비를 하다
lodge N 오두막; 여관, 작은 별장; 관리 사무소; 수위실
V 숙박하다, 하숙하다; 예치하다
loge N (극장의) 칸막이 관람석, 특별석

오두막 여관에서 하룻밤 나지(lodge)

* 한편 라틴 어근 follis는 비슷하게 생겼지만 '공기주머니(windbag), 풀무(bellows)' 등의 뜻을 가지므로 비교하여 공부하자.

fool N 바보, 어리석은 사람; 백치, 광대
folly N 어리석음, 어리석은 행동[생각]
follicle N [解] 소낭(小囊), 여포; 난포; [昆] 고치(cocoon)
* **inane** A 어리석은, 생각없는, 텅 빈, 거짓된
N 허공, 무한한 공간

> 머리속이 공기주머니

人애인(inane) 생기면 멍청해져 헤~

* zest = 레몬 껍질(lemon peel)

zest N 열정, 강한 흥미; 강한 풍미, 기분좋은 자극
zestful A 열심인; 흥미를 가진; 향미[풍취] 있는
zesty A 강한 풍미를 가진, 자극을 주는

zest
레몬껍질

FIN = 끝내다(end)

finish(끝내다)는 '**마지막**(fin)으로 **만들다**(ish)'의 뜻. 또한 **피날레**를 장식한다고 할 때의 final는 이탈리아어로 음악 연주의 '**마지막 곡**'이란 말이다.

finish
[fíniʃ]
V 끝마치다, 먹어치우다, 마무리하다 [마지막으로 만들다]
ex) Haven't you **finished** your homework yet?

finale
[fináːli]
N 종국, 결말, 대단원 [끝부분]
ex) What better **finale** to her career than this extravagant gesture.

final
[fáinl]
A 최후의   N 결승전, (대학의) 학기말시험 [끝(fin) 의(al)]
* **finality** 최종, 종국   * **finalize** 결말을 짓다
* **finally** 결국, 최종적으로, 결정적으로   * **semifinal** (경기의) 준결승의
ex) The other team scored twice in the **final** minute.

finesse
[finés]
N 교묘한 처리, 미묘한 솜씨, 술책, 책략 [마무리가(fin) 있음(esse)]
V 수완을 부리다, 술책을 쓰다
ex) It was a disappointing performance which lacked **finesse**.

finance
[fináens]
N 재정, 재원, 자원, 세입 [끝내주는(fin) 것(ance)]
* **financier** 자본가   * **financial** 재정적인
ex) See our **Finance** chapter at the end of the book.

finite
[fáinait]
A 한정된, [문법]정형의, 인칭 수에 제한되는 [한정(fin) 된(ite)]
ex) We have only a **finite** amount of time to complete this project.

affinity
[əfínəti][əfínəti]
[가깝게(af) 마무리 짓(finity)]
N 인척(관계), 유사성, 취미, 기호, 친밀감
* **affined** 인척의, 관계를 맺은, 동맹한
ex) Ducks have an **affinity** for water; that is, they like to be in it.

define
[difáin]
V 정의를 내리다, 한정하다, 명확히 하다 [아래로(de) 끝내다(fine)]
* **definement** 정의(하기), 묘사   * **definition** 정의, 선명도
* **definitive** 한정적인, 결정적인, 최후의; 한정사
ex) The term 'mental illness' is difficult to **define**.

definite
[défənət]
A 명확한, 정확한, 한정된, 확실한 [강하게(de) 끝내는(finite)]
* **definitude, definiteness** 명확성, 정확성
ex) We haven't picked a **definite** date, but it will probably be in June.

infinite
[ínfənət]
A 무한한, 무수한, 막대한   N 조물주, 신 [끝이(finite) 없는(in)]
* **infinity** 무한대   * **infinitely** 무한히, 대단히, 몹시
ex) Downtown traffic is **infinitely** worse than when we first moved to L.A.

단어	품사/뜻	어원
infinitive [infinətiv]	A N 부정사(의) ex) In the sentences 'I had to go' and 'I must go,' 'go' is an **infinitive**.	한정 받지(finite) 않는(in)
infinitesimal [infinətésəməl]	A 미소한, 무한소의, 미분의 * infinitesimal calculus 미적분학 ex) **Infinitesimal** does not mean huge, as some people incorrectly believe.	끝없이(infinite) 작은(simal)
fine [fain]	A 훌륭한, 맑게 갠, 작은, 예민한 V (벌금)을 물리다; 벌금 * fineness 훌륭함, 순도 * finable 벌금에 처할 수 있는	(더럽거나 나쁜 것을) 끝낸
confine [kənfáin]	V 가두다, 감금하다 N 경계, 국경, 한계 * confined 감금된, 갇힌, 제한된 * confinement 제한 ex) Prisoners are **confined** to their cells.	함께(con) 끝마치다(fine)
refine [ri:fáin]	V 정제(제련)하다, 맑게 하다, 순화하다 * refined 정제된, 세련된, 정교한 * overrefine 지나치게 정제하다 * refiner 정유업자 * refinery 정련소, 제련소 @ rarefied 매우 높은, 난해한; 세련된 ex) Sugar and oil are **refined** before use.	다시(re) 마무리하다(fine)
superfine [sù:pərfáin]	A 최고급의, 극상의, 최상의, 지나치게 섬세한; (설탕 등이) 지나치게 고운	지극히(super) 세련된(fine)

* 반대로 'last'는 '지속하다(last)'의 뜻이다.

lasting	N 영속 A 내구력이 있는, 불변의	지속하는
everlasting	A 영원히 계속되는, 불후의, 영원한 N 영구, 영원	영원히(ever) 지속되는(lasting)
elastic	A 탄력성이 있는, 융통성 있는; 고무줄	밖으로(e(ex) 지속하는(lastic)
elasticity	N 신축성, 탄성	밖으로(e) 늘어나는(last) 것(ity)
lassitude	N 나른함, 권태, 피로; 마음이 안 내킴	늘어진(lassi) 상태(tude)

* cra = 거칠게 울다(cry hoarsely)

crack	N 갈라진 틈, 홈, 결점 V 깨지다, 금가게 하다	
crackle	N 우지직하는 소리	
crake	N 뜸부기	
crane	N 크레인, 기중기; 학 V 기중기로 달아 올리다	
crash	N 쿵, 추락, 충돌, 파괴 V 부서지다, 무너지다	
crave	V 간청하다, 열망하다	우는 소리 하다 = 간청하다
craven	A 겁많은; 비겁한 N 겁쟁이	우는 소리 하는
creak	N 삐걱거리는 소리 V 삐걱거리다	끄덕 끄덕(creak)하는 소리
croak	N 까악 까악 우는 소리 V 목 쉰 소리로 말하다	꾸옥 꾸옥(croak)하는 소리
crepitate	V 따닥따닥 소리나다	타닥타닥(crepit) 하다(ate)
decrepit	N 노쇠한, 쇠약해진	아래서(de) 삐걱거림(crepit)
discrepancy	N 모순, 불일치	소리(crep)가 틀(dis)림(ancy)
scream	N 비명, 절규 V 소리치다, 비명을 지르다	
shriek	V 비명을 지르다	날카로운 소리(shrill) 지르다
shrill	N 날카로운, 신랄한	

FORCE/FORT = 힘(force), 강한(strong)

공중의 **힘**을 뜻하는 air **force**나 **강하게** 만들어진 **fortress**(요새) 등이 모두 이곳 출신이다.

force
[fɔːrs]
N 힘, 세력   V 강요하다, 강탈하다
* **forced** 강요된   * **forcible** 강제적인, 설득력 있는   * **forceful** 힘찬, 원기있는

힘(force)

enforce
[infɔ́ːrs]
V 강요하다, 부과하다, 실시하다
* **enforcement** 시행   * **re-enforcement** 보강
ex) It isn't always easy for the police to **enforce** speed limits.

강제로 (force)~ 하게 하다 (en)

forte
[fɔːrt]
N 장점, 특기; [음악]강음의
* **fortissimo** [음악] 가장 세게
ex) I'm afraid sewing isn't one of my **fortes**.

강한(fort) 것(e)

fortress
[fɔ́ːrtris]
N (대규모의)요새, 안전지대; 요새를 마련하다
* **fortalice** 작은 요새, 작은 보루   * **fort** 보루; 성채
ex) The **fortress** had massive walls and a heavily fortified gateway.

튼튼한(fort) 곳(ress)

fortify
[fɔ́ːrs]
V 요새화하다, 강화하다
* **fortification** 방어, 경위, 강화   * **fortified** 강화된
ex) The fruit drink is **fortified** with vitamin C.

튼튼하게(forti) 만들다(fy)

fortitude
[fɔːrtəfái]
N 불굴의 정신, 인내, 꿋꿋함
ex) Throughout that difficult period of illness she showed great **fortitude**.

확고(forti) 함(-tude)

comfort
[kʌ́mfərt]
V 위로하다, 위문하다   N 편안함, 위안
* **comfortable** 편안한, 안락한
ex) I tried to **comfort** him but it was no use.

함께(com) 힘이 되다(fort)

effort
[éfərt]
N 노력, 수고, 분발
* **effortful** 애써 ~하는, 의지로 꾸민   * **effortless** 노력하지 않는, 쉬운
ex) If we could all **make an effort to** keep this office tidier it would help.

밖으로(ef) 힘을 내다(fort)

counterfort
[káuntərfɔ̀ːrt]
N 부벽, (산의)돌출부

대항하여(couter) 힘을 쓸(fort)

counterforce
[káuntərfɔ̀ːrs]
N 저항력, 반발력

대항하는 (counter) 힘(force)

discomfort
[diskʌ́mfərt]
N 불쾌, 불안; 불편, 곤란   V 불쾌[불안]하게 하다
ex) I felt a minor **discomfort** during the treatment.

discombobulate
[diskəmábjulèit]
V 혼란시키다, 당황하게 하다 [discomfort의 미화격]
ex) They tried to **discombobulate** Mr Coulson.

* puzzle = 당황하게 하다(bewilder)

| puzzle | N | 수수께끼, 퍼즐, 퀴즈; 곤혹, 혼란 |
| | V | 곤혹하게 하다, 수수께끼를 풀다 |

* baf = 당황하게 하다(confuse)

baffle	V	당황[당혹]하게 하다; 좌절시키다, 방해하다
baffling	A	저해하는;당황하게 하는;이해할 수 없는
bluff	N	허세, 엄포; 속임수, 발뺌 V 허세부리다

ROB = 강한(strong), 일하다(work)

체코슬로바키아의 극작가 K. Capek의 극, 'Rossum's Universal **Robots**'에 처음 등장한 robot은 원래 '**일하는 사람**' 또는 '**노예**'의 뜻이었다. 노동을 할 수 있다는 것은 **건강하다**는 증거이다.

robot
[róubɔt]
N 로봇, 인조인간, 기계적으로 일하는 인간
ex) Some types of **robot** can walk and talk, but they cannot think like humans.

roborant
[rábərənt]
A 기운을 돋우는, 건강에 좋은 N 강장제, 보약(tonic)
* **corroborant** 확증적인, 강장성의; 확증하는 것, 강장제

robust
[roubʌ́st]
A 강건한(strong), 건전한(healthy)
ex) You need to be **robust** to go rock climbing.

corroborate
[kərábərèit]
V 확증하다, 확실히 하다
* **corroboration** 확증   * **corroborative** 확증적인
ex) Recent research in this field seems to **corroborate** the theory.

* 굉장히 강한 노력을 기울이는 어근 strid 도 함께 보자. 애쓰다(make a strong effort)의 의미이다.

stride	V 큰 걸음으로 걷다 N 큰 걸음, 활보; [pl.] 진보
strive	V 노력하다, 힘쓰다, 얻으려고 애쓰다, 겨루다
strife	N 투쟁, 다툼, 싸움; 경쟁(contest)
bestride	V 걸터앉다, 버텨서다; 건너 넘다, 위압하다
* strident	A 귀에 거슬리는, 소리가 불쾌한

* brawn = 살코기 (flesh or muscular part)

brawn	N 근육(muscle); 근력(筋力), 완력
brawny	A 근골이 억센;강건한
brawn drain	N 육체 노동자·운동 선수의 국외 유출(↔brain ~)

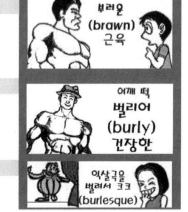

* burl = 건장한(stout)

burly	A 억센, 건장한, 실한(stout); 퉁명스러운(bluff)
* hurly-burly	N 소동(uproar), 혼란
* doughty	A 대담한, 용맹한

* burl = 익살(jest)

| burlesque | N 익살 연극; 희화   A 해학적인, 광대의;웃기는 |
| * droll | A 웃기는, 익살스러운 N 익살꾸러기, 어릿광대 |

FRANC/FRANK = 자유로운(free)

프랑크(Frank) 족이 갈리아 지방에서 자유민이었던 까닭에 생겨난 단어 **frank**는 표현 등이 자유롭고 거침없음을 의미한다. 한편 **France**는 **자유를 획득한 나라**라는 뜻이다.

frank
[fræŋk]
A 솔직한, 숨김 없는   V 무료로 송달하다
* **frankly** 솔직히   * **frankness** 솔직함
ex) I was brought up to be **frank** and speak my mind.
〔속 바침이 없어 자유로운〕

franchise
[frǽntʃaiz]
N 프랜차이즈, 특권; 투표권, 참정권, 시민권;
ex) They operate **franchises** in London and Paris.
〔어떤 제한으로부터 자유로운〕

affranchise
[æfrǽntʃaiz]
V 해방하다, 자유롭게 하다
* **affranchisement** 해방
〔매우(af) 자유롭게(franch) 만들다(ise)〕

disfranchise
[disfrǽntʃaiz]
V 시민권을 빼앗다
* **disfranchisement** 시민권 박탈
ex) Many have argued that the new credit will **disfranchise** women.
〔자유권을(franchise) 빼앗다(dis)〕

enfranchise
[infrǽntʃaiz]
V 참정권을 주다, 해방하다
* **enfranchisement** 참정권 부여
ex) The company voted to **enfranchise** its 120 women members.
〔참정권을(franchise) 만들다(en)〕

FRONT = 앞쪽(forward)

'front'는 원래 '이마'의 뜻이었는데 이마는 앞에 있기 때문에 '앞면, 정면'을 의미하게 되었다. 건물의 정면에 있는 front door(현관)나 호텔 등의 앞부분에 있는 프런트 등이 여기에서 왔다.

front
[frʌnt]
N 앞부분, 정면, 최전방, 태도, 용모   V 직면하다
* **frontal** 앞면의, 앞의   * **front burner** (가스 레인지의) 앞쪽 버너; 최우선
ex) The teacher was reprimanded for vilifying the slow student in **front** of the rest of the class.
〔이마 = 앞면〕

* front = 이마 → (이마는 얼굴의) 앞면 → (얼굴에 나타나는 표정에서) 태도 → (앞면의 뜻에서) 전선, 최전방

frontier
[frʌntíər]
A 국경지방의, 국경에 있어서의
N 국경지방, 변경; (지식, 학문 등의) 최첨단, 새 분야; 미개척의 영역
* **frontiersman** 국경지방의 주민, 변경 개척자
ex) Mapping the human genome opens a new era for medical science _ and a new **frontier** for potential discrimination.
〔앞쪽에(front) 있는 것(ier)〕

frontispiece
[frʌ́ntispìːs]
N 권두삽화, 정면, (책의) 머리 그림
ex) A photograph of the author forms the **frontispiece** to the book.
〔앞쪽(fronti)에 보임(spiece)〕

affront
[əfrʌ́nt]
V 과감히 맞서다, 면전에서 모욕하다   N 모욕, 치욕
* **affrontive** 모욕적인
ex) Jim's dreadful score on the back nine was an **affront** to the ancient game of golf.
〔~쪽으로(af<ad) 맞서다(front)〕

confront
[kənfrʌ́nt]
V 직면하다, 대적하다
* confrontation 직면, 대적
ex) An oblique argument is one that does not directly **confront** its true subject.

함께(con) 직면하다(front)

effrontery
[ifrʌ́ntəri]
N 뻔뻔함, 철면피, 몰염치, 뻔뻔스런 행위
ex) Rude and disrespectful behavior can be described as **effrontery**.

얼굴을 내놓는(of<ex) 것(ery)

forefront
[fɔ́ːrfrʌ̀nt]
N 맨 앞, 최전선, 중심, 가장 중요한 위치
ex) She was in the **forefront** of the campaign to free the prisoners.

앞쪽(front) 중 앞쪽(fore)

FUND = 기초(bottom)

IMF(international monetary fund) 시대를 거치면서 fund라는 단어는 이제 상식이 되어버렸다. '자금, 기금'이란 뜻인데, 자본주의 사회에 있어 모든 일의 기본은 곧 자금이다. 또한 여자들의 **기초화장**에 사용되는 화장품을 foundation이라고 부르는데, 이 역시 어근 fund에서 유래했다.

---

fund
[fʌ́nd]
N 자금, 기금, 기본금
* a relief fund 구제기금 * a reserve fund 적립금 * a sinking fund 감채기금
ex) The hospital has set up a special **fund** to buy new equipment.

모든 일의 기본은 자금(fund)

fundamental
[fʌ̀ndəmétl]
A 기초적인, 기본적인, 근본적인; 중요한
N [종종 pl.] 기본, 근본, 기초; 원리, 원칙
ex) There is a **fundamental** difference between the two points of view.

기초(funda + ment) 적인(al)

refund
[rifʌ́nd]
* 명전동 후
V 돈을 갚다, 환불하다   N 반제, 환불, 상환
* refundable 상환할 수 있는   * refundment 환불
ex) When I went on business to Peru, the office **refunded** my expenses.

돈(fund)을 되돌려 주다(re)

found
[fáund]
V 기초를 놓다, 창시하다, 설립하다
* foundation 근거, 토대; 창건; 설립, 재단; 정관, 헌장   * fond 기초, 토대
ex) I found a house **founded** on the rock.

기초를 놓다(found<fund)

founder
[fáundər]
V 침몰하다, 내려 앉다; 실패하다, 빠지다
ex) The ferry **foundered** in a heavy storm.

바닥으로 (found + er)...

profound
[prəfáund]
A 깊은; 심오한, 난해한; (병이) 뿌리깊은; 충심의
(동정 등이) 마음에서 우러나는; (머리를) 깊이 숙인, 공손한
ex) There was a note of **profound** irritation in his voice.

밑바닥(found)보다 더 앞의(pro)

---

*아직 발달이 덜 되어 기초상태에 머물러 있는 어근 rud도 함께 공부하자. '미발달의(unformed)'란 뜻을 갖는다

rudiment
[rúːdəmənt]
N [pl.] 기본, 기초; 초보; 조짐; 퇴화[흔적] 기관
* rudimentary 기본의; [생물] 미발달의, 발육 부전의, 흔적의
ex) It only took me an hour to learn up the **rudiments** of French grammar.

비슷(rudi) 한(ment)

erudite
[érudàit]
A 학식 있는, 박학한   N 박식한 사람
ex) An **erudite** Harvard professor has released a hip-hop album.

비슷한(rud)을 벗어(e<ex) 난(ite)

LEV = 가볍다, 들어 올리다(light, lift)

물건을 가볍게 들어 올리는 데 사용하는 lever나 elevator가 이곳 출신이다.

lever
[lévər]
- N 지렛대; 수단, 방편   V 지레를 사용하다
- * leverage 지레작용; 수단, 효력
- cf fulcrum 지렛목, 받침대, 지주
- ex) If I had a lever long enough, I could move the Earth by my own effort.

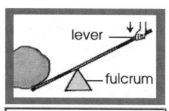

leaven
[lévən]
- V 발효시키다, 스며 들게 하다
- N 효모, 발효소, 베이킹 파우더

levy
[lévi]
- V 부과하다, 징수하다   N 부과, 징수, 징세
- ex) They imposed a 5% levy on alcohol.

levity
[lévəti]
- N 경솔, 부주의, 경박함
- ex) Here's a little levity to chuckle about.

levitate
[lévətèit]
- V 공중에 뜨다, 감돌게 하다
- * levitation 공중부양
- ex) He tried to levitate the girl.

alleviate
[əlíːvièit]
- V 경감하다, 완화하다
- * alleviation 경감, 완화
- ex) This money should alleviate our financial problems.

elevate
[éləvèit]
- V 올리다, 높이다, 승진시키다
- * elevator 승강기

relevance
[réləvəns]
- N 적당, 연관, 적절함
- * relevant 관련된, 적절한   * irrelevant 부적당한   * irrelevance 부적절, 무관계
- ex) All evidence relevant to this trial must be given to police.

relief
[rilíːf]
- N 릴리프, 구조, 구원, 경감, 안심, 양각
- * relieve 구원하다, 경감하다, 안도하게 하다
- ex) We all breathed a sigh of relief when the monster left.

---

* venia = 용서가능한(pardonable)

venial
- N (죄 등이) 용서될 만한, 경미(↔mortal)
- A [신학] 사면할 수 있는, 죄가 가벼운

veniality
- N 용서될 수 있음, 용서받을 수 있음, 가벼운 죄

MAN/MANU = 손(hand)

'manual'은 손으로 작동해야 한다는 뜻이다. 'man'이 '손'이라는 뜻이기 때문에….

manacle
[mǽnikl]
[손에(man) 채우는 것 (acle)]
N (pl.)수갑, 구속   V 수갑을 채우다, 속박하다
ex) The police immediately **manacled** the prisoner so he could not escape.

man이 끌(manacle)려 갈 때 매는 수갑

manage
[mǽnidʒ]
[손으로 (man) 하다(age)]
V 제어하다, 다루다, 경영하다; 이럭저럭 살아가다
* **manageable** 다루기 쉬운, 온순한
* **management** 취급, 조정, 경영, 처리   * **manager** 경영인, 간사, 이사, 감독, 부장
ex) He **managed**(=was foolish enough) to make a mess of it.

manhandle
[mǽnhæ̀ndl]
V 인력으로 움직이다, 거칠게 다루다
ex) I'm not saying coaches have a right to **manhandle** their players.

손으로 (man) 다루다(handle)

manifest
[mǽnəfèst]
A 분명한, 뚜렷한   V 뚜렷이 나타내다, 증명하다
* **manifestation** 명시, 나타남, 표시, 입증, 정견발표   * **manifesto** 선언(서), 성명(서)
ex) Social tensions were **manifested** in the recent political crisis.

손(mani)으로 때림(fest<fend)

manipulate
[mənípjulèit]
V 교묘하게 다루다, 조작하다; 교묘하게 조작하다
* **manipulation** 교묘하게 다루기, 교묘한 손재주, 시장조작
* **manipulative** 손으로 다루는, 교묘하게 다루는, 속임수의
ex) She uses her charm to **manipulate** people.

손으로 (mani) 다루다(pul+ate)

manner
[mǽnər]
N 방법, 방식, 태도, 풍속, 습관
* **mannered** 예절이 있는, 틀에 박힌   * **manneristic** 버릇이 있는, 습관적인
ex) She answered in a businesslike **manner**.

손으로 하는 것 즉 솜씨, 손질

mannerism
[mǽnərizm]
N 매너리즘[타성]; 독특한 버릇
ex) His special **mannerism** is waving his hands when he talks.

손에서(manu) 보내다(mit)

maneuver
[mənjú:vər]
N 군대, 함대, 훈련, 작전 행동   V 기동훈련하다
* **maneuver ability** 기동성
ex) Every year the army and navy hold **maneuver** for practice.

손으로 (man) 일하다(oeuvre)

manual
[mǽnjuəl]
A 손의, 손으로 하는   N 편람, 소책자, 안내서
ex) My camera has **manual** and automatic functions.

손(manu) 의(al)

manufactory
[mæ̀njufǽktəri]
N 제작소, 공장
* **manufacture** 제조(하다); 제조   * **manufacural** 제조의
ex) Mambo is a small software **manufactory** headquartered in Seoul, Korea.

손으로 만드는 (fact) 곳 (ory)

manumit
[mæ̀njumít]
V (노예, 농노를) 해방하다, 석방하다
* **manumission** 해방(증서), 석방

손에서(manu) 보내다(mit)

manure
[mənjúːər]
[손으로 (man) 열차(ure)]
N 비료, 거름, 퇴비　V 비료[거름]를 주다
* artificial manure 인조비료
* barnyard manure 퇴비
ⓢ ordure 똥, 배설물; 비료; 외설; 상스러운 말

adminicle
[ædmínikl]
N 보조(물), [法] 부증, 보강, 증거
ex) Shelly enjoyed serving as an **adminicle** of the local Girl Scout troop.

legerdemain
[lèdʒərdəméin]
[leger de main = light of hand]
N 손으로 하는 요술[재주]; 속임수; 궤변
ex) Their alleged **legerdemain** at the blackjack table of the luxurious Salle Anglaise was caught on closed-circuit television.

emancipate
[imǽnsəpèit]
[손 밖으로 (ex) 취하다(cip+ate)]
V 해방하다, 석방하다
ex) Slaves were not **emancipated** until 1863 in the United States.

MANIA = 미친(crazy)

무엇인가를 **미친** 듯이 좋아하는 사람을 mania라고 한다. 사실 이것은 잘못된 표현이고, maniac이라고 해야 옳다. 굳이 필요하진 않겠지만 '맨이(mani) 악(ac)' 쓰는 **미치광이**를 생각하자.

mania
[méiniə]
N [정신의학] 조병(躁病); 열광, …광, 마니아
ex) The country has a mania for **soccer**.

maniac
[méiniæk]
N 미치광이, 열광자　A 미친; 광적인, 광란의
ex) His **maniacal** laughter frightened us.

dipsomania
[dìpsəméiniə]
[마시는 것(dipso)에 대한 광증(mania)]
N 음주광; 알코올 중독
ex) A person with **dipsomania** has an uncontrollable craving for **alcohol**.

kleptomania
[klèprəméiniə]
N (병적인) 도벽
ex) Often, the stolen items have no value to the person with **kleptomania**.

megalomania
[mègəlouméiniə]
[과대(megalo) 망상증(mania)]
N 과대망상증
ex) One reason for napoleon's **megalomania** was his childhood.

monomania
[mánəméiniə]
N 한가지에 열광하기, 편집광증
ex) The extent of his **monomania** should have become clear.

nymphomania
[nìmfəméiniə]
N 색정광
ex) The lawyer tried to argue that **nymphomania** is a medical condition.

* 어근 fren/phren도 '미친(mad)'의 의미이므로 함께 공부하자.

frenzy	N 격분, 격앙; 열광; 광포, 광란; 발작	미친(frenzy)
frantic	A (흥분·공포·고통 등으로) 광란의; 미친 듯한	미친(fran) 듯 한(tic)
frenetic	A 열광적인, 미친 듯한(frantic) N 광란자	광란(fren) 적인(etic)
phreneic	A 미친, 정신착란의, 열광적인 미치광이(maniac)	정신(phren) 나간(eic)
phrenic	A 횡격막의, (생리) 심적인, 정신 활동의	뇌(phren) 의(ic)
phrenitis	N 뇌염(brain inflammation; encephalitis)	뇌(phren)의 염증(l)
phrenology	N 골상학(study of the cranium)	골(phren) 학(logy)
* bedlam	N 난리, 법석	Bethlehem의 오기

* bedlam은 런던에 있었던 'hospital of saint mary of bethlehem'이라는 정신 병원에서 유래. 정신병원이라 법석이 많다.

* fan = 신전(temple)

fanatic	N 광신자, 열광자	신전(fan)에 미친 사람(atic)
profane	A 신성을 더럽히는, 불경스런; 세속적인; 이교의	신전(fan) 앞에(pro) 있는
	V 신성을 더럽히다, 모독하다; 남용하다	(불경하여 신전에는 못 들어감)
fane	N 신전(神殿), 사원; 교회당	신전

MARC/MARK = 경계(edge, boundary)

Marker = 표시(mark)하는 것(er)

mark는 경계의 의미로, 경계를 표시한 것으로 의미가 확대되었다.

mark
[máːrk]
N 표, 흔적; 상처; 기호; 점수; 주목; 중요성
V 채점하다; ~에 표를 붙이다; 득점을 기록하다; 특색을 이루다
* **marked** 현저한, 뚜렷한   * **markedly** 눈에 띄게, 두드러지게, 현저하게
* **marking** mark하기, 표시, 반문, 무늬; 눈에 띄게 하는, 특징짓는
* **marcando** [음악] 마르카토의(로); 뚜렷한, 강조된[되게]

경계 흔적

markdown
[máːrkdàun]
N 가격인하[품]
ex) We're offering a 10% **markdown** on selected items.

기호가 아래로 됨(↓)

markup
[máːrkÀp]
N 가격인상[액]; 이윤
ex) That's one reason why our **markup** has declined.

표가 위로 됨(↑)

remark
[rimáːrk]
V 깨닫다, 알아채다, 주목하다   N 언급, 주의
ex) All his friends **remarked** on the change in him since his marriage.

다시(re) 표시하다(mark)

remarkable
[rimáːrkəbl]
A 주목할 만한, 두드러진; 비범한, 뛰어난
* **remarkably** 현저하게, 몹시
ex) Martin Luther is a truly **remarkable** man.

다시(re) 표시(mark) 할만한(able)

demarcate
[dimáːrkeit]
V 한계를 정하다, 구별하다, 분리하다
* **demarcation** 경계, 분계, 경계결정, 구분
ex) Parking spaces are **demarcated** by white lines.

강하게(de) 표시(mark) 하다(ate)

margin
[máːrdʒin]
N 여백; (시간·경비 등의) 여유; 가장자리, 이문
* **marginal** 가장자리의, 한계의   * **marginalize** 사회적으로 소외하다
ex) He is on the **margin** of subsistence.

경계 가장자리

MAR = 바다(sea)

바다의 왕자 marine boy와 바다의 여인 mermaid(인어)도 여기에서 왔다.

marine
[mərí:n]

A 바다의, 해양의   N 해병대(원), 해상세력
* mariner 선원, 수부   * marine products 해수산물
ex) The oil slick seriously threatens **marine** life around the islands.

바다의

mare liberum
[máːreilíbərùm]

N 공해
* (F) mare clausum 영해

자유로운 (liber) 바다

submarine
[sʌ́bmərí:n]

N 잠수함   A 해저의
* a nuclear submarine 핵잠수함
ex) The **submarine** was attacked by a torpedo.

marina
[mərí:nə]

N (해안의) 산책길, 계류장
ex) The boats are docked in the **marina**.

maritime
[mǽrətàim]

A 바다의, 해상의, 해운의, 해상무역의; 근해의
ex) The temperature change in winter is less in **maritime** areas.

바다 가까이의 (time)

morass
[mərǽs]

N 소택지, 늪; 곤경, 난국
ex) I want to get out of this **morass** of poverty.

marsh
[mɑːrʃ]

[바다(mar) 같은 (sh) 곳]
N 습지, 늪, 소택지
* marshy 늪지의, 소택지의
ex) Rain was falling fairly steadily and most of the ground had become a **marsh**.

mermaid
[mə́:rmèid]

N 수영을 잘하는 여자, 인어
* merman 수영을 잘하는 남자
ex) Hans Christian Andersen wrote a famous children's story about a little **mermaid**.

moor
[muər]

[바다에 배다]
V (배를) 잡아매다, 정박 시키다, 계류하다
* moorings 정박용 밧줄(사슬)
* moorage 계류, 정박, 정박소
ex) We **moored** the boat to a large tree root.

moor²
[muər]

[moor=marsh]
N 황무지, 황야; (미) 습지, 습원
* moory 황야성의
ex) I scanned the bleak **moor** for sheep grazing.

MERG/MERS = 던지다, 가라앉히다(plunge)

어떤 상황이 '밖으로(e<ex) 던져진(merg) 것(ency)'이 비상사태(emergency)이다.

merge
[məːrdʒ]
V 합병하다, 점차 바뀌다 — 가라 앉다
* **merger** 합병, 합동   * **mergence** 몰입, 융합, 합병
ex) A rumor is circulating that the two companies will **merge**.

merganser
[məːrdʒǽnsər]
N [조류] 비오리 (오리의 일종) — diver(merge) goose(anser)
ex) We saw **mergansers** spraddling across the water.

emerge
[imə́ːrdʒ]
V 떠오르다, 나타나다, 벗어나다, 출현하다 — 밖으로(e<ex) 던지다(merge)
* **emergence** 출현, 발생
ex) After 18 years of age, wisdom teeth begin to **emerge**.

emergency
[imə́ːrdʒənsi]
N 비상사태, 비상시, 위급, 급변 — 밖으로(e<ex) 내 던져짐(ency)
* **a state of emergency** 비상사태   * **an emergency call** 비상소집
ex) A man can hardly sit tight in time of **emergency**.

emersion
[iːmə́ːrʒən]
N 출현; (eclipse 후 천체의) 재현 — 밖으로(e<ex) 던짐(merse)
* **emersed** (물속에서) 나온, 나타난
ex) The scene showed the symbolic **emersion** of the evil.

immerse
[imə́ːrs]
= immerge
V 담그다, 가라 앉히다; 침례를 베풀다; 열중하다 — 안에(im) 담고 다(merse)
* **immersion** 침몰, 침례교; 열중; 집중훈련의   * **an immersion course** 집중훈련 과정
ex) He **immersed** himself in research day and night.

submerge
[səbmə́ːrdʒ]
= submerse
V 물 속에 잠그다, 잠기다, 몰두하게 하다 — 아래로(sub) 담고 다(merse)
* **submergence/submersion** 침수   * **submersed** 水生의
ex) A concrete bridge was **submerged** under a foot of water.

---

* suk = 빨다(suck)

succulent	A 즙이 많은; 액이 많은; 바람직한	
suck	V 빨다	
suction	N 빨기, 흡입	
seep	V 스며 나오다	
soak	V 적시다; 담그다	
* imbrue	V 스며들게 하다, 더럽히다, 물들이다(=imbue) [L. imbuere = moisten, stain]	

---

* dam = 안개(mist)

damp	A 축축한 N 습기, 수증기; 낙담 V 축축하게 하다
damper	N 기를 꺾는 것, 야유
dank	A 축축한, 습기찬(damp) N 습기; 저습지
dim	A 어둑한; 흐릿한, 희미한; 둔한, 멍청한

댐(damp)에는 늘 습기가...

MINI = 작은, 사소한 (small)

miniskirt의 mini-! 물론 '작다'는 뜻이다.
이 어원의 변형으로 mignion (작고 예쁘장한)의 mig,
mitigate (완화하다, 누그러뜨리다)의 miti 등이 있다.

minus
[máinəs]
N A 마이너스(의)   prep. ~을 뺀, ~이 없는
빼다(us) 작은(min)
ex) He came **minus** his hat. (그는 모자를 안 쓰고 왔다)

minuscule
[mínəskjù:l]
A 매우 작은   N 작은 초서체 문자, 소문자
작고(minus) 작은(cule)
ex) All she gave him to eat was two **minuscule** pieces of toast.

minute
[mínit]
N 분, 순간; 각서; [pl] 의사록   A 급히 만든, 즉석의
작은(min) 부분(ute)
* at the last minute 마지막 순간에   * to the minute 정각에, 그 시각에
ex) The **minutes** of the last meeting were approved unanimously.

minute
[mainjú:t]
A 미소한, 미세한; 정밀한, 엄밀한, 세심한
작게(min) 하다(ute)
ex) The documentary showed an eye operation in **minute** detail.

minutiae
[minjú:ʃiì:]
N 자세한 점, 상세, 사소한 일
미세한(minut) 것(iae)
ex) Comedy is so often based in the **minutiae** of everyday life.

mince
[mins]
V (고기 따위를) 잘게 저미다, 완곡하게 말하다
작게(min) 하다(ce)
* mincing 점잔 빼는, 거드름 피우는
ex) **Mince** two pounds of chicken finely.

miniature
[míniətʃùər]
N 작은 화상, 작은 모양; 소형의
작게(mini) 만든(at) 것(ure)
* miniatrurize 소형화 하다   * microminiaturize 극소화하다
ex) I bought some **miniature** furniture for my niece's dolls' house.

minify
[mínəfài]
V 작게 하다, 축소하다
작게(mini) 만들다(fy)
ex) The button will **minify** the image up to a factor of 8 times smaller than it started.

minikin
[mínikin]
N 작은 물건, 난장이   A 작은, 소형의, 꼬마의; 점잖은
작고(mini) 작은 것(kin)

minor
[máinər]
A 작은, 중요치 않은   N 미성년자, 부전공, 소전제
더(or) 작은(min)
ex) **Minors** are not allowed in this store.

comminute
[kámənjú:t]
V 곱게 빻다(pulverize), 가루로 만들다
작게(min) 하다(ute)
* comminuted 가늘게 빻은

diminish
[dimíniʃ]
V 줄이다, (권위 따위를) 떨어뜨리다
아주(di) 작게(min) 만들다(ish)
* diminutive 소형의   * diminution 감소, 축소
ex) These memories will not be **diminished** by time.

diminuendo
[dimìnjuéndou]
A ad 점점 약한[약하게]   **N** 점차 약음

[L] 점점 약하게

minimal
[mínəməl]
A 최소의
* minimize 최소로 하다   * minimum 최소한도
ex) We need a **minimum** of ten people to play this game.

작은 것(minim) 것의(al)

minion
[mínjən]
N 심복, 앞잡이, 추종자
ex) He sent one of his **minions** to solve the problem.

미녀는 (minion) 추종자가 많지

minnow
[mínou]
N 작은 물고기, 잔챙이, 잡어
* throw out a minnow to catch a whale (큰 이익을 위해 사소한 희생을 하다)

minister
[mínistər]
N 성직자, 목사, 장관   **V** 섬기다, 봉사하다
* ministerial 봉사하는, 보좌역의; 봉사자; 봉좌역   * the Prime minister 국무총리, 수상

섬기는 (mini) 사람(ster)

ministry
[mínistri]
N 목사의 직[임기], 목회, 내각, 장관의 직무[임기]
* ministration 행정관, 경영

섬기는 (mini) 일(stry)

administer
[ədmínistər]
V 관리하다, 다스리다; 주다, 투여하다
* administration 관리, 경영; 투여, 투약
ex) The economy has been badly **administered** by the present government.

가깝게(ad) 섬기다(minister)

meiosis
[maióusis]
N 감수 분열; 곡언법(pretty good대신 not bad)
↔ mitosis 유사분열

작아지는 (meio) 현상(sis)

mignon
[mi:njón]
N 작고 예쁘장한; 우아한, 섬세한

[F] little

mitigate
[mítəgèit]
N 완화하다, 덜어주다, 누그러뜨리다
* mitigation 완화, 진정, 완화하는 것   * mitigatory/mitigative 완화적인
ex) There are specific steps the US could begin taking now to **mitigate** the danger.

작게(mit) 가게(ig) 하다(ate)

* 내친 김에 작고 사소한 단어들을 한번 정리해 보자

petit
[péti]
A 작은, 시시한; 중요하지 않은
* petite [petit의 여성형] (여자가) 몸집이 작고 맵시 있는

[F] 쁘띠 = 작은

petty
[péti]
A 작은, 사소한, 보잘 것 없는; 좀스러운
* petticoat 페티코트, 속치마; (pl.) 어린이 옷, 여성복; 여자, 소녀, 여자 사회

[L] 작은

bagatelle
[bӕgətél]
N 하찮은 것; 사소한 일; [樂](피아노)소곡(小曲)
ex) As I asked my son what he had done wrong, I found out it was just a **bagatelle**.

작은 (elle) 알(bagat)

bauble
[bɔ́:bl]
N 겉만 번듯한 싸구려 물건, 하찮은 것
ex) Henry tried buy Bo's affection by showering her with **baubles**, but Bo held out for diamonds.

방울 (bauble) 하찮은 것으로?

fiddlestick
[fídlstik]

N 바이올린 활; [pl.] 시시한 일
* **fiddlefaddle** 시시한 (짓) (을 하다)
* **fiddle** (구어) 바이올린(을 켜다), 협잡, 속임수; 허송세월을 보내다
ex) I **fiddled** around at the piano for 3 years but never became proficient at playing.

the bow of fiddle의 nonsense란 의미로 쓰인 데서

gaud
[gɔːd]

N 겉만 뻔지르르한 싼 물건, 싸구려 장식품
* **gaudy** 촌스럽게 화려한, 야한; 겉치레의
ex) Bo was happy with the **gaudy** accessories.

겉 (gaud)만 뻔지르르한 싸구려

garish
[gɛ́əriʃ]

A 번쩍거리는; 야한, 화려한, 지나치게 꾸민
ex) She wears **garish** clothing and fake jewelry.

gewgaw
[gjúːgɔ̀ː]

N 값싸고 허울만 좋은 물건   A 겉만 번지르르한
ex) You're tempted until you discover that the price of this **gewgaw** is $175.

[F] gogue = joke, game

picayune
[pìkijúːn]

[옛날 미국 남부에 유통된 스페인의 소액 화폐 이름]
N 잔돈, 하찮은 것   A 하찮은, 무가치한, 시시한
ex) Giving a police officer a free meal may be against the law, even if it seems **picayune**.

때 까웅 (picayune)에 묻는 것 = 하찮은 일

shoddy
[ʃáːdi]

N 재생한 털실; 싸구려 물품, 가짜 물건
A 재생 양모의; 겉만 번지르르한, 싸구려의
ex) There was no **shoddy** products.

싸디 싼 (shoddy) 싸구려

sideshow
[sáidʃòu]

[부수적인 show]
N 여흥, 곁들이 프로; 지엽적 문제, (부수적) 소사건

trinket
[tríŋkit]

N 자질구레한 장신구; 하찮은 것
ex) There are only a few **trinket** sellers today on the Pulguk temple road.

이거 선생님께 또 드릴거다 / 드린 것 (trinket)을 또 도려 (tawdry)? 싸구려인가 보군

tawdry
[tɔ́ːdri]

N 번지르르한 싸구려 물건
A 번지르르한, 야한, 천박한, 값싼
ex) It is just a **tawdry** soap opera for chattering classes.

trifle
[tráifl]

N 하찮은 것, 사소한 일; 소량, 근소한 금액
A 실없는 말을 하다; 희롱하다, 만지작거리다, 경시하다; 낭비하다
ex) I brought a few **trifles** back from India - bits of jewellery and material mainly.
ex) I'm a **trifle** confused about the arrangements for tonight. (약간)

[F] truffle = idle tale (실없는 말)

trivial
[tríviəl]

A 하찮은, 사소한; 진부한
N [보통 pl.] 하찮은 일
ex) Sexual harassment in the workplace is not a **trivial** matter.

세 갈래(tri) 길(via)이 만나는 (al) 곳에서 만나 나누는 이야기

trumpery
[trʌ́mpəri]

N 겉보기만 좋은 값싼 물건, 하찮은 것; 헛소리
A 겉만 번드르한, 시시한
ex) All this finery is mere **trumpery**.

[F] tromper = 속이다

* nigla = 사소한 일로 바쁨(be busy with trifles)

niggle	V	하찮은 일에 마음을 쓰다, 옹졸하게 굴다; 인색하게 조금씩 주다; 짜증나게 하다
	N	하찮은 불평[불만], 결점
niggard	N	구두쇠(miser), 인색한 사람
* cheeseparing	N	치즈 부스러기; [pl.] 푼푼이 모은 돈; 인색함
* nugatory	A	하찮은, 사소한; 진부한, 평범한 [nuga = 사소한]

MOB/MOT/MOV = 움직이다(move)

'움직이는' 미술품 mobile, 기계를 '움직이게' 하는 motor, 그리고 '움직이는' 동사 move!

mob
[mɑb]
N 군중, 폭도, 대중; 패거리 — 동요된 사람들의 집단
V 떼를 지어 습격하다, 폭도가 몰려들다   A 폭도의, 군중의
* mobbish 폭도 같은, 무질서한   * mobster 폭도의 한 사람
* mobocracy 폭민[우민] 정치   * mobocrat 폭도정치 지도자
ex) A mob hacked six members of a family to death and set houses ablaze.

mobile
[móubəl]
[-bi:l][-bail]
A 움직이기 쉬운, 이동성이 있는, 변하기 쉬운 — 움직일(mob) 수 있는 (ile)
N 모빌, 가동물, 가동장치
ex) I am using a prepaid mobile phone for the last three years.

mobility
[moubíləti]
N 가동성, 유동성, 변덕 — 이동(mob) 가능한(ile) 성질(ity)
ex) Mobility of the arm will gradually improve after we remove the plaster.

mobilize
[móubəláiz]
V (군대 등을) 동원하다, (화폐 등을) 유통시키다 — 움직이게(mobil) 하다(ize)
ex) The government has mobilized several of the army's top combat units.

automobile
[ɔ́:təmoubí:l]
N 자동차   A 자동의 — 스스로 (auto) 움직임(mobile)
ex) The automobile market has been recovering rapidly since 1997.

locomobile
[lòukəmóubi:l]
A 이동 가능한   N 자동 추진차(기관); 자동차 — 장소 (loco)이동(mob)가능한(ile)
ex) He strode to the rear courtyard where the locomobile would be waiting.

motion
[móuʃən]
N 운동, 이동, 운행, 몸짓, 제의, 제안 — 움직(mot) 임(ion)
ex) The violent motion of the ship upset her stomach.

motif
[mouti:f]
N 모티프, 주제, 작의 테마, 동기, 특색 — 움직이게(mot) 하는 것(if)
ex) We chose some curtains with a flower motif.

motivate
[móutəvèit]
V 동기를 부여하다, 자극하다 — 움직이게(motiv) 하다(ate)
ex) One who believes humans are motivated only by selfishness.

motor
[móutər]
N 원동기, 발전기, 내연기, 자동차 — 움직이는 (mot) 것(or)
* motordrome 자동차 경주장   * motordom 자동차 업계

commotion [kəmóuʃən]	N 동요, 소동, 폭동 * commove 동요케 하다, 소란케 하다 ex) The actor's arrival caused quite a **commotion**.	함께(con) 움직임(mot+ion)
demote [di:móut]	V 강등 시키다, 지위를 떨어뜨리다 * demotion 좌천, 강등, 격하 ex) The captain was **demoted** to sergeant for failing to fulfill his duties.	아래로(de) 이동하다(mote)
emotion [imóuʃən]	V 감정, 흥분, 정서 * emote 허풍 떨다, 감정을 나타내다 * emotional 감정의, 감정적인 * emotionalize 정서적으로 하다, 감정적으로 다루다 * emotive 감동시키는 ex) Like a lot of men, he finds it hard to express his **emotions**.	밖으로(e) 움직(mot)임(ion)
locomotion [lòukəmóuʃən]	N 운동, 이동, 이행; 운동력, 이동력, 교통기관 * locomotive 이동의, 운동하는; 기관차 * locomotor 스스로 움직이는 것 ex) The muscles which control **locomotion** are of several different kinds.	장소(loco)를 움직(mot)임(ion)
remote [rimóut]	A 먼, 먼 곳의, 관계가 적은, 희미한 * remotion 이동, 제거, 멀음 * remote control (전파에 의한) 원격조정 ex) The house was very **remote** and I felt lonely all the time.	뒤로(re) 움직이는(mote)
promote [prəmóut]	V 승진(진급)시키다, 진전시키다, 진척시키다 * promotion 승진; 촉진, 진흥; 판촉 * promoter 증진자, 후원자, 발기인 ex) The wine **promotes** digestion and regulates the activities of the heart.	앞으로(pro) 이동하다(mote)
move [mú:v]	V 움직이다, 이동시키다, 감동시키다, 신청하다 * moving 움직이는, 감동시키는 * movie 영화 * moviedom 영화계	움직이다(move)
remove [rimú:v]	N 이동, 이전, 퇴거, 간격, 등급, 촌수 V 옮기다, 이전하다, 치워버리다, 제거하다, 파면하다, 벗다, 퇴거하다 * removal 이동, 이전 제거, 철퇴 * removed 떨어진, 먼; 제거된, 죽은 ex) This detergent will **remove** even old stains.	뒤로(re) 이동하다(move)
mutiny [mjú:tini]	N 폭동, 반란; 항명 V 폭동을 일으키다; 반항하다 * mutinous 폭동을 일으킨, 반항적인, 불온한 ex) There were rumors of **mutiny** among the troops.	움직(mut)임(iny)

* bound = 뛰다(leap)

bounce	V 뛰다, 반송하[되]다 N 뛰어오름; 탄력(성)
bound	V 뛰어오르다, 바운드하다 N 뜀, 반동; 도약
rebound	N 되뜀, 반발; 반향 V 되뛰다; 반향하다

re(다시)bound(뜀)
= 다시 튀는 공을 잡기위해
다시 튀어오르는 것

* athl = 경쟁하다(contest)

athlete	N 운동선수	경쟁하는(athl) 사람(ete)
pentathlon	N 5종 경기	5(pent) 개의 경기(athlon)
decathlon	N 10종 경기	10(dec) 개의 경기(athlon)

MOD = 양식(manner), 척도, 재다(measure)

'model'은 어떤 것들의 전형적인 틀을 보여주는 것이며, 리모콘의 'mode' 버튼을 누르면 어떤 형식으로 설정을 할지를 결정할 수 있다.

model은 전형적인 양식을 보여줌

mode
[moud]
N 방법, 양식, 형식, 형태, 방식, 식
* modish 유행에 따른
ex) Railways are the most important **mode** of transport for the economy.

양식 (mode)

modal
[móudl]
A 양식의, 형태상의, [문법] 법의, 서법의
* modality 형식적인   * modally 형식상, 형태적으로

양식 (mod) 의 (al)

model
[mádl]
N 모형, 표본, 설계도, 모범
* model building 모델 빌딩   * modeling 모형 제작, 조형
ex) The new **model** of the minivan was wonderful.

양식 (mod)이 되는 것 (el)

modest
[mádist]
A 겸손한, 신중한; 정숙한; 적당한, 수수한
* modesty 겸손, 수줍음; 정숙, 얌전함; 수수함, 소박함; 적당함
ex) He is very **modest** about his achievements.

예절(mod)을 지키는 (est)

moderate
[mádərət]
A 절제 있는; 온건한, 적당한; 보통의, 값이 싼
N 온건한 사람, 온건주의자   V 절제하다, 완화하다
ex) There has been a **moderate** improvement in her health since she began **moderating** drinking.

틀(mod)에 맞게 하는 (ate)

modern
[mádərn]
A 근대의, 현대의, 신식의, 최신의
* modern classic 현대 고전   * modernity 현대성
ex) I was surprised at her **modern** attitudes. She is a 70 year old lady.

(현대) 척도(mod)에 맞는 (ern)

modernize
[mádərnáiz]
V 현대적으로 하다, 현대화하다
* modernization 현대화, 근대화   * demodernization 비근대화
ex) If they want to increase output, they'll have to **modernize**.

현대(modern) 하다(ize)

modify
[mádəfái]
V 완화하다, 가감하다, 수정하다, 한정하다
* modifiable 수정할 수 있는   * modification 수정, 변경, 완화
ex) This film has been **modified** from its original version to fit this screen.

(새) 양식(mod)을 만들다(ify)

modicum
[mádəkəm]
N 소량, 근소; 다소, 약간, 어느 정도
ex) There's not even a **modicum** of truth in her statement.

검(cum)처럼 작게 측량(modi)

modulate
[mádʒulèit]
V 조절(조정)하다, 변화시키다
* modulation 조절, 조정; 조음; 변화; 변조   * modulator 조절자; 변조기
* micromodule 초소형 전자회로
ex) The way singers here **modulate** their voice is difficult.

(새 양식(mod)을 만들다(ulate)

commode [kəmóud]	N 옷장, 세면대; 실내 변기 ex) She handled everything, from fixing a flat tire to fixing a **commode**.
commodious [kəmóudiəs]	N (집·방 등이) 넓은, 널찍한; 편리한  ex) My wife was quite happy to see the **commodious** closet in the room.
commodity [kəmádəti]	N [종종 pl.] 상품, 일용품, 필수품 * prices of commodities 물가　　* commodity exchange 상품거래소 ex) Chinese demand for **commodities** is revolutionizing global markets.
accommodate [əkámədèit]	[~에(ac<ad) 형식(mod)을 함께(com) 맞추다(ate)] V 편의를 도모하다, 숙박 시키다, 적응시키다; 화해시키다 * accommodation 적응, 도모, 편의 * accommodative 친절한 ex) The hotel can accommodate up to 500 guests.
demoded [di:móudid]	A 시대[유행]에 뒤진, 낡은 ex) His plays are now outworn and **demoded**.
mold/mould [mould]	N 틀, 주형, 거푸집, 주물, 형상, 인체; 성질 V 본뜨다, (성격을) 형성하다 ex) She wanted to **mould** my face out of clay.

* fabric = 만들다(make), 짜다(weave)

fabric	N 직물, 피륙, 천, 편물; 짜임새, 구조, 체제, 조직
fabricate	V 만들다, 제작하다; 꾸며내다; 위조하다(forge)
forge	N 대장간, 풀무　　V 위조하다; 단조하다
forgery	N 위조, 위조문서

MUN/MON = 의무(duty), 선물(gift), 교환(exchange)

누구나 함께(com) 교환할(mon) 수 있는 지식을 common sense라고 한다.

municipal [mjunísəpəl]	A 시의, 자치도시의 * municipalism 자치주의　　* municipality 자치제 ex) The hospital is maintained at **municipal** expense.
munificent [mju:nífəsənt]	A 아낌없이 주는; 후한; 손이 큰 ex) The hospital is maintained at **municipal** expense.
common [kámən]	A 공통의, 보통의, 일반의, 흔히 있는 * common sense 상식　　* commonsense 상식적인, 명백한

commune [kəmjúːn]
V 다정히 이야기하다   N 간담, 친교; 묵상; 공동체
함께(com) 주고받다(mune)
* communal 공공의
ex) Mitterand said Reagan **communed** with people, not lectured them.

communicate [kəmjúːnəkèit]
V 전달하다, 통신하다
함께(com) 교환(munic)하다(ate)
* communication 전달, 통신, 교통   * telecommunication 원거리 통신
ex) The candidate never **communicated** his ideology to the voters.

communion [kəmjúːnjən]
N 친교, 교섭; 종교단체, 종파; 성찬식
함께(com) 나누는(mun) 곳(ion)
ex) I want to live in close **communion** with God.

communism [kámjunìzm]
N 공산주의
함께(com) 나누자(mun) 주의(ism)
* communist 공산주의자   * communistic 공산주의적인
ex) President Hugo tried to impose **communism** in Venezuela.

community [kəmjúːnəti]
N 공동사회, 공동체, 단체
함께(com) 교환(mun) 것(ity)
ex) There's a large Korean **community** living in this area.

excommunicate [èkskəmjúːnəkèit]
V 파문하다, 축출하다
밖에(ex) 있게 만들다(ate)
* excommunication 파문, 파문선고
ex) People in the locality tried to **excommunicate** him for having AIDS.

immunity [imjúːnəti]
V 면제; 특전; 면역, 면역성
의무(mun)를 없게(im) 함(ity)
ex) B-cells are responsible for humoral **immunity**.

immunize [ímjunàiz]
V 면제하다, 면역하다, 벗어나다
의무(mun)를 im(없이) ize(하다)
* immune 면역의; 면역성의; 면제된; 면역자, 면제자   * immunology 면역학
* immunotherapy 면역요법   * immunization 면역, 면역조치; 면제; 예방주사
ex) Vaccines were designed to **immunize** people from malaria.

remunerate [rimjúːnərèit]
V 보수를 주다, 보답하다
다시(re) 주다(munerate)
* remuneration 보수, 보상, 급료
ex) Committee members will be **remunerated** for serving on the committee.

remunerative [rimjúːnərèitiv]
V 이익 있는; 보수가 있는; 수지맞는, 유리한
보수를 주는 (remunerate + ive)
ex) I find my new work so **remunerative** that I may not return to my previous employment.

* 한편 어근 'migr' 역시 'change, go, move'의 의미를 지니는데, 장소적인 교환에 주로 사용된다. 함께 기억하자.

migrate [máigreit]
V 이주하다, 이동하다
이주(migr) 하다(ate)
* migrating, -atory 이주하는   * migration 이주   * migrant 이주 동물, 철새
ex) Many birds **migrate** in large flocks.

emigrate [émətrèit]
V (타국으로) 이주하다
이주해(migrate) 나가다(ex)
* emigratory 이주하는   * emigration 이주, 이민
ex) If you hate the west, **emigrate** to North Korea.

immigrate
[íməgrèit]
V (타국으로부터) 이주하다
이주해(migrate) 들어오다(im)
* **immigrant** 이주하는, 내주하는; 이주자   * **immigration** 이주, 이민
ex) If you are ready to **immigrate** to Canada, we are ready to help you.

intermigration
[intərmaigréiʃən]
N 상호이주
상호(inter) 이주(migration)
ex) Has there been much **intermigration** to total population?

remigrate
[rì:máigreit]
V 다시 이동(이주)하다, (이민이) 귀국하다
다시(re) 이동하다(migrate)
* **remigration** 귀국
ex) She was an immigrant of Holland to which she later **remigrated**.

transmigrate
[trænsmáigreit]
V 이주하다, 전생하다; 가로질러 이동하다
옮겨(trans) 가다(migrate)
ex) Sometimes a soul is **transmigrated** in order to marry its intended mate

---

NEG = 거부하다(deny), 아닌(not)

우리가 흔히 '**부정적인**'의 의미로 사용하는 **negative**가 여기에서 나왔다. **Negative**는 또한 '거부적인, 반대의' 등의 의미도 지니며, 명사 혹은 동사로도 사용된다.

---

negate
[nigéit]
V 부정하다, 부인하다, 취소하다; 무효로 하다
부인(neg) 하다(ate)
* **negativism** 부정, 소극적임, [심리] 반대벽
ex) Alcohol **negates** the effects of the drug.

neglect
[niglékt]
V 무시하다, 게을리 하다, 태만하여 ~ 않다
N 무시, 경시; 태만, 소홀
들어 올리지(lect) 않다(neg)
* lig/lect = choose, pick up
ex) **Neglect** is just as serious as abuse for kids.

negligence
[néglədʒəns]
N 태만, 무관심
고르지(lig) 않(neg) 음(ence)
* **negligent** 부주의한, 태만한   ⓢ **heedless** 부주의한, 조심성없는, 무관심한
ⓢ **perfunctory** 마지못해 하는, 형식적인, 기계적인; 피상적인; 열의없는
ex) His son died as a result of medical **negligence**.

* [비교] neglect는 주로 '태만한 행위'를, negligence는 주로 '태만한 성질이나 습관'을 표현할 때 쓰인다.

negligible
[néglidʒəbl]
A 무시해도 좋은, 하찮은
고르지(lig) 않을(neg) 만한(ible)
ex) Even though he is a Christian, his knowledge of the bible is **negligible**.

negligee
[nègləʒéi]
N 실내복, 화장복   A 소탈한 복장의, 마음을 터놓은
선택까지(lig) 않은(lig) 옷(ee)
ex) In her pale pink **negligee**, she does not look her age.

abnegate
[ǽbnigéit]
[멀리(ab) 거부(neg) 하다(ate)]
A (쾌락 등을) 끊다, (신념 등을) 버리다
* **abnegation** 거절, 기권, 극기
ex) The king **abnegated** his power to his rival.

renegade
[rénigeid]
N 변절자, 탈당자; 배교자; 이탈자
ex) China considers Taiwan a **renegade** province.

negotiate
[nigóuʃièit]

V 협상하다, 교섭하다, 매도하다, 유통 시키다
* **negotiation** 교섭, 유통　　* **negotiable** 협상 가능한
* **negotiatory** 교섭의
ex) They are **negotiating** for a new contract.

> leisure(otium)가 생기다(neg), → 거자하다

deny
[dinái]

V 거절하다, 부인하다
* **denial** 거절, 부인
ex) Her request for time off work was **denied**.

> 부정될 확률이 더 많음

* neuter(어느 쪽도 아님) = ne(neg(=not)) + uter(=either)

neuter
[njú:tər]

A 중성의, 무성의　　V 거세하다
* **neutron** 뉴트론, 중성자
ex) There are many compelling reasons to spay or **neuter** your pet.

> 어느 쪽도(uter) 아닌(ne)

neutral
[njú:trəl]

A 중립의, 중립국의; 어느편도 들지 않는
* **neutralism** 중립주의, 중립정책; 중립　　* **neutralist** 중립주의자
ex) Sweden and Switzerland were **neutrals** during the war.

> 어느 편도(utr) 아(ne)닌(al)

* naught(無) = [게르만 유래] na(=not) + ught(with(=thing))

naught
[nɔ:t]

N 무, 제로, 영　　A 무가치한, 붕괴한
ex) All my efforts to contact him were for **naught**.

> 無 (naught)

naughty
[nɔ́:ti]

A 장난꾸러기의, 버릇없는, 못된, 외설스러운
ex) It was **naughty** that he beat his wife.

> '나쁘다'의 뜻에서 변화됨

* null = non

nullify
[nʌ́ləfài]

V (법적으로) 무효화 하다, 취소하다
ex) All my hard work was **nullified** when I lost my notes.

> 무효(null)로 하다(fy)

annul
[ənʌ́l]

[무효(nul) 쪽으로(an(ad))]
V 무효로 하다, (명령·결의를) 취소하다, 제거하다
ex) His second marriage was **annulled** because he never divorced his first wife.

* nihil = [L] nothing

nihil
[náihil]

N 허무, 무(無), 공허; 무가치한 것
* **nihilism** 허무주의, 허무부주의　　* **nihilist** 허무주의자
ex) **Nihilism** holds that existence has no meaning.

> 無 (nihil)

annihilate
[ənáiəlèit]

V 전멸하다, 폐지하다, 무효로 하다
* **annihilation** 전멸, 폐지, 무효화 함
ex) The enemy in its revenge tried to **annihilate** the entire population.

> 무(nihil)게(an) 하다(ate)

NOT = 기록하다, 주목하다, 알다(note)

기록하기 위해 쓰는 note, 알아차려 버린 notice로 기억하자.

notable
[nóutəbl]
A 주목할 만한(noteworthy), 저명한
주목할(not) 만한(able)
ex) This attractive house is particularly **notable** for its backyard setting.

notarize
[nóutəráiz]
V (공증인) 인증하다
기록(notar) 하다(ize)
* notary 공증인　　* notarial 공증(인)의　　* notandum 주의사항, 각서

notation
[noutéiʃən]
N (특수한 문자·부호 등에 의한) 표기법, 기호법
기록(not) 하는 (ate) 것(ion)
ex) You should have to write things out in standard **notation**.

notice
[nóutis]
N 주의, 통지, 경고　V 알아채다, 주의하다; 통지하다
알려진(not) 것(ice)
ex) Julie waved a greeting to Henry but he didn't **notice**.

notify
[nóutəfái]
V 통지하다, 신고하다, 공시하다
알게(not) 하다(ify)
* notification 통지, 공고; 통지서, 공고문　　* notifiable 통지해야 할
ex) We **notified** the police that the car had been broken into.

notion
[nóuʃən]
V 관념, 개념; 생각, 의견; 의지; 이해력
알고 있는(not) 것(ion)
ex) Such is the common **notion**. (통설이란 그런 것이다)

notorious
[noutɔ́:riəs]
A (보통 나쁜 뜻으로) 유명한, 악명 높은
잘 알려(notor) 진(ious)
ex) The Germans are **notorious** for pushing to the head of the line.

annotate
[ǽnətèit]
V 주석을 달다, 주석하다
기록(not)을 더하다(an<ad)
* annotator 주석자　　* annotation 주석
ex) Publishers have produced **annotated** editions with study notes.

connote
[kənóut]
V 함축하다, 딴 뜻을 암시하다; 내포하다
함께(con) 기록하다(note)
* connotation 함축, 언외(言外)의 뜻, 내포
ex) Orange represents heat while blue and green **connote** cool and fresh.

denote
[dinóut]
V 표시하다, 의미하다
아래에(de) 적어두다(note)
* denotation 표시
ex) Blue stains in the sink **denote** acidic water in the pipes.

NOUNCE = 말하다(speak), 공표하다(report)

'nounc'나 'nunc'가 나오면 아나운서(announcer)를 생각하자. 옆의 그림처럼 누군가에게 말하는 사람이 곧 아나운서이다.

announcer란 누구에게(an<ad) 공표하는(nounc) 사람(er)

nuncupate
[nʌ́ŋkjupèit]
V (유언 따위를) 구술하다
말(nunc)을 취하다(cup+ate)
* nuncupation 구두　　* nuncupative 구두의
ex) **Nuncupative** wills are usually considered invalid.

announce
[ənáuns]

V 알리다, 발표하다, 나타내다

~에(an<ad) 공표하다(nounce)

* announcement 발표　　* announcer 아나운서
ex) A shot **announced** the presence of the enemy.

annunciate
[ənʌ́nsièit]

V [고어] 고시하다, 통고하다, 알리다

~에(an) 공표(nunci) 하다(ate)

* annunciator 통고자, 예고자; 호출 표시기
ex) When the **annunciator** light flashes, you will know your fuel quantity.

denounce
[dináuns]

V 탄핵하다, 고발하다; 파기를 통보하다

아래로(de) 공표하다(nounce)

* denunciation (=denouncement) 탄핵, 고발; (조약 등의) 폐기 통고
ex) Somebody **denounced** him to the police as a spy.

enunciate
[inʌ́nsièit]

V (이론 등을) 선언하다, 발표하다, 명확히 하다

밖에(ex) 공표(nunci)하다(ate)

* enunciation 선언, 발표　　* enunciative, enunciatory 선언적인
ex) The second basic postulate was **enunciated** for us by Christ when he told us to love our neighbor as ourselves.

pronounce
[prənáuns]

V 발음하다, 선언하다

앞으로(pro) 공표하다(nounce)

* pronunciation 발음　　* pronouncement 선언
ex) He was the only one who can **pronounce** the word correctly.

renounce
[rináuns]

V (공식적으로) 포기하다; 부인하다; 절교하다

반대로(re) 공표하는(nounce)

* renouncement 포기, 기권　　* renunciation 포기, 폐기; 자제, 금욕; 거절; 절교
ex) He **renounced** smoking last night.

NEO/NOV = 새로운(new)

네온싸인의 neon은 그리이스어로 '새로운'의 뜻이다. 네온이 1898년에 발견되었을 당시에는 그것이 새로웠으므로 붙여진 이름이다.

---

neology
[ni:álədʒi]

N 신어, 신조어, 신표현

새로운(neo) 말(logy)

* neologize 신어를 창조하다　　* neologism 신어, 신조어

neon
[ní:ɑn]

N 네온(기호: Ne); 네온 사인, 네온 전등
A 네온을 사용한; 화려한 도시의, 야하게 화려한

새로운(neo) 원소((o)n)

neophyte
[ní:əfait]

N 초심자, 신출내기

신(neo)

ex) The site gives **neophytes** the chance to learn from experts.

novel
[návəl]

A 새로운, 희한한　　N 소설

새로운 것(nov+el)

* novelty 진기함, 새로운 것　　* novelette 단편소설, 중편소설
* novelist 소설가　　* novelize 소설화 하다　　* novelese (저속한) 소설적 문체
ex) The computer is no longer a **novelty** around the office.

nova
[nóuvə]

N 신성

새로운 것(nova)

* supernova 초신성

novice
[návis]

N 초심자 수녀(견습), 풋나기

새로운(nov) 사람(ice)

* novitiate 견습기간, 수련자, 풋내기   ⓓ tyro 초심자, 초학자
ex) Even a novice can do good work if he follows these simple directions.

innovate
[ínəvèit]

V 혁신하다, 쇄신하다

배우(in) 새롭게(nov) 하다(ate)

* innovation 새 제도; 혁신, 쇄신   * novate (채무, 계약 등을)
ex) She loved innovations just because they were new.

renovate
[rénəvèit]

V 새롭게 하다, 수선하다; 활기를 돋우다

다시(re) 새롭게(nov) 하다(ate)

* renovation 수선, 수리; 개혁, 쇄신; 원기 회복
ex) They claim that they can renovate worn shoes so that they look like new ones.

ODE/ODY = 노래(song)

melody는 '감미로운(mel) 노래(ody)'라는 뜻! 변형으로 comedy, tragedy 등의 'edy'가 있다.

ode
[oud]

N 송시

노래(ode)

ex) 'Ode to a Nightingale' and 'Ode on a Grecian Urn' are poems by Keats.

monody
[mánədi]

N 애가, 애도시, 독창가, 만가

하나의(mon) 노래(ody)

* monadic 애도시의   * monodist 애도시 작가

rhapsody
[rǽpsədi]

[이어 붙인(rhap=sew) 노래(ody)]

N 그리스 서사시; 열광적인 문장, 환희, 열광
* rhapsodize 열광적으로 말하다, 쓰다
ex) She rhapsodized about her vacation for a week.

parody
[pǽrədi]

[빗대어(par) 부르는 노래(ody)]

N 풍자적 개작시, 흉내
V 풍자적으로 개작하다, 서투르게 모방하다
ex) The trial was a parody of justice.

threnody
[θrénədi]

N 비가(悲歌), 애가, 만가; 애도사

쓰린(thren) 노래(ody)

* threnodic 비가의   * threnodist 비가의 작가

comedy
[kámədi]

[함께(com) 노래는(edy<ody)]

N 희극
* comedial 희극의   * comedical 우스운
* comedian 희극배우

tragedy
[trǽdʒdi]

N 비극, 비극작품; 비극적 사건, 참사

숫염소(trag)의 노래(edy)

* tragic 비극의, 비극적인   * tragedian 비극배우-   * thespian 비극의; 비극배우-
ex) The death of a spouse is a tragedy in the family.

* 「숫염소의 노래」; 그리스 비극에서 satyr로 분장하기 위해 염소 가죽을 입었음

* dirge
[dɔ́:rdʒ]

N 만가, 장송가, 애도가

ex) A traditional funeral dirge was played at the memorial ceremony.

OV = 알(egg)

백악관의 집무실은 **알**처럼 타원형으로 되어 있어서 **oval** office라고 부른다.

oval
[óuvəl]
A 달걀 모양의, 타원형의   N 타원형
* **oval office** [the ~] (백악관에 있는) 대통령 집무실, 미정부
ex) The table is **oval** in shape.

알(ov)의 (al)

ovary
[óuvəri]
N 난소; 씨방
* **ovarian** 난소의;씨방의 * **ovarian cancer** 난소암
* **ovariectomy** 난소 절제술 * **ovaritis** 난소염
ex) A flower may have one or more pistils with an **ovary**.

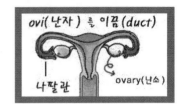

oviduct
[óuvədʌkt]
N [해부] 난관, 나팔관, [동물] 수란관
ex) In most birds, the vagina or **oviduct** is a simple tube.

난(ovi) 관(duct)

ovum
[óuvəm]
N [생물] 알, 난자
ex) A fertilized **ovum** is a human being with the same rights as you and me.

알

oviparous
[ouvípərəs]
N 난생의
* **ovipara** 난생동물
ex) Unlike whales, sharks are **oviparous** animal.

알(ovi)을 낳(par)는 (ous)

ovulation
[ɑvjuléiʃən]
N 배란, 산란
* **ovulate** 배란하다, 산란하다
ex) Some cases of female infertility are caused by **ovulation** disorders.

알(ov)을 만듦(ulation)

monovular
[manávjuːlər]
A [생물] 일란성의
* **monovular twins** 일란성 쌍생아
ex) Identical twins are **monovular**.

알(ov)이 하나(mono)인 (ar)

biovular
[bɑiávjuːlər]
A [생물] 이란성의
ex) Hospital authorities said the non-identical, or **biovular** twins were definitely full brothers, with the same father.

알(ov)이 둘(bi)인 (ar)

* **awa guatl** = 고환(testicle) (남미토착어: 모양이 고환처럼 생김)

avocado	N (열대 아메리카산의) 아보카도(나무)
guacamole	N 과카몰리 (awa guatle + molli = avocado sauce)

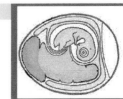

* **bry** = 이끼(moss), 부풀다(swell)

bryology	N 선태학
bryophyte	N 선태류의 식물
embryo	N (보통 임신 8주까지의) 태아, 배
embryonic	A 배아의, 미완성의, 미성숙한

몸안에 (em) 부푼 것 (bryo)

PATH = 느낌(feeling), 고통(suffering)

텔레파시는 '멀리서도(tele) 느낄(path) 수 있다'는 의미에서 만들어 진 단어이다. 느낌을 가장 크게 갖는 것은 아무래도 '고통'스러울 때 아닐까?

telepathy
[tilépəθi]
N 영감, 이심전심
* **telepathic** 이심전심의, 영감의

pathos
[péiθɑs]
N 페토스, 비애감; 연민의 정
ex) There is **pathos** in his novels.

* **bathos**
[béiθɑs]
N 부실한 감상; 우스꽝스런 용두사미; 평범, 진부함; 돈강법
ex) I found the new novel filled with **bathos**, and I didn't shed a tear.

pathetic
[pəθétik]
A 감상적인, 애처로운   N 비애, 환자
ex) The starving children were a **pathetic** sight.

감상(path) 적인(tic)

apathy
[ǽpəθi]
N 무감각, 냉담 (lack of feeling)
* **apathetic** 무감각한, 냉담한   ⊕ **phlegmatic** 냉담한, 무기력한, 무감각한; 점액질의
ex) Sometimes my boyfriend has an **apathy** to his brother.

감정(path)이 없음(a)

antipathy
[antípəθi]
N 혐오; 매우 싫은 일
ex) I feel **antipathy** toward bananas wrapped in ham.

반대(anti)의 감정(path)

empathy
[émpəθi]
N 감정 이입(感情移入), 공감(with)
* **empathic** 감정이입의   * **empathize** 감정이입하다. 마음으로부터 공감하다
ex) It brings forth a bit of empathy for his situation in me.

안으로(em) 감정(path)을 넣음

sympathy
[símpəθi]
N 공감, 일치; 교감신경(↔parasympathy)
* **sympathetic** 동정심 있는, 인정 있는; 마음에 드는
ex) I have no **sympathy** for Jan, it's all her own fault.

같은(sym) 느낌(path)

pathology
[pəθálədʒi]
N 병리학, 병리
* **pathological** 병리학적인, 병리학의
ex) The **pathology** report stated my lump was malignant.

아픔(path)을 연구하는(logy)

psychopath
[saikápəθi]
N (반사회적, 폭력적 경향이 있는) 정신병질자
ex) Only a **psychopath** would chop down a rain forest to make paper.

정신(psych)이 아픔(path)

* **throe** = 고통 (pain)

throes
N 격통, 심한 고통; 임종의 고통, 단말마, 고투
ex) Our country is in the **throes** of change.

PEL/PULS = 몰고 가다(drive)

프로펠러(propeller)는 앞으로(pro) 추진하는(pel) 역할을 한다.
심장이 피를 내몰아서 생기는 힘, 즉 박동이나 맥박을 pulse라고 한다.

propeller
pro(앞으로)
pel(몰고가는)
er (것)

appeal
[əpíːl]

N 간청, 애원, 매력 V 호소하다(to), 상고하다
* **appellate** 항소의, 상고의   * **appellant** 항소인
ex) That actress is still in her teens, but she has a mysterious **appeal**.

~쪽으로 (ap<ad) 이끌(pel)

※ 주의 appellation을 appeal의 명사형으로 착각하지 말자.

appellation
[æ̀pəléiʃən]

N 명칭, 통칭
ex) I've always been intrigued by that **appellation**.

compel
[kəmpél]

V 강요하다, 강제하다, ~하도록 하다
* **compelling** 강제적인, 어쩔 수 없는, 억지로 ~하게 만드는
* **compulsion** 강요, 강제   * **compulsory** 강제적인, 의무적인
ex) His consciences **compelled** her to turn the money she had stolen.

함께(com) 몰고 가다(pel)

※ 주의 compellation을 compel의 명사형으로 착각하지 말자.

compellation
[kæ̀mpəléiʃən]

N 말 걸기; 호칭, 명칭, 경칭
ex) He used this endearing **compellation**, 'My little children.'

함께(com) 몰고 감(pel)

dispel
[dispél]

V (불길한 생각, 근심 따위를) 없애다
ex) In his latest novel he aims to **dispel** the myth that real men don't cry.

멀리(dis=away) 몰아내다(pel)

expel
[ikspél]

V 쫓아내다, 격퇴하다
* **expulsion** 배제, 축출   * **expulsive** 추방하는
ex) A high school girl was **expelled** for writing story about killing teacher.

밖으로 (ex) 몰아내다(pel)

impel
[impél]

V 밀고 나아가다, 추진 시키다
* **impellent** 밀어내는;추진하는 * **impulse** 추진력;충동 * **impulsion** 추진;충동
ex) God uses lust to **impel** man to marriage, as He uses ambition to **impel** people to office, avarice to earning, and fear to **impel** people to faith.

어떤 일 안으로 (im) 밀다(pel)

propel
[prəpél]

V 추진하다; 몰고가다
ex) He was grabbed from behind and **propelled** through the door.

앞으로 (pro) 몰고 가다(pel)

repel
[ripél]

V 쫓아버리다, 거절하다, 억누르다
* **repellent** 물리치는 (것), 격퇴하는 (것); 불쾌한, 혐오감을 주는; 방충제
* **repellency** 반발성, 격퇴성
ex) The reptile's prickly skin **repels** nearly all of its predators.

되돌려서(re) 몰아내다(pel)

repulsion [rip∧lʃən]	N 격퇴; 반박; 거절; 반감(aversion), 증오, 혐오 * **repulse** 격퇴(하다), 거절(하다), 퇴짜 (놓다) * **repulsive** 쫓아내는, 물리치는; 혐오스러운 ex) The forces of magnetic attraction and **repulsion** move along the lines of force.	
interpellate [intərpéleit]	V (의원이 장관에게) 질문하다; 설명을 요구하다 * **interpellator** 질문자 * **interpellation** 질문, 질의 ex) Justice minister **interpellated** over prosecutor reshuffle.	사이로 (inter) 몰고 가다(pel)
pulse [p∧ls]	N 맥박, 박동, 진동, 생기 V 진동하다 * **pulsimeter** 맥박계 * **pulsometer** 배기펌프 ex) The auditorium **pulsed** with excitement.	(피가) 미는 힘(pulse)
pulsate [p∧lseit]	V 맥박치다, 가슴이 두근거리다 * **pulsation** 맥박, 파동 * **pulsatile** 맥이 뛰는, 박동성의; 타악기 ex) The streets were **pulsating** with life.	(피를) 밀어(puls) 내다(ate)

* driv = 몰다(drive)

drive	V 몰다, 운전하다, 추진하다 N 운전; 충동; 추진력	몰다
drift	N 이동; 표류; 해류; 취지 V 표류하다	a being driven

* tire = 끌다(draw)

attire	N 의복, 복장	순서(tire)에 맞게(ad)
retire	V 퇴직하다, 은퇴하다,	뒤로 (re) 끌다(tire)
retirement	N 퇴거, 퇴직	뒤로 (re) 끌(tire)음(ment)
tier	N (여러 줄 중) 한 줄; (시스템의) 단계	order<draw
tirade	N 긴 열변, 장광설; 격론, 긴 공격	질질 끄는 (tir) 말(ade)
* harangue	N 긴 연설, 장광설, 열변; 비난, 책망	원래 public square, platform
* homily	N 설교, 훈계	L. homilia = sermon

* dr-p = 떨어지다(drop)

drip	V 똑똑 떨어지(게하)다 N 똑똑 떨어지기	
droop	V 축 늘어지다, 풀죽다 N 축 늘어짐; 시듦, 의기소침	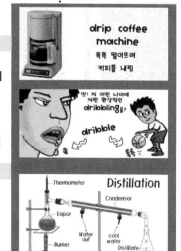
drop	N 한방울, 하락 V 뚝뚝 떨어지다, 쓰러지다	
dribble	V 똑똑 떨어뜨리다, (침을) 흘리다 N 똑똑 떨어짐; 소량, 조금; 가랑비, 드리블	
* drivel	N 군침, 콧물; 어리석은 소리 [둘이 쎄(drivel) 소리]	
* flag	V 축 늘어지다, 풀리다, 시들해지다	

* still = 떨어뜨리다(drip)

distill	V 증류하다, 증류하여 (불순물을) 제거하다(off)
distillation	N 증류(법); 증류물; 정수
distillery	N 증류소; (위스키·진 등의) 증류주 제조소
instill	V 스며들게 하다, 서서히 가르쳐 주다(into, in)

PEN/PUN = 형벌(punishment), 유감의(sorry)

축구에서 반칙을 했을 때 주는 **penalty** kick의 '**pen**', 그리고 **punish**의 '**pun**' 등은 모두 '**형벌**'을 의미한다.

penalty
[pénlti]
N 형벌, 벌금, 벌점 — 처벌하는(penal) 것(ty)
* **penal** 형벌의, 형법의, 형사상의; 형을 받을 만한   * **penalize** 벌을 주다
ex) The board is gearing up to take **penal** action against the defaulters.

penology
[pi:nálədʒi]
N 형벌학, 교도소 관리학 — 형벌(pen)에 관한 학문(ology)
ex) A dozen or so years ago, boot camps were a hot concept in **penology**.

penitence
[pénətəns]
N 후회; 회개, 참회 — 미안함(pen)을 느낌(it+ence)
* **penitent** 회개하는, 참회한; 고해자   * **penitentiary** 고해 신부, 교도소
ex) My pastor encouraged me in fasting for **penitence**.

penance
[pénəns]
N 후회; 회개, 참회; 고해성사; 고행 — 미안함(pen)을 느낌(it+ence)
ex) She regards living in New York as a **penance**; she hates big cities.

impenitent
[impénətənt]
A 완고한, 뉘우치지 않는 — penitent의 부정(im)
ex) Abraham is not the father of **impenitent** Jews although they claim him as father.

repent
[ripént]
N 후회하다, 회개하다, 뉘우치다 — 강하게(re) 후회하다(pent)
* **repentant** 후회하는, 후회의   * **repentance** 후회, 회개
ex) As Americans, we **repent** our nation's recklessness.

punish
[pʌ́niʃ]
V 처벌하다, 난폭하게 다루다 — 처벌(pun) 하다(ish)
* **punishable** 처벌할 만한   * **punishment** 처벌   * **punitory** 형벌
ex) There are ways to **punish** a criminal other than taking his or her life.

impunity
[impjú:nəti]
N 형벌을 모면함 — 처벌(pun)하지 않음(im)을(ity)

subpoena
[səpí:nə]
[처벌(poena<pun) 하(sub)에 놓임]
N [법] 소환장   V 소환장을 발부하다
ex) **Subpoena** was issued to him as a witness.

* **trit** = 비비다(rub)

trite — A 흔한, 평범한; 케케묵은, 진부한
attrition — N 마찰; 마멸, 마손(磨損); (수 등의) 감소, 축소
contrite — A 죄를 깊이 뉘우치는; 회개의
contrition — N (죄를) 뉘우침, 회오; 회개
detriment — N 상해(傷害), 손해, 손실; 유해물, 손해의 원인
detritus — N 암설; 파편; 시체, 배설물, 유기 분해물
tribulate — V 억압[박해]하다, 괴롭히다, 시련을 지워주다
tribulation — N 재난, 고난, 시련(의 원인); 고생, 고민 거리

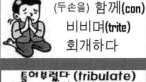

PEND/PENS = 매달다(hang), 생각하다(consider)

목걸이에 **매달린** pendant를 생각하자. 한편 머릿속에 무엇인가가 매달려 있는 것이 **생각**이다.

pendant = 매달린 것

pensile
[pénsail]
A 매달린(hanging; pendent) — 매달기(pens) 쉬운(ile)
ex) The **pensile** nest made of birch bark is suspended from a forked branch.

pension
[pénʃən]
N 연금, 장려금, 수당, 하숙집 V 연금을 주다 — (생활을) 매달려 가는 것
* **pensionary** 연금수령자, 고용인, 자비성; 연금을 받는
ex) You won't be able to receive your **pension** until you are 65.

pendant
[péndənt]
N 매달린 것; 늘어뜨린 장식; 샹들리에; 시계줄 — 매달(pend) 린(ent)
* **pendent** 드리운, 매달린; 미결[미정]의, 현안(懸案)의
* **penchant** 경향;강한 기호 [어떤 쪽으로 매달리는 것이 경향, 기호]
ex) I want to buy my wife a necklace with a diamond **pendant**.

pending
[péndiŋ]
A 미결정의, 현안의; 임박한; …동안, …까지 — 매달(pend) 린(ent)
ex) Sally visited Harry to discuss and seek advice on various **pending** issues.

pendulous
[pédʒuləs]
A 매달린; 흔들리는; 동요하는; 주저하는; 미정의
* **pendulate** 흔들리다, 결심이 안서다, 망설이다
* **pendulum** 시계추, 진자, 흔들리는 것, 추이
ex) I watched the hypnotist's **pendulum** oscillate, and soon became very sleepy.

펜 줄넣어서(pendulous) 매달린

append
[əpénd]
V 첨가하다, 끝에 첨가하다(add at the end) — ~에(ap) 매달다(pend)
* **appendage** 부속물, 첨가물   * **appendant** 부수적인, 첨가한
* **appendix** 부가물, 부록, 충수   * **appendectomy** 맹장수술
ex) Your arms and legs are **appended** to the trunk of your body.

compendium
[kəmpéndiəm]
N 개요, 대요, 개략(outline) — 함께(com) 매다는(pend) 것(ium)
* **compendious** 간단하고도 요령 있는, 간결한
ex) He wrote a **compendium** of 20th century physics.

compensate
[kámpənsèit]
V 보상하다, 배상하다 — 함께(com) 매달(pens) 다(ate)
* **decompensation** (심장의) 대상부전, 호흡장애   * **recompensation** 재보상
ex) Victims of the accident were **compensated** for their injuries.

depend
[dipénd]
V 의존하다, 신뢰하다, 결정하다, 종속하다, — 아래로(de) 매달리다(pend)
ex) The community's boundaries are somewhat nebulous; where they are **depends** on whom you ask.

independent
[indipéndənt]
A 자주의, 독립의, 독자적인 — 의존하지(dependence) 않음(in)
* **independence** 독립, 자립
ex) The Jacksons' house antedates the Declaration of **Independence**.

dispense
[dispéns]

V 분배하다; ~없이 지내다; (법을) 시행하다;
* **dispensation** 분배(물)   * **indispensable** 필수불가결한
ex) Not only do the nurses **dispense** medical information, but they also provide a friendly voice and moral support often in the middle of the night.

expend
[ikspénd]

V 소비하다(spend), 소모하다(use up), 공들이다
* **expenditure** 지출, 소비(consumption), 경비, 비용, 소비액
ex) We **expend** too much money and time for movies.

expense
[ikspéns]

N 지출, 경비(fee; charge; financial cost), 비용
* **expensive** 값 비싼(costly; dearly), 비용이 드는, 비경제적인
ex) Instead of buying **expensive** name-brand cigarettes, Rachel buys a generic brand and thus ruins her health at far less expense.

impend
[impénd]

V 임박하다, 절박하다(threaten)
* **impending** 임박한(imminent), 박두한, 머리 위에 걸린
ex) My **impending** fiftieth birthday makes me gloomy; I'm starting to feel old.

perpendicular
[pə́:rpəndíkjulər]

A 수직의; 직립한; 가파른   N 수직선
ex) Roll each dough ball quickly, first in one direction, then **perpendicular**, keeping the shape as round as possible.

prepense
[pripéns]

A 미리 계획된, 고의적인
ex) There is implied malice **prepense** present in his deeds.

propensity
[prəpénsəti]

V 경향(inclination), 성향(proclivity), 성질
ex) Jessie has a **propensity** for saying stupid things.

stipend
[stáipend]

N 봉급(salary), 연금(pension), 임금
* **stipendiary** 봉급을 받는, 유급의
ex) The salesman received a small **stipend** to cover his travel expenses.

suspend
[səspénd]

V 매달다, (결정 따위를) 보류하다, 불안하게 하다
* **suspense** 걱정, 불안, 염려, 미결, 일시정지   * **suspended sentence** 집행유예
* **suspension** 매달기, 미결, 중지, 현탁액   * **suspensive** 미결정의; 불안한; 확실치 못한
ex) A lamp was **suspended** from the ceiling.

vilipend
[víləpènd]

V 헐뜯다(traduce; revile), 업신여기다(belittle)
ex) Lee was **vilipended** by the press after the scandal.

pensive
[pénsiv]

[매달려(pens) 있는 (ive)]
A 깊은 생각에 잠겨 있는, 애수에 잠긴
* **pensee** 사색, 명상록
ex) He became **pensive** after the exam.

POND/POUND = 무게를 달다(weigh)

pend의 변형으로 옛날에는 **매달아서 무게를** 쟀기 때문에 이런 뜻이 생겨나게 되었다.

pound
[paund]
- **N** 파운드(=16온스=453그램); 영국화폐, 유치장
  - * poundage 세금, 감금 * pound of flesh 가혹한 요구, 치명적인 대가
  - ⓔ avoirdupois 상형(파운드 법에 따른 무게 단위) [avoir de pois "goods of weight,"]

무게의 단위

ponder
[pándər]
- **V** 숙고하다(think deeply about), 궁리하다
  - * ponderable 무게있는; 고려할 가치가 있는   * ponderous 무거운
  - * equiponderant 무게가 같은   ⓔ ruminate 반추하다; 곰곰히 생각하다
  - ex) You have to his **ponder** future.

마음속으로 어떤 일의 무게를 재다

imponderable
[impándərəbl]
- **A N** 저울질할 수 없는 [것], 미량의
  - ex) She was too tired to ponder the **imponderable**.

잴(ponder) 수 (able) 없는 (im)

preponderant
[pripándərənt]
- **A** 무게가 더 나가는, 우세한
  - * preponderance 무게가 너 나감, 우세   * preponderate 우세하다
  - ex) He played a **preponderant** role in the search for the creative solutions.

무게(ponder)가 앞서(pre) 는 (ant)

PET = 구하다(seek), 돌격하다(rush at)

식전에 먹는 appetizer는 음식을 강하게(ap) 요구(pet)하도록 만드는 것(izer)이다. 같던 길을 다시(re) 가는 것(peat)이 반복(repeat)이다.

petition
[pitíʃən]
- **N** 청원, 탄원 신청서, 소장
- **V** 진정[탄원]하다
  - ex) By the end of the week, the protest groups had amassed enough signatures on their **petitions** to be assured of victory at the convention.

요구하러(pet) 가는 (it) 것 (ion)

petulant
[pétʃələnt]
- **A** 성급한, 화 잘 내는, 까다로운, 건방진
  - * petulancy 토라지기, 성급함, 기분 언짢음
  - ex) Gloria became **petulant** when we said that she need to lose her weight little bit.

툭하면 "패줄란다" (petulant) 하며 화를 잘내는

appetence
[ǽpətənsi]
- **N** 열망, 성욕, 욕망, [化] 친화력
  - * appetent 열망하는, 동경하는, 의욕의
  - ex) It is found that the sexual **appetence** is less in women than it is in men.

강하게(ap) 구 (pet)하는 (ence)

appetite
[ǽpətàit]
- **N** 식욕, 욕망, 성욕, 흥미
  - * appetitive 식욕이 있는   * appetizer 식욕을 돋우는 것
  - ex) He suffered from headaches and loss of **appetite**.

강하게(ap) 구하는(petite)

centripetal
[sentrípətl]
- **A** 구심(성)의, 구심력 이용의
  - ex) The force that keeps an object moving in a circular path is called the **centripetal** force.

중심(centri)을 찾(pet)는 (al)

compete
[kəmpíːt]

V 겨루다, 경쟁하다, 필적하다

함께(com) 찾다(pete)

* **competition** 경쟁, 경기시합　　* **competitive** 경쟁하는　　⊕ **vie** 경쟁하다, 다투다

ex) Higher prices were a corollary of the two companies' agreement not to **compete**.

competent
[kámpətənt]

A 유능한, (충분한) 자격을 갖춘

경쟁(compet)이 되는 (ent)

* **incompetent** 무능력의, 부적당한　　* **competence** 능력, 권한

ex) That electricity is a liquid was but one of the many fallacies spread by the **incompetent** science teacher.

impetuous
[impétʃuəs]

A 성급한, 충동적인

안에서(im) 돌격(pet)하는 (uous)

ex) Jeremy is so **impetuous** that he ran out and bought an engagement ring for a girl who smiled at him in the subway.

impetus
[ímpətəs]

N 힘, 기세, 자극, 기동력; 충동

안에서(im) 돌격하는(pet) 것 (us)

ex) It will serve as an **impetus** to the study of English.

perpetuate
[pərpétʃuèit]

V 영속시키다

푹욱(per) 가게(petu) 하다(ate)

* **perpetuation** 영구화(化), 불후　　* **perpetual** 영원한
* **perpetually** 영구적으로　　* **perpetuity** 영속, 영존, 불멸; 영속물, 영원한 것

ex) In the Country, crime, drunkenness and lawlessness are **perpetuated** by lack of employment.

ex) They lived in **perpetual** fear of being discovered and arrested.

peripeteia
[pèrəpətáiə]

N (희곡소설에서) 사태의 격변; 운명의 급변

주변(peri) 상황이 엉뚱한 대로 튀다

ex) According to Aristotle, an important aspect of a good plot is **peripeteia**, or the direction of the action suddenly turning into the opposite direction.

propitiate
[prəpíʃièit]

V 달래다; 비위맞추다; 화해시키다

* **propitiation** 달래기, 화해; [신학] 속죄
* **propitiatory** 달래는, 화해하는; 보상의
* **propitiative** 달래는, 유화적인, 화해적인

ex) In those days people sacrificed a sheep to **propitiat**e an angry god.

propitious
[prəpíʃəs]

A (신이) 자비로운; 상서로운, 길조의, 행운의

앞으로 (pro) 나아가(pit)는 (ious)

ex) With the economy in the worst recession for thirty years, it was scarcely the most **propitious** time to start up a company.

repeat
[ripíːt]

V 되풀이하다, 흉내내어 말하다, 지루한

다시(re) 가다(peat)

N 되풀이; 반복되는 것; 재방송 프로그램; [음악] 반복, 반복절(節), 반복 기호

* **repetition** 반복　　* **repetitive** 되풀이하는, 반복성의
* **repeated** 되풀이된, 거듭된　　* **repeatedly** 되풀이하여; 재삼재사; 여러 차례

ex) Please don't **repeat** what I've just told you to anyone else.

ex) His books are full of **repetition** and useless information.

PON/POS/POST = 놓다, 두다(put)

카메라 앞에 자기를 두는 것은 pose(포즈),
나의 마음을 그녀 **앞에(pro)** 내어 **놓는(pose)**것은 propose,
밖으로(ex) 내어 **놓는(pose)** 것은 expose(노출하다)!

position
[pəzíʃən]
- V 위치를 정하다, 적당한 장소에 두다 　　둠(posit) 것(ion)
- N 위치; 유리한 시점; 지위, 처지; 태도; 자세; 근무처, 직업, 입장, 견해
  - * posit 놓다, 단정하다(postulate); 가정, 가설　　* positional 위치의
  - ex) I am not in a **position** to comply with your request.

positive
[pázətiv]
- A 명확한; 확실한; 절대적인, 긍정적인; 양(陽)의　　(긍정으로) 놓여(posit) 진(ive)
  - ex) Are you **positive** about it?

post
[poust]
- N 기둥; 지위; 우편　　V 게시하다, 배치하다　　둠 것(post)
  - * postage 우편요금　　* postal 우편의　　* poster 포스터, 벽보[붙이는 사람]
  - ex) It is forbidden to **post** this wall.

posture
[pástʃər]
- N 자세, 형세, 상태　　V 자세를 취하다　　둠(post) 것(ure)
  - * posture maker 곡예사　　* posturize 자세를 취하다
  - ex) Having correct **posture** helps you to be calmer and more relaxed.

pause
[pɔːz]
- N 잠깐 멈춤, 중지, 중단; 주저　　일을 놓아 두다→멈추다
- V 중단하다, 잠시 멈추다, 기다리다; 잠시 생각하다; 주저하다, 머뭇거리다
  - ex) He **paused** to look at the view.

appose
[əpóuz]
- V 나란히 놓다, 곁에 놓다(juxtapose)　　옆에(ap<ad) 두다(pose)
  - * apposition 병치, 동격　　* appositional 동격의
  - ex) The amnion was closely **apposed** to the embryo.

apposite
[ǽpəzit]
- A 적합한, 적절한　　옆에(ap) 둔(pos) 듯(ite) 알맞은
  - ex) It is an **apposite** time for him to get out of the criminal group.

compose
[kəmpóuz]
- V 구성하다, 창작하다; 작곡하다; 진정시키다　　(성분을) 함께(com) 두다(pose)
  - * composed 침착한, 차분한; …으로 구성되어(of)　　* composer 음악작곡가
  - * composition 구성, 창작, 작품, 화해　　* component 성분의, 구성하는; 성분
  - ex) Facts alone do not **compose** a book.

compound
[kámpaund]
- N 화합물, 혼합물, (문법) 복합어　　(성분을) 함께(com) 둠(pound)
- V 합성하다, 혼합하다, 화해하다　　A 합성의, 혼성의; 복합의
  - * composite 합성물　　* compost 배합비료
  - ex) Many fertilizers contain nitrogen **compounds**.

depose
[dipóuz]
- V 면직하다, 퇴위시키다; 증언하다　　지위를 내려(de) 놓다(pose)
  - * deposal 면직, 폐위(dethronement)　　* deposable 폐위 시킬 수 있는
  - ex) He **deposed** that he had seen the boy on the day of the fire.

deposit
[dipázit]

V 두다, 아래에 놓다; 퇴적시키다, 맡기다   아래에(de) 놓다(posit)
N 퇴적물, 은행예금(money deposited in a bank), 계약금, 보증금
* depositary 보관인, 보관소(depository)
ex) **Deposit** a quarter and dial your number.

depot
[dí:pou]

N 정거장; 버스 정류장, 물자 저장소   한 쪽에(de) 둠(pot)
ex) The former railway **depot** is now a restaurant.

dispose
[dispóuz]

V 배열하다; 처리하다; ~하고 싶어지다   (적절히) 떼어(dis) 놓다(pose)
* disposed 할 생각이 있는, 경향이 있는   * disposal 처리, 처분, 매각
* disposition (타고난) 성격, 경향(tendency), 배열(arrangement); 양도
* disposable 처분할 수 있는, 사용 후 버리는[물건], 일회용 물품
* predispose …하게 만들다, …하는 성향을 갖게 하다; (특정 병에) 잘 걸리게 하다
ex) His advice **disposed** me to read it.
ex) His physique **disposes** him to backache. 요통을 앓기 쉬운 체격이다

expose
[ikspóuz]

N 폭로, 들추어내기(exposure)   밖으로 (ex) 두다(pose)
V 쐬다, 드러내다; 알리다, 폭로하다, 진열하다, 노출하다
* exposure 쬠, 맞힘, 몸을 드러냄, 발각, 진열(display)
* exposition 설명, 해설, 박람회, 전람회
ex) You must not **expose** your children to pornography.

expound
[ikspáund]

V 상세히 말하다, 설명하다, 해석하다   밖으로 (ex) 두다(pound)
* exponent 설명자, 해설자; 설명적인(exponential)
ex) He enthusiastically **expounded** the ministry of Jesus.

impose
[impóuz]

N (세금을) 부과하다, 강요하다; 속여 팔다   안으로 (im<in) 두다(pose)
* imposition 부과, 과세, 강요, 사기, 세금   * imposing 인상적인, 당당한
ex) Do not **impose** your opinion upon others.

impostor
[impástər]

N (타인을 사칭하는) 사기꾼, 협잡꾼(swindler)   안으로 (im<in) (감추어) 두는(post) 사람(or)
* imposture (타인을 사칭하는) 사기 행위; 협잡
ex) I saw at a glance that he was an **impostor**.

impound
[impáund]

V 우리에 가두다, 가두다, 챙겨 넣다, 구류하다   안으로 (im<in) 두다(pound)
* impoundment 우리 안에 가두기, 구금, 압수, 몰수
ex) After learning his **impounded** car had been sold, John shattered the windows of a patrol car.

interpose
[intərpóuz]

N 사이에 끼우다, 방해하다, 참견하다; 중재하다   사이에(inter) 두다(pose)
* interposition 사이에 끼움, 방해(hindrance), 참견(interruption), 중재
ex) In the 1960s, the mass media began to **interpose** itself between campaign and voters.

juxtapose
[dʒʌ́kstəpòuz]

N 병렬하다, 나란히 놓다   나란히 (juxta) 두다(pose)
ex) The exhibition **juxtaposes** Korean foods with some western foods.

oppose
[əpóuz]
N 반대하다, 저항하다(resist), 대립시키다   ~에 대항하여(op) 두다(pose)
* **opposition** 반대(objection), 대립, 저항(resistance), 대조(contrast)
* **opposite** 마주보는, 정반대의   * **opposable** 반대할 수 있는, 저항할 수 있는
ex) The proposed system has been vigorously **opposed** by laborers.

opponent
[əpóunənt]
N 상대자, 적수   A 반대의, 적대하는(opposing)   반대로(op) 둔(pon) 사람(ent)
ex) It takes away some of the joy of winning a tournament when you know your **opponent**'s hurt

postpone
[poustpóun]
V 연기하다 (put off; delay)   나중에(post) 두다(pone)
ex) We decided to **postpone** our next meeting until next month.

preposition
[prèpəzíʃən]
N 전치사   앞에(pre) 둔 것(position)
* **prepositional** 전치사의   * **prepositional phrase** 전치사구
ex) Complete the sentences by using a **preposition** in brackets.

propose
[prəpóuz]
V 제안하다, 지명하다   N 제안, 진술, 주장, 명제   앞쪽으로(pro) 두다(pose)
* **proposal** 제안 (proposing), 신청, 계획, 안, 결혼신청
ex) He **proposed** dealing directly with the suppliers.

proposition
[pràpəzíʃən]
N (사업상의) 제안, 제의; 계획, 안; 성적 유혹   앞쪽으로(pro) 두다(pose)
V (여자를) 유혹하다, …에게 수작을 걸다; 거래를 제의하다
ex) I made a **proposition** to buy the shop.

propound
[prəpáund]
V 제출하다, 제안하다   앞으로(pro) 두다(pound)
* **proponent** 제안자, 지지자   * **propone** 제안하다, 신청하다(offer)
ex) It was Darwin who **propounded** the Theory of Evolution with its ridiculous suggestion that worms have evolved into humans.

purpose
[pə́:rpəs]
N 목적(aim), 의도, 의지, 결심, 용도, 효과   앞에(pur<por<per) 두다(pose)
V 작정[결심]하다, …하려고 생각하다; 의도하다, 꾀하다
* **purposeful** 목적이 있는, 고의의   * **purposeless** 목적이 없는, 뜻 없는
* **purposely** 고의로(intentionally)   * **purposive** 목적이 있는, 결단력이 있는
ex) I **purpose** to finish this project in a month.

repose
[ripóuz]
N 휴식(rest); 수면; 휴양, (마음의) 평온; 침착
V [~ oneself] 눕히다, 쉬게 하다, 휴양시키다; 쉬다, 휴식하다; 자다, 안치되다
ex) **Repose** yourself for a while.

repose²
[ripóuz]
V (신뢰·희망 등을) 두다, 걸다(in, on); 위임하다   ~뒤로(re) (믿음을) 두다(pose)
ex) The king **reposed** all his confidence in him.

repository
[ripá:zətɔ̀:ri]
N 저장소, 창고; 매점; 납골당; (지식 등의) 보고   ~뒤로(re) 두는(posit) 곳(ory)
* **reposit** 보존하다, 저장하다; 맡기다(deposit)   * **reposition** 저장, 보존, 보관
ex) She's a **repository** of knowledge about world history.

suppose
[səpóuz]

N 가정하다, 기대하다; 추측하다, 생각하다

아래로 (sup) 두다 (pose)

* **supposed** 상상된, 가정의   * **supposing** 만일 …이라면
* **supposition** 상상, 가정(assumption)   * **supposedly** 아마, 상상적으로

ex) Henry's new vocabulary book is **supposed** to be very good.

transpose
[trænspóuz]

N (위치, 순서를) 바꿔놓다; …을 이항하다

옮겨서 (trans) 놓다 (pose)

* **transposition** 전환(transposing or being transposed), 전위, 이항

ex) Technology allows the cameras to **transpose** their movements onto computer.

POP/PUB = 대중(people)

pop song(대중음악)의 pop과 public phone(공중전화)의 pub은 모두 대중을 뜻한다.

populace
[pápjuləs]

N 대중, 민중, 서민

사람들 (populace)

ex) He had the support of large sections of the local **populace**.

popular
[pápjulər]

A 인기 있는, 민중의, 유행의

대중 (popul) 적인 (ar)

* **popularity** 인기, 대중성, 유행   * **popularization** 통속화

ex) Skiing has become very **popular** recently.

populate
[pápjulèit]

V 거주하다(live), 식민하다(colonize)

사람들 (popul)이 있게 하다 (ate)

* **population** 인구, 주민수, 개체군   * **overpopulation** 과잉 인구

ex) The island is **populated** largely by sheep.

populous
[pápjuləs]

A 인구가 조밀한, 붐비는

인구 (popul)가 많은 (ous)

ex) Nigeria is the most **populous** black nation with a population of over 120 million.

depopulate
[di:pápjulèit]

V (추방·학살로) 주민을 줄이다, 인구가 줄다

인구 (popul)를 낮추 (de)다 (ate)

* **depopulation** 인구 감소

ex) They have since started to **depopulate** their stocks.

public
[páblik]

A 공공의, 공개의, 널리 알려진   N 국민대중

민중 (publ) 의 (ic)

* **publicity** 널리 알려짐; 주지, 공고   * **publication** 발표, 공포

ex) As a **public** speaker, Henry was extremely circumspect.

publicize
[pábləsáiz]

V 공포[광고, 선전]하다

대중 (public)화하다 (ize)

* **publicization** 공포, 광고, 선전(propaganda)

ex) The event was well **publicized** all over town.

publish
[pábliʃ]

V 발표하다, 공포하다, 간행하다

대중 (publ)화하다 (ish)

* **publication** 발표, 공표, 공포; 출판, 발행, 간행; 출판물, 간행물

ex) Henry was so happy when his first book was **published**.

vox populi
[vákspápjulái]

N 인민의 소리, 여론

인민 (populi)의 소리 (vox)

* **vox populi, vox Dei** 백성의 소리는 신의 소리, 민심은 천심

ex) Contribute to **Vox Populi** by calling 652-0370.

republic [ripʌ́blik]	N 공화국, 공화정체; …사회, …계, …단(of)	권력을 다시(re) 국민(public)에게

* republican 공화국의, 공화정체의   * republicanism 공화주의
ex) He has won a high place in the **republic** of art and science.

* lai = 세속적인 (secular)

laity [léiəti]	N (성직자가 아닌) 속인들; 평신도; 문외한	인민(lay) 입(-ty)

ex) The **laity** are all the people who are involved with a church but are not priests.

layman [léimən]	N (성직자에 대하여) 평신도; 아마추어, 문외한	인민(lay)인 사람(man)

ex) The book is supposed to be the **layman**'s guide to home repairs.

lewd [luːd]	A 외설적인, 선정적인	음란한 누드 (lewd)

ex) His private life is **lewd**.

* pleb = 대중 (people)

plebs [plebz]	N [옛로마] 평민, 서민; 대중	대중 (plebs)

ex) I can't bear her **plebby** friends.

plebeian [plibíːən]	N 평민, 서민 A 평민의; 하층 계급의; 천한	대중 (blebei)인 사람(ian)

* plebeianism 평민 신분, 서민적 기질, 평민 투표   * plebby 천한
ex) He used to make fun of what he called her '**plebeian** origins'.

plebiscite [plévəsáit]	N 국민[일반]투표(referendum); 국민의 의견표명	대중 (plebi)이 알고 (scite) 있음

ex) A new ward system has been approved in a **plebiscite**.

* vulg/mulg = 평민 (common people)

vulgar	A 상스러운, 저속한, 천박한 N [the ~] 평민, 서민	벌거(vulgar)벗다니 저속해...
vulgarity	N 속악(俗惡), 야비, 천박; [pl.] 무례한 언동	
divulge	V 누설하다, 폭로하다 [대중(vulg)에 내어 내다(dis)]	
divulgate	V 누설하다, 폭로하다	
promulgate	V 선포하다, 공포하다; 보급하다; 퍼뜨리다	대중 (mulg)앞으로 (pro)하다(ate)
ribald	N 상스러운 말을 하는 사람, 품위가 없는 사람	ribar = sleep around
* billingsgate	N 거친[상스러운] 말, 악담, 욕설	런던 최대의 생선시장-욕설이 오감

* mond/mund = 세상 (world)

monde	N 세상, 사회; 사교계, 상류 사회	먼데인 (mundane) 세속적인 날의 시작
demimonde	N 화류계; 화류계 여자; 패배자	
beaumonde	N 상류 사회, 사교계	
mundane	A 지구의, 세계의, 세속적인; 평범한, 흔히 있는	

* id = 문외한, 보통 사람(laymen)

idiot	N 천치, 백치	무식한 사람
idiotic	A 백치의	백치(idiot)의 (ic)
idiocy	N 천치, 백치, 백치 같은 행위	백치(idio)임 (cy)
idiom	N 관용어, 숙어, 방언	개인의 말
idiosyncratic	A (개인에게) 특유한; 기이한; 특이 체질의	개인 안에만 섞여있는 것

PRIV = 분리하다(separate), 개인(individual)

privacy(사생활)의 priv는 원래 분리하다(separate)의 뜻이다. 집단으로 부터 분리되는 것이 곧 개인(individual)이다. 몇 단어를 제외하고는 편의상 개인(individual)로 기억해도 될 것이다.

privacy
[práivəsi]
N 남의 눈을 피하기, 사생활, 은둔, 비밀
ex) Is his security worth more than my **privacy**?

개인(priv) 생활(acy)

private
[práivət]
A 개인의, 사유의, 비밀의, 병졸의   N 이등병, 음부
* **privatism** 사적 자유의 존중; 개인주의   * **privatistic** 사생활 제일주의의
* **privatize** 민영화하다
ex) Those are my father's **private** papers.

개인(priv) 적인(ate)

privilege
[prívəlidʒ]
N 특권   V 특권을 주다
ex) John's mother denied him TV **privileges** for a week.

개인(privi)을 위한 법(lege)

underprivileged
[ʌ̀ndərprívəlidʒd]
A 권리가 적은, 혜택 받지 못한; 소외계층의
ex) The charity raises money for holidays for the **underprivileged**

낮은(under) 권리의(privileged)

privity
[prívəti]
N [법] 당사자 관계
* **privy** 개인의, 비밀리의, 은밀하게 관계된; 당사자, 이해관계인
ex) I was made **privy** to it. 나는 내밀히 그것에 대해 통고 받고 있었다.

개인(priv) 관계(ity)

deprive
[dipráiv]
V 박탈하다, 물건을 빼앗다; 허용치 않다
* **deprival** 박탈   * **deprive oneself of** ~을 자제하다, 삼가다
ex) We can't **deprive** people of the right to do what they want on their property.

개인권(priv)을 떼어내다(de)

privation
[pràivéiʃən]
N (생필품의) 박탈, 몰수; 상실; 결핍, 궁핍
* **privative** 결핍의, 소극적인; 탈취하는   * **deprivation** 필수적인 것의 박탈, 부족
ex) They endured years of suffering and **privation**.

= deprivation

PROPER = 자기 자신의(one's own)

proper는 라틴어 'pro privo', 즉 'for the individual(개인을 위하여)'에서 왔다. 개인을 위하여 맞춰 놓았다는 의미에서 '적절한, 알맞은'의 뜻으로 까지 확대된다.

proper
[prápər]
A 적당한, 정확한; 본연의; 예의 바른; 훌륭한
ex) **Proper** health insurance is something we all need, but sometimes we all can't afford.

적당한(proper)

improper
[imprápər]
A 부적당한(not proper; nor suitable), 틀린
ex) The **improper** replacement of a back porch light with a pair of halogen lamps apparently caused a fire that heavily damaged the house.

적합하지(proper) 않은(im)

propriety
[prəpráiəti]
N 적당, 예의 바름
ex) I like the children who observe **propriety**.

적당(propri) 함(ety)

property
[prápərti]

N 소유물, 재산, 소유권

ex) Universal suffrage is the right of all people to vote, regardless of race, sex, ownership of **property**, and so forth.

appropriate
[əpróuprièit]

A 알맞은(suitable), 적당한(proper)
V 유용하다(use for a purpose), 횡령하다

* **appropriation** 전유, 유용, 지출금
ex) A rabbit **appropriated** the vegetables in our garden last summer.

* apropos
[æprəpóu]

[F=to the purpose]
A 알맞은(suitable), 적당한(proper)
ad 적절하게; 때마침; 그건 그렇고, 그런데
ex) It was not **apropos** that he wore red shirts at the funeral.

expropriate
[ekspróuprièit]

V (재산 따위를) 징발하다, (토지 등을) 몰수하다

* **expropriation** 몰수, 징수
ex) When the government decides to build a highway through your backyard, it **expropriates** your property for this purpose.

impropriate
[impróuprièit]

V (교회의 수입을) 개인의 재산으로 넘기다

ex) In 1615 the rectory was returned as **impropriate**.

PUT = 생각하다(think)

'put'은 '생각하다'의 의미를 가지는데 컴퓨터(computer)는 모든 정보를 입력하여 '함께(com) 생각해내는(put) 기계(er)'이다.

putative
[pjú:tətiv]

A 추정의, 추정되고 있는, 소문에 들리는

ex) The **putative** reason for placing the monument downtown is that nobody had wanted it uptown.

compute
[kəmpjú:t]

V 계산하다(count), 산정하다, 평가하다

* **computer** 계산기   * **computation** 계산(calculation)

depute
[dipjú:t]

V 자기의 대리로 지명하다, 위임하다

* **deputation** 대리   * **deputy** 대표   * **deputize** 대리하다
ex) I **deputed** him to take charge of the club while I was in London.

dispute
[dispjú:t]

V 논쟁하다(debate), 말다툼하다
N 논쟁, 토론

* **disputation** 논쟁, 토론   * **disputative** 토론의, 논쟁의
ex) They have **disputed** whether the decision was right since then.

impute
[impjú:t]

V 탓으로 돌리다(attribute; ascribe), 전가하다

ex) The police **imputed** the accident to the driver's carelessness.

repute
[ripjú:t]

V 생각하다(think), 간주하다(suppose)　**N** 평판
* **reputation** 평판
ex) The **reputed** racketeer had been acquitted of a wide variety of federal crimes.

@amputate
[æmpjutèit]

[주위(am<ambi)를 잘라(put) 내다(ate)]
V (손발 등을) 절단하다, (큰 가지를) 잘라내다
ex) The blast forced doctors to **amputate** his right hand.

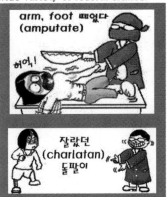

@charlatan
[ʃáːlətn]

N 돌팔이 의사; 허풍선이, 협잡꾼(imposter)
* **chalartanic** 협잡의, 돌팔이의
* **chalartanism** 허풍; 협잡; 속임수, 사기
@ **quack** 돌팔이 의사, 사기꾼, 야바위꾼

RADI = 광선, 선(ray)

열을 발산하는 **rad**iator나 전파로 전달되는 **rad**io 등이 이곳 출신이다.

radar
[réidɑːr]

N 레이다, 전자탐지기
radio detecting and ranging
ex) Even small ships now have **radar**.

radiate
[réidièit]

V 방사하다, 빛나다, 발산하다, 표현하다
* **radial** 광선의　* **radiant** 빛나는　* **radiator** 라디에이터
* **eradiate** (빛, 열을) 방사하다(radiate)　* **eradiation** 방사
ex) The engine was so hot that we could feel the heat **radiating**.

irradiate
[iréidièit]

V 빛을 쬐다, 환하게 하다, 방사선을 쬐다
ex) Many countries have had approval to **irradiate** a range of food products.

radius
[rèidiəs]

N 반경, 반지름; 반경 범위; (활동, 능력의) 범위
ex) The **radius** of this wheel is 30 cm.

radiology
[rèidiálədʒi]

N 방사선학
* **radiologist** 방사선학자, X선 의사, X선과

radiosonde
[réidiousànd]

N 라디오 존데
(a miniature radio transmitter that is carried aloft with instruments for broadcasting the humidity temperature)

radioactive
[rèidiouǽktiv]

N 방사능(성)
* **radio-isotope** 방사성 동위원소
ex) The company has been dumping **radioactive** waste into the Hudson River.

rayon
[rèiɑn]

N 레이온, 인조견사

RANGE = 정렬하다(arrange)

range, rank 등은 '**정렬하다**'의 의미를 갖는다. 순위를 매길 때 쓰는 **ranking**을 생각하자.

range
[reindʒ]
N 범위, 시계; 산맥; 목장   V 정렬시키다, 분류하다
* ranger 레인저, 방랑자, 삼림경비원, 기마 경찰대
🔁 diapason 옥타브 음정, 음역, 범위   🔁 gamut 전음계; 전범위, 전반
ex) They used to drive the cattle across the open **range** every spring.

「줄지은 것」

arrange
[əréindʒ]
V 정리 정돈하다, 끝내다, 준비하다
* arrangement 정리, 정돈, 준비
ex) **Arrange** the flowers in the vase.

「가깝게(ar<ad) 정돈하다(range)」

disarrange
[dìsəréindʒ]
V 어지럽히다, 혼란케 하다(disorder)
* disarrangement 혼란, 무질서
ex) My son **disarranged** the papers on my desk.

「정돈하다(arrange)의 반대(dis)」

prearrange
[prì:əréindʒ]
V 미리 정돈하다, 타협하다(compromise)
* prearrangement 타협, 사전 정돈
ex) You can **prearrange** your funeral without paying for it in advance.

「미리(pre) 정돈하다(arrange)」

derange
[diréindʒ]
V 혼란케 하다, 미치게 하다
* derangement 교란, 발광
ex) He has to be institutionalized because he was mentally **deranged**.

「정돈하다(range)의 반대(de)」

outrange
[àutréindʒ]
V 착탄(비행) 거리가 더 길다; ~보다 낫다
ex) Will rats **outrange** dogs as mine detection animals?

「범위(range)가 넘어서다(over)」

ranch
[rænʧ]
N 대목장, 농장
ex) The youngster spent summer days on the **ranch**, staying in an old rock house.

「줄을 세우다」

rank
[ræŋk]
N 열, 줄, 지위   V 정렬시키다; 분류하다; 평가하다
ex) The entrance was guarded by **ranks** of policemen.

「줄을 세우다」

ROL/ROT = 회전(roll)

rotary나 **roller** skate를 생각하라. 빙빙 도는 이미지가 떠오르는가? roll빵은 어떤가?

rotary
[róutəri]
A 회전하는, 도는, 환상(環狀)의
N 윤전기(a rotary machine); 환상 교차로, 로터리

「둥근(rot) 것(ary)」

rotate
[róuteit]
V 회전하다, 순환하다, 교대하다
* rotation 회전, 순환   * rotating 회전하는

「회전(rot) 하다(ate)」

rote
[rout]
N 기계적 방법, 기계적 기억, 반복
ex) Children learn things like grammar by **rote**.

「둘림(rote)」

rotund
[routʌ́nd]
A 토실토실한(plump), 목소리가 낭랑한, 과장된
* rotunda 원형 건물, (둥근 지붕으로 덮인) 홀   * rotundity 원형, 비만
ex) A rotund, smiling, red-faced gentleman appeared.

둥근(rot+und)

roll call
[róulkɔ̀:l]
N 출석조사, 점호

출석(roll) 부름(call)

rollback
[róulbæk]
N 역전, 역공세; (통제에 의한) 물가인하정책
* rollback operations 역공세 작전

뒤로(back) 구름(roll)

enroll
[inróul]
V 명부에 올리다, 등록하다, 회원이 되게 하다
* enrollment 명부 기입(등록), 입학, 입대

두루마리(roll) 안에(en) 넣다

logroll
[lɔ́:gròul]
V 협력하여 통과시키다, 서로 돕다
* logrolling 상호 협조, 협력, 통나무 굴리기

통나무(log)를 굴리다(roll)

scroll
[skroul]
N 두루마리, 고대의 서적, 돌에 새겨진 장식 무늬
V 스크롤하다(컴퓨터 화면의 텍스트를 두루마리 읽듯이 상하로 움직이다)
ex) Use the arrow keys to scroll through the list of files.

scroll < roll

roulette
[skroul]
N 룰렛, 점선기(우표 등 째는 곳에 점선을 박는)

둥글고(roul) 작은(ette) 것

SENS/SENT = 느낌(feeling)

감각이 있는 사람에게 sense가 있다고 말한다.

sensation
[senséiʃən]
N 느낌, 감각, 선풍적 반응, 감동, 감각, 격동
* sensational 세상을 놀라게 하는(causing excitement), 선정적인, 충격적인
ex) Dolly's birth caused a sensation around the world.

느끼게(sens) 하는(ate) 것(ion)

sense
[sens]
N 감각, 느낌, 지각, 사려, 의미, (가치의) 이해
* senseless 무감각한, 무의식의   * senselessness 무감각
ex) I believe you have enough sense to take the good advice given here.

느낌(sens)

sensible
[sénsəbl]
A 분별 있는, 현명한, 적당한, 느낄 수 있는
* sensibly 지각할 수 있게, 현저하게(remarkably)   * sensibility 감정
ex) It would be sensible to adopt a simplified procedure for all issues.

느낄(sens) 수 있는(ible)

sensitive
[sénsətiv]
A 느끼기 쉬운, 민감한, 과민한, 신경질적인
* sensitivity 감수성, 민감, 감성(the sense)   * sensitize 민감하게 하다
ex) Infants are especially sensitive to health risks posed by pesticides.

느끼(sensi) 는(tive)'

sensorial
[sensɔ́:riəl]
A 지각의, 감각을 일으키는   N 감각기관
* sensorioum 감각기관, 지각기관   * sensuous 감각적인, 예민한
ex) A lot of fat isolate your sensorial nerve bodies from the surroundings.

느끼게(sens) 되는(orial)

sensual
[sénʃuəl]

A 관능의, 관능적인; 쾌락에 빠진, 주색에 빠지는

느낌(sens) 의 (ual)

* **sensualize** 타락시키다　* **sensualism, sensuality** 쾌락주의, 호색
ex) The designer offered women a **sensual** wardrobe during the display.

sentence
[séntəns]

N 문장; 선고, 판결

잘못을 느끼게(sent) 하는 것(ence)

V (아무에게) 형을 선고하다, 판결을 내리다, 처해지다(condemn)
* **sentential** 판결의, 문장의　　* **sententious** 간결한, 금언식의; 격언식의
ex) The murderer was **sentenced** to life imprisonment.

sentient
[sénʃiənt]

A 지각이 있는, 느낄 수 있는　N 지각있는 사람

느낌(senti) 의 (ent)

* **sentience** 감각성, 지각력(perceptivity), 직관(intuition)
ex) It is not easy to distinguish a zombie from a **sentient** person.

sentiment
[séntəmənt]

N 감정, 정서, 기분, 마음, (pl) 의견, 견해, 소감

느끼는(sent) 것(ment)

* **sentimental** 감정적인(having to do with feeling), 정서적인(emotional)
ex) Public **sentiment** is against any change to the law.

sentinel
[séntənəl]

N 보초, 감시인　V 감시하다, 망보다, 보초를 서다

위험을 감지하는(sentin) 자(el)

* **sentry** 보초병, 파수병(soldier posted to keep watch)
ex) Several bodyguards stood **sentinel** at the entrance of her house.

assent
[əsént]

V 동의하다(↔dissent), 찬성하다　N 동의, 찬동

가깝게(as) 느끼다(sent)

* **assentation** 동의, 영합, 부화뇌동(blind following)　* **assentient** 찬성의
ex) He nodded showing his **assent** to sell his land.

consent
[kənsént]

V 동의하다, 승낙하다　N 동의, 승낙; 의견일치

함께(con)+느끼다(sent)

* **consentaneous** 일치한, 만장일치의　* **consentience** 일치, 동의
ex) They can't attend the meeting without your **consent**.

consensus
[kənsénsəs]

N (의견 등의) 일치(agreement), 여론, 교감

함께(con) 느끼는(sens) 것(us)

* **consensual** 합의에 의한, 교감성의
ex) We reached a **consensus** on the matter by taking a vote.

dissent
[disént]

V 의견을 달리하다, 반대하다　N 불찬성, 이의

느낌이(sent) 다르다(dis)

* **dissentient** 의견을 달리하는(사람); 이의를 제기하는　* **dissension** 불화
ex) Don't use the uniformed forces in suppressing voices of **dissent**.

insensate
[insénseit]

A 감각이 없는; 무정한; 분별력이 없는

느낌(sens)이 없(in)는 (ate)

ex) She believes that permanent vegetative state patients are **insensate**.

presentiment
[prizéntəmənt]

N (나쁜) 예감(premonition), 불길한 징조(omen)

미리(pre) 느낌(sentiment)

ex) He had a **presentiment** of what was awaiting him.

resent
[rizént]

V 화내다, 불쾌하게 여기다, 분개하다, 원망하다

거슬러서(re) 느끼다(sent)

* **resentful** 분개한(angry)　* **resentment** 원한, 노함, 분개
ex) He bitterly **resented** Henry for failing to support him.

scent
[sént]

N 냄새; 향기; 향수　　**V** 냄새 맡다, 알아채다

냄새 맡다 = 느끼다

ex) Halfway through the game, we could already **scent** victory.

SERV = 지키다(keep), 보다(watch), 섬기다(serve)

service란 봉사하는 것. Observe는 '관찰하다'와 '준수하다' 두개의 의미를 동시에 가지고 있다. 그것은 어근 serv가 '지키다'와 '보다'의 의미를 모두 가지기 때문이다. 즉, 잘(ob) 보면(serv) '관찰하다'가 되고 잘(ob) 지키면(serv) '준수하다'의 의미가 되는 것이다.

---

serve
[səːrv]

V 섬기다, 일하다, 접대하다; 공급하다, 만족시키다

섬기다

* server 봉사자, 근무자, 쟁반, 밥상　　* service 봉사, 교통편, 예배
* ex-service 퇴역한　　* in-service 근무중의

ex) No man can **serve** two masters.

servant
[sə́ːrvənt]

N 하인, 공복, 공무원, 일생을 바친 사람

섬기는(serv) 사람(ant)

* underservant 잔심부름꾼　　* serf (중세시대의) 노예

ex) A true **servant** serves his Lord selflessly, without any thought for himself.

servile
[sə́ːrvəl]

A 노예 같은, 독립심이 없는, 추종하는

섬기기(serv)를 쉽게 하는(ile)

ex) The **servile** spirit still remains a part of them.

servitude
[sə́ːrvətjùːd]

N 노예상태, 노역, 징역

섬기는(serv) 상태(tude)

ex) Criminals could at one time be sentenced to penal **servitude**. [강제노역형]

conserve
[kənsə́ːrv]

V 보존하다, 유지하다(hold)

함께(con) 섬기다(serve)

* conservation 보존, 유지(preservation)　　* conservative 보수적인, 온건한

ex) Help to **conserve** energy by insulating your home.

conservatory
[kənsə́ːrvətɔ̀ːri]

V 온실; 음악[미술, 예술] 학교 (=conservertoir)

보존(conserv) 하는(at) 곳(ory)

ex) She studied the violin at a **conservatory**.

deserve
[dizə́ːrv]

V 받을 가치가 있다(to), 할만하다, 당연하다

아래에서(de) 섬기다(serve)

* deserved 당연한, 정당한　　* deservedly 당연히

ex) They **deserve** their miseries.

disserve
[dissə́ːrv]

V 학대하다, 해를 주다

섬김다(serve)의 반대(dis)

* disservice 불친절한 행위, 학대

ex) It is becoming increasingly clear that science fiction has **disserved** us.

observe
[əbzə́ːrv]

V 관찰하다, 알아채다, 진술하다, 준수하다;
　　(기념일 등을) 준행하다, 지내다, 거행하다

잘(ob) 살피다/지키다(serve)

* observing 관찰력이 예민한　　* observatory 관측소
* observation 관찰, 주목(notice)　　* observance 준수, 관습

ex) Children learn by **observing** adults.

ex) People must **observe** the law. Nobody should be an exception.

preserve
[prizə́:rv]
V 보존하다, 손실을 막다, 유지하다
* **preservable** 보존할 수 있는　* **preservation** 보존, 예방
ex) We want to **preserve** the character of the town while improving the facilities.

버리(pre) 살피다(serve)

reserve
[rizə́:rv]
V 떼어두다, 비축하다, 보유하다, 예약하다
N 비축, 예비품, 준비금, 겸손, 조건, 예비선수
* **reserved** 보류된, 예약의, 수줍어하는, 내성적인　* **The Reserve** 예비군
* **reservation** 보류, 예약, 사양, 비밀
ex) I reserve Saturdays for taking a walk with my wife.

뒤를(re) 살피다(serve)

reservoir
[rézəvwà:r]
N 저수지, 저장소; 보고　　V 저수지에 저장하다
ex) The long drought exposed the cracked floor of the **reservoir**.

뒤를(re) 살피는(serve) 것(oir)

subserve
[səbsə́:rv]
V 거들다, 돕다, 촉진하다; 도움이 되다
* **subservience** 종속, 아첨, 노예근성, 공헌(contribution)
ex) The products **subserve** no practical use.

밑에서(sub) 섬기다(serve)

sergeant
[sá:rdʒənt]
N 하사관, 병장; 경사
ex) Dismiss the men, **Sergeant**.

섬기는(serge) 사람(ant)

serviette
[sə:rviét]
V 냅킨
ex) I bought my wife an elegant **serviette** holder and dispenser.

섬기는(servi) 작은 것(ette)

SPOND/SPONS = 약속(promise), 맹세(pledge)

sponsor(후원자)는 지원하기로 약속한(spons) 사람(or)이다.

spondulicks
[spʌndjú:liks]
N 돈, 자금(funds)
ex) He couldn't come up with the **spondulicks**.

완전하게 약속 된 것

sponsor
[spánsər]
N 보증인, 후원자　　V 후원하다, 보증하다
* **sponsorship** 후원, 발기　* **sponsorial** 후원의　* **sponsion** 보증
ex) The team is **sponsored** by Samsung.

약속한(spons) 사람(or)

spousal
[spáuzəl]
N 결혼(marriage), 결혼식(nuptials)
* **spouse** 배우자; 짝 지워주다
ex) The majority of victims of **spousal** violence are women.

약속(spous) 한(al)

despond
[dispánd]
V 낙심하다, 낙담하다　　N 낙담
* **despondent** 기가 죽은, 의기 소침한; 낙담한(at, about, over); 낙담한 사람
ex) Do not **despond** so easily

약속(spond)을 저버림(de)

respond
[rispánd]
V 대답[응답]하다(to); 반응하다
* **response** 응답; 대답; 반응　　* **respondence** 적합, 대응, 일치; 응답(to)
* **respondent** 반응하는(to); [법] 피고의 입장에 있는; 응답자; 피고
ex) It is very hard to **respond** with smile to the insult.

다시(re) 약속 하다(spond)

responsive [rispánsiv]
A 바로 대답하는; 반응하는, 민감한; 대답의
대답(respons) 하는 (ive)
ex) She wasn't **responsive** to his ardent love letter.

responsible [rispánsəbl]
A ~에 책임이 있는 (to, for); …의 원인인(for); 신뢰할 수 있는, 책임을 다할 수 있는, 확실한; 지불 능력이 있는
다시(re) 약속할 수 있는 (ible)

correspond [kɔ̀ːrəspánd]
V 일치하다, 부합하다(with, to); 서신 왕래하다
함께(cor) 응답하다(respond)
* **correspondence** 일치; 조화; 상응, 대응; 서신 왕래; (특파원이 보내온) 뉴스
* **correspondent** 통신인; 특파원, 통신원; (신문 독자란) 투고자; 상응하는 것
ex) His words and actions do not **correspond**.

TEMPO = 시간(time)

tempo [témpou]
N (음악) 속도, 템포, 빠르기(the speed)
시간
* **tempus fugit** 세월은 유수와 같다
ex) We're going to have to up the **tempo** if we're to finish on time.

temporal [témpərəl]
A 일시적인, 시간의, 세속적인(of the world)
시간(tempor) 의 (al)
* **temporarily** 당분간(for the time being)   * **temporize** 시국에 따르다
ex) Jet lag is a kind of **temporal** disorientation.

contemporary [kəntèmpəréri]
A 동시대의(at the same period), 현대의
동(con) 시대(tempor) 의 (ary)
ex) I liked the **contemporary** paintings but the classical art display bored me.

extemporal [ikstémpəri]
A 즉시의(immediate), 임시변통의
시간(tempor) 의 (ex) 의 (al)
* **extemporarily** 즉석에서(off-hand)

* **tempt** = 시도: 시간에 맞춰서 제 때에 해야 하는 것이 바로 **시도**.

tempt [tempt]
V 시도하다, 설득하다, 유혹하다
시도 하다 (tempt)
* **temptation** 유혹   * **temptress** 요부
ex) The offer of a free TV **tempted** her into buying the car.

attempt [ətémpt]
V 시도하다   N 시도; 모험
강하게(at) 시도 하다 (tempt)
ex) They made no **attempt** to escape

* **contempt** [kəntémpt]
N 경멸, 법정 모독죄   V 경멸하다
강하게(con) 조롱하다(tempt<temn)
* **contemn** 경멸하다, 모멸하다
ex) At school she had complete **contempt** for all her teachers.

* **temple**은 '예정된 시간에 맞는 예정된 장소'의 뜻에서 **신전**이라는 의미

contemplate [kάntəmplèit]
V 응시하다, 숙고하다(consider); 명상하다
큰 temple(절) 에 있다 (contemplate) 명상하면서...
* **contemplation** 응시, 숙고; 예상; 기도
* **temple** 신전, 예배당; 관자놀이, 안경다리
ex) I'm **contemplating** going abroad for a year.

TEND/TENS = 늘이다(stretch), 당기다(pull)

'안테나(antenna)'의 'ten'을 생각하면 된다. 쭉 뻗어 나와 있는 것이 안테나이다.

tend
[tend]
V 경향이 있다, 하기 쉽다, (길이) ~로 향하다
* tendency 경향, 풍조, 추세, 버릇, 취지   * tendance 시중, 간호; 종, 하인
ex) Women **tend** to live longer than men.

tendentious
[tendénʃəs]
A 특정 입장을 옹호하는, 경향이 있는
ex) Most scientists are **tendentious** arguers for their pet theories.

tendon
[téndən]
N 힘줄, 건 (a thick strong cord)
ex) My father tore his Achilles **tendon** while playing squash.

tense
[tens]
A 팽팽한, 긴장한; 신경이 날카로운
V 긴장시키다, 팽팽하게 하다, 굳어지다   N [문법] (동사의) 시제
* tension 긴장 (strain), (탄성체의) 장력, 전력   * tensity 긴장상태
ex) He's a very **tense** person.

tensile
[ténsəl]
A 잡아 늘일 수 있는, 장력의
* extensile 뻗을 수 있는, 신장성의
ex) Cotton is a relatively **tensile** material and is easier to stretch than wool.

tentacle
[téntəkl]
N 촉각(antenna), 촉수
ex) An octopus has eight long **tentacles**.

tentative
[téntətiv]
V 시험적인, 임시의, 확정되지 않은
* tentation 시험조정 (tentative operation)
ex) George made a **tentative** effort to paint his house by himself.

attend
[əténd]
V 참석하다; 살피다, 주의하다 시중들다(~ on)
* attendance 출석, 시중, 봉사, 보살피기   * attention 주의, 집중, 차렷!
* attendant 따라다니는, 부수적인, 출석한; 출석자, 수행원
ex) The king was unable to **attend** the wedding, but he sent an emissary.

contend
[kənténd]
V 다투다, 싸우다, 겨루다, 논쟁하다, 주장하다
* contention 논쟁, 언쟁
* contentious 논쟁적인
ex) They **contend** a new airport is unnecessary.

detent
[dí:tent]
N (시계·기계 등을 멈추는) 멈춤쇠
ex) With the **detent** lever you set the watch on start and stop.

détente
[deitá:nt]
N (국제 관계 등의) 긴장 완화
ex) The talks are aimed at furthering **detente** between the two countries.

distend [disténd]
V 팽창시키다(하다), 펼치다(expand)
* **distention** 확대, 확장, 팽창(enlargement)
ex) Large meals can **distend** your stomach, pushing it into your chest.

extend [iksténd]
V 늘이다, 연장하다, 뻗다, 확대하다
* **extension** 연장, 확대   * **extensive** 광대한, 넓은, 대규모의
ex) The show has been **extended** for another six weeks.

extent [ikstént]
N 넓이, 크기; 범위, 한도
ex) Rosie's teacher was impressed by the **extent** of her knowledge

intend [inténd]
V ~할 작정이다, 의도하다, 작정하다; 예정하다
ex) I did not **intend** to insult you at all.

intent [intént]
N 의사, 의향, 의미, 취지   A 열심인, 골몰하는

* **intention** 의사, 의향(intent; thing intended)   * **intentional** 계획적인
ex) His **intent** is clearly not to placate his critics.

intendance [inténdəns]
N 감독, 관리; 행정청, 지방청, 관리청
* **intendant** 감독자, 관리관(superintendent)   * **superintendence** 감독
* **superintend** 감독하다, 관리하다   * **superintendency** 감독권, 감독자의 지위

intense [inténs]
A 심한, 지독한, 격렬한
* **intension** 긴장, 강도   * **intensify** 강하게 하다
ex) The President is under **intense** pressure to resign.

intensive [inténsiv]
A 강한, 격렬한; 철저한, 집중적인; 집약적인
ex) A 1-year-old dog is in **intensive** care after she was dragged behind a vehicle.

ostentation [àstantéiʃən]
N 허세, 겉치레
* **ostentatious** 자랑 삼아 드러내는, 야한, 난한   * **ostensible** 표면상의, 겉치레의
ex) On the whole she had lived modestly, with a notable lack of **ostentation**.

pretend [priténd]
V 핑계로 삼다, ~인 체하다
* **pretentious** 허세부리는, 젠 체하는   * **pretence** 구실, 핑계
ex) He **pretended** to his family that everything was fine.

portend [pɔːrténd]
V (특히 불길한) 전조[징후]이다
* **portent** (특히 불길한) 전조[징후]   * **portentous** 전조[징후]가 되는
ex) Crows are believed to **portend** death.

tendril [téndrəl]
N (식물의) 덩굴손; 덩굴 모양의 것
ex) From there, long, wire-like **tendrils** spread throughout the brain.

TENU = 얇은(thin)

한편 어근 'tenu'는 '얇다'는 의미를 지니는데 뭔가를 잡아 늘리면(ten=stretch) 얇아진다는 것을 생각하자.

tenuity
[tenjú:əti]
N 가늚, 엷음,(공기, 액체 등의)희박, (증기) 빈약
* tenuous 희박한, 엷은   * tenuousness 엷음

가는 다람(tenu) 것(ity)

attenuate
[əténjuèit]
V 묽게 하다, 가늘게 하다, 약하게 하다
* attenuator 감쇠기   * attenuation 엷게 함   * attenuant 희석제; 희석하는
ex) Radiation from the sun is **attenuated** by the Earth's atmosphere.

아주(at) 얇게(tenu) 하다(ate)

extenuate
[iksténjuèit]
V (범죄 따위를) 가볍게 하다, (정상을) 참작하다
* extenuation 가벼이 봄, (죄의)경감   * extenuatory 경감하는
ex) He was unable to say anything that might have **extenuated** his behavior.

아주(ex) 가늘게(tenu) 하다(ate)

TON = 긴장(stretch), 소리(sound)

어근 'ton'은 'ten'의 변형으로 팽팽한 상태, 긴장한 상태(stretch)를 의미하거나, 소리를 의미하기도 한다. 소리는 쭉 뻗어 나가는(stretch) 것이다.

tone
[toun]
N 음색, 어조, 경향, 기풍, 기질, 색조, 명암도
ex) She doesn't wear bright colors, preferring the neutral **tones** of beige and cream.

소리(tone)

tonic
[tánik]
A 음조의, 긴장의, 원기를 돋우는   N 강장제
* tonicity 탄력성, 긴장, 음조   * syntonic 동조적인
ex) For thousands of years, ginseng has been used as a general **tonic**.

음조(ton) 의(ic)

tonify
[tóunəfɑi]
V 강화하다, 유행시키다

강하게(ton) 만들다(fy)

detonation
[dètənéiʃən]
N 폭발, 폭음
* detonate 폭발 시키다
ex) The terrorists were killed when their bomb **detonated** unexpectedly.

아주(de) 강하게(ton) 함(ation)

intonation
[intənéiʃən]
N 억양, 인터네이션
ex) Stress and **intonation** are not easy to learn in a foreign language.

안으로(in) 강하게(ton) 함(ation)

monotony
[mənátəni]
N 단조로움, 한결같음, 변화가 없음, 지루함
* monotone 단조로움   * monotonous 단조로움
ex) He took a clerical job, but soon grew to hate the **monotony** of his daily routine.

음조(tony)가 하나임(mono)

tune
[tju:n]
N 곡조, 곡; 선율; 가락; 장단; 기분; 조화
* tuner 튜너, 조율사, 파장 정조기   * tuning 조율
ex) She was humming a **tune** as she did the dishes.

tone의 변형

tuneful
[tjúːnfəl]
A 선율이 아름다운, 음악적인
ex) All the music on your album was absolutely **tuneful**.

선율(tune) ful(적인)

hypertonic
[hàipərtánik]
A 과도하게 강력한, 긴장과도의; 삼투압이 높은

높은(hyper) 긴장(ton) 의(ic)

TERMIN = 끝(end), 한계(limit)
영화 'term inator(종결자)'와 'term inal(종점)'의 'term'은 '끝, 한계'의 뜻이다.

---

term
[təːrm]
N 술어, 용어, [pl.] 말씨;기간, 학기; [pl.] 조건; 협약
* **term paper** 학기말 논문   * **termless** 기한이 없는
* **terminus a quo** (토론·정책 등의) 출발점   * **Terminus ad quem** 도달점, 목표
ex) The Government's **term** of office expires at the end of the year.

한계, 마지막

* term = '한계, 마지막' - 1. [사물에 대한 개념을 한정] 전문용어   2. [시간적 한계] 기간, 임기...
3. [한정하는 것] 조건, 요구액   4. [상호 한정하는 것] 협약, 타협 or 관계

terminal
[tə́ːrmənl]
A 맨 끝의, 말기의, 종점의, 학기의 N 종말, 종점
ex) She has **terminal** cancer.

끝나(termin) 는(al)

terminate
[tə́ːrmənèit]
V 끝마치다, 끝나게하다, 폐지하다 A 유한의
* **termination** 종결, 말단   * **terminator** 종결자
* **terminate decimal** [수학] 유한소수
ex) They **terminated** my contract in October.

끝(termin)
내는(ate)
사람(or)

terminology
[tə̀ːrmənálədʒi]
N 술어학; 술어, (전문) 용어
ex) I find scientific **terminology** hard to understand.

한정하는(termin) 말(ology)

conterminous
[kəntə́ːrmənəs]
A 인접한
ex) The United States is **conterminous** with Canada.

끝부분을 함께(con) 하는(ous)

determine
[ditə́ːrmin]
V 결심시키다, 결정하다, 확정하다, 예정하다
* **determined** 굳게 결심한, 결연한, 단호한; 결정된, 확정된
* **determinative** 결정력이 있는, 확정적인; 한정적인; 결정[한정]요인; 한정사
* **determination** 결심, 결단력, 결정   * **determinate** 명확한, 결정적인, 단호한

아래로(de) 끝내다(termine)

exterminate
[ikstə́ːrmənèit]
V 근절시키다, 전멸시키다, 멸종시키다
* **extermination** 근절, 전멸   * **exterminator** 구충제, 근절자
ex) Once cockroaches get into a building, it's very difficult to **exterminate** them.

밖으로(ex) 끝(termin) 내다(ate)

interminable
[intə́ːrmənəbl]
A 끝없는, 무한한(limitless)
* **terminable** 유한한, 한정된
ex) The drive seemed **interminable**.

끝낼(termin) 수(able) 없는(in)

predetermine
[priːditə́ːrmin]
V 예정하다, 미리 결정하다; 미리 설득(재촉)하다
ex) A person's normal behavior is **predetermined** by their genetic make-up.

아래로(de) 끝내다(termine)

BYS = 끝(end), 바닥(bottom)

그리스어 byssus에서 유래한 어근 'bys'는 'end, bottom'의 뜻을 지닌다.

abyss
[əbís]
N 심연, 나락, 끝없이 깊은 구렁; 나쁜 상황
밑(byss)이 없는 (a)
ex) The country is sinking into an **abyss** of violence and lawlessness.

abysmal
[əbízməl]
N 심연의, 나락의, 끝없이 깊은
심연(abys) 의 (mal)
* an abysmal night 심야   * abysmal ignorance 일자무식
ex) The standard of the students' work is **abysmal**.

THEM/THES/THET = 놓다, 두다 (place)

'테마(thema)'란 작문이나 논의를 위해 놓여진(them) 것(a)이다.

theme
[θiːm]
N 주제(subject), 제목; 작문
놓여진 것(theme)
ex) North American literature is the main **theme** of this year's festival.

anathema
[ənǽθəmə]
N 강한 저주, 파문; 저주받은 사람
* anathematization   저주, 파문
ex) Algebra is **anathema** to Harry; every time he sees an equation, he becomes sick.

apothem
[ǽpəθèm]
[떨어(apo) 놓여진 것(them)]
N 변심거리 (邊心距離) (정다각형의 중심에서 한 변까지의 수직거리)

thesis
[θíːsis]
N 학위논문, 졸업논문; 논제
놓여진 것(thesis)
ex) He is writing his **thesis** on breast cancer.

epithet
[épəθèt]
N 형용사구; 형용어; 별명, 칭호
덧붙여(epi) 놓은 것(thet)
* epithetic 형용하는   * epitetical 형용구의
ex) 'Richard the Lion-Hearted' is an **epithet** of Richard.

hypothesis
[haipάθəsis]
N 전제, 가설(an unproved theory)
아래에(hypo) 놓인 것(thesis)
* hypothesize 가정하다   * hypothetic 가설의
ex) His **hypothesis** is that trees grow as invisible giants pull them out of the ground.

parenthesis
[pərénθəsis]
N 삽입구, 둥근 괄호, 막간극; 삽화, 휴식시간
옆에(par) 넣어(en) 놓음(thesis)
ex) Irregular forms are given in **parentheses**.

synthesis
[sínθəsis]
N 합성(compound), 종합, 통합, 연조
함께(syn) 놓은 것(thesis)
* synthesize 합성하다   * synthetic 합성의
ex) It is a **synthesis** of Eastern and Western religions.

antithesis
[æntíθəsis]
N 대조, 정반대
반대로(anti) 놓은 것(thesis)
ex) Keelan is the **antithesis** of Monica: Keelan is kind; Monica is sulky.

prosthesis
[prasθí:sis]

N 어두음 첨가 (beloved의 be); 인공 보철
* **dental prosthesis** 치과 보철술   * **a prosthetic leg** 의족

apothecary
[əpáθəkèri]

[치워(apo=away) 놓는 (thec) 곳 (ary)]
N 약제사 (pharmacist; druggist); 약국
ex) In colonial times, the **apothecary** was more than simply a druggist.

* 뜰건을 치워놓는 곳, 즉 '창고'의 의미에서, '창고 관리인', '약제사'로 발전함.

* 다음 단어들 역시 형태가 많이 달라지긴 했으나 게르만어 계통을 밟았을 법 같은 어원의 단어들이다.

doom
[du:m]

[둠 여지는 것 (doom<them), 즉 판결]
N 운명, 파멸; 최후의 심판   V 운명짓다
ex) The plan was **doomed** to failure.

doomsday
[dú:mzdèi]

N 최후 심판일, 운명이 결정되는 날
ex) Will there be a **doomsday**, a day of judgment?

foredoom
[fɔərdú:m]

V 미리 운명으로 정해지다   N 정해진 운명
ex) He is a great believer that religion is a great tool of **foredoom**.

deed
[di:d]

N 행위, 업적, 공적; 실행, 사실
* **indeed** 정말로, 실로, 참으로
ex) I'll find out the person who did this evil **deed**.

LOC = 장소(place)

현지 '로케' 간다고 할 때의 **로케**는 location을 일컫는 말로 특정 **장소**를 찾아 촬영한다는 말이다.

local
[lóukəl]

A 장소의, 지방 특유의   N (pl.) 지방민; 보통열차
* **locus** 장소, 위치, 활동의 중심   * **locality** 위치, 소재지, 현장, 산지, 지방성
ex) Most of the **local** population depend on fishing for their income.

locale
[loukǽl]

N (사건 등의) 현장, 장소 (영화 등의) 장면, 배경
ex) The **locale** for filming Mystic River was initially Vancouver, Canada.

localism
[lóukəlìzm]

N 지방사투리, 지방의 습관, 향토주의, 향토편애
ex) Reasons to reject **localism** become reasons to accept holism.

localize
[lóukəlàiz]

V 한 장소에 제한하다, 지방화 하다; 찾아내다
* **localization** 지방 분권, 지방화; 한정, 제한
ex) We should be able to **localize** the swelling with antibiotics.(국소화하다)

locate
[lóukeit]

V 장소를 찾아내다; 위치하다; 소재하다
* **location** 위치, 소재; 위치 선정; 야외 촬영
ex) The plan is to **locate** the new police station in the town center.

allocate
[ǽləkèit]

V 할당하다, 배분하다, 위치를 정하다

~쪽으로 (al<ad) 배치하다(locate)

* **allocation** 배당제, 배당액   * **allocator** 배당자, 배치자

ex) As project leader, you will have to **allocate** people jobs.

allow
[əláu]

V 허락하다, 허가하다; 인정하다

~쪽으로 (al<ad) 두다 (low)

ex) He wouldn't **allow** them to leave until they'd paid the fine.

collocate
[káləkèit]

V (단어가) 말이 되게 배열하다, 나란히 배열하다

함께(col) 위치를 두다(locate)

* **collocation** 배열, [문법] 연어

dislocate
[dísloukèit]

V 탈구시키다, (순서, 위치 등을) 어지럽히다

멀리(dis) 위치(loc) 시키다(ate)

* **dislocation** 전위, 탈구, 혼란

ex) She **dislocated** her knee falling down some steps.

delocalize
[di:lóukəláiz]

V 장소에서 분리시키다, 지방성을 없애다

장소에서 거꾸로(de) 하다(ize)

ex) Phosphates can **delocalize** the negative charge.

radiolocate
[rèidioulóukeit]

V 전파로 소재를 탐지하다

전파(radio)로 위치(locate)를 …

* **radiolocation** 전파탐지법

relocate
[rì:lóukeit]

V 재배치하다, 다시 정착하다

다시(re) 배치하다(locate)

* **relocation** 재배치

ex) My company **relocated** me to Paris.

TRACT = 끌다, 긋다(draw)

견인하는 차 tractor, 그리고 수많은 칸을 끌고 가는 train 등을 생각하자.

tract
[trǽkt]

N 넓이, 넓은 면적, 지역; 도관; [미] 주택 단지

그 넓은 곳 (tract)

* **a wooded tract** 삼림 지대 * **the digestive tract** 소화관 * **tractor** 견인차, 트랙터

tractable
[trǽktəbl]

A 다루기 쉬운, 제공하기 쉬운

끌고(tract) 갈 수 있는(able)

* **intractable** 고집이 센, 옹고집의   * **tractability** 다루기 쉬운, 유순한

ex) If raised properly, mules are a much more **tractable** animal than a horse.

traction
[trǽkʃən]

N 끌기, 견인력, 마찰(friction), 수출, 철도수송

끄는(tract) 것(ion)

ex) When you've got both broken legs in **traction**, you'd better stay supine.

abstract
[ǽbstrǽkt]

A 추상적인, 관념사의   N 적요, 발췌

멀리서(abs) 끌어내는것(tract)

* **abstraction** 추상화, 추상개념, 멍한 상태(absent-mindedness)

ex) We may talk of beautiful things but beauty itself is **abstract**.

attract
[ətrǽkt]

V 끌다, 유인하다, 매혹하다(entice; enchant)

~쪽으로 (at) 끌다(trat)

* **attraction** 끌기, 당기기, 인력, 매력   * **attractive** 매력적인

ex) Red flowers will **attract** birds during migration.

contract
[kántrækt]
N 계약, 약정, 약혼 V 계약하다, 약정하다, 축소하다   함께 작성한 것 또는 함께 당기다
* **contractile** 줄일 수 있는, 수축성의   * **contraction** 단축, 축소, 수축, 제한
ex) Rick construed his **contract** as giving him the right to do anything he wanted.

detract
[ditrækt]
V (가치 따위를) 떨어뜨리다, 감하다, 빼다   아래로 (de) 끌어내리다 (tract)
* **detraction** 감소, 비난, 비방   * **detractive** 욕하는, 비난하는
ex) His bad manners **detract** from his good character.

distract
[distrækt]
V 전환시키다(divert), 괴롭히다(perplex)   멀리(dis) 끌다(tract)
* **distraction** (주위가) 흩어짐, 기분전환, 정신착란, 소란
* **distracted** 마음이 산란한, 미친 듯한   * **distrait** 정신이 멍한, 넋나간
ex) My wife knows how to **distract** me from my work!

extract
[ikstrækt]
V 뽑다, 추출하다, 발췌하다 N 추출물, 발췌, 인용구   밖으로 (ex) 끌어내다 (tract)
* **extraction** 뽑아내기, 발췌, 혈통(descent; lineage), 계통(origin)
ex) The oil which is **extracted** from olives is used for cooking.

protract
[proutrækt]
V 질질 끌다, 연장하다   앞쪽으로 (pro) 끌고 가다 (tract)
* **protractile** 길게 늘일수 있는   * **protraction** 연장, 오래 끌기
ex) The trial was so **protracted** that one of the jurors died of old age.

retract
[ritrækt]
V (신체의 일부를) 쑥 들어가게 하다, 취소하다   뒤로 (re) 끌다 (tract)
* **retraction** 오므리기   * **retractation** 취소, 철회(retraction)
ex) The cat retracted its **claws**.

subtract
[səbtrækt]
V 감하다(detract), 공제하다, 빼다   아래로 (sub) 끌다 (tract)
* **subtractive** 감하는, 빼는   * **subtraction** 삭감, 공제, 빼기
ex) The teacher **subtracted** points for even the most unimportant errors.

trace
[treis]
N 흔적, 발자국, 자취   V 추적하다, 긋다   끌고 간 자국 = 흔적
ex) The gun's serial number was scraped off, making it difficult to trace.

track
[træk]
N 자국, 항로, 궤도, 철도   V 추적하다, 탐지하다   끌고 간 자국
ex) The police officer used illegal means to **track** down criminals.

trail
[treil]
N 발자국, 흔적, 오솔길   V 끌리다, 뒤를 쫓다   끌고 간 자국
* **trailer** 추적자, 덩굴식물, (자동차 따위의) 트레일러
ex) The slug leaves a **trail** of slime behind them when they move.

train
[trein]
N 열차, 수행원, 연속 V 훈련하다, 교육하다, 겨누다   끌고 가는 것
* **trainer** 훈련시키는 사람   * **training** 훈련, 연습   * **trainee** 피훈련자

trait
[treit]
N 특성, 특색   끌려(tra) 가는것 (it)
ex) Arrogance is a very unattractive character **trait**.

VARI = 바꾸다, 다르게 하다 (change, make different)

'초 호화 버라이어티(variety) 쇼!' 다양한 또는 가지각색의 쇼가 준비되어 있다는 뜻이다.

vary
[vɛ́əri]
V 변화를 주다(give variety to), 변경하다 — 다양한
* varying 가지각색의 * various 여러 가지의 ⓐ checkered 체크무늬의; 가지각색의
ⓑ pied 알록달록한, 잡색의
ex) The samples varied in quality but were generally acceptable.

variety
[vəráiəti]
N 변화, 다양성; 모은 것, 가지각색; 종류, 변종 — 다양(vari) 성(ety)
ex) Work on the production line is monotonous and lacks variety.

variable
[vɛ́əriəbl]
A 변하기 쉬운, 변화무쌍한   N 변화하는 것, 변수 — 변하기(vari) 쉬운(able)
* variation 변화; 변형물; 변주곡 * variance 변화, 불일치; 불화, 적대; 변이
ex) British weather is perhaps at its most variable in the spring.

varicolored
[vɛ́ərikʌ̀lərd]
A 잡색, 가지 각색의(of different sorts) — 다양한 색깔의 (colored)
ex) The whole mountain was covered with varicolored autumn leaves.

variegate
[vɛ́əriəgèit]
V 잡색으로 하다; 얼룩덜룩하게 하다; 변화를 주다 — 다양하게 하다
* variegation 착색, 알록달록함, 얼룩으로 물들임   * variegated 알록달록한
ex) He won't like this solid blue tie as he is addicted to variegated clothing.

divaricate
[daivǽrəkèit]
V 두 갈래로 갈라지다, 분기되다   A 분기된 — 둘로 (di) 변화(varic) 하다(ate)
ex) The leaves of divaricate plants are sensitive to cold weather.

* 어근 vice는 바꾸다(change), 대신하다(substitute)의 의미이다. vice-president는 president를 대신하는(vice) 사람. '비커(vicar)! 내가 대신할게'로 기억하자.

vicarious
[vɑikɛ́əriəs]
A 대리직의, 대신하는; 남의 몸[기분]이 되어 경험하는 — 대신(vicar) 하는(ious)
ex) He got a vicarious thrill out of watching his son score the winning goal.

vicar
[víkər]
N 교구 목사; 교황 대리 — 대신
* vicarage 교구목사관; 교구목사의 직책   * vicarial 대리의
ex) We were married by our local vicar.

vicissitude
[visísətjùːd]
N 변화, (인생의) 흥망성쇠, 기복(ups and downs) — 변화(vicissi) 상(tude)
* vicissitudious 변천하는, 변화하는   * vicissitudinary 변천하는
ex) She has had many vicissitudes.

* mot = 작은 점(speck)

mote N 티끌, 먼지, 미진
motley A 잡색의, 알록달록한; 잡다한, 뒤섞인

이것 저것 잡다하게 모았드라(motley)

VIA/VEY/VOY = 길(way)

물건을 나를 때 쓰는 **콘베이어(conveyer)**는 함께(con) 길(vey)을 가는 것(er).

via
[ví:ə]
A ~을 거쳐서, ~의 경유로, ~에 의하여　　　　　길(via)
* via media 중도　　* viator 여행자　　* viaduct 육교, 고가로
ex) The flight goes **via** Frankfurt.

voyage
[vɔ́idʒ]
N 항해, 항공여행　　V 항해하다; 항공 여행하다　　길(voy)을 가는 것(age)
* voyager 항공(항해)여행자　　* voyageur 뱃사공
ex) The long sea **voyage** was salutary.

convey
[kənvéi]
V 나르다, 운반하다, 양도하다, 나타내다　　함께(con) 길을 가다(vey)
* conveyable 운반(전달, 양도)할 수 있는　　* conveyer 컨베이어, 운송기
* conveyance 수송, 전달, 운수기관(vehicle), 양도(consignment)
ex) The train **conveyed** us across the border in the middle of the night.

deviate
[dí:vièit]
V 벗어나다, 이탈하다, 빗나가게 하다　　길(vi)에서 벗어(de) 나다(ate)
* deviation 벗어남, 탈선, 이탈, 편향, (통계상의)편차
ex) The bus had to **deviate** from its usual route because of a road closure.

devious
[dí:viəs]
A 멀리 돌아가는, 길 잃은, 사악한　　길(vi)에서 벗어(de) 난(ous)
ex) You have to be a bit **devious** if you're going to succeed in business.

convoy
[kánvɔi]
V (군함 따위를) 호송(호위)하다　　N 호송　　함께(con) 길(voy)을 가다
㊐ escort 호위하다; 호위대　　㊐ cortege 행렬; 수행원, 시종
ex) The killer escaped from a prison **convoy** which was taking him to jail.

envoy
[énvɔi]
N (외교) 사절, 공사, (특히) 전권공사, 외교관　　길(voy) 위(en)에 있게 하다
* an envoy extraordinary 특명공사　　* a cultural envoy 문화 사절
ex) Japan hastily sent a senior **envoy** for two days of talks.

invoice
[ínvɔis]
N 송장; (송장에 적힌) 화물　　V 송장을 만들다　　길(voi) 위(in)에 있게 한(ce)
ex) Will you **invoice** me, or do I have to pay now?

obviate
[ábvièit]
V (미연에) 방지하다, 제거하다　　길에 있는 것을 거꾸로(ob) 하다(ate)
ex) Their move to Florida **obviated** the need for heavy winter clothes.

obvious
[ábviəs]
A 명백한, 분명한, 알기 쉬운
* obviously 명백하게, 분명하게
ex) It is **obvious** that he is lying.

앞 비어서 (obvious) 명백한

pervious
[pə́:rviəs]
A 투과 시키는; (도리 등을) 받아 들이는　　길(vi)을 통과(per) 하는(ous)
* perviousness 투과(통과)성

239

impervious
[impə́:rviəs]

A 투과 시키지 않는; 상처입지 않는; ~에 둔감한

통과하지(pervious) 않는(im)

ex) He is **impervious** to criticism and rational argument.

previous
[prí:viəs]

A 사전의(prior), 이전의(anterior)

먼저(pre) 길(vi)을 간(ous)

ex) Training is provided, so no **previous** experience is required for the job.

purvey
[pərvéi]

V (식량 등을) 공급하다

앞으로(pur) 나르다(vey)

* **purveyor** (식료품) 조달상인, 조달(납품)업자, (영국사) 식량징발관

ex) Fortnum is a famous shop in London which **purveys** fine foods.

trivia
[tríviə]

N 사소한일, 대수롭지 않은 일

세 갈래(tri) 길(via)

* **trivial** 사소한, 하찮은, 평범한   * **triviality** 하찮음, 평범, 하찮은 물건(trifle)

ex) I'm fascinated by the **trivia** of everyday life.

* 고대 로마에서 세갈래 길에는 일종의 kiosk가 있어서 사람들이 만나면 한담을 나눴다.

VID/VIS = 보다(see)

vide
[váidi]

V 보라, 참조

보라(see의 명령법)

* **vide anti** 앞을 보라   * **video** 비디오; 영상; 비디오의, 영상수송의

evidence
[évədəns]

N 증거, 증인, 명백함   V 입증하다, 명백히 하다

밖으로(e) 보이는(vid) 것(ence)

* **evident** 분명한(plain)   * **evidential** 증거가 되는

ex) The police have found no **evidence** of a terrorist link with the murder.

invidious
[invídiəs]

A 기분 나쁘게 만드는; 거슬리는; 시기를 살만한

(눈 뜨고) 못(in) 본(vid) 듯(ious)

ex) Such a difficult choice placed her in an **invidious** position.

provide
[prəváid]

V 마련하다, 준비하다, 제공하다; 규정하다

미리(pro) 보다(vide)

* **provision** 준비, 규정조건, 단서(proviso),[pl] 식량   * **proviso** 단서; 조건

ex) We are here to **provide** a service for the public.

provident
[prá:vidənt]

A 선견지명이 있는; 신중한, 절약하는

미리(pro) 보(vide)는(ent)

ex) In his usual **provident** manner, he had insured himself against this type of loss.

prudent
[prú:dnt]

A 조심성 있는, 분별 있는, 신중한; 알뜰한

provident의 축약형

* **prudence** 사려분별, 신중, 조심, 빈틈없음; 검약, 절약
* **imprudent** 경솔한, 분별없는   * **imprudence** 경솔[한 언행], 경망

ex) It's always **prudent** to read a contract properly before signing it.

visa
[ví:zə]

N 사증, 비자   V 비자를 발급하다, 이서하다

여행 시 세관에서 반드시 보는 것

ex) I have to leave in June because my **visa** expires in June.

visage
[vízidʒ]

N 얼굴(face), 용모

보이는(vis) 것(age)

ex) Veiled beneath a cloud was the moon's pale **visage**.

visible
[vízəbl]
A 눈에 보이는, 분명한(apparent; evident)
* invisible 보이지 않는(being unable to be seen)
ex) The house is clearly **visible** from the beach.

볼(vis) 수 있는(ible)

vision
[víʒən]
N 시력; 시야; 환상; 직감력, 통찰력, 비전
* visional 환상으로 본, 몽상적인   * visionary 환영의, 가공적인, 공상적인; 공상가

보는(vis) 것(ion)

visit
[vízit]
V 방문하다, 시찰 가다   N 방문, 순회; 참관, 견학
* visitant 방문하는; 방문객, 손님   * visitation 방문, 문안, 공식방문

보러(vis) 가다(it)

visual
[víʒuəl]
A 시각의, 광학상의(optical), 눈에 보이는
* visualize 눈에 보이게 하다   * visualization 눈에 보이도록 하기
ex) These animals have excellent **visual** ability.

보이(vis)는(ual)

advise
[ədváiz]
V 충고하다, 권하다, 통지하다, 의논하다
* advice 충고, 조언, 보고, 정보   * advisement 숙고, 의논
* advisedly 심사 숙고한 끝에, 고의로   * adviser, advisor 충고자, 의논상대
ex) He asked me for my **advice** on the choice of a new car.

강하게(ad) 보여주다(vise)

envisage
[invízidʒ]
V (어떤 관점에서) 관찰하다; 상상하다, 파악하다
ex) Train fare increases of 5% are **envisaged** for the next year.

마음 속으로(en) 보다(visage)

envision
[invíʒən]
V 마음에 그리다(envisage), 상상하다, 계획하다
ex) We **envision** that we will be ready to sign the contract in October.

마음 속으로(en) 보다(vision)

previse
[priváiz]
V 미리보다(foresee), 예견하다, 미리 경고하다
* prevision 선견, 예측, 전망   * provisional 선견지명이 있는
ex) This case of **prevision** is supported by unusually sound evidence.

미리(pre) 보다(vise)

improvise
[ímprəvàiz]
V (시나 음악 등을) 즉석에서 짓다, 연주하다
* improvisation 즉석에서 하기   * improvisational 즉석의, 즉흥의
ex) I hadn't prepared a speech so I suddenly had to **improvise**.

미리(pro) 보지(vise) 않다(im)

revise
[riváiz]
V 변경하다; 교정하다   N 수정, 개정; 개정판
ex) His publishers forced him to **revise** his manuscript three times.

다시(re) 보다(vise)

supervise
[sú:pərvàiz]
V 감독하다(superintend), 지휘하다, 지시하다
* supervision 감독, 지휘   * supervisory 관리(감시)하는, 감독의
ex) The UN is **supervising** the distribution of aid to those areas.

위에서(super) 보다(vise)

televise
[téləvàiz]
V 텔레비전으로 방송하다
ex) The match will be **televised** live on NBC.

멀리서도(tele) 볼 수 있다(vise)

vis-a-vis
[vì:zəví:]
ad 마주보고   N 마주 있는 사람

face to face

vista [vístə]	N 먼 경치; 경치 좋은 장소; 추억, 회상; 전망	보이는(vis) 것(ta)

ex) The shattered tower which now forms a **vista** from his window.

viewpoint
[vjúːpòint]

N 견지, 관점(standpoint)   보는(view) 시점(point)

* **viewy** 공상적인(visionary), 괴벽스러운   * **viewing rate** 시청률(텔레비전)

ex) The **viewpoint** gave us a stunning panorama of the whole valley.

interview
[íntərvjùː]

N 회견, 대담, 면접   V 회견하다, 면접하다   사이에서 잠깐(inter) 보다(view)

* **interviewer** 회견자, 면담자, 탐방기자   * **interviewee** 피회견자

ex) He was very nervous before he had his job **interview**.

preview
[príːvjùː]

N (영화) 시사, 시연   V 시연을 하다   사전에(pre) 보는 것(view)

ex) Miller's new play is **previewing** at the Theatre Royal tomorrow.

purview
[pɔ́ːrvjuː]

N 범위(scope), 시계, 법전의 조항   앞쪽을 (pre) 보는 것(view)

ex) This case falls outside the **purview** of this particular court.

review
[rivjúː]

V 세심히 살피다; 복습하다; 회고하다; 재심하다   다시(re) 보다(view)
N 재조사, 재음미; 회고, 반성; 개관, 전망; (미) 복습, 연습; 비평, 논평; 재심

* **reviewal** 재소사, 재검사, 수정, 복습   * **reviewer** 평론가, 검열자(censor)

ex) He **reviewed** his options before making a final decision.

survey
[sɔ́ːrvei]

V 바라보다, 개관하다, 조사하다   N 개관, 검사, 조사   위에서(sur) 보다(vey)

* **surveying** 측량   * **surveyor** 측량기사, 감지자, 검사관   * **surveillance** 감시, 감독

ex) The researchers **surveyed** the attitudes of 2000 college students.

clairvoyant
[klɛərvɔ́iənt]

A 천리안의   N 천리안의 사람   명백히(clair) 보이(voy)는(ant)

ex) I went to a **clairvoyant** to ask what would happen to me in the future.

envy
[énvi]

N 시기, 질투, 선망의 대상   V 부러워하다, 시기하다   강하게(en) 바라보다(vy)

* **envyingly** 시기하여, 샘내어   * **envious** 시기심이 강한, 부러워하는

ex) I **envy** her ability to break the ice.

voyeur
[vwɑːjɔ́ːr]

N 엿보는 취미를 가진 성적 이상자; 꼬치꼬치 캐묻기   봐여(voyeur), 훔쳐 봐여
좋아하는 사람, 뒷소문을 말하기 좋아하는 사람

* **voyeur·ism** 관음증   * **voyeur·is·tic** 관음증의

disguise
[disgáiz]

[보이는 것(guise<wis)을 뗴냄(dis)]
V 변장하다, 속이다   N 변장, 가장, 가면, 위선

---

* vis>wis>wit: wise는 '현명한', '슬기로운'의 뜻을 지니는데, 본 것이 많으면 현명해지기 때문이다.

wit	N 지혜, 기지, 재치	본 것이 많으면 지혜가 생김
witless	A 재치 없는; 지혜 없는; 어리석은; 무분별한	지혜(wit) 없는(less)
witness	N 목격자, 증인, 증거 V 목격하다	아는(wit) 일(ness)
witticism	N 재담, 익살	지혜 있는 말
unwitting	A 알지 못하는, 부주의한; 고의가 아닌, 우연의	알지(wit) 못(un) 하는(ing)
* quip	N 재치 있는 말, 경구; 신랄한 말	

VIT = 살다(live)

Vitamin은 vit(생명)와 amin(물질)의 합성어이다. 체내에 필요한 것은 미량이지만 생명 유지에 필수적인 물질이기 때문에 붙여진 이름이다.

vital
[váitl]
A 생명의, 생명유지에 필요한   N (pl) 급소, 핵심
살아(vit) 있는 (al)
* **vitality** 생명력, 생기, 활기   * **vitalism** 생명성
ex) **Vital** signs are physical signs that indicate an individual is alive.

vitalize
[váitəláiz]
V 생명을 주다, 활력을 주다
살아있게(vital) 하다(ize)
ex) Also at the conference, the government decided to **vitalize** the market.

devitalize
[di:váitəláiz]
V 생명을 빼앗다, 활력을 빼앗다
생명(vital)을 빼쎄(de) 하다(ize)
ex) Bacterial spot can severely **devitalize** trees by defoliation and it reduces yield and quality of harvested fruit.

revitalize
[ri:váitəlàiz]
V 생기를 회복시키다, 소생시키다, 부흥시키다
다시(re) 살게(vital) 하다(ize)
ex) In order to **revitalize** the provincial economy, further expansion of rental housing construction is necessary.

invite
[inváit]
V 초대(초청)하다, 청하다(call), 권하다
안으로(in) 와서 살게 하다(vite)
* **invitee** 손님(guest)   * **inviting** 초대하는   * **invitation** 초대
ex) All of you are **invited** to the party on Saturday.

vitamin
[váitəmin]
N 비타민
생명(vit)을 주는 물질(amin)
ex) **Vitamin** A is found in such foods as carrots, butter and egg-yolk.

viand
[váiənd]
N 식품, (pl) 음식물, 식료품, 양식; 진수성찬
살도록(vi) 하는 것(and)
ex) He was deceived by the agreeable taste of some **viand** with which poison has been mixed.

viable
[váiəbl]
A 생존력 있는
살(vi) 수 있는 (able)
ex) The dog was no longer **viable**.

victual
[vítl]
N (보통 pl.) 양식, 식량   V 식량을 공급하다
사는(vict) 데 필요한 것(ual)
* **victualer** 식료품 공급상

VIV = 살다(live)

survival(생존)이나 revival(재생) 등이 여기 출신이다.

survival game
생존 게임

vivacious
[vivéiʃəs]
A 활기있는(animated), 활발한(active; brisk)
살아(viva) 있는 (cious)
* **vivacity** 쾌활, 활발   * **vivaciously** 활발히(actively; briskly)
ex) She had a wonderfully **vivacious** manner.

vivid
[vívid]

A 발랄한, 팔팔한(full of life; active), 생생한

살아(viv) 있는 (id)

* **vividness** 발랄, 선명(brightness)   * **vividly** 생생하게
* **livid** 몹시 화가난; 격노한; 시퍼런   * **lividity** 흙빛, 납빛 [liv=bluis]

ex) I don't have very **vivid** memories of that period – it's all a bit vague.

vivify
[vívəfái]

V 생기를 불어넣다, 활기 띠게 하다

살아(vivi) 있게 하다(fy)

* **vivification** 생기를 주기, 부활(revival)

vivisection
[vìvəsékʃən]

N 생체해부, 생체 실험

생체(vivi)를 자(sect)름 (ion)

* **vivisect** 생체를 해부하다

ex) I found **vivisection** horrible, barbarous, and above all, unnecessary.

vivat
[váivæt]

N 만세 소리, 환성; 만세(Long live…!)

오래 사시오!

* **viva** 만세

viviparous
[vaivípərəs]

A 태생의

산 것을 낳(par)는 (ous)

* **viper** 살모사; 독사 같은 사람(살모사는 알이 아닌 새끼를 낳음)

ex) Some species of snakes and lizards are **viviparous**.

convivial
[kənvíviəl]

A 연회의; 연회를 좋아하는, 쾌활한(jovial)

함께(con) 살아가는 (vivial)

ex) The **convivial** celebrators of the victory sang their college songs.

revive
[riváiv]

V 소생시키다, 부활하다, 회복하다, 부흥하다

다시(re) 살다(viv)

* **revival** 소생, 부활, 회복, (the R-..)문예부흥

ex) My plants **revived** as soon as I gave them a little water.

survive
[sərváiv]

V 오래 살다, 생존하다

더 오래(sur<super) 살다(viv)

* **survival** 살아 남음, 잔존, 생존자, 유물

ex) These plants cannot **survive** in very cold conditions.

BIO = 생명(life)

바이오리듬(biorhythm)의 bio! 바이오리듬은 생체의 변화에 일정한 주기가 있다는 점을 이용, 신체·감성·지성의 컨디션을 산출해낸다.

Biorhythm 생체리듬

bionics
[baiániks]

N 생체공학, 생물 전자학

생물(bio) 전자학(nics)

ex) There are unknowns in all areas of **bionics** research.

microbe
[máikroub]

N 미생물, 세균(germ ; bacteria)

작은 (micro) 생명체(be)

ex) This toilet cleaner gets rid of germs and **microbes**.

symbiosis
[sìmbaióusis]

N 공생

함께(sym) 살아가는 (bio) 것(sis)

* **symbiotic** 공생의

ex) There is a **symbiosis** between campaigns and the press.

biochemistry
[bàioukémistri]

N 생화학(生化學)

ex) I took an introductory course in **biochemistry**.

생(bio) 화학(chemistry)

biomechanics
[bàioumikǽniks]

N 생체역학, 근육의 역학적 원리

ex) He studies on the **biomechanics** of swimming in fish and dolphins.

생물 (bio) 역학(mechanics)

biology
[baiáləʤi]

N 생물학, 생태학(ecology), 생물학책

ex) The book deals with the reproductive **biology** of the buffalo.

생물 (bio) 학(logy)

biomedical
[bàioumédikəl]

A 생물 의학의

ex) The company has produced transgenic mice for **biomedical** research.

생물 (bio) 의학(medi) 의 (cal)

bionomics
[bàiounámiks]

N 생태학

생활(bio) 법칙(nom) 학(ics)

anabiotic
[ænəbaiátik]

A 소생의

생명(bio)을 되돌려(ana) 는 (tic)

antibiotic
[æntibaiátik]

N 항생물질   A 항생작용의, 항생물질의

* **antibiosis** 항생작용

항(anti) 생(bio) 물질(tic)

VEG/VIG = 생기 있는, 기운찬(lively)

vegetable의 'veg'은 '생기 있는'의 뜻! 최소한의 조건만 맞으면 쑥쑥 자라는 게 식물이니까.

vegetable
[véʤətəbl]

N 야채, 채소, 식용식물, 식물인간
A 식물(성)의, 식물에서 얻은, 식물에 관한

ex) Raw **vegetables** contain more potassium than cooked ones.

채소의 대명사 배추다발 (vegetable)

vegetarian
[veʤətέ:riən]

N 채식주의자   A 채식주의(자)의

ex) It might be hard to cook for me. I'm a **vegetarian**.

채소 (veget) 주의자(arian)

vegetate
[véʤəteit]

V (식물처럼) 하는 일 없이 지내다, 무위도식하다

* **vegetation** (집합적) 식물, 초목, 무위도식의 생활, 사회에서 동떨어진 생활

ex) He spends all his free time at home **vegetating** in front of the TV.

식물 (veget)처럼 되다(ate)

vigil
[víʤil]

N 불침번, 철야, 밤샘, 철야기도

ex) His parents kept **vigil** beside his bed for weeks before he finally died.

밤에도 자지 않고 생기 있는

vigilant
[víʤələnt]

A 방심하지 않는, 경계하고 있는

* **vigilante** 자경단원   * **vigilance** 조심, 경계, 불침번

ex) The break-in was discovered by a **vigilant** police officer.

경계(vigil) 하고 있는 (ant)

invigilate
[invíʤəleit]

V 망을 보다 (영) 시험 감독을 하다(미: proctor)

ex) Miss Jekyll will be **invigilating** your chemistry exam today.

강하게(in) 경계(vigil) 하다(ate)

vigor
[vígər]
N 원기(energy; vitality), 정력(strength)
* **vigorous** 원기 있는   * **vigorously** 원기 있게
ex) They expressed their opinions with great **vigor**.

생기(vig) 있음(or)

invigorate
[invígəreit]
V 원기를 돋구다, 고무하다, 격려하다
ex) While controlling social unrest they are also trying to **invigorate** the economy.

안에(in) 생기(vig)를 주다(ate)

vigoroso
[vìgəróusou]
ad 힘차게, 강하게(strongly), 씩씩하게

기운차게

* alacris = 활발한(lively)

allegretto A 조금 빠른[빠르게] (andante와 allegro의 중간)   조금(etto) 활발하게(allegr)
allegro   A 빠른[빠르게] (allegretto와 presto의 중간)   활발하게(allegro)
alacrity   N 민활, 민첩; 활발   활발(alacr)함(ity)

VOL = 날다(fly)

volant
[vóulənt]
A 나는, 날 수 있는, 재빠른, 민첩한(quick)

vol(날아) ant(다니는)

volatile
[válətl]
A 휘발성의, 경박한, 위기일발의
* **volatilize** 휘발시키다 * **volatilization** 증발, 발산, 휘발 * **volatility** 휘발성, 변덕
ex) Food and fuel prices are very **volatile**.

날아갈(volat) 수 있는(ile)

volitant
[válətənt]
A 비상하는, 돌아다니는(wandering)

날아(vol) 가(it)는(ant)

VOL = 의지(will)

어딜 가나 행사가 있으면 모집하는 **vol**unteer는 자기 **의지(vol)**에 따라 일을 해주는 사람이다.

volition
[voulíʃən]
N 의지, 결단력(the power of willing)
ex) They left entirely of their own volition.

의지(volition)

voluntary
[váləntèri]
A 자발적인(done of one's own free will)
ex) They chose to take **voluntary** redundancy.

의지(volunt)가 있는(ary)

volunteer
[vàləntíər]
N 지원자   V 지원하다, 지원병이 되다
ex) It's a **volunteer** army with no paid professionals.

자발적인(volunt) 사람(eer)

abulia [eibjú:liə] N 의지(意志) 상실   [의지(bul)가 없음(a)]

malevolent
[məlévələnt]
[나쁜(male) 의지(vol)의 (ent)]
A 악의 있는; 심술궂은, 남의 불행을 기뻐하는
* **benevolent** 인자한, 인정 많은; 자선적인, 박애의; 선의의
ex) The central character is a **malevolent** witch out for revenge.

외래어 기타 어근 편

arab = 아랍(arab)
arabesque	A	아라비아풍의; 덩굴무늬의; 기이한
* baroque	A	바로크풍의; 장식이 화려한
* rococo	A	로코코식의; 꾸밈이 많은, 유행에 뒤떨어진

arabesque
아랍(arab) 풍의(esque)
복잡하고 정교한 것이 특징

argent = 은(silver)
argentina	N	아르헨티나
argentiferous	A	은을 함유한, 은을 생산하는

유럽인들은 아르헨티나가 은이 많은 곳으로 생각했음
은(argenti)을 함유한(ferous)

broc = 뜨개질하다(stitch), 구멍을 내다(pierce)
brocade	AN	아름다운 무늬를 넣어 짠 [옷감]
brooch	N	브로치
broach	N	꼬챙이, 송곳 V 구멍을 내다, 이야기를 꺼내다
broker	N	중개인, 브로커

broach
꼬챙이

cameus = 꽃눈(flower bud)
cameo	N	카메오 세공; [영화·TV] 유명 배우의 조연

cameo
카메오
세공

camera = 천정이 있는 방(vaulted room)
camera	N	카메라, 사진기
chamber	N	방; (특히) 침실; 회의장; 의원
comrade	N	동료, 친구, 조합원, 전우
camaraderie	N	동료애

덮인 방처럼 생긴 옛날의 camera
한방(comr)에 배정된 이들(ade)

dorm = 자다(sleep)
dormant	A	잠자는, 휴지하고 있는, 동면의
dormancy	N	수면, 동면, 휴지
dormitory	N	기숙사

잠자고(dorm) 있는(ant)
잠자고(dorm) 있음(ancy)
잠자러(dorm) 가는(it) 곳(ory)

epicurus = 에피쿠로스(Epicouros) * 탐미주의 철학의 주창자
epicure	N	향락주의자; (특히) 식도락가, 미식가
epicurean	A	미식가적인;[E~] 에피쿠로스(파)의 N 미식가

예뻐 구워
(epicure)
미식가

feria/festa = 축제(feast)
fair	N	품평회, 축제 겸 장날; 박람회, 전시회; 설명회
feast	N	축하연, 향연, 잔치 N 잔치를 베풀다
festival	N	축제, 축하; 축제일; 잔치, 향연
fete	N	축제, 축일, 휴일 N 잔치를 베풀어 축하하다

Festival 축제

fresh = 신선한(fresh)
fresco	N	프레스코 (갓 칠한 회벽토에 수채로 그리는 벽화법)
freshet	N	(바다로 들어가는) 민물의 흐름; 홍수, 증수

갓 칠해서 fresh한 벽에 그리므로
fresh = 민물

gel = 얼다(freeze)		
gel	N 젤	V 손발이 척척 맞다; 엉기다
congeal	V 엉기다, 굳다	[함께(con) 얼다(geal)]
glacier	N 빙하	
glacial	A 빙하기의, 빙하의	
chill	N 냉기, 한기, 오한	
chilly	A 쌀쌀한, 추운	

glacier = 얼어붙은 것

glu = 아교(glue)	
glue	N 아교; 접착제 V 접착제로 붙이다; 집중하다
gluey/glutinous	A 아교를 바른; 아교 투성이의; 들러붙는(sticky)
conglutinate	V 교착하다; 유합시키다 A 교착한; 유합한
conglutinant	A 교착하는, 상처의 유착을 촉진하는

glue gun

gon = 각(angle)	
goniometry	N 각도 측정법
goniometer	N 각도계
diagonal	A 대각선의 N 대각선
pentagon	N 5각형, 미국 국방성 건물

5(penta)각(gon)의 Pentagon

grid = 격자(grid)	
grid	N 격자무늬
griddle	N (요리용) 번철
grill	N 석쇠, 그릴

grill

hears = 갈퀴로 긁어 모으다(rake)	
hearse	N 영구차 V 영구차로 운구하다; 매장하다
rehearse	V 예행 연습하다, 시연하다; 열거하다; 낭송하다
rehearsal	N 리허설, 시연(회), 총연습; 암송, 복창, 낭송

rehearsal 의 hearse 는 갈퀴

heros = 보호하다(protect)	
hero	N 영웅
heroic	N 영웅[용사]의; 용맹스러운, 씩씩한, 장렬한
heroine	N 여걸, 여장부; 열녀

영웅
영웅(hero) 의 (ic)
여자(ine) 영웅(hero)

hybern = 겨울(winter)	
hibernal	A 한랭한, 겨울의
hibernate	V 동면하다, 피하하다
hibernant	A 동면의; 동면하는
hibernation	N 동면
* estival	A 여름철의, 하계의

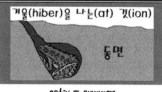

겨울(hiber)을 나는(at) 것(ion)
동면

estiv = summer

hyena, porc, su = 돼지 (pig)		
hyena	N	하이에나; 잔인한 사람, 배반자, 욕심꾸러기
porcine	A	돼지의
pork	N	돼지고기
swine	N	돼지; 비열한 놈, 욕심쟁이, 색골
sow	N	(성숙한) 암퇘지; 추녀(醜女)
* boar	N	거세하지 않은 숫퇘지
* hog	N	거세한 숫퇘지
* piglet	N	새끼 돼지
porcupine	N	호저, [기계] 많은 바늘이 달린 도구

lancea = 창 (spear)		
lance	N	(옛날 무사들이 쓰던) 긴 창
lancet	N	랜싯(양날의 끝이 뾰족한 의료용 칼)
free lancer	N	프리랜서, 자유계약자
launch	V	착수하다; 진수시키다, 발사하다 N 출시, 진수; 발사

mac = 얼룩 (stain)		
maculate	V	반점을 묻히다, 더럽히다
macular	A	반점이 있는
immaculate	A	오점이 없는, 흠없는, 완벽한; 순결한

masc = 마스크 (mask)		
mascara	N	마스카라
mask	N	마스크, 가면, 탈
unmask	V	가면을 벗(기)다; 정체를 나타내다, 폭로하다

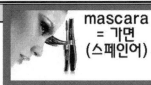

miser = 불쌍한(pity), 비참한(wretched)		
misery	N	비참한 신세, 빈곤; [pl.] 큰 불행
miserable	A	불쌍한, 비참한; 초라한, 볼품없는
miser	N	구두쇠, 노랑이
commiserate	V	(~with) 가엾게 여기다. 동정하다
commiseration	N	가엾게 여김, 동정

비참한(miser) 상태(y)

비참(miser)해 할 만한(able)

돈의 노예, 불쌍하지.

함께(com) 비참(miser)해지다(ate)

mim = 무언극 (mime), 흉내(mimicry)		
mime	N	마임; 그 배우; 무언극, 광대; 흉내쟁이
	V	무언극을 하다, 광대짓을 하다; 흉내내다
pantomime	N	무언극, 팬터마임; 몸짓, 손짓 V 몸짓으로 말하다
mimic	A	흉내내는; 가짜의; 모방한 N 모방자, 흉내쟁이
	V	흉내내다, 흉내내어 조롱하다; 꼭 닮다
mimicry	N	흉내; 모조품
mimetic	A	모방의;[생물] 의태의
mimosa	N	함수초, 미모사, 신경초; 미모사 꽃
* emulate	V	(흠모의 대상을) 모방하다
* emulation	N	경쟁, 겨룸, 대항

men = 달(month)

menopause	N	폐경(기)
menology	N	축일표, 월력
menses	N	월경
menstruate	V	월경을 하다
menstrual	A	월경의; 달마다의
menstruation	N	월경기간; 월경

월경(mono)이 멎음(pause)
월별(meno)로 기록함(logy)
달마다(menses) 옴
달마다(menstru) 하다(ate)
달마다(menstru) 있는 (al)
달마다 하는 (menstruat) 것 (ion)

muffle = 벙어리장갑(mitten)

muff	N	머프, 토시; [기계] 통(筒)
muffle	V	싸다, 덮다, 지우다, 소음하다, 어둡게 하다
muffler	N	머플러, 목도리; 두건; 소음기, 머플러
camouflage	N	위장[수단], 기만 V 위장하다; 속이다

opi/opt = 의지(will), 선택(choose)

option	N	선택의 자유, 선택
optional	A	임의의, 선택의; 선택과목
opinion	N	의견
adopt	V	(방법, 생각 등을) 채택하다, 양자로 삼다
co-opt	V	선임[선출]하다, (분파 등을) 조직에 흡수하다

선택(opt) 함(ion)
선택(option) 의 (al)
선택(opinion)
강하게(ad) 선택하다(opt)
함께(co) 선택하다(opt)

peps = 소화(digest)

pepsin	N	펩신(위액 속의 단백질 분해효소), 펩신제
peptic	A	소화를 돕는, 펩신의 ; 소화제, 건위제
dyspepsia	N	소화불량
dyspeptic	A	소화불량의, 위가 나쁜, 위가 약한
eupepsia	N	소화양호(정상)

소화(peps) 이상(dys) 증 (ia)
소화(peps)가 좋은 (eu) 상태(ia)

practica = 실행(practica)

practical	A	실제의; 실제적인, 실천적인;실용적인
	N	실지 수업, 실습; 실기시험; [pl.] 실무가
practice	N	습관, 실행, 실천, 연습 V 연습하다, 실행하다
practitioner	N	개업의, 변호사, 전문업 종사자; 실천자
pragmatic	A	실용적인, 실용주의, 분주한, 독단적인
pragmatism	N	실용주의, 프래그머티즘; 실리주의, 현실주의

실질(pract)적인 (ical)
실행(practice)
실행하는 (practition) 사람(er)
실제(pragmat) 적인 (ic)
실리(pragmat) 주의 (ism)

Quixote = 돈키호테(Don Quixote) (스페인 작가 Cervantes가 쓴 풍자 소설)

Quixote	N	돈키호테; 현실을 무시한 이상가
quixotic	A	극도로 의협심이 있는, 비현실적인
quixotism	N	돈키호테적인 성격; 공상적인 행동[생각]

salt = 소금 (salt)	
salary	N 봉급 (stipend), 급료(wage), 월급
saline	A 염분의, 소금기 있는 N 염수호, 염전, 식염수
salinity	N 염분, 염도
salted	A 소금에 절인, 소금으로 간을 맞춘, 소금기 있는
salinometer	N 염도측정기
saltern	N 염전 (salt pond)

scena = 장면(scene)	
scene	N 장면; 무대, 배경, 무대 장치; 경치, 광경, 정세
scenario	N 대본; 시나리오; 개요, 초안, 행동 계획
scenery	N 풍경; 무대면, 무대 장치, 배경
scenic	A 경치의; 경치 좋은; 극적인 N 풍경화[사진, 영화]

sinus = 굽음(bend), 구멍(hole)	
sinus	N 공동(空洞)(cavity); 구멍; 굽이, 만곡
sinuous	A 꾸불꾸불한, 구부러진, 완곡한, 복잡한
insinuate	V 넌지시 말하다, 둘러서 말하다, 스며들게 하다

stor = 저장하다(store)	
store	N 저축, 상점, 백화점 V 저축(저장)하다
storage	N 저장(keeping), 창고(store house), 축척
storey	N 층(floor), [집합적] 같은 층의 방(story)
story	N 이야기, 설화, 줄거리(plot), 건물의 층
restore	V 반환하다, 복원하다, 회복하다, 부흥하다
restoration	N 회복, 복원
instauration	N 회복, 복귀(reconstruction; rehabilitation)
restaurant	N 요리점, 음식점, 식당

topos = 장소 (place)	
topography	N 지형학; 지형도 제작술; 지형도; 지세
topographic	A 지형학의; 지지의, 지형상의
topology	N 위상(位相) 기하학; 지세학; 위상 심리학
utopia	N 유토피아; 이상향, 공상적 사회 체계

tur = 탑(tower)	
turret	N (주건물에 부속된) 작은 탑; 포탑
tower	N 탑, 타워, 고층빌딩

vest = 옷 (garment)	
vest	N 조끼
divest	N (옷을) 벗기다, (권리 등을) 빼앗다
invest	V 투자하다, 입히다, 뒤덮다
investment	N 투자, 투자금, 포위, 입힘
investiture	N 수여, 수여식, 임관식, 착용
vestment	N 의복, 의상

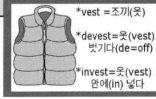

신화 편

그리스 로마 신화에 등장하는 신들의 이야기로, 독해 재미있게 단어들을 익혀 보자.
해 질 것이다.

NOX/NOCT = 밤 (night)

로마 신화에 등장하는 **밤의 여신 Nox**! 밤을 통해(?) 권력을 얻었던 조선시대의 여인 **장 녹수(Nox)**와 이름이 같다.

equinox
[íːkwənɑ̀ks]

N 춘(추)분점
* **equinoctial** 주야 평분시(춘분, 추분)의
ex) The vernal **equinox** is usually marked by heavy rainstorms.

밤(nox)이 (낮과) 같은(equi)

noctovision
[nάtəvìʒən]

N 암시 TV (적외선을 이용해 밤에 보는 것)
ex) **Noctovision** is a television system used for seeing in the dark.

밤(noct)에 보는 것(vision)

noctambulist
[nɑktǽmjulist]

N 몽유병 환자 (=somnambulist)
* **noctambulism** 몽유병
ex) He became a **noctambulist**, walking the city after dark, wandering everywhere.

밤(noct)에 걷는(ambul) 사람(ist)

noctilucent
[nὰktəlúːsnt]

A 밤에 빛나는   [밤(nox)에 빛나는(lucent)]
ex) I found your **noctilucent** pendant tonight. It was shining on the floor.

noctivagant
[nɑktívigənt]

A 밤에 돌아다니는; 야행성의
ex) My girl friend is **noctivagant**; she never sleeps during nights.

밤(nox)에 다녀(vag)는(ant)

nocturne
[nάktəːrn]

N 야상곡, 야경화

밤(nocturn)의 것(e)

nocturnal
[nɑktə́ːrnl]

A 밤의, 야간의, 야행성의 (done at night)
* **nocturnal emission** 몽정(夢精)
ex) This is probably why they are **nocturnal** hunters.

밤(nocturn) 의(al)

nyctophobia
[nìktəfóubiə]

N [정신병] 암흑 공포증
ex) I have the solution for **nyctophobia**. Just sleep!

밤(nyct)에 대한 공포(phobia)

nyctalopia
[nìktəlóupiə]

N 야맹증
ex) Carotene is good for eyesight, and prevents the incidence of **nyctalopia**.

밤(nyctal) 시력(op) 장애(ia)

GEO = 地오!

태초의 상태인 chaos로부터 하늘과 땅과 물이 갈라진 후에, 스스로 생명을 얻어 탄생한 여신이 대지의 여신 **Gaea**이다. Gaea는 **Ge** 라고도 불리운다. **땅 지(地)**자로 기억해보자. 한편 Geo의 로마식 이름은 **Terra**이다.

geography
[ʤiágrəfi]

N 지리(학)
* **geographic(al)** 지리학의
ex) The **geography** of poverty and the **geography** of voting are connected.

땅(geo)에 대한 기록(graph)

geology
[ʤiálədʒi]

N 지질학
ex) In **geology** we studied the rocks and deserts of California.

땅(geo)에 관한 학문(logy)

geometry [dʒiámətri]	N 기하학 * geometric 기하학의, 기하학적인 ex) The wallpaper has a **geometric** design of overlapping circles.	땅(geo)을 측정함(metry)
georgic [dʒɔ́:rdʒik]	A 농사의, 농업의; 전원시 N 농경시 ex) **Georgic** poems are concerned with rural business.	地!! 오직(orge) 그것을 노래함

* 이름 George는 원래 farmer란 뜻. 땅(ge)에서 일하기(orge) 때문이다. Georgic 역시 동일한 어근으로 이루어진 단어다.

perigee [pérədʒi:]	[지구(gee)에서 가까움(peri)] N [天文] 근지점 (달 등이 지구에 가장 가까움)	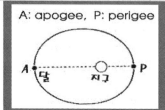
apogee [ǽpədʒi:]	N [天文] 원지점, 정점 (apex) * apogean 원지점의, 정점의	

TERR = 터(땅) (earth)

Terra는 대지의 여신 Ge의 로마식 이름. Terr를 '터'로 발음해 보라. 집터, 빨래터 할 때의 **터**는 **땅**(earth)을 의미하는 것이다.

대지의 여신 Ge (地) 로마에선 Terra

terrace [térəs]	N 테라스; 단구, 대지 ex) You can enjoy all these amenities outside on the **terrace**.	땅
terrestrial [təréstriəl]	A 지구상의; 육지의, 현세의 N 사람, 인간 * terrestrialism 속세의 생활 ex) We can explore the **terrestrial** regions more thoroughly than the aquatic region.	라틴어 **terrestris** = earthly

* territorial과 헷갈리지 말자. Territorial은 'terri-t-rial'로 기억하면 '영토의'란 뜻을 쉽게 연상할 수 있다.

territory [térətɔ̀:ri]	N 영토, 지역, 지방, 영역 ex) This room is forbidden **territory** to the boys.	땅(terr)이 가는(it) 곳(ory)
territorial [tèrətɔ́:riəl]	A 영토의 ex) An unidentified aircraft violated our **territorial** air.	영토(territory) 의(ial)
extraterrestrial [èkstrətəréstriəl]	A 지구 밖의, 우주의 N 외계인 (E.T) * extraterrestrial life 우주생활, 우주생물	
extraterritorial [èkstrətèrətɔ́:riəl]	[영토(territory) 의(extra) 것] N 치외법권 * extraterritoriality 치외법권의 ex) Any ambassador to the United States has **extraterritorial** privileges.	스티븐 스필버그의 E.T. The Extra-Terrestrial
terrier [tériər]	N 애완견 (땅에 코를 대고 걷는 녀석); 토지대장 ex) The **terrier** identifies all land and property owned by the council.	땅(terr)을 가는 자(er)

deteriorate
[ditíəriərèit]

V 나쁘게 하다, (질이) 저하하다, 타락시키다

ex) Her health **deteriorated** rapidly, and she died shortly afterwards.

esoteric
[esətérik]

A 비밀의; 난해한; 소수만 이해하는

ex) It is a fairly boring and **esoteric** subject.

exoteric
[eksətérik]

A 공개적인; 통속적인, 대중적인; 평범한

ex) **Exoteric** knowledge is publicly available.

interment
[intə́:mənt]

N 매장, 토장

* inter 매장하다

ex) The family plans a private **interment** ceremony and a public memorial service.

terrane
[təréin]

N 지층, 암층

terrarium
[teréəriəm]

N 육상 동식물 사육장

ex) A **terrarium** is another place where several populations will peacefully co-exist in the same habitat.

mediterranean
[medətəréiniən]

A 지중해의   N 지중해

ex) We enjoyed swimming in the warm waters of the **Mediterranean**.

subterranean
[sʌ̀btəréiniən]

A 지하의, 숨은 (hidden)
N 지하굴, 지하에 사는 사람
* subterrane(=subterrene) 동굴, 지하동

ex) Waters receded into basins formed when **subterranean** caverns collapsed.

---

* 태양계의 별들은 주로 그리스 로마 신화에서 이름을 빌려왔다. 각 어근마다 설명을 하겠지만, 간단히 비교해보자면 다음과 같다.

행성	영어 이름	신의 지위	신의 특징	별의 특징
수성	Mercury	전령의 신	빠르다	빨리 뜨고 빨리 진다
금성	Venus	미의 여신	아름답다	가장 밝고 아름답다
화성	Mars	전쟁의 신	붉은 색 피를 좋아함	표면이 붉은 색
목성	Jupiter	신들의 왕	신들의 왕	태양계에서 가장 크다
토성	Saturn	농업의 신	흙, 돌 등과 관련 깊음	흙색, 주변에 수많은 돌 덩이(띠)
천왕성	Uranus	하늘의 신	Saturn에게 쫓겨남	Saturn 다음에 있음
해왕성	Neptune	바다의 신	바다 속에 산다	바다색, 망원경으로 봐야 보임
명왕성	Pluto	지하세계의 신	어둠의 상징	작고 먼 별이어서 찾기 힘들 듯음

URAN = 하늘 (sky)

대지의 여신 Gaea는 자신과 같은 크기로 **하늘의 신** Uranus를 낳고, 그와 부부사이가 되었으며, 세계의 통치권을 Uranus에게 넘겨준다. Uranus는 후에 막내 아들 Cronus의 낫에 생식기가 잘린 채 쫓겨나게 된다.

Uranus
[júrənəs]
N 천왕성
ex) Uranus is composed mostly of hydrogen, helium, and methane.

Uranian
[juréiniən]
A 천왕성의; [u~] 천상의, 영혼의, 천문학상의

* 천왕성은 대부분 메탄 가스로 이루어져 있으며, 그 가스의 산란으로 인해 하늘 빛을 띤다. 발견 당시 이름에 대해 논란이 많았으나, 토성(Saturn) 뒤에 있다는 점이 강조되어 결국 Uranus라 불리게 된다. Saturn은 잠시 후 등장한다.

uranology
[jurənálədʒi]
N 천문학, 천체학
* uranography 천문학, 천체학

하늘(uran)에 대한 학문(logy)

uranometry
[jurənámətri]
N 천체 측량, 천체 위치도
ex) His knowledge of astronomy, particularly **uranometry**, was comprehensive.

천체(uran)를 측량함(metry)

CEL = 하늘(sky), 덮다, 감추다(cover)

하늘의 신 Uranus의 로마식 이름은 Caelus 이다. **하늘**을 의미하는 어근 cel에서 유래했다.

celestial
[siléstʃəl]
A 하늘의, 천국의(heavenly), 거룩한
* celestial body 천체   * the Celestial City 하늘의 도시, 새 예루살렘
ex) He spoke of the **celestial** joys that awaited virtuous souls in the future.

하늘(celest)의(ial)

celadon
[sélədàn]
N 청자; 청자색, 옅은 청록색
ex) Goryeo **celadon** has a very high artistic value.

하늘색(cela) 자기(don)

celebrate
[séləbrèit]
V 의식을 거행하다, 축하하다; 찬양하다
ex) In his novel, he **celebrates** a hero for his victory.

하늘(cele)에 가깝다(brate)

celebration
[sèləbréiʃən]
N 축하, 찬양, 의식, 의식의 거행
* celebrant (미사·성찬식의) 집행사제, 집전자; 축하자
ex) We gathered for the **celebration** for her birthday.

하늘에 가까함

celebrity
[silébrəti]
N 저명인사, 명성 (fame; reputation)
* celebrated 유명한   * celebutante (저명인사를 통해) 사회의 주목을 받고자 하는 사람
ex) Does he find his new **celebrity** intruding on his private life?

하늘처럼 여겨지는 사람

celibate
[séləbət]
N 독신자   N 독신[생활]의
* celibacy 독신, 독신주의, 금욕   * celibatarian 독신주의자
ex) I lived as a **celibate** for 2 years.

하늘(celi) 있게(be) 한(ate)

고대인들은 하늘을 지구의 덮개로 생각했다. 그래서 어근 cel은 덮다, 숨기다라는 의미를 동시에 지닌다.

ceiling [síːliŋ]
N 천정; 최고한도 — 하늘과 같은 것
ex) Hens enjoy the sunshine coming through a specially-designed **ceiling**.

cell [sel]
N 작은 방(a small room), 세포, 건전지 — 작은 방
* **intercellular** 세포 사이에 있는   * **cellular** 세포의(of a cell), 칸막이의(comparting)
* **cellulose** 섬유소   * **cellular phone** 핸드폰   * **photocell** 광전지(photo voltaic cell)

cellar [sélər]
N 지하실, 땅광, 포도주 저장실 — 작은 방
* **cellarer** 땅광지기; 식료품 보관인   * **cellarman** 지하실 담당자; 포도주 상인

conceal [kənsíːl]
V 비밀로 하다, 숨기다(↔reveal 폭로하다) — 함께(con) 작은 방에 두다(ceal)
* **concealment** 은닉, 숨김   * **concealed** 숨겨진
ex) The entrance to the house is **concealed** behind high gates.

occult [əkʌ́lt]
A 숨은, 신비스러운   V 엄폐하다, 가리다 — 완전히 (oc<ob) 숨겨지는(cult<cel)
* **occultation** 엄폐(eclipse)   * **occultism** 신비학, 신비주의, 신비요법
ex) He's interested in witchcraft and the **occult**.

* 어근 'cel'은 각 나라를 돌아다니면서 변형이 되어 다른 어근들을 만들어 내는데 다음은 그 변형들이다.

hell [hel]
N 지옥(infernal), 저승(Hades), 악마(devil) — 지옥은 덮여져 있음
ex) They believed that some people would go to **hell** when they died.

hall [hɔl]
N 공회당, 회관, 사무소, 홀, 넓은 방 — 덮개(지붕)가 있는 넓은 장소
ex) During the war, the church **hall** was used as a mess for air force crews.

hull [hʌl]
N 껍데기, 덮개, 의복   V 껍질을 벗기다; 꼭지를 따다 — 속을 덮고 있는 것
ex) We sat in the garden **hulling** strawberries.

helmet [hélmit]
N 철모, 헬멧; 투구   V ~에 헬멧을 씌우다 — 덮고 있는(helm) 작은 것(et)
ex) Put on the **helmet** for safety.

holster [hóulstər]
N V (가죽) 권총집[케이스](에 넣다) — 덮는(hol) 것(ster)
ex) The cowboy drew his pistol from his **holster**.

whelm [hwelm]
V (슬픔 등으로) 압도하다, 내리 덮치다; 삼키다 — whelm < helm < hel < kel
* **overwhelm** 휩싸다, 압도하다, 제압하다   * **overwhelming** 압도적인, 강력한

clandestine [klændéstin]
A 은밀한, 남몰래 하는, 비밀의 — 덮여 있는 (clan<cel + destine)
* **clandestinely** 은밀하게, 비밀스럽게
ex) The group held weekly **clandestine** meetings in a church.

덮여있는 clam

clam [klæm]
N 대합조개; 말 없는 사람
V 조개를 잡다, 침묵을 지키다, 말문을 닫다

COVER = 덮다(cover)

cover
[kʌ́vər]
V 덮다, 싸다, 보호하다   N 덮개, 은신처, 보증금   　덮다, 덮개
* coverage 적용, 보상범위   * coverlet 침대보   * cover-up 은닉
ex) You should **cover** that meat with something to protect it from the flies.

covert
[kʌ́vərt]
A 숨은, 은밀한; 덤불(↔overt)   　덮여진 (것)
ex) Spies had a **covert** plan to steal secrets.

discover
[diskʌ́vər]
V 발견하다, 깨닫다, 나타내다   　덮개를 (cover) 거꺼하다 (dis)
* discovery 발견, 폭로
ex) Gravity was **discovered** by Newton when an apple fell on his head.

recover
[rikʌ́vər]
V 다시 덮다, 되찾다, 회복하다   　다시(re) 덮다(cover)
* recovery 회복, 복구
ex) He never really **recovered** from the shock of his wife.

uncover
[ʌnkʌ́vər]
V 폭로하다(reveal), 벗다, 열어놓다, 탈모하다   　덮개를 (cover) 하지 않다(un)
ex) **Uncover** the pan and let the soup simmer.

undercover
[ʌ́ndərkʌ́vər]
A 비밀리의, 스파이 활동을 하는, 은밀한   　덮개(cover) 밑에서(under)
ex) He was working **undercover** at the time.

curfew
[kə́:rfju:]
N 만종, 소등령(black out), 통행금지령   　cur(<cover) + few(<fireplace)
ex) There's a **curfew** from eleven at night until seven in the morning.

* 중세시대에 통금시간이 되면 집집마다 불을 끄든지 불빛이 새나가지 않게 덮어야 했다. 그래서 curfew는 저녁종과 통금의 의미.

CRYPT = 숨은, 비밀의(secret)

'개미가 코끼리를 들어올리는 방법은?' '판자로 코끼리의 고환을 친다.' 오래된 유머이다. 그러나 사실 코끼리는 잠복고환, 즉 고환(orchid)이 복강 내에 숨어(crypt)있다. 잠복고환은 'cryptorchidism'이다.

crypt
[kript]
N 토굴, 지하실(특히 성당의 납골이나 예배용)   　비밀 장소
ex) The family has a **crypt** where 10 of its ancestors are buried.

crypto
[kríptou]
N (정당의) 비밀당원   　비밀스런 사람
ex) The minister accused his opponent of being a **crypto**-communist.

cryptic
[kríptik]
A 숨겨진, 비밀의, 신비스러운, 간결한; 암호문   　비밀(crypt) 의 (ic)
ex) I found a scrap of paper with a **cryptic** message: `The time has come'.

cryptogram
[kríptəgræm]
N 암호(code; a message in cipher)   　비밀의 (crypto) 부호 (gram)
* cryptology 암호   * cryptography 암호표기법, 암호문

cryptonym
[kríptənìm]

N 익명(a hidden name)

ex) The name 'Rockwell' is a **cryptonym**.

숨겨진(crypt) 이름(onym)

apocryphal
[əpá:kripl]

A 출처가 불분명한, 사실이 아닐 듯한

ex) Most of the stories about him are **apocryphal**.

멀리(apo) 숨겨진(crypt)

grotto
[grátou]

N 바위 동굴, 작은 동굴

ex) We passed the night in a **grotto** hollowed in the snow.

grotto < crypt

TITAN = 거대한(huge)

Gaea와 Uranus가 서로 결합하여 낳은 자손들을 일컬어 **타이탄**족이라 부른다. 타이탄족들은 덩치가 산더미만 했기 때문이다. 영화 '타이타닉'에 등장하는 배의 이름도 그 거대함을 강조하기 위해 붙여진 이름이다.

---

titanic
[taiténik]

N [the T~] 타이타닉 호 A 거대한, 강력 무쌍한

ex) **Titanic** waves beat against the shore.

titanism
[táitənìzm]

N [T~] (전통·질서 등에 대한) 반역심, 반항심

* **titanosaur** [古生] 티타노사우루스

Titan 주의(ism)

* Titan족은 훗날 Zeus가 자신의 아버지이자 Titan의 일원인 Cronus를 몰아내고 왕위를 차지하자 반란을 일으킨다. Titanism이 반역심이란 뜻을 가지게 된 것은 바로 거기에서 유래하였다.

MACHY = 싸움(match)

Titan들은 훗날 Zeus가 Titan족의 일원인 Chronus를 왕위에서 몰아 냈을 때 반란을 일으키는데, 이때 일어난 전쟁을 **Titanomachia** 즉 Titan의 전쟁(machia)이라고 한다.

---

logomachy
[lougáməki]

N 말다툼, 입씨름; (미) 글자 맞추기 놀이

ex) The fundamental principle of these academies was experimental investigation, instead of the former **logomachy**.

말(logo) 다툼(machy)

sciamachy
[saiæməki]

N 그림자(가상의 적)와의 싸움, 모의전

ex) The members of this absurd troupe engaged in a mock battle or **sciamachy**.

그림자(scio)와의 싸움(machy)

tauromachy
[tɔ:ráməki]

N 투우(술)

ex) It was not a real Spanish **tauromachy**-only a theatrical combat.

소(taur)와의 싸움(machy)

match
[mætʃ]

N 짝; 경쟁상대; 시합; 결혼   V ~과 어울리다; ~에 필적하다; 결혼시키다

ex) Korea has been **matched** against Germany in the semi-final.

CHIR = 손(hand)

한편 Uranus의 자식 중에는 6명의 괴물들이 있었는데 **Hecatonchires** 3형제와 **Cyclops** 3형제가 바로 그들이다. **Hecatonchires**는 100개(heca)의 손(chires)이란 뜻으로 50개의 얼굴과 100개의 손을 가졌었다.

chiropractic
[káirəpræktik]
N (척추) 지압요법, 척추 교정
* **chiropractor** 척추 지압사
ex) **Chiropractic** can give great relief to people with back problems.

손(chiro)으로 실행하는(practic)

chiropodist
[kərápədist]
N (영) 손발 치료 전문의 (미) podiatrist
* **chiropody** (영) 손발치료 (미) podiatry
ex) The **chiropodist** treated the ingrown nail on the boy's foot.

손(chiro) 발(pod) 전문가(ist)

chirognomy
[kairágnəmi]
N 손금 보기, 수상술
* **chiromancy** 수상술   * **chiromancer** 손금 보는 사람, 수상가 [mancy = 점]
ex) **Chirognomy** is the art of delineating character by means of the hand.

손으로 아는(gno) 기술(nomy)

chirography
[kairágəfi]
N 필법, 서체; 서도, 서예
* **chirographer** 서예가   * **chirography** 증서, 자필 증서; 교황의 자필 편지

손(chiro)으로 쓸(graphy)

chiroptera
[kairáptərə]
N 익수류 (박쥐 등)
* **chiropteran** 익수류   * **chiropters** 박쥐
ex) **Chiroptera**, 'hand wing,' alludes to the great elongation of the fingers that support the flying membrane.

* **dactyl** = 손가락(finger)

pterodactyl	N (고생물) 익룡(pterosaur)	
dactylogram	N 지문(finger-printing)	
dactylography	N 지문학(physiography)	
dactylology	N 지화술(指話術)	
tridactyl	A 세 발가락의, 세 손가락의	

ptero-= 날개
dactyl= 손

CYCLE = 원, 고리(circle)

cycl (원)
op(눈)

외눈박이 거인 **Cyclops**! 말 그대로 동그란(cycle) 눈(op)이란 뜻이다. 넓은 이마에 동그랗고 큰 눈을 하나 가졌다. 이들은 titan과의 전쟁 때 제우스, 포세이돈, 하데스에게 각각 벼락, 삼지창, 투명투구를 선물한다.

bicycle
[báisikl]
N 자전거   V 자전거를 타다, 자전거로 나르다
* **tricycle** 세 바퀴 자전거, 세 바퀴 오토바이; 세 바퀴 자전거를 타다
* **unicycle** 외바퀴 자전거(서커스 용의)   * **watercycle** 수상 자전거(페달식 보트)

바퀴(cycle)가 둘(bi)

cyclone
[sáikloun]
N (인도양 등의) 열대성 저기압; 대폭풍
* **hurricane** 폭풍(멕시코 만에서 발생)   * **typhoon** 태풍(태평양 서부에서 발생)
* **willy-willy** 사막의 선풍(호주 사막지방에 모래 폭풍을 일으킴. 윌리 = 우울·공포)
ex) The **cyclone** has resulted in many thousands of deaths.

도는 바람 = 태풍

cyclable
[síkləbl]
A 자전거 전용의   N 자전거 전용 도로
ex) The path is **cyclable** almost all the way, depending on your skills.

자전거(cycle) 탈 수 있는(able)

cycle [sáikl]	N 순환, 주기; 사이클, 주파; 한 시대, 오랜 세월 V 순환하다, 회귀(回歸)하다, 주기를 이루다; 자전거를 타다[타고 가다] ex) It's a vicious **cycle** we need to break.	돌다
recycle [ri:sáikl]	N 재생하여 이용하다, 재순환시키다 * **recyclable** 재생 가능한 　　* **recycling** 재생 이용, 재이용; 재생 이용의 ex) Korean paper industry is a front runner in **recycled** paper use.	다시 (re) 돌리다(cycle)
circle [sə́:rkl]	N 원; 고리　　V 돌다. 에워싸다 * **circlet** 작은 원　　* **semi-circle** 반원　　* **circus** 써커스; 곡예장; 요란한 곳 ex) You can't mark a special day with a red **circle** on your computer screen.	둥근 것, 둥글게 하다
circular [sə́:rkjulər]	A 원의, 순회하는　　N 안내장, 회람장, 삐라 * **circularize** 안내장을 돌리다 ex) The performance of a **circular** saw depends on choice of blade.	원(circul) 의(ar)
circulate [sə́:rkjuleit]	V 순환하다; 빙빙 돌다; 퍼트리다; 유포되다 * **circulation** 순환, 유통, 혈액순환 ex) Cooled air is **circulated** throughout the building.	원을 만들다
circuit [sə́:rkit]	N 순행, 우회(detour), 배선　　V 일주하다 * **circuitous** 우회적인(roundabout) ex) Because of the traffic congestion on the main highways, she took a **circuitous** route.	circuit switch battery
encircle [insə́:rkl]	[둥글게(circle) 만들다(en)] V 에워싸다; 일주하다 ex) Jack's arms **encircled** her waist.	
circinate [sə́:rsəneit]	A 둥글게 된, 고리 모양의 ex) His vision had deteriorated because of **circinate** exudates in his eye.	원으로 (circi) 된(nate)
cirque [sə:rk]	N 원, 고리, 카르, 협곡(gorge) ex) Hikers are rewarded by views of a sublime alpine **cirque**.	cirque < circle

* orbis = 원(circle)

orb	N 구(球), 구체; 세력권　V 둘러싸다; 둥글게 하다	원
orbit	N 궤도; 활동범위; 안와　V 선회하다	원(orb)으로 가다(it)
orbital	A 궤도의; 안와(眼窩)의	궤도 (orbit) 의 (al)
exorbitant	A (욕망·요구 등이) 엄청난, 터무니없는, 과대한	궤도 (orbit)를 벗어(ex) 난(ant)

OP = 눈 (eye)

앞에서 설명한 바와 같이 Cyclops의 'op'은 '눈'을 뜻한다. 'opt'와 'ophthalm'도 마찬가지!

optic [áptik]	A 눈의, 시각(력)의, 시력을 돕는; 광학상의 * **the optic nerve** 시신경　　* **optics** 광학	눈(opt) 의(ic)

optical
[άptikəl]

A 눈의, 시력의; 광학상의

눈(opt) 의 (ical)

* an optical illusion 환각, 착각   * an optical instrument 광학 기구
ex) Test your eyes and visual perception with an **optical** illusion.

optician
[aptíʃən]

N 안경상 (maker and seller of eyeglasses)

시력을 돕는 (optic) 사람(ian)

ex) The patient took the prescription to the **optician**.

optometry
[aptάmətri]

N 시력측정, 검안법

눈(opt)을 측정하는 (metry)

* optometrist 검안사
ex) An **optometrist** is qualified to treat many eye disorders.

emmetropia
[emətróupiə]

N 정시안

ex) **Emmetropia** is the ideal state of the eye in which no refractive error is present.

hyperopia
[hàipəróupiə]

N 원시(상이 망막 뒤에 맺혀 가까운 것 안 보임)
ex) **Hyperopia**, or farsightedness, is a disorder where close objects are not seen clearly.

myopia
[maióupiə]

N 근시(먼 것이 잘 안 보임); 근시안적임, 단견
ex) The president suffered from economic **myopia**.

ametropia
[æmətróupiə]

N 눈의 굴절이상; 부정시(난시, 원시, 근시 등)

눈(opt)이 측정(metr)이 안 됨(a)

ex) If residual **ametropia** is present, LASIK is performed after three months.

amblyopia
[æmblióupiə]

N 약시

둔한(ambly) 눈(op)

ex) Three percent of children under six have some form of **amblyopia**.

autopsy
[ɔ́:tapsi]

N 검시

스스로 (auto) 봄 (op)

* autoptic 실지 검증의, 검시의   * necropsy 검시, 부검; 검시하다, 부검하다
ex) The **autopsy** result showed that she died of a heart attack..

biopsy
[báiapsi]

N [의학] 생검, 조직검사

산 (bio) 것을 봄 (op)

ex) **Biopsy** is a safe and easy way to determine if a nodule is cancerous.

panoptic
[pænάpik]

A 모든 것이 한눈에 보이는; 파노라마적인

전체(pan)가 보이는 (op)

ex) The camera's eye records a **panoptic** space.

synopsis
[sinάpsis]

N 개관, 개요, 강의 요점

(내용을) 동시에(syn) 봄 (op)

ex) This **synopsis** helps interested players begin to learn this complex game.

ophthalmia
[afθǽlmiə]

N 안염 (inflammation of the eyes)

눈 (ophthalm)의 병(ia)

* ophthalmic 눈의, 안과의, 눈병에 좋은   * an ophthalmic hospital 안과병원

ophthalmology
[ɑfθælmɑ́lədʒi]

N 안과학

* **ophthalmologist** 안과학자   * **ophthalmoscope** 검안경

ex) An **ophthalmologist** is a doctor who treats eye diseases.

눈(ophthalm)에 대한 학문(logy)

CHRON = 시간(time)

시간을 의미하는 Cronus는 주로 모래시계와 낫을 들고 등장한다. Chronus는 어머니 Gaea와 짜고 낫으로 아버지인 Uranus의 거시기를 베어버린다. Uranus가 말썽쟁이였던 Cyclops와 Hecatonchires를 Gaea의 뱃속에 가둬버렸는데, 그들이 요동치는 통에 견딜 수 없었던 Gaea가 Uranus에게 불만을 품고 일을 꾸몄던 것이다.

---

chronic
[kránik]

A 만성적인 (lasting a long time) (↔acute)

ex) **Chronic** stress can lead to heart disease.

시간(chron)이 걸리는 (ic)

chronicle
[kránikl]

N 연대기, 역사   V 기록하다(record)

ex) Her latest novel is a **chronicle** of life in a Devon village.

시간(chron)을 적은 것 (icle)

chronology
[krənálədʒi]

N 연대기; 연대학

ex) Historians seem to have confused the **chronology** of these events.

시간(chron)을 연구하는 (logy)

chronometer
[krənámətər]

N 크로노미터; 정밀한 시계

ex) Inside the **chronometer** is found some of the finest craftsmanship.

시간(chron)을 측정하는 (meter)

chronograph
[kránəgræf]

N 시간 기록장치, 스톱워치

ex) Around 1910, the **chronograph** was introduced as a wrist watch.

시간(chron)을 기록하는 (graph)

synchronize
[síŋkrənɑiz]

V 동시에 발생하다

* **synchronism** 동시성

ex) Let's **synchronize** our watches.

동일한(syn) 시간(chron)에 하는 synchronized swimming

chronopher
[kránəfer]

[시간(chron)을 말하는 것(pher)]
N 라디오 따위의 시각 방송기

ex) **Chronopher** has been discontinued as of July 21, 2004.

anachronism
[ənǽkrənìzm]

N 시대착오(연월일을 실제보다 앞으로 매김)

ex) The reference to clocks in Jlius Caesar is an **anachronism**.

시간(chron)이 잘못됨(ana)

parachronism
[pərǽkrənìzm]

N 기시착오(연월일을 실제보다 뒤로 매김)

시간(chron) 이상(para)을 매김

geochronology
[dʒìːoukrənálədʒi]

N 지구 연대학

지구(geo) 시간(chron) 학(logy)

SATURN = 농업의 신

Cronus는 로마신화의 농업의 신 Saturn이다. 토요일인 Saturday가 바로 여기에서 왔다.

Saturn [sǽtərn] N (로마神) 농업의 신; 토성

saturnine [sǽtərnàin] A (占星) 토성의 영향을 받은; 무뚝뚝한, 우울한
ex) Do not be misled by his **saturnine** countenance; he is not gloomy at all.

saturnalia [sæ̀tərnéiliə] N 농신의 날 잔치[s~] 진탕 마시고 노는 잔치
* saturnalian 농신날 잔치의; 법석대는 잔치놀이의

saturnian [sætə́ːrniən] A Saturn의; 번영한, 행복한, 평화스런

saturnism [sǽtərnìzm] N 납 중독(lead poisoning)
ex) The authors report one case of **saturnism** with chronic nephropathy.

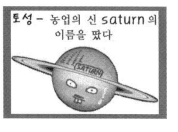

피로부터의 탄생

Uranus의 생식기가 잘려 나가면서 솟아오른 피가 대지에 뿌려지는데, 그 피로부터 새로운 생명들이 탄생하게 된다. 복수의 3 여신 Furies(Eerinyes)와 거인 Gigantes 가 그들이다.

fury [fjúəri] N 격노, 광포;맹위; 표독스런 여자; [pl.] 분노의 3여신
ex) Her face was distorted with **fury** and pain.

furor [fjúərɔːr] N 흥분, 격렬한 감격; (일시적) 열광, 열중; 분노, 격노
* furious 노하여 펄펄 뛰는; 맹렬한; 격렬한
ex) The **furor** damaged the government's reputation.

gigantic [dʒaigǽntik] A 거인 같은, 거인의
* gargantuan 거대한;원대한, 엄청난
ex) The proposed merger would result in a **gigantic** bank.

gigantism [dʒaigǽntism] N 거대증, 거인증
ex) **Gigantism** is caused by an excessive secretion of growth hormone.

* behem = 야수 (beast)

behemoth N [성서] 거대한 짐승 (하마로 추정); 거대한 것
* Goliath N [성서]골리앗; [g~] 거인, 장사; 영향력이 강한 사람
* mammoth N A 맘모스; 거대한 [것]

* colosseus = 거대한(gigantic)

colosseum N 콜로세움, 로마의 원형경기장
colossus N 대단히 중요한 것[사람]; 거대한 조각상
colossal A 거대한, 막대한
* humongous A 거대한, 막대한

VENUS = Uranus의 거시기

Cronus가 Uranus의 생식기를 잘라서 등뒤로 던졌을 때, 생식기는 바다로 떨어져서 거품이 되었다. 그 거품으로부터 아름다운 생명체가 탄생하였으니…! 바로 **사랑**과 **미의 여신 Aphrodite** (아프로디테)였다. 그리스어 '**aphros**'는 거품을 의미한다. 로마식 이름은 **Venus**! 결국 비너스는 Uranus의 거시기인 셈이다.

aphrodisiac
[æ̀frədíziæ̀k]
A 정욕을 일으키는   N 최음제, 미약
ex) The **aphrodisiacs** are not good for people with liver disease.

Venus [víːnəs]
N 미와 사랑의 여신, 성욕, 애욕; 금성(Lucifer); 절세 미인
* 금성은 지구에서 가장 가까울 뿐 아니라 빛을 잘 반사하는 두터운 대기를 가지고 있으므로 태양계에서 가장 밝고 아름다운 별이다. 그래서 미의 여신 비너스의 이름을 땄다.

venerate
[vénəreit]
V 존경하다(revere), 숭배하다   [존경은 애정의 일종]
* **veneration** 존경; 숭배, 숭상
ex) The members of the curious religion **venerated** Elvis Presley.

venerable
[vénərəbl]
A 존경할 만한; (토지·건물 등) 유서 깊은, 오래된
존경(vener) 힘한한 (able)
ex) We couldn't refuse to follow the advice of our **venerable** leader.

venery
[vénəri]
N 성적 쾌락의 추구, 성교
성교는 육체적 사랑
ex) The patients should abstain from **venery**.

venereal
[vəníəriəl]
A 성교의, 성병의
성교의, 성병의
* **venereal disease** 성병   * **venereology** 성병학
ex) Many women caught **venereal** diseases in the Japanese military camps.

venom
[vénəm]
N 독액, 독물; 악의, 원한, 앙심
뱀놈(venom)의 독
* **venomous** 독이 있는; 악의에 찬, 원한을 품은
ex) The cone snail kills its prey with venom.
* 원래는 사랑에 빠지게 하는 마약이라는 뜻에서 비롯된 것으로 여겨진다.

overweening
[òuvərwíːniŋ]
A 자부심이 강한, 교만한, 오만한
너무 (over) 사랑(ween)하는 (ing)
* **ween** ~라고 믿다, 생각하다, 기대하다

* **pulchr** = 아름다운 (beautiful)
pulchritude   N (특히 여자의) 몸매의 아름다움, 육체미
pulchritudinous   A 아름다운

최초의 CANNIBAL

Cronus는 아버지 Uranus를 몰아낼 때, 자신 역시 자식에 의해 쫓겨나리라는 저주를 받는다. 그것이 두려웠던 Cronus는 자식들을 낳는 대로 먹어치워 버렸다. 즉, Cronus는 **최초의 cannibal**인 셈이다.

cannibal
[kǽnəbl]
N 식인종; 동족을 잡아먹는 동물   A 식인종의
* **cannibalism** 식인; 동족상잔   * **cannibalize** 사람을 먹다

STONE = 돌(stone)

Cronus의 부인 Rhea는 남편이 자식들을 삼키자, 막내 Zeus를 동굴에 숨기고 대신 돌을 보자기에 싸서 Cronus에게 주었다. Cronus는 그 돌이 아기인 줄 알고 꿀꺽 해버린다. 겨우 위기를 모면했던 Zeus는 훗날 Cronus를 몰아내고 신들의 왕이 된다.

cornerstone
[kɔ́:rnərstòun]
N 모퉁이 돌, 초석; 기초, 기본; 근본이념
모퉁이(corner) 돌(stone)
ex) In many countries the family unit is still the **cornerstone** of society.

gravestone
[gréivstòun]
N 묘석, 비석(headstone, tombstone)
무덤(grave)의 돌(stone)
ex) A **gravestone** has their name and the years of their birth and death.

milestone
[máilstòun]
N 이정표(milepost), 획기적인 사건
마일(mile) 표시를 하는 돌(stone)
ex) The shooting seemed like a fateful **milestone** on the road to war.

touchstone
[tʌ́tʃstòun]
N 시금석, (시험의)표준(standard), 기준
금, 은의 순도를 측정하는 돌
ex) This work was the **touchstone** of his ability for leadership.

bilestone
[báilstòun]
N 담석(gallstone)
쓸개(bile)의 돌(stone)
ex) He was scheduled to have his **bilestones** removed

capstone
[kǽpstòun]
N (돌기둥, 담 따위의) 갓돌, 관석
머릿(cap) 돌(stone)
ex) The position would be a great **capstone** to his career.

hailstone
[héilstòun]
N 싸락눈(hail), 우박
돌(stone) 같은 싸락눈(hail)
ex) It was the largest **hailstone** that I have ever seen.

rubstone
[rʌ́bstòun]
N 숫돌(whetstone)
비비는(rub) 돌(stone)
ex) A **rubstone** is used to sharpen cutting tools.

PETR = 돌(stone)

예수님의 제자 **베드로(peter)**! 반석이라는 뜻이다. 본명은 시몬인데 예수님으로부터 베드로란 이름을 얻게 된다.

petrify
[pétrəfài]
V 마비시키다, 굳어지게 하다; 겁에 질리게 하다
돌(petr)로 만들다(ify)
ex) I stood **petrified** as a enormous dog came bounding up to me.

petrography
[pitrágrəfi]
N 기재(記載) 암석학, 암석 기술학, 암석 분류
돌에 새긴 글(graph)
ex) **Petrography** deals with the description and classification of rocks.

petroleum
[pitróuliəm]
N 석유(oil)
바위에서 나온 기름(oleum)
ex) Increased demand for **petroleum** products has caused prices to soar.

petrochemistry
[pètroukémistri]
N 석유화학, 암석화학
석유 화학(chemistry)
ex) Priority will be given to investment in the **petrochemistry**.

LAPID = 돌(stone)

남의 충고에 언제나 오른쪽처럼 반응하는 사람, 정말 돌 같은 사람.

lapidary
[lǽpədèri]
A 돌에 새긴, 말끔한, 정교한   N 보석 세공인
ex) Poetry aims for **lapidary** insight

lapidate
[lǽpədèit]
A 돌팔매질하다, 돌을 던져서 죽이다
ex) In some countries, adulterers are **lapidated**.

lapidify
[ləpídəfài]
A 돌이 되게 하다, 석화하다
ex) The wood **lapidified** with time.

dilapidation
[dəlæpədéiʃən]
N 황폐(ruin); 무너짐, 사태; 허물어진 것
ex) The mansion was in a state of **dilapidation**.

dilapidated
[dilǽpədèitid]
A (건물, 가구, 자동차 따위가) 파손된, 황폐한
* dilapidate 헐다; 황폐케 하다, 해지다
@ squalid 누추한, 지저분한, 궁상스런, 때묻은;황폐한; 비열한, 치사스러운
ex) The room had no furniture in it apart from a **dilapidated** old bed.

LITH = 돌(stone)

lith는 돌이다. 이것을 다르게 말한다면 '돌=litho'다. 경상도 사투리 '돌리도(돌려줘)'를 생각하라.

lithology
[liθálədʒi]
N 암석학, 결석학
ex) **Lithology** is the description of rock composition (what it's made of) and texture.

lithosphere
[líθəsfìər]
N 암(석)권, 지각(the earth's crust)
ex) The **lithosphere** is the solid outermost shell of a rocky planet.

lithography
[liθágrəfi]
N 석판 인쇄, 석판술
ex) **Lithography** was invented around 1796 in Germany by an otherwise unknown Bavarian playwright, Alois Senefelder.

megalithic
[mègəlíθik]
A 거석의
ex) There are thousands of **megalithic** sites in Ireland.

neolith
[níːəliθ]
N 신석기 시대
* Neolithic 신석기 시대의
ex) These are archeological sites with prehistoric remains of **Neolith** settlements.

paleolithic
[pèiliəlíθik]
N 구석기 시대의
ex) **Paleolithic** era is marked by cave paintings and drawings of animals.

monolith
[mánəliθ]

N 하나의 돌로 된 기둥(obelisk 따위); 단일체

하나의(mono) 돌(lith)

ex) A deal between the two powerful institutions would have created a banking **monolith**.

lithium
[líθiəm]

N [화학] 리튬 (가장 가벼운 금속 원소)

돌(lith) 원소(ium)

ex) **Lithium** forms a minor part of almost all igneous rocks and is also found in many natural brines.

chrysolite
[krísəlàit]

N [광물] 귀감람석(貴橄欖石)

금빛(chryso) 돌(lite)

ex) Deposits of gem-quality **chrysolite** have been discovered in the area.

MEL = 꿀(honey)

위기에서 벗어난 Zeus는 동굴 속에 숨어서 꿀과 염소의 젖을 먹으며 자랐다. Zeus를 길렀던 꿀벌의 이름은 Melliseus인데, 어근 **mell**은 **honey**라는 뜻! Melody나 melon, mellow drama 등이 이곳 출신이다.

---

melody
[mélədi]

N 선율, 아름다운 곡조

꿀 같은 노래(ody)

* melodious 곡조가 좋은

melon
[mélən]

N 메론, 참외, 주식의 잉여이익

꿀 같은 것(on)

* water melon 수박   * cut(carve, split) melon 이익(전리품 등)을 나누다

mellow
[mélou]

A 감미로운; 원숙한, 상냥한   **V** 달콤하게 하다

꿀의 성질을 가진(ow)

ex) I will oppose it, but probably in a more **mellow** tone.

mellifluous
[melífluəs]

A (목소리, 말, 음악 따위가) 달콤한, 부드러운

꿀이 흐르(flu)는(ous)

ex) I grew up around people who had wonderful, **mellifluous** voices.

mildew
[míldju:]

N 곰팡이   **V** 곰팡 나다(나게 하다)

꿀(mil<mel) 이슬(dew)

ex) The walls have **mildew** on them where the rain has been getting in.

marmalade
[má:rməlèid]

N 마말레이드(오랜지·레몬 등의 껍질로 만듦)

mar/mal < mel(꿀)

ex) If you think plain carrots are boring, try them with **marmalade**.

molasses
[məlǽsiz]

N (단수취급) 당밀

mol < mel(꿀)

ex) **Molasses** is a thick, dark brown syrup which is produced when sugar is processed.

---

* 어근 'doucet'나 'suage' 에서 '**달콤한(sweet)**'의 의미이다.

dulcet	**A** 상쾌한, (음색이) 아름다운, 감미로운(sweet)
dolce	**A** 달콤한, 감미로운
dolce vita	**N** (방종한) 감미로운 생활
douceur	**N** 팁(tip); 뇌물(bribe)
assuage	**V** 완화하다, 달래다, 진정시키다
saccharine	**A** 당분의, 당분과다의; 지나치게 상냥한, 달콤한

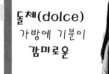

돌체(dolce) 가방에 기분이 감미로운

suage = sweet
설탕(sacchar) 의(ine)

268

CORN = 뿔(corn)

Zeus에게 젖을 먹였다는 염소 Amalthea는 풍요의 여신의 이름이기도 하다. 그 염소의 뿔 중 하나가 부러졌는데, 이것이 바로 **풍요의 뿔(cornucopia)**이다. corn은 뿔을, copia는 풍요를 의미한다.

cornucopia
[kɔ̀:rnəkóupiə]
N 풍요의 뿔, 그런 모양의 장식; 풍요, 풍부
ex) There was a veritable **cornucopia** of every kind of food or drink you could want.

cornucopia 풍요의 뿔

unicorn
[jú:nəkɔ̀:rn]
N 일각수, 외뿔 들소; [the Unicorn] 외뿔소 자리
ex) In stories and legends, a **unicorn** is an imaginary animal that looks like a white horse with a horn.

한개의(Uni) 뿔(corn)

cornuted
[kɔ:rnjú:tid]
A 뿔이 있는, 뿔 모양의   [뿔(cornu)이 있는(ated)]
* cornu 뿔

cornea
[kɔ́:rniə]
N 각막
ex) **Cornea** protects the round area at the front of the eye.

각막 즉 뿔막 (단단해서)

corner
[kɔ́ərnər]
N 코너, 모퉁이   V 모퉁이를 돌다; 구석으로 몰다
ex) You drive round **corners** too fast – just slow down a bit!

뿔처럼 생긴 부분이 도시의

cornet
[kɔərnét]
N 코넷(금관악기); 코넷 주자, 원뿔꼴의 종이봉지
ex) Do you want a **cornet** or a tub of ice-cream?

작은(et) 뿔(corn)

cairn
[kɛərn]
N 돌무더기 기념비, 석총, 이정표
ex) Reached the summit, we stood by the **cairn** to admire the view.

뿔처럼 땅에서 불쑥 솟아있음

horn
[hɔ:rn]
N 뿔, 촉각, 뿔피리, 경적;뿔이 나게 하다
* **horny** 뿔로 만든   * **horned** 뿔이 있는
ex) Cattle, sheep and goats have a pair of **horns**.

horn < corn

hart
[hɑ:rt]
N 수사슴(stag), (특히) 5세 이상의 붉은 사슴
* a hart of ten 뿔이 열 개로 갈라진 사슴

뿔이 유별나게 무성해서

reindeer
[réindiər]
N 순록(馴鹿)
ex) The female **reindeer** is the only type of female deer to have antlers.

뿔난(rein<ker) 사슴(deer)

OP = 일하다(work)

한편 cornucopia의 **copia**는 풍부함을 의미하는데, 원래는 **함께(com)**와 **일하다(op)**의 합성어이다. 함께 힘을 합쳐 열심히 일하다 보면 그만큼 풍부해진다. 또한 **최상**이라는 의미로까지 확대된다.

opera
[ápərə]
N 오페라, 가극
* **operatic** 가극의, 가극조의; 감정이 가득찬   * **operetta** 희가극, 오페레타
* **soap opera** 연속 홈 드라마 (본래 비누회사가 만든 연속 방송극)
ex) Maria Callas was a famous **opera** singer.

작품

opuscule
[oupʌ́skju:l]

N 소품, 소곡
* opus/Op 음악, 작품, 악곡　　* Carl Nielsen's Opus 43 quintet
ex) He showed us his latest **opus**, a rather awful painting of flowers.

작은(cule) 작업(opus)

operate
[ápərèit]

V 작동하다, 움직이다, 일하다, 수술하다
* **operation** 가동, 효과, 조작, 수술, 군사행동　　* **operable** 실시 가능한
* **operational** 조작상의　　* **operative** 일하는, 수술의　　* **operose** 부지런한

일하게(oper) 하다(ate)

cooperate
[kouápərèit]

N 협력하다, 협동하다
* **cooperation** 협동, 협업, 협동조합　　* **cooperative** 협력적인
ex) He said that he had **cooperated** with the government in its investigation.

함께(co) 일하다(operate)

opulent
[ápjulənt]

A 부유한, 화려한, 풍부한
ex) It's a place so **opulent** that a man can't believe his eyes.

풍요(op)가 넘치(ul)는(ent)

copious
[kóupiəs]

A 풍부한, 막대한; (작가 등이) 말이 많은
ex) The book had **copious** illustrations.

함께(co) 풍부(op)한(ious)

copy
[kápi]

N 사본; (몇) 부, 통; 원고; 기사거리　　**V** 베끼다
ex) Disasters make good **copy** for newspapers.(신문 기사거리)

풍부하게 하는 것이 복사

optimism
[áptəmìzm]

N 낙천주의
* **optimist** 낙천가　　* **optimistic** 낙천의　　* **optimize** 낙관하다
ex) You have to be a born **optimist** to be able to do this job and not despair.

최상(optim)이라 믿는 주의(ism)

optimum
[áptəməm]

N [생물] 최적 (조건)　　**A** 최적의, 가장 알맞은
* **optimal** 최적의, 최상의　　* **optimize** 최적화하다
ex) Further research into the belts is required to **optimize** passenger safety.

가장 좋은(optim) 상태(um)

OMPHAL = 배꼽(navel)

제우스는 장성하자마자 아버지의 왕위를 빼앗기 위해 도전했다. 제우스는 우선 크로노스에게 첫 부인인 Metis에게서 얻은 약을 먹여 형제들을 토하게 했다. 이때 크로노스는 맨 먼저 제우스 대신 먹었던 돌을 토해 내는데 제우스는 이 돌을 Parnassos 산에 올려 놓아 승리의 증거물로 삼았다. 이 돌의 이름이 바로 **Omphalos!!** 배꼽의 뜻으로, 세계의 중심이라고 여겨져서 붙여진 이름이다.

---

omphalos
[ámfəlàs]

N 방패 중심부의 돌기; 배꼽, 중심(부)
* **omphaloskepsis** (신비주의의) 배꼽 명상 (자기 배꼽을 응시하며 하는)

세계의 중심부

omphalotomy
[àmfəlátəmi]

N (태아 분만 후의) 탯줄 절단(술)
ex) The operation of dividing the navel-string is called **omphalotomy**.

배꼽(omphalo)을 자름(tomy)

umbilicus
[ʌmbílikəs]

N 배꼽, 문제의 핵심
* **umbilicate** 배꼽이 있는; 배꼽 모양의; 가운데가 오목 들어간
ex) Abnormalities involving the **umbilicus** in babies are common.

umbili<omphalo

umbilical
[ʌmbílikəl]
- N 생명줄, 탯줄 도관
- A 배꼽의; 배꼽 모양의; 배의 중앙의; (탯줄로 이어진 것처럼) 밀접한 관계의
- * **umbilical cord** 생명줄, 탯줄 도관

> 배꼽 (umbili) 의 (cal)

nave
[neiv]
- N 교회 중앙의 본당, 회중석
- ex) Hymns echoed through the **nave**, and candles flickered on an altar.

> 중심이라는 뜻에서

navel
[néivəl]
- N 배꼽; 중심, 중앙
- * **navel orange** 네이블 오랜지(배꼽이 있음)
- ex) We can't afford to spend all this time staring at our **navels** – we need to take action.

배꼽 (navel) / Navel Orange

OLYMPUS 신족의 등장
Zeus는 형제들과 힘을 합쳐 Cronus를 몰아내고 왕이 되는데, Zeus의 형제들과 그들의 후손들을 Olympus 신족이라 일컫는다.

Olympus
[əlímpəs]
- N 올림포스 산, (신들이 사는) 하늘
- * **Olympian** 올림포스 산의, 천상의; (신처럼) 당당한; 올림픽 경기의

Olympics
[əlímpik]
- N [the ~] 국제 올림픽 경기
- * **Olympiad** 국제 올림픽 대회, (정기적으로 열리는) 국제 경기 대회

하늘을 떠받드는 신 ATLAS
10년간의 Titanomchia를 통하여 제우스는 승리를 거둔다. 전쟁이 끝나자 Zeus는 전쟁에 가담한 Titan들을 모두 Tartarus에 가두어 버리고, Titan들 중 가장 힘이 센 **Atlas**로 하여금, **하늘을 떠 받들고 있게** 하였다.

atlas [ǽtləs] N (A~) 아틀라스; 미공군의 대륙간 탄도탄; 지도책, 도해서; 환추
* 지도책, 도해서 - 지도 제작가 Gerhardus Mercator가 자기 지도책 표지에 Atlas의 그림을 넣어서

Atlantic [ətlǽntik] N 대서양 A 대서양의
* Atlas는 세상의 서쪽 끝에서 형벌을 받았으므로 대서양에 그의 이름을 사용하게 되었다.

TOL = 들어 올리다(raise), 참다(bear)
Atlas란 이름에는 어근 tol(tl<tol)이 들어 있다. '들어 올리다, 참다'의 뜻이다. Atlas는 원래 들어올리는 자, 참는 자의 의미를 갖는다. 하늘을 들어 올리고 있는 일이 웬만한 **참을성**으로 될 일인가?

extol
[ikstóul]
- V 칭찬하다, 격찬하다
- ex) I'm tired of listening to her **extolling** the virtues of her children.

> 완전히 (ex) 치켜 올리다(tol)

toll
[toul]
- N 사용세, 요금, 장거리 전화료; 희생, 대가, 손해; 사상자(수)
- ex) He's just got a job collecting **tolls** at the start of the motorway.
* 국가를 부양하려고 (raise) 개인이 참아야(bear) 하는 것 = 세금 → 요금 → 희생 → 사상자(수)

tolerate
[tálərèit]
- V 참다, 견디다; 용서하다, 관대하게 다루다
- ex) I'm afraid I can't **tolerate** that sort of behavior in my class.

> 참게(toler) 되다(ate)

tolerant
[tálərənt]
A 관대한, 아량이 있는; (약물) 내성이 있는
* **tolerance** 관용, 관대; 내성; 참음; 공차, 허용오차   * **tolerantly** 관대하게
ex) On the continent people are more **tolerant** of children in public places.

참아(toler) 내는(ant)

tolerable
[tálərəbl]
A 참을 수 있는, 허용할 수 있는; 꽤 좋은
ex) The food was just about **tolerable**, but the service was appalling.

참을(toler) 수 있는(able)

intolerant
[intá:lərəns]
A 너그럽지 못한, 편협한; (식품·약 등을) 못 먹는
* **intolerance** 아량이 없음, 옹졸, 편협(narrow-mindedness)
ex) Don't be so **intolerant**.

못(in) 참아(toler) 내는(ant)

* **bigot**
[bígət]
N 완고한 편견자; 고집쟁이(an intolerant person)
* **bigotry** 편협한 신앙; 완고, 고집불통

못(in) 참아(toler) 내는(ant)

괴물 TYPHON

한편, Zeus가 Titan들을 Tartarus에 가두자, 심신이 괴로워진 대지의 여신 Gaea는 Gigantes로 하여금 Zeus와 싸우게 하였으나, 무참히 패하고 말았다. 그래서 Gaea는 초특급 울트라 슈퍼 괴물을 하나 만들어 내서 Zeus와 싸우게 하는데, 그가 바로 **티폰(Typhon)**이다. 백개의 머리와 혀를 가졌으며 눈에서는 불을 뿜고, 숨쉴 때마다 광풍이 일었으며, 걸을 때마다 땅이 울렸다.

typhoon
[taifú:n]
N 태풍 (태평양 서부에서 발생하는 열대성 폭풍)
ex) The 169,000-ton vessel went down during a **typhoon** in the South China Sea.

태풍 + typhoon

* **typhoon**은 원래 태풍(颱風)에서 유래한 말이지만 Typhon을 흉내냄으로서 그 무서움을 강조한 단어이다. 한편 어근 **typh**는 '**열(fever)**'의 의미이지만 아래 단어들처럼 무서운 질병 명에 쓰이므로 함께 기억하자.

typhoid
[táifɔid]
A 장티푸스성의   N 장티푸스
ex) **Typhoid** fever is a life-threatening illness.

typhus 비슷한(oid)

typhus
[táifəs]
N 발진티푸스(이(lice)에 의해 전염)
ex) **Typhus**, spread by fleas and lice, could also become epidemic.

심한 열(typh)이 나는 병(us)

HEM = 피(Blood)

Typhon과의 싸움에서 Zeus는 힘줄이 끊겨 동굴에 갇히기도 하고 양으로 변신해 숨기도 하는 등 체면이 몹시 구겨진다. 그러나 결국 Typhon을 죽이게 되는데 그 장소가 바로 **피의 산 Haimos**이다. Typhon은 Gigantes 보다도 커서 일어서면 별이 머리에 닿을 정도였다고 한다. 그처럼 덩치 큰 괴물이 죽었으니, 그가 죽은 장소가 온통 피로 물드는 것은 당연한 일!!

hemal
[hí:məl]
A 혈액의, 혈관의
ex) **Hemal** lymph nodes are characterized by a high content of blood cells.

혈액(hem) 의(al)

hemoglobin
[hí:məglòubin]
N 헤모글로빈, 혈색소
ex) **Hemoglobin** delivers its oxygen to the tissues.

hematin + globulin

hemolysis
[himáləsis]
N 용혈
ex) Bilirubin stones occur due to **hemolysis** or bacterial infection of bile.

혈액의 분해(lysis)

hemophilia
[hìːməfíliə]
N 혈우병
* **hemophiliac** 혈우병 환자
ex) **Hemophilia** is a rare blood disease in which blood continues to flow after a cut or other injury.

피를 좋아하는(phil) 병(ia)

hemoptysis
[hemáptəsis]
N 객혈(喀血)
ex) **Hemoptysis** is the coughing up of blood from the respiratory tract.

피(hemo)를 토한(ptysis)

hemorrhage
[héməridʒ]
N 출혈; 막대한 손실
ex) She started **hemorrhaging** while giving birth to the baby.

피가 흐름 (rrtage)

hemostatic
[hìːməstǽtik]
A 지혈의   N 지혈제
* **hemostat** 지혈기, 지혈겸자; 지혈제
ex) He used a **hemostatic** to stop bleeding.

hemo(피)
stat(멈춤)
수술 시 혈관을 집어 지혈함

hemorrhoids
[hémərɔ̀idz]
[피 흐르는(rrtage) 것 같음(oid)]
N 치질(=piles)
ex) Patients with external **hemorrhoids** complain of a painful purple lump.

hematology
[hìːmətálədʒi]
N 혈액학
* **hematologist** 혈액학자
ex) **Hematology** is interested in the treatment of blood diseases.

혈액(hemat)의 연구 (logy)

hematoma
[hìːmətóumə]
N 혈액종
ex) Prompt removal of a **hematoma** can lead to a dramatic recovery.

혈액(hemat)의 종양(oma)

hemangioma
[himændʒióumə]
N 혈관종
ex) The baby was diagnosed with a large **hemangioma** on her neck.

혈(hem) 관(angi) 종 (oma)

hematic
[hiːmǽtik]
A 혈액의, 혈액에 함유된   N 보혈제
ex) In visible light, Scipionyx's liver appears as a small **hematic** halo.

혈액(hemat) 의 (ic)

anaemia
[əníːmiə]
N 빈혈, 빈혈증
* **anaemic** 빈혈증의, 약한, 흥미 없는
ex) The doctor ascribes her tiredness to **anemia**.

혈액(em<hem) 없는 (a) 증상(ia)

leukemia
[luːkíːmiə]
N 백혈병
* **leukopenia** 백혈구 감소증
ex) He is a victim of **leukemia** resulting from the atomic bomb.

백(leuk) 혈(em) 병(ia)

septicemia
[sèptəsíːmiə]
N 패혈증
* **septicemic** 패혈증의
ex) In what way does **septicemia** differ from both bacteremia and viremia?

부패(septic) 혈 (em) 증 (ia)

ZEUS(G)=JUPITER(L)=JOVE(L)= 빛(day)

Zeus는 빛을 의미한다. 그래서 무기도 번개다. 빛을 뜻하는 어근 'dei'에서 유래하여 deus를 거쳐 Zeus가 되었다. Zeus는 로마에서 Jove로 변했다가 pater(아버지)가 결합되면서 Jupiter란 이름이 생겨나게 되었다.

Jupiter
[dʒúːpətər]
N 목성, 쥬피터
(태양계에서 가장 큰 별이므로 Jupiter라 칭함)

Jove
[dʒouv]
N 목성, 쥬피터
* Jovian 목성의; Jove 신의; (Jove신처럼) 당당한
* By Jove 신을 두고, 맹세코; 천만에!

jovial
[dʒóuviəl]
A 명랑한, 즐거운, 유쾌한 (목성은 유쾌한 기분을 감응시킨다고 생각한 데서)
* joviality 즐거움, 유쾌, 명랑   * jovially 유쾌하게   * joviologist 목성학자
ex) A frown seemed out of place on his invariably **jovial** face.

DEI/DIV = 신(god)

Zeus는 빛이란 뜻이나 신의 대명사로 여겨져서 어근 'dei'나 'div'는 신을 의미하게 되었다.

deify
[díːəfài]
V 신으로 섬기다, 신성시하다
* deification 신격화
ex) Elvis Presley was **deified** by his fans.

신(dei)으로 만들다(fy)

deism
[díːizm]
N 이신론 [신이 세상을 창조했으나, 관여하지는 않는다]
* deist 자연신교 교도

신(dei)에 대한 이론(sm)

deity
[díːəti]
N 신위(神位), 신격, 신성(神性); 신; 신적 존재
ex) Zeus and Aphrodite were ancient Greek **deities**.

신(dei)의 성질(ity)

deuce
[djuːs]
N 화(禍), 액운; 재앙, 악마; [the ~] 제기랄
* what the deuce 도대체

divination
[dìvənéiʃən]
N 점(占); [종종 pl.] 예언; 예견, 선견지명
* divinatory 점의; 예견적인; 본능적 예지의
ex) Tarot card reading is a type of **divination**.

divine
[diváin]
V 점치다, 예언하다; 알아채다; (수맥을) 찾아내다
ex) Astrologers are able to **divine** the future.

divine
[diváin]
A 신의, 신성한, 종교적인; 신이 준, 비범한; 멋진
* divinity (이교의) 신; 천사; 거룩한 사람; 신학; 신성
ex) We had a perfectly **divine** time in Switzerland.

신의 → 신이 내려신 → 비범한

diviner
[diváinər]
N 점쟁이; (점막대기로) 수맥을 보는 사람

점 보는(divine) 사람(er)

ex) **Diviners** sometimes use pendulums instead of rods or sticks.

* 제우스의 무기는 번개(thunderbolt)였다. 어근 'thun/ton' 등은 번개란 뜻이다.

thunderbolt	N	(천둥이 따르는) 번개, 벼락, 낙뢰
astonish	V	깜짝 놀라게 하다
astonishing	A	놀라운, 눈부신
astonishment	N	놀람, 경악, 놀랄만한 일
stun	V	머리를 때려 기절 시키다, 어리벙벙하게 하다

천둥(thunder) 번개(bolt)
벼락(ton)맞은 듯 (as)되다(ish)

stun < astonish

* god = 신(god)

Godspeed	N	성공, 성공의 축복
godly	A	독실한, 믿음 좋은, 신을 경외하는
giddy	A	현기증 나는, 어지러운; 들떠있는, 경솔한
* dizzy	A	현기증 나는, 어지러운

일이 신의 속도로 감

* giddy: 신에게(gidd) 사로잡힌(y<ig)
현기증 나서 걷지(giddy)

augur = 점쟁이 (soothsayer)

augur	N 점쟁이 V 점치다, 예언하다	
augury	N 점, 조짐	
inaugurate	V 취임식을 거행하다, 취임 시키다	
inauguration	N 취임식, 개시, 창업	

오그라(augury)!!
점은 오그리고 앉아서 보는법~
점 좀 봐주세요

DI = 날(day)

빛을 뜻하는 어근 'dei'의 변형인 'di'는 날(day)을 의미한다. 우리에게 익숙한 단어로 하루 하루 계획과 일과를 기록하는 다이어리(diary)가 있다.

dial
[dáiəl]
N 다이얼, 문자판, 해시계(sun-dial)
V 호출하다, 전화걸다(call up)

해의 → 해시계 → 숫자판

ex) The **dial** on my watch is luminous; it casts a green glow in the dark.

diary
[dáiəri]
N 일기, 일지
* **daily** 매일의, 날마다의; 일간신문

날(di)에 관한 것(ary)

ex) Sally's **diary** provided her mother with a detailed chronicle of her daughter's extracurricular activities.

diurnal
[daiə́:rnl]
A 매일의, 낮의, 주행성의 (↔nocturnal 야행성의)

낮(di)에 행하(urn)는 (al)

ex) The rising of the sun is a **diurnal** occurrence; it happens every day.

meridian
[mərídiən]
N 자오선; 정오; (태양, 별의) 최고점; 절정, 극점
A 자오선의; 정오의; 전성기의, 정점의
* ante meridium (a.m) 오전   * post meridium (p.m) 오후
* the first meridian 기준 자오선 (경도 0도의 선; 영국 Greenwich를 통과함)

날(di)의 중간(meri) 의 (an)

ex) The prime **meridian** of longitude is in Greenwich, South London.

* hemera = 하루 (day)

ephemeral	A	하루밖에 안 가는, 단명한
ephemera	N	하루살이, 명이 아주 짧은 것, 덧없는 것
ephemerality	N	단명, 덧없음; [pl.] 덧없는 것

입 해매라 (ephemera) 하루살이

ex) Youth and flowers are both **ephemeral**.

JOURN = 날(day)

믿기 어렵겠지만 어근 'dei'가 프랑스로 건너가면서 'journ(날=day)'이 되었다. 라틴어 'diurn(먼)'을 프랑스에서는 'journ(견)'이라 발음했다고 생각하면 될 것이다. journey가 여기에서 나왔는데 원래 '하루 만에 다녀오는 여행'을 의미하였다.

journey [dʒə́:rni]
N 긴 여행, 여정   V 여행하다(travel)
ex) They went on a long train **journey** across India.

journeywork [dʒə́:rniwə:rk]
N (장인의) 일[작품], 날품팔이 일, 허드렛 일
ex) He is engaged in literary **journeywork**.

journal [dʒə́:rnl]
N 신문, 잡지, 항해일지(log book), 일기
* journalize 적다, 분개하다
ex) The scholarly **journal** was too recondite to be utterly incomprehensible.

journalism [dʒə́:rnəlìzm]
N 저널리즘, 신문잡지계, 문필업
* journalistic 언론계의
ex) She majored in **journalism** in college.

journalist [dʒə́:rnəlist]
N 기자, 신문인
ex) The **journalist** put a false color upon the matter.

adjourn [ədʒə́:rn]
V 휴회하다, 연기하다, 자리를 옮기다
* adjournment 휴회, 연기, 자리이동
ex) The court **adjourned** for lunch.

sojourn [sóudʒə:rn]
V 머물다, 체류하다(stay)   N 체류, 거주(resident)
ex) My **sojourn** in the youth hostel was thankfully short.

* bide = 머물다(stay)
bide   V 살다, 참다
abode   N 거주, 체류
abide   V 머물다; 살다
abidance   N 지속, 거주, 체제, 준수

HERA = Juno Moneta

Zeus의 부인 Hera! 그녀의 로마식 이름은 **Juno**, 성은 **Moneta**이다. 그녀는 품위와 정조의 상징인 만큼 **품위 있는 여성**을 Juno라 부르기도 한다.

Juno [dʒú:nou]
N [로신] 주노; 품위 있는 미인; [天] 제3소행성
* the bird of Juno 공작

junoesque [dʒù:nouésk]
A (여성이) 품위 있는, 풍만한
ex) A **junoesque** lady entered the bar.

MON(ET) = 돈(money)

Juno가 재정을 돌봐준다고 믿었던 로마인들은 그녀의 신전 안에 조폐국 (Rayal Mint)를 설립하고 동전에는 그녀의 얼굴을 새겨 넣었다. 그녀의 별칭인 moneta는 원래 '돈(money)'을 의미한다.

Juno Moneta의 얼굴이 새겨진 로마의 동전

monetary [mánətèri]
A 화폐의, 통화의; 금전(상)의, 재정(상)의
화폐(monet)의 (ary)
ex) The **monetary** unit of the United States and Canada is the dollar.

monetize [mánətàiz]
N (금속을) 화폐로 주조하다; 화폐로 정하다
화폐(monet)로 만들다(ize)
ex) In short, the only way out of this crisis is to **monetize** the debt.

alimony [æləmòuni]
N 부양금, 이혼금
부양하는(ali) 돈(mony)
ex) She no longer felt that $50,000 a month in **alimony** would be enough.

patrimony [pǽtrəmòuni]
N 세습 재산; 국가·교회 등의 유산
아버지(patry)의 재산(mony)
* **patrimonious** 세습 재산의   * **matrimony** 결혼, 혼인; 결혼생활 (mony = 상태)
ex) This is why the **patrimony** of the Anglican Use is so important.

mint [mint]
N 조폐국; 원천; 거액   A 갓 발행한, 아직 사용않은
조폐국 - 화폐의 근원 - 거액의 돈
ex) British coins are produced by the Royal **Mint**.

* pecun = 돈(money) / * fisc = 공공재산(public treasury)

백원(pecun) = 돈

pecuniary	A 금전(상)의; 벌금(형)의
pecunious	A 부유한
fiscal	A 국가재정의
confiscate	V 몰수하다; 압수하다
confiscation	N 몰수; 압수

[공공재산(fisc)의(al)]
함께(con) 공공재산으로 만들다(ate)

* 아래 단어들도 함께 익히자. 공금횡령은 egoist들이 하는 짓이다.
[pecul = 사유재산(private property)]

peculate	V 유용하다, 횡령하다 (embezzle)
peculium	N 사유재산
peculiar	N 사유재산, 특권 A 기이한, 별난, 특유의
embezzle	V 쓰다, 횡령하다, 착복하다
misappropriate	V 남용[유용]하다, 사용(私用)에 쓰다;착복하다
defraud	V 속여서 빼앗다, 횡령하다(deprive); 속이다

금을 빼, 굴렸다 (peculate)
임베줄(embezzle)라고 횡령하다

* feu = 재산(property)

feudalism	N 봉건 제도
feudality	N 봉건 제도;봉건주의; 영지, 봉토
* liege	N (봉건제도의) 군주, 왕후; 가신

'few 달러쥬'로 기억하자.
봉건시대에는 몇 명만 달리고 나머지는 모두 기어 다녔다.

MONI(T) = 충고하다(warn)

B.C. 390년 갈리아인(Gaul)들이 로마를 침범했을 때, Juno 신전의 거위들이 울어서 로마인들에게 경고했다고 한다. Juno의 성 **Moneta**에서 나온 'monit'은 그 후 '**경고하다**', '**감시하다**'의 의미를 나타내게 되었다.

monitor
[mánətər]
N 반장; 충고자; 모니터　V 모니터하다
충고/감시(monit) 하는 사람(or)
ex) The room contained a lot of equipment including several TV **monitors**.

monitory
[mánətɔ̀:ri]
A 권고의, 훈계의, 권고하는
충고(monit) 하는 (ory)
ex) We also provide other **monitory** and manual assistance as needs arise.

monition
[mouníʃən]
N 훈계, 경고; [法] 소환
경고(monit) 함(ion)
ex) John had a divine **monition** given him by a dream.

admonish
[ədmániʃ]
V 훈계하다, 타이르다, 권고하다
강하게(ad) 경고하다(monish)
* **admonition** 훈계, 경고　* **admonitor** 충고(경고)하는 사람
ex) The boy's mom **admonished** them not to eat the pie she had just baked.

premonition
[prì:məníʃən]
N 예고, 징후, 전조; 예감
미리(pre) 경고함(monit + ion)
* **premonish** 미리 경고하다, 예고하다　* **premonitory** 예고의, 전조의
ex) He had a **premonition** that he would never see her again.

summon
[sʌ́mən]
V 소환하다, 호출하다; 소집하다; 권고하다
아래로(sum) 경고하다(mon)
* **summons** 소환, 소집
ex) In late October the prime minister **summoned** an emergency meeting.

monument
[mánjumənt]
N 기념비(탑), 기념건조물; 기념물, 유물, 유적
경고(monit) 함(ion)
* **monumental** 기념비의; 거대한, 당당한; 불후[불멸]의; 터무니 없는
ex) The annual arts festival is a **monument** to her vision and hard work.

* mon = 경고하다(warn)

monster	N	괴물, 도깨비
mostrous	A	기괴한, 기형의; 괴물 같은; 끔찍한

경고해야(mon) 하는것 (ster)

* gaz = 보다(look)

gaze	V	(놀라움·기쁨·흥미로) 뚫어지게 보다, 응시하다
gazebo	N	전망대 (망루·정자 등); 휴게소
gazer	N	응시[주시]하는 사람; 연방 마약 단속관
gazehound	N	(냄새가 아닌) 눈으로 짐승을 쫓는 사냥개

뚫어지게 쳐다보며 너 게이지(gaze)?!

* 어근 'mony'는 '~한 상태를 의미하는 말로 접미어에 속하지만 여기에서 같이 공부해두자.

acrimony	N	(태도, 언어 따위의) 통렬, 격렬함; 악감정
ceremony	N	의식, 예식
ceremonious	A	의식에 따른, 엄숙한; 격식을 따지는, 딱딱한, 엄숙한
ceremonial	A	의식상의; 예식상의
harmony	N	조화, 일치

날카로운(acri) 상태(mony)
곡식이 잘 익은 상태(mony)

조화로운(har) 상태(mony)

NEB/NEPH = 구름(cloud), 안개(fog)

포세이돈은 Walt Disney사의 **인어공주**에 등장하여 우리에게 매우 친숙한 캐릭터이다. 그의 로마식 이름은 **Neptune**! **해왕성**은 바로 그의 이름을 딴 것이다. 바다의 왕 **Neptune**은 비구름을 관장하여 태풍을 일으키곤 하였다. 세계의 지붕 히말라야 산맥 중앙부에 위치하는 나라 **Nepal(네팔)**은 지대가 높아서 늘 **구름으로 덮여** 있어서 붙여진 이름이다.

Neptune [néptju:n]
N 넵튠, 해왕성 [바다처럼 파란별 해왕성은 바다의 왕 Neptune의 이름을 땄다]

nephology [nefálədʒi]
N 운학(雲學)
ex) Nephology is the study of clouds and cloud formation.

nebbish [nébiʃ]
[구름(neb) 같은 (사람) (ish)]
A N 시원치 않은 (사람), 박력이 없는 (사람)
ex) You want to refer to me as a '**nebbish**'? That's fine.

nebula [nébjulə]
N [천문] 성운(星雲), 현탁액
구름(neb)이 쌓임(ula)
* nebular 성운의, 성운에 관한

nebulous [nébjuləs]
A 희미한, 안개 낀, 모호한, 구름 같은(nebulose)
구름(neb)이 많은 (ulous)
* nebulosity 성운 * nebulousness 모호함, 희미함
ex) She has a few **nebulous** ideas about what she might like to do in the future.

nebulize [nébjuláiz]
V 안개 모양으로 만들다, 분무기로 뿜다
구름 끼게(nebul) 만들다(ize)
ex) It is important to use **nebulizers** that create the best particle size.

nephoscope [néfəskòup]
N 구름 방향계, 측운기
구름(neph) 관찰 기구 (scope)
* nephograph 구름 사진용 카메라
ex) We can use a **nephoscope** to observe the clouds and their velocity.

nimbus [nímbəs]
N 후광(halo); 난운(亂雲), 비구름; 분위기, 매력
(라틴어) 검은 비 구름
ex) Beethoven's music acquired its **nimbus** of divinity.

nuance [njú:ɑ:ns]
N 뉘앙스;빛깔의 엷고 짙은 정도, 음영
nua = 구름, 그늘
ex) He watched her face intently to catch every **nuance** of expression.

* glumen = 찌푸리다(frown)

gloom
N 어둠침침함, 어둠, 그늘, 우울, 침울, 음침
V 어두워지다, 우울해지다, 우울하게 하다

gloomy
A 어두운, 음침한, 음울한; 우울한; 비관적인

glum
A 시무룩한, 풀죽은, 침울한, 무뚝뚝한(sullen)

* blere = 습기찬(watery)

blear
A (눈이) 흐린, 침침한   V 흐리게 하다

blurry
A 흐린, 더러워진

blur
V 흐리게 하다, 무감각하게 하다 N 흐림, 얼룩, 번짐

구름이 (gloomy) 끼니까 어둡지? 우울해...
입김을 불어(blur) 흐리게 하다

DENT = 이(tooth)

3개의 (tri) 이 (dent)

포세이돈의 무기 **Trident**는 날이 3개 달린 창이다. Titan과의 전쟁 당시 제우스는 Cyclops를 Tartarus에서 꺼내주었는데 뛰어난 대장장이 Cyclops는 고마움의 표시로 제우스에겐 벼락을, 포세이돈에겐 Trident를 Hades에게는 투명투구를 제작해 선물하였다.

dent
[dent]
V 움푹 들어가게 하다, 자국을 내다 N 자국; 톱니
ex) I dropped a hammer on the floor, and it **dented** the floorboard.

dental
[déntl]
A 이의, 치과의, 처음의 N 치음
* **dental floss** 치실(치간 치료용 견사)
ex) Fluoride can help reduce **dental** decay.

dentist
[déntist]
N 치과의사
* **dentistry** 치과병원   * **dentist's** 치과병원

dentin
[déntn]
N 상아질
ex) A soft tissue radiograph of the young boy revealed fractured **dentin**.

dentition
[dentíʃən]
N 치열, 이의 발생, (집합적) 이(teeth)
ex) Tyrannosaurs have a mouthful of the murderous fruitlike **dentition**.

denture
[déntʃər]
N [보통 pl.] 틀니, (특히) 총의치(false teeth)
ex) Vulcanite rubber was used for **denture** bases.
[일반적으로는 false teeth]

indent
[indént]
N 톱니모양, 오목함; 두 장 달린 계약서
V 톱니처럼 만들다; 들어가게 하다; 두 장 달린 주문서로 주문하다 (1장=본인용)
* **indentation** 눈금, 움푹 들어감, 만입
ex) The coastline has been **indented** by processes of erosion.

dandelion
[dǽndəláiən]
N 민들레
ex) The children took turns blowing the **dandelion** clock.

dentate
[dénteit]
A (식물) 치상돌기의
* **dentation** 치상돌기

denticulate
[dentíkjulət]
A 톱니모양의, 작은 이빨모양의
* **denticle** 작은 이빨, 이 모양의 돌기   * **denticular** 작은 이 모양의
ex) The glands give the leaf margin a **denticulate** appearance.

dentiform
[déntəfɔ̀ːrm]
A 이 모양의(tooth shaped)
ex) The plants are low-growing evergreen herbs or subshrubs having **dentate** leaves.

edentate
[iːdénteit]
A 이가 없는(having no teeth); 빈치류
ex) By 1998, fewer than 13% of the adult population were **edentate**.

dint
[dint]
N 힘, 폭력; 움푹 들어간 곳; 상처

ex) I dropped a hammer on the floor, and it **dented** the floorboard.

ODONT = 이(tooth)

'odont' 역시 '이(tooth)'의 뜻이다. 파로돈탁스(par**odont**ax)란 이름의 **치약**을 떠올려 보시라.

odontoid
[òudántɔid]
A 이 모양의

ex) The management of **odontoid** fractures remains controversial.

odontalgia
[òudantǽldʒiə]
N 치통(toothache)

ex) **Odontalgia** is an aching pain in or around a tooth.

odontology
[òudantálədʒi]
N 치과학, 치과술

* **odontologist** 치과 의학자   * **odontological** 치과술의, 치과 의학의

orthodontia
[ɔ̀:rθədánʃiə]
N 치열교정

ex) Your dental insurance is designed to cover routine preventive dental care, as well as **orthodontia** and treatment of a variety of dental problems.

HIPPO = 말(horse)

포세이돈의 수레를 끄는 전설상의 동물 **hippo**campus! '바다의 말(hippo)'이란 뜻이다. 말의 머리와 물고기의 꼬리를 가졌다고 한다.

해마 = Hippo(말) + campus(바다)

hippocampus
[hipəkǽmpəs]
N 해마(walrus); 뇌의 해마

ex) To see the **hippocampus**, we'll have to use x-ray vision.

hippopotamus
[hipəpótəməs]
N 하마

* **potamology** 하천학   * **potamic** 하천의

ex) **Hippopotamuses'** skin dries out easily, so they spend the day in water.

하마 Hippo(말) + potamus(하천)

hippodrome
[hípədròum]
N 마술 경연장, 경기장; (종종 H~) 극장

ex) The **Hippodrome** was an ancient Roman design to hold horse and chariot racing.

hippology
[hipálədʒi]
N 마학(馬學)

ex) **Hippology** is a competition that covers all areas of horse knowledge.

colt [koult] N 숫망아지; 장난꾸러기, 미숙한 젊은이; 초심자
* **coltish** 망아지 같은, 미숙한, 장난꾸러기의
filly [fíli] N (4살 미만의) 암망아지; 말괄량이, 젊은 아가씨
foal [foul] N 당나귀의 새끼, (1살 미만의) 망아지
mare [mɛər] N 암말
stallion [stǽljən] N 종마(種馬)
gelding [géldiŋ] N 거세한 수말; 내시

지하세계의 왕 HADES(G) = PLUTO(L)

Hades는 지하세계의 왕으로 Zeus형제 중 맏형이다. 맏형임에도 불구하고 하늘과 바다를 모두 동생들에게 내어주고 지하세계를 통치하게 된 비운의(?) 신이다. 로마식 이름은 **Pluto**이며, 쓰면 눈에 보이지 않게 되는 투명 투구의 소유자이기도 하다.

Hades [héidi:z]	N 하데스(Pluto) [저승의 신]; 저승, 황천; 지옥	
Pluto [plú:tou]	N 명왕성	

* 태양으로부터 가장 멀어 육안으로는 보이지 않는 별, 명왕성에는 지하세계의 신 Pluto의 이름을 붙였다.

FLU = 흐르다(flow)

Pluto는 인도-유럽 어근 '**pleu**(흐르다)'에서 왔다. 지하세계 주변에 수많은 강들이 끊임없이 흐르는 탓에 붙여진 이름인 듯하다. 하여간 '**pleu**'는 라틴어로 흘러 들어가 '**fluere**(흐르다)'란 말을 생성하게 되는데 여기에서 나온 어근이 바로 '**flu**'이다.

floe
[flou]
N [종종 pl.] 빙원(바다에 떠 있는), 부빙(浮氷)
ex) Ships have been warned to watch out for **floes**.

흘러 (floe) 다니는 부빙 (浮氷)

flu
[flu:]
[influenza의 단축형 - 흘러 들어오는 것이 감기]
N 인플루엔자, 유행성 감기, 독감(flue)
* a **flu** virus 감기 바이러스
ex) They're giving everyone **flu** vaccinations at work.

flue
[flu:]
N 작은 굴뚝, 가스송관, 연기 빠지는 길
* clean the **flues** of soot 그을은 연도를 깨끗이 하다
ex) You must have the **flue** checked regularly to make sure it's not blocked.

흐르는 것

fluent
[flú:ənt]
A 유창한, 막힘 없는; 완만한, 유동성의
* **fluency** 유창, 능변, 거침없는   * **fluently** 유창하게, 거침없이
ex) She was **fluent** in English by the age of two.

(말이) 술 흐르는 듯한

flux
[flʌks]
N 흐름, 유동, 유출, 밀물, 끊임없는 변화
ex) Nature is dynamic, always in **flux**, always changing.

흐름

fluid
[flú:jd]
A 유동성의, 유동하는, 변하기 쉬운   N 유체
* **fluidify**, **fluidize** 유동적으로 변하게 하다, 유체가 되게 하다
* **fluidity** 유동성, 유체성   * **fluidics** 유체공학   * **semifluid** 반유동체(의)
ex) When you have a fever it's best to drink plenty of **fluid**(s).

흐르는 (flu) 상태의 (id)

fluctuate
[flʌ́ktʃuèit]
V 파동하다, 동요하다, 변동하다
* **fluctuation** 파동, 변동   * **fluctuating** 동요하는, 흔들리는
ex) Vegetable prices **fluctuate** according to the season.

흐르게(fluct) 하다((u)ate)

fluke [flu:k]
N 행운, 요행, (당구의) 플루크
ex) It was just a fluke that I made a goal.

〔흐르는(flu) 운 ((lu)ke)〕

flume [flu:m]
N 골짜기; 홈통, 도랑, 수로; 물 미끄럼 놀이장
V 홈통을 놓다; 도랑으로 물을 끌다; 용수로에 (재목을) 띄어 나르다

〔골짜기엔 (물이) 흐름 (flume)〕

flush [flʌʃ]
N 얼굴이 붉어짐, 홍조, 격동, 흥분, 용솟음, 싹틈
V (얼굴이) 붉어지다, 의기양양하게 하다; 물로 쫙 씻어 내리다, 왈칵 쏟아지다
ex) She flushed with pleasure as she accepted the prize.

〔한번에 확 흐름〕

flute [flu:t]
N 플루트, 피리, (기둥의) 세로홈, 길쭉한 술잔
* flutist 피리 부는 사람, 플루트 취주자

〔물 흐르는 듯한 맑은 소리를 냄〕

float [flout]
V 띄우다, 표류시키[하]다, 뜨다; 떠돌다
N 부유물, 뗏목; (낚시의) 찌; 구명대
ex) An empty bottle will float on water.

〔표류하다〕

flotsam [flátsəm]
N 표류화물; 잡동사니; 부랑자; 무위도식자
* flotsam and jetsam 표류화물과 표착화물; 쓰레기, 쓸모없는 것; 부랑자
ex) We wandered along the shore, stepping over the flotsam and jetsam.

〔표류하는(flot) 물건(sam)〕

flotilla [floutílə]
N 소함대
ex) A flotilla of eight Italian warships is also to be sent there.

〔작은 (illa) 함대(flot<fleet)〕

fleet¹ [fli:t]
N 함대; [the ~] 전(全)함대; 해군(력); 비행대
* a fleet in being 현존함대   * a combined fleet 연합함대
ex) A peace-keeping fleet has been sent to the area.

〔물에 떠다니는 함대〕

fleet² [fli:t]
A 빠른, 쾌속의, 신속한 V 덧없이 지나가다
* fleeting 어느덧 지나가는; 잠시의, 무상한, 덧없는   * fleetingly 잠시

〔물 흐르듯 빠른〕

fluvial [flú:viəl]
A 강의, 하천의, 강에 사는, 하류작용으로 생기는
* fluviology 하천학 연구
ex) The fluvial flood risk is the most concern in this area.

〔흐르는〕

affluent [ǽfluənt]
A 유복한, 풍부한, 부유한, 지류의
* affluence 풍요, 부유, 쇄도
ex) They have a relatively affluent way of life.

〔가깝게(af) 흐르는 (fluent)〕

circumfluent [sə:rkʌ́mfluənt]
A 환류하는, 주위의, 회류하는
* circumfluence 환류, 주위, 구비도는 흐름

〔주변을 (circum) 흐르는 (fluent)〕

confluent [kάnflu:ənt]
A 합류하는, 융합하는; 합류하는 강, 지류
* confluence 합류(점), 집합, 군중
ex) They built the city at the confluence of two rivers.

〔함께(con) 흐르는 (fluent)〕

diffluent [dífluːənt]	A 유출성의, 녹아 흐르는, 용해하는, 용해성의	멀리(dif<dis) 흐르는(flu+ent)

* diffluence 유출, 용해, 유동성, 융해
ex) The streamlines are **diffluent** over Wisconsin and Illinois.

effluent [éfluːənt]	A 유출하는, 방출하는 N 유수, 방류, 오수, 폐수	밖으로(ef<ex) 흐르는(flu+ent)

* effluence 내뿜음, 발산, 방출, 흘러나옴(outflow); 유출물; 하수, 폐수
ex) **Effluents** from various factories are finding their way into the river.

influx [ínflʌks]	A 유입, 밀어 닥침, 쇄도; 강어귀, 유입점	안으로(in) 흐름(flux)

* influent 유입하는, 흘러 들어가는; 지류; 유입물
ex) Turkey is expecting an **influx** of refugees from Syria.

influence [ínfluːəns]	N 영향, 감화(력), 작용; 세력, 권세; 세력가 V 영향을 끼치다, 감화를 주다; 좌우하다, 움직이다	안으로(in) 흐름(flu+ence)

* influential 영향을 미치는, 세력 있는 유력한; 영향력 있는사람, 유력인사
ex) How far can we blame environmental or social **influences** for crime?

interfluent [ìntərflúːənt]	A 합류하는, 혼류하는	사이로(inter) 흐르는(fluent)

refluent [réfluːənt]	A (조류, 혈액 등이) 역류하는, 빠지는, 썰물인	뒤로(re) 흐르는(fluent)

* refluence 역류
ex) The surges that sweep over us will carry them away in its **refluent** tide.

reflux [ríːflʌks]	N 퇴조, 역류, 썰물	뒤로(re) 흐름(flux)

ex) We all know that there are flux and **reflux** in the tide.

superfluity [sùːpərflúːəti]	N 여분, 과잉, 과다; 여분의 것; 남아 도는 것	과도하게(super) 흐름(flu+ity)

ex) He has no shortage of ideas but a **superfluity** of them.

superfluous [suːpə́ːrfluəs]	A 여분의, 남아도는, 불필요한	넘쳐(super) 흐르는(flu+ous)

ex) She gave him a look that made words **superfluous**.

flurry [flə́ːri]	V 당황케 하다, 쩔쩔매게 하다; 당황하다 N 질풍, 돌풍; (질풍이 따른) 소나기, 눈보라;혼란, 동요; (시장의) 소공황; 단말마	갑작스러운 흐름

ex) There may be the odd **flurry** of snow over the hills tonight.

fluster [flʌ́stər]	V 소란하게 하다, 당황케 하다 N 혼란, 당황	표류하듯 흔들리게 하다

* flustrate 소란하게 하다, 당황하게 하다   @ frustrate 좌절시키다, 꺾다
ex) Don't **fluster** me – I'm trying to concentrate.

flutter [flʌ́tər]	V 펄럭이다 N 펄럭임, 팔랑거림, 날개짓; 소란	표류하며 흔들리다

ex) Flags **fluttered** in the breeze.

* 이 밖에 flow, flood 등도 여기에서 나왔다. plutocracy(금권정치)의 'Pluto'도 이곳 출신인데 'pleu'가 그리스로 건너가서 '부, 재산'의 의미로 변도 된 것이다. 부와 재산이란 흐르는 것이니까. 한편 '흐르다'에서 '날다'로 의미가 확대되는데, fly(날다), flight(비행), flit(날아다니다), fowl(가금), fledge(깃털이 나다) 등이 바로 그들이다.

flit
[flit]

Ⓥ 휙휙[휠휠] 날다, 왔다갔다하다, 휙 지나가다

날다

ex) Butterflies **flitted** from flower to flower.

fledge
[fledʒ]

Ⓥ (새 새끼가) 깃털이 다 나다; 깃털로 덮다

날기 위해선 깃털이 자라야

* **fledgling** 깃털이 갓난 새 새끼, 풋내기   * **fledged** 깃털이 다 난; 다 자란

ex) Currently biodiesel production is a **fledging** industry in the UK.

unfledged
[ʌnflédʒd]

Ⓐ 아직 깃털이 다 나지 않은; 어린, 미숙한, 풋내기의

깃털(fledge) 안(un) 난(ed)

Ⓔ **callow** 깃털이 아직 덜난;애송이인, 미숙한

MATER = 어머니(mother)

모든 곡물의 어머니라 여겨진 여신 Demeter는 어원상 'barley mother'의 뜻으로, 농업을 관장하였다. 어근 'meter'나 'mater'는 '어머니'를 뜻한다.

---

maternal
[mətə́ːrnl]

Ⓐ 어머니의, 어머니로서의; 어머니 쪽의, 모계의

어머니(matern)의 (al)

* **maternity** 모성애, 조산원 * **maternity dress** 임신복 * **maternal uncle** 외삼촌

ex) His **maternal** grandfather was also a famous painter.

matrimony
[mǽtrəmòuni]

Ⓝ 결혼; 결혼 생활; [pl.] 혼례

어머니(matri)의 상태(mony)

* **matrimonial agency** 결혼 상담소

ex) We barely had a day of **matrimony** before the war separated us forever.

matriarch
[méitriàːrk]

Ⓝ 여자 가장[족장]; 리더격인 여성

어머니(matri) 우두머리(arch)

* **matriarchy** 여가장제, 여족장제; 모계사회(=matriarchal society)

ex) She was a leader – and we lost a **matriarch** for this community.

matricide
[mǽtrəsàid]

Ⓝ 어머니를 죽임, 모친 살해죄; 모친 살해범

어머니(matri)를 죽임(cide)

ex) He said police still suspect Shaheen of **matricide**.

matriculate
[mətríkjulət]

Ⓝ 대학 입학자, 대학 입학을 허가 받은 사람

작은 모체(matricul)가 되다(ate)

Ⓥ 대학입학을 허가하다, 대학에 입학하다; 입회[를 허락]하다

ex) She **matriculated** in 1988 and graduated in 1991.

matrix
[méitriks]

Ⓝ 모체, 기반, 모형, 자궁

어머니(matr)의 몸체(ix)

ex) The LeT and its political **matrix**, Jamaat-ud-Dawa'h, remain active.

matron
[méitrən]

Ⓝ 기혼 부인, 주부; 간호부장, 수간호사; 여감독

큰(on) 어머니(matr)

* **a police matron** (교도소의) 여자 간수   * **matronly** 점잖은, 품위 있는

ex) I was feeling less glamorous and more **matronly** as time passed.

metropolis
[mitrápəlis]

Ⓝ 수도, London의 별칭, 중심지, 대주교

어머니(metro)의 도시(polis)

* **metropolitan** 수도의, 대도시의, [M~]런던의; 대도시의 시민, 도시인

alma mater
[ǽlməmáːtər]

Ⓝ 모교, 출신교, [미] 교가

길러준(alma) 어머니(mater)

ex) Lee has long helped her **alma mater**.

전령의 신 MERCURY (= HERMES)

Mercury는 **전령의 신**으로 날개 달린 모자와 신발로 날아 다니므로 동작이 빠르고 솜씨가 좋았다. 그래서 빠르고 기술을 요하는 분야, 즉 전령, 여행, 웅변, 과학, 측량, 장인, 운동, 도둑, 상업 등을 관장하였다.

Mercury [məˊːrkjuri]	N [天文] 수성; 수은 [저녁과 새벽에만 잠깐볼 수 있어서]	
mercurial [mərkjúəriəl]	A 변덕스러운; 재치 있는; 수은의, 수성의 * mercurialism = mercurial poisoning 수은 중독	

MERC = 물품, 상품 (merchandise)

광고의 CM은 Commercial Music의 약자. 발이 빠른 Mercury는 상업을 담당하였다. 상업에서 속도를 놓치면 망하기 때문이다. 어근 merc은 **상품**을 뜻한다.

mercantile [məˊːrkəntàil]
A 상업의, 상인의; 돈벌기에 급급한   [거래하는 물건(merchant) 의 (ile)]
ex) The 18th century saw a rise in the **mercantile** class all over Europe.

mercenary [məˊːrsənèri]
A 돈을 목적으로 하는, 돈을 위한   N 용병   [거래한 (mercen) 사람 (ary)]
* mercenarily 돈만을 바라고
ex) The company will continue to sell **merchandise** on its Web site.

merchandise [məˊːrtʃəndàiz]
N 상품, 재고품   V 거래하다, 상품을 취급하다   [거래 (merchand)를 만든다 (ise)]
* merchantable 매매할 수 있는, 수요가 있는
ex) She's interested in him for purely **mercenary** reasons.

merchant [məˊːrtʃənt]
N 상인   [거래하는 사람]
* mercer 비단장수
ex) There were at least six silent-film versions of The **Merchant** of Venice.

mercy [məˊːrsi]
N 자비, 인정, 용서; 행운, 은총   [원래 하사하는 상품을 의미]
* merciless 무자비한, 무정한   * merciful 자비로운, 인정 많은
ex) Show **mercy** to people in need.

amerce [əməˊːrs]
V 벌금을 과하다, 벌하다   [벌금 (merce)을 부과함 (a<ad)]
ex) They shall **amerce** him in an hundred shekels of silver.

commerce [káməːrs]
N 상업, 통상, 무역, 거래, 교섭   [함께 (com) 거래하다 (merce)]
* commercial 상업의, 통상의   * commercialize 상업화하다, 영리로 하다

* Machiavelli = Niccolo ~: 지배자들이 도덕을 넘어 이득을 취하는 법을 책으로 발간함

Machiavellian   A 권모술수의; 교활한

* machin = 장치 (device), 술수 (trick)

machine	N 기계; 기계장치	장치
machination	N [pl.] 음모, 책모	술수
mechanism	N 기계장치, 메커니즘, 기전	장치

전쟁의 신 MARS

전쟁의 신 Mars! 그는 전쟁을 좋아하였다. 대의명분을 위해 싸우기보다는 싸움 그 자체를 즐겼다. 태양계의 별 중 화성에 이 신의 이름을 붙인 이유도 그 때문이다. 표면이 붉은 화성은 전쟁터의 붉은 피와도 같은 이미지를 지녔으니까. March 또한 Mars로부터 유래했다.

전쟁의 신 Mars
한판 해볼터?

Mars [mɑːrz]
N 마르스(군신); 화성
(화성 표면이 붉어서 피로 물든 전쟁터를 연상케 하므로 Mars의 이름을 빌림)
> 그리스 신화의 Ares

martial [mɑ́ːrʃəl]
A 전쟁의, 용감한, 호전적인
* martial law 계엄령 * martialize 전쟁준비를 갖추다 * martialism 상무정신
ex) The sound of **martial** music is always inspiring.
> 군대(mar)의 (tial)

martinet [mɑ̀ːrtənét]
N 규율에 엄격한 사람, 몹시 까다로운 사람
ex) The officer was a **martinet** who observed each regulation to the letter.
> 군대의 사람

BELL = 美(beauty), 전쟁(war)

전쟁의 여신 Bellona! 주로 전쟁의 신 Mars와 함께 등장하는 그녀는 **싸움**만 잘 할 뿐 아니라, 키가 훤칠하고 **아름다운** 여인이기도 했던 모양이다. Bellona에는 '키 큰 미인'이란 뜻이 있으며, 그에 맞게 어근 **bell**은 '**전쟁**'의 의미와 '**아름다움**'의 의미를 모두 지닌다.

Bellona [bəlóunə]
N [로神] 전쟁의 여신; (벨로나처럼) 키 큰 미녀

Bellona ⇒

* bell = war

bellicose [bélikòus]
A 호전적인(war-like), 투쟁적인
* bellicosity 호전성, 전투적 기질
ex) His **bellicose** disposition alienated his friends.

belligerent [bəlídʒərənt]
A 교전중인, 호전적인   N 교전국 (↔nonbelligerent)
* belligerence 교전, 전쟁; 호전성, 투쟁성
ex) I don't know why she always seems so **belligerent** towards me.

antebellum [æ̀ntibéləm]
A 전쟁 전의(before a war)
⊕ postbellum 전쟁 후의(postwar)
> 전쟁(bell) 전의 (ante)

rebel [rébəl]
N 반역자   V 반역하다, 반항하다, 몸서리치다
* rebellion 반역 * rebellious 반역하는 ⊕ unruly 휘어잡을 수 없는, 제멋대로 하는
ex) My mind **rebels** at the thought. 그 생각만 하면 몸서리가 처진다.
> 항거하여(re) 싸우다(bell)

⊕revel [révəl]
N 환락, 술잔치, 마시고 흥청거림
V 주연을 베풀다, 한껏 즐기다, 매우 기뻐하다; ~에 빠지다
* revelry [종종 pl.] 술 마시고 떠들어댐[흥청거림], 환락
ex) They **revelled** all day and all night after their exams.
> 환락에 빠지면 벌이 옴 (來罰)

* bell = beauty

belle [bel]
N 미인(a beautiful woman or girl); 최고미인
* **belles lettres** 미용학, 순수문학, (F) 재사(才士)
ex) She was the **belle** of the ball last night.

belvedere [bélvədiər]
N 전망대, 망루

embellish [imbéliʃ]
V 아름답게 하다, 장식하다; 이야기를 꾸미다
* **embellishment** 장식, 수식
ex) Stop **embellishing** and stick to the facts.

beauty: 어근 'bell'은 프랑스를 거치면서 'beau'로 변화되었으며, beauty, beautiful등이 여기에서 나왔다. 라틴어 'beare(축복하다)'도 또한 같은 뿌리에서 왔다. 축복이란 아름다운 것이다.

beatitude [biǽtətjùːd]
N 더할 나위 없는 행복, 지복; [the B~] 팔복
* **beatify** 행복하게 하다; [天主敎]시복하다
ex) He achieved a indescribable **beatitude**.

beatific [bìːətífik]
A 지복을 주는, 행복에 빛나는; 기쁨에 넘친
ex) His **beatific** smile made us very happy.

polem = 전쟁(war)

polemic N 논쟁, 반론, 논개 A 논쟁을 좋아하는
polemicize V 논쟁하다
polemology N 전쟁학

calli = 아름다운(beautiful)

calisthenics N [단수취급] 미용체조, 유연체조
calligraphy N 달필, 서예, 서법
kaleidoscope N 만화경 [kal(beautiful) + eido(shape) + scope]

charm = 매력(charm)

charm N 매력, 아름다움, 마력; 부적
charming A 매력적인, 매우 귀여운; 마법을 거는
* **winsome** A 매력있는, 귀여운, 명랑한
* **winning** A 이긴, 이기게 하는; 마음을 끄는, 매력있는

pol = 윤내다(polish), 부드럽게 하다(make smooth)

polish V 닦다, 윤내다; 세련되게 하다 N 광택[제], 세련
interpolate V 기입하다, 삽입하다
extrapolate V 외삽하다, 기존의 자료를 통해 추정하다

dizen = 꾸미다(adorn)

bedizen V 야하게 치장하다
* **prettify** V 천하게[값싸게] 장식하다, 겉치레하다
* **bedeck** V 장식하다, 꾸미다
* **overdress** V 너무 두껍게 입히다, 지나치게 옷치레하다

HELIO/SOL = 태양(sun)

Helios는 태양의 신으로 마차에 태양을 싣고 다녔다. Titan족의 일원이지만, 올림푸스 족인 Apollo와 자주 혼동된다. 로마식 이름은 sol.

heliacal
[hiláiəkəl]
A [천문] 태양의, 태양이 가까운

태양(heli) 의 (acal)

heliocentric
[hìlouséntrik]
A 태양 중심의(↔geocentric)
* **heliocentrism** 태양 중심설

태양(heli) 중심의 (centric)

heliolatry
[hìliálətri]
N 태양 숭배

태양(heli)을 숭배함(latry)

helioscope
[híliəskòup]
N [천문] 태양 관측 망원경
ex) A **helioscope** will provide another point of interest.

태양(heli)을 검사하는(scope)

heliosis
[hìːlióusis]
N 일사병(sun stroke); 신적 영감
ex) Most people experience **heliosis** and just don't realize it.

태양(heli)의 병등 (sis)

heliotaxis
[hìlioutǽksis]
N 주일성(태양을 향하는 성질)
ex) This **heliotaxis**-plant has flowers that always face the sun.

태양(heli)을 향함(taxis)

heliotherapy
[hìliouθérəpi]
N 일광욕 요법
ex) **Heliotherapy** was also advocated for the treatment of arthritis.

태양(heli)열 치료(therapy)

solar
[sóulər]
A 태양의, 태양 작용에 의한; 태양 광선을 받은
* **solarism** 태양 중심설   * **solar eclipse** 일식   * **solar furnace**

태양(sol) 의 (ar)

solarize
[sóuləràiz]
V 태양광선에 노출시키다
ex) To **solarize** soil, all you need is a roll of clear polyethylene plastic.

태양(solar)을 쏘이게 하다(ize)

solarium
[səléəriəm]
N 일광욕실; 해시계(sundial)
ex) I love nothing more than a visit to the **solarium** on a hot summers day.

태양열(sol)이 있는 곳(arium)

circumsolar
[səːrkəmsóulər]
A 태양을 도는, 태양 주변의

태양(sol) 주변(circum)의 (ar)

insolate
[ínsoulèit]
V 햇빛에 쐬다
* **insolation** 일광욕, 일사병(sunstroke)

태양(sol)을 안으로(in) 하다(ate)

289

SELENE/LUNA = 달(moon)

Selene는 달(moon)의 여신이며 그녀의 로마식 이름은 Luna이다.

selenocentric
[silìnəséntrik]
A 달 중심의, 달을 중심으로 본
달(selen) 중심의 (centric)
ex) How would you describe a **selenocentric** orbit.

selenology
[sèlənálədʒi]
N 월학(月學)
달(selen)에 관한 학문 (logy)
ex) **Selenology** is the lunar equivalent of terrestrial geology.

lunar
[lúnər]
A 달의, 태음의, 달의 작용에 의한
루나(lunar) 같이 생긴 달
* lunate 반달[초생달] 모양의
ex) **Lunar** craters can be plainly seen with the aid of a small telescope.

lunatic
[lúnətik]
N 미치광이, 괴짜   A 정신이상의, 미치광이 같은
옛날, 달에서 나온 명기에 닿으면 미친다고 여겨졌음
* lunacy 정신이상, 광기; 미친 짓, 어리석은 짓
* lunatic asylum 정신 병원   * lunatic fringe 열광적 지지 세력

ASTR = 별(star)

별이 빛나는 하늘을 Asteria라고 한다. 어근 aster는 별을 의미하는데 star가 여기에서 나왔다. 또한 aster가 로마로 건너가면서 살짝 옷을 갈아입게 되는데, **stella**와 **sideris**가 바로 그들이다. 자동차 중 **stellar**라는 차종도 여기에서 따온 이름이다.

astral
[ǽstrəl]
A 별의(starry), 별모양의, 별나라의
별(astr) 의 (al)
ex) She was amazed at the **astral** bodies the new telescope revealed.

asterisk
[ǽstərìsk]
N 별표(*), 각주 부호(foot-note) V 별표를 표시하다
별(astr) 처럼(isk) 생긴 부호
ex) I have **asterisked** the books that are essential reading for the course.

asterism
[ǽstərìzm]
N [天文] 성군(星群), 성좌; 세별표(∴ 또는 ∵)
별(astr)들의 모임 (ism)
ex) An **asterism** is a star-pattern that is not a constellation.

asteroid
[ǽstərɔ̀id]
N 불가사리(starfish), 소행성   A 별모양의
별(astr) 같은 (것)(oid)
ex) **Asteroids** have become commonplace to the readers of interstellar travel stories in science fiction magazines.

astrology
[əstrálədʒi]
N 점성술
별(astr)을 연구 하는(logy)
* astrological 점성술의
ex) **Astrology** became the key that revealed divine plans for the course of human events.

astronomy
[əstránəmi]
N 천문학(the scientific study of stars)
별(astr)의 법칙을 연구 하는(nomy)
* astronomical 천문학적인
ex) The government seems willing to spend **astronomical** sums on weapons development.

astronaut
[ǽstrənɔ̀:t]

N 우주 비행사(cosmonaut; spaceman)
* **astronautics** 우주 비행학
ex) An observer far from a black hole would observe time passing extremely slowly for an **astronaut** falling through the hole's boundary.

별(astr)을 항해하는 사람(naut)

disaster
[dizǽstər]

N 재앙(calamity), 불행(unhappiness)
* **disastrous** 재앙의, 불행의
ex) Everything was going smoothly until suddenly **disaster** struck.

별(astr)이 떨어지면(dis) 불행이 (재앙으로 더쳐주다(disaster))

astrogate
[ǽstrəgèit]

V 우주를 항해하다
ex) The only hope for mankind's survival rests on Christopher, who can genetically '**astrogate**' by feeling and does not need a navigation unit.

별(astr)에 가다(gate)

astrophysics
[æstroufíziks]

N 천체물리학
* **astrophysicist** 천체 물리학자   * **astrodynamics** 천체역학
ex) One of the greatest successes of **astrophysicists** has been their explanation of how energy is produced inside stars.

별의 물리학(physics)

astrodome
[ǽstrədòum]

N 천체 관측장
ex) An **astrodome** was installed above the navigator's compartment.

별(astr)을 보는 곳(dome)

stellar
[stélər]

A 별의; 별이 많은, 별 모양의; 일류의, 우수한
ex) Her career so far has been **stellar**.

별(stell)이 많은 (ar)

constellation
[kànstəléiʃən]

N 별자리, 성좌
ex) How can I tell whether a **constellation** is ever visible from my location?

별(stell)이 함께(con) 있는 것

sidereal
[saidíəriəl]

N 별의; 항성의; 성좌의
ex) **Sidereal** time is based on the movement of the Earth in relation to the stars.

별(sider) 의 (eal)

consider
[kənsídər]

N 숙고하다, 고려하다
* **considerable** 고려해야 할, 중요한, 적지 않은 (↔inconsiderable)
* **considerate** 사려 깊은 (↔inconsiderate)
ex) Don't make any decisions before you've **considered** the matter.

별(sider)을 잘(con) 관찰하다

consideration
[kənsìdəréiʃən]

N 고려, 숙고, 연구; 참작, 이해성, 동정심; 경의, 중요성
* **inconsideration** 지각 없음, 경솔   * **preconsideration** 예고, 예찰
ex) After some **consideration** we've decided to sell the house.

desiderate
[disídərèit]

V 소망하다, 바라다, 갈망하다
* **desideration** 소망, 갈망(aspitation), 열망
ex) You can choose to split the file according to the **desiderated** size.

별(sider) 아래에(de) 있다(ate)
→ 별보며 갈망하는 모습 연상

desideratum
[disìdəréitəm]

N 몹시 아쉬운 것, 절실한 요구
ex) Our first **desideratum** must be the establishment of peace.

뒤지더라도 (desideratum)

EOS/AURORA = 여명(dawn)

Eos는 **여명의 여신**(dawn)이며, 로마 이름은 Aurora이다. 원래 어근 aur는 **금, 번쩍임**을 뜻한다.

aurora
[ərɔ́ːrə]
N 서광, 여명(dawn); 오로라, 극광
* aurora's tear 이슬 * dawn 새벽, 여명; 발단, 시초

aureole
[ɔ́ːriòul]
N 후광; (성자·순교자에게 주는) 보관(寶冠), 영광
ex) Many medieval paintings depict saintly characters with **aureoles** around their heads.

aureate
[ɔ́ːriət]
A 금빛의, 번쩍이는; (문체·표현 등이) 화려한
ex) The top spots among accessories are swept by everything **aureate**.

auriferous
[ɔrífərəs]
A 금을 산출하는[함유하는]
ex) The layer is an **auriferous** gravel composed of boulders and basalt.

VICTOR = 정복하다(conquer)

미국의 스포츠 용품 회사 **나이키**는 **승리의 여신 니케**(Nike)의 이름을 빌렸다. 상표가 승리의 여신 Nike의 날개를 닮았다. Nike의 로마식 이름이 Victoria이다. 여기에서 victory가 나왔다.

victory
[víktəri]
N 승리, 승전(defeat); 극복, 정복(triumph)
* victor 승리자, 정복자 * victorious 이긴, 승리한

conviction
[kənvíkʃən]
N 유죄 판결, 죄의 자각(convict의 명사)
확신, 설득, 설득력 (convince의 명사)
ex) He has a long record of previous **convictions** for similar offences.

convict
[kənvíkt]
V 유죄를 입증하다 N 죄인, 기결수
ex) The naked lady has been **convicted** of arson.

convince
[kənvíns]
V 확신 시키다. 납득 시키다(persuade)
* convincible 설득이 가능한 * convincing 설득력 있는, 수긍이 가게 하는
ex) He was the guy that I **convinced** to come here and play football

evict
[ivíkt]
V (법적 수속에 의해) 퇴거시키다, 다시 찾다.
* eviction 퇴거 시킴, 추방(banishment), 축출(expatriation)
ex) The snoring dog was **evicted** from his house due to neighbors' complain!

evince
[ivíns]
V (감정 등을) 나타내다, 명시하다(probe)
* evincive 표시하는 * evincible 표시할 수 있는
ex) The soldiers **evinced** great courage, but they were rapidly defeated.

invincible
[invínsəbl]

A 무적의, 정복할 수 없는; 불굴의

정복할 수(vincible) 없는 (in)

* **invincibility** 무적, 불패   * **an invincible will** 불굴의 의지
ex) Park had wielded the **invincible** power until he was assassinated.

province
[prá:vins]

N (행정상의) 주, 도; (수도 외의) 지방; 분야

로 마시대에 수리해서 얻은 곳

* **provincial** 주의, 지방의, 편협한   * **provincialism** 편협성, 고루함
ex) I'm afraid the matter is outside my **province**.

vanquish
[væŋkwiʃ]

V 정복하다(conquer), 패배 시키다, 극복하다

vanq< vanc< vinc

ex) Henry **vanquished** his thumb-sucking habit to marry Mary.

NEM/NUM = 배정하다(allot)

복수의 여신 Nemesis는 그리스어로 '나누다' 또는 '배정하다'는 의미를 갖는 어근 'nem-'에서 왔다. 행위에 상응하는 벌을 배정한다는 의미에서 지어진 이름이다. 한편 이 어근은 동사로 'count'의 의미인데, 이로부터 number가 유래하였다.

---

nemesis
[néməsis]

N [그神] 복수의 여신; 인과응보, 천벌; 보복자; 징벌자
ex) Captain Bligh vowed to be Christian's **nemesis**.

nomad
[nóumæd]

[바라가<바록 지<험함 받는 땅]
N 유목민, 유목 민족; 방랑자   A 유목하는, 방랑하는
* **nomadic** 유목의, 방랑의
ex) Basically, those were **nomad** tribes of cattlemen, and it is hard to imagine the cattleman's life without a large security dog.

numeral
[njú:mərəl]

N 숫자; [문법] 수사   A 수의

숫자(numer)에 관한(al)

* **numerical** 숫자의
ex) We're hitting a new **numeral** with 2005. Does this change in digit mean anything?

numerous
[njú:mprəs]

A 다수의, 엄청난 수의, 곡조가 아름다운

숫자(numer)가 많은 (ous)

ex) She is the author of three books and **numerous** articles.

numerate
[njú:məreit]

V 세다, 계산하다; 식을 읽다

숫자(numer)에 관한(al)

ex) Your children should be literate and **numerate**.

enumerate
[injú:məreit]

V 낱낱이 세다, 열거하다, 계산하다

밖으로 (e<ex) 수를 세다(ate)

* **enumeration** 계산   * **enumerative** 열거하는
ex) If you have to **enumerate** five things that this government has done for the benefit of the people of Ohio State, what would they be?

supernumerary
[sù:pərnjú:mərèri]

A 정원이외의; 과잉의   N 정원 이외의 사람(물건)

수를 초과(super) 하는 (ary)

ex) He signed on as a **supernumerary** patrol officer.

outnumber
[áutnʌ́mbər]

V 수적으로 우세하다

숫자가 우월하다(out)

ex) In our office the females **outnumber** the males 3 to 1.

SOMN = 잠 (sleep)

로마 신화에서 잠의 신은 **Somnus** 이다. 그리스 신화의 **Hypnos**에 해당한다. somn은 발음상 우리말 '잠'과 비슷하다.

somnolent
[sámnələnt]
A 최면의 (drowsy), 졸린 (inclined to sleep)
ex) The heavy meal and the overheated room made us all **somnolent** and indifferent to the speaker.

somnambulism
[samnǽmbjulìzm]
[자면서(somn) 걸음(ambul+ism)]
N 몽유병 (noctambulism; sleepwalking)

somniloquy
[samníləkwi]
N 잠꼬대(sleeptalking)
[잠자면서(somn) 말함(loqu)]

somnifacient
[sàmnəféiʃənt]
A 잠을 오게 하는   N 수면제
잠(somn)을 만드는(fac) 것(ient)
ex) Chloral hydrate was introduced into therapeutics as a **somnifacient**.

somniferous
[samnífərəs]
A 최면의, 졸리게 하는
잠(somn)을 나르는(fer+ous)
ex) The gangsters got asleep by a **somniferous** gas.

soporific
[sapərífik]
A 잠 오게 하는, 지루한; 졸린   N 수면제, 마취제
자버리,픽 (soporific) 잠오게 하는 수면제
ex) The doctor calmed his hysterical patient by injecting him with a **soporific** medication.

insomnia
[insámniə]
N 불면증   [잠(somn)을 못(in) 이루는 증(ia)]
* **insomniac** 불면증의; 불면증 환자
ex) I lie awake every night because of **insomnia**

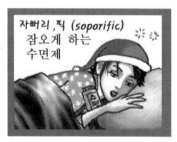

HYPN = 잠(sleep)

그리스 신화에서는 **Hypnos**가 잠의 신이다. **Morpheus**(꿈)의 아버지이기도 하다.

hypnoid
[hípnoid]
A 최면상태의
수면(hypn)하는 것 같은(oid)
ex) We can easily enter the **hypnoid** state when watching TV.

hypnosis
[hipnóusis]
N 최면상태, 최면술
수면(hypn) 상태(sis)
ex) They used shock therapy and **hypnosis** to make him tell the truth.

hypnotic
[hipnátik]
A N 최면의; 최면에 걸리기 쉬운 [사람]; 최면제
잠(hypno) 약(tic)
ex) Music sometimes exercise a **hypnotic** effect.

hypnotize
[hípnətàiz]
V 최면술을 걸다, 매혹하다. 후리다
최면(hypn)되게 만들다(ize)
ex) We were **hypnotized** by her beauty.

hypnotherapy
[hìpnouθérəpi]
N 최면 요법
최면(hypn) 요법(therapy)
ex) **Hypnotherapy** can work quickly-within four to six sessions.

* Mesmer = Franz Anton Mesmer (1734-1815): 최면에 기여한 오스트리아 의사

mesmerize	V 최면을 건 듯 마음을 사로잡다, 넋을 빼놓다
mesmerism	N 최면술
mesmeric	A 최면을 거는 듯한, 완전 넋을 빼놓는

MORPH = 형태(form)

꿈의 신 Morpheus는 Hypnos(잠)의 아들로 **형태**를 의미한다. 잠자는 사람 안에 들어가 자유자재로 자신의 형태를 바꾼다. **morphine**이 여기서 왔고, **morphinism**은 모르핀 중독을 의미한다.

amorphous
[əmɔ́:rfəs]
A 무정형의, 비결정의 (shapeless) — 형태(morph)가 없는 (a)
ex) His report was **amorphous**; it was shapeless and disorganized.

morphology
[mɔːrfɑ́lədʒi]
N 형태학, 어형론 — 형태(morph)의 연구 (logy)
* **morpheme** 형태소   * **endomorph** 내배엽형(비만형)인 사람 (↔ectomorph)

metamorphic
[metəmɔ́:rfik]
A 변화의, 변성의, 변태의 — 형태(morph)가 변한(meta)
* **metamorphosis** 변형, 변태(change of form)   * **metamorphism** 변태, 변형
* **metamorphose** 변형시키다
ex) The **metamorphosis** of caterpillar to butterfly is a beautiful process.

FORM = 형태(form)

여러 사람이 '한가지(uni) 형태(form)'로 맞추어 입는 것이 **uniform**이다.
'폼을 잡다', '폼이 난다'할 때도 이 form이다.

formal
[fɔ́:rməl]
A 형식의, 형식적인, 정식의, 의식적인 — 형태(form) 적인 (al)
* **formality** 형식, 의례 [pl.] 정규의 절차   * **formalistic** 형식, 존중의
* **formalize** 형식화하다, 공인하다, 정식으로 하다   * **formalization** 형식화
ex) An accord is a **formal** agreement, usually reached after a dispute.

formation
[fɔːrméiʃən]
N 형성, 구성, 구조, 배치 — 형태를 (form) 만드는 것(ation)
* **formative** 형식적인   * **format** 판, 구성   * **formate** (비행기가)편대 비행하다
ex) The team usually plays in a 4-4-2 formation.

formidable
[fɔ́:rmidəbl]
A 무서운, 만만치 않은, 방대한, 엄청나게 많은
ex) The task was a **formidable** one.

formulate
[fɔ́:rmjuleit]
V 공식화하다, 명확히 표현하다, 꾸며내다
* **formula** 공식;처방   * **formulation** 공식화;규정화
ex) The answer is to **formulate** a flexible policy.

conform
[kənfɔ́:rm]
V 따르다, 일치하다, 순응시키다 — 함께(con) 형태를 이루다(form)
* **conformity** 일치, 순응, 적합   * **conformation** 구조, 현상
ex) He refused to **conform** to the local customs.

deform	V 변형시키다, 보기 흉하게 하다	모양을 (form) 아래로 하다 (de)
[difɔ́:rm]	* deformity 결함, 불구 * deformation 기형, 불구 * deformed 보기흉한	

ex) Sitting badly for long periods of time can **deform** your spine.

inform	V 알리다, 밀고하다	안으로 (in) 형성하다 (form)
[infɔ́:rm]	* information 통지, 정보, 지식 * informative 알리는, 밀고하는	

ex) The forms you have to fill out all request unnecessary **information**.

malformed	A 꼴이 흉한, 꼴불견으로 생긴, 기형의	나쁘게 (mal) 형태 (formation)
[mæ̀lfɔ́:rmd]	* malformation 기형, 불구	

ex) I was born with a severely **malformed** heart which lead to lung disease.

preform	V 미리(앞서서) 형성하다	미리 (pre) 모양을 이루다 (form)
[prì:fɔ́:rm]	* preformation 미리 형성함 * preformative 접두요소; 미리 만든	

ex) The titration was **preformed** on all three and the results were recorded.

perform	V 수행하다, 성취하다, 공연하다, 연기[연주]하다	형태를 완성하다는 의미로 쓰임
[pərfɔ́:rm]	* performance 실행, 공연, 연주 * performing 실행하는	
	ⓒ perpetrate (나쁜 짓·과오 등을)범하다, 저지르다; 함부로 농담하다	

ex) She **performs** an important role in our organization.

reform	V 개편하다, 재편성하다	다시 (re) 모양을 이루다 (form)
[ri:fɔ́:rm]	* reformation 개혁, 교정, 혁신 * reformative, reformatory 개혁하는	

ex) Social **reform** is not to be effected in a day.

transform	V 변화시키다, 변질시키다, 변형하다	모양을 (form) 옮기다 (trans)
[trænsfɔ́:rm]	* transformation 전이, 변형 * transformative 변형시키는	

ex) The reorganization will **transform** the British entertainment industry.

uniform	A 똑같은, 한결같은, 균일한	한가지 (uni) 형태의 (form)
[jú:nəfɔ̀:rm]	* uniformity 균일 * uniformalize 균일화하다	

PLAS = 만들다(form)

platic(플라스틱)은 어떤 **형태**든 만들 수 있는 재료이다.

plasma	N [생리] 혈장; 원형질; [물리] 전리기체	기본 (ma) 형태 (plas)
[plǽzmə]	ex) **Plasma** is the clear liquid part of blood which contains the blood cells.	

plaster	N V 회반죽, 석고; 고약, 반창고 [바르다, 붙이다]	모양 (plast)을 만드는 것 (er)
[plǽstər]	* plastery 회반죽[고약] 같은	

ex) She broke her leg a month ago and it's still in **plaster**.

plastic	N [종종 pl.] 플라스틱, 합성 수지; 플라스틱 제품	모양 (plast)을 이루는 (ic)
[plǽstik]	A 플라스틱의, 가소성의; 마음대로 형태를 뜰 수 있는; [의학] 성형의; 인공의	
	* plasticity 가소성 * plastic surgery 성형외과 * plastic operation 성형수술	

autoplasty [ɔ́:touplæ̀sti]	A 자기조직 형성술 ex) Autoplasty is surgical repair of defects by grafting tissue from the patient's own body.	스스로 (auto) 형성한 (plasty)
ectoplasm [éktəplæ̀zm]	N [생물] 세포외층, 외형질 [심령술] (영매(靈媒)의 몸에서 나오는) 가상(假想)의 심령체	밖으로 (ex) 형성된 것 (plasm)
metaplasm [métəplæ̀zm]	N 어형변이; [생물] 후형질(後形質)	형태(plasm) 변경(meta)
neoplasm [ní:əplæ̀zm]	N (체내에 생기는) 신생물; 종양 * neoplastic 신생물의, 종양의 * neoplasia 종양 형성, 신조직 형성 ex) A neoplasm is an abnormal growth of tissue that has no useful function.	새로 (neo) 만들어진 것 (plasm)
protoplasm [próutəplæ̀zm]	N 원형질 ex) Protoplasm is a chemical substance that regulates all the cell's activities	기본 (proto) 형태(plasm)

* dress = 바로 두다 (put right)

dress	V 옷입(히)다, 장식하다, 치료하다 N 의복, 정장	사람을 바로 하는 것
address	N 주소, 연설(speech) V 연설하다, 보내다	~에게 (ad) 바로 가게 함 (dress)
addresser	N 발신인; 말하는 사람	보내는 사람
addressee	N 수신인; 듣는 사람	보냄을 받는 사람
overdress	V 지나치게 옷치장을 하다 N 부인용 웃옷	지나치게 (over) 입다 (dress)
redress	V 고치다; 배상하다 N 구제, 교정	다시 (re) 정돈하다 (dress)
undress	V 옷을 벗기다 N 평상복	un = 반대
don	V (옷·모자 등을) 입다, 쓰다	do on (입다)
doff	V (옷·모자 등을) 벗다; (풍습 등을) 버리다	do off (벗다)

* fix = 고정하다 (fix)

fix	V 고정시키다, 집중시키다; 결정하다; 수리하다 N 곤경(困境), 궁지; 수리, 조정; 짜고 하는 시합
fixture	N (집·아파트 등의) 고정물, (붙박이) 설치물
affix	V 첨부하다, 붙이다; N 부착(물), 첨부(물)
prefix	N V 접두사[를 붙이다], 앞에 붙이다
suffix	N V 접미사[를 붙이다], 첨가물; 끝에 붙이다
transfix	N 그 자리에 못 박히게 하다; 꽂다; 못박다

끝에 (suf<sub) 붙이다 (fix)
통과하여 (trans) 붙이다 (fix)

* cadre = 뼈대, 틀 (square)

cadre	N 간부단, 핵심 그룹	뼈대 (cadre<quadro)

* calib = 주조형 틀 (a mold for casting)

caliber	N 구경; 능력, 재간; 품질, 가치, 우수성
caliper	N [pl] 캘리퍼스, 양각기; 두께
calibrate	V 눈금을 매기다, 영점을 맞추다
calibration	N 눈금 매기기, 영점 조정

ANDRO = 남성, 인간(man)

andromeda & perseus

이집트 여왕 Cassiopeia는 딸인 **Andromeda**가 바다의 여신 Nereis보다 예쁘다고 허풍을 떨다가 신의 노여움을 사서 왕국이 멸망의 위기에 놓이게 되고, 이를 피하기 위해서 Andromeda를 바다 괴물의 제물로 바쳐야 했다. 그곳을 지나던 영웅 Perseus가 위기에 처한 그녀를 구해 아내로 삼았다. 구출되기 전까지 바위에 묶여 죽음을 기다려야 했던 Andromeda는 어떤 생각을 하고 있었을까? 아마도 자신을 구해줄 남자를 생각하고 있었을지도 모른다. Andromeda는 **남자(andro)**를 **생각하는(med) 여자(a)**라는 뜻!

andrology [ǽndrάlədʒi]
N 남성병학, 남성과학 — 남성(andro)의 학문(logy)
ex) We offer **andrology** services for our active infertility couples.

android [ǽndrɔid]
N (과학소설에 나오는) 기계적 인조 인간(의) — 인간(andr) 같은(oid)
ex) Data is the lovable **android** on the TV and movie series Star Trek.

androgen [ǽndrədʒən]
N 남성호르몬, 안드로겐 — 남성에게 생기는(gen) 것
ex) This need is particularly acute for **androgen**-independent tumors.

androecium [ændríːʃiəm]
N [植] 수꽃술군(群) — 수(andro) 꽃술(ecium)
ex) The **androecium** consists of 9 or 10 stamens that are usually fused by their filaments.

monandrous [mənǽndrəs]
A [植] 홀수술의; 일부제(一夫制)의 — 홀(mono) 수술 의(ous)
ex) **Monandrous** females have not evolved to utilize male-derived nutrients to make eggs.

androcentric [æ̀ndrəséntrik]
A 남성 중심의 — 남성 중심(centr) ic(의)
ex) The introduction to 'Women and Psychology' pointed out that we are an **androcentric** society.

androgynous [ændrάdʒənəs]
N 남녀 양성(兩性)의; [植] 암수 양꽃이 있는 — 남성+여성(gyn) 의(ous)
ex) Marriage is an attempt to restore the **androgynous** unity that was eternally lost with Adam and the creation of Eve.

philanderer [filǽndərər]
N 연애 유희자 — 연애하는(phil) 남자
ex) He was a **philanderer** and spent all of their money on street women.

* vir/wer = 남자, 사람 (man)

바가지(virago) 바가지 긁는 여자

virago	N	바가지 긁는 여자; 여장부(amazon)
virile	A	남자가 정력넘치는; 남성적인, 남성미 넘치는
virility	N	정력, 에너지, 힘
werewolf	N	늑대인간

ANEMO = 바람(wind)

anemone- 바람의 꽃

꽃의 신 Flora에게는 **Anemone**라는 아름다운 시녀가 있었는데 플로라의 남편인 바람의 신 Zephyrus가 그녀와 바람이 났다. 화가 난 플로라는 아네모네를 멀리 포모누의 궁전으로 쫓아버렸다. 그러나 제피루스는 바람을 타고 그녀를 따라가서 뜨거운 사랑을 나누었다. 새로 변신해 현장을 덮친 플로라는 질투에 불탄 나머지 아네모네를 꽃으로 만들어 버렸다. 슬픔에 젖은 제피로스는 아네모네를잊지 못하고 매년 봄이 오면 따뜻한 바람을 보내어 아네모네를 아름답게 꽃피운다고 한다.

anemone
[ənéməni]
N 아네모네; 말미잘(= sea anemone)
바람(anemo)의 꽃(ne)

anemograph
[ənéməgræf]
N 자기 풍력계(自記風力計)
바람(anemo)을 기록함(graph)

anemometer
[æ̀nəmάmətər]
N 풍력계
* **anemometry** 풍력 측정법   * **anemometric** 풍력 측정의
바람(anemo) 측정계(meter)

anemophilous
[æ̀nəmάfələs]
A 풍매의
바람(anemo) 좋아하는 (philous)

anemoscope
[ənéməskòup]
N 풍향 측정기, 풍향계
바람(anemo)을 관측함(scope)

zephyr
[zéfər]
N (의인화된) 서풍; 산들바람, 미풍, 연풍
* **zephyr cloth** 얇고 가벼운 하복지
* **zephyr yarn** (자수용) 가는 모사
ex) When these **zephyrs** blow; it is good to be in an open boat under a full sail.

zephyrous
[zéfərəs]
A 서풍의, 미풍의, 산들바람 같은
* zephyrean = zephyrian = zephyrous

VENT = 바람(wind)

vent는 '바람'의 의미를 가지는데 **wind**나 **fan** 등과 같은 족속이다. **vent**를 좀 세게 발음하면 **fan**이 되고, 좀 약하게 발음하면 **wind**가 된다는 점을 기억하자.

vent
[vent]
N 구멍, 배출구 V 구멍내다, 배출하다, 누설하다
* **ventage** 분출구, 새는 곳; 감정을 쏟을 곳(기회)
ex) There's no need to **vent** your anger on me.
바람(vent)

ventiduct
[véntədÀkt]
N 공기 구멍, 통풍관
ex) The vault was equipped with a **ventiduct** and a tambour.
바람(venti)의 길(duct)

ventilate
[véntəlèit]
V 공기를 통하게 하다, 환기하다, 토론하다
* **ventilative/-atory** 통풍의, 환기의   * **ventilation** 통풍, 환기
ex) She opened the window to **ventilate** the room.
바람(ventil)을 만들다(ate)

windfall [wíndfɔ:l]	N 바람에 떨어진 과실, 뜻밖의 횡재, 굴러온 복 ex) Few tribes share in casino **windfall**.
windmill [wíndmìl]	N 풍차, 팔랑개비, 가상의 적 * fight **windmills** 가상의 적과 싸우다 ex) The **windmill** turned in their front yard.

winnow [wínou]	N (겨 등을) 까부르다, 키질하다; 골라내다, 뽑다 ex) There are things you can do to try to **winnow** out the bad apples.
weather [wéðər]	N 날씨, 기상, 기후 V 비바람을 맞게 하다, 바람에 쏘이다; (곤란 등을) 견디다, 뚫고 나가다 ex) Australia has **weathered** the global downturn.
wither [wíðər]	V 시들다; 시들게 하다; 위축시키다 🔁 blight 시들게 하다; 망치다; 마름병; 장애; 황폐 🔁 wizen 시들다, 시들게 하다 ex) The flowers **withered** away.

* bronch = 기관(windpipe)

bronchus	N 기관지 (기관은 trachea)
bronchiole	N 세(細)기관지
bronchitis	N 기관지염
bronchioscope	N 기관지 검사경

* nirvana [* nir- = out, va = blow] 역시 바람과 관련된 단어이니 함께 기억하자. 열반에 이른다는 것은 바람이 부는 것과 같은 것이라는 데서 온 단어이다.

nirvana [niəvá:nə]	N 열반(涅槃); 해탈(解脫); 지극한 행복

* flat = 불다(blow)

afflation	N (시인·예언자 등의) 영감 (=afflatus)
deflation	N 공기를 뺌; (기구의) 가스방출; 수축; 통화 수축
inflation	N 인플레이션, 통화 팽창; 물가폭등; 팽창
disinflation	N 인플레이션을 완화하다
conflate	N 융합하다, 혼합하다; (이본(異本)을) 합성하다
flatulent	N (배에) 가스가 찬, 헛배부른; 과장된, 허풍 떠는
insufflate	V (기체·액체·가루 등을) 불어넣다

* wind = 감다(wind), 휘다(bend)

wind	V 감다; 굽이지다
rewind	V 되감다
wand	N 지팡이 (잘 휘어지는)

ARGU = 명백히 하다(make clear)

Io와 바람을 피우다가 Hera에게 들킨Zeus는 Io를 황소로 둔갑시킨다. 눈치 100단 Hera는 황소를 선물로 달라고 졸랐다. 황소를 손에 넣은 그녀는 **Argus**에게 감시토록 하였다. **Argus**는 온몸에 눈이 100개나 달린 목동이었다. 밤낮 감시를 받는 Io가 불쌍했던 Zeus는 전령의 신 Hermes를 보내 Argus를 죽이고 만다. Hera는 그를 기리려고 그의 눈들을 자신의 상징인 공작의 몸에 붙였다. 오늘날 argus는 '엄중한 감시인'이란 뜻으로 쓰이며, 어근 'argu'는 '명백히 하다'의 뜻을 갖는다. 눈이 100개라면 사물을 얼마나 명백히 보겠는가?

Argus [áːrgəs]
N [그神] 아르고스; 엄중한 감시인

argus-eyed [áːrgəsáid]
A 감시가 엄중한, 빈틈없는
ex) What an **argus-eyed** man you are when it comes to what benefits you.

argue [áːrgjuː]
V 논하다, 논쟁하다; 설득하다
ex) I wish you wouldn't **argue** with me all the time.

argument [áːrgjumənt]
N 논의, 주장, 논거, 논쟁; 요지, 줄거리
* counterargument 반대론, 반론
ex) The children had an **argument** about what game to play.

argufy [áːrgjufài]
V 귀찮게 논쟁하다
ex) The Federal infantry wouldn't let him **argufy** the question long.

argute [ɑːrgjuːt]
A 날카로운, 민첩한, 빈틈없는
ex) Art's mind is metaphorical and **argute**.

outargue [àutáːrgjuː]
V 말로써 꺾다, 논파하다
ex) Even Gucci Handbag Wearing Blondes Can **Outargue** Darwin.

unargued [ʌnáːrgjuːd]
A 논의되지 않은; 의심할 여지 없는, 이의 없는

peacock [píːkɑ̀k]
N 공작 (특히 수컷↔peahen), 겉치레꾼
* (as) proud as a peacock 몹시 뽐내는, 우쭐하여
* play the peacock 뽐내다, 뻐기다

* **veneer** [vəníər]
N 합판의 겉켜, 합판의 단판, 널판지; 겉치레, 허식
* plywood 베니어판, 합판 [우리말의 베니어판에 해당]

* coq = 수탉(cock)

coquette N 요염한 여자, 바람둥이 여자 (flirt)
coquet V 교태를 부리다, 꼬리치다; 농락하다 N 바람둥이
coquetry N (여자의) 교태; 추파를 던지기, 아양 (떨기)
* **ogle** N 추파, 눈 V 여자에게 추파를 던지다

ERO = 성적 열정(sexual passion)

Eros는 욕구(Desire)와 성적 열정(Sexual Passion)의 신이다. 미의 여신 Aphrodite가 전쟁의 신 Ares와 바람을 피워서 낳은 아들이다. 그에게는 비둘기 털이 달린 황금화살과 부엉이 털이 달린 납화살이 있었는데, 금화살에 맞은 사람은 맞은 후 처음 만나는 사람을 사랑하게 되고, 납화살에 맞는 사람은 맞은 후 처음 만나는 사람을 몹시 혐오하게 된다.

erotic
[irátik]

A 성애의, 색정적인
* **eroticism** 에로티시즘, 이상 성욕, 성적 흥분
ex) The **erotic** passages in this novel should be removed as they are merely pornographic.

erogenous
[irádʒənəs]

A 성욕을 일으키는
ex) **Erogenous** zones are parts of the body that, when stimulated, elicit sexual arousal.

erotomania
[iròutəméiniə]

N [정신의학] 성욕 이상, 색정광(色情狂)
ex) In **erotomania** the stalker believed that his victims loved him, even though he had never met them.

erotica
[irátikə]

N 성애를 다룬 문학(예술), 춘화도
ex) His wife wrote a romance novel that contained **erotica**.

CUPID = 욕구(desire)

Cupid는 일반적으로 시인들이 Eros를 지칭할 때 즐겨 사용했던 이름이다. 욕심을 의미한다.

cupidity
[kjupídəti]

N 탐욕, 욕심
ex) The defeated people could not satisfy the **cupidity** of the conquerors who demanded excessive tribute.

concupiscence
[kankjú:pisəns]

N 색욕, 욕욕
ex) There were some among us who had become caught up in the evil lust for things, and had gone wild with **concupiscence**.

covet
[kʌ́vit]

V (남의 물건 등을) 몹시 탐내다, 몹시 갈망하다
* **covetous** (남의 것을) 몹시 탐내는, 탐욕스러운
ex) All **covet**, all lose. [속담] 모든 것을 탐내면 모든 것을 잃는다.

AM = 사랑(love)

Amor는 연애의 신 Eros의 로마식 이름이다. 화장품으로 유명한 '아모레'도 여기에서 따온 말이다. 사랑의 신인 만큼 애모(am)나 애무(am)로 기억해보자.

amateur
[ǽmətʃər]

N 아마츄어, 비전문가, 애호가, 미숙한 사람
* **amateurish** 아마츄어 같은, 서투른
ex) This work was done by a bunch of **amateurs**!
ex) His painting has an **amateurish** quality.

amatory
[ǽmətɔ̀:ri]

[애(am) 하(at)는 (ory)]
A 연애의, 색욕적인(amatorial)
ex) Don't make your children exposed to those **amatory** fictions; they are evils.

ami
[æmí:]

N 남자 친구, 애인
* **amie** 여자친구
ex) Make sure that you are not violating your **ami** before you meet the lady.

amenity
[əménəti]

N (the) 쾌적함, 상냥함, [pl.] 예의; 오락시설, 즐거움,
ex) The **amenities** at the local club include a swimming pool and a golf course.

amigo
[əmí:gou]

N 친구, 스페인어권의 친미적인 사람
ex) When Fox was elected in 2000, Bush called Mexico America's closest **amigo** and ally.

bon ami
[bɔn-æmí]

[좋은 (bon) 친구 (ami)]
N 남자 친구, 애인

inamorata
[inæmərá:tə]

N [It] 애인(여자); (특히) 정부
ex) My **inamorata** invited me to her parents' 50th wedding anniversary party.

amity
[ǽməti]

N 친교, 친목, 친선관계
ex) Students exchange programs were established to promote international **amity**.

amiable
[éimiəbl]

A 붙임성 있는, 상냥한, 마음씨 고운
ex) She is an **amiable** girl and keeps in with everyone.

amicable
[ǽmikəbl]

A 우호적인, 평화적인
ex) The dispute was settled in an **amicable** manner with no harsh words.

amorous
[ǽmərəs]

N 호색적인; 사랑의, 연애(중)의; 요염한
ex) The **amorous** couple made quite a scene at the movie.

enamour
[enǽmər]

N (보통 수동으로) 매혹하다, 반하게 하다
ex) The parents are **enamored of** their youngest daughter.
ex) He is **enamored with** foreign films.

enmity
[énməti]

N 적의, 악의, 증오, 대립
* **enemy** 적, 해를 주는 것, 반대자
ex) Despite years of **enmity**, both sides have made steps toward peace since January.

paramour
[pǽrəmuər]

N 정부, 애인

ex) Her husband had a **paramour** in another town.

inimical
[inímikəl]

[사랑(imi)이 없(in)는 (cal)]
A 적의 있는, 반목하고 있는; 불리한, 해로운

ex) She felt that they were **inimical** and were hoping for her downfall.

PSYCHE = 정신, 혼(soul)

정신적으로 이상한 사람을 psycho라 부른다. 그리스 신화에는 Psyche(프쉬케)라는 아름다운 공주가 등장한다. 그녀가 너무 아름다웠던 나머지 미의 여신 비너스는 그녀를 시기하게 되고 급기야는 아들 Eros를 보내 해코지를 하게 한다. 그러나, Eros는 결국 Psyche와 사랑에 빠지게 되고 그녀를 아내로 맞이하게 된다. Psyche는 '정신, 영혼'을 의미한다. 사랑이 온전해 지기 위해서는 Eros와 Phyche가 만나야 한다.

---

psyche
[sáiki]

N 영혼, 정신

ex) It is difficult to delve into the **psyche** of a human being.

psycho
[sáikou]

N 정신병 환자(psychotic의 단축형)
A 정신과 치료의, 정신의학의, 정신병의

ex) She was **attacked** by a psycho on her way home.

psychiatrist
[saikáiətrist]

N 정신과 의사

ex) A **psychiatrist** often needs long conferences with his patient before a diagnosis can be made.

psychopathic
[saikəpǽθik]

A 정신병의

ex) The **psychopathic** patient suffers more frequently from a disorder of the nervous system than from a diseased brain.

psychosis
[saikóusis]

N 정신병, 정신이상

ex) We must endeavor to find an outlet for the patient's repressed desires if we hope to combat this **psychosis**.

psychology
[saikáləʤi]

N 심리학, 심리상태

ex) Sports **psychology** is usually associated with professional athletes.

* Eros와 Psyche는 결혼하여 굉장히 육감적이고 요염한 딸 Voluptas를 낳는다. 쾌락, 만족(pleasure)을 의미하다.

voluptuous
[vəlʌ́ptʃuəs]

A 육감적인, 주색에 빠지는, 관능적인, 육욕을 자극하는

* voluptuary (관능적) 쾌락에 빠지는 (사람)

ex) The nobility during the Renaissance led **voluptuous** lives.

질투의 여신 ZELUS

zealous와 jealous는 동일한 어근에서 유래됐다. jealous는 바로 '**질투가 많은**'의 의미를 가지며, zealous는 질투→경쟁→열심의 과정을 거쳐 '**열심인, 열광적인**'의 뜻을 갖게 되었다.

jealous
[dʒéləs]
A 질투가 많은, 시샘 하는
ex) She's **jealous** of my success.

zealous
[zéləs]
A 열심인, 열광적인(enthusiastically devoted to something; fervent)
* **zeal** 열심, 열성, 열의, 열중 * **zealotry** 열광(적 행동) * **zealot** 열중자, 열광자

VOLC/VULC = 불(fire)

Vulcan은 불과 대장장이의 신이다. 발칸포(Vulcan cannon)이 여기에서 나왔다. 불원(Vulcan) 불꽃(vulc)!

volcano
[vɑlkéinou]
N 화산(volcanism)
* **volcanology** 화산학 * **volcanist** 화산학자
* **vulcanian** 대장장이의; 화산(작용)의

volcanic
[vɑlkǽnik]
A 화산의(of a volcano), 폭발성의
* **volcanic eruption** 분화 * **volcanically** 격렬하게

산이 왜 빨개있노
(volcano)
화산이니까

vulcanize
[vʌ́lkənáiz]
V (고무를) 경화하다
* **vulcanization** 고무의 * **vulcanite** 경화 고무

굳어지다

FIRE/PYR = 불(fire)

파이리
(pyrie)

fire는 잘 알다시피 불을 의미한다. 그 유래가 같은 '**pyr**' 역시 불을 의미한다. 포켓몬 중 하나인 '**파이리**'는 꼬리에 타고 있는 불이 꺼지면 죽는다.

afire
[əfáiər]
A 불타 올라, (격정에) 불타서, 흥분하여
* **set afire** 불지르다, 격정을 일으키다 * **with heart afire** 가슴이 불타올라

불 타는 (fire) 상태의 (a)

backfire
[bǽkfáiər]
N 역화, 역발, 맞불 V 맞불을 놓다
ex) High expectations can **backfire** on us.

뒤로 (back) 나가는 불 (fire)

balefire
[béilfáiər]
N (야영의) 큰 화톳불, 모닥불
ex) A **balefire** is a large outdoor fire, more commonly known as a bonfire.

밝은 (bale) 불 (fire)

misfire
[mìsfáiər]
V 불발하다, 빗나가다 N 불발, 실패
ex) Even when he **misfired**, he scored.

잘못 (mis) 발사하다 (fire)

retrofire
[rétroufáiər]
V [로켓] 역추진시키다 N 역추진
ex) The spacecraft would land 21 minutes and 49 seconds after **retrofire**.

뒤로 (retro) 발사하다 (fire)

pyretic
[pairétik]
A [의학] 발열성의, 열병 치료의 N 해열제
* **antipyretic** 해열제, 해열의

불 (pyr) 의 (etic)

pyrolysis	N 열분해
[pairάləsis]	ex) **Pyrolysis** is not effective in destroying the contaminated medium.

pyromania	N 방화광, 방화 상습범; 방화벽
[pάirouméiniə]	* **pyromaniac** 방화광(의)

pyrotechnics	N 불꽃제조술
[pάirətékniks]	* **pyrotechnic** 불꽃의 * **pyrotechny** 불꽃놀이용 꽃불 제조술
	ex) His verbal **pyrotechnics** held his audience spellbound.

empyreal	A 천상계의, 하늘의(sublime)
[empíriəl]	ex) The album's 10 songs form an **empyreal** haven.

* **ign = 불붙이다(fire)**

ignite	V 불을 붙이다, 발화시키다
ignition	N 점화[장치]
ignitability	N 가연성, 인화성
ignescent	A 불꽃이 튀는 N 발화물질

* **flam = 불(fire)**

flame	N 불꽃, 화염; 정열, 격정 V 타오르다; 불붙이다
flammable	N A 가연성(可燃性)의 (물건), 타기 쉬운 (것)
flamboyant	A 타는 듯한, 현란한; 눈부신, 이채를 띤
inflammation	N 염증; 점화, 연소; 격노
* flaunt	V 과시하다

* **flagr = 불(fire)**

flagrant	A (거짓말 등이) 명백한, 극악한, 악명 높은
conflagration	N 큰 화재
conflagrate	V 타오르다; 태우다
deflagrate	V 갑자기 연소시키다, 확 타게 하다[타다]

* **burn/bran = 태우다(burn)**

burn	V 타다, 흥분하다
brand	N 상표, 낙인, 오명 V ~에 소인을 찍다
brandy	N 브랜디 V ~에 브랜디를 타다 [탄(증류한) 와인]
brandish	V 무기를 휘두르다
* maverick	N 낙인 찍히지 않은 송아지; 무소속정치가; 이단자

* **blaz = 횃불(torch)**

blaze	N 불길, 번쩍거림, 타오름 V 타오르다, 빛나다
ablaze	A 불타는, 밝게 빛나는; 흥분한, 격한
blazer	N 전파자, 선전자
blazon	V 문장을 그리다, 빛을 더하다, 과시하다, 꾸미다
emblazon	V 꾸미다, 장식하다; 칭찬하다, 찬양하다

FLORI = 꽃(flower)

Flora는 꽃의 여신이며, 서풍의 신 Zephyrus의 부인이기도 하다. 미의 여신 Venus가 맨 처음 탄생했을 때 꽃을 뿌려 축하를 해주었으며, 남편 Zephyrus의 정부 Anemone를 꽃으로 만들어버리기도 하였다. **flower**나 미국 **Florida**주는 이 어근의 대표적 단어들!

flora
[flɔ́:rə]
A [F~] 꽃의 여신; 여자 이름; 식물상
* **floral** 꽃의, 꽃무늬의; 식물(군)의(of a plant)   * **fauna** 동물상
ex) She spent most of her time studying the **flora** of the desert.

꽃 = 식물

florescence
[flɔ:résns]
N 개화(blooming), 전성기(hey day)
* **florescent** 꽃이 피는   * **florilegium** 추려서 모은 꽃, 화보(花譜); 명시선집

꽃피기 (flor) 시작함 (escence)

florid
[flɔ́:rid]
A 지나치게 화려한; (안색이) 너무 불그스레한
* **floridity** 불그레함   * **a florid architectural style** 너무 화려한 건축 형태
ex) Mr. Higgins was the **florid**-faced gentlemen in the green jacket.

꽃(flor) 같은 (id)

floriculture
[flɔ́:rəkʌ̀ltʃər]
N 화초재배(the cultivation of flowering plant)
* **floricultural** 화초재배의

꽃을 (flori) 재배함 (culture)

flour
[flauər]
N 밀가루, 가루 V 가루로 만들다, 가루를 뿌리다
ex) Grease and **flour** the tins thoroughly.

꽃가루의 의미에서 발견됨

flourish
[flɔ́:riʃ]
V 번영하다; 무성하게 자라다; 화려하게 꾸미다
N 융성, 번영, 화려함, 미사여구, (손, 수건, 무기 등을) 재빠르게 휘두르기
ex) Four years ago, the country's tourist industry was **flourishing**.

꽃이 (flour) 피다 (ish)

flirt
[flə:rt]
V 펄럭펄럭 날다, 시시덕거리다, 휙 집어던지다
N 바람둥이 여자[남자]; 급격한 움직임, 훨훨 움직임
* **flirtation** (남녀의) 희롱, 시시덕거림, 연애 유희, (어떤 일에의) 일시적 관심
ex) She left him because he was always **flirting** with other women.

[의태어] 나비의 날개짓 + 꽃

deflower
[dì:fláuər]
V 처녀를 능욕하다, 더럽히다, 꽃을 따다
ex) This dirty old men **deflowered** several young girls in the village.

꽃을 (flower) 따다 (de)

uniflorous
[jù:nəflɔ́:rəs]
A 홑 꽃의(of single flower)
* **multiflorous** 다화의

하나의 (uni) 꽃 (flor)인 (ous)

* 어근 '**anth**' 역시 '꽃'을 의미한다. 잘 쓰이지 않는 단어들이지만 훑어보자

anthology	N 명시선, 시집	꽃(antho) 같은 말(logy)
anther	N 꽃밥	anth + er
anthozoan	N 산호, 말미잘; 산호충의	꽃(antho) 같은 동물 (zoan)
helianthus	N 해바라기(sun flower)	해(heli)의 꽃 (anthus)
polyanthus	N 수선화(oxlip), 취란화(narcissus)	많은 (poly) 꽃 (anthus)을 가짐
chrysanthemum	N 국화	노란색(chrys) 꽃 (anthemum)

GORGON

Gorgon은 생소하더라도 Medusa는 들어 보았을 것이다. 추악한 괴물인 Medusa는 Gorgon 자매 중 1명인데, 머리카락이 뱀으로 되어 있으며, 그 얼굴을 쳐다보는 자는 모두 돌로 변해버린다. Medusa는 Perseus에게 목이 잘리어 죽었다.

gorgon
[gɔ́ərgən]
N [G~] 고르곤; 무서운 사람, 추녀 — Gorgon처럼 못생긴[무서운] 여자
* **gorgonian** 고르곤 같은, 대단히 무서운   * **gorgonian coral** 골고니안 산호
ex) You won't find any **gorgons** in the Miss America pageant.

gorgoneion
[gɔ̀:rgənáiən]
N 고르고네이온(Gorgon의 형상을 붙인 장식물) — 그리스 예술에서 종종 묘사됨
ex) The **gorgoneion** is an expensive but hideous sculptor.

gorgonize
[gɔ́ərgən àiz]
N 무서운 눈초리로 쏘아보다, 공포로 마비시키다 — Gorgon 하다(ize)
ex) The guest speaker **gorgonized** the students with his interesting presentation.

*추녀 gorgon이 나온 김에 다음 단어들도 한번 쳐다봐주자. 여기에 나오는 녀석처럼 외모로 사람을 판단하면 안되겠지요?

homely
[hóumli]
A [미] (사람, 얼굴이) 못생긴; 검소한, 수수한
ex) The hotel was **homely** and comfortable.
ex) She thought she was too **homely** to get a date.

seemly
[sí:mli]
A 적당한; 품위 있는, 점잖은   ad 품위 있게; 알맞게
ex) As snow in summer, and as rain in harvest, so honor is not **seemly** for a fool.

comely
[kʌ́mli]
A (특히) 여자가 잘 생긴, 미모의; 적당한, 어울리는
* **comity** 예의, 정중함
ex) I would rather have a **comely** wife than a rich one.

HOR = 시간(hour)

hour(시간)은 라틴어 **hora**에서 왔다. 그리스신화에는 'Horae'라는 **시간의 여신**들이 등장한다. 그들은 계절을 관장했는데, 그리스의 계절 봄, 여름, 겨울만 있으므로, Horae도 3명으로 구성된다. 이름은 Thallo(budding), Auxo(growth), carpo(ripening). 각각 봄, 여름, 겨울을 관장한다. **Thallo** 관련 어휘는 거의 없으므로 본서에서는 **Auxo(성장)**와 **Carpo(무르익음)** 관련 어휘들만 다룬다.

horology
[hərálədʒi]
N 시계학, 시계 제작법 — 일직선을 연구 함
* **horologe** 시계   * **horologic, horological** 시계의, 시계학상의

horoscope
[hɔ́:rəskòup]
N (탄생시의)천체위치 관측, 십이궁도 — 직접 (육안으로) 보는 것
* **horoscopic** 천궁도의, 점성의   * **horoscopy** 점성술, 천궁도

CARP = 열매(fruit)

무르익음의 여신 Carpo! 그녀의 이름에 들어있는 어근 carp은 **열매(fruit)**로 기억하면 된다.

carpology [kɑːrpάlədʒi]	N 과실[분류]학 * carpologist 과실학자	과일(crop)에 관한 학문(logy)
endocarp [éndəkɑ̀ərp]	N [植] 내과피(內果皮), 속열매 껍질 ㉑ pericarp 과피	열매(carp) 속의 것(endo)
carp [kɑːrp]	V 흠을 들추다, 트집잡다 N 불평, 투덜거림	침뱉는 소리 '카앙' - 불평
carpet [kάːrpit]	N 카페트, 양탄자 ex) Oops! I just spilled cake mix all over my mother's new kitchen **carpet**.	보통이 열매처럼 일어남
harvest [hάːrvist]	N 수확, 추수, 채취; 수확기; 수확물, 결과, 소득 V 거두어 들이다. 수납하다	harv ((carp) + est
excerpt [éksəːrpt]	N 발췌록, 인용구 V 발췌하다, 인용하다 ex) The **excerpts** contain the essential points of the report.	열매(carp)를 빼봄(ex)
scarce [skɛərs]	A 부족한, 적은, 모자라는, 드문, 진귀한 * scarcely 간신히, 가까스로, 거의 ~ 아니다	열매(carce<carp)를 땐냄(s<ex)

* frug = 열매(fruit)

frugal	A 절약하는, 간소한, 소박한; 빈약한, 검소한
frugality	N 절약, 검소
fruition	N 결실; 달성, 실현; 기쁨
fructify	V 열매를 맺게 하다, 비옥하게 하다

열매를 맺을 려면 검소 해야 함

fruit= 결실 = 달성된 것 = 기쁨을 줌

열매(fruct)를 만들다(ify)

* compote = 끓인 과일(stewed fruit)

compote	N 설탕에 절인[끓인] 과일; (과일을 담는) 굽달린 접시

감, 포도 등 (compote) 과일 담는 그릇

* pom = 과일(fruit)

pommel	N 안장 앞머리; 칼자루 끝 V 주먹으로 연달아 때리다
pomiferous	A 이과(梨果) 열매가 열리는
pome	N 이과(梨果) (사과, 배, 마르멜로 등); 사과

빵을(pommel) 주먹으로 연속 때리다

* abal = 사과(apple)

abalone	N 전복

큰(on) 사과(abal) 처럼 생긴 전복

AUX/AUG = 증가시키다(increase)

성장의 여신 Auxo! 물건 값을 **증가시키며** 판매를 하는 **auction**이 그녀와 같은 조상을 가진다.

auction
[ɔ́:kʃən]
- **V** 경매하다 **N** 공매, 경매
- ex) They're holding an **auction** of jewellery on Thursday.

augment
[ɔ:gmént]
- **V** 증대시키다(increase), 늘리다
- * augmentation 증가, 증대
- ex) With the birth of his third son, he found it necessary to do something to **augment** his income.

august
[ɔ:gʌ́st]
- [돕이(aug) 된(ust)]
- **A** 당당한(imposing ; stately), 존엄한(majestic)
- ex) The society's **august** patron, the Duke of Norfolk, gave a speech at the annual dinner.

auxiliary
[ɔ:gzíljəri]
- **A** 보조의(supporting), 돕는(helping), 부수적인
- * auxiliary verb 조동사 ⊕ ancillary 부수적인, 보조적인
- ex) The assistants will receive **auxiliary** rates of pay.

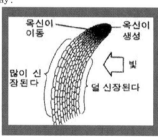

auxin
[ɔ́:ksin]
- **N** 옥신(식물성장 촉진제)
- ex) Role of **auxin** as a growth and development regulator in plants is incredible.

authority
[əθɔ́:rəti]
- [돕는(auth) 자(or)의 특성(ity)]
- **N** 권위, 권능; 권위자, 대가; (pl.) 당국
- ex) I'll give my **authority** to act on my behalf.

wax
[wæks]
- **V** 증대하다, (달이) 차다(↔wane) **N** 증대, 번영
- ex) It's in the nature of romantic love that it **waxes** and wanes.

증가하다(wax<aux)

eke
[i:k]
- **V** 늘리다, ~을 잡아 늘이다, 크게 하다
- * nickname(별명)= 덧붙인 이름 (an eke-name>a neke-name>a nickname)

증가하다(eke<auc)

HYDR = 물(water)

Hydra는 머리가 9개 달린 **물뱀**이다. 머리를 베어내면 그 자리에 2개의 머리가 새로 생겨났기 때문에 죽인다는 것은 불가능해 보였지만 헤라클레스가 목을 벤 후 그 자리를 불로 지져서 죽였다고 한다.
'Hydr'는 '물'의 뜻이다. 수소(水素)를 뜻하는 H는 hydrogen의 약자.

hydra
[háidrə]
- **N** [그神] [H~] 히드라; 히드라(강장동물)
- 근절하기 어려운 재해, 큰 재난

히드라

hydrogen
[háidrədʒən]
- **N** 수소 (원자번호 1, 화학기호 H, 원자량 1.008)
- * hydrogenation 수소 첨가   * anhydride 무수물   * hydrogenide 수화물
- * hydrogen bomb 수소폭탄   * hydrogen peroxid 과산화수소

물(hydro)이 발생되는 것(gen)

dehydrate
[dì:háidreit]
V 건조하다, 탈수하다
* **dehydrator** 탈수기   * **dehydration** 탈수

물 (hydr)을 아래로 (de) 하다 (ate)

hydrant
[háidrənt]
N 소화전, 수도전, 급수전, 물꼭지
ex) A fireboat, not limited to **hydrant** supply, can deliver 10,000 gal per min.

물 파이프

hydrate
[háidreit]
N 수화물   V 수산화하다
ex) 'Toners' are used to superficially **hydrate** the outer skin.

물 (hydr)로 만들다 (ate)

hydraulic
[haidrɔ́:lik]
A 수력학적인, 수력의, 수압의, 수경의
* **hydraulics** 수력학

물 (hydr) 파이프 (aul) 의 (ic)

hydroelectric
[háidrouiléktrik]
N 수력 전기의, 수력 발전의
ex) We have to turn **hydroelectric** dams into reservoirs of industrial water.

수력(hydro) 전기의 (electric)

hydrology
[haidrálədʒi]
N 수문학, 수리학
(육지상의 물의 성질·현상·분포·법칙 등을 연구함)

물 (hydro)에 대한 학문 (logy)

hydrometry
[haidrámətri]
N 액체 비중 측정, 유수 측정, 양수학
* **hydrometer** 액체 비중계   * **hydrometeric** 비중 측정의

물 (hydro)을 측정하는 (metry)

hydrophone
[háidroufòun]
N 수중 청음기, 통수식 청진기

물 (hydro)에서 듣는 것 (phone)

hydrophobia
[háidrəfóubiə]
N [病理] 공수병(恐水病), 광견병(rabies)
ex) Dogs, cats, foxes and bats can all **carry** hydrophobia.

물 (hydro)을 두려워 하는 (phobia)

* 광견병의 특징적 증상은 바람, 빛, 소리, 물을 마시는 등의 자극에 대해 강한 반응과 동통성 경련이 일어난다. 나중에는 단순히 물 흐르는 소리를 듣거나 심한 경우 물을 보기만 해도 발작을 일으키게 되는데 그 때문에 공수병이라고도 부른다.

hydroponics
[háidrəpániks]
N 수경법
* **hydroponicist** 수경법 전문가

수중 (hydro) 경작 (pon) 기술 (ics)

hydropower
[háidroupáuər]
N 수력전기
ex) The Peace Dam has no facilities built to generate **hydropower**.

수력(hydro) 전기 (power)

hydroscope
[háidrəskóup]
N 수중 투시경, 물시계
ex) Hypatia, the mother of mathmatics, invented the **hydroscope** - used for observing objects far beneath the ocean's surface.

수중 (hydro) 경(scope)

hydrostat
[háidroustæt]
N (보일러의) 폭발방지 장치, 누수 검출기
ex) The **hydrostat** was considered beneficial due to the infinitely variable gear range, and it is sealed from the environment.

물을 (hydro) 멈추게 하는 (stat)

hydroskimmer
[háidrouskìmər]
N [미] 에어쿠션정(艇), 수상 스키머
[공기 쿠션으로 선체를 부상시켜 달리는 쾌속 정]

수상(hydro) 스키머(skimmer)

AQUA = 물(water)

물 속을 누비며 정의를 위해 싸우는 우리들의 영웅 **Aquaman**. 물속(aqua)의 **사람(man)**이란 뜻이다. 그는 지금도 Superman, Wonderwoman, Batman 등과 함께 지구를 지키기 위해 열심히 싸우고 있다.

aqua
[á:kwə]
N 물, 용액; 청록색
ex) Susan participated in **aqua** aerobics.

물 (aqua)

aquanautics
[æ̀kwənɔ́:tiks]
N [단수 취급] (스쿠버를 사용한) 수중 탐사
ex) There is little reason to expect everyone who is familiar with **aquanautics** to be equally familiar with fairy tales.

수중 (aqua) 항해 (nautics)

aquarelle
[æ̀kwərél]
N 수채화법; 수채화
ex) Awards will be given for work in **aquarelle** painting and design.

물 (aqua)로 채색한 (relle)

aquarium
[əkwɛ́əriəm]
N (유리로 된) 수조, 유리 상자; 양어지; 수족관
ex) An **aquarium** is a good example of a shared habitat.

수중 생물이 있는 곳 (rium)

aquatic
[əkwǽtik]
A 물의; 물 속에 사는   N 수생(水生) 동물; 수초
ex) Water lilies are **aquatic** plants.

물 (aqua) 의 (ic)

aquacade
[ǽkwəkèid]
N (미) 수상 연예(演藝)
ex) Each **aquacade** carried a musical show theme

수중 (aqua) 연기 (cade)

Aqua-lung
[ǽkwəlʌ̀ŋ]
N 애퀴렁 (잠수용 수중 호흡기; 상표명)
ex) Jacques Cousteau was the inventor of the **Aqua-Lung**.

aqua pura
[ǽkwəpjúərə]
N 증류수   [순수한(pura) 물(aqua)]

수중 (aqua) 허파 (lung)

aqueduct
[ǽkwədʌ̀kt]
N 수로(水路), 수도; 수도교; [解] 도관(導管)
ex) The **aqueduct**'s primary purpose, in theory, was to provide the masses with bountiful supplies of water.

물 (aqua)이 가는 길 (duct)

aquaculture
[ǽkwəkʌ̀ltʃər]
N 수중 생물 배양, 수생(水生) 생물 재배
ex) Only **aquaculture** can meet the growing human need for seafood

수중 (aqua) 배양 (culture)

* 물이 나왔으니 물기 있는 애들을 보고 넘어가자. mud/mos/mus = 습기 (moisture)

mud	N	진흙, 진창, 쓰레기, 쓸모없는 것
muddle	V	혼란시키다, 뒤섞다, 흐릿하게 하다
smuggle	V	밀수하다, 밀입국하다
mire	N	진창, 수렁, 진흙
quagmire	N	진창, 수렁, 진흙

* bog	N	늪지, 습지, 수렁, 화장실
* swamp	N	늪, 습지
* slough	N	진흙, 진창, 수렁
moss	N	이끼
muggy	A	무더운, 찌는 듯한
smut	N	검댕, 더러움, 때, 얼룩
meek	A	유순한, 온순한
moisture	N	습기, 수분, 수증기
moist	A	촉촉한
moisturize	V	촉촉하게 하다

JUST = 바른(right)

법, 이치, 또는 정의의 여신 Themis! 그녀의 로마식 이름은 Justita이다. Justita는 눈을 가리고 저울을 든 모습으로 그려진다. 공정한 판단의 상징인 그녀에게 딱 어울리는 이미지가 아닐 수 없다.

just
[dʒʌst]
A 올바른, 공정한, 당연한 (↔unjust)   올바른
ex) It's only **just** that he should claim it.

jussive
[dʒʌsiv]
A 명령을 나타내는   명령인 효력을 갖는
* jus 법, 법률, 법적 권리   * jus soli (국적취득의) 속지주의 [어근 soli=earth]
* jus sanguinis (국적취득의) 혈통주의 [어근 sanguine=blood]

justice
[dʒʌstis]
N 정의, 공정, 타당, 재판   올바른(just) 것(ice)
* **justiciary** 사법의, 재판의(=judicial)   * a sense of **justice** 정의감
* **Department of Justice** 법무부 (그 장관은 Attorney General)
* **injustice** 부정, 불공평, 불의, 부정행위, 비행
ex) While love is the most important value for women, **justice** is for men.

justify
[dʒʌstəfai]
V 옳다고 하다, 정당화하다, 조정하다   올바르게(just) 만들다(ify)
* **justifiable** 정당화 시킬 수 있는, 정당하다고 인정될만한
* **justifiable homicide** 정당방위에 의한 살인   * **justification** 정당화
ex) The end **justifies** the means. [속담] 결과만 좋으면 수단은 가리지 않는다

unjustifiable
[ʌndʒʌstəfàiəbl]
A 정당화될 수 없는, 도리에 맞지 않는   정당화(justfi)될수(able)없는(un)
ex) Those responsible for the **unjustifiable** act should be sternly punished.

adjust
[ədʒʌst]
V 맞추다, 조정하다, 순응시키다   올바른(just) 쪽으로(ad)...
* **adjustment** 조절, 조정   * **adjustment board** 조정 위원회
ex) **Adjust** your language to the age of your audience.

maladjusted
[mæləʤʌstid]
A 조절(조정)이 안된; 환경에 적응 못하는   적응이 나쁜(mal)
* a **maladjusted** child. 환경 부적응아   * **maladjustment** 조절불량, 부적응상태
ex) She is head of a residential school for disturbed and **maladjusted** children.

MENT = 마음(mind)

Mentor는 오디세우스가 그의 아들의 교육을 맡겼던 **선도자**. 마음(ment)을 자라게 하는 **사람**(or)

mental [méntl]
- A 마음의, 정신의, 이지의
- 정신(ment) 의 (al)
- * mentality 정신성, 心性, 심적 상태   * mentation 정신작용
- ex) Using the term 'non-white' promotes an 'us and them' **mentality**.

mentalism [méntəlìzm]
- N 유심론
- 정신(mental) 주의 (ism)
- * mentalist 유심론자   * memtalistic 유심론의

menticide [méntəsàid]
- N 심리적 살해, 정신적 박해
- 정신(menti)을 죽임(cide)

mention [ménʃən]
- V 말하다, 언급하다   N 기재, 언급
- ㄴ) 마음에 떠올리다
- ex) I only have time to **mention** the most important changes.

mentor [méntɔːr]
- N 선도자, 좋은 지도자, 교사
- 마음(ment)을 쓰다(ion)
- ex) Pastor Ahn is my spiritual **mentor**.

amentia [eiménʃiə]
- N 백치, 정신박약
- 정신(ment)이 없는 (a) 상태(ia)

dementia [diménʃə]
- N [의학] 치매
- 정신(ment)이 낮은 (de) 상태(ia)
- ex) The most common form of **dementia** is Alzheimer's disease.

comment [kάment]
- N 논평   V 논평하다
- 함께(com) 마음(ment)을 쓰다
- * commentary 주석서, 논평, 비평, [방송] 시사
- ex) I suppose his criticism was fair **comment**.

mind [maind]
- N 마음, 정신, 기억   V 주의하다, 신경쓰다
- 마음
- * mindful 주의깊은, 정신 차리는   * mindless 부주의한, 분별 없는
- * remind 생각나게 하다   * remindful 생각나게 하는

reminiscent [rèmənísnt]
- A 추억의, 추억에 잠긴
- 다시(re) 생각나는 (miniscent)
- * reminiscence 회상, 추억, 생각나게 하는 것   * reminisce 추억에 잠기다
- ex) That song is so **reminiscent** of my adolescence.

---

* mat = 성숙한(mature)

mature A 익은, 성숙한   V 성숙시키다(ripen); 익히다
maturity N 성숙(기), 원숙(기), 완성(기)
premature A 조숙한; 시기상조의, 조급한, 조산의   N 조산아

미리(pre) 성숙한 (mature)

* math = 배우다(learn)

polymath N 박학자 (a person of erudition)
mathematics N 수학
mathematician N 수학자

많은 것(poly)을 배우다(math)
대상(mat)을 배우는 학문 (ics)
수학(mathematic) 자(ian)

MEMO = 기억하다(remember)

memento
[miméntou]
N 기념물, 추억거리, 기억 — 기억 나게 하는 것
* **memento mori** 죽음의 상징
ex) Hundreds snatched a personal **memento** with their mobile phone camera.

memorandum
[mèmərǽndəm]
N 비망록, 각서 — 기억 나게 하는 것
ex) The **memorandum** of understanding for the contract was signed.

memorial
[mimɔ́:riəl]
A 기억의, 추도의   N 기념비 — 기억(memo) 의 (ial)
* **immemorial** 먼 옛날의   * **memorize** 기억하다, 암기하다
ex) A **memorial** fund has been set up to benefit Don Billig's family.

memoir
[mémwa:r]
N [pl.] 회고록, 회상록, 자서전; 연구 논문 — 기억(memo+ir)
ex) Unlike some **memoir** writers, Albright is honest enough to admit mistakes.

monument
[mάnjumənt]
N 기념비, 기념물, 유적 — 기억(monu) 시키는 것(ment)
* **monumental** 기념비의, 기념비적인
ex) These recordings are a **monument** to his talent as a pianist.

commemorate
[kəmémərèit]
V 기념하다, 축하하다 — 함께(com) 기억 나게 하다(ate)
ex) A plaque **commemorates** the battle.

remember
[rimémbər]
V 기억하다, 선물하다 — 다시(re) 기억하다(member)
* **remembrance** 기억, 추억

* 이 어근에 상응하는 인도-유럽 어근 (s)mer- 에서 나온 어근이 mourn이다. 기억하면서 슬픔에 잠기는 것이다.

mourn
[mɔ:rn]
V 슬퍼하다, 한탄하다 — 죽은 사람을 기억하면 슬퍼진다
* **mournful** 슬픔에 잠긴, 애도하는   * **mourning** 비탄, 애도
ex) We deeply **mourn** the loss of our dog.

MNE(MO) = 기억(memory)

Mnemosyne는 기억의 여신으로, Zeus와의 사이에서 예술의 여신들(Muse)을 낳는다. 당시에는 악보가 없어서 연주는 기억에 의존해야 했기 때문에 기억이 Muse의 어머니가 된 것으로 보인다.

mnemonic
[nimɑnik]
A 기억의, 기억을 돕는, 기억술의 — 기억(mnemo) 술의 (ic)
* **mnemonics** 기억술

amnesia
[æmní:ziə]
N 기억 상실증 (loss of memory)
* **amnesiac** 기억 상실증의; 기억 상실증 환자
ex) Because she was suffering from **amnesia**, the police could not get her to identity herself.

amnesty
[ǽmnisti]
N 은사, 대사, 특사, 사면   V 특사해주다 — (죄를) 기억(mne) 않(a)음 (sty)
ex) When his first child was born, the king granted **amnesty** all in prison.

MUSE = 음악의 여신

음악의 여신 Muses는 Zeus와 Mnemosyne 사이의 딸들로 예술과 과학을 관장했다. 총 9명으로 시인, 음악가 등에 영감을 불어넣는 일을 한다.

muse
[mju:z]
- N [그神] 시신(詩神); 시상(詩想), 시흥, 시재
- V 명상하다; 깊게 생각하다; 생각에 잠기다

  muse

museum
[mju:zí:əm]
- N 박물관
- * museology 박물관학

  예술들이 있는 곳

music
[mjú:zik]
- N 음악, 악보, 음악감상력, 음감
- * musical 음악의, 음악적인; 뮤지컬

  음악

amuse
[əmjú:z]
- V 즐겁게 하다, 재미있게 하다
- * amusement 즐거움, 재미, 오락   * amusing 재미있는, 즐거운
- ex) My funny drawings **amused** the kids.

  넋이 나가게(muse) 하다(a<ad)

bemuse
[bimjú:z]
- V 멍하게 만들다, 생각에 잠기게 하다
- ex) He was rather **bemused** by children.

  멍하게(muse) 하다(be)

NARCO = 혼미하게 하다(benumb)

나르시스 (Narcisssus)는 그리스 신화에 나오는 미모의 소년으로, 물에 비친 자신의 모습에 도취되어 물에 빠져 죽는다. 그 곳에 핀 꽃 한 송이가 바로 수선화(narcissus)이다.

narcissus
[nɑ:rsísəs]
- N [그神] 나르시스; 수선화; 자아도취인 소년

  도취된 자

narcissism
[ná:rsəsìzm]
- N [정신분석] 자아 도취(증); 자기애
- * narcissist 자기도취자

  나르시스(narciss)의 증세(ism)

narcosis
[nɑ:rkóusis]
- N [병리] (마취제, 마약에 의한) 혼수 (상태)
- ex) **Narcosis** impairs thinking and affects judgment, reasoning, and memory.

  마취(narco) 병(sis)

narcolepsy
[ná:rkəlèpsi]
- N 기면 발작증 (간질병 초기 현상)
- ex) **Narcolepsy** is a serious medical disorder.

  기면(narco) 발작(lepsy)

narcotic
[nɑ̀:rkátik]
- N 마취약; 최면약   A 마취약의, 마취의; 졸리는
- * narco <美 속어> 마약 단속관; 마약 단속반 (narcotic agent의 약자)
- * nark <英 속어> 경찰 앞잡이; <美 속어> 마약 단속관; 밀고하다; 화나게 하다

  마취(narcot) 약(ic)

narcotize
[ná:rkətàiz]
- V 마취시키다
- * narcotism 마취제 중독
- ex) Too much information can **narcotize** or overwhelm an audience.

  마취(narcot) 시키다(ize)

snare
[snɛər]
- N 덫, 올가미, 함정
- V 덫으로 잡다, 올가미를 치다; 유혹하다, 함정에 빠트리다

덫에게 하는 것

snarl
[snɑːrl]
- N (머리카락 등의) 얽힘
- N 으르렁거림, 욕설, 말다툼
- V 개 등이 으르렁 거리다, 호통치다

덫에게 함

NECR = 죽음(death)

음료수 중에 **넥타**가 있다. 넥타는 신들이 마시는 음료인 Nectar에서 따온 것인데, 죽지 않게 한다는 뜻이다. Nectar는 신들의 속성인 **immortality**(불사)를 계속 유지토록 해주는 것이다.

---

nectar
[néktər]
- N [그神] 넥타, 신주(神酒); (진한) 과즙, 달콤한 음료
- ex) This wine tastes like **nectar**.

신들의 음료

necrolatry
[nekrálətri]
- N 죽은 사람 숭배
- ex) **Necrolatry** is worship of the dead.

죽은 사람(necro) 숭배(latry)

necrology
[nekrálədʒi]
- N 사망자 명부, 사망 기사(광고); 사망 통계학
- ex) In accordance with our custom, we give the **necrology** of Geneva during the year past.

죽은 사람(necro)의 학문(logy)

necromancy
[nékrəmænsi]
- N 강신술, 점; 마법; 마술
- ex) Jews and Christians are both forbidden from practicing **necromancy**.

죽은 자(necro)의 점(mancy)

necrophagia
[nékrəféidʒiə]
- N 죽은 고기를 먹고 삶, 시체를 먹음
- * **necrophagous** 죽은(썩은) 고기를 먹고 사는
- ex) Whelk is both a predacious and a **necrophagous** carnivore.

죽은 것(necro)을 먹음(phagia)

necropolis
[nekrápəlis]
- N 큰 묘지, 공동묘지
- ex) A **necropolis** dating back almost 2,000 years has been discovered.

죽음(necro)의 도시(polis)

necropsy
[nékrɑpsi]
- N 검시, 시체 해부
- ex) The **necropsy** showed her abdomen to be full of infection.

죽은 것(necro)을 봄(op)

necrosis
[nekróusis]
- N (세포의) 괴사, 탈저(脫疽)
- ex) **Necrosis** can be due, for example, to lack of blood flow.

죽음(necro)의 병증(sis)

internecine
[intərnésiːn]
- A 서로 파멸시키는 (mutually destructive)
- ex) The death toll on both sides indicates the **internecine** nature of this conflict.

서로 (inter)죽이 는 (ine)

* ambrosia
[æmbróuʒiə]
- N [그·로神] 신들의 음식, 신찬(神饌); 좋은 음식
- ex) The chocolate mousse she makes is sheer **ambrosia**

신들의 음식

NOC = 해를 끼치다(harm)

라틴어 **nocere**에서 온 **noc**와 그 변형인 **nox, nic** 등도 **necr**(<necere)와 유래가 같은 어근이다.

nocuous
[nákjuəs]
A 해로운, 유해한
ex) One liter of inner air has millions of **nocuous** particles in suspension.

해(noc)를 끼치는(ous)

innocuous
[inákjuəs]
A 무해한, 무독한
ex) It seemed a perfectly **innocuous** remark.

해롭지(noc) 않(in)은(ous)

innocent
[ínəsənt]
A 깨끗한, 흠 없는, 순결한   N 바보, 천진한 애
* **innocence** 무죄임, 결백함, 무해, 천진난만
ex) They have imprisoned an **innocent** man.

나쁘지(noc) 않(in)은(ent)

noxious
[nákʃəs]
A 유해한, 불건전한
ex) Poison ivy is a **noxious** weed.

해로(nox)운(ious)

obnoxious
[əbnákʃs]
A 기분 나쁜, 싫은, 불쾌한
ex) I find your behavior **obnoxious**; please mend your ways.

아주(ob) 나쁜(nox + ious)

pernicious
[pərníʃəs]
A 유해한, 치명적인 (very destructive), 악독한
ex) These books had a **pernicious** effect on young and susceptible mind.

완전히(per) 나쁜(nic + ious)

nuisance
[njúːsns]
N 남에게 폐를 끼치는 행위; 성가신 것[사람]
* a public **nuisance** 사회에 폐를 끼치는 사람
ex) Flies are a **nuisance**.

해로운(nuis) 것(ance)

GALAC/LACT = 우유(milk)

은하수를 '**galaxy**'라고 한다. 'the Milky Way'라는 뜻이다. 헤라가 헤라클레스에게 젖을 먹이다가 칠칠치 못하게 흘린 것이 은하수가 되었다고 한다. 믿거나 말거나. **Lettuce**(양상추)는 즙이 우유빛이라 붙여진 이름이다.

galaxy
[gǽləksi]
A 은하, 은하수; 성운; 기라성 같은 무리
* **galactic** 젖의; 은하계의, 성운의   * **galactose** 갈락토오스 (유당(乳糖)의 성분)

우유의 길

lactate
[lǽkteit]
V 젖을 내다, 젖을 주다 N 유산염; 젖산
* **lactose** 유당   * **lactase** 락타제(유당분해 효소)   * **lactary** 젖의; 젖같은
* **lactometer** 검유기

우유(lact)를 만들다(ate)

PAN = 모든(all)

Pandora는 제우스가 만든 최초의 여성으로 '모든(Pan) 선물(dora)을 받은 여인'이라는 뜻이다. 아프로디테는 미를, 아테나는 방직술을, 헤르메스는 말솜씨를 선사하였다. 제우스는 그녀에게 상자를 하나 주면서 절대로 열지 말라고 했으나 호기심에 그만 상자를 열고 말았다. 순간 상자 속의 온갖 악이 쏟아져 나왔지만 판도라가 황급히 뚜껑을 닫는 바람에 희망만은 빠져 나오지 못하였다.

panacea
[pæ̀nəsíːə]

[모두(pan) 치료함(acea<akos)]
N 만병통치약
* placebo (유효성분이 없는) 위약 (僞藥)
ex) She warned that the drug is not a **panacea** and only kills some of the bacteria.

pandemic
[pændémik]

A 전국으로 퍼지는, 유행성의   N 전국적 유행병
@ endemic 풍토[지방]병(의), epidemic 유행성의, 전염성의
@ pestilence 페스트, 악역, 역병; 폐해, 해독
ex) In some parts of the world malaria is still **pandemic**.

모든(pan) 사람(dem) 의(ic)

panegyric
[pæ̀nədʒírik]

N 찬양의 연설[글], 찬사;격찬
ex) She delivered a **panegyric** on the President-elect.

과장(egyric) 모든 사람(pan)앞에서

panorama
[pæ̀nərǽmə]

N 파노라마, 주마등, 전경, 광범위한 조사
ex) From the hotel roof you can enjoy a **panorama** of the whole city.

모든(pan) 광경((h)orama)

pantomime
[pǽntəmàim]

N 무언극, 팬터마임, 무언극 배우, 몸짓, 손짓
ex) She did a **pantomime** of putting a key in the lock and finally the guy understood that she wanted her room key.

모든(panto)걸 흉내로(mime)

pamphlet
[pǽmflit]

N 팜플렛, 소책자; (특히 시사 문제의) 소(小)논문
ex) I picked up a free **pamphlet** on places to visit in the region.

모두에게(pam) 사랑받음(phlet)

* 12세기에 널리 퍼진 연애 시 pamphilus와 축소형 어미 -et가 결합되어 만들어 진 단어이다.

panoply
[pǽnəpli]

N 갑옷, 투구 한 벌; 한 벌; 일련의 것; 장관(壯觀)
ex) There is a whole **panoply** of remedies and drugs available to the modern doctor.

모든(pan) 투기((h)oply)

pantheon
[pǽnθiàn]

N [the P~] 만신전(萬神殿)

모든(pan) 신(the)의 장소(on)

신화 연기타 단어들

Achillean [ækəlíːən]   A 아킬레스의, 불사신의, 힘이 장사인
Achilles heel   N 유일한 급소[약점]
Achilles tendon   N 아킬레스건(腱)

* Achilles는 작 Homer 작 Iliad 중 최고의 그리스 영웅이다. 그의 어머니가 Styx 강물에 그를 담궈 불사의 몸으로 만들려 했지만, 손으로 잡았던 발 뒤꿈치는 그의 유일한 약점이 되었고 결국 발꿈치에 화살을 맞아 죽었다.

Adonis [ədánis]   N [그神] 아도니스; 미소년, 미남자
adonize [ǽdənáiz]   V 멋부리다; 멋부리게 하다

* Adonis는 용모가 수려하여 아프로디테와 페르세포네의 사랑을 동시에 받았던 아름다운 청년이다.

aegis [íːdʒis]   N [그神] (아테네의) 방패; 보호, 후원
under the aegis of ~   ~의 보호[후원] 아래

* 제우스와 그의 딸 아테나의 방패로 염소 가죽으로 만들어졌다. 아테나의 방패 중앙에는 메두사의 머리가 붙어 있어 그것을 쳐다보는 자는 돌로 변하였다.

Amazon [ǽməzàn]   N [그神] 아마존(용맹한 여전사);
                         [the ~] 아마존 강; 여장부, 여걸
Amazonian [æməzóuniən] A 아마존강의; 아마존 유역의; 여자가 용맹한

* 여자 무사족으로 전투의 신 Ares와 님프인 Harmonia의 자손이다. 남아가 태어나면 망떠시키거나 죽였고, 여아는 활을 쏘기 편하도록 오른쪽 유방을 도려내 버리고 키웠다.

Arcadia [ɑːrkéidiə]   N 아르카디아
arcadian [ɑːrkéidiən] A Arcadia의; 목가적인; 순박한; 전원 생활을 하는 사람

* 고대 그리스 펠로폰네소스 반도의 경치 좋은 이상향

Augean [ɔːdʒíːən]   A [그神] Augeas 왕의; 지극히 불결한
Augean stables   N Augeas 왕의 외양간; 아주 더러운 곳
cleanse the Augean stables 쌓인 악폐[부패]를 일소하다, 대청소하다

* Augeas는 축사에 소를 3,000마리나 길렀는데, 30년 동안 한 번도 청소한 일이 없어 그 배설물이 산더미같이 쌓여 있었다고 한다. Hercules가 이 축사를 하루 만에 청소해버린다.

Bacchus [bǽkəs]   A [로神] 바커스, 술의 신
bacchanal [bǽkənæl]   N 떠들썩한 술잔치   A 술마시며 떠드는
a son of Bacchus   술꾼, 술고래

Cerberus [sə́ːrbərəs]   N [그·로神] 케르베로스; 엄중한 문지기

* 지옥을 지키는 개로 머리가 셋에 꼬리는 뱀이다.

Calypso [kəlípsou]	N	칼립소; 토성의 제14위성; [c~] [植] 풍선난초
eucalyptus [jù:kəlíptəs]	N	유칼립터스 나무 - 잘(eu) 싸여 있다(calyptus)
apocalypse [əpákəlips]	N	묵시, 계시; [A~] 요한계시록; 대사건
apocalyptic [əpòkəlíptik]	A	계시(록)의; 대참사를 예언하는; 세계 종말의

* 그리스 신화에 나오는 님프로 그리스어로 '감추는 여자'라는 뜻이다.

Chimera [kaimíərə]	N	[C~] 키메라; 망상; 두가지가 섞인 생물체
chimeric [kimérik]	A	공상적인, 터무니없는; 비현실의, 가공할

* 사자의 머리에 염소 몸통에 뱀 꼬리를 단 그리스 신화 속 괴물

echo [ékou]	N	메아리 반향, 모방자 V 울려 퍼지다
echoic [ekóuik]	A	반향의, 반향장치의

* Echo는 Zeus가 바람피우는 것을 도왔다가 Hera에게 벌을 받아 남의 말을 따라하는 것 말고는 말을 할 수 없게 되었다. 나중에 Narcissus를 사랑하게 되지만 그가 먼저 사랑한다는 말을 하기 전에는 사랑을 표현할 수 없었다.

Elysium [ilíziəm]	N	극락, (행복의) 이상향, 최고의 행복
Elysian [ilíʒən]	A	극락의; 지복(至福)
Elusian joy	N	극락의 환희

* 선량한 사람이 죽으면 간다고 믿어졌던 이상향.

Eris [íəris]	N	[그神] 에리스, 불화의 여신
eristic [irístik]	A	논쟁상의, 논쟁적인 N 논쟁자; 논쟁술
the Apple of discord		분쟁의 씨 (Troy 전쟁의 원인이 된 황금사과)

fauna [fɔ́:nə]	N	동물군
satyr [séitər]	N	사티로스; 호색가, 색마
satire [sǽtaiər]	N	풍자, 비꼬는 것 (sarcasm)
satirical [sətírikəl]	A	풍자의, 비꼬는, 조롱하는 (mocking)

* 염소의 다리와 사람의 몸통을 했던 Fauns 또는 Satyrs에서

panic [pǽnik]	N	돌연한 공포; 공황 V 허둥대다, 공포에 질리[게 하]다
	ex)	Don't panic! 허둥대지 마라, 침착해라!

* 그리스 신화의 Pan은 갑자기 나타나서 화들짝 놀라게 하는 것이 특징이 있다.

sylvan [sílvən]	N	삼림에 사는 사람; 숲의 정(精); 숲의 짐승
	A	삼림의; 숲의, 나무의; 전원의, 목가적인
Gordian knot	N	[the ~] Gordius의 매듭; 어려운 문제[일]
harpy [háərpi]	N	[그神] 하피; 심술궂은 여자; 잔인한 여자
harp [há:rp]	N	하프 V 하프를 타다; 같은 말을 되풀이하다

* 고대 그리스 · 로마 신화에 나오는, 여자의 머리와 몸에 새의 날개와 발을 가진 괴물

fortune [fɔ́ːrtʃən]	N	운→행운→성공→부, 재산 (↔misfortune)
fortunate [fɔ́ːrtʃənət]	A	운이 좋은; 상서로운 (↔unfortunate)
fortune-teller	N	점장이
fortune hunter	N	재산을 노리는 구혼자
fortuitous [fɔːrtjúːətəs]	A	뜻밖의, 우연한 (accidental)
fortuity [fɔːrtjúːəti]	N	우연성, 우연, 우연한 일
wheel of fortune	N	운명의 신의 수레바퀴; 운명, 영고성쇠(榮枯盛衰)

* 행운과 풍요의 여신 Fortuna

halcyon [hǽlsiən]	N	할시온; 물총새 A 화창한, 평온한
halcyon days	N	동지 전후의 날씨가 평온한 2주일; 평온한 시대

* 등 파를 가라앉히고 알을 깐다는 전설의 새

hector	N	[H~]헥터; 호통치는 사람, 허세부리는 사람

Hercules [hɔ́ːrkjulìːz]	N	헤라클레스; [h~] 힘이 장사인 사람
herculean [həːrkjúːliən]	N	힘이 센; 초인적인, 힘을 요하는
a herculean task	N	매우 힘이 드는 일

* Zeus의 아들로 힘이 센 장사

hermaphrodite [həːrmǽfrədàit]	N	어지자지, 남녀추니; 자웅동체, 암수 한몸
hermaphroditic [həːrmæfrədítik]	A	남녀 양성을 가진; 다른 두 성질을 가진

* Hermes와 Aphrodite의 아들 Hermaphrodite에 반한 님프가 그를 덥석 안았다. 그가 도망가려고 하자 그녀는 영원히 떨어지지 않게 해달라고 기도를 했는데 그 기도가 이후 어지면서 둘은 영원히 붙어 버리게 되었다.

hymen [háimən]	N	[그神] 휘멘(혼인의 신); 처녀막; 결혼; 결혼 축가
hymeneal [haimə́niəl]	A	결혼의, 혼인의 N 결혼식의 노래; 결혼식
Icarian [aikɛ́əriən]	N	Icarus의; 앞뒤를 가리지 않는, 모험적인
Icarian Sea	N	Icarian 해(海)

* Icarus는 아버지가 왁스로 만들어준 날개를 달고 날아올랐으나, 태양에 너무 가까이 가는 바람에 날개가 녹아 내려 바다에 떨어지고 말았다.

iris [áiəris]	N	(눈알의) 홍채; 붓꽃
iridescent [irədésnt]	A	무지개 빛깔의, 진주빛의, 훈색의
iridology [irədɑ́lədʒi]	N	홍채학, 홍채진단법

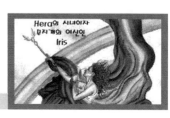

* Iris는 무지개의 여신

Janus [dʒéinəs]	N	[로神] 야누스, 양면신(兩面神)
January [dʒǽnjuéri]	N	1월
janitor [dʒǽnətər]	N	수위, 문지기(door keeper); (빌딩·학교) 관리인

* Janus는 문들의 신으로 시작과 끝을 주관한다.

labyrinth [lǽbərinθ]	N	미궁, 분규, [the ~] [解] 내이(內耳)
labyrinthine [læbərínθin]	A	미궁[미로]의, 미로와 같은; 복잡한, 엉클어진

* labyrinth한 Minotaur라는 소 머리에 사람의 몸을 한 괴물이 갇혀 있던 장소이다. Minotaur는 Theseus에게 죽임을 당하기 전까지 그 안에서 사람의 살을 먹고 살았다.

lotus [lóutəs]	N	[그神] 로터스, 로터스의 열매; 연, 연꽃
lotus-eater	N	Lotus 열매를 먹고 모든 괴로움을 잊은 사람; 일락을 일삼는 사람
lotus land	N	일락(逸樂)의 나라, 도원경

* Odysseus는 'the land of the Lotus Eaters'로 가서 Lotus의 열매를 먹고 꿈속에서와 같은 행복한 삶을 누리게 된다.

laurel [lɔ́:rəl]	N	월계수; 월계관; [pl.] 명예; 승리
laureate [lɔ́:riət]	AN	월계관을 쓴; 수상자; 계관시인

* Cupid의 사랑의 화살에 맞은 Apollo는 Daphne를 사랑하게 되어 그녀를 쫓아간다. 그러나 혐오의 화살을 맞은 Daphne는 도망가다가 결국 붙잡힐 위기에 놓이게 되자 아버지를 부르고 그녀의 아버지는 그녀를 월계수 나무로 변화시켜 버린다. 아직 Daphne에 대한 사랑이 식지 않은 Apollo는 월계수를 자신의 나무로 삼고 월계관을 만들어 쓴다.

nestor [néstər]	N	[그神] 네스토르(Homer의 Iliad 중 현명한 노장군); **현명한 노인**

* 현명한 판단과 친절한 성격으로 모든 사람에게 존경과 사랑을 받았다. Troy와의 전쟁 때, Agamemnon의 전술가로 참여하였다.

Midas touch	N	돈벌이의 재주
ass's ears	N	음악에 대한 감이 없는 사람

* 부자로 이름난 왕으로 손으로 만지는 것마다 금으로 변하는 능력을 받았으나 딸까지 금으로 만들고 말았다. 한편 그는 아폴로와 판이 음악을 겨룰 때 아폴로의 패배를 선언했다가 아폴로로부터 벌을 받아 귀가 당나귀 귀로 바뀌기도 했다.

nymph [nímf]	N	[그·로마神] 님프, 요정; 미소녀
nympho [nímfou]	N	색정증 환자 (=nymphomaniac)
lymph [límf]	N	임파(액); 맑은 액체; 수액
limpid [límpid]	A	맑은, 투명한, 명쾌한
nubile [njú:bil]	A	(여자가) 혼기가 찬, 결혼적령기의
nuptial [nʌ́pʃəl]	A	결혼의, 혼인의
naiad [néiæd]	N	물의 요정; 젊은 여자 수영선수

odyssey [ɑ́dəsi]	N	[文語] 장기간의 방랑, 장기간의 모험 (여행)
paean [pí:ən]	N	[Homer가 Apollo를 칭송한] 찬송

* Odyssey는 Troy 전쟁 이후 10년간의 긴 여행을 하며 방황했던 Ithaca의 왕이다.
* Paean은 Apollo에게 전쟁에서의 승리와 질병에서의 회복을 기원하며 불렀던 찬가이다.

priapism [práiəpizm]	N	[病理] (유통성(有痛性)) 지속 발기(증); 외설적 행위[몸짓], 호색
priapic [praiéipik]	A	[P~] 프리아포스(Priapus)의, 남근(숭배)의; 남근을 강조한

* Priapus는 Aphrodite의 아들로 거대하고 완전 발기한 성기로 유명하다.

Procrustean [proukrʌ́stiən]	A	지나치게 획일적인
procrustean bed	N	혹독하고 전제적인 규범

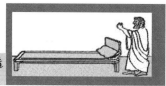

* 동정심도 없었던 Procrustes는 사람들을 잡아 침대에 눕혀 놓고 키가 큰 사람은 다리를 잘라 내고 키가 작은 사람은 몸을 잡아 늘렸다고 함.

Pygmalion [pigméiljən]	N	[그神] 피그말리온
Pygmalion effect	N	피그말리온 효과
		(선입관에 의한 기대가 학습자에게 주는 효과)

* 자기가 만든 상아상을 연모한 Cyprus섬의 왕

python [páiθɑn]	N	[P~] [그神] 거대한 뱀; 비단뱀; 신탁
pythoness [paiθɑ́nis]	N	무녀, 무당, 아폴로 신전의 무녀
pythonic [paiθɑ́nik]	A	신탁의, 비단뱀의

* Python은 거대한 구렁이로 땅의 여신 가이아의 아들이다. 누우면 산자락 하나를 덮을 만큼 엄청난 크기였다고 한다.

Rhadamanthus [rædəmǽnθəs]	N	[그神] 라다만토스; 강직한 재판관
Rhadamanthine [rædəmǽnθin]	A	엄정(嚴正)한, 강직(剛直)한

* Rhadamanthus는 Zeus와 Europa 사이의 아들로 정의의 귀감이며, 죽은 뒤 지옥의 세 재판관의 하나가 되었다.

siren [sáiərən]	N	사이렌; 아름다운 목소리의 여가수
		아름답지만 위험한 여자
	A	사이렌의; 매혹적인
siren song	N	유혹[기만]의 말

* Sirens는 아름다운 노래 소리로 선원들을 유혹하여 위험에 빠뜨렸다.

Sisyphean [sìsəfíːən]	A	[그神] Sisyphus의; 끝없는
Sisyphean labor	N	끝없는 헛고생

* Sisyphus는 제우스를 속인 죄로 지옥에 떨어져 바위를 산 위로 굴러 올리는 벌을 받는데, 바위는 산꼭대기까지 올려놓으면 다시 떨어져 내리므로 이 과정을 끝없이 반복해야 했다.

sphinx [sfiŋks]	N	[the S~] [그神] 스핑크스(상);
		수수께끼의 인물

* 여자 머리, 사자 몸에 날개 달린 괴물; 통행인에게 수수께끼를 내걸고 풀지 못하면 죽였다.

Stentor [sténtɔːr]	N	스텐터; 목소리가 큰 사람; 나팔벌레
stentorian [stentɔ́ːriən]	A	음성이 큰

* Homer의 Iliad: 50명과 맞먹는 목소리를 가진 전령

Styx [stiks]	N	[the ~] 삼도천(三途川) (저승에 있는 강)
cross the Styx	V	죽다
stygian [stídʒiən]	A	Styx 의, 지옥의; 캄캄한, 음침한
stygian gloom	N	캄캄한 어둠

tantalize [tǽntəlàiz]	V	감질나게 하다, 애타게 하다
tantalization [tæ̀ntəlizéiʃən]	N	감질나게 함
tantalizing [tǽntəlàiziŋ]	A	감질나게 하는, 애타게 하는

* Tantalus는 물을 마시려 하면 물이 줄고, 과일을 먹으려 손을 뻗으면 가지가 올라가는 형벌을 받아야 했다.

terpsichorean [təːrpsikəríːən]	A	무도의, 춤의
	N	[익살] 무희, 댄서
choreographer [kɔ̀ːriágrəfər]	N	발레 편성가; 안무가
chorea [kəríːə]	N	무도병 (St. Vitus's dance)

* 춤의 여신 Terpsichore

성경 편

성경을 모르고는 영어를 제대로 이해할 수 없다.
성경과 관련된 단어들을 공부하면서 숨겨 있는 단어의 형성 원리를 익혀보자.

워메~!
성경을 모르고 영어공부를 한다고라...
아따, 배꼽이 하품을 허겄네브이.

THE = 신(God)

유일무이한 것 앞에 **the**를 붙인다. 성경은 **하나님**만 유일무이한 신이라 말한다. 하나밖에 없는 것 앞에 the를 붙인다는 것과 신은 오직 한 분이라는 사실을 연관 지어 'the = God'로 기억하자.

theism
[θíːizm]

N 유신론(belief in a god or gods), 일신론
* **theist** 유신론자, 일신론자   * **theistic** 유신론의
ex) He is still arguing that evolution and **theism** are not incompatible.

신(the)이 있다는 이론(ism)

atheism
[éiθiizm]

N 무신론, 무신앙
ex) According to **atheism**, gods are imaginary and irrelevant.

신(the)이 없다(a)는 이론(ism)

atheist
[éiθiist]

N 무신론자
ex) She has been a confirmed **atheist** for many years.

신(the)이 없다(a)는 사람(ist)

theocracy
[θiákrəsi]

N 신정, 신권정치
ex) There is not a **theocracy** in Indonesia.

신(theo)의 정치(cracy)

theology
[θiáləʤi]

N 신학, 종교심리학
* **theologian** 신학자   * **theologize** 신학적으로 하다
ex) According to Muslim **theology** there is alone one God.

신(theo) 학(logy)

theodicy
[θiádəsi]

N 신정론 (악의 존재를 신의 섭리로 봄)
ex) **Theodicy** is based on the assumption that you already believe in GOd.

신(theo)이 뺑까호(dicy)

theophany
[θiáfəni]

N 신의 출현
ex) A **theophany** is often accompanied by thunder, dark clouds, and fire.

신(theo)이 보임(phany)

apotheosis
[əpàθióusis]

N 신으로 받듦, 신격화, 숭배
ex) The Corvette is the **apotheosis** of American car making.

신(theo)으로 바꿈(apo)

monotheism
[mánəθiːzim]

N 일신교
ex) Christianity is a **monotheism** that believes in a transcendental divinity.

일(mono) 신(the) 론(ism)

polytheism
[páliθìːzm]

N 다신교(론)
ex) **Polytheism** was the dominant view in Greek and Roman religion

다(poly) 신(the) 론(ism)

pantheism
[pǽnθiizm]

N 범신론, 다신교, 자연숭배(animism)
* **pantheist** 범신론자   * **pantheistic** 범신론의   * **panentheism** 만유재신설
ex) **Pantheism** is the religious belief that God is in everything in nature and the universe.

만들(pan) 신(the) 이론(ism)

enthusiasm
[inθjúːziæzm]

N 열광, 열중, 감격; 광신
* **enthusiastic** 열광적인, 열렬한, 열중인; 광신적인
ex) I don't have the **enthusiam** to do that yet.

신(thus) 들린(en) 상태(iasm)

HAL/HOL = 온전한(whole, intact)

어근 hol은 whole(완전), 또는 intact(손상되지 않은)의 뜻이다. holy하다는 말은 전혀 흠이 없이 온전한 것을 의미한다. 하나님은 절대선으로 눈곱만큼의 흠도 없으므로 holy하다고 하는 것이다.

hallow
[hǽlou]
V 신성하게 하다, 신성한 것으로 숭배하다
*온전*하게 하다
ex) The name of God is 'hallowed', i.e., is reverenced as holy.

hologram
[hάləgræ̀m]
N 홀로그램
전체(holo)를 기록한(gram)
ex) Remove it and look inside the hologram, to see if you are a winner.

catholic
[kǽθəlik]
N 구교도[의], 천주교[의] A 보편적인, 포용적인
'전체적으로 인정된'의 뜻에서
ex) He has a catholic taste in music.

hale
[héil]
A <특히 노인이> 건강한, 노익장의
* hale² 세게 당기다, 끌어내다; 억지로 시키다
ex) Last year we thought him strong and hale.

해 일(hale) 일 한다구
노익장이 건강하시네

hail
[héil]
Int. 만세 N 인사, 환영 V 인사하다, 환영하다
* hail² [집합적] 싸락눈, 우박 (하나는 hailstone); ~의 빗발 (a hail of ~)
ex) The crowds hailed the boxing champion.

halo
[héilou]
N 후광, 원광(nimbus); 영광 V 후광을 씌우다
ex) Jesus in the figure had a halo over his head.

후광 halo
거룩한(holy) 사람의 머리위에 있는 빛

halibut
[hǽləbət]
N [어류] 넙치무리 (북쪽 해양산의 큰 가자미)
holy days에 먹는 생선
ex) There are some halibut being picked up in the bay by boaters.

heal
[hí:l]
V 치료하다; 화해시키다, 무마하다; 정화시키다
아픈 자를 다시 온전케 함
* health 건강, 건전; 안정, 행복; 생기, 활력; 번영, 융성; 보건, 위생, 후생

holoscopic
[hòuləskάpik]
N 종합적인 관찰에 기초를 둔
전체(holo)를 바라본 (scop+ic)

GL- = 빛나다 (bright, splendid)

glory(영광)는 '빛나다'는 말에서 왔다. 빛나는 하나님의 영광을 빛나게 표현하고 싶었던 것이다. glass도 반짝거리고, glow도 반짝거리고, 기분이 빛나듯 밝은 것은 glad이다.

glory
[glɔ́:ri]
N 영광, 명예, 칭찬; [pl.] 영광이 되는 것
빛나는 영광
* glorify 영광스러운, 찬란한   * glorify 찬미하다, 찬양하다, 영광스럽게 하다
ex) Glory to God in the highes! (지존하신 하나님께 영광을)

glare
[glέər]
N 섬광; 눈부신 빛; 노려봄 V 빛나다; 노려보다
gl + stare
ex) The lion glared at its prey.

glance [glǽns]	N 흘긋 봄; 눈짓; 번득임　　V 흘긋 보다	반짝하고 보다
	* at the first glance 첫눈에, 잠깐 보고　* glance up 힐끗 쳐다보다	
	ex) She glanced at her watch.	

glaucoma [glɔːkóumə]	N [병리] 녹내장	빛나는 눈
	* glaucous 연한 청록색의; 황록색의	
	ex) Medication helped reduce the pressure on her eyes due to glaucoma.	

gleam [gliːm]	N 어스레한 빛, 미광; 번득임　　V 어슴푸레 빛나다	흐린 빛
	* gleamer 얼굴에 윤나게 하는 화장품　⑲ lambent 희미하게 빛나는, 부드럽게 빛나는	
	ex) The moonlight gleamed on the water.	

glimpse [glímps]	N 흘끗 봄, 일견; 어렴풋이 감지함; 희미한 빛	흐린 빛
	* catch a glimpse of the truth 진상을 어렴풋이 알다	
	ex) He caught a glimpse of her in the crowd.	

glint [glínt]	V 반짝이다; 반사하다　　N 반짝임, 미광; 기색	빛나다
	ex) A mirror glints back light.	

glisten [glísn]	V 반짝이다　　N 반짝임, 반짝이는 빛, 섬광	반짝이다
	ex) Her eyes glistened with curiosity.	

glitter [glítər]	V 반짝이다; 화려하다　　N 반짝거림, 화려, 광채	반짝이다
	ex) All is not gold that glitters. 번쩍이는 것이 다 금은 아니다.	

gloss [glɔ́ːs]	N 광택, 허식　N 윤을 내다; 말을 꾸며 발뺌하다	빛
	* gloss over one's foibles 약점을 그럴듯하게 얼버무리다	
	ex) That varnished furniture has a nice gloss.	

glow [glóu]	N 백열; 흥분, 열정, 행복감　　V 백열하다; 빛나다	빛나다
	* gloaming 황혼, 땅거미(dusk)	

* scimerian/scintilla = 반짝이다(glitter), 빛(light)

shimmer	V 희미하게 반짝이다　N 반짝임, 희미한 빛, 미광(微光)
scintilla	N 빛; 소량, 조금
scintillation	V 불꽃을 내다, 번쩍이다, 번뜩이다

스멀(shimmer)거리는 반짝임

* fulg/fulm = 빛나다(shine), 번쩍하다(flash), 타는 다(burn)

fulgent	A 눈부시게 빛나는, 찬란한(brilliant)
effulgent	A 찬란히 빛나는, 눈부신
refulgent	A 환히 빛나는
fulminant	A 별안간 폭음을 내며 터지는, 병이 급격히 진행되는
fulminate	V 맹렬히 비난하다

뻘겋(fulg)게 빛나는

PRAIS/PREC = 가격(price), 가치(value)

price가 여기에서 유래했다. 또한 잘 한 사람의 **가치를 인정**해 주기 위해 주는 것이 **prize**. 마찬가지로 **찬양(praise)**이란 가치매길 수 없는 하나님의 가치를 인정해 드리는 것이다.

praise [preiz]	N 칭찬, 찬미 V 칭찬하다, 찬미하다 * **praiseworthy** 칭찬할 만한	가치를 인정하는 것이 칭찬
appraise [əpréiz]	V 평가하다; 값을 매기다 * **appraisal** 평가, 감정, 값 매김, 견적 ex) I had an expert **appraise** the house beforehand.	~에게(ap<ad)가치를 매기다
bepraise [bipréiz]	V 극구 칭찬하다 ex) He has been loudly and generally **bepraised**.	가치를 인정(praise) 하다(be)
dispraise [dispréiz]	V 트집을 잡다, 비난하다 N 비난 ex) Praise is a more dangerous thing to us than **dispraise**.	칭찬하다(praise)의 반대(dis)
precious [préʃəs]	A 귀중한, 소중한, 귀여운; 몹시 ex) Each life is **precious** and valuable in its own way.	가치(prec)가 있는 (ious)
appreciate [əprí:ʃièit]	N 높이 평가하다, 식별하다, 감상하다, 감사하다 * **appreciation** 진가, 평가, 감상, 감사 ex) I don't think you **appreciate** how much time I spent preparing this meal.	~에(ap<ad) 가격을 매기다(ate)
depreciate [diprí:ʃièit]	V 가치를 떨어뜨리다, 멸시하다, 얕보다 ex) Since they set up a builder's yard next door, our house has **depreciated** in value.	가치를 떨어지게(de) 하다(iate)
misprize [mispráiz]	V 경시하다, 깔보다 ex) I do not blame them nor **misprize**.	가치(prize)를 인정 안하다(mis)
priceless [práislis]	A 매우 귀중한, 값을 매길 수 없는 ex) Her knowledge and experience would make her a **priceless** asset to the team.	가치(price) 매길수 없는 (less)

* laud = 칭찬하다(praise)

laud	N V 칭찬[하다]; 찬미[하다]	칭양(laud)
laudable	A 칭찬할 만한, 훌륭한, 갸륵한	칭양(laud) 가능한(able)
laudation	N 칭찬, 찬미	칭양(laud) 함(ation)
laudatory	A 칭찬의, 기리는	칭양(laud) 하(at) 는 (ory)

* virtu = 가치(worth), 선행(goodness)

virtue	N 덕, 덕행, 선행; 고결, 청렴, 정직; 미덕, 장점	덕방
virtuous	A 덕이 높은, 고결한; 정숙한; 순결한; 독선적인	덕방(virtu) 있는 (ous)
virtuoso	N (예술의) 거장, 명인, 대가, 대연주가; 애호가	가치있는 (virtu) 사람(oso)
virtual	A 사실상의, 실질상의, 허상의, 가상의	실제 가치(virtue)를 가진(al)

CRE/CRETE = 만들다(make), 자라다(grow)

세상을 만든 **창조자**를 creator라 부른다. '만들어(cre) 낸(ate) 존재(or)'란 뜻이다. **Creationism(창조론)**은 세상이 절대자에 의해 창조되었다 주장한다. 한편, **evolutionism(진화론)**은 세상이 자기 스스로 생겨났다고 주장한다.

create
[kriéit]
V 창조하다; 임명하다; 화나서 야단법석이다
* creation 창조, 창조물, 수여   * creature 피조물, 생물, 앞잡이, 술
ex) In the beginning God **created** the heaven and the earth.

만들어(cre) 내다(ate)

creationism
[kriéiʃənìzm]
N 창조론
ex) In the beginning God **created** the heaven and the earth.

만들어(cre) 내다(ate)

cereal
[síəriəl]
A 곡식의; 곡물로 만든 N 곡식, 곡류; 곡물 식품
ex) This region is one in which a lot of **cereal** is grown.

자라는(cere) 것(al)

crescent
[krésnt]
N 초승달, 터키제국, 이슬람교 A 점점 커가는
* crescendo 크레센도, 점점 세게
ex) The moon was a brightly shining **crescent**.

자라(cre) 나는(scent)

concrescence
[kənkrésns]
N [생물] 유합, 합생
* concrescent 합생하는, 유합의 (increasing together)

함께(con) 자라(cre) 남(scence)

decrescent
[dikrésnt]
A 점점 줄어드는, 이지러지는, 하현의 N 하현달
* decrescendo 데크레센도, 점점 약하게
ex) The **decrescent** or moon on the wane is believed to be a bad omen.

아래로(de) 자라(cre)나는(scent)

excrescent
[ikskrésnt]
A 불거져 나온; 군살의, 혹의; 쓸데없는
ex) They regarded it as an **excrescent** and superfluous innovation.

과도하게(ex) 자라산(crescent)

increscent
[inkrésnt]
A 증가하는, 자라는, 커가는(waxing), 상현의
ex) The **increscent** moon faces to the right.

강하게(in) 자라(cre)나는(scent)

accrue
[əkrú:]
V (자연증가로) 생기다, 발생하다, 이자가 붙다
* accrual (자연) 증식, 이자[연체료]의 증가
ex) You must pay the interest which has **accrued** on your debt as well as the principal sum.

역으로(accrue) 이자가 붙다
이게 다 이자라니! 푸헤헤헤~

accrete
[əkrí:t]
[~쪽에서(ac<ad) 자라다(crete)]
V 부착해 자라다, 부착하다 A 부착된, 고착된
* accretion 증대, 부착, 증가[부착]물, 첨가(물), 부가(물); 공생
ex) The **accretion** of wealth marked the family's rise in power.

decrease
[dikrí:s]
V 감소하다, 쇠퇴하다 N 감소(량)
ex) Our share of the market has **decreased** sharply this year.

아래로(de) 생기다(crease)

concrete
[kɑnkríːt]
N 콘크리트, 결합체 **V** 굳히다, 콘크리트를 쓰다
A 구체적인, 실제의, 명확한, 굳어진, 고체의, 콘크리트로 만든
* concretion 구체화, 특수화   * concretize 구체화하다
ex) To solve this problem, we'll need **concrete** facts, not vague ideas.

increase
[inkríːs]
V 증가하다, 강화하다 **N** 증식, 확대, 이익, 이자
ex) Incidents of armed robbery have **increased** over the last few years.

increment
[ínkrəmənt]
N 증가, 증대, 증강; 이익, 이윤; 증가량, 증액
* decrement 감소, 소모; 감액, 감량; [물리, 전자] 감소율
ex) You will receive annual salary **increments** every September.

incretion
[inkríːʃən]
N [생리] 내분비물(호르몬 등); 내분비(작용)
ex) The intimate hormonal **incretion** from the testes is the wonderful power that gives energy to males and makes them essentially masculine.

procreate
[próukrièit]
V 낳다, 산출하다, 생기게 하다, 아이를 낳다
* procreation 낳음(generation), 산출(production)
ex) Priests were denied the right to marry and **procreate**.

recreate
[rékrièit]
V 개조하다, 휴양시키다, 즐기다
* recreation 휴양, 오락   * re-creation 개조, 재창조
ex) They plan to **recreate** a typical English village in Japan.

recruit
[rikrúːt]
V 보충하다, 보급하다 **N** 신입회원, 보충병, 신병
* recruitment 신병 모집; 신규 모집, 채용, 보충; 원기 회복
ex) Even young boys are now being **recruited** to the army.

CHAOS/CHASM = 벌어진 틈(yawn)

태초에 하나님이 세상을 창조하고 질서를 부여하기 이전의 상태를 chaos(무질서, 혼돈)라고 부른다. chaos는 원래 광대하고 텅 빈 구멍을 의미하는 말이었다.

chaos
[kéiɑs]
N [C~] (천지 창조 이전의) 혼돈; 무질서, 혼란
ex) In the beginning, there was **chaos**, a shapeless and confused mass of elements.

chaotic
[keiátik]
A 혼돈된, 무질서한, 혼란한 (in utter disorder)
ex) He tried to bring order into the **chaotic** state of affairs.

chasm
[kǽzm]
N 갈라진 틈, 균열; 단절, 공백
* chasmal 틈이 있는, 틈의
ex) They could not see the bottom of the **chasm**.

chasmy
[kǽzmi]
A 갈라진 틈이 많은, 갈라진 틈 같은
ex) We have walked with the winds in **chasmy** places.

COSMOS = 질서(order), 조화(harmony)

무질서 상태(chaos)에 하나님이 부여하신 질서를 cosmos라고 부른다. 우주(cosmos)는 놀라울 만큼 질서있게 배열되어 있다. 얼굴에 질서를 부여하는 것이 화장품, 즉 cosmetic이다.

cosmos
[kázməs]
N 우주; 완전한 질서 — 질서
ex) Since the dawn of humanity, people have been in awe of the **cosmos**.

cosmic(al)
[kázmik]
A 우주의; 광대한; 질서 있는 — 우주(cosm)의(ic)
ex) **Cosmic** rays bombard the earth's atmosphere from outer space.

cosmogony
[kazmágəni]
N 우주 기원론; 우주 진화론(cosmism) — 우주(cosm)의 발생(gon)론(y)
ex) The Sumerian **cosmogony** begins with the primordial sea,, Nammu.

cosmology
[kazmálədʒi]
N [哲學] 우주론, 우주철학 — 우주(cosmo)에 관한 학문(logy)
ex) **Cosmology** refers to the nature, or the structure of the universe.

cosmonaut
[kázmənɔ̀:t]
N 우주 비행사 (astronaut; spaceman) — 우주(cosmo) 항해사(naut)
ex) The first **cosmonaut** Yuri Gagarin circled the Earth once in 1991.

cosmopolitan
[kàzməpálətn]
N 세계주의의, 전세계에 걸친; 국제적인 — 세계(cosm)적 도시의(politan)
ex) The club has a **cosmopolitan** atmosphere.

cosmoplastic
[kazməplǽstik]
N 우주 형성의 — 우주(cosm) 형성의(plastic)
ex) **Cosmoplastic** atheism may remove you from all the possible fears of punishment from God. However, what if He exists?

cosmorama
[kàzmərǽmə]
N 세계 풍속, 요지경 — cosmo + panorama
ex) A **cosmorama** is an exhibition of perspective pictures of different places in the world, usually world landmarks.

macrocosm
[mǽkrəkàzm]
N 대우주; 전체, 통합적 체계 — 큰(macro) 우주(cosm)
* microcomsm 소우주; 축도
ex) His focus is on the **macrocosm** of the universe as a whole.

cosmetic
[kazmétik]
A 미용의, 장식적인   N 화장품 — 톱을 질서있게 가꿈 = 미용
* **cosmetology** 화장품학, 화장술, 미용술   * **cosmetologist** 미용사
* **cosmetic surgery** 미용 성형 외과(plastic surgery)   * **cosmetic bag** 화장품 가방
ex) **Cosmetic** surgery can improve a patient's general feeling of wellbeing.

VERS/VERT = 돌다(turn)

Universe는 '하나(uni)'가 되어 '도는(verse)' 것이란 뜻으로 우주의 질서 있는 배열을 강조한 단어이다. 성경은 이처럼 하나가 되어 질서 있게 돌아가는 우주 속에 하나님을 알만한 것이 감춰져 있으므로 하나님이 보이지 않아서 안 믿었다는 핑계를 댈 수가 없다라고 얘기하고 있다.

versatile [vɚ́ːrsətl]
A 다재 다능한, 재주가 많은; 융통성 있는
* versatility 다재, 다예
ex) A leather jacket is a **versatile** garment that can be worn in all seasons.

version [vɚ́ːrʒən]
N 번역(translation), 변형, 의견(opinion)
* versional 번역의   * verse 시의 한 행, 운문(↔prose 산문)
ex) The witnesses gave contradictory **versions** of what had happened.

versus [vɚ́ːrsəs]
ad ~대(vs.), ~과 대비해서
ex) It is Korea **versus** Brazil in the final.

vertex [vɚ́ːrteks]
N 정점(summit; apex; zenith)

vertical [vɚ́ːrtikəl]
A 곧추선(straight), 수직의; 정점의, 종단적인
ex) His shirt was a brightly colored pattern of **vertical** and horizontal lines.

vertigo [vɚ́ːrtigòu]
N 현기증(dizziness); (정신적) 혼란
* vertiginous 현기증 나는, 어지러운, 불안정한
ex) She can't stand heights and has always suffered from **vertigo**.

vortex [vɚ́ːrteks]
N 소용돌이, 회오리 바람
ex) Water forms a funnel-shaped **vortex** as it drains from a soda bottle.

advert [ædvɚ́ːrt]
V 주의를 돌리다, 언급하다(refer) N 광고
* advertent 주의를 끄는   * advertence, advertency 언급, 주목
ex) There was an **advert** for the local radio station in last night's paper.

avert [əvɚ́ːrt]
V 피하다, 막다(prevent; ward off), 돌리다
* aversion 회피, 꺼려함
ex) He **averted** his eyes from the corpse.

averse [əvɚ́ːrs]
A 피하는, 꺼려 하는
ex) He was **averse** to any change.

adverse [ædvɚ́ːrs]
A 거스르는, 반대의, 반하는; 불리한
* adversity 역경, 불리(misfortune)   * adversary 적, 반대자(antagonist)
ex) The match has been cancelled due to **adverse** weather conditions.

advertise
[ǽdvərtáiz]

V 광고하다

~로 (ad) 돌게(vert)하다(ise)

* **advertisement** 광고; 공시; 통지　　* **advertising** 광고하는

ex) We decided to **advertise** our car in the local newspaper.

convert
[kənvə́:rt]

V 바꾸다, 변형하다, 개종하다　　N 전향자, 개종자

함께(con) 돌리다(vert)

* **convertible** 바꿀 수 있는, 환산할 수 있는　　* **conversion** 전환, 개종, 횡령

ex) Couldn't we **convert** the small bedroom into a second bathroom?

converse
[kənvə́:rs]

V 대화하다, 대답하다(answer)　　N 정반대

함께(con) 향하다(verse)

* **conversant** 정통한, 익숙한　　* **conversancy** 정통　　* **conversation** 대화

ex) I wanted to appear friendly but I think I gave the **converse** impression.

controvert
[kántrəvə:rt]

N 논박하다, 반론하다, 논쟁하다, 토론하다

거슬러(contro) 향하다(vert)

* **controversy** 논쟁, 토론, 언쟁　　* **controversial** 논쟁의, 논쟁을 즐기는

ex) Maybe you have information that would **controvert** what I am thinking.

diverse
[dáivə́:rs]

A 다른, 여러 가지의, 잡다한, 같지 않은

여러 곳으로 (di) 향하는 (verse)

* **diversity** 다양성(variety)　　* **diversify** 다양하다

ex) This candidate has a very **diverse** range of interests and experience.

divert
[divə́:rt]

V 돌리다, 주의를 돌리다, 즐기다

멀리(di) (주의를) 돌리다(vert)

* **diversion** 기분 전환, 오락　　* **divertisement** 오락, 막간 유흥

ex) The war **diverted** people's attention away from the economic situation.

evert
[ivə́:rt]

V 눈꺼풀을 뒤집다, 전복시키다, 타도하다

밖으로 (e(ex)) 돌리다(vert)

* **eversible** 뒤집을 수 있는　　* **eversion** 전복, 뒤집음

ex) It was a small attempt to **evert** flue impact.

introvert
[íntrəvə:rt]

A (성격) 내성적인　　V 내성적이 되다

안으로 (intro) 향한(vert)

ex) He has been an **introvert** since his wife's death.

invert
[invə́:rt]

V 거꾸로(반대로)하다, 전환시키다

안으로 (in) 돌리다(vert)

* **inverse** 역의, 거꾸로 된　　* **inversion** 역, 전환

ex) Remove the cake from the oven and **invert** it onto a wire rack.

malversation
[mælvərséiʃən]

N 독직, 배임, 공금횡령

나쁘게(mal) 돌림(vers+ation)

ex) He was charged for **malversation** of public funds in the criminal case.

obverse
[ábvə:rs]

N (메달, 화폐 따위의) 표면, 앞면, 상대물

앞(ob)으로 도는(verse)

* **obvert** (명제를) 환질하다　　* **obversion** 환질법, 표면 향하기

ex) False humility and its **obverse**, arrogance, are equally unpleasant.

pervert
[pərvə́:rt]

V 왜곡하다, 붕괴하다, 헤매다　　N 배교자, 성도착자

샅샅이 (per) 돌아서다(vert)

* **perverse** 왜곡하는, 그릇된　　* **perversion** 곡해, 악용
* **perversive** 나쁜 길로 이끄는　　* **perversity** 외고집, 사악한 행위

ex) His original ideas was **perverted** by politicians for their own purposes.

peevish
[píːviʃ]

A 투정부리는, 심술난, 까다로운, 역정 잘 내는
* **peeve** 약올리다, 화나게 하다; 약올림, 노여움
ⓒ **crabbed** 심술궂은;괴팍한;신랄한, 비정한
ex) The baby got **peevish** at bedtime.

retrovert
[rètrouvə́ːrt]

V 뒤로 굽히다, 후굴케 하다; 되돌리다
ex) Readers fluent in German can readily **retrovert** this English to German.

뒤로 (retro) 돌리다(vert)

revert
[rivə́ːrt]

V 되돌아가다, 복귀하다   **N** 복귀자
* **reversion** 역행, 복귀   * **reversibly** 이에 반하여   * **reversal** 역행, 파기
* **reverse** 역행하는, 파기하는; (동전 따위의) 이면
ex) The region has **reverted** to a wilderness.

뒤로 (re) 돌리다(vert)

subvert
[səbvə́ːrt]

V (국가·단체·종교 따위를) 타도하다, 전복하다
* **subversive** 타도하는   * **subversion** 전복, 타도, 파괴
ex) The rebel army is attempting to **subvert** the government.

아래에서(sub) 돌리다(vert)

tergiversate
[tə́ːrdʒivərsèit]

V 변절하다, 속이다, 얼버무리다
* **tergiversation** 평계, 변절   * **tergiversator** 변절자
ex) What I can't figure out is why most people still seem so unfazed by his shameless tendency to **tergiversate**.

등 (terg)을 돌려 (vers) 다 (ate)

transverse
[trænsvə́ːrs]

A 가로의, 횡단하는   **N** 횡측, 횡단물
* **transversal** 횡단의, 횡단선의
ex) The main roof beams are given extra support by the **transverse** beams.

횡단하여(trans) 도는(verse)

traverse
[trəvə́ːrs]

N 횡단, 장애, 방해   **V** 통과하다, 관통하다; 고찰하다
ex) She had **traversed** both Africa and Europe in her twenties.

가로질러 (tra) 향하다(verse)

universe
[júːnəvə̀ːrs]

N 우주(cosmos), 전인류, 삼라만상, 세계
* **universal** 보편적인, 우주의, 만능의, 일반적인   * **university** 종합대학교
ⓒ **ubiquitous** 어디에나 있는, 편재하는
ex) Is there intelligent life elsewhere in the **universe**?

하나로 (uni) 도는 것(verse)

verge
[vəːrdʒ]

N 가장자리, 경계,한계   **V** 가까워지다, 향하다
* **verger** 교회지기, 성당지기, 권표 받은 사람
ex) The country is on the **verge** of civil war.

도는 부분

converge
[kənvə́ːrdʒ]

V 한 점에 모으다, 화합하다(come together)
* **convergence** (한점으로)모으기, 수렴   * **convergent** 수렴하는
ex) All the paths across the park **converge** at the main gate.

함께(con) 향하다(verge)

diverge
[divə́ːrdʒ]

V 분기하다
* **divergence** 분기, 갈라짐(divarication), 상이(difference)
ex) They walked along the road together until their paths **diverged**.

두 쪽으로 (di) 향하다(verge)

divorce
[divɔ́ːrs]

N 이혼, 분리   V 이혼하다, 분리하다

ex) It was such a shame when Martha and Jamie **divorced**.

* 어근 vertebr도 vert에서 유래했지만 따로 기억하자. 의미는 척추(vertebra)이다. 척추는 몸을 버텨부터(vertebr)

vertebra
[vɔ́ːrtəbrə]

N 척추골; [the vertebrae] 척추, 척주

ex) She suffered facial bruising and a fractured **vertebra** in the attack.

vertebrate
[vɔ́ːrtəbrət]

[척추(vertebr)가 있는 자(ate)]
N 척추동물 A 척추가 있는, 튼튼한, 조직이 잘된

ex) Mammals are all **vertebrates**.

invertebrate
[invɔ́ːrtəbrət]

N A 척추가 없는 [동물]; 줏대 없는 [사람]

ex) **Invertebrates**, such as worms, are the main diet of these water birds.

WER-/WR- = 비틀다(twist)

어근 wer-/wr- 역시 vers와 조상이 같다. 조금 연음화 되었을 뿐이다. '레슬링(wrestling)'은 몸을 '비트는' 운동이다. 일이 '틀어져' 버린 것은 'wrong'이고 빨래를 한 후 '비틀어 짜는' 손목은 'wrist'이다.

wrest
[rest]

N 비틀기; 왜곡; 부정행위   V 비틀다; 왜곡하다

ex) For centuries, farmers have **wrested** a living from these barren hills.

wrestle
[résl]

V 레슬링을 하다, 맞붙어 싸우다; 씨름하다

ex) The police officer tackled the man and **wrestled** him to the ground.

wrist
[rist]

N 손목, 손목 관절, 손재주   V 손목으로 던지다

ex) I sprained my **wrist** while playing squash.

wring
[riŋ]

V 짜다, 비틀다   N 짬; 굳은 악수; 과즙 짜는 기계

ex) She **wrung** out the shirt and hung it out to dry.

wrinkle
[ríŋkl]

N 주름; 묘안; 지혜   V 주름잡다, 주름지게 하다

ex) There are some **wrinkles** in the back of your skirt.

wrath
[ræθ]

N 격노(rage), 분노; 복수, 천벌
* **wrathful** 몹시 노한, 노기 등등한
* **wroth** 격노하여, 바다 등이 사납게 날뛰는

ex) He left home to escape his father's **wrath**.

@**wraith**
[reiθ]

N 생령, 망령; 앙상하게 마른 사람

ex) Odysseus saw the **wraith** of Hercules in Hades.

wrangle
[ræŋgl]

V 말다툼하다, 언쟁하다   N 논쟁(dispute), 언쟁

ex) A deal was first suggested in January but endless **wrangles** followed.

wreath [ri:θ]
N 화환, 화관
ex) The bride wore a veil with a **wreath** of silk flowers.

writhe [ráið]
V 몸부림치다, 몸을 뒤틀다   N 몸부림, 뒹굴기
ex) My brother used to spear ants and watch them **writhe** to death.

wrench [rentʃ]
N 비틀기, 고통; 렌치; 왜곡   V 비틀다, 왜곡하다
ex) He freed the pole with a **wrench**.

wry [rai]
A 찡그린, 뒤틀린, 심술궂은, 빈정대는
* awry 구부러져, 뒤틀어져(distorted), 잘못되어
ex) He was a kindly man with a **wry** sense of humor.

warp [wɔːrp]
V 휘게 하다, 왜곡하다   N 날(실) (↔woof, weft); 휨
ex) If I put the shelves near the radiator, the heat might **warp** them.

weird [wiərd]
A 불가사의한, 신비로운, 이상한; 두려운, 섬뜩한;
ex) That's **weird** - I thought I'd left my key on the table but it's not there.

wriggle [rígl]
N 몸부림침, 꿈틀거림   V 꿈틀거리다, 잘 빠져 나가다
ex) After twisting and turning for a while, he managed to **wriggle** free.

worm [wəːrm]
N 벌레, 연충(지렁이·거머리 등), 구더기, 기생충
ex) Tread on a **worm** and it will turn. 지렁이도 밟으면 꿈틀한다

vermin [vớːrmin]
N 해충; 기생충; 사회의 해충; 악당, 인간 쓰레기
* verminous 벌레가 많은; 해충에 의한; 유해한
ex) He thought all terrorists were **vermin** and that prison was too good for them.

vermiform [vớːrməfɔ̀ːrm]
A 연충 모양의
ⓔ vermicelli 베르미첼리 [가늘고 긴 벌레처럼 생김]
ex) The nematodes is **vermiform**, long and slender.

vermicide [vớːrməsàid]
N 살충제; (특히) 기생충약, 구충제
ex) Explosives are just an effective **vermicide**.

worth [wəːrθ]
A ~의 가치가 있는   N 가치, 진가; 재산, 부
* worthy 명사, 훌륭한 인물; 가치 있는; 존경할 만한; 적합한
ex) Is it **worth** all the trouble?
* '~의 가치가 있는'의 뜻을 만들 때 - ① worth + 명사/동명사; ② worthy + to do, worthy + of + -ing

trustworthy [trʌ́stwə̀ːrði]
A 신뢰[신용]할 수 있는, 믿을 수 있는

worship [wə́ːrʃip]
N 예배, 참배; 숭배; 명예; 존경, 위엄
V 예배하다, 참배하다; 숭배하다, 존경하다

CHROM = 색(color)

chromosome(염색체)은 **염색**(chromo)되는 **것**(some)이란 뜻이다. 염기성 염색액에 염색이 잘 되어서 붙여진 이름이다. 염색체는 유전정보가 담긴 DNA의 덩어리로서, 생물마다 고유의 수가 있다. 사람의 염색체 수는 46개인데 원숭이의 염색체는 48개이다. 원숭이에서 사람으로 되기 위해서는 1쌍의 염색체가 통째로 없어져야 한다. 사실상 그 정도의 변이에 살아남을 수 있는 생명체가 없다는 사실은 진화론이 판타지 소설에 불과할 가능성이 많다는 것을 시사한다.

chroma
[króumə]
- N 색도(a quality of color)
- * chrome 크롬   * chromatic 색의(of color)

색깔의 정도

chromosome
[króuməsòum]
- N 염색체
- * chromasomal 염색체의   * sex chromosomes 성 염색체

염색(chromo) 체(some)

chromatism
[króumətìzm]
- N 색채환각; 색수차; 채색, 착색
- ⓔ achromatic lens 색수차를 없앤 렌즈

색(chromat)을 입힘(ism)

achromatic
[æ̀krəmǽtik]
- A 무색의(colorless), 비염색성의
- ex) She usually wears achromatic-colored clothes.

색(chroma)을 없(a) 앤(tic)

apochromatic
[æ̀pəkroumǽtik]
- A 색수차 및 구면 수차를 없앤

색수차(chromatic)를 없앤(apo)

dichroism
[dáikrouìzm]
- N 이색성
- ex) The **dichroism** of the ruby is one of its certain distinctions from garnet.

두 가지(di) 색깔(chroism)

photochromy
[fóutəkròumi]
- N 천연색 사진술(heliochromy)

빛(photo)의 색깔(chromy)

panchromatic
[pæ̀nkroumǽtik]
- A 전색의, 전정색의
- ex) The camera provides a **panchromatic** scene.

모든(pan) 색(chromat)의 (ic)

MUT = 변하다(change)

영화 X-men에는 다양한 mutant들이 등장한다. '변이된(mut) 사람(ant)'이라는 뜻이다. 진화론자들은 유전자의 변이에 의해 생물체가 진화되었다고 주장한다. 그러나 유전자 변이가 생명체에게 이롭게 작용한 예는 단 한번도 없다. 영화는 영화일 뿐!

mutable
[mjú:təbl]
- A 변하기 쉬운, 변덕스러운
- * mutability 변화, 변덕   * immutable 변하지 않는, 불변의
- ex) Many changes have occurred in his **mutable** story.

변할(mut) 수 있는 (able)

mutate
[mjú:teit]
- V 변하다, [생물] 돌연변이를 일으키다
- * mutation 변화, 전환, 변천   * mutant 돌연변이체, 변종
- ex) Rhythm and blues **mutated** into rock and roll.

변하게(mut) 하다(ate)

mutual
[mjúːtʃəl]

A 서로의, 상호간의, 공동의   (대상이) 바뀌는 (mut + ual)
* **mutually** 서로, 상호간에   * **mutuality** 상호관계
ex) The **mutual** rancor felt by the two nations eventually led to war.

commute
[kəmjúːt]

V 바꾸다, 교환하다; [法] 감형하다; 통근하다   완전히 (com) 바꾸다 (mute)
* **commuter** 정기승차권 사용자, 통근자   * **commutative** 교환성의
* **commutative law** [數] 교환법칙   * **commutation** 교환, 전환; 감형; 정류
* **commutation ticket** 정기 승차권   * **commutate** (전류의) 방향을 바꾸다
ex) Only 5 percent of workers **commute** by public transportation in the city.

permute
[pərmjúːt]

V 바꾸다, 변형시키다, 순열을 만들다   완전히 (per) 바꾸다 (mute)

transmute
[trænsmjúːt]

V 바꾸다, 변형시키다, 양도하다   옮겨 (trans) 바꾸다 (mute)
* **transmutable** 변형할 수 있는   * **transmutation** 변형, 양도
ex) He was unable to **transmute** his dreams into actualities.

molt
[moult]

V 털을 갈다, 탈피하다   N 털갈이, 탈피, 벗은 허물   벗다 (molt < mut)
ex) As they grow, they **molt**.

GEN = 탄생(birth), 기원(origin)

성경의 **창세기**(Genesis)는 세상의 **탄생**과 **기원**(gen)을 기록하고 있다.
유전자(gene)에는 생명의 **근원**이 되는 유전정보가 저장되어 있다.
이 정보때문에 사람은 사람을, 원숭이는 원숭이를, 쥐는 쥐를 낳는다.

---

gene
[dʒiːn]

N 인자, 유전자   gene = 생명의 기원
* **genome** [생물] 게놈   * **genetics** 유전학   * **genetic** 유전자의, 기원의

gender
[dʒéndər]

N 성, 성별   발생된 것 (gender)
ex) We have to discuss **gender** discrimination.

engender
[indʒéndər]

N 성, 성별   발생(gender) 시키다 (en)
ex) The issue **engendered** controversy.

genealogy
[dʒìːniǽlədʒi]

N 계통학, 가계, 혈통   발생(genea)을 연구 함(logy)
* **genealogic, genealogical** 족보의   * **genealogize** 계보를 찾다(만들다)

genesis
[dʒénəsis]

N 시작, 발생, 기원, (G~) 창세기   발생(gene) 현상 (sis)
ex) The author of **Genesis** was Moses.

general
[dʒénərəl]

A 전반적인, 일반적인, 명백하지 않은, 총체적인   N 장군, 전략가, 보편적 사실
* **generalize** 보편화하다, 종합하다   * **generality** 개관, 일반성

generous
[dʒénərəs]

A 후한, 관대한, 고결한, 아낌 없는   (성품이) 타고 (gener) 난 (ous)
* **generosity** 관대, 고귀함   * **generously** 관대하게

generate
[dʒénərèit]

V 발생시키다, 낳다, 산출하다

* **generation** 산출, 세대   * **generative** 생식하는, 생산력이 있는

ex) We need someone to **generate** new ideas.

탄생하게(gener) 하다(ate)

degenerate
[didʒénərèit]

V 퇴보하다, 변질하다   **AN** 퇴화된(동물)

* **degeneration** 퇴보, 퇴화, 타락   * **degenerative** 퇴화적인, 타락적인, 변질성의

ex) She has a **degenerative** disease and is on a number of medications.

퇴로(de) 가게(gener)하다(ate)

regenerate
[ridʒénərèit]

V 개심시키다, 쇄신하다   **A** 쇄신한, 갱생의, 개심한

* **regeneration** 갱생, 쇄신, 재생   * **regenerative** 재생시키는, 개심시키는

ex) Modern penologists strive for the **regeneration** of the prisoners.

다시(re) 탄생(gener) 하다(ate)

genial
[dʒí:njəl]

A 상냥한, 싹싹한, 친절한; 온순한; 쾌적한

* **geniality** 친절, 쾌적함
* **genialize** 따뜻한 마음을 갖게 하다

ex) She has a cheerful and **genial** disposition.

지녀야 할 (genial) 태도 = 상냥함

좋죠?

congenial
[kəndʒí:njəl]

A 마음이 맞는, 같은 성질의

* **congeniality** 공명, 친화성, 적합성, 성미에 맞음

ex) A good politician must be able to appear **congenial** even when he cannot do what people want him to.

함께(con) 발생(gen) 된(ial)

genital
[dʒénətl]

A 생식의   **N** (pl.) 생식기

ex) She confided in me that she had **genital** herpes.

생산(gen) 하는 것(it) 의(al)

congenital
[kəndʒénətl]

A (병 따위가) 타고난, 유전적인

* **congenital idiot** 선천적인 백치

ex) His **congenital** deformity disturbed his parents.

함께(con) 발생된(genit + al)

genteel
[dʒentí:l]

A 고상한, 품위 있는; 점잖은 체하는

* **gentry** 상류사회, 지배계급; 패거리, 무리

ex) Her **genteel** accent irritated me.

[F] = gentle

eugenics
[ju:dʒéniks]

N 우생학

* **eugenic** 우생학의   * **eugenicist** 우생학자

ex) It is easier to apply **eugenic** principles to the raising of race horses or prize cattle than to the development of human beings.

좋은(eu) 발생(gen) 학문(ics)

ingenious
[indʒí:njəs]

A 정교한, 재능 있는

* **ingenuity** 영리함, 솜씨, 정교함

ex) She's very **ingenious** when it comes to finding excuses.

안으로(in) 타고(gen) 난(ious)

ingenuous
[indʒénjuəs]

A 솔직한, 개방적인, 숨기지 않는, 순진한

* **disingenuous** 불성실한, 솔직하지 않은   * **ingenuousness** 솔직, 순진
* **ingénue** 천진난만한 소녀

ex) It is **ingenuous** to suppose that money did not play a part in his decision.

꾸밈(gen)이 없(in)는(uous)

indigenous
[indídʒənjuəs]
A 토착의, 그 지역 특유의; 타고난, 고유의
안에(in<indi) 태어(gen) 난(ous)
ex) Tobacco is one of the **indigenous** plants in this country.

primogeniture
[pràimodʒénətʃər]
N 장자임, 장자의 신분 [法] 장자상속권
처음(primo) 탄생(genit) 함(ure)
ex) He inherited the property by right of **primogeniture**.

progeniture
[proudʒénətʃər]
N 자손을 낳기, (총칭) 자손
앞으로(pro) 낳(geni)음(ture)
* progenitor 조상, 선배, 선구자, 어버이, 창시자   * epigone 자손, 후계자, 후진 모방자
ex) We must not forget the teachings of our **progenitors**.

pregnant
[prégnənt]
A 임신한, 함축성 있는, 의미 심장한, 가득한
태어나기(gn) 전(pre) 의(ant)
* pregnancy 임신, 풍부, 심오함

* gon은 변형으로 '생식, 발생'등을 의미한다.

gonad
[góunæd]
N 생식선
생식(gony)
* gonadal organ 생식기   * gonadall hormone 생식 호르몬

theogony
[θiágəni]
N 신들의 발생계통(학)
신(theo)의 발생(gony)

* 어근 'gen'이 종류(kind)의 의미를 가지는 경우도 있는데 이것은 발생 근원이 같으면 동일한 종류로 분류된다는 것을 생각해 본다면 쉽게 이해가 될 것이다. 이 어근은 특히 게르만 쪽을 거치면서 어근 'kin'으로 변화 된다.

genre
[ʒáːnrə]
N 양식, 유형, 장르   A 특정 장르의, 장르별의
[F] 종류의 뜻에서
ex) These works are all included in the **genre** of avant-garde art.

homogenize
[houmádʒənáiz]
V 균질로 하다, 균질하게 하다
동(homo) 종(gen)으로 하다(ize)
* homogeneous 동종(동질, 균질)의   * homogeneity 동종성, 동질성
ex) Milk is generally sold today in a **homogenized** condition.

* 어근 'kin (발생하다, 종류)'에서 유래한 단어들

kind	N 종류	
kith and kin	N 친지들과 친척들	
akin	A 혈족의, 유사한, 비슷한	
kindred	N 혈연, 일족, 일가, 집안, 친척 A 혈연의, 혈족의, 같은 종류의	
kinsman	N 동족인 사람	
@ propinquity	N 가까움, 근접; 유사, 근친	prope = near

* ethn = 인종(race), 나라(nation)

ethnarch	N [역사] (비잔틴 제국 등 한 민족의) 행정 장관	민족(ethn)을 통치함(arch)
ethnic	A 인종의, 민족의; 민족 특유의	민족(ethn)의(ic)
ethnicity	N 민족성	민족(ethnic)성(ity)
ethnicism	N 민족 중시주의, 민족 분리주의	민족(ethnic) 주의(ism)
ethnology	N 민족학, 인종학(ethnics)	민족(ethn) 학(ology)

* ethos = 습관(habit), 관습(custom)

ethos	N 기풍, 정신, 민족정신, 사조;, 성품, 인격	도덕이란 한 사회의 관습
ethics	N 윤리학; 도덕, 윤리, 도의, 덕의	
ethical	A 도덕적인; 의사의 처방 없이 판매할 수 없는	

LOG = 말하다(speak)

태초에 하나님께서 **말씀**으로 세상을 창조하셨다. 이 하나님의 말씀을 지칭하는 그리스어가 바로 로고스(logos)이다. 변형으로는 locut, loq, loque 등이 있다.

logic
[ládʒik]
N 논리(학), 이치 — 말(log)의 학문(ic)
* **Logos** 하나님의 말씀; 그리스도; 이성(理性)
* **logion** 그리스도의 말, 금언, 어록   * **logical** 논리적인, 당연한, 필연적인

logogram
[lɔ́:gəgræ̀m]
N 어표[dollar-$, won-₩, and-& 등], 약호 — 언어(logo) 부호(gram)
ex) I prefer a **logogram** to an entire word.

analogy
[ənǽlədʒi]
N 유사, 닮음; 유추, 유추법 — 근접한(ana) 말(logy)
* **analogize** 유추하다, 유사하다   * **analogue** 비슷한 것, 해당물
ex) Using the **analogy** of the lion chasing the zebra, Lead Hunter allows you to hunt for customers.

antilogy
[æntílədʒi]
N 전후 모순, 자가 당착 — 모순된(anti) 말(logy)
* **antilogical** 전후 모순의, 자가 당착의

apology
[əpɑ́lədʒi]
N 사과, 변명, 평계 — 멀러하는(apo) 말(logy)
* **apologize** 사과[사죄]하다, 변호하다   * **apologetic** 사과의, 사죄의, 해명의
ex) I **apologize** for my wife's rudeness.

catalogue
[kǽtəlɔ̀g]
N 목록   V 목록을 만들다, 목록에 수록하다 — 아래로(cata) (적은) 글, 말(logue)
ex) I looked through their **catalogue** but couldn't find the product any more.

dialogue
[dáiəlɔ̀g]
N 대화, 문답, 회화; 토론   V 대화하다 — 함께(col) 말하다(logue)
ex) Oscar Wilde's plays are famous for their witty **dialogue**.

epilogue
[épəlɔ̀:g]
N [문학] 맺음말, 에필로그 — 맺음(epi) 말(logy)
ex) From page one to the **epilogue**, I was completely immersed in the book.

eulogy
[júːlədʒi]
N 칭찬, 찬사, 송덕문 — 좋은(eu) 말(logy)
* **eulogistic** 칭찬의   * **eulogize** 칭찬하다
ex) Gerald, in his **eulogy**, said his father was loyal, honest and hardworking.

homologate
[houmɑ́lǝgèit]
V 승인하다, 확인하다 — 같은(homo) 말(log)을 하다(ate)
* **homologation** 승인, 인가
ex) The new car will require a **homologation** by the FIA.

syllogism
[sílədʒìzm]
N 삼단논법, 연역법 — 똑같게(syl) 말(log) 한(ism)
ex) In logic, every **syllogism** that starts with a false premise fails.

allocution
[æ̀ləkjúːʃən]
N (로마 교황 등의) 훈시, 연설 — 강조하여(al) 말하는 것
ex) They rebutted to the **allocution**: 'Fight against nature's demons'.

343

elocution
[èləkjúːʃən]

N 연설법, 발성법, 과장된 말투
* **elocutionary** 연설법의, 과장된 말투의   * **eloquent** 웅변의, 달변인
ex) Mr. Yarbrough has an easy laugh and speaks with the **elocution**.

prolocutor
[proulákjuter]

N 의장, 사회자
ex) The **prolocutor** shall be elected by ballot.

loquacious
[loukwéiʃəs]

A 말하기 좋아하는, 지저귀는, 수다스러운
ex) The **loquacious** Sharpe replaces the equally outspoken Sanders.

colloquial
[kəlóukwiəl]

A 구어체의, 회화체의; 일상회화의
* **collquialism** 구어체   * **colloquium** 회담   * **colloquy** 대화, 회담
ex) Learn to speak some simple **colloquial** French.

grandiloquent
[grandíləkwənt]

A 과장된, 호언장담하는
ex) The politicians speech was full of **grandiloquen**t language.

obloquy
[ábləkwi]

N 악평, 오명, 불명예, 창피, 비방, 욕설
ex) I've suffered your **obloquy** long enough. Now it's time to sue.

tautology
[ventríləkwi]

N 동의어[유의어] 반복, 중복어, 반복
ex) I showed definitively that your **argument** was a tautology.

ventriloquy
[ventríləkwi]

N 복화술
* **ventriloquist** 복화술의, 복화술을 쓰는   * **ventriloquize** 복화술로 말하다
ex) The real art of **ventriloquy** is making your audience focus on the puppet.

BIBLIO = 책(book)

책 중의 책 Bible! 고대 이집트에서는 papyrus라는 식물의 줄기를 사용했다. papyrus가 그리스에 수출될 때 페니키아의 Biblos항을 거쳤기 때문에 **파피루스**를 Biblos라고 불렀으며, biblos는 **책**이라는 뜻이 되었다. 그러나 Bible은 '**성경**'의 뜻으로서 다른 책들과는 구분해서 쓰여지고 있다. 이는 **성경**이 '죄사함'이라는 인류 최대의 난제에 대한 해결책을 담고 있는 유일한 책이기 때문이다.

Bible
[báibl]

N 성경(Scripture)
* **Biblical** 성서의, 성경의, 성서에 나온   * **bibliology** 서적학, 성서학, 서지학
ex) In the **Bible** it says that Adam and Eve were the first human beings.

bibliography
[bibliágrəfi]

N 서지학; 관계 서적 목록, 저서 목록, 출판 목록
ex) There's a bibliography at the end of the **paper**.

biblioklept
[bíbliəklèpt]

N 책 도둑
ex) He was a case history of bibliophilia turning into **biblioklept**.

bibliolatry
[bibliálətri]

N 서적 숭배, 성서 광신
ex) He has **bibliolatry**: an extreme fondness for books.

bibliomania
[bìbliəméiniə]

N 장서벽, 서적광
* **bibliomaniac** 서적광의 (사람)
ex) Richard had some opportunities to satisfy his **bibliomaniac** passions.

bibliophile
[bíbliəfàil]

N 서적애호가(philobiblic), 희귀본 수집가
ex) Dr. Bayless is a noted **bibliophile**.

SCRIBE = 쓰다(write)

사실 성경에는 Bible이란 단어가 없다. Scripture(쓰여진 것)가 쓰인다. 피조물이 창조주의 뜻을 알기 위해서는 반드시 사람의 말로 표현되어야 하므로 특정인들에게 영감을 주어 '쓰그라이(scribe)' 한 것이 성경이다.

---

scribe
[skraib]

N 필기자; 대서인, 법학자, 유대 율법학자
* **scrivener** 대서인, 공증인(notary)
ex) In Biblical times, a **scribe** was a teacher of the religious law.

scribble
[skríbl]

V 휘갈겨 쓰다, 아무렇게 쓰다, 낙서하다
* **scribbler** 난필자(inferior author)
ex) The baby's just **scribbled** all over the wall.

script
[skript]

N 손으로 쓴 글, 필적, 필기체, 활자; 대본
* **scriptwriter** 시나리오(방송)작가   * **scripted** 원고를 보고 읽는
ex) That line is not in the original **script**.

scripture
[skríptʃər]

N (the S~) 성서(the Bible), 경전; 성서 속의 말
ex) You are in error as you don't know the **Scriptures** or the power of God.

ascribe
[əskráib]

V (원인 따위를) …으로 돌리다, 탓으로 돌리다
* **ascribable** 돌릴 수 있는   * **ascription** 귀속, 돌리기(ascribing)
ex) He **ascribed** his failure to bad luck.

circumscribe
[sə́:rkəmskràib]

V 둘레에 선을 긋다, 한계를 정하다, 둘러싸다
* **circumscription** 한계를 정하기, 제한, 속박(bondage)
ex) The power of the monarchy was **circumscribed** by the new law.

conscript
[kánskript]

V 징집하다; 징병하다   N 징집병, 신병
* **conscription** 징병; (형벌, 군용으로서의) 징세, 징발
ex) He was **conscripted** into the army at the age of 18.

describe
[diskráib]

V 기술하다(say what is like), 그리다, 묘사하다
* **description** 기술(describing), 묘사   * **descriptive** 기술(묘사)적인
* **nondescript** 정체를 알 수 없는 (사람); 특징이 없는 (사람); 형언하기 어려운 (사람)

inscribe
[inskráib]

V 적다, 새겨 넣다, (신청자의 이름을) 기입하다

안에(in) 적다(scribe)

* **inscription** 비문(epitaph; epigraph), 서명　* **inscriptive** 비명의
ex) His name was **inscribed** on the trophy.

manuscript
[mǽnjuskrìpt]

N 사본; 원고　　A 사본의; 필사한, 손으로 쓴

손으로(manu) 적은 것(script)

ex) Scholars date the original **manuscript** to the fourth century.

prescribe
[priskráib]

V 명령하다, 지시하다, 규정하다, 처방하다

머리(pre) 적다(scribe)

* **prescript** 규정, 규칙, 지령; 규정된　* **prescription** 규정, 법규, 처방
ex) Her doctor **prescribes** placebos to keep her from worrying too much.

postscript
[póstskrìpt]

N (편지의) 추신, (서적 따위의) 발문, 해설

나중에(post) 적은 것(script)

ex) There was a romantic **postscript** at the end of his letter - I love you.

proscribe
[prouskráib]

V 금하다, 법률의 보호 밖에 두다

앞쪽에(pro) 적어두다(scribe)

* **prescription** 민권 박탈, 추방(banishment), 금지
ex) They are **proscribed** by federal law from owning guns.

subscribe
[səbskráib]

V 기명 승낙하다, 기부하다; 서명하다; 구독하다

아래에(sub) 적다(scribe)

* **subscriber** 기부자　* **subscript** 아래에 쓴　* **subscription** 기부 서명
ex) She **subscribes** to women's magazines and the local newspaper.

transcribe
[trænskráib]

V 베끼다, 복사하다; 번역하다; 녹화하다

옮겨(trans) 적다(scribe)

ex) The minutes of their meeting were entirely **transcribed** in the bulletin.

TEST = 증인, 증거(witness)

성경은 크게 구약(the Old Testament)과 신약(the New Testament)으로 나뉜다. Testament는 증인, 증거(witness)를 뜻하는 어근 test에서 온 것으로, '증거하는 것'이란 뜻이다. 성경은 40인의 기록자가 서로 다른 시·공간적 배경 속에서 기술하였음에도 불구하고, 일관되게 한 사람, 곧 예수를 증거하고 있다. 또한 성경에는 항상 증인이 있다. 무려 200만이 넘는 이스라엘 사람들이 홍해가 갈라지는 것을 목격했고, 500명이 넘는 사람들이 예수가 부활한 모습을 목격했다. 지금도 전세계 수억이 넘는 그리스도교인들은 그들이 예수를 만났다고 증언(testimony)하고 있다.

testify
[téstəfài]

V 입증하다, 증언하다(bear witness)

증명하게(testi) 하다(fy)

* **testifier** 증인　* **testdrop** 폭탄을 투하하다
ex) She refused to **testify** against her husband.

testimony
[téstəmòuni]

N 증명, 증언, 증거(proof; evidence)

증명한(testi) 상태(mony)

ex) Can I refuse to give **testimony**?

testimonial
[tèstəmóuniəl]

N 추천장, 증명서; 감사장, 표창장; 증거

증거(testimony)가 되는 것(ial)

* **testimonialize** 감사장[표창장]을 주다
ex) Use of the **testimonial** is common in commercial advertising.

attest
[ətést]
V 증명하다(prove), 진실임을 맹세하다(testify)
* **attestation** 증명, 증명서
ex) Her skillful guitar playing **attested** to the endless practice.

contest
[kántest]
N 싸움, 논쟁, 경쟁 V 싸우다, 다투다, 논쟁하다
* **contestant** 경쟁자   * **contestation** 논쟁
ex) Three candidates **contested** the leadership.

detest
[ditést]
V 몹시 싫어하다, 혐오하다(abhor; loathe)
* **detestable** 혐오할만한; 몹시 싫은   * **detestation** 증오, 혐오
ex) I **detest** warm milk - it makes me feel sick.

obtest
[abtést]
V 간청하다, 증인으로 부르다, 항의하다
ex) We beseech and **obtest** to show your good-will towards us.

protest
[prətést]
V 항의하다, 단언하다, 주장하다 N 항의, 단언
* **protester** 항의자   * **protestation** 주장, 단언
ex) A teachers' **protest** today is expected to cause traffic problem.

protestant
[prátəstənt]
N 프로테스탄트, 신교도
* **Protestantism** 신교(의 교리); [집합적] 신교 교회; 프로테스탄트 주의
ex) **Protestants** separated from the Roman Catholic during the 16th century.

testate
[tésteit]
A 유언장을 남기고 죽은
* **testacy** 유언장이 있음   * **intestate** 유언장을 남기지 않고 죽은
ex) His father died **testate** and he inherited one million dollars.

testament
[téstəmənt]
N 유언[장]; 계약, 맹약; 증거, 증명, 신앙 고백
* the Old **testament** 구약성서   * the New **testament** 신약성서
ex) Your success is a **testament** to your efforts.

testis
[téstis]
N 고환 (testicles)
ex) The team collects sperms from the patient's **testis**.

HUM = 흙, 사람(man)

하나님께서 모든 것을 말씀으로 창조하셨으나, **인간**(human)만은 자기 형상을 따라 **흙**(hum)으로 손수 빚어 만드셨다. 그러나, 인간은 죄를 범함으로 죽어서 다시 흙으로 돌아갈 운명에 처하게 되었다. 흙이나 땅을 의미했던 **hum**이 **인간**이란 의미를 함께 내포하게 된 이유이다.

---

humble
[hʌ́mbl]
A 천한, 겸손한 V 품위를 떨어뜨리다
* **humbly** 천하게   * **humbleness** 겸손
ex) Welcome to our **humble** house.

humdrum
[hʌ́mdrʌ̀m]
A 단조로운 N 보잘 것없는 사람, 단조로움
ex) We lead such a **humdrum** life.

347

humidity
[hju:mídəti]

N 습기, 습도

* **humid** 습기 있는, 습기 차고 무더운　* **humidify** 축이다, 적시다

ex) I don't mind hot weather, but I hate this high **humidity**.

땅(hum)에서 나오는 (id) 것 (ity)

humility
[hju:míləti]

N 겸손, 비하; 겸손한 행동

ex) He doesn't have the **humility** to admit when he's wrong.

땅(hum)과 같은 (il<ile) 성질(ity)

humiliate
[hju:mílièit]

V 면목을 잃게 하다, 창피를 주다

* **humiliating** 면목없는, 굴욕적인　* **humiliation** 굴욕

ex) I didn't want to **humiliate** her in front of her colleagues.

땅(hum)과 같게(ili)하다(ate)

exhume
[igzjú:m]

V 파내다, 발굴하다, 폭로하다

* **exhumation** 발굴

ex) **Exhumed** carcases were burnt.

땅(hum) 밖으로 (ex)

inhume
[inhjú:m]

V 매장하다, 토장하다

* **inhumation** 토장, 매장

ex) He is an undertaker whose only job was to **inhume** bodies.

땅(hum) 안으로 (in)

human
[hjú:mən]

A 사람의, 인간의, 인간다운　　N 인간; 사람

* **humanness** 인간　* **humane** 인정 있는, 자비심 깊은, 고상한
* **humanity** 인간성, 박애, 인류　* **humanism** 인문주의

흙 (hum) 의 (an)

humanics
[hju:mǽniks]

N 인간학

* **humanitarian** 인도주의자　* **humanitarianism** 인도주의, 박애주의

인간(human)에 관한 학문 (ics)

subhuman
[sÀbhjú:mən]

A (동물이) 인간에 가까운, 유인의; 인간 이하의

ex) Their treatment of prisoners is **subhuman**.

인간(human) 아래의 (sub)

homage
[hámidʒ]

N 존경, 충성의 맹세

ex) Many people came in **homage** to the place where the miracle had happened.

사람(hom)이 받아야 하는 것(age)

ANTHROP = 인류 (mankind)

인류의 최초 조상이라 주장되어지는 오스트랄로피테쿠스의 학명에는 항상 **anthropus**가 붙는다(eg. **Zinjanthropus**). '~인간'이란 뜻이다. 하나님이 보시기에 **안스럽기**(anthrop) 짝이 없는 것이 인간이기 때문일까?

---

anthropic
[ænθrápik]

A 인류의; 인류 시대의; 인류 발생[발달]론의

ex) This article discusses the so-called **anthropic** principle.

인류 (anthrop)를 닮은 (oid)

anthropology
[ænθrəpálədʒi]

N 인류학

* **anthropologist** 인류학자

ex) **Anthropologists** discovered relics of prehistoric humans in this area.

인류 (anthrop) 학문 (logy)

anthropoid
[ǽnθrəpɔ̀id]

A 인간 비슷한; 유인원 같은   N 유인원

인류(anthrop)를 닮은(oid)

ex) The gorilla is the strongest of the **anthropoid** animals.

philanthropy
[filǽnθrəpi]

N 박애, 자선, 자선 행위 (사업, 단체)

인류(anthrop)에 대한 사랑(phil)

* **philanthropist** 박애주의자, 자선가

ex) As he grew older, he became famous as a **philanthropist**.

anthropophagi
[æ̀nθrəpáfədʒai]

N 식인종(cannibals)

사람(anthrop)을 먹음(phagi)

* **anthropophagy** 사람을 잡아 먹는 풍습

misanthrope
[mísənθròup]

N 인간을 싫어하는 사람(misanthropist)

인간(anthrop)을 싫어하는(mis)

* **misanthropy** 사람을 싫어하기

ex) The hermit was a **misanthrope**.

anthropogeny
[æ̀nθrəpádʒəni]

N 인류발생론(anthropogenesis)

인류(anthrop) 발생(gen)론(esis)

ex) Analysis of **anthropogeny** is necessary for the study of gender differences in the history of humanity.

SPIR/SPER = 바람(wind), 숨(breath)

사람은 영·혼·육으로 되어 있다. 하나님이 흙으로 사람을 만든 후, 코에 생기를 불어 넣으므로 **생령**이 되었다고 말한다. **영**은 spirit, **혼**은 soul로 표현된다. Spirit은 숨 또는 바람을 의미하는 말로서 성경에서 **영**을 표현할 때 쓰인 히브리어 Ruah를 번역한 라틴어이다. 하나님의 영을 지칭하는 성령(聖靈)은 **holy spirit**이라고 부른다.

---

spirit
[spírit]

N 정신, 마음, 혼, 영혼, 유령, 용기, (pl) 기분

숨 쉬는(spir) 것(it)

ex) The Holy **Spirit** will, if allowed, guide you in every area of life; from the words you should speak, to the spouse you should marry.

spiritual
[spíritʃuəl]

A 정신적인, 영적인, 신령한, 종교적인

정신(spirit) 적인(ual)

* **spiritualism** 심령론, 유심론(↔materialism)   * **spirituality** 정신적임

ex) True **spiritual** worship pleasing to God is a worship that honors and glorifies God because He is in our life every day.

spiracle
[spáiərəkl]

N 공기 구멍; [동물] (곤충 등의) 숨구멍

ex) The first gill chamber of sharks is reduced to a **spiracle**.

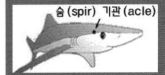
숨(spir) 기관(acle)

aspire
[əspáiər]

V 열망하다, 갈망하다(long for)

-쪽으로 (a) 숨쉬다(spire)

* **aspiration** 대망, 열망   * **aspirant** 야심가(enterpriser)

ex) Mr. Richard had originally **aspired** to be a playwright.

conspire
[kənspáiər]

V 음모를 꾸미다, 공모하다, 협력하다

함께(con) 호흡하다(spire)

* **conspirator** 공모자, 음모자(plotter)

ex) All things **conspired** together for their ruin.

conspiracy
[kənspírəsi]

N 음모, 모의; (원인의) 동시 발생

ex) There has been a deep **conspiracy** against the king going on for a long time.

함께(con) 숨쉬는(spir) 것(acy) 음모

despair
[dispέər]

N 절망, 자포자기   **V** 절망하다

아래로(de) 숨쉬다(spair)

ex) We **despair**ed of his life./His life is **despair**ed of. 그는 살 가망이 없다.

desperate
[déspər]

A 자포자기의; 목숨을 건, 필사적인; 절망적인

아래로(de) 숨쉬다(spair)

* **desperately** 절망적으로, 필사적으로   * **desperation** 자포자기

ex) I was **desperate** for a glass of water.

expire
[ikspáiər]

V 숨을 내쉬다, 꺼지다, 죽다(die), 만기 되다

밖으로(ex) 숨쉬다((s)pire)

* **expiration** 숨을 내쉬기, 종료, 만기(end; close)

ex) The deadline for application has **expired**.

inspire
[inspáiər]

V 감동시키다, 감격시키다, 고취하다(spur)

안으로(in) 숨쉬다(spire)

* **inspiration** 감화, 격려, 영감, 기묘한 착상, 숨을 들이쉬기
* **inspirational** 영감의, 고무적인   * **inspired** 영감을 받은, 영감으로 쓰여진

ex) My pet guinea pig is my muse. It **inspires** all my best poetry.

perspire
[pərspáiər]

V 땀이 나다(sweat), 발한하다

샅샅이(per) 숨쉬다(spire)

* **perspiration** 발한(작용), 땀(sweat)

ex) The size of the players on the visiting team was daunting; the players on the home team began to **perspire** nervously.

prosperity
[prɑspérəti]

N 번영, 행운(good luck), 성공(success)

앞쪽으로(pro) 호흡함(spir + ity)

* **prosperous** 성공한, 행운의, 번창하는   * **prosper** 성공하다, 번영하다

ex) This war will not bring **prosperity**, but great insecurity.

respire
[rispáiər]

V 호흡하다, 숨쉬다; 휴식하다, 한숨 돌리다

다시(re) 호흡하다(spire)

* **respiratory** 호흡의   * **respiration** 호흡   * **respirator** 인공호흡기, 마스크

ex) **Respired** elemental mercury vapor can cross the blood brain barrier and attach to proteins.

suspire
[səspáiər]

V 탄식하다(sigh), 호흡하다

아래로(su(s)) 호흡하다(spire)

* **suspiration** 탄식, 긴 한숨(deep sigh)

ex) Her life among her children was a constant **suspiration**.

transpire
[trænspáiər]

V 수분[냄새]을 발산하다, 증발하다; 배출하다

(사건 등이) 일어나다(happen)

옮겨(tran(s)) 숨쉬다(spire)

* **transpiration** 증발, 발산, 발로

ex) After waiting for many hours, it **transpired** that no helicopters would fly that day – due to weather.

PNEU = 바람(wind), 숨(breath)

spirit에 해당하는 그리스어가 pneuma인데 역시 바람 또는 숨을 의미한다. spirit(영)-anima(혼)는 Latin어이고 pnuema(영)-psyche(혼)는 그리스어이다. Psyche는 신화 편에서 설명한다.

pneuma
[njú:mə]
N 정신(spirit), 영혼(soul) — 영
ex) **Pneuma** is the New Testament Greek word which means Holy Spirit.

pneumonia
[njumóunjə]
N 폐렴 — 폐(pneumon)의 질병(ia)
ex) Taking heartburn drugs for prolonged periods increases the risk of developing **pneumonia**.

pneumatic
[njumǽtik]
A 공기의, 공기를 채운 — 공기(pneumat)의 (ic)
* **pneumat**ometer 폐활량계
ex) Dry particulates are blown out of the carpet with a **pneumatic** duster.

pneumatology
[njù:mətálədʒi]
N [신학] 성령론; 영물학(靈物學) — 영(pneumat)의 연구(ology)
ex) **Pneumatology** refers to the study of spiritual beings and phenomena, especially the interactions between humans and God.

* 한편 어근 pulmon은 '폐(lung)'의 뜻이다.

pulmonary
[pʌ́lmərèri]
A 폐의, 폐를 침범하는; 폐 모양의, 폐병의 — 폐(pulmon)의 (ary)
ex) He has suffered from **pulmonary** tuberculosis.

pulmonate
[pʌ́lmənət]
A 폐가 있는, 유폐류의 — 폐(pulmon)의 (ate)
ex) Marine **pulmonate** slugs have gill-like papillae scattered over the back.

pulmotor
[pʌ́lmòutər]
N 인공 호흡기 — 폐(pulmo) 역할을 하는 것(tor)
ex) It is possible to resuscitate so many of them with a **pulmotor**.

* 어근 hale 역시 '숨쉬다'의 뜻이므로 같이 기억하자.

inhale
[inhéil]
V 들이쉬다, 흡입하다 — 들이(in) 쉬다(hale)
* **inhal**ant 빨아들이는, 흡입용의; 흡입기[제]　　* **inhal**ation 흡입; 흡입제
ex) He took a long slow breath, **inhaling** deeply.

exhale
[ekshéil]
V 내쉬다; 내뿜다; 발산[방출]하다; 증발시키다 — 내(ex) 쉬다(hale)
ex) Hold your breath for a moment and **exhale**.

* atm = 숨(breath)

atmosphere N 대기, 기압
atmometer N 증발계
asthma N 천식
asthmatic A 천식의

앗! 숨아 (asthma) 천식땜에

ANIM = 마음, 정신, 혼(mind, soul)

라틴어로 **anima**는 혼을 의미하며 spirit(영)과 대조되는 개념으로 쓰인다. 동물은 영이 없고 혼만 있으므로 **animal**이라고 부르게 되었다.

영(spirit)은 없고 혼(anima)만 있는 animal

animal
[ǽnəməl]
N 동물, 짐승; 짐승 같은 인간
A 동물 같은, 짐승 같은, 육욕적인, 육체적인
* the animal kingdom 동물계   * animal desire 육욕

혼(anim)만 있는 것(al)

animalism
[ǽnəməlìzm]
N 동물적 생활, 동물성, 수욕주의; 인간 동물설
ex) She is close to **animalism**, but at the same time she has power over it.

동물(animal) 주의(ism)

anima
[ǽnəmə]
N 혼, 정신; 생명; 남성의 억제된 여성적 특성
* animus 여성의 억제된 남성적 특성
ex) Wonder Woman offers us an example of the **Anima** in action.

혼

animism
[ǽnəmìzm]
N 정령(精靈) 신앙, 정령 숭배; 물활론(物活論)
ex) **Animism** reveals incomplete knowledge and understanding of the world.

영혼(anim) 주의(ism)

animate
[ǽnəmit]
A 살아 있는, 생기 있는
V ~에 생명을 불어 넣다, 살리다; 격려(고무)하다, 만화 영화로 만들다
* animation 생기, 활기; 만화 영화   * animator 생기를 주는 사람, 만화 제작자
* animated 활기찬, 활발한; 동영상으로 된, 만화영화로 된
ex) The dust of the ground was **animated** by God.

살게(anim) 하다(ate)

animadvert
[ænəmædvə́:rt]
[마음(anim)이 저쪽으로(ad) 돌아(vert)서서 하는 것이 비난]
V 비평[혹평]하다, 비난하다 (on, upon, about)
* animadversion 비평, 혹평
ex) Society is authorized to **animadvert** upon a certain individual, in the case of murder.

-일본 영화-
왜놈, 얘도 벗다
(animadvert)
-그래서 비난하다

animosity
[ænəmásəti]
N 증오(심), 악의, 적개심
ex) We're competitive but there's no personal **animosity** between us.

왜놈 와서 (animus),
왜놈 와서리 (animosity)
생기는 적개심

animus
[ǽnəməs]
N 악의, 증오심; 여성의 억제된 남성적 특성(↔anima)
ex) The **animus** of the speaker became obvious to all when he begun to indulge in insulting remarks.

equanimity
[ìkwəníməti]
N (마음가짐의) 평정, 평온
ex) He received the news of his son's death with remarkable **equanimity**.

동등한(equ) 마음(anim)

inanimate
[inǽnəmət]
A 생명이 없는, 죽은; 활기 없는(dull)
ex) Is a robot animate or **inanimate**?

생명(anim)이 없(in)는(ate)

reanimate [ri:ǽnəmèit]	V 소생[부활] 시키다, 기운을 북돋아 주다	다시(re) 살게(anim) 하다(ate)
	ex) The film is black & white, to **reanimate** the nostalgia of silent films.	
magnanimity [mæ̀gnəníməti]	N 아량(이 넓음), 관대함, 담대함 * **magnanimous** 관대한, 마음이 넓은 ex) The soldiers have promised to treat the hostages with **magnanimity**.	큰(magn) 마음(anim) + ity
pusillanimous [pjù:səlǽnəməs]	A 무기력한, 나약한, 소심한(cowardly) * **pusillanimity** 무기력, 겁 많음, 소심, 비겁 ex) He's too **pusillanimous** to stand up to his opponents.	 퍼짐(pusill)+마음(anim) +ous 마음이 퍼지면 무기력해짐
unanimous [ju:nǽnəməs]	A 만장일치의, 이의 없는 [한(uni) 마음(anim) 의(ous)] * **unanimity** 만장일치 * **unanimously** 만장일치로 ex) After the long discussion we reached a **unanimous** decision.	

* meditate = 배우다(learn), 마음(mind)

meditate	V 숙고하다, 계획하다, 명상하다
meditation	N 숙고, 계획; 명상
meditative	A 명상에 잠긴

meditation 명상

* zoo = 동물(animal)

zoology	N 동물학; (집합적) 한 지역의 동물	동물에 관한 학문(logy)
zooid	A 동물성의, 동물 비슷한 N 개체, 독립개체	동물(zoo) 같은(oid)
zoolatry	N 동물 숭배; 동물편애, (특히) 애완동물 편애	동물(zoo) 숭배(latry)
zoon	N 개충 (군체를 구성하는 개원), 개체	동물 개체
zoonosis	N 동물원성(原性) 감염증, 인수공통 전염병	동물로부터 오는 병(sis)
epizoon	N 체외 기생충, 외피 기생 동물	외피(epi)에 사는 동물
enzootic	A 지방(풍토)성의 N (동물의) 지방(풍토)병	안에서(en) 퍼지는 동물병(zootic)
epizootic	A (가축) 유행병의 N (가축) 유행병	밖에(epi) 퍼지는 동물병(zootic)
protozoan	NA (동물) 원생동물(의)	원시(proto) 동물(zoan)
zodiac	N 황도대, 수대(獸帶)	동물을 포함한 띠(diac)

LUC/LUMIN = 빛(light)

'샛별'을 의미하기도 하는 'Lucifer'는 원래 하나님께서 만드신 천사들 중 가장 '빛나는' 존재였다. 그러나 그 '빛남' 때문에 그는 교만하게 되었고 하나님과 같아지려 반역을 꾀하다가, 결국 쫓겨나게 되었다. Lucifer는 이제 '사탄'으로 일컬어진다. 빛날 때 교만해지면 결국 망하고 만다.

Lucifer [lú:səfər]	N 샛별, 금성(Venus); 마왕(Satan) * **luciferous** 반짝이는, 빛나는; 계발하는 * **lucifugous** 일광을 피하는 ex) She is as proud as **Lucifer**. 교만하기 짝이 없다	빛(luc) 나는 (ent)
lucent [lú:snt]	A 빛나는, 번쩍이는; 투명한 * **lux** 럭스 (조도의 국제단위)	빛(luc) 나는 (ent)
lucid [lú:sid]	A 명쾌한, 알기 쉬운, 두뇌가 명석한 ex) His explanation was so **lucid** that even a fool might understand it.	빛나는, 밝은

elucidate
[ilú:sədèit]

V 설명하다, 밝히다, 명백히 하다
* **elucidation** 설명, 해명　　* **elucidative** 설명적인, 해명적인
ex) People had hoped the spokesman would **elucidate** the issue.

lucubrate
[lú:kjubrèit]

V 밤 늦게 까지 공부하다(일하다), 노작을 낳다
* **lucubration** 고심한 작품
ex) I'll have to **lucubrate** tonight and chew that one over.

pellucid
[pəlúsid]

[통하여(pel<per) 빛나는 (lucid)]
A 투명한, 맑은; 명쾌한, 명료한
ex) What I meant was perfectly **pellucid** to anyone who read it.

translucent
[trænslú:snt]

A 반투명의; 투명한; 명쾌한, 명료한
ex) This china is so fine and delicate that it's **translucent**.

luster
[lʌ́stər]

N 광택, 윤, 빛남; 영광; 광내는 약
* **lustrous** 광택이 나는, 번쩍이는, 훌륭한　　↔ **lust** 욕망, 갈망, 정욕
ex) Her eyes lost their **luster**.

illustrate
[íləstrèit]

V (실례, 비교) 따위를 들어 예증하다
* **illustration** 삽화, 설명도, 실례　　* **illustrative** 예증하는
ex) The lecturer **illustrated** his point with a diagram on the blackboard.

luminant
[lú:mənənt]

A 빛나는, 빛을 내는, 번쩍거리는; 발광체
* **luminance** 광도, 휘도　　* **lumen** 루멘(광속의 단위)

luminary
[lú:mənèri]

N 발광체; (도덕, 지적인) 대지도자; 유명인
ex) **Luminaries** of screen assembled for last night's awards ceremony.

luminous
[lú:mənəs]

A 빛을 발하는; 밝은; 총명한
* **luminosity** 밝음
ex) The moon was a **luminous** disk in the cloudy nighttime sky.

illuminate
[ilú:mənèit]

V (빛을) 비추다, 계몽하다, 계발하다, 장식하다
* **illumination** 조명, 계몽, 조도, 교화　　↔ **limn** 그리다, 묘사하다
ex) The streets were **illuminated** with strings of colored lights.

@splendor
[spléndər]

N 빛남, 광채; 훌륭함, 당당함; 현저, 탁월
* **splendid** 화려한, 눈부신, 빛나는, 훌륭한
* **resplendent** 빛나는, 눈부시게 빛나는, 찬란한

@mirth
[mə:rθ]

N 환희, 명랑, 희희낙락, 즐거움
* **mirthful** 유쾌한, 즐거운, 희희낙락하는

* 어근 'lux'는 유래가 다르다. '뒤틀린(dislocated), 과도한, 넘치는(excess)' 뜻.

luxate	V	삐다, 탈구하다
luxation	N	[의학] 탈구
luxury	N	사치, 호사, 사치품
luxurious	A	사치스러운, 호화스러운
luxuriant	A	무성한, 울창한, 다산의, 기름진
luxuriate	V	무성하다, 번성하다, 증식하다
luxuriance	N	무성, 풍부, 다산
deluxe	A	사치스러운, 호화스러운

Luxated Hip

넘치게(luxuri) 되다(ate)
넘치게(luxuri) 됨(ation)
완전히(de) 과도한(lux)

BOL/BL = 던지다(throw)

디아블로라는 게임이 있다. Diabolos는 사탄(Satan)을 라틴어로 번역한 것으로 '중상하는 자, 비방하는 자' 등의 뜻을 담고 있다. 하나님과 사람 **사이로(dia=across)** 자신을 **던져(bol=throw)** 갈라 놓으려 하기 때문이다. devil(악마)은 diabolos의 변형이다. 앞으로(pro) 던져진(bl<bol) 것(em)이 문제이다.

diabolic
[dàiəbálik]
N 악마의; 악마적인, 극악 무도한
ex) Conditions in the prison were said to be **diabolical**.

가로 질러(dia) 던져지고 자의

catabolism
[kətǽbəlìzm]
N 이화작용(falling work)
* anabolism 동화작용(rising work)
ex) The balance of anabolism and **catabolism** is called metabolism.

아래로 던짐(bolism)

embolism
[émbəlìzm]
N 윤달, 색전증
ex) **Pulmonary** embolism causes damage to lung tissue.

안으로 던져진 것

hyperbole
[haipə́:rbəli]
N 과장법(exaggeration; extravagancy)
ex) Politicians are fond of **hyperbolic** phrases like 'murderous deeds'.

과하게(hyper) 던지는 말

hyperbola
[haipə́:rbələ]
N 쌍곡선
* hyperbolic 쌍곡선의; 과장법의; 과장된

(곡선) 위로 (hyper) 던져진 (bol) 곡선

parabola
[pərǽbələ]
N 포물선   [비스듬히 (para) 던져져면 생기는 것]
* parabolic 포물선(모양)의; 비유담(우화) 같은
ex) A ball made a **parabola** in the air.

metabolism
[mitǽbəlìzm]
N 신진대사
ex) Exercise is supposed to speed up your **metabolism**.

변하게(meta) 던지는(bol) 것(ism)

symbol
[símbəl]
N 부호(a sign), 상징, 기장(emblem)
* symbolize 상징하다
ex) The heart shape is a **symbol** of love.

똑같이(syn) 던져짐(bol)

emblem
[émbləm]
N 표식, 기장; 상징   V 상징하다(symbolize)
ex) A dove is often used as an **emblem** of peace.

염불함 (emblem)은 불교의 상징

parable
[pǽrəbl]

N 비유담(fable), 우화

ex) Jesus told many **parables** to his followers.

빗대어서(para) 던져진 말

ballistics
[bəlístiks]

N 탄도학(the science of projectiles)

* **ballistic** 탄도의, 탄도학의   * **go ballistic** 분통을 터트리다

ex) He went **ballistic** when I told him.

(포탄이) 던져져서 길을 여다 (ics)

* ball은 또한 '놀(dance)'의 의미도 지닌다. 몸을 던지듯이 움직이는 것이 좋다.

ball   N 무도회   V 신나게 놀다, 흥청망청 놀다
ballad   N 발라드; 민요(a native song), 속요
ballet   N 발레, 무용극; 발레곡; 발레단

ORI = 발생하다, 일어나다(rise)

아담과 하와가 선악과를 따 먹음으로 지은 죄를 original sin, 즉 원죄라고 하는데 이 원죄는 아담으로부터 유전되어 모든 인류가 다 갖고 있는 죄이다. 인간은 누구나 이 원죄에 뿌리를 둔 까닭에 자범죄(actual sin)로부터도 자유로울 수 없다. 사람은 죄인이라 죄를 짓는다는 것이다.

orient
[ɔ́:riənt]

N 동양(↔occident), 아시아, 동쪽; 질 좋은 진주
A 동방의, 발생하는   V 동방으로 향하다, 방위를 바르게 맞추다

* **oriental** 동양의; 품질이 좋은; 동양인   * **orientalism** 동양식, 동양 말투

ex) The **Orient** closed the door against to Western civilization.

해가 뜨(ori)는 (ent)

orientation
[ɔ̀:riəntéiʃən]

N 동쪽으로 하기, (방침의) 결정, 적응지도

ex) The **orientation** of the planet's orbit is changing continuously.

동쪽(orient)으로 하기 (ation)

origin
[ɔ́:rədʒin]

N 기원, 원천, 혈통

* **original** 최초의, 원본의, 독창적인   * **originality** 독창성, 창의력

ex) It's a book about the **origin** of the universe.

발생

originate
[ərídʒənèit]

V 시작하다, 창작하다, 생기다   N 발기인

* **originative** 창의력 있는, 기발한

ex) The word maverick **originated** in toe Old West.

생기나게(origin) 하다 (ate)

aboriginal
[æbərídʒnəl]

A 처음부터의, 원시의; 원주민

* **aboriginally** 원래;태고부터 * **aborigines** 원주민

ex) The **aborigines** of Australia are the earliest known human inhabitants of Australia.

abort
[əbɔ́:rt]

V 유산(조산)시키다, 낙태하다, 실패하다

* **abortive** 유산의; 실패의; 유산, 낙태약
* **abortion** 유산, 임신중절

ex) He made two **abortive** attempts on the French throne.

ex) This project is a complete **abortion**.

ERR = 헤매다(wander)

갈 바를 모르고 헤매는 것이 곧 **error**(실수). 사람은 늘 길 잃은 양처럼 갈 길을 모르고 제 마음대로 행하는 실수투성이의 인생을 살지만 인류의 목자이신 하나님께서는 한시도 쉬지 않고 잃어버린 양을 찾아 헤매신다. 'To **err** is human, to forgive divine.'의 진정한 의미는 바로 그것!

err
[ɛər]
V 잘못하다, 틀리다; 죄를 범하다
  변하다 > 잘못하다
* **errancy** 잘못; 상규를 벗어남; 경솔, 변덕   * **errable** 틀린
* **inerrable** 틀리지 않는   * **err on the side of ~** 지나치게 ~에 치우다
ex) To **err** is human, to forgive divine.

error
[érər]
N 잘못(something wrong), 오류, (야구) 실책
  벗어난(err) 것(or)
* **errorless** 잘못이 없는   * **an error of judgment** 판단착오
ex) The letter contains a number of typing **errors**, which I must correct.

erroneous
[iróuniəs]
A 잘못된, 틀린
  벗어난(err) 것(or)
ex) He had the **erroneous** impression that the more expensive the better.

errant
[érənt]
N 무예 수도자   A 돌아다니는; 잘못된
  돌아다니(err) 는(ant)
* **errantry** 무술 수련, (각국) 편력, 방랑   * **inerrant** 잘못이 없는

errand
[érənd]
N 심부름, 용무, 목적
  돌아다니는(err) 사람(and)
* **a fool's errand** 쓸데없는 심부름   * **errand boy** (상점, 회사의) 심부름꾼
ex) He often runs **errands** for his grandmother.

aberrant
[æbérənt]
[멀리(ab=away) 이탈(err) 한(ant)]
A 정도(正道)에서 벗어난, 탈선적인; 이상한
* **aberrance** 정도에서 벗어남, 탈선, 과오
ex) Ian's rages and **aberrant** behavior worsened.

aberration
[æbəréiʃən]
[멀리(ab) 벗어(err) 나게(ate) 함(ion)]
N 정도에서 벗어남, 탈선; 변형; 정신이상; 수차
ex) Tom's bad behavior was an **aberration**.

erratum
[erɑ́:təm]
N (고쳐야 할) 오류, 오자, 오식
  에러 다(errata) = 오타
* **errata** erratum의 복수; 정오표(正誤表)   * **erratum slip** (책 등의) 정오표
ex) We corrected the **errata** in the book before the new printing.

erratic
[irǽtik]
A 산만한, 변덕스러운, 엉뚱한   N 괴짜
  (정상에서) 벗어난
* **erratic star** 행성   * **inerratic** 방황하지 않는, 탈선하지 않는
ex) He drove in an **erratic** course down the road.

unerring
[ʌnə́:riŋ]
A 잘못이 없는, 정확한, 틀림없는
  벗어나지(err) 않(un) 는(ing)
* **fire with unerring aim** 표적을 정확히 겨냥하여 사격하다
* **strike an unerring blow** 정통으로 때리다   * **unerringly** 정확히, 틀림없이
ex) Brinkworth has earned his reputation as an **unerring** goal scorer.

arrant　　　　A 악명높은, 대단한, 터무니없는, 소문난　　　　벗어(arr<err) 난(ant)
[ǽrənt]
　　　　　　　* an arrant lie 터무니 없는 거짓말　　* an arrant thief 소문난
　　　　　　　ex) He dismissed the rumors as `arrant nonsense'.

* planet은 그리스어 'Planasthai'에서 온 말이다. 뜻은 '방랑하다(wander)!'

planet　　　　N 행성, 유성
[plǽnit]
　　　　　　　* planetary 행성의　　　* major[minor] planets 대[소]행성

LIG = 묶다(bind)

'religion'이 왜 '종교'를 의미하게 되었을까? 하나님과 사람은 원래 서로 밀접하게 '연결'된 사이였다. 그러나 사람이 죄를 범함으로써, 죄와는 결코 병립할 수 없는 하나님과 이미 죄가 들어가 버린 사람 사이는 단절이 되고 말았다. 바로 그 단절된 하나님과의 관계를 '다시(re) 연결해(lig) 주는 것(ion)', 그것이 바로 종교이다.

religion　　　N 종교, 신앙, 신조(creed)　　　　　　　　　다시(re) 연결(lig) 함(ion)
[rilídʒən]
　　　　　　　* religious 종교적인, 경건한
　　　　　　　ex) She was raised in a religion that prohibits premarital sex.

ligament　　　N 인대(靭帶); 유대(tie)　　　　　　　　　　　연결한(liga) 것(ment)
[lígəmənt]
　　　　　　　ex) I've torn a ligament.

ligate　　　　V 잡아 매다, 동이다, 결찰하다　　　　　　　　연결(lig) 하다(ate)
[láigeit]
　　　　　　　* ligation 결찰(법); 잡아매기, 잡아 매는 것　　* ligature 동여맴; 끈, 띠

colligate　　　V 결합시키다, 종합하다　　　　　　　　　　　함께(col) 연결(lig) 하다(ate)
[kάləgèit]
　　　　　　　* colligation 결합, 총괄, 종합

oblige　　　　V 억지로 시키다; 은혜를 베풀다, 소원을 들어 주다　　강하게(ob) 묶다(lige)
[əbláidʒ]
　　　　　　　* obliged …하지 않을 수 없는　　* obligatory 의무적인, 필수의, 예기된
　　　　　　　* obligor 채무자　　* obligee 채권자　　* obliging 잘 도와주는, 친절한
　　　　　　　ex) We were obliged to obey him.

obligation　　N 의무, 책무; 채무, 증권; 은혜, 혜택　　　　　　강하게(ob) 묶임(lig+ation)
[ὰbligéiʃən]
　　　　　　　* obligate 의무를 지우다; 감사하는 마음이 우러나오게 하다
　　　　　　　　　　　　 부득이한, (법률상, 도덕상) 의무적인, 필수의
　　　　　　　ex) You are under no obligation to buy anything.

league　　　　N 동맹, 연맹, 그룹, 부류　　V 동맹을 맺다　　　연결됨(league)
[li:g]
　　　　　　　ex) United were league champions last season.

colleague　　　N 동료(companion ; associate)　　　　　　　　함께(col<con) 연결됨(league)
[kάli:g]
　　　　　　　ex) I knew my statement was correct when my colleague corroborated it.

liable　　　　A 법적 책임이 있는, ~하기 쉬운, 의무가 있는　　　연결(lia) 된(ble)
[láiəbl]
　　　　　　　* liability 부담, 법적 책임; 골칫거리, 부채
　　　　　　　ex) You will be liable for any damage caused.

liaison
[líːəzɑ̀n]

N 각 부대의 연락(병), 섭외, 연락

liai(연결하는) 사람(son)

ex) We work in close **liaison** with the police.

alliance
[əláiəns]

N 결연, 인척관계(affinity)

~쪽으로(al<ad) 묶(li)음(ance)

* **ally** 동맹하다; 동맹국, 자기편   * **allied** 동맹을 맺는

ex) Korean Airline is in **alliance** with some other airlines.

reliance
[riláiəns]

N 신뢰(trust), 신용(credence)

다시(re) 묶으(li)려면 신뢰가

* **rely** 의지하다   * **reliable** 믿을 만한   * **unreliable** 신뢰하지 못할

ex) The region's **reliance** on tourism is unwise.

rally
[rǽli]

N 다시 모임; 회복; 대집회   V 다시 불러 모으다

다시(r<re) 결합(ally)

ex) Five thousand people held an anti-nuclear **rally**.

MAN = 머무르다(stay)

임마누엘(Immanuel)은 분해하면 '우리 안에(Im) 함께 머무르는(man) 아버지(el)'로서 '하나님이 함께 하신다'는 뜻이다. 임마누엘은 예수의 다른 이름으로, 예수님을 보내 주신 것은 하나님께서 우리와 함께 하신다는 확실한 사랑의 증거인 것이다. 머무르는 mansion을 생각해도 될 것이다.

---

manor
[mǽnər]

N (봉건시대의) 장원, (영주의) 영지

머무는(man) 곳(or)

* **Manor house** 영주의 저택   * **manorial** 영지의

ex) A policeman needs to know about all the criminals on his **manor**.

mansion
[mǽnʃən]

N 큰 저택, 장원

머무는(man) 곳(sion)

* **manse** (교회의) 목사관   * **sons of the manse** 가난하나 교양 있는 사람

ex) The street is lined with enormous **mansions** where the rich and famous live.

immanent
[ímənənt]

A 내재하는, 내재적인

안에(im) 머무르(man)는(ent)

* **immanence/-ency** 내재(성)의 내내론, 초월론

ex) God is **immanent** in the created world, but is not limited by it.

Immanuel
[imǽnjuəl]

N 남자이름; 구세주; 그리스도

언제나 함께 있는 임마누엘

permanent
[pə́ːrmənənt]

A 영속하는, 불변의

계속(per) 머무(man)는(ent)

* **permanence** 영구, 불변   * **permanently** 영구적으로

ex) She is looking for a **permanent** place to stay.

remain
[riméin]

V 남다, 잔존하다

뒤에(re) 남아 있다(main)

* **remains** 남은 것, 유해   * **remainder** 나머지

remnant
[rémnənt]

N 나머지, 잔여, 잔품, 찌꺼기   A 나머지의

뒤에(re) 남아(mn) 있는(ent)

* **a remnant sale** 잔품 정리 특매

menial
[míːniəl]

N 하인의, 비천한   N 하인

가자일(men)과 관련된(ial)

ex) In my last job I did **menial** work like washing dishes and cleaning floors.

SACR/SECR = 신성한(sacred)

'sacrifice(희생시키다)'는 원래 '신성하게(sacri) 만들다(fice)'의 의미를 지닌다. 신성하게 만드는 것이 희생의 의미를 갖게 된 내력은 이렇다. 인류의 조상인 아담이 죄를 범하는 순간 인간은 죄 때문에 죽을 수 밖에 없게 되었는데, 하나님께서 인간에게 죽음을 면하고 신성하게 될 수 있는 방법을 주셨다. 희생제물을 죽여 자신의 생명을 대신해 제물로 드리는 것이었다.

sacral [séikrəl]
A 제식의, 성례의(sacred), [해부] 천골의   신성(sacr)한(al)
* sacralize (종교 의식에 의해) 신성하게 하다   @ sacrum [해부] 천골(薦骨)
ex) One of the biggest opportunities we had was in **sacral** architecture.

sacrament [sækrəmənt]
N 성례(침례와 성찬식), 선서; 표시   V 신성하게 하다   신성한(sacr) 것(ament)
* sacramental 성례의; 선서한, 신성한
ex) Many argue that marriage is a religious **sacrament**.

sacred [séikrid]
A 신성한(holy), 신의, 종교적인, 존경할만한   신성(sacr)한(ed)
ex) In India the cow is a **sacred** animal.

sacrifice [sǽkrəfàis]
N 산 제물, 희생, 손실   V 희생시키다   신성하게(sacri) 하다(fice)
* at the sacrifice of 희생으로 하여   * sacrificial 희생의, 산 제물의, 투매의
ex) She was ready to **sacrifice** her political reputation for her son's safety.

sacrosanct [sǽkrousæ̀ŋkt]
A 극히 신성한, 신성불가침의   신성하고(sacro) 신성한(sanct)
ex) Life is **sacrosanct** and only God can decide when to terminate it.

sacrilege [sǽkrəlidʒ]
N 신성모독   신성한(sacr) 걸 도와서(leg) 훔침
* sacrilegious 신성 모독의(of sacrilege)
ex) We have a duty to keep our Father's house from **sacrilege**.

sacerdotal [sæ̀sərdóutl]
A 성직의, 사제의   신성하게(sacer) 주어(dot)진(al)
ex) The elders formed a council, but had no **sacerdotal** power.

consecrate [kánsəkrèit]
V 신성하게 하다, 바치다, 봉헌하다   함께(con) 신성시(secr) 하다(ate)
* consecration 신성화, 정화, 봉헌, 봉납
ex) The battlefield had been **consecrated** by the blood of the soldiers died there.

desecrate [désikrèit]
V 속되게 하다, 모독하다   신성(secr)을 깎(de) 다(ate)
* desecration 신성모독(sacrilege)

execrate [éksəkrèit]
V 굉장히 싫어하다, 증오하다, 저주하다(curse)   신성에서 벗어나게(ex) 하다(ate)
* execrable 저주할, 혐오할   * execrative 저주의   * execration 저주, 주문
ex) He cursed and **execrated** the heresies and errors.

obsecrate [ábsəkrèit]
V [드물게 문어] 탄원하다(beseech; implore)   신성한(secr) 쪽매(ob) 탄원하다
* obsecration 탄원, 간청(solication)

SANCT = 신성한(sacred)

어근 'sanct' 역시 '신성한'의 의미를 지닌다. 성인 또는 성도를 의미하는 'saint'가 여기에서 왔는데, 예수의 희생으로 죄를 용서받고 거룩하게 되었다는 뜻에서 **성도(saint)**라고 부르게 된 것이다.

sanctify
[sǽŋktəfài]
V 신성하게 하다, 죄를 씻다, 정화하다   신성하게(sanct) 하다(ify)
ex) God blessed the seventh day and **sanctified** it.

sanction
[sǽŋkʃən]
V 인가하다, 찬조하다; 제재 규정을 설정하다   신성하게(sanct) 함(ion)
N 인가, 시인; 허용, 찬성; (법령·규칙 위반에 대한) 제재, 처벌; (pl.) 제재조치
ex) We have the **sanction** of the law to hunt in this place.

sanctimony
[sǽŋktəmòuni]
N 성인인 체함, 신앙이 깊은 체함   신성한(sanct) 상태(mony)
* sanctimonious 신성한 체 하는, 독실한 신자인 체 하는
ex) The preacher's son has grown **sanctimonious** with age.

sanctity
[sǽŋktəti]
N 거룩함, 고결; 신성, 존엄; 신성한 의무   신성(sanct) 함(ity)
ex) The **sanctity** of life will never change.

sanctuary
[sǽŋktʃuèri]
N 신성한 장소, 지성소, 신전, 성역, 피신처   신성한(sanct) 곳(uary)
ex) The chapel became a **sanctuary** for the refugees.

sanctum
[sǽŋktəm]
N 성소(聖所); [구어] 내실, 서재   신성한(sanct) 곳(um)
ex) The general plan of Christian churches all over the world is basically the same, **sanctum** with an altar and a nave for the congregation.

* **victim** = 희생제물 (person or animal killed as a sacrifice)
victim   N 희생자; [종교] 희생제물   희생제물(victim)
victimize   V 희생시키다, 처단하다, 속이다(deceive)   희생제물(victim)로 만들다(ize)

GRAC/GRAT = 기쁘게 하는(pleasing), 감사(thanks)

은혜(grace)란 공짜로(gratuitous:공짜의, 무료의) 주어진 선물(gratuity:선물)로 모든 사람들을 기쁘게 하기 위해 주어진 것이다 (gratify:기쁘게 하다)
그래서, 은혜를 알면 감사하는 것이다. (grateful = 감사하는; gratitude = 감사, 사의)

grace
[greis]
N 우아, 기품; 은혜   V 우아하게 하다; 영광을 주다   은혜
* graceful 우아한, 품위있는, 솔직한   * graceless 품위없는, 무례한, 버릇없는
* gracious 품위있는; 인자한, 친절한; 은혜로운; 고마운   * graciously 상냥하게
ex) The princess always has a **gracious** smile for everyone she meets.

disgrace
[disgréis]
N 불명예, 망신   V 망신시키다, 수치가 되다, 욕보이다   우아한(grace)의 반대(dis)
* disgraceful 수치스런
ex) The athlete suffered the **disgrace** of being publicly shown to have taken drugs.

gratitude
[grǽtətjù:d]
N 감사, 사의   감사(grat) 함(itude)
ex) Take this as a token of my **gratitude** for all your help.

gracile
[grǽsəl]
A 날씬한, 가냘프고 아름다운, 날씬하고 기품있는
* gracility 날씬함

grateful
[gréitfəl]
A 감사하는, 사의를 나타내는, 즐거운
ex) I'm grateful that I'm not still working for him.

gratify
[grǽtəfài]
[즐겁게(grat) 하다(ify)]
V 만족시키다, 즐겁게 하다
* gratification 만족, 기쁨
ex) He was gratified to see how well his students had done.

gratuity
[grətjú:əti]
N 선물, 사례금, 퇴직금, 팁
기쁘게(gratu) 하는 것(ity)
ex) It is customary to leave a gratuity for the housekeeping staff.

gratuitous
[grətjú:ətəs]
A 공짜의, 무료의, 까닭없는; 불필요한
공짜(gratuit) 의(ous)
ex) There was too much gratuitous sex and violence in the film.

ingratiate
[ingréiʃièit]
V 환심을 사다, ~의 비위를 맞추다
기쁨(grati) 안에(in) 넣다(ate)
* ingratiation 아첨, 영합
ex) He's always trying to ingratiate himself.

ingratitude
[ingrǽtətjù:d]
N 은혜를 모름, 배은망덕
감사하지(grati) 않(in)음(tude)
ex) Tim's parents were rather hurt by his ingratitude.

ingrate
[íngreit]
A 배은망덕한   N 배은망덕한 사람
감사하지(grate) 않는(in)
ex) All children are ingrates.

congratulate
[kəngrǽtʃəlèit]
V 축하하다, 환영하다
함께(con) 기뻐하다(gratulate)
* congratulation 축하, 환영

DAMN = 저주하다(curse)

'God damn!'은 원래 'God damned'로 좋지 않은 상황에 대해 신께 책임을 돌리는 것이다. '다 당신 탓이니 당신이 **저주**를 받으라.'는 것이다. 실제로 예수님께서는 인간이 받을 저주를 십자가 상에서 홀로 감당하셨다.

---

damn
[dæm]
V 비난하다, 악평하다; 저주하다   N 저주, 매도
저주하다의 뜻임
ex) I'll be damned if it is true. 천만에 그럴 리가 있나!

damnedest
[dǽmndest]
A 몹시 괴상한, 터무니없는   N 최선, 최대한의 노력
가장(est) 저주받은(damned)
ex) Well that's the damnedest excuse I've ever heard!

damnation
[dæmnéiʃən]
N 비난, 악평, 파멸(ruin), 욕설
저주(damn) 받는 것(ation)
* damnatory 비난의, 파멸의   * damnify 손상을 주다   * damnification 손해, 손상

damage
[dǽmidʒ]
N 손해, 손해배상, 비용   V 손상을 주다, 손해를 끼치다
저주덩함
ex) To make a reparation is to repair some damage that has occurred.

condemn
[kəndém]
V 비난하다, 형을 선고하다, 운명지우다
함께(con) 저주하다(demn)
* **condemnation** 비난, 유죄결정
ex) During that period many people were **condemned** as communists.

indemnify
[indémnəfái]
V 면책 따위를 보장하다(guarantee), 보호하다
저주를 하지 않게 하다
* **indemnity** 면책, 보상금
ex) The insurance also **indemnifies** the house against flooding.

precondemn
[prìːkəndém]
V (증거 따위의 조사도 없이) 유죄를 선고하다
미리(pre) 선고하다(condemn)

CRUC = 십자가, 교차점(cross)

cross는 원래 저주의 상징이었다. 인간은 죄로 인해 십자가의 저주를 받아야 했다. 그러나 예수가 인류를 위해 그 저주를 대신 짊어짐으로써 저주의 상징이었던 십자가는 축복의 상징이 되었다.

---

crucial
[krúːʃəl]
A 결정적인(decisive), 중대한, 가혹한
십자가는 중대하기에 가혹하다
ex) This will be a **crucial** decision for the education services.

crucifix
[krúːsəfiks]
N 그리스도의 십자가상, (체조) 크루시픽스
십자가(cruci)에 고정됨(fix)
* **crucifixion** 십자가에 못 박힘, 시련
ex) The Resurrection is Jesus' return to life on the third day after his **crucifixion**.

crucify
[krúːsəfái]
V 십자가에 못박다, 괴롭히다; (욕정을) 억제하다
ex) If they ever find out her secret, they'll **crucify** her.

crux
[krʌks]
N 요점, 급소; 난문, 수수께끼; 남십자성
교차하는 지점(crux)
ex) The **crux** of the country's economic problems is its foreign debt.

crusade
[kruːséid]
N 십자군, 개혁운동   V 십자군에 참석하다
십자군(crus)의 무리(ade)
* **crusader** 십자군 용사, 개혁가 ⓒ **crucible** 도가니, 여러 문화가 섞인 곳; 혹독한 시련
ex) The **crusader**'s life was marked by fidelity to the cause of justice.

cruciferous
[kruːsífərəs]
A 십자가를 진, 십자가를 장식한
십자가(cruci)를 지닌(ferous)
* **cruciate** 십자형의(cross shaped)

excruciate
[ikskrúːʃièit]
V 고문하다(torture), 괴롭히다
매우(ex) 괴롭(cruci)히다(ate)
ex) He felt quite **excruciated**, but couldn't identify the origin of his pain.

Rosicrucian
[ròuzəkrúːʃən]
A N 연금술(의), 장미십자회원(의)
장미(rosi) 십자(cruc) 의 (ian)
(1484년 Christian Rosenkreuz(독일)가 창설했다는 연금마술을 부리는 비밀 결사 회원)

cruise
[kruːz]
V 순항하다, 운행하다   N 순항, 순찰
ex) The plane is **cruising** at an altitude of 35,000 feet.

EM/EMPT = 취하다(take), 사다(buy)

예수를 redeemer(구원자)라고 부른다. '다시(red<re) 산(eem<em) 사람(er)'이란 뜻이다. 원래 인간은 하나님이 지은 것으로 하나님의 것이었다. 그러나 인간이 죄를 범하여서 소유권이 사단에게 넘어갔는데, 그것을 예수의 피값을 지불하고 **다시 산 것**이다.

exemplar [igzémplɑːr]
N 모범(model), 본보기(sample); 유례
* exemplify 예증하다   * exempli gratia 예컨대(for example)
* exemplary 모범적인; 훌륭한; 본보기의   * example 보기, 예, 예증
ex) It is an **exemplar** of a house of the period.

exempt [igzémpt]
V 면제하다   A 면제의, 면역의   N 면세자
* exemption 면제, 해제   * exempt from taxation 면세의
ex) **Exempting** small businesses from an increase in tax should be a popular move.

peremptory [pərémptəri]
A 단호한, 독단적인(absolutely), 거만한
ex) Sue started giving me **peremptory** instructions on how to drive the car.

preemptive [priémptiv]
A 선매의, 선매권이 있는; 선제의; 우선권이 있는
* preemptive right 선매권   * preemptive attack 선제공격
ex) He stood up against US plan for **preemptive** attack.

prompt [prɑ́mpt]
A 재빠른, 신속한, 즉석의   ad 정확히, 정각에
N 자극[고무]하는 것; 즉시불; 조언, 주의; (배우에게) 대사를 일러줌
V 자극하다, 격려하다(to); 부추기다; 상기시키다, 생각나게 하다
ex) His curiosity **prompted** him to ask questions.

premium [príːmiəm]
N 할증금, 상여금(bonus), 수업료(fee); 보험료
ex) Because of their location, these offices attract a **premium**.

redeem [ridíːm]
V 도로 찾다, 벌충하다; 상쇄하다; 구원하다
* the Redeemer 구세주. 예수 그리스도   * redeemable (현금, 상품과) 교환할 수 있는
ex) She's trying to **redeem** her **reputation** by working extra hard.

redemption [ridémʃən]
N 구원, 구함; 상환
* redemptive 구원하는   * beyond redemption 구제불능의; 회복불능의
ex) Our legal system is corrupt beyond **redemption**.

* sum/sumpt = take: sub과 em/empt가 결합된 형태로 변함없이 'take'나 'buy'의 뜻이다.

assume [əsúːm]
V 가정하다, 추정하다; 떠맡다, (태도를) 취하다
* assumption 가정, 추정   * unassuming 주제넘지 않은, 겸손한
ex) To help her fit in with the islanders, Joan **assumed** a local Greek name.

consume [kənsúːm]
V 소비하다, 낭비하다
* consumption 소비, 소모, 폐병   * consumer 소비자(spender)
ex) That's the trouble with those big powerful cars – they **consume** too much fuel.

presume
[prizú:m]

V 추정하다, 상상하다, 이용하다

미리(pre) 취하다(sume)

* **presumption** 추정(assumption), 상상

ex) I **presume** they're not coming, since they haven't replied to the invitation.

resume
[rizú:m]

V 다시 차지하다, 회복하다

다시(pre) 취하다(sume)

* **resumption** 회복, 탈환, 요약   * **résumé** 대략, 적요, 개요; 개인 이력서

ex) He stopped to take a sip of water and then **resumed** speaking.

subsume
[səbsú:m]

V 포함하다, 규칙을 적용하다

밑에서(sub) 취하다(sume)

* **subsumption** 포함, (3단 논법의) 소전제

ex) It has been suggested that all housing subsidies should be **subsumed** into a single housing allowance.

sumption
[sʌ́mpʃən]

N 대전제(the major premise); 가정, 억측

취한(sumpt) 것(ion)

sumptuary
[sʌ́mptʃuèri]

A 비용 절감의, 사치를 금지하는

비용(sumpt)을 조절하는(uary)

sumptuous
[sʌ́mptʃuəs]

A 값비싼, 고가의, 사치스런, 화려한

비용(sumpt)이 많은(uous)

* **sumptuously** 화려하게   * **sumptuousness** 화려함

ex) The guests turned up dressed in **sumptuous** evening gowns.

ransom
[rǽnsəm]

N 몸값,; 그리스도의 속죄   V 몸값을 요구하다[받다]

되돌려(ran<re) 받다(som<sum)

ex) The kidnappers specified that the **ransom** money should be left at the bus station.

SATIS = 충분한(enough), 꽉찬(full)

satisfaction은 '충분하게(satis) 만든(fact) 것(ion)'의 뜻으로 '만족·배상·속죄'라는 세 뜻을 동시에 갖는다. 죄의 값은 사망이므로 죄인인 인간은 죽을 수밖에 없다. 인간의 어떠한 노력도 죄의 값을 다 갚고 죽음을 피할만큼 **충분하지** 않다. 죄없는 예수의 피만이 그 값을 지불할 수있다. 그래서 예수는 십자가 상에서 '**다 갚았다**'라고 외친 것이다.

---

sate
[séit]

V 물리게 하다, 배부르게 하다

꽉 차게 하다

@ cloy 잔뜩 먹이다, 물리게 하다; 물리다

ex) I want to **sate** myself with cheese cakes.

satiate
[séiʃièit]

V 충분히 만족시키다(satisfy); 물리게 하다(sate)

충분하게(sati) 하다(ate)

* **satiable** 만족시킬 수 있는, 물리게 할 수 있는(↔insatiable)
* **satiety** 물림, 싫증남, 포만(飽滿)(repletion)

ex) I bought a hamburger and drink to **satiate** my developing hunger.

insatiable
[inséiʃəbl]

A 만족할 줄 모르는, 탐욕스러운(greedy)

만족시킬(sati) 수(able) 없는(in)

* **insatiability** 만족할 줄 모름, 탐욕

ex) His **insatiable** appetite for adventure would someday get him into great trouble.

satisfy
[sǽtisfài]

V 만족시키다; 충족시키다

팍차게(satis) 하다(fy)

ex) Nothing **satisfies** him—he's always complaining.

satisfaction
[sæ̀tisfǽkʃən]

N 만족, 소원 성취; 배상, 의무이행, 사죄, 속죄

팍차게(satis) 하는(fact) 것(ion)

* **satisfactory** 만족스러운, 더할 나위 없는, 충분한; 충분한 속죄가 되는

ex) Listening to music is one of his greatest **satisfactions**.

saturate
[sǽtʃərèit]

V 흠뻑 적시다, 담그다, 포화시키다; 가득 채우다

팍차게(satur) 하다(ate)

* **saturant** 포화시키는, 포화제(飽和劑)   * **saturable** 포화(飽和)시킬 수 있는

ex) The continuous rain had **saturated** the soil.

asset
[ǽset]

N 자산; 전재산; 유용한 것, 이점, 강점

애 셋(asset)이 유일한 자산

ex) Sociability is a great **asset** to a salesman.

DOMIN = 주(lord), 지배하다(rule)

B.C.는 Before Christ의 약어이고, A.D.는 Anno Domini의 약어이다. 즉 A.D.는 원래 '주후~', 또는 '예수 탄생 후~'의 의미를 지니는 것이다.

---

dominate
[dámənèit]

V 지배하다, 감정 따위를 억누르다, 우세하다

다스리게 만들다

* **domination** 지배, 탁월   * **dominating** 지배적인, 위압적인

ex) He refuses to let others speak and **dominates** every meeting.

dominant
[dámənənt]

A 지배하는, 주요한, 우세한   **N** 우세한 것

다스리(domin) 는(ant)

* **dominance** 지배, 우세

ex) Unemployment will be a **dominant** issue at the next election.

dominical
[dəmínikəl]

A 주[그리스도]의

지배자(domini) 의(cal)

* **the dominical day** 주일, 일요일   * **A.D. = Anno Domini** 서기

dominion
[dəmínjən]

N 주권, 소유권, 영토(territory), 자치령

지배하는(domin) 것[곳](ion)

ex) The chief's son would inherit all his **dominions**.

domino
[dámənòu]

N 도미노 가장복; 도미노   **V** 연쇄반응을 일으키다

도미노

ex) It's all **domino** with him. 다 틀렸다. 가망이 없다

condominium
[kàndəmíniəm]

N 공동 관리지, 콘도

공동(con) 지배(domin) 지(ium)

ex) Lotte Construction is building a **condominium** on a beachside property.

predominate
[pridámənèit]

V 능가하다(excel), 탁월하다, 지배하다

앞서(pre) 다스리다(dominate)

* **predomination** 탁월, 우세

ex) As with many family businesses, the owner's views **predominate** at meetings.

predominant
[pridámənənt]

A 우세한, 뛰어난(excellent), 주된, 유력한

먼저(pre) 다스리는(dominant)

* **predominance** 우세, 우월

ex) Dancers have a **predominant** role in this performance.

DOM = 집(house), 영역(realm)

한편, 어근 domin은 원래 집이나 영토를 의미하는 어근 'dom'에서 왔는데, 영토를 소유한 자가 곧 주인이기 때문이다. 도메인(domain)이란 말도 원래 개인의 영역을 의미하는 것이다.

dome [doum]	N 둥근 천장; 둥근 지붕; 웅장한 건물, 큰 저택	집, 둥근 지붕

ex) The **dome** of St Paul's could be seen in the distance.

domestic [dəméstik]	A 가정의, 국내의, 길들여진, 유순한	집(dom)에 존재(est)하는 (ic)

* domesticity 가사, 가정생활
ex) The **domestic** steel industry is the steel industry in this country.

domesticate [dəméstəkèit]	V 길들이다, 순화시키다	집(dome)에 있게(estic)하다(cate)

* domestication 순화, 길들이기
ex) Since they had their baby they've both become quite **domesticated**.

domicile [dáməsáil]	N 주소, 주거, 본적지 V 거주하다	몸 담아살(domicile) 거주지

* domiciliary 주소의   * a domiciliary search 가택수색   * domiciliary register 호적
ex) Any change of **domicile** should be notified to the proper authorities.

domain [douméin]	N 영토, 영역, 세력 범위; (개인)소유지; 도메인	영역(dom + ain)

* public domain 공유지   * be out of one's domain 전문 밖이다
ex) She treated the business as her private **domain**.

* 접미어 -dom 역시 명사 뒤에서 어떤 영역을 지칭하는 말로 사용된다.

moviedom	N 영화계(filmdom)	영화(movie) 계(dom)
officialdom	N 관료계, (집합적 의미) 공무원	관료(official) 계(dom)
kingdom	N 왕국	왕(king)의 영역(dom)

* eco<oikos = 집(house), 거주하다(dwell)

ecology	N 생태학(bionomics); 사회 생태학; 환경 보전	거주(eco)에 대한 연구(logy)
ecologic	A 생태학의[적인]	생태학(ecology)의 (ic)
economy	N 절약, 검약(frugality); 경제; 수입, 하늘의 섭리	집안(eco) 경영(nomy)
economic	A 경제학의; 경제(상)의	경제(econom)학의 (ic)
economics	N 경제학; [pl.] 경제 상태; 경제적 측면	경제(econom)학(ics)
economical	A 경제적인, 절약이 되는, 절약하는; 간결한	경제(econom)적인(ical)
ecumenical	A 세계적인, 보편적인; 전(全) 그리스도 교회의	(하나님의) 집의 = 교회의

* taberna = 천막(tavern)

tabernacle	N 장막, 가건물, 천막; 이동식 교회; 육체
tavern	N 술집

대번에 굴(tabernacle)가건물

* bast = 요새(fortress), 탑(tower)

bastion	N 성채, 보루
bastille	N (잔인하게 다루는) 감옥; 방어탑
battlement	N [보통 pl.] 총안(銃眼)이 있는 흉벽

bastion

battlement

PASS/PAT = 고통 받다(suffer)

passion(열정)의 원래 의미는 **고통**이다. 특히 예수가 받았던 **수난**(the Passion)을 의미한다. **열정**이 많으면 **고통**을 감수하게 되어 있다. 죄 없으신 예수가 세상의 모든 죄를 지고, 십자가형벌의 **고통**을 당한 것은 인간을 향한 하나님의 **열정**과 **사랑**이 얼마나 큰 것인가를 증명해준다.

passion
[pǽʃən]
N 열정, 격정; 열애; 격앙; 수동; 고통, 수난
[the P~] 그리스도의 수난; 열망[갈망]하는 것; 몹시 좋아하는 것
* passionate 열렬한, 성급한, 열의에 찬
ex) Sporting events arouse much **passion** in our communities.

passive
[pǽsiv]
A 수동성의, 피동의; 무저항의, 소극적인
ex) The expectation of good luck can make you **passive**.

impassive
[impǽsiv]
A 무감각한; 무표정한, 태연한, 냉정한
ex) He generally kept his face **impassive** but showed annoyance by tapping his foot while his wife spoke.

impassion
[impǽʃən]
V 감동시키다
* impassioned 감동한; 정열적인, 열렬한
ex) We need alternative models to **impassion** students.

compassion
[kəmpǽʃən]
N 연민, 공감
* compassionate 공감하는; 인정 많은; 가엾게 여기다
@ eleemosynary 자선적인, 자선의; 자선적 구호에 의지하는 [eleemosyn = pity]
ex) Ed showed a **compassion** for the students in difficulty.

dispassion
[dispǽʃən]
N 냉정, 공평
ex) The Journal's news columns are admired for their **dispassion** and clarity.

patience
[péiʃəns]
N 인내, 인내심, 참을성; 끈기, 근면
* patient 인내심 있는, 골똘한, 근면한; 견딜 수 있는(of); 환자, 병자
* impatient 참을 성 없는, 초조해 하는, 성급한
ex) She lost her **patience** with his rudeness.

compatible
[kəmpǽtəbl]
A 양립할 수 있는, 모순이 없는; 뜻이 맞는
ex) Her deeds were **compatible** with her ideology.

* trunu = 가시(thorn)

thorn
thorny
N 가시, 극침(棘針); 가시나무; 고통의 원인
A 가시가 많은, 가시가 돋친, 가시 같은; 괴로운

CARN = 살(flesh)

carnival은 사순절 직전에 하는 3일~1주일간의 **축제**로서 원래 '고기(carn)'와의 '작별(val)'을 의미하는 말이었다. 사순절에는 광야에서 고행한 예수를 기리며 고기를 먹지 않기 때문에 그전에 왕창 먹어 두자는 것이었는데 지금은 일반적인 **축제**를 의미하게 되었다. 예수의 탄생은 신이 '**인간의 육신(carn) 안으로(in) 온 것(ation)**'이므로 incarnation이라 한다.

carnal
[káːrnl]
A 육체의, 물질적인(material), 육욕의
* carnalism 육욕주의 * carnality 육욕, 음탕 * carnalize 육욕적으로 되다; 세속화되다
ex) He had no **carnal** knowledge of woman all his life.

육신(carn) 의(al), 살의

carnation
[kɑːrnéiʃən]
N 카네이션, 살색, 분홍색   A 살색의
* incarnadine 진홍색(crimson); 붉게 하다

살(carn)과 같은 색깔

carnival
[káːrnəvəl]
N 사육제, 야단법석으로 놀기, 축제
ex) There is a local **carnival** every year.

고기(carni)여! 안녕(val)

carnivore
[káːrnəvɔ̀ːr]
A 육식동물, 고기를 먹는 사람
ex) Lions and tigers are **carnivores**, while sheep and goats mainly eat grass.

고기(carni)를 먹는 것(vore)

incarnation
[ìnkɑːrnéiʃən]
N 구현, 실현, 화신; (예수의) 성육신
* incarnate 구현된; 구현하다
ex) He is the **incarnation** of avarice.

인간에 있수 (incarnation) 성육신 에서

carnage
[káːrnidʒ]
N 살육(slaughter), 대량학살(genocide)
ex) The **carnage** after the battle was horrifying.

reincarnation
[rìːinkɑːrnéiʃən]
N 다시 육체를 부여함, 영혼 재생설; 윤회, 환생
ex) Hindus and Buddhists believe in **reincarnation**.

다시(re) 육신을 입(in)음(ation)

carrion
[kǽriən]
N 썩어가는 고기
ex) After the lion ate the zebra, birds fed on the **carrion**.

다시(re) 육신을 입(in)음(ation)

crone
[kroun]
N 못 생긴 노파 (hag)
🔗 crony (많은 시간을 함께 보내는) 친구

crone < carrion

* memb = 살(flesh)
member   N 일원; 회원, 사원; [M~] 의원; 신체의 일부
membrane   N (얇은) 막; 막 조직;[생물] 세포막; 양피지

Membrane 얇은 막

* visc = 살(flesh)
viscera   N 동물의 내장
visceral   A 내장의; 본능적인
eviscerate   V 창자를 빼내다, 골자를 빼버리다

Viscera 내장

* visc = 끈적한(sticky)
viscid   A 끈적끈적한, 점착성있는; 잘 붙는
viscous   A 끈적끈적한, 점착성있는, 점성의
viscosity   N 점도, 점착성, 점도

끈적(visc) 한(ous)
끈적한(viscos) 성질(ity)

PASS = 통과하다(pass)

통과해(pass) 넘어간(over) 유월절(passover)! 하나님께서 이스라엘 백성들을 애굽에서 건져낼 때에 바로왕이 그들을 놓아주지 않고 버티다가 10가지 재앙을 맞게되는데, 10번째 재앙이 첫째의 생명을 앗아가는 것이었다. 이때 문설주에 양의 피가 발라진 집은 죽음의 사자가 그냥 넘어서(over) 지나갔다(pass). 양은 곧 예수를 상징하는 것으로, 예수의 피를 통해서만 구원에 이를 수 있다는 것을 의미한다.

passage
[pǽsidʒ]
N 통행, 통과, 경과, 항해 [통과(pass) 함(age)]
ex) The restroom is on the left at the end of the **passage**.

passenger
[pǽsəndʒər]
N 승객, 도로 여행자 [통과하는(passeng) 사람(er)]
ex) A drunken **passenger** was causing disturbance on the plane.

passé
[pæséi]
A 과거의, 시대에 뒤진, 케케묵은 [지나간(passé)]
ex) His song was quite popular for a while, but now it's rather **passé**.

pastime
[pǽstaim]
N 오락, 유희, 기분전환 [시간(time)을 보 냄(pas)]
ex) Quilting was a very popular **pastime** in 19th century America.

passport
[pǽspɔ̀ːrt]
N 여권, 수단 [공항(port)을 통과함(pass)]
ex) Do you know what to do if your **passport** has been lost or stolen?

compass
[kʌ́mpəs]
N 나침반, 한계, 범위, 둘레, 콤파스 V 둘러싸다 [함께(com) 가는 것(pass)]
ex) The lecture was beyond the **compass** of my brain.

encompass
[inkʌ́mpəs]
V 포함하다, 망라하다, 아우르다, 둘러싸다 [범위(compass) 안에 넣다(en)]
ex) The group **encompasses** all ages.

impasse
[ímpæs]
N 막다른 골목, 난국, 막힌 골목 [통과하지(passé) 못 함(im)]
ex) Mediators are trying to break an **impasse** at the peace talks in Seoul.

surpass
[sərpǽs]
V 뛰어나다, 초월하다 [넘어서(sur) 가다(pass)]
ex) The success of this film will **surpass** everyone's expectations.

trespass
[tréspəs]
V (토지를) 침입하다, (권리를) 침해하다 [가로 질러(tres) 가다(pass)]
ex) You have just **trespassed** on my land.

---

* **atone** = 화해(reconciliation)

atone   V 속죄하다
atonement   N 보상, 속죄, 죗값; [the A~] 그리스도의 속죄
* **expiate**   V 죄를 갚다, 속죄하다   [백수(ex) 피해(piate)를 갚다]

* 죄를 지은 사람과 화해하기 위해선 속죄를 해야 한다. 마찬가지로 하나님 앞에 범죄한 인간이 하나님과 다시 화해가 되기 위해서는 속죄가 있어야 한다. 예수는 인류를 위한 속죄양이 되어서 죄로 인해 갈라진 하나님과 사람의 사이를 화해시켰다.

BLO = 부풀다(swell), 내뿜다(spurt)

blood(피)는 상처 입은 곳에서 **뿜어져** 나오는 것이다. **축복**을 의미하는 bless는 blood에서 온 단어로 '**피로 표시하다**'는 뜻이다. 도대체 피와 축복이 무슨 연관이 있을까? Passover의 설명에서 보았듯, 유월절에 문 주위에 양의 피를 발랐던 사람들은 죽지 않고 살았다. 마찬가지로 마음의 문에 예수의 피를 발라놓은 자는 인류 최후의 날, 심판에 의해 멸망하지 않고 영생을 얻는다는 의미에서 유래한 단어가 bless이다. 가장 큰 **축복**, 즉 영생은 피를 통해서 이루어진다는 것이다.

bleed
[bli:d]

V 출혈하다, 액체가 흘러나오다; 슬퍼하다 (for)
* blood 혈액   * bleeding 출혈
ex) My heart **bleeds** for the poor children.

[내뿜다]

bless
[bles]

V 신성케 하다, 축복하다, 은혜를 베풀다
ex) God **blessed** her with good children.

[피를 뿌리다]

bliss
[blis]

N 다시 없는 기쁨, 지복, 행복; 천국
* blissful 더없이 행복한, 즐거운; 지복의
ex) Two weeks lying on a beach is my idea of pure **bliss**.

[bliss < bless]

blithe
[blaið]

A 태평스러운; 쾌활한, 행복한
ex) He drove with **blithe** disregard for the rules of the road.

[행복한]

bladder
[blǽdər]

N 방광, (물고기의) 부레
* gall bladder 담낭, 쓸개
ex) I must go and empty my **bladder**

blow
[blou]

V 불다, 바람에 날리다, 폭파하다; 퍼트리다
N 한바탕 불기; 일진 광풍, 강풍; 허풍; 장담; 강타, 구타, 쇼크; 개화
ex) On the beach the letter **blew** away and I had to run after it.

blast
[blæst]

N 한바탕 바람, 폭발   V 폭발하다, 불다
ex) The center of the city has been **blasted** by repeated bombing.

[부풀어 오르다 한 순간에 내뿜음]

blister
[blístər]

N 물집; 발포제   V 물집이 생기게 하다[생기다]
ex) The wall she had just painted was covered in **blisters**.

[부풀어 오른 것]

bloom
[blu:m]

N 꽃, 개화(기)   V 꽃이 피다; 번영하다, 한창이다
* blooming 활짝 꽃핀, 만발한, 꽃다운, 한창인, 번성한, 건강미 넘치는
ex) These flowers will **bloom** all through the fall.

[꽃은 점점 부풀어 오르듯 핀다]

blossom
[blásəm]

N 꽃, 개화; 청춘   V 꽃이 피다, 번영하다, 활기띠다
ex) Sean and Sarah's friendship **blossomed** into love.

[부풀어 오르듯 꽃이 피다]

* bloom은 보통 관상용 식물의 꽃을, blossom은 특히 과수의 꽃을 지칭한다. 또한 두 단어 모두 우리 말의 꽃이 갖는 함축적 의미를 모두 갖고 있다. 우리말에서도 '꽃이 피다'는 말은 '번영하다', '활기를 띠다', '한창때다' 등의 의미로 자주 쓰인다.

ball
[bɔːl]

N 공, 둥근 것, 탄환　　**V** 구르다
* **ball-park** 야구장

ballast
[bǽləst]

N 바닥짐(안정되게 하기 위해 깔아 놓은 돌)
V 안정시키다 (make stable)
ex) He bought the statue of Baal, along with some others, to serve as **ballast**.

balloon
[bəlúːn]

N 경기구(an airship), 풍선; 부풀다(swell)
ex) We tied **balloons** and streamers to the ceiling ready for the party.

ballot
[bǽlət]

N 투표용지, 비밀 투표(secret voting), 투표하다
ex) Representatives were elected by **ballot**.

※ 옛날 로마 시민들은 작은 자갈이나 작은 공을 여러 개의 항아리 중 하나에 던져 넣음으로써 투표를 하였다. 또 찬반 투표 시에는 찬성 때는 흰 공, 반대 때는 검은 공을 투표함에 넣어서 투표를 하였는데 'ballot'은 바로 투표할 때 사용했던 '작은 공'을 말한다.

ballyhoo
[bǽlihùː]

N 떠벌임; 과대선전　　**V** 과대 선전을 하다
ex) I can't see what all this **ballyhoo** is about.

bowl
[boul]

N 사발, 공기; 나무공; **V** 공굴리기[볼링]를 하다
ex) Sift the flour and baking powder into a mixing **bowl**.

bolster
[bóulstər]

N 덧베게; 받침　　**V** 덧베개로 받치다; 지지하다
ex) More money is needed to **bolster** the industry.

boulevard
[búləvàːrd]

N 넓은 가로수 길, 큰 길, 대로
ex) In the 1850s Baron Haussmann replaced the narrow streets of Paris with wide **boulevards**.

boulder
[bóuldər]

N 둥근 돌, 옥석
ex) Severe floods carried 2000 tons of **boulders** down to the town, killing 38 people.

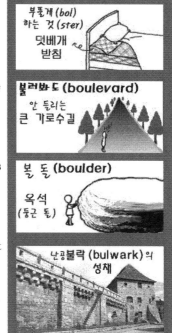

bulwark
[búlwərk]

N 성채, 보루; 방파제; 방호자[물]
V 보루로 견고히 하다; 옹호[방비]하다
ex) The navy is out principal **bulwark** against invasion.

bull
[bul]

[숫소가 암소보다 부풀은 체형인 데서]
N 황소, (코끼리·물소·고래 등의) 숫컷
* **a bull in a china shop** 마구 횡포를 부리는 부랑배
* **hit the bull's-eye** 명중시키다
* **take the bull by the horns** 용감하게 맞서다

bully
[búli]

V 괴롭히다, 겁주다, 협박하다
N 약한 자를 괴롭히는 사람; 깡패, 난폭한 자, 고용된 깡패; 싸움 대장
ex) Our survey indicates that one in four children is **bullied** at school.

bulge [bʌldʒi]	N 부푼 것, 일시적 증가 V 부풀다 * bulgy 불룩한 ex) Flesh bulged out where the elasticated clothing was too tight.

bulk [bʌlk]	N 크기, 부피; 대부분, 대량 V 부피가 커지다 * bulky (무게에 비해) 부피가 큰;거대한

bellow [bélou]	V (소가) 큰 소리로 울다; 고함치다, 노호하다 N 소 울부짖는 소리; 굉음; 으르렁거리는 소리 ex) We could hear the sergeant bellowing commands to his troops.

bellows [bélouz]	[바람을 불어 넣는 통] N 풀무, 송풍기; (사진기 등의) 주름 상자 * blow the bellows 불을 지피다

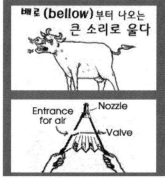

BULL = 끓이다(boil)

'bull'은 어근 ball과 동일 어근이지만 편의상 따로 분리하여 설명한다. 끓이면 부풀어 오른다. 또한, 끓일 때 생기는 거품은 둥글다.

bullet [búlit]	N 탄환(shot of a small piece of lead), 작은 공 * bite the bullet 고통을 꾹 참다 ex) Soldiers started firing bullets above the crowd.

bulletin [búlətin]	N 공시, 게시 * bulletin board 게시판 ex) They listened to the daily bulletin on their crackling radio.

bullion [búljən]	N 순금덩이, 순은(pure silver) ex) Her ring was made out of gold bullion.

ebullient [ibúljənt]	A 열광적인, 끓어 넘치는(boiling) ex) Our ebullient host couldn't stop talking.

bally [bǽli]	[사람 속을 부글부글 끓게 하는] A ad 지긋지긋한[하게] * bally hack 지옥(hell), 파멸(ruin; perdition)

* ferv = 끓이다(boil)

ferment	V 발효시키다, 흥분시키다 N 흥분, 효소(작용)	끓는 (fer) 것(ment)
fermentation	N 발효 (작용); 소동, 인심의 동요, 흥분	흥분 (ferment) 된(at) 것(ion)
fervent	A 뜨거운, 타는, 열렬한	끓어오르(ferv)는(ent)
fervid	A 타오르는 듯한, 열렬한, 열정적인(ardent)	끓는 (ferv) 듯한(id)
fervor	N 열렬, 열정, 백열	끓어오(ferv)름(or)

* 빵에 넣는 효모를 yeast라고 하는데 '끓다, 거품'을 뜻하는 어근 'yes'에서 왔다. zym은 yeast를 의미하는 그리스 어근.

zyme	N 효소(enzyme); 세균성 질환의 병소(病素)	효소 (zyme)
enzyme	N (화학) 효소	(생체)안(en)에 생기는 효소 (zyme)
zymology	N 발효학, 효소학	발효 (zymo)에 관한 학문 (logy)
zymurgy	N 양조학(釀造學), 발효 화학	발효 (zym) 조작 기술 (urgy)
zymosis	N (병적인) 발효(fermentation), (의학) 발효병	발효 (zymo)의 병증 (sis)
eczema	N (의학) 습진	밖으로 (ec(ex)) 생긴 곰팡이 (zem)
yeast	N 효모, 곰팡이, 누룩, 거품; 큰 소동; 감화[영향]력	끓는 것, 거품 같은 것

SALV/SAV = 구하다(save), 건강(health)

save(구하다)와 sane(온건한)이 여기에서 나왔다. 구원자(savior)되는 예수를 만났을 때 비로소 인간은 구원(salvation)을 얻고 안전(safety)해지며, 영과 혼과 육의 안녕(salute)을 누릴 수 있다.

salvation
[sælvéiʃən]
N 구제, 구조, 구원   구 (salv) 함 (ation)
ex) We healed the sick, cast out demons and led people into **salvation**.

salvage
[sǽlvidʒ]
N 구조, 구조 선박   V 구조하다   구 (salv) 함 (age)
ex) A **salvage** boat discovered a freighter adrift.

safety
[séifti]
N 안전, 무사; 안전 장치   안전(safe) 함 (ty)
ex) There is **safety** in numbers. 수가 많은 편이 안전하다

savior
[séiviər]
N 구조자, 구세주, 구원자; [the S~] 구세주   구원(sav) 자 (ior)
ex) This is the place where the **Savior**, that is, Christ was born.

salubrious
[səlú:briəs]
A (기후·토지 등이) 건강에 좋은   건강(salubr)이 있는 (ious)
ex) Most of the attacks took place in the city's less **salubrious** suburbs.

salutary
[sǽljutèri]
A 건강에 좋은; (충고 등이) 유익한, 건전한   건강(salut) 의 (ary)
ex) Most of the attacks took place in the city's less **salubrious** suburbs.

salute
[səlú:t]
N 거수경례, 상냥한 인사   V 인사하다   안녕(salute)?
* salutatorian 내빈에 대한 환영사를 말하는 졸업생 (보통 차석 졸업생)
ex) The soldier gave a **salute** and the officer returned it.

sane
[sein]
A 제정신의, 미치지 않은, 분별력이 있는   건강한(sane)
* sanity 분별력, 제정신   * insane 미친, 무분별한   * insanity 정신이상
ex) It was a **sane** decision and one we all respected.

sanatorium
[sænətɔ́:riəm]
N 요양소(place for the treatment of invalid)   건강한(sanat) 곳 (orium)
ex) I had hepatitis and spent several months in a **sanatorium**.

sanitary
[sǽnətèri]
A 위생의, 위생적인   N [pl] 공중 변소   건강하게(sanit) 하는 (ary)
* sanitarian 위생의   * sanitize 위생적으로 하다; 불온한 부분을 삭제하다
ex) A **sanitary** report revealed that the pond can't be used for swimming.

SCEND = 오르다(climb)

'예수님의 승천'을 'the Ascension'이라고 한다. '~에(a<ad) 오름(scens+ion)'이라는 뜻인데, 하늘에 오르신 예수님은 하나님의 우편에 **즉위**하셨다. 위로 올라가면 '**상승**', 어떤 지위에 올라가면 '**즉위**' 정도를 연상해낼 수 있는 융통성을 갖는 것이 정신 건강에 좋다.

ascend [əsénd]
[~에(a<ad) 오르다(scend)]
V 오르다, 즉위하다; 승진하다
* ascension 오름, 상승; 즉위 [the A~]예수승천
ex) We must **ascend** to a higher level.

ascent [əsént]
N 올라감, 상승; 향상, 승진; 오르막 길
ex) We have the faith that death will be followed by an **ascent** into the sky just like Jesus.

ascendancy [əséndənsi]
N 욱일 승천의 세력, 우세, 패권, 지배권
= hegemony 헤게모니, 주도권, 지배권
ex) Small computers have been in **ascendancy** for the past few years.

descend [disénd]
V 내리다, 내려오다, 대대로 전하여지다
* descendible 유전되는, 유증할 수 있는
ex) The path **descended** steeply into the valley below.

descent [disént]
N 강하, 하락, 쇠퇴; 가계, 혈통; 세습, 유전
ex) The first parachute **descent** was made in Paris from a balloon.

descendant [diséndənt]
N 자손 A 하행성의, 전해 내려오는, 세습의
ex) Rolex is a **descendant** of Martin Luther.

condescend [kàndisénd]
V 자기를 낮추다, 겸손하게 굴다, 생색내다
* condescension 겸손, 겸양, 생색내는 태도
ex) He **condescended** to their intellectual level in order to be understood.

transcend [trænsénd]
V (경험·이성 따위를) 초월하다; 능가하다
* transcendental 선험적인, 막연한(vague), 모호한
ex) The researcher claimed that he **transcended** the laws of physics.

* scend에서 변경으로 scan(d)가 있다. scanner나 scandal 등이 여기에서 유래되었다.

scan [skǽn]
N 정밀 검사, 스캔   V 정밀 검사하다; 스캔하다
* scanner 스캐너   * scansion (시의) 운율 분석; 운율에 따라서 낭독하기
ex) I haven't read much into it as yet. I've only just **scanned** through it.

scandal [skǽndl]
N 불명예, 치욕; 추문, 부정사건; 물의; 비방
* scandalize 중상하다; 체면을 잃게 하다   * scandalous 수치스러운, 악평이 자자한
ex) It is a **scandal** that a person can be stopped for no reason by the police.

* scal 역시 scend의 변형이다. 'scend>scand>scan>scal'의 변화 과정을 염두에 두라.

scale
[skeil]
N 눈금, 척도, 자, 도량기, 음계

수치가 점차 올라가는 것

ex) The atmosphere rarefied so much as Kelly **scaled** Mount Everest that she had to catch her breath.

scalable
[skéiləbl]
A 오를 수 있는, 저울로 달 수 있는

오를 수(scal) 있는(able)

ex) That's one of the limitations of the balance - it's not **scalable**.

scalar
[skéilər]
N 스칼라, 수량(↔vector)

오르는(scal) 것(ar)

ex) Pressure is a **scalar** quantity, not a vector quantity.

escalate
[éskəlèit]
V 증가시키다, 발전시키다

밖으로(e) 올려(scal)다(ate)

* **escalation** 증가, 발전   * **escalator** 에스칼레이터
ex) The **escalating** rate of inflation will almost certainly bring **escalating** prices.

escalade
[éskəlèid]
N 사다리 오르기   V 사다리로 기어 오르다

밖으로(e) 오르(scal)다(ade)

ex) Abortion has **escaladed** the debate over ethics with its suggestion of 'taking out' something natural..

slander
[slǽndəːr]
N 중상; 명예 훼손   V 중상하다, 명예를 훼손하다

scandalous statement

⊕ libel 중상하는 글, 모욕; 비방하다, 모욕하다 [**slander**는 말로, **libel**은 글로 비방함]
ex) The campaign of **slander** systematically deployed to discredit me, based on lies and distortion of the facts.

SUR = 일어서다(rise), 파도(wave)

예수의 부활을 **resurrection**이라 한다. 죽음으로부터 다시(re) 일어났다(sur)는 것이다. s(o)ur는 'rise, wave'의 뜻이다. 우리말 '(일어) **서!(sur)**'나 '**쏴아~(sur)**'로 기억하자.

surf
[səːrf]
N 파도   V 파도타기를 하다, 서핑을 하다

파도가 일어남

* **surfing** 파도 타기   * **surfy** 파도가 거센
ex) They threw off their clothes and ran into the **surf**.

surge
[səːrdʒ]
N 큰 파도, 격동, 쇄도   V 큰 파도가 일다, 파동치다

파도는 "쏴"하지 (surge)

ex) An unexpected **surge** in electrical power caused the computer fault.

source
[sɔːrs]
N 원천(fountainhead), 근원(origin), 출처

ex) The rumor must be stopped **at source**

insurgent
[insə́ːrdʒənt]
A 반란을 일으킨, 거친   N 폭도, 반란자

내부에서(in) 일어(surg) 난(ent)

* **insurgence** 모반, 폭동, 반란(행위)
ex) All approaches to the capital are now under the control of the **insurgents**.

resource
[ríːsɔːrs]
N 자원, 수단, 기지, 소일

다시(re) 솟아(source) 남

* **resources** 자원
ex) Husbandry is the practice of conserving money or **resources**.

insurrection
[ìnsərékʃən]

V 반란, 폭동, 봉기
* **insurrectionist** 반란민, 폭도
ex) **Insurrection** was seen as the only way of changing the government.

resurgent
[risə́ːrgənt]

V 소생하는, 부활하는   N 소생자, 부활자
ex) Many people have been critical of the **resurgent** militarism in the country.

resurrect
[rèzərékt]

V 소생(부활)시키다, 부흥시키다
* **resurrection** 소생, 부흥(resuscitation)
ex) Christians believe that Jesus was **resurrected** from the dead.

VAD = 가다(go)

네로 황제의 기독교 핍박에 못이겨 급히 도망가던 길에 베드로는 십자가를 지고 반대편에서 걸어오는 예수님을 만난다. 'Quo Vadis, Domine? (주여, 어디로 가시나이까?)' 베드로가 예수님께 묻자, 예수님께서는 대답하셨다. '나는 네가 버리고 도망가는 나의 백성들을 위해 다시 십자가를 지러 가노라.' 그 대답에 베드로는 결국 다시 돌아가 십자가를 거꾸로 지고 순교하게 된다. Vadis의 vad는 가다(go)의 뜻이다.

evade
[ivéid]

V 피하다, 회피하다, 모면하다
* **evasion** 회피, 탈세; 탈출; 핑계
* **evasive** 회피적인; 애매한; 둘러대는, 속임수의
ex) She is trying to **evade** all responsibility for her behavior.

invade
[invéid]

V 침입하다, 침공하다; 엄습하다, 쇄도하다
* **invasion** 침입, 침공, 침략, 쇄도; 암의 전이   * **invasive** 침입하는, 침략적인; 침해의
ex) Terror **invaded** our minds. 우리 마음에 공포가 엄습했다.

pervade
[pərvéid]

V 널리퍼지다, 침투하다, 스며들다
* **pervasion** 충만, 보급, 침투   * **pervasive** 퍼지는, 보급하는, 스며드는
ⓒ **permeate** 배어들다, 스며들다, 번지다, 삼투하다
ⓒ **permeable** 투과할 수 있는
ex) Spring **pervaded** the air. 봄 기운이 대기에 충만했다.

wade
[wéid]

V 걸어서 건너다
ex) He **waded** into the water to push the boat out.

waddle
[wάdl]

V 뒤뚱거리며 걷다   N 뒤뚱거리며 걷기
ex) The fat person walked with a **waddle**.

vamoose
[væmúːs]

V 내빼다, 뺑소니치다; 급히 나가다
ex) I think my hummingbirds have **vamoosed**.

CL = 부르다, 외치다(call)

인도-유럽 어근 kel에서 유래한 것으로 kel>call>cil>cl>clam>claim 등으로 변화 된다. ecclesia(교회)는 call(cl) out(ec<ex)과 esia(집단)의 합성어로 **불러모은 집단**이라는 뜻이다. 한편, church는 그리스어 kyriakon (kyrios=Lord)에서 온 것으로 '**주님에게 속한**'이란 뜻이다.

call [kɔ:l]
V 부르다, 외치다; 초청하다; 소환하다; 전화하다   call<kel
ex) The Korean ambassador was **called** home because of the war.

ecclesia [iklí:ʒiə]
N 교회[당]; (특히 아테네의) 시민회의
* ecclesiastical 교회에 관한, 교회의, 성직의
ex) Ecclesia jumped into the war in the name of protecting the Sacred Land.

conciliate [kənsílièit]
V 달래다, 회유하다; 조정하다; (남의) 환심을 사다   함께(con) 불러 모으다(ciliate)
* conciliation 달램, 위로; 회유; 화해; (쟁의 등의) 조정; 우호 상태, 협력 관계
* conciliatory 달래는; 회유적인
ex) He is benevolent as the school board leader who tries to **conciliate** everybody.

council [káunsəl]
N 회의, 평의회, 종교회의, 자문회   함께(coun<con) 불러 모음(cil)
* a municipal[city] council 시의회   * a Cabinet council 국무회의
* a family council 친족 회의
ex) The local **council** have decided not to allocate funds for the project.

reconcile [rékənsàil]
V 화해시키다, 조정하다, 일치시키다   다시(re) 함께(con) 부르다(cil)
* reconciliation 화해; 조정; 조화, 일치; 복종, 체념
ex) It's difficult to **reconcile** different points of view.

claim [kleim]
V 요구하다, 손해배상을 요구하다   N 요구, 주장   외치다, 주장하다
* claimable 요구할 수 있는   * clamant 소란한; 긴급한 처치를 요하는, 절박한
* claimant/claimer 주장자, 요구자; 원고   * counterclaim 반소[하다]
ex) The police said that if no one **claims** the watch, you can keep it.

clamor [klǽmər]
N 큰 소리로 외침, 아우성, 소란(noise)   외치다, 외치는 것
V 외치다, 떠들어대다, 시끄럽게 요구하다, 강력히 요구하다
* clamorous 시끄러운, 떠들썩한 요구를 하는
ex) After the bombing, there was a public **clamor** for vengeance.

acclaim [əkléim]
V 갈채하다(applaud), 환호하다(cheer)   강하게(ac) 외치다(claim)
* acclamation 갈채, 환호
ex) The author's new book was **acclaimed** by all the important reviewers, and it quickly bestseller.

declaim [dikléim]
V 변론하다, 낭독하다(recite)   아래로 (de) 외치다(claim)
* declamation 낭독   * declamatory 낭독조의; 연설투의, 수사적인
ex) 'The end of the world is at hand!' the poster **declaimed**.

disclaim
[diskléim]
V (권리 등을) 포기하다; 부인하다; 거절하다 — 떨어져서(dis) 외치다(claim)
* **disclaimer** 기권[자], 부인[자]; 포기[부인]성명   * **disclamation** 포기, 거절
ex) The mayor publicly **disclaimed** any personal interest in his brother's

exclaim
[ikskléim]
V 외치다(cry out), 감탄하다 — 밖으로(ex) 외치다(claim)
* **exclamation** 외침, 감탄   * **exclamatory** 감탄의
* **exclamation mark** ([미] **exclamation point**) 느낌표, 감탄부호[!])
ex) 'I can't believe this is happening to me!' he **exclaimed**.

proclaim
[proukléim]
V 포고하다, 선언하다; 나타내다, 증명하다 — 앞쪽에서(pro) 외치다(claim)
* **proclamation** 포고, 선언, 증명
ex) The queen sent a herald to **proclaim** victory.

reclaim
[rikléim]
V 개선하다, 교정하다, 개척하다, 재생하다 — 다시(re) 외치다(claim)
* **reclamation** 교정, 개척
ex) He was **reclaimed** from a life of sin.

ⓐ **ameliorate**
ⓐ **meliorate**
[əmíːliəreit]
V 개선하다 — 더 좋(melior) 게(a) 하다(ate)
* **amelioration** 개량, 개선, 개수, 향상 (↔deterioration)
ex) Steps have been taken to **ameliorate** the situation.

*인도-유럽 어근 kel이 German 계통으로 흘러 들어가며, 순화된 것이 haul이다.

haul
[hɔːl]
V 끌어당기다; 운반하다; 연행하다, 소환하다
N 끌어당김, 견인; 운반; 한 그물에 잡힌 고기
ex) They **hauled** the boat out of the water.

헐(haul)떡(tug) 거리며 당기다

ⓐ **tug**
[tʌg]
V 당기다; 끌다; 노력하다, 열심히 일하다 — 인도-유럽 어근 deuk = 당기다
ex) He **tugged** his car out of the mire.

FED/FID = 믿음(faith), 연합하다(league)

죄로 인해 단절된 하나님과 사람과의 관계는 오직 **'믿음(faith)'**을 통해서만 다시 **'연합될'** 수 있다. 그래서 **'믿음'**이란 의미의 어원인 **'fid'**는 **'연합하다'**라는 의미를 동시에 지니는 것이다. 마찬가지로 사람과 사람 사이도 **신뢰**가 있어야 **동맹**이나 **연합**이 가능한 것이다.

faith
[feiθ]
N 신념, 신뢰, 성실, 정직 — 믿음
* **faithful** 충실한, 신뢰할 만한   * **fealty** 충성; 의무감
ex) The feudal lord demanded **fealty** of his vassals.

federal
[fédərəl]
A 연맹의, 연방의, 연합의   N 연방주의자 — 연결(feder) 된(al)
* **federalism** 연방주의   * **federalize** 연방시키다
ex) Mr. Morris had led a quixotic effort to repeal the **federal** income tax.

federate
[fédərət]
V 연합하다;연방화하다   A 동맹의, 연합의, 연방의 — 연합하게(feder) 하다(ate)
* **federation** 연방, 연합   * **federacy** 동맹, 연합
ex) The United States is a **federation** of 50 individual states.

confederate
[kənfédərət]

V 동맹하다　**A** 동맹한　**N** 동맹자, 제휴자

* confederation 연합국, 동맹국　* confederacy 연합, 동맹, 음모

ex) The rebels had few **confederates** in the countryside; as a result, they were never able to field much of an army.

fidelity
[fidéləti]

N 충실, 충성, 정확, 정절, (의무 따위의) 엄수

* fidel 충실의, 충실한　* Hi-Fi : High Fidelity Sound Reproduction System의 약자

ex) They had shown great **fidelity** to Brighton, spending their holidays there for twenty years.

fiduciary
[fidjú:ʃièri]

A 신용의, 신탁의, (지폐의) 신용발생의

* fiducial 기준의, 확고하게 믿는, 신탁의, 깊이 신뢰하는

affidavit
[æfədéivit]

N 보증서, 선서구술서

* affidavit of support 재정보증서

ex) The judge took an **affidavit** about his habit.

bona fide
[bóunəfáidi]

A 성실한, 진실된　[좋은(bona) 믿음을 갖는(fide)]

* malafide 악한(vile; notorious), 거짓된(false)

ex) The signature appeared to be **bona fide**; it really seemed to be yours.

confide
[kənfáid]

V 믿다, 맡기다, 신뢰하다

* confidence 신뢰, 확신(assurance)　* confident 믿을 수 있는, 자신하는
* confidential 신임 받는, 심복의; 기밀의　* confidentiality 기밀성, 비밀성

ex) A confidant is a person in whom one can **confide**.

diffident
[dífədənt]

A 부끄러워 하는, 겁먹은, 수줍음

ex) Mary's stammer made her **diffident** in conversation and shy in groups of strangers.

infidel
[ínfədl]

A 믿지 않는, 무신론의　**N** 무신론자

* infidelity 무신론, 불신, 배신, 믿음이 없음　* solifidian 신앙설의; 유신론자

ex) You can't thank God if your an **infidel**.

perfidy
[pɔ́:rfədi]

N 배신, 불신(the deliberate breaking of faith)

* perfidious 불신의, 배반하는(treacherous)

ex) History has many examples of **perfidy** and deceit.

fiancé
[fiá:nsei]

N 약혼자

* fiancée 약혼녀

affiance
[əfáiəns]

[믿음(fi) 쪽으로(af<ad) 가는 것(ance)]

N 신용, 신뢰, 신탁
V 약혼(하다)

* affiant (법률) 선서, (구술서) 작성자, 진술인

defiance
[difáiəns]

N 도전, 반항적 태도, 저항, 멸시
* **defiant** 반항적인, 도전적인, 교만한   * **defy** 도전하다, 반항하다, 저항하다
ex) Nuclear testing was resumed in **defiance** of an international ban.

* trost = 성실(fidelity)

trust   N 신임, 신뢰; 책임, 의무   V 신뢰하다; 믿다
truth   N 진실; 진리, 진실성; 현실, 실재; 성실, 정직
tryst   N 회합의 약속; 회합; 밀회; 회합의 장소
troth   N 진실, 성실; 충성; 약혼, 약속   V 약혼하다, 약속하다
betroth V 약혼시키다 (engage)

CRED = 믿다(believe)

cred**it** card(신용카드)의 cred는 '믿다'의 뜻. 기독교인들의 신앙고백인 **사도신경**은 영어로 'the Creed'라고 하는데 이는 '**나는 믿습니다**'의 뜻인 credo에서 유래한 것이다.

creed
[kri:d]

N 신조(credo), 교리(a set of opinions)
* **The Creed** 사도 신경
ex) **The Creed** is a short formal statement of Christian religious belief said in church.

credit
[krédit]

N 신용, 외상, 명예, 학점, 은행잔고, (부기)대변
V 신용하다, 믿다
* **creditor** 채권자 (↔debtor)   * **credit inquiry** 신용조회
* **credit loan** 신용대부   * **no credit** 외상사절
ex) Lou was so egocentric that he could never give anyone else **credit** for doing anything.

credence
[krí:dəns]

N 신용, 신임의 증거, (성찬 때 쓰인) 탁자
* **a letter of credence** 추천장
ex) No one could prove Frank's theory, but his standing at the university helped it gain **credence**.

credential
[kridénʃəl]

N [pl.] 신용증명서, 신임장; 자격, 적격, 적성
* **credentialism** 증명서 편중주의, 학력 편중주의
ex) The candidate emphasized his excellent **credentials**.

credible
[krédəbl]

A 신용할 수 있는, 믿을 수 있는
* **credibility** 신뢰성(fidelity)   * **creditable** 칭찬할 만한, 신용할 만한
ex) Larry's implausible story of heroism was not **credible**.

credulous
[krédʒuləs]

A 믿기 쉬운, 순진한, 잘 속는
* **credulity** 쉽사리 믿음, 고지식함
ex) He was a **credulous** fool to believe even half of what they promised.

incredible
[inkrédəbl]

A 믿을 수 없는, 불가사의한

* incredibility 불신   * incredibly 믿을 수 없을 만큼
ex) The latest missiles can be fired with **incredible** accuracy.

믿을 수 (credible) 없는 (in)

incredulous
[inkrédʒuləs]

A 쉽사리 믿지 않는, 의심 많은, 의심스러운 듯한

* incredulity 쉽사리 믿지 않음, 의심 많음, 회의심
ex) If you don't believe that story someone just told you, you are **incredulous**.

믿기 쉽지 (credulous) 않은 (in)

accredit
[əkrédit]

V 탓으로 돌리다, 인정하다, 간주하다; 믿다, 신용하다

* accreditation 승인   * disaccredit ~의 자격을 빼앗다
ex) The Arabs are usually accredited with the discovery of **distillation**.

~쪽으로 (ac) 믿다 (credit)

discredit
[diskrédit]

N 의심, 불신, 명성의 실추, 불명예(dishonor)
V 신용을 떨어뜨리다, 명성을 실추시키다, 의심하다

ex) The photos were deliberately taken to **discredit** the President.

신용 (credit)과 거리가 멀다 (dis)

miscreant
[mískriənt]

A 극악한, 무도한   N 악한, 악당(scoundrel)

* miscreancy 극악(villiany), 무도(inhumanity)
ex) The penalties for dropping litter are too low to discourage **miscreants**.

나쁜 것을 (mis) 믿는 (creant)

recreant
[rékriənt]

A 비겁한, 불충실한(disroyal)   N 겁장이, 배신자

* recreancy 비겁, 불성실, 변질

믿음이 (cre) 없 (re) 는 (ant)

grant
[grænt]

A 승인하다, 허가하다, 인정하다; 수여하다
N 허가, 인가; 수여, 교부, 하사, 교부된 물건, 하사금; (국가) 보조금, 장학금

* take ~ for granted ~을 당연한 것으로 여기다
ex) I had to **grant** the truth in what Joshua said.

grant < cred

MISS/MIT = 보내다(send)

미사일(missile)은 '쏘아 보낼(miss) 수 있는(ile)' 무기이다. 선교사(missionary)는 선교지를 향해 '보내진(mission) 사람(ary)'이다.

쏘아 보낼(miss) 수있는 (ile) missile

---

miss
[mis]

N 실수, 실패, 탈락, 상심함, 유산
V 놓치다, (약속 따위를) 지키지 못하다, 섭섭하게 생각하다, 빠뜨리다

* missing 보이지 않는, 분실한, 행방불명의
* amiss 잘못하여, 틀리게, 나쁜 때에, 부적당하게

못 잡고 보내(miss) 버림

missile
[mísəl]

N 유도탄; 던질 수 있는   A 유도의

* ICBM (intercontinental ballistic missile) 대륙간 탄도 유도탄
* missile base (site) 미사일 기지   * missile killer 요격용 미사일

보낼(mis) 수 있는 것(ile)

mission
[míʃən]

V 파견하다, 전도하다, 포교하다
N 사절단, 사절의 임무, 해외공사관, 사명, 전도, 전도지구

* missionary 전도사, 선교사, 사자; 전도의, 선교의
* missive 서한, 문서, 공문서; 보내진   * missionize 전도하다, 선교하다

보(miss) 냄(ion)

message [mésidʒ]
N 알림, 전갈, 서신, 메시지, 교서
V 통지하다, 전하다, 알리다

보내는 (mess) 것 (age)

messenger [mésəndʒər]
N 심부름꾼, 사자(使者); 배달부, 선구자
ex) He sent the order by **messenger**.

message를 전하는 사람(er)

admit [ədmít]
V (입장·입학·입회를) 허락하다; 인정하다
* admission 허가, 입장, 입장료, 승인, 자백, 자인
* admittance 입장, 허가   * admittable 용인할 수 있는, 허용할 수 있는
ex) He **admits** the charge to be groundless.

~로 (ad) 보내다 (mit)

commit [kəmít]
V 위임(위탁)하다; (죄나 과실을) 범하다
* committee 위원, 위원회, 평의회; 수임자, 수탁자, 후견인
ex) The boy was **committed** to the care of his uncle.

더불어(com) 보내다(mit)

commission [kəmíʃən]
N 위임, 위탁; 위원회; 직권; 커미션, 명령, 지령; 범행
ex) You are going beyond your **commission**. (월권 행위를 하고 있다)

더불어(com) 보내다(mit)

commitment [kəmítmənt]
N 위탁, 위임, 범행, 투옥; 언질, 공약, 서약
ex) I have a **commitment** to him to pay all of the debt.

더불어(com) 보내다(mit)

commissary [káməsèri]
N 물자 배급소; 매점, 구내식당; 병참부
ex) They also had a store that served as a **commissary** for the company's workers.

더불어(com) 보내다(mit)

noncommittal [nànkəmítəl]
A 애매한, 언질을 주지 않는, 막연한
ex) We were annoyed by his **noncommittal** reply.

commitment가 없(non)는 (al)

concomitant [kɔnkámətənt]
A 상반하는, 부수하는   N 부대사항, 부수물
* concomitance 부수, 공존
ex) Loss of memory is a natural **concomitant** of old age.

함께(con) 동반(comit) 하는 (ant)

demise [dimáiz]
N 서거, 죽음; 계승; 소멸, 폐지   V 양도하다, 유증하다
ex) Weston will present a lecture on the various clues about the cause of the dinosaurs' **demise**.

아래로 (de) 보내다 (mise)
땅 아래로 (de) 보내다 (mise)

demit [dimít]
V 사직(사퇴)하다, 면직하다   [아래로 (de) 보내다 (mit)]
* demission (고어) 사직, 퇴위
ex) They are **demited**, and eventually become unemployable.

dismiss [dismís]
V 해산 시키다, 해고하다, 추방하다; 소송을 기각하다
* dismissal 해산, 해고, 면직, 기각, (제대)통지
ex) Garry was **dismissed** from school after he spit in his teacher's face.

흩어(dis) 보내다(miss)

emit [imít]
V 발산하다, 말하다, 의견을 토로하다; 법령을 발표하다
* emission 방사, 발산, 발행(액) [생리] 사정
ex) Scientists warn cell phones **emit** radiation and cause brain damage..

밖으로 (e<ex) 보내다(mit)

emissary
[émǝsèri]

N 사자, 밀사; 밀정, 간첩   **A** 사자의, 밀사의

밖으로(e<ex) 보 낸(mit) 자(ary)

ex) One option open to him was to travel the globe as a Nike **emissary**.

emetic
[imétik]

A 토하게 하는, 구역질 나는   **N** 구토약

밖으로(e<ex) 보 내(met) 는(ic)

* **emesis** 구토증   * **emetophobia** 구토 공포증
ex) I volunteered to take an **emetic** to help overcome my emetophobia.

intermit
[intǝrmít]

V (일시적으로) 중단시키다

사이로(inter) 보 내다(mit)

* **intermission** 중지, 막간, 휴지기간
ex) For students who **intermit** for one academic year or less, the date of registration will be deemed to have remained unchanged.

intermittent
[intǝrmítǝnt]

A 간헐적인, 때때로 끊기는

사이로(inter) 보 내다(mit)

* **intermittence/-cy** 중간, 단속, 간헐
ex) It will be warm but with **intermittent** light rain.

intromit
[intrǝmít]

V 삽입하다, 들어오게 하다

안으로(intro) 보 내다(mit)

* **intromission** 삽입, 입장허가   * **intromittent** 들어오게 하는, 끼워넣는
ex) When the burglar **intromited** himself into a citizen's house, the homeowner **intromited** a couple of bullets in the bad guy.

manumit
[mæ̀njumít]

V (노예, 농노를) 해방하다, 석방하다

손(manu)에서 내보 내다(mit)

* **manumission** 해방
ex) Hundreds of masters voluntarily **manumited** their slaves.

permit
[pǝrmít]

V 허락하다, 묵인하다   **N** 인가, 허가, 면허증

완전히(per) 보 내다(mit)

* **permission** 허락, 허가, 승낙, 용인   * **permissive** 허락하는, 자유로운, 방임적인
cf) **connive** 묵인하다, 방조하다, 공모하다 [nive = wink]
ex) I can't **permit** her smoking.

pretermit
[prì:tǝrmit]

V 과거로 돌리다, 불문에 부치다, 묵과하다

넘겨(preter) 보 내다(mit)

* **pretermission** 간과, 무시, 누락, 중단
ex) Under our system of justice, we do not **pretermit** a defendant's right to appeal.

premise
[prémis]

N 전제, 근거, 기술사항, 재산, 건물
V 전제로 하다, 서두에 말하다, 가정하다

머리(pre) 보 낸 것(mise)

ex) The whole **premise** was politically incorrect for its time.

promise
[prámis]

N 약속, 계약, 기대, 촉망
V 약속하다, 기대하다, 가망이 있다, 유망하다

앞으로(pro) 보 내다(mise)

* **promising** 유망한, 전망 있는   * **promissory** 약속의
ex) He broke his **promise** to give the book back to me within a week.

compromise
[kámprǝmáiz]

N 타협, 절충
V 타협시키[하]다; 화해시키[하]다; (명성 등을) 더럽히다, 떨어 뜨리다.

함께(com) 약속 하다(promise)

ex) Because he wanted $200 and I said $100, we **compromised** at $150.

remiss
[rimís]
- **A** 태만한, 부주의한, 무기력한, 해이한
- *remissness 태만, 부주의
- ex) He was accused of being **remiss** in his duty when the prisoner escaped.

뒤로 (re) 보내짐 (miss)

remit
[rimít]
- **V** 용서하다, 면제하다, 완화하다; 연기하다; 위탁하다
- *unremitted (죄·부채 등이) 사면[경감]되지 않은
- ex) His prison sentence was **remitted** to two years.

돌려 (re) 보내다 (mit)

unremitting
[ʌnrimítiŋ]
- **A** 끊임없는
- ex) His attention is **unremitting**..

돌려 (re) 보내지 (mit) 않(un)는 (ing)

submit
[səbmít]
- **V** 복종하다, 복종시키다, 제출하다
- *submission 복종, 제출   *submissive 제출하는, 복종하는
- ex) We protested about the changes for a long time, but in the end we had to **submit**.

아래로 (sub) 보내다 (mit)

surmise
[sərmáiz]
- **V** 추측하다, 아닌가 생각하다   **N** 추측
- ex) I **surmise** that he will be late for this meeting.

(머리) 위로 (sur) 보내다 (mise)

transmit
[trænsmít]
- **V** 보내다, 파견하다, 전달하다; (병을) 옮기다
- *transmissive 전달하는, 보내는, 유전하는   *transmission 전달, 파견
- *transmitter 양도자, 전달자   *transmittal 송신하는, 파견하는
- ex) The information is **transmitted** electronically to the central computer.

옮겨 (trans) 보내다 (mit)

OD/HOD = 길(way)

모세가 이스라엘 백성을 이끌고 홍해를 건넌 사실은 너무나도 유명한 장면이라 성경을 읽어 보지 않은 사람도 잘 알고 있는 내용일 것이다. 당시 그들은 현재의 이집트에 해당하는 애굽으로부터 자유를 찾아 나왔기 때문에 그것을 기록한 부분을 출애굽기라고 부른다. 영어로는 **Exodus**!
즉 '길(od)을 나오다(ex)' 정도의 의미인데, 여기에서 'od'는 '길(way)'을 의미한다.

---

exodus
[éksədəs]
- **N** (많은 사람의) 외출, (이민 따위의) 출발, 출국
- *Exodus 출애굽기
- ex) The medical system is facing collapse because of an **exodus** of doctors.

길(odus)을 떠남(ex)

episode
[épəsòud]
- **N** (소설, 극 따위에 삽입하는) 삽화, 삽화적 사건
- *episodic 삽화적인
- ex) Though he tried to follow the plot of 'Gravity's Rainbow,' John found the novel too **episodic**.

더하여(epi) 길을 감(sode<hode)

method
[méθəd]
- **N** 방법, 계통적 분류법
- *methodology 분류법
- ex) There is **method** in his madness. 미쳤어도 조리가 있다, 보기처럼 무모하지는 않다
- ((Shakespeare작 Hamlet 중 Polonius의 대사))

길(hod)을 바꿈(met)

odometer
[oudámətər]
- **N** (차량의) 주행 기록계
- *odometry 주행거리 측정법

길(odo)을 측정하는(meter)

periodic
[pìəriádik]

A 시대의, 주기적인, 정시의

* **periodical** 정기 간행의, 주기적인   * **period** 마침표, 주기, 기간
ex) **Periodic** checks are carried out on the equipment.

길(od) 주변에(peri) 오는(ic)

synod
[sínəd]

N 교회 회의, 종교회의; (일반적으로) 회의

ex) Among Presbyterians, a **synod** is composed of several adjoining presbyteries.

신(syn)에게 가는 길(way)

cathode
[kǽθoud]

N (전자관, 전해조의) 음극

* **anode** (전자관, 전해조의) 음극
ex) A black wire is often attached to the **cathode**.

내려가는(cat) 길(hode)

OR = 입(mouth), 말하다(speak)

oral의 or는 '입, 말하다'의 뜻에서 '하나님에게 하는 말' 즉 '기도하다'라는 의미로 확대된다. oracle(신탁)은 신이 인간에게 하는 말이며, oratory(기도원)는 기도(or) 하는(ate) 곳(ory)이다. 하나님에게(ad) 기도(ore)하는 것이 하나님을 **숭배하고 사랑하는(adore)** 것이다. 하나님은 인간과 교제하기를 원하시기 때문이다.

---

oral
[ɔ́:rəl]

A 구두의, 구술의, 입 부분의

ex) I have my English **oral** exam today.

입(or) 의(al)

oracle
[ɔ́:rəkl]

N 신탁, 하나님의 말씀, (pl) 성경, 철인, 현인

* **oracular** 신탁의, 수수께끼 같은, 예언하는
ex) God has now sent his living **oracle** Into the world to teach his final will.

(하나님의) 말(oracle)

oratory
[ɔ́:rətəri]

N 웅변, 웅변술, 수사, [종교] 기도원

* **oration** 연설, 웅변   * **oratorical** 연설의   * **orate** (익살) 연설하다, 연설조로 말하다
ex) The president is famous for powerful **oratory**.

기도(or) 하는(ate) 곳(ory)

orotund
[ɔ́:rətʌ̀nd]

A 성량이 풍부한, 낭랑한   N 유창한 말

ex) His speech was vapid but **orotund**.

말(or)이 낭랑한(rotund<round)

adore
[ədɔ́:r]

V (신으로) 숭배하다, 숭상하다, 열렬히 사랑하다

* **adoration** 존경, 동경   * **adorable** 숭배할 만한; 홀딱 반할 만한, 귀여운(charming)
ex) I **adore** the great actor and love watching his movies anytime.

~에게(ad) 기도하다(ore)

inexorable
[inéksərəbl]

A 굽힐 수 없는, 불변의; 냉혹한, 용서 없는

ex) The flow of bad news seemed **inexorable**.

입(or) 밖에 낼(ex) 수(able)없는(in)

perorate
[pérərèit]

V 결말짓다, 단언하다

ex) These people don't talk, they just **perorate**.

완전하게(per) 말(or) 하다(ate)

usher
[ʌ́ʃər]

N 안내인, 수위, 접수원   V 안내하다, 인도하다

ex) He **ushered** the guests to their seats.

어서(usher) 옵쇼 하는 안내인

osculate
[áskjulèit]

V 키스하다; 접촉하다

입(os) 맞추다(culate)

VER = 진실한(true)

Harvard 대학의 휘장에는 'veritas(진리)'란 말이 새겨져 있다. 유사하게 서울대학교 역시 'veritas lux mea (진리는 나의 빛)'라는 문구를 사용했었다. 이 말은 성경의 '진리가 너희를 자유케 하리라'라는 구절에서 유래한 것이다. 여기에서 진리란 예수를 말하는데, 예수 즉 진리를 믿는 믿음이 죄와 사망으로부터 사람을 자유케 한다는 뜻이다.

very
[véri]
ad 매우, 평장히   A 바로 그~; 맨~, 극한의   정말, 진실로
* veriest (very의 최상급) 순전한, 정말의   * the veriest rascal 순악당
ex) The Nile is the **veriest** life of Egypt.

veracious
[vəréiʃəs]
N 진실을 말하는, 성실한(sincere)   진실성(ver) 많은(acious)
ex) I recommend him for this position as he is **veracious** and reliable.

verdict
[və́:rdikt]
N 평결, 답신, 판단, 결정(decision)   진실되게(ver) 말하는(dict) 것
ex) The jury returned a unanimous **verdict** of guilty.

verify
[vérəfài]
V 입증하다, 실증하다   진실(veri)로 만들다(fy)
ex) Evans has found no one who can **verify** their birthplace or citizenship.

verity
[vérəti]
N 진실, 진실성, 사실, 진리   진실(ver) 성(ity)
* in all verity 진실로   * the eternal verities 영원한 진리

inveracity
[ìnvərǽsəti]
[참되지(vera) 않음(in) 음(city)]
N 참되지 않음, 불성실; 허위, 거짓말
ex) Jason is a graduate student in **inveracity**.
인(人) 버려서리 하는 (inveracity) 거짓말, 불성실함

aver
[əvə́:r]
N (진실이라고) 단언하다; 주장하다; 증언하다   진실(ver) 쪽으로(a(ad) (말하다)
ex) She **averred** that he was guilty.

severe
[sivíər]
A 엄한, 엄격한; 매정한, 통렬한; 심한   친절하지(vere) 않은(se)
ex) Breast cancer can be more **severe** in younger women.

persevere
[pə̀:rsəvíər]
V 인내하다, 견디어 내다; 끝까지 굴하지 않다   끝까지(per) 엄중한(severe)
ex) We must win and show the terrorists we will **persevere** and overcome.

asseverate
[əsévərèit]
V 맹세코 단언하다, 강력히 언명하다   엄중(sever) 하게(as) 하다(ate)
ex) Mr. Kim **asseverates** that Henry is innocent.

austeros = 거친(harsh)

austere   A 엄한, 엄격한, 금욕적인; 내핍한, 꾸밈없는
austerity   N 엄격함; 금욕적임, 내핍 상태
* **stoic**   A 스토아 철학의; 극기의, 금욕의
                N 스토아 철학자; 극기[금욕]주의자
* **stoicism**   N 스토아 철학[주의]; [s~] 극기, 금욕;냉정, 태연

어서 뛰어! (austere)
간결하면서도 엄격한 명령

VEN/VENT = 오다(come), 도착하다(arrive)

예수님이 이 땅에 오신 날을 Advent라고 하는데, 이는 '~에게(ad) 오다(vent)'라는 뜻이다. 이 단어는 예수님의 재림을 동시에 의미한다. 330번이 넘는 성경의 예언이 이루어졌듯, 재림의 예언도 이루어질 것이다.

avenue
[ǽvənjùː]
N 가로수길; 대로; 수단, 방법, 가능성 　　~로(a(ad) 오다(venue)
ex) We should explore every **avenue** in the search for an answer to this problem.

venture
[véntʃər]
N 모험, 위험; 투기, 모험적 사업　　V 모험하다　　adventure의 축약형
* **venturer** 모험가, 투기자　　* **venturesome** 모험을 좋아하는, 대담한
ex) There are many joint **ventures** between Italian and Korean companies.

advent
[ǽdvent]
N 도착, 도래, 출현(appearance; the coming)　　~으로(ad) 나옴(vent)
* **Advent** 예수님의 강림　　* **Adventist** 예수 재림론자
ex) Quills were the chief writing implement until the **advent** of steel pens.

adventitious
[ædventíʃəs]
A 우연의, 우발의, 외래의
* **adventitiously** 우연히

adventure
[ədvéntʃər]
N 모험　V 모험하다　[~에(ad) 도달(vent)하는 것(ure)]
* **adventurous** 모험을 즐기는　* **adventurer** 모험가　* **misadventure** 불운, 불운한 사건
ex) She had some exciting **adventures** in Egypt.

circumvent
[səːrkəmvént]
V 일주하다, 우회하다, 회피하다, (남을) 앞지르다　　비 돌아(circum) 오다(vent)
* **circumvention** 속여 넘기기, 계략에 빠뜨리기, 우회(detour)
ex) Ships were registered abroad to **circumvent** employment and safety regulations.

convene
[kənvíːn]
V 모이다, 집합하다, 소집하다　　함께(con) 오다(vene)
* **convention** (정식) 집회, 협정, 인습, 전통　　* **conventional** 전통적인, 재래의, 협약상의
ex) The president **convened** a meeting of his staffs to discuss the matter.

convent
[kánvənt]
V 수도원, 수녀원; 수녀단　　함께(con) 오다(vent)
ex) She grew up in Windsor, where she went to **convent** schools.

convenient
[kənvíːnjənt]
A 편리한, 형편이 좋은　　함께(con) 오는 (vent+ient)
* **conveniently** 편리하게, 형편이 좋게　　* **convenience** 편리, 편의
ex) I find it **convenient** to be able to do my banking by phone.

contravene
[kàntrəvíːn]
V 반대하다, 모순되다, 반박하다(contradict)　　거슬러서(contra) 나오다(vene)
* **contravention** 반대, 반박, 모순, 위반(violation)
ex) The penalties for **contravening** that law are very serious.

event
[ivént]
N 사건, 우발 사건, 결과, 성과　　밖으로(e) 나온 것(vent)
* **eventful** 사건이 많은　* **eventual** 궁극적인　* **at all events** 아무튼, 좌우간

eventuate
[ivéntʃuèit]
V 결과가 되다, (우발적으로) 일어나다, 생기다　　밖으로(e) 오게(vent) 하다(uate)
ex) The deal did not **eventuate**.

invent [invént]
V 발명하다, 날조하다(make up)   (머리) 속에(in) 떠오르다(vent)
* **invention** 발명, 발명의 재능 * **inventive** 발명의
ex) The first safety razor was **invented** by company founder King C. Gillette in 1903.

intervene [intərvíːn]
V 사이에 들다, 중재하다, 간섭하다(step in)   사이에(inter) 들어 오다(vene)
* **intervention** 개재, 중재, 간섭(interference)
ex) The minister abandoned her holiday plans when a surprise election **intervened**.

prevent [privént]
V 방지하다, 막다, 못하게 하다, 예방하다   버리(pre) 오다(vent)
* **preventive** 예방의, 방지하는, 방해하는; 예방법, 방지책   * **prevention** 예방, 방해
ex) Label your suitcases to **prevent** confusion.

provenance [práːvənəns]
N 기원, 출처(place of origin), 유래(source)   앞에(pro) 온(ven) 것(ance)
* **prevenient** 이전의
ex) We don't know **provenance** of the manuscripts.

revenue [révənjùː]
N 소득, 수입(income), 세입   다시(re) 돌아오는(ven) 것(ue)
ex) Taxes provide most of the government's **revenue**.

souvenir [súːvəniər]
N 기념품, 선물; 추억이 되는 것   (마음) 아래로(sou) 오는 것(venir)
* **souvenir photograph** 기념사진   * **souvenir shop** (관광객의) 토산품 판매점
ex) He bought a model of a red London bus as a **souvenir** of his trip to London.

subvention [səbvénʃən]
N 보조금(subside), 찬조금, 구호품   밑에서(sub) 오는(vent) 것(ion)
* **subvene** (때마침 나타나서) 도움(구제)이 되다
ex) Central government's **subvention** is not enough to solve our problems.

supervene [sùːpərvíːn]
N 잇달아 발생하다, 결과로서 일어나다   초과하여(super) 오다(vene)
ex) It takes five to eight years for Aids to **supervene** if no antiretrovirals are used.

venireman [vináirimən]
N 배심원 소집장으로 호출된 사람   오는(venier) 사람(man)
ex) Jury questionnaires were completed by each **venireman**.

venue [vénjuː]
N 재판지, 집합지(rendezvous), 스포츠 경기장   오는(ven) 곳(ue)
ex) The hotel is an ideal **venue** for conferences and business meetings

covenant [kʌ́vənənt]
N 계약(promise), 맹약   함께(co) 와서(ven) 하는 것(ant)
ex) The contract contained a restrictive **covenant** against building on the land.

parvenu [páːrvənjùː]
[통하여(par<per) 옴(venu)]
N (사회·그룹에서 인정 받지 못하는) 벼락부자
ex) He is still seen as a **parvenu** in the aristocratic world of the Jockey Club.

RAP/RAV = 잡다(seize)

휴거(携擧)란 예수가 공중에 재림할 때에 예수 믿고 구원받은 자들이 공중으로 들려 올라가는 것을 말하는데, 영어로는 the Rapture(휴거, 환희, 기쁨)이다. 공중에서 **잡아**(rapt) 올리는 것(ure)이다. 이때 들림 받은 자들을 생각해 보라. 얼마나 큰 **환희**와 **기쁨**에 휩싸이겠는가?

Rapture

rape [reip]
N 강탈, 강간; 파괴　V 강탈하다, 강간하다　　잡다(rape)
* rapist 강간범　* rapine 강탈　* an attempted rape 강간미수
ex) She was pulled from the car and **raped**.

rapacious [rəpéiʃəs]
A 강탈하는, 탐욕스러운(greedy)　　잡고(rap) 싶은(acious)
* rapacity 강탈　* rapscallion 부랑배(rascal)
ex) The most **rapacious** predators of the gentle reptiles are humans.

rapid [rǽpid]
A 빠른, 신속한; 가파른　N [보통 pl.] 여울, 급류　　잡아 채(rap) 듯 (id)
* rapidity 급속, 신속, 민첩; 속도
ex) I am confident that we're making **rapid** progress.

rapt [ræpt]
A 넋을 빼앗긴, 황홀해 있는; 열중한　　잡(rapt) 힌(t<ed)
* a rapt listener 열심히 듣는 사람　* be rapt in study 공부에 열중해 있는
ex) Bo was **rapt** with joy when Henry bought her a diamond ring.

rapture [rǽptʃer]
N 환희, 기쁨; [the R~] 예수와 공중에서 만나는 체험　　잡힌(rap) 상태(ture)
* rapturous 기뻐 날뛰는, 미칠 듯이 기뻐하는, 열광적인
ex) He looked at her face with an expression of pure **rapture** on his face.

enrapture [inrǽptʃər]
V 몹시 기쁘게 하다, 도취 시키다　　기쁘게(rapture) 만들다(en)
* enraptured 도취된　* enrapt 도취된, 황홀해진
ex) I was **enraptured** by the music I heard in that film.

raptorial [ræptɔ́ːriəl]
A 생물을 잡아먹는; 맹금류의　N 맹금　　잡아(rapt) 먹는 (orial)
* raptorial birds 맹금　* raptorial beasts 맹수　* raptor 맹금
ex) Waterscorpions have **raptorial** front legs stretched outward.

ravage [rǽvidʒ]
N 파괴, 황폐; 파괴된 흔적　V 약탈하다, 파괴하다　　잡(rav) 음(age)
ex) Hundreds of homes have burned as wildfires **ravaged** California.

surreptitious [sə̀ːrəptíʃəs]
A 비밀의, 몰래 하는, 부정의, 무허가의　　밑에서(sur) 잡아채(rept)는 (itious)
* surreptitiously 몰래, 남모르게, 부정하게
ex) The measure outlaws **surreptitious** videotaping of movies in theaters.

raven [réivən]
N 갈가마귀　A 검은　V 약탈하다, 게걸스럽게 먹다　　잡(rav) 다(en)
* ravening 탐욕스러운; 게걸스럽게 먹는; 먹이를 찾아 다니는, 약탈하는
ex) I found a sketch of a **raven** on a skull

ravenous
[rǽvənəs]
A 게걸스럽게 먹는, 굶주린; 탐욕스러운
raven + ous
ex) The **ravenous** dog upset several garbage pails in its search for food.

ravine
[rəvíːn]
N 좁은 골짜기, 산 골짜기, 계곡
잡는 (rav) 곳 (ine)
ex) A passenger bus plunged into a **ravine** in the northern Philippines.

ravish
[rǽviʃ]
V 기쁘게 하다, 황홀하게 하다; 강탈[강간]하다
사로 잡(rav) 다(ish)
* **ravishment** 강탈, 황홀   * **ravishing** 매혹적인   * **enravish** = enrapture
ex) She was **ravished** with the view.

usurp
[jusə́ːrp]
V (권력, 지위 등을) 빼앗다, 강탈(횡령)하다
빼앗아(rp<rap) 이용하다(usu)
* **usurpation** 권력침해, 강탈, 횡령   * **usurper** 횡령자
ex) The powers of local councils are being **usurped** by central government.

LEPS = 붙잡다, 덮치다(take, seize)

어근 leps도 rap과 함께 기억하자. rap보다 그 음이 강한 만큼 의미 역시 강하다고 생각하면 될 것이다.

analeptic
[æ̀nəléptik]
A 기력 회복의 (restorative), 몸을 보하는
take(lept) up(ana)
N 강장제, 중추 흥분제, 보약
ex) An **analeptic** drug stimulates the central nervous system.

catalepsy
[kǽtəlèpsi]
N 전신 강직증
강하게(cata) 잡는 (leps) 것 (y)
* **cataleptic** 강직증의
ex) **Catalepsy** results in lack of response to external stimuli and by muscular rigidity.

epilepsy
[épəlèpsi]
N 간질병
강하게(epi) 덮치는 (leps) 것 (y)
* **epileptic** 간질병의
ex) **Epilepsy** is called the 'falling sickness' because the patient falls suddenly to the ground.

narcolepsy
[náːrkəlèpsi]
N 기면발작(간질의 약한 발작)
잠(narco)이 잡는 (leps) 증상(y)
ex) **Narcolepsy** is characterized by sudden and uncontrollable attacks of deep sleep.

prolepsis
[proulépsis]
N 예기, 예상; 예변법(반대론을 예상하여 대비함)
미리(pre) 가늠 잡(leps)음(sis)
시일 전기(실제보다 앞당겨 적기)
* **proleptic** 예상의, 예기의

syllepsis
[silépsis]
N [수사학] 일괄 쌍서법, 양괄식 문장
똑같이 (syl<syn) 취(leps)함(sis)
* **sylleptic** 일괄 쌍서법의

latch
[lætʃ]
N 걸쇠, 빗장   V 빗장을 걸다
내지 (latch) 르는 빗장
ex) The **latch** snapped into its place.

* *seizer* = 붙잡다 (take possession)

seize	V	붙잡다; 파악하다, (기회를) 포착하다; 빼앗다
seizure	N	붙잡음; 체포; 압류, 몰수; 강탈; 발작, 발병

PAU = 작은(small), 거의 없는(little)

신약 성서의 가장 많은 부분을 저술한 사도 바울(Paul)은 본명이 사울(Saul)로서 예수와 그 믿는 자들을 핍박하던 자인데, 다메섹 도상에서 예수를 만난 후 이방을 구원할 그릇으로 쓰임을 받는다. 그 이름도 **Paul**로 바뀌는데, 이는 '작은 자'를 의미한다. 자신이 아주 작은 자라는 것을 깨닫고 인정할 때 하나님께서 그를 높이시고 사용하신다. **poor**나 **pony** 등도 여기에서 왔다.

paucity [pɔ́:səti]
N 소수, 소량; 부족
ex) There is a **paucity** of democracy in this country.

pauper [pɔ́:pər]
V 극빈자; 빈민, 거지; 가난뱅이
ex) He did die a **pauper** and is buried in an unmarked grave.

poverty [pávərti]
N 빈곤, 가난(of, in); 결핍, 부족; 열등; 청빈
* **poor** 가난한, 부족한, 모자란
ex) Our society has suffered from a **poverty** of morality.

poco [póukou]
ad [음악] 약간
* **poco a poco** 서서히, 조금씩   * **poco largo [presto]** 약간 느리게[빠르게]

puerile [pjú:eril]
A 어린 아이의[같은]; 철없는, 미숙한, 어리석은
ex) Dees rebuked Rick for the **puerile** action.

poultry [póultri]
N [집합적; 복수 취급] 가금(家禽); 그 고기
ex) They had a **poultry** farm that paid for the children's education.

pony [póuni]
N 조랑말; 모양이 작은 것; 작은 잔; 소형 자동차
ex) They improved a **pony** into a racehorse.

pupil [pjú:pəl]
N 학생; 제자; 미성년자, 피보호자; 눈동자
ex) After his education, he became a **pupil** of the composer Kang.

pupa [pjú:pə]
N 번데기
ex) The **pupae** remain dormant in the soil until they emerge as adult moths in the winter.

puberty [pjú:bərti]
N 사춘기; 성숙기; [식물] 개화기
ex) Bo met Henry when she reached the age of **puberty**.

성경 편 기타 어근

angel = 천사(angel), 메시지(message)

angel	N	천사
evangel	N	복음, 희소식; [E~]4복음(마태·마가·누가·요한)
evangelist	N	복음 전도자
evangelism	N	복음 전도(에 전념함); 복음주의

messenger
좋은(ev<eu) 소식(angel)
좋은 소식을 전하는 자
좋은 소식을 전함

bapt = 담그다(dip)

baptize	V	세례를 베풀다, 명명하다
baptism	N	세례, 명명식
baptist	N	침례를 베푸는 사람, 침례교인
pedobaptism	N	유아 세례

baptism

christ = 기름부음을 받은 자(the anointed)

Christ	N	예수 그리스도; 구세주
Christian	N	기독교인 A 그리스도의, 기독교의
Christianity	N	기독교, 그리스도교, 기독교 정신
Messiah	N	구세주, 구원자, 메시아, 그리스도
cretin	N	크레틴병 환자; 바보, 백치

기름부음을 받은 자
그리스도(Christ)의 사람(ian)
기독교인(Christian)의 정신(ity)
기름부음을 받은자
Cretin < Christian

* Christ - 기름부음을 받은 자란 뜻. 히브리어 Messiah를 헬라어로 직역한 것. 성경에서 기름부음을 받는 자는 오직 3 사람 즉 제사장, 선지자, 왕 밖에 없다. 예수 그리스도는 복음의 핵심을 요약한 말인데, 예수가 인류의 죄를 사하는 제사장, 천국에 대한 하나님의 말씀을 전하는 선지자, 만물을 통치하는 왕의 역할을 한다는 뜻을 지닌다. Cretin도 Christian에서 유래한 것으로 믿음때문에 생명을 버리는 기독교인들이 사람들 눈에는 바보들처럼 보였기 때문에 생긴 말이다.

ung = 기름을 바르다(anoint)

unctuous	A	기름 같은, 매끈한, 미끈미끈한; 말이 번지르한
ointment	N	연고(unction)
anoint	V	(종교 의식에서 머리에) 성유[성수]를 바르다
anointed	N	[the A~] 기름 부음을 받은 자, 그리스도
unguent	N	연고 [연고는 엉긴다(unguent)]

anointing

clergy = 몫(lot), 유산(inheritance)

clergy	N	목사(clergyman), 성직자(priest)
clerk	N	사무원; 서기 V 사무원으로 근무하다
clerical	A	서기의, 사무원의; 성직자의

성직자
성직자에 속한
성직자의

* 성경의 레위기에서 레위인들에게 제사직(성직)을 맡기면서 분깃(lot)이나 기업(inheritance)을 받지 말라고 한데서

demon = 악마(demon)

pandemonium	N	복마전, 수라장(shambles; wild disorder)
demon	N	악마, 마귀, 귀신
demoniac	A	귀신의(demonic)
demonism	N	미신숭배

모든(pan) 마귀(demon)가 모인 곳
마귀
마귀(demon)의 (iac)
마귀(demon) 주의(ism)

jeremiad = Jeremiah: 이스라엘이 범죄하였기 때문에 바벨론에 포로로 잡혀갈 것을 눈물을 흘리며 예언했던 선지자

jeremiad	N	비탄, 한탄, 넋두리, 슬픈 이야기

heres = 선택(choice)

heresy	N	이교, 이단; 이설, 반대론	자신의 선택
heretic	N	이교도, 이단자	이단(heret)자(ic)
heretical	N	이교의, 이단의, 이설의	이단(heret)의(ical)

* heresy는 선택(choice)을 뜻하는 그리스 말에서 유래하였다. 이단이란 하나님으로 부터 오지 않고, 자신이 선택한 의지에 따라 사고하고 행동하는 사람들이란 뜻에서 유래한 단어이다.

hymn = 노래(song)

hymn	N	찬송가, 성가
hymnal	A	찬송가의, 성가의
hymnody	N	찬송가를 부름, 찬송; 찬송가 연구

psalmos = 하프에 맞춘 노래(song sung to a harp)

psalm	N	[성서] 시편; 찬송가, 성가 (hymn)
psalmist	N	찬송가 작가; 시편 저자

idol = 유령(phantom), 우상(idol)

idol	N	우상, 우상처럼 숭배하는 사람(물건)	형상
idolatry	N	우상숭배, 맹목적인 숭배	우상(idol) 숭배(latry)
idolize	V	우상화하다, 심취하다	우상(idol) 화하다(ize)

* idol(우상)은 형상이란 뜻이다. 하나님은 하나님의 섭리 안에서 영광을 썩어질 금수와 버러지의 형상으로 바꾸는 것을 원하지 않으신다. 아들이 강아지의 조각을 만들어 놓고 그것을 아버지라 부르면 속상하지 않을 아버지가 있을까?

icon = 형상(image)

icon	N	상, 초상, 우상	상
iconic	A	상의, 우상의, 인습적인	상(icon) 의(ic)
iconoclast	N	성상(우상)파괴자	우상을 깨는 사람
iconoclastic	A	우상파괴의, 인습타파의	우상(icono) 파괴(clast) 의(ic)
iconology	N	상학, 상징	우상(icono) 연구 (logy)

imitari = 흉내내다(imitate)

image	N	형상, 이미지	형상
imagine	V	상상하다, 가정하다, 마음에 그리다	형상을 그리다
imagination	N	상상, 상상력, 몽상, 창조력	형상을 그림
imaginary	A	상상의, 가공의	상상의
imitate	N	모방하다, 흉내내다, 본받다	형상이 (imit) 되게 하다(ate)
imitation	N	모방, 흉내, 모조품	형상이 (imit) 되게(ate) 함(ion)

* 하나님은 사람을 만들 때 하나님의 image를 따라 손수 손으로 빚어 만드셨다. 그래서 모든 사람은 존엄하다.

maze = 퍼즐(puzzle)

maze	N	미로, 미궁
amaze	V	몹시 놀라게 하다
amazing	A	놀랄만한, 굉장한

Magdalene = 막달라 마리아 [Mary Magdala] * 예수의 감화로 회개한 여자

maudlin	A	잘 우는;취하면 우는; 감상적인
maudlinism	N	잘 욺;감상적임
Macdalene	N	[성경] 막달라 마리아; 개심한 매춘부

pag = 시골 지방 (rural district)

pagan	N	이교도, 비기독교도, 다신교도
peasant	N	농부, 영세농민, 소작인
peasantry	N	소농계급, 소작인의 신분

기독교가 로마의 국교가 된 후에도 시골지방은 아직 기독교가 전파되지 않아 이교도들이 많았으므로 그들을 pagan이라 함.

past = 먹이다 (feed)

pasture	N	초원, 목초지
pastor	N	목사
pastoral	A	목회자의; 목가적인; 목축의
repast	N	식사 (a meal)

먹이는 (past) 곳 (ure)
먹이는 (past) 사람 (or)
목사 (past) 의 (al)
다시 (re) 먹이는 것 (past)

presby = 노인 (old man)

presbyopia	N	노안
presbyter	N	장로
presbyterate	N	장로의 직
presbyterial	A	장로의; 장로정치의
Presbyterian	A	장로교회의; 장로제의 N 장로교 사람

늙은 (presby) 눈 (opia)
늙은 (presby) 사람 (ter)
장로 (presbyter)의 직 (ate)
장로 (presbyter)의 (ial)
장로교 (presbytery)의 (ian)

sib/sip = 친족 (relative)

gossip	N	잡담, 험담, 가십 V 잡담하다; 험담하다
sib	N A	근친(의), 일가(의), 친족(의)
sibling	N	형제 자매, 씨족의 한사람

God + sib (relative)
친족
친족

* gossip은 god + sibling의 축약형. godparent(대부모)라는 단어에 착안해 만. 대부모란 기독교인들이 아이를 맡아 신앙이 깊은 아이로 자라게 해주는 사람을 의미했다. gossip은 처음에는 애 낳을 때 옆에 있어주는 여계친구의 의미였으나, 결국은 잡담, 험담이라는 뜻으로까지 변질되어버린 볼썽한 단어이다.

spell = 소식 (news), 말하다 (talk)

spell	N	주문, 마력, 마법 V 철자를 쓰다
spelling	N	철자법, 정자법, 철자
gospel	N	복음, 복음서, 진리, 교리; 복음성가
spellbound	A	마법에 걸린, 홀린

말하다
말함
좋은 (go) 소식 (spel)
마법 (spell)에 묶인 (bound)

* gospel은 good(go) news(spell) 즉 좋은 소식이라는 뜻이다. 예수님이 인류를 사랑해서 신의 자리를 버리고 이땅에 내려와 인류의 모든 죄를 지고 대신 죽었으며 그 사실을 믿는 순간 모든 죄를 용서받는다는 소식, 그래서 좋은 소식 (gospel).

veil = 베일, 덮개 (veil)

veil	N	베일, 면사포; 덮개, 가장 V 감추다, 숨기다
unveil	V	베일을 벗(기)다, (비밀 등을) 밝히다; 나타내다
reveal	V	드러내다, 폭로하다; 누설하다; 계시[묵시]하다
	N	시현(示現), 계시, 묵시; 폭로
revelation	N	폭로, 적발;누설, 발각; 계시, 묵시
		[the R~] [성서] 요한 계시록 (the Apocalypse)

* veil = 가리개
* unveil = 가리개(veil)를 없애다(un)

계시록 = 가려진 것을 밝혀주는 책

395

쉬운 단어 편

익히 알고 있는 쉬운 단어들을 통해 어근에 접근한다.
쉬운 단어들을 통해 엮어져 올라오는 윌력들에 놀라게 될 것이다.

ACT = 행하다(do)

어근 act는 단어 'act(행하다)'의 의미를 그대로 지닌다.

act
[ækt]
- V 행동하다, 작용하다; ~의 역을 맡다
- N 행위; (the~) 현행; [Act] (연극의) 막; 겉치레, 위장; [Act] 법령, 조례
  * **acting** 대리의, 임시의, 연출의; 행함, 연기   * **activity** 활동[력], 활약; 활기
  * **active** 활동적인, 능동적인, 능동태의   * **actor** 배우, (사건의) 인물, 관계자
  * **activist** (정치운동 등의) 행동주의자, (정당 등의) 행동대원

행위, 행하다

action
[ǽkʃən]
- N 행동, 행위; 연기; 조치, 작용; 소송; 전투
  * **take action** 조치를 취하다   * **out of action** 기능하지 않는
  * **bring an action against~** 고소하다   * **break off an action** 전투를 그치다
  - ex) **Actions** speak louder than words. (행동이 말보다 중요하다)

행위, 행동 (act + ion)

actual
[ǽktʃuəl]
- A 실제의(existing in fact), 현재의
  * **actually** 실제로, 참으로, 의외로   * **actuality** 현실, 실제
  - ex) The **actual** amount of money is at least one million won.

활동(act) 하고 있는(ual)

actuate
[ǽktʃuèit]
- V ~에 작용하다
  * **actuation** 발동, 선동
  - ex) What **actuated** him to steal?

행하게(actu) 하다(ate)

activate
[ǽktəvèit]
- V 활동적으로 만들다; 활성화하다
  - ex) The chemist made the material **activated**.

활동적(activ)으로 만들다(ate)

actuary
[ǽktʃuəri]
- N 보험 계리사; 보험 통계 기사
  - ex) According to recent **actuarial** tables, life expectancy is greater today than it was a century ago.

액수(수) 아저, 보험금 액수를!

counteract
[kàuntərǽkt]
- V ~와 반대로 행하다, 반작용하다; 중화 시키다
  - ex) Anti-inflammatory agents **counteract** the inflammatory process.

반대로 (counter) 행동 하다(act)

enact
[inǽkt]
- V (법을) 제정하다, 포고하다; 상연하다, 연기하다
  * **enactment** 제정, 포고; 상연, 연기
  - ex) Parliament has **enacted** a plan under which children can buy cigarette.

법령, 연극 (act)을 만들다(en)

exact
[igzǽkt]
- A 정확한, 엄밀한(strict), 정밀한 (precise)
- V (복종 등을) 강요하다; (세금 등을) 징수하다
  - ex) Toll was **exacted** on ships according to size.

강하게(ex) 행하다(act)
밖으로(ex) 채내다(act)

exacting
[igzǽktiŋ]
- A 지나치게 요구하는; 가혹, 엄격한; (일이) 힘드는(difficult, arduous)
  - ex) She finally got a compliment from her **exacting** teacher.
  - ex) Jim has created several tools to help with this **exacting** task.

397

interact [intərǽkt]	**V** 상호 작용하다, 상호 영향을 끼치다 **N** 막간, 막간극 ex) He was socially unable to **interact**.	V 사이(inter)에서 행하다(act) N 사이에 들어가는 극 (act)
overact [ouvərǽkt]	**V** 지나치게 행동하다, 과장되게 행동하다 * **overactive** 활약(활동)이 지나친 * **overaction** 과도한 행동 ex) This movie looks totally overdone and **overacted**.	지나치게 (over) 행하다(act)
radioactive [rèidiouǽktiv]	**A** 방사성(능)이 있는 * **radioactivity** 방사성(능) ex) Here is an example of what NOT to do with **radioactive** materials.	방사(radio) 작용(act) 의(ive)
react [riǽkt]	**N** (작용·힘에) 반작용하다(on); 반대하다; 반응하다 * **reactor** 반응을 나타내는 사람(물건) * **reaction** 반작용, 반동, 반응 ex) How has the international community **reacted** to the new drugs?	다시 뒤로 (re) 작용하다(act)
reactionary [riǽkʃənèri]	**N** 반동주의자, 보수주의자 **A** 반동의, 복고적인 ex) Capitalists are **reactionary** while socialists are revolutionary.	뒤로 (re) 행(action)하는 자(ary)
abreact [æbriǽkt]	**V** (억압된 감정을) 해방시키다; 정화시키다 ex) The purpose was more to integrate than simply **abreact**.	반응하여(react) 떼다(ab)
retroactive [rètrouǽktiv]	**A** 반동하는; (법률·지불 따위의 효력이) 소급하는 ex) The contract is **retroactive** to April 1.	뒤로 (retro) 행하는 (act)
transact [trænsǽkt]	**V** (~와 업무 등을) 처리하다, 집행하다; 거래하다 * **transaction** 취급, 처리, 거래, 계약, 사무, 일 (거래); **(pl.)** 의사록, 보고서 ex) He **transacts** business with a large number of stores.	행동(act)으로 옮기다(trans)

AG = 행하다(act)

어근 'ag'은 act의 변형으로 '행하다'의 의미이다. 생김새나 발음이 act와 매우 유사하다.

agency [éidʒənsi]	**N** 대리점(업), 대행기관; (the ~ of…) …의 작용 * **agent** 대리인, 대행자; 취급인; 앞잡이, 동인; 작용물 ex) Sand dunes are formed by the **agency** of the wind.	행동(ag) 해주는 곳 (ency)
agenda [ədʒéndə]	**N** 안건, 의제, 의사일정, 비망록 ex) What's on the **agenda** for the meeting? A little gossip, then lunch.	실행해야(ag) 할 사항 (enda)
agile [ǽdʒəl]	**N** 민첩한, 날랜, 재빠른 (nimble) * **agility** 민첩, 기민함 ex) The **agility** of the acrobat amazed the audience.	애 절(agile)할때 민첩하다
ambages [æmbéidʒi:z]	[돌아서(amb) 몰고 가다(ag)] **N** 우회적인 길(말, 방법)	

agitate
[ǽdʒətèit]

V 선동하다; 동요시키다; 휘젓다
* **agitation** 선동, 동요 * **agitator** 선동자, 정치운동가
ex) Her remarks **agitated** the already angry mob.

adage
[ǽdidʒ]

N 격언, 속담(a traditional saying; a proverb)
@ **aphorism** 경구
@ **apothegm** 경구, 격언

coagent
[kouéidʒənt]

[함께(co<con) 행하는 자(agent)]
N 협력자, 협동자, 조력자; 공동 작용하는 힘
ex) 'Jane ate the pizza with her mother' – her mother is the **coagent**.

counteragent
[káuntərèidʒənt]

[반대(counter) 작동(ag) 자(ent)]
N 반작용제, 반대 동인
ex) There's no known **counteragent** to overcome the pain of the toxin.

reagent
[riéidʒənt]

N 시약, 반응물; 반응자, 피험자
ex) Mix the two **reagents** in the flask.

stratagem
[strǽtidʒəm]

N 전략, 술책
ex) He was a master of **stratagem**.

IG = 이끌다(drive)

어근 'ig' 역시 act의 변형이지만 '이끌다'의 의미를 갖는다. 우리말 '이끌어(이끄(ig)러)'로 연상하자.

---

ambiguous
[æmbígjuəs]

A 애매한, 불명료한
* **ambiguity** 애매(모호)함, 불명료함
ex) His role has always been **ambiguous**.

cogent
[kóudʒənt]

A 설득력 있는(powerfully convincing)
* **cogency** (이유, 추론의) 정확성, 설득력
ex) Bo was **cogent** in explaining why she needed another candy.

cogitate
[kádʒətèit]

V 생각하다(reflect; consider), 숙고하다
* **cogitable** 생각할 수 있는   * **excogitate** 생각해내다, 고안해내다
ex) Kerry claimed that she was **cogitating**, but she was snoring.

exiguous
[igzígjuəs]

A 얼마 안 되는, 근소한(small, minute)
* **exiguity** 소량, 미소
ex) The problem strikes us as **exiguous**.

exigency
[éksədʒənsi]

N 급박, 위급, 긴요한 상태(사정)
* **exigent** 긴박한, 절박한, 엄한, 강요하는
ex) In this **exigency**, we must look for aid from our allies.

intransigent
[intrǽnsədʒənt]

A N (특히 정치상) 비타협적인(사람)
* **intransigence** 비타협적인 태도
ex) If you do not compromise then you are **intransigent**.

litigate
[lítəgèit]

V 소송을 제기하다, 제소하다; 법정에서 다투다
* **litigation** 소송, 기소
ex) Residents are prepared to **litigate** if city council doesn't support them.

prodigal
[prɑ́digəl]

A 낭비하는, 방탕의, 사치의
* **prodigality** 아낌없음; 무절제, 낭비
ex) It takes wind that he has been **prodigal** with company funds.

AGOG = 이끌다(lead)

ag의 또 하나의 변형인 'agog' 역시 '이끌다'의 의미를 갖는다.
'어! go! go!' 하면서 병사들을 이끄는 대장의 모습을 떠올려 보자.

---

demagogue
[déməgɑ̀g]

N 선동가; 민중 지도자
* **demagogism** 민중 선동 * **demagogy** 민중선동
ex) Many people regard Hitler as a **demagogue**.

mystagogy
[místəgɑ̀dʒi]

N 비법전수
* **mystagogue** 비법전수자 * **mystagogical** 비법 전수의

pedagogy
[pédəgòudʒi]

N 교육학, 교수법
* **pedagogics** 교육학, 교수법
* **pedagoguism** 선생티, 선생기질, 현학

synagogue
[sínəgɑ̀g]

N 시나고그, 유대교회; 유대인회

agog
[əgɑ́g]

A ad (기대·흥분으로) 흥분하여; (~하고 싶어)좀이 쑤셔
* **all agog for [to do]** (~하고 싶어) 들떠
ex) The audience was **agog** with expectation.

DUC(T) = 이끌다(lead)

우물 안 개구리 같은 사람들을 '밖(e<ex)으로 끌어(duc) 내는 것(ation)'이 곧 교육(education)이다.

ductile
[dΛktl]
A (금속이) 두들겨 펼 수 있는, 연성의; 유연한; 유순한
* ductility 연성, 유연성, 유순함
ex) Copper wire has many industrial uses because its extreme **ductility**.

이끌기 (duct) 쉬운 (ile)

duke
[dju:k]
N 공작, 군주; (pl) 손, 주먹 (fists)
* duchess 공작부인   * duce [dú:tʃei] 수령, 당수, 우두머리, 지도자

이끄는 사람

abduct
[æbdΛkt]
V 유괴하다(kidnap), 납치하다; 외전 시키다 (↔adduct)
* abduction 유괴, 납치 (hijacking)
ex) In 1973, he was **abducted** by President Park's secret agents and was almost killed.

adduce
[ədjú:s]
[~쪽으로 (ad) 끌어내다 (duce)]
* adduction 제시(proposition), 인용(citation)
ex) Several factors have been **adduced** to explain the fall in the birth rate.

멀리 (ab) 끌고가다 (duct)

aqueduct
[ǽkwədΛkt]
N 수로, 도관
ex) They built many **aqueducts** that still exist today.

물(aque)을 인도하는(duct) 수로

conduit
[kΛndu:it]
N 도관; 수로, 도랑, 암거
ex) Water was brought to the army in the desert by an improvised **conduit**.

oviduct
[óuvədΛkt]
N [解] 수란관, 난관
* ovary 난소

viaduct
[váiədΛkt]
N 육교, 고가교, 고가도로
ex) He was on the **viaduct**, driving across it.

ovi(난자)를 이끔(duct)

나팔관   ovary(난소)

educe
[idjú:s]
[밖으로 (ex) 끌어내다(duce)]
V 끌어내다, 결론을 끌어 내다; 연역하다
* eduction 끌어냄; 계발; 배출;추출;추출물
* eductive 끌어내는, 추론하는   * educt 추출물
ex) He tried to **educe** her potential strength.

이끄는 (duct) 길 (via)

educate
[édʒukèit]
V 교육하다, 훈련시키다
* co-education 남녀공학   * re-educate 재교육하다

밖으로 (ex) 끌어(duc) 내다(ate)

introduce
[intrədjú:s]
V 소개하다, 도입하다
* introduction 소개, 도입, 삽입   * introductive 소개하는(=introductory)
ⓐ prefatory 서문[서두] 역할을 하는

사이로 (intro) 끌어들이다(duce)

seduce
[sidjú:s]
V (나쁜 길로) 유혹하다, (유혹하여) 타락시키다
* seduction 유혹, 타락, 부추김   * seductive 유혹하는, 부추기는

옆길로 (se) 이끌다(duce)

reduce
[ridjú:s]
V 줄이다, 강등시키다; 변형시키다; 환원하다 — 뒤로 (re) 이끌다(duce)
* **reduction** 감소, 강등, 쇠퇴   * **reductive** 쇠퇴하는, 감소하는
ex) Giving up smoking **reduces** the risk of heart disease.

traduce
[trədjú:s]
V 헐뜯다 (slander), 비방하다 (caluminate) — (사실과 달리) 틀어(tra)지게 옮겨 놓는(duce) 것 = 비방
* **traducement** 비방   * **tranaducer** 변환기
ex) Clark claimed that he had been **traduced** by the press.

* **conduce vs conduct**
어원상 둘 다 '함께 이끌다' 이지만, conduce는 '함께 이끌어 주니, 도움이 되다'로 기억하고, 'conduct'는 '큰 덕(conduct)은 처신을 잘 해야 생긴다. 큰 덕(conduct)으로서 (사람들을) 이끌다, 지휘하다'로 기억한다.

| conduce (이바지하다, 도움이 되다) | – conducive (도움이 되는) | – conduciveness |
| conduct (처신하다, 이끌다, 경영하다) | – conductive (전도성의) | – conduction |

conduce
[kəndjú:s]
V (to) (좋은 상태로) 이끌다, 이바지하다. — 함께(con) 이끌다(duce)
* **conducive** 도움이 되는, 이바지 하는
ex) Rest **conduces to** health.

conduct
[kándʌkt]
V 처신하다; 인도하다; 지휘하다; (전기를) 전도하다
N 행위, 경영, 처리, 안내, 지휘
* **conductor** 지도(휘)자, 안내자, 전도체, 피뢰침
* **conductive** 전도성의   * **conduction** 이끌기, 전도
* **conductance** (전기) 전도계수
ex) The negotiations have been **conducted** in a positive manner.

* **deduce vs deduct**
어원상 둘 다 '아래로 (de) 이끌다(duct)' 이지만, 헷갈리지 않기 위해 'deduct'를 '뒤(de)로 떡(duct)! 빼다'로 기억하자.

| deduct (빼다, 공제하다) | – deductible | – 없음 |] Deduction |
| deduce (추론하다, 이끌어내다) | – deducible | – deductive | |

deduct
[didʌ́kt]
V 공제하다 (subtract), 빼다 (from, out of) — 아래로 (de) 끌다(duct)
* **deductible** 공제할 수 있는   * **deductibility** 공제 가능함
ex) Ten points will be **deducted** for a wrong answer.

deduce
[didjú:s]
V (결론을) 끌어내다; 연역하다, 추론하다, 따지다 — 아래로 (de) 끌다 (duce)
* **deducible** 추론할 수 있는, 연역할 수 있는   * **deductive** 연역적인
ex) He **deduced** from the shape of its bill that the duck was really a chicken.

deduction
[didʌ́kʃən]
N 공제, 뺌; 공제액; 추론, 결론; 연역[법] — 아래로 (de) 끌어(duct) 냄(ion)
ex) **Deductions** of points will be made if competitors do not follow the rules.

* **induce vs induct**
'induct'를 '인덕(induct)으로 끌어(duct) 들이다(in)'로 생각하여 '입회시키다, 인도하다'의 뜻을 유추한다.

induce (유발하다)	– inducible	– inductive	– inducement
(귀납하다)	– inducible	– inductive	– induction
induct (입회시키다)	– 없음	– 없음	– induction

induce
[indjúːs]

V 권유하다, 설득하다; 일으키다, 야기하다; 귀납하다, 유도하다; 인공 분만 시키다

* **inducement** 유도, 유인(하는 것), 자극, 동기 * **induction** 유도, 권유, 귀납
* **inducible** 유도[유인]할 수 있는, 귀납할 수 있는

ex) They tried to **induce** labor because the baby was overdue.

induct
[indʌ́kt]

V 인도하다, 가르치다; 취임시키다, 입회시키다; 징병하다

* **induction** 취임, 모병, 귀납, 유도, 감응 * **inductive** 유도의, 반응을 유발하는; 귀납적인

ex) They were **inducted** into the skills of magic.

produce
[prədjúːs]

V 낳다; 산출하다, 생산하다; 일으키다; 제출하다
N [집합적] 제품, 작품, 농산물, 결과; 생산고, 생산액

* **productive** 생산적인; 다산의, 다작의, 풍부한 * **productivity** 생산성, 생산력
* **production** 생산(량), 산출; 작품, 제작; 제공, 제출; 상연

product
[prádʌkt]

N 생산품, 산출물; 제작물; 소산, 결과, 성과

ex) Crimes are sometimes the **product** of poverty.

reproduce
[rìːprədjúːs]

V 재생[재연]하다; 복제하다; 생식하다, 번식하다

* **reproduction** 재생, 재생산, 복제품, 생식 [작용], 번식, 재생 작용
* **reproductive** 생식의, 번식하는; 재생[재현]의, 복제하는; 다산의

ex) This generation of young women don't want to **reproduce**.

endue
(indue)
[indjúː]

[(안으로 (en) 이끌다(due)]
V (재능·재질 따위를) 부여하다; 착용하다

ex) He was **endued** with a lion's courage.

perdue
[pəːrdjúː]

[완전히 (en) 이끌다(due)]
A 숨은, 보이지 않는(invisible), 잠복한, 매복한
N 결사대원, 보조, 척후
* **lie perdue** 잠복하다

subdue
[səbdjúː]

[아래로 (sub) 이끌다(due)]
V 정복하다 (conquer); 억누르다; 복종시키다
* **subdual** 정복, 억제, 완화

ex) The school tries to **subdue** individual expression.

subdued
[səbdjúːd]

A 정복된; 억제된; 차분한, 침울한; 완화된, 부드러운

ex) She was in a subdued mood.

subduct
[səbdʌ́kt]

[아래로 (sub) 이끌다(duct)]
V 제거하다; 감하다, 빼다
* **subduction** 제거, 삭감

MEN/MEAN = 이끌다(lead)

먼저 amenable을 '아멘해불고 순종하는'으로 기억하자. 이끄는 자가 있어야 순종하는 자도 있지.

amenable
[əmíːnəbl]
A 순종하는, 복종하는 (readily managed)
ex) He seemed most **amenable** to my idea.

commence
[kəméns]
[함께 (com<con) 이끌고 (mence) 가다]
V 시작하다 (begin의 격식 차린 말)
* commencement 시작

ecumenical
[ekjuménikəl]
N 세계적인, 보편적인; 전(全) 기독교회의
ex) The term **ecumenical** literally means world wide.

promenade
[pràmənéid, -náːd]
N 산보, 무도회 V [~을 데리고] 산보하다
ex) He often **promenade** his wife along the Thames Embankment.

demean
[dimíːn]
[아래로 (de) 이끌다(mean)]
V 행동하다, 처신하다; 품위를 실추시키다
ex) I wouldn't demean **myself** by asking for charity.

demeanor
[dimíːnər]
N 태도, 언행, 표정; 처신, 행실
ex) She sensed there was something behind his passive **demeanor**.

misdemeanor
[mìsdimíːnər]
N 경범죄 (minor crime), 비행, 못된 짓
ex) He was fined for his **misdemeanor**.

IT = 가다(go)

건물 어디에서나 볼 수 있는 exit은 '밖으로(ex) 가다(it)'의 뜻에서 출구의 의미가 되었다.

adit
[ǽdit]
N 입구(entrance);(광산의) 횡(橫)갱도
* have free adit 출입이 자유롭다

ambitious
[æmbíʃəs]
A 야망을 품은, 야심적인; 거창한, 의욕적인
* ambition 큰 뜻, 대망, 공명심, 포부, 향상심, 명예심, 패기, 열망;야심, 야망
ex) Boys, be **ambitious**!

coitus
[kóuitəs]
N 교미, 성교(sexual intercourse)
ex) With the cloning process, **coitus** will not be needed.

initiate
[iníʃièit]
V 시작하다, 가입시키다, 전수하다
A 착수된, 시작된, 신입의   N 신입자, 입회자, 전수 받은 사람
* initial 처음의, 시초의, 낱말 첫머리에 있는; 머리글자; 머리글자로 서명하다
ex) How are changes of this sort to be **initiated**?

itinerant
[aitínərənt]
A 순회하는, 순회의   N 순방자, 순회판사
ex) In new towns, much of the industry is **itinerant**.

여행(itiner<it>)을 하는 (ant)

itinerary
[aitínəreri]
N 여행 스케줄, 여정; 여행 일기; 여행 안내서
A 순방[순회]하는, 편력하는;여정의, 여로의
ex) Do you have your flight **itinerary** with you?

여행 (itiner<it>) 하는 것 (ary)

introit
[íntrouit]
N [天主教] 입당송(入堂誦)

안으로 (intro) 들어감 (it)

obituary
[oubítʃuèri]
N 사망 기사, 사망자 약력 A 사망의, 죽은 사람의
ex) They already sent an **obituary** of his death to the company.

죽어 (ob) 간 (it) 것 (ary)

preterit
[prétərit]
N [문법] 과거   A 과거의, 지난날의

앞서 (preter) 간 (it)

sedition
[sidíʃən]
N 선동(agitation), 치안 방해
* seditious 선동하는
ex) We had much difficulty in putting down the **sedition**.

떨어져서 (sed<se) 가는 (it) 것 (ion)

AGR = 땅, 흙 (soil)

agriculture(농업)는 땅(agri)을 경작(culture)하는 것.

agriculture
[ǽgrəkʌltʃər]
N 농업, 농학
* agricultural 농업의, 농사의, 농학의
ex) **Agriculture** is still based on traditional methods in some countries.

땅(agr)을 경작하는 (culture)

agrarian
[əgrɛ́riən]
A 농지의, 토지의; 농민의; 농업의
ex) The country is gradually losing its **agrarian** occupation.

땅(agr) 의 (arian)

agrestic
[əgréstik]
A 시골풍의, 촌스러운
ex) The town has an **agrestic** feature.

농부(agr + est) 스러움 (ic)

agribusiness
[ǽgrəbìznis]
N 농업관련 사업

농업(agr) 관련 사업(business)

agrochemical
[ǽgroukémikəl]
N 농약, 농작물에서 얻어지는 화학물질
ex) **Agrochemical** is used in farming to help grow crops or kill insects.

농업(agr) 화학물질(chemical)

agrology
[əgrálədʒi]
N 농업 과학, 응용토양학
㊟ agriology 원시 풍습학

땅(agr)에 관한 학문 (logy)

peregrine
[pérəgrin]
A 유랑성의; 외국의, 이국풍의 N 해외거주자, 여행자
ex) The **peregrine** falcon was once used in the sport of falconry.

땅(egr)을 두루 (per) 다니는 (ine)

peregrinate
[pérəgrinèit]
   V 여행[주유(周遊)]하다
   * peregrination 여행, 주유

pilgrim
[pílgrim]
   [들(gr<agr)을 건너온 (pil<per)온 사람]
   N 순례자, 성지참배인; 방랑자
   V 순례하다; 유랑하다
   * pilgrimage 순례여행, 성지참배, 긴 여행
   ex) For many football fans, the ground is a site of **pilgrimage**.

ANGL = 구부리다(bend)

어근 angl, ank(y)l, anch는 모두 **구부리다**의 뜻이다. triangle을 생각하자.
Anglican도 그들의 땅이 **구부러져** 있어 붙여진 이름이다.

triangle
= tri(삼)
angle(각)

angle
[ǽŋgl]
   N 앵글, 각도, 모, 구석; 음모; 낚시
   V 기울이다, 굽다; (의견, 보도 등을) 왜곡하다; 낚시질하다, 꾀어 내다
   * an acute[obtuse] angle 예[둔]각   * a right[straight] angle 직[평]각

angler
[ǽŋglər]
   N 낚시꾼, 아귀
   ex) Despite the rain, several **anglers** were sitting on the river bank.

angular
[ǽŋgjulər]
   A 각진, 모난; 여윈, 마른, 수척한; 외고집의
   ex) Her features were too **angular**, her face a little too long for beauty.

rectangle
[réktæ̀ŋgl]
   [똑바로 선(rect) 각(angle)]
   N 직사각형
   * rectangular 직4각형의; 직각의
   ex) The painting consists of four **rectangular** blocks of color.

anchor
[ǽŋkər]
   N 닻; 의지할 것; 앵커   V 닻으로 고정하다, 쉬다
   * anchorage 닻을 내림, 정박(지); 의지하는 것
   * anchorman 종합 사회자; 기둥, 대들보
   ㉺ anchorite 은자(隱者) [뒤로 (ana) 물러난(kor) 자(ite)]
   ex) He was my **anchor** when I was in difficult time.

ankle
[ǽŋkl]
   N 발목, 관절   [구부러지는 곳]
   ex) I fell over and sprained my **ankle**.

* lique = 구부러진(bend)

oblique
[əblíːk]
   A 비스듬한, 사선의; 속임수의; 애매한
   N 사선, 경사진 것   V 기울다, 엇나가다
   * obliqueness 경사

㉺ obelisk
[ábelisk]
   N 오벨리스크, 방첨탑; 단검표 [†]

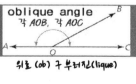

obelos = pointed pillar

ARCH = 으뜸의, 제일의(chief, first)

천사들 중 천사장을 **archangel**이라 한다. [제일의(arch) 천사(angel)]라는 뜻이다.

archangel
[ɑ́ərkèindʒəl]
[제일의(arch) 천사(angel)]
N 대천사, 천사장(9천사 중 제 8위)

archbishop
[ɑ́ərtʃbíʃəp]
[대(arch) 주교(bishop)]
N 대주교

archdeacon
[ɑ́ərtʃdíːkən]
[으뜸(arch)의 집사(deacon)]
N (성공회의) 총사제

archdiocese
[ɑ́ərtʃdáiəsis]
[제일(arch)의 교구(diocese)]
N 대주교의 교구

archenemy
[ɑ́ərtʃénəmi]
N 불구대천의 원수, 인류의 대적
ex) George and Harry are **archenemies**.
[제일(arch)의 적(enemy)]

archetype
[ɑ́ərkitàip]
N 원형, 모범
ex) The United States is the **archetype** of a federal society.
[첫번째(arch)의 형태(type)]

archipelago
[ɑ̀ərkipéləgou]
N 군도, 다도해, 섬이 많은 바다
* the Hawaiian **archipelago** 하와이 군도
ex) Fiji is an **archipelago** with a population of 845,000 people.
[주된(arch) 바다(pelago)]

architect
[ɑ́ərkətèkt]
N 건축가, 건축사, 설계자, 건설자
ex) Who are the **architects** for the new school?
[주된(arch) 건축가(tect)]

architecture
[ɑ́ərkətèktʃər]
N 건축술, 건축학; 건축 설계, 건축양식; 구성, 설계
ex) We went to an interesting talk on Roman **architecture**.
[주된(arch) 구조(tect) 체계(ure)]

ARCH = 오래된(old)

이것은 위의 arch와 크게 다를 바 없다. 제일 먼저(first) 있었던 것은 당연히 오래된 것일 테니까!

archaeology
[àːrkiáləʤi]
N 고고학
* **archaeologist** 고고학자
ex) How does paleontology differ from anthropology and **archaeology**?
[옛것(arch)에 대한 학문(logy)]

archaic
[aːrkéik]
A 고대의, 시대에 뒤진, 낡은
* **archaism** 고어, 옛 말씨, 고어의 사용
ex) The taxonomy is a bit **archaic**, but the artwork is classic.
[오래(arch) 된(arch+aic)]

archives
[ɑ́ːrkaivz]
N 공문서(기록)보관소, 공문서, 고문서
ex) We hope that this document will give you sufficient guidance to navigate through the **archives**.
[오래된(arch) 것을 보관하는 곳]

ARCH = 활(bow)

아치(arch) 모양이란 표현을 많이 쓰는데, 이는 **활 모양**이란 뜻이다.

arch
[ɑːrtʃ]
N 아치, 반원형(의 것), 둥근 천장
V 아치형으로 만들다, 아치를 만들다
* triumphal arch 개선문

archery
[ɑ́ːrtʃəri]
N 궁술, 양궁
* archer 궁수, 활 쏘는 사람
ex) Mary taught the kids and their mentors some **archery** skills, including how to shoot safely.

arcade
[ɑːrkéid]
N 아케이드, 유개(有蓋) 도로 [상점가]
ex) The **arcade** was popular with shoppers because it gave them protection from the summer sun and the winter rain.

* quiver
[kwívər]
N¹ (등에 메는) 화살통   N² 진동, 떨기; 떨리는 소리
V 떨다, 떨리다; 흔들리다
ex) I prefer peace, but if I am challenged to war, my **quiver** is full.

ARCH = 다스리다(rule)

영화 anarchist는 무(an) 정부(arch) 주의자(ist) 라는 뜻이다.

anarchy
[ǽnərki]
N 무정부, 무법상태, 무질서, 정치적 혼란
* anarchism 무정부주의 * anarchist 무정부주의자
ex) What we are witnessing is the country's slow slide into **anarchy**.

autarchy
[ɔ́ːtɑːrki]
[스스로 (aut)가 정부(archy)]
N 독재정치(autocracy); 경제자립 국가(autarky)

autarky
[ɔ́ːtɑːrki]
N 경제적 자급자족, 경제자립 정책
ex) Moving from **autarky** to trade doesn't increase everyone's real income.

diarchy
[dáiɑːrki]
N 양두정치(biarchy)
ex) The United States-Soviet Union **diarchy**, born out of World War II.

oligarchy
[áləgɑ̀ːrki]
N 과두정치, 소수정치
ex) In Athens, the Spartan general who defeated the city, Lysander, pulled down the democratic government and established an **oligarchy**.

ethnarchy
[éθnɑːrki]
N 부족정치, 종족정치
ex) He put her house under the **ethnarchy** of Archelaus.

hagiarchy
[hǽgiàərki]

N 성인정치(hagiocracy), 성인지배국; 성인계급

성인(hagi) 정치(archy)

hierarchy
[háiərɑ̀ərki]

N 계급조직, 통치계급; 교권정치, 성직정치
⊕ hieratic 성직자의, 성직의
ex) There's a very rigid social **hierarchy** in their society.

신성한(hier) 정치(archy)

monarchy
[mánərki]

N 군주정치, 군주제, 군주국(↔republic)
ex) Is **monarchy** relevant in the modern world?

혼자서(mono) 다스림(archy)

patriarchy
[péitriɑ̀ərki]

N 가부장제도
ex) Their society always was and remains to this day a **patriarchy**.

아버지(patri)가 다스림(archy)

CRAT = 힘, 통치하다 (rule, govern)

민중(demo)이 통치하는(cracy)정치를 democracy(민주정치)라고 한다.

aristocracy
[æ̀rəstákrəsi]

N 귀족정치, 상류사회; 귀족
* aristocrat 귀족   * aristocratic 귀족의, 당당한, 귀족티 내는, 거만한
ex) The **aristocracy** has sent its children to this school.

귀족의(aristo) 다스림(cracy)

autocracy
[ɔːtákrəsi]

N 독재(정치), 전제국가, 독재사회
* autocrat 독재자   * autocratic 독재적인
ex) Korea is in a transition from **autocracy**, stretching its wings as a truly open society.

스스로(auto) 다스림(crat)
왜 나를 보나?

democracy
[dimákrəsi]

N 민주정치
* democrat 민주주의자, 민주당원   * democratic 민주주의의, 민주적인
ex) Few of the Western **democracies** still have a royal family.

사람들의(demo) 정치(cracy)

bureaucracy
[bjurákrəsi]

N 관료정치
* bureaucrat 민주주의자, 민주당원   * bureaucratic 관료적인
ex) The government is a **bureaucracy** with huge discretionary powers.

관청(bureau) 정치(cracy)

isocracy
[ɑisákrəsi]

N 만민평등사회, 권력평등주의
ex) Our system is an **isocracy** in which everybody has equal political power.

동등한(iso) 정치(cracy)

meritocracy
[merìtákrəsi]

N 능력주의 사회, 엘리트사회, 실력주의
ex) We cannot have a **meritocracy** where it is not an equal playing field.

실력(merito)의 정치(cracy)

plutocracy
[pluːtákrəsi]

N 금권정치, 부호계급
* plutocrat   금권 정치가, 부호, 재벌
ex) In a **plutocracy**, protesting and letter-writing are virtually worthless.

부(pluto)에 의한 정치(cracy)

technocracy
[teknákrəsi]

N 기술가 정치, 기술주의 국가
* technocrat   기술가 출신의 고급관료, 기술주의자
ex) We live in a **technocracy** that is pulling us into isolation.

기술(techn)에 의한 정치

NOM = 법칙, 다스리다(rule)

어근 **nom**도 함께 공부하자. **nom**은 rule 즉, '**법칙**' 또는 '**다스리다**'의 의미이다.

anomie
[ǽnəmi]
- N [사회] 사회[도덕]적 무질서 — 법(nom)이 없는 (a) 상태(y)
- ex) We are in a state of **anomie**, where normative standards of conduct and belief have weakened, nay disappeared.

antinomy
[æntínəmi]
- N 모순, 이율배반 — 반대(anti)의 법칙(nomy)
- ex) An **antinomy** exists when a pair of principles stand side by side, seemingly irreconcilable, yet both understandable.

autonomy
[ɔːtánəmi]
- N 자치 — 스스로(auto) 다스림(nomy)
- * **autonomous** 자율적인   * **heteronomy** 타율, 타율성
- ex) This island is a colony; however, in most matters, it is **autonomous** and receives no orders form the mother country.

deuteronomy
[djùːtərάnəmi]
- N [성경] 신명기(神命期) — 제 2의 (deuteron) 율법(nomy)
- ex) He postulated that **Deuteronomy** was in fact the 'book of the law' discovered in the temple.

economy
[ikάnəmi]
- N 절약, 검약, 경제 — 집(oeco<oikos)을 다스림(nomy)
- * **economics** 경제학   **economic** 경제의   * **economical** 경제적인
- ex) The Korean **economy** grew at an annual rate of more than 30 per cent.

gastronomy
[gæstránəmi]
- N 미식학, 요리법 — 위(gastro)를 다스림(nomy)
- * **gastronomic** 요리법의
- ex) The restaurant's new French chef is so well versed in **gastronomy** that she can make a pile of hay taste good.

taxonomy
[tæksánəmi]
- N 분류(classification), 분류학[법] — 배열하는 (tax) 법칙 (nomy)
- ex) **Taxonomy** is the process of naming and classifying things such as animals and plants into groups within a larger system.

anomalous
[ənάmələs]
- A 불규칙의 — 규칙(nom)이 없는 (a)
- * **anomaly** 변칙, 이형, 예외   * **anomalistic** 변칙의
- ex) He was placed in the **anomalous** position of seeming to approve procedures which he despised.

---

* Chauvin = Nicholas Chavin (극단적 애국 가졌음)

chauvinism	N 광신적 애국주의; 극단적 배타[우월]주의	
chauvinist	N 광신적 애국주의자	
* **jingoism**	N 맹목적 애국주의	

Nicholas Chauvin
나폴레옹의 병사로서 열광적이고 극단적인 애국심을 발휘함

* comeuppance = come + up(p) + ance

comeuppance N [때로 pl.] 당연한 벌[응보](deserts)   come + up + ance

NORM = 규범, 표준(rule)
라틴어 **norma**에서 온 것으로 'carpenter's square', 'rule', 'pattern' 등을 의미한다.

norm [nɔːrm]
N 표준; 규범, 전형
ex) As is the **norm** in most Asian restaurants, the dessert menu was not elaborate.

표준

normal [nɔ́ːrməl]
A 표준의, 정상적인; 전형적인
N 전형; 표준, 평균
* **normally** 정상적으로   * **normality/normalcy** 정상; 상태(狀態)

표준(norm)의(al)

normalize [nɔ́ːrməlàiz]
V 표준화하다, 정상화하다
* **normalization** 표준화   * **normative** 표준의
ex) The new management will make full-scale efforts to **normalize** the troubled company.

표준화(normal) 하다(ize)

abnormal [æbnɔ́ːrməl]
A 변칙의, 변태의
* **abnormally** 비정상적으로   * **abnormality** 변태
ex) They thought his behaviour was **abnormal**.

표준(norm)에서 벗어(ab)난(al)

enormous [inɔ́ːrməs]
[표준(norm)에서 벗어(e<ex)난(ous)]
A 거대한, 엄청나게 큰, 극악한
ex) The problems facing the President are **enormous**.

enormity [inɔːrməti]
N 악독, 극악무도; 거대함, 터무니 없음
ex) The **enormity** of the disaster was just sinking in when 18 minutes later, the south tower also was hit by a plane.

표준(norm)에서 벗어(e)난(ity)

subnormal [sʌbnɔ́ːrməl]
A 표준 이하의, 기형의
N 정상 이하의 사람; 저능아

표준(norm) 아래(sub) 의(al)

supernormal [sùːpərnɔ́ːrməl]
A 비범한

표준(norm) 이상(super) 의(al)

---

* bil = 힘(strength)

debilitate   V 쇠약하게 하다   힘(bilit)이 빠지게(de) 만들다(ate)
debility   V 쇠약   힘(bil)이 빠진(de) 상태(ity)

* govern = 통치하다(rule)

govern   V 통치하다, 다스리다, 지배하다   통치하다(govern)
government   N 정부, 정권, 통치   통치(govern) 함(ment)
governor   N 총독, 주지사, 운영위원   통치(govern) 자(or)

ARM = 팔(arm), 무기(weapon)

arm은 팔, 그 팔을 연장한 것이 바로 **무기**이다.
그래서 어근 'arm'은 '**팔**'과 '**무기**'의 뜻을 동시에 갖는다.

arm
[ɑːrm]
N 팔, 권력, [pl.] 무기   V 무장하다   팔/무기
* **armed** 무장한, 보강한   * **arm-chair** 안락의자, 탁상공론   * **arm-band** 완장

forearm
[fɔ́ːrɑ̀ːrm]
N 앞 팔, 전박   V 미리 무장하다, 대비하다   앞팔(arm)/미리 무장하다(arm)
ex) He caught a fish as big as the length of his **forearm**.

Armada
[ɑːrmɑ́ːdə]
N (스페인의) 무적함대(invincible fleet), 함대   Sp.) armed forces
ex) The Spanish **Armada** was sent to invade England in 1588.

armament
[ɑ́ːrməmənt]
N 군비, 병기; 군장비   무장된 것의 전체적인 의미
ex) The new frigates had much heavier **armament** than their predecessors.

armpit
[ɑ́ːrmpìt]
N 겨드랑이   팔(arm)의 패인 곳(pit)
* **up to the armpits** (미) 완전히, 온통 (잠기어)   * **armpit hair** 겨드랑이 털
ex) Whenever I do any kind of sport, I always get sweaty **armpits**.

armistice
[ɑ́ːrmistis]
N 휴전(cease-fire)   무장을(armi) 멈춤(stice)
ex) A two-week armistice has been **declared** between the rival factions.

armor
[ɑ́ːrmər]
N 갑옷과 투구, 장갑   V 갑옷을 입히다   무장(arm) 한 것(or)
ex) Police put on body **armor** before confronting the rioters.

armory
[ɑ́ːrməri]
N 병기고(arsenal), 무기 제조장, 군사훈련 본부   무기를(arm) 두는 곳(ory)
ex) The countries signed an agreement to reduce their nuclear **armories**.

armrest
[ɑ́ːrmrèst]
N (의자 등의) 팔걸이   팔(arm) 받침대(rest)
ex) When you press the button on the **armrest**, the wheelchair will go up.

army
[ɑ́ːrmi]
N 군대, 무리(host; group), 육군   무기에서 군대의 의미로
* **navy** 해군   * **air force** 공군
ex) Both the **armies** suffered heavy losses in the battle.

alarm
[əlɑ́ːrm]
N 놀람, 공포;경보   V 경보를 울리다, 놀라게 하다   모두(all) 무장하라(arm)!!
* **alarm word** 군호, 암호말   * **alarmed** 겁먹은, 불안해하는
ex) He screamed as loudly as he could to raise the **alarm**.

alarming
[əlɑ́ːrmiŋ]
A 놀라운, 심상치 않은, 불안하게 하는   놀라게 하는, 걱정하게 하는
* **alarmist** 쓸데없는 걱정을 하게 하는 사람[것]; 인심을 소란하게 하는
ex) There has been an **alarming** rise in the rate of inflation.

disarm
[disá:rm]

N 무장을 해제시키다; 무력하게 하다
* **disarmament** 무장해제, 군비축소
ex) The terrorist group has shown no signs of being willing to **disarm**.

unarm
[ʌná:rm]

[무장(arm)을 없애다(un)]
V 무장을 해제시키다, (군비를) 축소하다
ex) Achilles wanted to see Hector **unarmed**.

ART = 기술(skill)

art는 '기술', '예술'의 의미에서 기술이 인공적인 것이라는 점에서 '인공의', '만들어진'의 의미로 확대된다.

---

art
[ɑ:rt]

A 예술적인   **N** 예술, 미술, 기술, 교양과목, 술책   [예술, 기술]
* **the art of building[war]** 건축술[전술]   * **art and part** 계획과 실행, 교사 방조
* **artist** 예술가, 미술가; 명인
ex) The gallery has an excellent collection of modern **art**.

artful
[ɑ:rtəl]

A 기교가 뛰어난, 솜씨 있는, 교묘한, 교활한   [기술(art) 적인(ful)]
ex) He described her as one of the greatest film **artists** of the 20th century.

arty
[ɑ́:rti]

A 미술가인 체하는; 예술품같이 꾸민   [예술품(art) 같은(y)]
* **arty-crafty** 예술적이지만 실용성이 없는
ex) He has a pony tail and wears sunglasses all the time - all very **arty**.

artiste
[ɑ:rtíːst]

N 예능인; 달인; 명인   [예능(art) 인(iste)]
ex) All the members of the family worked as circus **artistes**.

artistic
[ɑ:rtístik]

A 예술적인, 우아한, 미적인   [예술가(artist) 다운(ic)]
ex) His friends are all **artistic** - they're painters, musicians and writers.

artisan
[ɑ́:rtizn]

N 장인(匠人), 기능공;직공,기계공(mechanic)   [기능(artis) 공(an)]
ex) The **artisan** lived by his fingers' ends.

artistry
[ɑ́:rtistri]

N 예술적 수완   [artistic ability]
ex) You have to admire the **artistry** of her novels.

artless
[ɑ́:rtlis]

A 꾸밈 없는, 자연스러운; 소박한; 볼품 없는   [꾸밈(art) 없는(less)]
ex) She's an **artless** girl who would never try to mislead anyone.

artifact
[ɑ́:rtifækt]

N 인공물;예술품; 인위, 인공 유물, 문화 유물   [인공(art)으로 만든(fact)]
ex) Bowls and other **artifacts** were discovered during the excavations.

artifice
[ɑ́:rtəfis]

N 기술; 책략, 교묘한 착상   [기술로 만들어 낸 것(fice)]
ex) His remorse is just an **artifice** to gain sympathy.

artificer [ɑːrtífəsər]	**N** 기술자, 공장(工匠), 숙련공; 고안자; 제작자 ex) The Great **Artificer** created the universe.	기술로 (art) 만드는 (fic) 사람(er)
artificial [ɑːrtífiʃəl]	**A** 인공적인(not natural), 거짓의(pretended) * **artificial** insemination 인공수정　　* **artificial** respiration 인공호흡 ex) I don't like wearing clothes made of **artificial** fibers.	기술 (art)로 만들어(fic)진(ial)
art nouveau [ɑ́ːr nuːvóu]	**N** (F) 아르누보, 미술공예양식 ex) Gaudi was at the forefront of the **Art Nouveau** movement in Spain.	새로운 (nouveau) 예술 (art)
artillery [ɑːrtíləri]	**N** 포병, 대포(cannon), 포술(gunnery) ex) The town is under heavy **artillery** fire.	기술적으로 하는 전술
artmobile [ɑ́ːrtməbìːl]	**N** 이동[순회] 미술관, 이동 화랑 ex) The Arkansas Arts Center's **Artmobile** will be on the campus.	예술 (art)이 움직임 (mobile)
inert [inə́ːrt]	**A** 기력이 없는, 비활성의 * **inertia** 무력, 탄성, 관성 ex) He lay **inert** with half-closed eyes.	기술이 (art) 없는 (in)

BAS = 바닥(lower, bottom)

어근 **bas**는 위치적, 도덕적으로 낮은 상태를 의미한다.

base [beis]	**A** 기본의; 비열한; 천한　**N** 기초, 기지, 밑변 * **baseless** 근거 없는, 이유 없는　　* **baseless** fear 이유 없는 불안	기초(의), 토대(의)
basement [béismənt]	**N** 지하실, (건물의) 최하부, (지하실의) 살림방 ex) Our kitchenware department is in the **basement**.	바닥의 방
basis [béisis]	**N** 기초, 근거, 토대, 바탕, 주성분, 가장 중요한 부분 * on a solid **basis** 확고한 근거에서　　* on the **basis** of …을 기초로 하여	기초
abase [əbéis]	**V** 품위를 낮추다, 지위를 떨어뜨리다 * **abasement** 품질의 실추, 굴욕 ex) I would never do something that would **abase** myself.	바닥(base)으로 (a〈ad〉)…
debase [dibéis]	**V** (가치, 체면, 품질을) 떨어뜨리다, 저하시키다 ex) Do not **debase** yourself by becoming maudlin.	바닥(base) 아래로 (de)
basin [béisin]	**N** 물동이, 대야, 사발; 웅덩이; 분지; 내만; 유역 * a **basin** of water 물 한동이　　* Thames **basin** 템즈강 유역	'물을 담는 그릇'에서
bastard [bǽstərd]	**N** 서자, 사생아, 가엾은 놈, 자식, 놈　**A** 가짜의, 모조의 * **bastardy** 사생아임, 서출　　* **bastardize** 사생아로 판정하다, 위조하다	밑바닥(bas) 사람(ard)

* vil = 낮은 (base)

vile	A 비열한, 타락한, 상스러운; 하등의, 미천한
revile	V ~를 욕하다, 매도하다, …을 헐뜯다
vilify	V 헐뜯다, 비방하다, 중상하다(slander)
vilipend	V 업신여기다, 경멸하다; 흠잡다(belittle), 헐뜯다
* turpitude	N 비열(baseness); 타락; 비열한 행동, 타락한 행위

* nadir = (정점의) 반대 (opposite to zenith)

nadir	N 천저, 밑바닥, 최하점
* zenith	N 천정, 정점, 절정
nether	N 지옥의, 지하의
netherlands	N 네덜란드
netherworld	N 지옥; 내세; 암흑가

BI/BIN = 둘(two)

바퀴가 **두개** 달린 'bi cycle', **두 번** 구워서 만든 'bis cuit' 등이 여기 출신이다. 접두어 'bi' 참조.

binary
[báinəri]
A 둘의, 이진법의
ex) Computers operate using **binary** numbers.

2(bin) 의 (ary)

binoculars
[bainákjulərs]
N 쌍안경, 쌍안 망원경   A 쌍안의, 쌍안(경)의
ex) I watched the birds through my **binoculars**.

두개의 (bin) 눈 (oculars)

combine
[kəmbáin]
[두 개(bin)를 함께(con)]
V 결합시키다, 겸비하다   N·기업합동; (정치상의) 연합; 연합복식 수확기
* **combination** 결합, 짝맞춤, 배합, 단결, 연합; 결사, 단체, 조합, 콤비네이션
ex) The two countries **combined** against their common enemy.

bifid
[báifid]
A 2열(裂)의; 두 갈래의
ex) In marsupials the female reproductive tract is **bifid**.

두 (bi) 갈래 (fid)

bifurcate
[báifərkeit]
V 두 갈래로 나뉘다
ex) A sample of water was taken from the point where the river **bifurcates**.

두 (bi) 갈래(furc<fork)로 되다 (ate)

balance
[bǽləns]
N 천칭(天秤), 저울; 균형, 조화; 거스름돈
* **balanced** 균형 잡힌, 안정된

두개의 (ba<bi) 접시 (lanc)

imbalance
[imbǽləns]
N 불균형, 불안정, 언밸런스   [불(im) 균형(balance)]
ex) That country is experiencing a great **imbalance** between imports and exports.

unbalance
[ʌnbǽləns]
N 불균형, 불안정   V 불균형하게 하다
ex) We asked the Minister why the programme had become **unbalanced**.

불 (un) 균형(balance)

outbalance
[àutbǽləns]
V 더 무겁다; ~보다 더 중요하다
ex) My demand has **outbalanced** my supply.

균형(balance)을 넘어서다 (out)

BIB = 마시다(drink)

어근 'bib'은 '마시다' 이다. beer나 beverage 등의 익숙한 단어가 여기에서 왔다.

bib [bib]
V 홀짝홀짝 마시다   N 턱받이, 가슴받이
ex) He's just spilt apple juice all down his **bib**.

마시다/마실 때쓰이는 앞가리개

bibulous [bíbjuləs]
A 술을 좋아하는; 물을 빨아들이는, 흡수성의
* **bibbler** 상습적인 술고래(wine-bibber; tipper)   * **bibbing** 음주의 버릇
ex) We could not help laughing at his **bibulous** farewells.

마시기(bib) 좋아하는(ulous)

imbibe [imbáib]
V 마시다, 흡수하다(absorb), 동화하다
* **imbibition** 흡수, 흡입
ex) Plants **imbibe** light from the sun.

안으로(im) 흡수하다(bib)

beverage [bévəridʒ]
N 음료(drink; something to drink)
* **cooling beverage** 청량음료
ex) They don't sell any alcoholic **beverage**.

beer [biər]
N 맥주, 비어; 맥주 한잔(병); 발포성 음료
* **ale** 에일 맥주   * **porter** 흑맥주
* **stout** 스타우트   * **draft beer** 생맥주

POT = 마시다(drink), 단지(pot)

'pot'이란 단어는 '단지'라는 뜻이지만, 동사로는 '술을 마시다'의 의미이다. 배불뚝이를 영어로는 **potbelly**라고 하는데, 배가 **단지**처럼 생겼다.

pothouse [páthàus]
N (자그마한) 맥주집(tavern; beerhouse)
* **potman** 선술집의 심부름꾼(pot boy)   * **a pothouse politician** 이류 정치가

술 마시는(pot) 집(house)

potable [póutəbl]
A 마시기에 알맞은, 마실 수 있는   N 술, 음료
ex) This water is **potable**.

마실(pot) 수 있는(able)

potion [póuʃən]
N (물약 또는 독약의) 1회분, 한 첩
ex) The **potion** made the two of them fall in love.

마시는(pot) 것(ion)

compotation [kàmpoutéiʃən]
N 주연(banquet; feast)
* **compotator** 술친구

함께(com) 마심(potation)

symposium [simpóuziəm]
N 논문집; 토론회, 심포지움; 주연, 향연
ex) She was speaking at an energy-efficiency **symposium**.

함께(sym) 마심(posium)

* 고대 그리스에서는 함께 모여 술을 마시는 향연을 심포지엄이라고 불렀는데, 토론을 즐겼던 그들에게 있어서 가장 자유롭고 풍부한 토론의 장을 마련해 주었던 것이기도 하였다. 이러한 까닭에 심포지엄은 결국 토론회를 의미하는 말로 발전하게 되었다.

poison [póizn]
N 독, 독물, 해독, 폐해   A 해로운   V 독살하다
* **poisonous** 해로운, 독이 있는   * **poison gas** 독가스

poison < potion

BIT = 물다(bite)

어근 'bit'는 '물어뜯다'의 뜻. 물어 뜯어서 쪼갤 수 있으므로 '쪼개다(split)'의 의미로까지 확대된다. boat도 여기에서 왔는데 옛날에는 나무를 쪼갠 다음 속을 파서 boat를 만들었다.

bit [bit]
N 재갈; 대패날, 송곳의 끝, 돌출부; 조각, 한입, 소량
ex) I can't eat all this cake - would you like a **bit**?

뾰(bit)족한 송곳의 끝 →

bite [bait]
V 물다, 살을 에다   N 묾; 한 입, 소량; 물린 상처
* **bite** the bullet 고통을 꾹 참다   * **bite** the hand that feeds one 은혜를 원수로 갚다
* **bite** the dust 패배하다, 죽다   * take two **bites** at a cherry 꾸물거리다

물다

bitter [bítər]
A 쓴; 고통스러운; 신랄한   N 씀, 쓴맛; 쓰라림
* taste the sweets and **bitters** of life 인생의 쓴맛 단맛을 다 맛보다
ex) The unemployed are tasting the **bitter** fruits of the market economy.

물어 뜯는

bait [beit]
V 미끼를 달다, 유혹하다   N 미끼, 유혹물
ex) The fish nibbled at the **bait** on the hook.

물게 하는 것

beetle [bí:tl]
N 갑충, 딱정벌레   V 허둥지둥 달려가다, 급히 가다
ex) Hoping to miss the traffic jams, she **beetled** off home at four o'clock

깨무는(beet) 작은 것(le)

abet [əbét]
V 부추기다, 선동하다, 교사하다
ex) The riot had been **abetted** by the police.

어~ 베트(abet)를 들고고 선동하다

bet [bet]
V (돈 등을) 걸다, 내기하다; 단언하다, 보증하다
N 내기, 걸기; 건 돈(물건); 내기의 대상
ex) I **bet** you (that) she's missed the bus.

---

* becca = 뾰족한 끝(sharp end)

beak   N 부리, 매부리코; 피리의 혀; 주전자 주둥이
beaky   A 부리 모양의; 부리가 있는
* **bill** N 부리; 코   V 부리를 맞부비다; 애무하다

삑삑(beak) 거리는 새의 부리

* brist = 뾰족한 끝(point), 강모(bristle)

bristle N (특히 돼지의) 센털, 강모; (솔 등의) 털
             V 털을 곤두세우다; 화내다, 화나게 하다
bristletail N [곤충] 좀

불이 설(bristle) 정도로 화내다

* wedge = origin unknown

wedge   N 쐐기; 분열의 원인; 발단   V 쐐기로 쪼개다
* **cuneate**   A 쐐기꼴의

wedge 쐐기

BRAV = 용감한(brave)

설마 이 책을 보면서 brave를 모르는 용감한 사람은 없겠지… --;

brave
[breiv]
A 용감한; 화려한; 훌륭한　　N 용사; 전사(戰士)
ex) They were **brave** children and did not cry or make a fuss.

bravado
[brəvá:dou]
N 허세, 허장성세(虛張聲勢)
ex) It was an act of **bravado** that made him ask his boss to resign.

bravura
[brəvjúərə]
N 대담하고 화려한 연주
A 화려한, 대담한, 발랄한
ex) The show was mostly **bravura** with no real substance.

bravo
[brá:vou]
N 브라보 (갈채할 때의 외침)
V 갈채하다　　int 잘한다!, 좋아!

GALA = 즐겁게 하다(amuse)

gallant는 똑같이 용감한 단어이지만 어원은 다르다. 의미가 같으므로 brave와 함께 공부하자.

gala
[géilə]
A 잔치의, 흥겨운; 특별 개최의　　N 축제, 잔치
ex) I went to the hotel for a **gala** dinner.

regale
[rigéil]
V 융숭하게 대접하다, 기쁘게 해주다
ex) I was **regaled** with tales of woe.

gallant
[gǽlənt]
A 용감한; 찬란한; 여성에게 친절한; 정사의
V (여자들에게) 친절하게 대하다, 놀아나다
N 유행을 좇는 자, 여자에게 친절한 사나이, 정부
* **gallantly** 용감하게, 당당하게; 여성에게 정중히
ex) The woman's **gallant** act saved our life.

gallantry
[gǽləntri]
N 용기, 무용; 여성을 공대함, 정중한 언행; 정사
ex) For his **gallantry** he was awarded a Victoria Cross.

gallivant
[gǽləvænt]
V (이성과) 건들건들 돌아다니다(gad about)
ex) You're too old to go **gallivanting** around Europe.

PLAC = 평온한(calm), 만족 시키다(please)

plac은 'please(만족시키다)'의 의미로 please가 여기에서 왔다.

placate
[pléikeit]
V 달래다(soothe; lull), 위로하다(comfort)
* **placable** 달래기 쉬운, 온순한　　* **implacable** 달래기 힘든, 무자비한
ex) The tribe **placated** the angry volcano by tossing a few teenagers into the crater.

complacent
[kəmpléisnt]
A 자기 만족한, 흐뭇해 보이는(self-satisfied)
* **complacence** 자기만족(self-sufficiency)
ex) The **complacent** camper paid no attention to the bear prowling around his campsite, and the bear ate him up.

complaisant
[kəmpléisənt]
A 공손한, 정중한; 순종적인, 고분고분한
* **complaisance** 정중, 공손(politeness); 상냥함, 고분고분함
ex) Ms. Lee, **complaisan**t as a sister, was careless as a woman and a friend.

placebo
[pləsí:bou]
N [醫] 플라시보, 위약; 일시적 위안의 말; 아첨
ex) One group is given the real drug, while another group is given a **placebo**.

placet
[pléisit]
N 찬성 투표
ex) It was approved with 451 **placet** out of 601 votes.

placid
[plǽsid]
A 평온한, 차분한
ex) Mike was a very **placid** baby who hardly ever cried, not even when I threw pointy objects at him.

plea
[pli:]
N 탄원, 청원, 기도, 변명, 구실, 해명
ex) She made a **plea** for mercy on behalf of her son.

plead
[pli:d]
V 변호하다, 변론하다, 주장하다, 간청하다
ex) He was on his knees, **pleading** with them for his life.

pleasant
[pléznt]
A 즐거운, 명랑한
* **pleasure** 유쾌, 기쁨, 방종, 오락; 만족하다   * **pleasance** 유쾌, 향락, 만족
ex) It was a **pleasant** surprise.

---

fawn = 즐겁게 하다(rejoice)

fawn   V 아양떨다, 아첨하다, 비위를 맞추다
fain   ad 기꺼이, 쾌히
        ex) I would **fain** help you.

---

hedon = 만족, 기쁨(pleasure)

hedonism   N 쾌락주의[설]; (생활 태도로서의) 향락주의
hedonist   N 쾌락주의자

---

indulg = 탐닉하다(take pleasure), 만족시키다(make pleasure)

indulge   V 탐닉하다 (in); (아이를) 버릇없이 기르다(spoil); (욕망 등을) 만족시키다
indulgence N 마음대로 하게 함, 너그럽게 봐줌, 응석을 받음, 관대; 방자, 방종, 탐닉
indulgent   A 멋대로 하게 하는, 관대한, 엄하지 않은, 순한

---

saunter = 즐겁게 하다(muse)

saunter   V 거닐다, 산보하다(stroll)
           N 산책(ramble), 배회; 느릿한 옛날 댄스

BREV = 짧은(short)

brief(짧은)가 이곳 출신이다. 또 bridge는 거리를 짧게 하려고 만든 것이다. 'brach'는 변형이다.

brief [bri:f]
- A 짧은, 잠시의, 무뚝뚝한(무뚝뚝하면 말이 짧다)
- N 적요서; 브리프(짧은 팬츠); 짧은 보고; 우대권 V 간단히 알리다; 요약하다

짧은

briefcase [brí:fkèis]
- N 서류가방
- ex) Opening his **briefcase**, he took out a camera.

간단히 서류 만 챙기는 가방

breviary [brí:vieri]
- N (카톨릭교의) 일과 기도서
- ex) This **breviary** was written in illuminated text on fine vellum.

간략히 적은 것

brevity [brévəti]
- N 짧음, 순간, 간결함
- ex) **Brevity** is the soul of wit.

짧은(brev) 것(ity)

abbreviate [əbrí:vièit]
- V 짧게 줄이다(make short), 생략하다
- *abbreviation 생략, 약문
- ex) The name Susan is often **abbreviated** to Sue.

강하게(ab) 줄이다(breviate)

ⓘ laconic [ləkɑ́:nik]
- A 간결한, 간명한(concise); 말수가 적은
- *laconism 간결, 간결한 표현 []

스파르타의 Laconia 지방

* Sparta의 Laconia 지방 사람들은 말을 간단하게 하는 것을 멋으로 알았다.

abridge [əbrídʒ]
- V 생략하다(omit), 요약하다
- *abridgement 요약, 박탈, 단축   *bridge 다리
- ex) He's currently **abridging** his book so that it can be made into a film.

어, 브릿지(abridge)가 있어 거리를 단축할 수 있겠군

brachylogy [brækílədʒi]
- N (문법) 생략어, 간략법
- ex) A **brachylogy** is a condensed or shortened phrase.

짧은(brachy) 말(logy)

brachycephalic [bræ̀kisəfǽlik]
- A (해부) 단두(短頭)의
- ex) Vaginal hyperplasia is more common in **brachycephalic** breeds.

짧은 머리(cephal)의(ic)

drawbridge [drɔ́:brìdʒ]
- N (성의 해자에 걸쳐 놓은) 들어올리는 다리
- ex) His dad pulled up the **drawbridge** in order to protect his daughters.

drawbridge 들어올리는 다리

* arthr/art = 마디(joint)

- arthritis   N 관절염
- arthropod   N 절지동물 (새우, 게, 거미, 지네 등)
- article   N 기사, 사설, 조항, 물품; 관사   V 열거하다
- articulate   V 또박또박 말하다, 명백히 말하다

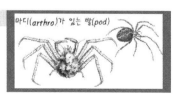
마디(arthro)가 있는 발(pod)

BRAC = 상완(upper arm)

어근 'brac'는 사실 위의 어근 'brev(짧은)'와 동일 어근이다. 그런데도 '상완'이란 의미를 갖게 된 것은 전박(forearm)보다 상완(upper arm)이 더 짧은 데서 유래했다.

brace
[breis]
N 버팀대, 지주; 꺾쇠; 치열 교정기
V 버팀대로 받치다, 받치다; 죄다; 중괄호로 묶다
ex) He was recently fitted with a **brace** for his bad back.

brace and bit
N 굽은 손잡이가 달린 송곳
ex) A **brace and bit** is a tool worked by hand for making holes in wood.

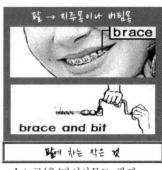

bracelet
[bréislit]
N 팔찌, 수갑(hand-cuff ; manacle)
* **braceleted** 팔찌를 낀   * a gold/silver/diamond **bracelet** 금/은/다이아몬드 팔찌

brachial
[bréikiəl]
A 팔의, 팔 비슷한, 팔 모양의
ex) The **brachial** plexus is one of the most important layout of nerves.

bracket
[brǽkit]
N 까치발, (선반의) 받침대; 꺾쇠 괄호
V ~에 까치발 등을 달다, ~을 괄호로 묶다
ex) Biographical information is included in **brackets**.

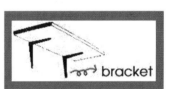

brachiate
[brǽkièit]
V (원숭이가) 양손으로 매달리며 건너가다
ex) Chimpanzees have opposable thumbs and extremely long arms that allow them to climb trees and **brachiate**.

brachiopod
[brǽkiəpàd]
N 완족류
ex) Every **brachiopod** has two valves.

embrace
[imbréis]
V 껴안다(hug), 받아들이다(accept)
* **embracement** 수락, 포옹
ex) They greeted each other with a warm **embrace**.

* cauda = 꼬리(tail) * 개가 겁을 먹었을 때 가랑이 사이로 꼬리를 감추는 데서 겁쟁이

caudal	A [動] 꼬리의; 꼬리 모양의; 꼬리쪽의[에 있는]
caudad	ad 꼬리 근처에
caudate	A 꼬리가 있는, 꼬리모양의 기관을 가진
caudal fin	N 꼬리 지느러미
coward	N 겁쟁이, 비겁한 사람 A 겁많은, 소심한, 비겁한
cowardice	N 겁, 비겁
cowardly	A 비겁한, 비열한 ad 겁을 내어, 비겁하게

ex) I'm a real **coward** when it comes to going to the dentist.

BURS = 주머니(sack)

purse(지갑)는 주머니(burs)를 강하게 발음하여 생긴 단어이다.

bursa
[bə́:rsə]
N 활액낭; 포낭(sac)
물 주머니
* **bursectomy** 활액낭 절제술   * **bursiform** 주머니 모양을 한
ex) You have more than 150 **bursae** in your body.

bursitis
[bərsáitis]
N 활액낭염
활액낭(burs)의 염증(itis)
ex) For many people, **bursitis** can be a painful and debilitating condition.

bursar
[bə́:rsər]
N (사학재단의) 회계관, 출납계, 장학생
돈 자루(burs)를 챙기는 사람(ar)
ex) A **bursar** controls its finances in a college, school or university.

bursary
[bə́:rsəri]
N (대학의) 회계과; 대학의 장학금, 연구보조금
돈자루(burs)를 관리하는 곳(ary)
* **bursarial** 회계과의, 재무 담당의; 장학금의
ex) It is advisable to make your **bursary** application as soon as possible.

burst
[bə:rst]
V (갑자기) 폭발하다, 터지다, 찢어지다, 파열하다
갑자기 보따리가 터지다
N 폭발(explosion)
ex) The river was threatening to **burst** its banks.

disburse
[disbə́:rs]
V 지불하다(pay money), 나누어주다(distribute)
지갑(burse)을 돌다(dis)
* **disbursement** 지불
ex) The World Bank and the IMF have agreed to **disburse** financial aid to the country.

reimburse
[rì:mbə́:rs]
V 변상하다(pay back), 보상하다(amend)
다시(re) 자루(burse)에 넣다(in)
* **reimbursement** 갚음, 변제, 상환, 배상
ex) The airline **reimbursed** me for the amount they had overcharged me.

purse
[pə:rs]
N 지갑(wallet)
purse < burse
* **purser** (선박, 비행기의) 사무장, 퍼서; 경리관(paymaster)

bouge = 가죽가방(leather bag)

bulge	N 볼록한 것, 팽창; 급등	V 부풀다; 불룩하다
budget	N 예산, 경비	V 예산을 세우다
budgetary	A 예산(안)의	

불지 (bulge) 그러면 부풀지

sac = 가방(sack)

sack	N 부대, 마대, 자루; 봉지; 해고, 파면; 거절, 퇴짜
satchel	N 학생 가방, 작은 가방; (여행용 등의) 손가방
cul-de-sac	N 막다른 골목; 궁지, 곤경 ;막힘; 맹관(盲管)

새철엔 (satchel) 새 가방

valis = unknown origin

valise
N (옷을 넣어 다니는) 작은 여행 가방
ex) She clutches a **valise** in her hand.

빌리세요 (valise) 가방을

CAS /CAD /CID = 떨어지다(fall)

사건(case)이나 사고(accident)는 우연히 떨어지는 것이다. '타락', '쇠퇴' 등을 의미하는 데카당스(decadence)도 역시 여기 출신이다.

case [keis]
N 경우; 사건, 소송; 판례, 사례; 증상; 상자
* case book 판례집   * case work 사회복지 조사
ex) Over a hundred people were injured, in several **cases** seriously.

사건이란 우연히 떨어진 것

casual [kǽʒuəl]
A 우연한, 평상의   N 평상복
* casualize 임시로 고용하다

떨어지는 또는 발생되는

casualty [kǽʒuəlti]
N 1.불의의 재난, 불상사, 사고
2. 조난자, 부상자, 사망자, 사망자수
ex) The train was derailed but there were no **casualties**, police said.

1. 갑자기 떨어진 것 = 재난
2. 목숨이 떨어지면 사망자

casuist [kǽʒuist]
N 궤변론자; 결의론자
* casuistry 억지, 궤변; 결의론

case에 따라 주장이 다른 사람

occasion [əkéiʒn]
N 경우, 기회, 사건   V 야기시키다
* occasional 우연한, 경우의   * occasionalism 기회론, 우인론
ex) The coronation of a new king is a historic **occasion**.

~쪽으로 (ob) 떨어진(cas) 것(ion)

carcass [ká:rkəs]
[살(car<carn)이 (죽음으로) 떨어짐(cass)]
N (짐승의) 시체; [경멸] (사람의) 시체, 잔해; 폐허
ex) The mining town is now a mere **carcass**.

"칵" 해서 (carcass) 죽은 짐승의 송장

cadaver [kədǽvər]
[생명을 거둬버(cadaver)린 것]
N (특히 해부용의 사람의) 시체(corpse)
* cadaverous 송장 같은, 창백한
ex) In some states, it is illegal to dissect **cadavers**.

cadence [kéidəns]
N 억양, (詩) 운율(rhythm), 종지부
ex) He had all the gift of the gab, the eloquence, and the soft **cadences**.

떨어진(cad) 것(ence)

cascade [kæskéid]
N 작은 폭포, 쏟아지는 것   V 폭포를 이루다, 연결하다
ex) He crashed to the ground in a **cascade** of oil cans.

폭포는 계속해 떨어짐 (cascade)

caddish [kǽdiʃ]
[전락(cadd) 한(ish)]
A 천한, 야비한
ex) He does not play the role as a **caddish** noble seducer.

decadent [dékədənt]
A N 퇴폐적인; 퇴폐기의; (F)데카당파의 (예술가)
* decay 쇠퇴하다(degenerate)   * decadence 쇠퇴, 퇴폐
ex) A person who engages in **decadent** behavior is a person whose morals have decayed or fallen into ruin.

아래로 (de) 떨어(cad) 지는 (ent)

accident
[æksədənt]

N 우연한 일, 불행한 재산, 재난, 사고, 부속물
* accidental 우연한, 우발적인(incidental)
ex) After my little **accident** with the chain saw, I've not been allowed to use it again.

deciduous
[disídʒuəs]

A 낙엽성의, 덧없는(transitory; fleeting)
* indeciduous 상록의
ex) The oak is a **deciduous** tree.

incident
[ínsədənt]

N 사건(event), 삽화(episode), 부수적인 일
A 일어나기 쉬운, 낙하성의
* incidental 부수적인, 임시의   * incidence 일어나기 쉬운 것, 임시
ex) The attack on defenceless civilians was an isolated **incident** which will not happen again.

coincide
[kòuinsáid]

V 일치하다(correspond), 동시에 일어나다
* coincidence 일치, 동시성   * coincident, coincidental 일치하는
ex) I timed my holiday to **coincide** with the children's school holiday.

occident
[άksədənt]

N 서양(↔orient), 서부지방
ex) It will take time for the **Occident** to understand the ways and customs of the Orient.

recidivist
[risídəvist]

N 상습범(habitual criminal)
* recidivism 상습적 범행, 재범
ex) **Recidivist** offenders will face life imprisonment.

parachute
[pǽrəʃùːt]

N [F] 파라슈트, 낙하산   N 낙하산으로 내리다
ex) I **parachuted** once, to raise money for charity.

LAPS/LAB = fall(떨어지다), slip(미끄러지다)

1995년, 삼풍백화점 붕괴사고가 있었다. 그처럼 폭삭 무너지는 것을 표현하는 단어가 **collapse**이다. 모든 것이 다 함께(col<con) 떨어져 (lapse) 버렸다는 것을 의미한다.

---

lapse
[læps]

N 경과, 착오, 타락   V 경과하다, 실수하다
* lapsed 지나간, 없어진; 타락한, 신앙을 잃은   * lapsus 잘못, 틀림, 실수
ex) A momentary **lapse** in the final set cost her the match.

labefaction
[læbəfǽkʃən]

N 동요, 쇠약, 몰락
ex) There is such a **labefaction** of all principles.

collapse
[kəlǽps]

V 무너지다, 붕괴하다, 실패하다   N 붕괴, 실패
ex) A balloon **collapses** when the gas escapes from it.

elapse
[iláeps]
V 경과하다, 지나다   N 경과, 짧은 시간(lapse)
밖으로 (e<ex) 미끄러지다(lapse)
ex) Weeks **elapsed** before we could start renovating.

prolapse
[prouláeps]
V 탈출(탈수)하다
N (자궁, 직장의) 탈수(脫垂)
앞쪽으로 (pro) 미끄러지다(lapse)

relapse
[riláeps]
N (나쁜 상태로) 되돌아감, 퇴보; (병의) 재발
V (원래의 나쁜 상태로) 되돌아가다 (into), 타락[퇴보]하다; (병이) 재발하다
뒤로 (re) 미끄러지다(lapse)
ex) He **relapsed** into his old bad habits.

labile
[léibil]
A [화학·물리] 불안정한, 변화를 일으키기 쉬운
미끄러지기 (lab) 쉬운 (ile)
ex) The 28S rRNA is known to be especially **labile**.

supralapsarian
[sùːprəlæpséəriən]
N 선민집단
* **infralapsarian** 천민 집단
위쪽에(supra) 떨어진(laps) 사람

LE/LI = 문지르다(smear), 칠하다(daub)
인도 유럽 어근 'lei-'에서 유래했으며, '문지르다(smear), 칠하다(daub)'의 뜻이다. 또한 문지르는 듯한 움직임이 미끄러지는 것이므로 '미끄러운(slimy)'의 뜻으로까지 확대된다. slide나 glide 같은 단어들도 여기에서 유래하였다.

delete
[dilíːt]
N 삭제하다, 지우다
* **indelible** 지울 수 없는, 잊혀지지 않는
문질러(le) 지워버(de)다(te)
ex) If you **delete** this paragraph, the composition will have more appeal.

liniment
[línəmənt]
N (액체·반액체의) 바르는 약
칠하는(lin) 것(iment)
ex) **Liniment** is easily applied to painful areas and leaves no greasy residue.

oblivion
[əblíviən]
N 망각, 잊기 쉬움, 건망, 잊혀진 상태; 대사면
멀리(ob) 미끄러(liv) 뜨럼(ion)
ex) I love these sweet moments of **oblivion** and the peace they bring me.

slimy
[sláimi]
A 진흙 투성이의, 끈적끈적한, 불쾌한, 비열한
끈적 끈적한(s+ lim+ y)
ex) We have **slimy** things crawling around here.

slide
[sláid]
V 미끄러지다, 활주하다, 얼음을 지치다
미끄러지다(s+ li+ de)
ex) The runner **slid** into second base.

slip
[slip]
V 미끄러져 들어가다, 미끄러져 넘어지다
* **slipper** 슬리퍼(를 신다)   * **slippery** 미끄러운, 교활한, 애매한
미끄러지다(s+ lip)
ex) The laptop **slipped** off my laps.

sleeve
[slíːv]
V N 옷의 소매(를 달다)
팔이 미끄러져 들어가는 곳
ex) The laptop **slipped** off my laps.

slope [sloup]	V N 비탈, 경사(지게 하다) ex) The land **slopes** to the sea.	경사지면 잘 미끄러짐
glide [gláid]	V N 미끄러지듯 움직이다; 미끄러짐 * **glider** 글라이더, 활공기; 미끄러지듯 움직이는 사람[것]; 그네 의자	미끄러지다 (g+li+de)
glib [glib]	[미끄러지 듯 말눈] N 말 잘하는; 입심 좋은	

* varnix = 향수지 (odorous resin)

varnish	N 니스, 광택제, 유약, 광택 V 니스를 칠하다, 광택을 내다, 겉을 꾸미다

* paste = 보리죽 (barley porridge)

pasta	N 파스타 (마카로니·스파게티 등을 위한 재료)
paste	N 풀, 반죽　V 풀칠하다; ~에 바르다
pastel	N 파스텔; 파스텔화; 연하고 부드러운 색채

* pto = 떨어지다 (fall)

ptomaine	N 시체독
ptosis	N 하수증; (특히) 안검하수증
nephroptosis	N 신장 하수증
apoptosis	N 세포 자연사
symptom	N 증후

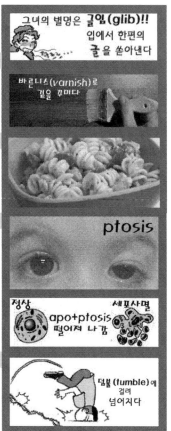

* tumble = 넘어지다 (fall down)

tumble	V 넘어지다, 폭락하다, 무너지다　N 추락, 붕괴
tumbling	N 텀블링(공중제비 등)
tumblebug	N [곤충] 말똥구리
* stumble	V 발부리가 걸리다, 비틀거리다, 죄를 짓다, 더듬거리다
* falter	V 비틀거리다, 넘어지다; 더듬거리다; 머뭇거리다
* unfaltering	A 주저함 없는, 머뭇거리지 않는

덤불(tumble)에 걸려 넘어지다

발 떵(falter)꺼 비틀거리다
머뭇거리지(falter) 않(un) 는(ing)

* muc = 미끄러운 (slimy, slippery)

muck	N 외양간, 거름, 퇴비, 비료, 오물
mucky	A 더러운, 추잡한, 외설스러운
mucus	N 점액
mycology	N 균학, 진균학

먹 끼(mucky)어서 더러운

* lubric = 미끄러운 (slippery)

lubricant	A 미끄럽게 하는　N 원활하게 하는 것; 윤활제
lubricate	N 미끄럽게 함, 감찰; 주유; 급유
lubricative	A 미끄럽게 하는, 윤활성의

매끄럽게(lubr) 하는 것(ant)

윤활유

CAPRI = 산양(goat)

산양은 미친 듯이 질주를 하다가 갑자기 방향을 바꾸어 달리는 특성을 가지고 있다.
그래서 이 어근의 단어들은 주로 '**도약**'과 '**변덕**'을 의미한다.

capricorn
= 산양

Capricorn
[kǽprikɔ̀ːrn]
N 산양자리; 산양자리 태생의 사람
* the Tropic of the Capricorn 남회귀선, 동지선   * caprine 산양의, 산양 같은
ex) She was born under Capricorn.

> 산양

caper
[kéipər]
A 뛰어 돌아다니다; 신나게 뛰놀다
N 신나게 뛰놀기; [미속] 강도, 범죄 계획[행위]
ex) The dancers capered through their routines to great applause.

> 산양처럼 뛰어 돌아 다니다

caprice
[kəpríːs]
N 일시적인 변덕, 순간적인 충동
ex) The $300 million palace was built to satisfy the caprice of one man.

> 산양은 갑자기 방향을 바꿈

capricious
[kəpríʃəs]
A 변덕스러운(fickle), 급변하는
ex) She writes songs about capricious love and wounded hearts.

> 변덕(capric) 스러운(ious)

cabriole
[kǽbrióul]
N (가구의) 구부러진 다리
[발레] 도약 중에 수평으로 올린 한쪽 발을 다른 발로 치기

> 산양이 도약하는 모습과 닮은 데서

cabriolet
[kæ̀brioléi]
N 쿠페(coupé)형 자동차 (접는 포장이 달린)
말 한 필이 끄는 2륜 유개(有蓋) 마차

> 산양처럼 달려가는 작은 것(let)

capriole
[kǽprióul]
V 도약하다; (말이) 제자리에서 뛰어 오르다
N 도약; 제자리 뜀

> 산양처럼 도약하다

cab
[kæb]
N 택시; 기관사실, 운전대   V 택시를 타다
ex) The cabs were lined up outside the station.

> cab < cap

* 차에 처음 사람들을 태웠을 때 차가 너무 많이 뛰어서 언덕을 내달리는 산양을 연상시켰으므로 'cab'이라 부르게 되었다.

* 또다른 **변덕스러운** 단어 whim도 함께 공부하자. [whim = 공상(fanciful object)]

whim	N (일시적인) 기분, 변덕
whimsical	A 엉뚱한, 기발한
whimsy	N 엉뚱한[기발한] 생각[행동, 방식]
* fickle	A 변덕스러운, 변하기 쉬운

> 변덕 마음속 기둥이 휨 (whim)

* bizarre = 이상한(odd)

bizarre	A 기괴한(grotesque); 이상야릇한
* freakish	A 변덕스러운, 일시적 기분의, 장난의; 기형적인
* grotesque	A 괴상한, 그로테스크한, 괴기한; 우스꽝스러운
* wacky	A 괴팍스러운, 별난(eccentric), 엉뚱한, 이상한
* bazaar	N 시장, 상점가, 백화점; 특매장; 바자, 자선시

> 빗자루...
> (bizarre)
> 참 기이한
> 물건이야

CAUSE/CUSE = 이유(cause), 변명(excuse)

'because(~때문에)', 'cause(원인)', 'excuse(변명)' 등의 단어가 모두 여기에서 왔다.

cause
[kɔːz]
- N 원인, 이유(reason), 근거, 주장(insistence)
  - * causal 원인의   * causation 원인, 기인   * cause and effect 인과
  - * the temperance cause 금주 운동   * because ~ 때문에
  - ex) she works twenty-three hours a day on different charitable **causes**.

> 이유 또는 이유가 있음

accuse
[əkjúːz]
- V 비난하다(censure), 고발하다(indict)
  - * the accused 피고   * accusation 비난, 고발
  - ex) Tom's admission of guilt absolved Dick, who had originally been **accused** of the crime.

> 강하게(ac) 이유를 대다(cuse)

excuse
[ikskjúːz]
- N 변명(apology), 핑계   V 용서하다, 변명하다
  - * excusable 변명이 되는, 용서할 수 있는
  - ex) She needs only the slightest **excuse** to go on holiday.

> 밖으로(ex) 이유를 대다(cuse)

recusant
[rékjuzənt]
- A 복종을 거부하는; 영국국교를 기피하는
  - * recusance=recusancy 복종 거부; 영국국교기피

> 반대하여(re=against)
> 이유 대는(cus + ant)

* 다음의 단어들도 'caus'에서 왔으나 형태가 좀 심하게 변했으므로 따로 기억하는 것이 좋다.

ruse
[ruːz]
- N 책략, 계략
  - ex) His **ruse** to get an extra week's pay failed completely.

> 루즈(ruze) 바르고 쓰는
> 미인계=책략

rush
[rʌʃ]
- V 돌진(돌격)하다, 서두르다, 성급히 행동하다
- N 돌진, 돌격, 급습, 급격한 증가(발달), (감정의)격발, 분주한 활동,
  - ex) Whenever I see him, he seems to be **rushing** around.

> rush hour = 돌진하는 시간

CAVE = 구멍(hollow)

cave
[keiv]
- N 동굴(hole), 정당 따위의 탈당
- V 굴을 파다, 함몰하다, 조심하다

> 구멍, 움푹 파인 곳

cavity
[kǽvəti]
- N 동굴, 구멍, 움푹한 곳; 충치
  - ex) My dentist said I have a **cavity** which will have to be treated.

> cav + ity

cavern
[kǽvərn]
- N 큰 동굴   V 굴을 파다
  - * cavernous 굴 같은, 움푹 파인
  - ex) The lion had a **cavernous** mouth.

> 큰 동굴(cav + ern)

concave
[kɑnkéiv]
- N 오목한 부분, 요면
- A 오목한   V 오목하게 하다
  - * concavity 오목한 상태, 요면   * convexo-concave/concavo-convex 요철
  - * concavo-concave 양면이 오목한(biconcave)

> 함께(con) 파인(cave)

excavate
[ékskəvèit]

V 파다(dig out), 발굴하다(unearth)
* **excavation** 발굴, 구멍
ex) Three dinosaurs have already been found on the **excavated** site.

cove
[kouv]

N (만 안의) 후미, 후미진 곳; 산골짜기 길

alcove
[ǽlkouv]

N 반침, 벽감(壁龕); 주실에 이어진 골방; (정원·수풀 사이 등의) 우묵한 곳; 정자
ex) Which shall we put in the **alcove** – a bed or bookshelves?

coop
[ku:p]

N 닭장, 우리; 비좁고 갑갑한 곳, 감옥
V 우리에 넣다, 비좁은 곳에 가두다 (up)
ex) I think it's wrong to **coop** animals up in these tiny cages.

cage
[keidʒ]

N 새장, 우리; 옥사, 포로수용소   V 새장에 가두다
ex) Zoos are moving away from keeping animals in small **cages**.

decoy
[dikɔ́i]

V 유인하다, 유혹하다, 꾀어내다; 미끼에 걸리다
N 유인하는 것(lure); 미끼(bait); 유인 장소
레이더 교란용 물체
* **decoy duck** 야생오리 유인용의 가짜 오리
ex) They used a girl hitch-hiker as the **decoy** to get him to stop.

cajole
[kədʒóul]

V 부추기다, 구워 삶다, 감언이설로 속이다
ex) He really knows how to **cajole** people into doing what he wants.

cog
[kag]

[텅 빈(cog) 말이 곧 사기]
N 사기, 속임수   V 속이다, 부정수단을 쓰다
N (톱니바퀴의) 이; 큰 조직 안에서 일하는 사람
ex) The **cogs** mesh and turn nicely.

coelomate
[síːləmèit]

N 체강동물, 유강동물   A 체강이 있는
ex) **Coelomate** has a cavity within which the digestive system is suspended.

hollow
[hálou]

N 움푹한 곳, 패인 곳, 구멍   V 구멍을 만들다
A 속이 빈, 텅 빈; 오목한, 야윈; 공허한, 철저한
* **hole** 구멍, 굴; 함정, 곤경; 결함; 구멍파다
ex) Sand carried by the wind has **hollowed** the base of the cliff.

* bor/for = 구멍뚫기 (piercing)

bore	V	구멍을 뚫다, 도려내다, 뚫고 나아가다
boring	N	천공(穿孔), 천공 작업
border	N	가장자리; 경계, 국경　V 접경하다, 접하다
interfere	V	방해하다, 충돌하다, 해치다; 간섭하다
foramen	N	구멍, 소공(小孔), 주공(珠孔)
perforate	V	구멍을 내다; 관통하다　A 구멍이 난, 관통된

* d-p = 깊은 (deep), 구멍(hollow)

deep	N	깊은
delve	V	탐구하다, 깊이 파고들다　N 동굴; 움푹 팬 곳
dimple	N	보조개; 움폭 들어간 곳　V 보조개를 짓다
dip	N	(살짝) 담그다; 담가서 물들이다

* cajole(부추기다, 속이다)이 나온 김에 속이고 아양떠는 등의 단어들도 같이 이해하자.

adulation
[ǽdʒəléiʃən]
V 아첨하다, 비위 맞추다; 무턱대고 칭찬하다
* adulation 아첨, 알랑거림
ex) People started **adulating** the politician as though he was a liar.

blandish
[blǽndiʃ]
V 아첨하다, 아양부리다
* bland 부드러운, 온화한, 차분한, 침착한; 상쾌한
ex) He **blandished** his friend into buying his company's products.

coax
[kóuks]
V 달래서 ~시키다; 감언으로 우려내다; 속이다
N 감언, 비위 맞춤
ex) She **coaxed** the child to take his medicine.

flatter
[flǽtər]
V 아첨하다, 알랑거리다, 추켜 세우다
ex) My husband **flattered** me about my housekeeping.

foist
[fɔist]
V 억지로 떠맡기다, 속여서 팔다
ex) Somebody **foisted** that job off on me.

hoax
[hóuks]
V 속이다, 골탕먹이다; 속여서 …하게 하다(into)
N 사람을 속이기, 골탕먹임, 짓궂은 장난; 날조
ex) The bomb scare turned out to be a **hoax**.

inveigle
[invíːgl]
V 꾀다, 유인하다, 속이다; 감언으로 얻어내다
ex) He **inveigled** himself into her affections.

wheedle
[hwíːdl]
V (감언이설로) 꾀다, 속여서 ~ 시키다
ex) The kids can always **wheedle** money out of their father.

lure
[lúər]
- N 매혹물; 매혹, 매력; 가짜 미끼, 덫, 함정
- V 유혹하다, 불러들이다, 꾀내다, 농락하다
- ex) Don't let money **lure** you into a job you don't like.

allure
[əlúər]
- V 꾀다; 후리다, 유인하다(entice); 매혹하다
- N 매력(charm), 매혹, 유혹(하는 것)
- ex) She is a woman with great **allure**.

CAUT = 경고(warning)

caution
[kɔ́:ʃən]
- N 조심, 신중, 경계, 경고 V 경고하다, 주의시키다
- * cautious 조심성 있는, 신중한

precaution
[prikɔ́:ʃən]
- N 조심, 경계, 예방 조치
- * precautious 조심하는, 주의 깊은, 신중한
- * precautionary 예방의

CEDE/CESS = 가다(go)

succeed는 어원 상 '다음으로(suc) 가다(ceed)'이므로 '계승하다, 잇따르다'의 뜻이 되었다. '성공하다'의 뜻도 갖는데 일이 '다음 단계로(suc)' 잘 '가는(ceed)' 것이 곧 성공이라고 할 수 있다.

abscess
[ǽbses]
- N 종기(a swollen part with pus), 농양
- ex) She had an **abscess** on her gum.

accede
[æksí:d]
- [~쪽으로 (ac<ad) 가다(cede)]
- V 응하다, 동의하다; 취임하다, 뒤를 잇다
- ex) He graciously **acceded** to our request.

access
[ǽkses]
- N 접근, 면회, 출입; 통로, 입구, 진입로; 입수
- * accessible 접근하기 쉬운, 가기 쉬운; 손에 넣기 쉬운, 이해하기 쉬운
- ex) The only **access** to the village is by boat.

accession
[ækséʃən]
- N 이름, 도달, 접근; 상속; 가입; 증가; 신규채용
- ex) 1926 was the year of Emperor Hirohito's **accession** to the throne.

ancestor
[ǽnsestər]
- N 조상; 피상속인; 원형, 선구자
- * ancestry [집합적] 선조, 조상; 가계, 문벌
- ex) There were portraits of his **ancestors** on the walls of the room.

antecede
[æ̀ntəsí:d]
- V ~에 선행하다; ~보다 낫다
- * antecedent 앞서는, 선행의; ~보다 이전의; 전제의; [pl.] 전례; 선행자; 선행사

cede
[si:d]
- V 양도하다, 할양하다, 인도(引渡)하다; 양보하다
- ex) Hong Kong was **ceded** to Britain after the Opium War.

concede
[kənsíːd]
V 양보하다; 승인하다, 인정하다; 부여하다

* concession 양보, 양여 (to), 용인; (정부에서 주는) 면허, 특허, 특권
ex) The president is not expected to concede these reforms.

epicedium
[èpəsíːdiəm]
N 장송가(funeral march; elege), 만가

exceed
[iksíːd]
V (~의) 한도를 넘다, (~만큼) 초과하다 (by)
우월하다, 능가하다, 탁월하다, 남보다 뛰어나다
ex) The final cost should not exceed $5000.

incessant
[insésnt]
A 끊임없는 (endless), 부단한(unceasing)
* incessantly 끊임없이
ex) We had incessant rain last month.

intercede
[ìntərsíːd]
V 중재하다, 중간에 들어 조정하다
* intercession 중재, 조정, 알선; 중보기도, 간청
ex) They interceded with the authorities on behalf of the detainees.

necessary
[nésisəri]
A 필요한, 없어서는 안될, 피할 수 없는
* necessity 필요성   * necessitate 필요로 하다
ex) Is it necessary for all of us to be present at the meeting this afternoon?

precede
[prisíːd]
V 앞서다, 선행하다, 우위에 서다
* precedent 이전의, 앞의; 전례, 판례   * procession 선행
ex) His resignation was preceded by weeks of speculation.

unprecedented
[ʌnprésidəntid]
A 전례없는, 미증유의
ex) The situation is unprecedented in modern times.

predecessor
[prédəsèsər]
N 전임자, 선배; 앞선 것, 조상
* predecease ~보다 먼저 죽다
ex) The new president reversed many of the policies of his predecessor.

proceed
[prousíːd]
V 진출하다, 유래하다, 전진하다, 절차를 밟다
* process 진행, 과정, 추이   * procession 행진, 행렬; 행렬로 지어가다
* procedure 진행, 절차, 수속   * proceeding 진행, (pl) 회의록, 의사일정
ex) Shall we proceed with the plan as agreed?

recede
[risíːd]
V 물러가다, 침체하다, 철회하다(withdraw)
* recession 후퇴, 반환, 퇴장, 경기침체
ex) The road to the island only appears when the tide has receded.

recess
[ríːses/risés]
N 휴식; (의회의) 휴회; 후미진 곳; 우묵한 곳
ex) Congress goes into recess between sessions.

retrocede
[retrousíd]
V 반환하다
* retrocession 반환

secede
[sisí:d]
V 탈퇴하다, 분리하다
* secession 탈퇴, 분리; (1860-61년 미국 남부 11주의) 연방 탈퇴 [남북전쟁의 원인]
ex) There is likely to be civil war if the region tries to secede.

succeed
[səksí:d]
V 성공하다, 계승하다, 잇따르다
* success 성공 * successful 성공적인 * succession 계승 * successive 계속되는
ex) You need to be pretty tough to succeed in the property world.

cease
[si:s]
V 그만두다, 중지하다 (intermit)
* cessation 멈춤, 중지 * cease-fire 휴전(armistice; truce)
ex) Workplace nurseries will cease to be liable for tax.

decease
[disí:s]
N 사망; 죽다(die), 사망하다 (demise)
* deceased 사망한(dead), 고(故)~
* decedent [미법] 사자(死者), 고인(故人)
ex) On my decease, my son will inherit everything.

surcease
[sə:rsí:s]
N 종료, 중지   V 끝내다, 그치다
ex) The nations surceased the fight.

* bit = 가다(go)

arbitor	N 중재인, 조정자, (운명 등의) 결정자
arbitrate	V 중재하다, 조정하다
arbitrary	A 임의의, 멋대로인, 전제적인, 독단적인

* drome = 달림(running)

prodrome	N (병리) 전구증, 전징, 예징
predromal	A 서언의 서론의, [병리] 전징의, 예징의
syndrome	N 증후군, 일련의 사건, 사회의 여러 증상
anadromous	A 물고기가 강을 거슬러 올라가는
motordrome	N 오토바이 경기장, 자동차 경기장

* gambol = 뜀, 도약(leap)

gambol	N 깡충깡충 뛰어다님 V 깡충깡충 뛰어 다니다
gambado	N 도약, 깡충깡충 뛰어다님, (발레의) 도약
* frolic	N 장난, 까불기, 환락; 유쾌한 모임 V 장난치며 놀다
* skittish	A 잘 놀라는; 방정맞은, 까부는, 활발한
* sportive	A 놀기 좋아하는; 장난 잘하는; 명랑한; 스포츠에 관한

* far = 가는 것(going), 통행(passage)

fare	N 운임, 승객, 추세 V 대접하다
farewell	N 안녕, 작별
welfare	N 복지, 복지사업, 후생
seafaring	A 항해의 N 항해
thoroughfare	N 통행, 통로
warfare	N 전투, 교전

CENTER = 중심(middle)

center
[séntər]
N 중심, 중앙
* centric, central 중앙의, 중심의   * centrum 중심, 중추   * centralism 중앙집권주의
ex) Put the vase in the **center** of the table.

중심

centralize
[séntrəlàiz]
V 집중시키다, 중앙화하다
ex) Payment of bills is now **centralized**.

중심화(central) 하다(ize)

concentrate
[kánsəntrèit]
V 집중하다, 전력을 기울이다, 강화하다
* concentration 집중, 응축
ex) **Concentrate** all our efforts on solving the problem.

함께(con) 중심(centr)하다(ate)

eccentric
[ikséntrik]
A 이상한(strange), 낯선, 정도에서 벗어난
ex) I don't think of myself as **eccentric** at all.

중심(centr)에서 벗어(ec<ex)난(ic)

egocentric
[ì:gouséntrik]
A 자기 중심의(self-centred)
ex) She broke my trust with her **egocentric** behavior.

자기(ego) 중심(centr)적인(ic)

epicenter
[épisèntər]
N 진앙지(↔centrum), 폭탄 낙하점
ex) The earthquake's **epicenter** was in midtown Manhattan.

중심(center)의 위(epi)

geocentric
[dʒì:ouséntrik]
A 지구를 중심으로 한
ex) This theory was called the earth-centered or, **geocentric** theory.

지구(geo)의 중심(centr) 의(ic)

centrifugal
[sentrífjugəl]
A 원심력의, 원심력을 이용한
ex) The pressure is developed by **centrifugal** force in a centrifugal pump.

중심(centri)에서 달아나(fug)는 (al)

centripetal
[sentrípətl]
A 구심력의, 중심을 향하는
ex) Without a **centripetal** force, an object cannot travel in circular motion.

중심(centri)을 향하(pet)는 (al)

* 중심이 되는 축도 같이 공부하자. [axis = 축(axis)]

axiom	N 자명한 이치, 공리, 격언
axis	N 축, 중심축, 연합
axle	N 바퀴의 차축

자동차의 축 axle

* oss/ost = 뼈(bone)

osseous	A 뼈의, 뼈가 있는
ossicle	N [해부] 소골
ossify	V 골화시키다, 경화하다
ossification	N 골화, 경화
ossuary	N 납골당, 뼈가 나온 고대 동굴
osteology	N 골학
osteomyelitis	N 골수염
ostracize	V (패각투표 따위로) 추방하다(expel; exile)
oyster	N 굴, 과묵한 사람, 노다지

CINCT = 띠, 끈(string)

precinct는 '구역, 경계' 등을 뜻한다. 끈(cinct)으로 미리(pre) 둘러쳐서 경계를 표시한 것을 연상하자.

cincture
[síŋktʃər]
N 띠(girdle; band), 끈(rope)   V 띠를 두르다
ex) The **cincture** is a liturgical vestment, worn encircling the body around or above the waist.

cinch
[sintʃ]
N 안장띠; 꽉 쥐기; 확실한 일; 유력한 후보   V 죄다; 꽉 쥐다
ex) The first question is a **cinch**.

cingulum
[síŋgjuləm]
N [解·動] 띠, 띠 모양의 것[색], 대상속(帶狀束)
* **cingulate** (곤충 등이) 색대(色帶)를 가진, 띠 모양의 것이 있는

끈 (cing<cinct + ulum)

precinct
[príːsiŋkt]
N 구역, 경계, 선거구
* a shopping **precinct** 쇼핑구역
ex) Crime rates in neighboring **precincts** are much lower.

succinct
[sʌksíŋkt]
A 간결한(concise), 명확한(clear), 몸에 꼭 맞는
ⓟ **pithy** 골수의, 힘찬, 간결한, 핵심을 찌르는   ⓟ **pith** 골수, 척수, 고갱이, 속
ex) His **succinct** explanation quickly satisfied the anxious investors.

아래로 (suc) 졸라매다 (cinct)

shingle
[ʃíŋgl]
N 지붕널, 지붕 이는 판자; 널빤지 지붕
ex) His first step was to replace the asphalt **shingles** with thatch.

끈 (shingle<cinct)

surcingle
[sə́ːrsìŋgl]
N 말의 뱃대끈   V 끈으로 잡아매다
ⓟ **plait** 땋아 늘인 머리, 변발;은 끈; 주름(pleat)   ⓟ **pleat** 주름[을 잡다]

위로 (sur) 묶는 끈 (cingle)

* bregdan = 끈 (braid)

braid	N 끈, 노끈, [pl.] 땋은 머리 V 땋다	
bridle	N 말 굴레; 구속, 제어 V 굴레를 씌우다; 제어하다	
unbridled	A 말굴레를 매지 않은, 굴레를 벗긴; 난폭한	
upbraid	V 비난하다; 힐책하다	

bridle 끈 (braid) 으로 함

* linea = 실 (linen thread, string), 선 (line)

line	N 끈, 선, 줄 A 선[줄]을 긋다; 정렬시키다
lineage	N 혈통, 계통
linen	N 아마포(亞麻布), 리넨; 아마사(絲); 리넨 제품
align	V 정렬시키다; 정렬하다; 제휴시키다, 제휴하다

한 줄 (align) 로 정렬 !!

* boie = 사슬 (chain), 족쇄 (fetter)

buoy	N 부이, 부표(浮標) V 띄우다, 두다; 부유하다
buoyant	A 부양성이 있는; 탄력이 있는, 경쾌한
buoyance	N 부력;부양성(浮揚性); 낙천적인 성질

부이(buoy) 부유한다 (buoyant)

* shakel = 사슬 (chain)

shackle
N [보통 pl.] 수갑, 족쇄, 차꼬; 속박, 구속
V 족쇄[수갑]를 채우다, 구속하다, 속박하다

색 끌고 가는 (shackle) 족쇄

CIT/CIV = 도시(city)

citizenship
[sítəznʃip]
N 시민권, 공민권; 시민의 신분[자격]
* citizen 시민, 국민　　* citizenry [the ~] (집합적) 일반 시민
ex) He was granted Canadian **citizenship**.

citadel
[sítədl]
N (시가를 내려다 보며 지켜주는) 성, 요새
ex) The town has a 14th century **citadel** overlooking the river.

civic
[sívik]
A 시의(of city), 시민의(of citizen)
* civics 시정 연구, 공민학　* civicism 시정　* civism 공민정신, 공공심
ex) The Prime Minister met many **civic** leaders, including the mayor.

civil
[sívəl]
A 시민의, 민간인의; 예의 바른, 공손한(modest)
* civil war 내전　　* the Civil War 남북전쟁 (1861-65)
ex) Helicopters are mainly used for military rather than **civil** use.

civility
[sivíləti]
N 예의 바름, 공손함; [pl.] 예의 바른 태도[말]
* exchange civilities 정중하게 (계절의 인사 등) 인사말을 나누다

civilian
[sivíljən]
N 민간인　　A 일반인의
ex) The bomb killed four soldiers and three **civilians**.

civilize
[sívəlàiz]
V 문명화하다, 개화하다; 세련되게 하다
* civilization 문명화, 개화
ex) The Romans set out to **civilize** the Ancient Britons.

* 어근 'polic' 역시 '시(city)'라는 뜻이다. police, politician 등은 모두 시의 일을 돌보는 사람들이다.

policy
[pάːləsi]
N 정책; 방침; 수법, 수단, 현명
ex) Honesty is the best **policy**.

political
[pəlítikəl]
A 정치의, 정치상의; 정당의; 정략(상)의
* politics 정치, 정치학; 정치 운동; 정책, 정략
* politician 정치가, 정객; 모사; 출세주의자

politic
[pάlətik]
A 분별[지각] 있는, 현명한; 교활한(artful)
* impolitic 지각없는, 졸렬한

* hilar = 재미있는 (cheerful)

hilarious　A 아주 우스운, 재미있는
hilarity　　N 아주 우스움, 재미있음
exhilarate　V 아주 기쁘게 만들다
exhilaration　N 매우 즐거움, 흥분감

CLIM/CLIN/CLIV = 기울다, 경사지다(lean, slope)

climb [klaim]
V 오르다, 상승하다　　N 오름, 오르막길;승진　　[경사면]
* climbing 등산, 등반　　* rock-climbing 암벽등반, 바위타기
ex) The car slowly climbed the hill.

climate [kláimət]
N 기후(weather), 풍토, 환경, 지방　　['경사진 지표면'의 뜻에서 발전]
* climatic 기후의
ex) Our climate is temperate during the spring and fall.

climatology [kláimətálədʒi]
N 기후학　　[기후(climato)를 연구 하는(logy)]
* climatological 기후학의
ex) Climatology is the scientific study of general weather conditions.

climacteric [kláimǽktərik]
N 갱년기, 위기　　A 갱년기의, 위기의　　[기울기 시작하는 때]
* climacterium 갱년기; 갱년기의 정신적 변화

climax [kláimæks]
N 최고(summit), 절정(peak; top)　　[기우는 폭 대끼 지점(clim+max)]
* climactic 절정의, 점층법의
ex) The climax of the air show was a daring flying display.

anticlimax [æntikláimæks]
N 점강법, 용두사미(a tame ending)　　[climax의 반대(anti)]
* anticlimatic 용두사미의
ex) The plan started well but ended in an anticlimax.

acclimate [əkláimət]
V 순화시키다, 길들이다(tame)　　[~쪽으로 (ac) 기울게 하다(climate)]
* acclimation/acclimatization 순화, 순응
ex) We found it impossible to acclimatize ourselves to the new working conditions.

clamber [klǽmbər]
V 기어 올라가다　　N 기어 올라감　　[clamber<climb]
ex) They clambered up the rocks.

decline [dikláin]
V 거절하다, 기울다, 쇠퇴하다　　N 내리막, 쇠퇴　　[아래로 (de) 기울다(cline)]
* declination 경사, 쇠퇴　　* declining 기우는, 쇠퇴하는
* declining years 노령　　* in the decline of one's life 노년에, 만년에
ex) I invited him to the meeting but he declined.

incline [inkláin]
V 내키게 하다, 기울이다　　N 경사, 물매, 기울기　　[안으로 (in) 기울다(cline)]
* inclination 경향, 기질, 성향; 기호, 좋아함, 의향; 기울기, 경사, 기울어짐
ex) I am inclined to postpone my study of vocabulary in order to take a nap.

disincline [dìsinkláin]
V 싫증이 나게 하다, 마음이 안 내키게 하다　　[내키지 (incline) 않다 (dis)]
* disinclined ~하고 싶지 않은　　* disinclination 싫증, 마음이 안 내킴
ex) She was worried by her husband's disinclination to meet people.

recline
[rikláin]
V 의지하다, 기울다(lean), 눕히다
* **reclinate** 밑으로 굽은
ex) He **reclined** his head on my shoulder.

뒤로 (re) 기울다 (cline)

clinic
[klínik]
A 임상의(therapeutic)   N 진료소, 병원
* **clinical** 임상의   * **clinician** 임상의사   * **aclinic** 무경각의, 무각의
ex) He is being treated at the London **clinic**.

환자가 기대는 곳 = 병원

polyclinic
[pàliklínik]
N 종합병원; 진료소
* **policlinic** (병원의) 외래 환자 진료부

여러 (poly) 종류의 병원 (clinic)

preclinical
[pri:klínikəl]
A (의학) 잠복기의, 증상이 나타나기 전인

임상 (clinical) (증상) 이전의 (pre)

anticline
[ǽntikláin]
N 배사층, 배사구조
* **anticlinal** 배사구조의

역방향에 (anti) 기울어짐 (cline)

isocline
[áisəkláin]
N 등사습곡
* **isoclinic line** [物] 등복각선

같게 (iso) 기울어짐 (cline)

syncline
[sínkláin]
N 향사층, 향사구조
* **synclinal** 향사구조의

(지층이) 같게 (syn) 기울어짐 (cline)

clinometer
[klainámətər]
N 경사각 측정기
* **clinometric, -cal** 경사계의, 경사계로 잰

경사 (clino)를 측정함 (meter)

acclivity
[əklívəti]
N 오르막(ascent), 오르막 비탈
* **acclivous** 치받이의, 비탈진

위로 (ac) 기울 (cliv) 임 (ity)

declivity
[diklívəti]
N 내리막(길), 내리받이(descent)
* **declivitous** 내리막의

아래로 (de) 기울 (cliv) 임 (ity)

proclivity
[prouklívəti]
N 경향(tendency), 기질(temperance), 성격
ex) His **proclivity** for alcohol was almost as well-known as his poetry.

앞쪽으로 (pro) 기우는 (cliv) 것 (ity)

client
[kláiənt]
N 의뢰인, 고객, 단골, 종속국
* **clientele** 소송 의뢰인; 고객, 단골 손님; 환자; 피보호자; 부하들
ex) We always aim to give our **clients** personal attention.

의뢰인은 다른 이에게 기대는 사람

lean
[li:n]
V 기대다, 기대서다; 의지하다, 기울이다   N 기울기, 경사, 치우침, 구부러짐
⊕ **lean²** 야윈 마른, 기름기 없는 (고기), 살코기(의); 수지가 안 맞는 일
ex) She stopped and **leaned** on her stick for a moment to recover.

heel
[hi:l]
V (배가) 기울어지다, (배를) 기울이다   N (배의) 경사, 기울기, 경사도
⊕ **heel²** 발 뒤꿈치, 뒷발; 바로 뒤쫓다, (신 등에) 뒤축을 대다

* flect/flex = 굽은(bend)

flection	N	굴곡, 만곡(灣曲), 휨; 굽은 부분, 만곡부
flexible	V	구부리기 쉬운; 유순한, 융통성 있는, 탄력적인
deflect	V	빗나가다; (생각 등이) 편향하다; 구부리다
genuflect	V	(한쪽) 무릎을 꿇다; 비굴한 태도를 취하다
inflect	V	조절하다, 어미를 변화시키다; 굴곡시키다
inflection	N	억양, 음성의 조절; 굴절, 어형 변화; 변화형
reflect	V	반사하다, 비치다; 반영하다, 숙고하다; 헐뜯다
reflex	N	반사 작용; 반사 신경; 반사; 반영; 모방, 번안
retroflex	A	뒤로 휜

* bow = 휘다(bend)

bow	N 절, 활	V 머리를 숙이다
elbow	N 팔꿈치	V 팔꿈치로 밀다
buxom	A 여자가 포동포동한, 가슴이 풍만한	
akimbo	P 손을 허리에 대고 팔꿈치를 양 옆으로 펴고	

CLAR = 깨끗한(clear)

어근 clar는 clear의 뜻이다. 깨끗한 소리를 내는 clarinet이 여기에서 왔다.

clarify
[klǽrəfài]
V 명백히 하다, 맑게 하다
* clarification 정화, 해명   * eclaircissement 해명, 설명
ex) Could you **clarify** the first point please? I don't understand it completely.

clarity
[klǽrəti]
N 청명함, 명료함(clearness)
ex) **Clarity** is an essential part of any children's textbook.

clarion
[klǽriən]
A 날카롭고 맑은, 명랑하게 울리는   N 클라리언
* clarinet 클라리넷   * clarion call 낭랑한 소리; 날카로운 목소리로 하는 호소
ex) Her unification speech was seen as a **clarion** call to party members.

declare
[diklɛ́ər]
V 선언하다(announce), 발표하다
* declaration 선언, 신고   * declaratory 선언[신고]의; 진술[단정]적인
* declarable 선언할 수 있는; 밝힐[증명할] 수 있는; (세관에서) 신고해야 할
ex) They **declared** their support for the proposal.

declarant
[diklɛ́ərənt]
N [法] 신고인; 원고(原告); 미국 귀화 신청자
ex) A **declarant** who didn't tell the truth was subject to the criminal charge of perjury.

clear
[kliər]
A 밝은, 맑은(fine), 투명한   V 분명히 하다, 제거하다
* clearing 청소, 소제, 개간   * clearness 맑음, 명백, 결백

clairaudience
[klɛərɔ́ːdiəns]
N 초인적 청력

clairvoyance
[klɛərvɔ́iəns]
N 천리안, 투시력
ex) He claims he has the powers of telepathy and **clairvoyance**.

CLOS/CLUD = 닫다(close)

어근 close는 그대로 close(닫다)의 의미이다. 비슷하게 닮은 clud 역시 같은 의미.

close [klouz]
- V 닫다, 완료하다   A 밀폐된; 가까운, 친밀한
- N 구내(precinct), 교정(campus), 골목, 좁은 통로(a narrow passage)

  닫다

closed [klóuzd]
- A 닫힌, 밀폐한; 비공개의; 배타적인, 경계의

  닫혀(clos)진(ed)

  * closed today! 금일 휴업!   * closed-circuit television 유선 텔레비전(CCTV)
  * closed sea 영해(↔open sea)   * behind closed doors 비밀리에

closure [klóuʒər]
- N 마감, 폐쇄, 폐지, 종지

  닫힌(clos) 상태(ure)

  * pit closure 폐갱   * cloture [미] (표결에 의한) 토론종결; 토론을 종결하다
  ex) The factory is facing **closure** due to a lack of orders.

closing [klóuziŋ]
- N 폐쇄, 결산, 마감   A 끝의, 마지막의, 폐회의

  닫음(clos + ing)

  ex) His **closing** address to the jury made a really big issue.

unclose [ʌnklóuz]
- V 열다, 드러내다, 폭로하다(reveal), 열리다

  닫다(close)의 반대(un)

  ex) There is so much you could learn, if you'd just **unclose** your mind.

disclose [disklóuz]
- V 열다, 폭로하다; 발표하다; 밝혀내다, 적발하다

  닫다(close)의 반대(dis)

  * disclosure 노출(exposure), 폭로(revelation), 발표
  ex) Several companies have **disclosed** profits of over $200 million.

enclose [inklóuz]
- V 둘러싸다(surround), 에워싸다, 봉하다

  닫히게(close) 만들다(en)

  * enclosure 동봉, 포장, 에워쌈
  ex) I **enclose** some money, which you may need for your expenses.

closet [klázit]
- N 작은 방, 비밀방, 찬장   A 사적인, 비밀의

  닫힌(close) 작은 것(et)

  * a skeleton in the closet 소문날까 두려운 집안의 비밀[수치]
  ex) He was a **closet** alcoholic and kept his bottles hidden under his bed.

cloister [klóistər]
- N 회랑, 안뜰, 수도원; 은둔생활   V 은둔하다

  닫힌(clois) 곳(ter)

  ex) We stood in the cool of the **cloistered** court.

clause [klɔ:z]
conclude [kənklú:d]
- N [문법] 절; [법] 조항(an article)
- V 마치다, 결말짓다; 체결하다, 맺다; 결정하다

  닫힌 것 즉 마감된 것
  함께(con) 닫다(clude)

  * conclusion 결말, 결정, 결과, 성과, 결론   * conclusive 확정적인, 끝의
  ⓓ denouement (연극·소설 등의) 대단원 [매듭(noue<knot)을 푸는(de) 것(ment)]
  ex) Before I **conclude** I'd like to thank you all for attending this meeting.

exclude [iksklú:d]
- V 제외하다, 배제하다; 추방하다; 채택하지 않다

  밖으로 두고(ex) 닫다(clude)

  * exclusion 제외, 배척   * exclusive 배타[배제]적인, 독점적인
  ex) Microbes must be **excluded** from the room during an operation.

exclusive
[iksklú:siv]

A 배타[배제]적인; 독점적인; 전문적인, 유일한; 배타(exclus)적인(ive)
독특한, 엄선하는, 고급의   N 배타적인 사람; 독점 기사, 특종; 독점적 권리
* **exclusively** 배타적[폐쇄적]으로; 독점적으로;오로지, 오직 ~뿐(solely)
* **exclusiveness** 배제적임 * **exclusivity** 배타성 * **exclusivism** 배타[독점]주의
ex) This room is for the **exclusive** use of guests.

include
[inklú:d]

V 포함하다, 함유하다, 계산에 넣다, 닫다   안으로 두고(in) 닫다(clude)
* **inclusion** 포함, 포괄, 함유물   * **inclusive** 포함하여, 함께 넣어, 함께 계산하여
ex) Tax and service are **included** in the bill.

occlude
[əklú:d]

V 통로를 막다, 차단하다, 닫다, 흡수하다   ~에 대항하여(oc) 닫다(clude)
* **occlusion** 차단, 흡수   * **occlusive** 차단하는, 닫는
ex) A blood clot **occluded** an artery to the heart.

preclude
[priklú:d]

V 배제하다, 방지하다, 방해하다   버리(pre) 닫다(clude)
* **preclusion** 배제(prevention), 방해   * **preclusive** 방해하는
ex) Lack of time **precludes** any further discussion.

recluse
[réklu:s]

A 은둔하는, 적적한   N 은둔자, 출가한 사람   뒤로(re) 숨은(cluse)
* **reclusion** 은둔, 입산   * **reclusive** 외로운(solitary)
ex) She has led the life of a **recluse** since her husband died.

clavichord
[klǽvəkɔ̀:rd]

N 건반악기(harpsichord ; piano(forte)의 전신)   건반(clavi) 줄(chord)
* **clavier** 건반(the key board of an organ, piano, etc)
ex) The **clavichord** was popular from the 15th century to the 18th century.

clavicle
[klǽvikl]

N 쇄골(collar bone)
ex) She fell off her horse and broke her **clavicle**.

clavicle
쇄골 (빗장뼈)

conclave
[kánkleiv]

N 추기경단, 추기경단의 교황선거회의, 비밀회의   함께(con) 닫고 있다(clave)
* **in conclave** 비밀회의중   * **sit in conclave** 비밀 회의하다

enclave
[énkleiv]

N 어떤 나라 땅으로 둘러싸인 타국의 영토;   닫히게(clave) 한 것(en)
소수의 이문화 집단의 거주지; [生態] (대군락 내의) 고립된 조그만 식물 군락
ex) I visited both the Canadian and American **enclaves** in New Delhi.

exclave
[ékskleiv]

N 타국 내에 고립되어 있는 자국의 영토   밖으로(ex) 닫힌 것(clave)

seclude
[siklú:d]

V 분리하다, 격리하다; 은둔하다, 은퇴하다   멀리 떨어져서(se) 닫다(clude)
                                           시골로 가다(seclude) 은퇴하다
* **seclusion** 은둔   * **seclusive** 은둔하는
ex) The criminal **secluded** himself from the police.

COL/CULT = 경작하다(cultivate)

인간이 길러온 성과물인 culture의 'cult'나 세균이 자라서 형성한 colony의 'col'은 모두 '기르다'의 의미이다.

colony
[káləni]
- N 식민지, 부락(hamlet), 이민, 해외영토, 집락 〔경작된 곳〕
- * colonial 식민지의, 군락을 이루는 * colonialism 식민지주의, 식민정책
- * neocolonialism 신식민지주의 * intercolonial 식민지간의
- ex) Australia and New Zealand are former British colonies.

colonize
[kálənáiz]
- V 식민지화하다, 이식하다(transplant; graft) 〔식민지(colon) 화하다(ize)〕
- * colonization 식민지화, 군락의 형성 * recolonize 다시 식민지화하다
- * decolonize 자치[독립]를 허용하다, 비식민지화하다
- ex) Peru was colonized by the Spanish in the sixteenth century.

cult
[kʌlt]
- N 제식, 의식; 숭배, 존경; 숭배자집단; 이교(異敎) 〔마음을 기른다는 의미에서〕
- ex) Their son has run away from home and joined a religious cult.

cultivate
[kʌ́ltəvèit]
- V 경작하다, 재배하다; 배양하다; 교화하다 〔경작하다〕
- ⊕ arable 곡식을 경작하는 ⊕ fallow 휴경지; 묵히고 있는
- ex) The villagers cultivate mostly maize and beans.

culture
[kʌ́ltʃər]
- V (세균을) 배양하다; 재배하다, 경작하다 〔경작 → 인류가 길러온 것〕
- N 문화, 정신 문명, 개화; 교양, 세련; 훈련, 수양; 양식, 재배; 배양; 배양균
- ex) She's studying modern Korean language and culture.

COLL = 목(neck)

collar
[kálər]
- N 칼라, 깃, 목걸이   V 굴레를 씌우다 〔목에다 한 것〕
- * collar-bone 쇄골(clavicle) * white-collar 사무직 계급의; 사무직 노동자
- * blue-collar 육체노동의; 육체노동[자] * gray-collar 수리 작업에 종사하는
- * pink-collar 핑크 칼라의; (직업 등이) 여성이 종사하는
- ex) I turned up my collar against the wind.

accolade
[ǽkəlèid]
- N 나이트(knight) 작위 수여(식); 영예, 상;찬양
- ex) Her approval was the highest accolade he could have received.

décolleté
[dèikɑlətéi]
- A 목덜미와 어깨를 드러낸, 데콜테옷을 입은
- * décolletage 목이 보이는 옷

decollate
[dikáleit]
- V 목을 베다(behead)
- * decollator 목 베는 관리, 망나니
- * decollation 참수(斬首); 성도(聖徒) 참수화

CORD = 심장, 마음(heart, mind)

cord는 '심장(heart)'의 뜻으로 '마음(mind)'의 의미로까지 확대된다. 변형으로는 'cor/cour'와 card가 있는데 여기에서 유래한 익숙한 단어로 courage(용기)가 있다.

cordial
[kɔ́:rdʒəl]
A 진심어린   N 강장제, 강심제 — 마음(cord) 의 (ial)
* cordiality 진심, 성심성의, 진심어린 말   * cordially 진심으로
ex) Relations between the two leaders are said to be **cordial**.

accord
[əkɔ́:rd]
V 일치하다, 조화하다; 주다   N 일치, 조화, 협정 — ~쪽에(ac(ad) 마음(cord)을 줌
* accordance 일치, 조화
ex) Her speech did not **accord** with the latest party dogma.

according
[əkɔ́:rdiŋ]
ad [~ as+ 절, ~to+ N] ~에 따라, ~에 준하여 — accord + ing
* accordingly [접속 부사적으로] 따라서, 그러므로; 적절히
ex) We see things differently **according as** we are rich or poor.

concord
[kánkɔ:rd]
N 일치, 조화, 화합 — 마음(cord)을 함께 함(con)
* concordant 일치한, 조화된, 화합하는   * concordance 일치, 조화; 용어 색인
☞ congruity 적합, 조화, 일치; [수학] 합동 (↔incongruity)
☞ congruent 모양과 크기가 동일한, 합동의; 알맞은, 적절한
☞ congruous 일치하는, 조화하는; 적절한; [수학] 합동의 (↔incongruous)
ex) His speech did nothing for racial **concord**.

concordat
[kənkɔ́:rdæt]
N (종교 문제 해결을 위한) 협약, 협정 — 마음을 함께 하는 것 = 협정
ex) Under the **concordat**, the state is obliged to maintain Catholic teaching in schools.

discord
[dískɔ:rd]
N 불화, 불일치, 알력, 분쟁, 불협화음 — 마음(cord)을 떨어(dis) 뜨림
* discordance 부조화, 불법화, 불일치, 불협화음; (지층의) 부정합
* discordant 조화하지 않는, 일치하지 않는, 불협화음의, 귀에 거슬리는
ex) The letter caused **discord** between uncle and nephew.

record
[rékərd]
[rikɔ́:rd]
N 기록, 증거품;음반   V 기록하다, 녹음하다 — 다시(re) 마음(cord)에 둠
* recorder 기록자, 기록기계, 녹화기   * recording 기록하는; 녹음, 녹화
ex) All births, marriages and deaths are entered in the official **records**.

core
[kɔər]
N 핵심, 중심부, 응어리, 속   V ~의 속을 빼내다 — 심장(core) = 핵심
* coreless 공허한
ex) The basic lack of government funding is at the **core** of the problem.

encore
[ánkɔər]
N 재청, 앙코르   V 재청이오, 재청하다 — [F.] 앙코르
ex) The audience was still calling '**Encore!**' even after the fourth one.

courage
[kə́:ridʒ]
N 용기, 배짱 — 심장 → 용기
* courageous 용감한, 담력 있는   * Dutch courage 술김의 허세
ex) She was a woman of immense **courage**.

discourage [diskə́:ridʒ]	V 용기를 잃게 하다, 낙담시키다; 단념 시키다 * discouragement 실망, 좌절; 낙담 * discouraging 낙담시키는, 신이 안 나는 ex) The thought of how much work she had to do **discouraged** her.	용기(courage)를 꺼꺼리다(dis)
encourage [inkə́:ridʒ]	V 용기를 돋우다, 격려하다, 고무하다 * encouragement 격려, 장려, 촉진 * encouraging 격려의, 힘을 주는; 유망한 ex) They've always **encouraged** me in everything I've wanted to do.	용기(courage)를 넣어주다(en)

* card < cord

cardiac	A 심장의; (위의) 분문의 N 강심제; 심장병 환자	심장(card) 의 (iac)
cardiograph	N 심전계(Electrocardiograph, ECG)	심장(cardio)을 기록하는(graph)
pericardium	N 심낭	심장(card) 주위(peri)의 것(ium)
pericarditis	N 심낭염(心囊炎), 심막염	심낭(pericard) 염(it is)
endocarditis	N 심내막염	심장(card)내막(endo) 염증(itis)

CORP = 신체(body)

'body(신체)'는 '시체'의 의미도 갖는다. 'body'의 뜻인 어원 'corp'에서 온 단어 'corpse'도 '시체'라는 뜻! 또한, 'corps(단체, 부대)' 역시 body라는 개념에서 발전된 것이다.

corps [kɔ:r]	N 부대, 군단, (같은 일·활동을 하는) 단체 * marine corps 해병대 * corps diplomatique 외교관 ex) A **corps** of technicians is accompanying the band on their tour.	단체라는 의미에서 부대, 군대
corpse [kɔ:rps]	N 시체(carcass; a dead body of a human) ex) The **corpse** was found by a group of young boys who were swimming.	시체
corpus [kɔ́:rpəs]	N 신체(body), 주체(the main body) * corpus juris 법대전, 법전 * corpus luteum 황체 * corpuscle 미립자;혈구	몸, 몸체
corporal [kɔ́:rpərəl]	A 육체의, 개인의 N 육군 상병 * corporality 육체, 욕구 ex) Nowadays, **corporal** punishment is banned in many schools.	몸(corpor)의(al), 단체의
corpulent [kɔ́:rpjulənt]	A 살찐(fat), 뚱뚱한 * corpulence 비만, 비대(fatness) ex) The United States is often called as the 'kingdom of **corpulence**.'	커 불란다 (corpulent) 많 먹고 먹으면 돼!
corporation [kɔ̀:rpəréiʃən]	N 단체, 조합, 사단법인, 주식회사 * corporate, corporative 법인조직의, 단체의 ex) The **corporation** has had to cut back on road maintenance.	단체(corpor)를 이룬 것(ation)
incorporate [inkɔ́:rpərèit]	V 합병하다, 편입하다 A 무형의, 영적인 * incorporation 통합, 법인, 회사 ex) Many of your suggestions have been **incorporated** in the plan.	단체(corp) 안으로 (in) 가다(ate)

CRIM = 평결(verdict), 범죄(offence)

crim은 **범죄**라는 의미와 더불어 범죄의 유무를 가리는 것, 즉 **평결**의 의미를 함께 갖는다.

crime
[kraim]
- N 죄(guilt), 위반(offense), 위법(illegality) 　특히 법률상의 죄를 말함
- ex) He turned to **crime** when he dropped out of school.

criminal
[krímənl]
- A 범죄의, 형사상의(↔civil 민사의); 범인 　범죄(crimin) 의(al)
  * criminality 범죄행위　　* criminalistics 수사학
- ex) This is a **criminal** waste of resources.

criminate
[krímənèit]
- V 고소하다(accuse), 비난하다 　평결하게(crimin) 하다(ate)
  * crimination 고소, 비난　　* criminative, criminatory 비난하는

discriminate
[diskrímənèit]
- V 식별하다; 차별하다, 차별 대우하다 　떨어(dis) 평결하다(criminate)
- A [diskrímənət] 식별된, 명확한; 차별적인
  * discrimination 구별, 인종차별(segregation)
- ex) She felt she had been **discriminated** against because of her age.

criminology
[krìmənálədʒi]
- N 형사학(penology), 범죄학 　범죄(crimino) 학(logy)
- ex) **Criminology** is the scientific study of crime and criminals.

incriminate
[inkrímənèit]
- V 죄에 빠트리다, 유죄로 하다(make guilty) 　죄(crimin) 안에(in) 가게 하다(ate)
  * incrimination 죄를 씌움; 유죄를 증명하는 것
- ex) A secret report **incriminating** the company was leaked last week.

recrimination
[rikrìmənéiʃən]
- N 되받아 비난함, 역습; 맞고소 　되받아(re) 비난함(crimination)
  * recriminate 서로 책망하다, 맞고소 하다
- ex) The peace talks broke down and ended in mutual **recrimination**.

* venge/vindic = 복수하다(avenge)

vengeance	N 복수, 원한 갚음, 보복	복수(venge+ance)
avenge	V 원수를 갚다, 원한을 풀다	복수하다(avenge)
revenge	N 복수; 복수심, 원한(怨恨), 원수　V 복수하다	다시(re) 복수하다(venge)
vindicate	V 정당함을 입증하다, 혐의를 풀다; 복수하다	복수(vindic) 하다(ate)
retaliate	V 보복하다, 앙갚음하다, 응수하다	talio =
@ wreak	N (해·벌을) 가하다, 원수를 갚다	exaction of payment in kind

CUB/CUMB = 눕다(lie down)

incubator는 '안에(in) 눕게(cub) 하는(ate) 것(or)'에서 배양기의 뜻이 나왔다. 어근 cub은 '눕다'의 의미이며, 'cumb'은 그 변형이다.

cube
[kju:b]
- N 입방체, 육면체 모양의 것
- V 세제곱하다; 육면체 모양으로 자르다
  * cubic 입방체의　　* cubicle 작은 방
  * cubby 아늑하고 기분 좋은 장소, 좁은 방
- ex) The ice **cubes** in the bottom of her glass clinked as she drank.

cube 육면체

cubism
[kjú:bizm]

N 입체파
* cubistic 입체파의
ex) Cubism is the most influential of all modern art movements.

미술 따위의 입체주의

incubate
[ínkjubèit]

N 배양하다, 부화하다(hatch)
* incubation 부화, 잠복기   * incubator 부화기, 보육기
ex) The female bird incubates the eggs for about sixteen days.

안에(in) 누워있게(cub) 하다(ate)

concubine
[káŋkjubàin]

N 첩; 내연의 처
* concubinage 첩의 신분
ex) Concubine lives and has sex with a man she is not married to.

함께(con) 눕는(cub) 여자(ine)

incubus
[íŋkjubəs]

N 몽마; 가위, 악몽; 압박하는 것(빚, 시험)
ex) According to one legend, the incubus and the succubus were fallen angels.

꿈속에(in) 눕는(cub) 것(us)

succubus
[sʌ́kjubəs]

[아래에(suc) 누워 있는 것(cubus)]
N (잠자는 남자와 성교하고 다닌다는) 마녀

cumber
[kʌ́mbər]

V 방해하다, 가로막다   N 방해물
* cumbersome 성가신(cumbrous)
ex) It's rather cumbersome having to carry all these cases around.

누워있는 것
(cumber)
= 방해물

encumber
[inkʌ́mbər]

[방해물 (cumber)이 되다(en)]
V 방해하다, 장애가 되다, 막다(choke up)
* encumbrance 방해, 장애
ex) The police operation was encumbered by crowds of reporters.

incumbent
[inkʌ́mbənt]

A 현재 재직중인, 의무로서 지워지는   N 현직자, 거주자
* incumbency 현직, 부담
ex) During his incumbency as president, several changes were introduced.

안에(in) 누워(cumb) 있는(ent)

succumb
[səkʌ́m]

V 굴복하다; 굽히다, 지다; 쓰러지다, 죽다(die of)
ex) Thousands of hogs have succumbed to the hog cholera.

밑으로(suc) 눕다(cumb)

decumbent
[dikʌ́mbənt]

A 드러누운, 가로누운
* decumbency 가로누움
ex) Decumbent plants seem to sprout better than columnar forms.

아래로(de) 누운(cumbent)

procumbent
[proukʌ́mbənt]

A (식물 따위가) 엎드린, 땅으로 기는
ex) Upright cells can be recognized because they are taller than the procumbent cells.

앞으로(pro) 누운(cumbent)

recumbent
[rikʌ́mbənt]

A 활발치 못한, 태만한
* recumbency 태만
ex) She looked at the recumbent form beside her.

뒤로(re) 누운(cumbent)

CUR = 관심을 기울이다, 보살피다(care)

cure
[kjuər]
- N 치료[제], 회복; 영혼의 구제, 목사직, 관할교구 — 보살피다, 치료하다
- V 치료하다, 고치다; (육류, 어류 등을) 보존 처리하다
  - * curable 치료할 수 있는 * incurable 불치의 * cure all 만병 통치약(panacea)
  - ex) Tuberculosis is a serious illness, but it can be **cured**.

curator
[kjuəréitər]
- N (도서관·박물관 따위의) 관리인, 관장, 후견인 — 보살펴 주는 사람
  - * curatorial 후견인의, 관장의 * curative 치료의, 효험이 있는(remedial)
  - ex) These days, you need a law degree to be a **curator**.

curate
[kjuəréit]
- N 목사보(rector), 성직자; 부목사 — 지친 영혼을 치유해주는 사람
  - ex) The **curate** helped the minister prepare for Sunday services.

curio
[kjuəriòu]
- N 골동품(antique ; curiosity) — 보살피는 것
  - * curiosa 진본(珍本), 진서, 외설 책 * curioso 골동품 수집가, 미술애호가
  - ex) This shop is full of antiques and **curios**.

curious
[kjúəriəs]
- A 호기심이 많은, 진기한(novel) — 관심(cur)이 많은(ious)
  - * curiosity 호기심; 진기함, 신기함; 골동품
  - ex) They were very **curious** about the people who lived upstairs.

accurate
[ǽkjurət]
- A 정확한(exact), 용의 주도한(alert), 신중한 — 매우(ac) 주의(cur) 하는(ate)
  - * accuracy 정확, 확실함 * inaccurate 부정확한 * inaccuracy 부정확함
  - ex) My watch is not very **accurate**.

manicure
[mǽnəkjùər]
- N 미조술, 매니큐어   V 손질하다, 다듬다 — 손(mani)을 보 살피다(cure)
  - * pedicure 발치료(의사)
  - ex) She spends $30 a week having a **manicure** and a facial treatment.

procure
[prəkjúər]
- V 얻다, 획득하다; (필수품을) 마련하다, 주선하다 — 앞을(pro) 보 살피다(cure)
  - * procuration 획득, 조달, 주선 * procurable 취득할 수 있는(obtainable)
  - ex) She managed to **procure** a ticket for the concert.

procurator
[prákjurèitər]
- N (소송) 대리인; [옛로마] 행정 장관, 지방 징세관 — 앞에서 신경 써주는 사람
  - * chief public procurator 검사장 * procuratorial 대리인의, 소송의

proxy
[prá:ksi]
- N 대리, 대리권, 대리인, 대용물 — procurated 축약
  - ex) They were like **proxy** parents to me.

scour
[skáuər]
- V 문질러 닦다, 윤을 내다, 씻어내다; 관장하다 — 신경 써서(cour) 씻어내다(ex)
- N 씻어내기; 물에 씻겨 나간 곳[팬 웅덩이]; 씻어 내는 기구; (말·소의) 설사
  - ex) The plates were easy to wash, but the saucepans needed **scouring**.

secure
[sikjúər]
A 안전한; 안정된, 보장된; 튼튼한, 단단하게 잠긴
V 보증하다, 안전하게 하다, 지키다, 방비하다
* security 안전, 무사; 안심; 보호, 보장; 보증
ex) Endangered species need to be kept **secure** from poachers.

sinecure
[sáinikjùər]
[보 살핌(cure)이 없는(sine) 일]
N 한직, 유명무실한 지위; 명목뿐인 목사직
ex) My job is no **sinecure**; I work long hours and have much responsibility.

chary
[tʃέəri]
A 조심스러운, 신중한; 나서지 않는, 내성적인
char<car + y
ex) We should be **chary** of the use of guillotines.

CUR/COUR = 달리다, 흐르다(run)

달려 다니며 일하는 courier(급사)의 'cour'와 현재 흐르고 있는 current(흐름, 현재의)의 'cur'는 '달리다, 흐르다'의 의미이다.

---

courier
[kə́:riər]
N 급사, 외교사절
달리는(cour) 사람(ier)
ex) You'll be met by the **courier** at the airport.

coarse
[kɔːrs]
A 조잡한, 거친, 야비한, 무례한
달려가듯 일하면 조잡해짐
* coarsen 조잡하게 하다, 거칠게 하다, 천하게 하다; (피부 등이) 거칠어지다
ex) The sand was so **coarse** that it was quite painful to walk on.

course
[kɔːrs]
N 진행, 진로; 교과과정, 과목; 연속; 경기장
V 세차게 흐르다(flow or move rapidly), 사냥하다, 달리다, 경주하다
흘러가는 길, 과정
ex) The pilot avoided a collision by changing **course** just in time.

concourse
[káŋkɔːrs]
N 집합, 합류, 군중; 중앙 홀[광장]; 큰거리
함께(con) 달리다(course)
ex) I'll meet you on the station **concourse** near the paper shop.

discourse
[dískɔːrs]
N 강의(lecture), 논설, 설교
V 담화하다(talk), 강연하다, (음악을) 연주하다(perform)
떨어(dis) 달리다(course)
ex) Voters in three states were given the opportunity to make English the language of official **discourse** in those states.

intercourse
[íntərkɔ̀ːrs]
N 교제(followship), 영교, 통상, 성교
서로(inter)에게 가다(course)
ex) A certain level of manners is required for normal social **intercourse**.

recourse
[rí:kɔːrs]
N 의지, 의뢰; 의지하는 것; 상환청구[권]
뒤로(re) 달리다(course)
ex) I'd prefer to buy the house myself without **recourse** to my parents.

curriculum
[kəríkjuləm]
N 커리큘럼, 교육과정
세심하게 운영함
* extracurricular 과외의   * curriculum vita(e) 경력증명서, 이력서
ex) Is Russian on the **curriculum** at your school?

currency
[kə́:rənsi]
N 통화(current money), 유통, 유포, 평판
　　[달리는 것, 유행하는 것]
* **foreign currency** 외화　　* **in common currency** 널리 통용되고 있는
ex) Brazil and Peru have different **currencies**.

current
[kə́:rənt]
N 흐름, 유동, 전류, 추세(tendency ; trend)
　　[달리는, 유행하는]
A 지금의, 현재의; 유통하는, 성행하는, 유행의; 유창한; 흘려 쓴
* **countercurrent** 역류하는(refluent) ; 역전류, 역류
ex) Have you seen the **current** issue of Vogue magazine?

curry
[kə́:ri]
N 카레(요리)　V 빗질하다, 때리다; 비위를 맞추다
　　[달리듯 급하게 먹는 음식]
ex) **Curry** powder is a mixture of spices used to flavor curries.
* 달리다는 의미에서 급히 먹는 음식이 되었으며 이는 instant(즉석요리)나 fast-food(W튼 음식)와 내용 상 같은 의미이다

cursive
[kə́:rsiv]
A 흘려 쓴, 초서체의　　N 초서체
　　[(글씨가) 달려가(cur) 는 (sive)]
ex) In normal writing we run our letters together in **cursive** form.

cursorial
[kə:rsɔ́:riəl]
A 달리기에 적합한, 달리는
　　[달려(cursor) 는 (ial)]
* **cursorial birds** 주금류 (타조 등)

cursory
[kə́:rsəri]
A 대강의, 되는대로의, 서두르는, 피상적인
　　[달리듯 허둥거리며 일하는]
* **a cursory glance/look** 대강 훑어봄　　* **cursorily** 되는대로, 대충
ex) A **cursory** examination of the ruins indicates the possibility of arson; a more extensive study should be undertaken.

curt
[kə:rt]
A 짧은(short), 간결한(concise), 무뚝뚝한
　　[달려가려 하는 말로 짧음]
ex) He glanced **cursorily** at the letter, then gave it to me.

concur
[kənkə́:r]
V 동시에 일어나다, 동의하다, 일치하다
　　[함께(con) 달리다(cur)]
* **concurrent** 동시에 일어나는　　* **concurrence** 일치
ex) For once, the politicians **concurred** with each other **in** the matter.

corridor
[kɔ́:rədər]
N 복도, 회랑
　　[걸어다(corridor)니는 복도]
* **corridors of power** 권력의 회랑 (정치 권력의 중심인 정·관계 고관 등)
ex) Her office is at the end of the **corridor** on the right.

discursive
[diskə́:rsiv]
A 산만한, 두서 없는, 추리적인
　　[멀리(dis) 달려(curs) 는 (ive)]
ex) They were annoyed and bored by her **discursive** remarks.

excursion
[ikskə́:rʒən]
N 짧은 여행, 소풍, 유람; 탈선;본체에서 빗나가기
　　[밖으로 (ex) 달려감(curs + ion)]
ex) They've gone on an **excursion** to York.

incur
[inkə́:r]
V 초래하다; 부채를 걸머지다, (손실을) 입다
　　[안으로 (in) 달려오다(cur)]
* **incurrent** 초래하는　* **incurrence** 초래, 자초　* **incursion** 침입, 유입
ex) My mistake **incurred** his wrath.

intercurrent [intərkə́:rənt]	A 사이에 일어나는, 중간의; [醫] (병이) 병발성의 * an intercurrent disease 병발증	사이로 (inter) 달려 (curr)는 (ent)
occur [əkə́:r]	V (일 따위가) 발생하다, 나타나다(appear) * occur to 생각이 떠오르다 * occurrent 발생하는 * occurrence 발생, 나타남 ex) An accident involving over ten vehicles has **occurred** in the highway.	거슬러 (oc) 달리다 (cur)
precursor [prikə́:rsər]	N 선구자, 선임자, 선배, 전조, 예고, 조짐 ex) Online poll could be a **precursor** to online voting.	먼저 (pre) 달린 (curs) 것 (or)
recur [rikə́:r]	V 재발하다, 되풀이되다, 순환하다 * recurrent 재발하는 * recurring 되풀이되는 * recurrence 재발, 순환 ex) What is the risk that this condition will **recur**?	다시 (re) 달리다 (cur)
scour [skauər]	V 바쁘게 찾아 다니다, 뛰어 지나가다 ex) The police are **scouring** the fields for the missing child.	밖으로 (s(ex)) 달려가다 (cour)

* 어근 cur(관심을 주다) 에서 온 scour(문질러 닦다, 광을 내다, 세탁하다) 라는 동음동철이의어이므로 유의.

succor [sʌ́kər]	V 돕다, 구조하다 ex) Students of all kinds should be encouraged, supported and **succored**.	밑으로 (suc) 달려오다 (cur)
undercurrent [ʌ́ndərkʌ̀rənt]	N 하층류, (속에 품고 있는) 저의 ex) Beneath the smooth surface of day-to-day political life, one senses powerful and dangerous **undercurrents**.	아래로 (under) 흐름 (current)
decurrent [dikə́:rənt]	A (나뭇잎 따위가) 줄기 아래로 뻗은	
excurrent [ekskə́:rənt]	A 흘러나오는, 유출성의; [植]외줄기의; (잎맥 등이) 연출(延出)하는	

DEBT = 의무(duty), 빚(debt)

debit [débit]	N V 차변(장부 좌측), 차변기입(하다) (↔credit) * debit card 직불카드 * a debit slip 지불 전표 ex) What are these **debits** on 24 May? I didn't sign any checks that day.	大 빚 = 큰 빚
debenture [dibéntʃər]	N (관공서 발행의) 채무증서; 사채(bond), 채권 ex) The company will sell its **debenture** to LG Investment & Securities Co.	빚진(deben) 것 (ture)
debt [det]	N 빚, 부채(dues), 은혜(obligation) ex) We ended up several thousand dollars in **debt**.	빚
debtor [détər]	N 채무자(↔creditor 채권자) ex) Student loans will cause students to graduate as **debtors**.	빚을 진(debt) 사람 (or)

indebt
[indét]
V ~에게 은혜를 입히다; ~에게 빚을 지게 하다

빚(debt) 안으로 들어가다(in)

* **indebted** 은혜를 입은   * **indebtedness** 부채, 은혜 입음

devoir
[dəvwáːr]
N [F] 본분, 의무;직무;[pl.] 예의, 경의

의무 (devoir<debt)

* **do one's devoir** ~의 본분을 다하다

endeavor
[indévər]
N 노력   V 노력하다, 시도하다

의무 (deavor) 다하다(en)

ex) In spite of our best **endeavors**, it has proven impossible to contact her.

duty
[djúːti]
N 의무, 본분; 임무, 직분; 존경, 경의; 세금, 관세

당연히 해야 할(due) 일

* **due** 지불기일이 된, 당연히 치러야 할;당연한; ~때문에(due to)
  당연한 권리; [보통 pl.] 부과금, 세금, 수수료   * **duty-free shop** 면세점
* **dutiful** 의무를 다하는, 충실한, 예의 바른 * **dutifully** 충실하게, 본분을 지켜

ex) The **duty** of the agency is to act in the best interests of the child.

* 빚진 정도가 아니라 아예 망한 단어 bankrupcy도 함께 보자. [bank = 벤치(bench)]

bank   N 둑, 퇴적; 은행   V 둑으로 에워싸다
bankrupt   N 파산자 A 파산한 V 파산시키다
bankruptcy   N 파산, 도산; (명성의) 실추
banquet   N 연회   V 연회를 베풀다
mountebank   N 사기꾼, 돌팔이; 거리의 의사 [시장 벤치에 올라탄 의사]

DEMO = 사람, 대중(people)

'대중(demo)'이 주인 되는 정치(cracy)'를 'democracy'라고 한다. 참고로 흔히 데모라 지칭하는 'demonstration'은 어근 'monstr(보여주다)'에서 왔다.

demagogy
[déməgàgi]
N 민중선동, 악선전(propaganda)

사람들을 (dem) 이끌다 (agogy)

* **damagogue** 민중선동가, 선동연설가   * **demagogic** 선동적인, 데모의

democracy
[dimákrəsi]
N 민중정치, 민주주의

사람들의 (demo) 정치 (cracy)

* **democrat** 민주주의자 * **democratic** 민주주의의 * **democratize** 민주화하다

ex) The government has promised to uphold the principles of **democracy**.

demography
[dimágrəfi]
N 인구통계학(people measurement)

대중 (demo)을 기록한 (graphy)

ex) **Demography** is the study of characteristics by groups of people.

demotic
[dimátik]
A 민중의, 통속적인   N 현대 통속 그리스 말

사람들 (demo) 의 (tic)

* **demotics** 인간의 복지, 사회학   * **demotist** 사회학자   * **demos** 민중, 대중

ex) Under the Romans, **Demotic** ceased to be used for business documents, probably because of government policy.

demiurge
[dèmióːrdʒ]
N 고대 그리스 도시국가의 행정관, 조물주

사람들을 (demi) 만듦 (work)

* **demiurgic** 세계창조의   * **demiurgeous** 조물주의

endemic
[èndémik]

A 풍토성의, 특유한, 풍토병의   N 풍토병

사람들의 (demic) 안에 있는 (in)

ex) He said that corruption was **endemic** in parts of the police force.

epidemic
[èpədémik]

A 유행성의, 전염성의, 널리 퍼진

사람들의 (demic) (epi)

* epidemiology 유행(전염)병학

ex) A pandemic is an **epidemic** on a larger scale.

eudemonia
[jùːdiːmóuniə]

N 행복(happiness), 복리(welfare)

대중 (demon)의 좋은 (eu) 상태(ia)

* eudemoniac 행복한(happy)   * eudemonics 행복론

ex) Aristotle defines **eudemonia** as 'the activity of reason.'

pandemic
[pændémik]

A 전국적 유행의, 육욕의   N 전국적 유행병

전세(pan) 대중 (dem) 의 (ic)

ex) In some parts of the world malaria is still **pandemic**.

DICT = 말하다(say, declare)

dictionary의 dict는 '말하다'의 의미를 갖는다. 아주 드물게 **분배하다**(allot)의 의미로 쓰이기도 한다 (see. dedicate)

---

diction
[díkʃən]

N 말씨, 어법(usage), 용어의 선택, 문체, 발음

말(dict)하는 것(ion)

ex) Her **diction** is always very clear.

dictate
[díkteit]

N 받아쓰게 하다, 구술하다; 명령하다, 규정하다

말(dict) 하다(ate)

* dictation 받아쓰기, 명령, 지시

ex) No one shall **dictate** to me.

dictator
[díkteitər]

N 독재자, 명령자; 구술자, 받아쓰게 하는 사람

지시하는 (dictat) 사람(or)

* dictatorial 독재자의, 독단적인   * dictatorship 독재(despotism; tyranny)

ex) The country is ruled by a ruthless **dictator**.

dictum
[díktəm]

N (유권적) 단정, 단언; 격언(proverb), 금언

말(dict)하는 것(um)

* dicty 고급의, 훌륭한; 귀족, 부자

ex) 'No pain, no gain' is a hackneyed **dictum**.

abdicate
[ǽbdikèit]

[떠나 겠다고 (ab=away) 말하다(dicate)]
N (지위, 권리 따위를) 포기하다, 퇴위하다

* abdication 포기, 퇴위

ex) When Edward VIII **abdicated** the throne, he surprised the entire world.

addict
[ədíkt]

[강하게(ad) 말하다(dict)]
V 빠지게 되다, 골똘하게 하다
N 중독자, 탐닉자

* addictive 빠지는, 중독성의
* addiction 중독, 몰두

ex) I'm **addicted** to chocolate.

452

apodictic
[æpədíktik]
A 명백한(apparent), 필연적인, 의심할 여지 없는
ex) Often **apodictic** law is phrased as 'Do' or 'Don't do.'

benediction
[bènədíkʃən]
N 축복, 은총, (식사)감사기도, (예배종결의) 축도
ex) Don't forget to give the **benediction** before eating.

malediction
[mæ̀lədíkʃən]
N 저주(cursing; anathema), 낙담
ex) Despite the near-universal **malediction** of the critics, the sequel to Gone with the Wind became a huge bestseller.

contradict
[kàntrədíkt]
V 반박하다, 부인하다(deny)
* contradiction 반박(refute)   * contradictory 반박하는
* contradictious 반대를 좋아하는   * contradictive 모순되는
ex) All evening her husband **contradicted** everything she said.

dedicate
[dédikèit]
V 봉납하다; 바치다; 공공용으로 제공하다
* dedication 봉납   * dedicatory 봉납하는, 제공하는   * dedicated 헌신적인
ex) She spurned all worldly temptations and **dedicate** her life to god.

edict
[íːdikt]
N 포고(decree), 칙령(ordinance), 명령(order)
ex) The emperor issued an **edict** banning festivals.

indict
[indáit]
V 고발하다(accuse), 기소하다
* indictment 고발, 기소   * indictor 고발자   * indictee 피고(특히 형사사건)
* indite (시, 글 등을) 짓다, 쓰다
ex) The senator was **indicted** for murder.

indicate
[índikèit]
V 지적하다, 가리키다, 나타내다, 암시하다
* indication 지적, 암시   * indicative 지적하는
ex) A map **indicates** where the earthquake occurred.

interdict
[ìntərdíkt]
V 금하다, 제지하다   N 금지; 제지
* interdiction 금지(prohibition), 제지(restraint), 방해
ex) The play has been **interdicted**.

jurisdiction
[dʒùərisdíkʃən]
N 사법권, 재판, 지배권(domination), 관할권
* jurisdictional 사법의, 재판의 관할권의, 지배권의
ex) The office has **jurisdiction** over the northern district.

predicament
[pridíkəmənt]
N 곤경, 궁지
ex) I had invited two girls to the prom, and both had accepted. What a **predicament**.

predict
[pridíkt]
V 예언하다(foretell; prophesy), 예보하다
* prediction 예언, 예보   * predictive 예언의, 예보의
* predictable 예언(예보)할 수 있는(↔unpredictable)
ex) The weather forecast **predicts** sunshine for tomorrow.

predicate
[prédikət]
- **V** 단언하다, 단정하다; 서술하다(describe)
- **N** 술어, 술부(↔subject)   **A** 서술어의
- * **predicative** 서술어   * **predicant** 설교사, 설교하는(preaching)
- * **predicatory** 설교하는, 설교의, 설교적인
- ex) We **predicated** the rumor to be groundless.

syndicate
[síndikət]
- **V** 신디케이트를 조직하다; 팔다
- **N** 신디케이트, 기업의 조합, 은행연합, 이사회, 특별평의회, 범죄단, 마피아단
- ex) His column is **syndicated** throughout the world.

valediction
[væ̀lədíkʃən]
- [이별(vale)의 말(dict)을 함(ion)]
- **N** 작별(leave-talking), 고별사(valedictory)
- * **valedictory** 고별의 ; 고별사
- * **vale** 이별, 작별인사(편지)
- ex) I found the **valedictory** address too long; leave-taking should be brief.

valedictorian
[væ̀lədiktɔ́:riən]
- **N** 수석졸업자; 졸업식에서 고별사를 읽는 학생
- ex) She graduated as high-school class **valedictorian**.

verdict
[və́:rdikt]
- **N** 판결, 결정(decision), 의견(opinion), 답신
- * **bring in[give, return] a verdict of guilty** 유죄의 표결[답신]을 하다
- ex) Has the jury reached a **verdict**?

vindicate
[víndəkèit]
- **V** 무죄를 입증하다, 정당함을 증명하다
- * **vindication** 입증, 옹호, 변호   * **vindicatory** 변호하는, 징벌의
- * **vindicative** 변호하는, 변명적인   * **vindicator** 변호자, 옹호자, 변명자
- ex) I have every confidence that this decision will be fully **vindicated**.

vindictive
[vindíktiv]
- **A** 원한을 품은, 복수심이 있는
- ex) He accused her of being **vindictive**.

* 'vindicative(변명하는)'와 'vindictive(원한을 품은)'는 같은 어원이지만 의미가 판이하게 달라서 헷갈리기 쉽다. 우선 vindicative 및 그 파생어들은 어원대로 '이길수(vin) 있게 말(dic) 해주는 (ative)'으로 기억하면 된다. 한편, vindictive는 '원한을 품은'의 뜻인데 이 단어의 원한은 vindic 다음에 오는 철자 'a'를 누군가가 빼앗아 버렸기 때문이라고 생각해보자.

FARI/FESS = 말하다(speak)

fairy tale(동화)의 fairy가 여기에서 유래했다. fari>fab>fa>pha>phem 등으로 변형된다. Professor(교수)는 앞에서(pro) 말하는(fess) 사람(or)이다.

---

fable
[féibl]
- **N** 우화, 전설, 거짓말   **V** 거짓말하다, 꾸며내다
- * **fabled** 전설로 전해지는, 꾸며낸(fictitious), 우화적인

fabulous
[fǽbjuləs]
- **A** 믿기 어려운, 터무니 없는; 멋진; 전설상의
- ex) Smith would be a **fabulous** addition to the team.

fame
[feim]

N 명예, 명성, 평판   V 유명하다, 소문나다
* famed, famous 소문이 자자한, 유명한

defame
[diféim]

V 비방하다, 모욕하다(insult)
* defamation 욕설, 중상   * defamatory 중상하는, 비방하는
ex) He is trying to **defame** us by bringing false charges.

infamous
[ínfəməs]

A 불명예스러운, 악명높은(notorious), 파렴치한
* infamy 오명, 악명, 추행, 비행(disagree)
ex) Hiroshima was the **infamous** site of the first atomic bomb explosion.

affable
[ǽfəbl]

[가깝게(af<ad) 말할수 있는(fable)]
A 붙임성이 있는, 상냥한, 친절한
* affability 붙임성, 상냥함, 공손함
ex) Saturday afternoon; he seemed to be in a particularly **affable** mood.

confab
[kǽnfæb]

V 담소하다(converse), 간담하다(chat), 협의하다
ex) They had a quick **confab** to decide on an investing strategy..

ineffable
[inéfəbl]

A 설명할 수 없는, 말할 수 없는
* effable 말할 수 있는, 설명할 수 있는(explainable)
ex) The hearing of the new filled my soul with **ineffable** sadness.

infant
[ínfənt]

[말을 못하는(in) 자(ant)]
N 유아
* infantile 천진난만한   * infancy 유년기, 미성년

infantry
[ínfəntri]

N (총칭) 보병
* mounted infantry 기마보병   * infantry division 보병사단
ex) The general ordered his **infantry** to attack.

confess
[kənfés]

V 자백하다(own), 자인하다 (concede)
* confession 자인, 고백   * confessional 참회의, 고백의
ex) A teenager has **confessed** to beating his grandfather with a pillow.

profess
[prəfés]

V 공언하다, 성명하다, -을 직업으로 하다
* professional 직업의; 직업선수   * profession 직업, 전문직
ex) She has **professed** her undying love for him.

aphasia
[əféiʒiə]

N 실어증   [말(pha)이 없는(a) 병듬(sia)]
ex) A stroke, tumor or brain injury can cause **aphasia**, damaging the ability to communicate.

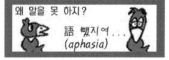

emphasis
[émfəsis]

N 강조(하기), 중점을 두기(high-light), 강세
* emphasize 강조하다   * emphatic 강조된, 힘을 준
ex) The system is unique in its **emphasis** on individualism and capitalism.

euphemism
[júːfəmìzm]
N 완곡어법(circumlocution), 완곡한 표현
* **euphemize** 완곡하게 말하다   * **euphemistic** 완곡한
ex) Weston claims Bob discussed 'barbecuing', a **euphemism** for sex.

㉯ **euphuism**
[júːfjuìzm]
N 미사여구, 멋 부린 화려한 문체
(16세기 영국인 John Lyly의 소설 Euphues는 문체가 매우 화려했다.)
ex) We tend to use gender as a **euphuism** for the word sex.

prophecy
[práfəsi]
N 예언(prediction), 예언 능력, 예언서
ex) Oedipus learns from another **prophecy** that he will marry his mother.

blaspheme
[blæsfíːm]
V (신성을) 모독하다
* **blasphemy** 신성모독
ex) I have repeatedly **blasphemed** God in the past.

nefarious
[nifɛ́əriəs]
A 극악한, 사악한; 버릇없는, 불손한

PARL = 말(word), 약속(promise)

말하는(parr<parl) 새, 즉 앵무새를 parrot이라고 한다. 미장원을 'beauty **parlor**'라고 하는데 미장원에서는 참으로 많은 이야기가 오간다.

---

parley
[páːrli]
V 담판하다, 협상하다, 교섭하다   N 협상, 교섭, 회담
ex) After some serious **parleying**, my mom and I agreed to cook Jambong for our lunch.

parlay
[páːrlei]
N 경마에 건 원금과 상금을 다시 다른 말에 걸기
V 다시 다른 말에 걸다; 증대하다; 전환하다; (재능·자금을) 활용하다
ex) They **parlayed** a small inheritance into a vast fortune.

parlor
[páːrlər]
N 객실, 거실; 영업실, 촬영실, 진찰실; 가게, …점
* **funeral parlor** 장의(예식)장   * **pizza parlor** 피자 가게
* **a beauty parlor** 미장원   * **a shoeshine parlor** 구두 닦는 곳

parlance
[páːrləns]
N 말투, 어조; (특유한) 어법
ex) In common **parlance**, a zero-sum game is a competition in which the winner takes all and the loser takes a fall.

parlando
[paːláːndou]
A ad 이야기 하는 듯한[듯이]
ex) The tempo is almost **parlando** style.

parole
[pəróul]
N 가석방, 집행유예; 서약, 맹세
V (포로를) 선서 석방하다; (죄수를) 가석방시키다; (외국인을) 입국 허가하다
ex) The murderer of the poor lady was sentenced to life without **parole**.

parrot
[pǽrət]

N 앵무새, 남의 말을 되풀이 하는 사람
V 기계적으로 뇌까리다, 앵무새처럼 말을 되풀이하다
ex) It's not his idea. He just **parroted** what I said.

말하는 (parr) 것 (ot)

parliament
[pɑ́ːrləmənt]

N 의회, 국회; 하원
* **parliamentarian** 의회의; 국회법 학자, 의회 법규[정치]에 정통한 사람
* **parliamentary** 의회의; 의회에서 제정한; (말이) 의회에 적합한; 품위 있는
ex) She was elected to **Parliament** last year.

말하는 (parli) 곳 (ament)

VERB = 말(word)

verb는 word를 의미한다. 비교적 쉬운 단어인 'verbal'을 먼저 외워서 적용하자.

verbal
[və́ːrbəl]

A 말의, 구두의, 축어적인(literal), 동사의
* **verbalism** 언어적 표현, 어구비평, 형식적 문구   * **verb** 동사
ex) David was relieved to see that the officer intended to give him a **verbal** reprimand instead of speeding ticket.

말(verb)의 (al)

verbalize
[və́ːrbəlàiz]

V 말로 나타내다, 동사화하다, 말이 너무 많다
* **verbalization** 동사화, 구두 표현   * **verbify** 동사화하다
ex) Children may start to **verbalize** at an earlier age if they are brought up in a friendly, talkative environment.

말(verbal)로 하다 (ize)

verbatim
[vərbéitəm]

ad 축어적으로(word for word), 말대로(의)
ex) He kept **verbatim** transcripts of discussions with his friends so he could use them in his next novel.

짧은 (atim) 말 (verb)

verbose
[vərbóus]

A 말이 많은, 다변의(wordy), 장황한
* **verbosely** 장황하게   * **verboseness** 수다, 장황
ex) He was renowned for being a **verbose** and rather tedious after-dinner speaker.

말(verb)이 많은 (ose)

verbosity
[vərbɔ́səti]

N 다변, 수다; 장황
ex) She has just spent two hours telling us all about her future plans with her usual **verbosity**.

말(verb)이 많은 (os) 것 (ity)

adverb
[ǽdvəːrb]

N 부사
* **adverbial** 부사의, 부사적인

동사(verb) 옆에(ad) 쓰임

proverb
[právəːrb]

N 속담(a short), 격언(adage), 웃음거리
* **proverbial** 속담의
ex) The appetite, says the **proverb**, grows with eating.

앞선(pro) 말(verb)

verve
[vəːrv]

N (예술 작품에 나타난) 기백, 열정; 활기, 힘
ex) It was a performance of **verve** and vitality.

기백이 넘치면 말이 많아져

VOC/VOK = 음성(voice), 부름(call)

그룹사운드에서 노래 **부르는** 사람을 **vocal**이라고 한다. **음성**을 의미하는 **voice** 역시 이곳 출신!

vocal
[vóukəl]
A 소리의, 발성의 N 보컬(부분); 성악곡; 유성음, 모음
> 소리(voc) 의 (al)
* **vocalize** 발음하다, 노래하다(sing), 소리내다   * **vocative** 부르는, 호격의

vocation
[voukéiʃən]
N 사명감, 적성(aptitude), 소질, 직업
> (신의) 부름으로 하는 것
* **vocation disease** 직업병   * **vocational** 직업상의, 직업보도의
ex) Your **vocation** is what you do for a living.

avocation
[æ̀vəkéiʃən]
N 부업, 취미(hobby), 기분전환
> 직업(vocation)이 아닌 (a)
ex) Since your vocation is your job, your **avocation** is your hobby.

advocate
[ǽdvəkət]
V 주장하다, 옹호하다 N 옹호자, 변론자, 변호사
> ~쪽으로 (ad) 소리치다(vocate)
* **advocacy** 변호, 지지, 주장   * **advocatory** 주장자의
ex) she is an **advocate** of free trade.

convoke
[kənvóuk]
[함께(con) 부르다(voke)]
V (회의, 의회를) 소집하다, 불러모으다
* **convocation** (회의의) 소집, 집회
ex) Congress was **convoked** at the outbreak of the emergency.

evoke
[ivóuk]
V 불러내다, 불러일으키다; 호소하다(invoke)
> 밖으로 (e(ex)) 불러내다(voke)
* **evocation** (영혼 따위를)불러냄   * **evocative** 환기시키는
ex) The music **evoked** memories of her youth.

invoke
[invóuk]
V 기원하다(=pray), 청원하다, 간청하다
* **invocation** 기원, 기도, 간청
* **invocatory** 기도의
ex) I'd better go **invoke** her forgiveness.

provoke
[prəvóuk]
[앞쪽에서(pro) 부르다(voke)]
V 약올리다(arouse), 화나게 하다, 자극하다
* **provocation** 화(anger), 약올림, 짜증, 도전(challenge), 도발
* **provocative** 성나게 하는 것, 흥분제, 자극 ; 도발하는, 자극하는
ex) The article was intended to **provoke** discussion.

revoke
[rivóuk]
V 취소하다(cancel), 폐지하다, 무효로 하다
> 다시(re) 부르다(voke)
* **revocation** 폐지, 취소, 해제   * **revoker** 취소자, 폐지자
* **revocable** 취소할 수 있는   * **revocatory** 폐지하는
ex) The authorities have **revoked** their original decision.

irrevocable
[irévəkəbl]
A 폐지할 수 없는, 취소할 수 없는
> 취소할 수 (revocable) 없는 (ir)
* **irrevocability** (취소, 변경, 철회의) 불가능
ex) Rash judgment led to an irrevocable consequence.

invoice [ínvɔis]	N 청구서, 계산서; 청구하다
	* **invoice book** 송장대장, 구입대장　　* **voice** 목소리, 톤, 말씨(diction)
	ex) Will you **invoice** me, or do I have to pay now?

vocabulary [voukǽbjulèri]	N 어휘, 단어집
	* **vocable** 낱말, 단어(word), 용어(term)

vociferous [vousífərəs]	A 큰소리로 외치는, 고함치는(blatant), 시끄러운
	ex) Randy often becomes **vociferous** during arguments.

vouch [váutʃ]	N 보증하다, 보장하다, 단언하다
	* **voucher** 보증인, 증명서; 증표　　* **vouchsafe** (특별히) 주다; 하사하다, 허락하다

vox [vɑks]	N 소리, 음성, 말(word), 표현(expression)
	* **vox Dei** 신의 소리　　* **vox populi** 여론　　* **vox populi vox dei** 민심은 천심

* **argot** = the jargon of Paris rogues and thieves

argot	N (도둑 등의) 은어
* vernaculars	N 제 나라말, 방언, 사투리; 전문용어, 은어
* lingo	N 외국어, (특정 집단의) 용어

* **phrase** = 말(speech)

phrase	N 구, 관용구, 말씨, 어법, 말솜씨, 명언, 경구
catchphrase	N 캐치프레이즈
paraphrase	V 바꾸어 쓰다, 의역하다, 부연 설명하다
	N (알기 쉽게) 바꾸어 말하기, 의역, 부연

* **barbar** = 외국의(foreign)

barbarian	N 야만인(a rude man)　　A 야만적인
barbarism	N 야만[적인 상태]; 미개, 상스러운 말
barbarous	A 야만적인
barbarity	N 야만, 잔혹; 만행, 잔학 행위

* **baee** = 입을 벌리다(gape)

bay	N 만(灣), 후미; 궁지, 몰린 상태
bayou	N 늪처럼 된 강의 내포[지류]
abeyance	N 중지, 정지, 소유자 미정
abeyant	A 정지 중의, 소유자 미정의
abash	V 무안하게 하다; 당황하게 하다
abshed	A 부끄러워;당황하여
* bash	V 세게 때리다; 비난하다　　N 세게 때림
	ex) He was not **abashed** by what he had done.

* **abash**는 놀라서 입을 벌리는 모습에 집중하여 만들어진 단어

DOC/DOCT = 가르치다(teach)

대학에서 학생들을 **가르쳐** 주는 교수님들은 대부분 **doctor**이다. **documentary**는 어떤 사실에 대해 **가르쳐** 주기 위해 만들어진 프로그램을 일컫는 말이다.

doctor
[dάktər]

- **N** 의사, 박사, 전문가(expert), 학자(scholar)
- **V** (의학) 치료하다(treat disease), 수리하다(repair), 개업하다

  가르치는(doct) 사람(or)

* doctorate, doctoral 박사의(doctorial)

doctrine
[dάktrin]

- **N** 교리, 주의, 학설(principle), 가르침

  가르친(doct) 것(ine)

* doctrinal 교리의, 학리적인, 교훈적인(instructive; moral)

ex) They denounced impractical political **doctrines**.

indoctrinate
[indάktrinèit]

- **V** 가르치다, 주입시키다(infuse; cram)

  가르침(doctrin)을 넣(in)다(ate)

* indoctrination (교의 등의) 주입, 가르침

ex) Some parents were critical of attempts to **indoctrinate** children in green ideology.

docile
[dάsəl]

- **A** 유순한(obedient), 가르치기 쉬운

  가르치기(doc) 쉬운(ile)

* docility 유순함(obedience)

ex) The **docile** students memorized all the lies their teacher told them.

document
[dάkjumənt]

- **N** 문서, 서류(a paper), 증서(a bond; a deed)
- **V** 서류를 제출하다, 문서로 증명하다(prove; testify)

  가르친(docu) 것(ment)

* documentation 문서조사; 증거서류 제출; 증거 자료, 고증; 문서화

ex) Ms. Robbins provided a copy of a confidential **document** to a newspaper reporter.

documentary
[dὰkjuméntəri]

- **N** 기록영화, 다큐멘터리   **A** 문서의, 사실을 기록한

  가르친(docu) 것(ment)

* semidocumentary 반기록 영화, 기록적 극 영화; 반기록의

ex) Human rights campaigners have discovered **documentary** evidence of torture.

didactic
[dɑidǽktik]

- **A** 교훈적인(instructive), 지시하는

  가르치(didact) 는(ic)

* autodidact 독학자(self educated person)

ex) Luther's seemingly amusing talk had a **didactic** purpose; he was trying to show his listeners the difference between right and wrong.

dossier
[dά:sièi]

- **N** 관계서류; 일체의 서류

ex) We have a **dossier** on him.

* **tuit/tut** = 보호하다(protect), 지켜보다(watch over)

tutor	**N** 가정 교사; (대학의) 조교; 후견인, 보호자
tutorial	**A** 가정 교사의; [법] 후견인의
tutelage	**N** 후견, 보호, 감독;지도, 보호받음
tuition	**N** 교육, 수업(class), 수업료(a school fee)
intuit	**V** 직관하다, 직감하다
intuition	**N** 직관, 직감
intuitionism	**N** 직관론

다 쓰여있는 (dossier) 관계서류

Tutor 지켜봐 주는 사람

안을 들여다(in) 보다(tuit)

DUR = 지속하다(last)

지속되는 시간을 나타내는 'during'이나 지속적으로 견디는 'endure'가 여기에서 왔다.

during
[djúəriŋ]
P ~하는 동안에, ~하는 중에
ex) He came during my absence.

〉지속 되고(dur) 있는(ing)

durable
[djúərəbl]
A 오래 견디는, 튼튼한; 내구재, 소비재
* durability 내구성, 영속성   * durbar (인도 총독의) 공식 접견실
ex) The resolution calls for a just and durable peace settlement in the area.

〉지속 할(dur) 수 있는(able)

duration
[djuréiʃən]
N 계속, 지속, 내구, 존속시간
ex) I suppose we're stuck with each other for the duration

〉지속 (dur+ation)

duress
[djuərés]
N 구속, 감금(durance), 협박
ex) Mrs. Maloney was under duress when she bought her son a candy bar.

durance
[djúərəns]
N 감금, 구금

endure
[indjúər]
[지속하게(dure) 하다(en)]
V 견디다, 참다
* endurance 인내, 참을성   * endurable 참을 수 있는, 견딜 수 있는
ex) We had to endure a nine-hour delay at the airport.

indurate
[índjurèit]
V 단단하게 하다[되다], 익숙하게 하다[되다]
A [índjurət] 경화된; 무감각한

〉안에(in) 지속(dur) 되다(ate)

obdurate
[ábdjú:rət]
A 완고한(stubborn), 고집센(obstinate)
* obduracy 완고, 집 ⓢ froward 외고집의, 완고한 [from+ward: ~쪽으로 부터 등을 돌린]
ex) The President remains obdurate on the question of cutting taxes.

〉대항하여(ob) 지속 되는(durate)

perdure
[pərdjúər]
V 영속하다(continue), 견디다(last ; endure)

〉완전히(per) 지속하다(dure)

* 반전 어근 mora는 '일시 정지(pause)'의 의미이다.

demur V 이의, 반대   V 반대하다, 이의를 제기하다   반대로(de) 생각하다(mur)
moratorium N 일시적 정지; 모라토리엄, 지불 정지[유예]   일시정지(morator) 상태(um)
* **demure** A 얌전피우는, 새침한, 점잔빼는; 차분한   아주(de) 성숙한(mure)

* hind = 뒤(back, behind)

hind A 뒤쪽의, 후방의, 후부의   뒤의
behind ad 뒤에, 후방에, 지나서, 과거에   뒤에
hinder[1] A 후방의, 후부의, 뒤의   [pl.] <속어> 다리   뒤의
hinder[2] V 방해하다, 저지하다, 훼방하다, 막다, 늦게 하다   뒤에서 당기다

ESCE = ~되고 있는(becoming), 자라나는(growing)

라틴어 alescere에서 유래된 alesc는 '~되고 있는(becoming)'이나 '자라고 있는(growing)' 등의 뜻으로 쓰이며, 주로 'esce'의 형태로 많이 쓰인다. 형광등을 fluorescent lamp라고 하는데, 꽃(fluo)이 피는esce) 듯 하는 것이 형광등의 특징이다.

acquiesce
[ækwiés]
V 묵묵히 따르다, 갑자기 조용해지다
* acquiescence 묵인, 순종
ex) To acquiesce is to do something without objection - to do it quietly

조용 해(acqui) 지다(esce)

adolescent
[ædəlésnt]
[자라나게(adol) 되는 (esc + ent)]
N 사춘기(growing-up)   A 청춘기의
* adolescence 청춘기, 청년기
ex) The person I am looking for is an adolescent boy of 16.

crescent
[krésnt]
[자라(cre) 나는 (esc + ent)]
N 초승달   A 점차 커지는, 초승달 모양의
ex) The moon was a brightly shining crescent.

coalesce
[kòuəlés]
V 합동하다, 연합하다(consociate)
ex) When the dough coalesced into a big black blob, we began to wonder whether the cookies would be good to eat.

함께(co) 자라나는 (alesce)

effervesce
[èfərvés]
V 거품이 일다, 흥분하다
ex) You can buy effervescent vitamin C tablets which you put in water.

밖으로 (ex) 끓(ferv) 는 (esce)

florescence
[flɔːrésns]
N 개화, 개화기

꽃(flor)이 피어남(esc+ ence)

fluorescent
[fluərésnt]
A 형광의, 휘황한   N 형광
ex) The room that was once filled with dazzling sunbeams is now suffused with the ugly grayish light of a fluorescent lamp.

꽃피듯 (fluor) 하는 (esc+ ent)

luminescent
[lùːmənésnt]
A 빛나는, 빛을 발하는
ex) There was a strange luminescent glow in the sky.

빛(lumin)이 생겨나는 (esc+ ent)

pubescence
[pjuːbésns]
N 사춘기에 이름, 솜털, 솜털로 덮여있음

어른 (pub)이 되어가는(esc+ ence)

ESS/EST/SENT = 존재하다(be)

존재하지(sent)않았던(ab) 것이 결석(absent), 앞에(pre) 있었던(sent) 것이 출석(present).

essence
[ésns]
N 실재(true substance), 본질, 진수
* essential 필수적인, 본질적인   * essentiality 본성, 요점
ex) This film is the essence of his philosophy.

존재(ess)하는 것 (ence)

inessential
[inisénʃəl]
A 긴요하지 않은, 없어도 무방한
N [종종 pl.] 없어도 되는 것, 불필요한 것
ex) This products include **inessential** substances.

필수적이지(essential) 않은(in)

interest
[íntərest]
N 흥미, 관심, 이자   V 관심있다
ex) Do your parents take an **interest** in your friends?

사이에(inter) 있음(est)

majesty
[mǽdʒəsti]
N 권위, 위엄, (M-)폐하, 각하의 칭호로도 쓰임
ex) I was invited to tea with Her **Majesty** the Queen.

큰(maj) 존재(est)

absent
[ǽbsənt]
A 부재의, 결석의   V 결석하다
* **absence** 부재, 결석   * **absent-minded** 넋놓은, 방심한 상태의
* **absentee** 결석자, 불참자, 부재자   * **absently** 멍하니

멀리(ab) 있(s(ess)는(ent)

present
[préznt]
A 출석한, 현재의; 제출하다, 출석하다
* **presence** 존재, 출석
ex) There were 200 people **present** at the meeting.

앞에(pre) 있(s(ess) 는(ent)

presentation
[prì:zentéiʃən]
N 증정, 바침; 제출, 발표; 배알; 선물; 공연
ex) With the **presentation** of the proposal, negotiations on the sale of Daewoo Motor has begun.

앞에(pre) 있게(sent) 함(ation)

represent
[rèprizént]
V 나타내다, 표현하다, 대표하다, 설명하다
* **representation** 표시, 표현, 묘사; 연출, 분장; 대표, 대리, 대의제도
* **representative** 대표자, 하원의원, 대표물, 견본; 대표하는, 상징하는
ex) Union officials **representing** the teachers met the government today.

본때에(re) 나타내다(present)

parousia
[pərú:ziə, -siə]
N (그리스도의) 재림(The Second Coming)

예수여 나를 오시오(parousia)

'para + ousia'는 옆에(para) 계시다(ousia(es))의 뜻이다. 인도-유럽어근인 es가 그리스로 가서 ousa로 변경되었다.

ONT = 존재(being)

ontogenesis
[àntədʒénəsis]
N 개체 발생
* **ontogeny** 개체 발생학

존재(onto)가 발생(gen)됨(esis)

ontology
[antálədʒi]
N (형이상학에서) 존재론
* **ontologism** 본체론   * **ontologist** 본체론자
* **neontology** 새로운 존재 연구   * **deontology** [철학] 의무론

존재(onto)를 연구 함(logy)

entity
[éntəti]
N 실재, 실체, 본질
ex) These countries can no longer be viewed as a single **entity**.

존재(ent(ont) 함(ity)

nonentity
[nànéntəti]
N 실재하지 않는 것; 지어낸 것; 하찮은 존재
ex) The film is full of decorative **nonentities**.

존재하지(entity) 않음(non)

ESTHET = 느낌(feeling)

'esthet'은 '느낌(feeling)'의 뜻인데, 영국 영어에서는 앞에 a를 붙여 'aesthet'으로 쓴다.

esthetic
[esθétik]
N 미의, 심미적인, 미적 감각이 있는
감각(esthet)이 있는(ic)
* esthetically 미학적으로   * esthetics 미학; 미적 정서의 연구
ex) Our art professor had a highly developed **aesthetic** sense.

esthete
[ésθi:t]
N 유미주의자, 탐미주의자; 미술 애호가, 심미가
느끼는 사람
* estheticism 심미주의
ex) Its ugliness would make an **aesthete** like you shudder.

anesthesia
[ænisθí:ʒə]
N 마취, 마비, 무감각증
무(an)감각(esthe)능(sia)
* anesthetic 마취제; 마취의, 무감각한   * anesthetize 마취시키다
* anesthetist 마취사 (의사는 아님)   * anesthesiologist 마취 전문의
ex) Conditions are now so primitive in the town clinic that operations are frequently performed without **anesthetic**.

esthesia
[esθí:ʒə]
N 감성, 감수성, 지각력
느끼는(esthe) 것(sia)
* synesthesia [生理] 공감, [心理] 공감각   * hyperesthesia 감각 과민증

FAC(T)/FECT = 만들다(make)

물건을 '만드는(fact) 장소(ory)', factory(공장)나 '철저히(per) 만들어(fect)' 완벽한 perfect 등이 있다.

facile
[fǽsəl]
A 쉬운, 수월한, 유창한, 술술 움직이는 평이한
만들기(fac) 쉬운(ile)
* facilitate 용이하게 하다, 쉽게 하다, 촉진[조장]하다(물주구문에 씀)
ex) It is **facile** of reviewers to point out every misprint in a book.

facility
[fəsíləti]
N 쉬움; 재간; [보통 pl.] 편의, 편익, 설비, 시설
만들기(fac) 쉽게 하는 것
ex) His **facility** for memorizing dates was astonishing.

facsimile
[fæksíməli]
N 정교한 복사, 전송용 복사기; 복사의
똑같이(simile) 만드는 것(fac)
ex) It is a **facsimile** of the original manuscript.

faculty
[fǽkəlti]
N 재능, 기능, 구실, 교수진, 이사회, 특권
'쉽게 하다'에서 '재능'으로
ex) Even at the age of 100, she still had all her **faculties**.
* [쉽게 하다]→능력·재능→기능→대학·고교의 교직원/회사의 이사회(기능집단)→특권(기능을 하게 하는 권한)

fact
[fækt]
N 행위, 사실, 실제, 진상
만들어 진 것
* in fact 사실상   * fact-finding 진상규명의   * facticide 사실말살행위

factual
[fǽktʃuəl]
A 실제의, 사실상의, 사실에 입각한
사실(fact) 의(ual)
* factum [법률] 사실, 사건, 사실의 진술(서)
ex) She gave a clear, **factual** account of the attack.

factitious
[fæktíʃəs]
A 인위적인, 겉을 꾸민, 부자연스러운

만들어(facti) 진(tious)

ex) He has invented a wholly **factitious** story about his past.

faction
[fǽkʃən]
N 파당, 당쟁

만들어서(fact) 것(ion)

* **factional** 파벌의　　* **factionalism** 파벌주의

ex) The party split on that issue and broke into two **factions**.

factious
[fǽkʃəs]
A 당파적인; 당파심이 강한; 당쟁을 일삼는

만들어(fact) 진(ious)

ex) The two factions of the city council had a **factious** quarrels.

factor
[fǽktər]
N 요소, 요인; 유전자; 변수; 인수; 위탁인, 대리인

만드는(fact) 것/사람(or)

* **factorage** 대리업, 도매업, 도매 수수료　　* **factoring** 채권 매입업; 인수분해

ex) Heavy snow was a contributing **factor** in the accident.

factory
[fǽktəri]
N 공장, 해외출장소

만드는(fact) 장소(ory)

* **factotum** 잡역부

benefactor
[bénəfæktər]
N 선행자, 은인

좋게(bene) 만드는 사람(factor)

* **malefactor** 악인

manufacture
[mæ̀njufǽktʃər]
N 제조, 제조업　V 제조하다, 창안하다, 생산하다

손으로(manu) 만듦(facture)

* **manufactural** 제조의, 제품의, 창안의　　* **manufacturer** 제조업자, 공장주

ex) He works for a company that **manufactures** car parts.

feces
[fíːsiːz]
N 배설물, 찌끼

만들어진 것(fec)들(es)

* **feculent** 더러운, 불결한　　* **defecate** 배설하다, 정화하다

ex) Cholera is spread by the contamination of food and water by **feces**.

affect
[əfékt]
V 영향을 미치다, 작용하다; (병이) 침범하다
감명을 주다, 감화시키다; ~ 인 체하다, 가장하다　N 정서, 감정

강하게(af) 만들다(fect)

* **affection** 애정, 감정, 질병, 영향, 작용, 성질　　* **affective** 감정적인
* **affectation** ~인 체하기, 가식, 뽐냄　　* **affectionate** 애정이 넘치는

ex) The divorce **affected** every aspect of her life.

confect
[kánfekt]
V 조제하다, 조합하다　N 캔디, 사탕과자

함께(con) 만들다(fect)

* **confection** 당과류, 조제　* **confectionary** 과자공장; 당과류의　* **confectionery** 제과(점)

defect
[diːfékt]
N 결점, 단점, 결손, 흠　V 탈퇴하다

부족하게(de) 만들어진 것(fect)

* **defection** 결점, 단점　　* **defective** 결점이 있는, 탈퇴하는

ex) I bought these shoes cheaply because they have slight **defects**.

effect
[ifékt]
N 결과, 효력, 영향, 활동, 실행, 요지, 의미
V 결과(효과)로써 가져오다, 초래하다, 성취하다, 행하다

밖으로(ef) 만들어낸 것(fect)

* **effective** 유효한, 효력 있는 유능한　　* **effectual** 효과적인, 유능한

infection
[infékʃən]
N 전염, 감염, 영향, 감화, 물들기, 모음동화

안으로 (in) 만드는 (fect) 것 (ion)

* **infectious** 전염성의, 퍼지기 쉬운　　* **infect** 감염되다.
ex) The advertising campaign has raised awareness of the risk of **infection**.

prefecture
[príːfektʃər]
N 장관직, (행정단위) 도청

머리 (per) 만들어놓은 것 (fect)

perfect
[pə́ːrfikt]
A 완전한, 정확한, 더할 나위 없는, 순전한
N [문법]완료시제　　**V** 완성하다, 수행하다, 개선하다

완전히 (per) 하는 (fect)

* **perfection** 완성, 마무리, 완벽, 극치　　* **perfectly** 완전히, 아주
ex) This church is a **perfect** example of medieval architecture.

refection
[rifékʃən]
N 기분전환, 가벼운 식사, 원기

다시 (re) 만드는 것 (fection)

* **refect** (음식물로) 기운나게 하다　　* **refectory** (수도원, 대학 등의) 식당

feasible
[fíːzəbl]
A 채무를 이행하는

만드는, 행하는 (feas) 것 (ance)

* **feasance** [법률] 의무이행, 약정이행　　* **feasibility** 실행할 수 있음
* **malfeasance** 불법행위　　* **nonfeasance** 의무(채무) 불이행, 태만
ex) I don't know whether this project is **feasible** or not.

feat [fíːt]　**N** 위업, 공적, 묘기　**A** 적절한, 산뜻한, 숙달된

핏 (feat) 땀으로 이룬 업적

fiat
[fíːæt]
[되게(fi) 하라(ate)]
N 명령, 지시; 인가, 허가
ex) He has tried to impose solutions to the country's problems by **fiat**.

defeat
[difíːt]
V 지게하다, 이기다, 좌절시키다, 무효로 하다
N 승리, 좌절, 타도, 타파, 실패

아래로 (de) (가게)만들다 (feat)

ex) If we can **defeat** the Italian team, we'll be through to the final.

feature
[fíːtʃər]
N 용모, 지형, 특징, 주연 프로, 특집기사
V 특색을 이루다, ~의 특징을 그리다, (사건을) 대서특필하다, 상상하다

만들어(feat) 지다, 진 것 (ure)

* **defeature** 외관의 추함; 추하게 하다
ex) High stress levels are a **feature** of life for business executives.

counterfeit
[káuntərfit]
V 위조하다, 모조하다, 비슷하다　　**N** 모조품

마주보게(counter) 만들다(feit)

ex) Two women and a man have been convicted of **counterfeiting** $100 bills.
ex) This watch may be a **counterfeit**, but it looks just like the original.

forfeit
[fɔ́ːrfit]
N 상실, 몰수[물]　　**A** 상실한, 몰수된
V (벌로서) 상실하다, 몰수[박탈] 당하다, 권리를 잃다

못 (for) 만들게 하다 (feit)

ex) We had to **forfeit** the deposit on our holiday when we changed our plans.

surfeit
[sə́ːrfit]
N 과도, 폭식, 폭음; 물림; 범람, 홍수
V 너무 먹다, 물리다, 범람하다

넘치게(sur) 만들다(feit)

ex) I think we've had a **surfeit** of this sort of violent film on TV recently.

FIC(T)/-IFY = 만들다(make)

위의 어근 fac(t)과 동일한 유래의 어근이다. 대표적인 단어로 'fiction(허구)'이 있다.

fiction
[fíkʃən]
N 허구, 거짓이야기, 소설, 가설
* fictional 꾸며낸, 허구의 * fictionalize 각색하다 ⓔ figment 꾸며낸 일, 허구
ex) Roald Dahl was an extremely successful writer of children's fiction.

만들어낸(fict) 것(ion)

fictitious
[fiktíʃəs]
A 위조의, 거짓의, 상상의, 가공의, 소설적인
* fictive 상상의, 가공적인, 거짓의, 허구의   * fictive tears 거짓 눈물
ex) All the places and characters in my novel are fictitious.

만들어(ficti) 진(tious)

deficient
[difíʃənt]
V 부족한, 부적합한
* deficiency 부족, 결핍, 결함   * deficit 적자, 부족액
ex) A diet deficient in vitamin D may cause the disease rickets.

못 하게(de) 만드(fic) 는(ient)

difficult
[dífikʌlt]
A 어려운, 곤란한, 난해한, 불리한, 괴로운
* difficulty 어려움, 불평, 논쟁   * difficile 남과 못 어울리는, 성미 까다로운

별개(dif) 만드(fic) 는(ult)

discomfit
[diskʌ́mfit]
V 무찌르다; 좌절시키다; 당황하게 하다
ex) He is interviewed rarely and clearly finds it a discomfiting experience.

별러(dis) 가게 만들다(comfit)

edifice
[édəfis]
N 대건축물; 구성, 체계
* edify (의식을) 고양시키다; 교화시키다
ex) A great edifice is not built overnight.

집·신전(edi)을 세움(fice)
[집을(edi) 세우다(fy)의 뜻에서]

efficient
[ifíʃənt]
A 효율적인, 유효한
* efficiency 효율, 능률, 효험   * efficacy 효력, 효능, 유효   * efficacious 효과 있는
ex) The city's transport system is one of the most efficient in Europe.

밖으로(ef) 만드(fic) 는(ient)

office
[ɔ́:fis]
N (개인)사무실, 진료소, 회사, 관직, 역할, 알선
* officer 장교, 경관, 관리   * officiate 직무를 수행하다   * officiary 관직상의; 관직의
* official 공무원, 관리, 심판; 공적인, 약전에 의한
* extraofficial 직권 외의, 직무 외의

눈에 띄게(of) 만든 것(fice)

엎혀서서 (officious)
참견하다
아 영감
그게 아니래두

officious
[əfíʃəs]
A 참견하기 좋아하는, 비공식의(↔official); 친절한
ex) He's an officious little man and widely disliked in the company.

proficient
[prəfíʃənt]
A 숙달된, 능숙한; 전문가
* proficiency 숙달됨, 능숙함, 전문가
ex) It takes a couple of years of regular driving before you become proficient at it.

앞서(pro) 만들어(fic) 진(ient)

sufficient
[səfíʃənt]
A 충분한, 능력있는, 알맞은
* suffice 충분하다, 만족시키다, 필요를 충족시키다
ex) Allow sufficient time to get there.

아래까지(suf) 만들어낸(ficient)

effigy
[éfidʒi]
N 조상, 초상, 화상(portrait); (미워하는 사람의) 인형   내놓은 (ef<ex) 모양(fig)
ex) The demonstrators burned a crude **effigy** of the president.

FIGURE = 모양을 만들다(form)
그림이나 숫자를 의미하는 figure는 '모양을 만든다'는 뜻이다.

figure
[fígjər]
N 숫자, 합계, 형상, 모습, 인물, 상상, 그림   만들다 / 만들어진 것
V 형태로 나타나다, 계산하다, 상상하다, 이해하다
* **figuration** 외형, 장식   * **figurative** 비유적인, 은유적인   * **a ballpark figure** 추정 값
ex) I can't **figure** out why he did it.

disfigure
[disfígjər]
V 외관을 손상하다   모양(figure)을 손상하다(dis)
ex) I think the tattoo **disfigures** him.

figurehead
[fígjərhèd]
N 뱃머리에 장식한 조각상, 명목상의 두목   형식적(figure) 우두머리(head)
ex) The President of this company is just a **figurehead**.

prefigure
[priːfígjər]
V 예시하다, 예상하다, 미리 모습을 나타내다   미리(pre) 상상하다(figure)
ex) It **prefigured** some of the issues that I shall raise later.

transfigure
[tfænsfígjər]
V 변형시키다, 미화시키다, 이상화하다   모양을(figure) 바꾸다(trans)
ex) Her face was **transfigured** with tenderness.

feign
[fein]
V ~을 가장하다, 인 체하다; 꾸며내다, 흉내내다   꾸미다
* **feint** 가장, 시늉; 페인트, 견제 행동; 양동 작전; 공격하는 체하다, 페인트하다
ex) I don't want to go tonight – I think I shall **feign** a headache.

configuration
[kənfìgjuréiʃən]
N (요소의) 상관배치, [천문] 성좌, 원자배열   함께(con) 이룬 것(figuration)

FACE = 얼굴(face), 면(side)

face
[feis]
N 얼굴, 안색, 체면, 외관   V 대항하다; 직면하다   얼굴, 외관
* **faceless** 정체불명의   * **facial** 얼굴의; 안면 맛사지

facet
[fǽsit]
N (사물의) 면, 국면   작은 (et) 얼굴(fac)
ex) One **facet** of his role in the film is that of stern father.

biface
[báifèis]
N 양면(both faces), 두 면(two sides)   면(face)이 둘인 것(bi)
* **bifacial** 두 면이 있는

deface
[diféis]
V 외관을 더럽히다, 지우다   얼굴(face)을 깎아 내리다(de)
* **defacement** 파손(물)
ex) The protesters **defaced** the government building with spray paint.

efface
[iféis]
V 삭제하다, 소멸시키다(mullify)
* effacement 소멸   * effaceable 삭제할 수 있는
ex) He wants to efface himself.

enface
[inféis]
V 표면에 기입하다(write in)

facetiae
[fəsíːʃiì:]
N 익살, 해학
* facetious 익살맞은
ex) We grew tired of his frequent facetious remarks.

facade
[fəsáːd]
N 건물의 정면, 전면, 겉보기, 외관
ex) She managed to maintain a facade of indifference.

interface
[íntərfèis]
N 경계면, 공유영역   V 동시에 조작하다
ex) We need more interface between management and the workforce.

preface
[préfis]
N 머리말, 서두   V 서두를 장식하다
ex) We're hoping these talks could be a preface to peace.

superficial
[sùːpərfíʃəl]
A 표면상의, 피상적인, 천박한
ex) I thought that article was written at a very superficial level.

surface
[sə́ːrfis]
N 표면, 외관, 수면, 겉, 외양
A 표면의, 외관의, 피상적인   V 표면을 달다, 포장하다, 표면에 나타나다
ex) The submarine surfaced a few miles off the coast.

GNO = 알다(know)

know와 'gno'는 척 봐도 어딘지 닮은 꼴이다. know의 뿌리는 물론 어근 'gno'이다.

agnostic
[ægnástik]
N 불가지론자; 불가지론의
* agnosticism 불가지론
ex) He was an agnostic until he was cured of cancer.

cognition
[kɑgníʃən]
N 인식, 지식, 지각
* cognitive 인식의   * cognitive power 인식력
* cognovit 피고승인서(피고가 원고의 요구를 정당하다고 승인하는 것)
ex) She's writing a book on human learning, memory and cognition.

cognize
[kɑgnáiz]
V 인식하다
* cognizable 인식할 수 있는   * cognizance 인식, 심리
* incognizant 인식하지 못하는   * incognizance 인지 못함
ex) During the election campaign, the two candidates were kept in full cognizance of the international situation.

cognomen
[kagnóumən]

N 성, 이름, 명칭, 별명

함께(co) 아는 (gn) 이름 (nomen)

ex) He asked the court to change his **cognomen**.

connoisseur
[kànəsə́r]

N 감정가, 감식가, 전문가

[F] 인식하는 사람

* **connoisseurship** 감식안, 감정가의 직업
ex) I'm no **connoisseur** but I know a good champagne when I taste one.

incognito
[ìnkagníːtou]

A 암행의, 익명의   N 변명, 미행

알게(cogn) 다니지(ito) 않음 (in)

* **terra incognito** 미지의 땅
ex) The prince often travels abroad **incognito**.

diagnosis
[dáiəgnóusis]

N 진단, 분석

통하여(dia) 아는 것(gnosis)

* **diagnose** 진단하다   * **diagnostic** 진단의; 징후
ex) Several blood tests are important in making a **diagnosis**.

ignoble
[ignóubl]

A 저열한, 비참한, 수치스러운

i(<in) + gno + ble(<able)

* **noble** 노블, 귀족의, 숭고한, 훌륭한
ex) She is accused of playing an **ignoble** part in the plot.

ignorance
[ígnərəns]

N 무지, 무식함

알지 (gnorance) 못함(I)

* **ignore** 무시하다, 알지 못하다   * **ignorant** 무지한, 무식한
ex) They were in **ignorance** of the news.

precognition
[prìːkagníʃən]

N 미리 앎, 사전 인지, 예지, 예견

미리(pre) 인지함(cognition)

ex) **Precognition**, telepathy and clairvoyance are the three main categories of extrasensory perception.

prognosis
[pragnóusis]

N 예측, 예후

앞을 (pro) 알고 있음 (gnosis)

* **prognostic** 예측의, 예후의   * **prognosticate** 예측하다
ex) The **prognosis** after the operation was for a full recovery.

recognize
[rékəgnáiz]

V 알아보다

다시(re) 인식하다(cognize)

* **recognition, recognizance** 인지, 승인   * **recognizant** 인식하는
ex) I don't **recognize** that person over there.

acquaint
[əkwéint]

V 알게하다, 친하게 되다

가깝게(ac) 알게 되다(qua+int)

* **acquaintance** 지식, 아는 사람   * **acquainted** 아는, 정통한
ex) You must **acquaint** yourself with your new job.

quaint
[kwéint]

A 별스러워 흥미를 끄는, 기이한, 기묘한(odd)

ex) He's full of these **quaint** notions about giving up his job and going to live on a remote Scottish island.

GRAD/GRESS = 단계, 걷다(step)

한단계 올라간 upgrade, 앞으로(pro) 나아가는(gress) 'progress'를 생각하라.

gradate
[gréideit]
V (빛깔을) 희미하게 하다, 차차 변하다
* gradation 서서히 변화하기, 순서, 단계

단계적으로 (grad) 하다(ate)

grade
[greid]
N 학년, 학급, 단계, 등급, 시험점수, 성적, 경사
* gradely 멋진, 훌륭한, 유망한, 잘생긴; 적당히, 주의해서

단계

gradual
[grǽdʒəəl]
A 서서히 일어나는, 점진적인
ex) As you go further south, you will notice a **gradual** change of climate.

단계(grad) 적인(ual)

graduate
[grǽdʒuèit]
V 졸업하다, 학위를 따다, 눈금을 매기다
N 졸업생; 대학원생 A 졸업한
* graduation 졸업, 눈금, 도수, 농축   * undegraduate 대학의 재학생

단계를 (gradu) 만들다(ate)

degrade
[digréid]
V 지위를 내리다, 천하게 하다, 타락하다
* degradative 좌천의, 퇴보적인   * degradation 좌천, 하락
ex) I believe pornography **degrades** women.

단계를 (grade) 낮추다(de)

intergrade
[íntərgrèid]
N 중간단계, 형식, 정도
V 단계적으로 이행하다

중간(inter) 단계(grade)

retrograde
[rétrəgrèid]
V 후퇴하다, 악화하다   A 역행하는, 퇴보의
* retrogression 후퇴, 퇴보, 역행
ex) The closure of the factory is a **retrograde** step.

뒤쪽으로 (retro) 가다(grade)

ingredient
[ingríːdiənt]
N 혼합물의 성분, 성분
ex) The list of **ingredients** included 500g of sugar and 200ml of cream.

단계적으로 (gred) 넣는(in) 것(ient)

aggress
[əgrés]
V 공세를 취하다, 공격하다
* aggressive 공격의, 적극적인, 호전적인   * aggression 침략, 적극성, 반항성
ex) His victory was largely a result of his **aggressive** election campaign.

강하게(ag) 가다(gress)

congress
[káŋgris]
N (대표자의)회의, 대회; ~국회, 의회
* congressional 회의의, 집회의, 의회의   * congressman 국회의원
ex) **Congress** has rejected the recent presidential proposal on firearms.

함께(con) 가는 것(gress)

degression
[digréʃən]
N 내리기, 강하, (관세의) 체감
* degressive 체감적인, 내려가는

아래로 (de) 감(gression)

digress
[digrés]
V 옆길로 빗나가다, 주제를 벗어나다
* digression 여담, 탈선   * digressional 지엽적인
ex) Let me **digress** for a moment and explain what had happened previously.

멀리 (di) 가다(gress)

egress
[íːgres]

N 밖으로 나가기, 출구   V 밖으로 나가다

밖으로 (e) 가는 것 (gress)

* **egression** 외출 * **ingress** 들어가기, 입구 * **ingressive** 진입하는, 들어가는
ex) Israel controls all access and **egress** for the occupied territories.

progress
[prágrəs]

N 전진, 진행, 진보, 경과   V 나아가다, 전진하다

앞으로 (pro) 가는 것 (gress)

* **progressive** 전진적인, 진보적인 * **progression** 진행, 전진, 공정; 진보, 발달
ex) Technological **progress** has been so rapid over the last few years.

regressive
[rigrésiv]

A 후퇴하는, 뒤돌아가는, 퇴화하는, 역행동화의

뒤로 (re) 가는 (gress+ive)

* **regress** 되돌아가다; 후퇴, 역행
ex) The policy has been condemned as a **regressive** step.

transgress
[trænsgrés]

V (법률 따위를)어기다, (도덕적인 죄를)범하다

옮겨 (trans) 가다 (gress)

* **transgression** 위반, (도덕상)죄   * **transgressive** 위반하는
ex) The military court decided he had **transgressed** the standing orders.

GRAM = 쓰다, 그리다(write)

diagram
[dáiəgræ̀m]

N 다이아그램, 도표 V 도표로 나타내다, 도해하다

도화여(dia) 표시한 것 (gram)

ex) He drew a **diagram** showing how the blood flows through the heart.

epigram
[épigræ̀m]

N 경구, 풍자시

덧붙여(epi) 쓰는 것 (gram)

* **epigrammatic** 경구적인, 풍자적인, 경구를 좋아하는
ex) The play contains a lot of **epigrammatic** humor.

monogram
[mánəgræ̀m]

N 모노그램, 합일문자

하나로 (mono) 기록한 (gram)

ex) The store has handkerchiefs with a **monogram** in the corner.

program
[próugræ̀m]

N 프로그램, 차례, 예정(표)

앞에(pro) 표시된 것 (gram)

ex) She's written a **program** to find words which frequently occur together.

grammar
[grǽmər]

N 문법

문자를 쓰는 법

* **grammarian** 문법학자, 언어학자   * **grammatical** 문법의, 문법학
ex) I think it's important for children to be taught **grammar**.

㉮ **glamour**
[glǽmər]

N 마법, 마력, 매력, 매혹, 신비로운 아름다움

글래머라서
(glamorous)
매혹적인

* **glamorous** 매력에 찬, 매혹적인
* **glamorize** 매력적으로 만들다, 돋보이게 하다
ex) Nightclubs have lost their **glamour** for me.

* 기록하기 위해 썼던 필서용 나무 판(wooden tablet for writing) cod도 함께 기억하자. 암호를 뜻하는 code의 어근이 되겠다

code	N 암호, 약호, 법전	나무 판에 쓴 것 = 암호 /법전
codify	V 법전으로 편찬하다, 성문화하다; 체계화하다	나무 판에 쓰다
decode	V 풀다, 번역하다, 해독하다	암호 (code)를 풀다 (de)
codicile	N 유언보충서; 추가, 부록	작은 (icile) 나무 판(cod)

> **GRAPH = 기록하다(write)**
>
> graph는 그림으로 **기록해** 놓은 것이다. 한 사람의 **생애(bio)**를 **기록해(graph)** 놓은 biograph(전기), **자신이(auto)** 직접 쓴 autograph(자필) 등이 여기서 왔다.

graph
[græf]

N 그래프, 도식, 도표, [수학]곡선, 복사기
V 도표로 표시하다

ex) A **graph** is a written record picture describing something.

『써놓은 것, 그려놓은 것』

graphic
[græfik]

A 도화의, 도표의, 생생한, 그래픽식의
* **graphics** 제도법, 제도학

ex) He kept telling us about his operation, in the most **graphic** detail.

『쓰여진, 그려진』

graphology
[græfάlədʒi]

N 필적감식학, [수학]도식법

ex) A **graphologist** is a person who is an expert at studying people's writing.

『쓴 것(grapho)을 연구 하는(logy)』

graffito
[græfí:tou]

N 고적의 벽을 긁어서 그려놓는 그림[문자];
[pl.] (벽 등에 한) 낙서

ex) **Graffito** is a two-colour drawing technique which creates the difference of colour by simulating the scratching of the painted surface.

『벽화를 그려삐따 (graffito)』

graphite
[grǽfait]

[글씨 쓰는 (graph) 것 (ite)]
N 흑연(black lead); 석묵

ex) **Graphite** is used in pencils and electrical equipment.

autograph
[ɔ́:təgræf]

N 자필, 필적   V 서명하다, 석판인쇄하다
* **autographic** 자필의

ex) He mistook me for Madonna and asked for my **autograph**.

『자신이 (auto) 쓴 것 (graph)』

allograph
[ǽləgræf]

N [言] 이서(異書); [法] 비(非)자필, 대필(代筆)

『다른 (allo) 글씨 (graph)』

biography
[baiάgrəfi]

N 전기[문]
* **biographic, biographical** 전기의   * **autobiography**

ex) He is a famous **biography** writer.

『삶(bio)을 적어놓은 것 (graphy)』

cartography
[kɑ:rtάgrəfi]

N 지도작성법

ex) As a leader in marine **cartography**, Garmin cartographers are in constant effort to provide users with the most accurate maps on the water.

『지도 (carto) 그리기 (graphy)』

demography
[dimάgrəfi]

N 인구 통계학, 인구학

ex) **Demography** has never been taught here before.

『사람(demo)을 기록 하는(graphy)』

epigraph
[épəgræf]

N 기념비 따위의 비문, 인용문; 명구
* **epigraphy** 금석문학, 비문

ex) Before the story begins, O'Connor provides the reader with an **epigraph**.

『(표지) 뒤에(epi) 쓴 (graph)』

holograph
[háləgræf]
N 자필의 문서(증서)

전적으로(holo) (혼자)쓴(graph)

monograph
[mánəgræf]
N 모노그래프, 전공논문　　V 전공논문을 쓰다
* scholarly monographs 학술 논문

하나(mono)에 관해 쓴(graph)

orthography
[ɔːrθágrəfi]
N 바른 철자법
* orthographic 정서법의, 직각의
ex) The two languages employ different **orthographic** systems.

올바로(ortho) 쓴(graphy)

paragraph
[pǽrəgræf]
N (문자의) 절, 항, 단락; 짧은 기사[논평]
ex) You'll find the reference in book 2, **paragraph** 4, line 56.

가로(para) 쓰기(graph)

stenograph
[sténəgræf]
N 속기 문자, 속기물　　V 속기하다
ex) The students were able to **stenograph** and record the conversation.

빨리(steno) 쓴(graph)

tachography
[tǽkəgræf]
N 자기(自記)(회전) 속도계, 태커그래프

속도(tacho)를 기록한(graphy)

HAR = 군대(army)

어근 '**har**'는 '**군대, 전쟁**'의 뜻을 갖는다. Pearl harbor(진주만)의 harbor는 전쟁(har)의 피난처(bor)라는 뜻에서 비롯된 단어이다.

---

harbor
[háːrbər]
N 항구; 피난처, 은신처; 둥우리, 보금자리
V 숨겨 주다, 정박(피난) 시키다, (장소 등이) 피난처가 되다
ex) We will make no distinction between the terrorists who committed these acts and those who **harbor** them.

군대(har)의 피난처(bor)

harry
[hǽri]
V 약탈하다, 침략하다; 괴롭히다, 귀찮게 요구하다
ex) He is known to **harry** his staff when he is overworked.

전쟁(harry)을 만들다(y)

⊕ harass
[hərǽs]
V 괴롭히다, 귀찮게 굴다, 지긋지긋하게 굴다.
* harassment 괴롭힘, 애먹음, 고민(거리)　　* sexual harassment 성희롱
ex) I was **harassed** with those debts.

'개를 부추기다'의 뜻에서

harness
[háːrnis]
N (말의) 마구, 갑옷; 제복, 복장; 장치, 작업 설비
V 마구를 채우다, 갑옷을 입히다; (자연력을) 이용하다, 동력화하다
* die in harness 일하다가 죽다　　* in harness 평상의 업무에 종사하여
* get back into harness 평상의 일로 돌아가다
ex) The new sedan can **harness** up to 210 horsepower.

전쟁에 쓰는 기구

herald
[hérəld]
N 전령; 선구자, 예고　V 보도하다, 예고하다
* heraldic 전령의, 의전의
ex) The chieftain had a **herald** who announced his arrival with a trumpet.

전쟁이나 평화를 선도하던 자

harrow
[hǽrou]
- N 써레; 고통, 고초
- V 써레질하다; 큰 고통을 주다, 상처를 주다
  * under the harrow 시달리어, 고초를 겪어
  ex) My aged muscles **harrowed** up with whips.
  ex) The sight was too **harrowing** to look at.

harbinger
[háːrbindʒər]
- N 선구자, 조짐, 전조; 선발대
- V 미리 알리다, 먼저 앞장서 하다
  ex) Comets have been mistakenly interpreted as **harbingers** of doom, plague, and destruction.

HERE = 붙이다(stick)
가까이 **붙어있으면** here, 멀리 떨어져 있으면 there(?)

adhere
[ædhíər]
- V 부착하다, 고수하다, 충실하다, 고집하다
  * adherence 고수, 집착; 충실, 지지; 부착, 점착, 들러붙음
  * adhesion 부착, 점착, 들러붙음; [병리] 유착; [화학] 응착(력); 고수, 지지
  * adherent 점착성의, 부착력이 있는, 부착하는; 자기편, 지지자, 당원, 신자
  * adhesive 점착성의, 끈끈한; 잘 붙는; 반창고, 접착제, 끈끈한 것
  ex) I will **adhere** to this opinion until proof that I am wrong is presented.

cohere
[kouhíər]
- V 밀착하다, 결합하다; (논리가) 일관성이 있다
  * coherence 결합의 긴밀성, 결합력; 통일, 일관성
  * coherent 응집하는, 밀착하는; (논리 등이) 조리 있는, 일관성이 있는
  * cohesion 점착, 결합(력); 단결, 결합; [물리] (분자의) 응집력
  * cohesive 결합력 있는, 점착력이 있는, 밀착하는; [물리] 응집성의
  ex) Solids have a greater tendency to **cohere** than liquids.

incoherent
[ìnkouhíərənt]
- A 논리가 일관되지 않는, 모순된, 접착력이 없는
  * incoherently 맞지 않게   * incohesive 결합력이 없는, 분열하기 쉬운
  * incoherence 논리가 일관성이 없음; 지리멸렬; 모순된 생각[말]
  ex) Steve's funny faces rendered his sister **incoherent** with laughter.

inhere
[inhíər]
- V (성질 등이) 타고나다, (권리가) 부여되다
  * inherence 고유, 천성   * inherent 고유의, 천성적인, 타고난
  ex) His **inherent** love of justice compelled him to come to their aid.

hesitate
[hézətèit]
- N 주저하다, 망설이다
  * hesitation 망설임, 주저함   * hesitative 주저하는, 망설이는
  * hesitant 주저하는, 우물쭈물하는, 우유부단한
  ex) He who **hesitates** is lost. 《속담》 망설이는 자는 기회를 놓친다

* coll = 풀(glue) (glue를 뜻하는 Gk. Kolla 에서)

collage   N 콜라주(기법), 콜라주의 작품
collagen   N [생물] 교원질, 콜라젠
colloid   N [화학] 교질, 콜로이드
protocol   N (외교) 의정서, 조서

HEIR/HERIT = 상속인(heir)

중학시절부터 귀아프게 들어온 동음이의어 air와 heir. 공기는 모든 생물체가 누구나 공평하게 **상속받는** 것이기 때문일까?

heir [ɛər]
N 상속인, 후계자
* heirship 상속권　　* heir-at-law 법적상속인
ex) He was the **heir** to his father's property at Woolsthorpe.

heirloom [ɛ́ərlùːm]
N 가보, 세습재산
ex) The family bible can often be an **heirloom** handed from one generation to the next.

heredity [hərédəti]
N 유전; 상속, 세습, 계승
* hereditary 유전성의, 유전적인; 상속권에 의한, 세습의 조상대대의
* hereditament 상속재산　* hereditarian 유전설 신봉자(의), 유전론자(의)
ex) Genetics is the study of **heredity** and variation in organisms.

heritable [hérɪtəbl]
A 상속할 수 있는, 유전성의
* heritably 상속에 의하여　　* heritability 물려줄 수 있음, 상속 가능성
ex) This son shall be legitimate and **heritable**.

heritage [hérɪtɪdʒ]
N 상속재산, 유산; 전통, 생득권
ex) The building is part of our national **heritage**.

inherit [inhérit]
V 상속하다, 이어받다, 유전하다
* inheritable 상속할 수 있는, 유전하는　　* inheritance 상속, 계승, 유산
* inheritor 상속인, 후계자　　* coinheritance 공동상속
ex) He **inherited** a large fortune from his father.

disinherit [dìsinhérit]
V 상속권을 박탈하다, 폐적하다
* disinheritance 폐적, 상속권 박탈
ex) Her father said he'd **disinherit** her if she married Stephen.

---

* quest = (유언으로) 말하다(say)

bequest	N 유증, 유물	
bequeath	V 유언으로 증여하다; 후세에 남기다, 전하다	

---

* lucr = 얻다(gain), 이득(profit)

lucrative A 이익이 있는, 수지맞는, 유리한
lucre N 이익, 부, 재물, 돈
ex) This is a very **lucrative** business.

HOR = 두려운(fear)

'**horr**or movie(공포영화)'의 hor. '억센 털, 머리털이 곤두서다'를 뜻하는 인도-유럽 어근 '**ghers**'에서 유래하였다. 무서우면 머리털이 곤두서기 때문에 '**두려운**'의 의미를 갖게 된 것이다.

horror
[hɔ́:rər]
N 공포, 전율, 혐오, 오한, 참으로 지독함
머리털이 곤두서는 것
* **horror-struck** 공포에 사로잡힌   * **horripilation** 소름, 소름끼침
ex) Stella could not repress her feeling of **horror** at the sight of his wallpaper.

horrendous
[hɔːréndəs]
A 무서운, 무시무시한
머리털이 곤두서는
* **horrendoushly** 무시무시하게
ex) Conditions in the refugee camps were **horrendous**.

horrid
[hɔ́:rid]
A 무시무시한, 매우 불쾌한, 지겨운
머리털이 곤두서는
* **horrid look** 무서운 표정   * **horrid weather** 지긋지긋한 날씨
ex) The medicine tasted **horrid**.

horrific
[hɔːrífik]
A 무서운, 끔찍한
머리털이 곤두서게 하는
* **horrifically** 끔찍하게
ex) The fight ended **horrifically**, with the killing of six people.

horrify
[hɔ́:rəfài]
V 무섭게 하다, 소름끼치게 하다
머리털이 곤두서게 하다
* **horrification** 공포, 혐오   * **horrifying** 무서운, 소름끼치는

abhor
[əbhɔ́:r]
V ~을 몹시 싫어하다, 혐오하다
* **abhorrent** 아주 싫은, 질색의
* **abhorrence** 혐오, 질색
ⓔ **heinous** 가증스러운, 극악한, 괴씸한
ex) They **abhor** all forms of racism.

hirsute
[hɔ́:rsuːt]
A 털 많은, 터부룩한, 털의
ex) Do you prefer Jim clean-shaven or **hirsute**?
머리(hir<hair) 솔(sute)

urchin
[ə́:rtʃiːn]
N 장난꾸러기, 개구쟁이; 고슴도치; 성게(sea urchin)
ex) Get out! This store is no place for grubby **urchins**!

* **atrox** = 잔인한(cruel)

atrocious A 흉악한, 아주 지독한
atrocity   N 포악, 잔학, 잔학한 행위

* **crudus** = 거친(rough)

crude   A 초기의, 미숙한, 조잡한, 거친, 날것의
crudity N 미숙함, 조잡한 것, 날것
cruel   A 잔혹한, 잔인한, 비참한
cruelty N 매정함, 잔인함, 거칠음, 가혹
gruesome A 소름 끼치는, 섬뜩한, 무시무시한; 힘든

조잡한(crud) 것(ity)
미숙성이의
잔인(cruel) 함(ty)
grue<crud

earg = 두서운 (fearful)
| eerie | A 기분 나쁜, 무시무시한, 등골이 오싹한 |
| eerienes | N 기분 나쁨, 무시무시함 |

fer = 야생의, 거친 (wild)
feral	A 야생의
ferocious	A 사나운, 흉포한, 잔인한; 맹렬한, 열렬한
ferocity	N 사나움, 잔인, 만행
fierce	A 사나운, 흉포한, 잔인한; 맹렬한, 열렬한
* bestial	A 짐승 같은, 흉포한, 야만적인

grim = 잔인한 (fierce, cruel)
grim	A 엄한; 잔인한, 냉혹한; 무서운; 불길한; 완강한
grisly	A 소름 끼치게 하는, 무서운; 싫은
grimace	N 얼굴을 찌푸림, 찌푸린 얼굴, 우거지상
* grime	N 때, 먼지, 더러움; 구중중함; (도덕적인) 오점

truc = 잔인한 (pitiless)
truculent	A 난폭한, 거칠은, 공격적인, 반항적인
truculence	N 흉포, 야만, 잔인
* truckle	V 굴종하다, 굽신거리다

INSUL = 섬 (island)

insular
[ínsələr]
A 섬의, 편협한; 배타적인
    * insularism 섬나라 근성   * insularity 섬나라임, 고립
    ex) Japanese are very **insular**.

섬(insul) 의 (ar)

insulate
[ínsəlèit]
V 절연하다, 고립시키다
    * insulation 고립, 절연   * insulated 격리된; [電] 절연된
    ex) Home owners are encouraged to **insulate** their homes to save energy.

섬(insul)으로 만들다 (ate)

insulin
[ínsəlin]
N 인슐린(췌장 호르몬)
    ex) **Insulin** acts as a brake on blood sugar.

췌장 Langerhans섬에서 분비

peninsula
[pinínsələ]
N 반도
    ex) China is located on the north of the Korean **Peninsula**.

거의 (pen) 섬 (insula)

island
[áilənd]
N 섬, 안전지대; 고립시키다
    ex) That tropical **island** has a dreamy atmosphere.

고립된 땅을 뜻함

enisle
[ináil]
V 섬으로 만들다, 섬에 두다, 고립시키다

섬을 (isle) 만들다 (en)

isolate
[áisəlèit]
V 격리시키다, 절연하다
    * isolation 고립, 격리, 절연   * isolator 절연체 * isolationism 쇄국주의
    ex) The community had been **isolated** from civilization.

섬처럼 (isol) 만들다 (ate)

JAC/JECT = 던지다(throw)

project(과제)는 그 일을 수행해야 하는 사람 '앞에(pro) 던져진 것(ject)'이다.

jetty [dʒéti]
- N 방파제, 부두, 선창
- *jet* 분출, 분사, 분출구; 분출(사)하다 *jetsam* 조난 시 바다에 버리는 짐
- ex) People waited on the **jetty** for their boat to arrive.

던져진(jet) 것(ty)

jettison [dʒétəsn]
- V (비상시에) 짐을 투하하다; 버리다, 제거하다
- N 투하행위; 폐기물
- ex) We've had to **jettison** our holiday plans because of David's accident.

던짐을 (jetti) 행하다(son)

adjacent [ədʒéisənt]
- A 인접한, 이웃한, 가까운
- *adjacency* 인접, 이웃 *coadjacent* 근접한, 이웃한
- ex) There was a cinema **adjacent** to where I lived.

가까에(ad) 던져진(jac) 진(ent)

ejaculate [idʒǽkjulèit]
- V 갑자기 소리지르다, 분출하다, 사정(射精)하다
- *ejaculation* 분출, 갑자기 소리침, 사정(射精)
- ex) 'You've got my umbrella!' he **ejaculated**.

밖으로 충분히 던지다

interjacent [intərdʒéisnt]
- A 사이에 있는, 개재하는(intervening)
- ex) The ice fall into the **interjacent** crevasses with a loud rumbling noise.

사이에(inter) 던져진(jacent)

subjacent [sʌbdʒéisnt]
- A 밑의(에 있는), 아래에 위치하는

아래로(sub) 던져진(jacent)

abject [ǽbdʒekt]
- A 비참한, 천한, 야비한   N 비천한 사람
- *abjection* 비참, 야비함
- ex) The conditions that these people live in are **abject** and shocking.

멀리(ab) 던져진(ject)

abjective [ǽdʒiktiv]
- N 형용사   A 한정적인, 절차상의, 부속적인

가까에(ad) 던져진(ject) 진(ive)

conjecture [kəndʒéktʃər]
- N 추측, 짐작, 판독   V 짐작하다, 추측하다
- *conjectural* 추측하는, 짐작되는, 판독하는
- ex) The truth of his **conjecture** was confirmed by the newspaper report.

함께(con) 던진 것(jecture)

deject [didʒékt]
- V 슬프게 하다, 풀이 죽게 하다
- *dejection* 낙담, 의기소침, 배설, 배설물 *dejected* 기운 없는, 풀 죽은
- ex) Let your laughter be turned to mourning and your joy to **dejection**.

아래로(de) 던지다(ject)

eject [idʒékt]
- V 쫓아내다, 추방하다, 퇴거시키다
- *ejective* 방출(추방)하는, 방사의 *ejecta* (pl) 배설물, 분출물
- *ejection* 추출, 추방 *ejector* 쫓아내는 사람; 분출기, 방사기
- ex) Police ejected a number of violent **protesters** from the hall.

밖으로(e) 던지다(ject)

inject
[indʒékt]

V 주입(주사)하다, 끼어넣다
    * **injector** 주사기, 주사하는 사람   * **injection** 주입
    ex) They **injected** the satellite into its orbit.

안으로 (in) 던지다(ject)

interject
[intərdʒékt]

V 불쑥 말참견을 하다, 삽입하다
    * **interjection** 외침, 탄성, 감탄사   * **interjectional/interjectory** 감탄사의
    ex) An **interjection** is a word that expresses strong emotion.

사이에(inter) 던지다(ject)

object
[ábdʒikt]

N 사물, 대상, 목표, 목적, 목적어
V 반대하다, 항의하다, 싫어하다
    * **objection** 반대, 항의, 싫어함, 난점, 결점, 고장, 지장
    * **objective** 객관적인, 실재의, 편견 없는; 목적격, 대물렌즈
    * **objectable** 반대할 만한, 이의가 있는, 못마땅한
    ex) So when I was sent for, I came without **objection**.

반대로 (ob) 던지다(ject)

project
[prádʒekt]

N 계획, 설계, 연구과제, 개발토목공사, 계획단지
V 돌출하다, (빛) 투사하다, 내던지다, 계획하다; (어떤 상황에) 놓아보다
    * **projection** 발사, 투사, 계획, 연구, 투영(도), 돌출
    * **projective** 투사의, 속마음을 나타내는   * **projector** 영사기, 계획자
    ex) He tried to **project** himself into the hero's situation.

앞쪽으로 (pro) 던져진 것(ject)

projectile
[prədʒéktil]

N [군사] 발사체; 투사물, 사출물
A 추진하는; [군사] 발사하는; [동물] (아래턱 등이) 돌출된
    * **projectil power** 추진력   * **a projectile weapon** 발사 무기 (돌, 탄환, 수류탄)

앞으로 (pro) 던진(ject) 것(ile)

reject
[ridʒékt]

V (요구, 제안을) 거절하다, 버리다
N 폐기물, 거부된 사람, 불합격자(품)
    * **rejectable** 버릴 만한, 포기할 만한   * **rejection** 거절, 제거, 토함
    ex) Behold, God will not **reject** a blameless man, nor take the hand of evildoers.

뒤로 (re) 던지다(ject)

subject
[sábdʒikt]

V 복종시키다, 노출하다, 맡기다
N 주제, 제목; 학과 교과; 주어, 주체, 주인; 신하, 국민; 동기, 원인; 대상, 표적
A 복종하는, 영향 받기 쉬운; ~할 수 밖에 없는; ~을 필요로 하다
    * **subjection** 정복, 복종   * **subjective** 주관적인
    ex) He is **subject** to colds. 그는 감기에 잘 걸린다

아래로 (sub) 던져진 것(ject)

trajectory
[trədʒéktəri]

N [물리] 탄도(彈道); [천문] (행성의) 궤도
    * **traject** 나루터, 횡단, 통행; (강 등을) 건너가다, 넘다
    ex) My career seemed to be on a downward **trajectory**.

횡단해(tra) 던진(ject) 곳(ory)

ghetto
[gétou]

N 게토, 유태인 강제 거주 지구, 빈민가
    ex) The south coast of Spain has become something of a tourist **ghetto**.

던져진 것(ghetto⟨ject⟩)

JOIN/JUNCT = 결합하다(join)

joint
[dʒɔint]
- A 공동의, 합작의 N 접점, 접선, 이음매, 관절
- * join 결합하다, 잇다, 접합하다

결합된

junction
[dʒʌ́ŋkʃən]
- N 연합, 접합, 합류점, 교차점, 연결역
- * juncture 접속, 연결, 접합점, 전환기

결합된(junct) 것(tion)

adjoin
[ədʒɔ́in]
- V 인접해 있다, 서로 접해 있다
- * adjoining 이웃의, 인접의, 보조의
- ex) McDonald increased the size of his farm by annexing an **adjoining** field.

옆에(ad) 결합하다(join)

adjunct
[ǽdʒʌŋkt]
- N 부속어, 부가물, 첨가물, 조수 N 종속하는; 보조의
- * adjunctive 부속의 * adjunction 부가, 부가물
- ex) Cooking is just an **adjunct** to Michael's real hobby, which is eating.

왜 정때 (adjunct)?
왜놈들에게 종속된 부속물 이었지

adjutant
[ǽdʒutənt]
- [옆에(ad) 불어있는(jut) 자(ant)]
- N (부대장의) 부관; 조수
- ex) As **adjutant**, it was his responsibility to pass that information on to IRA members.

coadjutor
[kòuədʒúːtər]
- N 조수, 동료, 감독보, 보좌주교
- ex) As **coadjutor**, he automatically succeeded the position.

함께(co) 옆에(ad) 불어있는 자(or)

conjoin
[kəndʒɔ́in]
- V 결합하다, 연합하다
- ex) The English army, that divided into two parties, is now **conjoined** in one.

함께(con) 결합된 것(join)

conjoint
[kəndʒɔ́int]
- A 결합한, 연합의, 합동의, 공동의, 연대적인
- * conjoin 결합하다, 연합하다 * conjoiner 결합하는 사람(물건)
- ex) The couple was **conjoined** as husband and wife in marriage.

함께(con) 결합된 것(joint)

conjunct
[kəndʒʌ́ŋkt]
- A 결합한, 연결한, 공동의, [文] 접속형의
- * conjunction 결합, 접속사, (달의) 합삭 * conjuncture 국면
- ex) The police are working in **conjunction** with tax officers on the investigation.

함께(con) 결합된(junct)

conjugal
[kándʒəgəl]
- A 부부의, 혼인의
- * conjugality 혼인, 부부임, 부부생활
- * conjugal relation 부부관계

함께(con) 죽을(jugal) 것을 약속하는 혼인의

disjoin
[disdʒɔ́in]
- [결합(join)을 떼내다(dis)]
- V 떼다, 분리시키다
- ex) Windmill Street consisted of **disjoined** houses.

disjoint
[disdʒɔ́int]
- V 해체하다, 관절을 빼게 하다, 탈구시키다
- * disjointed 관절이 빼; 흐트러진, (이야기·문체가) 연결성이 없는, 조리가 없는
- ex) The data collected was usually **disjointed** and incomplete.

결합(joint)을 떼내다(dis)

disjunct
[disdʒʌ́ŋkt]
A 분리된, (곤충의 머리, 흉강, 배 따위가) 나뉜
* **disjunction** 분리, 분열
* **disjunctive** 분리성의

멀리(dis) 결합된(junct)

enjoin
[indʒɔ́in]
V 부과하다, 명령하다, 금지하다
ex) He **enjoined** his son to be diligent in his studies.

(의무를) 결합(join) 시키다(en)

injunct
[indʒʌ́ŋkt]
V 금지하다, 억제하다
* **injunction** 금지, 명령, 지시   * **injunctive** 명령적인
ex) The court granted an **injunction** against the defendants.

안으로(in) 묶어 놓다(junct)

rejoin
[ridʒɔ́in]
V 응답하다; [法] 항변하다
ex) Meet and **rejoin** me, in the pensive grot.

(대하게) 재(re) 결합하다(join)

subjoin
[sʌbdʒɔ́in]
V 추가하다, 첨부하다, 증보하다, 덧붙이다
* **subjoint** [동물]부관절   * **subjunction** 첨가, 증보   * **subjunctive** 가정법(의)
ex) I may **subjoin** another argument proposed by a noted author.

아래에(sub) 결합시키다(join)

subjugate
[sʌ́bdʒugèit]
V 정복하다, 복종(종속)시키다
* **subjugation** 진압   * **subjugator** 정복자
ex) The tyrant **subjugated** all the peasants living in the kingdom.

아래로(sub) 결합시키다(jugate)

junto/junta
[dʒʌ́ntou][-tə]
N (pl. ~s) (정치상의) 비밀 결사, 파당(faction)
ex) The dictator ordered the execution of all of the members of the **junta**.

결합된 것

juxtapose
[dʒʌ́kstəpóuz]
V 병렬하다, 나란히 놓다
ex) Comedy and tragedy were **juxtaposed** in the play.

결합하여(juxta) 두다(pose)

yoga
[jóugə]
N 요가

'통일'의 뜻에서

yoke
[jouk]
N (한 쌍의 소 등에 메우는) 멍에; 속박, 굴레
ex) I have broken the bars of your **yoke**.

ⓔ **yokel**
[jóukəl]
N 시골뜨기(rustic)
* **local yokel** 지방 경찰관, 지방사람

---

* **nect/nex** = 연결하다(link)

nexus	N 유대, 관계	연결고리(nexus)
connect	V 잇다, 연결하다, 연상하다	함께(con) 연결하다(nect)
connection	N 결합, 연결, 접속	함께(con) 연결(nect) 함(ion)
disconnect	V 끊다, 분리하다	connect의 반대(dis)
disconnection	N 분리, 절단	connection의 반대(dis)
annex	V 합병하다, 부과하다	~에게(an‹ad) 연결하다(nex)
annexation	N 합병	~에게(an) 연결(nex)됨(ation)

LINK = 연결하다(join), 휘다(bend)

link
[link]
N 고리, 연결, 연결하는 것   V 잇다, 연결하다   　연결하다
ex) The video cameras are **linked** to a powerful computer.

linkage
[línkidʒ]
N 결합, 연쇄, 연계, 결합장치   　연결
ex) This chapter explores the **linkage** between economy and politics.

flank
[flæŋk]
N 옆구리, 측면, 옆구리 살   　몸통과 다리의 연결부위
ex) The soldiers turned the enemy's **flank**.

flunky
[flʌ́ŋki]
N 제복을 입은 고용인(수위 등), 아첨꾼   　굽신 거리는(bend) 사람
ex) The hotel **flunkies** jumped to help him with his bags.

lank
[læŋk]
A (머리카락이 볼품없이) 곧은, 쭉 뻗은   　가늘고 길면서 잘 굽은
ex) She had **lank** hair and sallow skin.

JUR/JUD = 법(law), 맹세(swear)

juror(배심원)와 **jud**ge(재판관)등이 이곳 출신이다. 이 어근은 '**판단하다**'의 의미를 내포한다.

jury
[dʒúəri]
N 배심(원단), 여론의 귀결; 심사위원회   　판단하는 집단
* juror 배심원
ex) The **jury** chose an unexpected winner for the literary prize.

jurisconsult
[dʒùəriskánsʌlt]
N 변호사, 법률전문가, 민법학자   　법률적 상담을 하는 사람

jurisdiction
[dʒùərisdíkʃən]
N 재판권, 사법권, 관할구역, 권한   　법적인 (juris) 말(diction)
* jurisdictional 사법의   * juridical 사법[재판]상의(judicial)
ex) The court has no **jurisdiction** in cases of this kind.

jurisprudent
[dʒùərisprúːdnt]
A 법률[법리]에 정통한   N 법리학자   　법(juris)을 분별하는 (prudent)
* jurisprudence 법률학, 국법
ex) He was more a student of **jurisprudence** than a practitioner of the law.

juristic
[dʒurístik]
A 법률의, 사법적인; 법학도의, 법학자다운   　법률에 관한, 법률가의
* jurist 법률학자   * juristic act 법률행위

abjure
[əbdʒúər]
[맹세하고 (jure) 버리다(ab)]
V 맹세코 그만두다, 포기하다
* abjuration 포기
ex) He **abjured** his life of dissipation.

adjure [ədʒúər]
[강하게(ad) 서약하다(jure)]
V 간청하다, 엄명하다
* adjuration 탄원, 간청; 명령
ex) The judge **adjured** him to answer truthfully.

conjure [kándʒər]
[함께(con) 맹세하다(jure)]
V 불러내다, 출현시키다, 요술을 쓰다
ex) The chef **conjured** a fabulous gourmet meal using only the meager ingredients.

injure [índʒər]
V 상처를 입히다, 훼손하다
불(in) 공정하게(jure) 대하다
* injury 부상, 피해   * injurious 해가 되는   ⓢ trauma 외상, 정신적 충격
ex) Three people were killed and five **injured** in the crash.

objurgate [ábdʒərgèit]
V 심하게 꾸짖다, 비난하다
* objurgation 비난, 힐책
ⓢ chide 꾸짖다, 책망하다
ex) **Objurgations** and even threats of punishment did not deter the young hoodlum.

perjure [pə́:rdʒər]
[맹세를(swear) 가로지르다(per)]
V 위증케 하다
* perjury 위증
ex) The judge warned the witness not to **perjure** herself.

adjudicate [ədʒú:dikèit]
V 판결을 내리다; 선고하다; 심사원 노릇을 하다
강하게(ad) 판단(judic)하다(ate)
ex) The court **adjudicated** him guilty.

judicature [dʒú:dikətʃùər]
N 사법권; 법관의 권위, 재판 관할(구); 법원
판단(judic) 권(ature)
* the Supreme Court of Judicature [영] 최고 법원

judicious [dʒu:díʃəs]
A 사려 분별이 있는, 현명한
판단력(judic)이 있는(ious)
ex) We should try and make **judicious** use of the resources available to us.

prejudice [prédʒudis]
N 편견, 선입관; 침해, 손상
미리(pre) 내린 판단(judice)
V 편견을 갖게 하다, 선입관을 갖게 하다; (권리 등을) 해치다, 손해를 주다
ex) His unhappy childhood has **prejudiced** him against having children.

* 보너스 팁: 끝이 '-out'으로 끝나는 단어들 함께 외우기

bout	N 한바탕, 병치레, 시합		B(벌으로) out - 벌은 B로 시작
rout	N 패주, 대패, 떠들썩한 군중		R(run) out - 도망치니까 run
tout	N 암표상	V 암표를 팔다; 광고하다	T(ticket) out - 암표상의 표
clout	N 영향력, 때리기, 강타		Cl(클) out - 강타하면 크게 out
flout	V 법을 어기다, 무시하다		Fl(별) out - 무시하면 별 나와
stout	A 통통한, 튼튼한, 용감한, 굳센		St(숫) out - 숫놈의 기질이 나와

LATER = 측면(side)

lateral
[lǽtərəl]

A 옆의, 측면의   N 측면부

측면(later) 의 (al)

* **laterally** 측면으로
ex) **Lateral** thinking is a way of solving a problem by thinking about it imaginatively and originally and not using traditional or expected methods.

unilateral
[jùːnəlǽtərəl]

A 일면적인, 단독의, 일방적인

한(uni) 측면의 (lateral)

ex) We do not and cannot back any **unilateral** military actions against Iraq that are not sanctioned by the United Nations.

bilateral
[bàilǽtərəl]

A 양측의, 두 면이 있는

두 (bi) 측면의 (lateral)

ex) The government said Megawati's trip was aimed at strengthening **bilateral** ties between the two nations.

collateral
[kəlǽtərəl]

A 평행한, 부차적인; [상업] 담보로 내놓는

함께 하는 (col<con) 면의 (lateral)

ex) The television showed the bombed military bases but not the **collateral** damage to civilian areas.

equilateral
[ìːkwəlǽtərəl]

A 등변의; 등변형

동일한(equi) 면의 (lateral)

* **equilateral triangle** 정삼각형   * **inequilateral** 부등변의

trilateral
[tràilǽtərəl]

A 세 변이 있는   N 삼각형

세(tri) 면의 (lateral)

* **quadrilateral** 사변형의; 4변형, 사변형 요새지

matrilateral
[mæ̀trəlǽtərəl]

A (친척 등이) 어머니 쪽의

어머니 (matri) 쪽의 (lateral)

multilateral
[mʌ̀ltilǽtərəl]

A 다변의, 2개 이상이 관계가 있는

많은 (multi) 면의 (lateral)

ex) The United States has had limited contact with the Iranian government through established **multi-lateral** channels of communication.

latitude
[lǽtətjùːd]

N [지리] 위도; [pl] (위도상의) 지방, 지대; (견해·사상·행동 등의) 허용 범위[폭], 자유

lat(=wide) tude(명사형 어미)

* **longitude** 경도
ex) This island lies at a **latitude** of ten degrees north.

---

* abdomen = 배(belly)

abdomen   N (사람의) 배, 복부(belly)
abdominal N 배의, 복부의; [pl.] 복근
belly   N 배, 복부, 위; 식욕, 탐욕

앞 뜨면
(abdomen)
보이는 건
배리
(belly)

LECT/LEG = 모으다, 고르다, 읽다(gather, choose, read)

lect/leg : 모으다 (eg. collect)

analects [ǽnəlèkts]
N 어록, 선집
* the Analects of Confucius 논어

[다시(ana) 모은 것(lect) 들(s)]

collect [kəlékt]
V 모으다, 집합시키다, 추측하다
* collection 수집, 집합   * collective 수집하는, 모이는
① cull 따다, 고르다, 발췌하다 [cull<colligere]
② glean (이삭을) 줍다; 모으다 [그을린(glean) 들로 이삭을 줍다]

[함께(col) 모으다(lect)]

recollect [rèkəlékt]
V 회상하다; 생각에 잠기다, 명상하다
* recollection 회상, 기억
ex) She suddenly **recollected** she had left her handbag in the restaurant.

[다시(re) 함께(col) 모으다(lect)]

neglect [niglékt]
V 유의하지 않다, 경시(무시)하다   N 태만, 무시
* neglect of duty 의무의 태만

[(관심을) 못(neg) 모으다(lect)]

negligence [néglədʒəns]
N 부주의함, 태만, 소홀함, 무관심, 과실
* negligent 부주의한, 무관심한   * negligible 무시할 수 있는, 보잘것없는
ex) My mother accuses me of **negligence** unless I phone her every day.

[neglect 참고]

legion [líːdʒən]
N (로마) 군단, 군대, 다수, 군중, 무리, 많은 수
* legionaire (미국) 재향군인회 회원   * legionart 보병군단의
ex) Caesar's **legions** marched through France and into Britain.

[모인(leg) 것(ion)]

leech [líːtʃ]
N 거머리; 흡혈귀, 고리대금업자; 착취자
ex) He struggled through the swamp, tormented by mosquitoes and **leeches**.

[고리대금업자 = 거머리 (?)]

sacrilege [sǽkrəlidʒ]
N 신성모독죄; 죄 받을 일, 불경스러운 일
ex) It would be a **sacrilege** to put a neon sign on that beautiful old building.

[성물(sacri)을 집어가다(lege)]

college [kálidʒ]
N 단과대학, 대학교, 단체, 공동체, 학회, 협회
* collegiate 대학의, 대학생에 적합한; 대학조직   * collegial 대학의, 대학생활의

[함께(col) 모인 곳(lege)]

lect/leg : 고르다 (eg. select)

elect [ilékt]
V 선출하다, 선택하다, 결심하다   A 선택된, 당선된
* election 선출, 선택   * elective 선거의   * electorate (집합적) 유권자
ex) The present voting system distorts the wishes of the **electorate**.

[골라(lect) 내다(e(ex))]

eligible [élidʒəbl]
A 뽑을 수 있는, 입회자격이 있는   N 적격자, 적임자
* eligibility 피선거 자격, 입회자격, 적임, 적격성
ex) Are you **eligible** to claim a refund?

[골라(lig) 낼(ex) 수 있는(ible)]

eclectic
[ekléktik]

A 절충하는, 선택하는, 취사선택하는
* eclecticism 절충법 사용, 절충주의, 절충설
ex) He will be bringing his **eclectic** mix of hip-hop, breakbeat and jungle riffs to the Grand Ballroom for a one-night-only show.

끌라(lect) 내(ec<ex)는 (ic)

intellect
[íntəlèkt]

N 지성, 이지, 지식인
* intellection 사고, 개념, 이해   * intellectuality 지력, 지능, 지성
* intellective 지적인, 총명한   * intellectual 지력의, 총명한; 지식인
ex) Her writing appeals more to the **intellect** than the emotion.

사이에서(intel) 분별(lect)하는

intelligent
[intélədʒənt]

A 지성을 가진, 영리한, 재치 있는
* intelligence 지성, 이해력, 지능, 예지, 정보, 통신   * intelligible 알기 쉬운, 명료한
* counterintelligence 방첩활동, 대적 정보활동

intellect 참조

predilection
[prì:dəlékʃən]

N 선입적 애호, 편애; 역성; 매우 좋아함
ex) Ever since she was a child, she has had a **predilection** for spicy food.

머리(pre) 멀리(di) 고름 (lection)

select
[silékt]

V 선별하다, 선발하다   A 선발된, 뽑힌, 까다로운
* selective 선발의, 발췌하는   * selection 선발, 발췌, 선별
ex) As a teacher she was very **selective**, accepting only a small number of exceptionally gifted pupils.

떼 (se) 고르다(lect)

elegance
[éligəns]

N 우아함, 고상함, 품위있는 말(태도), 정밀함
* elegant 고상한, 기품 있는, 정밀한, [구어] 훌륭한
ex) He was famous for his **elegance** and wit.

선별H(leg) 반(e) 것(ance)

---

lect/leg : 읽다, 말하다 (eg. lecture)

lecture
[léktʃər]

N 강의, 설교, 훈계   V 강의하다, 훈계하다, 잔소리하다
* lecturer 전임 강사   * lectureship 전임 강사직
ex) Chemistry **lectures** were always boring to me.

읽고 말(lect) 하는 것 (ure)

lectern
[léktərn]

N 성서대
* lection 성서의 낭독, 독성
* lectionary (교회에서 읽는) 성구집, 일과표
ex) The speaker arranged her papers on the **lectern**.

읽는 (lect) 곳 (ern)
성서대, 강의대

legend
[lédʒənd]

N 전설, 전설적 인물; (도표 등의) 범례
* legendary 전설의, 믿기 어려운; 전설집   * legendize 전설화하다
ex) He became a **legend** in his own lifetime.

이야기 (leg) 되는 것 (end)

legible
[lédʒəbl]

A 읽기 쉬운, 명료한, 판독이 쉬운
* illegible 읽을 수 없는, 알아볼 수 없는
ex) Her handwriting is so bad that it is barely **legible**.

읽을 (leg) 수 있는 (ible)

lexicon
[léksəkən]

N 사전, 어휘집, 목록
* lexicology 사서학   * lexis 어휘
* lexicographer 사전 편찬가
ex) I cannot find this word in any **lexicon** in the library.

dialect
[dáiəlèkt]

[사이 에서(dia) 떨어짐(lect)]
N 방언, 변증법
* dialectal 방언의, 방언 특유의   * dialectical materialism 변증법적 유물론
* dialectic 논리(학), 변증법; 변증법적인, 논증을 잘하는
ex) A rich variety of **dialects** still exists throughout the country.

LEG = 보내다, 임명하다, 법(send, appoint, law)

legacy
[légəsi]

N 유산, 유물
* legate (로마) 교황 특사, 공식 사절; 유증하다
ex) An elderly cousin had left her a small **legacy**.

delegate
[déligət]

[아래로(de) 보 내게(leg) 하다(ate)]
N 대리자, 대표
V 대리로 파견하다, 대표자로 임명하다
* delegation 대표로 임명, 대표단, 대리위원 일행
ex) Some managers find it difficult to **delegate**.

relegate
[réligeit]

[다시(re) 보 내게(leg) 하다(ate)]
V 좌천시키다, 내쫓다, 격하시키다; 위탁하다
ex) He **relegated** the task to his assistant.

legal
[líːgəl]

[법(leg) 의(al)]
V 법률의, 합법적인, 법률로 인정된, 변호사의
* legality 법률, 합법   * legalize 합법적으로 하다   * illegal 불법의, 위법의
* extralegal 법률로 제정되지 않은, 법률로 처리가 안 되는

legislate
[lédʒisleit]

V 법률을 제정하다, 입법하다
법(legis)을 나르다(late)
* legislation 법률제정   * legislature 입법부
ex) They promised to **legislate** against cigarette advertising.

legitimate
[lidʒítəmət]

A 합법적인, 합리적인, 적당한   V 합법화하다
법(leg) 조항(itim)을 만든(ate)
* legitimacy 적법, 합법성   * legitimation 합법화, 정당화
ex) The army must give power back to the **legitimate** government.

allege
[əlédʒ]

V 단언하다, 우겨대다, (법정에서) 진술하다
법(lege)에 따르다(al)
* alleged (근거 없이) 주장된, 의심스러운   * allegedly 주장하는 바에 의하면
* allegation 확언, 주장, (증거 없는) 진술, 변명
ex) It was **alleged** that Johnson had struck Mr. Brown on the head.

LIBER/LIVER = 자유로운(free)

자유의 여신상은 영어로 Statue of Liberty이다. 어근 'liber'는 '자유로운'의 뜻이다.

liberal
[líbərəl]
A 너그러운, 공정한; 풍부한   N 자유주의자
* liberalism 자유주의   * liberality 관대, 후함
ex) I am a liberal person opposed to all unnecessary state limitation.

자유(liber) 로운(al)

liberate
[líbərèit]
V 해방하다, 석방하다
* liberty 자유, 해방, 특권   * liberation 해방, 석방, 해방운동
ex) Russia will liberate all arrested or deported inhabitants of Esthonia.

자유롭게(liber) 하다(ate)

libertine
[líbərtì:n]
N 방탕자, 난봉꾼   A 방탕한
* libertinism 자유사상
ex) Although she was aware of his reputation as a libertine, she loved him.

자유로운(libert) 자(ine)

※ 또 다른 낯짝 lecher도 함께 공부하자. 어근 'lech'은 '핥다(lick)'의 뜻이다.

lecher
[létʃər]
N 호색가
* lechery 호색, 색욕, 음란한 행위
* lecherous 호색의, 음란한, 색욕을 자극하는
ex) If you believe his novels, all bankers are hypocrites and lechers.

deliver
[dilívər]
[아래로(de) 놓아주다(liver)]
V 인도하다, 배달하다, 해방시키다; 분만하다
* delivery 배달, 인도; 분만   * deliverance 구출
ex) The doctor delivered her of a girl.

LIC/LICIT = 허가(permit), 자유(freedom)

license
[láisəns]
N 면허, 방종   V 면허하다

허락(lic) 함(ense)

licentiate
[laisénʃiət]
N (개업) 유자격자, 면허장 소유자
ex) Lavoisier became a licentiate allowed to practice his profession.

허용 된(licenti) 사람(ate)

licentious
[laisénʃəs]
A 방탕한, 음란한
ex) You are looking at the licentious cartoon page.

(너무) 허용(licent) 된(ious)

licit
[lísit]
A 합법의
* illicit 불법의
ex) You must use public money only for licit purposes.

허용(lic) 된(it)

leisure
[líːʒər]
N 여가

허락된 시간

LIC = 유혹하다(entice), 올가미(snare)

어근 'lic'은 원래 '유혹하다' 또는 '올가미'의 의미인데, 이것이 '유쾌한, 즐거운(pleasing)' 등의 의미로까지 발전하게 되었다. '유혹'이란 항상 '즐겁게' 하지 않고는 불가능한 것 아닌가!

delicious [dilíʃəs]
N 맛좋은, 향기로운, 상쾌한, 즐거운
ex) Who cooked this? It's **delicious**.

강하게(de) 끄(lic)는(ious)

luscious [lʌ́ʃəs]
A 달콤한, 맛있는, 향기가 좋은; 기분이 좋은, 감미로운; 화려한; (여자가) 뇌쇄적인, 관능적인
ex) The roses in the garden are in **luscious** full bloom.

delicate [délikət/-it]
[즐거운→예쁜→섬세한→약한]
A 섬세한, 연약한, 깨지기 쉬운; 고운, 아름다운
* delicacy 섬세, 고움, 사려깊음   ⓝ nicety 정확, 정밀, 섬세, 우아한 것, 맛있는 것
ex) She handled the situation with great sensitivity and **delicacy**.

elicit [ilísit]
V 끌어내다, 유도하다
* elicitation 유도, 끌어냄
ex) The speech made by Dr. Lee **elicited** much criticism in educational circles.

밖으로(e<ex) 끌어내다(licit)

lace [leis]
N 끈, 레이스 V 레이스로 장식하다; 묶다
* enlace 레이스로 장식하다, 끈으로 매다; 에워싸다(encircle), 얽히게 하다

올가미란 뜻에서

delectation [di:lektéiʃən]
N 기쁨, 환락, 유쾌함
* delectable 즐거운, 유쾌한

매우(de) 즐거(lect)움(ation)

delight [diláit]
N 기쁨, 환희, 낙 V 매우 기쁘게 하다, 즐겁게 하다
* delighting 즐겁게 하는, 기쁘게 하는   * delighted 기뻐하는, 즐거워 하는
* delights the eyes 눈요기가 되다   * with delight 기꺼이
ex) We **delight** to serve Jesus.

매우(de) 즐거움(light<lic)

dilettante [dílətá:nt]
A 아마추어의, (전문적이 아닌) 도락의
N 문학 예술의 애호가; 도락 예술가, 아마추어 평론가
ex) There is something of the **dilettante** about him.

즐거워(dilett) 하는 사람(ante)

* hap = 떨어지다(fall)

haphazard	N 우연한 기회, 사건, 호기; 우연한	위험(hazard)이 떨어짐(hap)
happen	V 발생하다, 우연히 발생하다	떨어지게(hap) 되다(en)
happiness	N 행복, 만족	행복 = 하늘에서 뚝 떨어지는 것
mishap	N 불운, 불행한 사건	잘못(mis) 떨어진(hap) 일
hapless	A 운이 나쁜, 불운한	떨어지는 것(hap)이 없는(less)

* joy = 기쁨(joy)

joy	N 기쁨, 행복, 환희, 기쁨의 근원	기쁨
enjoy	N 즐기다; 향유하다, 누리다, 즐겁게 보내다	기쁨(joy) 안으로(en)
rejoice	N 기쁘게 하다; 기뻐하다, 좋아하다; 누리고 있다	강하게(re) 기뻐하다(joice)

LIMIT/LIMIN = 경계, 한도(limit)

어근 limit은 그대로 limit(경계)의 의미를 지닌다.

limit
[límit]
N 한계(선), 극한, 한도; 제한 V 한정하다; 제한하다   〔경계(limit)〕
* limitation 한정, 제한, 한계   * limitary 제한적인; 경계(상)의; 한정된
ex) There is a limit to everything. 모든 일에는 한계가 있는 법이다

eliminate
[ilímənèit]
V 제거하다, 삭제하다; 탈락시키다   〔경계(limin) 밖으로 (ex) 하다(ate)〕
* elimination 제거, 삭제, 탈락
ex) He was eliminated in the third round of the competition.

preliminary
[prilímənèri]
A 예비적인, 준비의; 서문의; 임시의; 시초의   〔경계선(limin) 앞(pre) 의(ary)〕
N [보통 pl.] 예비 행위, 준비; 서두, 서문(to); 본 경기 이전의 개막 경기
* without preliminaries 단도 직입적으로, 군말을 빼고 바로
ex) We've decided to change the design based on our preliminary findings.

sublime
[səbláim]
A 최고의, 고귀한; 장엄한, 숭고한; 멋진; 심한   〔극 한점(lime) 아래(sub)〕
N [the ~] 장엄, 숭고; 지고 V [화학] 승화시키다(되다); 정화시키다(되다)
ex) There is but one step from the sublime to the ridiculous. 숭고함과 우스꽝스러움은 종이 한 장의 차이이다 (나폴레옹 1세)

limb
[lim]
N 가장자리, 둘레; 사지, 팔다리, 날개, 큰 가지   〔경계선(limb)〕
* limbus [生] 가장자리, 둘레
ex) The accident victims mostly had injuries to their lower limbs.

limbo
[límbou]
N 지옥의 변방, 유치장, 교도소; 중간 상태   〔경계선(limb)에 있는 곳(o)〕
ex) Until we've got official permission to go ahead with the plans we're in limbo.

LANGUE/LINGU = 혀(tongue), 언어(language)

language는 원래 혀를 뜻하는 라틴어였는데, 여기에서 언어란 말까지 발달하게 되었다.

lingual
[língwəl]
A 혀의, 설음의; 설음   〔혀, 언어(lingu) 의 (al)〕
* sublingual 혀 밑의   * sublingual gland 혀 밑샘

linguistic
[liŋguístik]
A 어학의; 언어학의, 언어 연구의   〔언어(lingui) 학의 (stic)〕
* linguist 어학자   * linguistics 언어학
ex) It is impossible to explain all the linguistic nuances in detail.

lingo
[língou]
A 알 수 없는 말; 외국어, (특정 집단의) 용어   〔언어(lingo)〕
ex) Rick spends his days mastering the lingo of young girls in cyberspace.

bilingual
[bàilíŋgwəl]
A 두 나라 말을 하는   〔2개(bi) 언어(lingu) 의 (al)〕
* multilingual 다국어를 하는
ex) The book was sold together with a set of bi-lingual CDs.

| harangue
[həræŋ] | N 긴 연설, 장광설　　V 연설을 늘어 놓다
ex) A general makes a **harangue** to his troops on the eve of a battle. |

GLOS/GLOT = 혀(tongue), 언어(language)

glos/glot 역시 혀를 뜻하는 그리스어에서 유래했다. '글로 쓰(glos)' 는 것이 언어.

| glossary
[glɔ́səri] | N 어휘, 용어풀이
* **glossarial** 어휘의　　* **glossarist** 언어 주석자
ex) Here is a **glossary** of frequently used terms. |

| glottal
[glátl] | A 성문(聲門)의
* **glottal stop** 성문 폐쇄음　　* **glottis** 성문
ex) The space between the vocal cords is called the **glottis**. |

| epiglottis
[èpəglátis] | N 후두개
ex) After swallowing the **epiglottis** returns to its original upright position. |

| polyglot
[páliglàt] | A N 수개 국어에 통하는 [사람]
ex) There should be **polyglot** waiters who can tell us when the train starts. |

LETTER/LITER = 쓰여진 것(letter)

letter(편지)는 '쓰여진 것'이다. litter 역시 letter와 동일 어근에서 출발했다.

| letterhead
[létərhèd] | N 편지지 위쪽의 문구; 그것이 인쇄된 편지지
ex) I write letters to customers on the company **letterhead**.. |

| literal
[lítərəl] | A 글자 그대로의(↔figurative); 융통성 없는
* **literally** 글자 그대로, 사실상　　* **literalize** 글자그대로 해석하다
* **literatim** 문자 그대로(의), 원문대로(인)　　* **litany** 호칭기도, 장황한 설명
ex) The **literal** meaning of 'petrify' is 'turn to stone'. |

| literacy
[lítərəsi] | N 유식함, 유식자; 글을 읽고 쓰는 능력
* **illiteracy** 문맹; 무식; [보통 pl.] (무식해서) 잘못 말하기[쓰기]
ex) I work with the adult **literacy** program. |

| literate
[lítərit] | A 읽고 쓸 줄 아는
* **illiterate** 글을 알지 못하는, 무식한
ex) I teach teachers how to be financially **literate**. |

| literature
[lítərətʃùər] | N 문학, 저술, 문헌
* **literator** 문인　　* **popular literature** 대중문학　　* **literati** 문학자들, 지식계급
ex) Dr. Kwak has immense knowledge of Indian history and **literature**. |

| alliterate
[əlítərèit] | V 두음을 맞추다
* **alliteration** 두운 |

obliterate
[əblítərèit]

V 흔적을 없애다, 말살하다

* **obliteration** 삭제, 망각
ex) The building was completely **obliterated** by the bomb.

글자를 없애다

transliterate
[trænslítərèit]

V 음역하다

* **transliteration** 음역　　* **transliterator** 음역자
ex) **Transliterator** will not work without Java.

옮겨(trans) 쓰다(literate)

literalism
[lítərəlìzm]

N 직해주의; 문자대로 해석함; 직사(直寫)주의

ex) The **literalism** of most TV news now is shocking and depressing.

문자 그대로(literal) 주의(ism)

LINQU/LICT/LIP = 남기다, 버리다(leave)

leave(남기다)도 여기에서 유래하였다. 생김새를 보지 말고 발음의 유사성을 생각해보자.

delinquency
[dilíŋkwənsi]

N 직무태만, 의무 불이행; 체납; 과실, 범죄

* **delinquent** 직무 태만의; 비행을 저지른; 미납의, 체납한; 태만자; 범법자; 비행 소년
ex) He had no history of **delinquency**.

(일을) 아래(de) 남김(linquency)

relinquish
[rilíŋkwiʃ]

V 포기하다, 양도하다

* **relinquishment** 포기, 양도
ex) The hungry dog refused to **relinquish** the enormous beef bone.

뒤로(re) 버리다(linquish)

delict
[dilíkt]

N [法]불법행위, 범죄

* **in flagrant delict** 범법중에 있는
ex) The criminal was caught in flagrant **delict**.

아래로(de) 취진 행동(lict)

relic
[rélik]

N (~s) 유물, 유적, 기념물, 자취

* **relict** 잔존 생물, 잔존자; 미망인, 과부
ex) Because of Taliban's irresponsible act, the world lost a historic **relic**.

뒤에(re) 남겨짐(lic)

derelict
[dérəlìkt]

A 버려진, 직무태만의; 폐기물

ex) The land lay **derelict** for ten years.

아래로 취진 (것)

eclipse
[iklíps]

N [천문] 식; 빛을 잃음, 퇴색

* **a lunar eclipse** 월식　　* **a solar eclipse** 일식
ex) Her work was in **eclipse** for most of the 20th century.

leaved(lipse) out(ec(ex)

ellipsis
[ilípsis]

N 생략

* **elliptic/elliptical** 타원형의, 생략법의
ex) **Ellipsis** and condensation are characteristics of poetry.

안(el)에 버려둠(lipsis)

ellipse
[ilíps]

N 타원, 타원궤도, 타원운동

* **ellipsoid** 타원체, 타원면
ex) Most planetary orbits are not circles but **ellipses**.

반드로 남겨진 부분이 있는 원?

LIQU = 액체(fluid), 녹이다(melt)

liquor는 원래 **흐르는**(liqu) **것**(or), 즉 **액체**를 의미했는데, 술이라는 의미로까지 확대되었다.

liquid
[líkwid]
- N 액체   A 액체의
- * liquidity 유동성, 투명   * liquidize 액화하다
- ex) She poured the dark brown **liquid** down the sink.

액체

liquor
[líkər]
- N 알코올 음료, 액체, 물약
- V 술에 취(하게) 하다; (엿기름·약초 등을) 물에 담그다
- * liquorish 술을 좋아하는   * liquor-up 음주   * liqueur 향료를 가미한 술

액체(liqu)로 된 것(or)

liquify
[líkəfài]
- V 녹이다, 녹다; 용해시키다; 액화하다
- * liquefied petroleum gas 액화 석유 가스   * liquefied natural gas 액화 천연 가스

액체(liqui)로 만들다(fy)

liquidate
[líkwidèit]
- V 청산하다, 빚을 갚다, 폐지하다; 없애다
- * unliquidated 미청산의, 결산되지 않은
- ex) The government tried to **liquidate** the rebel movement and failed.

녹여(liquid) 없애다(ate)

liquation
[làikwéiʃən]
- N 액화; [야금] 용석, 용출
- ex) **Liquation** is a metallurgical method for separating metals from an ore or alloy.

아래의 영어로 된 뜻 들이 참조

liquefaction
[lìkwifǽkʃən]
- N 액화, 용해
- * liquefaction of coal 석탄 용해   * liquefacient 액화제, 용해제
- * liquefactive 액화(성)의, 용해성의, 액화하기 쉬운

액체(lique)로 만듬(fact+ion)

liquescence
[likwésns]
- N 액화 상태
- * liquescent 액화하기 쉬운; 액화 상태의

액체(lique) 상태(scence)

deliquesce
[dèləkwés]
- V 용해하다, [화학]조해(潮解)하다; 녹여 없애다

melt(liquesce) away(de)

* ~~temun~~ = 술 (liquor)

abstemious   A (음식을) 절제하는;검소한, 삼가는; 금욕적인
* **sobriety**   N 술 취하지 않음; 절주, 금주; 맑은 정신; 침착, 얌전
* **sober**   A 취하지 않은, 맑은 정신의; 침착한, 얌전한
* **staid**   A 침착한, 착실한; 안정된, 불변의   [stay의 과거분사]

LONG = 긴(long)

longevity
[londʒévəti]
- N 장수, 수명, 근속기간
- ex) He attributed his **longevity** to two factors - taking exercise and not smoking.

오랜(long) 시간(ev) + ity

longhead
[lɔ́ŋhèd]
- N 머리가 긴 사람; 장두; 선견지명
- * longheaded 머리가 길쭉한, 선견지명이 있는, 머리가 좋은

머리가 긴, 길게 보는 머리

longitude
[lάndʒətjùːd]

N 경도

* **longitudinal** 경도의, 날줄의
ex) Iceland is at a longitude west of the Greenwich meridian.

길(longi) 상태(tude)

along
[əlɔ́ːŋ]

ad 따라서, 앞으로, 동반하여

* **alongside** 나란히   * **alongshore** 바닷가를 따라

길(long) 쪽으로 (a)

elongate
[ilɔ́ːŋgeit]

N 길게하다, 연장하다

* **elongation** 연장
ex) The cells **elongate** as they take in water.

밖으로 (e) 길게(long) 하다(ate)

oblong
[άblɔːŋ]

N A 직사각형(의); 타원형(의)

ex) He reported sighting a grey, **oblong** object flying at high altitude.

길(long) 비향(ob)이 있음

prolong
[prəlɔ́ːŋ]

N 늘이다, 길게 하다, 연장[연기]하다

* **prolongation** 연장, 연장구역   * **a prolonged visit** 장기체류
ex) **Prolonged** use of the drug is known to have harmful side-effects.

앞쪽으로 (pro) 길게 하다(long)

length
[leŋθ]

N 길이, 장단

* **lengthen** 길게 하다

long의 명사형

longbill
[lɔ́ŋbìl]

N 도요새(부리가 긴 새)   A 긴 부리가 있는

ex) I bought a **longbill** hat with flaps.

긴(long) 부리(bill)

longways
[lɔ́ːŋwèiz]

N 세로

ex) The eggplant, sliced **longways** and wafer-thin was crisp and tender

긴(long) 쪽(ways)

LAV/ LUV/ LUT = 씻다(wash)

화장실, 또는 세면실(lavatory)는 씻기(lava) 위한 장소(ory)이다.

---

lava
[lάvə, lǽvə]

N 용암, 화산암

* **a lava bed** 용암층
ex) The **lava** flows out of cracks that open in the surface of the planet.

용암은 모든 것을 씻어 버림

lave
[leiv]

V 씻다, 목욕하다

* **lavement** 목욕, 관장   * **laver** 유대의 사제가 손발을 씻는데 쓰는 놋대야

씻다

lavatory
[lǽvətɔ̀ːri]

N 세면소, 화장실

* **lather** 비누거품   * **lye** 세탁용 알칼리 액

씻는 (lava) 장소 (tory)

lavish
[lǽviʃ]

A 아끼지 않는, 마음이 후한   V 낭비하다; 후하게 주다

* **lavishment** 낭비   * **lavishly** 아낌없이   ⊕ **largess** 많은 부조, 아낌없이 주기
⊕ **squander** 낭비하다, 탕진하다; 산재시키다
ex) He was **lavish** in his praise for her paintings.

돈을 물 쓰듯 하는

ablution
[əblúːʃən]
N 목욕, 세정식

씻어서(lut) 때버(ab) 냄(ion)

* **ablute** (얼굴, 손을) 씻다   * **ablutionary** 세정식의   * **abluent** 세척하는; 세제
ex) **Ablution** is part of some religious ceremonies.

dilute
[dilúːt]
V 묽게 하다, 희석하다; 희박하게 하다

멀리(di<dis) 씻어냄(lute)

* **diluent** 묽게 하는, 희석하는; 희석제   * **dilution** 희석, 희석도
ex) **Dilute** the juice with water before you drink it.

deluge
[déljuːdʒ]
[아래(de) 씻어버림(luge)]
N 대홍수, 범람   V 범람하다
ex) A **deluge** is a flood, but the word is often used figuratively.

alluvial
[əlúːviəl]
A 충적기의   [~쪽으로 (al<ad) 씻음 (luv)]
* **alluvium** 충적토
ex) Some **alluvial** deposits are a rich source of diamonds.

diluvium
[dilúːviəm]
N [지질] 홍적층, 대홍수

washed-away(di) layer(ium)

* **diluvian** 홍적세의   * **antediluvian** 대홍수 이전의, 태고의
* **diluvial** (특히 노아의) 대홍수로 생겨난, 홍적층기의
ex) Ancient Egypt kingdom has been founded after **diluvium** by Atlantean refugees.

elutriate
[ilúːtrièit]
V 깨끗이 씻다, 걸러내다

밖으로 (e<ex) 씻다 (lutriate)

* **elutriation** 세척
ex) A mixture of coal and sand particles having sizes smaller than 0.1 mm in diameter is to be separated by screening and subsequent **elutriation** with water.

pollute
[pəlúːt]
V 더럽히다, 오염시키다, 모독하다

씻기 (lute) 전(pol<por)

* **polluted** 오염된   * **pollutive** 오염을 일으키는   * **pollution** 공해, 오염
ex) A pristine mountain stream is a stream that hasn't been **polluted**.

laundry
[lɔ́ːndri]
N 세탁, 세탁물, 세탁소
* **launder** 세탁하다
ex) The hotel has a **laundry** service.

lotion
[lóuʃən]
[씻는 (lot) 것 (ion)]
N 세척제, 외용 물약; 화장수, 로션

* **clean** = 깨끗하게 하다(clean)

| clean | A 깨끗한, 순결한   V 깨끗하게 하다, 청소하다 | 깨끗한(clean) |
| cleanse | V 청결하게 하다(clean), 일소하다(sweep) | 깨끗하게 하다(cleanse) |

* **terg/ters** = 정화하다, 씻다(cleanse)

terse	A 간결한, 요령 있는	청소된
terseness	N 간결	깔끔
abstersion	N 세정, 정화(a cleansing)	씻어(ters) 버리는 (abs) 것 (ion)
deterge	V (상처 등을) 깨끗이 하다(to cleanse)	씻어(terge) 내다 (de=away)
detergent	N 세제	씻어(terg) 내는 (de) 것 (ent)

496

MACRO = large / MICRO = small

macrobiotics
[mækroubaiátiks]
N 장수, 장수식 연구
* macrobiotic 장수식의
ex) Macrobiotics is a way of life characterized by a special diet said to optimize the balance of yin and yang.

큰(macro) 생명(bio) 연구(tics)

macrocosm
[mǽkroukàzm]
N 대우주, 전역, 전범위
ex) Some sociologists view society as a macrocosm.

큰(macro) 우주(cosm)

macroscopic
[mækrəskápik]
A 육안으로 보이는
ex) In short, macroscopic anomaly is that an animal and a plant act extraordinarily because something happens.

크게(macro) 보이(scop) 는(ic)

macron
[méikrɑn]
N 장음부
* put a macron 장음부를 붙이다

큰(macr) 부호(on)

microbe
[máikroub]
N 세균, 미생물
* microbe bomb 세균탄
ex) This toilet cleaner gets rid of germs and microbes.

작은(micro) 생명체(be)

microbiology
[máikrobaiálədʒi]
N 미생물학, 세균학
ex) Microbiology is the study of very small living things, such as bacteria.

작은(micro) 생물(bio) 연구(logy)

microscope
[máikrəskòup]
N 현미경
* microscopic 현미경의, 극미의
ex) They are looking at the blood samples under the microscope.

작은 것(micro)을 봄(scope)

microsome
[máikrəsòum]
N 미립체
ex) In cell biology, a microsome is a small vesicle that is derived from fragmented endoplasmic reticulum produced when cells are homogenized.

작은(micro) 물체(some)

microeconomics
[máikrouekənámiks]
N 미시경제학
* macroeconomics 거시경제학
ex) Microeconomics the part of economics in which small parts of an economy are studied, for example particular goods, businesses, etc.

작은 관심(micro) economics

MAGN/MAX/MAJ = 큰, 위대한(great)

너무 커서 앞을 모두 막은(magn) magn, 위대한(?) 커피 맥심(maxim), 위대하신 폐하 majesty의 maj.

magnanimous
[mægnǽnəməs]
A 도량이 넓은, 관대한
* magnanimity 도량, 너그러움
ex) Arsenal's manager was magnanimous in victory, and praised the losing team.

큰(magn) 마음(anim) 의(ous)

magnate
[mǽgneit]
N 고관, 유력자 큰(magn) 인물(ate)
* an oil magnate 석유왕   * magnicide 요인암살
ex) He was once a well-known shipping **magnate**.

magnify
[mǽgnəfài]
V 확대하다, 과장하다 크게(magni) 만들다(fy)
* magnification 확대, 찬미
ex) Although your skin looks smooth, when **magnified** it is full of bumps and holes.

magnificent
[mægnífəsnt]
A 장대한, 훌륭한 크게(magni) 만드(fic)는(ent)
* magnificently 훌륭하게   * magnificence 장대함
ex) This book is a magnificent piece of writing.

magniloquent
[mægníləkwənt]
A 허풍떠는, 과장된 크게(magni) 말(loqu)하는(ent)
ex) It is one of the most **magniloquent** speeches I've ever come across.

magnitude
[mǽgnətjùːd]
N 크기, 양, 중대성 큰(magn) 상태(tude)
ex) They don't seem to grasp the **magnitude** of the problem.

magnet
[mǽgnit]
N 자석, 마음을 끄는 것 '터키 Magnesia산의 돌'에서
* magnetic 자석의, 마음을 끄는
ex) He is a **magnet** for girls.

magistrate
[mǽdʒəstrèit]
N 행정장관, 지사, 치안판사 큰(magi) 행정가(strate)
ex) He is to appear before the **magistrates** today.

majesty
[mǽdʒəsti]
N 위엄, 권위; (M-) 폐하 위대한(maj) 사람(esty)
ex) He was awed by the **majesty** of the mountain.

majestic
[mədʒéstik]
A 장엄한, 위엄 있는, 당당한 majesty + ic
ex) The **majestic** Montana scenery will leave you breathless.

major
[méidʒər]
A 대부분의, 주요한; 성년이 된 큰(maj + or)
N 성년; 전공과목; 육군소령, 상사   V 전공하다; 우쭐거리다
* major general 육군소장
ex) I am **majoring** in biology.

majority
[mədʒɔ́ːrəti]
N 대부분, 과반수, 성년, 다수당 큰(major) 것(ity)
ex) The **majority** of the employees have university degrees.

maxim
[mǽksim]
N 격언 최대의(maxim) 격반
ex) He often preaches the **maxim** of 'use it or lose it.'

maximize
[mǽksəmàiz]
V 극한까지 증가하다 극대(maxim) 화하다(ize)
ex) The car's interior has been designed to **maximize** comfort.

maximum [mǽksəməm]	N 최대 * maximum dose 극량 * maximum pressure 최대압력	최대의 (maxim) 것 (um)

* 소리(phone)를 크게(mega)하는 megaphone의 'mega'도 함께 공부하자

megabit	N 메가비트 (기억용량의 단위; 100만 bit)
megabuck	N 거금, 100만 달러
megalopolis	N 거대도시
megaphone	N 확성기, 메가폰

* 어근 'maha' 역시 '큰, 거대한'의 의미를 갖는다. 별로 쓸만한 단어는 없지만 참조하자.

maharaja	N (인도의) 대왕
mahatma	N (인도의) 대성인
Mahayana	N 대승불교 (소승불교는 Hinayana)
Mahomet	N 마호멧 (큰 인물이라는 뜻에서 유래)

위대한 사람 Mahatma 간디

* 어근 'grand' 역시 '큰, 거대한'의 의미를 갖는다.

grand	A 웅장한, 장대한	
grandeur	N 장엄함, 위엄	
grandiose	A 거창한, 거창하기만 한	그랜저(grandeur)의 웅장함
grandiloquence	N 호언장담, 큰소리, 자랑	
aggrandize	N 크게 하다, 확대하다; 강화하다	

MEAS/MENS = 측정하다(measure)

어근 meas는 그대로 measure(측량)의 의미이다. Mens는 변형이다.

measure [méʒər]	N 치수, 분량, 무게, 도량법 V 재다, 어울리게 하다 * measured 측정한, 신중한, 표준에 맞는 * measurement ex) His passion for jazz dance knows no **measure**.	측정하는 (meas) 단위 (ure)
admeasure [ædméʒər]	V 할당(배분)하다, 재다, 개량하다 * admeasurement 할당, 배분, 계량, 측정 ex) No class room shall **admeasure** less than 38 square meter.	측정하여 ~에게(ad) 할당하다
commeasure [kəméʒər]	V 동일한 넓이(크기)를 가지다 * commeasurable 같은 넓이의	같게(com) 측정되다(measure)
immeasurable [iméʒərəbl]	A 헤아릴(측정할) 수 없는, 광대한 * immeasurably 헤아릴 수 없이 ex) Christian hymnody is filled with poetic efforts to express the **immeasurable** greatness of the love of God.	측정할 수 (able) 없는 (im<in)
overmeasure [óuvərmèʒər]	V 넘치게 재다 N 과대한 평가; 잉여 ex) If you do so, you will **overmeasure**, adding too much of the ingredient.	넘게(over) 측정하다(measure)

mensural
[ménsərəl]
A 도량에 관한, [음악] 정률의   측정(mensur)에 대한(al)
* **mensurable** 측정할 수 있는   * **mensuration** 측정, 측량
ex) The melody is given in **mensural** notation in the section on the recorder.

commensurate
[kəménsərət]
A 같은 분량의   같게(com) 측정 되는(ate)
* **commensurable** 동일단위를 계량할 수 있는   * **commensuration** 같은 양 (면적, 크기)
ex) Ernie's salary is **commensurate** with his abilities.

dimension
[diménʃən]
N 치수, [수학] 차원, 용적   멀리(di) 측정(mens)한(ion)
* **dimentional** 치수의, 차원의   * **dimentionless** 크기가 없는
ex) We measured the dimensions of the kitchen.

immense
[iméns]
A 막대한, 헤아릴 수 없는, 거대한   측정(mense)하지 못하는(im)
* **immensity** 광대함, 무한함   * **immensely** 무한히
ex) There is still an **immense** amount of work to be done.

countermeasure
[káuntərmèʒər]
N 대응책, 대항수단   반대되는(counter) 조치
ex) After the championship ends, we will analyze it deliberately to bring out a **countermeasure**.

* 길이의 단위로 사용하는 meter도 그대로 측정.길이의 의미이다.

metrology
[mətrálədʒi]
N 도량형학   측정(metro)을 연구한(logy)
ex) **Metrology** addresses dimensional, mass and flow measurements.

metrics
[métriks]
N 운율학, 작시법   측정 → 박자 → 운율
* **metrician** 작시가, 운율학자   * **metrical** 운율의, 측량의

LIBR = 저울, 균형(balance)

libra
[líːbrə]
N 중량의 파운드, 통화 파운드; [L~] 천칭자리   저울(libra)
ex) I was born on the cusp between Virgo and **Libra**.

librate
[láibreit]
V 흔들리다, 떨다; 균형이 잡히다   균형(libr)을 이루다(ate)
* **libration** 균형, 진동(oscillaltion)

deliberate
[dilíbərət]
A 계획적인, 의도적인, 생각이 깊은   마음속에서 저울질 하다
ex) They are **deliberating** what he said.

equilibrate
[ikwíləbrèit]
V 평행시키다, 균형잡다   똑같이(equi) 균형(libr)을 잡다
* **equilibrium** 균형, 평행
ex) After the divorce, he needed some time to regain his **equilibrium**.

* 한편 물의 깊이를 재는 단위, fathom도 함께 공부하자.

fathom
unfathomable
N 길(6피트), 이해, 통찰   V 이해하다, 통찰하다
A 잴수 없는, 깊이를 헤아릴 수 없는; 난해한

plumb = 납(lead)

plumb	N 추, 수직	V 수직으로 하다, 깊이를 재다
plummet	N 다림추; 낚싯봉, 다림줄; 중압;급하락, 폭락	
	V 똑바로 떨어지다 (down); 뛰어들다, 폭락하다	
plumber	N 배관공, 비밀 누설을 막는 사람	

납덩어로 만든 추 plumb
납덩이가 달린 plummet
* 납을 달아 내리면 수직
lead worker (수도 관이 납이 있음)

MED/MID = 중간(middle)

middle의 mid는 중간의 뜻이다. 중간에서 대중에게 전달하는 mass media도 여기에서 왔다.

median [míːdiən]   A 중간의   N 중앙치   중간(med)에 있는 (an)
* medial 중간의, 중앙의, 보통의
ex) Maryland's **median** household income was $55,394 in 2002.

mediate [míːdièit]   V 조정하다, 화해시키다   A 중개의, 간접적인   중간(medi)에 들어가다(ate)
* mediation 화해, 조정
ex) You can only **mediate** if you understand the other side.

medieval [mìːdiíːvəl]   A 중세의   중간(medi) 시대의 (ev + al)
* medievalism 중세사조
ex) Inevitably, parallels have been drawn between Romania's **medieval** and modern rulers.

mediocre [mìːdióukər]   A 이류의, 좋지도 나쁘지도 않은, 보통의   중간(medi)으로 오름 (ocre)
* mediocrity 평범, 이류, 범인(凡人)
ex) The conference is just a step or two above **mediocre**.

medium [míːdiəm]   N 중간, 중용, 매체, 영매   A 중간의, 보통의   중간(medi)에 있음 (um)
* mass-media 대중매체
ex) He was a handsome man of **medium** height.

immediate [imíːdiət]   A 직접적인, 인접한, 즉시의   중간(medi)이 없(im)는 (ate)
* immediateness 직접, 당돌   * immediately 곧
ex) We must make an **immediate** response.

intermediate [ìntərmíːdiət]   A 중간의   N 중간단계   V 중계하다   사이(inter) 중간(medi) 의 (ate)
* intermediary 중간의
ex) There are three levels of difficulty in this game: low, **intermediate** and high.

midst [midst]   N 중앙; 한가운데   사이(inter) 중간(medi) 의 (ate)
ex) Such beauty was unexpected in the **midst** of the city.

moiety [mɔ́iəti]   N 절반; 일부   중간까지만

MEDIC = 치료하다(cure)

약(medicine)은 치료하기(medic) 위해 만들어 진 것(ine)이다.

medicable [médikəbl]
A 치료할 수 있는
* medic 의사, 위생병
ex) Tibetan traditional medicine has been proved **medicable**.

치료할(medic) 수 있는(able)

medical [médikəl]
A 의학의, 내과의, 의료의   N 의사, 건강진단
* medical center 의료 센터   * medical doctor(M.D) 의사, 의학박사
ex) Her acceptance by the **medical** school elated her.

치료(medic) 하는(al)

medicament [midíkəmənt]
N 약, 약제
ex) The **medicaments** has a painkilling effect.

치료하는(medic) 것(ament)

Medicaid [médikèid]
N (65세 이하 저소득층을 위한) 국민의료보장제
* Medicare 노인을 위한 의료보험제도

의료(medic)를 도움(aid)

medicate [médəkèit]
V 의료를 베풀다, 약물을 넣다
* medication 투약, 약물치료, 약물
ex) My doctor told me I need to be in the United States for my **medication**.

치료하는(medic) 것(ament)

medicine [médsn]
N 약, 의학
* medicinal 약효 있는   * medicinally 의약으로
ex) None of the **medicines** the doctor tried had the slightest effect on it.

치료하는(medic) 것(ine)

remedy [rémədi]
N 치료, 의료, 구제   V 치료하다, 구제하다
* irremediable 돌이킬 수 없는, 치유할 수 없는
ex) There is no simple **remedy** for unemployment.

다시(re) 치료하다(medy)

nostrum [nástrəm]
[nos(=our) trum(remedy): 우리만의 치료약]
N (성공할 가능성이 없어 보이는) 처방; 엉터리 약
ex) That is the economic **nostrum** of the day.

* conundrum = origin unknown

conundrum
N 수수께끼, 난제; 수수께끼 같은 것
ex) The homeless are a big social **conundrum**.
W

* tantrum = unknown origin

tantrum
* **conniption**
* **dander**
* **huff**

N [종종 pl.] 언짢은 기분, 짜증, 화
N [종종 pl.] 히스테리의 발작, 분통
N (머리의) 비듬; 분통, 분노
N 발끈 화를 냄, 화   V 호통치다, 화나게 하다

502

MIR = 신비, 경이(wonder)

miracle, mirage, mirror 등을 배출한 그야말로 **경이로운** 어근.

miracle
[mírəkl]
N 기적, 경이, (그리스도의) 기적
* **miraculous** 기적적인   * **miracle drama** 기적극
ex) It's a **miracle** he's still alive.

> 큰(acle) 신비(mir)

mirage
[mirá:ʒ]
N 신기루, 몽상
ex) His idea of love was a **mirage**.

> 신비한(mir) 것(age)

mirror
[mírər]
N 거울
ex) He seemed insane when he threw a kiss to his reflection in the **mirror**.

> 신비한(mirr) 것(or)

admire
[ədmáiər]
V 감탄하다, 존경하다
* **admirable** 찬양할 만한   * **admiration** 찬양
ex) The artist was widely **admired** for his originality.

> 아주(ad) 놀라다(mire)

ⓔ admiral
[ǽdmərəl]
N 해군 대장, 해군 장성; 제독
* **Vice Admiral** 해군 중장   * **Rear Admiral** 해군 소장

> commander라는 뜻에서

mirth
[mə:rθ]
N 명랑함, 환희, 유쾌
* **mirthful** 유쾌한   * **mirthless** 즐겁지 않은
ex) Women love men of **mirth** and men who listen to them.

> 놀라움과 같은 것

marvelous
[má:rvələs]
A 놀랄 만한, 믿어지지 않는
* **marvel** 놀랄만한 일; 놀라다, 이상하게 여기다
* **marvelously** 놀랍게도
ex) I **marveled** that he could do so.

* **arcan** = 숨겨진(hidden), 상자(box)

arcane	A 비밀의; 불가해한
arcanum	N 비밀;신비, 불가사의; 비결; 비약, 영약(elixir)
ark	N (Noah의) 방주(方舟); 궤, 상자(chest); 피난처
coerce	[함께(co) 상자(erce〈arc)에 넣다 = 억압하다] V 강제하다, 위압하다, 강요하다; 억압하다

* **fascinare** = 마법을 걸다, 매혹시키다(bewitch)

fascinate	V 매혹하다, 황홀하게 하다; 노려보아 꼼짝못하게 하다
fascinating	A 매혹적인, 황홀한, 반하게 만드는;아주 재미있는
fascination	N 매혹, 매료; (뱀의) 노려봄; 매력, 요염
fascinator	N 매혹하는 사람[것]; 마법사; 매혹적인 여자
hallucination	N 환각, 환상, 망상

MIX/MISC = 섞다(mix)

miscellany [mísəlèini]
N 혼합물, 혼합, 신변잡기, 수필
혼합한(misc) 작은(el) 것(lany)
* miscellaneous 잡다한, 잡기의
* miscegenation 이종족 혼교, 잡혼; 혼혈
ex) The museum houses a fascinating **miscellany** of nautical treasures.

miscible [mísəbl]
A 혼합되기 쉬운
혼합할(misc) 수 있는(ible)
* miscibility 혼합성, 이질화

mixology [miksálədʒi]
N 칵테일 기술
혼합(mixo)을 연구함(logy)
* mixologist 명 바텐더

mixture [míkstʃər]
N 혼합, 환합물, 감정의 교착
혼합(mix) 물(ture)
* mix 혼합하다   * mixed 혼합된
ex) Gases produced in the reaction can form an explosive **mixture**.

amphimixis [æmfəmíksis]
N 양성혼합, 교배
양성(amphi)을 혼합한(mixis)

promiscuous [prəmískjuəs]
N 난잡한, 뒤범벅의, 난교하는
앞으로(pro) 섞(misc) 은(uous)
* promiscuity 뒤범벅, 난잡; 상대를 가리지 않는 성행위, 난혼
ex) I suppose I was quite **promiscuous** in my youth.

medley [médli]
N 메들리, 혼성곡; 잡동사니 A 그러모은, 잡동사니의
섞은(medl) 것(ey)

meddle [médl]
N 간섭[참견]하다, 관여하다; 만지작거리다
* meddlesome 지겹게 참견하는

매들(meddle)고 간섭하다

melange [meilá:nʒ]
N 혼합물, 뒤범벅;그러모은 것;잡록

melee [méilei]
N 난투, 혼전, 혼잡; 극렬한 논쟁

* crat/cras = 섞다(mix)

crater	N 분화구; 운석구멍, (달의) 크레이터; 포탄구멍	GK. 포도주와 물을 섞는 그릇
idiosyncrasy	N (개인의) 특질, 특징, 개성; 특이체질	독특하게(idio) 함께(syn) 섞임
grail	N 큰 접시, 잔; [the Grail] 성배(⇒ Holy Grail)	grail < crate

* temper = 섞다(mix)

temper	N 성질, 성미; 울화통 V 담금질하다	사람 안에 섞인 것
temperate	A 절제하는, 삼가는, 온화한; 중용을 지키는	양쪽을 섞은
temperance	N 절제, 삼감, 절도;자제, 극기, 중용; 절주, 금주	양쪽을 섞은 것
temperament	N 기질, 성질, 성미; 체질; 격한 성미	사람 안에 섞여 있는 것
temperature	N 온도, 체온, 발열상태, 고열	

NAV/NAU = 항해, 배(ship)

navy나 navigator의 **nav**는 배(ship)를 의미하며, 변형으로는 **nau, nat** 등이 있다.

navy
[néivi]
A 해군, 군함
* **naval** 해군의, 군함의   * **navalism** 해군력, 해군주의
ex) The **Navy** has announced that one of its bases is to be closed.

항해하는 군대

navicert
[nǽvəsə́:rt]
N [항해] (전시의) 봉쇄해역 통과 허가증

항해(navi)를 허가함(cert)

navigate
[nǽvəgèit]
V (배, 비행기를) 운전하다, 항해하다
* **navigation** 항해, 항공, 항공학   * **navigator** 항해자
* **circumnavigate** 배로 일주하다   * **circumnavigation** 일주, 순항
ex) Magellan's crew was the first to **circumnavigate** the globe.

배(nav)를 가게(ig) 하다(ate)

nausea
[nɔ́:ziə]
N 뱃멀미, 메스꺼움, 혐오, 욕지기, 구역질
* **nauseate** 욕지기 나게 하다   * **nauseous** 욕지기 나게 하는, 지겨운
ex) If I miss breakfast, I suffer from **nausea** in the middle of the morning.

ship(naus) sickness(ea)

nautical
[nɔ́:tikəl]
A 항해의, 해상의, 선원의
* **nautical mile** 바다의 거리 단위, 해리
ex) You're looking very **nautical** in your navy blue sweater.

항해(naut) 하는 (ical)

astronaut
[ǽstrənɔ̀:t]
N 우주 비행사
ex) **Astronautics** is the technology and science of traveling in space.

별(astro)을 항해함(naut)

natation
[neitéiʃən]
N 수영, 수영기술
* **natator** 수영선수   * **natant** [생태] 물에 떠도는

수영(nata) 함(tion)

natatorium
[nèitətɔ́:riəm]
N 실내수영장
* **natatorial** 수영의

수영(nata)하는 장소(torium)

NUR(S)/NUTR = 양육하다(nourish)

nurse가 간호사 말고 '유모, 보모'의 뜻이 있다는 것은 잘 알고 있을 것이다. '기르는 사람'이란 뜻이다. 간호사란 의미로는 1590년에야 처음 사용되었다.

nurse
[nə:rs]
N 유모, 보모; 간호사; 양성소 V 기르다, 간호하다
* **dry-nurse** (젖을 먹이지 않는) 보모   * **wet nurse** (젖먹이는) 유모
ex) Town life is the **nurse** of civilization.

길러주는 사람

nursery
[nə́:rsəri]
N 육아실, 탁아소, 양식장, 양성소, 온상
ex) Does Jake go to a **nursery** or a childminder?

기르는 (nurs) 곳 (ery)

nurture
[nə́:rtʃər]
V 양육하다, 기르다; 양분을 주다 N 양육; 자양분
ex) These delicate plants need careful **nurturing**.

양육 (nurt) 함(ure)

nutrient
[njú:triənt]
A 자양분이 있는   N 음식물

영양(nutri)이 있는 (ent)

ex) Your body assimilates **nutrients** from the food you eat.

nutrition
[njutríʃən]
N 영양물, 섭취, 자양물, 영양(작용)

영양(nutri) 상태(tion)

* nutritionist 영양사   * nutriment 음식물
ex) Food companies are required to put **nutrition** information on the backs of food packages.

malnutrition
[mælnjutríʃən]
N 영양부족, 영양실조

나쁜(mal) 영양(nutrition)

* supernutrition 영양과잉
ex) About 120 million Chinese people suffer from **malnutrition**.

nourishment
[nə́:riʃmənt]
N 자양물, 음식물

기르는 것(nourish) 것(ment)

* nourish 자양분을 주다
ex) Breast milk is perfectly suited to **nourish** infants and protect them from illness.

foster
[fɔ́stər]
V 육성하다, 위탁 양육하다, 마음에 품다(cherish)

fost<food

* fosterage 양자로 키움, 양자로 보냄, 육성, 양육
ex) They have **fostered** over 60 children during the past ten years.

ORD = 순서, 질서, 명령(order)

order
[ɔ́:rdər]
N 지위, 순서, 서열, 계급, 훈장
V 정돈하다, 정리하다, 명령하다, 주문하다

순서

disorder
[disɔ́:rdər]
N 무질서, 혼란   V 어지럽히다

아닌(dis) 순서(order)

ex) The family have a history of mental **disorder**.

ordain
[ɔ:rdéin]
V (신, 운명 등이) 정하다, (법률 등이) 규정하다

질서를 정하다

* ordainer [성직] 임명자   * ordainment 임명   * foreordain 운명을 미리 정하다
ex) The king **ordained** that no foreigner should be allowed to enter the city.

ordinal
[ɔ́:rdənl]
N 서수, 성직 수임식
A 순서를 나타내는, 서수의

순서(ordin) 의(al)

ordinance
[ɔ́:rdənəns]
N 법령, 포고, 조례; 의식, 성찬식

명령(ordin + ance)

ex) Passing a red light is a violation of a city **ordinance**.

ordinary
[ɔ́:rdənèri]
A 정상적인, 보통의, 정규의

질서(ordin) 대로 의(ary)

* extraordinary 비상한, 비범한, 보통이 아닌, 임시의

coordinate
[kouɔ́:rdənət]
A 동등의, 동격의, 등위의
N 등위 접속사   V 동등하게 하다; 통합하다, 조정하다

같은 (co) 순서(ordin) 의 (ate)

* coordinator 조정담당자
ex) We need someone to **coordinate** the whole campaign.

inordinate
[inɔ́:rdənt]

A 과도한, 심한, 엄청난, 무절제의
* inordinacy 과도한 일(행위)
ex) Margot has always spent an **inordinate** amount of time on her appearance.

지나쳐(ordin) 되지(ate) 않은 (in)

subordinate
[səbɔ́:rdənət]

A 아래의, 종속하는   V 종속 시키다, 경시하다
* subordination 예속시킴, 경시, 종속관계
ex) The individual's needs are **subordinate** to those of the group.

아래의(sub) 순서(ordin)인 (ate)

PAC = 평화(peace), 안정(calm)

'peace(평화)'가 여기에서 나온 단어이다. 크고 평화로운 대양이라는 뜻의 the Pacific은 Magellan이 이 바다가 조용하다고 말한 데서 비롯된 이름이다.

---

pacific
[pəsífik]

A 평화로운, 태평한; (the P-) 태평양
* **pacify** 진정시키다, 누그러뜨리다; 평화를 회복하다, (반란을) 진압하다
* **pacificate** 달래다, 누그러뜨리다   * **pacification** 강화, 화해, 진정; 강화조약
* **pacifism** 평화주의, 전쟁반대주의   * **pacifist** 평화주의자
* **pacifier** 달래는 사람, 조정자; [미](갓난아이의) 고무젖꼭지
ex) The new government appears to have more **pacific** views than the previous one.
ex) He **pacified** his crying child by cuddling her.

평화롭게(pac) 되어지(fic)

appease
[əpíːz]

V 가라앉히다, 양보하다
ex) The new law was designed to appease the concerns of farmers.

ⓐ **allay**
[əléi]

V 가라앉히다, 누그러뜨리다

* 옛날 로마의 지배에 의해 유지되는 평화를 Pax Romana라고 하였다. 오늘날처럼 미국의 군사력에 의해 유지되는 세계평화는 Pax Americana라 한다. 여기에서 Pax란 라틴어로 '평화'를 의미한다. 로마신화에서 Pax가 평화의 여신으로 등장한다. 원래 pax는 인도-유럽 어근 'pag'에서 왔는데, 'agree', 'fasten' 등의 뜻이다.

pact
[pækt]

N 약속, 계약, 조약, 협정
ex) The United States and Canada have signed a free-trade **pact**.

협정(agree)

compact
[kəmpǽkt]

N 콤팩트(휴대용 분갑); 소형 자동차
A 치밀한, 촘촘한; 밀집한, 빽빽한, (문체가) 간결한, (집 등이) 아담한, 소형의
[kámpækt] N 계약, 맹약   V 계약을 맺다

함께(com) 협의한(pact)

impact
[ímpækt]

N 강한 인상, 영향, 충격, 충돌   V 꽉 채워넣다
ex) The bullet explodes on **impact**.

안으로(im) 꽉 조임(pact)

pageant
[pǽdʒənt]

N (역사적 장면을 나타내는) 패전트, 야외극;
(시대 의상 등을 입은 화려한) 행렬; 화려한 구경거리; 허식, 겉치레
* **pageantry** 매우 화려하고 비용이 많이 드는 의식
ex) Our youngest son is taking part in the school **pageant**.

(꽉 겹쳐진) 무대

impinge
[impíndʒ]

V 작용하다, 침범하다, 충돌하다
ex) The waves **impinge** against the rocks.

조여(pinge) 들어가다(in)

PAR = produce(생산하다), beget(낳다)

자식을 **낳아**(par) 준 **사람**(ent)이 parent!

parent
[pέərənt]
N 어버이, [pl.] 부모, 조상(forefather)
* parental 어버이의, 어버이다운, 근원의, 모체의
* parentage 어버이로서의 지위, 태생, 가문 * parenthood 어버이임, 친자관계
ex) She is of mixed Australian and Japanese **parentage**.

낳은 (par) 사람(ent)

parricide
[pǽrəsàid]
N 부모살해, 존속 살해자, 반역자
* parricidal 부모살해의
ex) Ben has been the leading witness in the **parricide** case against Ecleo.

부모 (parri) 살해(cide)

parturient
[pɑːrtjúəriənt]
A 해산의, 달이 찬, 출산에 관한, 품고 있는
* parturifacient 출산을 촉진하는; 출산 촉진제   * parturiency 출산상태
* post partum 산후에 일어나는   * parturition 분만, 출산
ex) Vegetarian **parturient** women had significantly lower hemoglobin and serum iron.

출산(part) 하는 (urient)

primipara
[praimípərə]
N 초산부
* primiparity 초산   * primiparous 초산의
ex) In your case, induction is a much better bet than it is for a **primipara** since you have had one baby vaginally already.

처음(primi) 출산부(para)

biparous
[bípərəs]
A 한 번에 두 마리를 낳는
* multiparous 다산의, 한 번에 새끼를 많이 갖는

둘(bi)을 출산(par) 하는 (ous)

oviparous
[ouvípərəs]
A 난생(卵生)의 (laying eggs)
* oviparity 난생(an animal which lays eggs)   * ovoviviparous (동물) 난태생의
ex) Most reptiles are **oviparous**. Some reptiles are **ovoviviparous**.

알(ovi)을 낳(par)는 (ous)

viviparous
[vaivípərəs]
A 태생의
* viviparity 태생
ex) Why aren't there any **viviparous** birds?

산 것(vivi)을 낳(par)는 (ous)

repertoire
[répərtwὰːr]
N 레퍼토리, 상연 목록, 연주 곡목
* repertory 레퍼토리 방식; 축적(stock), 집적(集積); 창고, 저장소, 보고(寶庫)

다시(re) 생산(pertoire)

PAR = equal(같은)

pair(한 벌)은 서로 **동등한** 두 개가 이루는 것이다. 골프에서 기본타수와 **같은** 타수를 par라 한다.

par
[pɑːr]
N 등가, 동등, 표준, [골프]기준타수
A 평균의(average), 표준의, 정상의(normal), 액면가의

같은 것

parity
[pǽrəti]
N 동등, 일치, 유사, 등가
* pair 한 쌍, 한 벌, 부부; 짝 지우다
ex) Mental-health providers deserve the **parity** in payments they seek.

같은 (par) 것 (ity)

peer
[piər]
- N (지위가) 동등한 사람, 동료(companion), 귀족
- V ~에 필적하다, 대등하다

> 동등한 사람

compeer
[kámpiər]
- N 동료; (지위·신분이) 동등한 자
- ex) The **compeer** program offers the opportunity to change a lonely life.

> 함께(com) 같은 것(peer)

compare
[kəmpéər]
- V 비교하다(with) 비유하다
- * comparison 비교, 비유, 대조   * comparable 비교할 수 있는, 공통점이 있는, 필적하는
- * comparative 비교의, 비교에 의한, 비교적인, 비교급의

> 함께(com) 동등하게(para) 두다

disparity
[dispǽrəti]
- N 이종(difference), 같지 않음, 불균형
- * disparate 같지 않은, 다른
- ex) The **disparity** is growing between rich and poor.

> 같은 것(parity) 거리가 먼(dis)

disparage
[dispǽridʒ]
- V 얕보다, 깔보다; 헐뜯다, 험담하다, 비난하다
- * disparagement (신용, 명예의) 손상, 얕봄
- ex) I don't mean to **disparage** your achievements.

> 같은 것(parity) 거리가 먼(dis)

ⓓ **decry**
[dikrái]
- N 매도하다, 비난하다, 헐뜯다
- ex) The measures were **decried** as useless.

> 아래로(de) 소리치다(cry)

impair
[impɛ́ər]
- V 손상시키다, 약화시키다(make less/weaker)
- ex) Do you suffer from **impaired** hearing? You never listen to me.

> 같지(pair) 않게(im)

umpire
[ʌ́mpaiər]
- N 심판, 판정자
- ex) Mr. Jung has been chosen to **umpire** the next soccer game.

> 고대 프랑스 어 nonper에서

* 프랑스 어 nonper(누구에게도 '같은 편(per)'이 '아니다(non)')가 영어로 옮겨지는 과정에 umpere로 잘못 쓰여진 단어.

PARA = 옆에(beside), 나란히(alongside of)

나란히(par) 가는 다른(all) 두선을 parallel(평행선)이라고 한다.

---

paradigm
[pǽrədàim]
- N 본보기, 표본, 품사의 어형변화표
- ex) His classroom should be the **paradigm** for all classrooms.

> 나란히(para) 보여줌(digm)

paragon
[pǽrəgàn]
- N 모범, 전형   V 모범으로 삼다, 비교하다
- ex) My wife is so beautiful. She is a **paragon** of beauty.

> 옆에(para) 둔 숫돌(gon) = 시금석

parallel
[pǽrəlèl]
- N 평행선, 필적하는 것[사람]; 비교, 대비
- A 평행의, 서로 비슷한; 병렬의   V ~에 평행시키다, 필적하다, 유사하다
- ex) Nobody **parallels** him in swimming.

> 나란한(para) 다른 것(llel<allos)

paranoia
[pǽrənóiə]
- N 편집증, 망상증; (근거 없는) 심한 불신(의심)
- * paranoid 편집증의; 피해 망상의; 병적으로 의심이 많은; 편집증 환자
- ex) I promise you it's not just **paranoia** -- someone has been following me.

> 옆으로 비틀어진(para) 정신(noia)

parenthesis
[pərénθəsis]

N 삽입구, 둥근 괄호, 삽화, 연극의 막간극
* **parenthesize** 괄호 안에 넣다, 삽입구로 하다
ex) Figures in **parenthesis** refer to page numbers.

양쪽(par) 안에(en) 놓음(thesis)

paragraph
[pǽrəgræf]

N [문법] 절, 단락, (신문의) 단편기사
ex) The following passage is taken from an editorial **paragraph** in Time.

나란히(para) 쓰는 것(graph)

paraphrase
[pǽrəfrèiz]

V 의역하다, 알기 쉽게 바꾸어 말하다
ex) He **paraphrased** some biblical passages, saying people should love their neighbors and not judge others.

나란한(para) 어구(phrase)

parasite
[pǽrəsàit]

N 식객, 기식자, 기생물, 기생충
* **parasitic** 기생하는   * **parasiticide** 구충제
ex) Malaria is a serious, sometimes fatal, disease caused by a **parasite**.

옆에(para) 자리잡음(site)

paroxysm
[pǽrəksìzm]

N (정기적) 발작, 격노, 격발, (감정·행동의) 폭발
ex) He broke into a **paroxysm** of coughing.

아주(par) 애매한 것(oxysm)

nonpareil
[nɑnpərél]

N 비할 데 없이 뛰어난 사람[것]
ex) She is a **nonpareil** on the tennis court.

비할 수(par) 없는(non) 사람(eil)

PARA = 준비하다(prepare)

퍼레이드(parade)는 잘 준비시킨(par) 집단(ade)이 벌이는 것이다. 또한 prepare는 미리(pre) 준비한다(pare)는 뜻이다.

---

parade
[pəréid]

N 열병식, 행렬, 시위행진 V 과시하다, 행진하다
ex) I've never experienced such a big **parade** in the street.

준비시킨(par) 집단(ade)

apparatus
[æpərǽtəs]

N (한 벌의) 기구, 기계장치; (정치) 기구, 조직
ex) The diver was wearing breathing **apparatus** when he went into the water.

잘(ad) 준비된(para) 것(tus)

apparel
[əpǽrəl]

N 옷, 의복, 장식   V 치장하다, 꾸미다
ex) **Apparel** makes the men.

잘(ad) 준비된(para) 것(el)

prepare
[pripέər]

V 준비하다, 작성하다, 각오하다, 훈련하다
* **preparation** 준비, 대비, 각오, 예습, 조제(합), 표본, 행사
* **preparatory** 준비의(preparative), 머리말의, 서문의; 예비

미리(pre) 준비하다(pare)

repair
[ripέər]

V 수리하다, 치료하다, 회복하다   N 수선, 손질, 회복
* **reparation** 보상, 배상, 수선   * **reparative** 수리의
ex) I really must get my car **repaired** this weekend.

다시(re) 준비시키다(pair)

reparable
[répərəbl]

A 수선할 수 있는; 보상할 수 있는
* **irreparable** 수리(치료)할 수 없는, 회복할 수 없는
ex) Fortunately, the damages we suffered in the accident were **reparable**.

수리할(repar) 수 있는(able)

separate
[sépərèit]
- A 분리된, 개개의, 공유하지 않은
- V 분리하다, 선별하다, 독립하다, 해임하다(dismiss), 헤어지다
  * **separation** 분리(division)   * **separative** 분리된, 선별하는
  ex) He is a rotten apple that needed to be **separated** from the others.

vituperate
[vaitjú:pərèit]
- V 호통치다, 욕설하다
  * **vituperative** 통렬한 <말>, 악담하는, 욕질하는; 독설을 퍼붓는
  * **vituperation** 욕설, 독설, 질책, 비난
  ex) Miss Kim yesterday **vituperated** her ex-boss and former lover.

* 한편 접두사 in(en)이 어근 par와 만나면 명령하다(command)의 의미를 가진다. 명령은 그 명령을 받기로 미리 '마음속이 (in) 준비된(par)' 자가 있어야 가능하기 때문이다. 여기에서 empire(제국)가 나온다.

emperor
[émpərər]
- N 황제, 제왕
  ex) So you are the **emperor**. (네 마음대로 해라)

imperial
[impíəriəl]
- A 제국의; 황제의; 최고권위의; 당당한; 건방진
  ex) Their arrogance and **imperial** demeanor outraged the public.

imperious
[impíəriəs]
- A 오만한, 거만한; 전제적인; 긴급한; 중대한
  ex) Tammy's **imperious** attitude towards Bin is obviously class-driven.

imperative
[impérətiv]
- A 피할 수 없는, 절박한; 명령적인, 단호한
- N 명령, 명령법; (정세 등에 따른) 필요성, 의무, 요청
  ex) It's **imperative** to cure the disease now before it gets really serious.

* par는 또한 방어하다(defend)의 뜻으로까지 확대되는데, 방어는 잘 준비된 상태에서만 가능하기 때문이다.

parry
[pǽri]
- V (공격을) 슬쩍 피하다, 비키다; 평계하다
- N (pl.) 슬쩍 피함, 회피하는 자세, 평계
  ex) The politician **parried** a question.

parachute
[pǽrəʃù:t]
- N 낙하산   V 낙하산으로 내려오다[투하하다]

parasol
[pǽrəsɔ̀:l]
- N (여자용) 양산, 파라솔
  ex) Use a **parasol** to avoid the freckle-giving naughty sun.

parapet
[pǽrəpìt]
- N [축성] 흉벽, 흉장(방어용의 낮은 벽); 난간
  ex) A truck goes out of control and crashes over the **parapet** of a bridge.

rampart
[rǽmpɑ:rt]
- N [종종 pl.] 성벽; 방어, 수비
  ex) The **rampart** was made of sand and the whites of 10 million eggs.

* 특이하게 parffin에서 para는 거의 ~하지 않다(little, not very)의 뜻으로 쓰였다. Paraffin이 다른 화학물질들과는 매우 다른 속성을 지녀서 비슷한 종류를 찾을 수 없으므로 붙여진 이름이다.

paraffin
[pǽrəfin]
- N [화학] 파라핀   V 파라핀 처리하다
  ex) These balloons were made of **paraffined** paper, latex, or fabricated silk.

PATER = 아버지(father)

어근 pater는 얼른 봐도 father와 비슷하다. 아버지에서 조상 또는 조국으로 확대된다.

paternal
[pətə́ːrnl]
A 아버지의, 아버지다운, 부계의
아버지(patern) 의 (nal)
* paternalism 아버지 기질, 온정주의   * paternity 부계, 부성
ex) The young bride leaves her **paternal** home for her husband's.

paternoster
[pǽtərnɑ̀stər]
N 주기도문, 주문, 주문외기; 염주
우리의 (noster) 아버지 (patern)
ex) From A.D. 1000, **paternosters** have been a common accessory.

patron
[péitrən]
N 후원자, 장려자; 단골손님
아버지(patr) 같은 사람(on)
* patronage 후원, 보호, 장려, 뒷바라지   * patronize 보호하다, 후원하다
ex) The Princess Royal is a well-known **patron** of several charities.

patronymic
[pæ̀trəními k]
A 조상의 이름을 딴   N 조상 이름을 딴 이름; 성
아버지(patr) 이름(onym) 의(ic)
ex) The Russian **patronymic** can be useful in learning family relationships.

patrician
[pətríʃən]
N 귀족   A 귀족적인, 고귀한
나라(patri)와도 같은 사람(cian)
ex) He speaks English with a marked **patrician** accent.

patricide
[pǽtrəsàid]
N 아버지 살해, 아버지 살해범
아버지(patri)를 죽임(cide)
ex) She was arrested for **patricide**.

patriot
[péitriət]
N 애국자, 지사, 우국지사
조국(patri)을 위하는 사람(ot)
* patriotic 애국적인   * patriotism 애국심

compatriot
[kəmpéitriət]
N 동포; 동료   A 같은 나라의, 동포의
같은(com) 나라(patr) 사람(ot)
ex) We will be hearing more of this writer and her Russian **compatriots**.

expatriate
[ekspéitrièit]
V 국외로 추방하다   N 국외자, 추방자
나라(patri) 밖으로 (ex)
* expatriation 국외추방, 국적이탈
가게 하다(ate)
ex) The new leaders **expatriated** the ruling family.

repatriate
[riːpéitrièit]
V 본국에 송환하다   N 귀환자, 송환자
다시(re) 나라로 (patri)
* repatriation 귀환, 송환
오게 하다(ate)
ex) The government **repatriated** him because he had no visa.

PER = 시도하다(try), 모험하다(risk), 공격하다(attack)

인도유럽 어근 'per-'는 원래 'to lead across'를 의미했는데, 그로부터 유래하여 '시도하다', '모험하다' 등의 의미를 갖게 되었다. 경험(experience)은 '밖으로(ex) 시도(peri)를 해봐야 생기는 것(ence)'이다.

peril
[pérəl]
N 위험, 위난, 모험   V 위험에 빠드리다
모험(peril)
* perilous 위험한, 모험적인; 위기에 처한   * at the peril of …을 무릅쓰고
ex) The country's economy is now in grave **peril**.

imperil [impérəl]	V (생명·재산 등을) 위태롭게 하다 ex) Oak fungus found in Florida could **imperil** Eastern forests.	위기 (peril)에 빠트리다(in)
parlous [páːrləs]	A (국제 관계 등이) 불안한, 위태로운 ex) Relations between Korea and Japan are in a **parlous** condition.	perilous의 축약형
empirical [empírikəl]	A 경험적인, 경험주의의 ex) There is no **empirical** evidence in evolutionism.	경험(pir) 안에(em) 있는(ical)
experience [ikspíəriəns]	N 경험, 체험, 체험담　　V 경험하다, 직면하다 * **experienced** 숙련된, 노련한 ex) Do you have any previous **experience** of this type of work?	밖으로 (ex) 시도 (peri)함(ence)
experiment [ikspérəmənt]	N 실험, 시도　　V 실험하다, 시도하다 ex) Many people do not like the idea of **experiments** on animals.	밖으로 (ex) 시도 (peri)함(ment)
expert [ékspəːrt]	N 숙달가, 전문가, 감정가 ex) He's an **expert** at getting his own way.	경험(per)이 많은 (ex) 사람(t)
pirate [páiərət]	N 해적, 해적선; 표절자, 약탈자　V 약탈하다, 표절하다 * **piracy** 해적행위, 해적질; 저작권 침해 ex) It is illegal to **pirate** software.	공격하는 (pir) 자(ate)
㉠ **corsair** [kɔ́ːsɛər]	N 해적, 해적선	끌사나운 (corsair) 해적
㉠ **plagiarism** [pléidʒərìzm]	[훔쳐(plag) 놓는(iar) 행위(ism)] N 표절, 도용; 표절 행위, 표절물	

PHILO = 사랑(love), 애욕(affection)

철학(philosophy)은 '앎(sophy)'에 대한 '사랑(phil)'이란 뜻에서 유래했다.

philander [filǽndər]	[사랑하는 (phil) 남자(ander)] V 여자 뒤를 쫓아 다니다, 여자를 희롱하다 ex) Green is a notorious **philanderer**. He slept with over 100 women.	그래도 바람 필란다(philander)
philanthropist [filǽnθrəpist]	N 박애주의자, 박애가, 자선가 * **philanthropy** 박애, 자선, 인간애	인류 (anthrop)를 애의 사람(ist)
philately [filǽtəli]	N 우표수집 (연구, 애호) * **philatelist** 우표 수집가	우표(ately)를 좋아함(phil)

* ately는 a(without)+telos(tax)에서 왔다. 우표란 우편요금을 미리 지불했다는 뜻이므로 우표가 붙어 있으면 따로 요금을 내지 않아도 된다. 그래서 **우표수집(philately)**에 'No charge'를 뜻하는 'ately'가 들어간 것이다.

philosophy [filásəfi]	N 철학, 형이상학 * **philosophic** 철학의, 냉정한　　* **philosopher** 철학자	知(soph)에 대한 사랑(phil)

philter
[fíltər]
N 사랑의 묘약; 미약   V 미약으로 반하게 하다

toxophilite
[taksáfəlàit]
N 궁술(弓術) 애호가, 궁술가
* **toxophily** 궁술 연구(연습)

zoophilous
[zouáfələs]
A 동물 매개의; 동물을 사랑하는
* **zoophilist** 동물 애호가   * **entomophilous** 곤충매개의

ⓓ **philistine**
N 필리스틴[블레셋] 사람; 속물, 실리주의자

PHOB = 공포(fear)

한편, 어근 'phob'은 phil과는 반대로 '공포·혐오'의 뜻이다. 여기에 접미어 '-ia(병증)'가 만나 '공포증(phobia)'이란 말을 만든다. 장기판에 포가 비어(phobia) 있으면, 상대의 공격이 공포스럽다.

---

phobia
[fóubiə]
N 공포증, 병적인 공포[혐오]
ex) I can't swim and I've got a **phobia** about water.

agoraphobia
[ægərəfóubiə]
N 광장 공포증
* **agora** 시장, 광장, 집회장

anthrophobia
[ænθrəfóubiə]
N [정신병] 대인 공포증
ex) He has an **anthrophobia**; when he talks, he never watches someone's eyes.

claustrophobia
[klɔ̀:strəfóubiə]
N [정신병] 폐소공포증
ex) She laughed at his **claustrophobia** and often threatened to lock him in his room.

gynephobia
[gàinifóubiə]
N [정신병] 여자 공포증
ex) She wants to marry the man who has severe symptoms of **gynephobia**.

monophobia
[mànoufóubiə]
N [정신병] 고독 공포증
ex) She couldn't get out of **monophobia** until she met Jesus.

necrophobia
[nèkrəfóubiə]
N [정신병] 죽음 공포증
* **thanatophobia** [정신병] 죽음 공포증
ex) A shock from a zombie attack might lead to **necrophobia**.

phobophobia
[fòubəfóubiə]
N [정신병] 공포 강박증
ex) There is nothing to fear but **phobophobia** itself.

xenophobia
[zènəfóubiə]
N [정신병] 외국인[것]을 싫어함
ex) I would say that all racists are suffering from **xenophobia**.

PHON = 소리(sound)

telephone은 멀리(tele)에서도 소리(phone)를 들을 수 있는 것!
어근 'phon'은 '소리(sound)'를 의미한다.

telephone의 phon은 소리

phonate
[fóuneit]
V 발음하다(vocalize), 소리내다
* **phonnation** 발음(vocalization)

[소리를(phon) 만들다(ate)]

phonetic
[fənétiks]
A 음성(상)의; 음성학의; 발음대로 철자한
* **phonetically** 음성학적으로, 발음대로   * **phonics** 음성학(phonetics)
ex) Spanish spelling is phonetic, unlike English spelling.

[소리(phone)의 연구(tics)]

phonogenic
[fòunədʒénik]
A 낭랑한, 아름다운 목소리를 지닌
ex) The singer was **phonogenic**.

[소리(phon)가 타고난(genic)]

phonology
[fənálədʒi]
N 음성학(phonetics), 음운론(학)
ex) Vowels are an extremely important area of English **phonology**.

[소리(phon)의 학문(ology)]

phony
[fóuni]
A 허위의, 모조의(counterfeit)   N 속임, 사기꾼
ex) I don't trust him - I think he's a **phony**.

[소리뿐(phon) 인(y)]

euphony
[júːfəni]
N 듣기 좋은 음조(소리)(↔cacophony)
ex) Can you find any examples of **euphony** in this poem?

[좋은(eu) 소리(phony)]

cacophony
[kækáfəni]
N 불협화음, 불쾌한 음조
* **cacophonous** 불협화음의, 음조가 나쁜
ex) As we entered the farmyard we were met with a **cacophony** of animal sounds.

[나쁜(caco) 소리(phony)]

symphony
[símfəni]
N 교향곡, 조화(harmony), 일치(accordance)
ex) They played Mahler's 9th **symphony**.

[같은(sym) 소리(phony)]

SON = 소리(sound)

일본의 유명한 회사인 sony나 parasonic 등은 어근 'son(소리)'를 이용하여 만든 이름이다.
소리를 듣는데 사용하는 청진기는 sonograph 이다.

sonant
[sóunənt]
A 소리의, 소리를 내는; (언어) 유성음
* **sonance** 소리(sound), 음조(sonant quality or state)

[소리(son) 의(ant)]

sonic
[sánik]
A 음의, 음파의, 음속의, 소리에 관한
* **sonics**(단수로) 음파학   * **sonar** 수중음파 탐지기
ex) **Sonic** waves travel at about 332 meters per second in air at sea level.

[소리(son) 의(ic)]

sonnet [sánit]	N 소네트, 14행시 ex) He had a wonderful desire to chant a **sonnet**.	작은 (on) 소리 (son)
sonorous [sənɔ́:rəs]	A 울려 퍼지는, 우렁찬; 당당한(imposing) * sonority 울림, 울려 퍼짐 ex) We seem to hear **sonorous** music played by an orchestra.	산 울어서 (sonorous) 울려 퍼지는
consonant [kánsənənt]	N 자음자, 자음 A 일치하는(harmonious), 조화하는(concordant)	함께(con) 있어야 소리 나는
resonance [rézənəns]	N 공명, 울림; 동조 * resonate 공명하다, 울려 퍼지다 * resonant (소리 등이) 반향하는, 울리는 ex) The acoustic analysis was based on physical measurement of **resonance**.	다시(re) 소리남(son)
resound [rizáund]	V 울려 퍼지다, 울리다, 널리 알려지다 ex) The room **resounded** with the children's shouts.	다시(re) 소리 나다(sound)
unison [jú:nəsn]	N 화음 * unisonant, unisonous 같은 음의, 화합하는 ex) Try to sing in **unison** if you can.	하나의 (uni) 소리(son)
sonata [sənά:tə]	N 소나타, 주명곡	소리 나는 것

* wa/weh = 슬플 때 내는 의성어 (exclamation of lament)

woe	N 비애, 고뇌, 괴로움; [pl.] 불행, 재난, 재앙, 화
* weal	N 복리, 번영, 행복, 안녕 * in weal and woe 기쁘거나 슬프거나

* houl = imitative origin

howl	V 긴 소리로 짖다; 울부짖다, 아우성치다 N 짖는 소리; 악쓰는 소리; 큰 웃음

* ghel = 소리치다(yell)

gale	N 강풍, 폭소, 환희; (질세 따위의) 정기지불
yell	V 소리치다; 폭소하다 N 고함소리, 외침
yelp	V 소리 지르다; 깽깽 울다 N 짖는 소리, 비명

* plor = 소리쳐 울다(cry out)

deplore	V (죽음·과실 등을) 비탄하다, 몹시 한탄하다
explore	V 탐험[답사]하다; 탐구하다, 조사하다(examine)
exploration	N 답사, 탐험; 탐구, 조사, 진단
implore	V 간청[탄원, 애원]하다
imploration	N 탄원, 애원

* guzzle = 술 마시는 소리 (imitative of the sound of drinking greedily)

guzzle	V 폭음하다; 게걸스럽게 먹다
* booze	V 술을 많이 마시다 (up) N 술; 주연(酒宴)
* spree	N 흥겹게 법석댐, 흥청거림; 탐닉 V 흥청거리다

* knell = 종소리 (sound made by a bell when rung slowly)

knell	N 종소리; 조종(弔鐘); 곡하는 소리, 애도하는 소리
	V 조종이 울리다; 슬픈 소리를 내다

PHOTO = 빛(light)

photochromy [fóutəkroumi]
N 천연색 사진술
* photochrome 천연색 사진

빛(photo)의 색(chromy)

photofinish [fòutoufíniʃ]
N 사진 판정

사진(photo)으로 마치다(finish)

photogene [fóutədʒìːn]
N (망막의) 잔상
* photogenic 사진을 잘 받는, 빛을 내는

빛(photo)이 발생된(gene)

photography [fətágrəfi]
N 사진술
* photograph 사진, 그림

빛(photo)을 쓴 것(graphy)

photolysis [foutáləsis]
N 광분해
ex) He did flash **photolysis** on it and won a Nobel Prize.

빛(photo) 분해(lysis)

photometer [foutámətər]
N 광도계, 노출계

빛(photo)을 측정한(meter)

photosensitive [fòutousénsətiv]
A 감광성의
* photosensitivity 감광성

빛을 감지(sens) 하는(itive)

photos의 인도-유럽 어근은 'bha-'로서, '빛나다, 보이다'의 의미를 갖는다. 여기에서 유래한 단어들을 살펴보자.

banner [bǽnər]
[보이는(bann) 것(er)]
N 기, 표상, 기치   A 두드러진, 우수한
ex) They won the election under the **banner** of lower taxes.

beacon [bíːkən]
N 인도하다, 표지를 설치하다
V 봉화; 등대; 수로[항공] 표지, 지침
ex) She was a **beacon** of hope in troubled times.

beckon [békən]
N 손짓으로 부르다, 신호하다; 유혹하다
ex) He **beckoned** to me, as if he wanted to speak to me.

beck [bek]
N 손짓, 끄덕임

PHYSI = 자연(nature), 신체(body)

Physician(내과의사)는 몸(physic)을 다루는 사람(ian), physicist(물리학자)는 자연(physic)을 다루는 사람(ist).

physic
[fízik]
N 약, (특히) 설사약; [古] 의술, 의업
몸(phys)을 다룸(ic)
ex) Hippocrates is the father of Greek **physic**.

physique
[fizí:k]
N 체격, 몸집; 지형
몸(physic)의 모양(que)
ex) Parham is blessed with a **physique** and a muscle capacity.

physical
[fízikəl]
A 육체의; 자연의, 물질의; 물리학상의
몸, 자연(physic) 의 (al)
* **physically** 육체적으로, 신체상(↔mentally 정신상)
ex) I don't like **physical** activities.

physician
[fizíʃən]
N 의사(doctor), 내과의사
몸(physic)을 다루는 사람(cian)
ex) You should consult your personal **physician** about your health.

physicist
[fízəsist]
N 물리학자(a person who studies physics)
자연(physic)을 다루는 사람(ist)
* **physics** 물리학   * **physicism** 물리우주관, 유물관
ex) A **physicist** said a big bang would have left a footprint in radiation waves.

physiocracy
[fiziákrəsi]
N 농본주의, 중농주의
자연(physio) 정책(cracy)
ex) Mercantilism and **physiocracy** are two different systems that comprise of ideas involving wealth in the economy.

physiognomy
[fiziágnəmi]
N 관상술, 인상의 연구; 지형, 특징
몸(physio)을 아는(gno) 것(my)
* **physiognomist** 인상학자, 관상쟁이
ex) We have changed the **physiognomy** of the town.

physiography
[fiziágrəfi]
N 자연지리
자연(physio)의 기록(graphy)
ex) Glaciers, which influenced the **physiography** of much of North America, never extended to the southeastern United States.

physiology
[fiziálədʒi]
N 생리학
몸(physio)을 연구하는(logy)
ex) I learned how the bodies of animals work in my **physiology** class.

---

* ventr = 배(belly) / dors, terg = 등(back)

ventral	A 배의, 복부의(abdominal)	N 복부
ventricular	A (뇌·심장 등의) 실(室)의, 심실의; 불룩한	
ventriculus	N 소화기관, 위	
dorsal	A 등의; 배면의	
endorse	V (어음·수표에) 배서하다, 후원하다	
tergal	A 등의, 등부분의(dorsal)	
tergiversate	V 변절하다, 등 돌리다	
tergiversation	N 변절; 핑계, 속임	

여기는 밴데 (ventr)
뒤로 돌으시 (dors) 면 등이죠

PICT = 그리다(paint)

Picture(그림)의 'pict'는 '그리다'의 의미이다.

picture
[píktʃər]
N 그림, 사진, 경치, 영상묘사
V 그리다, 묘사하다; 상상하다
ex) His book **pictured** the world of the future.

그림

picturesque
[pìktʃərèsk]
A 그림 같은, 아름다운; 생생한, 독창적인
ex) We strolled through the **picturesque** streets of the old city.

그림(picture) 같은 (esque)

picturedom
[píktʃərdəm]
N 영화계(film world)
* **picturedrome** 영화관(picture theater)

영화(picture)의 영역(dom)

pictograph
[píktəgræf]
N 그림문자, 상형문자(hieroglyphics)
* **pictography** 그림 문자 기술법
ex) The **pictograph** depicts a human contaminated by radiation

그림(picto) 글자(graphy)

pictorial
[piktɔ́:riəl]
A 그림의, 그림으로 나타낸, 그림 같은   N 화보
* **pictorial puzzle** 그림 찾기   * **a pictorial magazine** 화보

그림(pictor) 의 (ial)

depict
[dipíkt]
V 그리다(draw), 묘사하다(describe)
* **depiction** 묘사, 서술   * **depictive** 묘사적인
ex) The enormous mural **depicted** various incidents from the Bible.

그려(pict) 내려가다(de)

pixel
[píksəl]
N (화상을 구성하는) 화소
ex) Each **pixel** consists of three sub-pixel colors – red, blue, green.

그림(pix)의 단위(el)

pigment
[pígmənt]
A 안료, 색소   V 착색하다
* **pigmentation** 염색, 착색; 색소 형성

그리는(pig) 것(ment)

* **tinct** = 염색(dye)

tincture   N 팅크, 정기; 기미; 냄새; 색   V 색조 착색하다
tinge   N 엷은 색조; 티, 기미   V 색조를 띠게 하다
taint   N 더러움, 얼룩, 오점; 감염; 부패, 타락; 수치
           V 더럽히다, 오염시키다; 감염시키다; 해를 입히다

* **cancel** = 줄을 긋다(cross out with lines), 격자(lattice)

cancel   V 취소하다, 말소하다, 해제하다
cancelation N 말소, 취소, 해제
chancellor   N 장관, 대법관; 총장, 학장 [격자(lattice) 뒤에서 일함]
chancery   N 재판소; chancellor의 직 또는 관할 구역

PIL = 털(hair), 덩어리(mass)

pil은 '털'의 의미인데, 털이 뭉쳐진 '덩어리(mass)'로까지 확대된다. 알약(pill)은 조그마한 덩어리.

pilfer [pílfər]
N 좀도둑 V 좀도둑질하다, 훔치다
털(pil)을 나르다(fer)
ex) Precautions had to be taken to prevent **pilfering**.

pillage [pílidʒ]
[털(pill)을 벗겨(age) 먹다]
N 약탈; 약탈한 물건, 전리품 V 약탈하다
ex) There were no signs of violence or **pillage**.

caterpillar [kǽtərpìlər]
N 모충, 쐐기벌레; 무한궤도; 욕심꾸러기; 착취자
ex) A **caterpillar** is a small, worm-like animal.
털난(pilla) 고양이(cater)

depilatory [dipílətɔ̀:ri]
A 탈모의[효능이 있는] N 탈모제
털(pil) 벗기게(de) 하(at)는 (ory)
ex) She applied a **depilatory** cream to get rid of hair on her legs.

pile [pail]
N 쌓아 올린 것, 장작 (a heap of wood)
쌓아 올린 것
ex) The fallen leaves made a huge **pile**.

piles [pailz]
N 치질(hemorrhoids)
덩어리진 것
ex) This ointment is effective against swelling of blind **piles**.

pillar [pílər]
N 기둥
쌓아둔 것
* pilaster [建] (벽면 밖으로 나오게 한) 벽기둥

pill [pil]
N 환약, 알약; 싫은 것, 괴로운 일; 총탄, 포탄
덩어리
* pilule 작은 알약   * a pill to cure an earthquake 없는 대책
* a bitter pill for one to swallow 안 할 수 없는 싫은 일

pellet [pélət]
N 작은 공; 작은 탄알; 쥐똥
작은 (et) 덩어리 (pell)
ex) He was shot in the thigh by an air gun **pellet**.

platoon [plətú:n]
N [軍] 소대; 일단의 사람 V 소대로 나누다
사람의 덩어리
ex) I had spent the last year as a **platoon** leader.

compile [kəmpáil]
V 편찬하다, 모으다(collect)
함께(com) 쌓다(pile)
ex) It took 4 years for me to **compile** the book.

* tuber = 결절(lump)

tuberculous A 결절이 있는, 결핵에 걸린
tuberculosis N 결핵
tubercle N 결절, 작은 혹

선인장의 작은 혹들 tubercles

BARB = 털, 수염(bristle)

이발사 barber는 털(barb)을 깎는 사람(er)이란 뜻이다. 'barb'은 '수염'의 의미에서 출발하여 화살, 낚시 등의 **미늘**이나 옷의 **까끄라기**, 철조망의 **가시**, 심지어는 **가시 돋친 말**로까지 그 의미가 확대된다.

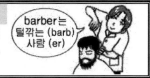

barb [bɑːrb]
N 미늘, 수염모양의 것; 가시; 가시 돋친 말; 깃   수염
ex) Nobody was left in any doubt that the **barb** was aimed at the president.

barbed [bɑːrbd]
A 가시가 있는, 신랄한   수염(barb)이 달린(ed)
* **barbed** words 가시 돋친 말   * **barbed** wire 가시철사   * **barbate** 수염[가시]이 있는
ex) She made some rather **barbed** comments about my lifestyle.

barbel [bɑ́ːrbèl]
N (물고기의) 수염, 돌 잉어 무리   작은(el) 수염(barb)
ex) The rivers and lakes abound in trout, **barbel**, catfish, and carp.

barber [bɑ́ːrbər]
N 이발사, 미용사(a hairdresser)   수염 깎는(barb) 사람(er)
ex) As well as a haircut, you can have a shave when he goes to a **barber**.

beard [biərd]
N 턱수염 V 수염을 당기다, 공공연히 반항하다   beard < barb [비어드(beard) 또 나는 턱수염]
* **whiskers** 구레나룻   * **mustache** 콧수염
* **beard** the lion in his den 벅찬 상대에게 대담하게 덤비다

rebarbative [ribɑ́ːrbətiv]
A 호감을 사지 못하는, 싫은, 불쾌한   계속(re) 가시(barb) 같은(tive) 태도로 사람들을 대하면 호감을 못 사

* **pil** = 털(hair)

pilose   A (부드러운) 털이 많은(pilous)
pily   A 솜털 같은, 부드러운(soft)
capillary   N 모세관 A 털모양의, 모세관 현상의
capillarity   N 모세관 현상
depilate   V 털을 뽑다, 탈모하다(to remove hair)
horripilation   N 소름끼침; 소름(goose pimples)

머리털(cap+pil)처럼 얇은 **capillary**

털(pil)을 깎에(de) 하다(ate)
머리털(pil)이 전율(horri)을

* **pluma** = 털(hair), 깃털(feather)

plumage   N (조류의) 깃털, 깃; 좋은 옷
plume   N 깃털; 깃장식 V 깃털로 장식하다; 가다듬다
fleece   N 양털; 흰 구름; 함박눈 V 털을 깎다; 강탈하다

crest = 깃털(plume)

crest   N 볏(comb);관모(冠毛), 깃장식, 꼭대기; 산등성이
crestfallen   A 풀이 죽은, 맥빠진, 기운 없는(dejected)

볏을 내린 (crestfallen) 풀이 죽은

floc = 솜뭉치(flock of wool)

floss   N 풀솜; 명주솜; 명주실; 치실(=dental floss)
floccus   N (사자 등의 꼬리 끝의) 털뭉치, 방울털
flock   N 한 뭉치의 양털; 솜 나부랑이

dental floss

PLAN = 평평한(flat)

airplane의 plan이다. plan은 원래 '납작한'이란 뜻인데, 그 모양으로부터 '쫘악 펴져 나간다'는 뜻으로 확대되었다. 비행기(airplane)은 공중으로 **펴져 나가기** 위해 만들어진 것이다.

plane
[plein]
N 평면, (발달) 정도, 비행기(airplane), 대패
ex) The airliner careened into several small **planes** as it taxied toward the terminal.

planish
[plǽniʃ]
V 평평하게 하다, 대패로 밀다, 윤을 내다
ex) We must **planish** the wood using a rounded hammer.

plain
[plein]
A 분명한; 보통의; 쉬운, 간단한; 검소한, 판판한
N 평지, 싸움터
* to be plain with you 솔직히 말하자면
ex) Cynthia embellished her **plain** white wedding gown by gluing colorful bits of paper to it.

explain
[ikspléin]
V 설명하다(account for), 해명하다(expound)
* explanation 설명, 해명
ex) Will you **explain** the rule to me?

aeroplane
[ɛ́ərəplèin]
N 비행기(美 airplane)
* hydroplane 수상 비행기
ex) A small **aeroplane** crashed in the woods in the central Wisconsin town of Marion, killing all the people aboard.

biplane
[báiːlèin]
N 복엽 비행기
ex) Biplane has two main supporting surface.

enplane
[inpléin]
V 비행기에 타다[태우다]
* deplane 비행기에서 내리다
ex) I was quite surprised that we would **enplane** over 35,000 passengers.

platitude
[plǽtətjùːd]
N 평범한 의견, 상투어; 단조, 평범, 진부
ex) Say something original instead of spouting the same old **platitudes**?

* span = 늘리다(span)
expand	**V** 확장하다, 팽창하다
expansion	**N** 확장, 팽창
expanse	**N** [pl.] 넓게 펴진 공간; 넓은 구역; 팽창, 확장
spawn	**N** 알, 어란; 알에서 깨어난 새끼 **V** (알을) 낳다

* aren = 모래(sand)
arena	**N** 투기장, 경기장
arenaceous	**N** 모래땅의, 모래에서 자라는; 무미건조한
arenicolous	**A** [동물] 모래에서 사는

PLE/PLY = 채우다(fill)

함께(com) 채워서(ple+te) 완전(complete)에 이른다. 더하는(plus) 것은 채우기 위함이다.

plenty
[plénti]
N 풍부, 충분함   A 수가 많은, 충분한; 충분히
* **plenteous** 풍부한(plentiful)   * **plentiful** 풍부한, 많은(abundant)
ex) We've got **plenty** of time before we need to leave for the airport.

채워짐(plenty)

plenitude
[plénətjù:d]
N 충분(fullness), 완전(completeness), 풍부함
ex) The moon was in her **plenitude**.

가득(pleni) 함(tude)

plenary
[plínəri]
A 충분한, 전원출석의; 전권을 가진, 전권의
ex) There will be a **plenary** meeting of the planning committee tommorow.

채워(plen) 진(ary)

plethora
[pléθərə]
N [보통 a ~] 과다, 과잉(of); [병리] 다혈증
ex) There's a **plethora** of books about the Korean War.

채워(plen) 진(ary)

accomplish
[əkámpliʃ]
V 완수[성취]하다 (complete successfully)
* **accomplished** 성취한, 능숙한   * **accomplishment** 성취, 업적, 예능, 재주
ex) The students **accomplished** the task in less than ten minutes.

~에(ac) 함께(com) 채움(plish)

ample
[ǽmpl]
A 넓은, 충분한, 풍부한
* **amply** 충분히; 널따랗게; 상세하게
* **amplify** 확대하다, 증대하다; 부연하다
* **amplitude** 넓이, 크기; 도량(度量); 충분함
ex) There is an **ample** hope for success.

앰플(ample) 틀어놓으면 넓은 지역이 들림

complement
[kάmpləmənt]
N 보충, 보완물   V 보충하다
* **complementary** 보완적인; 서로 보완하는; 보색(~ color); 보완하는 것
ex) Ramen and Kimchi **complement** each other perfectly.

함께(com) 채우다(plete)

complete
[kəmplí:t]
A 전부의, 완성한, 완전한, 철저한
V 완전하게 하다, 완성하다, 채우다
* **completion** 완성, 완료 * **completeness** 완전, 완벽 * **completely** 완전하게
ex) All he needed to **complete** his happiness was money.

함께(com) 채우다(plete)

comply
[kəmplái]
V (요구, 명령에) 응하다, 따르다
ex) It's difficult to teach if the students won't **comply**.

함께(com) (요구를) 채우다(ply)

compliment
[kámpləmənt]
N 찬사, 아첨   V 칭찬하다, 축하하다
* **complimentary** 칭찬하는; 무료의, 초대의   * **a complimentary ticket** 초대권
ex) I must **compliment** your wife on her wonderful food.

함께(com) (마음을) 채움 =칭찬

deplete
[diplí:t]
V 비우다, 고갈시키다
* **depletion** 소모, 고갈, 방혈, 감가상각   * **depletive** 고갈(소모)시키는
ex) Our native fish habitat are being **depleted** owing to misuse and neglect.

채우다(plete)의 반대(de)

expletive
[éksplətiv]

A 부가적인; 덧붙이기의

N 허사(虛辭) (it rains의 it); 무의미한 감탄사 (O dear! 등); 저주의 말

ex) She dropped the hammer on her foot and let out a row of **expletives**.

replenish
[riplɛ́niʃ]

V 가득 채우다, 저장하다

* plenish 채우다; 저장하다; ~에 가축을 넣다; 비치하다 * deplensish 비우다

ex) Food stocks were **replenished** with imports from the United States.

replete
[riplíːt]

V 충만한; 포만한; 완비된; 완전한 (with)

ex) The guidebook is **replete** with useful information.

supply
[səplái]

V 공급하다(furnish), 지급하다, 충족시키다

N 공급, 재고품, 생활필수품, 양식(provision)

ex) Electrical power is **supplied** by underground cables.

supplement
[sʌ́pləmənt]

N 보충물, 추가물, 추가 V 증보하다, 보충하다

* supplementary 보충의   * supplementation 보충, 추가

ex) Perhaps you should take a vitamin **supplement**.

nonplus
[nɑnplʌ́s]

[non + plus = no more]

N 어찌할 바를 모름; 궁지; 당혹, 난처, 곤경

V 어찌할 바를 모르게 하다, 난처하게 만들다

ex) He was put to a **nonplus**.

surplus
[sə́ːrplʌs]

N A 나머지[의], 잔여[의]; 과잉[의]

ex) We produced lots of **surplus** last year.

plural
[plúərəl]

N A 복수[의]; 다원론(↔monism); 다원적인

ex) We are living in a **plural** society.

PLE/PLY/PLEX = 접다, 구부리다, 꼬다(fold)

펜치를 영어로는 **plier**라고 한다. 펜치의 목적은 철사를 **접고 구부리**는데 있다.

ply
[plái]

V (실 등을) 꼬다; 구부리다(bend), 접다(fold)

N 주름; (밧줄의) 가닥; 경향, 버릇, 성향

accomplice
[əkɑ́mplis]

[~쪽으로(ac<ad) 함께(com) 구부림(plice)]

N 공범자, 연루자, 한패 (in, of)

* complice 공범자

ex) He is an **accomplice** in the crime.

apply
[əplái]

V 적용하다(to); 지원하다(for); 적합하다; 바르다

* applicant 신청자, 지원자 * applied 적용된, 응용의
* application 적용, 응용, 지원, 근면; 바름   * applicable 적용할 수 있는;적절한(to)

ex) By the time I saw the job advertised it was already too late to **apply**.

ex) Leave the paint to dry between **applications**.

appliance
[əpláiəns]
N 기구, 장치, 설비; 전기 제품; 적용, 응용
ex) I bought some office **appliances**.

~에(ap) 적용 한(pli) 것(ance)

complicate
[kámpləkèit]
V 복잡하게 하다, 혼란하게 하다 A 복잡한; 겹쳐진
* **complication** 복잡화, 혼란   * **complicated** 복잡한, 뒤섞인, 알기 어려운
ex) The rescue operation has been **complicated** by bad weather.

함께(com) 모아(plic) 진(ate)

complex
[kampléks]
A 복잡한, 어려운; 복합의; 얽히고 설킨
* **complexity** 복잡성, 착잡
ex) The film's plot was so **complex** that I couldn't follow it.

함께(com) 모인(plex)

complexion
[kəmplékʃən]
N 안색, 혈색; 외관, 양상; 관점, 태도; 성격
ex) It puts another **complexion** on the incident.

함께(com) 합쳐진(plex) 것(ion)

complicity
[kamplísəti]
N 공범, 연루(partnership in wrong doing)
ex) She is suspected of **complicity** in the robbery.

함께(com) 구부림(plic+ity)

diploma
[diplóumə]
N 졸업증서, 공문서   V ~에게 졸업증서를 주다
ex) A **diploma** is the hallmark of capacity.

두 개로(di) 접힌(plo) 것(ma)

display
[displéi]
N 전시, 진열; [집합적] 전시품; 표명; 표시
V 표시[표명]하다; 펼치다, (감정 등을) 나타내다; 과시하다; 전시[진열]하다
ex) Their wedding photos were **displayed** on the wall.

접다(play)의 반대(dis)=펼치다

deploy
[diplói]
V 전개하다(spread), 배치하다
* **deployment** 전개, 배치
ex) She **deployed** a powerful argument against the proposal.

접다(ploy)의 반대(de)=펼치다

duplex
[djú:pleks]
A 이중의, 두 부분으로 된   N 복식 집
V 이중으로 하다[바꾸다], 중복하다
* **triplex** 3중의 [것]; 세 가지 효과를 내는; 3세대용의 [아파트 건물]
* **fourplex, quadplex** 4세대용 연립 주택; 4겹의; 4배의
ex) **Duplex** has a pair of small houses on a single floor that are joined together.

둘로(du) 접힌(plex)

duplicate
[djú:plikèit]
V 이중[2배]으로 하다; 복사[복제]하다
A [djú:plikət] 중복의; 이중의; 두 배의; 한 쌍의; 똑같은; 복제의, 사본[복사]의
N [djú:plikət] (동일물의) 2통 중의 하나, 사본; 복사, 복제, 복제품
* **duplicable** 이중으로 할 수 있는; 복제[복사] 가능한
* **duplication** 2배, 이중, 중복; 복제, 복사; 복제[복사]품
ex) The thieves were equipped with **duplicate** keys to the safe.

둘로(du) 접히게(plic) 하다(ate)

employ
[implói]
V 고용하다, 이용하다, 차지하다(take up)
* **employment** 사용, 고용, 일, 직업   * **employer** 고용주   * **employee** 고용인
* **underemployed** 불완전 고용의, 능력 이하의 일을 하는, 일거리가 부족한
ex) He was **employed** as a teller in a bank.

안으로(em) 접다(ploy)

explicate
[ékspləkèit]

V 설명하다, 해명하다(elucidate), 명백히 하다
* explication 해명, 해설 * explicative, explicatory 해설적인
ex) This is a book which clearly **explicates** Marx's later writings.

explicit
[iksplísit]

A 명백한(evident), 숨김없는(frank), 솔직한
ex) I gave her very **explicit** directions how to get here.

exploit
[iksplóit]

V 개척하다, (자원을) 개발하다, 이용하다;
(판매 등을) 촉진하다(promote); 부당하게 이용하다; (노동력을) 착취하다
ex) Brickkiln laborers are among the most **exploited** and mistreated workers in the country.

imply
[implái]

V 함축하다, 의미하다, 암시하다(insinuate)
* implicate 관련시키다, 내포하다, 함축하다 *implication 함축
ex) I'm not **implying** anything about your cooking, but could we eat out tonight?

implicit
[implísit]

A 맹목적인, 조건 없는(unconditional), 내포된
ex) Can I interpret your smile as an **implicit** agreement.

multiply
[m\u00e1ltəplái]

V 증가 시키다, 곱셈하다
* multiple 복식의, 다수의, 다양한 * multiplex 복합의, 다양한
* multiplication 증가, 곱셈 * multiplicity 다수, 다양성
ex) In warm weather these germs **multiply** rapidly.

perplex
[pərpléks]

V 난처하게 하다, 당황하게 하다, 복잡하게 하다
* perplexity 난처함, 당황, 혼란 * perplexed 난처한, 어쩔 줄 모르는, 당황한
ex) The students looked **perplexed**, so the teacher explained once again.

plight
[pláit]

N 곤경, 궁지, (어려운) 상태
ex) What a **plight** to be in! 참 비참하게 되었군!

plight²
[pláit]

N 맹세(pledge); 약혼 V 맹세하다; 약혼시키다
ex) They are **plighted** lovers. 서로 사랑을 맹세한 사이이다.

reply
[riplái]

V 대답하다, 응답하다 N 대답, 응답, 응전
* replication 응답, 반복; 뒤로 젖혀짐; 반향; 사본, 모사; 복제 (DNA 등의)
ex) She asked him how old he was but he didn't **reply**.

supple
[sápl]

N 나긋나긋한, 유순한; 유연한 (flexible)
V 나긋나긋하게 하다[되다]; 유순하게 하다[되다]
ex) My horse has a very elastic and **supple** movement.

supplicate
[sápləkèit]

V 탄원하다(plead), 간청하다(beseech; solicit)
* supplication 탄원, 간청 * supplicant, suppliant 탄원하는, 간청하는
ex) It is humiliating to be forced to **supplicate** assistance from your former enemy.

PORT = 나르다(port, carry)

짐을 **나르는** 트럭 포터(porter)가 여기에서 왔다. **항구**(port)는 짐을 나르기 위해 만들어 놓은 곳이다.

port
[pɔːrt]
- N 항구, 피난항, 항구의 거리(street of a harbor)
- V 운반하다; [군대] 앞에 총 하다 N 앞에 총 자세; 태도(behavior), 몸가짐
- * any port in a storm 궁여지책, 아쉬운 대로 의지가 되는 것

나르는 곳(port)

portable
[pɔ́ːrtəbl]
- A 휴대할 수 있는; 휴대용의   N 휴대용 라디오
- * portability 휴대할 수 있음(being portable)
- ex) The price of **portable** phones keep coming down.

나를 수(port) 있는(able)

portal
[pɔ́ːrtəl]
- N 입구, 정문; [pl.] 시작, 발단
- ex) Seattle was the **portal** to the North Pacific.

이동하는(port) 지점(al)

porter
[pɔ́ːrtər]
- N 운반인, 짐꾼, 수위(usher)
- * porterage 운반(carriage), 운송업, 운임(fare)   * portage 운반, 운송료
- ex) She just gave a **porter** her baggage to carry.

나르는(port) 사람(er)

portfolio
[pɔ́ːrtfóuliòu]
- N 서류첩, 손가방; 대표작품 선집; 장관직(지위)
- * portmanteau 여행가방
- ex) She's building up a **portfolio** of work to show during job interviews.

종이(folio)를 나름(port)

porthole
[pɔ́ːrthòul]
- N (군함의)포문, 하역구; (배, 비행기의) 둥근 창
- ex) I was sitting beside a **porthole** and talking to others.

나르는(port) 구멍(hole)

portfire
[pɔ́ːrtfàiər]
- N 불꽃[봉화] 점화 장치; [광산] 발파 점화 장치
- ex) Remove the safety cap just prior to ignition and light with a **portfire**.

불(fire)을 나름(port)

apport
[əpɔ́ːrt]
- N [심령] 환영, 죽은 자의 영혼
- ex) The **apport** can be connected to someone in the room such as a picture.

갑자기(ap) 나르다, 스쳐가다(port)

comport
[kəmpɔ́ːrt]
- V [~ oneself] 처신하다, 행동하다; 적합하다
- * comportment 처신, 행동(behavior)
- ex) She **comported** herself with great dignity at her husband's funeral.

함께(com) 나르다(port)

deport
[dipɔ́ːrt]
- V 추방하다, 처신하다, 나르다
- * deportation 이송, 수송, 국외추방   * deportee 추방당한 사람
- * deportment 태도, 처신(way of holding oneself in standing and walking)
- ex) If I keep speaking my mind, will I be **deported**?

아래로(de) 나르다(port)

disport
[dispɔ́ːrt]
- V [~ oneself] 흥겹게 놀다, 장난치다
- ex) The ducks dived under the water and **disported** themselves for a time.

멀리(dis) 나르다(port)

export
[ekspɔ́:rt]
    V 수출하다   **N** 수출품; 수출액; 수출업
    * **exportable** 수출할 수 있는   * **exportation** 수출
    ex) The islands **export** sugar and fruit.

import
[impɔ́:rt]
    V 수입하다, 의미하다 **N** 수입, 의미; [pl.] 수입품
    * **importation** 수입(act of importing)
    ex) A total of 10,000 passenger cars were **imported** to Malta last year.

important
[impɔ́:rtənt]
    A 중요한, 중대한, 현저한, 거만한(pompous)
    * **importance** 중요성, 중요(significance)
    ex) It is very **important** that students read good books.

opportune
[ὰpərtjú:n]
    A 시기가 좋은(timely), 형편이 좋은, 적절한
    * **opportunity** 기회   * **opportunism** 기회주의   * **opportunist** 기회주의자
    ex) The time is not **opportune**.

importunate
[impɔ́:rtʃunət]
    A 성가신, 끈질긴, 귀찮게[추근추근] 조르는
    * **importune** 끈덕지게 조르다, 귀찮게 하다 * **importunity** 끈덕짐, 끈덕진 요구
    ex) James was met by the **importunate** demand for land.

passport
[pǽspɔ:rt]
    N 여권, 패스포트; 통행증; 입장권; 수단, 보장(to)
    ex) Education is a **passport** to success. 교육은 성공이 보장된 길이다

purport
[pɔ́:rpɔ:rt]
    N 의미, 취지   **V** 의미하다(mean), 주장하다
    ex) The document **purports** to be official.

rapport
[ræpɔ́:rt]
    N 일치, 관계, 친밀한 관계, 친화
    * **rapportage** 실황보도   * **rapporteur** 기자, 기록자
    ex) Our teacher has a good **rapport** with her students.

report
[ripɔ́:rt]
    V 보도하다, 기록하다 **N** 보고서; 기사; 소문(rumor)
    * **reportorial** 보고서의, 기자의, 기록자의   * **reportedly** 전하는 바에 따르면
    * **reportage** 고문학   🌐 **bruit** (소식 등을) 유포하다
    ex) The assassination was **reported** in all the newspapers.

support
[səpɔ́:rt]
    V 유지하다, 지지하다, 부양하다 **N** 지원, 후원, 부양
    * **supporter** 지지자, 부양자   * **supportable** 지탱할 수 있는
    ex) The majority of voters in the country strongly **support** the candidate.

transport
[trænspɔ́:rt]
    V 수송하다, 추방하다   **N** 수송, 운송; 수송기관
    * **transportation** 수송(transporting or being transported), 운반, 수송기관
    * **transporter** 수송기, 운송자, 운송기   * **transportee** 유배된 죄수, 유형수
    ex) **Transport** to and from the airport is included in the price.

ford
[fɔ́:rd]
    N 여울, 얕은 물   **V** <개울을> 걸어서 건너다
    ex) They were guarding the bridge, so we **forded** the river.

LAT = 운반하다(carry)

번역한다(translate)는 것은 이 말에서 저 말로 **옮겨서**(trans) **나른다**(late)는 뜻이다.

latent
[léitənt]
A 잠재한, 잠복한, 숨어있는   틈고(lat) 있는(ent)
* latency 숨어 있음, 잠복, 잠재, 잠복기
ex) The lab will handle computer crimes and **latent** fingerprint evidence.

latitude
[lǽtətjùːd]
N 위도; 한도, 범위, 폭; 허용범위, 자유   나르는(lati) 범위(tude)
* latitudinal 위도의   * latitudinarin 자유적인; 자유주의자
ex) This island lies at a **latitude** of ten degrees north.

ablate
[æbléit]
V (용해, 증발, 부식 따위로) 제거되다   멀리(ab) 나르다(late)
* ablator (로켓공학) 용발, 용제   * ablative 탈격의; 탈격   * ablation 제거

collate
[kəléit]
V 대조하다, 맞추어 보다   함께(col) 나르다(late)
* collation 대조, 조회, 성직 임명
ex) They **collated** the newly found manuscripts to determine their age.

dilate
[dailéit]
V 크게 하다, 넓히다, 팽창시키다   멀리(di) 나르다(late)
* dilatant/dilative 팽창성의, 부푸는   * dilator 확장자, 팽창근육
* dilatory 꾸물거리는, 지체하는 느린   * dilation 팽창, 확장
ex) The pores in the skin become **dilated** in hot weather.

elate
[eléit]
V 원기를 돋우다, 즐겁게 하다   밖으로(e) 나르다, 옮기다(late)
* elated 의기양양한   * elation 의기양양, 신남, 매우 기뻐함
ex) After rowing across the Pacific Ocean in a bathtub, I felt **elated**.

illation
[iléiʃən]
N 추론, 추리, 결론   안으로(il) 나르는 것(lation)
* illative 추론적인, 추론의

legislate
[lédʒislèit]
V 법률을 제정하다, 입법하다   법(legis)을 나르다(late)
* legislate against [for] 방해[허용]하다   * legislature 입법부, 주의회
* legislation 입법, 법률제정   * legislative 입법의
ex) You can't **legislate** against bad luck!

oblate
[ɑ̀bléit]
A 헌신하는, 봉헌하는, 한몸 바친, 편원의   반대로(ob) 나르는(late)
* oblation 봉헌, 기부, 성찬   * oblateness 편원, 편구
ex) The sun was more **oblate** than observed.

relate
[riléit]
V 이야기 하다; 관련시키다; 혈연적으로 맺다   다시(re) 나르다(late)
* relation 관계, 관련, 상관, 친족 관계, 고발   * correlation 상호관계
* relative 친척, 일가, 관계사; 비교사의, 상대적인, 상관의, 비례하는

prolate
[próuleit]
A 편장의, 폭이 넓은, 늘어난   앞쪽으로(pro) 나르는(late)
* prolative 서술보조의   * prelate 고위성직자

superlative [supə́:rlətiv]	A 최상의, 지상의, 거창한, 과장된 N 최상급; 과장된 말; 극치, 완벽; 최고의 사람(것) ex) This **superlative** play will have four performances.	위로 (super) 나른 (것) (lative)
translate [trænsléit]	V 옮기다, 번역하다, 해석하다, 환원하다 * translation 번역(물), 해석　　* retranslation 재 번역하다, 개역하다	옮겨(trans) 나르다(late)

POSS/POT = 가능한, 힘있는(able)

possible의 poss, potent의 pot. 모두 '힘이 있는', '가능한'의 뜻이다.

possible [pásəbəl]	A 가능한, 할 수 있는 * impossible 불가능한　* possibility 가능성, 있음직한 일; (pl.) 가망, 장래성	가능함(poss) 것 같은 (ible)
possess [pəzés]	V 소유하다, (능력·소질 등을) 지니다; 억제하다 ex) He **possesses** courage.	힘있는 (pot) 가져 (sess)
posse [pási]	N 무장대, 민병대; 군중, 집단; 가능성, 잠재력 ex) The sheriff sent a **posse** to arrest a band of thieves.	힘(posse)
despot [déspət]	N 전제 군주, 독재자, 폭군 * despotism 전제 정치, 압제; 전제 정부　* despotic 전제적인, 횡포한 ex) The people rebelled against the **despotism** of the king.	완전한(des) 힘(pot)
potent [póutənt]	A 유력한, 세력 있는; 효능 있는; 설득력 있는 * potentate 유력자, 세력가; 군주　* potency 힘, 잠재력; 권위; 효력, 설득력 ex) The jury was swayed by the **potent** testimony of the crime's sole eyewitness.	pot(힘) ent(있는)
potential [pəténʃəl]	A 가능한, 잠재하는, 잠재세력의; 전위(電位)의 ex) This juvenile delinquent is a **potential** murderer.	potent(힘) ial(있는)
impotent [ímpətənt]	A 무기력한, 허약한; 성불능의　N 허약자, 성교 불능자 * impotence 무기력, 허약, 노쇠; (남성의) 성교 불능　ⓢ feckless 허약한, 무능한 ex) He found himself **impotent** in resisting the craving for a cigarette.	pot(힘) 없(im) 는 (ent)
omnipotent [ɑmnípətənt]	A 전능한, 절대력을 가진; 무엇이든 할 수 있는 * omnipotence 전능, 무한한 힘; [the O~] 전능한 신 ex) We are not **omnipotent**, and sometimes events occur that we can not control.	전(omni) 능(pot) 한(ent)
prepotent [pripóutənt]	A 대단히 우세한; [生] 우성 유전력을 가진 * prepotency 우세, 우성 유전력	앞선(pre) 힘(pot)을 가진(ent)
plenipotent [pləní:pətənt]	A 전권을 가진 * plenipotentiary 전권을 가진, 절대적인, 완전한; 전권위원, 전권대사	많은 (pleni) 힘(pot)을 가진(ent)

PRIS = 잡다(take)

prison(감옥)은 죄지은 자를 **잡아**(pris) 가두는 **곳**(on)이다.

prison
[prízn]
N 교도소, 감옥; 감금, 유폐
ex) We are living in a **prison** without bars.

apprise
[əpráiz]
[가까이(ap) 잡다(prise)]
V 알리다(to give notice to; tell), 통고하다
ex) The policeman **apprised** the suspect of his right to remain silent.

comprise
[kəmpráiz]
V 포함하다, ~으로 구성되다
* comprisal 포함, 개요, 대략
ex) The committee is **comprised** of eight members.

enterprise
[éntərpràiz]
N 큰 계획, 기획, 진취의 기상, 사업, 기업
ex) This **enterprise** has great possibilities.

imprison
[imprízn]
V 투옥하다(put or keep in prison), 감금하다
* imprisonment 투옥   * disimprison 출감하다
ex) The military regime responded to dissidents by **imprisoning** them.

misprision
[misprízən]
N 직무태만; [법] 범죄은닉; 오해
ex) Maryland didn't have any law against **misprision** of felony.

prey
[préi]
N 먹이; 희생, 밥; 포획, 잡아먹음, 탈취, 전리품
V 먹이를 찾다; 잡아먹다(on, upon); 약탈하다, 착취하다; 괴롭히다
ex) He **preys** upon the poor.

predatory
[prédətɔ̀:ri]
A 생물을 잡아 먹는, 육식하는; 약탈하는
ex) Anemones are not plants but are **predatory** animals.

depredate
[déprədèit]
V 약탈하다, 파손하다, 망치다
* depredation 약탈; (pl.) 파괴의 흔적
ex) Sea turtle nest was **depredated** by armadillos.

ⓖ **maraud**
[mərɔ́:d]
V 약탈[습격]하다   N 습격, 약탈
ex) He protected his son from a **marauding** wolf.

ⓖ **despoil**
[dispɔ́il]
V 약탈하다, 빼앗다, 손상시키다
ex) Many of the graves had been **despoiled**.

reprisal
[ripráizəl]
N 앙갚음
ex) They did not want to give evidence for fear of **reprisals**.

surprise [sərpráiz]	V 놀라게 하다, 급습하다　　N 놀람, 급습 ex) His conduct **surprised** me.	위에서(sur) 잡다(prise)
reprieve [riprí:v]	N 집행 유예; 유예　V …의 형의 집행을 연기하다 ex) Five people, waiting to be hanged, have been **reprieved** last Christmas.	뒤로(re) 잡음(prieve)
ⓐ incarcerate [inká:rsərèit]	[L. *carcer*=prison] V 투옥하다(shut up in a prison) * incarceration 투옥 ex) He was **incarcerated**, leaving his son behind.	

PREHEND = 잡다(take)

prehensile [prihénsl]	A 쥐기에 좋은, 잡는 힘이 있는, 이해력이 있는 ex) The tail of a monkey is long and **prehensile**.	잡기(prehens) 쉬운(ile)
prehension [prihénʃən]	N 포착, 파악; 이해, 터득 ex) Our thumbs allow a better stability in **prehension** process.	잡(prehens) 음(ion)
apprehend [æprihénd]	V 체포하다, 의미를 이해하다, 염려하다 * apprehensible 이해할 수 있는　　* apprehension 체포, 염려 * misapprehend 오해하다, 잘못 생각하다　* misapprehension 오해 ex) I **apprehended** that the situation was serious.	가까게(ap) 잡다(prehend)
comprehend [kàmprihénd]	V 이해하다(grasp the meaning) * comprehension 이해, 감지　　* comprehensive 이해하는 ex) I could **comprehend** all he said.	함께(com) 잡다(prehend)
reprehend [rèprihénd]	V 질책하다(blame), 꾸짖다(scold), 비난하다 * reprehensible 비난할 만한(blamable)　　* reprehension 비난 ex) Jesus often **reprehended** the poor faith of His disciples.	거슬러서(re) 잡다(prehend)

HAB/HAV = 잡다, 가지다, 살다(hold, have, live)

'have(가지다)'가 여기에서 왔다. 습관(habit)이란 무엇인가를 늘 '잡고(habi) 있는 상태(t<tus)'이다.

habit [hǽbit]	N 버릇, 습관, 기질, 복장　V 옷을 입히다 * habitus 습관, [의학] (어떤 병에 민감한) 체질　　* habitué 단골손님, 마약 상용자	가지고 있는 상태, 태도
habitual [həbítʃuəl]	A 습관적인; 상습적인　N 상습범; 마약 상용자 * a habitual criminal 상습범　　* habitue 단골손님, 고객, 마약상습자 ex) He is a habitual liar.	습관(habit) 적인(ual)
habitude [hǽbitʃjù:d]	N 체질, 기질, 성향; 습관 습성 * improvement of habitude 체질의 개선	습관(habit)인 상태(tude)

habituate
[həbítʃuèit]

V 길들이다(to), (행동, 약 등이) **습관**이 되다
* **habituation** 습관화, 상용벽   ⓔ **inure** 익히다, 단련하다; 법적효력이 발생하다
ex) She became **habituated** to the background music

습관(habit) 하다(ate)

habitation
[hæbətéiʃən]

N 거주지, 주소, 거주
* **habitat** 서식지, 주소, 거주지   * **habitant** 주민, 거주자
ex) The housing was unfit for human **habitation**.

살게(habit) 만듦(ation)

cohabit
[kouhǽbit]

V 동거하다, 공동생활하다
* **cohabitant** 동거자   * **cohabitation** 동거
ex) That couple has **cohabited** for many years.

함께(co) 살다(habit)

inhabit
[inhǽbit]

V 살다, 거주하다
* **inhabitant** 거주자, 서식동물   * **inhabitancy, inhabitation** 거주
ex) Who would **inhabit** this bleak world alone?

안으로(in) 살다(habit)

adhibit
[ædhíbit]

V (고약 따위를) 붙이다, 쓰다, 적용하다
* **adhibition** 사용, 적용

~쪽에(ad) 유지하다(hibit=hold)

exhibit
[igzíbit]

V 드러내다, 전시하다, 진열하다
* **exhibition** 박람회   * **exhibitive** ~를 나타내는, 표시하는
* **exbitionism** 과시행위, 노출증   * **exhibitionist** 과시욕이 강한 사람
ex) The Metropolitan Museum is **exhibiting** Goya's works this month.

밖으로(ex) 두다(hibit=hold)

inhibit
[inhíbit]

V 금지하다, 방해하다 (from)
* **inhibition** 금지, 방해
ex) The church **inhibits** its people from smoking and drinking.

강하게(in) 잡다(hibit)

prohibit
[prouhíbit]

V 금하다, 못하게 하다, 방해하다
* **prohibition** 금지, 방해
ex) Many countries **prohibit** marriage between close relatives by law.

앞에서(pro) 잡다(hibit)

havoc
[hǽvək]

N 위력을 부림, 황폐시킴; 대파괴, 때려 부숨
V 크게 파괴하다, 쑥밭을 만들다
ex) The floods caused **havoc** throughout the area.

회복(havoc)이 힘든 대파괴

heave
[hí:v]

V 들어올리다; 가슴을 부풀게 하다; 한숨쉬다
N 들어올리기, 끌어 당기기, 던지기; 들썩거림
ex) He **heaved** the box of books onto the table.

upheaval
[ʌphí:vəl]

N 격변, 대변동
* **upheave** 들어 올리다, 융기시키다
ex) This election is expected to bring about a political **upheaval**.

위로(up) 잡아(heav) 올림(al)

behave
[bihéiv]

V 행동하다, 처신하다
* **behavior** 행동
ex) **Behave** yourself! 얌전하게 굴어라

자기 것으로 가지고 있게 되다

hasp	N 걸쇠, 잠그는 고리　V 고리로 잠그다	잠는 것
[hæsp]	ex) The boy tried to **hasp** the door.	

haven	N 항구, 피난처, 안식처　V 배를 피난 시키다	배를 잠고 있는 곳
[héivən]	ex) Afghanistan is a safe **haven** for terrorists.	

* ghreb = 잡다(grasp)

grab	V 붙잡다, 움켜쥐다
grasp	V 붙잡다, 움켜잡다　N 꽉잡기, 확실한 통제
grip	N 잡음, 쥠, 잡는 방법, 지배력, 통제력
gripe	V 쥐다, 조이다; 잔소리하다　N 쥐기, 파악; 제어

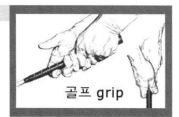

골프 grip

PRESS/PRINT = 누르다, 찍다(press)

어근 press와 print는 그대로 press(누르다, 압박하다)와 print(찍다, 누르다)의 의미를 지닌다.

press
[pres]

V 누르다, 재촉하다; 강요하다; 강조하다　　　　　압박하다(press)
N 누름, 압박; 다림질; 인쇄기, 인쇄술; 출판사, 출판물; 보도기관, 보도진
* press conference 기자회견　　* press freedom 출판·보도의 자유
ex) He **pressed** his mother for more money.

pressure
[préʃər]

N 압력, 곤경, 고난　　　　　압력(press)을 가함(ure)
* pressurize [항공] (기밀실의) 기압을 정상으로 유지하다, 가스를 압입하다
ex) Under **pressure** from his teacher, Jay promised not to nap in class.

compress
[kəmprés]

V 압축하다, 요약하다　　　　　함께(com) 압박하다(press)
N [kámpres] [醫] 압박붕대; 습포
* compression 압축; 간결, 요약　　* compressor 압축기
ex) She **compressed** the package under her arm.

depress
[diprés]

V 기를 꺾다, 누르다, 저하시키다, 약하게 하다　　　　　아래로(de) 짓누르다(press)
* depressed 풀이 죽은, 부진한　* depressing 억압적인, 침울하게 하는
* depressor 억압자, 혈압 강하제　* depressive 억압적인; 울병 환자
ex) He became deeply **depressed** when Sharon got married.

express
[iksprés]

V 표현하다, 나타내다, 발현하다　　　　　밖으로(ex) 누르다(press)
A 명시된, 명백한; 급행의　N 급사(急使), 속달, 급보; 고속, 급행 열차
* expression 표현, 말씨, 표정　* expressive 표현하는, 나타내는
ex) I would like to **express** my thanks for your kindness.

impress
[imprés]

V 깊은 인상을 주다; 감동시키다; (도장) 찍다　　　　　안으로(im) 누르다(press)
N 각인, 날인, 감명, 인상, 영향
* impression 인상, 감명　* impressive 감동적인, 인상적인
④ impresario (가극·음악회 등의) 흥행주, 주최자(organizer); 감독, 지휘자
ex) The meal that my wife made was delicious enough to **impress** me.

impress[2]
[imprés]
V (특히 해군에) 강제 징발하다; 인용하다 (군대)안으로 (im) 누르다(press)
ex) You have been **impressed** according to act of parliament.

oppress
[əprés]
V 압박하다, 학대하다(treat harshly), 없애다 거슬러(op) 누르다(press)
* **oppression** 압제, 압박   * **oppressive** 압박하는
ex) The people in the country have been **oppressed** by a ruthless dictator.

repress
[riprés]
V 제지하다, 억압하다, 진압하다 뒤로 (re) 누르다(press)
* **repression** 진압, 억압   * **repressive** 진압의, 억압적인
ex) She could not **repress** her feeling of horror at the sight of a snake.

suppress
[səprés]
V 억압하다, 진압하다, 억제하다(hold back) 아래로 (sup) 누르다(press)
* **suppressible** 억제(억압)할 수 있는   * **suppression** 억압, 발매금지
ex) The United Nations forces used tear gas to **suppress** a rebellion on Geoje Island.

print
[prínt]
N 인쇄; 판(版);출판물;자국 **V** 인쇄하다; 자국을 내다 찍다(print)
* **footprint** 발자국; (타이어의) 접지면   * **fingerprint** 지문; 지문을 채취하다
ex) The scene was **printed** on my memory. 그 광경이 뇌리에 깊이 박혔다

imprint
[ímprint]
N 누른[박은, 찍은] 자국, 인장 자국; 흔적; 인상 찍어(print) 넣다(im)
V [imprínt] (도장 등을) 누르다, 찍다(stamp); 명심시키다; 감명시키다(impress)
ex) He **imprinted** his words upon my memory.

misprint
[mísprint]
N 미스프린트, 오식(誤植)   **V** [misprínt] 오식하다 잘못 (mis) 찍다(print)
ex) The shirt was **misprinted** upside down on the back.

reprint
[rìːprínt]
V (책을) 재판하다; 재판되다   **N** [ríːprint] 재판(본) 다시(re) 찍다(print)
ex) If you would like to **reprint** material from IPS, please complete this form.

sprain
[spréin]
V 삐다, 접질리다   **N** 뼘, 접질림, 염좌(捻挫) 밖으로 (s(ex) 누르다(prain)
ex) I couldn't run away because my ankle was **sprained**.

PROB/PROV = 시험(test), 증명(proof)

prob나 prov는 '**시험하다**' 또는 '**증명하다**'의 뜻을 갖는다. 뭔가를 조사할 때 쓰는 기구인 probe(탐침)을 생각하자. 조사하는데 쓰이는 probe

probable
[prábəbl]
A 있음직한, 일어남직한   **N** 유력한 후보, 우승후보 증명될(prob) 수도 있는 (able)
* **probability** 가능성, 가망, 있음직한 사건(결과)   * **probably** 아마, 필시
* **improbable** 있을 성싶지 않은, 가능성 없는   * **a probable winner** 우승후보
ex) Carelessness might be the incident's most **probable** cause.

probe
[proub]
V 탐사하다, 철저히 조사하다 시험하다(probe)
N 탐침(상처 따위를 검사하기 위해 사용하는 도구), (스캔들 따위의) 조사
ex) He **probes** the enemy's weak positions, ignoring his strongholds.

prove
[pruːv]
V 증명하다; 시험하다, 실험하다; 분석하다
* proof 증거, 증명, 입증; 증거물
ex) This letter **proves** him to be still alive.

시험하다(prove)

probate
[próubeit]
N 유언의 검인, 검인될 유언장　　V 검인하다
ex) **Probate** cases can go on for two years or more.

검증(prob) 하다(ate)

probation
[probéiʃən]
N 시험, 검정, 수습; 집행유예, 보호관찰 [기간]
ex) The thief was put on **probation** for two years.

시험(prob) 하는 것(ation)

probity
[próubəti]
N 성격의 강직, 성실, 고결
ex) He asserted his innocence and his financial **probity**.

증명힌(prob) 성질(ity)

approbate
[ǽprəbèit]
V 승인[찬성]하다(approve); 허가하다(license)
* approbation 허가, 인가, 면허; 승인, 시인, 찬동; 칭찬; 공식 인가, 재가
ex) The committee is authorized to **approbate** the prices set by energy companies.

~에게(ap) 검증 (prob) 하다(ate)

approve
[əprúːv]
V ~을 승인하다, 찬성하다, 비준하다, 동의하다
* approval 찬성, 동의; (정식) 승인, 인가
ex) Her parents did not **approve** of her marriage.

~에게(ap) 검증 하다(prove)

disprove
[dìsprúːv]
V 그릇됨을 증명하다, ~의 반증을 들다
* disproof 반증(反證), 논박, 반박; 반대 증거, 반증 물건
ex) Can some one tell me how to **disprove** the Bible?

반대(dis) 증명하다(prov)

reprobate
[réprəbèit]
A N 타락한; 하나님의 버림을 받은 [사람]
V [신학] (하나님이) 버리시다; 거부하다, 부인하다, 꾸짖다, 비난하다
ex) God does not **reprobate** anyone.

검증 받지 (probate) 못 해서(re)

reprove
[riprúːv]
V 꾸짖다(reproach, scold), 비난하다
* reproof 비난, 꾸짖음(reproof)
ex) My father smiled, then gently **reproved** me for telling lies.

검증 받지 (prov) 못 해서(re) 꾸짖다

reprieve
[riprίːv]
N 집행 유예, (사형) 집행 연기; 일시적 모면
V …의 형의 집행을 연기하다; 유예하다; 일시 구제하다, 잠시 경감하다
ex) The murderer of a policeman was **reprieved** because of his state of mind.

다시(re) 시험하다(prieve)

---

* -proof는 '…을 막는; 내(耐)…, 방(防)…'의 뜻이다.

bombproof　　N 방탄 건축　　A 방탄의　　　　　　폭탄(bomb)을 막는 (proof)
bulletproof　　A 방탄의　　　　　　　　　　　　탄알(bullet)을 막는 (proof)
runproof　　　A 번지지 않는　　　　　　　　　　번지지 (run) 않는 (proof)
rustproof　　　A 녹슬지 않는　　　　　　　　　　녹슬지 (rust) 않는 (proof)
waterproof　　A 방수의, 물이 새어 들지 않는 N 방수복, 방수재료　물(water)을 막는 (proof)

PUR = 깨끗한(clear)

pure
[pjuər]
A 순수한, 깨끗한, 단순한, 고결한, 순결한, 고른   순수한(pure)
* purity 순수함   * purebred 순종의   * pure-land 극락정토
* impure 더러운, 불결한, 불순한   * impurity 불순; 음란; 불순물, 혼합물

purify
[pjúərəfài]
V 정화하다(make pure), 청결히 하다   깨끗이(pur) 하다(ify)
* purification 정화, 정체   * purificatory 정화의; 정제의
ex) Those who believe in Jesus are **purified** from their sins.

puritan
[pjúərətn]
N [P~] 퓨리턴, 청교도   A 청교도적인, 엄격한   깨끗하게(pur) 행하는(it) 자(an)
* puritanism [P~] 청교도주의, 엄격주의   * puritanical 청교도적인, 엄격한
* purism (언어 등의) 순수주의; (용어의) 결벽
ex) The laws were shaped to abide with the **Puritans**' tenets.

depurate
[dépjurèit]
V 정화하다(make pure; purify)   매우(de) 깨끗이(pur) 하다(ate)
* depuration 정화   * depurative 정화하는; 정화제   * depurator 정화기[제]
ex) Fish can actively **depurate** some kinds of hydrophobic contaminants

purgatory
[pə́:rgətəri]
N 연옥; 일시적인 고난   A 깨끗하게 하는, 정죄의   깨끗이 하는(purg) 장소(atory)
ex) I've been on a diet for two weeks now, and it's **purgatory**!

purge
[pə:rdʒ]
V 깨끗이 하다(cleanse), 일소하다, 추방하다   깨끗이(pur) 하다(ge<ag<act)
* purgation 정화; 정죄; [法]무죄증명; (설사약으로) 변이 통하게 함
* depurge 추방을 해제하다   * depurgee 추방해제자
ex) You must **purge** your mind from sinful thoughts.

expurgate
[ékspərgèit]
V (책·편지 등의 불온한 곳을) 지우다, 삭제하다   깨끗이(purg) 없애다(ex)다(ate)
* expurgation (불온한 내용의) 삭제(elimination)
ex) The book was **expurgated** to make it suitable for children.

pious
[páiəs]
A 경건한, 신앙심이 깊은, 독실한, 훌륭한   L. pius<purus
* piety 경건, 신앙심, 애국심   * impious 신앙심없는, 경건치 않은, 불손한, 무례한
* impiety 불경건, 불신앙, 불손, 무례

* khatharos = 순수한(pure)
catharsis   N 카타르시스; (하제에 의한) 배변, (정신 요법의) 정화법; 정화
cathartic   A 배변의, 하제의; 카타르시스의   N 하제   카타르시스(cathart) 의(ic)

* mend = 오점(blemish), 구걸하다(beg)
mendacious   A 진실을 말하지 않는, 허위의   [말을 맨드 섰어]
mendacity   N 거짓된 행동, 허위
mendicant   N 거지, 탁발승   A 구걸하는, 탁발의
mendicancy   N 거지, 탁발, 구걸
maunder   V 두서없는 말을 늘어놓다, 배회하다   [말이 멈다]
emend   V 교정하다, 수정하다(=mend)
amend   V 개정하다, 수정하다

맨 뒤를 깡통(mendicant) 들고 쫓아다니는 거지
결점(mend)을 없애다(e<ex)

RAS = 긁어내다(scratch)

어근 ras/raz는 '긁어내다, 문지르다'의 의미이다. 수염을 긁어낼(raz) 때에 쓰이는 razor, 필요없는 부분을 문질러(ras) 없애는(ex) eraser 등이 있다.

razor [réizər]	N 면도칼; (전기) 면도기; 날카로운 사람 V 면도칼로 베다[자르다]; (훔친 것 따위를) 분배하다, 나누다	긁어내는(raz) 것(or)
rascal [rǽskəl]	N 악한, 불량배, 악당, 건달; 악동 * a notorious rascal 이름난 악당 * rascally 무뢰한의, 악당의; 악랄한; 교활한	긁는 사람
rash [rǽʃ]	A 무분별한, 무모한, 경솔한, 지각없는; 성급한 N 발진, 뽀루지; 땀띠; 빈발, 다발 * a heat rash 땀띠	마구 긁어내듯 행동하는
rasp [rǽsp]	V 줄로 쓸다(off); 마구 깎다, 거칠게 말하다 ex) 'Where have you been?' she **rasped**.	긁어내다
abrade [əbréid]	V 문질러 내다; 침식하다; 신경질나게 하다 * abrasive (문질러 닦는 데 쓰이는) 연마재의, 사람이나 태도가 거친, 거슬리는 * abrasion 긁힌 부분, 찰과상, 마모 ex) Skin is **abraded** by firmly pressing adhesive tape onto the animal's body and quickly stripping it off. ex) He had a slightly **abrasive** character.	문질러(rade) 내다(ab=away)
erase [iréis]	V 지우다, 문질러 없애다, 삭제하다 * eraser 지우개, 지우는 사람, 말소자 * erasure 지워없앰, 말소 ex) She tried to **erase** the memory of that evening.	문질러(rase) 없애다(ex)
ⓔ **chafe** [tʃéi:f]	V 비벼서 따뜻하게 하다; 쓸려서 벗겨지게 하다 ex) This stiff collar **chafes** my neck.	뜨겁게 하다(cal+ facere)
ⓔ **chaff** [tʃǽf]	N 왕겨, 여물; 하찮은 것, 쓰레기(rubbish) * separate the grain from the chaff 옥석을 가리다	껍데기
ⓔ **chaffer** [tʃǽfər]	N 에누리, 흥정 V 값을 깎다, 흥정하다, (말을) 주고 받다	깎다

* rod = 갉다(gnaw)

rodent	N 설치류 동물 설치류의, 갉는(gnawing)
rodenticide	N 쥐약
corrode	V 부식하다, 좀먹다 (consume)
erode	V 침식하다, 부식하다 (corrode), 좀먹다
erosion	N 부식, 침식
erosive	A 침식성의
erose	A 불규칙한, 울퉁불퉁한

갉아먹는 (rod) 자(ent)

함께(cor) 갉아서(rode)

갉았다 (corrode)

QUEST = 묻다, 요구하다(ask), 추구하다(seek)

quest
[kwest]
- N 탐색, 추구(pursuit), 탐색여행; 탐색대 — 추구(quest)
- V 뒤를 밟다(follow up), 찾아 헤매다, 사냥개가 짐승을 찾다, 추구하다
- * quester 수색(탐색)자, 사냥개(hunter)   * disquisition 탐구, 연구, 논문
- ex) The taunts of the opposing team fueled our **quest** for victory.

question
[kwéstʃən]
- N 질문, 물음, 질의, 의문문, 의심 — 묻는(quest) 것(ion)
- * questionable 의심스러운, 수상한, 문제가 되는   * questioningly 따지듯이
- * questionary 질문의, 의문의   * questionnaire 질문서, 조사표, 앙케이트

conquest
[kánkwest]
- N 정복(of), 점령지, 피정복자 — 함께(con) 요구하다(quer)
- * conquer 정복하다, 극복하다, 싸워서 이기다   * conqueror 정복자
- ex) He insists that Japan will be **conquered** by Korea in 2222.

inquest
[ínkwest]
- N 심리(trial); 검시(post-mortem; autopsy) — 안으로(in) 묻는 것(quest)
- ex) An **inquest** is needed because murder is suspected.

request
[rikwést]
- V 부탁하다(entrust; charge; trust), 청하다 — 다시(re) 요구하다(quire)
- N 요청, 요구, 의뢰; 요망서, 요청물; 수요
- ex) Students are **requested** not to play soccer on the grass.

acquire
[əkwáiər]
- V 얻다, 배우다, (재산·권리 따위를) 취득하다 — 가까이(ac) 구하다(quire)
- * acquirement 획득, 취득(pl), 학식, 예능   * acquest 취득물; [法] 취득 재산
- ex) He has **acquired** a reputation for dishonesty.

acquisition
[ækwəzíʃən]
- N 획득, 습득, 취득물, 횡재(windfall)
- * acquisitive 얻고자 하는, 탐내는, 욕심많은
- ex) I like your ring—is it a recent **acquisition**?

얻고싶은(acquisitive) = 얻고자 하는
넌 꼭 얻고야 말거야!!

exquisite
[ekskwízit]
- A 절묘한, 매우 훌륭한, 정교한, 우아한; 예민한 — 밖으로(ex) 추구하는 (quisite)
- * exquisitely 절묘하게   * exquisiteness 정교, 절묘함
- ex) The room was decorated in **exquisite** taste.

inquire
[inkwáiər]
- V 묻다, 문의하다, 알아보다 (seek by asking) — 안으로(in) 묻다(quire)
- * inquiry 문의, 조회, 질문, 조사   * inquiring 캐묻기 좋아하는; 묻는, 미심쩍은
- ex) Could you **inquire** about the price of tickets for the movie?

inquisition
[inkwəzíʃən]
- N 엄중한 조사, 심리, 종교 재판소, 사법적 심사 — 안으로 요구되는 것(quest+ion)
- * inquisitive 알고 싶어하는, 호기심이 강한 (curious), 꼬치꼬치 캐는
- * inquisitor 조사자, 종교 재판관   * inquisitorial 재판관의
- ex) The police subjected him to an **inquisition** that lasted 12 hours.

perquisite [pə́:rkwəzit]	**N** (합법적인) 부수입, 팁; 특권	완전(per) 요구 되는 것(quisite)
	ex) Free access to a photocopier is a **perquisite** of most office jobs.	
perquisition [pə:rkwizíʃən]	**N** 철저한 조사(심문)	완전(per) 요구 되는 것(quisite)
	ex) This case needs a **perquisition**.	
querulous [kwérjuləs]	**A** 투덜대는, 짜증내는(fretful), 성마른(peevish)	의문으로 (quer) 가득한(ulous)
	ex) He became increasingly dissatisfied and **querulous** in his old age.	
query [kwíəri]	**N** 질문, 의문; 물음표; 묻건대 **V** 질문하다	의문 (quer+y)
	* querimonious 불평 투성이의, 투덜대는	
	ex) **Query**, was the money ever paid? 묻건대, 돈은 치렀는가?	
requisite [rékwəzit]	**A** 꼭 필요한 **N** 필수품; 필요 조건, 요소	다시(re) 요구 되는 (quistie)
	* requisition 요구, 청구, 청구서, 명령서; 징발, 징용; 소용, 수요	
	* derequisition 접수해제; 접수를 해제하다	
	ex) Howard bought a hunting rifle and the **requisite** ammunition.	
prerequisite [pri:rékwəzit]	**N** 미리 필요한 것, 선행[필요]조건	미리(pre) 필요한 것(requisite)
	A 필수의, 미리 필요한, 불가결한(to)	
	ex) A visa is still a **prerequisite** for travel in many countries.	

* qu = interrogative(의문사)

quality	**N** 질(質),특성, 특질, 소질, 품질, 우수성, 고급	
qualify	**V** 자격[권한]을 주다; 자격을 얻다	what sort
qualification	**N** 자격 부여, 면허; 유자격; 자격; 제한, 조건	
quantity	**N** 양; [물리] 열량, 질량;(일의) 대소, 정도	
quantitative	**A** 양의, 양에 관한; 양으로 계산된	how much
quantum	**N** 양(quantity); 특정량; 몫(share); [물리] 양자	
quota	**N** 몫, 분담한 몫;분담[할당]액; 상품 할당량, 쿼터	
quote	**V** 인용하다, 시세를 매기다 **N** 인용문[구]; 시세	
quotation	**N** 인용문[구, 어] (from); 인용; 시세, 시가	
quandary	**N** 당황, 곤경, 난처한 처지, 난국(predicament)	

* qui = 누구 (who)

quorum	**N** (의결에 필요한) 정수, 정족수, 선발된 단체
quorate	**A** 정족수에 달해 있는
quibble	**N** 트집, 비난 **V** 옥신각신하다, 트집잡다
* cavil	**V** 트집잡다 [cavil < quibble]

* dubit = 의심하다(doubt)

doubt	**V** 의심하다, 염려하다 **N** 의심,회의, 불신	의심하다(doubt)
redoubtable	**A** 무서운, 가공할, 강력한; 외경스러운, 당당한	다시(re) 의심할(doubt)만한(able)
dubiety	**N** 의혹, 의아스러움; 의심스러운 것[일]	의심(dubi)한(ety)
dubious	**A** 수상쩍은, 의심스러운; 의심을 품은, 애매한	의심(dubi)스러운 (ous)
indubitable	**A** 의심할 나위 없는, 확실[명백]한	의심(dubi) 할수 (able) 없는 (in)

QUIET/QUIT = 평온(rest), 고요한(quiet)

quietude
[kwáiətjù:d]
- N 정온, 평온, 휴식
- * quiet 고요한, 조용한, 은은한
- * inquietude 불안, 동요; [pl.] 근심
- ex) In his poems the poet reflects on the **quietude** of the countryside.

acquiesce
[æ̀kwiés]
- V (마지 못해) 동의하다, 묵묵히 따르다
- * acquiescent 잠자코 따르는, 순종하는
- * acquiescence 묵종, 묵인, 본의 아닌 동의
- ex) He reluctantly **acquiesced** in the plans.

disquiet
[diskwáiət]
- V 평온을 빼앗다, 불안하게 하다   N 불안, 동요
- * disquieting 불안하게 하는, 걱정하게 하는
- ex) The leader's decline in popularity is causing **disquiet** among supporters.

quiescent
[kwiésnt]
- A 정지한, 움직이지 않는; 침묵의
- ex) The political situation was now relatively **quiescent**.

requiem
[rékwiəm]
- N [카톨릭] 진혼미사, 애가, 만가; 안식, 평안

requite
[rikwáit]
- V 보답하다, 보복하다, 복수하다
- * requital 보답, 보상; 보복, 복수, 벌
- * in requital of …의 보답[보복]으로
- ex) Don't **requite** evil with good.

tranquil
[trǽnkwil]
- N 조용한, 잔잔한, 평온한, 차분한, 평화로운
- * tranquillize 조용하게 하다, 진정시키다
- * tranquillizer 신경 안정제
- ex) My heart became tranquil at the sight of the tranquil waters of a pond.

tourniquet
[túːrnikit]
- N [의학] 지혈대(止血帶)
- * turnstill (지하철 등의) 회전식 개찰구

coy
[kɔi]
- A 수줍어하는; 부끄러워하는; (장소가) 구석진
- * coyly 수줍어하며, 부끄러워하며, 비밀스럽게
- * coyness 수줍어함, 부끄러워함,
- ex) She replied in a **coy**, babyish voice.

* seren = 평화로운 (peaceful), 고요한 (calm)

serenade N 세레나데 (저녁에 어울리는 조용하고 서정적인 악곡)
serene A 고요한(calm), 잔잔한; 맑게 갠, 청명한, 화창한
serienity N 고요함, 맑음, 화창함; 평온, 평정, 침착
* **serendipity** N 우연히 발견하는 능력

* tac = 조용한(silent)

tacit	A 말로 나타내지 않은, 무언의; 잠잠한, 조용한	조용한(tacit)
taciturn	A 말없는, 말이 적은, 과묵한, 무뚝뚝한	반복해서(turn) 조용한(taci)
reticent	A 과묵한; 말을 삼가는(on); (표현 등을) 억제한	뒤에서(re) 조용(tic)한(ent)

RAT = 이성(reason), 헤아리다(count)

rate(비율)은 잘 '헤아려 놓은 것'을 의미한다. 책의 내용을 헤아리기 위해 읽는다(read).

rate
[réit]
N 비율, 시세, 평가 — 헤아린 것
* ratable 비례한, 과세해야 할   * ratal 과세되는, 납세의; 과세기준가격

ratio
[réiʃou]
N 비, 비율(proportion) — 헤아린 것
* ratiocinate 추리하다, 삼단논법으로 추론하다   * ratiocination 추리, 추론

ratify
[rǽtəfài]
V 비준하다, 재가하다, 인준하다(approve) — 이론적 근거(rat)를 만들다(ify)
* ratification 비준, 재가
ex) The powerless legislature had to **ratify** the edicts of the dictator.

ration
[rǽʃən]
N 정액(량), [pl.] 식량, 양식 V 배급하다(supply) — 헤아려서(rat) 줄 것(ion)
ex) The meat **ration** was down to one pound per person per week.

rational
[rǽʃənəl]
A 이성의, 합리적인, 순 이론의, (수학) 유리의 — 이성(ration)의(al)
* rationalism 이성론   * rationalize 합리화하다, 설명하다   * irrational 비합리적인

rationale
[rǽʃənǽl]
N 이론적 해석[근거, 설명]; 근본적 이유, 원리 — 이론적인(ration) 것(ale)
ex) Some people questioned the **rationale** behind the reform.

reason
[ríːzn]
N 이유; 변명; 이성; 이치   V 추론하다, 논증하다 — 이유(reason)
* reasoning 추리, 추론; 이론; 논법; 추리력; [집합적] 논거, 증명; 추리의

rite
[ráit]
N [종종 pl.] 종교의식, 의례; [R~] 성찬식 — 순서를 잘 헤아리며 행하는 것
* ritual 의식의; 종교적인 의식; 전례; 관습; 풍습; 예배식; 로마 정식서, 의식서

riddle
[rídl]
N 수수께끼; 난제   V 수수께끼를 내다[풀다] — 추론해서 맞추는 것
ex) Science cannot solve the **riddle** of the birth of the Universe.

rhyme
[ráim]
N 운, [pl.] 운문   V 운(韻)을 달다; 시를 짓다 — (시의) 헤아리는 단위
ex) He was teaching Helen a little **rhyme**.

arraign
[əréin]
V 법정에 소환하여 죄상의 시인 여부를 묻다(charge) — 설명(raign)하게 하다(ar<ad)
ex) He was **arraigned** on a charge of murder.

RECT/REG = 똑바른(right)

모든 각이 똑바로 선 직사각형은 rectangle이라고 부른다. '다스리다(rule)'의 의미를 가질 때도 있는데, 원래 다스리는 일만큼 똑바로 해야 하는 것도 없다. 오죽하면 政治랴!

rectal
[réktl]
A 직장의(near the rectum) 〔곧게 뻗은 창자(rect) 의(al)〕
* **rectum** 직장(the lower of the intestine)   * **rectally** 직장으로
ex) They took his temperature **rectally**.

rectangle
[réktæŋgl]
N 장방형, 직사각형 〔똑바른(rect) 각(angle)〕
* **rectangular** 장방형의, 직사각형의
ex) The painting consists of four **rectangular** blocks of color.

rectify
[réktəfái]
V 개정하다, 고치다; [電] 정류(整流)하다 〔똑바르게(rect) 만들다(ify)〕
* **rectification** 개정, 수정, 교정, 정류
ex) Every effort is made to **rectify** any mistakes before the book is printed.

rectitude
[réktətjùːd]
N 공정, 정직, 청렴 〔똑바른(rect) 것(tude)〕
ex) Popularity and **rectitude** are not always the same thing.

correct
[kərékt]
A 진실의, 옳은, 정확한, 알맞은 〔함께(cor) 올바르게 하다(rect)〕
V 정정하다(make right), 바로잡다(point out the errors of), 처벌하다
* **correction** 정정, 처벌   * **corrective** 교정하는, 조정하는; 교정물[책(策)]
* **correctitude** 품행이 단정함 * **corrigible** 교정할 수 있는 * **corrigent** 교정약
ex) I've made a guess but I don't know if it's the **correct** answer.

direct
[dirékt]
V 지휘하다, 인도하다, 명령하다, 겨냥하다 〔멀리(dis) 똑바로 하다(rect)〕
A 똑바른, 솔직한, 직통의, 직계의
* **direction** 방향, 방위, 경향, 지배, 지도   * **director** 지휘자, 이사, 임원, 감독
* **directorate** 이사, 감독의 지위, 이사회   * **dirigibility** 조종 가능함

erect
[irékt]
A 똑바로 선, 직립의   V 똑바로 세우다, 건립하다 〔밖으로(ex) 똑바로 서다(rect)〕
* **erection** 직립, 기립, 창설(establishment), (생리)발기
ex) The war memorial was **erected** in 1950 in the center of the park.

rigid
[rídʒid]
A 곧은, 딱딱해진, 엄한, 완고한, 굳은 〔올바른(rig + id)〕
* **rigidity** 단단함(stiffness), 엄격함(strictness)
ex) When I was studying for exams, I kept to a **rigid** routine.

rigorous
[rígərəs]
A 엄한, 엄격한, 정밀한, 정확한(precise) 〔올바른(rig + orous)〕
* **rigor** 엄격함(strictness), 정확함(exactitude)
ex) It's a **rigorous** survival course in the mountains.

regal
[ríːgəl]
A 제왕의, 제왕다운, 당당한, 장엄한(stately) 〔reg(왕) 의(al)〕
* **regality** 왕위, [pl] 왕권, 왕국   * **regalia** 왕위의 표상; 기장, 훈장; 정식 의복
ex) He made a **regal** entrance.

regent
[ríːdʒənt]
N 섭정자; 평의원   A 섭정을 맡아보는
다스리(reg)는 (ent)
* **regental** 섭정의, 평의원의   * **regency** 섭정정치, 섭정의 직; 섭정기간
ex) A **regent** was appointed to administer state affairs for the young king.

regime
[reiʒíːm]
N 제도, 정체, 정권, 사회조직
다스림(reg + ime)
ex) We want to overthrow this corrupt, totalitarian **regime**.

regimen
[rédʒəmən]
N (의학) 섭생
마음을 (men) 바로 잡다(regi)
ex) After his heart attack the doctor put him on a strict **regimen**.

regiment
[rédʒəmənt]
N 연대, [pl.] 다수   N 연대로 편성하다, 조직화하다
다스리는 것(regiment)
ex) There's a whole **regiment** of people here to see you, Doctor.

region
[ríːdʒən]
N 지방, 지역, 지대, 구역, 부위
다스리는(reg) 곳(ion)
* **regional** 지역의, 지대의, 국방의   * **regionalistic** 지방주의의

regular
[régjulər]
A 규칙적인, 질서 정연한, 불변의, 정기적인
바른(regul + ar)
N 정규병(a soldier in a regular army), 상설 고용인, 단골손님
* **regularity** 규칙(질서 바름)   * **regularize** 질서를 세우다
ex) He's one of the **regulars** at the Rose and Crown pub.

regulate
[régjulèit]
A (규칙 따위로) 단속하다, 조정하다, 조절하다
바르게 (regul) 하다(ate)
* **regulation** 단속, 규제, 규칙(rule)   * **regulatory** 규정하는, 조절하는
ex) Her mother strictly **regulates** how much TV she can watch.

reign
[rein]
N 통치, 군림, 통치권, 치세   V 지배하다; 퍼지다
바르게 함 = 정치 = 통치
ex) Queen Victoria **reigned** from 1837 to 1901.

sovereign
[sávərin]
N 원수, 주권자; 독립국   A 주권이 있는; 독립국의
[OF] soverain(군주) + reign
* **sovereignty** 군주임, 주권, 통치권, 독립국
ex) The **sovereign** has the power to dismiss the Government in Britain.

rein
[rein]
N 고삐, 제어법, 억제법   V 제어하다, 억제하다
다스림, 지배
* **reinless** 고삐 없는, 자유로운, 방종한
ex) We tried to **rein** in our excitement and curiosity.

royal
[rɔ́iəl]
A 왕(여왕)의, 왕위의, 고귀한, 위엄있는
다스리(roy<reg)는(al)
* **royally** 왕답게, 장엄하게   * **royalty** 왕위, 왕권, 특허권, 사용료

rectilinear
[rèktəlíniər]
A 직선의(rectilinear ; in a straight line)
똑바른 (rect) 선(line)의 (ar)
* a **rectilinear** street plan 직선 도로 계획

regius
[ríːdʒiəs]
A 왕이 설립한, 흠정한
왕(reg)이 한(ius)
* **regnal** 국왕치하의, 왕(국)의   * **Rex** 국왕   * **rigina** 현재의 여왕
* **regnum** 지배(dominion)   * **interregnum** 궐위기간, 정치의 공백기간

ORTHO (옳소!) = 바른(right)

'ortho' 역시 '바른(right)'의 의미이다. 우리말 '옳소'로 기억하자.

orthoclase [ɔ́:rθəklèis] — N <광석> 정장석(正長石) — 바로(ortho) 깨짐(clase)

orthodontia [ɔ̀:rθədɑ́nʃiə] — N 치열교정, 치열교정술 — 이(dontia)를 바로잡(ortho)

orthogonal [ɔ:rθágənl] — A 직각의 — 바로 선(ortho) 각(gon) 의(al)

orthography [ɔ:rθágrəfi] — N 바른 철자, 철자법 — 바로(ortho) 쓸(graphy)
* **orthographic** 정자법의, 철자가 바른

orthopedics [ɔ̀:rθəpí:diks] — N [의학] 정형외과, 정형술 — 어린 아이(ped)의 신체를 고정해주는(ortho) 기술(ics)
* **orthopedic surgeon** 정형외과 의사

orthogenesis [ɔ̀:rθoudʒénəsis] — N 정향 진화, [사회] 계통발생설 — 바른(ortho) 발생(genesis)
* **orthogenetic** 계통발생설의

DEXT = 오른쪽의(right), 재주 있는(skillful)

오른쪽은 주로 긍정적인 의미로, 왼손은 부정적인 의미로 그려진다. 오른손잡이가 대부분인지

dexter [dékstər] — A 오른쪽의(↔sinister); 길조의, 운이 좋은 — 오른쪽은 운이 좋다고 생각됨
* **dextral** 오른쪽의; 오른쪽으로 감긴   * **dextrose** 우선당(右旋糖)
ex) Both the shell as well the body of the snail are **dextral**.

dexterity [dekstérəti] — N 솜씨 좋음, 기민함, 오른손잡이 — 오른손이 숙달됨
* **dexterous** 솜씨 있는, 오른손잡이의
ex) The ball was caught with great **dexterity**.

ambidextrous [æ̀mbidékstrəs] — N 양손잡이의, 매우 솜씨 있는 — 양쪽이 오른 손같이 숙달됨
* **ambidexterity** 양손잡이, 비범한 손재주; 표리부동
ex) My grandma was **ambidextrous**, so she could write with her both hands.

adroit [ədrɔ́it] — A 교묘한, 솜씨 있는, 빈틈없는(alert) — 오른손이 왼손보다 숙달됨
* **maladroit** 솜씨 없는(unhandy), 서투른, 졸렬한
ex) Right-handed people were once thought to be more **adroit** than left-handed people.

* **astute** [əstjú:t] — A 약삭바른, 영악한, 기민한 — 똑똑한(astute)
ex) It was an **astute** move to sell the shares then.

* adroit은 프랑스어로 '오른쪽에, 똑바로'의 뜻이다. 한편 droit는 '권리, 소유권(ownership), 법률, 세금(tax)' 등의 뜻인데 이 또한 프랑스어에서 온 말이다. 영어의 'right'이 '오른쪽'과 '권리'의 뜻을 동시에 갖는다는 것을 염두에 두자.

sinister	A 불길한, 사악한(wicked), [익살] 왼쪽의
[sínistər]	ex) The ruined house had a **sinister** appearance.

* sinister는 dexter에 반대되는 개념으로 원래 왼쪽이라는 뜻인데 왼쪽은 불길하다고 여겨졌다.

gauche	A (태도가) 어색한; 눈치 없는, 요령 없는; 서투른
[gouʃ]	* **gaucherie** 서투름(awkwardness)
	ex) She had grown from a **gauche** teenager to a self-assured young woman.

* 프랑스어 'gauchir'에서 유래한 말로 '왼손잡이의, 서투른'의 뜻이다.

* awk = 손등 (back of hand)

awkward	A 어색한, 거북한, 꼴사나운; 힘든, 귀찮은
gawky	A 얼빠진, 멍청한, 덜된; 수줍은; 왼손잡이의
* ungainly	A 어색한, 볼품없는

ROG = 요구하다, 묻다(ask)

rog는 '요구하다'의 뜻이다.

rogue	N 건달, 악당, 부랑자, 개구쟁이, 무뢰한
[roug]	* **roguery** 못된 짓; 사기; 장난 * **roguish** 건달의, 악한의; 까부는
	ex) The evil **rogue** has to be thrown in prison for the rest of his life.

abrogate	V (법률, 습관 따위를) 폐기하다, 파기하다
[ǽbrəgèit]	* **abrogation** 폐기(annulment) * **abrogative** 폐기시키는
	* **rogation** [로마法] 법률초안; [pl.] (예수승천일 전 3일간의) 기도; 탄원
	ex) The next president **abrogated** the treaty.

arrogate	V 사칭하다, 가로채다(interrupt)
[ǽrəgèit]	* **arrogation** 사칭, 가로챔, 침해
	ex) He **arrogated** the privilege to himself alone.

arrogant	A 건방진, 거만한, 오만한(haughty)
[ǽrəgənt]	* **arrogance** 거만, 오만 * **arrogantly** 건방지게
	ex) I was sick and tired of her **arrogant** behavior.

derogate	V 제거하다(take away), 손상시키다, 훼손시키다
[dérəgèit]	* **derogative** 가치를 훼손하는 * **derogatory** 손상하는, 경멸적인, 모욕적인
	ex) The charge cannot **derogate** from his honor.

interrogate	V 심문하다(ask the reason), 질문하다(question)
[intérəgèit]	* **interrogation** 심문, 질문, 구두 심문 * **interrogative** 의문이 있는, 질문의
	ex) The cop **interrogated** everyone even slightly involved.

prerogative	N (군주의) 특권, 대권 A 특권을 가진
[prirágətiv]	ex) Grading is exclusively the **prerogative** of teachers.

subrogate [sʌ́brougeit]	V 대리하다, 대신하다; [法] 대위(代位) 변제하다 * **subrogation** 대위, 대위변제　* **supererogatory** 직무 이상으로 일하는 * **supererogation** 기대 이상으로 일하기; 공덕, 적선	아래서(sub) 요구하다(rogate)
surrogate [sə́:rəgèit]	V 대리를 맡아보다, 대위하다　N 대리인 ex) The most common reason for using a **surrogate** mother is infertility.	밑에서(sur<sub) 요구하다(rogate)

SAG = 보다(see), 찾다(seek), 영리한(keen)

sag, sack 등은 '찾다', '영리한' 등의 뜻을 지니는데, 유심히 보면, 단어 **seek**과 비슷하게 생겼음을 발견할 수 있을 것이다. 뭔가를 열심히 찾고 연구하는 사람이 현명해진다.

sage [seidʒ]	A 슬기로운, 사려깊은　N 현인, 박식한 사람 ex) I can't believe that my **sage** old grandfather made such a stupid mistake.	현명한
presage [présidʒ]	N 전조, 조짐, 예감　V 전조가 되다, 예감이 들다 ex) There was an early-morning mist which **presaged** a fine day.	버리(pre) 보다(sage)
sagacious [səgéiʃəs]	[현명한(sag)이 많은 (acious)] A 총명한, 영리한, 예민한(keen), 민감한 * **sagacity** 현명, 총명(wisdom) ex) Benjamin Franklin had a great genius and **sagacious** discoveries in science.	싹 아셨어 (sagacious) 총명해서
ransack [rǽnsæk]	V 샅샅이 뒤지다; 약탈하다; 기억을 더듬다 ex) The burglars **ransacked** the house but found nothing valuable.	집(rann)을 찾다(sack)

* 한편 어근 'sag'이 인도-유럽 어근 seku-에서 온 경우가 있는데, 이는 '말하다(tell)'의 의미를 지닌다. **saga**, **say**, **gainsay** 등이 여기에서 유래했다.

saga [sáːgə]	V 무용담, 모험담, 대하 소설 ex) Finding Nemo is the **saga** of clown fishes.	말한(sag) 것(a)
gainsay [geinséi]	V 반박하다, 반대하다　N 부정, 반대, 반박 ex) Nobody can **gainsay** his claims.	반대(gain<against) 말(say)

* canny vs uncanny
서로 반대말이 아님에 유의하자. **canny**와 **uncanny**는 모두 **can**(=know)에서 왔다.

canny [kǽni]	A 약삭빠른, 영리한 ex) He was far too **canny** to risk giving himself away.	알고(can) 있는 (y)
uncanny [ʌnkǽni]	A 초자연적인; 이상한, 비정상적인; 섬뜩한 ex) I had an **uncanny** feeling I was being watched.	알 수(can) 없(un)는 (ny)
uncouth [ʌnkúːθ]	A 세련되지 않은, 투박한, 인적이 드문 * **couth** 예의바른, 세련된, 고상한 ex) All these punk bands were aggressive and **uncouth**.	알려지지(couth<could) 않은 (un)

SAL/SALT = 뛰어오르다(leap)

어근 sal은 '뛰어오르다(leap)'의 의미이다. salmon(연어)이 여기에서 유래하였다. 연어가 뛰는 모습을 상상하며 기억하자.

뛰어오르는 물고기
salmon

salacious
[səléiʃəs]
[뛰어 오르기(sal) 좋아하는(acious) - 성에 있어서]
N 호색인, 색골의, 음탕한, 외설적인
* salacity 호색, 음탕
ex) They were surprised that he was not the man described in this **salacious** book.

살 내셔서 (salacious) 외설스러운

salient
[séiliənt]
[뛰(sal) 는(ient)]
A 현저한, 두드러진; 분출하는, 약동하는
⊕ saltant 뛰는, 튀는, 도약하는
ex) You made about three points there, every one of which is important and **salient**.

sally
[sǽli]
N 돌격; 분출, 짧은 소풍   V 돌격하다, 소풍 가다
공격(sall) 하다(y)
ex) Several women **sallied** forth to discuss their close encounters with the actor.

assail
[əséil]
V 공격을 가하다, 몹시 괴롭히다
~에게(as<ad) 뛰어 들다(sail)
ex) He was **assailed** with fierce blows to the head.

assault
[əsɔ́:lt]
N 돌격; 폭행, 강간   V 공격하다; 폭행하다, 강간하다
~에게(as<ad) 뛰어 들다(sault)
ex) He has been charged with **assaulting** a police officer.

desultory
[désəltɔ:ri]
A 두서없는, 종잡을 수 없는
이리 저리(de=away) 뛰(sult) 는(ory)
ex) I wandered about in a **desultory** fashion.

exult
[igzʌ́lt]
V 크게 기뻐하다, 의기 양양해 하다
* exultation 환희, 광희, 열광
* exultant 크게 기뻐하는, 의기 양양한, 환희의
ex) They **exulted** at their victory.

exult = ex + sult
펄쩍(ex) 뛰다(sult)
또는
어그 졸도(exult)
할 만큼 기뻐하다

insult
[insʌ́lt]
V 모욕하다, 무례한 짓을 하다   N 모욕, 무례, 손상
안(in)을 공격하다(sult)
ex) She made several **insults** about my appearance.

resilient
[rizíliənt]
A 되튀는, 탄력있는, 회복하는, 쾌활한
되(re) 튀기(sil) 는(ient)
* resile 되튀다, 탄력이 있다, 회복하다   * resilience 탄력, 탄성; 회복력
ex) This rubber ball is very **resilient** and immediately springs back into shape.

* saliv = 침(saliva)

saliva	N 침, 타액(spittle)	침
salivate	V 침을 흘리다, 침이 나오다	침을 흘리다
salivation	N 침흘리기, 유연증	침(saliv) 흘림(ation)
salivary	A 침(타액)의, 침을 분비하는	침(saliv)의 (ary)

SCI = 지식(knowledge)

세계에 대한 '지식'을 쌓아 나가는 것이 바로 과학(science)이다.

science [sáiəns]
N 과학, 순수학문, 기술, 지식 — 지식
* **sciential** 학문이 있는, 과학의
* **scientific** 과학적인, 정확한

scienter [saiéntər]
ad [法] 고의로, 일부러   N 고의 — 지식
ex) The complaining creditor must prove that the debtor possessed **scienter**.

conscience [kánʃəns]
N 양심, 도덕관념, 의식 — 함께(con) 알고 있는 (scious)
* **conscientious** 양심적인, 정직한
ex) Our **consciences** compelled us to turn the money we had found over to the authorities.

unconscionable [ʌnkánʃənəbl]
A 비양심적인, 악질인, 부조리한 — 함께(con) 알고 있는 (scious)
ex) It is **unconscionable** that he is not here.

conscious [kánʃəs]
A 의식하고 있는, 의식적인 — 함께(con) 알고 있는 (scious)
* **consciousness** 의식
* **unconscious** 무의식적인, 의식 불명의
* **preconscious** 전의식(의)
ex) McGee was **conscious** and talking when police arrived.

nescient [néʃiənt]
A 무지한, 모르는 — 알지 (scient) 못 하는 (ne)
* **nescience** 무지
ex) Are you a polymath, or merely a **nescient**?

omniscient [ɑmníʃənt]
A 전지의, 박식한 — 전부(omni) 알고 있는 (scient)
* **omniscience** 전지, 박식
ex) In a novel with an **omniscient** point of view, the narrator knows what every character in the book is thinking.

prescience [príːʃəns]
A 예지, 선견, 혜안, 통찰 — 미리(pre) 앎(science)
ex) Over the years he's demonstrated a certain **prescience** in foreign affairs.

subconscious [sʌbkánʃəs]
A 잠재 의식의, 어렴풋이 의식하는 — 함께(con) 알고 있는 (scious)
N [the~] 잠재 의식
ex) On a **subconscious** level, we are a little jealous.

* soph = 지혜로운 (wise)

sophistic A 궤변적인(clever but insincere), 소피스트의 — 지혜로운 (soph) 사람(ist)의 (ic)
sophist N 궤변론자 — 지혜로운 (soph) 사람(ist)
sophisticated A 굴러먹은, 불순한, 정교한, 복잡미묘한 — 지혜롭게(sophistic) 된(ated)
unsophisticated A 소박한, 순진한 — sophisticated의 반대(un)
sophomore N (대학, 고교의) 2년생 — 지혜(sopho)와 무지(mor) 사이
philosophy N 철학, 침착함 — 지혜(sophy)를 사랑하는(philo)

SED/SID/SESS = 앉다(sit)

의장이나 대통령(president)은 '맨 앞에(pre) 앉아 있는(sid) 사람(ent)'이다.

sedative
[sédətiv]
A 진정시키는, 가라앉히는   N 진정제
`가라앉게(sed) 만드는 (ative)`
* sedate 진지한, 차분한, 침착한(with sedative)
ex) Potassium bromide is a substance that was once used as a **sedative**.

sedentary
[sédntèri]
A 늘 앉아 있는, 정착성의(not migratory)
`앉아(sed) 있는 (ent+ary)`
ex) He became increasingly **sedentary** in later life.

sediment
[sédəmənt]
N 침전물(settings), 앙금(dregs)   V 침전시키다
`가라앉은 (sed) 것(ment)`
* sedimental 침전에 의한   * sedimentary 침전물의   * sedimentation 침전
ex) They devised a new method to remove **sediment** from the water.

supersede
[sùːpərsíːd]
V 들어서다, 대신 들어서다, 지위를 빼앗다
`위에서(super) (들러)앉다(sede)`
* supersession 폐기(act of superseded), 대용, 경질
ex) His new address list **supersedes** the list he was given last week.

session
[séʃən]
N (재판정의) 개정, 의원 따위의 개회, 회기, 학기
`앉아 있는 (sed) 기간(ion)`
ex) It puts its business on hold until the next **session**.

assess
[əsés]
V 평가하다(appreciate), 부과하다, 사정하다
`가깝게(as) 앉다(sess)`
* assessment 과세,벌금의 부과   * assessible 부과할 수 있는
ex) It's difficult to **assess** the effects of these changes.

assiduous
[əsídʒuəs]
[가깝게(as) 앉아(sid) 있는 (uous)]
A 근면한(sedulous; diligent); 끈기 있는
* assiduity 근면, 부지런함, 배려, 노파심
ⓢ sedulous 근면한, 부지런한, 용의주도한

dissident
[dísədənt]
[반대로 (dis) 앉아(sid) 있는 (ent)]
A N 의견을 달리하는 [사람]; 일치하지 않는
* dissidence 불일치(disagreement), 이의(dissension)
ex) The regime usually responded to **dissidents** by imprisoning them.

insidious
[insídiəs]
A 교활한, 음흉한;사람을 함정에 빠뜨리는, 흉계의
`안개(in) (숨어) 앉아(sid) 있는 (ous)`
ex) You'd be better careful of his **insidious** character.

possess
[pəzés]
V 소유하다; (심신을) 유지하다; (악령 등이) 붙다
`힘있는 (pos) 자리에 앉다(sess)`
* possession 소유, 소유물, 재산   * possessive 소유의, 소유격

dispossess
[díspəzes]
V 재산을 빼앗다, 몰수하다
`소유하다(possess)의 반대(dis)`
ex) I met some people who were **dispossessed** of their land under apartheid.

prepossess
[prìːpəzés]
V 선입관을 갖게 하다; 편애하게 하다; 마음을 얻다 | 미리(pre) 소유하다(possess)
* **prepossession** 선입견, 편애, 호감, 두둔 　* **prepossessing** 매력적인, 보기좋은

preside
[prizáid]
V 의장이 되다, 사회를 하다, 통할하다, 주재하다 | 앞에(pre) 앉아 있다(side)
ex) They asked if I would **preside** at the committee meeting.

president
[prézidənt]
N 대통령; 회장; 의장
* **presidency** 사회, 주재, 통할, 대통령직
* **presidential** 대통령이 주재하는

President=
앞에(pre)
앉아있는(sid)
사람(ent)

reside
[rizáid]
V 살다, 거주하다(live; dwell)
ex) He returned to Britain in 1939, having **resided** abroad for many years.

residence
[rézidəns]
N 주택, 거주지, 거주, 체류허가 | 뒤로(re) 앉아(side) 있음(ency)
* **resident** 거주자, 투숙객; 거주하는 　* **residential** 주택지의, 거주하기 좋은
ex) Please state your occupation and place of **residence**.

residue
[rézədjùː]
V 나머지, 여분 | 뒤에(re) (남겨져) 앉은 것(sidue)
* **residual** 여분의, 나머지의
ex) She cut off the best meat and threw away the **residue**.

subsidy
[sʌ́bsədi]
N 보조금, 장려금 | 아래에(sub) 앉아(sid) 있음(dy)
* **subsidize** (회사 따위에) 보조금을 주다
ex) The company was given a substantial **subsidy** by the government.

subsidiary
[səbsídièri]
A 보조의, 종속적인(secondary)　N 종속회사 | 아래(sub) 앉아(sid) 있는 (iary)
ex) My brother works for a small **subsidiary** of a big car company.

subside
[səbsáid]
V 내려앉다, 가라앉다, 진정되다 | 아래로 (sub) 앉다(side)
* **subsidence** 진정, 지반의 함몰
ex) The police are hoping that the violence will soon **subside**.

SEQUE/SECUT = 따르다(follow)

영화의 속편을 **sequel**이라고 한다. 즉, 곧바로 **따라** 나온 **것**이라는 뜻이다.

---

sequacious
[sikwéiʃəs]
N 남을 따르는, 순종하는, 비굴한; 논리에 맞는 | 따라(sequ) 가(ac) 는 (ious)
ex) No one is asked to be **sequacious** – to blindly follow any belief.

sequel
[síːkwəl]
N 계속, 결과, 귀결; (이야기·영화 등의) 후편 | 잇따르는(sequ) 것(el)
* **sequela** 후유증, 결과
ex) The **sequel** to Lord of the rings became a huge bestseller.

sequent
[síːkwənt]
A 다음의[에 오는], 연속의, 결과로서 생기는 | 따르(sequ) 는 (ent)
* **sequence** 잇달음, 연속　* **sequential** 연속의　* **subsequent** 다음의, 뒤따르는

consequent
[kánsikwənt]

A 결과로서 일어나는(following as a result)

함께(con) 따르(sequ) 는(ent)

* **consequence** 결과, 중요성   * **consecute** 계속하다

ex) I missed the bus this morning and as a **consequence** was late for work.

execute
[éksəkjùːt]

V 실행하다, 집행하다, 이행하다, 사형에 처하다

밖으로(ex) 따르다(secute)

* **executive** 집행부, 경영간부; 실력력 있는   * **execution** 실행, 수행, 강제집행

ex) The rebels had **executed** the king.

obsequies
[ábsəkwiz]

N 장례식, 장의

따르고(sequ) 섬지 않은(ob) 것(ies)

* **obsequial** 장례의   ⓓ **funeral** 장례식, 싫은 일   ⓓ **funereal** 장송의, 장례의, 슬픈

ex) There were seven hundred candles in the church, during the **obsequies**.

obsequious
[əbsíːkwiəs]

A 아첨하는, 알랑거리는(fawning), 영합하는(to)

ex) He is **obsequious** to men in power.

prosecute
[prásikjùːt]

V 기소하다, 속행하다, 수행하다

앞을(pro) 따라가다(secute)

* **prosecution** 기소, 소추, 수행

ex) The victim has said that she will not **prosecute**.

persecute
[pə́ːrsikjùːt]

V 박해하다, 탄압하다, 괴롭히다

끝까지(per) 따라다니다(secute)

* **persecution** 박해, 탄압

ex) Religious minorities were **persecuted** during the ten-year regime.

SERT = 연결하다(join), 늘어놓다(arrange)

desert(사막, 불모지)는 다른 곳과 단절된 곳, 즉 **연결되지**(sert) 않은(de) 땅이다.

---

assert
[əsə́ːrt]

V 주장하다, 단언하다, 권위를 내세우다

~에게(as) (말을) 늘어놓다(sert)

* **assertion** 주장, 단언, 권위   * **reassert** 다시 주장하다

ex) The republics began **asserting** their right to govern themselves.

desert
[dézərt]

N 사막; 황야;적막   A 황폐한; 사막 같은; 불모의

연결되지(sert) 않은(de) 땅

ex) The fertility of the **desert** soil is poor.

desert
[dizə́rt]

V 떠나다, 도망하다, 탈출하다; 버리다, 유기하다

join(sert) 하지 않다(de)

* **deserter** 도망자(escaper)   * **desertion** 버림, 유기; 탈주, 탈당; 황폐

ex) Farmers are **deserting** their fields and coming here looking for jobs.

dissertate
[dísərtèit]

V 논하다, 논술하다

(말을) 떨쳐(dis) 늘어놓다(sertate)

* **dissertation** 논문, 논술

ex) Do you understand the difference between a **dissertation** and a thesis?

exert
[igzə́ːrt]

V 발휘하다, 작용시키다, 노력하다

(힘을) 밖으로(ex) 늘어놓다(sert)

* **exertion** 노력, 작용, 발휘

ex) He **exerted** all his authority to make them accept the plan.play.

exsert [eksə́:rt]
V 내밀다, 돌출하다(protrude)　A 돌출한
밖으로(ex) 빼다하다(sert)
ex) Your **exsert** teeth are so attractive.

insert [insə́:rt]
V 끼워넣다, 끼우다　　N 삽입물
안으로(in) 놓다(sert)
* **insertion** 삽입, 삽입광고
ex) This magazine has too many **inserts** advertising various products.

serial [síəriəl]
N 연속물, 연재물　　A 연속적인; 일련의
배열(ser) 된(ial)
ex) The **serial** killer claimed to have killed 400 people.

series [síəri:z]
V [a ~] 일련, 연속(of); 시리즈, 연속물
배열된(ser) 것들(ies)
ex) There was a **series** of careless mistakes.

㉰ **disconcert** [dìskənsə́:rt]
V 불안하게 하다, 당황하게 하다
함께(con) 협조치(cert) 않다(dis)
* **concert** 콘서트, 연주회; 합주, 협동; 협조하다, 협동하다

SIGN = 표시(sign)

sign [sain]
N 부호, 기호, 몸짓, 증거, 표적, 징조, 신호, 흔적
V 서명하다, 신호하다(signify), 기호로 나타내다
표시
* **signboard** 간판　　* **sign-on** 방송개시(신호)　　* **sign-off** (무선)방송종료
* **signing** 서명운동　　* **signpost** 도로표지　　* **signet** 도장, 인장
ex) Cathy put a flashing neon **sign** over the front door.

signal [sígnəl]
N 신호, 전조, 신호기(signaler)
A 신호의, 현저한(remarkable), 뛰어난　　V 신호를 보내다
신호(sign) 의(al)
ex) The advent of autumn was **signaled** by the roar of leaf-blowing machines.

signature [sígnətʃər]
N 서명, (박자의) 기호
표시(sign) 한(at) 것(ure)
* **signatory** 서명한, 조인한(signing something); 서명자, 가맹국
ex) They collected 10,000 **signatures** for their petition.

signify [sígnəfài]
V (신호 따위로) 나타내다; 의미하다; 중요시하다
표시(sign) 하다(ify)
* **signification** 의의, 의미(a meaning or sense), 표시, 표명
ex) Precipitous can also be used to **signify** things that are only figuratively steep.

significant [signífikənt]
A 의미 있는, 중요한(important), 주목할 만한
표시(signi)를 만드(fic) 는(ant)
* **significantly** 의미심장하게　　* **significance** 중요성, 중대성, 의미
ex) The surgery produces **significant** weight loss.

insignificant [ìnsignífikənt]
A 중요하지 않은, 시시한; 무의미한
안(in) 중요한(significant)
* **insignificance** 무의미, 쓸모 없음(insignificancy)
ex) It seems to me a fairly **insignificant** sum of money to be arguing about.

assign [əsáin]	V 할당하다, 지정하다, 선임하다, 탓으로 돌리다	~에게(as<ad) 사인하다(sign)

* assignment 임명(designation), 할당된 일 과제
ex) The two large classrooms have been **assigned** to us.

consign [kənsáin]	V 넘겨주다, 인도하다, 위탁하다, 보내다	함께(con) 사인하다(sign)

* consignment 위탁, 위탁화물, 위탁 판매품   * consignation 위탁, 탁송, 교부
ex) I **consigned** her letter to the waste basket.

design [dizáin]	V 구상하다, 계획을 세우다, 설계하다, 예정하다	아래에(de) 표시하다(sign)

N 설계, 의장, 스케치(sketch), 무늬(pattern), 모형(model), 줄거리
* designer 설계자, 디자이너, 도안자, 응모자
ex) You don't seem to understand what folly it would be to **design** a paper raincoat.

designate [dézignèit]	V 가리키다, 지적하다, 지명하다, 임명하다	아래에(de) 표시(sign) 하다(ate)

A 지명을 받은, 지정된
* designated 지정된, 관선의   * designation 지명, 지정, 명칭, 칭호(title)
ex) The president traditionally has the right to **designate** his or her successor.

ensign [énsàin]	N 기(旗); 기장(記章)(badge); 표시, 상징	아래에(de) 표시하다(sign)

ex) When is the national **ensign** displayed at school?

insignia [insí:gnia]	N 기장(記章), 표장, 표지 훈장; 휘장(signs)	아래에(de) 표시하다(sign)

ex) These Royal insignia **represents** the Kingdom itself.

resign [rizáin]	V 포기[단념]하다, (직위 따위를) 사직하다	다시(re) 사인하다(sign)

* re-sign 다시 서명하다, 재조인하다   * resignation 사직, 체념, 포기
ex) He **resigned** as manager after eight years.

undersign [ʌ̀ndərsáin]	V ~의 아래에 서명하다; 승인하다; 끝에 이름을 쓰다	밑에(under) 사인하다(sign)

ex) We, the **undersigned**, declare to the mayor and village board our opposition to the village green project.

seal [síːl]	N 인장; 도장, 옥새; 보증, 확인; 증표	아래에(de) 표시하다(sign)

V 도장을 찍다, 날인하다; 밀폐하다; 확실하게 하다
* sealant 밀폐제   * sealed 봉인을 한, 밀폐된, 해결된, 처리된
ex) His lips are **sealed**. 그는 입막음을 당하고 있다.

* prodig = 징조(sign)

prodigy	N 천재, 신동;절세의 미인; 비범, 경이(wonder)
prodigious	A 거대[막대]한; 비범한, 경이적인

* sem = 신호 (sign)

semantics	N 의미론, 어의론, 어의학
semaphore	N (철도의) 까치발 신호기 V 신호기로 알리다
sematic	A (위험) 따위를 경고하는

의미(semant) 학(ics)
신호(sema)를 나르다(phore)
신호(semat) 하는(ic)

SIMIL = 비슷한(like)

어근 simil은 그대로 similar(비슷한)의 뜻이다.

simian [símiən]
N A 원숭이 (같은), 유인원(의)(anthropoid)
(인간과) 비슷한(sim) 것(ian)
ex) Lemurs are nocturnal mammals and have many **simian** characteristics.

simple [símpl]
A 단순한, 세분되지 않은, 수수한, 순진한
다 비슷 비슷하면 단순한 법
* simply 쉽게   * simplify 단순하게 하다   * simplification 단순화

similar [símələr]
A 같은(like), 유사한(of the same sort)
같(simil) 은 (ar)
* similarity 유사, 유사성   * similitude 유사, 비슷함

simile [síməli]
N 직유 (comparison of one thing to another)
'~처럼'을 사용하는 기법
ex) She described her child's dirty face using the **simile** 'as black as coal'.

simulate [símjulèit]
V ~인체하다, 가장하다, 모양을 속이다
같게(simul) 하다(ate)
* simulation 꾸밈, 모의시험   * simulator 모의장치   * simulcast 동시방송
ex) In cheap furniture, plastic is often used to **simulate** wood.

simultaneous [sàiməltéiniəs]
A 동시에 일어나는(concurrent)
같게(simult) 하는 (aneous)
* simultaneously 동시에, 일제히   * simultaneousness 동시성

assimilate [əsíməlèit]
V 흡수하다, 동화하다, 같게 하다
~과(as<ad) 같게 하다(ate)
* assimilation 동화, 융합(assimilating)
ex) Your body **assimilates** nutrients from the food you eat.

dissimilate [disíməlèit]
V 부동화 시키다, 이화 시키다
같지 (simil) 않게(dis) 하다(ate)
* dissimilitude 부동, 차이, 대비

dissimulate [disímjulèit]
V 숨기다, 그렇지 않은 체하다; 시치미 떼다
같지 (simul) 않게(dis) 하다(ate)
* dissimulation 감춤, 위선

verisimilar [vèrəsímələr]
A 사실인 듯한, 있을 법한
very similar
* verisimilitude 있을 법함, 진실에 가까움; 정말 같은 일(이야기)
ex) Critics praised her for the **verisimilitude** of her performance as Lady Macbeth. She was completely believable.

SEMBL = 비슷한(like), 보이다(seem)

다르지만 모여서 비슷하게 조화를 이룰 때 앙상블(ensemble)을 이룬다고 한다. Resemble(닮다)은 다시(re) 비슷한(semble) 외관(semble)이 나왔다고 해서 만들어진 말이다.

semblable [sémbləbl]
N 유사한 것; 한 짝; 동료   A 닮은, 외견상의
비슷한(sembl) 것(able)
ex) The factory farm system is **semblable** to Nazi prison camps.

semblance
[sémbləns]

N 유사(likeness), 외관, 외형(appearance)

비슷(sembl) 한(ance) or 외형

* put on a semblance of gaiety 명랑한 체하다

ex) The city has now returned to some **semblance** of normality after last night's celebrations.

assemble
[əsémbl]

V 모으다(gather together), 소집하다; 짜맞추다

서로 (as) 비슷한(semble)것 끼리

ex) Moved by the plight of the hostages, the rich man **assembled** an army of mercenaries to rescue them.

assembly
[əsémbli]

N 회합자, 회의장, 집합신호(military call)

서로 비슷한 것들이 불려서 모인 것

* National Assembly 국회   * national Assemblyman 국회의원

ex) The Senate and the **Assembly** put aside political differences to pass the aid package.

dissemble
[disémbl]

V 위장해서 말하다(to hide real feelings)

보이지(semble) 않게(dis) 하다

* dissemble one's emotions 감정을 숨기다

ex) When asked by young children about Santa Claus, parents are allowed to **dissemble**.

ensemble
[ɑ:nsá:mbl]

N 종합적 효과, 앙상블, 합주단, 한 벌로 된 옷

비슷하게(semble) 되다(en)

ex) Flutasia is known throughout the Lancaster area as a musical **ensemble** that is composed entirely of flutes.

resemble
[rizémbl]

V 닮다(be like), 유사하다(be similar to)

다시(re) 비슷하다(semble)

* resemblingly 유사하게   * resemblance 유사, 닮음

ex) My wife **resembles** her father very closely; it sometimes keeps me from kissing her.

semplice
[sémplitʃei]

A [음악] 단순한[히], 장식음을 달지 않은[않고]

서로 비슷하면 단순하지

SIST = 서다(stand)

assist(돕다)는 어떤 사람 편에(as<ad=to) 서있는다(sist)는 뜻이다.

---

assist
[əsíst]

V 돕다   N 도움

~쪽에(as) 서 있다(sist)

* assistant 도와주는; 원조자   * assistance 원조, 도움

ex) We **assisted** the firefighters in extinguishing the blaze.

consist
[kənsíst]

V 이루어지다, 있다(exist), 일치하다(agree)

함께(con) 서 있다(sist)

* consistent 시종일관한, 일치하는   * consistence 견고함, 일치

ex) The team **consists** of four Europeans and two Americans.

desist
[dizíst]

V 그만두다(abstain), 포기하다(abandon)

서 있지(sist) 않다(de)

* desistent 단념하는   * desistence 단념

ex) The soldiers have been ordered to **desist** from firing their guns.

exist
[igzíst]

V 존재하다, 살다

밖으로(ex) 서 있다(sist)

* existent 존재하는　　* existence 존재(entity)　　* existentialism 실존주의
* coexist 공존하다　　* coexistent 공존하는　　* coexistence 공존

ex) Do you think God really **exists**? Yes, I do.

insist
[insíst]

V 주장하다

(마음)속으로(in) 서 있다(sist)

* insistent 주장하는　　* insistence 강조, 주장

ex) Greg still **insists** that he did nothing wrong.

persist
[pərsíst]

V 고집하다; 참다(endure; tolerate)

완전히(per) 서 있다(sist)

* persistent 고집하는, 참는　　* persistence 고집

ex) If the pain **persists**, consult a doctor.

resist
[rizíst]

V 저항하다, 반대하다(object to), 견디다

-에 대항하여 서 있다(sist)

* resistance 저항, 방해　　* resistor 저항기　　* resistant 저항하는; 저항자

ex) The party leader **resisted** demands for his resignation.

subsist
[səbsíst]

V 존재하다, 살아가다(live on)

아래에(sub) 서 있다(sist)

* subsistent 존재하는　　* subsistence 존재, 생계(livelihood)

ex) The prisoners were **subsisting** on a diet of bread and water.

ST/STA/STAND = 서다(stand)

st, sta, stanc, stand 등은 모두 '서다'의 뜻이다. 유심히 보면 그 유사성이 보일 것이다.

stable
[stéibl]

A 안정된, 단단한(firm)　　N 마굿간

서 있을 수 있는(stable)

* stability 안정, 착실함　　* stabilize 안정하다

ex) Heavier boats are more **stable** than lighter boats.

stadium
[stéidiəm]

N (고대 그리스의) 도보 경기장, 경기장

세워둔(stad) 곳(ium)

ex) Hundreds of football fans packed into the **stadium** to watch the cup final.

staff
[stæf]

N 막대기(a stick, rod, or pole), 기둥, 참모

세워둔(sta) 것(ff)

ex) He is on the editorial **staff** of the New York Times.

stagnant
[stǽgnənt]

A 괴어 있는(motionless), 활발치 못한

그대로 서 있는, 즉 멈춰 있는

* stagnate 정체하다　　* stagnancy 침체, 불경기

ex) There is a **stagnant** pool at the bottom of the garden.

standard
[stǽndərd]

N 깃발, 표준, 지주　　A 표준의, 권위 있는

세워둔(stand) 것(ard)

* standardize 표준에 맞추다　　* standardization 표준화

ex) These are standard **procedures** for handling radioactive waste.

staunch
[stɔ́:ntʃ]

A 견고한, 튼튼한; 든든한, 믿음직한, 충실한

서(staun) 있는(ch)

ⓢ stalwart 건장한, 튼튼한　　ⓢ sturdy 억센, 튼튼한, 힘쎈

ex) He's a **staunch** supporter of democracy.

stanch [stǽːntʃ]
V (출혈을) 멈추게 하다, 지혈시키다; 없애다
ex) Do you put pressure on a wound to **stanch** the flow of blood?

steady [stédi]
A 확고한; 견고한(firm), 불변의; 진지한
* steadfast 확고한, 굳은   * steadily 끊임없이   * steadiness 착실함
ex) I'll hold the boat **steady** while you climb in.

steer [stíːər]
V 키를 잡다, 조종하다; 이끌다; 처신하다
ex) She **steered** herself around the corner.

arrest [ərést]
V 체포하다, 억류하다   N 체포, 검거, 정지
ex) You are under **arrest**.

circumstance [sə́ːrkəmstæns]
N 환경(environment), 사건(event), 사실(fact)
* circumstantial 상세한   * circumstantiate 실증하다
ex) They celebrated the remarkable **circumstance** of the birth of a daughter after five sons.

constable [kánstəbl]
N 순경, 경관(a policeman), 각종 고관
* constabulary 경찰대, 경찰국가
ex) He is a **constable** at Bryan police station.

constancy [kánstənsi]
N 불변, 항구성, 견고함
* constant 항구적인, 불변의   * constantly 끊임없이(incessantly)
* inconstant 변하는, 바람기 있는, 일시적인
ex) The fridge keeps food at a **constant** temperature.

contrast [kántrɑːst]
N 상이(difference), 대조(antithesis), 대상물
V 대조하다, 두드러지게 하다, 대조를 이루다
ex) As little children we made quite a **contrast** - my brother so blonde, my sister red-haired and me very dark.

destiny [déstəni]
N 운명, 숙명
* destine 예정하다, 운명지우다, 의도하다   * destination 목적지, 도착지, 목표
ex) She felt that her destiny had been **shaped** by her gender.

distant [dístənt]
A 먼, 떨어져 있는(far away), 쌀쌀한, 냉담한
* distance 거리, 간격, 냉담   * equidistant 등거리의
ex) She could hear the **distant** sound of fireworks exploding.

establish [istǽbliʃ]
V 설립하다(set up; found), 제정하다(constitute)
* establishment 설립, 제정, 입증
ex) The new treaty **establishes** a free trade zone.

extant [ékstənt]
A (서류·건물 등이) 지금도 남아 있는, 현존하는
ex) Two fourteenth-century manuscripts of this text are still **extant**.

forestall
[fɔːrstɔ́ːl]

V 기선을 제압하다, 선수 치다; 매점하다

앞(fore)에 세우다(stall)

ex) Try to anticipate what your child will do and **forestall** problems.

install
[instɔ́ːl]

V 장치[설치]하다; 취임시키다

안에(in) 서게 하다(stall)

ex) A telephone has been **installed** at my office.

instance
[ínstəns]

N 보기, 예, 실증, 실례, 경우; 의뢰

눈 앞에(in) 서있는 것(stance)

ex) There have been several recent **instances** of planes taking off without adequate safety checks.

instant
[ínstənt]

N 즉시, 찰나; 순간, 순식간; 인스턴트 식품
A 즉각[즉시]의; 긴급한, 절박한(urgent); 인스턴트의, 즉석의

바로 옆에(in) 서있는(stant)

* **instantly** 즉석에서   * **in an instant** 눈 깜짝할 사이에, 즉시

ex) When she kissed me on the wound, the pain disappeared in an **instant**.

obstinate
[ábstənət]

N 완고한(stubborn), 외고집의, 끈덕진, 난치의

거슬러(ob) 서(stin) 있는(ate)

* **obstinacy** 완고, 고집(persistence)   * **restive** 침착성이 없는, 반항적인

ex) He has an **obstinate** belief in his own ability.

obstacle
[ábstəkl]

N 장애, 방해, 지장이 되는 것(to)

거슬러(ob) 서있는(sta) 것(cle)

ex) To succeed, you must learn to overcome **obstacles**.

substance
[sʌ́bstəns]

N 물질(material), 물체, 본질(essence), 요지

밑에(sub) 서 있는 것(stance)

* **substantial** 실재의, 본질적인   * **substantiate** 입증하다

ex) Peat is an organic **substance** which is formed when plants partially decompose.

system
[sístəm]

N 시스템, 체계, 조직, 계통

함께(sys) 서있는(st) 것(em)

* **systematic** 조직적인, 계통적인; 규칙적인, 질서; 계획적인, 고의의

ex) Viruses tend to be good at surviving when a computer **system** crashes.

understand
[ʌ̀ndərstǽnd]

V 이해하다(comprehend), 정통하다

밑에(under) 서 있다(stand)

* **understanding** 이해, 납득   * **understandable** 이해할 수 있는 ⓐ ken 시야, 이해

ex) He writes using lots of long words that I don't **understand**.

stud
[stʌd]

N 장식 못, 징; 장식 단추 [건축] 간주(間柱)
V ~에 장식 단추를 달다; 장식 못을 박다

선 것 = 지주(stud)

ex) The gate is **studded** with big bosses.

stanza
[stǽnzə]

N [운율] 절(節), 연(聯); [야구] 이닝

멈추는(stan) 곳(za)

ex) A poem is divided into **stanzas**.

* chor = 합창대(choir)

chorus   **N** 합창, 합창곡, 후렴, 코러스
choir   **N** 성가대, 합창대
choral   **A** 합창대의; 합창곡의; 합창의; 일제히 소리내는
chorale   **N** 성가; 합창곡

STAT/STIT = 세우다(set up)

연합해서 세워진 나라 United **States**, 우뚝 서있는 동상 **statue** 등이 여기에서 왔다. 또 사람들 앞(pro)에 서서(stit) 꼬드기는 사람(ute), 창녀(prostitute)도 이 집안 출신이다.

state [steit]
- N 상태, 나라, 미국의 주, 지위, 신분, 위엄
- V 날짜를 정하다, 말하다, 진술하다   A 공식적인, 국가의, 주의
  * statement 진술   * counterstatement 반대 진술, 반박   * statesman 정치가
  * stately 위엄있는(imposing), 당당한   * statecraft 정치 수완, 경륜
- ex) They complained about the untidy **state** that the house had been left in.

static [stǽtik]
- A 정적인(↔dynamic; kinetic 동적인)
- ex) He pointed out that a play is not a **static** object like a picture.

statistics [stətístiks]
- N (pl) 통계, 통계표, 통계학
  * statistic 통계적인, 통계학상의   * statistician 통계가
- ex) The **statistics** show that, in general, women live longer than men.

station [stéiʃən]
- N 정류장, 역; 서(署), 국, 소(所), 신분   V 배치하다
  * stationary 정지한, 고정된   * stationery 문방구   * a radio station 라디오 방송국
- ex) There's a taxi rank just outside the **station**.

statue [stǽtʃuː]
- N 상(像), 조상(彫像)
  * statuesque 조상 같은   * statuary 조상, 군상
- ex) They planned to erect a **statue** to the President.

stature [stǽtʃər]
- N 키, 신장, (정신적) 성장(도), 재능, 위엄, 명성
- ex) The team have shown their growing **stature** in recent matches.

statute [stǽtʃuːt]
- N 성문률, 법령, 규칙(a rule)
  * statutory 법령의, 법에 입각하는
- ex) The salaries of most federal workers are set by **statute**.

status [stéitəs]
- N 지위, 신분(position)
- ex) His concern is that his **status** as skilled specialists should be respected.

estate [istéit]
- N 재산, 토지, 소유물, 지위
- ex) She left her entire **estate** to her niece.

understate [ʌ̀ndərstéit]
- V 삼가면서 말하다, 수효를 적게 말하다
- ex) The research **understates** the amount of discrimination women suffer.

ecstasy [ékstəsi]
- N 열광, 광희(rapture), 무아지경(trance)
  * ecstatic 황홀한, 무아경지의, 기뻐하는; 무아경지의 사람
- ex) The photographer told her to throw her head back as if in **ecstasy**.

hypostasis
[haipóstəsis]
N 본질, 실재   밑에(hypo) 서 있는 것(stasis)
* **hypostatic** 본질적인; 실체의, 삼위일체의   * **hypostatize** 실체화하다
ex) Faith is the **hypostasis** of things hoped for.

instate
[instéit]
A 임명하다, 취임시키다; 설치하다   안으로(in) 세워 두다(state)
ex) The new tax of another $1 on each pack of cigarettes was **instated**.

armistice
[á:rmistis]
N 휴전(truce)   무기를(armi) 세워둠(stice)
ex) A two-week **armistice** has been declared between the rival factions.

constituent
[kənstítʃuənt]
N 성분; 선거인   A 구성하는; 제정 권한이 있는   함께(con) 세워(stitu) 둠(ent)
* **constituency** 선거구민, 선거구, 고객, 단골손님
ex) What are the basic **constituents** of the mixture?

constitute
[kánstətjù:t]
V 구성하다(establish), 임명하다(nominate)   함께(con) 세계(stitu) 하다(ute)
* **constitution** 구성, 법령   * **constitutionism** 입헌정치
ex) Women **constitute** about 10% of Parliament.

destitute
[déstətjù:t]
A 결핍한, 가난한   아래로(de) 세계(stit) 한(ute)
* **destitution** 결핍, 궁핍, 빈곤
ex) The floods have left thousands of people in the area **destitute**.

institute
[ínstətjù:t]
V 설립하다, 시행하다, (성직에) 임명하다   안으로(in) 세계(stitu) 하다(ute)
N (학술, 미술의) 학회, 협회, 연구소, 대학, 강습회, 집회, 규칙, 원칙
* **institution** 설립, 제정학회, 원, 제도, 관례, 공공기관
ex) The Massachusetts **Institute** of Technology is also known as MIT.

restitution
[rèstətjú:ʃən]
N 반환, 배상(reimbursement), 복구   다시(re) 세워 둠(stitution)
* **restitute** 반환(배상)하다   * **restitutive** 상황의, 보상의
ex) The government is now demanding the **restitution** of its ancient treasures.

substitute
[sʌ́bstətjù:t]
V 대신하다   N 대리인, 보결자, 대용품   A 대신의   밑에(sub) 서있다(statute)
* **substitution** 대리, 치환, 대입   * **substitutional** 대리의, 대신의
ex) You can **substitute** oil for butter in this recipe.

superstition
[sù:pərstíʃən]
N 미신   초월하여(super) 서 있는 것(stition)
* **superstitious** 미신에 홀린, 미신적인
ex) According to **superstition**, if you walk under a ladder it brings you bad luck.

astatic
[eistǽtik]
A 불안정한, (물리) 무정위의   서있지(stat) 않(a)은 (ic)
ex) A better result was obtained with an **astatic** needle system.

apostate
[əpásteit]
N 배신자, 탈당자   이탈하여(apo) 서다(state)
ex) Any **apostate** will be punished by death.

interstice
[intə́:rstis]
N 좁은 틈, 구멍, 갈라진 틈
사이에(inter) 서있음(stice)
ex) Plants were growing in the **interstices** between the bricks.

solstice
[sálstis]
N [천문] 至(하지, 동지)
태양(sol)이 서 있음(stice)
* the summer solstice 하지   * the winter solstice 동지

prostitute
[prástətjù:t]
N 매춘부, 지조없는 자   V 매음하다, 악용하다
(거리) 앞에(pro) 서 있다(stitute)
* prostitution 매춘행위, 타락, 악용
ex) She **prostituted** herself because she had no other means of making money.

* prostitute이 나온 김에 매춘과 관련된 어휘들을 함께 익히자.

pross   N 매춘부 [앞으로(pro) 돌다(versos)]
street walker N 매춘부
call girl   N (전화로 불러내는) 매춘부
hooker   N (미속어) 매춘부
tart   N (속어) 바람난 여자
harlot   N 매춘, 매춘부
tramp   N (미구어) 행실이 나쁜 여자, 매춘부
courtesan   N 고급 매춘부
whore   N 매춘부; 음탕한 여자
whorehouse   N (비어) 매음굴
* brothel 매음굴   * bordello 매춘굴
* bawdy house 매음굴   * red-light strict 홍등가
* pander 포주, 남의 약점을 이용하는 사람

STRUCT = 세우다(build)

structure
[strʌ́ktʃər]
N 구조, 구성, 건축물   V 뼈대를 만들다
세운(struct) 것(ure)
* structural 구조의, 조직의; 형태의   * superstructure 상부구조
* substruction 하부구조, 기초[공사]   * substructive 기초공사의, 하부구조의
ex) The 'big bang' theory is nicely **structured**, but it's wrong.

construct
[kənstrʌ́kt]
V 조립하다, 꾸미다, 작도하다   N 구조물, 구문
함께(con) 세우다(struct)
* construction 건설, 건축; 건물; 구조, 구성; 해석(construe의 명사)
ex) This thesis is well **constructed**.

reconstruct
[rì:kənstrʌ́kt]
V 재건하다, 개조하다, 부흥하다
다시 건설하다(struct)
* reconstruction 재건
ex) The stadium has been **reconstructed** at a cost of $850 million.

destructive
[distrʌ́ktiv]
A 파괴적인, (몹시)해로운, 파멸적인
반(de) 건설(struct) 적인(ive)
* destroy 파괴하다   * destruction 파괴
ex) Most of the old part of the city was **destroyed** by bombs during the war.

instruct
[instrʌ́kt]
V 가르치다, 지시하다, 통고하다
마음 속(in)을 세우다(struct)
* instruction 훈화, 지시   * instructive 훈화적인   * instructor 전임 강사
ex) Faculty members are **instructed** to monitor all students' computer use.

obstruct
[əbstrʌ́kt]

V 차단하다, 방해하다

반대로(ob) 세우다(struct)

ex) The roads to the collapsed building were **obstructed**.

construe
[kənstrúː]

V 해석하다, 파악하다, 추론하다

함께(con) 세우다(strue)

* **misconstrue** 잘못 해석하다, 오해하다

ex) Any complaint about the decision would be **construed** as defiance.

instrument
[ínstrəmənt]

N 기구, 악기, 기계   V 기계(기구)를 장치하다

안으로(in) 세운(stru) 것(ment)

* **instrumental** 수단이 되는; 악기의; 기계의   * **instrumentation** 기악편성; 수단, 방편

ex) The man's injuries had obviously been caused by a blunt **instrument**.

industry
[índəstri]

N 공업, 산업, ~업, 근면

안으로(indu) 세운 것(stry)

* **industrial** 산업의   * **industrious** 근면한

ex) Poverty is a **stranger** to industry.

SOCI = 합치다(join)

'society'는 사람들이 '합하여' 만들어진 것이다.

social
[sóuʃəl]

A 군거하는, 공동 사회인의

결합(soci) 하는(al)

* **socialize** 사교적으로 하다

ex) Team sports help to develop a child's **social** skills.

sociable
[sóuʃəbl]

A 사교적인, 상냥한(friendly), 우호적인

결합할(soci) 수 있는(able)

* **sociably** 상냥하게, 우호적으로

ex) I had a headache and I wasn't feeling very **sociable**.

antisocial
[æ̀ntisóuʃəl]

A 반사회적인, 비사교적인

반(anti) 사회적인(social)

ex) Smoking is such an **anti-social** behavior.

society
[səsáiəti]

N 사회, 사회집단, 공동체, 군거, 조직

결합된(soci) 것(ety)

sociology
[sòusiálədʒi]

N 사회학

사회(socio) 연구(logy)

* **sociologist** 사회학도   * **socioeconomic** 사회 경제적인

ex) She has a degree in **sociology** and politics.

associate
[əsóuʃièit]

V 연합하다, 사귀다   A 연합한   N 동료

~에(as<ad) 결합하다(sociate)

ex) I don't want my children **associating** with drug-addicts and alcoholics.

consociate
[kənsóuʃièit]

V 연합시키다, 연합하다(associate)

함께(con) 결합하다(sociate)

A [kənsóuʃièit] 연합한, 조합한   N 연합원, 조합원

dissociate
[disóuʃièit]

V 분리시키다(separate), 떼어놓다

결합하지(sociate) 않다(dis)

* **dissociation** 분리(dissociating), 해체

ex) He tried to **dissociate** himself from the party's more extreme views.

SOLV = 풀다(loosen)

solution은 **용액**이라는 뜻과 **해답**이라는 뜻을 같이 갖는다. 용질이 용매에 **풀어져** 녹아 있는 것이 **용액**이며, 문제를 **푸는** 것이 곧 **해답**이다.

soluble
[sáljubl]
A 녹는, 녹기 쉬운, 해결(해석)할 수 있는   녹일(solu) 수 있는(ble)
* **solubility** 가용성, 용해도, 해결   * **solute** (화학) 용질
ex) Black beans are an excellent source of both **soluble** and insoluble fibers.

solution
[solúʃən]
N 녹임, 녹음, 용해; 용액, 분해, 해제; 해법, 해답   녹(solu) 임(tion)
* **solve** 풀다, 해결하다   * **solvable** 풀 수 있는, 해결할 수 있는

solvent
[sálvənt]
A 지급 능력이 있는   N 용매   녹이는(solv) 것(ent)
* **solvency** 지급능력, 자력, 용해도
ex) Will this **solvent** bring the paint off the railing?

absolute
[ǽbsəlu:t]
A 절대적인; 독재의; 완전한, 순전한   풀어(solute) 놓는(ab)
* **absolutely** 절대적으로, 무조건적으로, 완전히; [구어] 정말 그래, 그렇고 말고
ex) There's **absolute** rubbish on television tonight.

absolve
[æbzálv]
[풀어서(solve) 놓다(ab=away)]
V 방면하다, 사면하다, 무죄를 언도하다
* **absolution** 면제, 사면, 무죄언도
ex) I **absolve** you from all your sins.

ⓒ **acquit**
[əkwít]
V 무죄를 선고하다   말끔하게(quit) 하다(ac<ad)
* **acquittal** 무죄선고   * **acquittance** 면제, 소멸, 책임해제

dissolve
[dizálv]
V 녹이다, 해체하다   풀어(solve) 해치다(dis)
* **dissolvent** 용매력이 있는   * **dissolver** 용해(제)
ex) Keep stirring the tea until the sugar has **dissolved**.

dissolute
[dísəlù:t]
A 방종한, 타락한;방탕한, 난봉부리는   도덕이 풀어(sol) 해쳐(dis) 진(ute)
ex) The rulers of the nation were corrupt and **dissolute**.

insoluble
[insáljubl]
A 용해하지 않는, 설명(해결)할 수 없는   풀(solu) 수(ble) 없는(in)
* **insolubly** 용해되지 않게   * **insolubility** 불용성
ex) Traffic congestion in large cities seems to be an **insoluble** problem.

insolvent
[insálvənt]
A 지불불능의, 파산한   N 지불 불능자, 파산자   해결(solv) 못(in) 하는(ent)
* **insolvency** 파산(bankruptcy)
ex) The company has been declared **insolvent**.

resolve
[rizálv]
V 결심하다, 해결하다, 분해하다   다시(re) 풀다(solve)
* **resolute** 단호한, 확고한   * **resolution** 결의, 결심, 결단; 확고함
ex) Both sides met in order to try to **resolve** their differences.

LYSIS = 풀다(loosen)

analysis
[ənǽləsis]
N 분석, 분해; 정신분석
완전히(ana) 풂(lysis)
* analyst 분석자   * analytic 분석적인   * analyze 분석하다
ex) The blood samples are sent to the laboratory for **analysis**.

paralysis
[pərǽləsis]
N 마비, 중풍; 중풍에 걸리다
옆에(para) 풀림(lysis)
* cerebral paralysis 졸도, 뇌성마비   * palsy 마비
ex) He has some **paralysis** on his left side.

catalysis
[kətǽləsis]
N 촉매현상
완전히(cata) 녹임(lysis)
ex) The residues are known to participate in the **catalysis** of conjugation.

dialysis
[daiǽləsis]
N [화학] 분해, 투석
투과하여(dia) 녹임(lysis)
ex) She must be on **dialysis** for the rest of her life.

hydrolysis
[haidrάləsis]
N [화학] 가수분해
물(hydro) 분해(lysis)
ex) Phosgene is destroyed by **hydrolysis** on contact with seawater.

* stip = 뻣뻣한(stiff) - loosen과는 정반대의 의미

stiff	A 뻣뻣한, 딱딱한, 뻐근한, 죽은, 엄한, 어려운	뻣뻣한
constipation	N 변비; 침체, 둔화, 정체	함께(con) 뻣뻣(stip)한(ation)
stipulate	V (조항 등이) 규정하다, 조건으로 요구하다	뻣뻣하게(stipul) 하다(ate)

* stup = 어리벙벙하게 하다(stunned)

stupid	A 어리석은, 생각 없는, 우둔한; 무감각한, 마비된	어벙(stup) 해진(id)
stupor	N 무감각; 마비, 혼수, 인사불성; 망연자실	어벙한(stup) 상태(or)
stupendous	A 엄청난; 굉장한; 거대한	어벙해지게(stupend) 하는(ous)

SORT = 종류(kind), 제비(lot), 운명(fate)

sort는 '종류(kind)'의 뜻인데, 종류대로 분류하기 위해 제비를 뽑으므로 '제비(lot)'라는 뜻도 지닌다. 한편 제비 뽑기에 의해서 그 운명이 결정 되므로 '운명(fate)'이란 뜻까지 확대된다.

sort
[sɔ:rt]
N 종류(의 것); 성격, 성품   V 교제하다
종류(sort)
* sorter 분류하는 사람
ex) That's the **sort** of thing I want. 그러한 것이 필요하다

assort
[əsɔ́:rt]
V 분류하다, 구색을 갖추다; 어울리다
~쪽으로(as<ad) 분류하다(sort)
* assortment 분류, 각종 구색
ex) All items may **assort** for quantity pricing.

sortition
[sɔ:rtíʃən]
N 제비(lottery), 추첨 분배
제비 뽑기(sort)로 감(it+ion)
ex) Advertisements on covers are placed according to the results of **sortition**.

sortilege
[sɔ́:rtəliʤ]
N 마법(sorcery), 제비로 점치기, 마술(magic)

sorcery
[sɔ́:rsəri]
N 마법, 마술, 요술
ex) We tried to make a peaceable protest against witchcraft and **sorcery** which Harry Potter is directly involved with.

consort
[kánsɔ:rt]
N 배우자, 조합원 V 교제하다; 일치하다
ex) In prison she found herself **consorting** with hardened criminals.

consortium
[kənsɔ́:rʃi:əm]
N 협회, 조합; [法] 배우자권

* 참고로 resort의 sort는 'go out'의 의미이다

resort
[rizɔ́:rt]
N 유흥지, 번화가, 자주 다님, 의지(가 되는 사람)
V 가다, 의지하다, 호소하다(recourse)
ex) My suite offered a splendid view of the lake and **resort**.

STRAT = 펼치다(stretch), 뻣뻣한(ridid), 군대(army)

straight이 여기에서 유래했다. 원래 '펼치다, 뻗다'의 뜻인데 쫙 펼치다 보면 **뻣뻣**해진다. 사람을 쫙 펼쳐 놓은 것이 **군대**인데 그 만큼 뻣뻣한 곳도 없다. 또한 군대에서는 **전략**이 필요하다.

prostrate
[prɑ́streit]
[앞으로(pro) 뻗게 하다(strate)]
V 쓰러뜨리다, 굴복시키다 A 엎드린, 패배한, 굴복한
ex) He was easily able to clear the **prostrate** goalkeeper and make a goal.

stratify
[strǽtəfái]
[층을 이루게(strat) 하다(ify)]
V 층을 이루게 하다, 계층화되다
ex) You need to **stratify** the sample by size and industry disposition.

stratum
[stréitəm]
N 지층(layer), (사회의) 계층, (사회의) 계급
ex) The middle class is one **stratum** of society.

stratus
[stréitəs]
N [기상] 층운
* **stratocumulus** 충적운(roll cumulus)   * **stratosphere** 성층권
ex) The temperature of the **stratosphere** ranges from −50°C to zero.

strategy
[strǽtiʤi]
N 용병술, 전략
* **strategist** 전략가   * **strategic** 전략의   * **stratagem**(-ics) 용병학
ex) He accused the government of lacking any coherent **strategy**.

stratocracy
[strətákrəsi]
N 군정, 군인정치(military government)

stretch
[stretʃ]
- **V** 잡아 늘이다, 펴다, 긴장시키다; 뻗다
- **N** 뻗침, 확장; 신축성; 긴장; 범위, 한도; 과장; 남용
- ex) She **stretched** out her hand for the hat.

strew
[struː]
- **V** (모래·꽃·씨 등을) 뿌리다; 끼얹다
- ex) His room was **strewn** with books and notes.

STRING = 실(string)

어근 **string**은 그대로 string(실, 끈, 끈으로 묶다)을 의미한다. 변형이 다소 많지만 자세히 보면 그 유사성을 쉽게 발견할 수 있을 것이다.

string
[striŋ]
- **N** 실, 끈, 인대, 부대조건; 현 **V** 실에 매달다
- ex) You can pluck the **strings** on a guitar with your fingers or a plectrum.

strain
[strein]
- **V** 잡아당기다, 긴장시키다 **N** 당기기, 긴장, 과로
- ex) She was looking **strained** and had dark circles beneath her eyes.

strangle
[stræŋgl]
- **V** 목 졸라 죽이다, 질식시키다; 억압하다
- ex) I hate this collar. It is almost **strangling** me.

strait
[streit]
- **N** 해협; **A** 좁은(narrow), 단단한(tight), 제한된
- * **straiten** 좁게 하다, 억제하다, 괴롭히다(vex)
- ex) The Bering **Strait** separates Asia and America.

strict
[strikt]
- **A** 엄격한(stern), 정확한, 절대적인(absolute)
- * **strictness** 엄격, 정확함 * **stricture** 비난, 혹평
- ex) My father was very **strict** with me when I was young.

stringent
[stríndʒənt]
- **A** 엄격히 통제된, 대부가 통제된(tight in loan)
- * **stringency** 엄격함 * **stringy** 긴, 실 같은, 실로 된
- ex) Some of the conditions in the contract are too **stringent**.

stripe
[straip]
- **N** 선, 특별한 유형
- * **strip** (실오라기도 걸치지 않고) 벗기다; 길고 가는 조각
- ex) The zebra is a wild African horse with black and white **stripes**.

astrict
[əstríkt]
- **V** 속박하다(restrict legally or morally; bind)
- * **astriction** 속박(bandage) * **astringe** 속박하다
- ex) The solid parts were to be relaxed or **astricted**.

constrain
[kənstréin]
- **V** 강요하다(confine), 억제하다(hold back)
- * **constraint** 강요, 억제
- ex) His wife **constrained** him to do dishes.

constrict
[kənstríkt]
V 죄다; 압축하다; 수축하다   함께(con) 묶다(strict)
* **constriction** 압축, 수축; 죄는 것   * **constrictive** 바싹 죄는, 긴축적인
* **constringe** 수축시키다, 긴축하다   * **constringent** 긴축하는; 수렴성의
ex) Migraine can be treated with a drug which **constricts** the blood vessels.

distress
[distrés]
V 괴롭히다, 슬프게 하다   N 비탄, 걱정, 고통   멀리(dis) 속 밝하다(stress)
ex) The horses were showing signs of **distress** at the end of the race.

district
[dístrikt]
N 지역, 구획   V 구획으로 구분하다   멀리(dis) 묶어(strict) 둔 곳
ex) The campaign volunteers spread out to canvass in key **districts**.

prestigious
[prestídʒəs]
A 고급의, 훌륭한; 이름이 난, 세상에 알려진   앞에(pre) 묶어(stig) 둔(ious)
ex) Texas A&M is the most **prestigious** school in Texas.

restrain
[ristréin]
V 제지하다, 금하다, 방해하다, 억누르다   뒤로(re) 당기다(strain)
* **restraint** 억제, 제지; 금지; 억제력; 구속, 속박; 검거, 감금; 절제, 근신
ex) I was unable to **restrain** my desire for chocolate.

restrict
[ristríkt]
V 제한하다, 한정하다; 금지하다   강하게(re) 묶다(strict)
* **restriction** 제한, 한정, 제약, 규정   * **restrictive** 한정적인, 제약적인
ex) The speed is **restricted** to 30 kilometers an hour here.

strap
[strǽp]
N 가죽끈, 혁대   V 가죽 끈으로 묶다   끈(strap)
ex) **Strap** yourself in with a seat belt, please.

이 어근은 변화되어, '뻣뻣한, 굳은, 강한' 등의 의미를 만든다. 실로 꽉 묶어 놓은 것을 생각해 보자. 강하다는 느낌이 드는가?

starve
[stá:rv]
A 굶어 죽다; 굶주리다; 갈망하다(for)   뻣뻣하다 > 죽다 > 배고프다
* **starvation** 아사(餓死); 기아, 궁핍; 박봉의; 기아의; 단식의
ex) The poor child **starved** for parental love.

starch
[stá:rtʃ]
N 녹말, 풀   A 딱딱한, 어색한   V 풀을 먹이다   풀을 먹이면 뻣뻣해진다.
ex) This **starched** collar soon gets limp in hot weather.

stare
[stɛ́ər]
V 응시하다, (털이) 곤두서다   N 응시   뻣뻣하게 쳐다보다
ex) She **stared** at me.

stark
[stá:rk]
A 순수한, 완전한; 황량한; 엄한, 뻣뻣해진   강한
ex) In his celebration speech, he issued a **stark** warning to Iraq.

sterile
[stéril]
A 불모의, 메마른; 불임(不姙)의; 무균의   뻣뻣해진 땅의 = 불모의
ex) My cat is **sterile**.

stereotype
[stériətàip]
N 연판 인쇄; 정형, 전형; 관례; 상투적인 문구   뻣뻣한(stereo) 틀(type)
V 연판으로 하다, 연판 인쇄하다; 정형화하다, 판에 박다; 틀에 박히게 반복하다

stern
[stə́:rn]
A 엄격한, 단호한; 가차없는; 무서운, 험한
ex) Her father was **stern** and hard to please.

빳빳한

stork
[stɔ́:rk]
N 황새
ex) A sparrow tries to walk like a **stork**.

목도 다리도 빳빳한 새

straddle
[strǽdl]
V 두 발을 벌리고 서다[앉다], 두 발로 버티다
ex) He sat down, **straddling** the chair.

가랑이(strad) 서있다(dle)

strenuous
[strénjuəs]
A 분투적인, 굽히지 않는; 격렬한; 활발한
ex) You'd better avoid **strenuous** exercise for a month.

강하게(stren) 버티는(uous)

strut
[strʌ́t]
V 뽐내며 걷다, 활보하다; 날개를 펴고 걷다
N 지주(支柱), 버팀목, 받침대(prop)   V 지주[버팀목]로 받치다
ex) He **struts** around town like he owns the place.

빳빳하게 걷다

consternation
[kɑnstərnéiʃən]
N 깜짝 놀람, 대경실색
ex) His ferocious behavior caused **consternation** in the community.

함께(con) 빳빳(stern) 해짐(ation)

extirpate
[ékstərpèit]
V <문어> 근절[절멸]하다; [의학] 적출하다
ex) We need to **extirpate** our evil practices.

떡떡한 것, 즉 뿌리를 뽑아 내다

torpedo
[tɔ:rpí:dou]
N V 어뢰[로 공격하다]
ex) The ship was torpedoed and sunk by a submarine.

빳빳한, 무 감각(torpedo)

torpid
[tɔ́:rpid]
A 움직이지 않는, 느린; 둔한, 무신경한; 동면하는
ex) Those events will be enough to awaken even the most **torpid** citizen.

빳빳한, 무 감각(torp)한(id)

SUE = 달콤한(sweet), 따르다(follow)

원래 **달콤하다**는 뜻이었는데, **달콤해서** 그것을 **추구하게** 된다는 뜻으로 발달하게 되었다. sweet과 suite이 발음이 동일하다는 점을 생각하자. 어근 suade(따르게 하다, 설득시키다) 역시 여기에서 나왔다.

---

suit
[su:t]
N 신사복 한 벌; 소송, 구혼   V 적합하게 하다
* **suited** 적합한(suitable; fitting)   * **non-suit** 소송철회

따르는 것

suite
[swi:t]
N 일행, 수행원; 스위트, 붙은 방, 한 벌의 가구
ex) The staff will have a **suite** that includes a kitchen and laundry.

따르는 것

ensue
[insú:]
V 잇따라 일어나다, 결과로서 일어나다
* **ensuing** 계속되는, 잇따라 일어나는(sequent)
ex) Janet called Debbie a liar, and a screaming fight **ensued**.

따르게(sue) 되다(en)

consuetude
[kɑ́nswitjù:d]
N 관습, 관례(precedent), 사교(society)
ex) Some countries have the **consuetude** to hang drying flowers or grass.

함께(con) 따르는(sue) 상태(tude)

desuetude [déswitjù:d]	N 폐지(abolition; disuse), 폐기, 불용 ex) The law is now in **desuetude**.	다쓸 지(sue) 않는(de) 상태(tude)
dissuade [diswéid]	V (설득하여) 단념 시키다(to make one give up) * **dissuader** 단념자　　* **dissuation** 단념(desist) ex) The sweaty weather did not **dissuade** me from playing tennis.	반대로 (dis) 다쓰게 하다(suade)
persuade [pərswéid]	V 설득하다(take over), 납득시키다 * **persuadable** 납득시킬 수 있는　　* **persuasion** 설득, 납득 ex) Her father **persuaded** me to forgive her.	완전히 (per) 다쓰게 하다(suade)
pursue [pərsú:]	V 뒤쫓다, 추적하다, 추구하다, 속행하다 * **persuit** 추적(chase), 작업, 속행 ex) Stan **pursued** his culinary interests by attending the culinary institute.	앞으로 (pur) 따라가다(sue)
suave [swa:v]	V 기분 좋은, 유쾌한, 상냥한, 순한 ex) She is a stately, **suave** and very cool woman.	덜꼴 한(suave<suade)
exude [ìgzú:d]	V 물씬 풍기다; 흘러 나오다, 스며 나오다 * **exudate** 삼출물, 삼출액　　* **exudation** 스며 나옴, 삼출, 배출	단물 (ude)이 나오다(ex)

SUM = 최고의(highest)

summit은 최고 높은 것 즉 **정상**을 의미한다.

sum [sʌm]	N 총계, 전체, 절정, 개요　V 총계하다, 요약하다 * **sumless** 무수한, 한없는　　* **in sum** 요컨데, 결국　　* **summing-up** 요약 ex) The **sum** of 6 and 8 is 14.	최고점
summary [sʌ́məri]	N 요약, 개요, 요람, 적요　A 간략한, 즉결의 * **summarily** 약식으로, 즉석에서, 즉결로　　* **summarization** 요약, 개괄 * **summarize** 요약하다, 개괄하다　　* **summate** 합계하다, 더하다 ex) Curtis has said that he plans to appeal against his **summary** dismissal.	최고의 것만 추린 (것)
summit [sʌ́mit]	N 정상, 극치, 최고 수뇌부 * **summitry** 수뇌자, 정상회담 개최방식　　* **summiteers** 정상 회담 참가자 ex) We reached the **summit** at noon.	[∟] '최고'의 뜻에서
consummate [kánsəmèit]	V 성취하다, 완성하다　A 완성된, 완전한 * **consummative** 완성하는, 끝손질의　　* **consummation** 완성, 성취 ex) The marriage lasted only a week and was never **consummated**.	함께(con) 최고 (sum)가 되다(ate)

* col = 기둥 (pillar), 꼭대기(top) (인도-유럽 어근 kel에서 유래, 의미는 솟아오르다)

column **columnar** **colonel**	N 기둥, 원주, 종행(縱行), 꽃꽂이대 A 원주(형)의; (신문같이) 세로로 인쇄한 N 연대장, 육군대령

column 기둥

culminate	V	절정에 달하다, 남중하다
culmination	N	정점, 최고조
excel	V	능가하다, 탁월하다
excellent	A	우수한
excellence	N	탁월함
holm	N	강변의 낮은 땅, 강 속의 섬, 삼각지역

강변에 솟아올라 있는 holm

SURE = 확실한(certain)

어근 sure는 그대로 'sure(확실한)'의 뜻이다.

sure [ʃuər]
A 틀림없는, 안전한, 믿을 수 있는   확실한(sure)
* sureness 확실(함), 안전   * surely 확실히, 틀림없이
ex) Are you **sure** about that?

surety [ʃúərəti]
N 보증, 담보, 저당; 인수인, 보증인   확실히(sure)하는 것(ty)
ex) They had agreed to stand **surety** for Debora.

assure [əʃúər]
V 보증하다, 확보하다(secure; insure)   강하게(as) 확실히 하다(sure)
* assurance 보증, 보장, 증거; 확신, 자신   * assuring 보증하는, 확신을 가진
* assuringly 단호히, 확신을 가지고   * assured 보증된, 확실한; 자신 있는
ex) I **assure** you that he didn't steal your pen.

reassure [ri:əʃúər]
V 재보증하다; 안심시키다, 다시 용기를 주다   다시(re) 확실히 하다(assure)
* reassurance 안심함[시킴], 안도, (새로운) 자신, 확신; 재보증
ex) The doctor **reassured** the patient about his disease.

cosurety [kòuʃúərəti]
N 공동 보증인   함께(co) 보증인(surety)
ex) Each **cosurety** is liable for an equal proportion of the debt.

ensure [inʃúər]
V 책임지다, 안전하게 하다; 보험에 들다   확실히(sure)하다(en)
ex) The role of the police is to **ensure** that the law is obeyed.

insure [inʃúər]
V 보험을 계약하다, 보증하다, 지키다   ensure의 변경
* insurance 보험   * insurer 보험업자[회사](underwriter); 보증인
ex) Care **insures** us against errors.

* vot = 맹세하다(vow)

vote	N	투표; 투표 방법; 투표 용지; 투표권; 참정권
votary	N	성직자, 독신자, 헌신자; 열렬한 숭배자
devote	V	바치다, 쏟다, 기울이다; 봉납[봉헌]하다
devotion	N	헌신, 전념; 강한 애착, 헌신적 사랑; 신앙심
devout	A	믿음이 깊은, 독실한; 헌신적인; 성실한
vow	N	맹세, 서약; [그리스도교] 서원 V 맹세하다
disavow	V	부인하다, 부정하다

투표(vote)란 결정에 따르겠다는 맹세(vow)

맹세
인정하다(avow)의 반대(dis)

TACH/TACT/TANG = 접촉(touch)

'contact lens'는 눈에 접촉시켜 사용한다. tach, tang, tegr, tinge, tamin 등 다양한 변형이 있다.

attach
[ətǽtʃ]
V 매다, 붙이다, 부속시키다, (책임을) 돌리다
~쪽으로 (at) 접촉시키다 (tach)
* attachment 부착, 애착   * attachable 붙일 수 있는
ex) Sometimes people will send you email messages with files **attached**.

attack
[ətǽk]
V 공격하다, 착수하다   N 공격, 발병
강하게(at) 접촉하다 (tack)
* attacker 공격자   * attackable 공격할 수 있는
ex) I was **attacked** by an enraged bull.

attain
[ətéin]
[~에(at) 닿다(tain)]
V 도달하다, 달성하다
* attaint 사권을 박탈하다, (명예를) 더럽히다
ex) He has **attained** the highest grade in his exams.

contact
[kántækt]
[함께(con) 접촉하다(tact)]
N 접촉, 접근, 교제, 혼선   V 접촉시키다, 연락하다
ex) The little community had very little **contact** with the world around it.

contaminate
[kəntǽməneit]
[함께(con) 접촉하게(tamin) 하다(ate)]
V 오염시키다, 더럽히다
* contamination 오염, 더러움, 혼합, 혼성[어]
* contaminant 오염물질   * contaminated 오염된
ex) The food was **contaminated**.

contagious
[kəntéidʒəs]
A (접촉) 전염성의, 전염 독이 있는; 옮기 쉬운
* contagion (접촉) 전염, 감염, 전염병
* contagiously 전염적으로
ex) It is a highly **contagious** infection, so don't let anyone else use your towel.

contiguous
[kəntígjuəs]
[함께(con) 접촉 된(tiguous)]
A 접촉하는, 인접하는; (사건 등) 끊임없는
ex) The two states are **contiguous** with each other but the laws are quite different.

contingent
[kəntíndʒənt]
A 혹 있을 수 있는, 부수적인, 우연한
함께(con) 접촉(ting) 된(ent)
N 분담(액); 분견대[함대]; 파견단, 대표단; 우연히 발생한 사항, 뜻밖의 일
* contingency 우연성, 우발사건
ex) The largest **contingent** was from the United States.

detach
[ditǽtʃ]
V 떼어두다, 파견하다
* detachment 분리   * detachable 분리 가능한
* detached 분리된; 파견된; 초연한; 공평한
* semidetached 절반쯤 떨어진, 한쪽 벽이 붙은
ex) You can **detach** the hood if you prefer the coat without it.

integrity
[intégrəti]
N 고결, 성실; 완전, 흠 없음
* integrate 통합하다, 완전하게 하다
* integer 완전체, 완전한 것; 정수
* integrative 통합하는, 완전하게 하는
ex) No one doubted that the president was a man of the highest **integrity**.

tactful
[tǽktfəl]
A 약삭빠른, 재치 있는(having tact)
* tact 약삭빠름, 재치, 요령
ex) The young nurse showed great **tact** in dealing with worried parents.

tactile
[tǽktl]
[만질(tact) 수 있는(ile)]
A 촉각의, 촉각이 있는, 만져서 알 수 있는
* tactility 감촉성, 촉감　* tactual 촉각(기관)의
ex) **Tactile** sound is the sound you feel.

tacky
[tǽki]
A 진득진득한, 점착성의
ex) Dough should feel **tacky**, smooth, elastic, and warm but not hot.

tag
[tæg]
N 꼬리표; 술래잡기　V 꼬리표를 붙이다; 첨가하다
* tag rag and bobtail 하층민, 사회의 쓰레기
ex) Whose coat is this? Look at the name **tag**.

tangent
[tǽndʒənt]
A 접촉하는(touching), 접선의
* tangency 접촉　* tangential 접하는　* go off on a tangent 옆길로 새다
ex) Please stick to one subject and don't go off on a **tangent**.

tango
[tǽŋgou]
N 탱고, 탱고곡
ex) I watched them do the **tango**.

tangible
[tǽndʒəbl]
A 만질 수 있는(touchable), 명백한, 현실의
* tangibility 만져서 알 수 있음, 확실　* intangible 만질 수 없는
ex) A mountain of cigarette butts was the only **tangible** evidence that Luther had been in our house.

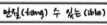

tangle
[tǽŋgl]
V 엉키게 하다, 얽히게 하다; 혼란시키다
N (머리카락 등의) 얽힘, 엉킴; 분규, 싸움
ex) Be careful as you brush the **tangles** out of my hair.

entangle
[intǽŋgl]
[얽히게(tangle) 만들다(en)]
V 얽히다; 곤경에 빠뜨리다
ex) The bill is sure to **entangle** parliament in endless debate.

disentangle
[dìsintǽŋgl]
V (엉킨 것을) 풀다(from); [~ oneself] 해방되다
ex) I patiently **disentangled** the wool and rolled it neatly into a ball.

* **tact/tax** = 정돈하다(arrange): 사물을 효율적으로 정착시켜 놓는 것이 곧 정돈.

tactics
[tǽktiks]
N 전술, 병법
* tactician 전술가, 책략가   * tactical 전술의, 용병술의
ex) The admiral made a **tactical** error when he ordered his men to drag their ship across the desert as part of the surprise attack.

(군대) 정렬하는 (tact) 기술 (ics)

taxation
[tækséiʃən]
N 과세, 세제, 징세, 액
* taxable 과세할 수 있는   * taxbility 과세할당   * tax 세금, 과세
ex) Certain kinds of nonprofit organization are exempt from **taxation**.

tax를 부과(ate) 한(ion)

taxidermy
[tǽksidə:rmi]
N 박제술
* taxidermist 박제사   * taxidermal 박제술의
ex) My grandfather was a **taxidermist**.

피부(dermy)를 정돈한(tax)

taxonomy
[tæksánəmi]
N 분류, 분류법
* taxonomist 분류학자   * taxis 분류 순서   * phototaxis 주광성

나누는 (taxo) 방식 (nomy)

syntax
[síntæks]
N 문장구조, 구문, 어구 배열, 문장론
* syntactic, syntactical 구문론의, 구문론적인
ex) Poor **syntax** is the same thing as bad grammar, ain't it?

같이 (syn) 정돈한(tax)

TECT = 덮다(cover)

protect는 앞(pro)에 덮개(tect)를 하는 것, detect(발견하다)는 덮개(tect)를 벗기는(de) 것.

tectology
[tektálədʒi]
N 조직 형태학(histomorphology)
* tectological 조직 형태학의

덮개(tect)를 연구하는(ology)

tectonic
[tektánik]
A 축조의(of construction), 건축의, 구조의
* tectonics 축조학, 구조학

덮개(tect) 연구 (on) 의 (ic)

tegular
[tégjulər]
A 기와 모양의(of or like a tile or tiles)
* tegularly 기와 모양으로

덮개(tgul) 의 (ar)

tegument
[tégjumənt]
N 외피, 피막
* integument 외피, 포피   * tegumental/-ary 외피의

덮는 (teg) 것 (ment)

detect
[ditékt]
V 발견하다, 간과하다, 탐지하다(probate)
* detection 발견, 간과
* detective 탐정, 형사; 탐정의, 검출용의
ex) Some sounds cannot be **detected** by the human ear.

뚜껑(tect)을 제거하는(de) 사람(ive)

사건

obtected
[əbtéktid]
A (각질의) 껍데기가 있는

위로 (ob) 덮개(tect)가 있는 (ed)

protect
[prətékt]

V 보호하다, 수호하다(guard), 막다(prevent)

앞에(pro) 덮개를 하다(tect)

* protection 보호
* protective 보호하는
* protectory 육아원
* protégé 피보호자, 피후견인

ex) Surely the function of the law is to **protect** everyone's rights.

architect
[ɑ́ːrkətèkt]

N 건축가(builder), 설계자

chief(archi) builder(tect)

* architectural 건축의
* architecture 건축학, 건축술

ex) Bramante was the **architect** of St Peter's Cathedral in Rome.

deck [dek]   N 갑판, (철도의) 객차 지붕, (버스 등의) 바닥, 층
tile [tail]   N 기와, 타일   V 기와를 이다, 타일로 덮다
thatch [θætʃ]   N 이엉, 지붕을 이는 재료   V 이엉으로 이다
thug [θʌg]   N 자객; 종교적 암살단원 (13-19세기 인도의)
* thuggish 암살의, 살인의, 폭행의   * thuggism 암살
toga [tóugə]   N 고대 로마 시대의 긴 겉옷, (교수·법관) 등의 예복

TEN/TIN/TAIN = 잡다, 유지하다(hold)

continue는 어떤 상태를 '함께(con) 유지(tin) 하다(ue)'에서 계속하다는 뜻이 되었다.

tenable
[ténəbl]

A 유지할 수 있는, 주장할 수 있는

유지(ten) 할 수 있는(able)

* tenability 유지(maintenance), 주장   * untenable 유지할 수 없는

ex) The lectureship is **tenable** for a period of three years.

tenement
[ténəmənt]

N 차용지(건물), 거주지

차지하고(tene) 있음(ment)

ex) They live in a grim **tenement** block on the edge of the city.

tenacious
[tinéiʃəs]

A 고집할 수 있는, 끈질긴, 단단한, 완강한

유지하고(ten) 있는(acious)

* tenacity 완강, 고집, 끈질김   * tenaciousness 완강, 고집

ex) The baby took my finger in its **tenacious** little fist.

tenancy
[ténənsi]

N (토지, 집 따위의) 차용, 셋집

유지하고 있음(ten + ancy)

* tenant 차용자, 소작인; 차용하다, 거주하다   * tenure 부동산의 보유권, 보유기간

ex) We have a 12-month **tenancy** agreement.

tender
[téndər]

A 부드러운, 연한, 약한, 예민한, 상냥한

(연약해서) 잡아줘야 하는 것

ex) My steak was juicy and beautifully **tender**.

abstain
[əbstéin]

V 삼가다, 억제하다; 자제하다(refrain)

멀리(abs<ab) 유지하다(tain)

ex) He took a vow to **abstain** from alcohol.

abstinence
[ǽbstənəns]

N 절제, 금욕, 금주

멀리(abs<ab) 유지(tin) 함(ence)

* total abstinence 절대 금주   * abstinent 금욕의, 절제 있는

ex) The best way to avoid pregnancy was total **abstinence** from sex.

abstention
[əbsténʃən]

N 절제, 자제, (특히 선거 등의) 기권

ex) **Abstention** from alcohol is essential while you're taking this medication.

content
[kántent]

N 만족(↔discontent); 내용물, 목차, 취지
A 만족하는   **V** 만족을 주다, 만족시키다

ex) I think he is fairly **content** with his life.

continent
[kántənənt]

N 대륙, 본토   **A** 절제하는, 금욕적인

* continental 대륙의   * continence 자제, 절제

countenance
[káuntənəns]

N (얼굴의) 표정, 안색; 원조, 지지; 침착
V (사람, 행동 등에 대해) 호의를 보이다, 장려하다, 허용하다

* discountenance 불찬성, 반대; 무안을 주다, 반대하다

ex) My heart leapt at the sight of her lovely **countenance**.

continue
[kəntínju:]

V 계속하다, 지탱하다(last)

* continuity 영속, 응집   * continuum 연속(체)   * continuation/-ance 연속

ex) A rain storm that does not let up **continues** unabated.

* continuous vs continual
continuous는 '끊이지 않고 연속되는', continual은 '빈번한'의 의미이다. 즉 continual에는 약간의 끊어짐이 있다. 좀 더럽긴 하지만 continuous를 '큰 띠 누웠어'로 기억하자. 끊이지 않고 쭈~욱 연결되어 나오는 '응가'를 연상하면서.

continuous
[kəntínjuəs]

A 끊임없는, 연속적인; [植] 마디 없는

ex) The town suffered **continuous** attacks.

continual
[kəntínjuəl]

A 계속적인; 자주 일어나는, 빈번한

ex) I am upset with **continual** interruptions.

contain
[kəntéin]

V 포함하다, 동등하다; 억제하다, 참다

* container 그릇, 용기   * containment 포함, 억제

ex) How much liquid do you think this bottle **contains**?

detain
[ditéin]

V 억류하다, 잡아두다

* detainee 수감자, 죄수   * detainment 억류, 지체

ex) A suspect is being **detained** by the police for further questioning.

detention
[diténʃən]

N 붙잡아둠, 저지; 구류, 유치, 구금

* detention barrack 영창   * detention home 소년원, 소년 구치소

ex) A boy has been under **detention** since he threw a stone to his friend.

entertain
[èntərtéin]

V 즐겁게 하다, 환대하다

* entertaining 즐거운, 재미있는   * entertainment 환대, 접대
* entertainer 환대하는 사람; (여흥·술자리 등의) 흥을 돋우는 연예인

ex) We were **entertained** with refreshments. (다과를 대접 받았다)

lieutenant
[lu:ténənt]

N 부관, 상관 대리, (경찰서의) 서장보좌

위치(lieu)를 유지하는 (ten) 자(ant)

* a second lieutenant 소위   * a first lieutenant 중위

maintain
[meintéin]

V 유지하다, 지속하다, 방어하다

손에(main) 쥐고 있다(tain)

* maintenance 유지, 지속, 부양, 생계
ex) A large country house costs a lot to **maintain**.

obtain
[əbtéin]

V 얻다, 소유하다, 유통되다

팍(ob) 쥐다(tain)

* obtainment 획득, 얻음   * obtainable 소유할 수 있는
ex) You must first **obtain** permission from your council.

pertain
[pərtéin]

V 속하다, 부속하다, 적합하다

완전히 (per) 유지하고 있다(tain)

* pertinent 적절한, 꼭 들어맞는   * pertinence 적절함   * pertaining 관하여
ex) The letters produced in court **pertained** to the years 1980-1985.

appurtenant
[əpə́:rtənənt]

A 부속의, 종속하여 [있는]   N 부속물
* appurtenance 부속품, 부속물; [pl.] 기계
* appertain 속하다, 관련되다
ex) She enjoyed the privileges **appertaining** to the office of chairman.

pertinacious
[pə:rtənéiʃəs]

[완전히(per) 쥐고(tin)있는 (acious)]
A 완고한, 끈덕진
* pertinacity 완고함, 고집셈
ex) She is **pertinacious** and single-minded in the pursuit of her goals.

retain
[ritéin]

V 보유하다, 기억하고 있다

뒤로 (re) 유지하다(tain)

* retainer 변호료, 하인   * retention 보유, 보존   * retentive 보존하는
ex) He struggled to **retain** control of the situation.

rein
[rein]

N [pl.] 고삐; 유아 보호 벨트; 통제, 제어, 구속

잡는 것

V 고삐를 메다, 고삐로 조종하다, 제어하다, 통제하다, 억제하다
ex) We tried to **rein** in our excitement and curiosity.

retinue
[rétənjù:]

V [집합적] (왕후·고관의) 종자(從者), 수행원

뒤에서(re) 유지해줌 (tain)

ex) When she travels, the President has a large **retinue** of aides and bodyguards.

sustain
[səstéin]

V 떠받치다, 기르다, 지탱하다, 견디다

아래에서(sus) 잡아주다 (tain)

* sustenance 지속, 생계   * sustentation 지지, 부양   * sustenant 견디는
* sustainable 지탱할 수 있는, 지속할 수 있는, 견딜 수 있는, 입증 가능한
ex) The economy looks set to **sustain** its growth into next year.

TERR = 두려움, 공포(terror)

terrible
[térəbl]
A 무시무시한, 지독한, 몹시 불쾌한
* **terribleness** 무서움   * **terribly** 무섭게, 몹시
ex) The poor little girl was terrified by a **terrible** crash of thunder.

무섭게(terr) 할 만한(ible)

terrific
[tərífik]
A 무서운; 굉장한, 엄청난; 훌륭한, 아주 멋진
ex) She is doing a **terrific** job.

무섭게(terr) 만드(if<ify) 는(ic)

terrify
[térəfài]
V 무서워하게 하다, 놀라게 하다
ex) We **terrified** the girls with spooky stories.

무섭게(terr) 하다(ify)

terror
[térər]
N 공포, 무서움; 테러집단
* **terrorism** 공포정치   * **terrorist** 테러리스트

공포(terror)

terrorize
[térəràiz]
N 무서워하게 하다, 공포정책으로 지배하다
* **terrorization** 위협, 테러 수단에 의한 억압
ex) The robbers have **terrorized** the village for several weeks.

무섭게(terror) 하다(ize)

deter
[ditə́:r]
N (겁먹어) 그만 두게 하다, 못하게 막다(from)
* **deterrent** 제지(방지)하는; (전쟁) 억제력, 방해물
* **deterrence** 제지, 억제, 전쟁저지, 저지(방해)물
ex) I told him I wasn't interested, but he wasn't **deterred**.

공포(ter)를 그만두게 하다(de)

TREPID = 두려움(fear)

trepidation
[trèpədéiʃən]
N 공포, 전율, 당황, 떨림
ex) I was full of **trepidation** when I faced my first class.

두려워(trepid) 함(ation)

intrepid
[intrépəd]
A 두려움을 모르는, 호담한
* **intrepidity** 용맹, 대담, 무적
ex) He has always been the most **intrepid** explorer.

두려워하지(trepid) 않는(in)

TIM = 두려움(fear)

timorous
[tímərəs]
[겁(timor) 있는(ous)]
A 겁이 있는, 겁 많은, 마음이 약한
ex) 'Would you mind getting off my foot, sir?' the old lady asked in a tiny, **timorous** voice.

저 팀 열없어 (timorous) 소심한 것들.

timidity
[timídəti]
N 겁, 소심, 수줍음
* **timid** 겁 많은, 소심한
ex) My horse is a bit **timid** and is easily frightened by traffic.

intimidation
[intìmədéiʃən]

N 위협, 협박

ex) I don't agree with **intimidation** of any sort.

TREM = 떨리다, 진동하다(shake)

tremble
[trémbl]

V 떨다, 전율하다, 조바심하다; 떨림, 전율
* **trembling poplar** 사시나무   * **trembling** 떨림, 전율; 떨리는, 전율하는
ex) We **trembled** as Mr. Kim rebuked us for stealing his money.

tremor
[trémər]

N (잎사귀·목소리 따위의) 떨림, 겁, 전전긍긍
ex) She had a nervous **tremor** in her right hand.

tremulous
[trémjuləs]

A 떨리는, 떠는, 겁 많은, 전전긍긍하는
ex) He watched her **tremulous** hand reach for the teacup.

tremendous
[triméndəs]

A 무서운, 무시무시한, 엄청난
ex) She has spent a **tremendous** amount of money on that house.

extremely
[ikstríːmli]

ad 극단적으로, 극히, 매우, 몹시
ex) It pains me **extremely** to have to leave you.

ⓔ macabre
[məkáːbrə]

A 무시무시한, 소름이 끼치는
ex) The city morgue is a **macabre** spot for the uninitiated.

TEX = 만들다(build), 짜다(weave)

text는 '짜여진 것'이란 말이다. 마음대로 교과서(text) 내용을 '짜넣는' 일본을 생각하면 머리에 확 남을 어근이다. 어근 'tex'의 변형인 'techn'은 '기술'이라는 뜻. 짜려면 기술이 필요하니까.

text
[tekst]

N 본문, 원문, 화제, 논제, 교과서
* **full text** 전문, 正文(정문)   * **textbook** 교과서   * **textual** 본문의

textile
[tékstail]

A 직물의, 방직된   **N** 직물, 직물의 원료
* **texture** 직물 짜임새, 구조   * **textural** 조직상의
ex) The **textile** industry is the state's top producer of income and jobs.

tissue
[tíʃuː]

N 조직; (얇은) 직물, ~의 연속, 투성이; 화장지
ex) She wiped her eyes and blew her nose on a **tissue**.

context
[kántekst]

N (글의) 전후관계, 문맥
* **contextual** 전후 관계의, 문맥상의   * **contextualize** …의 상황을 설명하다
ex) We must **contextualize** the problem before we can understand its origin.

pretext
[príːtekst]
N 구실, 핑계, 변명(an excuse ; pretense)
머리(pre) 씌어지는 것(text)
ex) The border dispute was used as a **pretext** for military intervention.

subtle
[sʌ́tl]
A 민감한, 치밀한, 미묘한, 음흉한, 신비적인
정교하게(sub) 씌어지는(tle<text)
ex) The room was painted a **subtle** shade of pink.

technical
[téknikəl]
A 기술적인, 인위적인, 전문적인, 공예의, 공업의
기술(technic)적인(al)
* **technically** 학술(기술)적으로   * **technician** 기술자, 전문가

technique
[tekníːk]
N 기교, 기술, 수법(technical skill)
기술
ex) The plumber tried several **techniques** for stopping a leak, all of them ineffectual.

technology
[teknálədʒi]
N 과학기술, 전문어, 술어
기술(techno)에 관한 학문(logy)
* **technologic,-ical** 공예(상)의 * **technocracy** 기술자정치

TRIBUTE = 할당하다, 분배하다(allot)

고대 로마시대에는 백성을 세 부류로 나눴는데, 이를 tribe, 즉 '**세 부류(tri)의 사람들(be)**'이라고 불렸다. tribute가 '할당하다, 분배하다' 등의 의미를 지니게 된 것은 이 세 부류에게 공평하게 나눠주던 정치적 행위가 단어로서 고착되어진 때문이다.

---

tribe
[traib]
N 부족, 종족; 대가족; 패거리, 직업동료
세 가지(tri) 사람들(be)
ex) We have invited Carol's sisters and brothers and their spouses and children – the whole Cassidy **tribe**.

tribune
[tríbjuːn]
N 호민관, 군단 사령관; 인민의 옹호자
족(trib) 장(une)
* **tribunate** 호민관의 직[임기]

tribunal
[traibjúːnl]
N 법정, 판사석, 법관석, 세상의 비판
족(tribune)의 자리(al)
ex) The decision of the **tribunal** was final.

tribute
[tríbjuːt]
N 공물, 바치는 것, 조공; 찬사, 조의; 증정물
지불되는 것
ex) **Tributes** have been pouring in from all over the world for the famous actor who died yesterday.

attribute
[ətríbjuːt]
V 탓으로 돌리다(ascribe)   N 속성, 부속물, 상징
강하게(at<ad) 주다(tribute)
ex) Organizing ability is an essential **attribute** for a good manager.

contribute
[kəntríbjuːt]
V 기부하다, 기증하다, 기고하다, 공헌하다
함께(con) 주다(tribute)
* **contribution** 기고, 공헌   * **contributor** 공헌자
ex) Would you like to **contribute** to our collection?

distribute
[distríbjuːt]
V 분배하다, 분포하다, 살포하다
멀리(dis) 주다(tribute)
* **distribution** 분배, 배포   * **distributor** 분배자
㊤ **mete** (상벌·보수 등을) 할당하다; 경계, 경계표
ex) The newspaper is **distributed** free.

retribution
[rètrəbjúːʃən]

N 천벌, 응보

다시(re) 주는(tribut) 것(ion)

ex) Some people saw her death as divine **retribution** for her crimes.

ⓓ **diatribe**
[dáiətraib]

N (말이나 글로 된 통렬한) 비판[공격]

완전히(dia) 문질러버리다(tribe)

ex) He launched a bitter **diatribe** against the younger generation.

TUM = 부어오름(swelling)

tomb은 땅에서 **부풀어** 올라있고, thumb은 **부은** 것처럼 생긴 손가락이다.

tomb=부풀어 오른 것

tumefaction
[tjùːməfǽkʃən]

N 부어오름, 종기

부어오르게(tume) 만듦(faction)

* **tumefy** 붓다, 종창시키다   * **tumescent** 부어오른

tumid
[tjúːmid]

A 부은, 융기한

부풀(tum)은(id)

* **tumidness** 부어오름, 융기(tumidity)

tumor
[tjúːmər]

A 종양

부은(tum) 상태(or)

ex) She has a malignant **tumor** in her breast.

tumult
[tjúːmʌlt]

N 법석, 혼잡, 폭풍, 격정, (마음의) 산란

* **tumultuous** 소란스러운; 떠들썩한, 동요한

ex) We waited for the **tumult** to die down.

춤을 추었어
(tumultuous)

딘~당
떠덜떠덜
(din)

ⓓ **din** [dín]

N 소음   V 소음으로 멍멍하게 하다

ⓓ **boisterous**
[bóistərəs]

A 활기가 넘치는, 잠시도 가만히 있지 못하는

contumacy
[kəntjúːməsi]

N 완고한 불복종; 관명 항거

간(con)이 부풀(tum) 음(acy)

* **contumacious** 반항적인, 복종하지 않는

contumely
[kəntjúːməli]

N 오만무례, 모욕적 행동

부사가 아님에 유의

ex) Lucifer was guilty of **contumely** against God and became very wicked.

entomb
[entúːm]

N 매장하다, 무덤에 파묻다

무덤(tomb)에 넣다(en)

* **tomb** 무덤, 묘, 죽음; 매장하다

ex) The nuclear waste has been **entombed** in concrete under the ground.

thumb
[θʌm]

N 엄지   V (책을) 엄지로 넘기다; 히치하이크하다

부풀어 오른 듯한 손가락

* **thimble** 골무   * **all thumbs** 무딘, 손재주가 전혀 없는

ex) I **thumbed** through the report quickly on the train.

ⓓ**turgid** [tɔ́ːrdʒid]

A 부어오른, 종창성의; (문체 등이) 과장된

불었더(bloat)나
터지듯
(turgid)
부풀어 오른

ⓓ**bloat** [blóut]

V 부풀다, 부풀게 하다

UMBR = 그늘(shadow)

umbrella(우산)는 이탈리아에서 만들어진 것으로 원래는 햇빛을 가려 '그늘'을 만들기 위한 도구였다. 그것이 날씨가 흐린 영국에 건너가면서 우산으로 변하게 되었다.

umbrella [ʌmbrélə]
- N 우산, 양산; 보호하는 것; 포괄조직
- A 우산의[같은]; 포괄적인   V 우산으로 가리다, ~의 우산이 되다, 보호하다
- ex) Mary Poppins was rising into the air with her **umbrella**.

작은 (ella) 그늘 (umbr)

adumbrate [ædʌmbrèit]
- [가볍게(ad) 그늘지게(umbr) 하다(ate)]
- V 윤곽을 나타내다, 예시하다; 어둡게 하다
- * adumbrative 윤곽적인, 예시하는, 암시하는
- * adumbration 윤곽묘사, 약화, 투영; 예시, 전조
- ex) The play opens with a fierce storm which **adumbrates** the violence to follow.

umbrage [ʌ́mbridʒ]
- N 분개, 억울함, 불쾌, 나뭇잎, 응달, 그늘
- * umbrageous 그늘을 만드는, 무성한
- ex) She'll take **umbrage** if she isn't invited.

umber [ʌ́mbər]
- N 엄버(광물성 갈색 안료); 암갈색, 적갈색, 밤색

그늘 같은 색

somber [sɑ́mbər]
- A 어두침침한, 검은, 침울한, 우울한
- ㉺ lugubrious 침울한
- ex) His coat was a **somber** brown.

그늘 (umber) 아래(so<sub)

sombrero [sɑmbrɛ́ərou]
- N 솜브레로(멕시코 등지에서 사용)

그늘 (umbrero) 아래(so<sub)

penumbra [pinʌ́mbrə]
- N 반영(半影); 명암의 경계 부분; 어두운 그림자
- ex) The faint shade surrounding the dark central portion of a solar spot is also called the **penumbra**, and sometimes umbra.

거의 (pen) 그늘임 (umbra)

* fusc = 어두운 (dark)

obfuscate	V 당황(난처)하게 하다, (마음을) 어둡게 하다	
obfuscation	N 당황함	
obfuscatory	A 당황케 하는	
fuscous	A 암갈[암회]색의, 거무스름한(somber)	

* drab = 칙칙한 (somber)

drab	A 단조로움, 더럽고 칙칙한 N 창녀, 매춘부	
draff	N 찌꺼기, (돼지에게 주는) 음식찌꺼기	
dregs	N 잔재, 찌꺼기, 앙금; 하찮은 것, 쓰레기	

URB = 도시(city)　　　RUR = 시골(country)

urban [ə́:rbən]
A 도시의, 도회에 사는, 도시풍의
* **urbanite** 도회사람　　* **urbanity** 도회지풍, 우아
ex) The place bears an **urban** character.

〔도시(urb) 의(an)〕

urbane [ə:rbéin]
A 점잖은, 예의 있는, 세련된(refined)
* **urbanely** 점잖은, 세련되게
ex) In conversation, he was gentle and **urbane**.

〔도시(urb) 풍의(ane)〕

interurban [ìntərə́:rbən]
A 도시사이의, 도시 간의
ex) Real time information is provided at key stops on the **interurban** route.

〔도시(urban) 간의(inter)〕

suburb [sʌ́bə:rb]
N 교외 부근, (pl) 주변, 교외(the near vincity)
* **suburban** 교외의, 도시 변두리에 있는　　* **suburbanize** 교외화하다
ex) She lives with her twin daughters in the **suburb** of New York.

〔도심(urb) 아래(sub)〕

rural [rú:rəl]
A 전원의, 시골의, 농업의(agricultural)
* **ruralism** 시골투, 전원풍　　* **rurality** 시골풍　　* **rural exodus** 이농
* **ruralize** 시골풍으로 하다, 전원화하다(rusticate)　　* **ruralization** 전원화

〔시골(rur) 의(al)〕

rustic [rʌ́stik]
A 시골의, 단순한, 소박한　　N 시골뜨기
* **rusticity** 시골투(티), 시골생활(rustic life)
ex) The village has a certain **rustic** charm.

〔시골(rust) 의(ic)〕

rurban [rə́:rbən]
A 전원도시에 사는

rur + urb + an

* **boor**는 '농부, 촌사람'의 뜻이다. 'bo(소)치는 사람(or)'에서 '농군'이 되었다. 촌스런 단어들이 나온 김에 함께 공부하자.

boor [búər]
N 촌뜨기, 농군, 소박한 사나이
* **boorish** 촌사람의, 촌티나는　　* **neighbor** 이웃; 이웃의; 이웃하다(옆집농부란 뜻에서)

소(bo)치는 사람(or) = 농부

bucolic [bju:kálik]
A 양치기의, 목가적인
ex) He drew a **bucolic** scene with peasants harvesting crops in a field.

〔시골(bucol) 의(ic)〕

bugle [bjú:gl]
N 군대의 나팔, 각적, 뿔피리
ex) We heard the **bugles** blowing.

삐~우(bugle)린 나팔 ~삐~욱

* **bov/bu = 소(cow)**

bovine	A 소의 [bov(소) ine(의)]	Cow & Calf
* **cattle**	N [집합적] 소	
* **cow**	N 암소	
* **bull**	N 거세하지 않은 숫소	
* **ox**	N 거세된 숫소	
* **calf**	N 송아지	
* **beef**	N 소고기	
* **veal**	N 송아지 고기	

US/UT = 사용하다(use)

어근 us 또는 ut는 그대로 use(사용하다)의 의미이다.

usage
[júːsidʒ]
N 용법, 취급, 대우(manner of treating)
사용(us)함(age)
ex) The earliest recorded **usage** of the word is in the twelfth century.

abuse
[əbjúːs]
V 남용하다, 학대하다   N 남용, 학대, 욕설
잘못(ab) 사용하다(use)
ex) Several of the children had been physically **abused**.

peruse
[pərúːs]
V 정독하다, 숙독하다
천천히(per) 사용하다(use)
ex) Please **peruse** this report at your leisure.

usance
[júːzəns]
N 어음기간, [경제] (부의 소유에서 오는) 이익
이용(us)하는 상태(ance)
ex) Do you face difficulties in drawing **usance** bills on your customers?

usufruct
[júːzufrʌkt]
N 용익권, 사용권   V 용익권을 행사하다
사용(usu)을 즐김(fruct)
ex) The forests were subject to the government and the population no longer had the right of **usufruct**, especially for wood.

usury
[júːʒəri]
N 고리대금 ((행위)); 엄청나게 비싼 이자, 폭리
* **usurer** 고리대금업자
* **usurious** 고리의, 고리를 받는
ex) He makes money by **usury**.

utility
[juːtíləti]
N 유용, 효용, 실리; [pl.] 유용물; 공공 서비스
유용한(util) 것(ity)
ex) Different tax arrangements apply to public **utilities**.

utilize
[júːtəláiz]
V 활용하다(make use of), 이용하다
유용(util)하게 하다(ize)
* **utilization** 이용, 활용   * **utilizable** 이용할 수 있는
ex) Sensible **utilization** of the world's resources must be given priority.

utilitarian
[juːtìːlətéəriən]
A 공리적인, 실리적인 N 공리주의자, 공리론자
이용하는(thesaur) 사람(arian)
ex) Like many factories it is a very **utilitarian** building.

utensil
[juténsəl]
N 기구, 가정용품
이용(ut)하기에 알맞은(thesau)
ex) You can use any of the **utensils** or plates in the kitchen?

* **chicanerie** = 속임수(trickery)

chicanery
chicane
N 발뺌, 속임수, 궤변; 핑계, 구실
V 둘러대다; 교활한 책략을 쓰다; 속여서 빼앗다
ex) They were forced to do it by **chicanery**.

VAC/VOID = 텅 빈(empty)

직장에서 떠나 잠시 자리를 비우는 vacation(휴가)이나 공기를 비워서 진공상태를 만드는 vacuum(진공청소기) 등이 여기 출신이다.

vacation = 잠시 자리를 비우는(vac) 것

vacant
[véikənt]
A 공허한, 빈, 공석중인, 없는; 한가한; 얼빠진
텅 빈(vac+ant)
* **vacancy** 공허(voidness; hollowness)   * **vacantly** 멍하게
ex) There are several **vacant** plots in the area available for building on.

vacate
[véikeit]
V 비우다, 내주다, 사퇴하다; 철수시키다
비우게(vac) 하다(ate)
ex) Hotel guests are requested to **vacate** their rooms by twelve noon.

vacation
[veikéiʃən]
N 정기 휴가, 휴일, 방학, 공석 V 휴가를 보내다
자리를 비워(vacat) 둠(ion)
ex) I've still got some **vacation** left before the end of the year.

vacillate
[væsəlèit]
V 동요하다, 비틀거리다; 망설이다; 머뭇거리다
배(가) 설레였다 흔들 흔들
* **vacillation** 동요, 흔들림, 우유부단   ⓢ **oscillate** 진동하다, 흔들리다, 동요하다
ex) He **vacillated** for too long and the opportunity to accept was lost.

vacuity
[vækjú:əti]
N 공허, 진공; 방심, 얼빠진 것, 어리석음, 허탈
텅 빈(vacu) 것(ity)
ex) The sage realizes that **vacuity** and tranquility are the roots of all things.

vacuous
[vǽkjuəs]
A 텅 빈, 공허한; 바보 같은(stupid), 멍청한
비어(vacu) 있는(ous)
ex) Please excuse me if I consider your statement **vacuous** in the extreme.

vacuum
[vǽkjuəm]
N 진공, 공허, 공백   V 진공청소기로 청소하다
텅 빈(vacu) 상태(um)
* **vacual** 진공의   * **vacuumize** 진공을 만들다   * **vacuum (cleaner)** 진공 청소기
* **vacuum-packed** 진공 포장된   * **vacuum pump** 진공 펌프

evacuate
[ivǽkjueit]
V 비우다, 철거하다, (군대를) 철수하다
밖으로(e) 비우게(vacu) 하다(ate)
* **evacuation** 철수, 배설   * **evacuant** 배설의   * **evacuee** 피난자
ex) The police **evacuated** the village shortly before the explosion.

void
[vɔid]
A 빈, 공허한, 결핍한, 무효의
* **voidance** 텅 비게 함, 배설, (성직의) 공석, 취소

avoid
[əvɔ́id]
V 피하다(escape), 취소하다, 무효로 하다
종알이 어! 보이다 (avoid) 그래서 피하다
* **avoidance** 회피, 도피(flight), [法] 취소

unavoidable
[ʌnəvɔ́idəbl]
A 피할 수 없는, 불가피한, 무효로 할 수 없는
피할(avoid) 수 없는(able)
ⓢ **inevitable** 피할 수 없는, 면하기 어려운, 필연적인, 당연한 [vit = 피하다(shun)]
ⓢ **ineluctable** 불가항력의, 불가피한 [luct = 싸우다(struggle)]
ⓢ **perforce** 부득이, 필연적으로
ex) A certain amount of fluctuation in quality is **unavoidable**.

devoid [divɔ́id]	A 전혀 없는, 결핍한(of) ex) He seems to be **devoid** of any compassion whatsoever.	완전히 (de) 빈 (void)
vast [væst]	A 광대한, 거대한(huge); (수, 양, 금액이) 막대한 ex) The amount of detail the book contains is **vast**.	텅 빈 광야를 생각할 것
devastate [dévəstèit]	V (국토를) 황폐시키다; (사람을) 압도하다 * devastation 유린, 황폐(상태), 참화 * devastated 황폐화 된; 망연자실한 ex) She was utterly **devastated** when her husband died.	완전히 (de) 비게(vast) 하다(ate)
waste [weist]	V 낭비하다; 황폐시키다 N 낭비; 폐기물, 황무지 * wastrel 낭비자, 건달, 부랑아 ex) Haste makes **waste**. (서두르면 일을 그르친다)	waste<vast(텅빈)

* 반면, dense는 'WIFI빡빡한(dense)'의 의미이다.

dense	A 밀집한, 빽빽한; 짙은; 농밀한; 농후한
density	N 밀도, 농도, 질음; 인구 밀도
condense	V 응축하다, 응결하다, 압축하다; 요약하다
condensate	N 응축액, 응축물;축합물
condensation	N 응축, 압축; 응결; 냉축; 축합; 요약[한 것]
condenser	N 농축 장치, 응축기; 액화 장치; 콘덴서, 축전기

Dense forest, dense fog

* 느슨한 단어 'lax = 느슨한(loose)'도 함께 공부하자.

lax	A 느슨한, 완만한; 엄격하지 못한; 방종한; 성긴
laxity	N 이완, 단정치 않음; 방종됨; 모호함; 부주의
laxative	A 설사하게 하는 N 완하제(緩下劑), 하제
relax	V 힘을 빼다, 이완하다; 긴장을 풀(게 하)다
lackadaisical	A 기력이 없는, 열이 없는; 태도를 꾸민; 게으른
release	V 석방하다, 해제하다; 개봉하다 N 석방, 해제; 개봉
relish	N 맛; 향; 흥미, 양념 V 즐기다; 맛보다
slack	A 느슨한; 힘이 없는, 맥이 빠진; 태만한; 침체한
slake	V 만족시키다, 누그러뜨리다; 식히다; 약화시키다

(lackadaisical)

다시(re) 느슨하게(lease)
뒤에(re) 남겨진 것(lish)
느슨한(slack<lax)
느슨하게 하다(slake<lax)

* maggot = 땅벌레(grub)

maggot	N 구더기; 변덕, 기상(whim)
maggoty	A 구더기천지의; 변덕스러운; 곤드레 만드레 취한
mawkish	A 역겨운, 구역질나는; 감상적인, 잘 우는
* queasy	A 역겨운; 성미가 까다로운; 소심한; 불쾌한
* squeamish	A 까다로운, 잔소리 심한; 잘 토하는; 얌전한
* fastidious	A 까다로운, 괴팍스러운
* choosy	A 가리는, 까다로운, 괴팍한
* qualm	N 불안, 염려, 일시적 어지러움, 메스꺼움

속이 미슥거려 (squeamish)
꾸지 (queasy)
그리고는 막 깨시니 (mawkish)

VAN = 텅 빈(empty)

어근 van은 '텅빈(empty)!' 우리말 '빼(van)'으로 연상하자.

vanish
[vǽniʃ]
V 사라지다(disappear), 없어지다(extinct)
ex) The child **vanished** while on her way home after a game of tennis.

vanity
[vǽnəti]
N 자부, 자만, 허영심, 덧없음, 공허한 것
ex) You have to have a certain amount of **vanity** to be a model, don't you?

vain
[vein]
A 공허한, 쓸모없는, 무익한, 어리석은
* **vainly** 헛되이, 쓸모 없이
ex) She made a **vain** attempt to persuade him to lend her the money.

vainglory
[véinglɔ̀:ri]
N 자만심, 허영, 과시
ex) **Vainglory** must not be confused with pride.

vaunt
[vɔ:nt]
V 자랑하다, 허풍떨다; 치켜세우다
ex) Planning, patience, and discipline were **vaunted** as virtues in the army.

want
[wɔ́:nt]
V 원하다, 필요로 하다, 부족하다   N 결핍, 필수품

wane
[wein]
V 이지러지다, 작아지다, 쇠퇴하다   N 쇠퇴, 감퇴
ex) By the late seventies the band's popularity was beginning to **wane**.

wan
[wɔ́n]
A 창백한(pale), 희미한, 약한, 힘없는(feeble)
ex) He would remember the child's **wan** face at the window.

wanton
[wɔ́:ntən]
N 바람둥이, (특히) 화냥년
A 방자한, 방종한, 엉터리 같은, 호색의, 놀아나는, 자유분방한
ex) She advanced to him with outstretched hands and a **wanton** smile.

evanesce
[èvənés]
V 사라지다(disappear), 소실되다
* **evanescent** 덧없는, 무상한
* **evanescence** 소실, 덧없음, 무상함

VOLV = 말다, 돌다(roll)

revolver(연발 권총)는 '다시(re) 돌면서(volv)' 장전되는 총!
envelope은 '안에(en) 말아 넣는(velope)' 것.

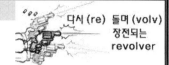

volume
[váljuːm]
N 책(a book), 권, 용적, 대량, 음량 — 두루마리, 둥근 것
* voluminous 권수가 많은, 여러 권의; 다작의, 풍부한, 부피가 큰; 넉넉한
ex) Which of these bottles do you think has the greater **volume**?

convolve
[kənválv]
V 감다, 둘둘 말다 — 함께 구르다
* convolute 회전상의 ; 회전하다 * convolution/convolvement 소용돌이

devolve
[diválv]
V 양도하다 — 아래로(de) 구르다(volve)

evolve
[iválv]
V 전개하다, 진화시키다, 발전되다 — 밖으로(e(ex)) 굴러가다(volv)
* evolvement 전개 * evolution 진화, 발전 * evolutionary 진화적인
ex) How do we know that humans **evolved** from apes?

involute
[ínvəlùːt]
A 복잡한, 뒤얽힌; 소용돌이꼴로 말린 — 안으로(in) 말리다(volute)
V 안으로 말리다[감기다]; (출산 후 자궁이) 회복되다

involve
[inválv]
V 말아넣다, 연좌시키다, 빠뜨리다, 몰두시키다 — 안으로(in) 구르다(volv)
* involved 뒤얽힌, 혼란한 * involution 혼란 * involvement 연루; 곤란한 일
ex) The second accident **involved** two cars and a lorry.

intervolve
[ìntərválv]
V 서로 뒤엉키게 하다 — 서로(inter) 구르다(volve)

revolve
[riválv]
V 회전하다, 공전하다, 궁리하다, 혁명하다 — 다시(re) 구르다(volve)
* revolver (회전식) 연발권총 * revolution 혁명
ex) The Earth **revolves** around the sun in an ellipse.

revolution
[rèvəlúːʃən]
N (정치상의) 혁명; 대변혁, 회전; [天]운행, 공전 — 역사의 수레바퀴를 다시 돌리는 것
* Green Revolution 녹색(농업) 혁명 * industrial revolution 산업혁명
* revolutionize 혁명을 일으키다 * revolutionary 혁명적인
ex) Marxists believe that **revolution** will eventually occur in all capitalist countries.

revolt
[rivóult]
N 반란, 반항; 혐오감, 불쾌 — 반대로(re) 돌아서다(volt)
V 반란을 일으키다; 혐오감을 불러 일으키다
* revolted 반란을 일으킨 * revolting 역겨운, 혐오스러운
ex) The people in the north have **revolted** against foreign rule and established their own government.

voluble
[váljubl]
A 수다스러운, 돌기 쉬운, 회전성의, 달변의
* volubleness 수다스러움, 달변　* volubility 다변, 요설　* volubly
ex) Many see Parker as the obvious leader, whose **voluble** style works well on TV.

volute
[vəlúːt]
N 고동류　　A 소용돌이의
* voluted 소용돌이 장식이 있는, 소용돌이 모양의

vault
[vɔːlt]
N 둥근 천장; 둥근 천장이 있는 회랑; 지하실; 돔형의 동굴, 지하 감옥; 창공
V 뛰다, 도약하다
ex) He **vaulted** over the gate.

develop
[divéləp]
V 발달시키다, 발전하다, 개발하다
* development 발달, 성장(growth), 진화　* developmental 발달의
* underdeveloped 발달이 불충분한, 저개발　* undeveloped 미개발의
ex) The child is **developing** normally.

envelop
[invéləp]
V 싸다, 포위하다(cover up ; surround ; wrap)
* envelopment 쌈, 봉하기, 포위, 포장지
ex) She was **enveloped** in a jacket that looked two sizes too big for her.

envelope
[énvəlòup]
N 봉투(a paper cover for letters, etc), 외피
ex) He bought a pad of notepaper and a packet of **envelopes**.

vulva
[vʌ́lvə]
N 음문(陰門), (여자의) 외음부(外陰部)
ex) He bought a pad of notepaper and a packet of **envelopes**.

wallow
[wálou]
V 뒹굴다; 빠지다, 탐닉하다　N 뒹굴기; 탐닉
ex) He loves to **wallow** in a hot bath after a game.

TURB = 돌리다, 휘젓다(whirl)

어근 turb는 '휘젓다, 교란시키다' 등의 의미를 지닌다. 머리에 둘둘 감는 **터번**(turban)이나, 자동차의 마구 돌려서 빨리 가게 하는 **터보**(turbo) 엔진 등의 유래가 되었다.

turbine
[tə́ːrbin]
N 터빈
ex) If it's white, it means the **turbine** is off.

turbid
[tə́ːrbid]
A 흐린, 혼탁한(muddly), 혼란한
* turbidly 혼탁하게　* turbidness 혼탁, 혼란
ex) The boys were reluctant to jump into the **turbid** water

turbinate
[tə́ːrbənət]
A 팽이 모양의, 나선 모양의　N 비개골(鼻介骨)
ex) All individuals have **turbinate** dysfunction at some point.

turbulent
[tə́:rbjulənt]
A 몹시 거친, 미쳐서 날뛰는, 난폭한
* turbulence 동란, 혼란
ex) The sea was too **turbulent** for us to be able to take the boat out.

> 교란(turb) 시키는 (ulent)

disturb
[distə́:rb]
V 방해하다(bother), 저해하다, 어지럽히다
* disturbance 소란, 방해
ex) I'm sorry to **disturb** you, but can I talk to you for a moment?

> 멀리(dis) 교란시키다(turb)

perturb
[pərtə́:rb]
V 불안하게 하다, 당황하게 하다, 교란하다
* perturbation 동요, 당황
ex) Her sudden appearance did not seem to **perturb** him in the least.

> 완전히(per) 교란시키다(turb)

WARE/WARD = 주의하다(take heed), 보호하다(protect)

'ware'나 'ward'는 원래 '주의하다'의 의미이지만, 주의를 기울인다는 의미로부터 '경고하다', '감시하다'의 의미를 거쳐 '보호하다(protect)', '막다(defend)'의 의미로까지 확대되었다.

ware
[wɛər]
V 주의하다, 조심하다   N 제품, 세공품, 물품
* warehouse 창고, 저장소, 도매점, 큰 상점; 창고에 넣다
* silverware 은그릇   * kitchenware 부엌 세간 (냄비·솥 등)
ex) However, the programs mentioned are widely available as free-**ware**.

> 주의하다

aware
[əwɛ́ər]
A 깨닫고 있는, 의식하고 있는
* awareness 의식, 자각, 앎, 주의, 경계 ⊕ caveat (특정 절차를 따르라는) 통고[경고]
ex) He was well **aware** of the problem.

> 강하게 주의하는

beware
[biwɛ́ər]
V 조심(주의)하다(guard against), 경계하다
ex) **Beware** of falling asleep while sunbathing.

> 주의하게 하다

wary
[wɛ́əri]
A 조심성 있는, 방심하지 않는, 신중한
ex) She's been a bit **wary** of dogs ever since one bit her as a child.

> 주의하고 있는

ward
[wɔ:rd]
N 감시, 감독; 보호; 피보호자; 병동; 감방; 구
V (위험·타격 등을) 피하다, 막다, 물리치다; 지키다, 보호하다; 병동에 수용하다
* ward off 피하다, 물리치다   * warder 간수, 교도관, 감시원, 파수꾼
ex) Their relationship is one of guardian and **ward**.

> 감시하다, 보호하다

* ward는 '감시하다'에서 ① 감시보호 ② 보호받는 자 ③ [보호하는 장소] = 병동 ④ [구청장의 보호구역] = 구 등으로 확대된다.

warden
[wɔ́:rdn]
N (기숙사·보호시설의) 관리인; 감시자, 교도소장
ex) She is the **warden** of a home for mentally handicapped people.

> 감시하는(ward) 사람(en)

reward
[riwɔ́:rd]
N 보수, 포상, 현상금, 사례금   V 보복(보답)하다
* guerdon 포상, 보수; 포상을 주다
ex) The mother **rewarded** her child with a pretty story.

> 다시(re) 주의하다(ward)

steward
[stjúːərd]
N 재산관리인; 집사, 청지기; (여객기등의) 안내원   집(ste)을 지키는 사람(ward)
* **stewardess** (기선·열차 등의) 여자 접대원, (여객기의) 스튜어디스
ex) We pressed the buzzer in our cabin and a **steward** arrived instantly.

wardrobe
[wɔ́ːrdròub]
N 양복장, 옷장; 의상실   옷(robe)을 보호하는(ward)
ex) She was showing me her new built-in **wardrobes**.

warn
[wɔːrn]
V 경고하다(make aware), 알리다   경고하다, 주의를 주다
ex) Scientists have **warned** that further extremely high winds are likely.

warning
[wɔ́ːrniŋ]
N A 경고[의], 경보[의], 훈계[의]; 징후[의]   경고하는
ex) Doctors issued a **warning** against eating any fish caught in the river.

warrant
[wɔ́ːrənt]
V 정당화하다; 보증하다, 단언하다   (피해로 부터) 보호하다
N 정당한 이유, 근거, 권능; 보증, 영장, (민사) 소환장; 지시(서); 위임장; 면허장
* **warrantee** 피보증인   * **warrantor** 보증인, 담보자
ex) Judge La Riva had issued a **warrant** for his arrest.

warranty
[wɔ́ːrənti]
N 근거, 정당한 이유; 보증, 보증서; 담보; 영장   (피해로 부터) 보호함
ex) The television comes with a full two-year **warranty**.

warren
[wɔ́ːrən]
N 토끼 사육장; 토끼굴(군서지); 빽빽한 건물   보호 받을 수 있는 곳
ex) They live on a great concrete **warren** of a housing estate.

weir
[wiər]
V (강의) 둑, 댐; 어살 (고기를 잡는)
ex) The **weir** is best constructed with timber and made watertight with sandbags or clay.

bivouac
[bívuæ̀k]
N 야영(지); (천막없는) 노숙   **V** 야영[노숙]하다.   두번(bi) 감시하다(vouac)
ex) The team was forced to **bivouac** on the summit due to the bad weather.

* ward/ware > guard/guar/gar

guard
[gɑːrd]
V 지키다, 수호하다, 보호하다; 망보다; 감시하다   망보다, 보호하다
ex) He managed to get past two prison **guards** and escape.

guardian
[gáːrdiən]
N 보호자, 수호자, 감시인, 보관인, 후견인   보호하는(guard) 사람(ian)
* **guardian angel** 수호천사   * **guardianship** 후견인역[직]; 보호, 수호
ex) The girl's **guardians** must give their consent before the operation.

guaranty
[gǽrənti]
N 보증; [法] 보증 계약; 보증물, 담보, 보장   guaranty < warranty
ex) We make no **guaranty** concerning the accuracy of the information.

guarantor
[gǽrəntɔ̀ːr]
N 보증[담보]인   보증하는(guarant) 사람(or)
ex) You must have a **guarantor** in order to get a visa to enter the country.

guarantee
[gæ̀rəntíː]
- N 보증; 개런티; 보증서, 담보(물); 보증인
- V 보증하다(affirm); 확언하다, 장담하다
- ex) The video recorder comes with a two-year **guarantee**.

guaranty의 변형

garage
[gərάːʒ]
- N 차고; 정비공장; V 차고[정비 공장]에 넣다
- ex) Have you put the car away in the **garage**?

차를 보호하는 곳

garret
[gǽrit]
- N 다락방(attic); 맨 윗층, (특히) 초라한 작은 방
- ex) She doesn't fit the image of an impoverished artist starving in a **garret**.

'마루'의 뜻에서

garrison
[gǽrəsn]
- N [집합적] 수비대, 주둔병[군]; 요새, 주둔지
- V (도시·요새 등에) 수비대를 두다;(군대·병력을) 주둔시키다
- ex) The 100-strong **garrison** has received no supplies for a week.

지키는 (garri) 곳 (son)

garment
[gάːrmənt]
- N 의복, 긴 웃옷; [pl.] 의상; (물건의) 외피, 외관
- ex) He was wearing a strange **garment** that reached down to his ankles.

몸을 보호하는 것

garnish
[gάːrniʃ]
- N 장식물, 장식품; 곁들인 요리; [法] 통고
- V 장식하다, 꾸미다; (요리에) 고명을 곁들이다; [法] 채권차압 통고를 하다
- ex) **Garnish** the dish with parsley and serve.

지키다→무장하다→장식하다

vanguard
[vǽngὰːrd]
- N 전위, 선봉, 선구자
- ex) The company is proud to be in the **vanguard** of scientific progress.

프랑스어 avaunt garde에서 (advance+guard)

* ware > vere

revere
[rivíər]
- V (경건한 마음으로) 숭배하다, 경외하다, 존경하다
- * reverence 숭상, 존경; 경의, 경외; 위엄
- ex) I **revere** Nelson Mandela for his brave fight against apartheid.

다시(re)주의를 기울이다(vere) [존경하면 다시 한번 바라보니까]

reverent
[rívərənt]
- A 숭상하는, 경건한
- * reverential 공손한, 존경을 표시하는, 경건한
- ex) The Bishop's sermon was received in **reverent** silence.

숭상(rever)하는(ent)

reverend
[révərənd]
- N 목사, 성직자; [the R~] ~님 (성직자의 경칭)
- A (사람, 사물, 장소 등이) 숭상할 만한, 거룩한; 성직자의, 목사의

숭상함(rever) 변한(end)

기타 어근 편

artery = 파이프 (pipe)

artery	N	동맥(↔vein); 주요 도로; 중추(中樞)
arteriosclerosis	N	동맥 경화증
arteriole	N	소동맥
aorta	N	대동맥궁
aortic	A	대동맥궁의

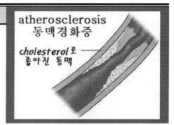

badge = 표, 뱃지 (badge)

badge	N	표, 뱃지; 휘장, 증표
badger	N	오소리 V 집적대다, 괴롭히다, 조르다

* 괴롭히다의 뜻은 동굴의 오소리를 개가 괴롭히는 badger-baiting이란 게임에서 유래

berserk = 곰가죽 (skin of bear)

berserk	A	광포한
berserker	N	용맹한 전사, 폭한(暴漢)

bhares = 보리 (barley)

barley	N	보리, 대맥
barn	N	헛간, 광; 《미》 외양간; 차고 (car barn)
barnyard	N	헛간의 앞마당

Bowdler = Thomas Bowdler

bowdlerize	N	(책·연극 등에서) 부적절한 부분을 삭제하다
bowdlerism	V	(저작물의) 무단 삭제

callus = 굳은 살 (hard skin)

callus	N	(손·발의) 못, 굳은 살
callous	A	굳은, 못 박힌; 냉담한, 무감각한

carouse = 건배하다 (bottoms up)   [all=gar, out=aus]

carouse	V	술 마시며 흥청거리다
carousal	N	향연(feast)

건배하다
건배

coct = 요리하다 (cook), 익다 (ripen)

concoct	V	섞어서 만들다; 날조하다, 위조하다
concoction	N	혼성; 조제물, 수프, 혼합 음료; 구성; 책모
decoct	V	(약 등을) 달이다
decoction	N	달임; 달인 즙[약], 탕약
precocious	A	조숙한, 성숙한, 일찍 꽃피는, 시기상조의

미리(pre) 익(coc)은 (ious)

clement = 온화한(mild)

clement	A	(성질·기후 등이) 온화한(gentle); 자비로운
clemency	N	온화함, 자비로움

온화한
온화(clemen)함(cy)

coma = 혼수상태(coma)

coma	N	혼수상태, 코마
comatose	A	혼수상태인, 완전히 탈진한

혼수상태(coma)의(ose)

coron = 화관(crown)

corona	N	코로나, 광관(光冠); (해·달) 무리
coronary	A	관상(冠狀)(동맥)의; 심장의; [pl.] 심장 발작
coronet	N	보관(寶冠), 소관(小冠); (말의) 제관(蹄冠)
coronation	N	대관[즉위]식; 대관
corollary	N	추론; 당연한 결과 [화관을 위해 지불된 돈]

corona = crown

custom = 익숙해지다(be come used to)

accustom	V	익숙하게 하다; 길들게 하다
custom	N	풍습, 관습; 단골; [pl.] 관세; 세관; 통관 수속
* costume	N	복장, 옷차림; 의상, 풍속
* wont	N	습관, 버릇 A ~에 익숙한
* unwonted	A	보통이 아닌, 예사롭지 않은(unusual); 드문

가수 춤 (costume) 출 때 입는 의상

습관(wont)이 안(un)된(ed)

deintus = 내부의(within, inside)

denizen	N	주민;거류자; 귀화 외국인; 외래 동식물; 외래어
denizenship	N	공민권

de(=from) + intus(=within)

equ = 말(horse)

equerry	N	말 관리자, 시종
equine	A	말의, 말을 닮은 N 말
equestrian	A	기수의, 마상의 N 기수

현대 Equus = 말(라틴어)

finag = 속이다(cheat)

finagle	V	속이다, (속여서) 빼앗다; 사기 치다
finagler	N	사기꾼, 협잡꾼

속이다(finagle)
속이는(finagl) 사람(er)

frig = 차가운(cold)

frigid	A	몹시 추운, 써늘한, 불감증의
fridge	N	냉장고
freezer	N	냉동고, 냉동실
freeze	V	얼다, 얼 정도로 춥다, 동사하다

차게 하는 기계
refrigerator = fridger
freezer = 냉동고

frater = 형제(brother)

fraternal	A	형제의; 형제 같은(brotherly); 우애의
fraternity	N	남학생 사교 클럽(≠sorority); 동인; 형제애
fratricide	N	형제[자매] 살해, 동족 살해; 그 범인

형제(fratern)의(al)
형제(fratern)인 상태(ity)
형제(fratri) 살해(cide)

flummox = origin unknown

flummox	V 당황하게 하다, 얼떨떨하게 하다, 실패하다	N 실패

gulf = 만(bay)

gulf	N 만, 깊은 구멍, 격차	gulf
engulf	V 빨아 들이다, 삼키다, 완전히 덮다	깊은 구멍(gulf) 안에 넣다(en)

gut = 창자, 용기(gut)

gut	N 소화관; 창자; 끈기, 용기; 결단력	용기
gutless	A 무기력한, 패기가 없는; 내용이 없는	용기(gut) 없는(less)

heur = 찾다(find), 발견하다(discover)

eureka	int 알았다, 됐다
heuristic	N A 학습을 돕는; 자기 발견적 학습[의]

* 아르키메데스가 왕관의 금(金) 순도 측정법을 발견했을 때 지른 소리; 미국 California주의 표어가 됨

hepa = 간(liver)

hepatic	A 간장의; 간장에 좋은; 간장 빛의　N 간장약
hepatitis	N 간염

heng = 매달다(hang)

hinge	N 경첩, 돌쩌귀; 요점, 중심점 V …에 경첩을 달다; …에 의해 정하다 (on)

histrio = 배우(actor)

histrionic	A 배우의, 연기의, 연극상의	배우(histrion) 의(ic)
* theatrical	A 극장의, 연극의, 연극적인　N 연극, 연예, 배우	극장(theatr) 의(ic)

itis = 염증(inflammation)

appendicitis	N 맹장염, 충수염	맹(appendic) 염(itis)
conjunctivitis	N 결막염	결막(conjunctiv) 염(itis)
nephritis	N 신장염	신장(nephr) 염(itis)
periostitis	N 골막염	뼈(ost)막(peri) 염(itis)
synovitis	N 활막염	활막(synov) 염(itis)

jade = unknown origin

jaded	A 물린, 싫증난	물린

lang = 약한(weak, faint)

languid	A 나른한, 노곤한, 축 늘어진; 마음이 안 내키는	약(langu)한(id)
languish	V 나른해지다, 약해지다; 동경하다; 괴로워하다	약하게(langu) 하다(ish)
languor	N 나른함, 권태; 무기력; 침체; 음울함; 답답함	약(langu)함(or)
* flaccid	A 축 늘어진, 흐느적거리는 (= flabby)	

jaund = 노랑 (yellow: bitterness의 색)

jaundice	N 황달	노란색
jaundiced	A 편견을 가진; 황달에 걸린	노란색으로 보는

latt = 얇은 나무쪽 (lath)

lath	N 외(根); 얇은 나무쪽; 마른 사람
lattice	N 격자(格子); 격자 모양 V 격자를 붙이다

lion = 사자 (lion)

lionize	N 추어 올리다, 명사(celebrity) 대우를 하다
	* lion's mouth 위험 천만인 장소
	* lion's share 제일 좋은 몫, 알짜
	* lion's provider = jackal 아첨꾼, 앞잡이

mat = 곤봉 (club)

mace	N 철퇴, 전곤; 직권의 표상; 곤봉 모양의 권표;
mattock	N 곡괭이의 일종
massacre	N 대량학살; 완패, 대패 V 대량학살하다; 헐뜯다
* pogrom	N 조직적 학살; 유대인 학살

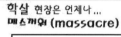

mesa = 탁자 (table)

mesa	N 메사, 탁상(卓狀) 대지(臺地)[암구(巖丘)]
* table	N 책상; 표 V 심의를 보류하다, 안건을 상정하다

동사 뜻에 유의: 책상에 안건을 놓다

mol = 갈다 (grind)

molar	N 어금니
molecule	N 분자, 미립자
molecular	A 분자의, 미립자의
demolish	V 부수다, 분쇄하다, 좌절시키다
demolition	N 파괴, 파기
demolishment	N 폭파, 분해
maul	N 큰 나무망치, 메 V 치다, 혹평하다
mallet	N 큰나무메; 공치는 망치; (타악기용) 작은 채
malleable	A 두들겨 펼 수 있는; 단련할 수 있는; 유순한
emolument	N 소득, 이득(profits)(of); 보수, 수당, 봉급

가는(mol) 이빨(ar)
작게(cule) 갈아진 것(mole)
분자(molecul) 의 (ar)
갈아(molish) 없애다(de=away)
갈아(moli) 없(de)앰(tion)

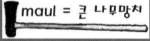

망치질할(mall) 수 있는(able)
갈아서 생긴 것

mol = 부드러운 (soft)

mollify	V 누그러뜨리다, 완화시키다, 달래다, 진정시키다
molusk	N 연체동물
emollient	A 부드럽게 하는; 완화하는 N 연화약; 완화제

muni = 강화하다, 요새를 짓다(fortify)

muniment	N	방어, 보호, [법] 증서, 권리증
munitions	N	군수품, 탄약; 자금 V (군수품을) 공급하다
ammunition	N	탄약; 군수품; 공격[방어] 수단

요새를 강화하는 군수품 (munitions)

musc = 파리(fly)

midge	N	작은 날벌레; 난쟁이, 꼬마
midget	N	미제트, 꼬마둥이, 극소형 물건
mosquito	N	모기

myriad = 만(ten thousand)

myriad	N	무수; 1만(萬) A 무수한; 막대한; 1만의
myriapod	N A	다족류의 [동물]

만개의(myria) 발(pod)

nas = 코(nose)

nasal	A	코의(of nose)
nasalize	V	콧소리로 발음하다(to make nasal)
nasalization	N	비음
nasitis	N	비염(rhinitis)

코의
콧소리(nasal)로 하다(ize)
콧소리나게(nasalize) 함(ation)
코(nas)의 염증(it is)

rhino = 코(nose)

rhinoceros	N	코뿔소
rhinology	N	비학(a study of nose science)
rhinoplasty	N	코 성형술(surgery of the nose)

rhino = 코
ceros = 뿔

ocul = 눈(eye)

ocular	A	시각상의, 눈의, 접안렌즈, 눈
ocularist	N	의안제조인
oculist	N	안과의사
monocle	N	외알 안경, 단안경
binocular	N	쌍안경, 쌍안 망원경; 두 눈용의
inoculate	V	예방접종을 하다, 주입하다

눈(ocul) 의(ar)

두개의(bin)
눈(oculars)

aur = 귀(ear)

aural	A	귀의
auricular	A	귀(모양)의, 청각의
binaural	A	귀가 둘 있는, 두 귀에 쓰는
auscultate	V	청진하다
auscultater	N	청진자, 청진기(=stethoscope)

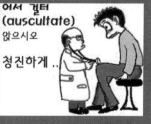
어서 겉터 (auscultate) 앉으시오
청진하게..

oph = 뱀(serpent)

ophidian	N A	뱀; 뱀 같은, 뱀의
ophiolatry	N	뱀 숭배
ophiology	N	사류학

뱀
뱀(ophio) 숭배(latry)
뱀(ophio) 연구(logy)

aud/ei = 듣다 (hear, listen)

audio	N	오디오, 음의 재생; 음의 송수신	듣는(aud) 것(io)
audience	N	청중, 관중, 애호가, 팬, 청취	듣(aud) 음(ience)
obey	V	순종하다, 복종하다, 따르다	listen(ey) to(ob)
disobey	V	불복종하다, 어기다	복종하지(obey) 않다(dis)
obeisance	N	인사, 절; 경의, 존경	복종(obei) 함(sance)

opium = 양귀비액 (poppy juice)

opium	N	아편, 아편 같은 것
opiate	N	아편제, 마취제, 진정제 V 마취시키다; 둔하게 하다
* poppy	N	양귀비

palp = 만지다 (touch)

palpable	A	손으로 만질수 있는, 촉진할 수 있는, 명백한	만질(palp) 수 있는(able)
palpate	V	만져보다, 감지하다, 촉진한다	만지(palp) 다(ate)
palpation	N	촉진, 촉지	만(palp) 짐(ation)

papil = 나비 (butterfly), 텐트 (tent)

papilla	N	젖꼭지, 유두; 종기
papilloma	N	유두종, 무사마귀, 티눈
pavilion	N	파빌리온, 전시관, 대형천막, 누각, 정자

patent = 열리다 (open)

patent	N	특허, 특허품 A 명백한, 특허의 V 특허를 얻다	(처음) 열다 = 특허를 얻다
patentee	N	전매특허권 소유자	특허(patent) 받은 사람(ee)

pelag = 바다 (sea)

pelagian	N	심해(원양)동물 A 심해의, 심해에 사는	바다(pelag)에 사는(ian)
pelagic	A	원양의, 대양의, 원양에 있는	바다(pelag)의(ic)
archipelago	N	군도, 다도해	주로(archi) 바다(pelago)인 곳

pisc = 물고기 (fish)

Pisces	N	물고기자리; 물고기자리 태생의 사람	물고기
piscary	N	(남의 어로 구역 안의) 어업권; 어장	물고기(pisc) 있는 곳(ary)
piscator	N	어부, 낚시꾼	물고기(pisc) 잡는(at) 사람(or)
piscatology	N	어로술[학]	물고기(pisc) 잡이(at) 연구(or)

pol/pul = 가루 (powder)

pollen	N	꽃가루, 화분
pollinate	V	(꽃에) 수분[가루받이]시키다
pulverize	V	가루로 만들다, 부수다; 타도하다; 가루가 되다
poultice	N	찜질약, 파프제, 습포제 V 찜질약을 붙이다

prav = 비뚤어지다 (crooked)

deprave	V	나쁘게 만들다, 악화시키다; 타락시키다; 험담하다	완전히(de) 비뚤어지다(prave)
depravation	N	악화; 부패, 타락	완전(de) 비뚤어(prav) 짐(ation)
depravity	N	타락, 부패, 악행, 비행, 부패 행위	완전(de) 뚤어진(prav) 상태(ity)

prevari = 벗어나다 (deviate)		
prevaricate	V	얼버무리다, 발뺌하다, 속이다
prevarication	N	얼버무림, 발뺌; 핑계, 기만
prevaricator	N	발뺌하는 사람
	ex)	Stop **prevaricating** and come to the point.

proud/prud = 용감한 (brave)		
proud	A	자존심이 있는, 긍지를 가진; 거만한, 뽐내는
pride	N	자존[긍]심, 프라이드; 자만, 교만; 자랑거리
prude	N	(남녀 관계에서) 얌전한 체하는 여자
prudery	N	숙녀인 체함; (pl.) 얌전 빼는 말[행위]
prudish	A	숙녀인 체하는, 얌전 빼는, 새치름한
prowess	N	(특히 전장에서의) 용기, 무용; 훌륭한 솜씨
improve	V	개선하다, 개량하다, 좋아지다, 활용하다

rabere = 격렬 (rage)		
rabies	N	광견병, 공수병 (hydrophobia)
rabid	A	맹렬한, 열광적인, 미친, 광견병의[에 걸린]
rage	N	격노, 격렬, 맹위; 갈망 V 격노하다; 발광하다
rabble	N	오합지졸, 폭도들, 하층민
outrage	N	불법, 폭행, 모욕; 격분 V 위반하다; 격분시키다
outrageous	A	난폭한, 잔인무도한, 무법의, 부당한, 지나친

ranc = 썩은 (rot), 냄새나는 (stink)		
rank	A	무성한; 냄새가 고약한; 부패한
rancid	A	썩은 냄새[맛]가 나는, 악취가 나는, 불쾌한
rancor	N	(깊은) 원한, 유감; 적의, 악의; 증오
rankle	V	곪다, 쑤시다; 괴롭히다; 짜증나게 하다

썩은 (rank)
썩 (ranc)은 (id)
감정이 썩 (ranc)음 (or)
냄새나게 (rank) 하다 (le)

pu- = 썩은 (rot), 냄새나는 (stink)		
pus	N	고름, 농즙 (膿汁)
putrefactive	A	부패의, 부패하기 쉬운; 부패시키는
putrescent	A	부패하는, 부패의
putrid	A	부패한, 악취가 나는; 타락한 (corrupt), 고약한

ramper = 오르다 (climb)		
ramp	V	뒷발로 일어서다; 덤벼들려고 하다; 격노하다
rampage	N	날뜀; 광포한 행동; 격노상태 V 미쳐 날뛰다
rampant	A	유행하는, 만연한; 무성한; 사나운; 뒷발로 일어선
romp	V	뛰어놀다, 장난치며 놀다 N 장난꾸러기; 유희

ren = 신장 (kidney)		
renal	A	신장의
adrenal	A	신장부근의, 부신의
adrenalin	N	아드레날린 (흥분·공포·분노 등을 느낄 때 분비되는 호르몬)

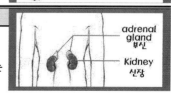

rept = 기다(crawl)

reptant	A	(동, 식물) 기어 다니는(creeping or crawling)
reptile	N	파충류, 비열한 인간 ; 기어 다니는
reptilian	A	파충류의, 비열한

res = 물건들(things)   * 글자가 아니라 물건으로 표현한 것

rebus	N	글자[그림] 맞추기[수수께끼]

rig = 젖은(wet), 습기(moist)

irrigate	V	(토지에) 물을 대다, 관개하다; 관주하다
irrigation	N	관개, 물을 끌어들임; [외과] 관주법

scrutiny = 찾다(search)

scrutinize	V	자세히 조사하다, 음미하다
scrutiny	N	엄밀한 조사, 투표의 검사
inscrutable	A	조사해도 알 수 없는, 수수께끼 같은

찾다
찾음
찾을 (scrut) 수 (able) 없는 (in)

skellein = 마르다(dry out)

shallow	A	얕은; 천박한 N [pl.] 물이 얕은 곳, 여울
shoal	N	여울; 모래톱; [pl.] 함정 A 얕은 V 얕아지다
skeleton	N	골격; 해골, 뼈대; 골자, 윤곽, 본질적인 부분

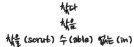

sooth = 진실(truth)

soothe	V	달래다, 위로하다; 진정시키다
sooth	N	진실, 사실, 현실 A 진실의; 누그러뜨리는
forsooth	ad	[비꼼] 참으로, 과연; 물론, 확실히

억울할 때 진실을 밝히면
진정되므로
진실(sooth)
진실로

spuere = 토하다(vomit)

spew	N	(먹은 것을) 토하다, 게우다; 내뿜다, 분출하다
spit	V	뱉다, 토하다, 내뱉듯이 말하다 N 침[뱉기]
spout	V	내뿜다, 분출하다 N (주전자 등의) 주둥이, 배수구; (고래의) 분수 구멍; 분수, 분류; 용솟음
sputum	N	침, 타액; [의학] 담, 가래(expectoration)

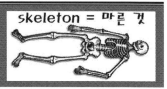

tablua = 탁자(table), 판(board)

table	N	테이블, 탁자, 표, 목록 V 보류하다, 상정하다
tablet	N	작은 패; 현관; 메모장; 서판; 알약
tabulate	V	표로 만들다, 일람표로 만들다; 평면으로 하다
tabloid	NA	타블로이드판 신문[의]; 개요; 요약한; 야한

탁자
작은 (et) 판(table)
판(tabul)을 만들다(ate)
판(tabl) 같은 (oid)

thrift = 번영(prosper)

thrift	N	절약, 검약; 저축 금융 기관; 번성, 무성, 성장
thrive	V	번영하다, 번성하다; 성공하다, 부자가 되다

번영(thrift)
번영하다(thrive)

therapy = 치료하다 (treat medically)

chemotherapy	N 화학요법	화학(chemo) 치료(therap)
hydrotherapy	N 수치료법 (hydropathy)	물(hydro) 치료(therap)
psychotherapy	N 정신요법, 심리요법	정신(psycho) 치료(therap)
physiotherapy	N 물리요법	물리(physio) 치료(therap)
radiotherapy	N 방사선 요법	방사선(radio) 치료(therap)
therapeutics	N 치료학, 요법	치료(therap)법(eutics)

thesaurus = 저장(store), 보물(treasure)

thesaurus	N 지식의 보고; (특히 유의어·반의어) 사전; 창고	보물(thesour) 창고(us)
treasure	N 보물, 보석, 부, 재산, 귀중품 V 소중히 하다	보물(treasure)
treasury	N 국고(國庫); 기금; [the T~] 재무부; 보석상자	저장하는(treas) 곳(ury)
retrieve	V 되찾다, 회복하다; 부활시키다 N 회복, 만회	보물(trieve)을 다시(re)

tik = 가렵게 하다 (itch)

tick	N 진드기; 싫은[귀찮은] 녀석
tickle	V 간지럽히다, 자극하다, 기쁘게 하다
ticklish	A 간지럼을 타는; 까다로운, 화 잘 내는

tonsil = 편도선 (tonsil)

tonsil	N 편도선
tonsillitis	N 편도선염
tonsillectomy	N 편도선 절제술 (tonsillotomy)

trench = 참호 (trench)

entrench	V 참호로 에워싸다; 자기 몸을 지키다, 침해하다
retrench	V 단축[축소]하다; 절감하다, 삭제하다, 생략하다
trench	N 참호, 방어 진지, 전선 V 도랑[호]을 파다
trenchant	A 통렬한, 신랄한, 날카로운; 유력한; 뚜렷한

tric = 장애 (hindrances)

extricate	V (위험·곤란에서) 구해내다, 탈출시키다 (set free)
intricate	A 얽힌, 복잡한 (complicated) V 얽히게 하다
intrigue	N 음모; 밀통 V 음모를 꾸미다; 흥미를 돋우다
intriguing	A 흥미를 자아내는, 호기심을 자극하는

triumphus = 성공 (success)

triumph	N 승리, 대성공; 공적 성공하다, 승리하다
trump	N 으뜸패; [pl.] 으뜸패의 한 벌; 최후 수단
* fiasco	N 대실패, 큰 실수

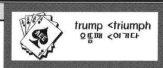

tyrann = 폭군 (tyrant)

tyranny	N 전제 정치 (despotism), 학정; 포학, 횡포
tyrannical	A 전제 군주적인, 압제적인, 포학한 (cruel)
tyrant	N 폭군, 전제 군주, 압제자; 폭군 같은 사람
tyrannosaur	N 티라노사우루스 (육식공룡중 최대)

udder/uber = 젖통 (udder)

udder	N	(소·양 등의) 젖통
exuberant	A	무성한, 우거진, 원기왕성한, 넘쳐흐르는
exuberate	V	무성하다, 풍부하다
exuberance	N	풍부, 충만, 무성함

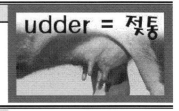

vicin = 이웃 (neighbor)

vicinity	N	근처, 부근(neighborhood), 접근	옆에 있음
vicinage	N	근처; 부근; 인접; [집합적] 이웃 사람들	이웃 (vicin+age)
vicinal	N	근처, 이웃 사람들	이웃 (vicin) 의 (al)

venison = 사냥(hunting)

venison	N	사슴고기 (the meat of deer)	사냥해서 잡은 고기

whi- = 씩씩대는 소리(whiz)

whine	V N	낑낑거림; 우는 소리[를 내다], 푸념[하다]
whinny	N	말 울음소리 V 말이 나지막이 울다
whistle	N	휘파람, 호각, 획 하는 소리 V 휘파람 불다
whisper	V	속삭이다, 귀엣말하다 N 속삭임, 귀엣말
whimper	V	훌쩍이다 [침W(whimper)치게 울 적셔서라!]
whelp	N	강아지, 새끼

zeitgeist = 시대정신 (spirit of age)

zeitgeist	N	시대정신; 시대사조	tide(=zeit) geist(=ghost)

접두어/접미어 편

몸통 뿐 아니라 머리와 꼬리에도 다 뜻이 있어요.

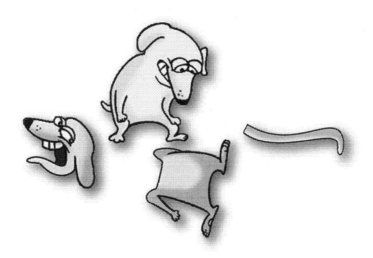

어이, 곽박사.
아무리 만화라지만
이건 너무 하잖아?

A = ~에, ~상태의 (on, in, to; in the state of)

* 명사와 결합하여 : ~에 (in, on, at)   * 동사와 결합하여 : ~ 상태의 (in the state of)

asleep
[əslíːp]
A ad 잠들어, 손발이 마비되어 (↔awake)
ex) I was so tired I fell **asleep** during the lecture.

abed
[əbéd]
A ad 잠자리에, 누운 채로
* ill[sick] abed 앓아 누워   * lie bed 자리에 눕다

afield
[əfíːld]
A ad 들에, 전쟁터에; 멀리 떨어져

ashore
[əʃɔ́ːr]
ad 물가에, 육지에
ex) Strong winds blew the ship **ashore**.

A/AN = 부정 (not)

* a- : 자음 앞에서   * an- : 모음과 h 앞에서

atom
[ǽtəm]
N 원자; 미소분자, 티끌, 미진; 극소량, 조금
ex) He hasn't an **atom** of sense, that boy.

agnostic
[ægnάstik]
N 불가지론자, 불가지론의
ex) I'm **agnostic** about whether there really is a hell.

anarchy
[ǽnərki]
N 무정부 상태
ex) The country has been in a state of **anarchy** since the inconclusive election.

anonymous
[ənάnəməs]
A 성명 불명의, 익명의
ex) I didn't know whom to thank for the **anonymous** gift.

AB = 분리, 이탈 (from, off)

'ab'은 '떨어져서, 멀리에, 결여되어' 등의 뜻으로 쓰이며, 변형으로 'a'와 'abs'가 있다.
* a- : 다음에 오는 철자가 자음 b, m, p, v로 시작할 때
* abs- : 다음에 오는 철자가 자음 c, t로 시작할 때

abduct
[æbdʌ́kt]
V 유괴하다 (kidnap), 납치하다; 외전 시키다
* **abduction** 유괴, 납치 (hijacking)
ex) In 1973, he was **abducted** by President Park's secret agents and was almost killed.

absorb
[æbzɔ́ːrb]
V 흡수하다; 병합하다 (into, by); 열중시키다
ex) Dry sand **absorbs** water.

avow
[əváu]
V 솔직히 인정하다, 자백하다; 공언하다
ex) The terrorists **avowed** that they regretted what they had done.

AD = 접근, 일치(to)

'ad'는 기본적으로 'to(~으로, ~에)'의 뜻이며, 「이동, 방향, 변화, 완성, 근사, 고착, 부가, 증가, 개시, 강조」의 뜻을 지닌다. 'ad'가 결합된 단어가 자동사로 쓰이면 반드시 전치사 to가 온다.
* ad : 다음에 오는 철자가 'd, j, m, v, h, 모음' 이면 ad 그대로 쓰인다.
* a- : 다음에 오는 철자가 sc, sp, st 이면 d가 탈락된다.
* 대부분의 자음 앞에서 자음동화 / 단, c, k, q 앞에서는 ac로 바뀐다.

adhere
[ædhíər]
V 들러붙다, 부착하다 (to); 집착하다, 고집하다 (to)   ~쪽에(ad) 붙다(here)
ex) A smooth, dry surface helps the tiles **adhere** to the wall.

access
[ǽkses]
N 접근, 출입; 통로, 진입로; (감정의) 격발   ~쪽으로(ac) 가다(cess)
ex) The only **access** to the village is by boat.

affair
[əfɛ́ər]
N 일, 사건, 정사   [~쪽으로(af) 가다(fair)]
ex) She's having an **affair** with a married man.

astringent
[əstríndʒənt]
A 수렴성의; 엄한   N 수렴제, 아스트린젠트
ex) Cucumber is a mild **astringent**.

AMBI = 양쪽(both), 주변(around)

'ambi'나 'amphi'는 '양쪽', 또는 '주변'을 의미한다. 'Boys, be ambitious'의 ambitious가 여기에서 나왔다. '야망'이란 한 곳에 안주하지 않고 끊임없이 주변으로(ambi) 나가려(it) 하는 것이다.

ambience
[ǽmbiəns]
N 환경, (장소 등의) 분위기   주변의(ambi) 것(ence)
ex) Despite being a busy city, Dublin has the **ambience** of a country town.

ambit
[ǽmbit]
N 구내(precincts), 구역; 범위, 영역   돌아 다니는(it=go) 주변(ambi)
ex) I believe that all the issues should fall within the **ambit** of the talks.

amphibian
[æmfíbiən]
A N 양서류의 [생물]; 수륙 양용의 [전차]
ex) Two **amphibians** ferry tourists out over the sands to the fort.

amphitheater
[ǽmfəθìətər]
[주변에(amphi) 관람석이 있는 극장(theater)]
N 원형 극장[경기장]; 계단식 관람석; 계단 교실
ex) Around the **amphitheater**, rows of seats are arranged on a steep slope.

amphora
[ǽmfərə]
N 양손잡이가 달린 단지
ex) Terracotta **amphorae** of local wine were taken to Rome for the emperor's feasts.

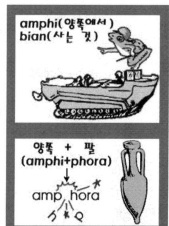

ANA = 위에(on), 철저히(throughout)

접두어 'ana'는 'on(위에)'과 '철저히(thorough)' 등의 뜻을 갖는다.

anabolism
[ənǽbəlìzm]
N 동화 작용(↔catabolism)
위로(ana) 덩치는(bol) 것(ism)
ex) **Anabolism** is involved in synthesis of organic compounds.

analects
[ǽnəlèkts]
N 어록
gather(lects) up(ana)
* the **Analects** of Confucius 논어(論語)

analysis
[ənǽləsis]
N 분석, 분해, 분석결과
철저히(ana) 분해함(lysis)
ex) Chemical **analysis** revealed a high content of copper.

analogy
[ənǽlədʒi]
N 유사, 비슷함, 유추, 유추법
바로 위의(ana) 말(logy)
ex) He drew an **analogy** between the brain and a vast computer.

ANTI = 반대, 저항(against)

arctic(북극)의 반대 Antarctic(남극). 요즘 인터넷 상에는 어떤 것에 반대하는 **anti**-site들이 있다.

Antarctic
[æntɑ́ːrktik]
N 남극 지방[대륙]   A 남극의, 남극지방의
ex) The **Antarctic** is the area around the South Pole.

antibody
[ǽntibɑ̀di]
[항(anti) 체(body)]
N 항독소, (혈액 중의) 항체
ex) **Antibodies** found in breast milk protect babies against infection.

antifreeze
[ǽntifrìːz]
N 부동액; (미) 헤로인(heroin)
어는 것(freeze)을 방지함(anti)
ex) Ethylene Glycol is the major component of **antifreeze**.

antiseptic
[æntəséptik]
N 방부제   A 방부성의
반(anti) 부(sept) 성의(ic)
ex) **Antiseptic** is used to sterilize the skin before giving an injection.

ANTE = 전에, 앞에(before)

* 오전을 의미하는 A.M.은 라틴어 ante(前) meridiem(정오)에서 왔다.

antedate
[ǽntidèit]
N ~보다 앞서다; 앞당기다; 실제보다 앞의 날짜로 하다
앞의(ante) 날짜(date)
ex) The cold weather **antedated** my departure from the country.

anteprandial
[æntiprǽndiəl]
A 식사전의 (↔postprandial)
식사(prand) 전(ante) 의(ial)

anterior
[æntíəriər]
A 전의, 먼저의 (to); 앞의, 전방의
보다 앞의(비교급)
ex) It is an event **anterior** to the murder.

anteroom
[ǽntirùm]
N 전실, 입구의 작은 방, 대기실(antechamber) 〔앞의(ante) 방(room)〕
ex) The ministers waited for their meeting in the Cabinet **anteroom**.

antemeridian
[æ̀ntiməridiən]
N 오전의, 오전에 일어나는 (↔postmeridian) 〔정오(merid) 이전(ante)의 (al)〕
* a.m. 오전(ante meridiem)

antique
[æntíːk]
A 고풍의, 구식의, 시대에 뒤떨어진 N 골동품 〔고대(ant) 의 (ique<ic)〕
ex) **Antique** shops are places where you can buy antiques.

APO = ~부터, 떨어져(from, off)

달이 지구(gee)로부터 가장 멀리(apo) 떨어지는 지점을 'apogee'라고 한다.

apogee
[ǽpədʒìː]
N 최고점, 극점(climax); 원지점
ex) Moon at the **apogee** is furthest from the Earth.

apodosis
[əpádəsis]
N (조건문의) 귀결절(if I could, I would의 I would)
↔ protasis (조건문의) 조건절, 전제절

apology
[əpálədʒi]
〔떨어져(apo) 말함(logy)(맞을 까봐)〕
N 사과, 사죄; 변명, 평계; 체면, 치례
ex) You owe him an **apology** for what you said.

apoplexy
[ǽpəplèksi]
N [病理] 졸중 〔떨어(apo) 때림(plexy)〕
* cerebral apoplexy 뇌일혈   * heat apoplexy 열사병(熱射病)
ex) In a fit of **apoplexy**, he thumped the table with both hands.

BE = 만들다, 되다 (make)

접두어 be는 기본적으로 make (만들다, 되다)의 의미를 지닌다.

becalm
[bikάːm]
V 진정시키다; (배를) 멈추게 하다 〔고요하게(calm) 만들다(be)〕
ex) The ship was **becalmed** for ten days.

becloud
[bikláud]
V ~을 흐리게 하다; ~을 모호하게 하다
ex) You are **beclouding** an argument.

bedevil
[bidévl]
〔악마(devil)가 되어(be) 괴롭히다〕
V ~을 괴롭히다; 심란하게 하다;~에게 귀신이 붙게 하다 (bewitch); 방해하다
ex) He was beset and **bedeviled** by bad luck.

bedraggle
[bidrǽgl]
V (옷 등을) 질질 끌어 젖게 하다, 더럽히다
* draggle 질질 끌어 더럽히다; 터벅터벅 걷다
ex) The ducks were **bedraggled** after the rain.

befall
[bifɔ́ːl]

V (나쁜 일이) 일어나다
ex) A misfortune befell him.

befit
[bifít]

V 적합하다, 알맞다, 어울리다
ex) His language didn't befit the occasion.

befriend
[bifrénd]

V ~과 친구가 되다; 친구로서 ~을 돕다
ex) Alone in the big city, he was befriended by an old lady.

befuddle
[bifʌ́dl]

V 정신을 잃게 하다; 어리둥절하게 하다
* fuddle 술 취하게 하다; 만취, 혼미, 혼란
ex) His attempts to clarify the situation succeeded only in befuddling her further.

beguile
[bigáil]

[속게(guile) 만들다(be)]
V 현혹시키다(delude); 속이다; 위로하다
* beguiling 매력적인, 흥미를 끄는
* gulile 교활; 표리부동   * guileful 교활한, 음험한
* guileless 꾸밈없는, 솔직한 (naïve. artless)
ex) Henry was totally beguiled by Bo's beauty.

beget
[bigét]

V (아버지가) 자식을 얻다; 초래하다 (cause)
ex) Abraham begat Issac.

begrudge
[bigrʌ́dʒ]

V 시기하다; 주기를 꺼려하다, 아까워하다
* grudge 주기 싫어하다, 인색하게 굴다; 원한, 유감
* grudging 마지못해 하는, 인색한, 원한 품은
ex) I begrudge every minute I have to spend attending meeting.

behalf
[biháef]

N 지지(support); 이익(benefit)
* in behalf of a person; in a person's behalf ~을 위하여
* on behalf of a person; on a person's behalf ~을 대신해서, 남을 대표해서

belabor
[biléibər]

V 세게 때리다, 욕하다; (문제를) 너무 오래 논하다
ex) She belabored him with her walking stick.

belated
[biléitid]

A 늦어진; 너무 늦은; 시대에 뒤떨어진
ex) He sent me a belated birthday card.

belittle
[bilítl]

V 업신여기다, 가치를 낮추다 [작게(little) 만들다(be)]
ex) The chairman's belittling comments made everyone feel small.

belie
[bilái]

V 실제모습을 속여서 나타내다; ~와 모순되다
ex) Rick's smile belied the grief he was feeling.

bemoan
[bimóun]
V 슬퍼하다 (mourn about; to lament)
ex) She **bemoans** the fact that she did not finish high school.

benighted
[bináitid]
[밤(night) 같이 되어(be)진(ed)]
V 무지한, 계몽되지 않은, 미개의
ex) Famine hit that **benighted** country once more.

berate
[biréit]
V 몹시 꾸짖다 (scold strongly)
ex) She **berated** him for his forgetfulness.

besiege
[bisí:dʒ]
V 포위하다 (surround), 쇄도하다 (crowd)
* siege 포위 공격; 오랜 기간
@ beleaguer 포위하다, 둘러싸다, 괴롭히다
ex) He was **besieged** with questions.

beseech
[bisí:tʃ]
V 간청하다, 탄원하다(for); 청하다, 구하다
ex) I **beseech** you to forgive him.

beset
[bisét]
V 포위하다; 괴롭히다, 습격하다; 붙어 다니다
ex) The bereaved widow was **beset** by grief.

betoken
[bitóukən]
V ~의 조짐이다, ~의 전조가 되다; 나타내다
* token 상징, 증거   * love token 사랑의 정표
ex) The dark clouds **betokened** a storm.

bestow
[bistóu]
V 주다, 증여하다 (on, upon)
* stow 실어 넣다   * stowage 적재(물)
ex) He **bestowed** great honors on the hero.

besmirch
[bismə́:rtʃ]
V 더럽히다; (명예나 이름을) 더럽히다
* smirch 더럽히다, 손상하다; 오점, 흠
ex) She is trying to **besmirch** my reputation.

belay
[biléi]
V 밧줄을 감아 매다; ~을 그만두다 (hold, stop)
N 자일을 안정시키는 행위 (장소)
* belaying pin   밧줄걸이
ex) The bridle was **belayed** to the packsaddle.

bewilder
[biwíldər]
V 당황하게 하다, 어쩔 줄 모르게 하다
* wild 야생의, 거친; 황무지   * wilderness 황무지
ex) Big city traffic **bewilders** me.

609

BENE = 좋은(good)

benefit은 원래 '좋은(bene) 행동(fit<fic)'의 뜻에서 '이익, 은혜, 구제'의 뜻으로 발전했다.

benefit
[bénəfit]
N 이익; 은혜; 자선공연, 구제; (세금의) 면제
〖좋은(bene) 행동(fit < fic)〗
ex) The discovery of oil brought many **benefits** to the town.

benefaction
[bènəfǽkʃən]
N 자비, 은혜, 선행, 자선; 기부금
〖좋은(bene) 행동(fact + tion)〗
ex) Most of the Colleges of Oxford were established by private **benefaction**.

beneficent
[binéfəsnt]
A 자비심이 많은, 기특한, 인정 많은
〖좋은(bene) 행동(fic) 의(ent)〗
ex) He was a **beneficent** old man and wouldn't hurt a fly.

beneficial
[bènəfíʃəl]
A 유익한, 이로운; 수지맞는; 봉급이 따르는
〖좋게(bene) 만드(fic)는(ial)〗
ex) A stay in the country will be **beneficial** to his health.

beneficiary
[bènəfíʃièri]
N 수익자(受益者); [法] 수취인(연금·보험 등의);
[天主敎] 성직록을 받는 사제; (미) 급비생
〖이익(benefici)을 받는 자(ary)〗
ex) You may change your **beneficiary** as often as you wish.

benign
[bináin]
N 인자한, 친절한, 상냥한; 온화한; 양성(良性)의
〖좋은(benign < bene)〗
ex) Martha is a **benign** old lady who wouldn't hurt a fly.

benison
[bénəsn]
N 축복의 기도; 축복
〖좋은(beni) 소리(son)〗
ex) Let us pray that the **benison** of peace once more shall prevail among the nations.

benevolent
[binévələnt]
A 인자한, 인정 많은; 자선적인, 박애의
〖좋은(bene) 의지(vol) 의(ent)〗
ex) He was a **benevolent** old man, he wouldn't hurt a fly.

BON = 좋은(good)

bonus는 받으면 기분이 좋다. 불어에서 온 인사말 'bon jour'는 'good day'의 의미!

bonus
[bóunəs]
N 보너스, 특별 수당; 장려금; 보상 물자; 덤
〖좋은 것〗
ex) The company used to give discretionary **bonus** payments.

bona fide
[bóunəfáidi]
A ad 진실한[하게], 성실한[히], 선의의[로]
〖좋은(bona) 믿음(fide)〗
ex) Because I tried continually **bona fide** I was able to get on in life.

bonanza
[bənǽnzə]
N 대성공, 행운, 노다지, 운수 대통; 대풍년
〖(스페인어) 좋은 행운〗
ex) A rise in real-estate stroke a **bonanza** for house owners.

bon jour
[bɔ̀:nʒúər]
N 안녕하십니까 (아침인사)
〖좋은(bon) 날(jour)〗
* bonsoir 저녁인사

bon mot
[bɔ́:nmóu]

N 재치 있는 농담, 명언(名言), 명문구(名文句)

ex) Mr. Wilson penned the **bon mot**, 'no pain, no gain'.

boon
[bú:n]

N 혜택, 은혜, 이익

ex) In return I shall demand a **boon**.

bonny/bonnie
[báni]

A 예쁜, 사랑스러운; 토실토실한, 건강해 보이는
* a **bonny** baby 예쁘장한 아기
* a **bonny** lass 사랑스러운 아가씨

bon vivant
[bánvi:vá:nt]

N 미식가, 식도락가; 유쾌한 친구

ex) White was a rich **bon vivant**, a man who entertained sumptuously.

bounty
[báunti]

N 박애, 관대; 하사품; 상여금; 장려[보조]금
* **bountiful** 아낌없이 주는, 관대한; 풍부한, 윤택한

ex) A **bounty** of $10,000 has been offered for the capture of his murderer.

debonair
[dèbənέər]

[of(de) good(bon) breed(air)]
A (남성이) 사근사근한, 멋지고, 친절한

* **foppish**   A 멋 부리는, 맵시 내는
* **dandy**   N 남자 멋쟁이(fop)   A 훌륭한, 멋진

BY = 부수적인(secondary), 옆에(by)

접두어 by-는 주로 하이픈(-)으로 연결되어 '부수적인(secondary), 옆에(by)'의 뜻을 만든다.

---

by-bidding
[báibídiŋ]

N 경매인과 짜고 경매 가격을 올려 부르기
* **by-bidder** 비싼 값을 불러서 경매의 값을 올리기 위해 고용된 사람

by-blow
[báiblòu]

N 싸움꾼 옆에 있다 그냥 얻어 맞음; 사생아

ex) He was a **by-blow** of the late King.

by-effect
[báiifèkt]

N 부수적인 효과, 부작용

ex) In that **by-election**, an unknown candidate won to the surprise.

by-election
[báiilekʃən]

N 보궐선거

ex) In that **by-election**, an unknown candidate won to the surprise.

by-end
[báiend]

N 은밀한 목적, 사심, 이기적 동기

ex) He was helping her without **by-end**.

bygone
[báigɔ:n]

A 과거의, 지나간, 이전의   N 지나간 것

ex) Let **bygones** be **bygones**.

by-job
[báidʒab]

N 부업(avocation)

부수적인(by) 일(job)

ex) We can view detailed information about your **by-job** opportunities.

by-lane
[báilèin]

N 골목길, 옆길

옆의(by) 길(lane)

ex) Dona's centuries-old house is on a **bylane**.

by-law
[báilɔ]

N 조례(act), 정관, 부칙(appendix)

부수적인(by) 법(law)

ex) The current town **bylaw** fines skateboarders $25 each time they are caught skating in certain downtown areas.

by-line
[báilàin]

V 서명 기사를 쓰다   N 병행선; 필자명을 적는 줄

옆의(by) 선(line)

* **by-liner** 서명 기사를 쓰는 기자

ex) Such articles can be identified by their **by-line**.

byname
[báinèim]

N 성, 가명; 별명

부차적인(by) 이름(name)

ex) His **byname** came from the name of the village of Collodi, Tuscany, Italy.

bypass
[báipæs]

N 우회도로, 대체혈관   V 우회하다, 회피하다

부차적인(by) 통로(pass)

ex) The enemy was surprised when the soldier entered by the **bypass**.

byplay
[báiplèi]

N 보조 연기, 부차적 사건

부차적인(by) 연기(play)

ex) Just enjoy the amusing **byplay** between Ben Affleck and Sandra Bullock.

by-product
[báipradəkt]

N 부산물

부차적인(by) 산물(product)

ex) Buttermilk is a **by-product** of making butter.

bypath
[báipæθ]

N 옆길, 샛길(byroad)

옆의(by) 길(path)

ex) He was passing through a **bypath** in a wood before the accident.

bystander
[báistændər]

N 구경꾼, 방관자

옆에(by) 서있는 사람(stander)

* **by stander effect** [心] 방관자 효과 (옆에 다른 사람이 있어야 효과가 오르는)

ex) The police arrested even **by-standers** by force.

by-talk
[báitɔːk]

N 여담, 잡담(gossip)

부차적인(by) 이야기(talk)

ex) All the attendees were requested to submit written proposals to the meeting in order to avoid **by-talk**.

by-time
[báitaim]

N 한가한 시간, 여가(leisure)

부차적인(by) 시간(time)

ex) The harder we do something, the more **by-time** we will get.

byway
[báiwèi]

N 옆길, 샛길; (연구 등의) 부차적 측면

옆의(by) 길(way)

ex) We prefer to travel on **byways** rather than main roads.

byword
[báiwəːrd]

N 상투적인 말, 속담, 별명; 웃음거리, (나쁜) 전형

부차적인(by) 말(word)

* **a by-word for inequity** 부정의 전형

CIRCUM = 주변, 둘레(around)

circumcision(포경)은 '둘레를(circum) 자른다(cis+ion)'는 의미이다.

circumfluent
[sərkʌ́mfluənt]
A 환류성의; 주위를 환류하는
ex) Thirst consumes him mid **circumfluent** waves.

주위를(circum) 흐르는(fluent)

circumlunar
[səːrkəmlúːnər]
A 달을 도는(에워싸는)
ex) The Soyuz was originally designed as a **circumlunar** spacecraft.

달(lunar) 주위(circum)를 도는

circumpolar
[səːrkəmpóulər]
A 북극[남극]의 주위를 도는; 극지 부근에 있는
ex) Eskimo is a term to describe all the peoples in the **circumpolar** region.

극(pol) 주위(circum) 의(ar)

circumlocution
[səːrkəmləkjúːʃən]
N 에둘러 말함, 완곡한 표현; 핑계
ex) Politicians are experts in **circumlocution**.

둘러서(circum) 말함(locut+ion)

circumvallate
[səːrkəmvǽleit]
V 성벽을 두르다
A 성벽을 두른, 성벽으로 둘러싸인

주위에 벽(vall)을 만들다(ate)

COM = 함께(together, with)

'함께; 전혀'의 뜻! 뒤에 오는 자음에 따라 다양하게 변하며, 그 형태는 다음과 같다.
* com- : 다음 철자가 b, p, m 일 때
* col- / cor- : 다음 철자가 l / r 일 때
* co- : 다음 철자가 모음, h, gn 일 때
* con- : 그 밖의 경우

combatant
[kəmbǽtənt]
N 전투원, 전투부대; 투사   A 전투하는
ex) Hundreds of **combatants** and civilians were killed in the battle for control of the city.

com(함께) bat(때리다)

correspond
[kɔ̀ːrəspánd]
V 일치하다, 부합하다; 서신왕래하다, 교신하다
ex) The money **corresponds** roughly to the amount I need for my course.

함께(con) 응답하다(respond)

cohesion
[kouhíːʒən]
N 결합, 응집; 단결
ex) The lack of **cohesion** within the party lost them votes at election time.

함께(con) 결합(hes) 함(ion)

contend
[kənténd]
V 다투다, 투쟁하다, 논쟁하다; 강력히 주장하다
ex) There are three world-class tennis players **contending** for this title.

함께(con) 당기다(tend)

COUNTER/CONTRA = 반대의(against, opposite)

反, 逆, 對(aginst, opposite)의 뜻! counter는 Anglo Saxon계, contra는 Latin계 어근에 주로 사용

counterattack
[káuntərətæ̀k]
N 역습, 반격
V [- -´] ~에게 반대하다, 역습하다
ex) The candidate **counterattacked** her rival with a powerful speech.

반대(counter) 공격(attack)

counterbalance
[káuntərbæləns]

N 평형추, 균형   V [- -´] 상쇄하다   반대편과 균형을 이루다(balance)

ex) Regional governments would help to **counterbalance** the centralized power of the national government.

countercharge
[káuntərtʃàərdʒ]

N 맞고소, 역습   V 맞고소하다   맞(counter) 고소(charge)

ex) They'd **countercharge** to regain the lost ground, and we'd grudgingly back up to where we started.

counterpart
[káuntərpàərt]

N 복사, 사본, 아주 닮은 것, 한 쌍 중의 한쪽   반대쪽(counter) 부분(part)

ex) The Prime Minister is to meet his European **counterparts** to discuss the war against drugs.

contrast
[kántræst]

V 대조하다, 대비하다   N 대조(법), 대비, 현저한 차이   반대에(counter) 있는 것(st⟨est)

ex) If you **contrast** some of the early writing with her later work you can see just how much she improved.

contrary
[kántreri]

A 반대인, 정반대의, 고집센   N 정반대, 반대명제   반대(contr) 의(ary)

* to the contrary 그와 반대로   * on the contrary 그러기는커녕, 그에 반해

ex) I was expecting the actress to be loud and aggressive but found the **contrary**.

contraband
[kántrəbænd]

N 밀수품   A 불법의   명령(band=ban)에 반대(contra)

ex) Going through customs, the lorry was found to be carrying thousands of pounds worth of **contraband**.

contradict
[kàntrədíkt]

V 부인하다, 반박하다; 모순되다   반대로(contra) 말하다(dict)

ex) What's the matter with you today! Everything I say you seem to want to **contradict**.

DE = 아래로(down), 제거하다(remove), 부정(not)

'de'의 기본 개념은 '아래로(down)'인데, 그 외에 감소하다, 제거하다, 부정 등의 의미를 갖는다. 아래로 내린다는 것은 감소한다는 것이며, 감소가 지나치면 제거된 것이고, 제거되면 없는 것이다.

denude
[dinjú:d]

V 발가 벗기다, 박탈하다, 특성을 빼앗다   아래로(de) 벗다(nude)

ex) Drought and years of heavy grazing by sheep have completely **denuded** the hills of grass.

decolor
[di:kʌ́lər]

V 탈색하다, 표백하다(bleach), 색을 빼내다   색(color)을 제거하다(de)

ex) There is concern about solvent usage as an option to **decolor** the ink.

decalcify
[di:kǽlsəfài]

V 석회질을 제거하다   석회(calc)를 제거(de) 하다(fy)

ex) Hydrofluoric acid readily penetrates the skin, allowing the fluoride ion to destroy soft tissue and **decalcify** bone.

decompose
[di:kəmpóuz]

V (성분, 요소로) 분해시키다, 부패(변질)시키다   함께(com) 놓다(pose)의 반대(de)

ex) As the waste materials **decompose**, they produce methane gas.

DIA = 가로질러(through), 건너서(across)

'dia-' 의 기본 개념은 'through, across'이며, 때로 apart, between의 의미를 갖는 경우도 있다.

diameter
[dáiǽmətər]
N 지름, 직경
ex) The **diameter** measures twice the radius.

가로 지름 (dia) 길이 (meter)

diagonal
[daiǽgənəl]
A 대각선의, 비스듬한, 사선의   N 대각선, 사선
ex) The book has a **diagonal** black stripe on the cover.

각(gon)을 가로지르는 (dia)

diaphragm
[dáiəfræ̀m]
N 횡격막, 가로막, 칸막이
ex) Professional singers learn how to control their breathing using the **diaphragm**.

가로 질러(dia) 닫음 (phragm)

diathesis
[daiǽθəsis]
N (병에 걸리기 쉬운) 소질, 체질, 소인; 특성
ex) Scurvy is characterized by hemorrhagic **diathesis**, tooth loss, and gingivitis.

(온몸을) 통해(dia) 놓아짐(thes)

DIS = 분리·이탈(off, away), 부정(not)

dis는 일반적으로 분리, 이탈(off, away)의 뜻을 나타내며, 부정(not)의 뜻을 나타내기도 한다.

dismal
[dízməl]
A 음침한, 음산한; 우울한, 비참한; 황량한
ex) The outlook is **dismal** - no-one thinks he's going to get better.

멀리(dis) mal(나쁜)

dismay
[disméi]
V 당황케 하다; 놀라게 하다   N 당황, 놀람, 질림
ex) The supporters watched with **dismay** as their team lost 6-0.

힘(may)을 떨어뜨리다(dis)

disagree
[dìsəgrí:]
V 일치하지 않다, 의견이 다르다; 다투다
ex) I'm afraid I have to **disagree** with you on that issue.

일치하다(agree)의 반대

disable
[diséibl]
V 무력하게 하다; 손상시키다, 불구로 만들다
ex) These guns will destroy or **disable** any incoming missile.

할수(able) 없게 하다(dis)

dishonest
[disánist]
A 부정직한, 불성실한, 진실성이 없는, 사기적인
ex) Beware of **dishonest** traders in the tourist areas.

정직한(honest)의 반대(dis)

DYS = 악화된, 불량한(bad, badly)

Sir Thomas More가 Utopia에서 그린 이상향 유토피아! 그런데 이 유토피아와는 반대로 아주 살기 힘든 나쁜 세상이 있다. 바로 'dystopia'이다. 뜻은 글자 그대로 나쁜(dys) 세상(topia).

dysentery
[dísntèri]
N 이질
ex) **Dysentery** is spread by dirty water or food.

나쁜(dys) 창자(entery)

dyslexia
[disléksiə]
N 실독증(失讀症), 난독증(難讀症), 독서 장애
ex) **Dyslexia** is caused by the brain's inability to see the difference between some letter shapes.

독서(lex)가 불량한(dys) 증상(ia)

615

dyspepsia
[dispépʃə]

N 소화불량, 위약

소화(peps) 불량(dys) 증(ia)

ex) She suffered from **dyspepsia** and had trouble digesting her food.

dystopia
[dìstóupiə]

N 결함 사회, 살기 힘든 곳

나쁜(dys) 세상(topia)

ex) Writers of **dystopias** projected a hellish life in a hellish society.

ECTO = 밖의, 외부의(outside, external)

'ecto'는 접두어 ex-와 그 뿌리가 같으며, 의미 또한 '밖의, 외부의'의 뜻이다. 한편 ect(밖으로)와 tomy(잘라냄)의 합성어인 'ectomy'는 '절제, 적출'의 의미를 갖는다.

---

ectoparasite
[èktoupǽrəsait]

N 체외 기생충 (진드기 등)

몸 밖의(ecto) 기생충(parasite)

ectopic
[ektóupik]

A 정규 장소 밖의

장소(pic) 밖의(ecto)

hysterectomy
[hìstəréktəmi]

N 자궁 적출(술)

자궁(hyster)을 잘라냄(ectomy)

ex) **Hysterectomy** is a medical operation to remove part or all of a woman's womb.

appendectomy
[æ̀pəndéktəmi]

N 충수(蟲垂) 절제 (수술), 맹장 수술

충수(append) 절제(ectomy)

ex) An **appendectomy** is a medical operation to remove the appendix.

EN = ~안에 넣다(put into), ~으로 만들다(make)

접두어 en-은 명사와 결합하여 put into의 의미를 갖거나, 명사 또는 형용사와 결합하여 make의 의미를 갖는다. 접두어 en-은 다음 자음이 b, m, p일 경우 em-의 꼴로 변형된다.
접두어 en-이 붙은 동사의 **명사형**은 어미에 -ment를 쓴다.

---

enable
[inéibl]

V ~할 수 있게 하다, ~을 허락하다

할 수 있게(able) 하다(en)

ex) Computerization should **enable** us to cut production costs by half.

embed
[embéd]

V 묻다, 깊이 새겨두다, 자리잡다; 윤색하다

자리(bed)에 집어넣다(en)

ex) Tales of King Alfred have become **embedded** in legends.

encase
[inkéis]

V (상자 등에) ~을 넣다, ~을 싸다

상자(case)에 넣다(en)

ex) Wrap foil up and around to **encase** garlic.

engraft
[engrǽft]

V 접목하다, 접붙이다; 합치다, 주입하다

그래 붙여!(graft) 엉~, 그래붙여(engraft) 하여 접목하다

* graft 접목시키다, 이식시키다; 뇌물을 받다

ex) He **engrafted** a peach on a plum.

enshrine
[inʃráin]

[상자(shrine)에 넣다(en)]

V 신전에 안치하다; (가슴속에) 간직하다

* shrine (성인의 유골·유물의) 성골(물)함; 사당, 성지

ex) The sacred treasures are **enshrined** in this temple.

embody
[embádi]

V 구체화하다, 구현하다; 통합하다, 포함하다

체(body)화 되다(em)

ex) Mr. Benson perfectly **embodied** the loving philosophy that he taught.

engage
[ingéidʒ]

V 약속하다, 약혼시키다; 고용하다; 끌다
* **engaging** 마음을 끄는, 매력 있는, 애교 있는

저당에(gage) 넣어서 약속하다
1. 결혼 약속 2. 고용 계약

ex) She didn't want to **engage** in conversation.

empower
[impáuər]

V ~에게 권한을 부여하다, ~할 수 있게 하다

힘(power)을 만들어 주다(en)

ex) The sheriff formed a posse and **empowered** it to arrest the fugitive.

enslave
[insléiv]

V 노예로 만들다, 사로잡다

노예(slave)로 만들다(en)

ex) She was **enslaved** by passions.

endanger
[indéindʒər]

V 위험에 빠뜨리다, 위태롭게 하다

위험하게(danger) 만들다(en)

ex) Smoking **endangers** your health.

entreat
[entríːt]

V 간청하다, 탄원하다(plead), 애원하다(beg)
* **entreaty** 간청; 탄원   * **treatise** 논문, 전공서적

사람(人) 대접(entreat)을 해달라고 간청하다

ex) The frog **entreated** the wizard to turn him back into a prince.

embitter
[imbitər]

[쓰게(bitter) 만들다(em)]

V (마음 등을) 몹시 상하게 하다, 격분 시키다

ex) Painless poverty is better than **embittered** wealth.

endear
[indiər]

V 귀하게 여기게 하다, 사랑 받게 하다

사랑하게(dear) 만들다(en)

ex) Mark **endeared** himself to Oprah by sending her a dozen of flowers.

enkindle
[inkíndl]

V 불 타오르게 하다; (정욕·전쟁을) 일으키다

불붙게(kindle) 만들다(en)

ex) **Enkindle** the fire of your love and renew the face of the earth.

enlarge
[inláːrdʒ]

V 크게 하다, 확대하다(amplify)

크게(large) 만들다(en)

ex) You can **enlarge** your vocabulary through study of etymology.

ennoble
[inóubl]

V 작위를 내리다, 귀족화하다; 고상하게 하다

귀족으로(noble) 만들다(en)

ex) A good deed **ennobles** the person who does it.

enrich
[inrítʃ]

V 부유하게 하다, 풍요롭게 하다, 장식하다

부유하게(rich) 만들다(en)

ex) Art **enriches** the world we live in.

entice
[intáis]

V 유혹하다, 부추기다

불붙게(tice) 만들다(en)

ex) He **enticed** me into a trap.

* 다음의 단어들에서는 어근 하나에 'en'이 2개씩 결합된다.

embolden
[imbóuldn]
[용 강하게(bold) 되다(em~en)]
V 대담하게 행동하다
ex) Their encouragement **emboldened** him to accept the challenge.

임불땐 (embolden) 대담해

enlighten
[inláitn]
[밝게(light) 만들다(en~en)]
V 계몽하다(illuminate), 가르치다
ex) The book **enlightened** me on how momentous a family is.

enliven
[inláivən]
V 생기를 북돋우다, 유쾌하게 하다
ex) Her funny stories **enlivened** the party.

생기(live)를 만들다(en~en)

EN/EM = ~안에(inside)

Anglo-Saxon계통의 접두어 'en'이 '~안에 넣다(put into)'의 의미를 가진 반면 Greek계통의 접두어 'en'은 '~의 안에(inside)'의 의미를 갖는다. 'b, m, p' 앞에서 'em'으로 바뀐다.

embryo
[émbriòu]
N (임신 8주까지의) 태아, 배(胚); 초기의 것, 싹
ex) A human **embryo** up to the age of 14 days is called a pre-embryo.

내부에(en) 부풀은 것(bryo)

enshroud
[inʃráud]
V 수의를 입히다; 싸다, 뒤덮다
ex) The planet Venus is **enshrouded** in thick clouds.

안으로(en) 싸다(shroud)

enfold
[intrǽp]
V 싸다(in, with), 포옹하다; 접다; 주름잡다
ex) She lovingly **enfolded** the cat in her arms.

안으로(en) 접다(fold)

endemic
[èndémik]
N 지방병, 풍토병 A 풍토병의, 풍토성의, 지방특산의
ex) Malaria is **endemic** in many of the hotter regions of the world.

내부의(en) 사람들(dem)에 있는(ic)

ENDO = 내부의(inside), 흡수(intake)

'엔돌핀(endorphin)'은 '체내(endo)'에서 분비되는 'morphine'이라는 의미에서 만들어진 말이다.

endocytosis
[èndəsaitóusis]
N 세포 이물 흡수
* exocytosis 세포 이물 토출
ex) Cells internalize molecules or viruses by **endocytosis**.

세포(cyto)
안에 들어는(endo)
과정(sis)

endometritis
[èndoumətráitis]
N 자궁 내막염 [자궁(matr) 내막(endo) 염(itis)]
ex) There is abortion in cattle and **endometritis** with temporary infertility.

endorphin
[endɔ́:rfin]
N 엔도르핀
ex) **Endorphin** is a chemical naturally released in the brain to reduce pain.

체내의(endo) 모르핀(morphin)

endoscope
[éndəskòup]
N (장내(臟內)·요도 등의) 내시경(內視鏡)
ex) The **endoscope** enables doctors to examine internal organs without any surgery.

내부(endo)를 보는 기구(scope)

EPI = 위에, 가까이에, 주위에, 나중에

인도-유럽 어근 'epi'에서 기원한 것으로 접두어 ob(L)이나 접두어 epi(G) 등으로 쓰이게 되었다. 원래 'at, near, toward, after' 등의 뜻인데 여기에서 나온 말이 eve, evening 등이다.

epoch
[épək]
N 신기원, 신세대, 중요한 사건, 획기적인 일
(시대를) 위로(ep) 잡다(och)
ex) The death of the emperor marked the end of an **epoch** in the country's history..

epicenter
[épisèntər]
N 진원지(震源地), 진앙(震央), (미) 중심점
중심의(center) 위(epi)
ex) They found the **epicenter** of the great earthquake

epilogue
[épəlɔ̀:g]
N (문예 작품의) 발문, 후기; 끝말
나중에(epi) 맺는말(logue)
ex) Part III is more of an appendix than an **epilogue**.

epigram
[épəgræ̀m]
N 경구(警句), (짧고 날카로운) 풍자시
위에(epi) 써 놓은 것(gram)
ex) "Heaven helps those who help themselves" is a famous **epigram**.

EX = 밖으로, 외부에(out)

많은 건물에서 볼 수 있는 출구 표시 EXIT! '밖으로(ex)' '가다(it)'의 뜻이다.

exit
[éksit]
N 출구(way out); 퇴장, 퇴진; 사망 V 나가다
밖으로(ex) 가다(it)
ex) He made a quick **exit** when he heard strange noises in the house.

effuse
[ifjú:z]
V (액체·빛·향기 등을) 발산하다, 유출시키다
밖으로(ef) 쏟아내다(fuse)
ex) It takes about 3 minutes for the gas to **effuse** from the syringe.

eschew
[istʃú:]
[밖으로(e(ex) 기울다(schew)]
V 피하다(elude, evade), 멀리하다, 삼가다
* skew 왜곡하다, 비스듬하게 하다; 비스듬함
* askew (=askance) 비스듬히; 곁눈으로
ex) Both are stereotypes that we should eschew.

exult
[igzʌ́lt]
V 크게 기뻐하다, 기뻐 날뛰다; 의기 양양해 하다
* exultation 환희; 열광
* exultant 기뻐하는; 의기양양한
ex) They **exulted** at their victory.

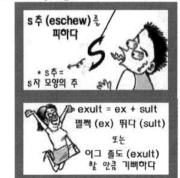

EXO = 밖, 외부(outside)

endo와 반대되는 개념으로 '바깥, 외부(outside)'의 뜻을 갖는다

exotic
[igzátik]
N 외래 식물, 외래 취미   A 외국산의, 이색적인
외래(exo) 적인(tic)
ex) She travels to all kinds of **exotic** locations all over the world.

exodus
[éksədəs]
N 대이동; 이주; 출애굽(기)(구약성경)
밖으로(ex) 길(odus)을 떠남
ex) There is always an **exodus** to the coast at holiday times.

exonerate
[igzánərèit]
Ⓝ 무죄가 되게 하다, (~을 의무등에서) 면제하다
ex) The report **exonerated** the crew from all responsibility for the collision.

exorcist
[éksɔːrsìst]
Ⓝ 귀신을 쫓아내는 사람, 무당
ex) After the **exorcist** exorcised the child the strange noises stopped.

EXTRA = 외부의, 범위 외의(beyond)

외계인이라는 뜻의 E.T.는 Extra-Terrestrial의 약자! 즉 지구 밖에서 왔다는 뜻이다. 원래 정해진 것 외의 여분의 것을 extra라고 한다.

E.T. = extraterrestrial

external
[ekstə́ːrnl]
Ⓐ 외부의, 외용의, 피상적인
* **externalize** 외면화하다, 구체화하다   * **externals** 외모, 외형, 외관
ex) It's better to **externalize** your anger than to hide it.

extreme
[ikstríːm]
Ⓐ 극도의, 비상한; 지나친   Ⓝ 극단; 곤경, 위기
* **extremity** 말단, 앞끝, 곤경, 궁지; 극단책, 과격한 행동; 사지말단, 팔다리
ex) We are working under **extreme** pressure at the moment.

extramarital
[èkstrəmǽrətl]
Ⓐ 혼외의, 간통의
ex) They have collected data on **extramarital** relationships.

extramural
[èkstrəmjúərəl]
Ⓐ 교외의, 도시 밖의
ex) They brought in over $11 million dollars in **extramural** funding.

extraneous
[ekstréiniəs]
Ⓐ 외래의, 외부에서 오는, 관계없는, 이질적인
ex) We do not want any **extraneous** information on the page.

EU = 좋은(good)

안락사는 영어로 euthanasia. '좋게(eu) 죽는다(thanasia)'는 뜻이다. 'eu'를 우리말 감탄사 '유우~'로 기억하자.

eulogy
[júːlədʒi]
Ⓝ 찬미, 찬양, 찬사, (미) (고인에 대한) 송덕문
ex) The song was a **eulogy** to the joys of travelling.

eupepsia
[juːpépʃə]
Ⓝ 소화 정상(양호)

euphemism
[júːfəmìzm]
Ⓝ 완곡 어법, 완곡 어구
ex) 'Senior citizen' is a **euphemism** for 'old person'.

euthanasia
[jùːθənéiʒiə]
Ⓝ 안락사(安樂死); 안락사술(術)
ex) Although some people campaign for the right to **euthanasia**, it is still illegal.

FOR = 금지, 반대(against)

forget은 (생각을) 갖기를(get) 반대하는(for) 것이다. 접두어 fore와 헷갈리지 말자.

forbear
[fɔ́ərbɛ̀ər]
V 삼가다(refrain), 그만두다(quit), 참다(endure)
금지(for)상태를 유지하다(bear)
* **forbearance** 삼가함, 자제, 관대, 유보   * **forbearing** 참을성 있는, 관대한
ex) We should bear and **forbear** until the last minute.

forbid
[fərbíd]
V 금하다(prohibit), 방해하다(hinder, prevent)
하지 말라고(for) 명하다(bid)
* Heaven(God) forbid (that~)   ~하는 일은 결코 없을 것이다.
* **forbidden** 금지된   * **forbidden fruit** 금단의 열매, 금지된 쾌락
ex) Heaven **forbid** that I should do such a thing! 결코 그런 일은 안했다.

fordo
[fɔːrdúː]
V 죽이다(kill), 파괴하다; 지치게 하다(exhaust)
(살지) 못하게(for) 하다(do)
ex) Don't think all your laws will **fordid** us to be stoned

forgo
[fɔːrgóu]
V 그만두다, ~없이 지내다(do without)
없이(for) 지내다(go)
ex) I'll have to **forgo** the pleasure of seeing you this week.

forlorn
[fərlɔ́ːrn]
A 버림받은, 버려진(deserted); 쓸쓸한, 절망적인
쓸쓸(forlorn)은 버림받은 눈
* **forlornly** 쓸쓸하게, 절망적으로   * **lorn** 고독한, 적적한, 의지할 데 없는
ex) She looked so **forlorn**, standing there in the rain.

forsake
[fərséik]
V 저버리다, 그만두다, 버리다(give up)
위하지(sake) 않다(for)
ex) She **forsook** him for another. 그녀는 그를 버리고 다른 사내와 친해졌다

forswear
[fɔːrswɛ́ər]
V 맹세코 끊다, 맹세코 부인하다, 위증하다
안하기로(for) 맹세하다(swear)
ex) I've **forsworn** alcohol now that I'm pregnant.

FORE = 앞의, 미리(before)

forehead(이마)는 머리(head)의 앞쪽(fore)이다. fore는 before에도 등장하며 before의 의미!

forebear
[fɔ́ːrbɛ̀ər]
N 선조, 조상(ancestor, forefather, antecedent)
앞서(fore) 존재한(be) 자(ar)
ex) I'll come back to the land of my **forebears**.

forebode
[fɔːrbóud]
V 전조가 되다, 미리 예시하다, 예감이 들다
미리(fore) 징조가 되다(bode)
* **forebode death** 죽음을 예감하다   * **bode** 징조가 되다, 조짐이다

forecast
[fɔ́ːrkæ̀st]
N 예측, 예보, 선견지명   V 예측하다, 조짐을 보이다
미리(fore) 계산하다(cast)
ex) They **forecast** a large drop in unemployment over the next two years.

foreclose
[fɔːrklóuz]
[미리(fore) 닫다(close)]
V 내쫓다, 배제하다, 차압하다; ~ 못하게 하다
ex) Their building society has **foreclosed** their mortgage.

621

foremost
[fɔ́:rmòust]
A 맨 앞의, 일류의, 주요한

가장(most) 앞(fore)의

ex) She's one of the **foremost** experts on child psychology.

foreground
[fɔ:rgráund]
N (풍경, 그림) 앞 경치, 전경; 가장 좋은 위치

앞(fore)에 있는 땅(ground)

ex) In the **foreground** of the painting is a horse and cart.

forerunner
[fɔ́:rʌ̀nər]
N 선구자(precursor), 징후(symptom)

앞서(fore) 달리는 자(runner)

ex) Country music was undoubtedly one of the **forerunners** of rock and roll.

foresee
[fɔ:rsí]
V 예지하다, 장래를 내다보다

머리(fore) 보다(see)

ex) It's impossible to **foresee** exactly how our actions will affect the future.

foretaste
[fɔ́:rtèist]
V 시식하다, 미리 경험하다

머리(fore) 맛보다(taste)

ex) The event is only a **foretaste** of what's coming.

foretell
[fɔ:rtél]
V 예언하다, 예견하다

머리(fore) 말하다(tell)

ex) He was a famous prophet who **foretold** how the world would end.

forethought
[fɔ́:rθɔ̀:t]
N 사려, 조심

머리(fore) 하는 생각(thought)

ex) He always has a **forethought** in dealing with matters.

forewarn
[fɔ:rwɔ́ərn]
V 예고하다, 미리 경고하다

머리(fore) 경고하다(warn)

ex) The commander had been **forewarned** of the attack.

foreword
[fɔ́:rwə:rd]
N 서문, 서두, 머리말 (preface, prologue)

앞서(fore) 하는 말(word)

ex) The book has a **foreword** by the President.

foregift
[fɔ́:rgìft]
N 권리금(premium), 보증금

머리(fore) 주는 것(gift)

ex) The problem of private homes is expensive rent and deposit or **foregift**.

foreman
[fɔ́:rmən]
N (노동자의) 십장, 감독

앞(fore)에 있는 사람(man)

ex) My father is a shop **foreman** now.

HOMO = 같은(same)

동성애자를 흔히 '호모(homo)'라고 하는데 원래 단어는 'homosexual'이다.

---

homocentric
[hòumouséntrik]
A 같은 중심을 가진, 동심의

중심(centr)이 같은(homo)은 (ic)

ex) In the model, the earth is at the center of the **homocentric** spheres.

homology
[houmálədʒi]
N 상동 관계; 상동; 동족 관계; (數) 상사(相似)

동일하게(homo) 말해짐(logy)

homonym
[hámənìm]
N 동음 이의어, 동명 이물(異物)[이인(異人)]

동일한(hom) 이름(onym)

ex) 'Close' as a verb and 'close' as an adjective are **homonyms**.

homosexual
[hòuməsékʃuəl]
N 동성애자
ex) A **homosexual** friend had a beautiful daughter he doted over.

homotype
[hóumoutàip]
N [생물] 상동기관

HETERO = 다른(other, different)
다음에 나오는 homo와 반대되는 개념으로 '다른(other, different)'의 뜻이다.

heteroclite
[hétərəklàit]
A N 불규칙 변화의 (말) (명사·동사 등)

heteronomy
[hètəránəmi]
N 타율(他律), 타율성(cf. autonomy)

heteronym
[hétərənìm]
N 동철 이음 이의어(同綴異音異義語)
ex) What **heteronym** begins with the letter 'O'?

heterosexual
[hètərousékʃuəl]
A N 이성애(異性愛)의 (사람)
ex) Many **heterosexuals** still mistakenly think of AIDS as a homosexual disease.

HYPO = ~아래, ~보다 못한
'hypo'는 '~아래에, ~보다 못한'의 뜻으로 hyper와는 반대의 의미를 지닌다.

hypochondria
[hìpəkándriə]
N 심기증, 우울증(dumps; blues)
* **hypochondriac** 우울증 환자; 우울증의
ex) She was worried that her doctor would accuse her of **hypochondria**.

hypocrisy
[hipákrəsi]
N (주의, 신념, 인격 따위의) 탈쓰기, 위선
* **hypocrite** 위선자   * **hypocritical** 위선의, 위선(자)적인
ex) It is sheer **hypocrisy** for him to go to church.

hypothec
[haipáθik]
N 저당권, 담보권
* **hypothecation** 담보계약   * **hypothecate** 저당 잡히다

hypogastrium
[hàipougǽstriəm]
N 하복부
* **hypogastric** 하복부의

hypoxia
[haipáksiə]
N 저산소증(lack of oxygen)
ex) One adaptation to **hypoxia** is an increase of red blood cells in circulation.

HYPER = ~위에, ~을 초과하는

아이들이 지나치게 흥분한 상태를 hyper 됐다고 한다. hyper는 접두어로 '~위에, ~을 초과하는' 의 뜻이다.

hyperacid A 위산 과다의
[hàipərǽsid] * **hyperacidity** 위산과다 (↔hypoacidity)

> 산(acid)이 과다한(hyper)

hyperborean A N 북방정토의(사람), 극북의(사람), 극한의
[hàipərbó:riən] * **hyperborean regions** 북극지방

> 북풍(borea) 부는 곳 너머(hyper)

* 고대 헬라인들은 북풍(boreus)이 불어오는 곳 너머(hyper)에는 북방정토(hyperboreus)라는 낙원이 있을 것이라고 믿었다.

hypertension N 고혈압(↔hypotension); 과도한 긴장
[hàipərténʃən] ex) He has **hypertension**, high blood pressure.

> 과도하게(hyper) 당김(tens + ion)

IN = 안의(in), 부정(not), 강조(intensive)

'in'은 전치사 in 처럼 '안에, 내부의'의 의미와 함께 '부정'의 의미와 '강조'의 의미를 갖으며, 변형을 다음과 같다. [* im- : b, m, p 앞 * il- : l 앞 * ir- : r 앞]

income N (정기적) 수입, 소득
[ínkʌm] ex) Average **incomes** have risen by 4.5% over the past year.

> 안으로 (in) 들어옴 (come)

infallible A 전혀 오류가 없는; 꼭 일어나는 N 확실한 사람
[infǽləbl] ex) Parking there is an **infallible** way of getting a fine.

> 실수할 수(fallible) 없는 (in)

illegible A 읽기 어려운, 판독하기 어려운
[illédʒəbl] * **illegibility** 판독하기 어려움 * **legible** (필적·인쇄가) 읽기 쉬운
ex) This note from Grandpa is almost **illegible**.

> 읽을 수(legible) 없는 (il)

imbecile A 저능한, 허약한(feeble) N 저능아, 바보; 치우(痴愚)
[ímbəsəl] ex) She looked at me with an **imbecile** grin.

> 머리 속이 비실거리면? 저능아
> (im)(becile)

immature A 미숙한, 미완성의 [성장하지(mature) 않은 (im)]
[ìmmətjúər] * **immaturity** 미숙, 미완성, 생경함
ex) While the animals are still **immature**, they do not breed.

irrational A 불합리한, 이성이 없는, 분별이 없는
[irǽʃnəl] ex) His parents were worried by his increasingly **irrational** behavior.

> 비(ir) 이성(ration) 적인(al)

INTRA = 내부에(in)

접두어 'intra'는 '안에, 내부[안쪽]에'의 뜻으로 위의 inter(사이의)와는 의미상 차이가 있다.

intramural A 교내(校內)의; 도시 안의, 건물 안의
[ìntrəmjúərəl] ex) She won the **intramural** contest and went on to represent her university.

> 그(mur) 내(intra) 의(al)

intrinsic
[intrínsik]
A 본질적인, 본래 갖추어진, 고유의
* extrinsic 외래의, 부대적인, 비본질적인

안으로(intra) 대(sic) 드는(in)

intravascular
[ìntrəvǽskjulər]
A 혈관내의
* intravenous 정맥내의, 정맥 주사의

혈관(vascul) 내(intra) 의(ar)

INFRA = 더 아래의, 더 못한(below)

'infra'나 'infer'는 '~보다 못한, 아래의'의 의미를 갖는다. 인프라(infra)가 약하다는 말은 infrastructure, 즉 하부구조가 약하다는 것이다. 인간보다 하등한 것을 지칭할 때 infrahuman이라 한다.

infra
[ínfrə]
ad 아래에, 아래쪽에(↔supra)
* infra dig =INFRA DIGNITATEM 품격을 떨어뜨리는, 체면에 관계되는
ex) Diane and her friends consider it a bit **infra** dig to do your own housework.

아래의(infra)

infrared
[ìnfrəréd]
N 적외선 적외선의   A 적외선에 민감한(ultrared)
ex) Their pilots are guided by an **infrared** optical system.

적(red) 의(infra) 선

infrastructure
[ínfrəstrʌ̀ktʃər]
N 하부구조; (사회의) 기본 시설; (NATO의) 항구기지
ex) The war has badly damaged the country's **infrastructure**.

아래(infra) 구조(structure)

infrasonic
[ìnfrəsánik]
A (가청이하의) 초저주파(음)의
* infrasound 초저주파 불가청음

낮은(infra) 음(son) 의(ic)

inferior
[infíəriər]
A 하위의, 열등한, 조악한(↔superior)
* inferiority 열등, 하등
ex) He has a way of making me feel so **inferior**.

infer + ior(비교급 어미)

infernal
[infə́ːrnl]
A 지옥의(↔supernal); 악마 같은, 지긋지긋한
ex) He described a journey through the **infernal** world.

맨 아래(infern)에 있는(al)

INTER = 사이의(between), 상호의(with)

접두어 'inter'는 '사이의, 상호의'의 뜻이다. intra(내부의)와는 다름에 유의하자. Interval이 길다.

interim
[íntərim]
A 임시의, 중간의   N 잠시; 잠정 조치, 잠정 협정
ex) An **interim** government was set up for the period before the first free election.

사이에(inter) 있는 것(im)

internal
[intə́ːrnl]
A 내부의, 체내의, 내복용의   N 본질, [pl.] 내장
ex) The bullet passed through his back and several **internal** organs.

사이에(inter) 있는(al)

interface
[íntərfèis]
N 경계면, 접점, 공유 영역   V 조정하다, 결부하다
ex) We need more **interface** between management and the workforce.

사이에(inter) 있는 면(face)

interval
[íntərvəl]
N 간격; 거리, 틈; (발작 등의) 휴지기
ex) We see each other at regular **intervals** – usually about once a month.

사이의(inter) 시간(val)

MAL = 나쁜(bad)

말라리아(malaria)라는 '나쁜(mal) 공기(air)에 의한 질병(ia)'이란 뜻이다.

malady
[mǽlədi]
N 질병; (사회적) 병폐
ex) All the rose bushes seem to be suffering from the same mysterious **malady**.

병 걸려서 말랐다 (malady)

maladroit
[mæ̀lədrɔ́it]
[솜씨(adroit)가 나쁨(mal)]
A 서투른, 솜씨없는; 아둔한
ex) Her lack of self-confidence does make her rather **maladroit** in social situations.

malaise
[məléiz]
N 불쾌(감); 침체(상태)
나쁜(mal) 상태(aise)
ex) They claim it is a symptom of a deeper and more general **malaise** in society.

malcontent
[mǽlkəntént]
N 불평가, (특히 권력·체제 등에 대한) 반항자
만족도(content)가 나쁨(mal)
ex) The usual **malcontents** turned up to the meeting and made trouble.

malfeasance
[mælfíːzns]
N 불법[부정]행위(특히 공무원의); 나쁜 짓
나쁜(mal) 행동(feas)을 함(ance)
ex) Several cases of malpractice and **malfeasance** in the financial world are currently being investigated.

malice
[mǽlis]
N (의도적인) 악의, 앙심, 적의, 원한; [法] 살의
나쁜 마음
ex) Killing her dog was an act of sheer **malice**.

malign
[məláin]
A 해로운, 악의있는 V 헐뜯다(speak ill of), 중상하다
나쁘게(mali) 탄생함(gn<gen)
* **malignant** 악의가 있는, 해로운, (병이) 악성의 * **malignancy** 앙심; (병의) 악성; 흉
ex) They have been **maligned** in the gossip columns of several newspapers.

malinger
[məlíŋgərər]
V (특히 병사 등이) 꾀병을 부리다
나쁘게(mal) 노는(linger) 자(er)
* linger (떠나지 않고) 남아 있다, 지체하다, 질질 끌다; 빈둥거리며 지내다
ex) There are too many **malingerers** in this company!

MIS = 잘못된(wrong), 불(不)(not)

접두어 'mis'는 '잘못된(wrong)' 또는 '부정(not)'의 뜻이며, 주로 '잘못된(wrong)'의 뜻으로 쓰인다. misfortune은 '잘못된(mis) 운명(fortune)', mistrust는 '不(mis) 信(trust).'

misarrange
[mìsəréindʒ]
V 잘못 배열(배치)하다
잘못(mis) 배열하다(arrange)
ex) Radiation can break bonds and **misarrange** atoms within a device.

misbehavior
[mìsbihéivjər]
V 나쁜 행실, 부정행위, 못된 짓
잘못 된(mis) 행실(behavior)
* misbehave 나쁜 짓을 하다, 버릇없이 굴다, 부정을 저지르다
ex) The school expelled him for persistent **misbehavior**.

mischance
[mistʃǽns]
V 불행, 불운(misfortune), 재난(disater)
잘못 된(mis) 기회(chance)
ex) I am an intrepid adventurer who has come to this place by **mischance**.

misconduct
[mìskándʌkt]

   V 잘못 하다   N 비행; 위법행위, 직권남용; 간통

   잘못(mis) 행하다(conduct)

   ex) He was stabbed to the heart by his son's **misconduct**.

misdeed
[mìsdíːd]

   N 잘못된 행위, 비행(delinquency)

   잘못 된(mis) 행위(deed)

   ex) Sooner or later, his **misdeeds** will come to light.

misfortune
[mìsfɔ́ːrtʃən]

   N 불행, 역경(adversity), 불운

   잘못 된(mis) 운 때(fortune)

   * **unfortunate** 불행한, 불운한 (형용사는 운이 '없는'이므로 접두어 'un'을 쓴다)

   ex) It's not fair to take advantage of other people's **misfortunes**.

misgiving
[mìsgívin]

   N 염려(worry), 걱정(anxiety), 불안(unease)

   잘못 되게(mis) 주는 것(giving)

   ex) I read the letter with a sense of **misgiving**.

misgovern
[mìsgávərn]

   V 잘못 통치하다, 악정(惡政)을 펴다

   잘못(mis) 다스리다(govern)

   * **misgovernment** 실정, 악정

   ex) A decade of **misgovernment** has bankrupted the country.

misguide
[mìsgáid]

   V 그르치게 하다, 잘못된 방향으로 이끌다

   잘못(mis) 이끌다(guide)

   ex) I do not want to **misguide** anyone outside this House.

misjudge
[mìsdʒádʒ]

   V 잘못 판단하다, 오해하다

   잘못(mis) 판단하다(judge)

   ex) I thought he wasn't going to support me, but I **misjudged** him.

mislead
[mìslíːd]

   V 오도하다, 잘못 인도하다; 속이다(deceive)

   잘못(mis) 이끌다(lead)

   * **misleading** 오도하는, 오해시키는, 현혹시키는, 혼동케 하는

   ex) I was **misled** by my elder brother into a life of drinking and gambling.

misspell
[mísspél]

   V 잘못 쓰다, 철자가 틀리다

   잘못(mis) 쓰다(spell)

   ex) This essay is full of **misspellings**.

misstep
[mìsstép]

   N 과실, 실책   V 잘못 디디다, 잘못을 저지르다

   잘못 된(mis) 발걸음(step)

   ex) A little **misstep** could result in some millions of dollars in loss.

mistreat
[mìstríːt]

   V 학대하다, 혹사하다(maltreat)

   잘못(mis) 다루다(treat)

   ex) People who **mistreat** their pets should be banned from keeping them.

misuse
[misjúːs]

   V 오용하다, 학대하다   N 오용, 학대, 혹사(misusage)

   잘못(mis) 사용하다(use)

   ex) Young people ought to be taught about the dangers of alcohol **misuse**.

mistrust
[mìstrást]

   V 신용하지 않다, 의심하다   N 불신, 의혹, 의심

   불(不)(mis) 신(信)(trust)

   ex) I've always **mistrusted** politicians.

MISO = 싫어하다(hate)

'miso'는 '싫어하다(hate)'의 뜻으로 '잘못된(wrong)'의 뜻인 'mis'와 구분할 수 있어야 한다.

misanthropy
[mísǽnθrəpi]
N 사람을 싫어함, 염세
ex) At such moments I find myself gripped by a deep **misanthropy**.
> 사람(anthropy)을 싫어하는(mys)

misogamy
[misάgəmi]
N 결혼을 싫어함
ex) He remained a bachelor not because of **misogamy** but because of ill fate.
> 결혼(gamy)을 싫어하는(mys)

misogyny
[misάdʒəni]
N 여자를 싫어함
ex) The club's refusal to allow women to become members is sheer **misogyny**.
> 여자(gyny)를 싫어하는(mys)

misology
[misάlədʒi]
N 이론을 싫어함
ex) why is **misology** a temptation for the non-philosopher?
> 이론(logy)을 싫어하는(mys)

misoneism
[mìsəníːizm]
N 새 것을 싫어함, 보수주의
> 새 것(neo)을 싫어(mys)하는(ism)

OB = ~쪽으로, 위에, 반대로, 완전히

라틴계 접두어로 c, f, m, p 앞에서 각각 oc-, of-, o-, op-로 되며 뜻은 against, away, over, to 등 다양하다.

obdurate
[άbdjurət]
A 완고한, 고집 센; 냉혹한
ex) The President remains **obdurate** on the question of cutting taxes.
> 멀리(ob=away)지속(dur)됨(ate)

omit
[əmít]
V ~을 빠뜨리다, 하는 것을 잊다; 생략하다, 빼다
ex) She **omitted** to mention she was going to Yorkshire next week.
> 반대로(o=against) 보 냄(mit)

obscure
[əbskjúər]
[위(ob)를 덮다(scure)]
A 모호한, 어두운 V 가리다, 어둡게 하다 N 암흑
⊙ opaque 불투명한, 우중충한, 불분명한
ex) She has been in an **obscure** island in the Pacific.
> 앞 쪽 끼어 (obscure) 흐릿한 쓰~윽

obsolete
[άbsəlìːt]
A 폐용이 된, 안 쓰이는; 진부한, 시대에 뒤진
ex) Gas lamps became **obsolete** when electric lighting became possible.
> 완전히(ob) 사용 해버린(solete)

OUT = 밖으로, ~보다 더 나아

접두어 'out'은 동사·분사·동명사 등의 앞에 붙여 '외(外)'; '…이상으로;…보다 나아' 등의 뜻을 갖는다. 악센트는 보통 명사·형용사(outburst, outlying)에서는 앞에 붙고, 동사(outdo)에서는 뒤 또는 앞뒤 모두에 붙는다.

* out = 밖으로, 밖에

outbreak
[áutbrèik]
N 발발(outburst), 폭동(disturbance)
ex) He left the country three days before the **outbreak** of hostilities.
> 밖으로(out) 터지다(break)

outcome
[áutkʌm]
N 결과(result) 성과(effect), 결론(conclusion)
밖으로(out) 나온 것(come)
ex) It's too early to predict the **outcome** of the meeting.

outcry
[áutkrài]
N 외침(shout), 부르짖음(exclamation)
밖으로(out) 소리치다(cry)
ex) The **outcry** over such practices has led to reform.

outdoor
[áutdɔ̀:r]
A 집 밖의, 야외의
문(door) 밖의(out)
ex) He's very much an **outdoor** person.

outlandish
outlandish
[àutlǽndiʃ]
A 이국적인, 색다른(bizarre), 외진(remote)
땅, 나라(land) 밖(out) 의(ish)
* outland 외지, 외국; 지방, 외딴 토지; 경계 밖의
ex) Where can we find most **outlandish** furniture in this city?

outlet
[áutlèt]
N 출구(exit), 배수구(flume), 방출구(↔inlet)
밖으로(out) 가게 함(let)
ex) Her work provided no **outlet** for her energies and talents.

outline
[áutlàin]
N 외곽선(contour), 윤곽, 개요 V 윤곽을 그리다
밖의(out) 선(line)
ex) She drew the **outline** of the boat and then colored it in.

output
[áutpùt]
N 생산량(product), 생산(production), 출력
밖으로(out) 내놓음(put)
ex) Much of her **output** as a writer was first published in magazines.

outstanding
[àutstǽndiŋ]
A 눈에 띄는(conspicuous), 현저한(prominent)
밖에(out) 서있는(standing)
ex) The prize is awarded for 'an **outstanding** contribution to broadcasting'.

* out = ~이상으로, ~보다 더 나아

outdraw
[àutdrɔ́:]
V 더 총을 빨리 뽑다;
인기가 더 있다.
더 빨리(out) 뽑다(draw)
(인기를) 더(out) 끌다(draw)

outgrow
[áutgróu]
V ~보다 더 커지다, 자라서 옷을 못 입게 되다
더(out) 자라다(grow)
ex) He's only 12 but he has **outgrown** his mother already.

outlast
[àutlǽst]
V ~보다 더 오래 가다, 더 뒤까지 남다
더 오래(out) 지속하다(last)
ex) The business they set up **outlasted** them all.

outlive
[àutlív]
V 더 오래 살다
더 오래(out) 살다(live)
ex) I certainly hope that I won't **outlive** any of my children.

outrun
[àutrʌ́n]
V 더 빨리 달리다, 앞지르다(exceed, outdo)
더 빨리(out) 달리다(run)
ex) The thieves easily **outran** the policeman who was chasing them.

outspeak
[àutspí:k]
V ~보다 말을 잘하다; 솔직하게 말하다, 크게 말하다
* outspoken 까놓고 말하는, 솔직한, 노골적인
더 잘(out) 말하다(speak)
밖으로(out) 말하다(speak)
ex) Mr. Masack is an **outspoken** critic of the present government.

outwear
[àutwέər]
V 더 오래 가다(outlast); 입어서 닳게 하다; 소모하다
ex) This cloth **outwears** the others.

더 오래(out) 땡리다(wear)
닳아(wear) 없애다(out)

outwit
[àutwít]
V 더 재치가 앞서다, 한 수 더 뜨다, 속이다
ex) Somehow he always manages to **outwit** his opponents.

더(out) 재치(wit) 있다

OVER = 위로, 너머로, 지나치게

접두어 over는 전치사 over와 같은 의미를 가져, '위로, 너머로'와 '지나치게'의 뜻을 갖는다.
어떤 표현이나 행동이 지나칠 때 흔히들 'over 한다'고 얘기하는 것을 염두에 두자.

overboard
[óuvərbɔ̀:rd]
ad 배 밖으로, 물 밖으로
* go overboard for~ ~에 열광하다
ex) Someone had fallen **overboard**.

갑판(board) 너머(over)엔 물이...

overcast
[òuvərkǽst]
V 구름으로 덮다, 흐리게 하다 A 어두운, 흐린, 음산한
ex) The weather was **overcast**.

위로(over) 던지다(cast)

overcome
[òuvərkʌ́m]
V 극복하다, 이기다   [넘어서(over) 오다(come)]
ex) She **overcame** injury to win the Olympic gold medal.

overhear
[òuvərhíər]
V 우연히 듣다, 엿듣다, 도청하다
ex) I **overheard** a very funny conversation on the bus this morning.

(어디) 너머를(over) 듣다(hear)

overlap
[òuvərlǽp]
V 겹치다, 중복하다   N 중복, 부분적 일치
ex) One of Jilly's front teeth **overlaps** the other.

lap=겹

overseas
[óuvərsí:z]
ad 해외로, 외국으로   N 외국
ex) There are a lot of **overseas** students in Cambridge.

바다(sea) 너머(over)

overthrow
[òuvərθróu]
V 뒤집어 엎다, 폐지하다   N 전복, 파괴, 던지기
ex) Their plot is to overthrow the **government**.

위로(over) 던지다(throw)

overwhelm
[òuvərhwélm]
V 압도하다, 이기다, 매몰시키다
* **overwhelming** 압도적인   * **overwhelmingly** 위압적으로
ex) Since I've been on a diet, I've been **overwhelmed** by a desire to eat.

위에서(over) 짓누르다(whelm)

overflow
[òuvərflóu]
V 넘쳐흐르다, 가득차다   N 범람, 과잉; 배수구
ex) My heart was **overflowing** with gratitude for the old man.

지나치게(over) 흐르다(flow)

overuse
[òuvərjú:z]
V 지나치게 쓰다, 남용하다   N 혹사, 남용, 과용
ex) He condemned the **overuse** of agricultural chemicals.

지나치게(over) 쓰다(use)

overburden
[òuvərbə́:rdn]
V 지나치게 적재하다(overload)
ex) The city's hospitals are **overburdened** by casualties.

지나치게(over) 적재하다(burden)

overdo [òuvərdú:]	V 지나치게 ~하다, 지나치게 사용하다 ex) Don't **overdo** the praise. She wasn't that good.	지나치게(over) 하다(do)
overeat [òuvərí:t]	V 과식하다, 지나치게 먹다 (토하다=vomit;throw up) ex) If I **overeat** it slows my whole body down.	지나치게(over) 먹다(eat)
overweight [óuvərwèit]	A 중량초과의, 체중초과의　V 짐을 지나치게 싣다 ex) My luggage was **overweight** by five kilos.	지나친(over) 무게(weight)
overwork [òuvərwə́:rk]	V 과로하다, 혹사하다　　N 과로, 혹사, 초과 근무 ex) Batson **overworked** his staff mercilessly.	지나치게(over) 일하다(work)

PER = 완전히(thorough)

1. [라틴계의 말에 붙어서] 「전부, 모조리 (…하다)」의 뜻 [perfect, pervade]
2. 「극히, 매우」의 뜻 [perfervid]　　3. [化]「과(過)…」의 뜻 [peroxide]

perfect [pə́:rfikt]	A 완벽한, 이상적인　V [pə:rfékt] 완성하다, 수행하다 ex) This church is a **perfect** example of medieval architecture.	완전히(per) 만들어지다(fect)
perfervid [pə:rfə́:rvid]	A 매우 열심인; 매우 심한; 작열(灼熱)의, ex) He encountered **perfervid** injury, but turned his mind to the game.	매우(per) 불타(ferv)는(id)
permanent [pə́:rmənənt]	A 영속하는, (반) 영구적인, 불변의 ex) She is looking for a **permanent** place to stay.	쭈~욱(per) 유지(man)되는(ent)
pervade [pərvéid]	V 널리 퍼지다, 보급하다; 스며들다, 침투하다 ex) An intense poetic quality **pervades** her novels.	관통하여(per) 가다(vade)

PERI = 주위에(around)

잠수함 안에서 밖을 내다보는 **잠망경**을 'periscope'라 한다. '주위를(peri) 본다(scope)'는 뜻.

pericardium [pèrəká:rdiəm]	N 심낭	심장(card) 주변(peri)의 것(ium)
perihelion [perəhí:ljən]	N 근일점(近日點) (태양계의 천체가 태양에 가장 가까워지는 위치)	해(heli)에 가까운(peri) 점(on)
perimeter [pərímətər]	N 주변(의 길이); 방어선[지대], 경계선 ex) The **perimeter** of a square is four times the length of one side.	주위의(peri) 길이(meter)
peritoneum [pèrətəní:əm]	N 복막(腹膜)	배(ton) 주변(peri)의 것(eum)

PRE = 전에(before)

미리(pre) 정열시키(pare)는 **prepare**나 앞으로(pre) 보내(sent)는 **present** 등에서처럼 접두어 'pre'는 「미리; ~이전의; ~의 앞쪽에 있는」 등의 뜻을 갖는다.

prepare
[pripέər]
V 준비하다, 각오시키다; 작성하다, 조제하다, 조리하다
미리(pre) 정열하다(pare)
ex) The meal took two hours to **prepare**.

preach
[pri:tʃ]
V 설교하다, 권고하다, 선전하다   N 설교, 강론
앞에서(pre) 말하다(ach)
ex) A pastor **preached** to the assembled mourners.

pregnancy
[prégnənsi]
N 임신, 임신 기간, 함축, 의미 심장, 풍부
탄생(gn<gen) 전(pre) 상태(ancy)
ex) Most women feel sick in the mornings during their first months of **pregnancy**.

preposterous
[pripástərəs]
A 앞뒤가 뒤바뀐, 터무니없는, 불합리한
뒤가(poster) 앞(pre)이 된(ous)
ex) The idea is **preposterous**!

pretest
[prì:tést]
N 예비 시험, 예비 검사
V 예비 시험[검사]을 하다
먼저(pre) 시험하다(test)

preventive
[privéntiv]
A 예방적인, 방해하는   N 예방법[책, 약]; 방해물
미리(pre) 오(vent)는(ive)
ex) In an ideal world, **preventive** medicine would banish premature death.

POST = 후의, 뒤의(after)

편지의 뒤에 흔히 쓰는 P.S.는 **postscript**의 약자로, 나중의(post=after) 기록(scribe)을 의미한다.

posterior
[poustíəriər]
N 후부; 엉덩이, 둔부
A 뒤의, 후부(後部)의 (↔anterior) (순서가) 뒤에 오는, 이어지는, 이후의 (to) (↔prior)
더(ior) 뒤의(poster)

postdate
[pòustdéit]
V 실제보다 날짜를 늦추어 적다; 뒤에 일어나다
N 늦은 일부(日附), 사후(事後) 일부(↔predate)
훗(post) 날(date)
ex) His fame as an artist **postdated** his death.

postern
[póustə:rn]
N 뒷문; 지하도   A 뒷문의; 비밀의
뒤(post) 의(ern)
ex) When they came to the **postern** they began to hew and pick at it very hardily.

postindustrial
[pòustindʌ́striəl]
A 탈공업화(脫工業化)의
산업화(industry) 후 의(al)
ex) Britain is struggling to come to terms with the **post-industrial** age.

posthumous
[pástʃuməs]
A 사후(死後)의, 유복자인; 저자의 사후에 출판된
흙에 묻힌(humous) 후의
ex) The **posthumous** publication of the actor's memoirs aroused a lot of interest.

postscript
[póustskript]
N (편지의) 추신(追伸) (略 P.S.); (책의) 후기
기록 (script) 후 (post)
ex) There was the usual romantic **postscript** at the end of his letter - PS I love you.

PRO = 앞에(forward), 이전에(before)
그녀 앞에(pro) 꽃다발을 놓으면서(pose), 마음도 함께 앞으로(pro) 내놓는(pose) propose(프로포즈)!

proposal
[prəpóuzl]
[앞에(pro) 놓다(pose)]
V 제의, 제안; 청혼, 프로포즈
ex) His **proposal** that the system should be changed was rejected.

problematic
[pràbləmǽtik]
[앞에 던져지는(bl) 것(em) 의(atic)]
A 문제의; 의문의; 미정의; 의심스러운
ex) Restoring the house to its original condition would be **problematic**.

progeny
[prάdʒəni]
N 자손; 결과(outcome)
앞으로(pro) 탄생받은(gen) 자(y)
ex) His numerous **progeny** are scattered all over the country.

prolix
[prouliks]
A 지루한, 장황한
앞으로(pro) 쏟아내다(lix)
ex) The author's **prolix** style has done nothing to encourage sales of the book.

PRIM = 처음, 먼저(first)
최초로 입학하는 초등학교는 **prim**ary school. 변형으로 첫째 가는 남자, prince의 **'prin'**이 있다.

prime
[praim]
N 청춘기, 전성기; 초기; 가장 좋은 부분
A 최초의, 원시적인, 근본적인; 주요한, 최고의   V 준비시키다; 뇌관을 달다
최초의, 최고의
* **prime** minister 국무총리, 수상   * **prime** number [數]소수   * **prime** time 황금시간

primer
[prímər]
N 입문서; 뇌관, 도화선; (그림·벽의) 애벌칠 재료
최초의(prime) 것(er)
ex) He recommended we should use aluminium **primer** on bare wood.

primitive
[prímətiv]
A 원시의, 초기의, 옛날의; 구식의; 소박한
처음(prim)으로 간(it + ive)
ex) People are living in tents, without running water and in **primitive** conditions.

primordial
[praimɔ́ərdiəl]
A 원시의; 최초의, 근본적인
처음으로(prim) 째어진(ordial)
ex) I have never heard of **primordial** dwarfism until now.

principle
[prínsəpl]
N 원리, 원칙, 공리; 주의, 근본방침; 도덕규범
처음을(prin) 잡고있는(cip) 것(le)
ex) Jack doesn't have many **principles** or scruples.

principal
[prínsəpəl]
N 으뜸, 교장, 장관; 주역, 중심인물   A 주요한
처음을(prin) 잡고있는(cip) 것(al)
ex) If you talk any more in class, I'm sending you off to see the **principal**.

PROTO = 처음의(first)

유글레나, 태양충, 아메바 등의 원생동물(protozoa)은 '**처음에(proto)**' 있었던 '**동물(zoa)**'이란 뜻이다.

protocol
[próutəkɔ̀:l]
N V 원안; 조약안, 의정서;조서[를 작성하다]
ex) It is set out in a legally binding **protocol** which forms part of the treaty.

처음의(proto) 종이(col)

protolithic
[pròutoulíθik]
N 원석기(原石器) 시대의

처음의(proto) 석기시대(lith)의(ic)

prototype
[próutətáip]
N 원형(原型); 기본형; 시작품; 모범
ex) What's the budget to develop the **prototype**?

처음의(proto) 형태(type)

protozoa
[pròutəzóuə]
N (pl.) 원생 동물문(門)
ex) Amoebas are **protozoans**.

처음의(proto) 동물(zoa)

PSEUDO = 가짜의(false)

임신하지 않았는데 임신한 것처럼 배가 불러 오는 경우를 상상임신, 또는 가임신이라고 하는데, 의학용어로는 '**pseudopregnacy**'이다. 접두어 '**pseudo**'는 '**false**'의 의미.

pseudograph
[súːdougræ̀f]
N 위서(僞書); 위작(僞作), 위조 문서

가짜로(pseudo) 쓴(graph)

pseudonym
[súːdənìm]
N (작가의) 필명(筆名), 아호, 익명
ex) George Orwell was a **pseudonym** - his real name was Eric Blair.

가짜(pseudo) 이름(nym)

pseudopodium
[sùːdəpóudiəm]
N (원생 동물의) 헛발, 위족
ex) Amoebae move using **pseudopodia**.

아메바의 위족(僞足)
pseudo(가짜)
pod(발)

pseudoscience
[sùːdousáiəns]
N 사이비 과학 [가짜(pseudo) 과학(science)]
ex) These can become good tools for helping you debunk **pseudoscience**.

* quasi = 거짓(false), 유사, 준~
quasicholera　　N 가성콜레라
quasi-juridical　A 준 사법적인, 준 법관적 권한이 있는
quasiatom　　　 N [物] 준 원자

RE = 다시(again), 반대하여(against)

녹음기의 되(re) 감기(wind) 기능인 '**rewind**'를 생각하며 기억하자.

revival
[riváivəl]
N 재생, 부활, 회복, 부흥, 재상연(재상영)
ex) There's been a **revival** of ancient disputes in the region.

다시(re) 살아(viv) 남(al)

react
[riǽkt]
V 반응하다 반작용하다, 반대하다, 반항하다
ex) How do you think she'll **react** when she hears the news?

반(re) 작용 하다(act)

recall
[rikɔ́:l]
N 기억력, 취소, 철회, (결함 제품의)회수
V 상기하다, 생각나게 하다, (대사를) 소환하다; 회수하다, 취소하다, 소생시키다
ex) I can vividly **recall** our first kiss.

다시(re) 부르다(call)

reenter
[rì:éntər]
V 다시 들어가다, 다시 가입(진입)하다
ex) She **reentered** the game shortly after being injured.

다시(re) 들어가다(enter)

remake
[rì:méik]
V 개조하다, 바꾸다　N [rí:meik] 재영화화 작품
ex) The film was **remade** in Hollywood.

다시(re) 만들다(make)

RETRO = 뒤에(back), 뒤에(back)
'후방에; 다시 제자리에; 거꾸로' 등의 뜻을 갖는다. rear(뒤, 배후, 후방의)도 그 변형이다.

retrograde
[rétrougrèid]
V 후퇴하다, 역행하다; 소급하다; 퇴보하다
A 후퇴하는, 되돌아가는; 퇴화하는
ex) The closure of the factory is a **retrograde** step.

뒤로(retro) 가다(grade)

retrofit
[rétroufìt]
A 구형(舊型)장치의 개장(改裝)[갱신]
V [rètroufít] (구형 장치를) 개장[갱신]하다

뒤로(retro) 맞추다(fit)

retroflex
[rétrəflèks]
A 뒤로 휜, 뒤로 굽은

뒤로(retro) 휨(flex)

retrogress
[rètrəgrés]
V 되돌아가다, 후퇴하다; 역행하다; 퇴보하다
ex) Medical services **retrogressed** after funding had been cut.

뒤로(retro) 가다(gress)

retromania
[rètrouméiniə]
N 옛것을 좋아하는 것

과거(retro)에 미침(mania)

retronym
[rétrənim]
N 일반화된 상품명[band-aid, Kleenex];
　광고 표기가 일반화된 것 [KFC의 fingerlickin' good(손가락을 빨 정도로 맛있는)]

뒤의(retro) 이름(nym)

retropulsion
[rètrəpʌ́lʃən]
N 뒤로 밀어냄; 후방 돌진

뒤로(retro) 추진(puls) 함(ion)

retrospect
[rétrəspèkt]
N 회고, 추억, 선례의 참고　V 회고하다, 회상하다
ex) In **retrospect** I think my marriage was doomed from the beginning.

뒤를(retro) 보다(spect)

arrears
[əríərs]
[ad(=to) + retro(=back)]
N (일, 지불금의) 지체, 밀림; 지불잔금, 연체금
* in arrears 빚진
ex) My account is badly **in arrears**.

rear
[riər]
N 뒤, 배후, 후미, 궁둥이, [영] 남자용 변소
A 후방의　V 보러 가다, 변소에 가다

SE = 떨어져, 분리되어(apart)

떨어져, 분리되어, 따로 등의 뜻을 갖는다. secret(비밀)은 '따로(se) 나누어진 것(cret)' 이란 뜻!

secede
[sisí:d]
V (정당·교회 등에서) 탈퇴[분리]하다
떨어져서(se) 가다(cede)
ex) There is likely to be civil war if the region tries to **secede**.

secrete
[sikrí:t]
V 비밀로 하다, 숨기다; 분비하다
따로(se) 나누다(crete)
ex) Saliva is a liquid **secreted** by glands in or near the mouth.

secure
[sikjúər]
A 안전한, 보장된   V 안전하게 하다, 보증하다
걱정(cure)과 등 떨어진(se)
ex) Endangered species need to be kept **secure** from poachers.

separate
[sépərèit]
V 나누다, 분리하다, 분류하다, 식별하다
따로(se) 정렬(par)하다(ate)
A [séprət] 갈라진, 개별적인, 단독의   N [séprət] 발췌 인쇄, 별책
ex) The arts department and the main college are two **separate** buildings.

SUB = 아래; 하위; 버금; 부(副)

subway의 'sub'은 '아래; 하위; 버금; 부(副)'의 뜻이다.
변형으로는 c 앞에서 suc-; f 앞에서 suf-; g 앞에서 sug-; m 앞에서 때로 sum-;
p 앞에서 sup-; c, p, t 앞에서 때로 sus-를 쓴다.

아래의(sub) 길(way)

submit
[səbmít]
V 복종시키다, 복종하다, 따르다; 제출[제시]하다
밑으로(sub) 보내다(way)
ex) She refused to **submit** to threats.

succor
[sʌ́kər]
N 구조, 원조   V 원조하다, 구하다
아래로(suc) 달려오다(cor<cur)
ex) Students of all kinds should be encouraged, supported and **succored**.

suffer
[sʌ́fər]
V (고통 등을) 경험하다, 당하다; 견디다, 참다
아래로(suf) 나르다(fer)
ex) It's terrible to see someone you love **suffer** so much.

suggestion
[səgdʒéstʃən]
A 암시, 시사, 연상, (정욕) 유발,
아래에(sug) 들고(gest) 있는(ive)
ex) I don't know what to wear tonight – have you got any **suggestions**?

sustain
[səstéin]
V 지탱하다, (피해, 손실, 충격 등을) 경험하다,
아래에서(sus) 잡아 주다(tain)
ex) We do not have sufficient **resources** to sustain our campaign for long.

SUPER = 넘어선, 초월한(over)

superman의 'super'는 '이상; 과도, 극도; 초월'의 뜻이다.
'sur'도 동의 어근인데, surface는 '위(sur)에 접한 면(face)의 뜻'

super**man**
초인(超人)

superb
[su:pə́:rb]
A 최상의, 훌륭한, (건물 등이) 당당한; 화려한
위에(super) 있는 b(be)
ex) The museum has a **superb** collection of twentieth-century art.

superior
[supíəriər]
N 우월한 사람, 상관, 상사, 선배
A 뛰어난, 고급의, 다수(다량)의, 거만한, 초월한, (위치·계급이) 보다 위의
ex) This is clearly the work of a **superior** artist.

super의 비교급

supreme
[suprí:m]
N 최고의 것, 절정 A 최고 권위의, 최고의, 극도의
ex) As a soldier, I want to make the **supreme** sacrifice for my country.

위에(super) 있는(eme)

supercilious
[sù:pərsíliəs]
A 사람을 내려다보는[얕보는], 거만한, 건방진
ex) She has a very **supercilious** manner.

눈썹(cil)을 위로(super) 한(ious)

insuperable
[insú:pərəbl]
A 극복할 수 없는, 이길 수 없는
ex) It is not an **insuperable** problem: it could be done.

넘어갈(super) 수(able)없는(in)

surface
[sə́:rfis]
N 표면, 수면, 겉, 외면;외부 A 표면만의, 피상적인
V 얇은 표지를 달다; 떠오르다; 표면화하다, 드러나다
ex) Teeth have a hard **surface** layer called enamel.

위쪽(sur) 면(face)이 surface

surname
[sə́:rnèim]
[위(sur)의 이름(name)]
N 성(family name); 별명 A 성을 붙이다, 별명을 짓다
ex) Her first name is Sheila and her **surname** is Kane.

surplus
[sə́:rpləs]
N 나머지, 잔여, 과잉; 잉여 A 나머지의, 잔여의
ex) The world is now producing large food **surpluses**.

공급(plus)를 넘어섬(sur)

surrender
[səréndər]
V 넘겨주다, 건네주다; 포기하다; 항복하다
ex) They would rather die than **surrender**.

넘겨(sur=over) 주다(render)

SYN = 동시에, 함께, 비슷한

동일한(syn) 시간(chron)에 하는 synchronized swimming

synchronized swimming은 수중에서 '**동일한(syn)**' '**시간(chron)**'에 같은 동작을 한다. 변형으로는 '**syl**'(l 앞)과 '**sym**'(b, m, p 앞)이 있다.

---

syllable
[síləbl]
N 음절, 일언반구 V 음절마다 발음하다
ex) In the word 'particular', the stress falls on the second **syllable**.

함께(syn) 취함(lable)

syllepsis
[silépsis]
N 일필 쌍서법(一筆雙敍法), 겸용법(兼用法)

동시에(syn) 취함(lepsis)

symmetry
[símətri]
N (좌우의) 대칭, 균형(balance), 조화, 균형미
ex) The design of the house had a pleasing **symmetry**.

TELE = 멀리(far)

'television'은 '멀리(tele)' 있는 것을 '볼(vis)' 수 있게 해준다.

telecast
[télikæ̀st]
N 텔레비전 방송
ex) The game will be telecast on ESPN.

멀리(tele) 던짐(cast)

telegraph
[téləgræ̀f]
N 전신, 전보   V 전보를 치다, 신호하다
ex) The news came by telegraph.

멀리(tele) 보내는 글씨(graph)

teleguide
[téləgáid]
N (미사일 등을) 원격 유도하다

멀리서(tele) 이끌다(guide)

teleology
[tèliálədʒi]
N 목적론; (목적론의) 목적
ex) Teleology is the belief that everything has a special purpose or use.

먼(tele) 곳을 지향하는 이론(logy)

telescope
[téləskòup]
N 망원경   V (망원경통처럼) 끼워 넣다; 압축하다
ex) In 1609, Galileo improved the telescope.

멀리(tele) 보는 기구(scope)

telesthesia
[tèləsθíːʒiə]
[멀리서(tele) 느낌(esthesia)]
N 원격 투시

TRANS = 통하여, 가로질러(across, through)

'trans'는 '통하여, 가로질러, 옮겨(across, through)'의 뜻이며, 아래와 같이 변형된다.
* tran - q, s 앞   * tra - d, j, v 앞에서 드물게 발생   * tres - p, t 앞에서 드물게 발생

transient
[trǽnʃənt]
A 덧없는, 무상한; 일시의, 순간적인
N 일시적인 사람[사물]; 단기 체류자, 뜨내기 노동자
ex) A glass of whisky has only a transient warming effect.

통과해(trans) 버리는 (ient)

transit
[trǽnsit]
N 통과, 통행; 변화;   V 수송 통과하다
* transition 변천, 이행, 변화; 과도기, 변화기
* transitional 과도기의   * transitory 일시적인, 잠시 동안의, 덧없는
ex) Britain imports over 100,000 birds each year, but 20,000 die in transit.

통과하여(trans) 감(it)

travesty
[trǽvisti]
V 우스꽝스럽게 만들다   N 우스꽝스럽게 만듦, 희화화
ex) Langdale described the court ruling as a travesty of justice.

(옷을) 옮겨(trans) 입다(vesty)

trespass
[tréspəs]
V 침입하다, 침해하다; 폐를 끼치다
N 불법침해, 불법침입, 폐, 폐끼침; (종교, 도덕상의) 죄
ⓢ poach 밀렵하다, 침입하다; 남의 권리 등을 가로채다
ex) I hope this is a public footpath and we're not trespassing on someone's land.

가로질러(tres) 통과다(pass)

trestle
[trésl]
N 가대, 버팀다리
ex) A trestle table consists of a board supported by a trestle.

가로질러(tres) 가는 틀(tle)

ULTIM = 마지막(last)

ultimate [ʌ́ltəmət]
A 최후의, 궁극적인 N 결론 V 완성시키다
마지막(ultimo) 의 (ate)
ex) Your **ultimate** goal as an athlete is to represent your country.

ultimatum [ʌ̀ltəméitəm]
N 최후의 말, 최후통첩
마지막(ultima)의 것(tum)
ex) This is not an **ultimatum**, but these are the options.play

ultimogeniture [ʌ̀ltəmodʒénətʃùər]
N [法] 말자(末子) 상속제 (↔primogeniture)
마지막 탄생받은 아가 가짐
ex) As opposed to primogeniture, **ultimogeniture** leaves everything to the youngest son.

ULTRA = 초과하여(beyond)

ultraclean [ʌ̀ltrəklí:n]
A 초청정의, (특히) 완전 무균의
초(ultra) 청정의(clean)
ex) The vacuum system is operated under **ultraclean** conditions.

ultraism [ʌ́ltrəìzm]
N 극단론, 과격론
극단(ultra) 론(ism)
ex) They must resist and stem heated **ultraism**.

ultraleft [ʌ̀ltrəléft]
N A 극좌(파)의 [the~:집합적]극좌(파)
극(ultra) 좌(left)
ex) They infiltrated **ultraleft** groups and militarized them.

ultraviolet [ʌ̀ltrəváiəlit]
N A 자외선(의) (U.V.)
가색(violet)을 초과한(ultra)
ex) **Ultraviolet** radiation from the sun can cause skin cancer.

ulterior [ʌltíəriər]
A 이면의, 숨은
~보다(ior) 넘어선(ulter)
ex) Sheila had an **ulterior** motive for trying to help Stan.

UN = 부정, 반대, 제거

* 형용사·부사·동사에 붙여서 '**부정·반대**'의 뜻을 나타냄 - unhappy, unhappily; untie, unlock
* 명사에 붙여서 그 성질·상태의 '**제거**'를 뜻하는 동사를 만듦 - unman, unbishop
* 명사에 붙여서 '…**의 결여, 의 반대**'의 뜻을 나타냄 - unrest, unkindness

unable [ʌnéibl]
A 할 수 없는(incapable), 허약한(weak)
할 수(able) 없는 (un)
ex) Many passengers were **unable** to reach the lifeboats.

unbelievable [ʌ̀nbəlí:vəbl]
A 믿을 수 없는, 믿기 어려운(incredible)
믿을 수(believable) 없는 (un)
ex) She eats an **unbelievable** amount of food and yet she's really thin.

unceasing [ʌnsí:siŋ]
A 끊임없는, 부단한(constant), 연속된
멈추지(ceas) 않는(un) 는 (ing)
ex) **Unceasing** efforts have been made to solve these problems.

undue
[ʌndjúː]
A 부당한(improper), 지나친, 불합리한
정당하지 (due) 않은 (un)
ex) The work should be carried out without **undue** delay.

uneven
[ʌníːvən]
A 평평하지 않은, 거친(coarse), 홀수의(odd)
고르지 (even) 않은 (um)
ex) Take care when you walk on that path - the paving stones are rather **uneven**.

unfair
[ʌnfɛ́ər]
A 부당한(improper), 편파적인, 불공평한
정당하지 (fair) 않은 (um)
ex) It's so **unfair** - Mary gets more money for less work!

unjust
[ʌndʒʌ́st]
A 불법적인, 부당한, 옳지 못한
정당하지 (just) 않은 (um)
ex) The selection procedure is felt to be **unjust** by many people.

unreal
[ʌnríːəl]
A 실재하지 않는, 환상적인(fantastic), 허위의
실제적이지 (real) 않은 (um)
ex) The evening was so bizarre that it was beginning to seem **unreal**.

untimely
[ʌntáimli]
A 때아닌, 시기상조의, 미숙한
시기가 (timely) 아닌 (um)
ex) The evening was brought to an **untimely** end by a police raid and a string of arrests.

undo
[ʌndúː]
V 풀다, 취소하다, 파멸로 이끌다, 유혹하다
하지 (do) 않다 (um)
ex) I'd eaten so much that I had to **undo** my belt by a couple of holes.

unfold
[unfóuld]
V 펼치다, 열리다, 드러내다
접지 (fold) 않다 (um)
ex) He watched her expression as she **unfolded** the letter.

unload
[ʌnlóud]
V 짐을 부리다, 제거하다, 덜다
짐을 싣지 (load) 않다 (um)
ex) I'm just **unloading** my camera.

unlock
[ʌnlák]
V 열다, 드러내다, 속박이 풀어지다
잠그다(lock)의 반대(um)
ex) Could you **unlock** the door for me - my hands are full.

unravel
[ʌnrǽvəl]
V 실을 풀다, 해명하다, 밝히다, 풀다
얽히게 하다(ravel)의 반대(um)
ex) You'd better mend that hole before the whole sweater starts to **unravel**.

unbend
[ʌnbénd]
V 곧게 펴다, 풀다, 쉬게 하다, 친숙해지다
구부리다(bend)의 반대 (um)
ex) I'd hoped that after a glass or two of wine she might **unbend** a little.

unfurl
[ʌnfə́ːrl]
V 펼치다, 휘날리다, 올리다(raise, lift)
감다(furl)의 반대 (um)
ex) The demonstrators **unfurled** a banner which said 'Liberty will die with us.'

unrest
[ʌnrést]
N (사회적인) 불안, 불온; (마음의) 불안, 근심
안정(rest)의 반대(um)
ex) There is growing **unrest** in the south of the country.

UNDER = ~아래의, ~보다 못한

접두어 'under'는 전치사 under와 마찬가지로 '~아래의'나 '~보다 못한' 등의 뜻을 갖는다.

underbrush
[ʌ́ndərbrʌ̀ʃ]
N (큰 나무 밑에 자라는) 덤불
밑에(under) 있는 숲(bush)
ex) It's **underbrush** that's grown up and resembles a cave.

undergo
[ʌ̀ndərgóu]
V (검열, 수술을) 받다; 겪다; 견디다, 참다
밑으로(under) 지나가다(go)
ex) She **underwent** an operation on a tumor in her left lung last year.

underground
[ʌ́ndərgràund]
N 지하철, 지하조직   V 매설하다
땅(ground) 아래(under)
A 지하의, 비밀의, 지하조직의, 반체제의, 전위적인, 실험적인
ex) I always travel by **underground**.

underline
[ʌ́ndərlàin]
V 밑줄을 치다, 강조하다, 예고하다
밑(under) 줄(line)
N 밑줄, (프로그램 아래에 적은) 다음 공연의 예고, 삽화 아래의 설명문
ex) All the technical words have been **underlined** in red.

underneath
[ʌ̀ndərníːθ]
ad 아래에, 밑면에
아래(under) 쪽에(neath)
ex) The tunnel goes right **underneath** the city.

underpay
[ʌ̀ndərpéi]
V ~에게 급료를 충분히 주지 않다
낮게(under) 급료를 주다(pay)
ex) She reckons her employer has been **underpaying** her by £50 per week.

underrate
[ʌ̀ndərréit]
V 낮게 평가하다, 깔보다
낮게(under) 평가하다(rate)
ex) The company has **underrated** the importance of a well-trained workforce.

undersell
[ʌ̀ndərsél]
V 헐값으로 팔다, 싸게 팔다
낮게(under) 팔다(sell)
ex) A big supermarket can usually **undersell** a small local store.

undertake
[ʌ̀ndərtéik]
V 떠맡다; 약속하다; 보증하다; 장례식을 떠맡다
아래에서(under) 맡다(take)
* **undertaker** 인수인, 청부인; 기업가; 장의사
ex) Students are required to **undertake** simple experiments.

underwear
[ʌ́ndərwɛ̀ər]
V 속옷, 내의
아래에(under) 입는 옷(wear)
ex) Underpants, panties, bras and tights are all **underwear**.

UP = 위로, 위에

접두어 'up'은 전치사 up과 마찬가지로 '위로, 위에(above)'의 뜻을 갖는다.

upbringing
[ʌ́pbrìŋiŋ]
N (유아기의) 교육, 훈육, 양육(education)
bring up = 양육하다
ex) All the crimes he committed were the result of his **upbringing**?

upcoming
[ʌ́pkʌ̀miŋ]
A 다가오는, 곧 나올
위로(up) 나올(coming)
ex) Tickets are selling well for the group's **upcoming** concert tour.

upgrade
[ʌ́pgréid]
N 오르막길, 향상, 증가, 상승
V 승진시키다, 품질[품종]을 개량하다; (싼 물품을) 고급품 취급하다

등급(grade)을 위로(up) 하다

ex) Congratulations, I hear you've been **upgraded** to divisional manager.

uphold
[ʌphóuld]
V 들어올리다, 지지하다, 지탱하다

위로(up) 잡다(hold)

ex) As a police officer you are expected to **uphold** the law.

upkeep
[ʌ́pkì:p]
N 유지, 유지비

높이(up) 유지함(keep)

ex) Tenants are responsible for the **upkeep** of rented property.

upland
[ʌ́plənd]
N 고지, 고지대의, 고지의

높은(up) 땅(land)

ex) The whole plateau comprises one vast **upland** plain.

uplift
[ʌ́plíft]
V 들어 올리다, 높이다 N 들기, 향상, 훈시

높이(up) 들다(lift)

ex) Large areas of paving were **uplifted** by the earthquake.

upright
[ʌ́práit]
A 똑바른, 정직한, 수직의 N 수직물

위로(up) 똑바른(right)

ex) Stand **upright** when you're being spoken to!

uproot
[ʌ̀prú:t]
V 뿌리째 뽑다, 근절하다; 몰아내다

뿌리(root)를 (땅)위로(up)

ex) The war has **uprooted** nearly two-thirds of the country's population.

upset
[ʌ̀psét]
N 전략, 당황, 낭패, 뜻밖의 패배
A 뒤집힌, 전도된; 패배한; 당황한, 화난 V 뒤엎다, 전복시키다, 교란하다

위로(up) 되게 하다(set)

ex) Don't get **upset** about the dress – there's only a little stain on it.

upshot
[ʌ́pʃàt]
N 결론, 결과, 결말, 요지

마지막(up) 화살(shot)

ex) The **upshot** of the discussions is that there will be no redundancies.

upstart
[ʌ́pstàərt]
V 갑자기 나타나다 N 벼락 출세, 벼락부자

갑자기(up) 시작하다(start)

ex) People in the office think he's an **upstart** because he was so young.

upsurge
[ʌ́psə́:rdʒə́]
V 파도가 일다, 솟구쳐 오르다 N 고조, 급증

위로(up) 솟구치다(surge)

ex) An **upsurge** of violence has been linked to increased unemployment.

uptake
[ʌ́ptèik]
N 빨아 올림, 들어(집어) 올림, 이해력

위로(up) 취하다(take)

ex) She's very quick on the **uptake**, so you won't have to explain much.

uptick
[ʌ́ptìk]
N 상승, 호전, (증권의) 높은 거래(plus-tick)

위로(up) '틱!' 작동하다(tick)

ex) There may be an **uptick** in housing construction.

upturn
[ʌ́ptə́:rn]
N 위로 향함, (경기·물가 등의) 상승; 소란, 대혼란

위로(up) 돌다(turn)

ex) Investors should not expect a sharp **upturn** in the economy.

WITH = 뒤쪽으로, 반대로

접두어 'with'는 '뒤로(back), 반대로(against)' 등의 뜻으로, '멀리(away)'의 의미를 내포한다.

withdraw [wiðdrɔ́ː]　Ⅴ 빼다, 끌어 당기다; 철수시키다, 회수하다,　　　뒤로 (with) 당기다 (draw)
철회하다; 자퇴시키다; (시선을)딴 데로 돌리다; (물건 등을) 꺼내다; 인출하다
* withdrawal 물러남; 되찾음, 인출; 취소, 철회; 철수, 철병; 퇴학; 투여중지
ex) This credit card allows you to **withdraw** up to $500 a day.

withhold [wiθhóuld]　Ⅴ 보류하다, 억누르다, 말리다; 공제하다　　　뒤로 (with) 잡다 (hold)
ex) She **withheld** her rent until the landlord agreed to fix the fence.

withstand [wiθstǽnd]　Ⅴ 저항하다, 버티다, 견디어내다　　　맞 (against) 서다 (stand)
ex) She is an artist whose work will undoubtedly **withstand** the test of time.

* **wither** [wíðər]　Ⅴ 시들다, (애정·희망이) 약해지다, 시들게 하다,　　　wither < weather
쇠퇴시키다, 위축시키다, (명예 등을) 손상하다
ex) The grass had **withered** in the warm sun.

* 'wither'는 'weather'의 변형으로 '비바람을 맞히다'의 뜻에서 '시들다'로 발전한 것. 이 단어의 with는 접두어가 아님.

NUMERICAL PREFIX

DEMI = ½
demigod [démigɑ̀d]	N 반신반인, 숭배받는 인물	반(demi) 신(god)
demilune [démilùːn]	N 반달; 반월보(半月堡)	반(demi) 달(lune)
demimini [dèmimíni]	A 초 미니의, 초미니 스커트	미니(mini)의 절반(demi)
demimonde [démimɑ̀nd]	N·화류계, 화류계 여자	반(demi) 세계(monde)
demiofficial [dèmiəfíʃəl]	N 공사(公事)에 관한 사한(私翰)	반(demi) 공적(official)인
demiworld [démiwəːrld]	N 화류계	반(demi) 세계(world)

SEMI = ½
semiannual [sèmiǽnjuəl]	A 반년마다의, (식물 등이) 반년생의	반(semi) 년(annual)의
semicircle [sémisəːrkl]	N 반원, 반원형(의 것)	반(semi) 원(circle)
semifinal [sèmifáinl]	NA 준결승(의)	준 (semi) 결승 (final)
semifinished [sèmifíniʃt]	A 거의 완성된, 반 제품의	반(semi)은 마쳐진(finished)
semisolid [sèmisɑ́lid]	NA 반고체(의)	반(semi) 고체의 (solid)

HEMI = ½
hemicycle [hémisàikl]	N 반원형, 반원형의 건물	반(hemi) 원(cycle)
hemihedral [hèmihíːdrəl]	N 반면상의; [結晶] 반광면(半光面)의	반(hemi) 면(hedr) 의 (al)
hemiplegia [hèmiplíːʤiə]	N 반신불수	반(hemi) 마비증(plegia)
hemiptera [himíptərə]	N 반시류	반(hemi) 눈(opt) 류 (era)
hemisphere [hémisfìər]	N 반구체, 반구, 대뇌(소뇌)반구	반(hemi) 구 (sphere)

UNI = 1

unanimity [jùːnəníməti]	N	전원 이의 없음, 만장일치	하나의 (uni) 마음 (anim + ity)
unify [júːnəfài]	V	하나로 하다, 통일하다	하나로 (uni) 만들다 (fy)
unionize [júːnjənàiz]	V	노동조합화 하다, 노동조합을 만들다	한 덩어리 (union)로 만들다 (ize)
unique [juːníːk]	A	유일(무이)한, 훌륭한, 별난	유일 (uni) 한 (que)
unison [júːnəsn]	N	조화, 일치, 동음	하나의 (uni) 소리 (son)
unity [júːnəti]	N	단일, 뭉침, 조화, 통일, 통일성	하나로 (uni) 됨 (ty)

MONO = 1

monarchy [mánərki]	N	군주 정체(정치)	혼자(mono) 다스림 (archy)
monograph [mánəgræf]	N	특수 연구서, 전공 논문	한가지에 (mono) 대해 쓴 (graph)
monolog [mánəlɔːg]	N	독백극, 혼자 하는 긴 이야기	혼자서 (mono) 말하는 (log)
monopoly [mənápəli]	N	전매, 독점, 전매권, 독점품	혼자서 (mono) 판매하는 (poly)
monotony [mənátəni]	N	단조로움, 지루함, 단음, 단조	한가지 (mono) 색조 (ton)의 (y)
monovular [manávjulər]	N	일란성의, 일란성 쌍생아에 특유의	하나의 (mono) 알 (ovul) 의 (ar)

BI = 2

biaxial [báiæksiəl]	A	2축의	축이 (ax) 두개 (bi) 인 (ial)
bicameral [báikæmərəl]	A	상하 양원제의	방 (camer) 둘 (bi) 인 (al)
bifocal [báifóukəl]	A	초점이 둘인 N 2초점 렌즈	초점이 (foc) 둘 (bi) 인 (al)
bilateral [báilætərəl]	A	양쪽(면)이 있는, 좌우 양측의	양쪽(bi) 측면이 (later) 있는 (al)
bilingual [báilíŋgwəl]	A	두 나라 말을 하는(쓴)	두가지(bi) 말을 (lingu) 하는 (al)
bipartisan [báipáərtizən]	A	2당(파)의, 2대 정당 제휴의	두개(bi) 당파(partis) 의 (an)
biped [báiped]	A	양족의	발이 (ped) 두개인 (bi)
bisect [báisekt]	V	양분하다, 두 갈래로 갈라지다	두개로 (bi) 나누다 (sect)

DI = 2

dichotomy [daikátəmi]	N	이분법, 양분, 두 갈래로 갈림	두 개로 (dicho) 나눔 (tomy)
dilemma [dilémə]	N	양도 논법, 진퇴 양난, 궁지	두 가지 (di) 상황 (lemma)
dioxide [dáiáksaid]	N	2산화물	2(di) 산화 (ox) 물 (ide)
diphthong [dífθɔːŋ]	N	2중 모음, 복모음	두 개의 (di) 소리 (phthong)
diplomacy [diplóuməsi]	N	외교(술), 외교적 수완	양쪽으로 접음 – 양국 모두를 위해
dipole [dáipòul]	N	이중극, 쌍극자, 2극 안테나	두 개의 (di) 막대 (pole)
Diptera [díptərə]	N	(pl.) 쌍시류	두 (di) 눈 (pt<opt>)의 동물 (era)

DU = 2

duet [djuét]	N	이중창, 이중주, 두 사람의 대화, 짝	둘 (duet)
duodenum [djùːədíːnəm]	N	십이지장	2(duo) + 10(den<ten) + um
duologue [djúːəlɔːg]	N	(두 사람의) 대화, 대화극	두 사람(duo)의 말(logue)
duplex [djúːpleks]	A	이중의, 복식의, 두 가구 연립주택	둘로 (du) 접어짐 (plex)

TRI = 3

treble [trébl]	A N	3배(의), 3겹의 (물건), 고음부(의)	3(tre) 겹의 (ble)
triangle [tráiŋgl]	N	삼각형, 3각자, 3인조, 3각 관계	3개의 (tri) 각 (angle)
trichord [tráikɔːrd]	N	3현 악기, 3현금	3개의 (tri) 현 (chord)
triode [tráioud]	N	3극 진공관	3개의 (tri) 극 (ode)
triphibian [tráifíbiən]	A	육, 해, 공의 어느 싸움에도 강한	tri + (am)phibian
triple [trípl]	A	3중의, 3배의, N 3배의 수(양), 3루타	
trevail [trəvéil]		[3개의(tre) 말뚝(vail = stake)] N 산고, 진통; 고통 V 진통하다, 수고하다	

틀어 배, ill (travail)

아우, 배가 틀어지는 것 같아

TERT = 3

tertian [tə́:rʃən]	A 사흘마다(하루 걸러) 일어나는		3일(tert) 마다의 (ian)
tertiary [tə́:rʃiéri]	A 제 3의, 제 3차의　　N 제 3기		제 3(tert) 의 (iary)
terzetto [tɛərtsétou]	N 3중창(곡), 3중주(곡)		3중주

QUADR = 4

quadrate [kwádreit]	A 네모꼴의　N 정사각형　V 일치시키다	(병기) 4개(quadr) 인 (ate)
quadruple [kwadrú:pl]	A 4곱의, 4중의, 4부로 된, 4박자의	4(quadru) 배의 (ple)
quadruped [kwádrupèd]	N 4지 동물	4개의 (quadru) 다리 (ped)
quadrangle [kwádræŋgl]	N 네모꼴, 사각형, 안뜰	4개의 (quadr) 각 (angle)
quarter [kwɔ́ərtər]	N 4분의 1, 15분, 1분기, [미] 1학기	4 중 하나
quarterly [kwɔ́ərtərli]	A 연 4회 발행의, 한 해 네 번의	4회 (quarter) 의 (ly)
quaternary [kwátərnèri]	A 네 요소로 된, 네 개 한 벌의	4개로 (quarter) 된(nary)
quarry [kwɔ́:ri]	N 채석장, 돌산; 원천, 보고, 출처	돌을 네모로 자른 데서
quartet [kwɔərtét]	N 4중주; 4중창[곡]; 4인조, 4개 한벌	
quarantine [kwɔ́:rəntì:n]	V 검역하다, 격리하다　N 격리, 검역소	

* 페스트나 전염병이 발생했을 때, 전염을 막기 위해 승무원은 40일간 배에 머물러 있어야 했다. 이것이 quarantine이란 검역기간이다. 검역 중인 배는 노란 기를 게양하였다.

square [skwɛər]	N 정사각형; 광장; 제곱, 평방	
squad [skwɑd]	N 분대, 반, 계, 대, 팀	사람들이 네모꼴로 줄을 맞춰 섬
squadron [skwádrən]	N 기병 대대; 소함대, 전대, 비행대	큰 (on) squad(r)

TETRA = 4

tetrad [tétræd]	N 4개, 4가 원소, 4분자, 4분 염색체	4개(tetra)로 된 것 (ad)
tetragon [tétrəgàn]	N 네모꼴, 4변형	4개(tetra)의 각 (gon)
tetrode [tétroud]	N 4극 (진공)관	4개(tetr)의 길 (ode)
tetrahedron [tètrəhí:drən]	N 4면체	4(tetra) 면(hedr) 체(on)

QUINT = 5

quint [kwint]	N 5도 음정, (미) 농구팀	5개로 이루어진 것
quintessence [kwintésns]	N 정수, 진수, 본질, 전형; 제5원소	5(quint)의 요소 (essence)

PENTA = 5

pentagon [péntəgàn]	N 5각형, 5각형의 미국방성 건물; 미군 당국	5개(penta)의 각 (gon)
pentagram [péntəgræm]	N 별 모양, 5각형	5각(penta) 그림(gram)
pentameter [pentǽmətər]	N 5보격(의 시행)	5(penta)의 거리 (meter)

SEXA = 6

sexfoil [séksfɔil]	N 6엽 식물(꽃)	6(sex) 잎 (foil)
sexivalent [sèksəvéilənt]	A 6가의 (=hexavalent)	6(sexi)의 가치 (val) 의 (ent)
sextant [sékstənt]	A 6분의, 6분의 1	6(sext) 의 (ant)
sextuple [sekstjú:pl]	A 6겹의, 6배의, 6박자의	6(sext) 배의 (uple)

HEXA = 6

hexad [héksæd]	N 여섯 개로 된 한 묶음, 6가 원소	6(hex)의 묶음 (ad)
hexagon [héksəgàn]	N 6변(각)형	6(hexa) 각 (gon)
hexapod [héksəpàd]	A 6각의, 곤충의, 6각류(동물), 곤충	6(hexa)개의 발(pod)

SEPTA = 7

septangle [séptæŋgl]	N 7각형	7(sept) 각(angle)
September [səptémbər]	N 9월	7번째(Septem) 달(ber)
septennium [sépténiəm]	N 7년간, 7년기	7(sept) 년(enn) 기(ium)

HEPTA = 7

heptachord [héptəkɔ̀:rd]	N 7현 악기, 7음 음계	7(hepta) 줄(chord)
heptahedron [hèptəhí:drən]	N 7면체	7(hepta)면(hedr)체(on)
heptagon [héptəgàn]	N 7각(변)형	7(hepta) 각(gon)

OCTA = 8

octagon [áktəgàn]	N 8변형, 8각형, 8각당	8(octa) 각(gon)
octave [áktiv]	N 옥타브, 8도 음정	octave
October [aktóubər]	N 10월	8번째(Octo) 달(ber)
octonary [áktənèri]	A 8의, 8로 이루어진	8(octo) 의(nary)
octopus [áktəpəs]	N 낙지, 문어	8개(octo)의 발(pus)

* 고대 로마에서 사용하던 달력은 계산의 실수로 1년에 10개월 밖에 없어서 잘 맞질 않았다. 그러다 줄리어스 시저가 부족한 두 달을 집어넣어서 달력을 고쳤고, 이를 기념하기 위해서 7월을 그의 이름을 따서 July로 명명했다. 그 다음 달인 8월은 로마 제국의 초대 황제인 Augustus를 기리기 위해 August로 부르게 되었다. 그러다보니, 원래의 9월부터 10월까지는 두 칸씩 뒤로 밀리게 된다.

* September: 7→9 (sept = 7), October: 8→10 (octo =8), November: 9→11 (nov = 9), December: 10→12 (dec = 10)

NONA = 9

nonary [nóunəri]	A 9진법의	nonary
nonagon [nóunəgàn]	N 9변형, 9각형	nonagon
November [nouvémbər]	N 11월	November

ENNEA = 9

ennead [éniæd]	N 아홉개로 이루어진 한 벌	9(enne)의 다발(ad)
enneagon [èniəgàn]	N 9각형, 9변형	9(ennea) 각(gon)

DECA = 10

decade [dékeid]	N 10개가 한 벌이 된 것, 10권, 10년간	10(dec)의 다발(ade)
decaliter [dékəlì:tər]	N 데카리터 (10 liters)	10(deca) 리터(liter)
December [disémbər]	N 12월	10번째(Decem) 달(ber)
Decameron [dikǽmərən]	N [the ~]데카메론, 열흘 이야기	Decameron
decapod [dékəpàd]	N 십각류(새우, 게), 십완류(오징어)	decapod

DECI = 1/10

deciliter [désəlì:tər]	N 데시리터 (1/10 리터)	1/10(deci) 리터(liter)
decimal [désəməl]	A 십진법의, 소수의, 10 부문의	1/10(decim) 의(al)
decimate [désəmèit]	V 다수를 죽이다, 10분의 1을 제거하다	1/10(decim)을 잘라내다(ate)

HECTO = 100

hectare [héktɛər]	N 헥타르 (면적 단위, 1만 평방 미터)	100(hect) 아르 (are)
hectometer [héktəmì:tər]	N 헥토미터 (100 미터)	100(hector) 미터(meter)
hecatomb [hékətòum]	N 대량 희생, 대학살, 다수, 다량	100(hecaton)마리 + 소 (bous)

CENT = 1/100

centennial [senténiəl]	A 100년마다의, 100년제의	100(cent) 년(enn) 의 (ial)
centipede [séntəpì:d]	N 지네	100(centi)가버! 다리 (pede)
centuple [séntəpəl]	N 100 배로 하다	100(cent) 배(uple)
centurion [sentjúəriən]	N 백부장 (로마의 군대 지휘관 중 보병 100 명을 인솔하는 대장)	

KILO = 1,000

kilometer [kilámətər]	N 킬로미터(1000 미터)	1000(kilo) 미터(meter)
kilogram [kílougræm]	N 킬로그램(1000 그램)	1000(kilo) 그램(gram)
kilowatt [kílouwàt]	N 킬로와트(전력의 단위)	1000(kilo) 와트 (watt)

MILLI = 1,000

millenarian [mìlənέəriən]	A 천(년)의, 천년 왕국(신봉자)의	천(mill) 년(en) 장소 (ari)의 (ian)
millipede [míləpì:d]	N 노래기	1000(milli)가버! 발(pede)
millibar [míləbàər]	N 밀리바	1/1000(milli) bar

MULTI = many

multicellular [màltisélulər]	A 다세포의	많은 (multi) 세포 (cellul) 의 (ar)
multiply [máltəplái]	V ~을 증가시키다, 곱하다, 번식하다	많이 (multi) 접다 (ply)
multitude [máltətjù:d]	N 다수, 수많음, 군중, 대중, 서민	많은 (multi) 무리 (tude)
multicast [máltikæst]	N 멀티캐스트	많이 (multi) 보냄 (cast)

POLY = many

polygon [páligàn]	N 다각형	많은 (poly) 각(gon)
polygraph [páligræf]	N 복사기;다방면의 작가;거짓말 탐지기	많은 (poly) 기록 (graph)
polyhedron [pàlihí:drən]	N 다면체(형)	많은 (poly) 면체(hedron)
polymer [pálimər]	N 중합체, 중합물	많은 (poly) 부분 (mer)
polymorphic [pàlimɔ́rfik]	A 다형체의(polymorphous)	많은 (poly) 모양(morph) 의 (ic)
polynomial [pàlinóumiəl]	A 다명의, 다항(식)의, 다명, 다항식	많은 (poly) 이름 (nom) 의 (ial)

OMNI = all

omnibus [ámnibàs]	N 승합마차, 전용버스 A 총괄적인	전용 (omni) 버스 (bus)
omnificent [amnífəsənt]	A 만물을 만드는;무한한 창조력을 가진	모든 것(omni)을 만드(fic) 는 (ent)
omnipotence [amnípətəns]	N 전능, 무한한 힘; [the O~] 전능한 신	모든 (omni) 능력(potence)
omnipresent [àmniprézənt]	N 편재하는, 무소부재의, 어디에나 있는	모든 곳 (omni)에 있음 (presence)
omniscience [amníʃəns]	N 전지;박식;[the O~] 전지의 신	모든 것 (omni)을 앎(science)
omnidirectional [àmnidirékʃənl]	A 전방향성의	모든 (omni) 방향(direction) 의 (al)

SUFFIX

A

접미사	의미	예시
-able	☺ (vt+ able) ~할 수 있는 ☺ (N+ able) ~할 수 있는 ~을 좋아하는	usable(쓸 수 있는), eatable(먹을 수 있는) marriageable(결혼할 수 있는) peaceable(평화를 애호하는, 평온한)
-ability	☺ ~할 수 있음(able+ ity)	capability(능력, 재능), feasibility(실행할 수 있음)
-ably	☺ ~할 수 있게	peaceably(평화롭게), perceivably(감지할 수 있게)
-ac	☺ ~같은, ☺ ~병증 환자	demoniac(귀신의), elegiac(엘레지 형식의, 애가조의) maniac(미치광이), cardiac(심장병 환자)
-acea	☺ [生] 강(class), 목(order)에 사용	Crustacea(갑각류)
-aceae	☺ [生] 과(科)(family) 이름에 사용	Rosaceae(장미과)
-aceous	☺ ~와 같은, ~성(性)의(acea+ ous)	crustaceous(피각질의), rosaceous(장미 같은)
-acious	☺ ~을 좋아하는, ~이 많은	pugnacious(싸우기 좋아하는), loquacious(말이 많은)
-acity	☺ ~을 좋아함, ~이 많음	pugnacity(호전적임), loquacity(수다, 다변)
-acle	☺ ~하는 것	spectacle(광경, 볼만한 것)
-acy	☺ 성질, 상태 ☺ 직업	accuracy(정확성), celibacy(독신(생활); 금욕) magistracy(장관)
-ad	☺ 집합 수사어미 ☺ 요정 이름 ☺ 서사시 제목	monad(단일, 개체), triad(3인조), myriad(무수) Dryad(드리아드(나무, 숲의 요정)) Illiad(일리아드(Troy 포위 공격전을 읊은 서사시))
-ad	☺ ~을 향하여	caudad(꼬리 근처에)
-ade	☺ 동작, 과정 ☺ 달콤한 음료 ☺ 행위자	escapade(탈선행위, 장난), tirade(장광설, 격론) lemonade(레모네이드), orangeade(오렌지에이드) crusade(십자군)
-ae	☺ 라틴말 명사의 복수형	alumnae(대학의 여자 졸업생)
-age	☺ 집합 ☺ 지위, 상태 ☺ 요금	baggage(수하물) passage(통행, 이동) postage(우편요금)
-aholic	☺ ~중독자, ~광	foodaholic(식욕 과잉인 사람), workaholic(일 중독자)
-ain	☺ ~의 사람	captain(우두머리, 육군 대위, 해군 대령, 선장)
-aire	☺ ~ 사람	millionaire(백만 장자)
-al	☺ ~한 (성질의) ☺ ~함	postal(우편의), sensational(선풍적 인기의) arrival(도착)
-an	☺ ~의, ~사람	reptilian(파충류의), Republican(공화국의)
-ana	☺ ~에 관한 자료	Americana(아메리카에 관한문헌)
-ance	☺ 행동, 상태, 성질	assistance(조력, 보조), brilliance(광명, 밝음)
-ancy	☺ ~한 성질, 상태	expectancy(예상, 기대), flamboyancy(현란함, 야함)
-ane	☺ ~같은 포화탄소 혼합물	humane(자비로운, 인도적인) methane(메탄)
-ant	☺ ~성의 ☺ ~하는 사람	malignant(악의가 있는, 악성의); simulant(흉내낸) servant(하인); stimulant(흥분제)
-ar	☺ ~한 성질의 ☺ ~한 사람	familiar(익숙한), muscular(근육의) scholar(학자), liar(거짓말쟁이)
-ard	☺ 매우 ~하는 사람	dotard(노망한 늙은이), drunkard(술고래)
-arian	☺ ~주의의 사람 ☺ (나이)~대의 사람	humanitarian(인도주의자), vegetarian(채식주의자) octogenarian(80대의 사람)

접미사	의미	예
-arium	☺ 장소	sacr**arium**(지성소(至聖所)), aqu**arium**(수족관)
-art	☺ 매우 ~하는 사람	bragg**art**(허풍선이)
-ary	☺ ~의, ~에 관한	milit**ary**(군대의)
	☺ ~하는 사람, 사물, 장소	diction**ary**(사전), gran**ary**(곡물 창고)
-ase	☺ 효소	lact**ase**(락타제)
-asia	☺ 상태, 동작	euthan**asia**(안락사)
-asis	☺ 증상, 특질(병명을 나타냄)	elephanti**asis**(상피병)
-asm	☺ 상태, 동작	sarc**asm**(비꼼, 풍자)
-ast	☺ ~에 관련된 사람	enthusi**ast**(열광자)
-aster	☺ 덜된 ~, 엉터리의~	poet**aster**(엉터리 시인)
-ate	☺ ~이 있는	foli**ate**(잎이 있는)
	☺ ~하게 하다	loc**ate**(~위치에 두다), concentr**ate**(집중시키다)
	☺ 직위	consul**ate**(영사관)
	☺ ~행위의 산물	condens**ate**(응축물)
	☺ [化] 산염	sulf**ate**(황산염)
-atic	☺ ~의, ~한 종류의	aqu**atic**(물의), dram**atic**(희곡의)
-atim	☺ ~한 방법의	seri**atim**(순차로, 잇달아), verb**atim**(말대로)
-ation	☺ 동작, 결과, 상태	occup**ation**(직업), civiliz**ation**(개화, 문명)
-ative	☺ ~적인	decor**ative**(장식적인), talk**ative**(말이 많은)
-ator	☺ ~하는 사람	navig**ator**(항공사, 항해자)
-atory	☺ ~의, ~같은	compens**atory**(보상의), exclam**atory**(감탄조의)

B

-berg	☺ 산	ice**berg**(빙산)
-bility	☺ '-able', '-ible', '-uble'의 명사	capa**bility**(능력), visi**bility**(가시도), solu**bility**(용해성)
-ble	☺ ~할 수 있는(<-able)	igno**ble**(멸시할 만한)
-bound	☺ ~행(行)의, ~에 가는 길인	south**bound**(남행)

C

-cade	☺ 행렬, 구경거리	motor**cade**(자동차 행렬), aqua**cade**(수상 연예)
-ce	☺ 추상명사형	diligen**ce**(근면), intelligen**ce**(지능)
-cele	☺ 종양(tumor)	gastro**cele**(), varico**cele**()
-cene	☺ [地質] 새로운	Eo**cene**(시신세)
-cle	☺ 작은 ~, 귀여운~ (<cule)	parti**cle**(미립자), ici**cle**(고드름)
-cule	☺ 작은~, 귀여운~	mole**cule**(분자), animal**cule**(극미 동물)
-cy	☺ 직업	captain**cy**(captain의 지위)
	☺ 성질, 상태	bankrupt**cy**(파산)
-cyst	☺ 낭포, 주머니	en**cyst**(포낭에 싸다)

D

-dom	☺ ~으로서의 지위, ~권, ~범위	Christen**dom**(기독교계), king**dom**(왕국)
	☺ 추상적 관념	free**dom**(자유), martyr**dom**(순교)
	☺ ~사회(의 기질);대개 경멸적	official**dom**(관공리 사회), squire**dom**(지주 계급)

E

-ean	☺ ~에 속한, ~같은	Europ**ean**(유럽의)
-ed	☺ ~을 가진	wing**ed**(날개가 있는)
	☺ ~에 걸린	diseas**ed**(병에 걸린)
-ee	☺ ~받는 사람	address**ee**(수신인), employ**ee**(피고용인), pay**ee**(수취인)
-eer	☺ ~ 관계자	auction**eer**(경매인), mountain**eer**(산의 주민, 등산가)
	☺ ~에 종사하다	election**eer**(선거 운동을 하다)
-el	☺ ~의 작은 것(-cule, -cl)	vess**el**(용기)

접미사	의미	예
-em	☺ 이루어진 무엇	system(체계)
-emia	☺ 피에 관련된 병	leukemia(백혈병), toxemia(독혈증)
-en	☺ ~으로 된	ashen(재의, 회색의), golden(금색으로 된)
	☺ ~으로 만들다	darken(어둡게 하다), lengthen(길게 하다)
	☺ 작은~	chicken(새 새끼), kitten(새끼 고양이)
-ence	☺ 성질, 상태	silence(침묵), prudence(신중)
-ency	☺ 성질, 상태	consistency(일관성), dependency(의존)
-end	☺ ~해진 것	dividend(피제수, 나뉨수), addend(가수)
-ent	☺ ~하는 사람	president(대통령)
	☺ ~하는	prevalent(일반적으로 행하여지는)
-eous	☺ ~같은(-ous의 변형)	igneous(불 같은)
-er	☺ ~하는 물건, 사람	hunter(사냥꾼)
-ern	☺ ~쪽의	western(서쪽의)
-ero	☺ 사람, 물건	vaquero(목동)
-ery	☺ 성질, 행색, 습관	bravery(용감), foolery(어리석은 짓)
	☺ ~제조소	bakery(빵집), brewery(양조장), grocery(식품점)
	☺ ~류	drapery(장막), jewellery(보석류), machinery(기계류)
-esce	☺ ~하기 시작하다, ~로 되다	coalesce(유착하다), effervesce(거품이 일다)
-ese	☺ ~의 (사람)	Chinese(중국의)
-esis	☺ 상태, 성질, 동작	genesis(기원, 발생)
-esque	☺ ~식의, ~모양의	arabesque(아라비아식 의장), picturesque(그림 같은)
-ess	☺ 여성형	actress(여배우), princess(공주)
	☺ 추상명사	largess(많은 부조), duress(구속, 감금)
-et	☺ 작은~	bullet(소총탄, 작은 공), fillet(가는 끈)
-ette	☺ 작은~	cigarette(궐련), statuette(작은 조상)
	☺ 여성형	suffragette(참정권 확장론자)
	☺ 모조~, ~대용품	Leatherette(모조 가죽)
-ety	☺ 상태, 성질, 동작	satiety(싫증남)
-eur	☺ ~사람	amateur(아마추어, 비 전문가)

F

접미사	의미	예
-fic	☺ ~로 되는	terrific(무서운)
-fid	☺ 쪼개진, 갈라진	bifid(두 갈래의)
-fold	☺ ~곱[겹]	twofold(2배의), manifold(가지각색의)
-ful	☺ ~로 가득찬	beautiful(아름다운)
-fy	☺ ~하게 만들다	satisfy(만족시키다), pacify(진정시키다)

G

접미사	의미	예
-gnathous	☺ ~턱을 가진	prognathous(턱이 나온)
-gnomy	☺ 판단술(학)	physiognomy(관상술)

H

접미사	의미	예
-hood	☺ 성질, 상태, 계급, 신분,	likelihood(있음직함), childhood(어린 시절)
	☺ 무리, 사회	priesthood(모든 성직자)

I

접미사	의미	예
-i	☺ 명사 복수형	alumni(alumnus의 복수)
-ia	☺ 병명	malaria(학질, 말라리아)
	☺ 동식물 분류(속)	Reptilia(파충류)
	☺ 나라이름	Australia(오스트렐리아, 호주)
-ial	☺ ~한 성질의, ~함(-al의 변형)	celestial(하늘의)
-ian	☺ ~의 (사람) (-an의 변형)	Indian(인도의)
-iasis	☺ 상태, 동작(-asis의 변형)	elephantiasis(상피병(象皮病))

접미사	의미	예시
-iatrics	☺ ~병 의원	pediatrics(소아과)
-iatry	☺ ~병학	podiatry(발병학)
-ible	☺ ~할 수 있는(-able의 변형)	impressible(감수성이 강한), reducible(줄일 수 있는)
-ic	☺ ~의, ~같은 ☺ 명사형	heroic(영웅의), rustic(시골의), magnetic(자석의) public(대중, 민중), logic(논리학)
-ical	☺ ~에 관한, ~과 같은	geometrical(기하학적인)
-ice	☺ 상태, 성질	service(봉사)
-ician	☺ ~에 능한 사람, ~가(家)	mathematician(수학자), musician(음악가)
-ics	☺ ~학, ~술, ~론 (1) 학술·기술의 이름- 단수 취급 (2) 구체적 활동·현상- 복수 취급 (3) 단수·복수 두 가지로 취급	linguistics(언어학), mathematics(수학), economics() athletics(운동경기), gymnastics(체조, 체육) acoustics(음향학/음향 상태), ethics(윤리학/윤리), politics(정치, 정치학, 경영/정치 운동, 정책)
-id	☺ ~같은	anthropoid(사람을 닮은)
-ide	☺ 화합물	oxide(산화물), bromide(브롬화물)
-ie	☺ 작은, 특별한	doggie(강아지)
-ier	☺ ~직업의 사람	glazier(유리 직공), hosier(메리야스 장수)
-iff	☺ ~한 사람	plaintiff(원고, 고소인)
-il(-ile)	☺ ~할 수 있는, ~와 관계있는	servile(노예의), missile(미사일)
-ility	☺ -il의 명사형	imbedility(바보 짓, 어리석은 말)
-ina	☺ 여성형 명사 ☺ 악기명	Georgina(여자 이름), czarina(황후) concertina(콘서티나(아코디언 모양의 6각형 손풍금)
-ine	☺ ~에 속하는, ~성질의 ☺ 여성명사 어미 ☺ 추상명사 어미 ☺ 염기 및 원소명	serpentine(뱀 모양의, 뱀 같은) heroine(여걸) discipline(훈련), doctrine(교리) caffeine(카페인), chlorine(염소), iodine(요오드)
-ing	☺ ~주민, ~의 자식	Viking(해적, 바이킹)
-ion	☺ 상태, 동작	union(연합), potion(1회의 분량), mission(사절, 전도)
-ior	☺ 형용사의 비교급	inferior(하위의), superior(뛰어난)
-io(u)r	☺ ~하는 사람	savior(구조자), pavior(포장공)
-ious	☺ ~의 특징을 가진, ~으로 가득찬	delicious(맛있는), precious(귀중한)
-ise	☺ ~화하다	enterprise(기획하다)
-ish	☺ ~에 속하는, ~성(性)의 ☺ ~와 같은, ~다운 ☺ 약간 ~를 띤 ☺ (口) 대략 ~무렵, ~쯤 되는	English(영국의), Irish(아일랜드의) foolish(바보 같은), childish(어린이 같은) whitish(희끄무레한), coldish(좀 추운) thirtyish(30세쯤 되는)dinnerish(만찬을 먹을 무렵의)
-ism	☺ 행동, 상태, 작용 ☺ 체계, 주의, 신앙 ☺ 특성, 특징 ☺ 병적 상태	baptism(세례식), heroism(영웅적 자질) Darwinism(다윈설, 진화론), Calvinism(칼뱅주의) Irishism(아일랜드풍) alcoholism(알코올 중독)
-ist	☺ ~하는 사람, ~주의자, ~가	cyclist(자전거 타는 사람), novelist(소설가)
-istic	☺ -ist의 형용사형(ist+ ic)	realistic(현실주의의)
-ite	☺ ~의 사람(의), ~신봉자(의) ☺ 화학·석유·염류·상품 등의 이름 ☺ 형용사·명사·동사 등의 어미	Israelite(이스라엘 사람), Hitlerite(히틀러주의자) ammonite, dynamite, ebonite(에보나이트, 경질고무) polite(공손한); favorite(마음에드는); unite(결합하다)

접미사	의미	예
-ition	☺ 동작, 상태	petition(청원, 탄원), definition(정의)
-itious	☺ ~의 (성질이 있는)	ambitious(대망을 품은)
-itive	☺ 형용사·명사형 어미	infinitive(부정사), punitive(형벌의)
-itous	☺ -ity에 대응하는 형용사 어미	felicitous(교묘한, 적절한), calamitous(불행한)
-ity	☺ 상태, 성질, 정도	probity(고결, 성실)
-ium	☺ 명사 어미	medium(중간, 매개물), premium(할증금)
	☺ 화학 원소명 어미	radium(라듐)
-ive	☺ ~한 경향·성질을 가진	native(본래의), captive(사로잡힌), festive(축제의)
-ix	☺ 여성명사(남성은 -or)	executrix(여자 지정 유언 집행인)
-ize	☺ ~으로 만들다, ~화하다	civilize(문명화하다), criticize(비평하다)

J

-kin	☺ ~의 작은 것	lambkin(새끼양)

L

-le	☺ 작은	knuckle(손가락 관절)
	☺ ~하는 사람, 도구	beadle(교구); girdle(띠, 거들)
	☺ 반복	dazzle(눈부시게 하다), fondle(귀여워하다;애무하다)
-lent	☺ ~로 충만한	corpulent(뚱뚱한)
-less	☺ ~이 없는	endless(끝이 없는)
	☺ ~하기 어려운	ceaseless(끊임없는)
	☺ ~없이	doubtless(의심없이)
-let	☺ 작은 ~	ringlet(작은 고리), piglet(새끼 돼지)
-like	☺ ~같은, ~다운	godlike(신 같은), womanlike(여자 같은)
-ling	☺ 작은~	duckling(오리 새끼), princeling(어린 왕자)
	☺ ~에 속하는 사람(물건)	nurs(e)ling(유모의 젖먹이), darling(사랑스런 사람)
	☺ 방향, 상태 등을 나타내는 부사	sideling(비스듬히), darkling(어둠속에)
-lite	☺ 돌, 광물, 화석	chrysolite(귀감람석), dendrolite(나무의 화석)
-long	☺ ~쪽으로	sidelong(옆쪽으로)
-ly	☺ 부사형 어미	boldly(대담하게); partly(부분적으로)
	☺ 형용사형 어미	kingly(왕의), manly(남자다운)

M

-ma	☺ 이루어진 것	diploma(졸업증서)
-man	☺ ~인(人)	postman(우편 집배원), clergyman(성직자)
	☺ ~선(船)	merchantman(상선)
-manship	☺ ~의 기술, ~의 정신	sportsmanship(운동가 정신)
-mantic	☺ -mancy의 형용사형	geomantic(흙점의)
-mas	☺ ~절, 축일	Christmas(크리스마스)
-men	☺ 이루어진 무엇	specimen(견본)
-ment	☺ (동사에 붙어) 명사형	movement(움직임), payment(지불)
	☺ (명사에 붙어) 동사형	compliment(찬사, 인사), experiment(실험)
-mester	☺ 개월	semester(6개월)
-meter	☺ ~계(기), ~미터	barometer(기압계); gasometer(가스계량기); kilometer
-metry	☺ 측정법(학, 술)	geometry(기하학)
-mo	☺ 종이의 ~절(折)	16 mo(), duodecimo(12절판)
-monger	☺ 일으키는 사람	newsmonger(수다쟁이), warmonger(전쟁광)
-mony	☺ 결과, 상태, 동작	ceremony(의식), testimony(증언)

N

-ness	☺ 성질, 상태	loveliness(사랑스러움), kindness(친절함)
-nik	☺ ~에 몰두하는 사람	peacenik(평화주의자), beatnik(비트족)
-nomy	☺ ~학, ~법	economy(경제), astronomy(천문학)

O

-ock	☺ 작은	hillock(낮은 산)
-ode	☺ ~의 성질, 모양을 가진 (것)	geode(정동석)
	☺ 전극, 길	electrode(전극), exodus(이동, 출국)
-oid	☺ ~같은 것, ~모양의 (것)	negroid(흑인계의), celluloid(셀룰로이드)
-ol	☺ 수산기를 함유한 화합물	cresol(크레졸), glycerol(글리세롤)
-ole	☺ 수산기를 포함하지 않은 화합물	glycerole(글리세롤)
-ology	☺ ~학, ~론	geology(지질학), zoology(동물학)
-oma	☺ ~종(腫)	carcinoma(암종), sarcoma(육종)
-on	☺ ~하는 사람	surgeon(외과의사)
-one	☺ ketone화합물	acetone(아세톤)
-oon	☺ 큰	saloon(큰홀)
-or	☺ ~하는 사람(사물)	elevator(승강기), possessor(소유주)
	☺ 상태, 동작, 성질	honor(명예)
-orama	☺ 경치	panorama(파노라마, 전경)
-orium	☺ 장소	auditorium(강당)
-ory	☺ ~같은, ~의 성질이 있는	declamatory(낭조의), preparatory(예비의)
	☺ ~하는 곳	dormitory(기숙사), factory(회사)
-ose	☺ ~이 많은, ~성의	bellicose(호전적인)
	☺ [化] 탄수화물의 명사형의 어미	cellulose(셀룰로스)
-osis	☺ 상태, 과정	metamorphosis(변형, 변질)
-osity	☺ -ose, ous의 명사형	jocosity(익살, 우스꽝스러움)
-ot	☺ 작은~	parrot(앵무새)
	☺ 사람	idiot(바보)
-otic	☺ ~을 생기게 하는	hypnotic(최면성의)
	☺ ~ 비슷한	Quixotic(돈케호테식의)
-ous	☺ ~이 많은, ~성(性)의	perilous(위험한)
	☺ (-ic 붙은 산에 대해) 아(亞)~	nitrous acid (아질산)
-ow	☺ ~의 성질을 가진	mellow(달콤한)

P

-penia	☺ ~의 부족의	leukopenia(백혈구 감소증)
-phore	☺ ~을 가진	biophore(생물구조의 기본 입자)
-phyll	☺ 잎	chlorophyll(엽록소)
-ple	☺ 겹, 곱	triple(3배의)
-plegia	☺ 마비	hemiplegia(반신 불수)

R

-rix	☺ 여성형	aviatrix(여류 비행사)
-ry	☺ 특수한 성질, 행위	roguery(나쁜 짓, 사기), pedantry(학자티를 냄)
	☺ 제작소, 배양소, 사육장 등	brewery(양조장), bakery(제빵소)
	☺ 물품의 종류	perfumery(향수류), haberdashery(잡화류)

S

-saurus	☺ 도마뱀	tyrannosaurus(티라노 사우루스)
-scape	☺ 경치	landscape(경치, 풍경), cloudscape(구름경치)
-se	☺ 추상명사	pretense(핑계)
-ship	☺ 추상명사	hardship(곤란, 학대)
	☺ 신분, 지위, 기술	friendship(우정), horsemanship(승마술)
-shot	☺ ~이 미치는 범위	within earshot (들리는 범위안에)
	☺ (피가) 솟은	bloodshot (핏발이 선, 충혈 된)
-shy	☺ ~을 싫어하는, 두려워하는	gun-shy(대포[총]를 두려워하는)
-sis	☺ 과정, 활동	catalysis(촉매작용)
-some	☺ ~에 적합한, ~하게 하는	handsome(잘생긴), blithesome(즐거운)
	☺ ~하는 경향이 있는	tiresome(귀찮은)

	☺ ~무리의	two**some**(둘로 된)
-ster	☺ ~하는 사람	rhyme**ster**(엉터리 시인); young**ster**(젊은이)
-stress	☺ -ster의 여성형	song**stress**(여자 가수)

T

-teen	☺ 10(ten)	thir**teen**(13)
-th	☺ 서수	fif**th**(5번째)
	☺ 명사형	grow**th**(성장)
-tion	☺ 상태, 동작, 결과	tempta**tion**(유혹)
-tious	☺ ~한, ~있는(-tion의 형용사형)	ambi**tious**(대망이 있는)
-tory	☺ 성질, ~하는 곳	ora**tory**(웅변술, 기도실)
-tron	☺ 진공관, 소립자	magne**tron**(전자관), cyclo**tron**(사이클로트론)
-tude	☺ 성질, 상태	apti**tude**(적성), soli**tude**(고독)
-ty	☺ 10의 배수	twen**ty**(20)
	☺ ~함, ~한 성질	beau**ty**(아름다움)
-type	☺ 타입, …형, …식, …판(版)	ferro**type**(광택 인화법), proto**type**(원형, 기본형)

U

-ular	☺ (작은) ~의, ~비슷한	cell**ular**(세포의), tub**ular**(관의)
-ule	☺ 작은 것	glob**ule**(작은 구체), gran**ule**(가느다란 낟알)
-ulent	☺ ~이 풍부한	fraud**ulent**(사기의), turb**ulent**(휘몰아치는)
-ulous	☺ 다소 ~한	cred**ulous**(잘 믿는), trem**ulous**(떨리는)
-uncle	☺ 작은~	carb**uncle**(홍수정)
-ure	☺ 동작, 과정, 존재	cens**ure**(비난), cult**ure**(재배)
	☺ 동작의 결과	pict**ure**(사진), creat**ure**(창조물)
	☺ 직무, 기능	judicat**ure**(사법권)
	☺ 기능집단	legislat**ure**(입법부)
	☺ 수단	ligat**ure**(연결선)
-urgy	☺ ~의 조작 기술	chem**urgy**(농산화학)

V

-ville	☺ 지명의 일부로서 town, city	Gran**ville** (그랜빌(마을 이름))

W

-ward	☺ ~쪽으로	bed**ward** (침대쪽으로)
-ware	☺ ~의 소프트웨어	font**ware** (서체[알파벳] 소프트웨어)
		free**ware** (사용자가 임의로 사용 가능한 소프트웨어)
-ways	☺ 방향, 자세	side**ways**(옆으로, 비스듬히)
-wide	☺ ~의 범위에 걸친	city**wide**(전 도시의)
-winger	☺ (정치적으로) ~익의 사람	a left-**winger** (좌익 분자)
-wise	☺ ~한 양식으로, ~방향으로	clock**wise**(시계방향으로), crab**wise**(게처럼)
-wright	☺ ~을 만드는 사람	play**wright**(극작가)

XYZ

-xion	☺ -ction에 해당하는 영국식 철자	conne**xion**(관계); infle**xion**(굴곡)
-y	☺ ~의 성질, 상태	jealous**y**(질투), victor**y**(승리)
	☺ ~의 행위	entreat**y**(간청), deliver**y**(배달)
	☺ 호칭	dark**y** (검둥이) fatt**y** (뚱뚱보)
	☺ ~으로 이루어진, ~투성이의	bon**y**(뼈 같은), greed**y**(대식하는), snow**y**(눈이 많은)
	☺ ~한, ~이 있는	yellow**y**(황색의), whit**y**-brown(황갈색), steep**y**(가파른)
-yer	☺ ~하는 사람	bow**yer**(활 만드는 사람, 궁수), law**yer**(법률가)

abaculus, 103
abacus, 103
abalienate, 133
abalone, 309
abandon, 11
abase, 414
abash, 459
abask, 104
abate, 141
abattoir, 141
abbreviate, 420
abdicate, 452
abdomen, 485
abdominal, 485
abduct, 401, 604
abed, 604
aberrant, 357
aberration, 357
abet, 417
abeyance, 459
abeyant, 459
abhor, 477
abidance, 276
abide, 276
abject, 479
abjective, 479
abjure, 483
ablate, 529
ablaze, 306
ablution, 496
abnegate, 202
abnormal, 411
abode, 276
abolish, 5
abolition, 5
abominable, 116
abominate, 116
abomination, 116
aboriginal, 356
abort, 356
abound, 97
abrade, 538
abreact, 398
abreast, 105
abridge, 420
abrogate, 546
abrupt, 24
abscess, 431
abscind, 70
abscond, 14
absent, 463
abshed, 459
absolute, 564
absolve, 564
abstain, 575
abstemious, 494
abstention, 576
abstersion, 496
abstinence, 575
abstract, 236
abstruse, 96
absurd, 121
absurdity, 121
abulia, 246
abuse, 584
abut, 140
abysmal, 234
abyss, 234
accede, 431
accelerate, 167
accent, 156
accentuate, 157
accept, 161
access, 431, 605
accession, 431
accident, 424
acclaim, 378
acclimate, 437
acclivity, 438
accolade, 442
accommodate, 200
accompany, 50
accomplice, 524
accomplish, 523
accord, 443
according, 443
accredit, 382

accrete, 331
accrue, 331
accumulate, 108
accurate, 447
accuse, 428
accustom, 594
acerb, 2
acerbity, 2
acetic, 3
ache, 2
achieve, 159
Achillean, 320
achromatic, 339
acid, 3
acidic, 3
acidity, 3
acidulous, 3
acme, 2
acolyte, 103
acquaint, 470
acquiesce, 462, 541
acquire, 539
acquisition, 539
acquit, 564
acrid, 2
acrimonious, 2
acrimony, 278
acrobat, 126
acrogen, 126
acrolect, 126
acromegaly, 126
acronym, 126
acrophobia, 126
acropolis, 126
act, 397
action, 397
activate, 397
actual, 397
actuary, 397
actuate, 397
acumen, 2
acuminate, 2
acupressure, 2
acupuncture, 60
acute, 2
adage, 399
adamant, 108
adapt, 135
adaptable, 135
adaptation, 135
adaptive, 135
addict, 452
addle, 103
addlebrained, 103
address, 297
addressee, 297
addresser, 297
adduce, 401
adept, 135
adequate, 175
adhere, 475, 605
adhibit, 533
adipose, 103
adit, 404
adjacent, 479
adjoin, 481
adjourn, 276
adjudicate, 484
adjunct, 481
adjure, 484
adjust, 313
adjutant, 38, 481
admeasure, 499
adminicle, 190
administer, 195
admiral, 503
admire, 503
admit, 383
admonish, 278
adolescent, 133, 462
Adonis, 320
adonize, 320
adopt, 250
adore, 386
adorn, 116
adrenal, 599
adrenalin, 599

adroit, 545
adult, 133
adulterate, 133
adultery, 133
adumbrate, 582
advection, 180
advent, 388
adventitious, 388
adventure, 388
adverb, 457
adverse, 334
advert, 334
advertise, 335
advise, 241
advocate, 458
aegis, 320
aerate, 126
aerial, 126
aerie, 127
aerify, 126
aerobatics, 127
aerobic, 127
aerodrome, 127
aerodynamics, 39
aerology, 127
aeronautics, 127
aeroplane, 522
aerosol, 127
aery, 127
affable, 455
affair, 605
affect, 465
affiance, 380
affidavit, 380
affiliate, 20
affinity, 182
affix, 297
afflation, 300
afflict, 144
affluent, 283
affranchise, 186
affray, 23
affront, 186
affusion, 28
afield, 604
afire, 305
agency, 398
agenda, 398
agglomerate, 32
aggrandize, 499
aggravate, 35
aggregate, 36
aggress, 471
aghast, 111
agile, 398
agitate, 399
agnate, 47
agnomen, 49
agnostic, 469, 604
agog, 400
agonist, 3
agonize, 3
agony, 3
agoraphobia, 514
agrarian, 405
agrestic, 405
agribusiness, 405
agriculture, 405
agrochemical, 405
agrology, 405
akimbo, 439
alacrity, 167, 246
alar, 10
alarm, 412
alarming, 412
alate, 10
albatross, 128
albescent, 128
albinism, 128
albino, 128
album, 128
alcove, 429
alderman, 6
alias, 133
alibi, 133
alien, 133
alienate, 133

alienist, 133
align, 435
aliment, 5
alimentary, 5
alimony, 5, 277
aliped, 52
allay, 507
allege, 488
allegory, 131
allegretto, 167, 246
allegro, 167, 246
allergic, 131
allergy, 40, 131
alleviate, 188
alley, 131
alliance, 359
alliterate, 492
allocate, 236
allocution, 343
allodium, 131
allograft, 132
allograph, 473
allonym, 132
allopathy, 132
allot, 131
allow, 236
alloy, 131
allude, 42
alluvial, 496
alma mater, 285
along, 495
Alps, 128
altar, 6
alter, 132
alter ego, 132
altercate, 132
alternate, 132
alternative, 132
altimeter, 6
altitude, 6
alto, 6
altocumulus, 6
altruism, 132
alumnus, 5
amalgamate, 31
amass, 32
amateur, 302
amatory, 303
amaze, 394
amazing, 394
Amazon, 320
Amazonian, 320
ambages, 398
ambidextrous, 545
ambience, 605
ambiguous, 399
ambit, 605
ambitious, 404
ambivalence, 17
amble, 8
amblyopia, 262
ambrosia, 317
ambulance, 7
ambulate, 7
ambulatory, 7
ambush, 148
ameliorate, 379
amenable, 404
amend, 537
amenity, 303
amentia, 314
amerce, 286
ametropia, 262
ami, 303
amiable, 303
amicable, 303
amigo, 303
amity, 303
ammunition, 597
amnesia, 315
amnesty, 315
amok, 61
amorous, 303
amorphous, 295
amortize, 88
amount, 45
amphibian, 605

amphimixis, 504
amphitheater, 605
amphora, 605
ample, 523
amputate, 223
amulet, 27
amuse, 316
anabatic, 141
anabiotic, 245
anabolism, 606
anachronism, 263
anadromous, 433
anaemia, 273
analects, 486, 606
analeptic, 391
analgesia, 4
analogy, 343, 606
analysis, 565, 606
anarchy, 408, 604
anastrophe, 92
anathema, 234
anatomy, 75
ancestor, 431
anchor, 406
anchorite, 406
ancillary, 310
androcentric, 298
androecium, 298
androgen, 298
androgynous, 298
android, 298
andrology, 298
anecdote, 170
anemograph, 299
anemometer, 299
anemone, 299
anemophilous, 299
anemoscope, 299
anesthesia, 464
angel, 393
angle, 406
angler, 406
angst, 4
anguish, 4
angular, 406
anima, 352
animadvert, 352
animal, 352
animalism, 352
animate, 352
animism, 352
animosity, 352
animus, 352
ankle, 406
annals, 134
anneal, 83
annex, 482
annexation, 482
annihilate, 203
anniversary, 134
annotate, 204
announce, 205
annoy, 116
annoyance, 116
annual, 134
annuity, 134
annul, 203
annular, 135
annulate, 135
annulus, 135
annunciate, 205
anodyne, 101
anoint, 393
anointed, 393
anomalous, 410
anomie, 410
anonymous, 604
ant cow, 103
antagonist, 3
Antarctic, 606
antebellum, 287
antecede, 431
antecedent, 431
antedate, 169, 606
antemeridian, 607
anteprandial, 606
anterior, 606

anteroom, 607
anther, 307
anthology, 307
anthozoan, 307
anthracite, 129
anthracoid, 129
anthracosis, 129
anthrax, 129
anthrophobia, 514
anthropic, 348
anthropogeny, 349
anthropoid, 349
anthropology, 348
anthropophagi, 101, 349
anthropotomy, 75
antibiotic, 245
antibody, 606
anticipate, 161
anticlimax, 437
anticline, 438
antidote, 170
antifreeze, 606
antilogy, 343
antinomy, 410
antipathy, 208
antique, 607
antiseptic, 606
antisocial, 563
antitoxin, 95
anus, 135
aorta, 593
aortic, 593
apart, 79
apathy, 208
ape, 103
aperitif, 103
aperture, 103
apex, 103
aphasia, 455
aphid, 103
aphrodisiac, 265
apian, 104
apiary, 104
apical, 103
apiculture, 104
aplomb, 23
apocalypse, 321
apocalyptic, 321
apochromatic, 339
apocopate, 69
apocope, 69
apocryphal, 259
apodictic, 453
apodosis, 170, 607
apogee, 254, 607
apology, 343, 607
apoplexy, 607
apoptosis, 426
apostate, 561
apostle, 121
apostrophe, 92
apothecary, 235
apothegm, 399
apothem, 234
apotheosis, 327
appall, 55
appanage, 50
apparatus, 510
apparel, 510
apparent, 55
apparition, 55
appeal, 209
appear, 55
appease, 507
appellation, 209
append, 212
appendectomy, 75, 616
appendicitis, 595
appetence, 214
applaud, 146
appliance, 525
apply, 524
appointment, 60
apport, 527
apportion, 80
appose, 216
apposite, 216
appraise, 330
appreciate, 330

apprehend, 532
apprise, 531
approach, 117
approbate, 536
appropriate, 222
approve, 536
appurtenant, 577
apropos, 222
apt, 135
aptitude, 136
aqua, 312
aqua pura, 312
aquacade, 312
aquaculture, 312
Aqua-lung, 312
aquanautics, 312
aquarelle, 312
aquarium, 312
aquatic, 312
aqueduct, 312, 401
Aquila, 10
aquiline, 10
arabesque, 247
arable, 442
arbiter, 433
arbitrary, 433
arbitrate, 433
arbor, 149
arcade, 408
Arcadia, 320
arcadian, 320
arcane, 503
arcanum, 503
arch, 408
archaeology, 407
archaic, 407
archangel, 407
archbishop, 407
archdeacon, 407
archdiocese, 407
archenemy, 407
archery, 408
archetype, 407
archipelago, 407, 598
architect, 407, 575
architecture, 407
archives, 407
ardent, 8
ardor, 8
arduous, 8
arena, 522
arenaceous, 522
arenicolous, 522
argentiferous, 247
argentina, 247
argot, 459
argue, 301
argufy, 301
argument, 301
Argus, 301
argus-eyed, 301
argute, 301
arid, 8
aristocracy, 409
arithmetic, 104
ark, 503
arm, 412
Armada, 412
armament, 412
armistice, 412, 561
armor, 412
armory, 412
armpit, 412
armrest, 412
army, 412
arouse, 168
arraign, 542
arrange, 224
arrant, 358
arrears, 635
arrest, 558
arrive, 64
arrogant, 546
arrogate, 546
arroyo, 118
arson, 8
art, 413
art nouveau, 414
arteriole, 593

arteriosclerosis, 593
artery, 593
artful, 413
arthralgia, 4
arthritis, 420
arthropod, 420
article, 420
articulate, 420
artifact, 413
artifice, 413
artificer, 414
artificial, 414
artillery, 414
artisan, 413
artiste, 413
artistic, 413
artistry, 413
artless, 413
artmobile, 414
arty, 413
ascend, 375
ascendancy, 375
ascent, 375
ascertain, 78
ascetic, 154
ashore, 604
ascribe, 345
askance, 619
askew, 619
asleep, 604
aspect, 56
asperity, 84
asperse, 84
aspire, 349
assail, 548
assault, 548
assemble, 556
assembly, 556
assent, 226
assert, 552
assess, 550
asset, 366
asseverate, 387
assiduous, 550
assign, 554
assimilate, 555
assist, 556
associate, 563
assort, 565
assuage, 268
assume, 364
assure, 571
astatic, 290
asterisk, 290
asterism, 290
asteroid, 290
asthma, 351
asthmatic, 351
astonish, 275
astral, 290
astrict, 567
astringent, 605
astrodome, 291
astrogate, 291
astrology, 290
astronaut, 291, 505
astronomy, 290
astrophysics, 291
astute, 545
asunder, 75
asylum, 121
atheism, 327
atheist, 327
athlete, 198
atingle, 122
Atlantic, 271
atlas, 271
atmometer, 351
atmosphere, 86, 351
atom, 75, 604
atone, 370
atonement, 370
atrabilious, 128
atrocious, 477
atrocity, 477
atrophy, 93
attach, 572
attack, 572
attain, 572

attempt, 229
attend, 230
attenuate, 232
attest, 347
attitude, 136
attorn, 91
attorney, 91
attract, 236
attribute, 580
attrition, 211
auction, 310
audience, 598
audio, 598
Augean, 320
augment, 310
augur, 275
augury, 275
august, 310
aura, 127
aural, 597
aureate, 292
aureole, 292
auricular, 597
auriferous, 292
aurora, 292
auscultate, 597
auscultater, 597
auspice, 9
auspicious, 9
austere, 387
austerity, 387
autarchy, 408
autarky, 408
authentic, 137
authenticate, 137
authority, 310
autobiography, 137
autocracy, 409
autograph, 137
automat, 137
automate, 137
automaton, 137
automobile, 197
autonomous, 137
autonomy, 410
autoplasty, 297
autopsy, 262
autotomy, 75
autotoxin, 95
auxiliary, 310
auxin, 310
avail, 17
avarice, 9
avenge, 445
avenue, 388
aver, 387
averse, 334
avert, 334
avian, 9
aviary, 9
aviation, 9
aviculture, 9
avid, 9
avionics, 9
aviso, 9
avocado, 207
avocation, 458
avoid, 585
avoidable, 585
avoirdupois, 214
avow, 604
avulse, 102
aware, 590
awkward, 546
axe, 146
axiom, 434
axis, 434
axle, 434
azure, 127
bacchanal, 320
Bacchus, 320
backdate, 169
backfire, 305
bactericide, 71
badge, 593
badger, 593
badinage, 63
baffle, 185
baffling, 185

bagatelle, 195
bait, 417
bake, 50
bakery, 50
balance, 415
balcony, 150
bale, 89
balefire, 305
baleful, 89
balk, 150
ball, 356, 372
ballad, 356
ballast, 372
ballet, 356
ballistics, 356
balloon, 372
ballot, 372
bally, 373
ballyhoo, 372
balm, 66
balmy, 66
balsam, 66
ban, 11
banal, 11
band, 137
bandanna, 138
bandit, 11
bandy, 137
bane, 89
baneful, 89
banish, 11
bank, 451
bankrupt, 24, 451
bankruptcy, 451
banner, 517
banquet, 451
banter, 63
baptism, 393
baptist, 393
baptize, 393
bar, 139
barb, 521
barbarian, 459
barbarism, 459
barbarity, 459
barbarous, 459
barbecue, 139
barbed, 521
barbel, 521
barber, 521
bargain, 12
barge, 12
baric, 138
baritone, 138
bark, 12
barley, 593
barn, 593
barnyard, 593
barometer, 138
baroque, 247
barrack, 139
barrage, 139
barrel, 139
barricade, 139
barrier, 139
barrister, 139
bartender, 139
barter, 12
barycenter, 138
base, 414
basement, 414
bash, 459
basin, 414
basis, 414
bask, 104
bastard, 414
baste, 61
bastille, 367
bastion, 367
bat, 141
batch, 50
bate, 141
bathos, 208
battalion, 141
batten, 101
batter, 141
battle, 141
battlement, 367
bauble, 195

bay, 459
bayou, 459
bazaar, 427
beacon, 517
beak, 417
beaky, 417
beard, 521
beat, 140
beatific, 288
beatitude, 288
beaumonde, 220
becalm, 607
beck, 517
beckon, 517
becloud, 607
bedeck, 288
bedevil, 607
bedizen, 288
bedlam, 191
bedraggle, 607
beef, 583
beer, 416
beetle, 417
befall, 608
befit, 608
befriend, 608
befuddle, 608
beget, 608
begrudge, 608
beguile, 608
behalf, 608
behave, 533
behemoth, 264
behind, 461
belabor, 608
belated, 608
belay, 609
belch, 104
beleaguer, 609
belie, 608
belief, 37
belittle, 608
bell, 104
belle, 288
bellicose, 287
belligerent, 179, 287
Bellona, 287
bellow, 373
bellows, 373
belly, 485
belvedere, 288
bemoan, 609
bemuse, 316
bend, 138
benediction, 453
benefaction, 610
benefactor, 465
beneficial, 610
beneficiary, 610
benefit, 610
benevolent, 610
benighted, 609
benign, 610
benison, 610
bepraise, 330
bequeath, 476
bequest, 476
berate, 609
berserk, 593
berserker, 593
beseech, 609
beset, 609
besiege, 609
besmirch, 609
bestial, 478
bestow, 609
bestride, 185
bet, 417
betoken, 609
betray, 171
betrayal, 171
betrayer, 171
beverage, 416
beware, 590
bewilder, 609
biannual, 134
biaxial, 644
bib, 416
Bible, 344

bibliography, 344
biblioklept, 344
bibliolatry, 114, 344
bibliomania, 345
bibliophile, 345
bibulous, 416
bicameral, 644
bicentennial, 134
bicker, 61
bicycle, 260
bide, 276
biennale, 134
biennial, 134
biface, 468
bifid, 415
bifocal, 644
bifurcate, 415
bigamy, 31
bigot, 272
bilateral, 485, 644
bilestone, 266
bilingual, 491, 644
bill, 417
billingsgate, 220
binary, 415
binate, 46
binaural, 597
bind, 138
binocular, 597
binoculars, 415
bioaccumulate, 108
biochemistry, 245
biography, 473
biology, 245
biomechanics, 245
biomedical, 245
bionics, 244
bionomics, 245
biopsy, 262
biosphere, 86
biovular, 207
biparous, 508
bipartisan, 644
biped, 52, 644
biplane, 522
bisect, 644
bit, 417
bite, 417
bitter, 417
bivouac, 591
bizarre, 427
bladder, 371
blanch, 129
bland, 430
blank, 129
blanket, 129
blankly, 129
blaspheme, 456
blast, 371
blatant, 104
blaze, 306
blazer, 306
blazon, 306
bleach, 129
bleak, 129
blear, 129, 279
bleed, 371
blemish, 129
bless, 371
blight, 300
blind, 104
bliss, 371
blister, 371
bloat, 581
block, 150
bloom, 371
blossom, 371
blow, 371
bludgeon, 147
bluff, 185
blunder, 104
blunt, 104
blur, 129
blurry, 279
blurt, 105
boar, 249
boast, 105
bog, 313
boggle, 55

bogus, 105
boisterous, 581
bole, 150
bolster, 372
bomb, 147
bombard, 147
bombastic, 147
bombproof, 536
bon ami, 303
bon jour, 610
bon mot, 611
bon vivant, 611
bona fide, 380, 610
bonanza, 610
bond, 138
bondage, 138
bonny, 611
bonus, 610
boom, 147
boor, 583
boot, 101
bootless, 101
booze, 517
bordello, 562
border, 430
bore, 430
boring, 430
borough, 106
botanic, 148
botany, 148
boulder, 372
boulevard, 372
bounce, 198
bound, 138, 198
bounty, 611
bouquet, 148
bout, 484
bovine, 583
bow, 439
bowdlerism, 593
bowdlerize, 593
bowl, 372
brace, 421
brace and bit, 421
bracelet, 421
brachial, 421
brachiate, 421
brachiopod, 421
brachycephalic, 420
brachylogy, 420
bracket, 421
brag, 105
braggadoccio, 105
braggart, 105
bragger, 105
braid, 435
brake, 23
brand, 306
brandish, 306
brandy, 306
brash, 59
brass, 371
brat, 105
bravado, 418
brave, 418
bravo, 418
bravura, 418
brawl, 62
brazen, 59
breach, 23
break, 23
breast, 105
breastplate, 105
breech, 23
breviary, 420
brevity, 420
brick, 24
bride, 112
bridegroom, 112
bridle, 435
brief, 420
briefcase, 420
brigand, 11
brilliance, 110
brilliant, 110
brindle, 105
brindled, 105
brisket, 105
bristle, 417
bristletail, 417

broach, 247
brocade, 247
broil, 62
broker, 247
bromidic, 112
bronchiole, 300
bronchioscope, 300
bronchitis, 300
bronchus, 300
brooch, 247
brothel, 562
browse, 105
bruise, 24
bruit, 528
brusque, 95
brusquerie, 95
bryology, 207
bryophyte, 207
bucolic, 583
budget, 422
budgetary, 422
buffo, 105
buffoon, 105
buffoonery, 105
bug, 55
bugaboo, 55
bugle, 583
bulge, 373, 422
bulk, 373
bull, 372, 583
bullet, 373
bulletin, 373
bulletproof, 536
bullion, 373
bully, 372
bulwark, 372
bumble, 106
bun, 50
bungle, 106
bungler, 106
bunglesome, 106
bunk, 106
bunker, 106
buoy, 435
buoyance, 435
buoyant, 435
bureaucracy, 409
burgeon, 87
burgess, 106
burglar, 106
burgle, 106
burlesque, 185
burly, 185
burn, 306
burrow, 106
bursa, 422
bursar, 422
bursary, 422
bursitis, 422
burst, 422
bush, 148
busker, 106
buskin, 106
bust, 26
butt, 140
button, 140
buttress, 140
buxom, 439
by-bidding, 611
by-blow, 611
by-effect, 611
by-election, 611
by-end, 611
bygone, 611
by-job, 612
by-lane, 612
by-law, 612
by-line, 612
byname, 612
bypass, 612
bypath, 612
byplay, 612
by-product, 612
bystander, 612
by-talk, 612
by-time, 612
byway, 612
cab, 427
cabal, 105

cabala, 105
cabbage, 158
cabriole, 427
cabriolet, 427
cache, 163
cacophony, 515
cadaver, 423
caddish, 423
cadence, 423
cadge, 106
cadger, 106
cadre, 297
caesura, 70
cage, 429
cairn, 269
caitiff, 161
cajole, 429
calamity, 72
calcification, 151
calcium, 151
calculate, 151
calculus, 151
caldarium, 152
caldron, 152
calf, 583
caliber, 297
calibrate, 297
calibration, 297
caliper, 297
calisthenics, 288
call, 378
calligraphy, 288
callous, 593
callow, 285
callus, 593
calorie, 152
calorific, 152
calorimeter, 152
Calypso, 321
camaraderie, 247
cameo, 247
camera, 247
camouflage, 250
camp, 153
campaign, 153
campesino, 153
campestral, 153
camporee, 153
can, 378
canaille, 154
canard, 106
canary, 154
cancel, 519
cancelation, 519
candela, 130
candescent, 130
candid, 130
candidate, 130
candle, 130
candor, 130
candy, 130
cane, 155
canicular, 154
canine, 154
cannibal, 265
cannon, 155
canny, 547
canon, 155
cant, 156
cantabile, 156
cantankerous, 156
cantata, 7
canter, 8
cantillate, 156
cantor, 155
canvas, 155
canvass, 155
canyon, 155
canzone, 156
capable, 160
capacious, 160
capacity, 160
cape, 158
caper, 427
capias, 160
capillarity, 521
capillary, 521
capital, 157
capitation, 158

Capitol, 158
caprice, 427
capricious, 427
Capricorn, 427
capriole, 427
capstone, 266
capsule, 160
captain, 157
caption, 160
captious, 160
captivate, 161
captive, 161
captivity, 161
capture, 161
carafe, 106
carapace, 106
carcass, 423
card, 165
cardiac, 444
cardiograph, 444
careen, 164
career, 163
caress, 165
caret, 72
cargo, 163
caricature, 164
carnage, 369
carnal, 369
carnation, 369
carnival, 369
carnivore, 100, 369
carouse, 593
carousel, 164
carp, 309
carpenter, 163
carpet, 309
carpology, 309
carry, 163
cart, 94, 164
cartel, 165
cartography, 473
carton, 165
cartoon, 165
cartridge, 165
carve, 69
cascade, 423
case, 423
cash, 163
cask, 163
casket, 163
castigate, 72
castration, 72
casual, 423
casualty, 423
casuist, 423
catabolism, 355
cataclysm, 166
catalepsy, 391
catalog, 166
catalogue, 343
catalysis, 166, 565
catapult, 166
cataract, 166
catarrh, 64
catastrophe, 166
catch, 163
catchphrase, 459
catechism, 166
category, 166
catena, 31
cater, 163
caterpillar, 520
catharsis, 537
cathartic, 537
cathode, 166, 386
catholic, 328
cattle, 583
causalgia, 13
cause, 428
causerie, 111
caustic, 13
causticity, 13
cauterize, 13
cautery, 13
caution, 431
cavalcade, 106
cavalier, 106
cavalry, 106
cave, 428

caveat, 590
caveman, 123
cavern, 428
cavil, 540
cavity, 428
cease, 433
cede, 431
ceiling, 257
celadon, 256
celebrate, 256
celebration, 256
celebrity, 256
celerity, 167
celestial, 256
celibate, 256
cell, 257
cellar, 257
censer, 131
censor, 18
censorious, 18
censure, 18
census, 18
centenarian, 134
centennial, 134, 647
center, 434
centipede, 52, 647
centralize, 434
centrifugal, 27, 434
centripetal, 214, 434
centuple, 647
centurion, 647
cephalic, 159
cephalopod, 159
cephalous, 159
Cerberus, 320
cereal, 331
cerebellum, 159
cerebral, 159
cerebrate, 160
cerebritis, 160
cerebrum, 160
ceremony, 278
certain, 78
certificate, 78
chafe, 538
chaff, 538
chaffer, 538
chagrin, 19
chalk, 151
chamber, 247
champagne, 153
champaign, 153
champion, 153
chancellor, 519
chancery, 519
chandelier, 130
channel, 155
chanson, 157
chant, 157
chanteys, 157
chanticleer, 157
chaos, 332
chaotic, 332
chapel, 158
chapter, 159
charge, 164
chariot, 164
charisma, 37
charity, 165
charm, 288
charming, 288
chart, 165
charter, 166
chary, 165, 448
chase, 163
chasm, 332
chasmy, 332
chaste, 72
chasten, 72
chastise, 72
chattel, 159
chauvinism, 410
chauvinist, 410
checkered, 238
cheeseparing, 197
chef, 159
chemotherapy, 601
chemotropism, 93
chemurgy, 40

cherish, 165
chicane, 584
chicanery, 584
chide, 484
chief, 159
chill, 248
chilly, 248
Chimera, 321
chirognomy, 260
chirography, 260
chiromancy, 260
chiropodist, 260
chiropractic, 260
chiroptera, 260
chisel, 70
chivalry, 106
choir, 559
choler, 107
cholera, 107
choleric, 107
choosy, 586
choral, 559
chorale, 559
chorea, 325
choreographer, 325
chorus, 559
Christ, 393
Christian, 393
Christianity, 393
chroma, 339
chromatism, 339
chromosome, 339
chronic, 263
chronicle, 263
chronograph, 263
chronology, 263
chronometer, 263
chronopher, 263
chrysanthemum, 307
chrysolite, 268
churl, 107
churlish, 107
churn, 50
chutzpah, 113
cinch, 435
cincture, 435
cinder, 13
Cinderella, 13
cinerarium, 13
cingulum, 435
circinate, 261
circle, 261
circuit, 261
circular, 261
circulate, 261
circumcise, 70
circumfluent, 283
circumfuse, 29
circumlocution, 613
circumlunar, 613
circumpolar, 613
circumscribe, 345
circumsolar, 289
circumspect, 56
circumstance, 558
circumvallate, 613
circumvent, 388
cirque, 261
citadel, 436
cite, 168
citizenship, 436
civic, 436
civil, 436
civilian, 436
civility, 436
civilize, 436
claim, 378
clairaudience, 439
clairvoyance, 439
clairvoyant, 242
clam, 257
clamber, 437
clamor, 378
clan, 150
clandestine, 257
clarify, 439
clarion, 439
clarity, 439
clastic, 72

clause, 440
claustrophobia, 514
clavichord, 441
clavicle, 441
clean, 496
cleanse, 496
clear, 439
cleavage, 26
cleave, 26
cleaver, 26
cleft, 26
clemency, 594
clement, 594
clergy, 393
clerical, 393
clerk, 393
clevis, 26
cliché, 112
client, 438
climate, 437
climatology, 437
climax, 437
climb, 437
clinic, 438
clinometer, 438
clique, 150
cloister, 440
close, 440
closed, 440
closet, 440
closing, 440
closure, 440
clout, 484
cloy, 365
club, 147
coadjutor, 481
coagent, 399
coalesce, 5, 462
coalition, 5
coaptation, 136
coarse, 448
cobble, 151
cobblestone, 151
cobweb, 97
code, 472
codicile, 472
codify, 472
coelomate, 429
coerce, 503
coeval, 176
coffer, 163
coffin, 163
cog, 429
cogent, 399
cogitate, 399
cognate, 47
cognition, 469
cognize, 469
cognomen, 49, 470
cohabit, 533
cohere, 475
cohesion, 475
coincide, 424
coitus, 404
colander, 107
colic, 107
colitis, 107
collaborate, 39
collage, 475
collagen, 475
collapse, 424
collar, 442
collate, 529
collateral, 485
colleague, 358
collect, 486
college, 486
collide, 145
colligate, 358
collision, 145
collocate, 236
colloid, 475
collude, 42
colon, 107
colonel, 570
colonize, 442
colony, 442
colossal, 264

colosseum, 264
colossus, 264
colt, 281
column, 570
columnar, 570
coma, 594
comatose, 594
combat, 141
combatant, 613
combine, 415
combustible, 26
combustion, 26
combustive, 26
comedy, 206
comely, 308
comestibles, 101
comeuppance, 410
comfort, 184
comity, 308
command, 43
commeasure, 499
commemorate, 315
commence, 404
commend, 43
commensurate, 500
comment, 314
commerce, 286
comminute, 194
commiserate, 249
commiseration, 249
commissary, 383
commission, 383
commit, 383
commitment, 383
commode, 200
commodious, 200
commodity, 200
common, 200
commune, 201
communicate, 201
communion, 201
communism, 201
community, 201
commute, 340
companion, 50
company, 50
compare, 509
compart, 79
compass, 370
compassion, 368
compatible, 368
compatriot, 512
compeer, 509
compel, 209
compellation, 209
compendium, 212
compensate, 212
competent, 215
compile, 520
complacent, 419
complain, 145
complaint, 145
complaisant, 419
complement, 523
complete, 523
complex, 525
complexion, 525
complicity, 525
compliment, 523
comply, 523
comport, 527
compose, 216
compotation, 416
compote, 309
compound, 216
comprehend, 532
compress, 534
comprise, 531
compromise, 384
compunction, 60
compute, 222
comrade, 247
concatenate, 31
concave, 428
conceal, 257
concede, 432
conceit, 162
conceive, 161
concentrate, 434

concept, 161
conception, 161
conceptus, 161
concern, 78
conch, 107
concha, 107
conchitis, 107
conchology, 107
conciliate, 378
concise, 70
conclave, 441
conclude, 440
concoct, 593
concomitant, 383
concord, 443
concordat, 443
concourse, 448
concrescence, 331
concrete, 332
concubine, 446
concupiscence, 302
concur, 449
concuss, 142
condemn, 363
condensate, 586
condensation, 586
condense, 586
condenser, 586
condescend, 375
condign, 16
condiment, 14
condition, 171
condole, 19
condominium, 366
condone, 170
conduce, 402
conduct, 402
conduit, 401
confab, 455
confect, 465
confederate, 380
confer, 177
confess, 455
confide, 380
configuration, 468
confine, 183
confiscate, 277
confiscation, 277
conflagration, 306
conflate, 300
conflict, 144
confluent, 283
conform, 295
confound, 30
confront, 187
confuse, 29
confute, 140
congeal, 248
congenial, 341
congenital, 341
congeries, 179
congest, 179
conglobate, 32
conglomerate, 32
conglutinant, 248
conglutinate, 248
congratulate, 362
congregate, 36
congress, 471
congruent, 443
congruity, 443
congruous, 443
conifer, 177
conjecture, 479
conjoin, 481
conjoint, 481
conjugal, 481
conjunct, 481
conjunctivitis, 595
conjure, 484
connect, 482
connection, 482
conniption, 502
connive, 42, 384
connoisseur, 470
connote, 204
conquest, 539
consanguinity, 65
conscience, 549

conscious, 549
conscript, 345
consecrate, 360
consensus, 226
consent, 226
consequent, 552
conservatory, 227
conserve, 227
consider, 291
consideration, 291
consign, 554
consist, 556
consociate, 563
consolation, 81
consolatory, 81
console, 81
consolidate, 83
consonant, 516
consort, 566
consortium, 566
conspicuous, 57
conspiracy, 350
conspire, 349
constable, 558
constancy, 558
constellation, 291
consternation, 569
constipation, 565
constituent, 561
constitute, 561
constrain, 567
constrict, 568
construct, 562
construe, 563
consuetude, 569
consul, 36
consulate, 36
consult, 36
consume, 364
consummate, 570
contact, 572
contagious, 572
contain, 576
contaminate, 572
contemplate, 229
contemporary, 229
contempt, 229
contend, 230, 613
content, 576
conterminous, 233
contest, 347
context, 579
contiguous, 572
continent, 576
contingent, 572
continual, 576
continue, 576
continuous, 576
contort, 90
contour, 92
contraband, 11, 614
contraception, 162
contract, 237
contradict, 453, 614
contraption, 136
contrary, 614
contrast, 558, 614
contravene, 388
contribute, 580
contrite, 211
contrition, 211
contrive, 92
controvert, 335
contumacy, 581
contumely, 581
contuse, 147
contusion, 147
conundrum, 502
convalesce, 18
convection, 180
convene, 388
convenient, 388
convent, 388
converge, 336
converse, 335
convert, 335
convex, 180
convey, 239
convict, 292

conviction, 292
convince, 292
convivial, 244
convoke, 458
convolve, 588
convoy, 239
convulse, 102
convulsion, 102
convulsive, 102
coop, 429
cooperate, 270
co-opt, 250
coordinate, 506
cope, 146
copious, 270
coprolite, 77
coprophagia, 77
coprophagous, 77
copula, 31
copulate, 31
copulation, 31
copy, 270
coquet, 301
coquetry, 301
coquette, 301
cordial, 443
core, 443
corium, 77
corn, 50
cornea, 269
corner, 269
cornerstone, 266
cornet, 269
cornucopia, 269
cornuted, 269
corona, 594
coronary, 594
coronation, 594
coronet, 594
corporal, 444
corporation, 444
corps, 444
corpse, 444
corpulent, 444
corpus, 444
correct, 543
correspond, 229, 613
corridor, 449
corroborate, 185
corrode, 538
corrugated, 118
corrupt, 24
corsair, 513
cortex, 77
cosmetic, 333
cosmic, 333
cosmogony, 333
cosmology, 333
cosmonaut, 333
cosmoplastic, 333
cosmopolitan, 333
cosmorama, 333
cosmos, 333
costume, 594
cosurety, 571
cote, 107
coterie, 107
cottage, 107
council, 378
counsel, 36
countenance, 576
counteract, 397
counteragent, 399
counterattack, 613
counterbalance, 614
countercharge, 614
counterfeit, 466
counterforce, 184
counterfort, 184
countermand, 43
countermeasure, 500
counterpart, 614
countervail, 18
coup, 146
coup d'etat, 146
couple, 31
courage, 443
courier, 448
course, 448

court, 107
courteous, 107
courtesan, 562
courtesy, 107
covenant, 389
cover, 258
covert, 258
covet, 302
cow, 583
coward, 421
coxalgia, 4
coy, 541
cozen, 108
cozenage, 108
crabbed, 336
crack, 183
crackle, 183
craft, 94
crake, 183
cramp, 94
crane, 183
crank, 94
crash, 183
crass, 48
crater, 504
crave, 183
craven, 183
crawl, 119
creak, 183
create, 331
creationism, 331
credence, 381
credential, 381
credible, 381
credit, 381
credulous, 381
creed, 381
creek, 94
crepitate, 183
crescent, 331, 462
crest, 521
crestfallen, 521
cretin, 393
crime, 445
criminal, 445
criminate, 445
criminology, 445
crimp, 94
cringe, 94
crinkle, 94
crisis, 76
criterion, 76
critic, 76
criticize, 76
croak, 183
crochet, 94
crock, 108
crockery, 108
crone, 369
crony, 369
crook, 94
crucial, 363
cruciferous, 363
crucifix, 363
crucify, 363
crude, 477
crudity, 477
cruel, 477
cruelty, 477
cruise, 363
crusade, 363
crutch, 94
crux, 363
crypt, 258
cryptic, 258
crypto, 258
cryptogram, 258
cryptonym, 259
cube, 445
cubism, 446
cudgel, 147
cuirass, 77
cul-de-sac, 422
culinary, 119
cull, 486
cullion, 108
culminate, 571
culpable, 15
culprit, 15

cult, 442
cultivate, 442
culture, 442
culvert, 107
cumber, 446
cumulate, 108
cumulative, 108
cumulus, 108
cuneate, 417
cupidity, 302
cur, 108
curate, 447
curator, 447
cure, 447
curfew, 258
curio, 447
curious, 447
curl, 94
curmudgeon, 108
currency, 449
current, 449
curriculum, 448
currier, 77
curry, 449
cursive, 449
cursorial, 449
cursory, 449
curt, 449
curtail, 74
cuss, 142
custom, 594
cutlass, 72
cutlery, 72
cutlet, 72
cyclable, 260
cycle, 261
cyclone, 260
cynic, 155
cynical, 155
cynosure, 155
dactylogram, 260
dactylography, 260
dactylology, 260
dainty, 16
dairy, 50
dais, 108
dalliance, 108
dally, 108
damage, 362
damn, 362
damnedest, 362
damp, 193
damper, 193
dandelion, 280
dander, 502
dandy, 611
dank, 193
darn, 109
darning, 109
dastard, 17
date, 169
dative, 169
datum, 169
daunt, 109
dauntless, 109
dawdle, 143
daze, 109
dazzle, 109
deal, 109
dearth, 109
debar, 139
debark, 12
debase, 414
debate, 141
debauch, 104
debauched, 104
debauchery, 104
debenture, 450
debilitate, 411
debility, 411
debit, 450
debonair, 611
debouch, 104
debt, 450
debtor, 450
debunk, 106
debut, 140
decade, 646
decadent, 423

659

decalcify, 614
decaliter, 646
Decameron, 646
decamp, 154
decapitate, 158
decapod, 646
decathlon, 198
decease, 433
deceive, 162
decelerate, 167
December, 646
decent, 172
decide, 70
deciduous, 424
deciliter, 646
decimal, 646
decimate, 646
deck, 575
declaim, 378
declarant, 439
declare, 439
decline, 437
declivity, 438
decoct, 593
decoction, 593
decode, 472
decollate, 442
décolleté, 442
decolor, 614
decompose, 614
decorate, 172
decorous, 172
decoy, 429
decrease, 331
decree, 76
decrepit, 183
decrescent, 331
decry, 509
decumbent, 446
decurrent, 450
dedicate, 453
deduce, 402
deduct, 402
deduction, 402
deed, 235
deep, 430
deface, 468
defalcate, 10
defalcation, 10
defame, 455
defeat, 466
defect, 465
defend, 144
defer, 177
defiance, 381
deficient, 467
defile, 21
define, 182
definite, 182
deflation, 300
deflect, 439
deflower, 307
deform, 296
defraud, 277
defuse, 29
degenerate, 341
degrade, 471
degression, 471
dehydrate, 311
deicide, 71
deify, 274
deign, 16
deism, 274
deity, 274
deject, 479
delectation, 490
delegate, 488
delete, 425
deliberate, 500
delicate, 490
delicious, 490
delict, 493
delight, 490
delinquency, 493
deliquesce, 494
delirious, 114
delirium, 114
deliver, 489
delocalize, 236

delude, 42
deluge, 496
deluxe, 355
delve, 430
demagogue, 400
demagogy, 451
demand, 43
demarcate, 191
demean, 404
demeanor, 404
dementia, 314
demerit, 18
demigod, 643
demilitarized, 62
demilune, 643
demimini, 643
demimonde, 220, 643
demiofficial, 643
demise, 383
demit, 383
demiurge, 451
demiworld, 643
democracy, 409, 451
demoded, 200
demography, 451, 473
demolish, 596
demolishment, 596
demolition, 596
demon, 393
demoniac, 393
demonism, 393
demonstrate, 55
demonstration, 55
demote, 198
demotic, 451
demount, 45
demur, 461
demure, 461
denizen, 594
denizenship, 594
denominate, 49
denote, 204
denouement, 440
denounce, 205
dense, 586
density, 586
dent, 280, 281
dental, 280
dentate, 280
denticulate, 280
dentiform, 280
dentin, 280
dentist, 280
dentition, 280
denture, 280
denude, 614
deny, 203
deodorant, 66
deodorize, 66
depart, 79
department, 79
depend, 212
depict, 519
depilate, 521
depilatory, 520
deplete, 523
deplore, 516
deploy, 525
depopulate, 219
deport, 527
depose, 216
deposit, 217
depot, 217
depravation, 598
deprave, 598
depravity, 598
deprecate, 58
deprecatory, 58
depreciate, 330
depredate, 531
depress, 534
deprive, 221
depurate, 537
depurge, 537
depute, 222
derange, 224
derelict, 493
derision, 63
derivation, 64

derive, 64
dermatitis, 173
dermatology, 173
dermis, 173
derogate, 546
descant, 156
descend, 375
descendant, 375
descent, 375
describe, 345
descry, 78
desecrate, 360
desegregate, 36
desert, 552
deserve, 227
desiccate, 8
desiderate, 291
desideratum, 291
design, 554
designate, 554
desist, 556
desolate, 82
desolated, 82
despair, 86, 350
desperate, 86, 350
despicable, 57
despoil, 531
despond, 228
despot, 530
destiny, 558
destitute, 561
destructive, 562
desuetude, 570
desultory, 548
detach, 572
detail, 74
detain, 576
detect, 574
detent, 230
détente, 230
detention, 576
deter, 578
deterge, 496
detergent, 496
deteriorate, 255
determine, 233
detest, 347
detonation, 232
detour, 92
detoxicate, 95
detract, 237
detriment, 211
detritus, 211
detrude, 96
deuce, 274
deuteronomy, 410
devalue, 17
devastate, 586
develop, 589
deviate, 239
devious, 239
devise, 80
devitalize, 243
devoid, 586
devoir, 451
devolve, 588
devote, 571
devotion, 571
devour, 100
devout, 571
dexter, 545
dexterity, 545
diabetes, 142
diabolic, 355
diadem, 109
diagnosis, 470
diagonal, 248, 615
diagram, 472
dial, 275
dialect, 488
dialogue, 343
dialysis, 565
diameter, 615
diamond, 108
diapason, 224
diaphanous, 54
diaphragm, 615
diarchy, 408
diarrhea, 615

diary, 275
Diaspora, 85
diathesis, 615
dice, 171
dichotomy, 75, 644
dichroism, 339
dictate, 452
dictator, 452
diction, 452
dictum, 452
didactic, 460
diddle, 143
differ, 177
difficult, 467
diffident, 380
diffluent, 284
diffuse, 29
dig, 77, 109
digest, 179
dignify, 16
dignity, 16
digress, 471
dike, 109
dilapidated, 267
dilapidation, 267
dilate, 529
dilemma, 644
dilettante, 490
dilute, 496
diluvium, 496
dim, 193
dimension, 500
diminish, 194
diminuendo, 195
diminution, 194
dimple, 430
din, 581
dioxide, 644
dip, 430
diphthong, 644
diploma, 525
diplomacy, 644
dipole, 644
dipsomania, 190
Diptera, 644
dire, 111
direct, 543
dirge, 206
disable, 615
disagree, 615
disappoint, 60
disarm, 413
disarrange, 224
disaster, 291
disavow, 571
disburse, 422
discard, 166
discern, 78
discharge, 164
disclaim, 379
disclose, 440
discomfit, 467
discomfort, 184
disconcert, 553
disconnect, 482
disconnection, 482
disconsolate, 81
discord, 443
discountenance, 576
discourage, 444
discourse, 448
discover, 258
discredit, 382
discreet, 76
discrepancy, 183
discrete, 76
discuss, 142
disdain, 16
disembark, 12
disentangle, 573
disfigure, 468
disfranchise, 186
disgorge, 33
disgrace, 361
disguise, 242
disgust, 34
disheveled, 21
dishonest, 615
disincline, 437

disinflation, 300
disinherit, 476
disjoin, 481
disjoint, 481
disjunct, 482
dislocate, 236
dismal, 615
dismay, 615
dismiss, 383
dismount, 45
disobey, 598
disorder, 506
disparage, 509
disparity, 509
dispassion, 368
dispatch, 52
dispel, 209
dispense, 213
dispersal, 84
disperse, 84
display, 525
disport, 527
dispose, 217
dispraise, 330
disprove, 536
dispute, 222
disquiet, 541
disrupt, 24
dissect, 73
dissemble, 556
disseminate, 87
dissent, 226
dissertate, 552
disserve, 227
dissever, 74
dissident, 550
dissimilate, 555
dissimulate, 555
dissipate, 85
dissociate, 563
dissolute, 564
dissolve, 564
dissuade, 570
distant, 558
distend, 231
distill, 210
distillation, 210
distillery, 210
distoma, 101
distort, 90
distract, 237
distrait, 237
distress, 568
distribute, 580
district, 568
disturb, 590
ditch, 77, 109
diurnal, 275
divagate, 99
divaricate, 238
diverge, 336
diverse, 335
divert, 335
divest, 251
divide, 80
dividend, 80
divination, 274
divine, 274
diviner, 274
divorce, 337
divulge, 220
divulsion, 102
docile, 460
doctor, 460
doctrine, 460
document, 460
documentary, 460
dodge, 27
doff, 297
doggerel, 63
dogma, 172
dolce, 268
doldrums, 19
dole, 19, 109
dolmen, 19
dolorous, 19
dolt, 48
domain, 367
dome, 367

domestic, 367
domesticate, 367
domicile, 367
dominant, 366
dominate, 366
dominical, 366
dominion, 366
domino, 366
don, 297
donate, 170
donor, 170
doom, 235
doomsday, 235
dormancy, 247
dormant, 247
dormitory, 247
dorsal, 518
dose, 170
dossier, 460
dotage, 170
doubt, 540
douceur, 268
doughty, 185
dour, 110
dourly, 110
dower, 170
doxology, 172
drab, 582
draff, 582
drag, 164
drastic, 110
drastically, 110
drawbridge, 420
dray, 164
dredge, 164
dregs, 582
dress, 297
dribble, 210
drift, 210
drip, 210
drive, 210
drivel, 210
drizzle, 109
droll, 185
droop, 210
drop, 210
dross, 77
drudgery, 123
dubiety, 540
dubious, 540
ductile, 401
duet, 644
duke, 401
dulcet, 268
dull, 48
dullard, 48
dumbfound, 30
dunce, 48
duodenum, 644
duologue, 644
duplex, 525, 644
duplicate, 525
durable, 461
durance, 461
duration, 461
duress, 461
during, 461
duty, 451
dwindle, 110
dynamic, 39
dynamics, 39
dynamite, 39
dynamo, 39
Dynasty, 39
dyne, 39
dysentery, 615
dyslexia, 615
dyspepsia, 250, 616
dyspeptic, 250
dystrophy, 93
E. Coli, 107
eagle, 10
ebullient, 373
eccentric, 434
ecclesia, 378
echo, 321
eclat, 110
eclectic, 487
eclipse, 493

ecocide, 71
ecological, 367
ecology, 367
economic, 367
economical, 367
economics, 367
economy, 367, 410
ecstasy, 560
ectoderm, 173
ectoparasite, 616
ectopic, 616
ectoplasm, 297
ecumenical, 367, 404
eczema, 374
edacious, 100
edentate, 280
edible, 100
edict, 453
edifice, 467
edify, 467
edition, 171
educate, 401
educe, 401
eerie, 478
eerienes, 478
efface, 469
effect, 465
effervesce, 462
effete, 20
efficient, 467
effigy, 468
effluent, 284
effort, 184
effrontery, 187
effuse, 619
effusive, 29
ego, 174
egocentric, 174, 434
egoist, 174
egomaniac, 174
egotist, 174
egregious, 36
egress, 472
ejaculate, 479
eject, 479
eke, 310
elaborate, 39
elapse, 425
elastic, 183
elasticity, 183
elate, 529
elbow, 439
elect, 486
eleemosynary, 368
elegance, 487
elevate, 188
elf, 116
elicit, 490
elide, 145
eligible, 486
eliminate, 491
ellipse, 493
ellipsis, 493
elocution, 344
elongate, 495
elucidate, 354
elude, 42
elutriate, 496
Elysian, 321
Elysium, 321
emaciated, 112
emancipate, 190
embargo, 139
embark, 12
embarrass, 140
embed, 616
embellish, 288
embezzle, 277
embitter, 617
emblazon, 306
emblem, 355
embody, 617
embolden, 618
embolism, 355
embrace, 421
embroglio, 62
embroil, 62
embryo, 207, 618
embryonic, 207

emend, 537
emerge, 193
emergence, 193
emergency, 193
emeritus, 18
emersion, 193
emetic, 384
emigrate, 201
eminent, 44
emissary, 384
emit, 383
emmetropia, 262
emollient, 596
emolument, 596
emotion, 198
empathy, 208
emperor, 511
emphasis, 455
empirical, 513
employ, 525
empower, 617
empyreal, 306
emulate, 249
emulation, 249
enable, 616
enact, 397
enamour, 303
encamp, 153
encase, 616
encaustic, 13
encephalon, 159
enchant, 157
encircle, 261
enclave, 441
enclose, 440
encomiast, 107
encomiastic, 107
encomium, 107
encompass, 370
encore, 443
encourage, 444
encroach, 94
encumber, 446
encyclopedia, 51
endanger, 617
endear, 617
endeavor, 451
endemic, 452, 618
endocarditis, 444
endocarp, 309
endocrine, 77
endocytosis, 618
endometritis, 618
endorphin, 618
endorse, 618
endoscope, 618
endow, 171
endue, 403
endure, 461
energy, 40
enervate, 48
enface, 469
enfold, 618
enforce, 184
enfranchise, 186
engage, 617
engender, 340
engorge, 33
engraft, 616
engrave, 35
engross, 32
engulf, 595
enhance, 6
enisle, 478
enjoin, 482
enjoy, 490
enkindle, 617
enlarge, 617
enlighten, 618
enliven, 618
enmity, 303
ennead, 646
enneagon, 646
ennoble, 617
ennui, 116
enormity, 411
enormous, 411
enplane, 522
enrapture, 390

enrich, 617
enroll, 225
ensanguine, 65
ensconce, 14
ensemble, 556
enshrine, 616
enshroud, 618
ensign, 554
enslave, 617
ensphere, 86
ensue, 569
ensure, 571
entail, 74
entangle, 573
enterprise, 531
entertain, 576
enthrall, 122
enthralling, 122
enthusiasm, 327
entice, 617
entity, 463
entomb, 581
entomology, 75
entourage, 92
entreat, 617
entrench, 601
entropy, 92
enumerate, 293
enunciate, 205
envelop, 589
envelope, 589
envisage, 241
envision, 241
envoy, 239
envy, 242
enzootic, 353
enzyme, 374
eon, 176
epaulet, 121
ephemera, 275, 419
ephemeral, 275, 419
ephemerality, 275
epicedium, 432
epicenter, 434, 619
epicure, 247
epicurean, 247
epidemic, 452
epidermis, 173
epiglottis, 492
epigram, 472, 619
epigraph, 473
epilepsy, 391
epilogue, 343, 619
episode, 385
epistle, 121
epithet, 234
epitome, 75
epizoon, 353
epizootic, 353
epoch, 619
equable, 174
equal, 174
equalitarian, 174
equalize, 174
equanimity, 174, 352
equation, 175
equator, 175
equerry, 594
equestrian, 594
equidistant, 175
equilateral, 175, 485
equilibrate, 500
equilibrium, 175
equine, 594
equinox, 253
equipoise, 175
equipotent, 175
equity, 175
equivalent, 175
equivocal, 175
eradicate, 102
eradication, 102
erase, 538
erect, 543
eremite, 154
erg, 40
ergatocracy, 40
ergograph, 40
ergonomics, 40

eristic, 321
erode, 538
erogenous, 302
erose, 538
erosion, 538
erosive, 538
erotic, 302
erotica, 302
erotomania, 302
err, 357
errand, 357
errant, 357
erratic, 357
erratum, 357
erroneous, 357
error, 357
erudite, 187
erupt, 24
escalade, 376
escalate, 376
escape, 158
eschew, 619
esculent, 101
esophagus, 101
esoteric, 255
espionage, 58
essence, 462
establish, 558
estate, 560
esteem, 18
esthesia, 464
esthete, 464
esthetic, 464
estimate, 18
etch, 100
eternal, 176
ether, 127
ethereal, 127
ethereal oil, 127
etherize, 127
ethical, 342
ethics, 342
ethnarch, 342
ethnarchy, 408
ethnic, 342
ethnicism, 342
ethnicity, 342
ethnology, 342
ethos, 342
eucalyptus, 321
Eucharist, 37
eudemonia, 452
eugenics, 341
eulogy, 343, 620
eupepsia, 250, 620
euphemism, 456, 620
euphony, 515
euphoria, 178
euphuism, 456
eureka, 595
euthanasia, 88, 620
eutrophy, 93
evacuate, 585
evade, 377
evaluate, 16
evanesce, 587
evangel, 393
evangelism, 393
evangelist, 393
eve, 176
event, 388
eventuate, 388
everlasting, 183
evert, 335
evict, 292
evidence, 240
evince, 292
evoke, 458
evolve, 588
exacerbate, 2
exact, 397
exacting, 397
exaggerate, 179
exalt, 6
exalted, 6
exasperate, 84
excavate, 429
exceed, 432
excel, 571

excellence, 571
excellent, 571
except, 162
exceptional, 162
excerpt, 309
excise, 70
excite, 168
exclaim, 379
exclave, 441
exclude, 440
exclusive, 441
excommunicate, 201
excoriate, 77
excrement, 76
excrescent, 331
excrete, 76
excruciate, 363
exculpate, 15
excurrent, 450
excuse, 428
execrate, 360
execute, 552
exemplar, 364
exempt, 364
exert, 552
exfoliate, 181
exhale, 351
exhibit, 533
exhilarate, 436
exhilaration, 436
exhort, 37
exhume, 348
exigency, 399
exiguous, 399
exist, 557
exit, 619
exocrine, 77
exodus, 385, 619
exonerate, 116, 620
exorbitant, 261
exorcist, 620
exoteric, 255
exotic, 619
expand, 522
expanse, 522
expansion, 522
expatiate, 86
expatriate, 512
expect, 57
expedient, 52
expedite, 52
expedition, 52
expel, 209
expend, 213
expense, 213
experience, 513
experiment, 513
expert, 513
expire, 350
explain, 522
expletive, 524
explicate, 526
explicit, 526
explode, 146
exploit, 526
exploration, 516
explore, 516
explosion, 146
export, 528
expose, 217
expound, 217
express, 534
expropriate, 222
expunge, 60
expurgate, 537
exquisite, 539
exsanguine, 65
exscind, 70
exsert, 553
extant, 558
extemporal, 229
extend, 231
extent, 231
extenuate, 232
exterminate, 233
external, 620
extirpate, 569
extol, 271
extort, 90

extract, 237
extradite, 171
extramarital, 620
extraneous, 620
extrapolate, 288
extraterrestrial, 254
extraterritorial, 254
extravagant, 99
extreme, 620
extremely, 579
extricate, 601
extrinsic, 625
extrude, 96
exuberant, 602
exuberate, 602
exude, 570
exult, 548, 619
fable, 454
fabric, 200
fabricate, 200
fabulous, 454
facade, 469
face, 468
facet, 468
facetiae, 469
facile, 464
facility, 464
facsimile, 464
fact, 464
faction, 465
factious, 465
factitious, 465
factor, 465
factory, 465
factual, 464
faculty, 464
fado, 110
fain, 419
fair, 247
faith, 379
fake, 105
falcate, 10
falchion, 10
falcon, 10
fallow, 442
falter, 426
fame, 455
famine, 110
famish, 110
fanatic, 191
fancy, 54
fandangle, 110
fandango, 110
fane, 191
fang, 95
fantasia, 54
fare, 433
farewell, 433
fascia, 150
fascinate, 503
fascinating, 503
fascination, 503
fascism, 150
fascist, 150
fastidious, 586
fathom, 500
fatigue, 110
fatuity, 110
fatuous, 110
fauna, 321
fawn, 419
feasible, 466
feast, 247
feat, 466
feature, 466
febricity, 152
febrifuge, 27, 152
febrile, 152
feces, 465
feckless, 530
fecund, 20
federal, 379
federate, 379
feeble, 104
feign, 468
feint, 468
felicity, 20
felon, 15
felony, 15

female, 20
feminine, 20
feminism, 20
feminist, 20
fence, 144
fender, 144
feral, 478
ferment, 373
ferocious, 478
ferocity, 478
ferret, 27
ferry, 177
fertilize, 177
fervent, 373
fervid, 373
fervor, 373
festival, 247
fetch, 53
fete, 247
fetid, 53
fetish, 122
fetter, 53
fettle, 171
fetus, 20
feud, 111
feudalism, 277
feudality, 277
fever, 152
feverish, 152
fiancé, 380
fiasco, 601
fiat, 466
fickle, 427
fiction, 467
fictitious, 467
fiddlestick, 196
fidelity, 380
fiduciary, 380
fiend, 111
fierce, 478
figment, 467
figure, 468
figurehead, 468
filament, 21
filature, 21
filch, 118
file, 21
filial, 20
filicide, 20
fillet, 21
filly, 281
filth, 21
filthy, 21
finagle, 594
finagler, 594
final, 182
finale, 182
finance, 182
fine, 183
finesse, 182
finish, 182
finite, 182
fiscal, 277
fission, 28
fissure, 28
fix, 297
fixture, 297
flaccid, 595
flag, 210
flagellate, 147
flagellation, 147
flagellum, 147
flagitious, 147
flail, 147
flame, 306
flank, 483
flatulent, 300
flection, 439
fledge, 285
fleece, 521
fleet, 283
flexible, 439
flick, 144
flicker, 144
flinders, 25
flint, 25
flippant, 23
flirt, 307
flit, 285

float, 283
floccus, 521
flock, 521
floe, 282
flora, 307
florescence, 307, 462
floriculture, 307
florid, 307
floss, 521
flotilla, 283
flotsam, 283
flour, 307
flourish, 307
flout, 484
flu, 282
fluctuate, 282
flue, 282
fluent, 282
fluid, 282
fluke, 283
flume, 283
flummox, 595
flunky, 483
fluorescent, 462
flurry, 284
flush, 283
fluster, 284
flustrate, 284
flute, 283
flutter, 284
fluvial, 283
flux, 282
foal, 281
foe, 111
foible, 104
foil, 181
foliage, 181
foliate, 181
folio, 181
follicle, 181
folly, 181
fool, 181
foppish, 611
foramen, 430
forbear, 621
forbid, 621
force, 184
ford, 528
fordo, 621
forearm, 412
forebear, 621
forebode, 621
forecast, 621
foreclose, 621
foredoom, 235
forefront, 187
foregift, 622
foreground, 622
foreman, 622
foremost, 622
forerunner, 622
foresee, 622
forestall, 559
foretaste, 622
foretell, 622
forethought, 622
forewarn, 622
foreword, 622
forfeit, 466
forfend, 144
forge, 200
forgery, 200
forgo, 621
forlorn, 621
formal, 295
formation, 295
formidable, 295
formulate, 295
fornicate, 152
fornication, 152
forsake, 621
forsooth, 600
forswear, 621
forte, 184
fortify, 184
fortissimo, 184
fortitude, 184
fortress, 184
fortuitous, 322

fortuity, 322
fortunate, 322
fortune, 322
foster, 506
found, 30, 187
founder, 187
fracas, 23
fraction, 22
fractious, 22
fracture, 22
fragile, 22
fragment, 22
frail, 22
franchise, 186
frangible, 22
frank, 186
frantic, 191
fraternal, 594
fraternity, 594
fratricide, 594
fraud, 15
fraudulence, 15
fraudulent, 15
fraught, 164
fray, 23
freakish, 427
free lancer, 249
freebooter, 101
freeze, 594
freezer, 594
freight, 164
frenetic, 191
frenzy, 191
fresco, 247
freshet, 247
fret, 100
friable, 23
friction, 23
fridge, 594
frigid, 594
fritter, 26
frivolous, 23
frolic, 433
front, 186
frontier, 186
frontispiece, 186
froward, 461
frugal, 309
frugality, 309
fruition, 309
frustrate, 284
fugacious, 27
fugitive, 27
fulcrum, 188
fulsome, 164
fumatorium, 28
fume, 28
fumigate, 28
funambulist, 7
fund, 187
fundamental, 187
funeral, 552
funereal, 552
funnel, 30
furnace, 152
furor, 264
furtive, 118
fury, 264
fuscous, 582
fuse, 28
fusillade, 30
fusion, 28
futile, 30
gab, 101
gadfly, 169
gainsay, 547
gala, 418
galaxy, 318
gale, 516
gallant, 418
gallantry, 418
gallivant, 418
gallop, 8
gallows, 111
gallows bird, 111
gambado, 433
gambol, 433
gamete, 31
gamogenesis, 31

gamut, 224
gap, 101
gape, 101
garage, 592
garb, 111
gargantuan, 264
gargle, 33
gargoyle, 33
garment, 592
garner, 50
garnish, 592
garret, 592
garrison, 592
garrulity, 111
garrulous, 111
gasp, 101
gastralgia, 4
gastronomy, 410
gauche, 546
gaud, 196
gaunt, 111
gauntlet, 111
gavel, 111
gawky, 546
gaze, 278
gazebo, 278
gazehound, 278
gazer, 278
gel, 248
gelding, 281
gender, 340
gene, 340
genealogy, 340
general, 340
generate, 341
generous, 340
genesis, 340
genial, 341
genital, 341
genocide, 71
genre, 342
genteel, 341
gentry, 341
genuflect, 439
geocentric, 434
geography, 253
geology, 253
geometry, 254
georgic, 254
geotropism, 93
germ, 87
germane, 87
germicide, 87
germinal, 87
germinant, 87
germinate, 87
gerontocracy, 119
gerontology, 119
gerontophilia, 119
gerontophobia, 119
gerund, 179
gest, 179
gestate, 179
gesticulate, 179
gesture, 179
gewgaw, 196
ghastly, 111
ghetto, 480
ghost, 111
gibbet, 111
gibe, 63
giddy, 275
gigantic, 264
gigantism, 264
giggle, 101
gist, 180
glacial, 248
glacier, 248
glamour, 472
glance, 329
glare, 328
glaucoma, 329
glaucous, 329
gleam, 329
glean, 486
glib, 426
glide, 426
glimpse, 329
glint, 329

glisten, 329
glitter, 329
gloat, 34
global, 32
globalize, 32
globule, 32
glomerulus, 32
gloom, 279
gloomy, 279
glory, 328
gloss, 329
glossary, 492
glottal, 492
glow, 329
glue, 248
gluey, 248
glum, 279
glut, 34
glutinous, 248
glutton, 34
gluttony, 34
glyph, 26
gnarl, 94
gnarled, 94
goad, 169
gobble, 101
godly, 275
Godspeed, 275
goiter, 34
Goliath, 264
goniometer, 248
goniometry, 248
gonorrhea, 64
goof, 124
gore, 112
gorge, 33
gorgeous, 33
gorgon, 308
gorgoneion, 308
gorgonize, 308
gory, 112
gospel, 395
gossip, 395
gouge, 112
gourmand, 33
govern, 411
government, 411
governor, 411
grab, 534
grace, 361
gracile, 362
gradate, 471
grade, 471
gradual, 471
graduate, 471
graft, 616
grail, 504
grain, 50
grammar, 472
granary, 50
grand, 499
grandeur, 499
grandiloquence, 499
grandiloquent, 344
grandiose, 499
granite, 50
granivore, 100
grant, 382
granule, 50
graph, 473
graphic, 473
graphite, 473
graphology, 473
grasp, 534
grateful, 362
gratify, 362
gratitude, 361
gratuitous, 362
gratuity, 362
grave, 35
gravel, 112
gravestone, 266
gravid, 35
gravitate, 35
greedy, 37
gregarious, 36
grenade, 50
grid, 248
griddle, 248

grieve, 35
grill, 248
grim, 478
grimace, 478
grime, 478
grip, 534
gripe, 534
grisly, 478
grit, 112
groom, 112
gross, 32
grotesque, 427
grotto, 259
grovel, 112
groveling, 112
gruel, 50
gruesome, 477
guacamole, 207
guarantee, 592
guarantor, 591
guaranty, 591
guard, 591
guardian, 591
gudgeon, 34
guerdon, 590
guild, 169
gulf, 595
gull, 34
gullet, 33
gullible, 34
gurgle, 33
guru, 35
gush, 30
gust, 30, 34
gusto, 34
gut, 595
gutless, 595
guttural, 34
gutturalize, 34
guzzle, 517
gynephobia, 514
habiliment, 136
habilitate, 136
habit, 532
habitation, 533
habitual, 532
habituate, 533
habitude, 532
hack, 146
hackle, 146
hackney, 112
hackneyed, 112
hacksaw, 146
Hades, 282
haggard, 112
haggle, 146
hagiarchy, 409
hagiolatry, 114
hail, 328
hailstone, 266
halcyon, 322
hale, 328
halibut, 328
hall, 257
hallow, 328
halo, 328
hamper, 115
handicap, 158
handkerchief, 159
haphazard, 490
hapless, 490
happen, 490
happiness, 490
harangue, 210, 492
harass, 474
harbinger, 475
harbor, 474
harlot, 562
harmony, 278
harness, 474
harp, 321
harpy, 321
harridan, 68
harrow, 475
harry, 474
harsh, 118
hart, 269
harvest, 309
hasp, 534

hatch, 113
hatchet, 146
haughty, 6
haul, 379
haunt, 112, 436
hauteur, 6
haven, 534
havoc, 533
hawk, 10
hawser, 6
hazard, 89
hazardous, 89
heal, 328
heave, 533
hecatomb, 647
hectare, 647
hectometer, 647
hector, 322
hedge, 113
heedless, 202
heel, 438
hegemony, 375
heinous, 477
heir, 476
heirloom, 476
heliacal, 289
helianthus, 307
helicopter, 94
helideck, 94
heliocentric, 289
heliolatry, 289
helioscope, 289
heliosis, 289
heliotaxis, 289
heliotherapy, 289
heliotropic, 93
hell, 257
helmet, 257
hemal, 272
hemangioma, 273
hematic, 273
hematology, 273
hematoma, 273
hemicycle, 643
hemihedral, 643
hemiplegia, 643
hemiptera, 643
hemisphere, 86, 643
hemoglobin, 272
hemolysis, 272
hemophilia, 273
hemoptysis, 273
hemorrhage, 64, 273
hemorrhoids, 64, 273
hemostatic, 273
hepatic, 595
hepatitis, 595
heptachord, 646
heptagon, 646
heptahedron, 646
herald, 474
herb, 148
herbal, 148
herbarium, 149
herbicide, 149
herbivore, 100, 149
herborize, 149
Hercules, 322
heredity, 476
heresy, 394
heretic, 394
heretical, 394
heritable, 476
heritage, 476
hermaphrodite, 322
hermaphroditic, 322
hermit, 154
hero, 248
heroic, 94, 248
heroine, 94, 248
hesitate, 475
heteroclite, 623
heterodox, 172
heteronomy, 623
heteronym, 623
heterosexual, 623
heuristic, 595
hexad, 645
hexagon, 645

hexapod, 645
hiatus, 101
hibernal, 248
hibernant, 248
hibernate, 248
hibernation, 248
hierarchy, 409
hieratic, 409
hieroglyphic, 26
hilarity, 436
hind, 471
hinder, 461
hinge, 595
hippocampus, 281
hippodrome, 281
hippology, 281
hippopotamus, 281
hirsute, 477
histrionic, 595
hoar, 113
hoarfrost, 113
hoarse, 118
hoary, 113
hobble, 143
hog, 249
hoist, 6
hollow, 429
holm, 571
holocaust, 13
hologram, 328
holograph, 474
holoscopic, 328
holster, 257
homage, 348
homely, 308
homicide, 71
homily, 210
homocentric, 622
homogenize, 342
homologate, 343
homology, 622
homonym, 622, 623
hone, 168
hooker, 562
hop, 143
horde, 154
horn, 269
horology, 308
horoscope, 308
horrendous, 477
horrid, 477
horrific, 477
horrify, 477
horripilation, 521
horror, 477
hortation, 37
howl, 516
huff, 502
hull, 257
human, 348
humanics, 348
humble, 347
humdrum, 347
humidity, 348
humiliate, 348
humility, 348
hummock, 114
humongous, 264
hurly-burly, 185
husbandry, 138
hydra, 310
hydrant, 311
hydrate, 311
hydraulic, 311
hydroelectric, 311
hydrogen, 310
hydrology, 311
hydrolysis, 565
hydrometry, 311
hydrophobia, 311
hydrophone, 311
hydroponics, 311
hydropower, 311
hydroscope, 311
hydroskimmer, 311
hydrostat, 311
hydrotherapy, 601
hydrotropism, 93
hyena, 249

hymen, 322
hymeneal, 322
hymn, 394
hymnal, 394
hymnody, 394
hyperacid, 624
hyperalgesis, 4
hyperbola, 355
hyperbole, 355
hyperborean, 624
hypercritical, 76
hyperopia, 262
hypertension, 624
hypertonic, 233
hypertrophy, 93
hypnoid, 294
hypnosis, 294
hypnotherapy, 294
hypnotic, 294
hypnotize, 294
hypochondria, 623
hypocrisy, 623
hypodermic, 173
hypogastrium, 623
hypostasis, 561
hypothec, 623
hypothesis, 234
hypotrophy, 93
hypoxia, 623
hysterectomy, 616
hysterotomy, 75
I, 241
Icarian, 322
iceberg, 46
icon, 394
iconic, 394
iconoclast, 394
iconoclastic, 394
iconolatry, 114
iconology, 394
identic, 175
identical, 175
identification, 175
identify, 175
identity, 175
idiocy, 220
idiom, 220
idiosyncrasy, 504
idiosyncratic, 220
idiot, 220
idiotic, 220
idol, 394
idolatry, 394
idolize, 394
ignoble, 470
ignominy, 49
ignorance, 470
illation, 529
illegible, 624
illuminate, 354
illusion, 42
illustrate, 354
image, 394
imaginary, 394
imagination, 394
imagine, 394
imbalance, 415
imbecile, 624
imbibe, 416
imbrue, 193
imbue, 193
imitate, 394
imitation, 394
immaculate, 249
immanent, 359
Immanuel, 359
immature, 624
immeasurable, 499
immediate, 501
immense, 500
immerse, 193
immigrate, 202
imminent, 45
immortal, 88
immortelle, 88
immunity, 201
immunize, 201
impact, 507
impair, 509

impale, 96
impart, 79
impartial, 79
impasse, 370
impassion, 368
impassive, 368
impeach, 54
impede, 52
impel, 209
impend, 213
impenitent, 211
imperative, 511
imperial, 511
imperil, 513
imperious, 511
impervious, 240
impetuous, 215
impetus, 215
impinge, 507
impious, 537
implant, 149
implicit, 526
imploration, 516
implore, 516
imply, 526
impolitic, 436
imponderable, 214
import, 528
important, 528
importunate, 528
impose, 217
impostor, 217
impotent, 530
impound, 217
imprecate, 58
impresario, 534
impress, 534
imprint, 535
imprison, 531
improper, 221
impropriate, 222
improve, 599
improvise, 241
impudence, 59
impudent, 59
impudicity, 59
impugn, 61
impunity, 211
impute, 222
inamorata, 303
inane, 181
inanimate, 352
inapt, 136
inaugurate, 275
incandescent, 131
incantation, 156
incapacitate, 160
incarcerate, 532
incarnation, 369
incendiary, 131
incense, 131
incentive, 131, 157
inception, 162
incertitude, 78
incessant, 432
incest, 72
incident, 424
incinerate, 13
incineration, 13
incipient, 161
incise, 70
incite, 168
incline, 437
include, 441
incognito, 470
incoherent, 475
income, 624
inconsolable, 81
incorporate, 444
increase, 332
incredible, 382
incredulous, 382
increment, 332
increscent, 331
incretion, 332
incriminate, 445
incubate, 446
incubus, 446
inculcate, 151

inculpate, 15
incumbent, 446
incur, 449
indebt, 451
indefatigable, 110
indemnify, 363
indent, 280
independent, 212
indicate, 453
indict, 453
indifference, 177
indigenous, 342
indignation, 16
indignity, 16
individual, 80
indoctrinate, 460
indolent, 19
indomitable, 109
indubitable, 540
induce, 403
induct, 403
indulge, 419
indulgence, 419
indulgent, 419
indurate, 461
industry, 563
ineffable, 455
inept, 136
inert, 414
inessential, 463
inexorable, 386
infallible, 624
infamous, 455
infant, 455
infantry, 455
infatuated, 110
infection, 466
infer, 177
inferior, 625
infernal, 625
infidel, 380
infinite, 182
infinitesimal, 183
infinitive, 183
inflation, 300
inflect, 439
inflection, 439
inflict, 144
influence, 284
influx, 284
inform, 296
infra, 625
infraction, 22
infrared, 625
infrastructure, 625
infringe, 22
infuse, 29
ingenious, 341
ingenuous, 341
ingest, 180
ingrate, 362
ingratiate, 362
ingratitude, 362
ingredient, 471
ingurgitate, 33
inhabit, 533
inhale, 351
inhere, 475
inherit, 476
inhibit, 533
inhume, 348
inimical, 304
initiate, 404
inject, 480
injunct, 482
injure, 484
innate, 47
innervate, 48
innocent, 318
innocuous, 318
innovate, 206
innuendo, 119
inoculate, 597
inodorous, 66
inordinate, 507
inquest, 539
inquire, 539
inquisition, 539
insatiable, 15

inscribe, 346
inscrutable, 600
insect, 73
insectivore, 100
inseminate, 87
insensate, 226
insert, 553
insidious, 550
insignia, 554
insignificant, 553
insinuate, 251
insipid, 66
insipient, 66
insist, 557
insolate, 289
insoluble, 564
insolvent, 564
insomnia, 294
insouciant, 82
inspect, 57
inspire, 350
install, 559
instance, 559
instant, 559
instate, 561
instauration, 251
instill, 210
institute, 561
instrument, 563
insufflate, 300
insular, 478
insulate, 478
insulin, 251
insult, 548
insuperable, 637
insure, 571
insurgent, 376
insurrection, 377
integrity, 573
intellect, 487
intelligent, 487
intend, 231
intendance, 231
intense, 231
intensive, 231
intent, 231
inter, 255
interact, 398
intercede, 432
intercept, 162
intercourse, 448
intercurrent, 450
interdict, 453
interest, 463
interface, 469, 625
interfere, 178, 430
interfluent, 284
interfuse, 29
intergrade, 471
interim, 625
interjacent, 479
interject, 480
interlude, 42
intermediate, 501
interment, 255
intermigration, 202
interminable, 233
intermit, 384
intermittent, 384
internal, 625
international, 47
internecine, 317
interpellate, 210
interpolate, 288
interpose, 217
interregnum, 544
interrogate, 546
interrupt, 24
intersection, 73
intersperse, 85
interstice, 562
interurban, 583
interval, 625
intervene, 389
interview, 242
intervolve, 588
intestate, 347
intimacy, 113
intimate, 113

intimidation, 579
intolerant, 272
intonation, 232
intoxicate, 95
intradermal, 173
intramural, 624
intransigent, 400
intravascular, 625
intrepid, 578
intricate, 601
intrigue, 601
intriguing, 601
intrinsic, 625
introduce, 401
introit, 405
intromit, 384
introspect, 57
introvert, 335
intrude, 96
intuit, 460
intuition, 460
intuitionism, 460
inundate, 97
inure, 533
invade, 377
invalide, 17
invective, 180
inveigh, 180
invent, 389
inveracity, 387
invert, 335
invertebrate, 337
invest, 251
investigate, 124
investigation, 124
investiture, 251
investment, 251
inveteracy, 120
inveterate, 120
invidious, 240
invigilate, 245
invigorate, 246
invincible, 293
inviolable, 26
invite, 243
invoice, 239, 459
invoke, 458
involute, 588
involve, 588
invulnerable, 102
iota, 89
irascible, 168
irate, 168
iridescent, 322
iridology, 322
iris, 322
irk, 113
irksome, 113
irradiate, 223
irrational, 624
irremediable, 502
irrevocable, 458
irrigate, 600
irrigation, 600
irritate, 168
irritation, 168
irritative, 168
irrupt, 25
island, 478
isobar, 138, 176
isobaric, 176
isocheim, 176
isochromatic, 176
isocline, 438
isoclinic, 176
isocracy, 409
isolate, 478
isomer, 176
isomorphism, 176
isopod, 176
isosceles, 176
isothermal, 176
isotope, 176
itch, 113
iterate, 113
itinerant, 405
jaded, 595
janitor, 322
January, 322

Janus, 322
jargon, 34
jaundice, 596
jaundiced, 596
jaunt, 113
jaunty, 113
jealous, 305
jeer, 63
jeopardy, 79
jeremiad, 393
jest, 179
jettison, 479
jetty, 479
jibe, 63
jingoism, 410
jocose, 114
jocund, 114
joint, 481
joke, 114
jolly, 114
jolt, 147
jostle, 179
journal, 276
journalism, 276
journalist, 276
journey, 276
journeywork, 276
Jove, 274
jovial, 274
joy, 490
judicature, 484
judicious, 484
juggernaut, 114
juggle, 114
juju, 122
junction, 481
juncture, 481
junior, 38
Juno, 276
junoesque, 276
junto, 482
Jupiter, 274
jurisconsult, 483
jurisdiction, 453, 483
jurisprudent, 483
juristic, 483
jury, 483
jussive, 313
just, 313
justice, 313
justify, 313
juvenescent, 38
juvenile, 38
juvenilia, 38
juxtapose, 217, 482
kaleidoscope, 288
karma, 114
katabatic, 141
ken, 559
kennel, 154
kernel, 50
kilogram, 647
kilometer, 647
kilowatt, 647
kin, 342
kind, 342
kindle, 130
kindling, 130
kindred, 342
kinetics, 39
kingdom, 367
kinsman, 342
kismet, 114
kith, 342
kleptomania, 190
knaggy, 94
knave, 14
knavery, 14
knavish, 14
knell, 517
knoll, 114
labefaction, 424
labile, 425
labor, 39
laboratory, 39
labored, 39
laboring, 39
laborious, 39
laborite, 39

laborsome, 39
labyrinth, 323
labyrinthine, 323
lace, 490
lacerate, 26
laceration, 26
lachrymal, 19
lachrymation, 19
lachrymose, 19
lackadaisical, 586
lactate, 318
lad, 38
laddish, 38
laggard, 167
laity, 220
lam, 61
lambaste, 61
lambent, 329
lament, 19
lampoon, 119
lance, 249
lancet, 249
landscape, 71
languid, 595
languish, 595
languor, 595
lank, 483
lapidary, 267
lapidate, 267
lapidify, 267
lapis lazuli, 127
lapse, 424
larceny, 15
largess, 495
laryngeal, 34
laryngitis, 34
laryngology, 34
larynx, 34
lascivious, 37
lash, 147
lass, 38
lassie, 38
lassitude, 183
lasting, 183
latch, 391
latent, 529
lateral, 485
lath, 596
latitude, 485, 529
lattice, 596
launch, 249
laundry, 496
laureate, 323
lava, 495
lavatory, 495
lave, 495
lavish, 495
lax, 586
laxative, 586
laxity, 586
layman, 220
league, 358
lean, 438
leaven, 188
lecher, 489
lectern, 487
lecture, 487
leech, 486
legacy, 488
legal, 488
legend, 487
legerdemain, 190
legible, 487
legion, 486
legislate, 488, 529
legitimate, 488
leisure, 489
length, 495
leniency, 41
lenis, 41
lenitive, 41
lenity, 41
lesion, 145
lessen, 110
letterhead, 492
leukemia, 273
lever, 188
levitate, 188
levity, 188

levy, 188
lewd, 220
lexicon, 488
liable, 358
liaison, 359
libel, 376
liberal, 489
liberate, 489
libertine, 489
libidinous, 37
libido, 37
libra, 500
librate, 500
license, 489
licentiate, 489
licentious, 489
licit, 489
lieutenant, 577
ligament, 358
ligate, 358
limb, 491
limbo, 491
limit, 491
limn, 354
limpid, 323
line, 435
lineage, 435
linen, 435
linger, 626
lingo, 459, 491
lingual, 491
linguistic, 491
liniment, 425
link, 483
linkage, 483
lionize, 596
liquation, 494
liquefaction, 494
liquescence, 494
liquid, 494
liquidate, 494
liquify, 494
liquor, 494
lissome, 41
literacy, 492
literal, 492
literalism, 493
literate, 492
literati, 492
literature, 492
lithe, 41
lithium, 268
lithography, 267
lithology, 267
lithosphere, 267
litigate, 400
littoral, 68
liturgy, 40
livid, 244
loath, 114
loathe, 114
lobby, 181
local, 235
locale, 235
localism, 235
localize, 235
locate, 235
locomobile, 197
locomotion, 198
lodge, 181
lofty, 46
logarithm, 104
loge, 181
logic, 343
logogram, 343
logomachy, 259
logorrhea, 64
logroll, 225
loiter, 108
longbill, 495
longevity, 176, 494
longhead, 494
longitude, 495
longways, 495
loquacious, 344
lotion, 496
lotus, 323
lout, 116
louver, 46

lubricant, 426
lubricate, 426
lubricative, 426
lucent, 353
lucid, 353
Lucifer, 353
lucifugous, 27
lucrative, 476
lucre, 476
lucubrate, 354
ludicrous, 42
lugubrious, 582
lukewarm, 122, 152
luminant, 354
luminary, 354
luminescent, 462
luminous, 354
lunar, 290
lunatic, 290
lurid, 115
lurk, 148
lust, 37
luster, 354
luxate, 355
luxation, 355
luxuriance, 355
luxuriant, 355
luxuriate, 355
luxurious, 355
luxury, 355
lymph, 323
macabre, 579
mace, 596
Machiavellian, 286
machination, 286
machine, 286
macrobiotics, 497
macrocosm, 333, 497
macron, 497
macroscopic, 497
macular, 249
maculate, 249
maggot, 586
maggoty, 586
magistrate, 498
magna charta, 166
magnanimity, 353
magnanimous, 497
magnate, 498
magnet, 498
magnicide, 71
magnificent, 498
magnify, 498
magniloquent, 498
magnitude, 498
mahatma, 499
Mahayana, 499
Mahomet, 499
maim, 115
maintain, 577
majestic, 498
majesty, 463, 498
major, 498
majority, 498
maladapt, 136
maladept, 136
maladjusted, 313
maladroit, 626
malady, 626
malaise, 626
malcontent, 626
malediction, 453
malevolent, 246
malfeasance, 626
malformed, 296
malice, 626
malign, 626
malinger, 626
mallard, 106
malleable, 596
mallet, 596
malnutrition, 506
malversation, 335
mammoth, 264
manacle, 189
manage, 189
mandamus, 43
mandate, 43
maneuver, 189

mange, 115
mangle, 115
mangy, 115
manhandle, 189
mania, 190
maniac, 190
manicure, 447
manifest, 189
manipulate, 189
manner, 189
mannerism, 189
manor, 359
mansion, 359
manual, 189
manufactory, 189
manufacture, 465
manumit, 189, 384
manure, 190
manuscript, 346
maraud, 531
mare, 281
mare liberum, 192
margin, 191
marina, 192
marine, 192
maritime, 192
mark, 191
markdown, 191
markup, 191
marmalade, 268
Mars, 287
marsh, 192
martial, 287
martinet, 287
marvelous, 503
mascara, 249
mash, 26
mask, 249
masochism, 115
mass, 32
massacre, 596
massive, 32
match, 259
maternal, 285
mathematician, 314
mathematics, 314
matriarch, 285
matricide, 285
matriculate, 285
matrilateral, 485
matrimony, 285
matrix, 285
matron, 285
mattock, 596
mature, 314
maturity, 314
maul, 596
maunder, 537
mausoleum, 35
maverick, 306
mawkish, 586
maxim, 498
maximize, 498
maximum, 499
mayhem, 115
maze, 394
mea culpa, 15
meander, 7
measure, 499
mechanism, 286
meddle, 504
median, 501
mediate, 501
medicable, 502
Medicaid, 502
medical, 502
medicament, 502
medicate, 502
medicine, 502
medieval, 176, 501
mediocre, 126, 501
meditate, 353
meditation, 353
meditative, 353
Mediterranean, 255
medium, 501
medley, 504
meek, 313
megabit, 499

megalithic, 267
megalomania, 190
megalopolis, 499
megaphone, 499
meiosis, 195
melallurgic, 115
melancholic, 128
melancholy, 128
melange, 504
melanian, 128
melanin, 128
melee, 504
meliorate, 379
mellifluous, 268
mellow, 268
melody, 268
melon, 268
melt, 30
member, 369
membrane, 369
memento, 315
memoir, 315
memorandum, 315
memorial, 315
menace, 44
mendacious, 537
mendacity, 537
mendicancy, 537
mendicant, 537
menial, 359
menology, 250
menopause, 250
menorrhea, 64
menses, 250
menstrual, 250
menstruate, 250
menstruation, 250
mensural, 500
mental, 314
mentalism, 314
menticide, 314
mention, 314
mentor, 314
mercantile, 286
mercenary, 286
merchandise, 286
merchant, 286
mercurial, 286
Mercury, 286
mercy, 286
meretricious, 18
merganser, 193
merge, 193
meridian, 275
merit, 18
meritocracy, 409
meritorious, 18
mermaid, 192
mesa, 596
mesmerism, 295
mesmerize, 295
message, 383
messenger, 383
Messiah, 393
metabolism, 44, 355
metal, 115
metamorphic, 295
metaphor, 44
metaphysics, 44
metaplasm, 297
metastasis, 44
mete, 580
meteor, 44
meteoritics, 44
meteorology, 44
method, 44, 385
meticulous, 119
metrics, 500
metrology, 500
metropolis, 285
mettle, 115
mettlesome, 115
miasma, 89
miasmal, 89
miasmatic, 89
microbe, 244, 497
microbiology, 497
microeconomics, 497
microscope, 497

microseism, 120
microsome, 497
midge, 597
midget, 597
midst, 501
mignon, 195
migrate, 201
mildew, 268
milestone, 266
militant, 62
militarism, 62
militarize, 62
military, 62
militate, 62
militia, 62
millenarian, 647
millennium, 134
millibar, 647
millipede, 52, 647
mime, 249
mimetic, 249
mimic, 249
mimicry, 249
mimosa, 249
mince, 194
mind, 314
miniature, 194
minify, 194
minikin, 194
minion, 195
minister, 195
ministry, 195
minnow, 195
minor, 194
mint, 277
minus, 194
minuscule, 194
minute, 194
minutiae, 194
miracle, 503
mirage, 503
mire, 312
mirror, 503
mirth, 354, 503
misadventure, 388
misanthrope, 349
misanthropy, 628
misappropriate, 277
misarrange, 626
misbehavior, 626
miscegenation, 504
miscellany, 504
mischance, 626
mischief, 159
miscible, 504
misconduct, 627
misconstrue, 563
miscreant, 382
misdate, 169
misdeed, 627
misdemeanor, 404
miser, 249
miserable, 249
misery, 249
misfire, 305
misfortune, 627
misgiving, 627
misgovern, 627
misguide, 627
mishap, 490
misjudge, 627
mislead, 627
misnomer, 49
misogamist, 31
misogamy, 628
misogyny, 628
misology, 628
misoneism, 628
misprint, 535
misprision, 531
misprize, 330
miss, 382
missile, 382
mission, 382
misspell, 627
misstep, 627
mistreat, 627
mistrust, 627
misuse, 627

mitigate, 195
mitten, 111
mixology, 504
mixture, 504
mnemonic, 315
moat, 11
mob, 197
mobile, 197
mobility, 197
mobilize, 197
mock, 63
modal, 199
mode, 199
model, 199
moderate, 199
modern, 199
modernize, 199
modest, 199
modicum, 199
modify, 199
modulate, 199
moiety, 501
moist, 313
moisture, 313
moisturize, 313
molar, 596
molasses, 268
mold, 200
molecular, 596
molecule, 596
mollify, 596
molt, 340
molten, 30
molusk, 596
monandrous, 298
monarchy, 409, 644
monde, 220
monetary, 277
monetize, 277
monition, 278
monitor, 278
monitory, 278
monocle, 597
monody, 206
monogamy, 31
monogram, 472
monograph, 474, 644
monolatry, 114
monolith, 268
monolog, 644
monomania, 190
monomial, 49
monophobia, 514
monopoly, 644
monotheism, 327
monotony, 232, 644
monovular, 207, 644
montage, 45
monument, 278, 315
mooch, 106
moor, 192
moot, 141
moral, 115
morality, 115
morass, 192
morbid, 88
mordant, 89
mores, 115
morgue, 88
moribund, 88
moron, 116
morose, 115
morphology, 295
morsel, 89
mortal, 88
mortar, 26
mortgage, 88
mortify, 88
mortuary, 88
mosquito, 597
moss, 313
mote, 238
motif, 197
motion, 197
motivate, 197
motley, 238
motor, 197
motordrome, 433
mound, 11

mount, 45
mountain, 45
mountebank, 451
mourn, 315
move, 198
moviedom, 367
muck, 426
mucky, 426
mucus, 426
mud, 312
muddle, 312
muff, 250
muffle, 250
muffler, 250
mufti, 136
muggy, 313
multicellular, 647
multilateral, 485
multiply, 526, 647
multitude, 647
mundane, 220
municipal, 200
munificent, 200
muniment, 597
munitions, 597
murrain, 89
muse, 316
museum, 316
music, 316
mutable, 339
mutate, 339
mutilate, 115
mutiny, 198
mutual, 340
mycology, 426
myopia, 262
myriad, 597
myriapod, 597
mystagogy, 400
nadir, 415
naiad, 323
naissance, 47
naïve, 47
naïveté, 47
narcissism, 316
narcissus, 316
narcolepsy, 316, 391
narcosis, 316
narcotic, 316
narcotize, 316
nasal, 597
nasalization, 597
nasalize, 597
nascent, 47
nasitis, 597
natal, 46
natation, 505
natatorium, 505
nation, 46
nationality, 46
native, 46
natural, 46
naturalize, 46
nature, 46
naught, 203
naughty, 203
nausea, 505
nautical, 505
nave, 271
navel, 271
navicert, 505
navigate, 505
navy, 505
nebbish, 279
nebula, 279
nebulize, 279
nebulous, 279
necessary, 432
necrolatry, 317
necrology, 317
necromancy, 317
necrophagia, 317
necrophobia, 514
necropolis, 317
necropsy, 317
necrosis, 317
nectar, 317
nefarious, 456
negate, 202

neglect, 202, 486
negligee, 202
negligence, 202, 486
negligible, 202
negotiate, 203
nemesis, 293
neolith, 267
neology, 205
neon, 205
neonatal, 47
neophyte, 205
neoplasm, 297
nephology, 279
nephoscope, 279
nephritis, 595
nephroptosis, 426
Neptune, 279
nervate, 48
nerve, 48
nervous, 48
nescient, 549
nestor, 323
nether, 415
netherlands, 415
netherworld, 415
nettle, 180
neural, 48
neuralgia, 4
neuration, 48
neurology, 48
neurosis, 48
neuter, 203
neutral, 48
nexus, 482
niggard, 197
niggle, 197
nihil, 203
nimbus, 279
nirvana, 300
noctambulism, 7
noctambulist, 253
noctilucent, 253
noctivagant, 253
noctovision, 253
nocturnal, 253
nocturne, 253
nocuous, 318
noisome, 116
nomad, 293
nomadic, 293
nomenclature, 49
nominal, 49
nominate, 49
nonagon, 646
nonary, 646
nonchalant, 152
noncommittal, 383
nondescript, 345
nonentity, 463
nonpareil, 510
nonplus, 524
norm, 411
normal, 411
normalize, 411
nostalgia, 4
nostrum, 502
notable, 204
notarize, 204
notation, 204
notice, 204
notify, 204
notion, 204
notorious, 204
nourishment, 506
nova, 205
novel, 205
November, 646
novice, 206
noxious, 318
nuance, 279
nubile, 323
nuisance, 318
nullify, 203
numeral, 293
numerate, 293
numerous, 293
nuncupate, 204
nuptial, 323
nurse, 505

nursery, 505
nurture, 505
nutrient, 506
nutrition, 506
nyctalopia, 253
nyctophobia, 253
nymph, 323
nympho, 323
nymphomania, 190
oaf, 116
obdurate, 461, 628
obeisance, 598
obelisk, 406
obese, 101
obey, 598
obfuscate, 582
obfuscation, 582
obfuscatory, 582
obituary, 405
object, 480
objurgate, 484
oblate, 529
obligation, 358
oblige, 358
oblique, 406
obliterate, 493
oblivion, 425
oblong, 495
obloquy, 344
obnoxious, 318
obscene, 21
obscenity, 21
obscure, 628
obsecrate, 360
obsequies, 552
obsequious, 552
observe, 227
obsolete, 628
obstacle, 559
obstinate, 559
obstreperous, 104
obstruct, 563
obtain, 577
obtected, 574
obtest, 347
obtrude, 96
obtuse, 147
obverse, 335
obviate, 239
obvious, 239
occasion, 423
occident, 424
occipital, 158
occlude, 441
occult, 257
occupy, 162
occur, 450
ocean, 116
oceanography, 116
octagon, 646
octave, 646
October, 646
octonary, 646
octopus, 646
ocular, 597
ocularist, 597
oculist, 597
odd, 116
oddity, 116
ode, 206
odious, 116
odium, 116
odometer, 385
odontalgia, 4, 281
odontoid, 281
odontology, 281
odor, 66
odoriferous, 66
odyssey, 323
offense, 144
offer, 178
office, 467
officialdom, 367
officious, 467
ogle, 301
ointment, 393
olfaction, 66
olfactory, 66
oligarchy, 408

Olympics, 271
Olympus, 271
omen, 116
ominous, 116
omit, 628
omnibus, 647
omnidirectional, 647
omnificent, 647
omnipotence, 647
omnipotent, 530
omnipresence, 647
omniscience, 647
omniscient, 549
omnivore, 100
omphalos, 270
omphalotomy, 270
onerous, 116
onslaught, 146
ontogenesis, 463
ontology, 463
onus, 116
opaque, 628
opera, 269
operate, 270
ophidian, 597
ophiolater, 597
ophiology, 597
ophthalmia, 262
ophthalmology, 263
opiate, 598
opinion, 250
opium, 598
opponent, 218
opportune, 528
oppose, 218
oppress, 535
opprobrious, 15
oppugn, 61
optic, 261
optical, 262
optician, 262
optimism, 270
optimum, 270
option, 250
optional, 250
optometry, 262
opulent, 270
opuscule, 270
oracle, 386
oral, 386
oratory, 386
orb, 261
orbit, 261
orbital, 261
ordain, 506
ordeal, 109
order, 506
ordinal, 506
ordinance, 506
ordinary, 506
ordure, 190
organ, 41
organize, 41
orgy, 41
orient, 356
orientation, 356
origin, 356
originate, 356
ornament, 116
ornate, 116
ornithic, 10
ornithology, 10
ornithoscopy, 10
ornithosis, 10
orogeny, 46
orography, 46
orology, 46
orotund, 386
ort, 101
orthoclase, 545
orthodontia, 281, 545
orthodox, 173
orthogenesis, 545
orthogonal, 545
orthography, 474, 545
orthopedics, 51, 545
osculate, 386
osprey, 9
osseous, 434

ossicle, 434
ossification, 434
ossify, 434
ossuary, 434
ostensible, 231
ostentation, 231
osteology, 434
osteomyelitis, 434
ostracize, 434
ostrich, 9
otalgia, 4
outargue, 301
outbalance, 415
outbreak, 628
outcast, 119
outcome, 629
outcry, 629
outdate, 169
outdoor, 629
outdraw, 629
outgrow, 629
outlandish, 629
outlast, 629
outlet, 629
outline, 629
outlive, 629
outnumber, 293
output, 629
outrage, 599
outrageous, 599
outrange, 224
outrival, 64
outrun, 629
outspeak, 629
outstanding, 629
outwear, 630
outwit, 629
oval, 207
ovary, 207
overact, 398
overboard, 630
overburden, 630
overcast, 630
overcharge, 164
overcome, 630
overdo, 631
overdose, 170
overdress, 288, 297
overeat, 631
overestimate, 18
overflow, 630
overhear, 630
overlap, 630
overmeasure, 499
overseas, 630
overt, 103
overthrow, 630
overture, 103
overuse, 630
overvalue, 17
overweening, 265
overweight, 631
overwhelm, 630
overwork, 631
oviduct, 207, 401
oviparous, 207, 508
ovulation, 207
ovum, 207
ox, 583
oyster, 434
pachyderm, 173
pacific, 507
pact, 507
paean, 323
pagan, 395
pageant, 507
palate, 34
pale, 55
paleography, 117
Paleolithic, 117, 267
paleontologist, 117
paleontology, 117
Paleozoic, 117
pall, 55
pallid, 55
palmiped, 52
palpable, 598
palpate, 598
palpation, 598

pamphlet, 319
panacea, 319
panchromatic, 339
pandemic, 319, 452
pandemonium, 393
pander, 562
panegyric, 319
pang, 4
panic, 321
panoply, 319
panoptic, 262
panorama, 319
pantheism, 327
pantheon, 319
pantomime, 249, 319
pantry, 50
papilla, 598
papilloma, 598
par, 508
parabola, 355
parachronism, 263
parachute, 424, 511
parade, 510
paradigm, 509
paradox, 173
paraffin, 511
paragon, 509
paragraph, 474, 510
parallel, 509
paralysis, 565
paramount, 45
paramour, 304
paranoia, 509
parapet, 511
paraphrase, 459, 510
parasite, 510
parasiticide, 71
parasol, 511
parcel, 80
pardon, 170
paregoric, 101
parent, 508
parenthesis, 234, 510
pariah, 119
parity, 508
parlance, 456
parlando, 456
parlay, 456
parley, 456
parliament, 457
parlor, 456
parlous, 513
parody, 206
parole, 456
parousia, 463
paroxysm, 510
parquet, 117
parquetry, 117
parricide, 508
parrot, 457
parry, 511
parsimony, 117
partake, 79
partial, 78
participate, 79, 161
participle, 79
particle, 79
particular, 79
parting, 79
partisan, 78
partition, 79
parturient, 508
party, 78
parvenu, 389
passage, 370
passé, 370
passenger, 370
passion, 368
passive, 368
passport, 370, 528
pasta, 426
paste, 426
pastel, 426
pastime, 370
pastor, 395
pastoral, 395
pasture, 395
pasty, 65
patent, 598

paternal, 512
paternoster, 512
pathetic, 208
pathology, 208
pathos, 208
patience, 368
patois, 54
patriarchy, 409
patrician, 512
patricide, 512
patrimony, 277
patriot, 512
patrol, 54
patron, 512
patronymic, 512
paucity, 392
pauper, 392
pause, 216
pavilion, 598
peacock, 301
peasant, 395
peasantry, 395
pebble, 151
peculate, 277
peculiar, 277
pecuniary, 277
pecunious, 277
pedagogy, 51, 400
pedant, 51
pederast, 51
peddle, 51
pedestal, 51
pedestrian, 52
pediatrics, 51
pedicure, 51
pedigree, 52
pedobaptism, 51, 393
pedology, 51
pedometer, 52
pedophile, 51
peer, 509
peevish, 336
pejorate, 117
pejorative, 117
pelagian, 598
pelagic, 599
pellet, 520
pellucid, 354
penalty, 211
penance, 211
penchant, 212
pendant, 212
pendent, 212
pending, 212
pendulous, 212
peninsula, 478
penitence, 211
penology, 211
pensile, 212
pension, 212
pensive, 213
pentagon, 248, 645
pentagram, 645
pentameter, 645
pentathlon, 198
penumbra, 582
penurious, 117
peon, 53
pepsin, 250
peptic, 250
perambulate, 7
perceive, 162
percolate, 107
percuss, 142
perdition, 171
perdue, 403
perdure, 461
peregrinate, 406
peregrine, 405
peremptory, 364
perennial, 134
perfect, 466, 631
perfervid, 631
perfidy, 380
perforate, 430
perforce, 585
perform, 296
perfume, 28
perfunctory, 202

perfuse, 29
periapt, 136
pericardium, 444, 631
perigee, 254
perihelion, 631
peril, 512
perimeter, 631
periodic, 386
periostitis, 595
peripeteia, 215
periphery, 178
peritoneum, 631
perjure, 484
permanent, 359, 631
permeable, 377
permeate, 377
permit, 384
permute, 340
pernicious, 318
perorate, 386
perpendicular, 213
perpetrate, 296
perpetuate, 215
perplex, 526
perquisite, 540
perquisition, 540
persecute, 552
persevere, 387
persiflage, 63
persist, 557
perspective, 57
perspicacious, 57
perspicuous, 57
perspire, 350
persuade, 570
pertain, 577
pertinacious, 577
perturb, 590
peruse, 584
pervade, 377, 631
pervert, 335
pervious, 239
pessimism, 53
pessimum, 53
pesticide, 71
pestle, 26
petit, 195
petition, 214
petrify, 266
petrochemistry, 266
petrography, 266
petroleum, 266
petty, 195
petulant, 214
phagocyte, 101
phallic, 96
phallicism, 96
phallus, 96
phantasm, 54
phantom, 54
phenom, 54
phenomenon, 54
philander, 513
philanderer, 298
philanthropist, 513
philanthropy, 349
philately, 513
philistine, 514
philosophy, 513, 549
philter, 514
phlegmatic, 208
phobia, 514
phobophobia, 514
phoenix, 10
phonate, 515
phonetic, 515
phonogenic, 515
phonology, 515
phony, 515
photochromy, 339, 517
photofinish, 517
photogene, 517
photography, 517
photolysis, 517
photometer, 517
photosensitive, 517
phototropism, 93
phrase, 459
phreneic, 191

phrenic, 191
phrenitis, 191
phrenology, 191
physic, 518
physical, 518
physician, 518
physicist, 518
physiocracy, 518
physiognomy, 518
physiography, 518
physiolatry, 114
physiology, 518
physiotherapy, 601
physique, 518
phytography, 150
phytophagous, 150
phytotoxin, 150
picayune, 196
pictograph, 519
pictorial, 519
picture, 519
picturedom, 519
picturesque, 519
pied, 238
piglet, 249
pigment, 519
pile, 520
piles, 520
pilfer, 520
pilgrim, 406
pill, 520
pillage, 520
pillar, 520
pilot, 53
pilous, 521
pily, 521
pinion, 53
pious, 537
piquant, 60
pique, 60
pirate, 513
piscary, 598
piscatology, 598
piscator, 598
Pisces, 598
piscicide, 71
pistil, 26
pithy, 435
pittance, 89
pixel, 519
placate, 418
placebo, 419
placet, 419
placid, 419
plagiarism, 513
plague, 145
plain, 522
plaint, 145
plaintiff, 145
plaintive, 145
plait, 435
plane, 522
planet, 358
plangent, 145
planish, 522
plant, 149
plantation, 149
plaque, 145
plasma, 296
plaster, 296
plastic, 296
platable, 34
platform, 108
platitude, 522
platoon, 520
plaudits, 146
plausible, 146
plea, 419
plead, 419
pleasant, 419
pleat, 435
plebeian, 220
plebiscite, 220
plebs, 220
plenary, 523
plenipotent, 530
plenipotentiary, 530
plenitude, 523
plenty, 523

plethora, 523
plight, 526
plod, 143
plum, 150
plumage, 521
plumb, 501
plumber, 501
plume, 521
plummet, 501
plural, 524
Pluto, 282
plutocracy, 409
plutolatry, 114
ply, 524
pneuma, 351
pneumatic, 351
pneumatology, 351
pneumonia, 351
poach, 638
poco, 392
podagra, 53
podiatry, 53
podium, 53
pogrom, 596
poignant, 60
poison, 416
polemic, 288
polemicize, 288
polemology, 288
policy, 436
polish, 288
politic, 436
political, 436
pollen, 598
pollinate, 598
pollute, 496
poltroon, 117
polyanthus, 307
polyclinic, 438
polygamy, 31
polyglot, 492
polygon, 647
polygraph, 647
polyhedron, 647
polymath, 314
polymer, 647
polymorphic, 647
polynomial, 647
polytheism, 327
pome, 309
pomegranate, 50
pomiferous, 309
pommel, 309
pomp, 117
pompous, 117
ponder, 214
ponderous, 214
pony, 392
poppy, 598
populace, 219
popular, 219
populate, 219
populous, 219
porcine, 249
pork, 249
port, 527
portable, 527
portal, 527
portend, 231
porter, 527
portfire, 527
portfolio, 181, 527
porthole, 527
portion, 79
position, 216
positive, 216
posse, 530
possess, 530, 550
possible, 530
post, 216
postdate, 169, 632
posterior, 632
postern, 632
posthumous, 632
postindustrial, 632
postmortem, 89
postnatal, 47
postpone, 218
postscript, 346, 632

postulate, 58
posture, 216
potable, 416
potent, 530
potential, 530
pothouse, 416
potion, 416
poultice, 598
poultry, 392
pound, 214
poverty, 392
practical, 250
practice, 250
practitioner, 250
pragmatic, 250
pragmatism, 250
praise, 330
pray, 58
preach, 632
preamble, 7
prearrange, 224
precarious, 58
precatory, 58
precaution, 431
precede, 432
precent, 157
precept, 162
precinct, 435
precious, 330
precipice, 158
precipitate, 158
precipitous, 158
precise, 70
preclinical, 438
preclude, 441
precocious, 593
precognition, 470
precondemn, 363
precursor, 450
predate, 169
predatory, 531
predecessor, 432
predetermine, 233
predicament, 453
predicate, 454
predict, 453
predilection, 487
predispose, 217
predominant, 366
predominate, 366
predromal, 433
preeminent, 45
preemptive, 364
preen, 117
preface, 469
prefatory, 401
prefecture, 466
prefer, 178
prefigure, 468
prefix, 297
preform, 296
pregnancy, 632
pregnant, 342
prehensile, 532
prehension, 532
prejudice, 484
preliminary, 491
prelude, 42
premature, 314
premise, 384
premium, 364
premonition, 278
prenatal, 47
prepare, 510, 632
prepense, 213
preponderant, 214
preposition, 218
prepossess, 551
preposterous, 632
prepotent, 530
prerequisite, 540
prerogative, 546
presage, 547
presbyopia, 395
presbyter, 395
presbyterate, 395
presbyterial, 395
Presbyterian, 395
prescience, 549

prescind, 70
prescribe, 346
present, 463
presentation, 463
presentiment, 226
preserve, 228
preside, 551
president, 551
press, 534
pressure, 534
prestigious, 568
presume, 365
pretend, 231
pretentious, 231
preterit, 405
pretermit, 384
preternatural, 47
pretest, 632
pretext, 580
prettify, 288
prevail, 17
prevalent, 17
prevaricate, 599
prevarication, 599
prevent, 389
preventive, 632
preview, 242
previous, 240
previse, 241
prey, 531
priapic, 323
priapism, 323
priceless, 330
prick, 24
prickle, 24
prime, 633
primer, 633
primeval, 176
primipara, 508
primitive, 633
primogeniture, 342
primordial, 633
primp, 117
principal, 633
principle, 633
prink, 117
print, 535
prison, 531
privacy, 221
privation, 221
privilege, 221
privity, 221
privy, 221
probable, 535
probate, 536
probation, 536
probe, 535
probity, 536
problematic, 633
proboscis, 148
proceed, 432
proclaim, 379
proclivity, 438
procrastinate, 108
procrastination, 108
procreate, 332
Procrustean, 324
procumbent, 446
procurator, 447
procure, 447
prodigal, 400
prodigious, 554
prodigy, 554
prodrome, 433
produce, 403
product, 403
profane, 191
profess, 455
proffer, 178
proficient, 467
profile, 21
profligate, 145
profound, 187
profuse, 29
progeniture, 342
progeny, 633
prognosis, 470
program, 472
progress, 472

668

prohibit, 533
project, 480
projectile, 480
prolapse, 425
prolate, 529
prolepsis, 391
proletariat, 5
prolicide, 5
proliferate, 5
prolific, 5
prolix, 633
prolocutor, 344
prolong, 495
promenade, 404
promiscuous, 504
promise, 384
promontory, 45
promote, 198
prompt, 364
promulgate, 220
pronounce, 205
prop, 118
propagate, 87
propel, 209
propensity, 213
proper, 221
property, 222
prophecy, 456
propinquity, 342
propitiate, 215
propitious, 215
proportion, 80
proposal, 633
propose, 218
proposition, 218
propound, 218
propriety, 221
proscribe, 346
prosector, 73
prosecute, 552
prospect, 57
prosper, 86
prosperity, 350
pross, 562
prosthesis, 235
prostitute, 562
prostrate, 566
protagonist, 3
protect, 575
protégé, 575
protest, 347
protestant, 347
protocol, 475, 634
protolithic, 634
protoplasm, 297
prototype, 634
protozoa, 634
protozoan, 353
protract, 237
protrude, 96
proud, 599
prove, 536
provenance, 389
proverb, 457
provide, 240
provident, 240
proviso, 240
provoke, 458
prowess, 599
proxy, 447
prude, 599
prudent, 240
prudery, 599
prudish, 599
prune, 150
prurience, 59
prurient, 59
prurigo, 59
pruritic, 59
psalm, 394
psalmist, 394
pseudograph, 634
pseudonym, 634
pseudopodium, 634
pseudoscience, 634
psyche, 304
psychiatrist, 304
psycho, 304
psychology, 304

psychopath, 208
psychopathic, 304
psychosis, 304
psychotherapy, 601
pterodactyl, 260
ptomaine, 426
ptosis, 426
puberty, 392
pubescence, 462
public, 219
publicize, 219
publish, 219
puddle, 59
pudency, 59
pudenda, 59
pudibund, 59
pudicity, 59
puerile, 392
pug, 61
pugilism, 61
pugnacious, 61
pulchritude, 265
pulchritudinous, 265
pulmonary, 351
pulmonate, 351
pulmotor, 351
pulsate, 210
pulse, 210
pulverize, 598
punctilious, 60
punctual, 60
punctuate, 60
puncture, 60
pungent, 60
punish, 211
pupa, 392
pupil, 392
purchase, 163
pure, 537
purgation, 537
purgatory, 537
purge, 537
purify, 537
purism, 537
puritan, 537
purloin, 118
purport, 528
purpose, 218
purse, 422
pursue, 570
purvey, 240
purview, 242
pus, 599
pusillanimous, 353
putative, 222
putrefactive, 599
putrescent, 599
putrid, 599
puzzle, 185
Pygmalion, 324
pyorrhea, 64
pyretic, 305
pyrolatry, 114
pyrolysis, 306
pyromania, 306
pyrotechnics, 306
python, 324
pythoness, 324
pythonic, 324
quack, 223
quadrangle, 645
quadrate, 645
quadruped, 52, 645
quadruple, 645
quaff, 101
quail, 110
quaint, 470
qualification, 540
qualify, 540
qualm, 586
quandary, 540
quantity, 540
quantum, 540
quarantine, 645
quarry, 645
quarter, 645
quarterly, 645
quartet, 645
quash, 142

quasiatom, 634
quasicholera, 634
quasi-juridical, 634
quaternary, 645
queasy, 586
quench, 118
querulous, 540
query, 540
quest, 539
question, 539
quibble, 540
quiescent, 541
quietude, 541
quint, 645
quintessence, 645
quirk, 27
quiver, 408
Quixote, 250
quixotic, 250
quixotism, 250
quizzical, 42
quorate, 540
quorum, 540
quota, 540
quotation, 540
quote, 540
rabid, 599
rabies, 599
radar, 223
radiate, 223
radical, 102
radicle, 102
radioactive, 223, 398
radiolocate, 236
radiology, 223
radiosonde, 223
radiotherapy, 601
radish, 102
radius, 223
radix, 102
rage, 599
raillery, 179
raiment, 116
rally, 359
ramble, 7
ramification, 118
ramify, 118
ramp, 599
rampage, 599
rampant, 599
rampart, 511
ranch, 224
range, 224
rank, 224
ransack, 547
ransom, 365
rapacious, 390
rape, 390
rapid, 390
rapport, 528
rapt, 390
raptorial, 390
rapture, 390
rarefied, 183
rascal, 538
rash, 538
rasp, 538
raspy, 118
rate, 542
ratify, 542
ratio, 542
ratiocinate, 542
ration, 542
rational, 542
rationale, 542
raucous, 118
ravage, 390
rave, 54
raven, 390
ravenous, 391
ravine, 391
ravish, 391
rayon, 223
razor, 538
react, 398, 634
reactionary, 398
reagent, 399
reanimate, 353
reap, 25

reason, 542
reassure, 571
rebarbative, 521
rebate, 141
rebel, 287
rebound, 198
rebus, 600
rebut, 140
recalcitrant, 151
recall, 635
recant, 156
recapitulate, 158
recede, 432
receive, 162
recension, 18
recess, 432
recidivist, 424
recipe, 163
reciprocal, 163
recision, 70
recital, 168
recite, 168
reckless, 118
reckon, 118
reckoning, 118
reclaim, 379
recline, 438
recluse, 441
recognize, 470
recollect, 486
recommend, 43
reconcile, 378
recondite, 14
reconnaissance, 47
reconstruct, 562
record, 443
recount, 448
recoup, 163
recover, 258
recreant, 382
recreate, 332
recrimination, 445
recruit, 332
rectal, 543
rectangle, 406, 543
rectify, 543
rectilinear, 544
rectitude, 543
recumbent, 446
recuperate, 163
recur, 450
recusant, 428
recycle, 261
redeem, 364
redolent, 66
redoubtable, 540
redound, 97
redress, 297
reduce, 402
redundant, 97
reef, 25
reenter, 635
refection, 466
refer, 178
reference, 178
refine, 183
reflect, 439
reflex, 439
refluent, 284
reflux, 284
reform, 296
refraction, 22
refractory, 22
refrain, 23
refuge, 27
refund, 187
refuse, 29
refute, 140
regal, 543
regale, 418
regenerate, 341
regent, 544
regicide, 71
regime, 544
regimen, 544
regiment, 544
region, 544
register, 180
regius, 544
regorge, 33

regressive, 472
regular, 544
regulate, 544
regurgitate, 33
rehabilitate, 136
rehabilitation, 136
reign, 544
reimburse, 422
rein, 544, 577
reincarnation, 369
reindeer, 269
reiterate, 113
reject, 480
rejoice, 490
rejoin, 482
rejuvenate, 38
rejuvenesce, 38
relapse, 425
relate, 529
relax, 41
release, 586
relegate, 488
relent, 41
relevance, 188
reliance, 359
relic, 493
relief, 188
religion, 358
relinquish, 493
relish, 586
relocate, 236
reluctant, 61
remain, 359
remake, 635
remand, 43
remark, 191
remarkable, 191
remedy, 502
remember, 315
remigrate, 202
reminiscent, 314
remiss, 385
remit, 385
remnant, 359
remonstrate, 55
remorse, 89
remote, 198
remount, 45
remove, 198
remunerate, 201
remunerative, 201
renaissance, 47
renal, 599
render, 172
rendezvous, 172
renegade, 202
renounce, 205
renovate, 206
rent, 172
repair, 510
reparable, 510
repast, 395
repatriate, 512
repeat, 215
repel, 209
repent, 211
repercussion, 142
repertoire, 508
replant, 149
replenish, 524
replete, 524
reply, 526
report, 528
repose, 218
repository, 218
reprehend, 532
represent, 463
repress, 535
reprieve, 532, 536
reprimand, 43
reprint, 535
reprisal, 531
reproach, 117
reprobate, 536
reproduce, 403
reprove, 536
reptant, 600
reptile, 600
reptilian, 600

republic, 220
repudiate, 53
repugn, 61
repugnant, 61
repulsion, 210
repute, 223
request, 539
requiem, 541
requisite, 540
requite, 541
rescind, 71
rescue, 142
resect, 73
resemble, 556
resent, 226
reserve, 228
reservoir, 228
reside, 551
residence, 551
residue, 551
resign, 554
resilient, 548
resist, 557
resolve, 564
resonance, 516
resort, 566
resound, 516
resource, 376
respect, 57
respire, 350
respite, 57
resplendent, 354
respond, 228
responsible, 229
responsive, 229
restaurant, 251
restitution, 561
restive, 559
restoration, 251
restore, 251
restrain, 568
restrict, 568
resume, 365
resurgent, 377
resurrect, 377
resuscitate, 168
retail, 74
retain, 577
retard, 167
retardation, 167
retention, 577
retentive, 577
reticent, 542
retinue, 577
retire, 210
retirement, 210
retort, 90
retract, 237
retrench, 601
retribution, 581
retroactive, 398
retrocede, 433
retrofire, 305
retrofit, 635
retroflex, 439, 635
retrograde, 471, 635
retrogress, 635
retromania, 635
retronym, 635
retropulsion, 635
retrospect, 57, 635
retrovert, 336
return, 91
reveal, 395
revel, 287
revelation, 395
revenge, 445
revenue, 389
reverberate, 147
reverberation, 147
reverberator, 147
revere, 592
reverend, 592
reverent, 592
reverie, 54
revert, 336
review, 242
revile, 415
revise, 241

revitalize, 243
revival, 634
revive, 244
revoke, 458
revolt, 588
revolution, 588
revolve, 588
revulsion, 102
reward, 590
rewind, 300
Rex, 544
Rhadamanthine, 324
Rhadamanthus, 324
rhapsody, 206
rhinoceros, 597
rhinology, 597
rhinoplasty, 597
rhyme, 542
riant, 63
riddle, 542
ridicule, 63
rift, 25
rigid, 543
rigorous, 543
rip, 25
ripe, 25
ripple, 25
risible, 63
rite, 542
rivalry, 64
rive, 25
river, 64
rivulet, 64
roar, 118
roborant, 185
robot, 185
robust, 185
rodent, 538
rodenticide, 538
rogue, 546
roil, 62
roll call, 225
rollback, 225
romp, 599
room, 119
Rosicrucian, 363
rotary, 224
rotate, 224
rote, 224
rotund, 225
roulette, 225
rouse, 168
rout, 25, 484
route, 25
routine, 25
royal, 544
rubicund, 65
rubricate, 65
ruby, 65
ruddy, 65
rudiment, 187
rueful, 19
ruga, 118
rugged, 118
rugosity, 118
rugous, 118
ruminate, 214
rummage, 119
runproof, 536
rupture, 24
rural, 583
rurban, 583
ruse, 428
rush, 428
rustic, 583
rustproof, 536
rusty, 65
sabot, 150
sabotage, 150
saccharine, 268
sacerdotal, 360
sack, 422
sacral, 360
sacrament, 360
sacred, 360
sacrifice, 360
sacrilege, 360, 486
sacrosanct, 360

sadism, 115
safety, 374
saga, 547
sagacious, 547
sage, 547
salacious, 548
salary, 251
salient, 548
saline, 251
salinity, 251
salinometer, 251
saliva, 548
salivary, 548
salivate, 548
salivation, 548
sallow, 65
sally, 548
salted, 251
saltem, 251
salubrious, 374
salutary, 374
salute, 374
salvage, 374
salvation, 374
sanatorium, 374
sanctify, 361
sanctimony, 361
sanction, 361
sanctity, 361
sanctuary, 361
sanctum, 361
sane, 374
sangfroid, 65
sanguinary, 65
sanguine, 65
sanguineous, 65
sanitary, 374
sapid, 66
sapient, 66
sarcasm, 119
sarcastic, 119
sarcophagus, 119
sardonic, 119
sartorial, 74
satchel, 422
sate, 365
satiate, 365
satire, 321
satirical, 321
satisfaction, 366
satisfy, 366
saturate, 366
Saturn, 264
Saturnalia, 264
saturnian, 264
saturnine, 264
saturnism, 264
satyr, 321
saunter, 419
savior, 374
savory, 66
scab, 71
scabbard, 67
scabrous, 67
scalable, 376
scalar, 376
scald, 152
scale, 67, 376
scallop, 67
scalp, 67
scalpel, 67
scamp, 153
scamper, 153
scan, 375
scandal, 375
scapegoat, 158
scapula, 121
scar, 67
scarce, 109, 309
scarcity, 109
scarp, 67
scathing, 69
scenario, 251
scene, 251
scenic, 251
scent, 227
scepter, 71
schism, 120
sciamachy, 259

science, 549
scienter, 549
scintilla, 329
scintillation, 329
scion, 150
scoff, 63
sconce, 14
scoop, 71
scorch, 13
scorn, 63
scoundrel, 14
scour, 447, 450
scourge, 77
scrabble, 67
scramble, 153
scrap, 67
scrape, 67
screed, 67
scribble, 345
scribe, 345
scrimp, 120
script, 345
scripture, 345
scroll, 225
scrub, 68
scruple, 119
scrupulous, 119
scrutinize, 600
scrutiny, 600
scud, 143
scull, 67
scullion, 119
sculpture, 67
scurf, 68
scurry, 143
scutage, 11
scutate, 11
scutch, 143
scutcheon, 11
scute, 11
scuttle, 143
scythe, 74
seafaring, 433
seal, 554
sebaceous, 103
secant, 73
secateurs, 73
secede, 433, 636
secern, 78
seclude, 441
secretary, 77
secrete, 77, 636
sectarian, 73
section, 73
sector, 73
secular, 87
secure, 448, 636
sedative, 550
sedentary, 550
sediment, 550
sedition, 405
seditious, 405
seduce, 401
sedulous, 550
seed, 87
seemly, 308
seep, 193
seethe, 120
segment, 73
segregate, 36
seine, 119
seismic, 120
seismology, 120
seismometer, 120
seize, 392
seizure, 392
select, 487
selenocentric, 290
selenology, 290
semantics, 554
semaphore, 554
sematic, 554
semblable, 555
semblance, 556
semen, 87
semiannual, 643

semicircle, 643
semifinal, 643
semifinished, 643
seminal, 87
seminary, 87
semisolid, 643
semplice, 556
senate, 119
senescence, 119
senile, 119
senior, 119
sensation, 225
sense, 225
sensible, 225
sensitive, 225
sensorial, 225
sensual, 226
sentence, 226
sententious, 226
sentient, 226
sentiment, 226
sentinel, 226
separate, 511, 636
septangle, 646
September, 646
septennium, 646
septicemia, 273
sequacious, 551
sequel, 551
sequent, 551
sequester, 120
sequestrate, 120
sequestration, 120
serenade, 541
serendipity, 541
serene, 541
sergeant, 228
serial, 553
serienity, 541
series, 553
servant, 227
serve, 227
serviette, 228
servile, 227
servitude, 227
session, 550
sever, 74
severe, 387
sexfoil, 645
sexivalent, 645
sextant, 645
sextuple, 645
shackle, 435
shaft, 71
shallow, 600
sham, 105
shamble, 7
shambles, 7
shape, 71
shard, 68
share, 68
shave, 71
sheathe, 120
sheer, 68
shell, 69
shimmer, 329
shingle, 435
shirk, 27
shoal, 600
shoddy, 196
shove, 96
shovel, 96
shred, 68
shrew, 68
shrewd, 68
shriek, 183
shrill, 183
shrink, 110
shrivel, 120
shuffle, 96
shunt, 27
sib, 395
sibling, 395
sickle, 74
sidereal, 291
sideshow, 196
sign, 553
signal, 553

670

signature, 553
significant, 553
signify, 553
simian, 555
similar, 555
simile, 555
simper, 120
simple, 555
simulate, 555
simultaneous, 555
sinecure, 448
sinister, 546
sinuous, 251
sinus, 251
sip, 66
siren, 324
Sisyphean, 324
skeleton, 600
skeptical, 155
skewer, 26
skill, 69
skirmish, 68
skirt, 68
skittish, 433
skulk, 143
skull, 69
slack, 586
slag, 77
slake, 586
slander, 376
slash, 69
slat, 69
slate, 69
slaughter, 146
sleeve, 425
slice, 69
slide, 425
slimy, 425
slink, 143
slip, 425
slit, 69
sliver, 69
slope, 426
slovenly, 21
sly, 146
smash, 26
smelt, 30
smother, 28
smoulder, 28
smuggle, 312
smut, 313
snaggy, 94
snare, 317
snarl, 120, 317
sneer, 120
snore, 120
snort, 120
soak, 193
soar, 127
sob, 121
sobbing, 121
sociable, 563
social, 563
society, 563
sociology, 563
sodden, 120
Sodom, 121
sodomite, 121
sojourn, 276
solace, 81
solar, 289
solarium, 289
solarize, 289
solatium, 81
solder, 83
soldier, 83
sole, 81
solemn, 82
solemnize, 82
solicit, 82
solicitor, 82
solicitous, 83
solicitude, 83
solid, 83
solidarity, 83
solidify, 83
solidity, 83
soliloquy, 82
solitaire, 82

solitary, 82
solitude, 81
solo, 81
solstice, 562
soluble, 564
solution, 564
solvent, 564
somber, 582
sombrero, 582
somnambulism, 294
somnifacient, 294
somniferous, 294
somniloquy, 294
somnolent, 294
sonant, 515
sonata, 516
sonic, 515
sonnet, 516
sonorous, 516
sooth, 600
soothe, 600
sophist, 549
sophistic, 549
sophisticated, 549
sophomore, 549
soporific, 294
sorcery, 566
sordid, 21
sore, 120
sorely, 120
soreness, 120
sort, 565
sortilege, 566
sortition, 565
sound, 97
source, 376
souvenir, 389
sovereign, 544
sow, 87, 249
space, 85
spade, 85
spare, 85
sparge, 85
sparse, 85
spasm, 102
spasmodic, 102
spathe, 121
spatial, 85
spatula, 121
spawn, 522
special, 56
specialize, 56
species, 56
specify, 56
specimen, 56
spect, 56
spectacle, 56
spectacular, 56
specter, 56
spectral, 56
spectrum, 58
speculate, 56
spell, 395
spellbound, 138, 395
spelling, 395
sperm, 85
spew, 600
sphere, 86
spherical, 86
spheroid, 86
spherule, 86
sphinx, 324
spiracle, 349
spirit, 349
spiritual, 349
spit, 600
splendor, 354
splenetic, 19
splint, 25
split, 25
spondulicks, 228
sponsor, 228
sporadic, 85
spore, 85
sportive, 433
spousal, 228
spout, 600
sprain, 535
sprawl, 84

spray, 84
spread, 84
spree, 517
sprinkle, 84
sprout, 84
spruce, 117
spurious, 117
spurt, 85
sputum, 600
squad, 645
squadron, 645
squalid, 267
squander, 495
square, 645
squash, 142
squeamish, 586
stable, 557
stadium, 557
staff, 557
stagnant, 557
stallion, 281
stalwart, 557
stanch, 558
standard, 557
stanza, 559
starch, 568
stare, 568
stark, 568
starve, 568
state, 560
static, 560
station, 560
statistics, 560
statue, 560
stature, 560
status, 560
statute, 560
staunch, 557
steady, 558
steer, 558
stellar, 291
stenograph, 474
Stentor, 325
stentorian, 325
stereotype, 568
sterile, 568
stern, 569
steward, 591
stiff, 565
stigma, 49
stigmatic, 49
stigmatism, 49
stilted, 117
stipend, 213
stipulate, 565
stoic, 387
stolid, 48
stoma, 101
stomach, 101
storage, 251
store, 251
storey, 251
stork, 569
story, 251
stout, 484
straddle, 569
strain, 567
strait, 567
strangle, 567
strap, 568
stratagem, 399
strategy, 566
stratify, 566
stratocracy, 566
stratosphere, 86
stratum, 566
stratus, 566
stray, 99
strenuous, 569
stretch, 567
strew, 567
strict, 567
stride, 185
strife, 185
string, 567
stringent, 567
stripe, 567
strive, 185
structure, 562

strut, 569
stud, 559
stultify, 48
stumble, 426
stun, 275
stupendous, 565
stupid, 565
stupor, 565
sturdy, 557
stygian, 325
Styx, 325
suave, 570
subaltern, 132
subconscious, 549
subdivide, 80
subduct, 403
subdue, 403
subdued, 403
subhuman, 348
subject, 480
subjoin, 482
subjugate, 482
sublime, 491
submarine, 192
submerge, 193
submit, 385, 636
subnormal, 411
subordinate, 507
suborn, 116
subpoena, 211
subrogate, 547
subscribe, 346
subserve, 228
subside, 551
subsidiary, 551
subsidy, 551
subsist, 557
substance, 559
substitute, 561
subsume, 365
subterfuge, 27
subterranean, 255
subtle, 580
subtract, 237
suburb, 583
subvention, 389
subvert, 336
succeed, 433
succinct, 435
succor, 450, 636
succubus, 446
succulent, 193
succumb, 446
suck, 193
suction, 193
sudor, 121
sudoriferous, 121
sudorific, 121
suffer, 178, 636
sufficient, 467
suffix, 297
suffrage, 22
suffuse, 29
suggest, 180
suggestion, 636
suicide, 71
suit, 569
suite, 569
sullen, 82
sully, 129
sultry, 121
sum, 570
summary, 570
summit, 570
summon, 278
sumption, 365
sumptuary, 365
sumptuous, 365
sunder, 75
sundry, 75
sup, 66
superannuate, 134
superb, 636
supercilious, 637
superficial, 469
superfine, 183
superfluity, 284
superfluous, 284
superior, 637

superlative, 530
supernatural, 47
supernormal, 411
supernumerary, 293
supersede, 550
superstition, 561
supervene, 389
supervise, 241
supplant, 149
supple, 42, 526
supplement, 524
supplicate, 526
supply, 524
support, 528
suppose, 219
suppress, 535
supralapsarian, 425
supreme, 637
surcease, 433
surcharge, 164
surcingle, 435
surd, 121
sure, 571
surety, 571
surf, 376
surface, 469, 637
surfeit, 466
surge, 376
surgery, 40
surly, 82
surmise, 385
surmount, 45
surname, 637
surpass, 370
surplus, 524, 637
surprise, 532
surrender, 172, 637
surreptitious, 390
surrogate, 547
surveillance, 242
survive, 244
susceptible, 163
suspect, 57
suspend, 213
suspire, 350
sustain, 577, 636
svelte, 42
swamp, 313
swarth, 21
swarthy, 21
swelter, 121
swine, 249
Sybaris, 121
sybarite, 121
sybaritic, 121
sycophant, 54
syllable, 637
syllepsis, 391, 637
syllogism, 343
sylphlike, 42
sylvan, 321
symbiosis, 244
symbol, 355
symmetry, 637
sympathy, 208
symphony, 515
symposium, 416
symptom, 426
synagogue, 400
synchronize, 263
syncline, 438
syncopate, 69
syncope, 69
syndicate, 454
syndrome, 433
synergamy, 31
synergy, 40
synod, 386
synopsis, 262
synovitis, 595
syntax, 574
synthesis, 234
system, 559
tabernacle, 367
table, 596, 600
tablet, 600
tabloid, 600
tabulate, 600
tachography, 474

tacit, 542
taciturn, 542
tacky, 573
tactful, 573
tactics, 574
tactile, 573
tadpole, 122
tag, 573
tailor, 74
taint, 519
talisman, 122
talismanic, 122
tally, 74
talon, 10
tame, 108
tangent, 573
tangible, 573
tangle, 573
tango, 573
tantamount, 45
tantrum, 502
tardy, 167
tarnish, 49
tarry, 167
tart, 95, 562
tatter, 122
tatterdemalion, 122
taunt, 63
tauromachy, 259
tautology, 344
tavern, 367
tawdry, 196
taxation, 574
taxidermy, 173, 574
taxonomy, 410, 574
tease, 116
technical, 580
technique, 580
technocracy, 409
technology, 580
tectology, 574
tectonic, 574
tedious, 113
tegular, 574
tegument, 574
telecast, 638
telegraph, 638
teleguide, 638
teleology, 638
telepathy, 208
telescope, 638
telesthesia, 638
televise, 241
temper, 504
temperament, 504
temperance, 504
temperate, 504
temperature, 504
tempo, 229
temporal, 229
tempt, 229
tenable, 575
tenacious, 575
tenancy, 575
tenant, 575
tend, 230
tendentious, 230
tender, 575
tendon, 230
tendril, 231
tenement, 575
tense, 230
tensile, 230
tentacle, 230
tentative, 230
tenuity, 232
tenure, 575
tepid, 122
tepidarium, 122
tergal, 518
tergiversate, 336, 518
term, 233
termagant, 124
terminal, 233
terminate, 233
terminology, 233
terpsichorean, 325
terrace, 254
terrane, 255

terrarium, 255
terrestrial, 254
terrible, 578
terrier, 254
terrific, 578
terrify, 578
territorial, 254
territory, 254
terror, 578
terrorize, 578
terse, 496
terseness, 496
tertian, 645
tertiary, 645
terzetto, 645
testament, 347
testate, 347
testify, 346
testimonial, 346
testimony, 346
testis, 347
tetrad, 645
tetragon, 645
tetrahedron, 645
tetrapod, 53
tetrode, 645
text, 579
textile, 579
thanatoid, 88
thatch, 575
thaumaturgy, 41
theatrical, 595
theism, 327
theme, 234
theocracy, 327
theodicy, 327
theogony, 342
theology, 327
theophany, 327
therapeutics, 601
thermal, 152
thermometer, 152
thermostat, 152
thermotropism, 93
thesaurus, 601
thesis, 234
thespian, 206
theurgy, 41
thorn, 368
thorny, 368
thoroughfare, 433
thrall, 122
threat, 96
threnody, 206
thrift, 600
thrive, 600
throat, 122
throes, 208
throng, 36
throttle, 122
thrust, 96
thug, 575
thumb, 581
thunderbolt, 275
thwart, 115
tiara, 109
tick, 601
tickle, 601
ticklish, 601
tightwad, 108
tile, 575
timidity, 578
timorous, 578
tincture, 519
tinge, 519
tingle, 122
tinkle, 122
tissue, 579
titanic, 259
titanism, 259
tithe, 178
titillate, 122
titillating, 122
titillation, 122
toad, 122
tocsin, 146
toga, 575
toil, 123
toilful, 123

tolerable, 272
tolerant, 272
tolerate, 271
toll, 271
tomahawk, 146
tome, 75
tomfool, 105
tone, 232
tonic, 232
tonify, 232
tonsil, 601
tonsillectomy, 601
tonsillitis, 601
tope, 123
topographic, 251
topography, 251
topology, 251
topple, 123
torch, 91
torment, 90
tornado, 90
torpedo, 569
torpid, 569
torque, 91
torrent, 8
torrid, 8
torsion, 90
tort, 90
tortile, 91
tortilla, 91
tortoise, 91
torture, 90
touch, 146
touchstone, 266
tour, 91
tournament, 92
tourniquet, 541
tout, 484
tow, 123
tower, 251
toxic, 95
toxicant, 95
toxicity, 95
toxicology, 95
toxophilite, 514
trace, 237
track, 237
tract, 236
tractable, 236
traction, 236
tradition, 171
traduce, 402
tragedy, 206
trail, 237
train, 237
trait, 237
trajectory, 480
trammel, 115
tramp, 143
trample, 143
trampoline, 143
tranquil, 541
transact, 398
transceiver, 163
transcend, 375
transcribe, 346
transect, 73
transfer, 178
transfigure, 468
transfix, 297
transform, 296
transfuse, 29
transgress, 472
transient, 638
transit, 638
transition, 638
transitory, 638
translate, 530
transliterate, 493
translucent, 354
transmigrate, 202
transmit, 385
transmute, 340
transparent, 55
transpicuous, 58
transpire, 350
transplant, 150
transport, 528
transpose, 219

transverse, 336
trappings, 111
trash, 77
trauma, 484
travail, 123
traverse, 336
travesty, 638
treason, 171
treasure, 601
treasury, 601
treatise, 617
treble, 644
tremble, 579
tremendous, 579
tremor, 579
tremulous, 579
trench, 601
trenchant, 601
trepidation, 578
trespass, 370, 638
trestle, 638
trevail, 644
triangle, 644
tribe, 580
tribulate, 211
tribulation, 211
tribunal, 580
tribune, 580
tribute, 580
trichord, 644
tridactyl, 260
trifle, 196
trilateral, 485
trinket, 196
triode, 644
triphibian, 644
triple, 644
tripod, 53
trite, 211
triumph, 601
trivia, 240
trivial, 196
troglodyte, 123
trope, 92
trophic, 93
trophy, 92
tropic, 92
tropism, 93
trot, 8
trover, 92
truckle, 478
truculence, 478
truculent, 478
trudge, 143
trump, 601
trumpery, 196
trust, 381
trustworthy, 338
truth, 381
tryst, 381
tubercle, 520
tuberculosis, 520
tuberculous, 520
tuck, 123
tug, 123, 379
tuition, 460
tumble, 426
tumblebug, 426
tumbling, 426
tumefaction, 581
tumid, 581
tumor, 581
tumult, 581
tune, 232
tuneful, 233
turbid, 589
turbinate, 589
turbine, 589
turbulent, 590
turgid, 581
turmoil, 92
turn, 91
turncoat, 91
turnip, 91
turnkey, 91
turpitude, 415
turret, 251
turtle, 91
tutelage, 460

tutor, 460
tutorial, 460
typhoid, 272
typhoon, 272
typhus, 272
tyrannical, 601
tyrannosaur, 601
tyranny, 601
tyrant, 601
tyro, 206
ubiquitous, 336
udder, 602
ultimate, 639
ultimatum, 639
ultimogeniture, 639
ultraclean, 639
ultraism, 639
ultraleft, 639
ultraviolet, 639
umber, 582
umbilical, 271
umbilicus, 270
umbrage, 582
umbrella, 582
umpire, 509
unable, 639
unalloyed, 131
unanimity, 644
unanimous, 353
unargued, 301
unarm, 413
unassuming, 364
unbalance, 415
unbelievable, 639
unbend, 640
unbridled, 435
uncanny, 547
unceasing, 639
unclose, 440
unconscionable, 549
uncouth, 547
uncover, 258
unctuous, 393
underbush, 641
undercharge, 164
undercover, 258
undercurrent, 450
underestimate, 18
undergo, 641
underground, 641
underline, 641
underneath, 641
underpay, 641
underprivileged, 221
underrate, 641
undersell, 641
undersign, 554
understand, 559
understate, 560
undertake, 641
underwear, 641
undo, 640
undress, 297
undue, 640
undulate, 97
unearth, 35
unerring, 357
uneven, 640
unfair, 640
unfathomable, 500
unfledged, 285
unfold, 640
unfurl, 640
unicorn, 269
uniflorous, 307
uniform, 296
unify, 644
unilateral, 485
unimpeachable, 54
unionize, 644
unique, 644
unison, 516, 644
unity, 644
univalent, 18
universe, 336
unjust, 640
unjustifiable, 313
unkempt, 21
unload, 640

unlock, 640
unmask, 249
unnerve, 48
unpalatable, 34
unprecedented, 432
unquenchable, 118
unravel, 640
unreal, 640
unrelenting, 41
unrest, 640
unruly, 287
unscathed, 69
unsophisticated, 549
untenable, 575
untimely, 640
unveil, 395
unwitting, 242
upbringing, 641
upcoming, 641
update, 169
upgrade, 642
uphold, 642
upkeep, 642
upland, 642
uplift, 642
upright, 642
uproot, 642
upset, 642
upshot, 642
upstart, 642
upsurge, 642
uptake, 642
uptick, 642
upturn, 642
Uranian, 256
uranology, 256
uranometry, 256
Uranus, 256
urban, 583
urbane, 583
urchin, 477
urge, 40
urgent, 40
usage, 584
usance, 584
usher, 386
usufruct, 584
usurp, 391
usury, 584
utensil, 584
utilitarian, 584
utility, 584
utilize, 584
utopia, 251
uvula, 123
uvular, 123
uxoricide, 123
uxorious, 123
vacant, 585
vacate, 585
vacation, 585
vacillate, 585
vacuity, 585
vacuous, 585
vacuum, 585
vagabond, 99
vagary, 99
vagrant, 99
vague, 99
vain, 587
vainglory, 587
valediction, 454
valedictorian, 454
valiant, 17
valid, 17
valise, 422
valor, 17
valorize, 17
value, 16
vamoose, 377
vandal, 99
vandalism, 99
vandalize, 99
vanish, 587
vanity, 587

vanquish, 293
variable, 238
varicolored, 238
variegate, 238
variety, 238
varnish, 426
vary, 238
vasectomy, 75
vassal, 123
vassalage, 123
vassalize, 123
vast, 586
vault, 589
vaunt, 587
veal, 583
vector, 180
vegetable, 245
vegetarian, 245
vegetate, 245
vehement, 180
vehicle, 180
veil, 395
veloche, 167
velocimeter, 167
velocity, 167
velodrome, 167
venal, 12
vendation, 12
vender, 12
vendible, 12
vendure, 12
veneer, 301
venerable, 265
venerate, 265
venereal, 265
venery, 265
vengeance, 445
venial, 188
veniality, 188
venireman, 389
venison, 602
venom, 265
vent, 299
ventiduct, 299
ventilate, 299
ventral, 518
ventricular, 518
ventriculus, 518
ventriloquy, 344
venture, 388
venue, 389
Venus, 265
veracious, 387
verbal, 457
verbalize, 457
verbatim, 457
verbose, 457
verbosity, 457
verdant, 124
verdict, 387, 454
verdure, 124
verdurous, 124
verge, 336
verify, 387
verisimilar, 555
verity, 387
vermicide, 338
vermiform, 338
vermin, 338
vernaculars, 459
vernal, 123
vernalize, 123
versatile, 334
version, 334
versus, 334
vertebra, 337
vertebrate, 337
vertex, 334
vertical, 334
vertigo, 334
verve, 457
very, 387
vest, 251
vestige, 124
vestigial, 124

vestment, 251
veteran, 120
veterinarian, 120
veterinary, 120
vex, 180
via, 239
viaduct, 401
viand, 243
viable, 243
vibrate, 94
vibration, 94
vibrator, 94
vicar, 238
vicarious, 238
vice, 80
vicinage, 602
vicinal, 602
vicinity, 602
vicissitude, 238
victim, 361
victimize, 361
victory, 292
victual, 243
vide, 240
vie, 215
viewpoint, 242
vigil, 245
vigilant, 245
vigor, 246
vigoroso, 246
vile, 415
vilify, 415
vilipend, 213, 415
villain, 14
vindicate, 445, 454
vindictive, 454
vine, 150
vinery, 150
vineyard, 150
vintage, 150
vintner, 150
violation, 26
violence, 26
viper, 244
virago, 298
virile, 298
virility, 298
virtual, 330
virtue, 330
virtuoso, 330
virulent, 95
visa, 240
visage, 240
visible, 241
vision, 241
visit, 241
vista, 242
visual, 241
vital, 243
vitalize, 243
vitamin, 243
vitiate, 80
vitreous, 124
vitriol, 124
vitrum, 124
vituperate, 84, 511
vivacious, 243
vivat, 244
vivid, 244
vivify, 244
viviparous, 244, 508
vivisection, 244
vixen, 124
vocabulary, 459
vocal, 458
vocation, 458
vociferous, 459
vogue, 124
voguey, 124
voguish, 124
void, 585
volant, 246
volatile, 246
volcanic, 305
volcano, 305

volitant, 246
volition, 246
voluble, 589
volume, 588
voluntary, 246
volunteer, 246
voluptuous, 304
volute, 589
voracious, 100
vortex, 334
vote, 571
vouch, 459
vouchsafe, 459
vow, 571
vox, 459
vox populi, 219
voyage, 239
voyeur, 242
vulcanize, 305
vulgar, 220
vulgarity, 220
vulnerable, 102
vulture, 102
vulva, 589
wacky, 427
waddle, 377
wade, 377
wafer, 98
waffle, 98
waft, 98
waggish, 105
waif, 94
waive, 94
walk, 8
wallow, 589
wan, 587
wand, 300
wander, 99
wane, 587
want, 587
wanton, 587
warble, 94
ward, 590
warden, 590
wardrobe, 591
ware, 590
warfare, 433
warm, 152
warn, 591
warning, 591
warp, 338
warrant, 591
warranty, 591
warren, 591
wary, 590
wasp, 98
waste, 586
wastrel, 586
waterproof, 536
wave, 98
waver, 98
wax, 310
waylay, 148
weal, 516
weasel, 27
weather, 300
weave, 98
web, 97
wedge, 417
weft, 98
weir, 591
weird, 338
welfare, 433
werewolf, 298
wharf, 94
whelm, 257
whelp, 602
whet, 168
whetstone, 168
whim, 427
whimper, 602
whimsical, 427
whimsy, 427
whine, 602
whinny, 602

whip, 147
whirl, 94
whisper, 602
whistle, 602
whit, 89
whittle, 75
whore, 165
whorl, 94
wily, 146
wind, 300
windfall, 300
windmill, 300
winning, 288
winnow, 300
winsome, 288
wit, 242
withdraw, 643
wither, 300, 643
withhold, 643
withstand, 643
witless, 242
witness, 242
witticism, 242
wizen, 300
wobble, 98
woe, 516
woo, 37
worm, 338
worship, 338
worth, 338
wraith, 337
wrangle, 337
wrath, 337
wreath, 338
wrench, 338
wrest, 337
wrestle, 337
wriggle, 338
wring, 337
wrinkle, 337
wrist, 337
writhe, 338
wry, 338
xenobiotic, 124
xenoglossia, 124
xenograft, 124
xenophilia, 124
xenophobia, 514
Xerox, 1
xylography, 150
xylophone, 150
yearn, 37
yeast, 374
yell, 516
yelp, 516
yen, 37
yeoman, 38
yield, 169
yoga, 482
yoke, 482
yokel, 482
zany, 124
zealous, 305
zeitgeist, 602
zenith, 415
zephyr, 299
zephyrous, 299
zest, 181
zestful, 181
zesty, 181
zodiac, 353
zooid, 353
zoolatry, 353
zoology, 353
zoon, 353
zoonosis, 353
zoophilous, 514
zyme, 374
zymology, 374
zymosis, 374
zymurgy, 374

Author: Hyeong-IL Kwak

저자: 곽형일

1970 년	전남 진도 출생
1988~1996 년	전남대학교 수의과대학 수의학 학사 취득
1997~1999 년	서울대학교 수의과대학 독성학 석사 취득 - 발암기전
2001~2005 년	미국 Texas A&M 대학 독성학 박사 취득 - 유방암
2006 년~2010 년	미국 Texas A&M 의과 대학 박사 후 과정 - 혈관형성
2011 년~	미국 국립 보건원 (국립 암 연구소) 근무
	버지니아 주 소재 Oxford Academy, SAT 및 Science 강사

Made in the USA
Lexington, KY
07 July 2012